Wirtschafts- und Gesellschaftspolitik
im freiheitlich-sozialen Rechtsstaat

Herausgeber
Konrad Adenauer Stiftung
Politische Akademie Eichholz

Verantwortlich: Dr. Bernhard Gebauer

Handbücher
der
Politischen Akademie Eichholz
Band 4

Wirtschafts- und Gesellschaftspolitik
im freiheitlich-sozialen Rechtsstaat

mit Beiträgen von:
Werner Allemeyer · Ferdinand Graf Ballestrem
Jörg Beyfuß · Hermann J. Burghaus · Ronald Clapham
Hans-Jürgen Ewers · Hans Harnoß · Manfred von Krüchten
György O'svath · Herbert Schlömann · Joachim Starbatty
Otto Vogel · Hermann Vogt · Ulrich Wagner · Klaus Weigelt
Friedrich Wilke · Christian Zschaber

Konzeption: Werner Allemeyer · Klaus Weigelt

Redaktion: Manfred von Krüchten · Armin Dieter Pawlik

2. durchgesehene Auflage

Eichholz-Verlag GmbH Bonn

Umschlag: Wolfgang Garbortz, Düsseldorf
Thenée Druck KG, Bonn

VORWORT ZUR 2. AUFLAGE

Schon vor zehn Jahren begann die Politische Akademie Eichholz ihre politische Bildungsarbeit durch die Herausgabe von Handbüchern zu ergänzen und zu unterstützen. Seither sind „Politische Bewegungen in Deutschland“ (2. Aufl. 1967), die „Dokumente zur Christlichen Demokratie“ (1969) und „Verbände und Herrschaft“ (1970) erschienen.

Das vorliegende vierte Handbuch „Wirtschafts- und Gesellschaftspolitik im freiheitlich-sozialen Rechtsstaat“ ist 1974 in erster Auflage erschienen. Die außergewöhnliche Nachfrage machte schon innerhalb eines Jahres eine nahezu unveränderte Neuauflage notwendig. Dabei wurden Aktualisierungen wegen der kurzen Zeitspanne nur soweit möglich und notwendig, redaktionelle Korrekturen nur im üblichen Rahmen vorgenommen.

Die Handbücher haben das Ziel, dem Teilnehmer der Akademieveranstaltungen beim vor- und nachbereitenden Selbststudium und bei seinen Bemühungen um ein verbessertes Verständnis politischer Zusammenhänge zu helfen. Mit diesem Ziel haben sie erfreulicherweise auch bei vielen anderen politisch Interessierten einen großen Anklang gefunden.

Das Handbuch „Wirtschafts- und Gesellschaftspolitik im freiheitlich-sozialen Rechtsstaat“ ist mit der Entwicklung und dem Ausbau des Wirtschaftspolitischen Seminars der Akademie entstanden. Dieses Seminar bemüht sich seit 1967 in einem auf vier Stufen verteilten Fünf-Wochen-Kurs, dem Teilnehmer Einblick zu geben in die komplizierten Wechselbeziehungen zwischen Wirtschaft, Gesellschaft und Politik in der Bundesrepublik. Es ist damit ein bewußt politisches Seminar, das eine isoliert ökonomische Betrachtungsweise vermeiden möchte und damit den Teilnehmer zur eigenen Urteilsbildung und politischen Teilnahme anregen möchte. Das Handbuch versucht, diesen politisch-ökonomischen Standort des Seminars zu unterstützen. Es macht keinen Hehl daraus, daß die Weiterentwicklung unserer Gesellschaft und die Lösung der anstehenden Probleme nur in Zusammenhang mit dem Ausbau und der Entwicklung der Sozialen Marktwirtschaft gedacht und erarbeitet werden können. Darin sind sich alle Autoren des Handbuchs einig.

In diesem Sinne will das vorliegende Handbuch einen engagierten Beitrag liefern zur gegenwärtigen ordnungspolitischen Diskussion in der Bundesrepublik Deutschland. Daß ein solcher Beitrag trotz aller Einheitlichkeit im Konzeptionellen viele Varianten im Detail aufweist, wird der kundige Leser schnell erkennen. Er möge uns dies nicht nur als Schwäche, sondern auch als Stärke anrechnen, wie sie jedem pluralistischen Ansatz eigen ist.

Im Bemühen, zu sinnvollem wirtschaftlichen und politischen Denken, Urteilen und Verhalten zu erziehen, wird der Versuch unternommen, die rein ökonomische Betrachtungsweise zu überwinden. So erhält der Leser beim Studium der Werte freitheitlich-sozialer Wirtschaftspolitik (I) einen Einblick in die Werkstatt der Methodik der Sozialwissenschaften und in die wechselseitigen Beziehungen zwischen Wirtschaft, Gesellschaft und Politik, wobei die Unvereinbarkeit von politischem Totalitarismus und wirtschaftlicher Demokratie besonders hervorgehoben wird.

In der Erörterung gesellschaftspolitischer Grundfragen (II) wird inhaltlich von Anfang an die Soziale Marktwirtschaft als ein gesellschaftspolitisches Programm dargestellt, das weiterentwicklungsbedürftig, aber in seiner Gewähr für materiellen Wohlstand, für die Anpassungsfähigkeit an gesellschaftspolitische Ziele, wie z. B. das der Verteilungsgerechtigkeit, sowie für die personale Freiheit des Menschen ohne Alternative ist. Als Ansätze zur Fortentwicklung und Beitrag zur Selbstverwirklichung des Menschen und zur Mitverantwortung für das Gemeinwohl werden Vermögensbildung und Mitbestimmung diskutiert.

Wirtschaftstheoretische und -politische Grundfragen (III) bilden ebenso einen Schwerpunkt des Handbuches wie die Darstellung von Leitbildern einer marktwirtschaftlichen Ordnungspolitik (IV). In der Analyse der Ziele und Konzeptionen der Wettbewerbs- und Strukturpolitik wird der Nachweis versucht, daß der Ausbau unserer Wirtschaftsordnung ohne systemverändernde Maßnahmen möglich ist. Die Beschreibung von Entwicklungstendenzen marktwirtschaftlicher und sozialistischer Wirtschaftssysteme ermöglicht einen Vergleich der Wirtschaftsordnungen (V) sowohl unter effizienzorientierten als auch unter freiheitlichen und sozialen Gesichtspunkten.

Die abschließende Erörterung internationaler Wirtschaftsbeziehungen (VI) zeigt, daß die Bundesrepublik Deutschland eingebettet ist in die Weltwirtschaft und dazu aufgerufen, einen Beitrag zur Neuordnung des Weltwährungssystems, zur europäischen Integration und zur Förderung des sozialen Prozesses in den Entwicklungsländern zu leisten.

Neben der beschriebenen inhaltlichen Zielsetzung verfolgt der vorliegende Band gleichgewichtig die Funktion, die didaktische und methodische Arbeit im Wirtschaftspolitischen Seminar sowie in den anderen wirtschafts- und gesellschaftspolitischen Veranstaltungen der Politischen Akademie Eichholz zu verbessern. Diesem Zweck dient der einheitliche, formale Aufbau der einzelnen Beiträge mit jeweiligen Zusammenfassungen, Kontrollfragen und Literaturhinweisen, die zum Studium der Sekundärliteratur ermutigen wollen. Personen- und Sachregister machen das vorliegende Handbuch zu einem Lehrbuch, dessen Einsatz auch in anderen, politische Bildung vermittelnden Institutionen möglich und wünschenswert erscheint.

Die Konzeption des Buches, von der Kapiteleinteilung bis zur methodischen Durchführung, ist in intensiven Gesprächen zwischen Werner Allemeyer und Klaus Weigelt entwickelt worden. Ziel dieser Gespräche war es, ein Kompendium zu erarbeiten, das sowohl als begleitendes Textbuch als auch als Basis für eigenständiges Weiterarbeiten genutzt werden kann. Dieser Ansatz wurde auch mit den Autoren durchgesprochen, die im übrigen selbstverständlich für ihre jeweiligen Artikel verantwortlich sind.

Die umfangreichen redaktionellen Arbeiten wurden von Manfred von Krüchten unter Mitarbeit von Armin Dieter Pawlik getragen. Die Schreibarbeiten erledigte Fräulein Blasig.

Allen Mitarbeitern an diesem Handbuch sei an dieser Stelle für ihren Einsatz in besonderer Weise Dank gesagt. Möge die Mühe ihren Lohn in einem vielfältigen Gebrauch des Kompendiums finden.

Eichholz, im Dezember 1975 Dr. Bernhard Gebauer

INHALTSÜBERSICHT

I. WERTE FREIHEITLICH-SOZIALER WIRTSCHAFTSPOLITIK

II. GESELLSCHAFTSPOLITISCHE GRUNDFRAGEN

III. ÖKONOMISCHE GRUNDFRAGEN

VI. INTERNATIONALE WIRTSCHAFTSBEZIEHUNGEN

I

Werte freiheitlich-sozialer Wirtschaftspolitik

Christian Zschaber

Die Wertproblematik in den Sozialwissenschaften

INHALT

I. VORBEMERKUNG

Abhandlungen über die Wertproblematik in der Wissenschaft beruhen zumeist auf einem philosophischen Hintergrund, der eine bestimmte Stellungnahme zur Wertproblematik nahelegt, d. h. daß ein Zusammenhang besteht zwischen einer philosophischen Konzeption und der Wissenschaft, hier den Sozialwissenschaften, und deren Wertproblematik. Demzufolge seien vorab die Hauptgläubiger dieser Abhandlung erwähnt: Max Weber, Hans Albert [1] und Karl Raimund Popper [2], um dem Leser die Einordnung in philosophische „Schablonen“ zu erleichtern. Die Reihenfolge entspricht den Bemühungen um detaillierte Lösungsvorschläge der Wertproblematik, die vor allem Hans Albert im Anschluß an Max Weber ausgehend von einem kritischen Rationalismus Popper'scher Prägung, der die Betonung auf einen Dualismus von Sein und Sollen legt, expliziert hat. Dabei ist in dieser Abhandlung nicht beabsichtigt neue eigene Gedankengänge zu dieser Problematik darzustellen, sondern die Problemaufrisse und deren inhaltlichen Aussagen den vielfältigen Schriften Hans Alberts zu diesem Thema anzulehnen. So wird die Position Max Webers und einiger seiner Kritiker dargestellt, um in die Problematik einzuführen, anschließend werden drei große Problemkreise dargestellt und zwar die Wertbasis der Sozialwissenschaften, Wertung im Objektbereich der Sozialwissenschaft und das eigentliche Werturteilsproblem, das sich wiederum in Teilpro-

1 Albert, Hans, Theorie und Praxis. Max Weber und das Problem der Wertfreiheit und der Rationalität. In: Die Philosophie und die Wissenschaften. Simon Moser zum 65. Geburtstag. Hrsg. v. Ernst Oldemeyer. Meisenheim 1967, S. 246 ff. Wiederabgedruckt in: Albert, H., Konstruktion und Kritik. Aufsätze zur Philosophie des kritischen Rationalismus. Hamburg 1971, S. 41 ff.
Wiederabgedruckt in: „Werturteilsstreit“, Hrsg. v. Hans Albert und Ernst Topitsch. Darmstadt 1971, S. 200 ff.
—, Traktat über kritische Vernunft. Tübingen 1969.
—, Wertfreiheit als methodisches Prinzip. Zur Frage der Notwendigkeit einer normativen Sozialwissenschaft. In: Probleme der normativen Ökonomik und wirtschaftspolitischen Beratung. Hrsg. v. Herbert Giersch in Verbindung mit Heinz Lampert. Schriften des Vereins für Socialpolitik N. F. Bd. 29, Berlin 1963, S. 32–63.
Wiederabgedruckt in: Logik der Sozialwissenschaften. Hrsg. v. Ernst Topitsch, Köln 1965, S. 181–210.
—, Wissenschaft und Politik. Zum Problem der Anwendbarkeit einer wertfreien Sozialwissenschaft. In: Probleme der Wissenschaftstheorie. Festschrift für Victor Kraft. Hrsg. v. Ernst Topitsch, Wien 1960, S. 201–232.

2 Popper, K. R., Die offene Gesellschaft und ihre Feinde. Bd. I u. II, 2. Aufl. Bern 1970.
—, Logik der Forschung, Dritte, vermehrte Auflage, Tübingen 1969.

bleme aufspalten läßt. Diese Aufspaltung könnte vielleicht dazu beitragen, daß in Teilbereichen eine Übereinstimmung von Vertretern und Gegnern des methodischen Prinzips der Wertfreiheit erzielt werden könnte.

II. PROBLEMAUFRISS ANHAND DER POSITION VON MAX WEBER

Die Wertproblematik in den Sozialwissenschaften ist ein sozialwissenschaftliches Grundlagenproblem, dessen Lösung – wenn überhaupt möglich – keineswegs darin bestehen kann, die Bedeutung von „Werten" für die Sozialwissenschaften und für die soziale Praxis zu bejahen, um daraus den Schluß zu ziehen, daß die Sozialwissenschaften ohne Werte bzw. Werturteile nicht auskommen könne. Bei der so charakterisierten Problemsituation würde man den Streit um die Wertproblematik kaum verstehen, wenn nicht das von Max Weber vor mehr als 60 Jahren formulierte methodische Prinzip der Wertfreiheit die Gemüter der Sozialwissenschaftler erheblich in Unruhe gebracht hat und noch immer bringt. Anknüpfungspunkt ist dabei die Feststellung von Max Weber: „Eine empirische Wissenschaft vermag niemanden zu lehren, was er *soll*, sondern nur was er *kann* und – unter Umständen – was er *will*" [3]. Die Überbrückung der seinerzeit von Kant [4] formulierten Fragen „Was soll ich tun?" und „Was kann ich wissen?", wobei letztere sich auf Aufgaben und Aussagen der Wissenschaft, hier auf die betrachteten Sozialwissenschaften, beziehen, entzündet die Auseinandersetzung über die Wertproblematik, wobei Max Weber sich zu der oben genannten Feststellung veranlaßt sah, da damals und auch heute noch eine Praxis sich größter Beliebtheit erfreut, indem eine „stete Vermischung wissenschaftlicher Erörterung der Tatsachen und wertender Raisonnements" [5] Hand in Hand einhergehen. Das heißt, daß Empfehlungen und Stellungnahmen als Erkenntnisse der Wissenschaften ausgegeben werden. Diese von Max Weber angeprangerte Praxis ist natür-

---

3 Weber, Max, Die „Objektivität" sozialwissenschaftlicher Erkenntnis. In: Max Weber. Soziologie-Weltgeschichtliche Analysen-Politik. Mit einer Einleitung von Eduard Baumgarten. Hrsg. und erläutert von Johannes Winckelmann. Dritte, durchgesehene und ergänzte Auflage. Stuttgart 1964, S. 190.

4 Kant, I., Kritik der reinen Vernunft. In: Kant. Grundlagen des kritischen Denkens. Hrsg. v. Gerhard Stenzel. S. Mohn o. J., S. 301.

5 Weber, M., a.a.O., S. 197.

lich nicht ohne Widerspruch geblieben. Ansatzpunkt der Kritik an dem methodischen Prinzip der Wertfreiheit ist zumeist seine „berühmte Freiburger Antrittsvorlesung“, so auch Herbert Marcuse [6], der hieran anknüpft. Es lohnt sich, die Kritik von Marcuse etwas weiter zu verfolgen, um den Problemaufriß der Weberschen Position zu verdeutlichen. Die Interpretation von Marcuse legt den Schluß nahe, daß bei Verfolgung des methodischen Prinzips die Wissenschaft freigemacht wird „für die Akzeptierung von verbindlichen Wertsetzungen die von *außen* der Wissenschaft angetragen werden“ [7]. Dies zeigt sich nun mit „rücksichtsloser Offenheit“ darin, daß die „wertfreie Nationalökonomie den Anforderungen der imperialen Machtpolitik“ [8] unterworfen wird. Für unseren Zusammenhang also eine von endogenen Wertungen freigemachte Wissenschaft (z. B. Volkswirtschaftslehre) wird mit exogenen Wertungen versehen für die praktische Anwendung (z. B. Wirtschaftspolitik), wobei der Wertmaßstab die „imperiale Machtpolitik“ ist. Abgesehen davon, daß Max Weber sich in seinen späteren Arbeiten von dem Machtstaatsideal nachhaltig distanziert hat, unterschlägt Marcuse, da er lediglich auf die Freiburger Antrittsvorlesung fixierte, spätere Arbeiten von Max Weber zum Wertfreiheitsprinzip [9]. In diesem Zusammenhang beschäftigt sich Max Weber mit der These, „daß es ... eine wertungsfreie Lehre von der Wirtschafts*politik* nicht geben könne“ [10], aber genau hier sagt Max Weber, daß das Wertfreiheitsprinzip „die Voraussetzung j e d e r rein wissenschaftlichen Behandlung der Politik, insbesondere der Sozial- und Wirtschaftspolitik, ist“ [11].

Damit ist nicht, wie Marcuse weiter behauptet, „das Seinsollen ... aus der Wissenschaft (...) herausgenommen“, also der Zusammenhang von Tatsachen und Werte, sozusagen vor „der Wissenschaft geschützt und gegen die wissenschaftliche Kritik abgedichtet“ [12], sondern die Intentionen Max We-

---

6 Marcuse, H., Industrialisierung und Kapitalismus. In: Otto Stammer (Hrsg.), Max Weber und die Soziologie heute. Verhandlungen des 15. Deutschen Soziologentages. Tübingen 1965, S. 161 ff.
7 Ebenda, S. 161.
8 Ebenda.
9 Vgl. vor allem: Albert, H., Wissenschaft und Verantwortung. Max Webers Idee rationaler Praxis und die totale Vernunft der politischen Theologie. In: Mens en Maatschappij, 45. Jg., Nr. 5, 1970.
Wiederabgedruckt in: Albert, H., Plädoyer für kritischen Rationalismus. München 1971, S. 76 ff.
10 Weber, M., Der Sinn der „Wertfreiheit“ der Sozialwissenschaften. In: Max Weber ... a.a.O., S. 306.
11 Ebenda.
12 Marcuse, H., Industrialisierung ... In: a.a.O., S. 162.

bers gehen gerade dahin, daß die Kritik *nicht* vor Werturteilen halt macht und der wissenschaftlichen Diskussion *nicht* entzogen ist. Nur wendet er sich entschieden gegen eine Wissenschaft der Rezeptologie, d. h., daß die Aufgabe einer Erfahrungswissenschaft darin bestehen soll „bindende Normen und Ideale zu ermitteln, um daraus für die Praxis Rezepte ableiten zu können“ [13]. So z. B. als ob es für die praktische Sozialwissenschaft gelte, ein Prinzip aufzustellen, z. B. das Gewinnmaximierungsprinzip, dieses wissenschaftlich als gültig zu erklären versucht, aus dem dann die Normen für die Lösung der praktischen Einzelprobleme eindeutig deduzierbar seien. Nun diese Bemerkung, die von der Aufgabenstellung einer Wissenschaft herrührt, hat in methodologischer Hinsicht noch eine andere Bedeutung, die Max Weber ebenfalls behandelt hat. Es wäre nämlich denkbar, Werturteile zurückzuführen auf letzte Gegebenheiten, Wertaxiome oder normative Prinzipien, d. h. dementsprechend zu diskutieren. Daß eine solche Diskussion und Kritik bis in den persönlichen Bereich der Weltanschauung gehen kann, wird zumeist von Kritikern Max Webers (s. o.) übersehen. Zwar sah Max Weber hier eine Schranke der Diskussion, die man nicht zu akzeptieren braucht, zumal das Problem auftritt, ob es tatsächlich die letzten Gegebenheiten, Wertaxiome etc. sind? In greifbare Nähe rückt die Alternative entweder in einen unendlichen Begründungsregreß zu verfallen oder einer Dogmatisierung letzter Gegebenheiten den Vorzug zu geben, wenn nicht eine andere Möglichkeit bestünde. Für Max Weber bestand wenigstens der Sinn von Diskussionen über praktische Wertungen, um es hier zusammenzufassen, in folgendem:

1. „Die Herausarbeitung der letzten, innerlich „konsequenten“ Wertaxiome, von denen die einander entgegengesetzten Wertungen ausgehen“.
2. „Die Deduktion der „Konsequenzen“ für die *wertende* Stellungnahme, welche aus bestimmten letzten Wertaxiomen folgen würden, wenn man sie, und nur sie, der praktischen Bewertung von faktischen Sachverhalten zugrunde legte“.
3. „Die Feststellung der *faktischen* Folgen, welche die praktische Durchführung einer bestimmten praktisch wertenden Stellungnahme zu einem Problem haben müßte“.
4. Aus der so geführten Diskussion „könne *neue* Wertaxiome und daraus zu folgernde Postulate vertreten werden“ [14].

13 Weber, M., Die „Objektivität“ ... In: a.a.O., S. 187.
14 Weber, M., Der Sinn der ... In: a.a.O., S. 275 f.

Die Diskussion praktischer Wertungen bezieht sich also auch auf faktische Sachverhalte, die wiederum von Wertungen „infiziert" sind, d. h. daß die Erlangung bestimmter Sachverhalte selbst von Wertungen ausgeht. Dieser Umstand ist ebenfalls als Einwand gegen das Wertfreiheitsprinzip gemacht worden. Wer bereit ist zu lesen, wird auch in dieser Richtung unmißverständliche Äußerungen von Max Weber finden. „Daß die Wissenschaft 1. „wertvolle", d. h. logisch und sachlich gewertet *richtige* und 2. „wertvolle", d. h. im Sinne des wissenschaftlichen Interesses *wichtige* Resultate zu erzielen wünscht, daß ferner schon die Auswahl des Stoffes eine „Wertung" enthält, – solche Dinge sind trotz alles darüber Gesagten allen Ernstes als „Einwände" aufgetaucht" [15]. Wer weiterhin bereit ist, die Unterscheidung verschiedener Ebenen der Wertproblematik mitzumachen, nämlich in die Bedeutsamkeit von Fragestellungen und den Resultaten einer Wissenschaft und irgendwelchen Werturteilen innerhalb ihres Aussagezusammenhanges, wird gegen den Kurzschluß, der schon in den einführenden Sätzen dieses Abschnittes erwähnt wurde, gefeit sein, von dem Wert wissenschaftlicher Resultate und den Wertungen bei der Wahl der Sachproblematik auf die Existenz von Werturteilen in wissenschaftlichen Aussagezusammenhängen zu schließen.

Eine weitere Unterscheidung von Ebenen ist ebenfalls angebracht, da sonst auch hier ein Mißverständnis ausgemacht werden könnte, das zuungunsten des Wertfreiheitsprinzips angeführt wird. Vielfach wird die Meinung vertreten, eine „wertfreie" Wissenschaft könne die subjektiven Wertungen von Menschen gar nicht behandeln. Nun selbstverständlich kann eine wertfreie, empirische Wissenschaft subjektive Wertungen als *Objekt* behandeln, und ist nicht dem etwas voreiligen Einwand ausgesetzt, denn sozialwissenschaftliche Aussagen *über* Werturteile sind immer möglich und gehören zur Praxis jedes Sozialwissenschaftlers, wobei nur diejenigen den angeführten Kurzschluß begehen, die nicht die verschiedenen Sprachebenen berücksichtigen [16].

Neben diesen Unterscheidungen verschiedener Ebenen der Wertproblematik muß noch auf einen weiteren Einwand eingegangen werden, der sich

---

15 Weber, M., Der Sinn der ... In: a.a.O., S. 263.

16 Vgl. Albert, H., Ethik und Meta-Ethik. Das Dilemma der analytischen Moralphilosophie. Archiv für Philosophie, Bd. 11, 1961.
Wiederabgedruckt in: Albert, H., Konstruktion und Kritik. ... a.a.O., S. 128 f.
Wiederabgedruckt in: „Werturteilsstreit" ... a.a.O., S. 472 ff.

mit dem Problem des Sinnes der Wissenschaft beschäftigt, denn einer wertfreien empirischen Wissenschaft wird, wie es schon bei dem Einwand von Marcuse anklang, der Vorwurf gemacht „einseitig“ die technische Verwertbarkeit der Erkenntnisse in den Vordergrund zu stellen. So formuliert Habermas, „Insbesondere erläutert Weber den methodischen Sinn der Wertfreiheit im Zusammenhang mit der sozial-technischen Verwertung empirisch-analytischen Wissens“ [17]. Diese Charakterisierung mag Absicht oder Methode von Habermas sein, sich selbst für seine „emanzipatorische“ Wissenschaft einen Freiraum zu verschaffen, feststeht, daß Max Weber in „Wissenschaft als Beruf“ dieser einseitigen Interpretation einiges entgegenzusetzen hat. Denn die Wissenschaft kann – neben der technischen Verwertung – lehren, „*unbequeme* Tatsachen anerkennen“, „Methoden des Denkens“ bieten, zur „Klarheit“ verhelfen und „sich selbst Rechenschaft zu geben über den letzten Sinn seines eigenen Tuns“ [18]. Man kann diese beiden Bedeutungen mit den mehr plakativen Worten „Aufklärung“ und „Steuerung“ bezeichnen, wie es Hans Albert [19] vorgeschlagen hat. Das heißt zusammenfassend, daß die Wissenschaft zwar nicht die eingangs gestellten Fragen „Was sollen wir tun?“ „Wie sollen wir leben?“ beantworten kann, aber daß eine wertfreie empirische Wissenschaft im Zusammenhang mit diesen Fragen etwas leisten kann.

Nun nachdem der Problemaufriß der Wertproblematik ausgehend von Max Weber in einigen Verästelungen angesprochen wurde, ist es zweckmäßig, sich eingehender mit den verschiedenen Ebenen zu befassen, dabei wird auf die Gliederung in Teilprobleme, wie sie Hans Albert [20] vorgeschlagen hat, zurückgegriffen, nämlich in das *Problem der Wertbasis* der Sozialwissenschaften, in das *Problem der Wertungen im Objektbereich* der Sozialwissenschaften und in das *eigentliche Werturteilsproblem.*

---

17 Diskussionsbeitrag von Jürgen Habermas über „Wertfreiheit und Objektivität“. In: Otto Stammer (Hrsg.), Max Weber und die ... a.a.O., S. 78.

18 Weber, M., Vom inneren Beruf zur Wissenschaft. In: Max Weber. Soziologie – Weltgeschichtliche Analysen ... a.a.O., S. 328, 322, 333.

19 Albert, H., Aufklärung und Steuerung. Gesellschaft, Wissenschaft und Politik in der Perspektive des kritischen Rationalismus. Hamburger Jahrbuch für Wirtschafts- und Gesellschaftspolitik 1972, S. 11 ff.

20 Albert, H., Das Werturteilsproblem im Lichte der logischen Analyse. Zeitschrift für die gesamte Staatswissenschaft Bd. 112 (1956) S. 410–439.
Wiederabgedruckt in: Grundlagen der Wirtschaftspolitik. Hrsg. v. Gerard Gäfgen, Köln/Berlin 1966, S. 25–52.
Wiederabgedruckt in: Albert, H., Marktsoziologie und Entscheidungslogik. Berlin/Neuwied 1967, S. 92–130.

III. DAS PROBLEM DER WERTBASIS DER SOZIALWISSENSCHAFTEN

In diesem Abschnitt geht es um die Frage, „inwieweit sozialwissenschaftlichen Aussagen Wertungen (irgendwelcher Art) zugrundeliegen müssen?“ [21] Jede wissenschaftliche bzw. sozialwissenschaftliche Forschungstätigkeit geht von bestimmten Wertgesichtspunkten aus, dabei stellt sich die wissenschaftliche Erkenntnis nicht als eine Offenbarung der Vernunft, der Geschichte oder der Sinne dar, sondern ist das *Ergebnis einer Tätigkeit*, die mit Entscheidungen aller Art durchsetzt ist. So müssen von dem Sozialwissenschaftler Entscheidungen getroffen werden über die Probleme, die er behandeln will, über die Methode, die er dabei anwenden möchte, über die Brauchbarkeit von Hypothesen, die er seinen Aussagen über bestimmte Ereignisse zugrundelegen möchte, über die Relevanz von Beobachtungen für bestimmte Probleme, z. B. ob das beobachtende Ereignis die verwendete Hypothese widerlegt (falsifiziert) oder bewährt, d. h. über die Gültigkeit von Theorien und schließlich auch die Entscheidung, ob Werturteile in der Wissenschaft zugelassen werden sollen.

Diese normativen Regelungen, Spielregeln sind natürlich auf bestimmte Zielsetzungen der Wissenschaft bezogen. Bestehen diese darin, intersubjektiv überprüfbare Informationen über die Wirklichkeit zu geben, den Erkenntnisfortschritt zu prämieren und die Orientierung am Wahrheitsideal mitzumachen, der wird versuchen methodologische Regeln und Kriterien so zu formulieren, daß die Überprüfbarkeit und damit Revidierbarkeit sozialwissenschaftlicher Aussagen“ [22] garantiert ist. Diese an der kritischen Prüfung orientierte Erkenntnispraxis geht auf die Idee zurück, daß unser Denken und Handeln, unsere Denkresultate, unsere vorgeschlagenen Problemlösungen der Irrtumsmöglichkeit unterliegen, so daß, wer Interesse an der Wahrheit hat, seine Anschauungen und Vermutungen mit Alternativen konfrontiert, um zu vergleichen, zu modifizieren bzw. zu revidieren, also kritischen Argumenten aussetzt [23]. Nun ist bis jetzt noch keiner auf die Idee gekommen, diese „normativen“ methodologischen Krite-

---

21 Albert, H., Wertfreiheit . . . In: Logik . . . a.a.O., S. 189.
22 Ebenda S. 187.
23 Daß dies die Position der kritischen Rationalisten ist, braucht Kundige nicht überraschen. Vgl. hierzu u. a.: Albert, H., Die Idee der kritischen Vernunft. Zur Problematik der rationalen Begründung und des Dogmatismus. In: Club Voltaire, Jahrbuch für kritische Aufklärung I, München 1963. Wiederabgedruckt in: Albert H., Plädoyer . . . a.a.O., S. 15/16.

rien mit in den sozialwissenschaftlichen Aussagezusammenhang aufzunehmen. Daß der normative Hintergrund der Wissenschaft, ihre moralisch-existentielle Basis, die sie zweifellos hat, nun in diesem Zusammenhang erscheinen soll, wie gefordert wird, ist vorderhand nicht einzusehen, wenn man bereit ist zwischen dem moralischen Basisproblem der Wissenschaft und der Frage der logischen Voraussetzungen eines sozialwissenschaftlichen Aussagesystems unterscheidet. Allgemein, Wertungen, die die Grundlage der Wissenschaft bilden, haben *innerhalb* wissenschaftlicher Aussagesysteme nichts zu suchen, zwar ist diese Grundlage im meta-wissenschaftlichen Sinne „normativ", doch diese braucht man keineswegs im logischen Sinne, um ein sozialwissenschaftliches Aussagesystem aufzubauen [24]. Es lohnt sich hier noch etwas zu verweilen, da die Vertreter einer wertenden Wissenschaft gerade hier die Logik der Situation nicht ganz zu durchschauen vermögen. Die moralischen Voraussetzungen der Wissenschaft sind ja nicht Wertprämissen, aus denen man Werturteile ableiten könnte, sie liegen auf einer ganz anderen Ebene. Dies soll von einer anderen Perspektive einmal betrachtet werden. Wie Hans Albert es schon klassisch formuliert hat, „Werturteile über wissenschaftliche Aussagen und Systeme gehören natürlich zur normalen wissenschaftlichen Tätigkeit. Aber ebensowenig wie sozialwissenschaftliche Aussagen *über* Werturteile etwa selbst Werturteile sind, sind Werturteile *über* sozialwissenschaftliche Aussagen selbst sozialwissenschaftliche Aussagen. Wer in der Lage ist, jeweils Meta- und Objektsprache zu unterscheiden, wird hier keine falschen, wenn auch vielleicht bequeme Konsequenzen zugunsten einer wertenden Wissenschaft ziehen." [25] Die genannten sprachlichen Ebenen sind notwendig zur Beschreibung oder Analyse einer Objektsprache, d. h. der vorliegenden sozialwissenschaftlichen Aussagen bzw. Werturteilen. Die Sprache, in der man über die Objektsprache spricht, wird dann als Metasprache bezeichnet. Diese wichtige Unterscheidung ist unter anderem auch dazu benutzt worden, daß alte philosophische Problem des „Lügnerparadoxon" (Ein Lügner sagt, Alles was ich in den nächsten Stunden sage, ist falsch.) zu lösen, für unseren Zusammenhang löst sich auch der Einwand gegen das Wertfreiheitsprinzip auf, in dem vorgebracht wird, es wird wertend gegen Werturteile in der Wissenschaft Stellung genommen. Um es noch einmal zu sagen, daß methodische Wertfreiheitsprinzip gehört demnach in die Ebene der Metasprache, während Werturteile, auf die sich das Wertfreiheitsprinzip

24 Vgl. Albert, H., Wissenschaft und Politik. In: a.a.O., S. 215.
25 Ebenda S. 209.

bezieht, in die Ebene der Objektsprache gehört, so daß kein Anlaß besteht, einen Zirkel zu fingieren. Damit ist es auch möglich, die Wertbasis selbst zum Gegenstand einer Analyse zu machen, und zwar wertfrei, d. h. ohne Gebrauch von Werturteilen, so paradox es anfänglich auch klingen mag. Wenn weiter die „Werte, Normen und Ideale“ als „menschliche Konstruktionen“ behandelt werden und nicht als „objektiv erkennbare Wesenheiten“, dann verbietet sich eine kognitive Deutung von Werturteilen, d. h. solche Aussagen haben „in einem auf Erkenntnis“ gerichteten sozialwissenschaftlichen Aussagezusammenhang nichts zu suchen. Selbstverständlich macht wie oben schon erwähnt sich aber eine Sozialwissenschaft die Analyse der sozialen Wirkungszusammenhänge, „in denen diese Konstruktionen eine Rolle spielen“ zum Gegenstand, indem sie diese („als Tatbestände des sozialen Lebens“) auch wertfrei behandelt. Nicht wie Marcuse meinte, die Wissenschaften frei zu machen „für exogene Wertungen“, sondern ihre „endogenen Wertungen deutlich zu machen“, „zur Geltung zu bringen“ und „sie von exogenen Wertungen soweit unabhängig zu machen“, daß eine Wahrheitssuche möglich ist, „um eine illusionslose Erfassung sozialer Wirkungszusammenhänge“ zu gewährleisten, „unbequeme Tatsachen“ aufzudecken und dem „bloßen Wunschdenken“ einen Riegel vorzusetzen [26]. Die mit dem methodischen Prinzip der Wertfreiheit verbundene Konsequenz zur Versachlichung der Diskussion ist nicht zu Unrecht als eine Entzauberung der Welt durch den Fortschritt der Wissenschaft bezeichnet worden, wenngleich Vertreter, meist theologischer Provenienz, einen „Nihilismus“ wittern, in Verkennung der Problemsituation.

Im Zusammenhang mit der Wertbasis, der moralisch-existentiellen Basis, der Wissenschaft, darf das Problem der Steuerung bzw. Lenkung der Wissenschaft nicht unerwähnt bleiben, zumal gerade von neomarxistischer Richtung die politische Relevanzproblematik wissenschaftlicher Forschungen und Fragestellungen in den Vordergrund gespielt wird. Zunächst könnte man daran denken, für die wissenschaftliche Forschung akzeptable Wertprämissen zu ermitteln versuchen, z. B. durch die Ermittlung der tatsächlich vorhandenen Wünsche und Interessen der Gesellschaft, dies könnte die empirische Forschung durchaus leisten. Nur setzt ja die Erforschung dieser akzeptablen Wertprämissen ihr eigenes Ergebnis schon voraus, so daß ein circulus vitiosus entsteht, der für diejenigen, die sich im Besitz einer umfassenden Vernunft befinden, kaum als störend empfunden wird. Nun zeichnet sich die tatsächliche soziale Interessenkonstellation durch

---

26 Vgl. Albert, H., Wissenschaft und Verantwortung. In: a.a.O., S. 88, 89, 90.

Konflikte, d. h. durch widersprechende Wertungen aus, so daß die Frage entsteht, warum ein Wissenschaftler die aktuellen Wertungen akzeptieren sollte, zumal diese noch nicht einmal harmonieren, warum sollte seine Wahl eingeschränkt sein? [27] Wird weiterhin auf die schwerwiegenden sozialen Konsequenzen wissenschaftlicher Forschungen verwiesen und daraus eine Steuerung oder Lenkung ihrer Problemstellungen und Lösungen gefordert, gerechtfertigt durch ein „Gesamtinteresse" (s. o.), dann ergeben sich weitere Fragwürdigkeiten. Es müßten nämlich „außerwissenschaftlichen Instanzen ein Erkenntnisprivileg" und entsprechende Kompetenzen zugestanden werden, die über „weiterreichende Kenntnisse" verfügen, als im „Bereich der wissenschaftlichen Forschung" selbst vorhanden sind, in dem gerade die Konkurrenz verschiedener sozialwissenschaftlicher Theorien an der Tagesordnung sind [27a]. Dies ist natürlich kein Argument für diejenigen, die hinter dem Ganzen eine „Verschwörergruppe" vermuten, deren Forschungen sich zur Gänze von den Interessen der Gesellschaft „emanzipiert" hätten, so daß eine Orientierung an der für die Gesellschaft wichtigen Probleme lautstark gefordert wird. Die Steuerung und Lenkung bezweckt ja, daß „politisch relevante und annehmbare" Theorieentwürfe produziert werden, die auch „zu günstigen sozialen Wirkungen führen."

Abgesehen von den Bewertungsgesichtspunkten (s. o.) spielt hier eine gewisse Naivität bei der Beurteilung von Theorien für die Entwicklung der Erkenntnis eine Rolle, denn eine allgemeine und gehaltvolle Theorie hat eine unendliche Folgerungsmenge, so daß auch entsprechende Verwertungsmöglichkeiten offenstehen, deren soziale Wirkungen im vorhinein gar nicht bestimmt werden können. Ähnlich verhält es sich, wenn politisch-relevante Probleme als Ausgangspunkt für die Theoriebildung genommen werden, auch hier müßte die Beurteilungsmöglichkeit vorausgesetzt werden, abgesehen von der Frage, ob diese Probleme überhaupt zu einer relevanten Theorie führen, was „unter wissenschaftstheoretischen und historischen Gesichtspunkten eine höchst fragwürdige Vorstellung" ist [28]. Aktuelle Bedeutung hat diese Überlegung in der Meinung aus allen Kritikpunk-

---

27 Vgl. Albert, H., Das Wertproblem in den Sozialwissenschaften. Bemerkungen zu Myrdals neuem Buch. Schweizerische Zeitschrift für Volkswirtschaft und Statistik, Jg. 94 (1958), S. 38 f.

27a Vgl. Albert, H., Wissenschaft, Technologie und Politik. Zur Problematik des Verhältnisses von Erkenntnis und Handeln. In: Wirtschaftliche und soziale Auswirkungen des technischen Fortschritts, VDI-Verlag, Düsseldorf 1971.
Wiederabgedruckt in: Albert, H., Konstruktion und . . . a.a.O., S. 87.

28 Vgl. Albert, H., Aufklärung und Steuerung, a.a.O., S. 22/23.

ten, die einem System zugeschrieben werden, lasse sich eine „gute" Gesellschaftstheorie zaubern, wobei dann noch die politische Einstellung des Forschers die Produktion einer „guten" Theorie mit nur angenehmen sozialen Wirkungen gewährleisten soll. Zusammenfassend läßt sich feststellen, daß wissenschaftliche Theorien in moralisch-politischer Hinsicht einen ambivalenten Charakter haben, d. h. sie lassen prinzipiell eine unbegrenzte Menge technischer Verwendungen zu und zwar in den verschiedensten Richtungen, so daß egal von welchen Wertgesichtspunkten ausgegangen wird, einige als akzeptabel; andere als unannehmbar erscheinen [29]. Das gleiche gilt für die aus den Theorien abgeleiteten Technologien, so daß die Argumente für eine politische und (oder) ideologische Steuerung der wissenschaftlichen Forschung eine problematische Grundlage haben. Scharf davon ist zu unterscheiden, die tatsächliche Anwendung von Technologien, d. h. ihre technische Anwendung, die teilweise einer politischen Steuerung unterliegen.

Damit soll dieser Abschnitt über die Wertbasis vorerst abgeschlossen werden, wobei in einem späteren Zusammenhang dieses Problem noch einmal auftaucht.

IV. DAS PROBLEM DER WERTUNGEN IM OBJEKTBEREICH DER SOZIALWISSENSCHAFTEN

Wie es in dem vorherigen Abschnitt schon verschiedentlich angesprochen wurde, ist dieses Problem kaum als kontrovers zu betrachten. Für den Objektbereich der Sozialwissenschaften sind Wertungen aller Art konstitutiv. Diese sozialen Beziehungen und Handlungen müssen von den Sozialwissenschaften selbstverständlich behandelt werden. Wichtig ist wiederum die Unterscheidung in Meta- und Objektsprache, denn Aussagen, die das Wertverhalten und damit auch die Werturteile der Menschen beschreiben, erklären und voraussagen sind ja selbst Tatsachenaussagen und keine Werturteile, so daß solche Aussagen rein kognitiv-informativen Charakter

29 Vgl. Albert, H., Wissenschaft, Technologie ... In: a.a.O., S. 84.
Vgl. hierzu auch: Tenbruck, F. H., Die Funktionen der Wissenschaft. In: Gerhard Schulz (Hrsg.), Was wird aus der Universität? Tübingen 1969.
Mohr, Hans, Information und Utopie. Die Zukunft des Menschen aus der Sicht der Naturwissenschaften. Freiburger Universitätsreden. Neue Folge, Heft 46, Freiburg 1969.

haben können[30]. So kann die sozial-wissenschaftliche Analyse bei diesen Normen „ihren Gehalt interpretieren", „ihre faktischen Wirkungen aufzeigen" und deren Veränderung betrachten. Aber sie kann mit der ihnen zur Verfügung stehenden „Mitteln diese Normen nicht begründen", d. h. einen allgemeinen und überzeitlichen Gültigkeitsbeweis liefern. Von der Erkenntnis der Realität führt *logisch* kein „Weg zu dem, was sein soll".

Damit bleibt die Sozialwissenschaft, „auch wenn sie sich mit Normen befaßt, Erfahrungswissenschaft." [31]

V. DAS EIGENTLICHE WERTURTEILSPROBLEM

Das eigentliche Werturteilsproblem läßt sich wiederum Hans Albert folgend in Teilprobleme aufspalten und zwar in ein defenitorisches, logisches, methodologisches und moralisches Problem, wobei zwischen diesen Problemkreisen mannigfache Verbindungen und Überschneidungen existieren. Dennoch erscheint es zweckmäßig, in dieser Reihenfolge dem Werturteilsproblem etwas näher zu kommen.

1. Das definitorische Teilproblem

Unter diesem Teilproblem verbirgt sich die Frage des Wissenschaftsbegriffs, d. h. ob ein System, in dem Werturteile auftreten, unter dem Begriff der Wissenschaft fällt oder nicht? [32] Die Frage mit dem Hinweis auf eine Definition von Wissenschaft, also mit einer Festsetzung von Verwendungsregeln für einen sprachlichen Ausdruck zu beantworten, verweist vorerst nur auf die Möglichkeit der beliebigen Konstruktion von Gebrauchsregeln, wenn sich nicht hinter einer „Definition" ein bestimmtes Programm wissenschaftlicher Tätigkeit verbergen würde. Die Formulie-

30 Vgl. Albert, H., Wissenschaft und Politik. In: a.a.O., S. 208.
31 Vgl. Molitor, Bruno, Theorie der Wirtschaftspolitik und Werturteil. Hamburger Jahrbuch für Wirtschafts- und Gesellschaftspolitik, 8. Jg. 1963, S. 81–103.
Wiederabgedruckt in: „Werturteilsstreit". Hrsg. v. H. Albert und E. Topitsch a.a.O., S. 263.
32 Vgl. hierzu: Albert, H., Wissenschaft und Politik. In: a.a.O., S. 209. Ders., Das Werturteilsproblem im Lichte ... In: a.a.O., S. 27. Siehe ebenda Anm. 7, S. 46: „Hinter der Frage nach dem Wesen einer Sache verbirgt sich oft die Suche nach einer Norm, deren Formulierung als Definition maskiert wird."

rung eines Wissenschaftsprogramms setzt aber Entscheidungen voraus, über Aufgaben, Probleme und Spielregeln der Wissenschaft, die zwar nicht ohne eine sachliche Grundlage getroffen werden, aber nicht eine Erkenntnis, sondern eine Entscheidung darstellt und somit wiederum auf die moralische-existentielle Basis der Wissenschaft verweist. Damit bekommt die definitorische Teilproblematik eine moralische Komponente, die auch nicht durch die Frage nach dem Wesen der Wissenschaft verdeckt werden kann, in dem nämlich Erkenntnis und Entscheidung zusammengeworfen werden.

2. Das logische Teilproblem

Die logische Analyse von Wertausdrücken ist wohl das Kernstück der ganzen Problematik, denn hier wird nach dem „Sinn" von Wertaussagen gefragt, und wie Werturteile verwendet werden? Auch hier lohnt es sich, auf die moderne Sprachanalyse zurückzukommen, denn das methodische Prinzip der Wertfreiheit stellt sich teilweise als ein Problem der Wissenschaftssprache dar. Die Frage, ob bestimmte Aussagearten für die Zielsetzung der Wissenschaft brauchbar sind, hier natürlich Werturteile oder allgemein normative Aussagen. Normalerweise bedient sich die Wissenschaft der *deskriptiven* Sprache [33], die dazu verwendet wird, „Tatsachen", „Situationen zu beschreiben", „Zusammenhänge" oder „Ereignisse zu erklären" bzw. vorauszusagen, „Annahmen zu machen", „Hypothesen und Gesetze" zu formulieren, „Regeln zu beschreiben" und „Kriterien zu formulieren". Von dieser deskriptiven Sprache läßt sich die *präskriptive* Sprache unterscheiden, die dazu dient, „Stellungnahmen, Entscheidungen auszudrücken, Vorschriften zu machen, Befehle zu erteilen, Rechte und Pflichten zuzuschreiben und Verhaltungsweisen als gerechtfertigt zu deklarieren". Wenn von Werturteilen in den Sozialwissenschaften gesprochen wird, nimmt man gewöhnlich Bezug auf den letztgenannten Tatbestand, d. h. man versteht darunter Aussagen, „die bestimmte Verhaltensweisen (Stellungnahmen, Entscheidungen, Handlungen) als gerechtfertigt deklarieren" [34] wollen, z. B. „Das heutige Sozialprodukt ist ungerecht verteilt", „Die Regierung darf keine Inflationspolitik betreiben". Mit dem Wollen ist eine Dimension der Funktion dieser Aussagearten angesprochen, die in der modernen Sprachanalyse unter die pragmatische Dimension gefaßt wird. Davon zu unterscheiden ist die syntaktische und semantische Dimen-

---

33 Vgl. Albert, H., Wertfreiheit als ... In: a.a.O., S. 183/184.
34 Ebenda.

sion. Während sich der syntaktische Aspekt auf die formale Anordnung von Sätzen bzw. Aussagen bezieht unter Abstraktion des inhaltlichen Sinns von Sätzen bzw. Aussagen, so beschäftigt sich gerade der semantische Teil mit der inhaltlichen Bedeutung und deren Beziehung zur Realität [35]. Eingedenk dieser Unterscheidung läßt sich das Werturteil „Das heutige Sozialprodukt ist ungerecht verteilt" folgendermaßen nach Hans Albert auffassen, „Die heutige Verteilung des Sozialprodukts ist so beschaffen, daß sie bestimmten Prinzipien nicht entspricht, die Anspruch auf Anerkennung machen können. Man darf daher eine negative Stellungnahme dazu erwarten" [36]. In dieser Reformulierung wird der ausgezeichnete Realitätsbezug deutlich mit der impliziten Bezugnahme auf Prinzipien und präskriptiver Erwartung, so daß ein Satz als Werturteil anzusehen ist, wenn er:

„1. den jeweils anvisierten Sachverhalt in positiver oder negativer Weise für das Verhalten (Stellungnahme oder Handeln) auszeichnet;

2. Dabei ein normatives Prinzip (Wertstandard oder Verhaltensmaxime) als gültig unterstellt, das ein entsprechendes Verhalten fordert;

3. eine präskriptive Erwartung involviert, daß die Adressaten des Satzes sich mit diesem Prinzip identifizieren und sich daher entsprechend verhalten". [37]

Vereinfacht könnte man sagen, daß in einem Werturteil eine deskriptive Sinnkomponente enthalten ist und eine präskriptive [38], wobei letztere die oben genannte pragmatische Dimension anspricht und vieles, was gegen das methodische Prinzip der Wertfreiheit gesagt wurde, gerade in diesem

---

35 Siehe hierzu: Freundlich, Rudolf, Einführung in die Semantik, Darmstadt 1972, S. 1 ff.
Siehe auch: Klaus, Georg, Semiotik und Erkenntnistheorie. 4. unveränderte Auflage, Berlin (Ost) 1973, S. 15 ff. Dort findet sich auch ein interessanter Hinweis auf die pragmatische Dimension: „Der pragmatische Bereich ... ist der Bereich, in dem die philosophische Katergorie der *Parteilichkeit* beheimatet ist. Das Gebiet der Philosophie, das für diesen Bereich vorwiegend zuständig ist, ist der historische Materialismus". (S. 176)

36 Albert, H., Theorie und Praxis ... In: a.a.O., S. 54.

37 Ebenda.
Andere ähnliche Formulierungen in:
Ders., Ethik und Meta-Ethik ... In: a.a.O., S. 148.
Ders., Das Werturteilsproblem im ... In: a.a.O., S. 33.
Ders., Wissenschaft und Politik ... In: a.a.O., S. 206.
Ders., Stichwort „Wert", HdSW, Bd. 11, S. 639.

38 Siehe hierzu: Kraft, Victor, Wertbegriffe und Werturteile. In: „Werturteilsstreit" a.a.O., S. 49.

Aspekt angesiedelt ist. So etwa die Forderung, der einzelne Forscher hätte sich zu gewissen normativen Prinzipien, Wertstandard etc. zu bekennen, indem er diese bekenntnishaft einführen soll. Nun haben Bekenntnisse in wissenschaftlichen Aussagezusammenhängen bei deren Begründung kaum eine Rolle gespielt, da hier auf die intersubjektive Überprüfbarkeit, empirischen Gehalt der Aussagen Wert gelegt wird, so daß die Frage auftaucht, ob „subjektive" Bekenntnisse diesen Begründungszusammenhang in irgendeiner Weise verbessern, zumal in Wertaussagen soweit nicht der deskriptive Gehalt in Frage kommt „keine Erkenntnisse zum Ausdruck" gebracht werden „und daher weder wahr noch falsch sein können", also keine „wahrheits*fähigen* Aussagen" [39] darstellen.

3. Das methodologische Teilproblem

Mit diesem Teilproblem ist die instrumentale Seite der Problematik angesprochen, nämlich die Frage, ob von bestimmten Zielsetzungen aus die Verwendung von Werturteilen in den Wissenschaften notwendig erscheint, d. h. unter welchen Umständen brauchen wir derartige Aussagen, unter welchen nicht? Nun, den Befürwortern des methodischen Prinzips der Wertfreiheit wird von ihren Gegnern den „Normativisten" [40], entgegengehalten, daß das Verfolgen dieses Prinzips an die Grenze der Realisierbarkeit stößt, da eine unübersehbare Menge von Interessen und Wertstandpunkten berücksichtigt werden müßten als Grundlage bei der Konstruktion sozio-technischer Systeme [41] und daß weiter diese in den Dienst jeder beliebigen Zielsetzung und damit auch moralisch anfechtbaren gestellt werden könnten [42], d. h., daß die Idee einer reinen Sozio-Technik aufgrund der Nichtrealisierbarkeit zum Scheitern verurteilt ist und zweitens der Ethos der Wissenschaft verbietet, daß die Wissenschaft „zum willfährigen Knecht jeder beliebigen obersten Zielsetzung" [43] gemacht wird.

---

39 Albert, H., Das Werturteilsproblem im ... In: a.a.O., S. 33.

40 In logisch-erkenntnistheoretischer Hinsicht gibt es wohl kaum gravierende Unterschiede.
Weisser, Gerhard, Politik als System aus normativen Urteilen. Sinn – Möglichkeit – Haupterfordernisse. Göttingen 1971.
Lompe, Klaus, Wissenschaftliche Beratung der Politik. Göttingen 1966.
Jochimsen, Reimut/Knobel, Helmut, Erkenntnisziel und gesellschaftspolitische Aufgabe der Ökonomen. In: Kontaktstudium. Ökonomie und Gesellschaft. Hrsg. v. Regina Molitor. Frankfurt 1972, S. 13 ff.

41 Weisser, G., Politik als ... S. 18.

42 Ebenda S. 20.

43 Ebenda.

Die Konsequenz z. B. für Weisser besteht darin, ein System normativer Urteile aufzubauen, wobei die obersten Wertmaßstäbe nicht hypothetisch zugrundegelegt werden sollten, sondern „bekenntnishaft" eingeführt werden, will sagen, „unmittelbare Interessen" [44] zugrundegelegt, zu denen der Sozialwissenschaftler sich bekennt. Dieses Problem ist nicht allein auf die Sozialwissenschaften beschränkt. Man könnte z. B. an die Naturwissenschaften denken, deren technologische Systeme durch die „Bekenntnishaft" eingeführten Wertprämissen in normative Systeme transformiert werden könnten, daß dieses überall möglich ist, braucht nicht bestritten zu werden, nur die Frage, ob der Wissenschaftler zum Aufbau wissenschaftlicher Aussagesysteme Wertprämissen als logische Voraussetzungen braucht, ist damit noch nicht entschieden. Aus der moralischen Basis der Wissenschaft, den Wertungen, die die Richtung der Forschung die Wahl der Probleme und Methoden, die Spielregeln der Wissenschaft motivieren, also Voraussetzungen, die in meta-wissenschaftlichem Sinne „normativ" sind, folgt nicht, daß normative Voraussetzungen im logischen Sinne notwendig sind, um eine Wissenschaft oder Technologie aufzubauen [45]. Bei der Vernachlässigung dieser Doppeldeutigkeit von „Voraussetzung" ist man leicht geneigt, eine Normativierung für unvermeidlich zu halten, im Hinblick auf die logisch-methodologische Relevanz verbessert dieses Verfahren keineswegs die Gültigkeit der betreffenden Aussagen, d. h. zur Begründung sozialwissenschaftlicher Aussagen sind Wertprämissen überflüssig, salopper formuliert, sie gehören in den Entstehungszusammenhang, nicht in den Begründungszusammenhang.

Natürlich dient die explizite Einführung von Wertprämissen dazu, die Ableitung anderer normativer Aussagen zu gewährleisten. Es wird aus Gründen der praktischen Brauchbarkeit eine normative Sozialwissenschaft gefordert, aus denen u. U. politische Entscheidungen gerechtfertigt werden können. Bei der so gesehenen Notwendigkeit muß daran erinnert werden, daß aus einer sozialwissenschaftlichen Theorie mit nomologischem Gehalt, sich ohne Verwendung zusätzlicher Wertprämissen auf deduktivem Wege praktisch verwendbare technologische Systeme ableiten lassen.

Bei dieser Ableitung muß eine Selektion, d. h. die Relevanz der betreffenden Folgerungen berücksichtigt werden, da die Folgerungsmenge bei einer gehaltvollen Theorie unendlich ist, dies setzt eine praktisch orientierte

---

44 Ebenda S. 18.
45 Vgl. Anm. 24.

Phantasie voraus. In diesem Zusammenhang könnte sich das in manchen Wissenschaften beklagte Theoriedefizit als ein Mangel an schöpferischer Phantasie herausstellen, nämlich aus vorhandenen Theorien relevante Technologien abzuleiten. Die praktische Bedeutung solcher technologischer Systeme liegt darin, daß die in den sozialwissenschaftlichen Theorien beschriebenen Gesetzmäßigkeiten, nomologische Hypothesen, den Charakter von Einschränkungen haben, andersherum den Charakter von Spielräumen, in denen das tatsächliche Geschehen abläuft [46]. Die praktische Anwendung in bestimmten Situationen weist dann auf Einschränkungen menschlicher Wirkungsmöglichkeiten, d. h. durch diese technologischen Systeme wird der Spielraum menschlicher Handlungsmöglichkeiten festgelegt und erlaubt damit die Beantwortung der Frage „Was können wir tun" in einer bestimmten spezifischen Situation. Nicht Vorschriften sind für technologische Systeme gefragt, sondern informatorischer Gehalt und Relevanz für die Lösung des betreffenden Problems. Analog zu der Ambivalenz von Theorien ist auch bei technologischem System diese vorhanden, auch hier ist die eindeutige politische und moralische Beurteilung nicht möglich. Man braucht hier nur an eine Technologie, um dieses Beispiel von Hans Albert [47] anzuführen, der Revolution zu denken, je nach Situation und unter gleichen Wertgesichtspunkten kann sie wünschenswert bzw. nicht wünschenswert sein, einmal davon abgesehen, daß die Gegner einer Revolution aus der Kenntnis dieser Technologie auch ihren Nutzen ziehen können. Die positive Beurteilung einer Technologie zur Lösung eines bestimmten Problems braucht keineswegs deren Verwendung nach sich zu ziehen, d. h. eine bestimmte Politik. Würde dies der Fall sein, dann würden Kompromisse oder Abstufungsprobleme nicht erklärbar, die gerade in der politischen Auseinandersetzung einen großen Bereich von „Aktivitäten" ausmachen.

Auch hier ist die Situation etwas differenzierter, indem nämlich zwischen Technologie und Technik oder Sozialtechnologie und Politik unterschieden werden muß. Das in der Anwendung sozialtechnologischer Aussagesysteme Wertungen und Entscheidungen eine große Rolle spielen, ist von den Vertretern des methodischen Wertfreiheitsprinzips keineswegs geleugnet worden. Was aber auf Widerspruch stößt, ist die Propagierung der

---

46 Vgl. hierzu: Popper, K. R., Logik der Forschung, a.a.O., S. 32 f. Albert, H., Probleme der Theoriebildung. Entwicklung, Struktur und Anwendung sozialwissenschaftlicher Theorien. In: Albert, H. (Hrsg.), Theorie und Realität. Ausgewählte Aufsätze zur Wissenschaftslehre. Tübingen 1964, S. 25 f.

47 Vgl. Albert, H., Wissenschaft, Technologie ... In: a.a.O., S. 84.

Zweckmäßigkeit von Konzeptionen, in denen versucht wird, die für die konkreten Situationen in Betracht kommenden Wertungen durch die Einführung von Wertprämissen in die betreffenden sozialtechnologischen Systeme vorwegzunehmen. Dies wäre in der Tat ein utopisches Unterfangen, die Vielfalt der in Betracht kommenden Zielsetzungen und Wertungen in abstrakto vorwegzunehmen [48]. Konkreter, ein Bekenntnis zu den Zielen Preisstabilität und Vollbeschäftigung ist von einem Sozialwissenschaftler ab ovo nicht zu erwarten, wohl aber die Konstruktion sozialtechnologischer Systeme bezogen auf solche möglichen Ziele oder Zielkombinationen, deren konkrete Anwendung in einer spezifischen Situation allerdings eine Entscheidung über solche Ziele voraussetzt. Eine Normativierung der Sozialwissenschaften müßte also alle derartigen Entscheidungen in geeigneten Wertprämissen, abgesehen einmal von deren Begründung, vorwegnehmen, so daß diese für beliebige Situationen aus dem System abgeleitet werden können. Wie Hans Albert zu Recht bemerkte, führen diese Erfordernisse zu einem „normativen Perfektionismus" [49].

Es könnte jetzt der Eindruck entstehen, daß sich beide Positionen eine „Nichtrealisierung" vorwerfen, der aber nur dann entsteht, wenn von dem Standpunkt einer umfassenden normativen Sozialwissenschaft argumentiert wird und dieser in die Position des Gegners hineinprojeziert wird. Welche Transformationen relevant sind, das ist ein Selektionsproblem, das gelöst werden muß. Aber diese Gesichtspunkte ergeben sich meistens aus der Formulierung des technologischen Problems z. B. „Wie kann die Bundesregierung in einer wirtschaftlichen Situation, die durch bestimmte Indikatoren charakterisiert ist, die Preisstabilität wieder erreichen, ohne bestimmte Wirkungen auf andere Größen wie Vollbeschäftigung, Wachstum herbeizuführen bzw. ohne die und die Instrumente anzuwenden?" Die in dieser Formulierung auftretenden wirtschaftspolitischen Ziele Vollbeschäftigung und Wachstum könnte man bei der Transformation hypothetisch zugrundelegen, sie also logisch gesehen als Einschränkungen verstehen. Die Notwendigkeit, hier normative Prämissen einzuführen, setzt Entscheidungen über die Zielsetzungen und Mittelverwendungen voraus, sind selbst nicht ableitbar aus einem technologischen System, das nur Handlungsmöglichkeiten aufweist. Aber diese Entscheidungen sind unter Berücksichtigung der technologischen Erkenntnisse zu treffen, die für die betreffenden Situationen relevant sind, aber die Relevanz darf mit

---

48 Vgl. Albert, H., Sozialwissenschaft und politische Praxis. In: a.a.O., S. 110.
49 Ebenda.

der Legitimation ihrer praktischen Anwendung nicht verwechselt werden. Daß bei der Lösung des Relevanzproblems die Entscheidungen und Stellungnahmen mit herangezogen werden bei der Transformation technologischer Systeme ist natürlich, aber dies braucht keineswegs in einer präskriptiveen Sprache zu geschehen. D. h. die Sozialwissenschaft informiert über relevante Wirkungsmöglichkeiten und ermöglicht damit eine rationale Politik.

„Die Entscheidung zwischen normativer Wissenschaft und informativer Technologie ist kein Problem der Sozialwissenschaft selbst", sondern ein Meta-Problem [50], das die Frage nach den Spielregeln der Sozialwissenschaft selbst stellt, also über den Aufgabenbereich der Wissenschaft die Frage nach dem Wissenschaftsideal. Wird in normativen Systemen die präskriptive Seite hervorgehoben, also „die Appell-Motivations- und Legitimationsfunktion", so beschränken sich auf der anderen Seite die Theorien auf ihre kognitiv-informatorische Funktion. Die Frage, die auftaucht, ob eine Kooperation zwischen beiden Auffassungen möglich ist, könnte wie folgt beantwortet werden [51]. Es wäre daran zu denken, ein normatives System wertmäßig zu neutralisieren, indem von der pragmatischen Dimension abstrahiert wird und lediglich der semantische Aspekt in den Vordergrund rückt, denn die Werturteile besaßen eine deskriptive Sinnkomponente und eine normative. Diese normative Sinnkomponente stellt logisch gesehen eine Voraussetzung dar, aus der „alle übrigen Aussagen des Systems logisch ableitbar sind", analog einer obersten nomologischen Hypothese in einer empirisch gehaltvollen Theorie. Beiden ist gemeinsam, daß sie allgemeine Einschränkungen des Geschehens ausweisen, innerhalb derer sich die wirklichen Vorgänge abspielen bzw. abspielen sollen. Der entscheidende Unterschied liegt in der Tatsache, daß nomologische Hypothesen an der Wirklichkeit scheitern können, während die normativen Voraussetzungen „regulativen Charakter" haben und bei jeder veränderten „Sachlage durchgehalten werden können". Man könnte sich vielleicht folgende Übersetzung vorstellen. Eine sozialwissenschaftliche Theorie enthält gehaltvolle nomologische Hypothesen, die den „faktischen Aktionsspielraum charakterisieren", führt man hier normative Prämissen ein, so wird der Spielraum weiter eingeengt, das heißt „faktisch mögliche Verhaltensweisen" werden „normativ ausgeschlossen". Werden nun diese normativen Prämissen so behandelt, daß man von dem normativen Charakter

50 Vgl. Albert, H., Wissenschaft und Politik. In: a.a.O., S. 218.
51 Im folgenden, ebenda, S. 219, 220, 221, 222.

abstrahiert, so kann man diese als hypothetische Annahmen betrachten, die den nomologischen Hypothesen hinzugefügt wurden, „um die Ablaufmöglichkeiten unter den einschränkenden Bedingungen zu analysieren“. D. h. unter Abstraktion der pragmatischen Komponente werden die „technologischen Systeme“ und „normativen“ Systeme „semantisch äquivalent“ [52a], denn die bei einem technologischen System unterstellten Zielsetzungen und Mittelbeschränkungen sind ja ebenfalls Einschränkungen. Damit wäre eine Neutralisierung von Werturteilen möglich und eine Kooperation zwischen beiden Richtungen. Somit ist es nicht notwendig auf die bekenntnishafte Einführung von Wertprämissen zu pochen, denn diese verleihen den sozialwissenschaftlichen Aussagen keine höhere Weihe, wenn der dort angesprochene *Sachverhalt* und deren Implikationen maßgebend zur Interpretation der Wirklichkeit ist. Gleichwohl muß man die ideologie-kritische Absicht der Normativisten anerkennen, die durch die deutliche Explikation der Wertprämissen ideologisch maskierte sozialwissenschaftliche Aussagezusammenhänge destruieren möchten [52].

Unter dem methodologischen Teilproblem muß noch das Zweck-Mittel-Denken [53] erwähnt werden. Wenn sozialtechnologische Aussagesysteme über Möglichkeiten informieren, bestimmte Ziele zu erreichen, ohne eine bestimmte Alternative und deren Realisierung nahezulegen, ist damit auch eine Absage an das beliebte Zweckmitteldenken erteilt, das darin besteht, den Bereich der Mittelverwendung wertmäßig zu neutralisieren, wenn die Zwecke gegeben sind. Einmal müßte dann verlangt werden, daß der Bereich der Mittel und Zwecke säuberlich getrennt werden könnten und die Nebenwirkungen wertneutral wären, andererseits, daß die Mittel keine von den vorausgesetzten Zwecken unabhängige Wertung erfahren

---

52a Albert, H., Wissenschaft und Politik. In: a.a.O., S. 220 f. Voraussetzung ist, bei einer Transformation, daß die normativen Prinzipien auch „gehaltvoll“ sind, ebenso der semantische Teil, um Aussagen über die Realität zu machen. Folgende Aussage hat keinen empirischen Gehalt: Wenn Überbeschäftigung herrscht, dann steigen, fallen oder bleiben die Preise konstant. Gehaltvoll wäre auch folgendes normatives Prinzip nicht: Die Regierung soll die Inflation bekämpfen oder es sein lassen. Oder besser: Partei X will Freiheit, Gleichheit und Solidarität. Wer will das nicht? In den erwähnten Fällen wird nichts, keine Möglichkeiten, ausgeschlossen. Hierzu sehr informativ: Topitsch, E., Über Leeformeln. Zur Pragmatik des Sprachgebrauches in Philosophie und politischer Theorie. In: Probleme der Wissenschaftstheorie ... a.a.O., S. 233 ff.

52 Vgl. hierzu den Ansatz von: Jochimsen, R./Knobel, H., Erkenntnisziel ... In: a.a.O., S. 20, 21.

53 Grundlegend hierzu: Mydral, Gunnar, Das Wertproblem in der Sozialwissenschaft. Bonn 1965, S. 213 ff.

könnten. Die Variabilität von Mitteln und Zwecken je nach Kontext weist darauf hin, daß die Wahl der Mittel kein wertneutrales Problem darstellen. Das heißt aber nicht, die Wertneutralität sozialtechnologischer Systeme in Frage zu stellen, denn diese enthalten nicht Aufforderungen, bestimmte Mittel zu verwenden, sondern nur die Behauptungen, bestimmte Ziele könnte man nicht erreichen, ohne die einen oder anderen Mittel zu verwenden, ohne dabei diese oder jene Nebenwirkung in Kauf zu nehmen [54]. Mit einer Technologie wird also nicht eine Entscheidung indiziert, sondern eine Möglichkeitsanalyse gegeben zur Beantwortung der Frage „Was können wir tun". „Der Zweck heiligt die Mittel" ist ein moralisches Problem, aber keins, was durch ein gewolltes oder ungewolltes Mißverständnis von Technologie untermauert werden könnte.

4. Das moralische Teilproblem

Die Behandlung des moralischen Teilproblems steht natürlich im Zusammenhang mit den anderen Teilproblemen, vor allem mit dem ersten, wo auf den Wissenschaftsbegriff hingewiesen wurde. Hierhin gehört auch die Frage, ob ein Sozialwissenschaftler Werturteile im Namen der Wissenschaft verkünden soll, die sich als ein moralisches Problem darstellt, daß sich allein durch die Erkenntnis wohl kaum lösen läßt [55]. Vielleicht liegt hier ein Paradigma der Wertproblematik, aus dem es keinen Ausweg zu geben scheint. Deshalb erscheint es sinnvoll, das methodische Prinzip der Wertfreiheit in Zusammenhang zu bringen mit einer philosophischen Gesamtorientierung, nämlich eines kritischen Rationalismus [56]. Auch diese ist nicht wertfrei, aber diese Tatsache braucht nicht in normativen Aussagen zum Ausdruck kommen. Sie ist Ausdruck für ein Engagement für die Vernunft, und zwar nicht der substantiellen Form der philosophischen-historischen Vernunft, „sondern für eine *Methode* der kritischen Überprüfung aller Ideen, Theorien, Verhaltungsweisen und Institutionen im Lichte von Logik und Erfahrung". [57] Für diese Tätigkeit werden intersubjektiv überprüfbare Informationen über die Wirklichkeit benötigt, so daß man, wie schon erwähnt [58], in dieser Konzeption methodologische Kriterien und

54 Vgl. Albert, H., Das Werturteilsproblem im Lichte ... In: a.a.O., S. 50, Anm. 56.
55 Ebenda, S. 38.
56 Darüber informieren neben den angegebenen Titeln von Popper die Aufsätze von Hans Albert, z. B. in dem Buch „Plädoyer für kritischen Rationalismus".
57 Albert, H., Wertfreiheit als methodisches ... In: a.a.O., S. 198.

Regeln so formuliert, daß die Überprüfbarkeit und Revidierbarkeit von wissenschaftlichen Aussagen garantiert ist. Es könnte der Eindruck entstehen, daß man sich zu diesen Kriterien und Regeln „bekennen" müßte oder auch nicht und damit die ganze Methodologie in den Bereich subjektiver Stellungnahmen verweist. Daß aber auch eine sachliche Begründung für methodologische Kriterien gegeben werden kann, kommt einer Absage an den Irrationalismus gleich, der nicht an diese Möglichkeit einer Begründung glaubt und gleichzeitig auch eine Absage an den methodologischen Naturalismus, der diese Kriterien als natürliche Fakten versteht [59]. Das Wertfreiheitsprinzip kann in diesem Sinne als Konsequenz dieser Zielsetzung gedacht werden, wobei die Methodologie an einem Erkenntnisideal orientiert ist, ohne daß sie präskriptive Aussagen enthielte, die die Annahme dieses Ideals vorschreibe und rechtfertigen würde. Die Funktion dieser methodologischen Kriterien besteht gerade darin, wissenschaftliche Aussagezusammenhänge kritisch zu durchleuchten, d. h. Entscheidungen über Annahme oder Verwerfung von Theorien orientieren sich an diesen Kriterien, aber dies ist nur für denjenigen akzeptabel, der die betreffende Methodologie und das dazugehörige Erkenntnisideal teilt. Sei's drum, selbst in methodologischen Diskussionen geht es um Zusammenhänge, die *sachlich* diskutiert werden können, z. B. könnte sich herausstellen, daß bestimmte methodologische Thesen von falschen logischen Voraussetzungen ausgehen, ohne daß die normative Grundlage der Diskussion in Form präskriptiver Formulierungen in Erscheinung tritt.

Nun, daß bei dieser Erkenntnistätigkeit Resultate erzielt werden, die zur Lösung sozialer Probleme verwertet werden können, liegt durchaus in der Richtung des kritisch-rationalen Denkens, selbst moralische oder politische relevante Probleme können sachlich behandelt werden und zwar , daß ihre Analyse Grundlage für Entscheidungen sein können. Hier liegt der Beitrag einer Wissenschaft, die das methodische Prinzip der Wertfreiheit vertritt, zum Wertproblem. „Nicht in normativen Aussagen und Systemen sondern in der sachlichen Erforschung moralisch und politisch bedeutsamer Probleme" [60]. So beschäftigen sich u. a. die Sozialwissenschaften mit der Analyse der gesellschaftlichen Zustände, der Herrschaftsbeziehungen und Machtverhältnisse, deren praktische Wirkungsmöglichkeiten keineswegs ausschließlich in der technologischen Verwertung zu suchen sind, sondern

58 Vgl. Anmerkung 22.
59 Vgl. Albert, H., Wertfreiheit als methodisches ... In: a.a.O., S. 203, Anm. 12.
60 Albert, H., Wertfreiheit als methodisches ... In: a.a.O., S. 199.

auch auf eine mehr philosophische Aufgabe verweisen, nämlich der der „Aufklärung".

Gerade heute ist die Frage aufgeworfen, ob diese Tradition fortgeführt werden soll oder die unmittelbar praktische Anwendung in den Vordergrund treten soll, auf der einen Seite, oder ob eine politische Steuerung angebracht erscheint auf der anderen Seite, die natürlich in Konflikt mit der Aufklärungsfunktion treten kann. Die informative Tätigkeit deckt ja Sachverhalte und Zusammenhänge auf, hebt sie damit auch an das öffentliche Bewußtsein, die vielleicht verschwiegen, bagatellisiert wurden, und Anlaß geben zur Formulierung einer politischen Tätigkeit. Diese informatorische Tätigkeit für die Gesellschaft, der Adressat ist hier vornehmlich der Bürger, nicht der Politiker, hat Wirkungsmöglichkeiten, die oft unterschätzt werden [61]. Daß eine solche Tätigkeit gewährleistet wird, d. h. die freie Wahl der Themen ist ein *Politikum* von größter Bedeutung und läßt leicht auf Grund der wissenschaftlichen Resultate, sprich der Aufdeckung unangenehmer Sachverhalte, den Wunsch aufkommen, eine ideologische Steuerung der Wissenschaft zu befürworten, der Verweis auf historische Beispiele braucht heute garnicht erwähnt werden. Der Zustand des „gegenseitigen Achselzuckens" ist ein beredtes Beispiel dafür, wie man sich einer kritisch-rationalen Analyse entziehen kann, dies mag zwar auch eine moralische Entscheidung sein, nur wer sie aus der rationalen Argumentation auf der Grundlage von Logik und Erfahrung selbst ausblendet, verhindert nicht, daß kritische Rationalisten u. a. hier ihre Analysen ansetzen, um die Tradition der Aufklärung fortzusetzen, auch wenn gerade im deutschen Sprachgebrauch das Adjektiv „plan" dem Substantiv Aufklärung oft beigesellt wird, um dann im Zeichen der „Totalität" und im „Jargon der Eigentlichkeit" zur Frankfurter Tagesordnung übergeht [62].

---

61 Vgl. Albert, H., Sozialwissenschaft und politische Praxis ... In: a.a.O., S. 118 f.

62 Vgl. hierzu: Adorno/Albert/Dahrendorf/Habermas/Pilot/Popper, Der Positivismusstreit in der deutschen Soziologie. Neuwied/Berlin 1969, darin: Albert, H., Der Mythos der totalen Vernunft. Dialektische Ansprüche im Lichte undialektischer Kritik.
Ders., Im Rücken des Positivismus? Dialektische Umwege in kritischer Beleuchtung.
Beide Aufsätze von Albert auch in: Albert, H., Konstruktion und Kritik. a.a.O. Bezeichnend: „All seine (Hans Alberts, d. Verf.) Kritik muß der dialektischen Kritik äußerlich bleiben, deren Grundlagen und Intentionen sein restriktiver Wissenschaftsbegriff nicht erfassen. Er kann deshalb seinem Gegner (Adorno, d. Verf.) auch nichts sagen, *was dieser nicht schon wüßte.* Denn gemäß einem *umfassenden Begriff von Wahrheit* hat die

Sollte Wissenschaft selbst programmatischen Charakter annehmen, in dem vielleicht die Praxis der Politikberatung, die üblicherweise Wert- und Empfehlungscharakter hat, auf die Wissenschaftsorganisation und dem Erkenntnisstreben zurückprojeziert wird, dann hätte dies Konsequenzen, die dem einem kritischen Rationalismus verpflichteten Erkenntnisstreben verbunden mit einem theoretischen Pluralismus zuwiderläuft.

Denn dem Programm der Aufklärung liegt wie Popper es einmal gesagt hat, die Idee der Selbstbefreiung durch das Wissen zugrunde und es ist damit „ein moralisches Programm mit politischen Konsequenzen", das „weit über den Bereich der Wissenschaft" hinausweist, denn nicht jede soziale Ordnung ist mit dem Ideal einer wissenschaftlich-philosophischen Weltorientierung vereinbar, die einen freien Gebrauch der Vernunft, „die freie und öffentliche kritische Diskussion und die Möglichkeit der Kommunikation mit Andersdenkenden voraussetzt" [63] und so zur „Entzauberung der Welt" beiträgt.

VI. ZUSAMMENFASSUNG

1. Max Weber verstand unter Werturteilen bzw. Wertungen *„praktische* Wertungen sozialer Tatsachen als, unter ethischen oder unter Kulturgesichtspunkten oder aus anderen Gründen, praktisch wünschenswert oder unerwünscht" [64]. Solche Werturteile hielt Max Weber für unwissenschaftlich, weil es von keiner Beschreibung, Erklärung von Tatsachen aus möglich ist, logisch abzuleiten, was sein soll. Die Vermischung dieser logischen Kluft bezeichnete Weber als eine der wissenschaftlichen Todsünden. Eine auf Erfahrung und Logik gegründete Sozialwissenschaft, die auf intersubjektiv überprüfbare Aussagen Wert legt, verbietet Werturteile innerhalb des sozialwissenschaftlichen Aussagenzusammenhangs, indem „Wahrheit gesucht wird, die ... auch

---

kritische Sozialtheorie jenen reduzierten Wissenschaftsbegriff *immer* schon kritisch unterlaufen."
Wilms, Bernard, Theorie, Kritik und Dialektik. In: Über Theodor W. Adorno. Mit Beiträgen von K. Oppens, H. Kudszus, J. Habermas, B. Wilms u. a., 3. Aufl. Frankfurt 1970, S. 50 f. (Auszeichnung von mir).

63 Albert, H., Wissenschaft und Politik, in: a.a.O., S. 232.

64 Weber, M., Der Sinn der „Wertfreiheit" ... In: a.a.O., S. 263.

für den Chinesen die Geltung einer denkenden Ordnung der empirischen Wirklichkeit beansprucht" [65].

2. Daß Werturteile „weil sie ... subjektiven" Ursprungs sind, der wissenschaftlichen Diskussion überhaupt *entzogen* seien" [66], kann nicht bedeuten, daß diese einer empirischen und logischen Kritik unterzogen werden könnten, wie Weber auch vorsah. Eine empirische Kritik könnte in folgendem bestehen: „Jede denkende Besinnung auf die letzten Elemente sinnvollen menschlichen Handelns ist zunächst gebunden an die Kategorien „Zweck" und „Mittel" ... Der wissenschaftlichen Betrachtung zugänglich ist ... unbedingt die Frage der Geeignetheit der Mittel bei gegebenem Zweck. Da wir (innerhalb der jeweiligen Grenzen unseres Wissens) gültig festzustellen vermögen, *welche* Mittel zu einem vorgestellten Zweck zu führen geeignet oder ungeeignet sind, so können wir ... die Chancen, mit bestimmten zur Verfügung stehenden Mitteln einen bestimmten Zweck überhaupt zu erreichen, abwägen und mithin indirekt die Zwecksetzung selbst, auf Grund der jeweiligen historischen Situation, als praktisch sinnvoll oder als nach der Lage der gegebenen Verhältnisse sinnlos kritisieren. Wir können weiter, ..., die *Folgen* feststellen, welche die Anwendung der erforderlichen Mittel *neben* den eventuellen Erreichung des beabsichtigten Zweckes, ..., haben würde. Wir bieten ... den Handelnden die Möglichkeit der Abwägung dieser ungewollten gegen die gewollten Folgen seines Handelns. ... Jene Abwägung ... zur Entscheidung zu bringen, ist freilich *nicht* mehr eine mögliche Aufgabe der Wissenschaft, sondern des wollenden Menschen: er wägt und wählt nach seinem eigenen Gewissen und seiner persönlichen Weltanschauung zwischen den Werten, um dieses handelt es sich. ... Die Wahl zu treffen, ist seine Sache." [67] Neben dieser empirischen Kritik tritt die logische an Werturteilen, die darin bestehen könnte, sie auf letzte Axiome zurückzuführen, diese Bewußtmachen, auf ihre innere Widerspruchslosigkeit zu prüfen [68].

3. Vom Werturteil unterschied Max Weber noch die Wertbeziehung, die einen „rein logisch-formale(n) Tatbestand" [69] „meint, nämlich den, der

---

65 Weber, M., Die „Objektivität" ... In: a.a.O., S. 195. Auf Seite 227: „Denn wissenschaftliche Wahrheit ist nur, was für alle gelten *will*, die Wahrheit *wollen*."
66 Weber, M., Die „Objektivität" ... In: a.a.O., S. 187.
67 Ebenda, S. 187/188.
68 Siehe Anmerkung 14.
69 Weber, M., Die „Objektivität" ... In: a.a.O., S. 223.

die „philosophische Deutung desjenigen spezifisch wissenschaftlichen *„Interesses“* meint, welches die Auslese und Formung des Objekts einer empirischen Untersuchung beherrscht“ [70]. Will sagen, daß die Wahl des Themas und des Gegenstandsbereichs auf Wertentscheidungen beruhen, aber daß nicht Genese und Geltung sozialwissenschaftlicher Aussagen zusammengeworfen werden, so daß der Anschein entstehen könnte, daß die *„Forschung* nur *Ergebnisse* haben könne, die „subjektiv“ in *dem* Sinne seien, daß sie für den einen *gelten* und für den anderen nicht“ [71]. Die Gültigkeit intersubjektiv überprüfbarer Aussagen mißt sich an der Übereinstimmung mit der Realität und der Relevanz für bestimmte Probleme und nicht an einer objektiven Geltung von Werten. Gleichwohl sind diese Wertgesichtspunkte selbst einer Analyse unterziehbar, wobei diese Analysen selbst zu einem Wandel der Wertgesichtspunkte beitragen können. Auch wenn bestimmte Wertgesichtspunkte über längere Zeit konstant bleiben, hat dieser Tatbestand keinen Einfluß auf die Gültigkeit sozialwissenschaftlicher Aussagen, außer daß man von einem totalen Ideologieverdacht Mannheimscher Prägung ausgeht. Aus der Konstanz konservative oder „herrschaftsstabilisierende“ Implikationen zu ziehen, ist Ausdruck einer mangelnden Realdialektik gerade einer wertfreien Sozialwissenschaft, die sehr wohl Wertgesichtspunkte reflektieren kann und sogar neue aufzuzeigen in der Lage ist, um den von Max Weber etwas euphorisch beschriebenen Prozeß möglicherweise zu beschleunigen: „Aber irgendwann wechselt die Farbe: die Bedeutung der unreflektiert verwerteten Gesichtspunkte wird unsicher, der Weg verliert sich in der Dämmerung. Das Licht der großen Kulturprobleme ist weiter gezogen. Dann rüstet sich auch die Wissenschaft, ihren Standort und ihren Begriffsapparat zu wechseln und aus der Höhe des Gedankens auf den Strom des Geschehens zu blicken“ [72].

4. Philosophie hatte und hat es in ihrer Geschichte meistens mit der Behandlung von Gegensatzpaaren [73] zu tun gehabt, z. B. Subjekt–

70 Weber, M., Der Sinn der „Wertfreiheit“ ... In: a.a.O., S. 277.
71 Weber, M., Die „Objektivität“ ... In: a.a.O., S. 226/227.
72 Weber, M., Die „Objektivität“ ... In: a.a.O., S. 262. Hier besteht offensichtlich eine Parallele zu den Wechseln von Paradigmen bei Kuhn. Kuhn, Th. S., Die Struktur wissenschaftlicher Revolutionen. Frankfurt 1967, S. 128 ff.
73 Stichwort „Philosophie“, in: Handbuch philosophischer Grundbegriffe, Hrsg. v. H. Krings, H. M. Baumgartner, Ch. Wild. Studienausgabe Bd. 4, München 1973, S. 1074 f.

Objekt, Leib–Seele und auch mit Sein–Sollen. Die Bemühungen der Philosophie waren darauf gerichtet, Überbrückungen herzustellen. In unserem Zusammenhang wird die logische Kluft zwischen Sein und Sollen behauptet, d. h. daß es nicht zulässig ist, vom Sein aufs Sollen zu schließen ohne den sogenannten naturalistischen Fehlschluß zu begehen [74]. Obwohl die traditionelle Logik Schlußfiguren behandelt hat, [75] die der Vermengung an und für sich entgegen gestanden hätten, ist die erkenntnistheoretische Bedeutung der deduktiven Schlüsse im deutschen Sprachraum relativ spät erkannt worden. Als Beispiel seien zwei Prämissen angeführt: „Alle Menschen sind kritische Rationalisten" und „X ist ein Mensch". Auf deduktivem Wege kann der logisch gültige Schluß, „X ist ein kritischer Rationalist" gezogen werden. D. h. der Gehalt der Schlußfolgerung geht nicht über den der Prämissen hinaus. Ein logischer falscher Schluß wäre es, wenn aus den beiden angegebenen Prämissen der Schluß „X soll ein kritischer Rationalist sein" gezogen würde, d. h. aus den beiden Prämissen eine normative Aussage abgeleitet würde. Der Einwand, daß die erste Prämisse nicht „stimmt", weist nur darauf hin, daß man einen Unterschied machen muß zwischen logischer Gültigkeit und faktischer Gültigkeit, ändert aber nichts an dem falschen logischen Schluß von Sein aufs Sollen. In Anbetracht dieses Umstandes ist es verwunderlich, daß diese Zusammenhänge nicht durchschaut wurden, vielleicht u. a. dadurch, daß normative Prinzipien aus der Offenbarung, der Vernunft, der Geschichte, dem Naturrecht etc. „geschöpft" wurden, und deren Geltung allgemein vorausgesetzt hat, einmal abgesehen davon, mit welchen Mitteln die Geltung verschafft wurde, ohne den „subjektiven" Charakter zu durchschauen [76]. Gleichwohl, hatte man die „obersten" Werte, so konnte man auch logisch gültige Schlüsse ziehen: „Wenn alle Menschen kritische Rationalisten sein sollen" und „wenn X ein Mensch ist", dann „*soll* X ein kritischer Rationalist sein" [77]. Während die erste

74 Vgl. hierzu: Frankena, W. K., Analytische Ethik. München 1972.

75 Über traditionelle und moderne Logik informiert: v. Kutschera/Breitkopf, Einführung in die moderne Logik. Freiburg/München 1971.
Klaus, G., Moderne Logik. Abriß der formalen Logik. Berlin (Ost), 1972.

76 Vgl. hier vor allem die Schriften von Ernst Topitsch, Vom Ursprung und Ende der Metaphysik. Eine Studie zur Weltanschauungskritik. München 1972.

77 Über Struktur und Funktion moralischer Urteile informiert in gedrängter Form: Pieper, Annemarie, Sprachanalytische Ethik und praktische Freiheit. Das Problem der Ethik als autonome Wissenschaft. Stuttgart, Berlin, Köln, Mainz 1973, II. Kap.

oberste Prämisse an der Realität scheitern kann, kann man dies von der letzten wohl nicht behaupten. Eine empirische Sozialwissenschaft, die auf Logik und Erfahrung aufbaut, wird wohl kaum logisch falsche Schlüsse zulassen und Normen unreflektiert als oberste Prämissen verwenden. Besteht nun diese logische Kluft, so ist nach einer möglichen Überbrückung zu fragen, d. h. was kann eine empirische Wissenschaft leisten zur Beantwortung der Frage „Was soll ich tun?. Ein Sollen verweist dabei immer auf Möglichkeiten auf Handlungsspielräume hin, die gerade eine wertfreie Wissenschaft aufzuzeigen in der Lage ist. Das Sollen muß sich also durch das Können korrigieren lassen, abgekürzt „Sollen impliziert Können“ [78]. Dieses Prinzip könnte also als Überbrückung fungieren, und kann somit manche politischen Traumvorstellungen auf einen realistischen Kern zurückführen.

5. Die Wissenschaft ist in einem sozialen Beziehungsfeld eingebettet, das ihr eine moralisch-existenzielle Basis verleiht, so daß jeder wissenschaftlichen Tätigkeit bestimmte Interessen, Wertungen, Gesichtspunkte etc., wie es schon bei Max Weber anklang, vorausgehen, und somit sozialwissenschaftliche Aussagezusammenhänge beeinflussen können. Die Wertbasis zwingt aber nicht dazu, Werturteile in diesen Aussagezusammenhang mit aufzunehmen, „Man konfundiert die den wissenschaftlichen Aussagen *zugrunde liegenden* Wertungen, Entscheidungen usw. mit Werturteilen, die *innerhalb* wissenschaftlicher Aussagezusammenhänge auftreten. Von der Notwendigkeit *meta*-wissenschaftlicher *Entscheidungen* schließt man auf die *wissenschaftlicher Werturteile*“ [79]. Wer in der Lage ist, diese zwei Ebenen zu unterscheiden, wird keine voreiligen Schlüsse zuungunsten des Wertfreiheitsprinzips ziehen. Wird der Sinn der Wissenschaft darin gesehen, daß sie Spielräume für Handlungsmöglichkeiten aufzeigt und zugleich begrenzt, d. h. „ermöglicht, indem sie über die Anwendung des Wertfreiheitsprinzips die Entscheidung in die subjektive Sphäre verlagert; begrenzt, indem sie restriktive Bedingungen formuliert, an die sich der halten muß, der die Entscheidung trifft“, dann kann die Wissenschaft die Folgen der Entscheidung „für das Individuum“ und „für die gesellschaftliche Umwelt“ einerseits durch eine Wertdiskussion andererseits „durch Abschätzung von Realisationschancen und Nebenfolgen“ bewußtmachen. „Eine so verstandene Wissenschaft ist zugleich

78 Vgl. hierzu vor allem: Albert, H., Traktat über . . ., a.a.O., S. 73 f.
79 Albert, H., Wertfreiheit als methodisches . . . In: a.a.O., S. 189.

von dieser Welt und doch auch gegen sie kritisch distanziert. Sie ist von dieser Welt, indem sie durch die Trennung von Welterkenntnis und Weltgestaltung dem Rationalisierungsprozeß Rechnung trägt; sie ist gegen diese Welt kritisch distanziert, indem sie die im Rationalisierungsprozeß freigesetzte Entscheidung an Selbstbesinnung und Tatsachenerkenntnis bindet" [80]. Dabei kann die bei Max Weber noch an dem Prinzip der zureichenden Begründung (letzte Axiome) gebundene Wertdiskussion durch das Prinzip der kritischen Prüfung, wie es Hans Albert vorschlägt, verbessert werden, indem nämlich durch die Einführung von Überbrückungsprinzipien sich die Distanz von Sein und Sollen gegenseitig korrigieren läßt [81]. In dieser Perspektive ist das Prinzip der Wertfreiheit nicht nur in methodologischer, sondern auch in demokratischer [82] Hinsicht interessant.

6. Daß Wertungen in den Objektbereich der Sozialwissenschaften fallen und von ihr auch behandelt werden, gibt kaum Anlaß zu einer Kontroverse. Vorausgesetzt, daß man beachtet, daß sozialwissenschaftliche Aussagen *über* Wertungen, nicht für Werturteile gehalten werden. „Wenn das normativ Gültige Objekt *empirischer* Untersuchung wird, so verliert es, als Objekt, den Normcharakter: es wird als „seiend", nicht als „gültig", behandelt" [82a].

7. Die moderne Sprachanalyse hat gezeigt, daß Werturteile nicht den Charakter beschreibender und erklärender Aussagen haben, die üblicherweise in einer auf intersubjektiv überprüfbare Aussagen abzielenden Wissenschaft verwandt werden, also die descriptive Sprache, sondern zur präscriptiven Sprache gehören, in der zumeist Information und Stellungnahme eng verbunden sind, wie es auch die Alltagssprache zeigt, in der „gewissermaßen eine *gebrauchsfertige Gesamtorientierung,* die mit der Bezeichnung der Dinge bereits einen bestimmten Gefühlston und eine Anweisung verbindet, wie man sich zu ihnen verhalten solle" [83] eingebaut ist. Gleichwohl braucht die umgangssprachliche Praxis nicht notwendigerweise die Wissenschafts-

---

80 Schluchter, Wolfgang, Wertfreiheit und Verantwortungsethik. Zum Verhältnis von Wissenschaft und Poltiik bei Max Weber. Tübingen 1971, S. 25/26.
81 Vgl. Albert, H., Traktat über . . ., a.a.O., S. 76 f.
82 Vgl. hierzu: Eckert, Roland, Wissenschaft und Demokratie. Plädoyer für eine verantwortliche Wissenschaft. Tübingen 1971, S. 33 f.
82a Weber, M., Der Sinn der „Wertfreiheit" . . . In: a.a.O., S. 299.
83 Topitsch, E., Zur Soziologie des Existenzialismus. Kosmos-Existenz-Gesellschaft. In: Topitsch, E., Sozialphilosophie zwischen Ideologie und Wissenschaft. 3. Aufl. Neuwied/Berlin 1971, S. 100/101.

sprache sein, in der Informationen über die Realität gegeben werden, die so formuliert sind, daß sie an der Realität scheitern können, während für Werturteile diese Möglichkeit nicht besteht. Dennoch könnte eine weitere Untersuchung von Werturteilen sich der syntaktischen, semantischen und pragmatischen Dimension annehmen, und unter Abstraktion der Pragmatischen den semantischen Kern, d. h. den sachlichen Bezug herauspräparieren, und so den Weg für eine Versachlichung der Diskussion ebnen.

8. Die vorgeschlagene partielle Normativierung der Sozialwissenschaften durch Einführung von Grundwerten, zu denen sich der Forscher bekennt, würde ein System normativer Aussagen ergeben. In der Geltungsfrage ist man dabei kaum einen Schritt weitergekommen. Denn das System mag für den Forscher normativ gültig sein, weil er an die Prämissen glaubt, die intersubjektive Wahrheit bleibt dennoch unbeweisbar. Unterscheiden werden muß zwischen dem Werturteilsproblem und dem Relevanzproblem, in diesem Sinne könnten die Wertmaßstäbe als „Hypothesen" eingeführt werden, die als normative Einschränkungen verstanden werden können, und so Möglichkeiten eröffnen zur Kooperation einer reinen Sozialtechnologie und einer normativen, in dem man sich auf den semantischen Kern konzentriert.

9. Eine dem naturwissenschaftlichen Denkstil verpflichtete Sozialwissenschaft kann den Einwurf der „rein instrumentellen Vernunft" zurückweisen, indem sie auf die Aufklärungs- und Steuerungsfunktion verweist. Weiter wird auch bei einer vermeintlichen rein instrumentellen Vernunft auf die „pure Willkür" praktischen Handelns verwiesen, das „ihrerseits dialektisch aus dem objektiven Zusammenhang legitimiert werden" [84] sollte, dann ist einerseits notwendig, diesen objektiven Zusammenhang (Totalität) nachzuweisen, und andererseits wäre dieser Nachweis sicherlich eine Aussage über das Sein und nicht über das Sollen. Sollte sich eine „emanzipatorische" Wissenschaft auf die Verquickung von Sein und Sollen aufbauen, denn wäre natürlich das wissenschaftsimmanente Kriterium der intersubjektiven Überprüfbarkeit, der Suche nach der Wahrheit, suspendiert, und Werturteile wesentliche Bestandteile der Wissenschaft, so daß sie als „Anklage" (Marcuse) fungieren kann. Damit ist die Frage über Werturteile zu-

---

84 Habermas, J., Analytische Wissenschaftstheorie und Dialektik. In: Habermas, J., Zur Logik der Sozialwissenschaften. Materialien. Frankfurt 1970, S. 21.

gleich eine Frage über Begriff und Inhalt einer empirischen Sozialwissenschaft, wer für Werturteile wissenschaftliche Gültigkeit beansprucht, hätte sich damit in eine Grauzone begeben, in der zwischen Meinen und Wissen kaum mehr unterschieden werden könnte, so daß einer Politisierung und (oder) Ideologisierung auf Grund des Fehlens eines wissenschaftsimmanenten Kriteriums die Tür weit geöffnet würde, die nicht den Kampf *über* Wissenschaft favorisiert sondern den *um* Wissenschaft.

VII. KONTROLLFRAGEN

1. Welche Bedeutung haben Werturteile für Max Weber?
2. Charakteriesieren sie Werturteile nach dem Deutungsvorschlag von Hans Albert!
3. Klären Sie das Verhältnis von Wissenschaft und Werturteil!
4. Inwieweit sind Werturteile für technologische Systeme relevant, und inwieweit kann sich eine Kooperation zwischen reiner und normativer Sozialtechnologie ergeben unter Verwendung der Ergebnisse der Sprachanalyse?
5. Nehmen Sie Stellung zu: „Die praktische Philosophie, und mit ihr die politische Wissenschaft, steht und fällt mit der Anerkenntnis, daß das Fällen von Werturteilen, die Bestimmung des aufgegebenen Zieles menschlichen Handelns und Zusammenlebens, die Erörterung des „Staatszweckes“, eine legitime wissenschaftliche Aufgabe ist“.

   Aus: Hennis, Wilhelm, Politik und praktische Philosophie. Eine Studie zur Rekonstruktion der politischen Wissenschaft, Neuwied 1963, S. 56.

VIII. LITERATURHINWEISE

Albert, Hans, Theorie und Praxis. Max Weber und das Problem der Wertfreiheit und der Rationalität. In: Die Philosophie und die Wissenschaften. Simon Moser zum 65. Geburtstag. Hrsg. v. Ernst Oldemeyer. Meisenheim 1967, S. 246 ff. Wiederabgedruckt in: Albert, H., Konstruktion und Kritik. Aufsätze zur Philosophie des kritischen Rationalismus. Hamburg 1971, S. 41 ff. Wiederabgedruckt in: „Werturteilsstreit“, Hrsg. v. Hans Albert und Ernst Topitsch. Darmstadt 1971, S. 200 ff.

Albert, Hans, Traktat über kritische Vernunft. Tübingen 1969.

Albert, Hans, Wertfreiheit als methodisches Prinzip. Zur Frage der Notwendigkeit einer normativen Sozialwissenschaft. In: Probleme der normativen Ökonomik und wirtschaftspolitischen Beratung. Hrsg. v. Herbert Giersch in Verbindung mit Heinz Lampert. Schriften des Vereins für Sozialpolitik N. F. Bd. 29, Berlin 1963, S. 32–63.

Wiederabgedruckt in: Logik der Sozialwissenschaften. Hrsg. v. Ernst Topitsch, Köln 1965, S. 1821–210.

Albert, Hans, Wissenschaft und Politik. Zum Problem der Anwendbarkeit einer wertfreien Sozialwissenschaft. In: Probleme der Wissenschaftstheorie. Festschrift für Victor Kraft. Hrsg. v. Ernst Topitsch, Wien 1960, S. 201–232.

Popper, K. R., Die offene Gesellschaft und ihre Feinde. Bd. I u. II, 2. Aufl., Bern 1970.

Weber, Max, Die „Objektivität“ sozialwissenschaftlicher Erkenntnis. In: Max Weber. Soziologie – Weltgeschichtliche Analysen-Politik. Mit einer Einleitung von Eduard Baumgarten. Hrsg. und erläutert von Johannes Winckelmann. Dritte, durchgesehene und ergänzte Auflage. Stuttgart 1964, S. 190.

Weber, Max, Der Sinn der „Wertfreiheit“ der Sozialwissenschaften. In: Max Weber. Soziologie – Weltgeschichtliche Analysen-Politik. Mit einer Einleitung von Eduard Baumgarten. Hrsg. und erläutert von Johannes Winckelmann. Dritte, durchgesehene und ergänzte Auflage. Stuttgart 1964, S. 306.

Klaus Weigelt

Die Interdependenz von Wirtschaft, Gesellschaft und Politik [1]

1 Vgl. auch den Aufsatz des Verfassers: Zur Interdependenz von Rechts- und Wirtschaftsordnung, in: Material zur Demokratie-Diskussion, Materialien zur Tagungs- und Seminararbeit der Politischen Akademie Eichholz, Heft 23, Eichholz Verlag Bonn, 1972, S. 14–25.

INHALT

I. VORBEMERKUNGEN ZU BEGRIFF UND INHALT VON INTERDEPENDENZ

1. Was ist Interdependenz?

Dieser Aufsatz versucht, Einblicke zu eröffnen in die Bedingungen der sehr komplizierten Verhältnisse demokratischer Industriegesellschaften. Dazu ist es notwendig, die komplizierten Verhältnisse zu vereinfachen und auf vergleichbare Elemente zurückzuführen, damit sie leichter zu verstehen sind. Es gibt heute zwei Methoden, mit deren Hilfe man diesen Prozeß der Vereinfachung durchführen kann:

a) Man versucht, Formeln zu finden, die ähnlich mathematischen Funktionen die Abhängigkeiten zwischen den einzelnen gesellschaftlichen Größen beschreiben.[2] Funktionen verknüpfen abhängige und unabhängige Variable miteinander. Deswegen muß die Vorfrage entschieden werden, welches die abhängigen und welches die unabhängigen Variablen sind. Bezogen auf unser Thema taucht also bei dieser Methode die Frage auf, ob Wirtschaft, Gesellschaft oder Politik die unabhängige Variable ist, von der die jeweils anderen abhängig sind. Bekanntlich hat der Marxismus diese Frage für sich entschieden, wenn er behauptet, daß alle gesellschaftlichen und politischen Verhältnisse von der ökonomischen Situation in einem Lande abhängen. Damit ist für den Marxisten auch klar, wie unser Thema zu behandeln ist; er ist im Besitze eines einfachen Schemas, das ihm die komplizierte Wirklichkeit erschließt.[3]

   Hier soll diese Methode nicht angewendet werden, und zwar aus folgenden Gründen:

   — diese Form der Vereinfachung läßt sich nicht sachlich begründen, sondern sie beruht auf einem Werturteil. Die Anwendung dieser Methode setzt die Entscheidung voraus, welche der Größen als unabhängige Variable anzusehen ist. In gleicher Weise, wie der Marxismus die ökonomischen Verhältnisse als bestimmend er-

---

2 Zum Problem der Übertragung naturwissenschaftlichen Denkens auf gesellschaftliche Vorgänge vgl. auch Klaus Weigelt, Zur Theorie und Politik der Konvergenz, in diesem Band.

3 Vgl. z. B. Ernest Mandel, Die deutsche Wirtschaftskrise, Lehren der Rezession 1966/67, Frankfurt a. M. 1969.

klärt, könnte man auch andere Überlegungen anstellen. Keine Entscheidung jedoch läßt sich zwingend begründen.

— Wichtiger ist der zweite Einwand: diese Methode beseitigt das Problem. Die vorhandenen Wechselbeziehungen (Interdependenzen) zwischen Wirtschaft, Gesellschaft und Politik werden zu einfachen Abhängigkeiten verkürzt, was vor allem darauf zurückzuführen ist, daß von Globalgrößen, nicht aber vom menschlichen Handeln ausgegangen wird. Damit wird aber schon im Ansatz die Wirklichkeit verzerrt und entstellt. Viele mögliche Überlegungen kommen gar nicht mehr zur Sprache, da sie von vornherein durch die Entscheidung (s. o.) beseitigt worden sind.

b) Hier soll anders vorgegangen werden: Ausgehend von den Erfahrungen und Erkenntnissen des einzelnen Menschen sollen die Beziehungen der drei im Thema genannten Bereiche erschlossen werden. Die dabei auftretenden Strukturmerkmale eröffnen gleichzeitig die Möglichkeit, Wechselbeziehungen zwischen ihnen zu erkennen und zu analysieren. Diese Methode hat folgende Vorteile:

— sie stülpt der Realität nicht ein Erklärungsschema über, sondern sie geht von der Wirklichkeit aus. Die Vereinfachung der Realität wird über ihre induktive Strukturierung erreicht.

— Während die erste Methode nur einlinige Handlungsfolgerungen zuläßt, eröffnet die zweite vielfältige Möglichkeiten, die Interdependenzen zwischen Wirtschaft, Gesellschaft und Politik in pluralistischen Handlungskonzeptionen zu nutzen. Sie eröffnet also Aktivitätsmöglichkeiten, während die erste Reaktivitätsnotwendigkeiten ableitet und vorgibt. Zugleich aber verbindet sie diese Überlegungen mit dem Problem der personalen Verantwortung, weil sie von der Person in ihrer Umwelt ausgeht.

2. Die sozialen Handlungen des Menschen

Betrachtet man einen einzelnen Menschen in seinem sozialen Umfeld, dann stellt man fest, daß dieses sehr kompliziert zusammengesetzt ist und daß die Handlungen des Menschen der Komplexität seines sozialen Umfeldes entsprechen. Schon ein einfaches soziales Umfeld besteht heute mindestens aus Familie, Nachbarschaft, Arbeitsplatz, Markt und Freizeitbereich. Die Rollentheorie hat herausgearbeitet, daß der Mensch an jeder dieser Stellen seines sozialen Umfeldes anderen Erwartungen ausgesetzt ist und entsprechend unterschiedliche Handlungen ausführt.[4] Ein Beispiel soll das Rollenbündel einer beliebigen Person verdeutlichen.

Nennen wir sie Herr X:

— Herr X ist in seiner modernen Kleinfamilie Ehemann und Vater, in seiner weiteren Familie und Verwandtschaft ist er Sohn, Enkel, Bruder und Onkel.

— In seiner Nachbarschaft ist Herr X Nachbar und Freund.

— An seinem Arbeitsplatz ist er Kollege, Untergebener, Vorgesetzter. Vielleicht ist er auch Betriebsratsmitglied in seinem Betrieb.

— Auf dem Markt – oder besser: auf verschiedenen Märkten – ist er Käufer, Kunde, Mieter, Sparer (Gläubiger), Schuldner usw.

— Im Freizeitbereich mag Herr X Mitglied eines Vereines sein oder sich in einer politischen Partei betätigen.

Wenn man das Verhalten des Herrn X beobachtet, wird man feststellen, daß es je nach Rolle unterschiedlich ist. Herr X als Vater handelt anders als der Kunde oder das Vereinsmitglied Herr X. Er handelt rollenspezifisch, z. B. väterlich, verwandtschaftlich, freundschaftlich, wirtschaftlich, politisch. Alle diese Handlungen zusammengenommen sind seine sozialen oder auch gesellschaftlichen Handlungen. Sie sind desto zahlreicher und differenzierter, je komplexer das Rollenbündel ist, das Herr X in sich vereinigt.

Zwei Bemerkungen sollen diese Überlegungen zur Rollentheorie ergänzen:

a) Man kann zugeschriebene und erworbene Rollen unterscheiden.[5] So ist z. B. die Geschlechtsrolle zugeschrieben; desgleichen Rasse und Nationalität. Erworbene Rollen sind Beruf, Ämter und andere auf Eigeninitiative zurückgehende Qualifikationen. Zwar ist die Unterscheidung nicht mehr immer leicht durchzuhalten, aber sie ist hinreichend praktikabel.

b) Es ist durchaus nicht so, daß der Mensch seine verschiedenen Rollen immer völlig reibungslos miteinander vereinbaren könnte. Vielmehr treten dabei ständig Konflikte auf. Es ist sehr wichtig, daß das gleich zu Beginn eines Gedankenganges über die Interdependenz von Wirtschaft, Gesellschaft und Politik ganz deutlich wird. Zu unter-

4 Vgl. z. B. Ralf Dahrendorf, Homo Sociologicus, Köln und Opladen 1968[7].
5 Vgl. Ralf Dahrendorf, a.a.O., S. 52 ff.

scheiden sind Intra- und Interrollenkonflikte.[6] Beide entstehen aufgrund widersprüchlicher Erwartungen gegenüber dem Rollenträger.

— Intrarollenkonflikte entstehen aus verschiedenen Erwartungen gegenüber dem Träger einer Rolle. Das läßt sich am besten am Beispiel verschiedener Rollen in bürokratischen Organisationen verdeutlichen. Viele Rollen in solchen Organisationen zeichnen sich dadurch aus, daß sowohl Untergebene als auch Vorgesetzte Erwartungen an sie herantragen. Aus dieser *Doppelanforderung* entstehen viele Konflikte, wenn der Rollenträger beiden gerecht werden will.

— Interrollenkonflikte entstehen aus der Tatsache, daß der Mensch im Normalfall Träger verschiedener Rollen ist. Ein bekannter Interrollenkonflikt ergibt sich für die berufstätige Frau zwischen ihrer Berufsrolle und ihrer Rolle als Hausfrau und Mutter.

3. Die Gesamtheit gesellschaftlicher Handlungen

Eben war von den vielfältigen sozialen Handlungen des einzelnen Menschen die Rede, die er in den verschiedenen Bereichen seiner sozialen Umwelt ausführt. Nun handeln ja alle Menschen in einer Gesellschaft, sowohl als einzelne als auch innerhalb von Organisationen der unterschiedlichsten Art. Zieht man alle diese Handlungen zusammen, dann erhält man als Summe die Gesamtheit aller sozialen Handlungen, die Menschen als einzelne und in Organisationen in der Gesellschaft ausführen. Da alle diese Handlungen wechselseitig aufeinander bezogen sind, ergibt sich aus ihnen ein vielfältiges Netz sozialer Beziehungen. Dieses Netz kann wiederum nach den obigen Überlegungen entwirrt werden, denn die sozialen Beziehungen zwischen den Menschen und Organisationen lassen sich nach den ihnen zugrundeliegenden sozialen Handlungen unterscheiden. Entsprechend den verwandtschaftlichen, wirtschaftlichen und politischen Handlungen ereignen sich also fortlaufend in der Gesellschaft verwandtschaftliche, wirtschaftliche und politische Beziehungen, die in ihrer Gesamtheit gesellschaftliche Beziehungen darstellen. Wenn mit diesem Verständnis hier die Gesellschaft als Oberbegriff eingeführt wird, dann nicht als eine Kategorie, von der alle übrigen abhängen, sondern als eine Größe, die alle übrigen enthält. Sie

---

6 Vgl. Ralf Dahrendorf, a.a.O., S. 76 ff.

ist jedoch darüber hinaus nicht qualifiziert. [7] Die Qualifikation ergibt sich erst durch die Erkenntnis einer gesellschaftlichen Beziehung als verwandtschaftliche, wirtschaftliche oder politische. Diese Aussage beinhaltet die Feststellung, daß eine Kongruenz z. B. der wirtschaftlichen Beziehungen mit der Gesamtheit gesellschaftlicher Beziehungen unmöglich ist. Mengentheoretisch ausgedrückt: Die wirtschaftlichen Beziehungen können immer nur eine Teilmenge aller gesellschaftlichen Beziehungen darstellen. D. h. aber weiter, daß es in einer Gesellschaft immer wirtschafts- und politikfreie Beziehungen geben muß, z. B. verwandtschaftliche.

Die Behauptung, daß es nie eine Kongruenz wirtschaftlicher mit allen gesellschaftlichen Beziehungen geben kann, dürfte allgemein akzeptiert werden. Dennoch muß hervorgehoben werden, daß diese Behauptung eine Entscheidung (Werturteil) enthält für die pluralistische Gesellschaft, in der darauf verzichtet wird, das gesamte gesellschaftliche Leben im wirtschaftlichen Sinne zu funktionalisieren. Die obige Behauptung enthält also als Werturteil eine Absage an jeden totalitären, ökonomistischen Ausschließlichkeitsanspruch. Gerade deswegen dürfte sie auch in demokratischen Gesellschaften allgemein akzeptiert werden. Die Behauptung, daß es politik- und wirtschaftsfreie Beziehungen geben müsse, erscheint schon weniger selbstverständlich. Durchwirkt nicht Politik alle Lebensbereiche, und ist nicht die Wirtschaft die Voraussetzung allen gesellschaftlichen Lebens? Hier ist die zentrale Frage dieses Aufsatzes angesprochen. Sie beinhaltet folgende beiden Probleme:

— Politik kann verstanden werden als die Möglichkeit, alle gesellschaftlichen Bereiche gestaltend zu durchwirken. Dann gibt es keine politikfreien Beziehungen. Politik kann aber auch verstanden werden als die Möglichkeit, die freie Entfaltung gesellschaftlichen Lebens fördernd zu gewährleisten. Dann hat Politik paradoxerweise politikfreie Beziehungen zum Ziel [8].
— Selbstverständlich muß der Mensch wirtschaften, wenn er leben will. Das gleiche gilt für alle Menschen in einer Gesellschaft. Ob damit eine einseitige Abhängigkeit des menschlichen Lebens und aller gesell-

7 Diese Gesellschaftsauffassung wird noch weiter erläutert, da sie zentral ist für den Ansatz des Aufsatzes. Sie ist nicht „automatisch-mechanistisch“, wie Egon Edgar Nawroth annimmt, vgl. ders., Die Sozial- und Wirtschaftsphilosophie des Neoliberalismus, Heidelberg und Löwen 1961, S. 203 ff.

8 Vgl. auch Warnfried Dettling, Demokratisierung, Wege und Irrwege, Köln 1974, S. 86 ff.

schaftlichen Beziehungen von der Wirtschaft gegeben ist in dem Sinne, daß sie die Qualität dieser Beziehungen bestimmt, ist eine ganz andere Frage.

Bevor jedoch auf diese Fragen weiter eingegangen wird, muß noch eine andere Besonderheit geklärt werden.

Ebenso nämlich, wie es im sozialen Leben des einzelnen zu Rollenkonflikten kommt, überlagern und überschneiden sich auch im gesellschaftlichen Ganzen z. B. wirtschaftliche und politische Beziehungen, denn sie rühren ja aus den verschiedenen sozialen Handlungen des Menschen her. Mengentheoretisch könnte man sagen: wirtschaftliche und politische Beziehungen sind nicht nur Teilmengen der Gesamtmenge aller gesellschaftlichen Beziehungen, sondern wegen der Überschneidungen ergeben sich zwischen ihnen auch Schnittmengen. Hieraus wird das ganze Interdependenzgeflecht wirtschaftlicher und politischer Beziehungen innerhalb einer Gesellschaft sichtbar (vgl. Abb. 1).

Abbildung 1

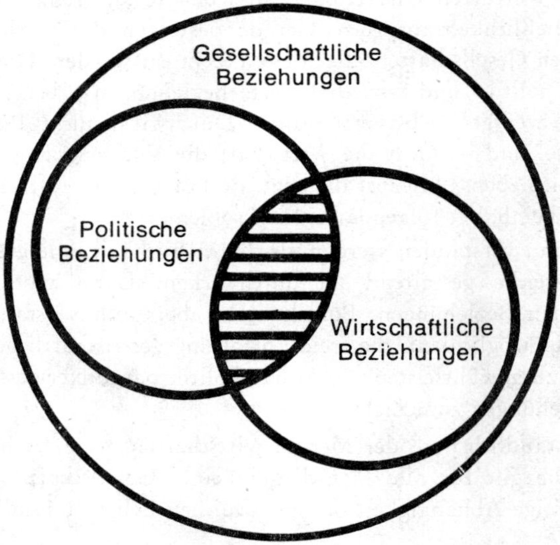

4. Die Interdependenz menschlicher Handlungen und gesellschaftlicher Beziehungen

Abschließend muß in diesem ersten Kapitel herausgearbeitet werden, welche Strukturmerkmale sich zur Verdeutlichung der Interdependenz von Wirtschaft, Gesellschaft und Politik eignen. Dazu muß noch die Qualität der Interdependenz der sozialen Handlungen des einzelnen Menschen und diejenige der gesellschaftlichen Beziehungen betrachtet werden.

a) Wenn wir verschiedene Menschen wie den Herrn X in ihren sozialen Umfeldern beobachten, dann werden wir erkennen, daß sie sich in ihrem Verhalten unterscheiden, auch wenn vergleichbare Umstände herrschen. Kein Mensch kann sich außerdem darüber hinwegsetzen, daß der Tag 24 Stunden hat und er sich nicht gleichzeitig an zwei verschiedenen Orten aufhalten kann. Und so werden wir z. B. beobachten, daß der eine möglichst früh von seiner Arbeitsstelle nach Hause geht, um bei seiner Familie sein zu können, während der andere Überstunden macht und auch dann noch nicht nach Hause geht, sondern eine Vereinssitzung leitet.

   Wenn wir der unterschiedlichen Tages- und Zeiteinteilung auf den Grund gehen, dann werden wir feststellen, daß beide Menschen eine ganz verschiedene Lebensauffassung haben, ganz unterschiedliche Dinge für wertvoll halten und deswegen auch bei ihrer Lebensgestaltung von einer ganz unterschiedlichen Prioritätenskala ausgehen. Die Menschen streben unterschiedliche Ziele an, und diese deuten auf Unterschiede in ihren Prioritäten hin. Je nachdem, ob also z. B. die Familie, der Beruf oder der Verein die Prioritätenskala eines Menschen anführt, wird sich die Interdependenz zwischen seinen Handlungen anders darstellen. Der Wert- und Zielhintergrund des einzelnen Menschen strukturiert also die Interdependenz seiner sozialen Handlungen, und so können wir die *Zielbezogenheit des menschlichen Handelns* als erstes Strukturmerkmal für die Verdeutlichung von Interdependenz hervorheben.

b) Die Interdependenz der gesellschaftlichen Beziehungen hängt von der Gesamtheit aller in sich zielgerichteten sozialen Handlungen in der Gesellschaft ab. Sie hat keine eigene Qualität a priori. Vielmehr hängt sie selbst wiederum ab von der Ordnung der Gesellschaft. So ist die Interdependenz der gesellschaftlichen Beziehungen in einer Gesellschaftsordnung, die den einzelnen Menschen die freie Wahl ihrer Ziele überläßt, eine andere als in einer Gesellschaftsordnung, in der eine Instanz dem einzelnen die freie Zielwahl weitgehend abnimmt.

Wie leicht zu sehen ist, wurde in a) die erste Gesellschaftsordnung vorausgesetzt. Bei der zweiten wird die pluralistische Zielwahl vieler einzelner ersetzt durch die monistische Zielsetzung der Instanz. Damit haben wir in der *Art der Ordnung der Gesellschaft* das zweite Strukturmerkmal ermittelt, an dem die Interdependenz gesellschaftlicher Beziehungen verdeutlicht werden kann. Dieses Merkmal enthält, wie leicht verständlich ist, eine unterschiedliche Beantwortung der Machtfrage (= Instanz oder viele Beteiligte).

II. DIE GEWÄHRLEISTUNG DER INTERDEPENDENZ GESELLSCHAFTLICHER BEZIEHUNGEN

1. Arten der Ordnung und die Ordnung der Gesellschaft

a) Die Ordnung der natürlichen und sozialen Umwelt des Menschen

Ordnung wird gemeinhin als vom Menschen geschaffene Ordnung verstanden. Diese Auffassung geht davon aus, daß Ordnung – wo immer sie auch auftritt – eine bewußt vom Menschen geschaffene und gestaltete Ordnung sei. So sind z. B. ein Haus, ein Produktionsbetrieb, ein Staat mehr oder weniger komplizierte Ordnungsgebilde, in denen verschiedene Elemente sinnvoll zueinander in Beziehung stehen und so dem Menschen das Bewußtsein vermitteln, daß es „ordentlich“ zugehe. Denn der Mensch ist es gewesen, der den Elementen im jeweiligen Ordnungszusammenhang ihren Platz zugewiesen hat.

Demgegenüber wird häufig das Durcheinander, das in der vom Menschen unberührten Natur herrscht, als chaotische Wildnis, als nicht geordnet angesehen und empfunden. Erst der Mensch schafft Ordnung durch bewußte, zielgerichtete Eingriffe. Er gestaltet das Chaos zum Kosmos.

Nun zeigt gerade der Blick in die Natur, der in den letzten einhundert Jahren durch die Naturwissenschaften immer schärfer und klarer geworden ist, daß es nicht der Mensch ist, der in der Natur den Kosmos schafft, sondern er kann ihn nur rekonstruierend und entdeckend erfahren. Die Welt der Kristalle und Atome, des Magnetismus und der Strahlen hat offenbar ohne menschliches Zutun ihre Ordnung [9]. Der

9 Vgl. Friedrich August von Hayek, Arten der Ordnung, in: ORDO, 14. Bd. (1963) S. 1–20.

Mensch kann versuchen, die Regeln dieser Ordnung zu ergründen und lernen, sich ihrer zu bedienen. Er kann die gefundenen Regeln (Naturgesetze) anwenden, um seine Ziele zu erreichen. Damit gestaltet aber der Mensch in diesem riesigen Bereich seiner Umwelt – der Natur – nicht Ordnung, sondern er begibt sich in vorhandene Ordnung hinein: Er unterwirft sich den von ihm erforschten Naturgesetzen bewußt und den ihm noch unbekannten Gesetzen unbewußt. Unter dieser Voraussetzung kann der Mensch dann auch gestaltend und verändernd in die Natur eingreifen. Das ist heute weitgehend unbestritten.

Nicht so leicht gelingt dem heutigen Menschen die Übertragung dieser Erkenntnis über seine natürliche Umwelt auf seine soziale Umwelt [10]. Diese besteht ja aus Menschen, und deswegen steht offenbar außer Frage, daß soziale Ordnung immer von Menschen geschaffene Ordnung sei. Das ist richtig, wenn auch mit einer entscheidenden Einschränkung: sie ist nicht immer bewußt geschaffene Ordnung! Dem Grad der Bewußtheit des menschlichen Ordnungshandelns kommt also entscheidende Bedeutung zu. Die Frage lautet: Hat der Mensch gehandelt, wobei im Endeffekt auch eine Ordnung entstanden ist? Oder: Hat der Mensch bewußt eine Ordnung gestaltet? [11] Offenbar gibt es beides. Greifen wir auf eines der obigen Beispiele zurück, so ist ein Produktionsbetrieb eine bewußt gestaltete, auf ein Ziel ausgerichtete und im Sinne der Zielerreichung gelenkte Ordnung. Das trifft auch für einen Staat oder einen Verein zu. Wir nennen alle derartigen Ordnungen, die sich der Mensch bewußt schafft, um seine Kräfte zur besseren Zielerreichung zu sammeln, Organisationen.

Den Organisationen stehen andere Ordnungen gegenüber, an deren Entstehen Menschen zwar auch beteiligt sind, die sie aber nicht in der Weise bewußt gestaltet haben wie einen Produktionsbetrieb. Sprache und Schrift, Moral und Gesetz, Geld und Markt [12] sind Menschenwerk, sie sind Ordnungen; aber sie sind nicht bewußt geschaffen, sondern gewachsen, entstanden im Laufe der langen Menschheitsgeschichte. Kein Mensch hat sie allein für seine persönliche Zielerreichung gestaltet,

---

10 Das ist um so erstaunlicher, als man ansonsten mit der Übertragung naturwissenschaftlicher Überlegungen in den gesellschaftlichen Bereich so schnell bei der Hand ist.

11 Vgl. Friedrich August von Hayek, Die Ergebnisse menschlichen Handelns, aber nicht menschlichen Entwurfs, in: ders., Freiburger Studien, 1969, S. 97–107.

12 Vgl. Friedrich August von Hayek, Arten der Ordnung, a.a.O., S. 7.

sondern alle Menschen haben daran mitgewirkt; sie begeben sich in diese Ordnungen hinein und unterwerfen sich bewußt den bekannten, unbewußt den unbekannten Gesetzen.

Auch die soziale Ordnung mit ihren Bräuchen, Sitten und Gesetzen ist eine in der beschriebenen Weise gewachsene, jedoch keine bewußt und zielorientiert geschaffene Ordnung. Da jeder Mensch in ihr steht, mitwirkt und sie mitbeeinflußt, also gewissermaßen selbst ein Zentrum der sozialen Ordnung ist, nennen wir eine solche Ordnung polyzentrische Ordnung.

b) Merkmale von Organisationen und polyzentrischen Ordnungen

(1) Wesentlichstes Merkmal von Organisationen ist ihre Zielgerichtetheit. Wenn Menschen Ziele haben, die sie als einzelne nicht, oder nicht so gut erreichen können, dann gründen sie eine Organisation: einen Verein, einen Betrieb, eine Genossenschaft. Ihre Zielvorstellungen formulieren sie in einer Zielkonzeption und ordnen ihre Organisation so, daß die Erreichung der Ziele möglichst gut gewährleistet ist. Das bedeutet, daß alle Handlungen innerhalb der Organisation auf das Organisationsziel hinorientiert werden müssen. Man kann auch sagen: Alles muß im Sinne der Zielerreichung gelenkt werden. Hier entsteht das Lenkungsproblem.

Zum Zwecke der Lenkung wird das Organisationsziel in Teilziele aufgespalten; die dem Organisationsziel entsprechende Gesamtaufgabe wird ebenfalls in Teilaufgaben untergliedert. Diese werden wiederum in Funktionen aufgespalten. Alle Einzelfunktionen sind auf die Gesamtaufgabe ausgerichtet und tragen damit zur Erreichung des Organisationszieles bei. Ihre Daseinsberechtigung und ihre Bedeutung kann aus ihrem Beitrag zur Organisationszielerreichung abgelesen werden.

Der Ziel- und Aufgabenhierarchie in einer Organisation entspricht die Hierarchie von Vorgesetzten und Untergebenen. Eine Organisation ist also immer eine Hierarchie. Die einzelnen Organisationsebenen unterscheiden sich durch ihren Beitrag zur Gesamtaufgabe und ihren Anteil an der Zielerreichung voneinander. Je weiter wir in der Organisationspyramide nach unten gehen, desto kleiner wird die Funktion und desto geringfügiger ist der Beitrag zur Gesamtaufgabe und damit der Anteil an der Zielerreichung für den einzelnen Funktionsträger. Umgekehrtes gilt, wenn wir in der Hierarchie nach oben gehen. Aus diesem Tatbestand wird eine desto größere Kompetenz (Leitungsfunktion) bezogen auf die Gesamtaufgabe einer Organisation abgeleitet, je höher die Organisationsebene liegt.

Im Bereich der Organisationsspitze findet die Fixierung und Veränderung der Gesamtzielkonzeption statt, und hier ist auch der Sitz der obersten Führung: von hier aus gehen Aufträge, Anweisungen und Befehle in niedrigere Organisationsebenen, von denen wiederum Informationen nach oben gemeldet werden. Im einzelnen grenzt die Organisationsspitze Funktionsbereiche (Kompetenzen) gegeneinander ab (Kompetenz – Kompetenz) und erteilt Anweisungen für die Ausführung der Teilaufgaben über direkte Befehle oder Organisationsregeln (z. B. Arbeitsplatzbeschreibungen). Alle diese Anweisungen sind ihrem Charakter nach positive Verhaltensvorschriften, d. h. es wird in ihnen mehr oder weniger genau festgelegt, wie sich der Funktionsträger in unterschiedlichen Situationen zu verhalten hat. Innerhalb dieser Vorschriften hat der Funktionsträger einen begrenzten Freiheitsraum. Dieser Aktionsspielraum wird hauptsächlich durch das besondere Fachwissen des Funktionsträgers umschrieben.

Der Mensch in einer solchen Organisation ist Funktionsträger bezogen auf das Gesamtziel. Er muß also dieses Ziel akzeptieren, damit er die ihm zugewiesene Funktion so ausfüllt, daß er seinen Beitrag zur Organisationszielerreichung leistet. Genügt er dieser Erwartung von Seiten der Organisation nicht, dann wird er durch einen anderen Funktionsträger ersetzt. Akzeptiert er selbst das Ziel oder seine Teilaufgabe nicht, dann wechselt er seinen Arbeitsplatz. Das sind die beiden möglichen Gründe für ein Ausscheiden aus der Organisation. Der Erwartungshaltung der Organisation dem Funktionsträger gegenüber entspricht die Erwartung des Menschen gegenüber der Organisation. Beide Erwartungen können enttäuscht werden, auf jeden Fall treffen beide aufeinander.

Mit der Akzeptanz des Organisationszieles und damit der Organisation durch den Menschen als Funktionsträger kann nur so lange gerechnet werden, wie dessen Erwartungen bezüglich seiner eigenen Ziele erfüllt werden. Hier liegt ein Herd ständiger Konflikte zwischen der Organisation, d. h. speziell ihrer Spitze, und ihren Funktionsträgern. Dabei geht es immer darum, die Organisationszielkonzeption mit den vorhandenen und artikulierten anderen (eigenen) Zielsetzungen zu vereinbaren. Für den einzelnen Menschen läuft diese Situation im Konfliktfall darauf hinaus, sich zwischen einer Akzeptanz der Ziele oder einem Organisationswechsel (z. B. Arbeitsplatzwechsel, Freizügigkeit vorausgesetzt) zu entscheiden.

(2) Eine polyzentrische Ordnung ist nicht in dem Sinne zielgerichtet wie eine Organisation. So dienen zwar z. B. Sprache und Schrift der Verständigung, Moral und Gesetz der wechselseitigen Verhaltenssicherheit und Geld und Markt dem wirtschaftlichen Austausch zwischen den Menschen, aber das sind allgemeine Ziele, nicht konkrete wie sie die Organisationsziele darstellen [13]. Entsprechend wird das Lenkungsproblem in der polyzentrischen Ordnung anders gelöst als in der Organisation: Während konkrete Verhaltensanweisungen notwendig sind, um die Erreichung konkreter Ziele zu gewährleisten, ist es für die Erreichung allgemeiner Ziele erforderlich, die Bedingungen zu kennen und in Verhaltensregeln zu fassen, die eine Zielerreichung gewährleisten. Da allgemeine Ziele innerhalb der Gesellschaft nur über einen ständigen Prozeß wechselseitiger Anpassung (polyzentrische Ordnung) erreichbar sind, müssen solche allgemeinen Verhaltensregeln für den wechselseitigen Anpassungsprozeß gelten und gesichert werden. Diese geben keine konkrete Verhaltensvorschrift (wie in der Organisation), sondern sie grenzen lediglich nicht erlaubte Verhaltensweisen aus, um den Prozeß wechselseitiger Anpassung zu sichern. Dieser Prozeß ermöglicht so die konkrete Zielerreichung einer Vielzahl von Menschen unter Einhaltung der Regeln. Er läuft also nicht auf Anordnung und zur Zielerreichung einer einzigen Instanz ab.

Ein Beispiel möge das Gesagte verdeutlichen: Das allgemeine Verständnisziel erfordert die Einhaltung von Sprachregeln allgemeiner Art. Offen bleibt, worüber und in welcher Weise eine Verständigung erfolgen soll. Hier bleibt die konkrete Zielwahl jedem Menschen selbst überlassen. Was immer aber ein Mensch auch tut, ob er ein Verkaufsgespräch führt, eine Rede hält, ob er mit seinem Freund oder seinem Gegner spricht: Er muß die Sprachregeln einhalten! Denn sein konkretes Ziel (Verkauf einer Ware, Vermittlung von bestimmten Gedanken) erreicht er nur innerhalb der Bedingungen, die auch für das allgemeine Verständigungsziel gelten.

In Diktaturen wird häufig der Versuch gemacht, Teile der Sprache aus dem eben erläuterten pluralistischen Zusammenhang herauszulösen und

---

13 Zur Unterscheidung zwischen allgemeinen und konkreten Zielen siehe weiter unten S. 54 ff.

in den Staatsaufbau zu integrieren. Durch den Einbau der Sprache in die staatliche Organisation erhält sie eine politische Funktion: Sie wird für die staatlichen Ziele funktionalisiert. Allgemeine Verständigung wird auf diese Weise erschwert oder unmöglich gemacht. Das bedeutet dann für den Menschen, daß er sich an die konkrete Sprachregelung halten muß, wenn er seine Ziele erreichen will. Der Unterschied zwischen allgemeinen Sprachregeln und konkreter Sprachregelung kennzeichnet die unterschiedliche Stellung des Menschen in Organisationen und polyzentrischen Ordnungen. Während der Mensch in der Organisation Funktionsträger ist, also in seiner Existenz weitgehend fremdbestimmt, ist die polyzentrische Ordnung die der freien Selbstbestimmung in der Zielwahl. Gerade die Bindung an allgemeine Regeln eröffnet jedem einzelnen *alle bis auf endlich viele* (das sind die verbotenen) Handlungsweisen. Die Chance zur Selbstverwirklichung des Menschen ist dementsprechend in einer polyzentrischen Ordnung in ganz anderer Weise gewährleistet als in einer Organisation [14].

c) Die gesellschaftspolitische Grundentscheidung

Nun kann es gar keinem Zweifel unterliegen, daß offenbar beide geschilderten Arten der Ordnung in der Realität vorhanden sind, daß sie ihren Sinn haben und daß sie jede für sich auch ihre Effizienz haben. Allerdings ist dieses Nebeneinander verschiedener Ordnungen mit einem Problem verbunden, das nunmehr analysiert werden muß. Es ist dargestellt worden, daß der Mensch in Organisationen Funktionsträger ist, in polyzentrischen Ordnungen dagegen nicht. Vielmehr ist er hier autonom in der Setzung seiner Ziele. Das ist ein ganz wesentlicher Unterschied in der Stellung des Menschen in den beiden Ordnungen. Die Einbindung des Menschen erfolgt in die polyzentrische Ordnung durch Verpflichtung auf die Einhaltung von Regeln, in die Organisation dagegen durch die Verpflichtung auf die Akzeptanz der Organisationsziele. Diese Akzeptanz mag bereitwillig, neutral oder „knurrend" gewährt werden, aber sie muß da sein [15]. Wenn nicht, dann bleibt, wie bereits ausgeführt, nur die Möglichkeit eines Organisationswechsels. Ob dieser aber möglich ist, das hängt von der Gesamtordnung der Gesell-

---

14 Dieser Grundgedanke wird z. B. in der Mitbestimmungsdebatte häufig vernachlässigt.

15 Über die verschiedenen Arten von Akzeptanz vgl. Ralf Bodo Schmidt, Wirtschaftslehre der Unternehmung, Stuttgart 1969, S. 104 ff.

schaft ab. Solange nämlich Organisationen selbst wieder in einem polyzentrischen Zusammenhang stehen, in dem sie sich an Regeln halten müssen, ist für den Menschen das Risiko der Fremdbestimmung kleiner, da ihm die Möglichkeit der eigenen Entscheidung erhalten bleibt, weil er auswählen kann. Erst wenn ihm diese Möglichkeit genommen ist, wenn also die Gesamtgesellschaft organisiert ist, ist er funktionalisiert und fremdbestimmt.

Die entscheidende Frage ist also diese: Nach welchem Ordnungs- oder Koordinationsprinzip wird die Gesamtgesellschaft geordnet, und in welcher Weise sind die Ordnungen miteinander kompatibel (vereinbar)? Zur Kompatibilitätsfrage nur wenige Sätze: Offenbar ist es denkbar (s. o.), daß Organisationen Elemente polyzentrischer Ordnungen sind. Dagegen ist der umgekehrte Fall nicht denkbar. Es kann also eine Organisation als Ganzes Teil einer polyzentrischen Ordnung sein, nicht aber eine polyzentrische Ordnung Teil einer Organisation, ohne wesentliche zu ihr gehörende Elemente aufgeben zu müssen, m. a. W. man kann eine polyzentrische Ordnung nicht in eine Organisation einbauen, ohne sie zu funktionalisieren und sie damit ihres eigentlichen Charakters zu berauben. Denn eine polyzentrische Ordnung ist nicht im Sinne eines konkreten Zieles funktionalisierbar. Das sahen wir bereits.

Die Kompatibilitätsfrage wird deswegen so beantwortet: wohl sind Organisationen mit einer herrschenden polyzentrischen Ordnung vereinbar, nicht aber umgekehrt. Das ist eine etwas veränderte Fassung der von Ludwig von Mises aufgestellten Unvereinbarkeitshypothese [16]. Auf die politische Alternative gebracht lautet sie: *Entweder völlige Organisation der Gesamtgesellschaft oder polyzentrische Ordnung der Gesamtgesellschaft.* Wobei wir noch hinzugefügt haben, daß Alternative 2 wohl Organisationen enthalten kann als Elemente.

Ohne die politische Grundentscheidung bereits klären zu wollen, können folgende Aussagen gemacht werden:

(1) Offenbar bestimmt die *übergeordnete Struktur* die untergeordnete. Sowohl die Organisation als auch die polyzentrische Ordnung enthalten Systemzusammenhänge verschiedener Elemente. Je nachdem, welches dieser beiden Systeme zum übergeordneten erklärt wird, erfolgt eine andere Beeinflussung des untergeordneten Systems.

(2) Mit dem ersten eng verbunden ist die Unterscheidung verschiedener

16 Vgl. Ludwig von Mises, Artikel „Liberalismus II, Wirtschaftlicher Liberalismus", in: HdSW, Bd. 6 (1959) S. 596–603.

Formen von Herrschaft. Die polyzentrische Ordnung enthält ein System abstrakter Verhaltensregeln. Herrschaft ist hier anonym auf die Einhaltung der Regeln und damit auf die friedliche Austragung von Konflikten gerichtet. Dagegen enthält die Organisation ein System positiver Verhaltensvorschriften. Herrschaft ist hier auf die Durchsetzung ganz bestimmter Handlungen ausgerichtet, notfalls über direkte Verhaltensbeeinflussung. Unter dieser Herrschaft kommt es nicht zur freien Austragung von Konflikten, sondern, wenn überhaupt Konflikte auftreten und zugelassen werden – die Organisation ist konfliktfeindlich –, dann müssen sie im Sinne des Organisationszieles möglichst schnell bereinigt werden.

(3) Selbstverständlich ist die *Auffassung von Politik* sehr entscheidend für die Lösung der gesellschaftspolitischen Grundentscheidung. Politik wird häufig mit Verwirklichung von Werten [17] gleichgesetzt. Bereits an dieser Stelle ist deutlich, daß die Entscheidung für eine Organisation der Gesellschaft Werte im Sinne ganz konkreter gesellschaftspolitischer Ziele interpretiert, auf die hin das gesellschaftliche Leben organisiert werden muß. Andererseits bedeutet eine Entscheidung für eine polyzentrische Ordnung der Gesellschaft einen weitgehenden Verzicht auf eine Politik im eben beschriebenen Sinne. Stattdessen wird es einer solchen Politik am Herzen liegen, Möglichkeiten für eine pluralistische (polyzentrische) Wertverwirklichung zu schaffen.

(4) Mit dem Politikverständnis ist das *Staatsverständnis* eng verbunden. Leicht einzusehen ist, daß eine Organisierung der Gesellschaft im beschriebenen Sinne zu einer Identität von Staat und Gesellschaft führt, da gesellschaftliches Leben jetzt ausschließlich auf die Erreichung des Staatszieles hin organisiert wird. Hingegen hat der Staat einer polyzentrisch geordneten Gesellschaft ganz andere Aufgaben: er garantiert die Einhaltung der Regeln, ohne daß ihm hier ein Ermessensspielraum gegeben ist, und er verfügt über die ihm übertragenen Teile des Sozialprodukts, wobei er hier über ein sehr großes Ermessen verfügt. Der Staat der organisierten Gesellschaft verfügt bei beiden Aufgaben über totales Ermessen.

(5) Nicht zuletzt trennen sich an dem Problem der Grundentscheidung auch die Wege verschiedener *Demokratieauffassungen* [18]. Hier

17 Vgl. Klaus Weigelt, Ethische Fragestellungen und ihre Verarbeitung in der Praxis wirtschaftspolitischer Bildung, in: Eichholzbrief, 8. Jg., Heft 3, Eichholz Verlag Bonn, 1972, S. 3–20.

18 Vgl. Warnfried Dettling, a.a.O.

geht es sowohl um die Frage der Legitimität als auch um die Frage der dem Staat zu übertragenden Aufgabe, wobei letztere wieder sehr stark mit verschiedenen Politikauffassungen korrespondiert.

Zusammengefaßt ist folgende Alternative denkbar:

a) Nur, was die Mehrheit entscheidet, wird vollzogen. Die Mehrheit entscheidet aber nicht über alles. Sie weiß sich eingebunden in das System der Regeln (z. B. Grundgesetz), die auch für sie gelten.

b) Alles, was die Mehrheit entscheidet, wird vollzogen. Und die Mehrheit entscheidet auch über alles. Sie weiß sich einig mit den „herrschenden Interessen", der „volonté general".

Die unter a) formulierte Auffassung ist liberalen Demokratien eigen, während totalitäre Demokratien nach der Maxime b) vorgehen.

Bei der totalitären Demokratie handelt es sich jedoch um eine labile Herrschaftsform, wie im übrigen die vorhandenen sog. Volksdemokratien hinter dem „Eisernen Vorhang" beweisen (vgl. Abb. 2).

Abbildung 2

Quelle der Macht / Inhalt der Regeln	autoritär (Führer)	demokratisch (Mehrheit)
Organisationsregeln (Befehle)	totalitäre Diktatur	totalitäre Demokratie (instabil)
allgemeine (abstrakte) Verhaltensregeln	„Liberaler Absolutismus" (instabil)	freiheitliche oder rechtsstaatliche Demokratie

(6) Schließlich sei noch auf das *Parteienselbstverständnis* hingewiesen, das in diesem Zusammenhang bedeutungsvoll ist. Weltanschauungsparteien mit Absolutheitsanspruch werden die gesellschaftspolitische Grundentscheidung tendenziell anders fällen als Parteien, die sich dem pluralistischen Meinungskonflikt stellen [19].

19 Vgl. Material zu grundsatzpolitischen Abgrenzungsfragen, Materialien zur Tagungs- und Seminararbeit der Politischen Akademie Eichholz, Heft 26, Eichholz Verlag Bonn 1973.

Bezogen auf die Wirtschaftsordnung hat die gesellschaftspolitische Grundentscheidung marktwirtschaftliche oder zentralverwaltungswirtschaftliche Systeme zur Folge.[20] Marktwirtschaftliche Systeme überlassen es den einzelnen Personen und den Betrieben/Unternehmungen, welche Ziele sie sich setzen. Hingegen wird die Wirtschaft innerhalb einer Zentralverwaltungswirtschaft zu einer Art Maschine, die in den Diensten des Staates steht.

2. Werte und Ziele menschlichen Handelns

a) Wertverwirklichung und Zielerreichung

Wie eben bereits sichtbar wurde, ist mit unterschiedlichen Ordnungsformen auch eine unterschiedliche Möglichkeit für den Menschen verbunden, seine Ziele zu erreichen. Während er in der Organisation gezwungen ist, seine persönlichen Ziele zurückzustellen und sie einzubinden in die Organisationszielkonzeption, ist ihm in einer polyzentrischen Ordnung die Möglichkeit der freien Zielwahl eröffnet. Ehe wir diesen Zusammenhang noch einmal aufgreifen, soll der Frage nachgegangen werden, wieso es überhaupt dazu kommt, daß Menschen versuchen, Ziele zu erreichen.

Menschliches Leben ist nur da möglich, wo es dem Menschen selbst sinnvoll erscheint. Sinn sieht der Mensch in seinem Leben, solange es Dinge gibt, die ihm wertvoll erscheinen, und solange er diese Dinge erhalten oder nach ihnen streben kann. Ist das nicht mehr der Fall, dann wird das Leben für ihn sinnlos[21]. Die Tatsache, daß sich der Lebenssinn dem Menschen erst in einem komplizierten Sozialisationsprozeß erschließt, also sowohl anlage- als umweltbedingte Komponenten enthält, darf nicht dazu verleiten, dem Menschen den höchstpersönlichen Charakter der Interpretation seines Lebenssinnes streitig zu machen. Nur auf diese Weise wird er als Person ernstgenommen[22]. Wir überlassen es also dem Menschen, das für wertvoll zu halten, was er für wertvoll halten möchte;

20 K. Paul Hensel, Grundformen der Wirtschaftsordnung Marktwirtschaft – Zentral Verwaltungswirtschaft, München 1972.
21 Vgl. Klaus Weigelt, Ethische Fragestellungen ... a.a.O.
22 Diese Aussage beinhaltet eine Wertentscheidung zugunsten der Autonomie des Menschen, der in seinen Entscheidungen frei ist und deswegen auch dafür verantwortlich gemacht werden kann. Diese Wertentscheidung wird nicht allgemein anerkannt.

nicht weil wir der Überzeugung sind, daß das in jedem Fall „richtig" ist, sondern gerade deswegen, weil *niemand* im Besitz des Wissens ist und erkennen kann, was richtig sei. Unter dieser Voraussetzung ist die Entscheidung, es jedem Menschen selbst zu überlassen, mit der wahrscheinlich geringsten Beeinträchtigung der menschlichen Person verbunden. Diese Entscheidung beruht auf einem allgemein anerkannten Grundwert, nämlich dem der persönlichen Freiheit des Menschen. Werte sind unmittelbar mit der Existenz des Menschen und mit seiner Geschichte verbunden. Sie wachsen mit ihm und verändern sich mit ihm. Sie entstehen aus persönlichen Überzeugungen, die zu allgemeinen werden und wieder zurückwirken auf persönliche. Sie sind Grundlage für den Sinn, den Menschen ihrem Leben zumessen. Daraus ergibt sich die Ambivalanz von Werten: Als allgemeine Sprechblasen oder Leerformeln durchwirken sie schlagwortartig die Sprache der Gesellschaft: Freiheit, Gleichheit, Gerechtigkeit, Lebensqualität. Für den einzelnen Menschen aber gewinnen diese Vokabeln ihre je eigene, inhaltlich klare Gestalt, unverwechselbar und – wie man in der gesellschaftspolitischen Diskussion erkennen kann – unvereinbar mit den Vorstellungen anderer Menschen.

Der Streit geht nicht nur darum, welche inhaltliche Ausgestaltung Werte haben sollen. Dieser Streit ist zwar nicht entschieden, aber die Fronten sind relativ klar [23]. Viel ernster ist die Frage, wer bzw. ob überhaupt jemand das Recht haben soll, sein Wertverständnis durch den Einsatz von Machtmitteln allgemeingültig durchzusetzen. Diese Frage scheint unausweichlich zu sein. Denn da Werte Überzeugungen darstellen, kann man über sie nicht abstimmen. Überzeugungen sind nicht mehrheitlich abschaffbar. So bleiben zwei Möglichkeiten: Verzicht auf Wertdurchsetzung mit den Mitteln der Macht oder Bestehen auf wertmäßigem Allgemeingültigkeitsanspruch. Ersteres bedeutet in der Praxis Wertpluralismus und Wertkoexistenz, letzteres verbindet eigene Wertverwirklichung mit der Zerstörung der Wertverwirklichung anderer Menschen.

Offenbar ist die Entscheidung zwischen diesen beiden Möglichkeiten selbst eine Wertentscheidung. Sie wird dadurch erschwert, daß die Alternative falsch gestellt ist. Die erste Alternative fragt nach den Möglichkeiten paralleler Wertverwirklichung, während die zweite nach

---

23 Vgl. hierzu die umfangreiche, unserer eigenen Position kritisch gegenüberstehende Analyse von Edgar Egon Nawroth, a.a.O.

der politischen Durchsetzung eigener Wertvorstellungen fragt [24]. Ein Problem taucht hier erst auf, wenn die Durchsetzung eigener Werte mit der Beeinträchtigung der Wertverwirklichung anderer Menschen verbunden ist. Hier liegt die Zentralfrage. Ehe wir ihr weiter nachgehen, soll noch das Verhältnis von Werten und Zielen angesprochen werden.

Werte sind Überzeugungen, die man leben oder nach denen man leben kann. Im Lebensvollzug versuchen Menschen, Werte zu verwirklichen. Dabei entscheiden sie sich täglich zu ganz konkretem Verhalten in bestimmten Situationen, sowie für längere Prozesse und Lebensabschnitte. Für diese Entscheidungen setzen sie sich Ziele, von denen sie vermuten, daß sie zu ihrer Wertverwirklichung beitragen, wenn sie sie erreichen. Wertverwirklichung geschieht also nicht unmittelbar, sondern über die Erreichung von Zielen. Ziele sind Mittel zur Wertverwirklichung. Dabei taucht natürlich sofort das Problem auf, in welcher Weise und in welchem Ausmaß Zielerreichung geeignet ist, der Wertverwirklichung zu dienen [25]. Ein exaktes Wissen gibt es über diese Beziehung nicht, nur Vermutungen. Aus den gleichen Gründen wie eben sind wir deswegen gezwungen zu sagen: da niemand weiß, welche Ziele der Verwirklichung von Werten am besten dienen, sollte es jedem Menschen selbst überlassen bleiben, welche Ziele er sich setzt. Dies ist ein freiheitliches Argument. Es gründet in unserer Unwissenheit bezogen auf die beiden Fragen, welches die „richtigen" Werte seien und welche Ziele zur Verwirklichung dieser Werte geeignet seien.

Die angedeutete Position ist weder nihilistisch noch relativistisch. Sie ist in jeder Konsequenz *personalistisch*. Sie geht aus von der in verantworteter Freiheit lebenden Person [26], deren Standort geachtet wird, auch wenn er dem eigenen nicht entspricht *(Toleranz)*. Sie geht weiter aus von der Tatsache, daß das menschliche Wissen sehr begrenzt ist *(intellektuelle Bescheidenheit)*. Und sie geht schließlich davon aus, daß zwischen Ziel-

---

24 Dem Parallelitätsgedanken steht also der Gedanke des Antagonismus gegenüber. Vergleichbare Schwierigkeiten tauchen auch immer beim Wettbewerbsverständnis auf: Wettbewerb kann auch Antagonismus sein (z. B. Boxen), ist es im Normalfall aber nicht (z. B. Laufen, Springen). Auch Wettbewerb am Markt ist Parallelwettbewerb.

25 Ein Beispiel ist das Verhältnis von Bedürfnis und Bedarf. Um Bedürfnisbefriedigung (Wert) zu verwirklichen, muß der Mensch entscheiden, welcher Bedarf (Ziel) gedeckt sein muß, damit die Wertverwirklichung gewährleistet wird. Ist die Bedarfsentscheidung falsch, dann nützt die Bedarfsdeckung (Zielerreichung) nichts: der Mensch bleibt unbefriedigt.

26 Vgl. Klaus Weigelt, Die personale Freiheit des Christen, in: Evangelische Verantwortung, Heft 12, 1973, S. 5 ff.

erreichung und Wertverwirklichung immer eine Lücke klaffen wird; daß also menschliches Handeln immer unvollkommen sein wird *(Bewußtsein faktischer Handelnsgrenzen)* [27].

Ein menschliches Verhalten und Handeln, das von den erwähnten Kriterien geprägt ist, ist offenbar auch an Werten orientiert. Aber diese Werte können nicht über die Erreichung bestimmter Ziele verwirklicht werden, sondern sie überlagern den Prozeß der eigenen Zielerreichung selbst. Damit stellen sie eine andere Gruppe von Werten dar.

Da sie sich auf das Verhalten und die Lebensweise des Menschen beziehen, wollen wir sie *Verhaltenswerte* nennen. Die andere Gruppe von Werten, die im Zusammenhang mit der inhaltlichen Gestaltung des eigenen und des gesellschaftlichen Lebens stehen und die über die Erreichung bestimmter Ziele der Verwirklichung näher geführt werden sollen, wollen wir Zielwerte nennen [28]. Solche Zielwerte sind Gleichheit, Gerechtigkeit, Wohlstand, Lebensqualität u. a.

Einen besonderen Stellenwert hat die persönliche Freiheit. Auf der einen Seite ist ihr Vorhandensein Voraussetzung dafür, daß Menschen gemäß den Verhaltenswerten und für die Verwirklichung von Zielwerten leben können. Insofern ist der Wille, diese Voraussetzung da zu schaffen, wo sie noch nicht gegeben ist, selber ein Zielwert. Er umfaßt die Bedingungen, den Rahmen z. B. einer Gesellschaftsordnung: also die politische Grundentscheidung. Auf der anderen Seite ist die persönliche Freiheit kein Wert, der über die Erreichung bestimmter Ziele näher an die Verwirklichung herangeführt werden kann, da die persönliche Freiheit ein Potential darstellt, dessen Einsatz und Ausrichtung gerade der einzelnen Person überlassen bleibt. Insofern also kann die persönliche Freiheit nicht gesellschaftspolitischer Zielwert sein, weil sie als solcher das Spezifisch-Persönliche der Freiheit aufhebt [29].

---

27 Vgl. Klaus Weigelt, Ethische Fragestellungen . . . a.a.O., S. 16.

28 Die Unterscheidung zwischen formalen und materialen Werten hilft hier nicht weiter, da es sich beim Verhalten von Menschen nicht nur um formales Gehabe handelt.

29 Dieser Zusammenhang wird deutlich im Wandel der Verantwortungsauffassung: der in persönlicher Freiheit Lebende ist dafür verantwortlich, daß alles was er tut im Rahmen der allgemeinen Verhaltensregeln bleibt; der dem gesellschaftlichen Zielwert der persönlichen Freiheit untergeordnete Staatsbürger ist dem Staat dafür verantwortlich, daß er im Sinne der vom Staat vorgeschriebenen Freiheitsdefinition frei ist. Hierin offenbart sich der ganze Widersinn, der in der Forderung liegt, die persönliche Freiheit des einzelnen zu einem Zielwert der Gesellschaftspolitik zu erheben.

Dieser Zusammenhang wird in der politischen Diskussion häufig nicht geschehen, was zu vielen grundsätzlichen Mißverständnissen führt: eine wirkliche Politik der Freiheit kann nur Möglichkeiten bereitstellen und Anreize bieten, also in der oben gewählten Ausdrucksweise: das Potential für jeden Menschen vergrößern. Jede Politik, die darüber hinaus glaubt, den Menschen auf dem Verpflichtungs- oder Zwangswege dem Zielwert „persönliche Freiheit" näher zu bringen, muß sich über ihre paradoxe Vorgehensweise im Klaren sein. Hintergrund einer solchen Politik ist letztlich immer entweder die Überzeugung, es wirklich besser zu wissen – was ein Trugschluß ist – oder aber die Überzeugung, die Menschen eben zu ihrem Glück zwingen zu müssen – hier tritt zum eben genannten Trugschluß (das Gute zu wissen) noch der gefährliche Ausschließlichkeitsanspruch hinzu.

b) Gruppenhandeln und Konsens

Bisher haben wir im wesentlichen den Zusammenhang von Werten und Zielen bedacht, wie er sich für den einzelnen Menschen darstellt. Nun schließen sich Menschen aber auch zusammen, um zu handeln. Hier soll deswegen auch der Frage nachgegangen werden, unter welchen Voraussetzungen das möglich ist und welche Probleme dabei auftreten. Handeln richtet sich auf die Verwirklichung von Zielwerten, und der handelnde Mensch setzt sich deswegen Ziele, um durch ihre Erreichung die Zielwerte zu verwirklichen. Schließen sich mehrere Menschen zusammen, dann müssen sie also entweder in den Zielwerten oder in den Zielen oder in beidem übereinstimmen. Nennen wir die Auffassungen, die ein Mensch über Zielwerte hat, seinen *Standort,* die Ansichten über seine Ziele aber seine *Standpunkte,* dann gibt es für das Gruppenhandeln folgende Möglichkeiten (vgl. auch Übersichten 1 u. 2, S. 60 u. 61):

— Übereinstimmung (Konsens) in Standort und Standpunkten. Das ist Gruppenhandeln bei identischen Zielwerten.

— Übereinstimmung in den Standpunkten bei unterschiedlichen Standorten. Das ist Gruppenhandeln bei divergierenden Zielwerten.

Eine Gruppe kann auch existieren, wenn ihre Mitglieder im Standort übereinstimmen, nicht aber in den Standpunkten. Sie kann dann aber nicht gemeinsam handeln. Einige Beispiele mögen das Gesagte verdeutlichen:

Übersicht 1

Werte, Ziele und Konsens

Verhaltenswerte	**Zielwerte** (Sinn)	**Ziele, Mittel** (Aktion)
1. Die Verhaltenswerte gewährleisten ein demokratisches Verfahren. Sie sind Ausdruck der Unantastbarkeit der Würde des Menschen.	1. Die Zielwerte sind allgemeine Vorstellungen über gewünschte Zustände der Gesellschaft. Zielwertfixierung ist **Standortbeschreibung.**	1. Ziele sind Konkretionen von Zielwerten. Zielerreichung soll der Zielwertverwirklichung dienen. Zielformulierung ist **Standpunktbeschreibung.**
2. Verhaltenswerte sind:	2. Zielwerte sind u. a.:	2. Ziele sind u. a. (alternativ):
— Toleranz — intellektuelle Bescheidenheit	— Freiheit	{ — Interdependenz — kollektive Steuerungsprozesse }
— Bewußtsein faktischer Handelsgrenzen	— Gleichheit	{ — Startgleichheit (Chancengleichheit) — Ergebnisgleichheit (Verteilung) }
	— Gerechtigkeit	{ — Leistungsgerechtigkeit — Verteilungsgerechtigkeit }
3. Dissens führt zur Zerstörung der Demokratie	3. Dissens ist solange tragbar, wie Absolutheitsansprüche vermieden werden	3. Dissens ist alltäglich und normalerweise ungefährlich

Interdependenz (Verhaltenswerte — Zielwerte)

Interdependenz (Zielwerte — Ziele, Mittel)

Übersicht 2

Zielerreichung und Zielwertverwirklichung

bei anerkannten Verhaltenswerten

	Person (Mensch)	**Gruppe, Organisation**	**Gesellschaft, Staat**
Zielwertauswahl *Problem:* Welches sind die „richtigen "Werte?	Zielwerte entstehen (wachsen) in jedem Menschen während eines komplizierten Sozialisationsprozesses.	Die Mitglieder der Organisation bringen ihre Zielwerte mit. Es kommt darauf an, daß sie vermittelt werden.	Es gibt keine Möglichkeit, Zielwerte in der Gesellschaft so zu vermitteln, daß Allgemeingültigkeit gegeben ist. Das bedeutet Zielwertpluralismus.
Konkretion der Zielwerte in Zielen *Problem 1:* Welches sind die „richtigen" **Ziele?** *Problem 2:* Prognoseschwierigkeiten	Es bleibt jedem Menschen überlassen, diejenigen Ziele frei anzustreben, von denen er sich die bestmögliche Zielwertverwirklichung verspricht.	Organisationen werden gegründet, um eine bessere Zielerreichung zu gewährleisten. Das Problem der Konkretion stellt sich nur für den Funktionsträger innerhalb der Organisation: Er akzeptiert die Ziele der Organisation solange, wie sie instrumental seinen persönlichen Zielwerten dienen. Mögliche ethische Diskrepanz zwischen Erfolgs- und Verantwortungsethik.	Bei der Zielsetzung muß der Staat von der Gewährleistung des Zielwertpluralismus ausgehen. Ziele, die dieser Aufgabe dienen, haben Vorrang (Ordnungspolitik). Ebenso kann der Staat Ziele anstreben, die den Zielwertpluralismus in der Gesellschaft nicht behindern.
Geforderte Kompromißbereitschaft	Einhaltung der Verhaltenswerte im Sinne einer Berücksichtigung der den Menschen begrenzenden natürlichen und sozialen Umwelt.	Der Gesinnungskompromiß berücksichtigt auch innerhalb der Organisation den gegebenen Zielwerthintergrund. Beispiel: Ein Pazifist wird nicht in einer Waffenfabrik arbeiten (Gesinnungskompromiß unmöglich). Der Aktionskompromiß sieht auf den Erfolg unter Hintansetzung der Zielwerte.	Anerkennung eingegrenzter Mehrheitrechte: Die Mehrheit kann nicht qua Mehrheit beschließen, was sie will. Das bedeutet gleichzeitig Schutz für die Zielwerte von Minderheiten.
Zielerreichung und Zielwertverwirklichung	Es bleibt eine nicht schließbare Lücke. Beispiel: Bedürfnis und Bedarf.	Es besteht eine Lücke zwischen der Organisationszielerreichung und der Zielwertverwirklichung ihrer Mitglieder.	Das Ausmaß zu beurteilen, mit dem der Staat zur Zielwertverwirklichung der Menschen beiträgt, ist das Recht des Wählers.

(1) Vereine sind im Normalfall dadurch gekennzeichnet, daß zwischen den Mitgliedern Konsens besteht bei Zielwerten und Zielen. Das rührt vor allem daher, daß Vereine den Menschen nicht völlig, sondern nur unter einem bestimmten Aspekt fordern[30]. Der Zielwert Gesundheit mag viele dazu bewegen, in einen Sportverein einzutreten mit dem Ziel, sich regelmäßig körperlich zu ertüchtigen.

(2) Erscheint die Vermutung eines Gruppenhandelns bei identischen Zielwerten leicht als künstlich, so macht uns das Gruppenhandeln bei divergierenden Zielwerten kaum Schwierigkeiten. Jede Organisation besteht im Endeffekt darauf, daß ihre Mitglieder (Funktionsträger) ein Ziel erreichen, welches zur Erreichung der Gesamtzielsetzung beiträgt, ohne sich darum zu kümmern, welche Zielwerte der Funktionsträger in seinem Leben verwirklichen will. Auch hier gibt es eine Teilintegration des Menschen, diese ist aber nicht offenbar, wie in (1)[31].

(3) Stimmen Menschen in den Zielwerten überein, dann handelt es sich um eine Gesinnungsgemeinschaft. Daß Mitglieder von Gesinnungsgemeinschaften nicht gleich handeln müssen, d. h. also nicht gleiche Ziele haben müssen, zeigen die Kirchen. Daß Mitglieder von Aktionsgemeinschaften nicht von den gleichen Zielwerten auszugehen brauchen, zeigen die Parteien.

Die sich hier unmittelbar anschließende Frage ist die nach der *Kompromißmöglichkeit*. Das ist eine ethische Frage. Sie stellt sich dem Menschen, der in und mit Gruppen handelt, in mehrfacher Weise (vgl. auch Übersicht 2):

(1) Sind die Zielwerte der Gruppe akzeptabel?

Das ist die Frage nach dem *Gesinnungskompromiß*. Er ist so lange möglich, wie nicht die Akzeptanz von Gruppenzielwerten die Verwirklichung eigener Zielwerte behindert oder unmöglich macht.

(2) Sind die Ziele der Gruppe akzeptabel?

Das ist die Frage nach einem (möglicherweise zeitweiligen) *Handlungskompromiß*. Er ist so lange möglich, wie die Zielerreichung der Gruppe auch den Zielen des Menschen nützt (utilitaristischer oder rein erfolgsorientierter Standort).

---

30 Im Extremfall kann das dazu führen, daß die Zielwerte gar keine Rolle spielen.

31 Wir haben diese Problematik oben angesprochen, vgl. S. 47 ff.

(3) Tragen die akzeptierten Ziele wirklich dazu bei, die akzeptierten Zielwerte zu verwirklichen?

Dies ist die Frage nach dem *Handlungskompromiß bei gegebener ethischer Grundüberzeugung.* Man kann auch sagen, dies sei der verantwortungsethische Ansatz. Er beachtet das schon erwähnte, schwierige Probleme der Lücke zwischen Zielerreichung und Zielwertverwirklichung.

c) Gesellschaftliche Zielerreichung und Macht

Die Verbindung zwischen dem Handeln des einzelnen und dem der Gruppe ist zwar recht differenziert, aber wie sich zeigte, gibt es eine Fülle von Möglichkeiten für den einzelnen Menschen, in persönlicher Freiheit und Verantwortung beide miteinander in Einklang zu bringen. Das gesellschaftliche Leben erschöpft sich nun aber nicht im Handeln einzelner und von Gruppen, sondern durch das Handeln des Staates kommt eine Instanz in die Diskussion, die wir auch im Zusammenhang mit der Wert-Ziel-Problematik untersuchen müssen. Wir können hier anknüpfen an das, was wir oben im Zusammenhang mit der politischen Grundentscheidung erörtert haben. [32] Diese Entscheidung bezieht sich innerhalb der Wert-Ziel-Problematik auf die Interpretation desjenigen Zielwertes, für dessen Verwirklichung im allgemeinen der Staat verantwortlich gemacht wird. Gemeint ist das Gemeinwohl. Das Gemeinwohl ist wie alle anderen Zielwerte zunächst einmal eine Leerformel, d. h. jeder kann etwas anderes darunter verstehen; und wie die gesellschaftspolitische Auseinandersetzung zeigt, verstehen tatsächlich einzelne Personen, Gruppen, Organisationen und Parteien sehr Unterschiedliches unter Gemeinwohl. Wenn also die Forderung erhoben wird, der Staat möge das Gemeinwohl durchsetzen, dann muß gefragt werden, welches Gemeinwohl er denn durchsetzen soll und wie er es durchsetzen soll. [33] Hier gibt es zwei grundsätzlich verschiedene Auffassungen: die eine geht von den Handlungen der Menschen und Organisationen aus. Sie berücksichtigt die Tatsache unseres begrenzten Wissens und ist sich deswegen darüber im klaren, daß es ein allgemein gültiges Gemeinwohl nicht geben kann. Sie vermutet aber, daß sich – wenn überhaupt – eine Tendenz zu einem Zustand, den man am ehesten Gemeinwohl nennen könnte, da-

32 Vgl. oben S. 51 ff.
33 Vgl. das Staatskapitel des 2. Berichtes der Grundsatzkommission der CDU, in: Union in Deutschland, Dokumentation, Nr. 34/1973 vom 6. 9. 1973.

durch ergibt, daß der Staat alles tut, um den wechselseitigen Abstimmungsprozeß, der sich durch die Zielerreichung der einzelnen Elemente der Gesellschaft ergibt, zu unterstützen und in einem dynamischen Gleichgewicht zu halten [34]. Dazu ist es notwendig, daß der Staat und seine Organe ständig die Bedingungen erforschen, die einen solchen dynamisch-gleichgewichtigen Prozeß ermöglichen, und daß er ordnungspolitisch (normativ-funktional) die allgemeinen Regeln setzt und überwacht, die geeignet sind, einen solchen offenen Prozeß zu gewährleisten. Die andere Auffassung geht von einer konkreten Gemeinwohlvorstellung aus. Das Gemeinwohl ist hier also kein allgemeiner Zielwert, sondern bereits ein konkretes Ziel (Konkrete Utopie [35]). Gemessen an einem solchen Ziel sind selbstverständlich die gegebenen Verhältnisse unbefriedigend. Aus dem Soll-Ist-Abstand ergeben sich für den Staat ganz konkrete Handlungsalternativen inform von Veränderungsplänen. Diese werden auf der Basis des gegebenen Wissens gewonnen und durch ständige Interventionen in den ablaufenden Prozeß in die Tat umgesetzt. Im Gegensatz zur eben erwähnten staatlichen Vorgehensweise ist diese eher prozeßpolitisch (konstruktivistisch-interventionistisch) [36]. Der Staat setzt hier konkrete Verhaltensnormen, wodurch der Prozeß tendentiell im Sinne der staatlichen Zielerreichung geschlossen, d. h. funktionalisiert wird. Weder ist die erste Auffassung liberalistisch, noch die zweite kollektivistisch, aber beide haben ihre Probleme. Die erste geht eindeutig von der Vorrangigkeit der Zielerreichung und Wertverwirklichung des einzelnen Menschen und der Gruppe aus. Das ist ein freiheitlicher Ansatz. Die Angriffe der Gegner dieser Auffassung entspringen der Sorge, daß Freiheit in Willkür und Verantwortung in isolierte Machtausübung umschlagen könne. Selbst wenn die ordnungspolitische Staatsfunktion akzeptiert wird, dann bleibt die Forderung, dem Staat noch mehr Möglichkeiten an die Hand zu geben. Diese Forderung wird aus der Unzufriedenheit über die gegebenen Verhältnisse abgeleitet. Nun ist Unzufriedenheit aber keine objektive

---

34 Nawroth spricht hier polemisch von einer „marktmechanisch-kausalen Gemeinwohltheorie", vgl. Egon Edgar Nawroth, a.a.O., S. 169 ff. Aus dem ganzen Werk Nawroths spricht das Unverständnis gegenüber polyzentrischen Ordnungszusammenhängen und seine Vorliebe für konstruktivistisches Denken, das er „realistisch" nennt, vgl. a.a.O., S. 246 ff.

35 Vgl. Christian Zschaber, Mut zu aufgeklärter Utopie und Planung, in: Sonde, Neue Christlich-Demokratische Politik, Heft 4, 1972, S. 54–66.

36 Die Begriffe „normativ-funktional" und „konstruktivistisch-interventionistisch" gehen m. W. auf Ernst-Joachim Mestmäcker zurück.

Kategorie, sondern sie entspringt einer normativen Gesellschaftsbetrachtung. Diese eröffnet keine Erkenntnisse, also kein Wissen. Deswegen sagen auch die Vertreter der ersten Auffassung, daß man dem Staat nicht noch mehr Macht geben könne und schon gar nicht für eine Politik, über die er auch nicht mehr Wissen hat als andere, nämlich was den optimalen Gesellschaftszustand angeht. Deswegen wird dem Staat hier keine höhere Einsicht zugesprochen. Sein Ermessen soll sich nach der ersten Auffassung wohl auf die ihm zur Verfügung gestellten Mittel im Haushalt beziehen, nicht aber auf eine Transformation des Rechts im Sinne einer sukzessiven Ersetzung normativ-funktionalen durch konstruktivistisch-interventionistisches Recht, d. h. also eine Ersetzung der Ordnungspolitik durch inhaltlich-prozessuale Gesellschaftspolitik.

Die zweite Auffassung sieht gerade darin keine Gefahr. Ihr Ansatzpunkt ist die Gesellschaft. Ihm korrespondiert ein tiefes Mißtrauen gegen jedes sogenannte „freie Spiel der Kräfte", d. h. also gegen jeden offenen Prozeß. Die Grundhaltung dieser Auffassung ist pessimistisch: wenn wir die Sache nicht in den Griff bekommen, dann wird sie schiefgehen! Deswegen sind alle Anstrengungen darauf gerichtet, die Prozesse so zu „organisieren", daß die gewünschte Zielsetzung erreicht wird. Diese Auffassung ist die eigentliche politische Alternative, denn sie fordert vom Politiker eine Einmischung in alle innerhalb der Gesellschaft laufenden Prozesse, wo immer das auch denkbar ist. Diese Forderung kommt dem Machtanspruch des Politikers sehr entgegen, und so ist es nicht verwunderlich, daß die Machtfrage die aufgezeigten Grundsatzprobleme im Normalfall beiseite wischt. Denn die erste Auffassung fordert vom Politiker sehr viel mehr als die Beseitigung von Mißständen und das Redenhalten darüber. Das ist nur Laborieren an Symptomen. Sie fordert von ihm Einsicht in die grundlegenden Zusammenhänge und eine Änderung der Bedingungen, damit sich akzeptablere Zustände ergeben. Das aber erfordert gerade eine Abstinenz des Politikers, wenn es um Interventionen geht, und eine reiche Phantasie, wenn es darum geht, Recht zu setzen, damit sich eine freie und offene Gesellschaft entfalten kann.

3. Zusammenfassung: Gesellschaftsordnung und Zielpluralismus

An dieser Stelle soll kein Hehl daraus gemacht werden, wo für den Verfasser die einzige Möglichkeit liegt, die Interdependenz von Wirtschaft, Gesellschaft und Politik langfristig zu gewährleisten. Sie ist nur so lange gegeben, wie die politische Grundentscheidung eine Vorrangigkeit der polyzentrischen Ordnung vorsieht und damit auch die beste Wertverwirklichung für jeden Menschen dadurch sichert, daß ihm die Möglichkeit der eigenen Zielsetzung und Zielerreichung eröffnet und gesichert wird. Eine so geordnete Gesellschaft nennen wir einen sozialen Rechtsstaat, und die in diesem Staat herrschende Form des Gemeinwohls nennen wir soziale Gerechtigkeit.

III. DIE GEFÄHRDUNG DER INTERDEPENDENZ GESELLSCHAFTLICHER BEZIEHUNGEN

Bereits in den bisherigen Ausführungen wurden die Gefährdungen für die Interdependenz deutlich, die sich aus der politischen Grundentscheidung ergeben. Sie sollen hier noch einmal explizit gemacht werden. Doch zuvor ein Hinweis: aus den bisherigen Gedankengängen hat sich ergeben, daß Interdependenz ein Tatbestand ist, den man gewährleisten, aber auch gefährden *kann*. Aus der politischen Grundentscheidung ist abzulesen, in welcher Weise man die Interdependenz gewährleisten oder auch gefährden *will*. Hier wird also die Interdependenz selbst zu einem Zielwert mit ähnlicher Interpretation wie die Freiheit. Freiheit und Interdependenz bedingen einander.

Zwei Gefahren sollen angedeutet werden: In einer polyzentrischen Ordnung kann es zu einer ständigen Verringerung der Anzahl der Zentren kommen, d. h. diejenigen Zentren, die tatsächlich noch autonome Entscheidungen fällen und selbständig Ziele anstreben, nehmen ab, während die Zahl derjenigen zunimmt, die in ihrer Zielwahl abhängig sind. Mit einem solchen Prozeß ist verbunden, daß die verbleibenden autonomen Zentren mächtiger werden.

Wir sprechen deswegen auch von einem Vermachtungsprozeß. Wenn der Staat einem solchen Vermachtungsprozeß innerhalb der Gesellschaft tatenlos zusieht, dann wird er selbst sich über kurz oder lang in einer Abhängigkeit von den verbleibenden tatsächlichen Machtzentren befinden. Es besteht dann die Tendenz zur *Vergesellschaftung des Staates*. Der Staat wird zum Spielball der eigentlichen Machtträger, die ohne politische Verantwortung und Legitimation die politischen Geschicke des Landes nach den eigenen Interessen lenken. Obwohl diese Version der Gefährdung der Interdependenz in der Diskussion eine große Rolle spielt [37], ist sie tatsächlich von geringer Bedeutung.

Anders sieht es schon aus bei der Organisation der Gesellschaft durch den Staat. Die dadurch zustandekommende *Verstaatlichung der Gesellschaft* ist in vielfältiger Weise in den Volksdemokratien hinter dem Eisernen Vorhang zu beobachten. Sie führt zu einer totalen Funktionalisierung aller Bereiche des gesellschaftlichen Lebens in Richtung auf die vom Staat gesetzten Ziele, die wiederum der Verwirklichung von Zielwerten dienen, die ebenfalls, der Staat gesetzt hat. Persönliche Freiheit ist unter solchen Umständen nur als Einsicht in die vom Staat gesetzten Notwendigkeiten möglich.

Eine weitere, etwas differenziertere Form der Gefährdung der Interdependenz ergibt sich in letzter Zeit aus einer stärkeren Verlagerung der Staatsfunktionen von der Ordnungs- zur Prozeßpolitik. Abgesehen vom Wandel des Staats-, Politik- und Parteienverständnis, der sich hier andeutet, liegt die Gefährdung zunächst auf der gleichen Ebene wie die angesprochene Verstaatlichung der Gesellschaft. Allerdings zeigt sich nun eine interessante Parallelentwicklung: da der Staat eine Reihe ihm in einer im Prinzip offenen Gesellschaft nicht zustehende Aufgaben usurpiert, vernachlässigt er auf der anderen Seite die Ordnungspolitik. Das führt zu einem erkennbaren Vermachtungsprozeß innerhalb der Gesellschaft. Die immer mächtiger werdenden Gruppen wiederum sehen, daß der Staat Aufgaben übernimmt, die in einer pluralistischen Gesellschaft eigentlich ihre ureigenste Domäne sein sollten. Um nun doch Einfluß auf diese für die gesellschaftlichen Gruppen wesentlichen Aufgaben zu erhalten, schleusen sie ihre Vertreter ins Parlament und bearbeiten über die Lobby die Administration. Auf diese Weise kommt es ebenfalls über eine Entwicklung, die zunächst wie eine Tendenz zur Verstaatlichung der Gesellschaft aussieht, zu einer auf staatliches Fehlverhalten zurückzuführenden *Vergesellschaftung des Staates* durch die mächtigen Gruppen, als deren mächtigste für die Bundesrepublik im Augenblick die Gewerkschaften anzusehen sind. Der in diesem Zusammenhang zu hörende Ruf nach Sozial-

---

37 Beispielhaft sei hier die These angeführt, die auf Marx zurückgeht und einen zunehmenden Konzentrationsprozeß (Monopole) in Wirtschaft und Gesellschaft erwartet. Schließlich wird der Staat im Interesse eigenen Überlebens gezwungen sein, sich mit den Monopolkapitalisten zu verbünden und deren Interessen durchzusetzen (Stamokap).

verpflichtung der Gruppen und Verbände [38] kann nur als Aufforderung an den Staat verstanden werden, endlich wieder die Ordnungspolitik in den Vordergrund zu rücken und damit die Interdependenz von Wirtschaft, Gesellschaft und Politik in unserer Bundesrepublik zu gewährleisten. Bleibt diese Forderung unerfüllt, dann kann damit gerechnet werden, daß die gesellschaftliche Entwicklung der Bundesrepublik über kurz oder lang vollständig nach den Interessen einiger großer Verbände ausgerichtet wird.

IV. ZUSAMMENFASSUNG

1. Interdependenzen zwischen Wirtschaft, Gesellschaft und Politik können dann betrachtet werden, wenn Strukturmerkmale bekannt sind, die in allen Bereichen beherrschende Bedeutung haben. Mit dem Ordnungsgedanken und dem Wert-Ziel-Zusammenhang stehen derartige Strukturmerkmale zur Verfügung, um die verschiedenen Handlungen der Menschen in allen Bereichen vergleichen zu können.
2. Alle menschlichen Handlungen sind zielgerichtet und werden im Rahmen einer gegebenen Ordnung durchgeführt. Zielgerichtetheit und Ordnung bedingen einander.
3. Die Systemeffizienz einer Organisation ergibt sich daraus, daß alle Mitglieder der Organisation auf das Organisationsziel zuarbeiten und dahingelenkt werden (geschlossenes System);
4. Die Systemeffizienz einer polyzentrischen Ordnung ist dadurch gegeben, daß jeder selbst sich eigene Ziele setzt und diese zu erreichen sucht (offenes System).

   Effizientes wirtschaftliches und effizientes politisches Handeln ist also je nach Ordnungszusammenhang unterschiedliches Handeln.
5. Wirtschaftliches Handeln ist immer zielgerichtet. Es richtet sich auf die Deckung von Bedarf zum Zwecke der Bedürfnisbefriedigung (Zielwert). Die Wirtschaftsordnung bestimmt, in welcher Weise wirtschaftliches Handeln erfolgen kann oder zu erfolgen hat. –

   Politisches Handeln kann zielgerichtetes und zielwertorientiertes Handeln sein. Die politische Grundentscheidung legt den Zusammenhang

38 Vgl. Kurt H. Biedenkopf, Erneuern und Bewahren, in: Union in Deutschland, Dokumentation, Nr. 28–29, 1973, vom 26. 7. 1973.

zwischen Zielwertorientierung und Zielgerichtetheit des politischen Handelns fest. Sie dokumentiert darüber hinaus das Staatsverständnis und das Parteienselbstverständnis der diese politische Grundentscheidung tragenden Parteien. –

Gesellschaftliches Handeln ist die Summe aller zielgerichteten und in einem Ordnungszusammenhang stehenden Handlungen der Menschen. Je nach politischer Grundentscheidung sind sie frei oder aber auf Zielwerte ausgerichtet, die der Staat vorgegeben hat. –

6. Der Charakter der politischen Machtausübung ist je nach politischer Grundentscheidung und dem damit dokumentierten Selbstverständnis des Machtträgers unterschiedlich. So ist die starke Autorität des Staates im Rahmen einer polyzentrischen (pluralistischen) Ordnung auf die Gewährleistung dieser Ordnung zurückzuführen, die mit einem weitgehenden Verzicht verbunden ist, den Entwicklungsgang der Gesellschaft bis ins Detail selbst zu gestalten. Hingegen rührt die Autorität des Staates einer organisierten Gesellschaft gerade daher, daß er für alle auftauchenden Fragen die Quelle der Antworten und Weisungen ist. Macht im ersten Fall beruht auf der Durchsetzung des Rechtes, im zweiten Fall beruht sie auf der Durchsetzung staatlicher Zielsetzungen.

7. Die Gefährdung der Interdependenz und damit der persönlichen Freiheit der Menschen in der Bundesrepublik Deutschland ergibt sich gegenwärtig aus dem Versagen des Staates in der Ordnungspolitik. Die dadurch eingetretene Vermachtung im wirtschaftlichen und gesellschaftlichen Bereich versucht der Staat durch zunehmende Einflußnahme in die Wirtschaft und in die Gesellschaft wettzumachen. Die mächtigen gesellschaftlichen Gruppen unterlaufen dieses Ziel des Staatshandelns durch zunehmende Präsenz in den legislativen Organen unserer Demokratie. Damit fördern sie die Tendenz einer Vergesellschaftung des Staates.

V. KONTROLLFRAGEN

1. Inwiefern ist mit der Entscheidung, sich mit Interdependenzen zwischen Wirtschaft, Gesellschaft und Politik zu beschäftigen, bereits eine Anerkennung des Pluralismus in den genannten Bereichen verbunden?
2. Welche Strukturmerkmale erleichtern die Vergleichbarkeit der menschlichen Handlungen in Wirtschaft, Gesellschaft und Politik? Suchen Sie in jedem Bereich ein Beispiel.
3. Welches sind die zentralen Unterschiede zwischen der hierarchischen und der polyzentrischen Ordnung?
4. Worin besteht der Unterschied zwischen Verhaltenswerten, Zielwerten und Zielen? Suchen Sie Beispiele.
5. Welche Unterschiede ergeben sich im Zusammenhang zwischen Wertverwirklichung und Zielerreichung?
   - für Einzelpersonen
   - für Gruppen (Organisationen)
   - für die Gesellschaft

   Welche gemeinsamen und welche verschiedenen Gesichtspunkte ergeben sich bei der politischen Grundentscheidung bezogen auf
   - den Ordnungszusammenhang
   - den Wert- und Zielzusammenhang?
7. Worin liegt das Besondere in der Ausübung politischer Macht durch den Staat je nach politischer Grundentscheidung?
8. Welche Form der Gefährdung der Interdependenz droht gegenwärtig in der Bundesrepublik Deutschland?

VI. LITERATURHINWEISE

Warnfried Dettling, Demokratisierung/Wege und Irrwege, Deutscher Instituts-Verlag GmbH, Köln 1974

Erhard/Müller-Armack, Soziale Marktwirtschaft, Manifest 72, Ullstein Buch Nr. 3647, Frankfurt a. M. u. a. 1972

Walter Eucken, Grundsätze der Wirtschaftspolitik, rowohlts deutsche enzyklopädie Bd. 81

Heiner Flohr u. a. (Hrsg.) Freiheitlicher Sozialismus, Beiträge zur seinem heutigen Selbstverständnis, Schriftenreihe des Forschungsinstituts der Friedrich-Ebert-Stiftung, Bd. 95, Bonn-Bad Godesberg 1973 [2]

Friedrich August von Hayek, Die Verfassung der Freiheit, Tübingen 1971

Erich Hoppmann, Soziale Marktwirtschaft oder Konstruktivistischer Interventionismus, in: Egon Tuchtfeld (Hrsg.), Soziale Marktwirtschaft im Wandel, Freiburg 1973, S. 27–68

Helmut Kohl, Zwischen Ideologie und Pragmatismus, Aspekte und Ansichten zu Grundfragen der Politik, Verlag Bonn Aktuell GmbH Stuttgart 1973

Material zu gesellschaftspolitischen Grundsatzfragen, Materialien zur Tagungs- und Seminararbeit der Politischen Akademie Eichholz, Heft 25, Eichholz Verlag Bonn 1973

Material zu grundsatzpolitischen Abgrenzungsfragen, Materialien zur Tagungs- und Seminararbeit der Politischen Akademie Eichholz, Heft 26, Eichholz Verlag Bonn 1973

Egon Edgar Nawroth, Die Sozial- und Wirtschaftsphilosophie des Neoliberalismus, Heidelberg und Löwen 1961

Klaus Weigelt, Ethische Fragestellungen und ihre Verarbeitung in der Praxis wirtschaftlicher Bildung, in: Eichholzbrief, 8. Jg. Heft 3, Eichholz Verlag Bonn, 1972

ders., Zur Interdependenz von Rechts- und Wirtschaftsordnung, in: Material zur Demokratiediskussion, Materialien zur Tagungs- und Seminararbeit der Politischen Akademie Eichholz, Heft 23, Eichholz Verlag Bonn, 1972, S. 14–25

II
Gesellschaftspolitische Grundfragen

Hermann J. Burghaus

Die Soziale Marktwirtschaft
– ein gesellschaftspolitisches Programm –

INHALT

I. ZUM BEGRIFF „SOZIALE MARKTWIRTSCHAFT“

Bei der Begriffsbestimmung soll von der Deutung ausgegangen werden, die einer der Schöpfer unserer Wirtschaftsordnung, Prof. Dr. Müller-Armack, der auch den Begriff „Soziale Marktwirtschaft“ geprägt hat, diesem Wirtschaftssystem gab: „Die Soziale Marktwirtschaft ist ein Stilbegriff in dem Sinne, daß in der Sozialen Marktwirtschaft eine stilhafte Koordinierung erstrebt wird zwischen den Lebensbereichen des Marktes, des Staates und der gesellschaftlichen Gruppen.“

Im Handwörterbuch der Sozialwissenschaften (Band 9, Seite 390) definiert Müller-Armack die Soziale Marktwirtschaft wie folgt: „Der Begriff der Sozialen Marktwirtschaft kann als eine ordnungspolitische Idee definiert werden, deren Ziel es ist, auf der Basis der Wettbewerbswirtschaft die freie Initiative mit einem gerade durch die marktwirtschaftliche Leistung gesicherten sozialen Fortschritt zu verbinden.“

Zum Grundbild der Sozialen Marktwirtschaft gehört, daß sie einerseits auf der Funktion eines beweglichen und sich dynamisch entwickelnden Marktes basiert, zum anderen jedoch auch den Anspruch erhebt, soziale Fortschritte zu bringen. Dabei kommt dem Staat eine beachtliche Bedeutung zu, da er neben der Aufgabe der Wettbewerbssicherung in der Marktwirtschaft die Pflicht zur Verbesserung der Lebensumstände für alle hat, was heute gerne auch mit der „Qualität des Lebens“ bezeichnet wird. Neben den Reformen der sozialen Sicherung sind die Erweiterung der Vermögensbildung, Verbesserungen im Infrastrukturbereich, in der Bildung und Forschung sowie bei der Verbesserung der Umweltbedingungen unverzichtbare Aufgaben der Sozialen Marktwirtschaft, die sie erst zu dem machen, was sie sein will und soll [1].

Die Spielregeln einer gemeinsamen Erarbeitung des Sozialprodukts und seiner gerechten Verteilung bilden den Kern der Sozialen Marktwirtschaft. Das erfordert eine ständige Abstimmung zwischen Wirtschafts-, Finanz- und Gesellschaftspolitik. Die Gesellschaftspolitik hat das unverzichtbare Leistungsprinzip zu ergänzen; wenn sie Lebensbedingungen unseres Volkes in großer Breite gleichmäßig verbessert, so dient sie auch der Verantwortungsbereitschaft und dem produktiven Mitdenken vieler Glieder unserer Gesellschaft. Damit trägt sie zur Festigung und demokratischen Verbreitung unseres Wohlstandes bei. Das Denken im Gegen-

---

1 Vgl. Ludwig Erhard/A. Müller-Armack: Soziale Marktwirtschaft, Manifest '72, Frankfurt/Main, 1972, S. 25–27

satz: hier Wirtschafts- und Finanzpolitik, dort Gesellschafts- und Sozialpolitik, muß in einer Sozialen Marktwirtschaft überwunden werden.

II. GEMEINSAME GRUNDLAGEN VON SOZIAL- UND WIRTSCHAFTSPOLITIK IN DER SOZIALEN MARKTWIRTSCHAFT

Die Betrachtungsweise im Gegensatz oder auch im Über- und Unterordnungsverhältnis von Wirtschafts- und Sozialpolitik erwies sich schon als wenig realistisch und logisch wie politisch unfruchtbar, als man noch gewohnt war, Sozialpolitik in erster Linie als Einkommensumverteilung von reich zu arm – das hieß zumeist von den Besitzenden zu denen, die ausschließlich von Arbeitseinkommen lebten – und bestenfalls als gegenseitige Versicherung der Armen anzusehen, und als Wirtschaftspolitik beschränkt schien auf – möglichst zu unterlassende – ergänzende Korrekturen des Marktautomatismus.

Durch Wandlungen der Gesellschafts- und Wirtschaftsstruktur, durch den wirtschaftlichen Fortschritt und wohl am meisten durch die gewandelten Anschauungen der Menschen über die Aufgaben der Sozial- und der Wirtschaftspolitik sind solche schon früher wenig befriedigenden Begriffsbedeutungen gänzlich unbrauchbar geworden. Die Sozialpolitik richtet sich, wie schon der häufig verwendete Begriff „Politik der sozialen Sicherung" andeutet, auf Sachverhalte, die jeden unabhängig von seiner gegenwärtigen wirtschaftlichen Stellung und Einkommenshöhe treffen können oder (wie das Alter) mit großer Wahrscheinlichkeit treffen werden und gegen die das Vorhandensein von „Besitz" nur noch in Ausnahmefällen schützt. So wird heute die überwältigende Mehrzahl der Bevölkerung von sozialpolitischen Maßnahmen erfaßt, und die wenigen, die aufgrund der bisher gültigen Gesetze nicht einbezogen sind, empfinden das zu einem großen Teil nicht als Vorteil. Zur Wirtschaftspolitik aber gehören nach heutiger Auffassung als zentrale Aufgaben die Sicherung vor Depressionen (und damit vor dem sozialen Notstand der Arbeitslosigkeit), die Sorge für die Preisniveaustabilität, die Sicherung vor einschneidenden Wirkungen regionaler oder branchenweiser Strukturwandlungen, die Sicherung des (auch im engeren Sinne sozial) gleichgewichtigen Wachstums. Sozial- und Wirtschaftspolitik haben daher nicht genau trennbare Lebensbereiche oder Menschengruppen zum Gegenstand. Beide verfolgen nicht voneinander unterscheidbare gesellschaftspolitische Zielsetzungen. Sie sind auf die möglichst reichliche und stetig wachsende, möglichst gerecht verteilt und im Zeitablauf gesicherte Bereitstellung von Bedürfnisbefriedigungsmitteln gerichtet, und für beide ist darunter nicht nur die Versorgung mit Gütern und Leistungen, sondern auch die befriedigende Eingliederung der Menschen in alle Lebensbereiche zu verstehen.

Was die Sozial- und Wirtschaftspolitik sinnvoll unterscheidet, ist ihr Ansatzpunkt. Die Sozialpolitik geht von den individuellen Sachverhalten aus, die zunächst ein Sicherungsbedürfnis, im Falle ihres Eintritts ein Versorgungsbedürfnis wecken; die Wirtschaftspolitik geht vornehmlich vom Versorgungs- und Sicherungsbedürfnis der Gesamtheit aus und sucht nach Bedingungen der gerechten Verteilung. Beide stoßen somit in ihrer Zielvorstellung zusammen. Ausschlaggebend ist, daß diese gemeinsame gesellschaftspolitische Zielsetzung von beiden Ansatzpunkten aus erreicht wird. In eben diesem Sinne ist die Koordinierung der Sozial- und Wirtschaftspolitik zu verstehen.

Sozialpolitik wird zwar immer in gewissem Umfange eine Ergänzung zur Wirtschaftspolitik bilden, nämlich in den Fällen, in denen Menschen im Sinne des Marktes nicht oder nicht ausreichend leistungsfähig sind, sei es von vornherein, sei es aufgrund von Schicksalen, die weder voraussehbar noch als Risiko versicherbar sind. Die Sozialpolitik kann aber ihre Hauptaufgabe – nämlich eben die Sicherung eines menschenwürdigen sozialen Status für alle Menschen, soweit sie dieser Sicherung bedürfen, nicht erfüllen, wenn sie sich im Gegensatz zu den wirtschaftlichen Zielvorstellungen befindlich versteht und wenn die auch sozialpolitisch bedeutsamen Aufgaben der Wirtschaftspolitik – insbesondere die Sicherung von Preisniveaustabilität und Vollbeschäftigung – nicht gelöst werden. Niemals kann durch die Sozialpolitik ausreichender Schutz gegen eine überwältigende Massenarbeitslosigkeit oder eine große Inflation erreicht werden. Die Erfüllung der wirtschaftspolitischen Aufgaben liegt also im Interesse der Sozialpolitik, die sogar positiv dabei mitwirken kann. Ebenso ist die Erfüllung der sozialpolitischen Aufgaben eine elementare Voraussetzung für die Funktionsfähigkeit gerade der modernen Wirtschaftspolitik, da diese nicht mehr in hohem Grade dadurch charakterisiert ist, daß sie den Marktautomatismus weitgehend sich selbst überläßt; sie ist auf die positive Einstellung der Menschen zu ihren Zielen und außerdem in ihren gegen plötzliche Sprünge so empfindlichen komplizierten Zusammenhängen auf die kontinuierliche Entwicklung der Sozialpolitik angewiesen. Das geht schon aus den Quantitäten hervor: Rund 20 v. H. des Sozialeinkommens laufen heute über die Kassen der sozialpolitischen Einrichtungen, sei es des Fiskus selbst, sei es der Sozialversicherungsträger. Aber auch die Arten der sozialpolitischen Einrichtungen sind – z. B. durch ihre Wirkungen auf die volkswirtschaftliche Sparquote, das Angebot, die Mobilität der Arbeitskräfte – entscheidend für die Funktionsfähigkeit der Wirtschaftspolitik [2].

III. SOZIALE MARKTWIRTSCHAFT – DAS PROGRAMM DER MITTE: WEDER MANCHESTER-LIBERALISMUS NOCH ZENTRAL-PLANWIRTSCHAFT

1. Wirtschaften heißt Planen

Naturgegebene Knappheit und die Zeitgebundenheit des Menschen zwingen ihn zur Sorge und Vorsorge für künftige Bedürfnisse. Wer wirtschaftet, muß wirtschaftliche Daten und Abläufe für die Zukunft vorausdenken: er muß planen. Jeder Plan beruht auf Annahmen über die Zukunft und enthält damit Risiken. Die Lenkungsaufgabe im Produktionsbetrieb besteht darin, die wirtschaftliche Verwendung der Produktivkräfte und ihr sinnvolles Zusammenwirken zu sichern.

Damit wird die Lenkungsaufgabe zum Lenkungsproblem. Das Lenkungsproblem hat zwei Seiten. Die eine betrifft die Produktion, die andere die Verteilung des Produzierten. Beide hängen unlösbar zusammen.

Blicken wir auf die Produktion, so lautet die Lenkungsaufgabe: auf welche Weise, mit welchen Mitteln entscheidet die Gesellschaft darüber, was produziert wird, wieviel produziert wird, wann, wo und von wem? Geeignete Vorkehrungen, Institutionen und Anreize müssen sicherstellen, daß mindestens die Güter erzeugt werden, die für die Existenzerhaltung aller unentbehrlich sind. Dazu müssen die vorhandenen Produktivkräfte auf die gesellschaftlich notwendigen Ziele gelenkt werden. Wird dieser Teil der Lenkungsaufgabe schlecht gelöst, so folgen Mangel, Unterversorgung, Hunger.

Blicken wir auf die einzelnen Glieder der Gesellschaft und ihre Bedürfnisse, so lautet die Lenkungsaufgabe: Wie wird dafür gesorgt, daß jeder,

---

2 Vgl.: Soziale Sicherung in der Bundesrepublik Deutschland, Sozialenquête, Kohlhammer 1966, Seite 140 ff

der durch seine Tätigkeit zum gemeinsamen Ertrag der Anstrengung aller beiträgt, einen Anteil an diesem Ertrag erhält? Welcher Anteil ist angemessen, und wer soll darüber befinden? Und weiter: müssen nicht auch diejenigen einen Anteil erhalten, die noch nicht, vorübergehend nicht, nicht mehr oder überhaupt nicht arbeiten können? Und muß nicht auch dafür gesorgt werden, daß neben der Befriedigung der Individualbedürfnisse ein Anteil des Erzeugten für die Erfüllung von Gemeinschaftsaufgaben wie staatliche Ordnung, innere und äußere Sicherheit, Erziehung und Volksgesundheit bereitsteht. Wird dieser Teil der Lenkungsaufgabe schlecht gelöst, so entsteht ungleiche, ungerechte Verteilung, Not beim einen, Überfluß beim anderen. Betrachten wir das Lenkungsproblem von dieser Seite, so erweist es sich als Verteilungsproblem und deckt sich fast mit dem, was man früher die „soziale Frage" nannte.

2. Lenkung durch den Markt

Zu Beginn der Industrialisierung, insbesondere nach dem Schwinden der ständischen Ordnung, wurde in der Wirtschaftstheorie der Überzeugung Ausdruck gegeben, daß das freie Spiel der Kräfte die beste Gewähr für den Ausgleich dieser Verteilungsprobleme bieten würde. Dem einzelnen Wirtschaftenden sollte die Planautonomie belassen werden, so daß sie als selbstverantwortliche Erzeuger und Verbraucher von Gütern und Dienstleistungen auf den Märkten zusammentreffen und hier ihre Leistungen austauschen, indem sie miteinander Verträge schließen.

Indem die Marktwirtschaft jedermann zwingt, sein wirtschaftliches Verhalten an Preisen zu orientieren, zwingt sie ihn zugleich, sich über Einnahmen und Ausgaben, über Gewinn und Verlust laufend Rechenschaft zu geben. Diese Wirtschaftsrechnung setzt jeden Wirtschaftsteilnehmer theoretisch in jedem Augenblick in den Stand, die Frage zu beantworten, ob und wieweit sein eigenes wirtschaftliches Verhalten dem volkswirtschaftlichen Gesamtprozeß sinnvoll eingeordnet ist. Die wirtschaftlichen Daten zu erkennen, sie zu bewerten, zukünftige Entwicklungen abzuschätzen und danach seine Ziele zu bestimmen – dies alles überläßt die Marktwirtschaft grundsätzlich dem einzelnen.

3. Lenkung durch Befehl

Ein anderer Weg, die Abstimmung der Einzelpläne, die von den wirtschaftenden Menschen und Gruppen aufgestellt werden, kann dadurch erfolgen, daß diese Einzelpläne einem zentralen Gesamtplan ein- und untergeordnet werden. Eine zentrale Instanz stellt den Gesamtplan auf und sorgt für seine Durchführung. Diese Instanz kann heute nur der Staat oder eine den Staat beherrschende Partei sein. Sie bestimmt, welche wirtschaftlichen Ziele verwirklicht werden sollen; sie stellt sicher, daß die verfügbaren Produktionsfaktoren auf diese Ziele gelenkt werden. Um die Knappheit der verschiedenen Güter abschätzen zu können, muß die planende Instanz jederzeit einen Überblick über Bestände und Lage der Volkswirtschaft haben; den zukünftigen Bedarf muß sie entweder vorausschätzen oder einfach „festsetzen".

Eine solche zentrale Lenkung des Wirtschaftsprozesses setzt eine starke und zentrale Gewalt voraus, die von dem Wirtschaftenden zur Aufstellung des Planes Auskünfte verlangen und ihnen zur Durchsetzung des Planes Befehle erteilen. Eine so gelenkte Wirtschaft wird zentralgelenkte Wirtschaft oder Befehlswirtschaft genannt. Da die Aufstellung und Durchführung des Planes in einer modernen Volkswirtschaft einen beträchtlichen Planungs-, Verwaltungs- und Kontrollapparat erfordern, spricht man auch von Zentralverwaltungswirtschaft.

Die Zentralverwaltungswirtschaft „Planwirtschaft" zu nennen, wie es häufig geschieht, ist nicht gerade falsch, denn ihr Kennzeichen ist der zentrale Plan, aber doch irreführend, weil es den Anschein erweckt, als ob nur in ihr nach Plänen gewirtschaftet würde – während in Wahrheit jedes Wirtschaften mit planvollem Verhalten zusammenfällt. Diese Feststellung gilt für die Ökonomie eines Klosters wie für Robinson, für einen Großbetrieb in einem kommunistischen Land wie für eine Aktiengesellschaft in der freien Welt. Zentralplanwirtschaft ist dagegen gleichbedeutend mit Zentralverwaltungswirtschaft.

4. Die Soziale Marktwirtschaft

Zentralverwaltungswirtschaft und Marktwirtschaft sind von der Wirklichkeit entfernte reine Grundformen oder Idealtypen. In der Realität gibt es keine Gesellschaft, die eine der beiden Formen ohne Ausnahme und Einbuße durchgehend in allen Bereichen ihres Wirtschaftslebens verwirklicht hätte, – kein Staat, der das Wirtschaften aller seiner Bürger bis ins letzte einem zentralen Plan unterworfen und erst recht keinen, der diesen Bereich gänzlich sich selbst überlassen hätte. Die Soziale Marktwirtschaft versteht sich als der dritte Weg zwischen diesen beiden Extremen. Sie läßt die Vorstellungen des alten Liberalismus wie auch der

Zentralplanung hinter sich und verwirklicht eine Wirtschafts- und Gesellschaftsordnung, die die Mängel der anderen beiden Systeme vermeidet. „Die Soziale Marktwirtschaft beruht auf der Einsicht, daß die großen Massengesellschaften, in denen wir leben, ohne die Kraft des Wettbewerbs und ohne das Steuerungselement des Marktes nicht auszukommen vermögen, daß wir aber mit diesem richtig gemeisterten Mittel in der Lage sind, die Sozial- und Gesellschaftsprobleme unserer Zeit besser und wirksamer zu lösen als die sozialistischen Systeme in der langen Zeit, die ihnen zur Erprobung ihrer Leistungsfähigkeit inzwischen zur Verfügung stand, zu tun vermochten“ [3].

Hier darf jedoch auch andererseits angefügt werden, daß auch der Liberalismus in seiner Urform ebenfalls nicht in der Lage gewesen ist, diese großen sozialen und gesellschaftlichen Probleme seinerseits zu meistern und damit ebenso wie der Sozialismus mit seiner Zentralplanung keine zufriedenstellende Ordnung zur Lösung der Wirtschafts- und Gesellschaftsprobleme unserer Zeit bietet.

IV. DIE GESELLSCHAFTSPOLITISCHEN WESENSELEMENTE DER SOZIALEN MARKTWIRTSCHAFT

1. Das Leistungsprinzip als Grundlage der Einkommensverteilung in der Sozialen Marktwirtschaft

Die Darstellung über den Wirtschaftskreislauf zeigt die Einkommensverteilung in der Marktwirtschaft.

Es ist zu ersehen, daß die Haushalte, genauer gesagt nur ein Teil, nämlich die „Marktaktiven“, also die im Berufsleben stehenden Bürger, eine Leistung in oder gegenüber einem Unternehmen erbringen und dafür ein Entgelt bekommen. Die Einkommensverteilung beruht also auf dem Prinzip der Leistung. Danach erhält nur derjenige einen Anteil am volkswirtschaftlich erstellten Sozialprodukt, der am Markt eine Leistung entrichtet und nicht durch Gesetz (wie die Kinder), durch Krankheit, Alter oder Mangel an Arbeitsplätzen daran gehindert ist. Mit den Einkommen fragen dann die Haushalte Güter auf dem Markt nach, wodurch ein Teil

3 Müller-Armack, Alfred: Die Soziale Marktwirtschaft und ihre Widersacher, in: Soziale Marktwirtschaft, Manifest 1972, Seite 23.

Vereinfachtes volkswirtschaftliches Kreislaufschema

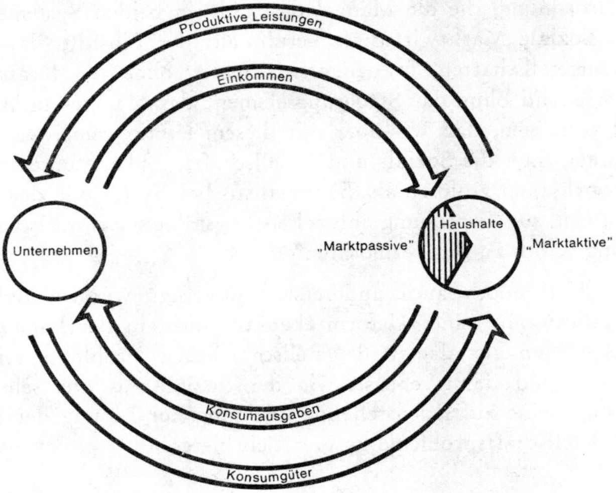

oder die Gesamtheit des Einkommens wieder den Unternehmen zufließt und damit der einfache volkswirtschaftliche Kreislauf geschlossen ist. Es ist klar, daß damit der gesamte Wirtschaftskreislauf nicht erfaßt ist; es fehlen z. B. das Sparen und Investieren. Für die weiteren Überlegungen reicht dieses Schema jedoch aus, wie im folgenden ersichtlich wird.

Das marktwirtschaftliche Leistungsprinzip ist zwar zunächst das relativ beste Instrument zur Einkommensverteilung, kann jedoch den sozialen Belangen einer Gesellschaft nicht vollauf Rechnung tragen. Es berücksichtigt nämlich nicht die sog. Marktpassiven, d. h. alle Gesellschaftsmitglieder, die überhaupt nicht, noch nicht oder nicht mehr am marktlichen Geschehen Anteil haben. Um jedoch auch diesen Konsumentengruppen Kaufkraft zu geben, ist eine ordnungspolitische Korrektur der nach dem Marktleistungsprinzip erfolgenden primären Einkommensverteilung notwendig. Eine solche Korrektur der Marktverteilung begann bereits mit der Abkehr vom klassischen Liberalismus im sog. Interventionismus (von den 80er Jahren des 19. Jahrhunderts bis etwa zur Weltwirtschaftskrise 1929 bis 1931), wie er sich sozial- und wirtschaftspolitisch aus mannigfachen sozialen Fragen und Krisen als notwendig erwies. Die gleiche Korrektur erfolgt heute in einem geplanten System durch umfangreiche Subventionsmaßnahmen, die den Anteil von marktschwachen Branchen und Gruppen am Sozialprodukt aufbessern, vor allem jedoch durch

Maßnahmen einer sogenannten zweiten Einkommensverteilung. In ihr werden die „marktpassiven" Glieder der Gesellschaft berücksichtigt, die am Markte leer ausgehen. Während die Wirtschafts- und Sozialpolitik durch eine bessere Koordinierung zu einem gewissen Abbau der umfangreichen Subventionen gelangen kann, ist die Berücksichtigung der „Marktpassiven" nur durch die ordnungspolitischen Maßnahmen einer zweiten Einkommensverteilung sicherzustellen. Das gilt nicht nur für die Alters-, Kranken-, Invaliditäts- und Arbeitslosenversicherung. Auch die Familien mit mehreren Kindern werden heute trotz allgemeiner Steigerung des verfügbaren Einkommens durch deren bloße Marktverteilung wirtschaftlich nicht gesichert.

Wenn wir die sogenannten „Marktpassiven" an den Einkommen der Marktaktiven beteiligen wollen, bleibt nichts anderes übrig, als den Beziehern der ersten Einkommensverteilung einen Teil wegzunehmen und ihn auf die „Marktpassiven" zu übertragen. Da normalerweise die Einkommensempfänger nicht freiwillig auf einen Teil ihres Einkommens verzichten, hat der Staat durch Gesetz zwangsweise eine solche Abzweigung herbeigeführt. Der Staat hat die Möglichkeit, entweder direkt diesen Umverteilungsprozeß durchzuführen, indem er aus Steuermitteln bestimmten Bevölkerungsgruppen Renten, Zuschüsse oder Versorgungsbezüge gewährt oder auf indirektem Wege durch Zwangsbeiträge als

Volkswirtschaftliches Kreislaufschema
unter Einbeziehung der zweiten Einkommensverteilung

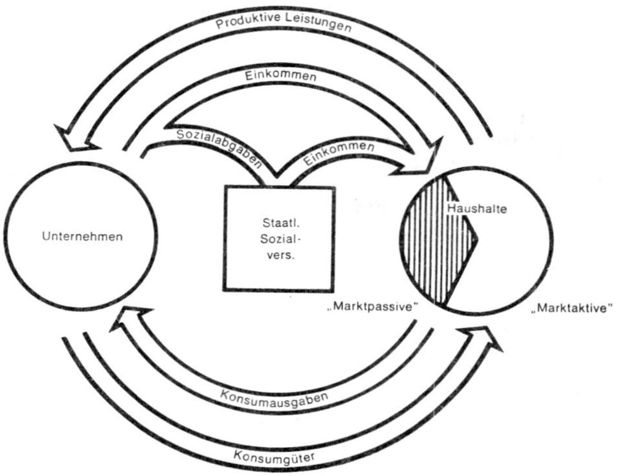

selbständige Versicherungsträger das Ziel der Umverteilung ansteuert. Diesen Eingriff des Staates nennen wir „die zweite Einkommensverteilung“ und die Zuwendungen an die Marktpassiven „abgeleitete Einkommen“.

2. Das System der sozialen Sicherung

In der Bundesrepublik Deutschland ist mit der Verwirklichung der Sozialen Marktwirtschaft das System der sozialen Sicherung systematisch ausgebaut worden. Unsere heutigen Sozialversicherungseinrichtungen gehen in ihren Anfängen bis in die 80er Jahre des vorigen Jahrhunderts zurück. Vorher gab es lediglich die Armenfürsorge der Wohlfahrtsverbände und des Staates: Die Risiken des Alters, des Unfalls, der Krankheit und der Arbeitslosigkeit wurden in der Regel im Rahmen der Großfamilie aufgefangen.

Mit Beginn der Industrialisierung wurden die bestehenden Strukturen im Sozialgefüge der Haus- und Landwirtschaft aufgelöst, der Typ der Kernfamilie – Zweigenerationenfamilie Eltern mit Kinder – trat immer deutlicher in den Vordergrund, so daß die frühere interfamiliäre Risikoabdeckung nicht mehr funktionierte. Die Folge waren die ersten Sozialversicherungsgesetze aus den Jahren 1880 bis 1900, die in der Folgezeit immer weiter verbessert wurden und heute zu einer im allgemeinen ausreichenden, wenn auch nicht allseits befriedigenden Abdeckung der Arbeits- und Lebensrisiken ausgestaltet sind.

a) Altersversicherung

Die heutige Altersversicherung beruht auf dem Rentenneuordnungsgesetz aus dem Jahre 1957, mit dem die sog. dynamische Rente eingeführt wurde. Das bedeutet, daß die infolge Alters aus dem Marktgeschehen ausgeschiedenen Personen nicht nur die bei Eintritt ins Rentenalter entsprechend ihrer Beitragsleistungen berechnete Rente bis zu ihrem Tode erhalten, sondern es wird jährlich eine Anpassung an die Einkommensentwicklung der Marktaktiven vorgenommen. Das bedeutet, daß der Lebensstandard auch nach Eintritt in den Ruhestand nicht nur gehalten, sondern erhöht wird. Durch dieses System nehmen die Rentner teil an der durch Rationalisierung, Technisierung und Automatisierung des Produktionsprozesses herbeigeführten Steigerung der Einkommen der Marktaktiven.

b) Unfall- und Invaliditätsversicherung

Die Unfallversicherung wird in der Reichsversicherungsordnung geregelt. Träger sind die Berufsgenossenschaften. Mit gewissen Befreiungen sind gegen Arbeitsunfall alle aufgrund eines Arbeits-, Dienst- oder Lehrverhältnisses Beschäftigten versichert. Die Unfallversicherung ist, was das Ziel der Heilbehandlung und Berufshilfe angeht, auf die Wiederherstellung der Erwerbsfähigkeit eingestellt. Die Verhütung von Arbeitsunfällen wird als ihre erste Aufgabe genannt.

Die Unfallversicherung hat heute für ihre medizinischen Aufgaben eine Reihe von vorbildlichen Spezialeinrichtungen und Verfahren geschaffen, die von der ersten Arzthilfe bis zu langjährigen Heilverfahren reichen. Die 1889 eingeführte Invalidenversicherung garantiert den aus bestimmten Gründen nicht mehr arbeitsfähigen Menschen einen Rentenanspruch. Dabei wird unterschieden nach Berufsunfähigkeit und Erwerbsunfähigkeit. Berufsunfähig ist der Versicherte, dessen Erwerbsfähigkeit infolge von Krankheit oder anderen Gebrechen oder Schwäche seiner körperlichen oder geistigen Kräfte auf weniger als die Hälfte derjenigen eines körperlich und geistig gesunden Versicherten mit ordentlicher Ausbildung und gleichwertigen Kenntnissen und Fähigkeiten herabgesunken ist. Erwerbsunfähig ist der Versicherte, der infolge von Krankheit oder anderer Gebrechen auf nicht absehbare Zeit eine Erwerbsfähigkeit in gewisser Regelmäßigkeit nicht mehr ausüben kann. Die Erwerbsunfähigkeit stellt also gegenüber der Berufsunfähigkeit eine schwerere Minderung der Erwerbsfähigkeit dar.

c) Arbeitslosenversicherung

Die Arbeitslosenversicherung hat den Zweck, solche Arbeitnehmer nicht der extremen Notlage auszusetzen, die im Vollbesitz ihrer Arbeitskraft sind und auch einer Erwerbstätigkeit nachgehen möchten, jedoch infolge eines zu geringen Bedarfs an Arbeitskräften ihres Berufes oder überhaupt zu entgeltlicher Arbeitsleistung keine Gelegenheit haben, ihr Können zu verwerten. Die Zahl der Arbeitslosen hängt hauptsächlich von der jeweiligen Wirtschaftslage ab. In unserer modernen Wirtschaftsordnung geht den Leistungen bei Arbeitslosigkeit die Vermittlung in Arbeit vor. Daher besteht zwischen der Arbeitslosenversicherung und der Arbeitsvermittlung eine enge rechtliche und institutionelle Verbindung. Jede zumutbare Beschäftigung ist anzunehmen, ansonsten werden keine Arbeitslosengelder gezahlt.

d) Krankenversicherung

Die soziale Krankenversicherung ist der älteste Zweig der Sozialversicherung. Zwei Risiken werden in der deutschen Krankenversicherung gekoppelt: das der Krankheit selbst und das der infolge Krankheit eintretenden vorübergehenden Erwerbsminderung. Folglich trifft den Kranken, insbesondere wenn er eine Familie hat, eine doppelte Belastung. Durch Krankheit entstehen dem Betroffenen Kosten für Arzt, Arzneien und Krankenhausaufenthalt, darüber hinaus fehlt ihm und seiner Familie das laufende Einkommen, auf das sie im allgemeinen angewiesen sind. Aufgabe der Krankenversicherung ist es daher, die Kosten der Krankheit zu decken und den Einkommensausfall auszugleichen, soweit er nicht über die Lohnfortzahlung durch den Arbeitgeber gesichert ist.

e) Familienlastenausgleich

Da in unserem Wirtschaftssystem das Einkommen ein Entgelt für eine marktliche Leistung ist, werden alle anderen Leistungen der Wirtschaftsobjekte, die nicht über den Markt gehen, aber Leistungen im Dienste einer Volkswirtschaft sind, in diesem System unberücksichtigt bleiben. Zu solchen nicht quantifizierten und entgoltenen Leistungen gehört die Funktion der Eltern, ihren Kindern die notwendigen materiellen und ideellen Voraussetzungen für eine körperliche und geistige Entwicklung zu geben. Damit erbringt nun eine Familie neben der materiellen Leistung, indem der Vater oder auch die Mutter in einem Arbeitsverhältnis stehen bzw. selbständig tätig sind, eine marktmäßig nicht erfaßte, aber volkswirtschaftlich sehr wichtige Leistung, die bisher allerdings nicht entsprechend oder gar nicht entgolten wurde, obwohl bei diesen nichtmarktlichen Leistungen quantifizierbare, finanzielle und materielle Anforderungen an die Familie gestellt wurden. Die nicht weniger wesentliche Aufgabe der Erziehung und Ausbildung der Kinder zu nützlichen Gliedern der Familiengemeinschaft, des Gemeinwesens und des Staates ist zwar feststellbar, doch wohl kaum mit materiellen Wertmaßstäben meßbar, so daß schwerlich ein äquivalentes Entgelt möglich ist.

Neben dieser Begründung eines Familienlastenausgleichs, nichtmarktliche Leistungen zu honorieren, hat ein anderer Vorschlag weitgehende Beachtung gefunden, der einen systemgerechten Familienlastenausgleich innerhalb der Sozialen Marktwirtschaft konstruiert und das Problem durch einen intertemporären Ausgleich auf individueller Basis lösen will. In einer individualistisch orientierten Wirtschaftsordnung, wie sie gegenwärtig gegeben ist – so wird argumentiert – muß man mit konformen Maßnahmen auch die Familienpolitik betreiben und insbesondere das Problem des Kindergeldes lösen. Folglich ist die Begründung mit der Solidarleistung aller Alleinstehenden und kinderlosen Ehepaare an die Mehrkinderfamilien, daß letztere einen Teil ihrer gesellschaftlichen Leistung, nämlich Kindern das Leben zu schenken und sie aufzuziehen, entgolten erhalten, ein nicht zeitgemäßes Motiv, und man bedarf seiner auch nicht. Wenn man den Familienlastenausgleich aus der gleichen Perspektive sieht wie die Altersrente, nur mit umgekehrter Blickrichtung, so ist das den Eltern um des Kindes willen gewährte Kindergeld nichts anderes als ein Vorgriff auf das spätere Arbeitseinkommen dieses Kindes, sozusagen ein Investitionskredit, den es später zurückzahlen wird. Aus den Rückflüssen finanziert die Kindergeldkasse dann die Ausleihungen zugunsten der Personen, die in der folgenden Generation im Kindesalter stehen.

Mit dieser Argumentation verschiebt sich aber auch die Anspruchsberechtigung für die finanziellen Leistungen im Familienlastenausgleich. In der bisherigen Interpretation der christlichen Soziallehre durch führende Sozialwissenschaftler wird die Auffassung vertreten, daß der Anspruch auf das Kindergeld und die sonstigen materiellen Hilfeleistungen für die Familie den Eltern des Kindes zukommen, um den durch mehrere Kinder zusätzlichen Bedarf an Nahrung und Kleidung mitzufinanzieren.

Mit der dargestellten Längsschnittbetrachtung und der darauf gründenden Motivation für die Kindergeldzahlungen wird das Kind aber selbst anspruchsberechtigt, da es Vorleistungen für seine Ernährung, Erziehung und Ausbildung erhält, die es während seiner Erwerbsperiode zurückzahlen muß.

Dieses System ist spiegelbildlich dasselbe wie das der umlagefinanzierten Altersrenten, der Unterschied besteht eben nur darin, daß die Gegenleistung vor der Leistung steht. Diese Betrachtungsweise scheint zunächst ungewöhnlich und ruft viele Kritiker auf den Plan, doch eine sorgfältige Durchdringung dieses Gedankenganges läßt ihn faszinierend und begrüßenswert erscheinen. Die Tatsache, daß beim Kindergeld die empfangene Gegenleistung vor der Leistung steht, führt zu dem Einwand, daß im Gegensatz zur Altersrente der empfangenen Leistung keine Gegenleistung des Kindes in Geld gegenüberstehe. Diese Argumentation kann dadurch widerlegt werden, daß sich auch beim Kindergeld zwangsläufig ein zweiter Umverteilungsprozeß entwickelt, durch den das ganze

Verfahren wiederum in der Sicht des einzelnen zu einer bloßen Kaufkraftumschichtung im eigenen Lebensablauf wird. Was in der Perspektive des Querschnittes durch die Zeit in jedem Augenblick als Kaufkrafttransfer aus den Haushalten ohne Kinder in die Haushalte mit Kindern erscheint, erweist sich im zeitlichen Längsschnitt durch das Leben jeder Person als eine bloße bedarfsadäquate Vorverlagerung des eigenen Einkommens aus der Erwerbsperiode in die Kindheit. Ausgangspunkt dieser Überlegung ist die Annahme, daß jeder Mensch während seiner Schaffensperiode so viel Einkommen erwirbt, daß er damit sein ganzes Leben, von der Geburt bis zum Tode, bestreiten kann. Er muß also während seiner Arbeitsperiode neben den Kosten seines Lebensunterhaltes noch so viel mehr verdienen, daß er mit dem Rest seine Kindheit nachfinanzieren und für sein Alter vorsorgen kann. Diese vielleicht selbstverständliche und simple Feststellung ist die Basis für den vorgenannten Plan eines Familienlastenausgleichs als intertemporäre Kaufkraftumschichtung [4].

3. Die humane Leistungsgesellschaft

Leistungsprinzipien und soziales Sicherungssystem sind Voraussetzungen für die Verwirklichung einer offenen und humanen Leistungsgesellschaft. Um sie zu erreichen, sind auf vielen Gebieten rechtsstaatlich orientierte und systemimmanente Reformen erforderlich.

Es gilt in den kommenden Jahren Einzelinitiative und -verantwortung zu fördern, das Innovationspotential zu stärken, die Gefahren der Bürokratisierung zu vermeiden und die öffentlichen Institutionen im Interesse des Staatsbürgers flexibel zu halten.

Im Bereich der Unternehmenswirtschaft muß der Wettbewerb offen und funktionsfähig gehalten werden. Geldwertstabilität muß bei Vollbeschäftigung und Wirtschaftswachstum gewährleistet sein. Im Strukturwandel muß die berufliche und soziale Mobilität der Erwerbstätigen gefördert werden.

Statt unrealistischer starrer Langzeitpläne brauchen wir mittelfristige politische Aufgabenstellungen, die überschaubar und in ihrer Kosten-Nutzenwirkung abschätzbar sind. Politische Aufgabenplanung ist mit der Haushalts- und Finanzplanung eng zu koppeln. Die Erhöhung des

---

4 Vgl.: Schreiber, Wilfrid: Kindergeld im sozioökonomischen Prozeß, Kohlhammer 1966, Seite 12 ff.

Staatsanteils am Sozialprodukt ist keine generelle Selbstverständlichkeit und Gesetzmäßigkeit. Der Staatsbürger hat vielmehr darauf Anspruch, daß ihm nachgewiesen wird, welche öffentliche Mehrleistung steuerlichen Mehreinnahmen gegenüberstehen.

Der Staat hat die Familie und deren Erziehungskraft zu respektieren und zu stärken, ihre ständige Benachteiligung im Verteilungsprozeß auszugleichen. Die Tätigkeit freier Verbände, die auf das Gemeinwohl gerichtet sind, ist förderungswürdig. Der Staat hat seinen Beitrag zu leisten, damit keine falsche Wissenschaftsgläubigkeit aufkommt und unnötige Komplizierung des täglichen Lebens vermieden wird. Er hat auch den Gefahren einer totalen Verschulung der Jugend entgegenzutreten und stattdessen rechtzeitige praktische berufliche Laufbahnen zu fördern.

Die soziale Sicherung bei Alter, Invalidität, Behinderung und bei Krankheit ist noch in vieler Hinsicht fortzuentwickeln. Sie muß ergänzt werden durch den Ausbau der sozialen Infrastruktur (Krankenhäuser, Spezialkliniken, Altenheime und -wohnungen, Behindertenbildung, Familienpflege). Die Umweltbedingungen sind unter Einsatz marktkonformer Mittel zu verbessern.

Die Verteilungsprobleme der Sozialen Marktwirtschaft sind lösbar. In der Eigentums- und Vermögensbildung kann der Staat nachhaltig den Arbeitnehmern und den kleinen Selbständigen Hilfestellung geben. Unsere Gesellschaft kann eine Gesellschaft verantwortlicher und damit unabhängiger Eigentümer werden, die auch begrenzt eigene Risiken übernehmen können.

Die Veränderung im Arbeitsprozeß, besonders der zunehmende Gestaltungsspielraum und die Entwicklung zum Großunternehmen verlangen neue Verantwortungsstrukturen, in denen Kapitaleigner und Arbeitnehmer im Interesse des Unternehmens zusammenwirken. Mitbestimmung der Arbeitnehmer auf der betrieblichen und unternehmerischen Ebene soll keine Funktionsprivilegien schaffen, sondern die volle Mitverantwortung für den betrieblichen Ablauf und das marktwirtschaftliche Schicksal des Unternehmens.

Große Integrationsaufgaben stellen sich für die Politik der Sozialen Marktwirtschaft. Die Frauen, die ins Berufsleben zurückkehren wollen, die älteren Menschen, die Behinderten und die ausländischen Arbeitnehmer brauchen die Eingliederungskraft der Gesellschaft. Nicht ein neues Klassenbewußtsein kann ihnen helfen, sondern nur die partnerschaftliche Hilfe, auch des Staates und der öffentlichen Einrichtungen.

V. WEITERENTWICKLUNG DER SOZIALEN MARKTWIRTSCHAFT

Der Streit um die Soziale Marktwirtschaft begann vor mehr als 25 Jahren. Die Zweifel der Skeptiker schlugen sich bereits vor 1948 in politischen Programmen nieder, die inzwischen gern vergessen werden. Bleibende Spuren haben sie jedoch in den Verfassungen des Bundes und der Länder hinterlassen. In der Praxis kamen diese Vorstellungen nicht zum Tragen, weil an die Stelle eines sozialistischen Wirtschaftskonzeptes die Soziale Marktwirtschaft getreten ist. Das Gütezeichen, das dieses System heute trägt, ist geprägt worden durch den raschen Wiederaufbau, die Beseitigung der Massenarbeitslosigkeit, die zusätzliche Schaffung von Arbeitsplätzen für Millionen von geflüchteten, vertriebenen Deutschen und nicht zuletzt durch ein ständiges, krisenfreies Wachstum. Materieller Wohlstand im Gemeinwesen und in den privaten Haushalten ist der greifbare Beweis für die Leistungsstärke dieser Wirtschaftsordnung, was auch der internationale Vergleich eindrucksvoll bestätigt. Individuelle Freiheit und soziale Gerechtigkeit sind weitere Merkmale. Nicht daß sie absolut verwirklicht wären, wohl aber, daß sie in der Marktwirtschaft stärker zum Tragen kommen als in jedem anderen, von menschlichem Geist und Willen geformten System.

Die Skeptiker von ehedem haben mit dem faktischen Beweis auch die Idee der Marktwirtschaft akzeptiert. Im Gegensatz zu ihnen sind die Marktwirtschaftsgegner von heute nicht bereit, den Tatsachenbeweis als das bessere Argument zu akzeptieren. Ihnen geht es um Weltanschauung. Die linksgerichteten radikalen Kräfte aller Schattierungen sehen es als ihre Hauptaufgabe an, das im Volk vorhandene Bewußtsein von Freiheit, Gerechtigkeit und Wohlstand als Ergebnisse der Marktwirtschaft zu schwächen und in Frage zu stellen. Stattdessen betreiben sie die Ideologie des Klassenkampfes. Ihre überholten Formeln vom Spätkapitalismus entlehnen sie den Lehren von Karl Marx. Dabei übersehen die angeblich wissenschaftlich orientierten Weltverbesserer, daß Marx seine Theorie auf den Monopolkapitalismus des 19. Jahrhunderts bezog und sich eine Soziale Marktwirtschaft als Alternative überhaupt noch nicht vorstellen konnte. Es ist der Stil der radikalen Kräfte, erfundene oder tatsächliche Mißstände in militanter Weise zu plakatieren und der Sozialen Marktwirtschaft anzulasten. Hier zeigen die Vertreter der Neuen Linken, daß ihnen im Gegensatz zu Karl Marx intellektuelle Redlichkeit abgeht. Ihr Drängen nach Macht hinterläßt Spuren in der Politik, sogar bei Politikern parlamentsfähiger Parteien, die sie zum Zweck des Mißbrauchs zu unterwandern suchen. Diese Kräfte finden dort, wo Unzufriedenheit und Unwissenheit zusammentreffen, ein fruchtbares Tätigkeitsfeld.

Die demokratischen Parteien und Regierungen begünstigen durch ihren Pragmatismus das Hereinwirken der Linken in die Wirtschafts- und Gesellschaftspolitik. Das bevorzugte Denken in Erfolgskategorien bringt es mit sich, daß in der Praxis unverzichtbare Grundsätze und elementare Spielregeln der Marktwirtschaft hinter den Erfordernissen des Augenblicks zurücktreten. Das Bekenntnis zur Marktwirtschaft wird leiser, teilweise sogar eingeschränkt, als Alibi bleibt es aber noch unverzichtbar. Die Tendenzwende begann in der Nach-Erhard-Ära, als die Verdeutlichung ordnungspolitischer Kategorien als Grundlage einer freiheitlichen Wirtschafts- und Gesellschaftsordnung zunehmend vernachlässigt wurde. Der Prozeß ist heute so weit fortgeschritten, daß Reden vom „Luxus planloser Unternehmerwirtschaft" und vom „Sozialismus als einer existentiellen Notwendigkeit für einen Staat" wieder zum parteipolitischen Repertoire gehören können.

Fortschreitende Geringschätzung der marktwirtschaftlichen Grundsätze im praktischen Handeln der Verantwortlichen hat notwendigerweise wachsenden staatlichen Interventionismus und Dirigismus im Gefolge. Dadurch wird ein Teufelskreis in Bewegung gesetzt. In Unordnung geratene gesamtwirtschaftliche Rahmenbedingungen führen zu einem Fehlverhalten der Privatwirtschaft und dieses wiederum zu einem Fehlverhalten des Staates. Beide bedingen und verstärken sich dann so lange, bis die Umstände zur Einsicht und Umkehr – oder aber zu einer radikalen Systemänderung führen.

Die Gefährdung der Marktwirtschaft durch den Staat führt auf vielen Wegen, die alle das gleiche Ziel haben, zu „mehr Staat". Die Skala der staatlichen Betätigung umfaßt inzwischen fast alle Lebens- und Wirtschaftsbereiche, wobei es versäumt wird, die notwendigen Prioritäten zu setzen. Der Staat drängt sich nach Aktivität, auch wenn bestimmte Aufgaben von privater Hand besser und billiger übernommen werden könnten. Die Berufung auf das allgemeine Interesse dient nicht selten als

Vorwand für staatliches Handeln im Sinn von Gruppeninteressen, wobei die Kosten der Allgemeinheit aufgebürdet werden. Der Staat verhält sich unehrlich, wenn er Reformen propagiert, aber die Lasten dem Volk zunächst einmal verschweigt. Der Staat entmündigt den Bürger, wenn er über die Rangfolge der Befriedigung öffentlicher und privater Bedürfnisse allein bestimmt und dem Bürger selbst in wichtigen Fällen Information und Entscheidung vorenthält.

Indes tragen auch die Wirtschaftsunternehmen in hohem Maß zur Verschlechterung der Funktionsfähigkeit der Marktwirtschaft bei, weil sie sich binnen- und außenwirtschaftlich dem Zwang zum Wettbewerb entziehen wollen. Es ist zwar richtig, daß Konkurrenzkampf in der EG, der weltweite Zollabbau, die Präferenzen zugunsten der Entwicklungsländer einen Druck auf Rationalisierung und Konzentration der Produktivkräfte ausüben, doch dieser Druck bewirkt eine Verbesserung der internationalen Arbeitsteilung.

Es muß daher klar gesehen werden, daß ein abgestimmtes Marktverhalten, Unternehmenszusammenschlüsse, außenwirtschaftlicher Protektionismus, die dieser Entwicklung entgegenwirken sollen, letztlich zu einer Gefährdung der Freiheit der Unternehmer führen. Die Tatsache, daß solche systemwidrige Verhaltensweisen teilweise in Übereinstimmung mit der staatlichen Wirtschaftspolitik stehen oder der Auffassung von einzelnen Gewerkschaftsverbänden entsprechen, ist dagegen kein Schutz. Im Gegenteil, die Forderung lautet dann „Mitbestimmung“ als formal demokratischer Ersatz für die funktionell und demokratisch nicht mehr wirksame Kontrolle durch marktwirtschaftlichen Wettbewerb.

Die Paralysierung des Gruppeninteresses der Unternehmer durch das Gruppeninteresse der Arbeitnehmerschaft müßte zu einer Transformation der Marktwirtschaft in ein System kollektivistischer Prägung führen. Wirtschaftliche Probleme lassen sich damit nicht lösen, wohl aber vergrößern. Was an den Universitäten zum Teil als „Demokratisierung“ praktiziert wird, würde nach diesem Muster in den Betrieben nachvollzogen werden. Diese Art von Demokratisierung läuft auf die Entwicklung von Staat im Staat hinaus. Sie bedeutet nicht mehr Demokratie, sondern Abschaffung der demokratischen Staats- und Wirtschaftsordnung, bedeutet eine neue Gesellschaftsform, in der sich der Gruppenegoismus zum Nachteil aller ungehemmt austoben kann, und zwar so lange, bis ein Staat anderer Prägung, den heute niemand will, „Ordnung“ schaffen wird.

Grundlage der Marktwirtschaft ist der Glaube an die Vernunft des Menschen. Die vernunftgebotenen Spielregeln der Marktwirtschaft besagen, daß der Freiheitsraum des einzelnen dort seine Grenze findet, wo der Freiheitsraum des anderen gefährdet wird. Oberstes Gebot des Staates ist es, diese wirtschaftspolitische Rahmenbedingung in Ordnung zu halten, die diese Freiheit gewährleistet.

Hier liegt die wirtschaftspolitische Hauptaufgabe des Staates. Leider wird sie in einem gefährlichen Maß vernachlässigt. Der Staat hat infolgedessen dafür Sorge zu tragen, daß zum Vorteil des Einzelnen wie auch der Allgemeinheit folgende Ziele optimal kombiniert werden können:

— Vermehrung des materiellen Wohlstands (einschließlich der sog. Verbesserung der Qualität des Lebens) und sinnvolle Freizeitgestaltung

— sozial gerechte Verteilung des wachsenden Wohlstands

— Erhaltung eines hohen Grades an individueller Freiheit.

In dieser Zielsetzung gibt es keine Alternative zur Sozialen Marktwirtschaft. Deshalb bedarf dieses System auch heute nicht der Reform, sondern seiner Verwirklichung. Regierung, Unternehmer und Gewerkschaften sind heute mehr denn je angesprochen, ihren Beitrag zur Verbesserung der Leistungsfähigkeit der Marktwirtschaft zu leisten, um die notwendigen Gemeinschaftsaufgaben erfüllen zu können, die sich in der Verbesserung der Infrastruktur in den Bereichen Verkehr, Schul- und Berufsausbildung, wissenschaftliche Forschung und soziale Fürsorgeeinrichtungen stellen.

Die oft beklagte Kommerzialisierung des Lebens ist keine Folge der Sozialen Marktwirtschaft, nicht einmal eine notwendige Begleiterscheinung. Sie ist, soweit der Einwand berechtigt ist, eine mit dem Wohlstand zuweilen einhergehende Rückbildung der menschlichen Tugend, sich um seinen Mitmenschen zu kümmern. Wohlstand und Reichtum sollten dies nicht schwerer, sondern leichter machen. Es ist zuzugeben, daß das durch die Begriffe Moral, Verstehen und Verantwortung für den Nächsten abgesteckte Gebiet der zwischenmenschlichen Beziehungen noch auf eine intensive Gestaltung wartet. Professor Erhard hat die Notwendigkeit der Ergänzung des wirtschaftlichen Charakters der Marktwirtschaft durch eine menschliche Qualität bereits vor mehr als zehn Jahren erkannt, als er von dem 2. Teil der Sozialen Marktwirtschaft sprach. Diese Aufgabe stellt sich heute dringender denn je. Die Marktwirtschaft hat die Chance, aufgrund ihrer wirtschaftlichen Leistungsfähigkeit einen Ausgleich der sozialen Gegensätze auf friedliche Weise zu erreichen. Rührig prüfender Sinn für die Möglichkeit eines Ausgleichs der wirtschaftlichen und politischen Interessen, Solidarität in Krisen- und Katastrophenfällen, staatliche, kirchliche und private Entwicklungshilfe sind einige der vielen ermutigenden Ansätze.

„Weiterentwicklung der Sozialen Marktwirtschaft – was bringt sie uns? Ich sehe die Aufgabe in einer Rückbesinnung auf das Eigentliche und in einem wissenschaftlichen Nachholbedarf liegen. Rückbesinnung auf das, was uns die drei Phasen der bisherigen Entwicklung dieser Idee gebracht haben, und Einarbeitung der Ideen, die unter Einbeziehung der wissenschaftlichen Tradition in den letzten 20 Jahren entwickelt worden sind. Wer die von mir geforderten Zeitspannen in Rechnung stellt, wird feststellen, daß Rückbesinnung und Einarbeitung auf das zurückreichen sollte, was im Erlebnishorizont der jetzt in der Vollkraft Stehenden (40- bis 50jährigen) liegt. Wir müssen die Zukunft aus unserer Gegenwart heraus aufbauen. Und diese Gegenwart wurzelt in der Wende der fünfziger zu den sechziger Jahren. Bis dahin müssen wir ausholend zurückgreifen. Damit will ich sagen, daß es mir unsinnig erscheint, die Zukunft auf der Zukunft aufzubauen – wie dies die utopischen Reformer wollen. Für sie ist zukunftsträchtig, was neu ist – sie vergessen, daß Erprobung an der Wirklichkeit zum Tragfähigkeitsbeweis dazugehört. Und diese Erprobung braucht mindestens 10 bis 15 Jahre.

Und es erscheint mir unsinnig, die Zukunft auf Erfahrungen und Ideen von vor hundert Jahren aufzubauen – wie dies die Marxisten tun. Diese Erfahrungen liegen weit zurück, als daß sie für uns heute noch relevant sein könnten. Den Fortschritt auf einem solchen übertriebenen Konservatismus von Ideen begründen zu wollen, erscheint mir als Stehenbleiben gerade vor jener Schwelle, wo die Gegenwart anhebt. Gegenüber Utopisten und Marxisten erscheint es mir geboten, die Gegenwart aufzugreifen. Die Bausteine liegen hier bereit“ [5].

---

5 Herder-Dorneich, Philip: Weiterentwicklung der Sozialen Marktwirtschaft, in „die politische Meinung“, Nov./Dez. 1972, Heft 145, Seite 40.

VI. ZUSAMMENFASSUNG

1. Die Soziale Marktwirtschaft basiert einerseits auf der Funktion eines beweglichen und sich dynamisch entwickelnden Marktes und erhebt andererseits den Anspruch, soziale Fortschritte zu bringen.
2. Wirtschafts- und Gesellschaftspolitik befassen sich nicht mit getrennten Lebensbereichen und verfolgen nicht voneinander unterscheidbare Zielsetzungen, sondern sind auf eine möglichst reichliche und stetig wachsende, möglichst gerecht verteilte und im Zeitablauf gesicherte Bereitstellung von Bedürfnisbefriedigungsmitteln gerichtet.
3. Die Soziale Marktwirtschaft ist der sogenannte dritte Weg: er vermeidet die negativen Begleiterscheinungen des liberalen Wirtschaftssystems und der zentralen Verwaltungswirtschaft.
4. Das Leistungsprinzip ist die Grundlage der Einkommensverteilung in der Sozialen Marktwirtschaft. Es bedarf jedoch wesensmäßig der Ergänzung durch ein soziales Sicherungssystem, das sich systemkonform realisieren läßt durch Solidareinrichtungen der Bürger. Sie bedeuten Vorsorge und Absicherung für die Mitbürger, die noch nicht, vorübergehend nicht oder nicht mehr im Arbeitsprozeß stehen.
5. Die Weiterentwicklung der Sozialen Marktwirtschaft muß von den vernunftgebotenen Spielregeln ausgehen, daß der Freiheitsraum des einzelnen seine Grenze findet, wo der Freiheitsraum des anderen gefährdet wird. Oberstes Gebot des Staates ist es, diese Rahmenbedingungen in Ordnung zu halten, damit die Freiheit des einzelnen gewährleistet bleibt.
6. Es gilt, folgende Ziele optimal zu kombinieren:
   — Vermehrung des materiellen Wohlstandes und sinnvolle Freizeitgestaltung
   — sozial gerechte Verteilung des wachsenden Wohlstandes
   — Erhaltung eines hohen Grades an individueller Freiheit.

VII. KONTROLLFRAGEN

1. Auf welchem grundlegenden Prinzip beruht Marktwirtschaft?
2. Welchen Stellenwert nimmt die Gesellschaftspolitik im Rahmen der Sozialen Marktwirtschaft ein?

3. Worin unterscheiden sich Sozial- und Wirtschaftspolitik in der Sozialen Marktwirtschaft?
4. Welches Wirtschaftssystem steht im Gegensatz zur Sozialen Marktwirtschaft und welches sind seine hervorstechenden Kriterien?
5. Wie erfolgt die Einkommensverteilung in der Marktwirtschaft
   a) in der marktwirtschaftlichen Theorie
   b) in der alltäglichen Praxis?
6. Auf welchen Grundlagen beruht das Einkommen der sogenannten Marktpassiven?
7. Welches sind die wichtigsten Bestandteile unseres sozialen Sicherungssystems?
8. Welcher Teilbereich des sozialen Sicherungssystems ist bisher am unbefriedigendsten gelöst?
9. Wie ließe sich das Familienlastenausgleichssystem erheblich verbessern und unserem Wirtschaftssystem adäquat anpassen?
10. Welches sind die Wesenselemente der humanen Leistungsgesellschaft?
11. Worin liegt die Aufgabe des Staates bei der Weiterentwicklung der Sozialen Marktwirtschaft?
12. Was versteht man unter dem zweiten Teil der Sozialen Marktwirtschaft?

VIII. LITERATURHINWEISE

Erhard/Müller-Armack: Soziale Marktwirtschaft – Ordnung der Zukunft, Manifest 72, Ullstein 1972

Soziale Sicherung in der Bundesrepublik. Deutschland-Sozialenquête, Kohlhammer 1966

Störig, Hans Joachim: Wirtschaft im Entscheidungsbereich, Diesterweg 1966

Schreiber, Wilfried: Kindergeld im sozio-ökonomischen Prozeß, Kohlhammer 1965

Herder-Dorneich, Philip: Weiterentwicklung der Sozialen Marktwirtschaft, in: die politische Meinung, Heft 145, 17. Jg. November/Dezember 1972, S. 29 ff

Hermann Vogt

Mitbestimmung und Vermögensbildung

INHALT

Anmerkung: Sämtliche Abbildungen, denen keine Quellenangabe beigefügt ist, sind vom Verfasser erstellt.

I. MITBESTIMMUNG UND VERMÖGENSBILDUNG ALS GESELLSCHAFTSPOLITISCHE GRUNDFRAGEN

1. Zur Situation unserer Wirtschaftsordnung

Seit Beginn des industriellen Zeitalters [1], das die alte Feudalordnung zwar überwunden [2], nicht aber die alte Klassenaufteilung in Besitzende und Nichtbesitzende aufgelöst hat [3], sind Mitbestimmung und Verteilung des Produktivvermögens die gesellschaftspolitischen Forschungen, die bis heute auf ihre Realisierung warten.

Es bedurfte nicht erst Karl Marx', um die Selbstentfremdung des Menschen als Arbeiter zu erkennen und Vorschläge zu ihrer Überwindung zu unterbreiten. Schon 1835 formulierte Franz von Baader eine Denkschrift mit dem Leitwort „Es walte Gerechtigkeit, auf daß die Gesellschaft erhalten bleibe", in der als Lösung des Sozialproblems die „Gleichberechtigung durch gesellschaftliche Mitbestimmung und Mitverantwortung" gefordert wird. 1837 machte der badische Landtagsabgeordnete *Ritter von Buß* in seiner *Fabrikrede* im Landtag konkrete Vorschläge zur Vermögensverteilung: „In Abänderung des englischen Vorschlags der Gewinnverteilung der Arbeiter durch Lohnzuschlag, die nur den Geschicktesten zugute komme, empfehle ich Auszahlung von ganzen Summen Gewinnanteil am Jahresschluß, um Spareinlagen zu erzielen" [4].

Der rheinische Katholikenführer *Peter Franz von Reichensperger* hat 1847 Gedanken niedergeschrieben, die ein Jahr vor dem Kommunistischen Manifest fast seherisch klingen: „Wer bürgt uns dafür, daß nicht ...

---

1 Der Beginn des industriellen Zeitalters wird meist in der Erfindung der Dampfmaschine (1769) gesehen, die den Grundstein für eine industrielle Produktion von Gütern legte. In Deutschland setzte die *industrielle Revolution* mit Beginn der zweiten Hälfte des letzten Jahrhunderts ein.
Inzwischen wird schon vom Beginn des *nachindustriellen Zeitalters* gesprochen, in dem nicht mehr Energie und Kapital, sondern Information und technisches Wissen die Motoren der Wirtschaft darstellen. Vgl. dazu: Daniel Bell, Die nachindustrielle Gesellschaft, Frankfurt 1975.

2 Die alte *Feudalordnung* war z. B. durch ein sogenanntes Zensuswahlrecht gekennzeichnet, bei dem das Wahlrecht selbst oder das Gewicht einer abgegebenen Stimme an Einkommen, Besitz oder Steuerabgaben gebunden war; in Preußen galt ein solches *Zensuswahlrecht* bis 1918.

3 Nach verschiedenen Gutachten ist angeblich das Produktivvermögen noch heute weitgehend in den Händen weniger Kapitalgeber konzentriert; vgl. Anmerkung 74.

4 Ritter v. Buß, Fabrikgesetzgebung, hrsg. von A. Geck, Offenburg 1904, S. 24 f.

abermals ein Spartakus erstehe und ihnen (den Proletariern) wiederum wie vor 1900 Jahren zurufe: Wenn wir die Macht der größten Zahl haben, wenn beinahe die ganze Menschheit Sklave einer Horde ist, die alles genießt und alles mißbraucht, wer hindert uns, uns zu erheben, unsere Arme in dieser Welt auszustrecken und die Götter zu bitten, daß sie zwischen uns und unsern Bedrückern entscheiden?" [5]

Durch die Einführung der Sozialen Marktwirtschaft, die in der Bundesrepublik seit ihrem Bestehen eine große wirtschaftliche Effizienz erwiesen hat und damit hohe soziale Leistungsfähigkeit erbringen konnte, trat die von Marx und anderen Gesellschaftskritikern prophezeite *Verelendung der Massen* nicht ein. Dank immer besserer Sozialgesetze [6] und der überproportionalen Teilhabe der Arbeitnehmer am Wirtschaftswachstum und Produktivitätsfortschritt [7] konnten die großen Klassengegensätze, wie sie zu Zeiten des Wirtschaftsliberalismus nicht zu leugnen waren, überwunden werden; die soziale Frage scheint gelöst.

Nach der Befriedigung materieller Wünsche besinnt man sich nun jedoch immer stärker auf *immaterielle Ziele:* Selbstbestimmung und -verwirklichung des Menschen stehen im Vordergrund der gesellschaftspolitischen Reformvorschläge. Die Selbstverwirklichung des Menschen hängt nicht zuletzt davon ab, wie weit es gelingt, die Selbstentfremdung des Menschen in der Arbeit aufzuheben, was durch die Realisierung dieser Forderungen erreicht werden soll:

— Abbau von autoritären Herrschaftsstrukturen

— Legitimation und Kontrolle wirtschaftlicher Macht

— Humanisierung der Arbeitswelt

— gerechte Einkommens- und Vermögensverteilung.

Im einzelnen sind dafür folgende Maßnahmen notwendig:

— humanere Gestaltung der Arbeitsplätze und des Arbeitsablaufs

---

5 P. F. Reichensperger, Die Agrarfrage, Trier 1847, S. 245.

6 Vergleiche dazu den vorausgehenden Beitrag über die Soziale Marktwirtschaft.

7 Von 1960–1974 stieg das *Bruttoeinkommen* (in Mrd.) aus unselbständiger Arbeit von 142,83 auf 547,01 (+ 283,0 %) und aus Unternehmertätigkeit und Vermögen von 92,87 auf 218,77 (+ 135,6 %); das heißt, das Wachstum des Unternehmenseinkommens betrug nur ca. 48 % von dem des Arbeitnehmereinkommens. Vgl. Institut der Deutschen Wirtschaft, Zahlen zur wirtschaftlichen Entwicklung der Bundesrepublik Deutschland, Köln 1975, Tabelle 14.

— Beteiligung aller Gruppen im Unternehmen an Planung und Entscheidung
— Konfliktregelung in Unternehmen und Betrieb nach demokratischen Grundsätzen
— Ersetzung der kapitalistischen Unternehmensverfassung durch eine partnerschaftliche
— Beteiligung aller am Unternehmen Mitarbeitenden am Gewinn
— Förderung der Bildung von Produktivvermögen in Arbeitnehmerhand.

2. Grundlagen des heutigen Unternehmensrechts

Das heutige Unternehmensrecht, das als ein *Recht der Eigentümer* die Verfügungsgewalt über das Unternehmen (und die darin arbeitenden Personen letztlich) und den erwirtschafteten Erfolg allein dem Kapital zuordnet, muß folglich dahingehend geändert werden, daß das Unternehmen als ein ökonomischer und sozialer Verband im umfassenden Sinn verstanden wird. Die Vorrangstellung des Kapitals ist nämlich kein Naturgesetz, sondern nur historisch erklärbar; sie stammt aus einer Zeit als

— das Kapital sehr knapp und das Arbeitsangebot reichlich war, für das Wirtschaftswachstum aber primär Kapital benötigt wurde und
— die Unternehmerfunktion und Kapitalgeberfunktion noch in einer Hand vereinigt waren.

Geht man von der grundsätzlichen *Gleichwertigkeit von Arbeit und Kapital* aus – was von allen Parteien inzwischen anerkannt wird –, dann müssen alle am Unternehmen beteiligten Gruppen sowohl an den unternehmerischen Entscheidungen als auch am Unternehmenserfolg beteiligt sein.

Da aber die unternehmerischen Entscheidungen den Anforderungen des Marktes folgen müssen und der Erfolg oder Mißerfolg am Markt durch positiven oder negativen Gewinn ausgedrückt wird, kann die Herrschaft im Unternehmen nur von denen ausgehen, die am Gewinn beteiligt sind; das heißt, nur wer am Gewinn beteiligt ist, kann unternehmerische Entscheidungen treffen oder diese an andere delegieren und umgekehrt, jeder, der Entscheidungen trifft oder delegieren kann, muß am Gewinn beteiligt werden [8].

Die ethische Forderung einer *gerechten Vermögensverteilung,* die u. a. nur durch eine Gewinnbeteiligung der Arbeitnehmer erfüllt werden kann, und die Forderung nach Mitwirkung an den Entscheidungen entsprechen also auch dem marktwirtschaftlichen Grundprinzip, daß die Gewinnoptimierung erstes Ziel jeglicher Unternehmertätigkeit ist. Nur in dieser interdependenten Verbundenheit lassen sich Mitbestimmung und Gewinnbeteiligung ethisch wie sachlich rechtfertigen. Vermögensbildung ist also kein *Sozialklimbim* (Brenner), sondern notwendigerweise ein integraler Bestandteil der Sozialen Marktwirtschaft.

Diese Forderung ist an alle Unternehmen zu richten, nicht nur an Großunternehmen, denn nach dem Prinzip der Gleichheit haben alle Arbeitnehmer die gleichen Rechte. Wer Mitbestimmung nur für Großunternehmen fordert, wird immer dem Verdacht ausgesetzt sein, wirtschaftliche Macht nur zugunsten einer anderen Gruppe verlagern zu wollen. Dieser Verdacht erstreckt sich auch auf die Forderung nach kollektiver Vermögensbildung der Arbeitnehmer in zentralen Fonds, da diese weniger dem einzelnen dienen, als vielmehr einen neuen Machtfaktor aufbauen.

3. Interessenantagonismus und -identität im Unternehmen

Betrachtet man das Unternehmen als Organisation mit einem bestimmten Ziel [9], so lassen sich zunächst zwei Interessenbereiche unterscheiden:

— die Interessen (Zielsetzungen) der Organisation Unternehmen

— die Interessen der einzelnen Mitglieder der Organisation.

Die Zielsetzung einer Organisation setzt sich meist aus verschiedenen *Einzelinteressen* zusammen, die sich bei einem Produktionsbetrieb folgendermaßen unterscheiden können:

— Erfolgsziel (Gewinn)

8 Vgl. dazu Wolfram Engels, Arbeitspartizipation. Ein Modell der Mitbestimmung aus Mitverantwortung, in: Die Aussprache, 21. Jg. 1971, Heft 5/6, S. 5–12; ders.: Kompetenz und Verantwortung, in: Die Zeit, 13. 10. 72, S. 46 f.

9 Vgl. Klaus Weigelt, Die Interdependenz von Wirtschaft, Gesellschaft und Politik, 2. Artikel in diesem Buch. Die dort aufgezeigte und erläuterte Unterscheidung von Ordnung und Organisation wird hier im gleichen Sinn verwendet.

— Sachziel (Produktion von Waren)

— Liquiditätsziel (Vermeidung von Insolvenz).

Die Organisation muß nun so aufgebaut und geleitet werden, daß alle Teilziele möglichst optimal erreicht werden.

Bei dieser herkömmlichen betriebwirtschaftlichen Betrachtungsweise fällt auf, daß die Ziele einzelner Gruppierungen sich zumindest teilweise mit den Zielen der Organisation Unternehmen decken:

— Kapitalgeber suchen Kapitalverzinsung

— Verbraucher wünschen Befriedigung ihres täglichen Bedarfs

— Organisation und deren Manager streben nach Funktionsfähigkeit.

Unberücksichtigt bleiben bisher in der Primärzielsetzung – soweit nicht gesetzlich geregelt – die Ziele der Gruppierung Arbeitnehmer. Über die Ursachen ist schon viel geschrieben worden, hier ist ein Tatbestand von besonderem Interesse:

Die Zielsetzung der Arbeitnehmer ist nicht so eindeutig wie die anderer Gruppierungen, sie ist sowohl materieller als auch immaterieller Natur. Über das Ziel einer möglichst hohen Arbeitsentlohnung ohne Beeinträchtigung der Gesundheit herrscht im allgemeinen Konsens, weshalb es auch durch den Arbeitnehmer-Interessenverband Gewerkschaften wirkungsvoll vertreten werden kann.

Wie steht es aber mit den andern Zielen?

Geht man davon aus, daß jeder Mensch seine Selbstentfaltung und Selbstverwirklichung als Grundwert anerkennt und als Ziel verfolgt, so kann daraus unter dem Postulat der individuellen Freiheit und der gegenseitigen Toleranz nicht geschlossen werden, daß auch die Einzelziele bei allen Arbeitnehmern identisch sind. Dennoch ist die Frage zu stellen, ob das Vorhandensein heterogener Interessen es erlaubt, diese gegen diejenigen anderer Gruppierungen der Organisation als sekundär zurückzustellen. Oder ist es nicht auch Aufgabe der Organisation, eine Ordnung zu schaffen, in der das *Gesamtziel Selbstentfaltung und Selbstverwirklichung* möglichst vieler optimal erreicht werden kann?

Wenn nun aber verschiedene Interessen, wie eingangs erwähnt, als a priori antagonistisch angenommen werden, so gibt es in den sich daraus immer wieder entwickelnden Konfliktfällen zwei Lösungsmöglichkeiten:

— eine Interessengruppierung hat soviel Macht, daß sie sich gegen alle andern durchsetzen kann, oder

— die Ordnung der Organisation ist von vornherein so beschaffen, daß *gleichwertige Interessen* toleriert und durch Akzeptanz einer allgemeinen Zielsetzung der Organisation (Funktionsfähigkeit z. B.) in einem Kompromiß berücksichtigt und ausgeglichen werden.

Die methodische Annahme a priori antagonistischer Interessen schließt also bei der zweiten Konfliktlösungsmöglichkeit (s. o.) nicht zugleich eine Konfliktregelung durch fairen Kompromiß aus [10]. Dies widerspräche auch dem demokratischen Grundprinzip des Wertpluralismus.

Damit wird auch der Schwerpunkt für die entscheidende Frage in allen Modellen zur Organisationsform erst richtig gesetzt werden können. Sie darf nämlich nur lauten:

> Wie kann eine Organisation so geschaffen werden, daß durch ihre Offenheit für Wertpluralismus nicht das Organisationsziel in Frage gestellt wird?

Wird das *Prinzip Wertpluralismus* antizipiert, so folgt daraus, daß Werte wie Selbstentfaltung und -verwirklichung ebenso zu tolerieren und/oder zu fordern sind wie etwa der Schutz des Eigentums. Stehen Wertpluralismus und Funktionsfähigkeit einer Organisation in einem anscheinend antagonistischen Gegensatz, so darf bei Wahrung demokratischer Grundprinzipien nicht der Wertpluralismus aufgegeben werden, sondern es ist vielmehr die Organisationsordnung so zu gestalten, daß die Organisation auch unter Beibehaltung der individuellen Freiheit funktionieren kann.

Ist damit die Notwendigkeit einer Organisationsreform des Unternehmens genügend begründet, ist nun entscheidend die Suche nach einem solchen Modell, das dem System Unternehmen gerecht wird.

Welches Modell der Konfliktlösung im Unternehmen als das menschenwürdigste, welche Einkommensverteilung als *gerecht* betrachtet werden kann, ist im letzten eine Wertentscheidung, die von politischen Zielen notwendigerweise bestimmt werden. Welche Methoden zur Erreichung der Ziele im marktwirtschaftlichen System möglich, welche Voraussetzungen notwendig sind, welche Auswirkung auf Wirtschaft und Gesellschaft sie haben, das ist das Thema der folgenden Überlegungen.

---

10 Gerade auf diesem Ausschlußprinzip beruht das marxistische Ordnungsmodell: Die *antagonistischen Klassengegensätze* (Arbeit und Kapital) seien unüberbrückbar und der Konflikt nur durch die Aufhebung der Kapitalistenklasse zu lösen.

II. DEFINITION UND ABGRENZUNG WICHTIGER BEGRIFFE

1. Unternehmen und Betrieb

Innerhalb einer Volkswirtschaft sind die selbständig wirtschaftenden Teileinheiten (Einzelwirtschaften) eine ökonomische Realität. Dennoch „hat sich ihre begriffliche Fixierung im Rahmen der Wirtschaftswissenschaft zu einem Problem entwickelt, dessen Behandlung bisher zu einer Fülle von individuellen Meinungen und Vorschlägen geführt hat“ [11]. Zu den vielfältigen Definitionen soll hier keine neue hinzugefügt werden, für das Verständnis des folgenden genügt es, eine Auswahl der alternativen Bezeichnungsmöglichkeiten aufzustellen und die an dieser Stelle relevanten zu kennzeichnen.

Der Begriff *Betrieb* ist von beiden der vielfältigere; die verschiedenen Betrachtungsweisen lassen sich unter folgenden Gesichtspunkten zusammenfassen:

Der Betrieb wird gesehen als

— technische Einheit

— soziale Einheit

— organisatorische Einheit

— technisch-wirtschaftliche Einheit

— ökonomische Einheit.

Dagegen wird das Unternehmen oder die Unternehmung meist gesehen als

— Wirtschaftseinheit (autonome Erwerbswirtschaft)

— rechtliche Einheit mit bestimmter Rechtsform und Firma

— Finanzeinheit.

Ebenso unterschiedlich wie die Definition ist auch die *Zuordnung der beiden Begriffe* zueinander. Meist wird der eine über den andern geordnet, manchmal ist auch eine rangmäßige Gleichordnung oder eine synonyme Verwendung festzustellen. Hier soll der Begriff der Unternehmung übergeordnet werden, aus diesem Verhältnis können auch brauchbare Definitionen für Unternehmung und Betrieb abgeleitet werden.

---

11 Erwin Grochla, Unternehmung und Betrieb, in: HdSW, Bd. 10, 1959, S. 583.

So läßt sich die *Unternehmung* definieren als eine selbständige Produktionswirtschaft, die von einem Unternehmer unter Einsatz von Kapital und Arbeit auf eigene Rechnung und Gefahr zum Zwecke des Erwerbs betrieben wird. Dabei wird dem Unternehmer im Sinne *Joseph Schumpeters* die dynamische Funktion zugeschrieben, durch immer neue Kombination der Produktionsfaktoren Kapital und Arbeit Gewinne und Produktivitätsfortschritte zu erzielen; er, der Unternehmer, ist also das handelnde Subjekt, Kapitalgeber und Arbeitnehmer sehen sich dabei in die Objektrolle gedrängt. Entsprechend wird der Betrieb als eine soziotechnische Einheit gesehen, welche der Unternehmung für deren Zielerreichung zu dienen hat.

Da beide Wirtschaftseinheiten, Unternehmung und Betrieb, zweckorientierte Sozialsysteme darstellen, handelt es sich dabei im Gegensatz zur Marktwirtschaft um Organisationen.

2. Der Arbeitnehmer

Sind schon die Organisationen Unternehmung und Betrieb je nach ihrer Betrachstungsweise verschieden zu definieren, so gilt das gleiche für deren Funktionsträger. Ist der Arbeitnehmer, der mit seiner Tätigkeit etwas produziert, „was für andere Menschen von Wert ist“ [12], nur *Industrieuntertan* (Friedrich Naumann), der sich in einer bloßen Objektrolle verhaftet und in seiner überwiegend dichotomischen Weltvorstellung stets als *unten* sieht?

Diese Selbsteinschätzung wird von Ralf Dahrendorf in seiner Betriebssoziologie bestätigt, in der er feststellt, „daß die Arbeiter in der Pyramide betrieblicher Über- und Unterordnung die Basis der bloß Ausführenden darstellen“ [13].

Der Arbeitnehmer wird als *Produktionsfaktor Arbeit* gesehen und erscheint in der betriebswirtschaftlichen Gewinnrechnung als *Kostenfaktor.* Vor der funktionalen (Produktionsfaktor), soziologischen (Industrieuntertan), arbeitsrechtlichen (Arbeitsvertrag) oder einer anderen Betrachtungsweise müßte die Frage nach der Person stehen. Laut Grundgesetz ist der Mensch nicht nur Funktionsträger mit bestimmten Rechten und

12 Elmar Pieroth, Die 8 Stunden am Tag, München 1974, S. 26; vgl. dazu auch die Definition des Begriffs *Arbeitnehmer* im Betriebsverfassungsgesetz, §§ 5, 6.

13 Ralf Dahrendorf, Sozialstruktur des Betriebes, Wiesbaden 1959, S. 36.

Pflichten, sondern ist durch *Würde* ausgezeichnet, die „zu achten und zu schützen ... Verpflichtung aller staatlichen Gewalt“ (Art. 1 GG) ist. Unter den Grundrechten, welche die Menschenwürde garantieren sollen, ist das „Recht auf die freie Entfaltung seiner Persönlichkeit“ als erstes genannt (Art. 2 GG). Was heißt aber Menschenwürde?

Da es in einer Gesellschaft mit Wertpluralismus keine allgemein verbindliche *Definition von Menschenwürde* geben kann, andererseits das Grundgesetz den Schutz der Menschenwürde aber garantiert, obliegt es dem Rechtswesen (Kommentare und Urteile), einen Minimalkonsens herzustellen. So heißt es zum Beispiel bei *Hamann:* Die Würde des Menschen „enthält einmal das Moment der Freiheit, des Willens und weiter einen stark individualistischen, auf die einzelne Person in ihrer Eigenart bezogenen Akzent“ [14]; bei *Maunz/Dürig* „besteht Menschenwürde in folgendem: Jeder Mensch ist Mensch kraft seines Geistes, der ihn abhebt von der unpersönlichen Natur und ihn aus eigener Entscheidung dazu befähigt, seiner selbst bewußt zu werden, sich selbst zu bestimmen und sich und die Umwelt zu gestalten“ [15].

Die *Kirchen,* für welche die Menschenwürde der zentrale Begriff ist, sehen in der Arbeitswelt den wesentlichen Bereich für die Entfaltung des Menschen; deshalb hat der Staat die besondere Aufgabe, darüber zu wachen, „daß auf dem Arbeitsplatz nicht die Würde der menschlichen Person an Leib und Seele verletzt wird“ [16]. Aus diesem antropologischen Ansatz folgt konsequenterweise, daß „die in der Gütererzeugung, der Güterverteilung und in den Dienstleistungsgewerben geleistete menschliche Arbeit ... den Vorrang (hat) vor allen anderen Faktoren des wirtschaftlichen Lebens, denn diese sind nur werkzeuglicher Art“ [17].

Daß Menschenwürde und *Recht auf freie Entfaltung der Persönlichkeit* in der Arbeitswelt bisher nur verfassungstheoretisch geblieben sind, „dürfte auf ein gesellschaftspolitisches Dogma zurückzuführen sein, das weiterhin geglaubt wird und auch in der Theorie und Praxis der Arbeiter bewegung bisher nicht mit der notwendigen Energie kritisiert

---

14 A. Hamann, Das Grundgesetz, Berlin 1956, S. 73.

15 Maunz/Dürig, Grundgesetz, München/Berlin 1966, S. 11.

16 Mater et Magistra, Die Sozialenzyklika des Papstes Johannes XXIII, Rom, 15. 5. 1961, Artikel 21, (zit.: MM); zitiert nach: Ausgabe der Herderbücherei, Bd. 110, Freiburg 1961.

17 Gaudium et Spes, Pastorale Konstitution über die Kirche in der Welt von heute, II. Vatikanisches Konzil, Dezember 1965, Art. 67, zit. nach Rahner/Vorgrimler: Kleines Konzilskompendium, Freiburg 1966 (zit.: GS).

worden ist: das Dogma von den angeblichen technisch-ökonomischen Sachzwängen, die, wenn man nicht die Effektivität des Produktionsprozesses in Frage stellen wolle, eine menschenwürdige und demokratische Gestaltung der Arbeitsbedingungen über das Bestehende hinaus unmöglich machen“ [18].

Was *Vilmar* eine *Halbwahrheit* nennt, ist bis heute in der Mitbestimmungsdiskussion lebendig, obwohl vielfältige Untersuchungen nachgewiesen haben, daß Humanität und Produktivität sich nicht ausschließen, sondern sich gegenseitig bedingen.

3. Mitbestimmung der Arbeitnehmer

Die *Forderung nach mehr Mitbestimmung wird heute in allen Lebensbereichen erhoben,* und zwar überall dort, wo in Organisationen mit stark hierarchisch ausgeprägten Strukturen ein Teil der Organisationsmitglieder – aus welchen Gründen auch immer – an wesentlichen Planungs-, Entscheidungs- oder Durchführungsvorgängen nicht teilhaben können.

Die Forderung nach Mitbestimmung wird verschieden begründet:

- aus Grundwerten wie Freiheit der Persönlichkeit und Würde des Menschen
- aus sozial-ethischen Überlegungen
- aus Grundrechten der Verfassung, vor allem Entfaltungsfreiheit der Persönlichkeit und Selbstbestimmung
- aus dem im staatlichen Bereich anerkannten Ordnungsprinzip der Demokratie, die auch in Teilsystemen der Gesellschaft gelten müsse
- aus prinzipiellen Überlegungen zur Neuordnung der Wirtschaft: Verteilung und Kontrolle von Macht und Herrschaft
- um Organisationen effizienter zu gestalten, indem Konflikte abgebaut werden und durch den Grundsatz: Beteiligung der Betroffenen.

Diese längst nicht umfassende *Motivationsskala* zeigt deutlich, daß Maßnahmen mit völlig verschiedenen Zielsetzungen, jedoch mit ein und denselben Begriffen belegt sind. Selbst wenn der Begriff Mitbestimmung mit den Beiworten betrieblich, überbetrieblich, paritätisch, funktionsgerecht, gleichgewichtig, qualifiziert, partnerschaftlich usw. versehen

---

18 Fritz Vilmar, Menschenwürde im Betrieb, Reinbek 1973, S. 17.

wird, trägt dies nicht zur Klärung bei, da diese Beiwörter ebenso erläuterungsbedürftig sind.

Lassen sich die Fragen nach dem Warum und Wie nicht allgemein, sondern nur aus dem zugrunde liegenden Wert- und Zielsystem beantworten, so verhält es sich mit den Fragen, wer mitbestimmen soll und wo, einfacher. Hier kann man einige Kriterien aufstellen.

Der Bereich der Wirtschaft läßt sich rein formal aufteilen in folgende *Ebenen:*

— Arbeitsplatz, Betrieb, Unternehmen (mikroökonomischer Bereich)
— Branche, Volkswirtschaft, Weltwirtschaft (makroökonomischer Bereich).

Im mikroökonomischen Bereich, um den es in diesem Aufsatz primär geht, lassen sich entsprechend der verschiedenen Betrachtungsweisen von Betrieb und Unternehmen *Funktionen* feststellen, die zusammengefaßt werden in:

— personelle Angelegenheiten
— soziale Angelegenheiten
— wirtschaftliche Angelegenheiten.

Die *Mitwirkungsrechte* sind bisher unterschiedlich ausgeprägt entsprechend folgender Skala:

— Recht auf Information
— Recht auf Anhörung
— Recht auf Beratung
— Vetorecht gegen Beschlüsse
— Mitentscheidungsrecht
— Mitbestimmungsrecht mit Ausschluß einer Gruppenüberstimmung.

Legt man sich nicht von vornherein auf die Intensität der Mitbestimmung fest, so kann man sie mit der *Sachverständigenkommission* definieren als „institutionelle Teilnahme der Arbeitnehmer oder ihrer Vertreter an der Gestaltung und inhaltlichen Festlegung des Willensbildungs- und Entscheidungsprozesses im Unternehmen, und zwar zunächst ohne Rücksicht auf die Arbeit und den Umfang einer Teilnahme von Arbeitnehmervertretern in den Unternehmensorganen“ [19].

---

19 Bundestagsdrucksache VI/334, S. 8;
Die Sachverständigenkommission zur Mitbestimmung wurde 1968 unter Leitung von Kurt Biedenkopf eingesetzt; sie legte am 21. 1. 1970 ihren Bericht zur Situation der Mitbestimmung im Montanbereich vor (zit.: Biedenkopfbericht).

Diese Definition wird heute weitgehend als unzureichend empfunden, es soll von Mitbestimmung nur überall dort die Rede sein, wo es um die „gleichwertige Mitentscheidung der Arbeitnehmer oder ihrer Repräsentanten geht“ [20].

4. Vermögensbildung der Arbeitnehmer

Unter dem politischen Postulat der Vermögensbildung für einen bestimmten Personenkreis werden, ähnlich wie bei der Mitbestimmung, die verschiedensten Programme mit diversen, ja oft gegensätzlichen Zielsetzungen verstanden, was unten noch näher zu erläutern sein wird.

Um möglichst viele der Programme erfassen und mit den noch zu beschreibenden Kriterien einander zuordnen zu können, ist ein einerseits möglichst weiter, andererseits auch möglichst am allgemeinen Sprachgebrauch orientierter Begriff zu verwenden: Unter *Vermögen* wird die Summe aller „in Geld schätzbaren Güter einer Person oder Personengruppe“ [21] verstanden, wobei es sich um physische oder juristische Personen handeln kann.

Das *Eigentum* an Gütern, dessen besonderer Schutz in den Grundrechtskatalog des Grundgesetzes (Art. 14, 1) aufgenommen ist, kann verschiedene Formen annehmen:

— Einkommen aus Arbeit
— Zinseinkünfte
— Konsumgüter (Gebrauchgegenstände)
— Geldguthaben (Sparguthaben, Lebensversicherungen, Anleihen usw.)
— Sozialversicherung, Rechtsanspruch
— Wohnungseigentum
— Grund und Boden
— Produktivvermögen.

Den Wandlungen der Eigentumsstrukturen in der modernen Gesellschaft folgend, werden in den Schutz des Art. 14 GG einbezogen „das Sacheigentum (das Eigentum im Sinne des § 903 BGB, d. h. die absolute

20 Wolfgang Däubler, Das Grundrecht auf Mitbestimmung, Frankfurt 1973, S. 7.
21 Gerhard Weisser, Vermögen und Vermögenspolitik, in: HdSW, Bd. 11, 1961, S. 163.

Individualherrschaft über bewegliche und unbewegliche Sachen), der Besitz und die sonstigen absoluten Rechte an materiellen und immateriellen Gütern wie etwa das Bergwerkseigentum und die Immaterialgüterrechte (Patentrechte, Urheberrechte, Warenzeichen- und Musterrechte), alle beschränkten dinglichen und alle obligatorischen Rechte, etwa die Grundpfandrechte aller Art, der eingerichtete und ausgeübte Gewerbebetrieb“ [22].

Allen diesen verschiedenen Sachverhalten ist gemeinsam, daß es immer um die *Verfügungsgewalt über Sachwerte* geht, wobei Sache im weitesten Sinne des Wortes zu verstehen ist (lat. *res*). Schließlich ist noch zu erwähnen, daß Eigentum einen Rechtsbegriff darstellt, der die Ordnung der äußeren menschlichen Beziehungen, die Abgrenzung personaler Interessensphären innerhalb der Gesellschaft, beschreibt.

Wenn heute von einer *skandalösen Vermögensverteilung* gesprochen wird, so werden nur wenige Formen (meist das Produktivvermögen) betrachtet, ohne dabei zu berücksichtigen, daß gerade die Summe aller Eigentumsformen erst das Vermögen ausmacht. Sollen solche Irreführungen vermieden werden, so muß statt von Vermögensbildung genauer von der Bildung von *Produktivvermögen in Arbeitnehmerhand* gesprochen werden.

5. Partnerschaft in der Wirtschaft

Der Begriff *Partnerschaft* wird heute für alle möglichen Formen von Beziehungen zwischen Menschen verwendet:

— Im sozialen Bereich werden Formen der zwischenmenschlichen Beziehungen mit dem Begriff Partnerschaft bezeichnet, so vor allem in der Ehe oder am Arbeitsplatz.

— Im ökonomischen Bereich spricht man von Sozialpartnern (Arbeitgeber und Gewerkschaften), von Tarifpartnerschaft, von Gesellschaftspartnern.

— Im politischen Bereich ist die Partnerschaft ebenso zu finden: Das Verhältnis einzelner Staaten zueinander (deutsch-französische Partnerschaft), das Verhältnis in einer multinationalen Gemeinschaft (atlantische Partnerschaft), das Verhältnis zwischen Industriestaaten und Entwicklungsländern.

---

22 Hermann v. Mangoldt / Franz Klein, Das Bonner Grundgesetz, Frankfurt [2]1957, Bd. I, Anm. 1, b zu Art. 14, S. 424.

Handelt es sich hierbei immer und überall um die qualitativ gleiche Art von Beziehungen? Wohl kaum. Auf der Suche nach Merkmalen, die ein partnerschaftliches Verhältnis kennzeichnen, findet man die verschiedensten Aussagen darüber, was Partnerschaft bedeutet:

— geistige Grundhaltung

— funktionales Prinzip zur Konfliktlösung

— Teilhabe am Ganzen ohne Aufgabe von Eigeninteressen

— Gleichwertigkeit

— Gleichberechtigung

— Gefühl des Aufeinander-angewiesen-seins

— Freiwilligkeitsakt

— Solidarität

— Abbau von dichotomischen Hierarchievorstellungen.

Liegt die Schwierigkeit der Begriffsbestimmung nicht darin begründet, daß mit dem Begriff *Partnerschaft* so unterschiedliche Themen berührt werden wie die Frage nach Grundwerten oder Grundsätzen, nach Zielen und Methoden? Da aber weder über Grundwerte und Ziele noch über Methoden allgemein verbindliche, wissenschaftlich jederzeit nachprüfbare oder objektiv richtige Aussagen getroffen werden können, muß jeder Versuch einer allgemeinen Begriffsbestimmung scheitern oder in einem ideologischen Absolutheitsanspruch enden.

Etwas erfolgreicher wird der Versuch einer *Begriffsbestimmung*, wenn man nach den Kriterien der Partnerschaft in einem festgelegten Bereich fragt. Hier lassen sich allgemeine Merkmale aufstellen, die wenigstens erfüllt werden müssen, um eine Beziehung partnerschaftlich nennen zu können. [23]

---

23 Aus der Fülle der *Literatur* seien besonders empfohlen: Michael Günther, Der Einfluß von Partnerschaft und Erfolgsbeteiligung auf die Wettbewerbsfähigkeit der Betriebe, Hilden 1965; Kurt Maier, Interdependenzen zwischen Mitbestimmung und Betrieblicher Partnerschaft, Berlin 1969; Hans J. Schneider, Die partnerschaftliche Kapitalbeteiligung am mittelständischen Industrieunternehmen, Köln/Bonn 1973; vgl. auch: Hermann Vogt, Betriebliche Partnerschaft – ein Weg zur Demokratisierung der Wirtschaft, in: Eichholz-Brief 3/1973; ders., Partnerschaftliche Unternehmensverfassung – Chance oder Utopie?, in: Rüdiger v. Voss, Partnerschaft und Parität, Bonn 1974, Untersuchungen und Beiträge zu Politik und Zeitgeschehen, Bd. 16, Hrsg. Konrad-Adenauer-Stiftung e.V., Politische Akademie Eichholz. Einzelne Partnerschaftsmodelle sind von den Unternehmern selbst dargestellt in: o. V., Die Beteiligung von Mitarbeitern, Herne 1973.

So fordert der Hamburger *Parteitagsbeschluß der CDU* von 1973 für eine partnerschaftliche Unternehmensverfassung

— die Aufnahme der Arbeitnehmer in einen neu zu schaffenden *Sozialverband Unternehmen*

— ein *partnerschaftliches Verhältnis* von Arbeitnehmer, Kapitaleigner und Unternehmensleitung auf der Grundlage der Parität

— eine *gleichberechtigte gesellschaftsrechtliche Mitbestimmung* der Arbeitnehmer

— die Vermögensbildung der Arbeitnehmer durch Gewinn- und Kapitalbeteiligung

— die Verbindung von Unternehmensrecht und Betriebsverfassung.

Mit diesen Anforderungen an eine *partnerschaftliche Unternehmensordnung* sind die wesentlichen Merkmale einer partnerschaftlichen Beziehung im Unternehmen genannt, wie sie auch in der bisher gebräuchlichsten und weithin anerkannten Definition der AGP [24] enthalten sind:

„*Betriebliche Partnerschaft* ist eine vertraglich vereinbarte Form der Zusammenarbeit zwischen Unternehmensleitung und Mitarbeitern. Sie soll allen Beteiligten ein Höchstmaß an Selbstentfaltung ermöglichen und durch verschiedene Formen der Mitwirkung und Mitbestimmung bei entsprechender Mitverantwortung einer Fremdbestimmung entgegenwirken. Notwendiger Bestandteil dieser Partnerschaft ist die Beteiligung der Mitarbeiter am gemeinsam erwirtschafteten Erfolg, am Kapital des Unternehmens oder an beiden."

Damit ist klar herausgestellt, daß Partnerschaft ebensowenig wie Mitbestimmung oder Demokratie ein Selbstzweck ist, sondern einzig und allein auf die menschliche Person, ihre freie Entfaltungsmöglichkeit in sozialer Verantwortung ausgerichtet ist. Selbstverständlich dürfen die dabei verwendeten Methoden von Mitbestimmung, Gewinn- und Kapitalbeteiligung dem eigentlichen Zweck der Institution Unternehmen, nämlich Waren und Dienstleistungen zu produzieren, prinzipiell nicht entgegengerichtet sein. Ein Unternehmen, das keine Gewinne erwirtschaftet, nützt langfristig auch dem einzelnen Arbeitnehmer wenig: Entweder sind die Arbeitsplätze in Gefahr oder aber Verluste werden durch die Allgemeinheit, sprich den Steuerzahler, aufgefangen.

---

24 Veröffentlicht in: AGP-Mitteilungen Nr. 180 (1973), S. 2. Einige Partnerschaftsunternehmen haben sich 1950 zur „Arbeitsgemeinschaft der Partnerschaft in der Wirtschaft" (= AGP) zusammengeschlossen; heute umfaßt sie ca. 150 Unternehmen als Mitglieder.

Aus dieser *Zieldiskrepanz zwischen gewinnbringender Produktion und freier Entfaltung der Persönlichkeit* entstehen immer wieder Konflikte. Diese will und kann die Partnerschaft im Unternehmen nicht leugnen, sie ist keine Konzeption zur dauernden Harmonisierung, sie bietet vielmehr Methoden an, die von den Partnern in Freiheit vertraglich vereinbart sind, um Konflikte immer dort lösen zu können, wo sie entstehen: nicht nur zwischen den *zwei Klassen der Arbeiter und Kapitalisten,* sondern auf allen Stufen und in allen Bereichen des Unternehmens:

— zwischen Untergebenen und Vorgesetzten auf allen Ebenen
— zwischen allen Mitarbeitern
— zwischen einzelnen Abteilungen (Produktion, Buchhaltung, Verkauf usw)
— zwischen Geschäftsführung und Kapitalgebern
— zwischen Aufsichtsrat und Geschäftsführung.

Vertreter einer partnerschaftlichen Unternehmensverfassung sind der Überzeugung, daß diese *Konflikte nur partnerschaftlich lösbar* sind; weder durch fremde Herrschaft über Menschen noch durch sachfremde Entscheidungen außenstehender Funktionäre dürfen die notwendigen Beschlüsse im Unternehmen gefaßt werden.

III. MITBESTIMMUNG DER ARBEITNEHMER

1. Grundlagen und Ziele der Mitbestimmung

a) Historische Entwicklung

Die Mitbestimmung ist nicht, wie viele Kritiker oder Gegner der Mitbestimmung glauben machen möchten, eine Erfindung machtbessener deutscher Gewerkschaften oder Sozialisten, sondern eine *Grundforderung der Arbeiterbewegung* seit der Industrialisierung in Deutschland.

Mit der *Novelle zur Gewerbeordnung 1891,* an deren Ausarbeitung der Zentrumsabgeordnete und führende Sozialpolitiker der christlich-sozialen

Bewegung [25], Franz Hitze, maßgeblich mitgearbeitet hat, wurden Arbeiterausschüsse erstmals legitimiert und gesetzlich vorgeschrieben. Im gleichen Jahr erschien auch die erste bedeutende *Sozialenzyklika Rerum-Novarum* der katholischen Kirche zur sozialen Frage, in der Arbeitnehmerorganisationen (= Gewerkschaften) zum Selbstschutz der Arbeiter gefordert wurden. Die weitere Entwicklung wird in der folgenden Zeittafel kurz zusammengefaßt:

1891	Gewerbeordnungsnovelle
1891/92	Einführung von Arbeiterausschüssen
23. 12. 1918	Tarifvertragsordnung des Rates der Volksbeauftragten schreibt Arbeitnehmerausschüsse für alle Betriebe mit mindestens 20 Arbeitnehmern gesetzlich vor.
5. 3. 1919	Erklärung der Reichsregierung, Arbeiterräte als wirtschaftliche Interessenvertretung anzuerkennen (vgl. Weimarer Verfassung Art. 165,2 und 3).
4. 2. 1920	Betriebsrätegesetz
15. 2. 1922	Reichsgesetz über die Entsendung von Betriebsratsmitgliedern in die Aufsichtsräte
1933	Nationalsozialistische Vertrauensmänner bilden mit dem „Führer des Betriebs“ den Vertrauensrat, lösen die Betriebsräte ab, haben aber keine selbständigen Funktionen.
10. 4. 1946	Kontrollratsgesetz Nr. 22 gestattet die Wiedereinführung demokratisch gewählter Betriebsräte.
1.–3. 2. 1947	Ahlener Programm der CDU fordert Mitbestimmung, Ertrags- und Kapitalbeteiligung der Arbeitnehmer.
15. 7. 1949	Düsseldorfer Leitsätze der CDU: Mitbestimmung ist wesentlicher Bestandteil einer humanen Arbeitswelt.
14. 4. 1950	Entwurf des DGB zur Neuordnung der deutschen Wirtschaft fordert Mitbestimmung der Arbeitnehmer sowohl in Betrieb/Unternehmen (Parität im Aufsichtsrat) als auch in den übergeordneten betrieblichen Organen der Wirtschaft.

25 Zur Idee und Entwicklung der Christlich-Sozialen Bewegung und des Christlichen Sozialismus vgl.: Bernd Uhl, Die Idee des christlichen Sozialismus in Deutschland, Mainz 1975, Beiträge zur wissenschaftlichen Politik, Hrsg. Konrad-Adenauer-Stiftung e.V., Institut für Begabtenförderung, Bd. 11.

21. 5. 1951	Montanmitbestimmungsgesetz
14. 11. 1952	Betriebsverfassungsgesetz
6. 9. 1955	Personalvertretungsgesetz
7. 8. 1956	Mitbestimmungsergänzungsgesetz
18. 12. 1968	SPD-Bundestagsfraktion legt einen Gesetzentwurf über die Unternehmensverfassung in Großunternehmen und Konzernen vor.
21. 1. 1970	Vorlage des Berichts der Mitbestimmungskommission
25.–27. 10. 1971	22. Parteitag der F.D.P. beschließt in Freiburg ein Mitbestimmungsmodell (Freiburger Thesen).
19. 1. 1972	Neues Betriebsverfassungsgesetz
9. 5. 1972	Einsetzung einer Unternehmensrechtskommission durch die Bundesregierung
19. 11. 1973	Hamburger Parteitag der CDU beschließt Mitbestimmungsmodell für Großunternehmen mit Parität im Aufsichtsrat, gleichzeitig Entwicklung einer partnerschaftlichen Unternehmensverfassung.
22. 2. 1974	Bundesregierung legt neuen Gesetzentwurf zur Mitbestimmung vor.
16.10.–19.12.1974	Bundestagshearing zur Mitbestimmung
6. 1. 1975	F.D.P. stellt auf Dreikönigstreffen Regierungsentwurf in Frage.

b) Funktionelle Grundlagen der Mitbestimmung

Die Mitbestimmung der Arbeitnehmer läßt sich auf verschiedene Art und Weise begründen:

Zunächst wird sie aus der *Forderung nach mehr Demokratie* abgeleitet. Da in der Bundesrepublik Deutschland die Demokratie als das menschenwürdigste Modell der staatlichen Ordnung in der Verfassung verankert und von einer großen Mehrheit der Staatsbürger anerkannt ist, wird sie auch als System für *Konfliktregelung* in anderen Ordnungen und Organisationen des Staates gefordert: In allen Institutionen werde Herrschaft ausgeübt, die daraus fließende Macht könne nur auf demokratischem Wege legitimiert und kontrolliert werden. Das trifft in besonderem Maße auf Großunternehmen zu, obwohl das primäre Ziel eines Unternehmens die Versorgung der Gesellschaft mit Gütern und Dienstleistungen darstellt und die Lenkungsfunktion durch den freien Markt wahrgenommen wird.

Die wesentliche Grundlage für die Mitbestimmung wird im *Arbeitsvertrag* gesehen: Wie die gesamte Arbeiterschutz- und Sozialgesetzgebung sich auf diesen Vertrag bezieht, läßt sich auch daraus die Mitbestimmung des Arbeitnehmers ableiten, ohne daß die in Art. 14,1 GG garantiert freie Verfügungsgewalt des Privateigentums aufgehoben wird, wie es Vertreter der Kapitalgeber immer wieder glauben machen wollen. Dem Recht auf freie Verfügungsgewalt über das Privateigentum steht im Grundgesetz Art. 14,2 die Sozialverpflichtung des Eigentums gegenüber. Das Recht auf Mitbestimmung kann auch auf *Kapitalbeteiligung* gründen, die etwa über den Weg der Gewinnbeteiligung erfolgt. Das Recht auf Mitbestimmung darf aber nicht an Kapitalbesitz gebunden bleiben.

Schließlich sei noch die Position der Marxisten erwähnt: Man beruft sich auf die Marxsche *Mehrwerttheorie,* betrachtet die Arbeit als den bestimmenden Kostenfaktor im Produktionsprozeß (nach dem Modell des englischen Volkswirtschaftlers David Ricardo sind alle anderen Produktionsfaktoren frei verfügbar) und kommt zu der normativen Feststellung, daß die für ein Produkt aufgewandte Arbeit alleiniger Maßstab bei der Wertmessung eines Produkts darstelle. Daraus wird gefolgert, daß den Arbeitern auch die alleinige Verfügungsgewalt über die Produktionsmittel zustehe, die Unternehmen also nach dem Prinzip der Arbeiterselbstverwaltung (vgl. jugoslawisches Modell) organisiert werden müßten.

c) Ethische Grundlagen und Ziele

Funktionelle Sachzwänge, die sich aus der Wirtschaftsordnung im mikro- und makroökonomischen Bereich ergeben, führen nicht unbedingt zur Einführung der Mitbestimmung: Welche Modelle praktiziert werden, auf welche Grundprinzipien man sich dabei beruft, das sind Wertentscheidungen, die empirisch nicht nachprüfbar oder beweisbar sind. Soweit diese mit dem herrschenden Wirtschaftssystem und der Gesellschaftsordnung vereinbar sind, können sie auch realisiert werden; die Diskussion über Sinn oder Unsinn solcher Modelle muß dann auf der philosophischen Ebene der *Wertentscheidung* geführt werden. Dennoch wird bis heute immer wieder versucht, das Für oder Wider der Mitbestimmung durch angeblich objektiv feststellbare Sachzwänge zu beweisen.

Die *Biedenkopf-Kommission* hat sich klar zur Wertentscheidung bekannt: „Gegenstand dieser Wertentscheidung ist die zutreffende Gestaltung der Stellung des einzelnen in der organisierten Gemeinschaft Unternehmen. Inhaltlich beruht die Wertentscheidung auf dem grundlegenden Bekenntnis zur Würde der Person, zu den unverletzlichen und unveräußerlichen Menschenrechten als Grundlage jeder menschlichen Gemeinschaft und zum Recht auf freie Entfaltung der Persönlichkeit (Art. 1 und 2 GG). Zunächst, allgemein ausgedrückt, besagt sie, daß die Unterordnung des Arbeitnehmers unter fremde Leitungs- und Organisationsgewalt im Unternehmen mit seiner Selbstbestimmtheit, der ihm rechtlich zuerkannten Möglichkeit, seine Zwecke selbst zu wählen und eigene Initiativen zu entfalten, nur so lange vereinbar ist, als sie ihre Entsprechung in Gestalt der Freiheit der Beteiligung an den Entscheidungen findet, die den Arbeitsprozeß regeln und gestalten“ [26].

Diese Wertentscheidung für die *Würde des Menschen als oberste Priorität* entspricht auch der *Grundforderung des Christentums:* Personalität, Solidarität und Subsidiarität sind die Grundprinzipien, die von nichts anderem in Frage gestellt werden dürfen. Diese allgemeinen Aussagen wurden in den letzten offiziellen Verlautbarungen der christlichen Kirchen immer stärker konkretisiert. So heißt es in der *Sozialenzyklika Mater et Magistra:* „Zum gesicherten Bestand der katholischen Soziallehre gehört es, daß die Arbeit ethisch wertvoller ist als Reichtum an äußeren Gütern, denen ihrer Natur nach nur der Wert eines Mittels zukommt. Sie ist unmittelbar Ausfluß der Person“ (MM 107).

Auch der *Rat der EKD* bekennt sich zum Eigenwert der menschlichen Arbeit und schreibt in den *Sozialethischen Erwägungen zur Mitbestimmung in der Wirtschaft der Bundesrepublik* (1968): „Wo die Rechte der Kapitaleigner und der Arbeitnehmer aufeinander angewiesen sind, stehen beiden Seiten Mitbestimmungsrechte zu. Ein Wirtschaftsunternehmen wird von den Arbeitnehmern nicht weniger getragen als von den Kapitaleignern“ [27].

Diese wenigen Hinweise müssen hier genügen, um zu zeigen, daß die Kirchen zwar kein konkretes Modell zur Mitbestimmung der Arbeitnehmer fordern, aber prinzipiell der Arbeit den gleichen, ja sogar höhe-

26 Biedenkopfbericht, Teil IV/A, Abs. 2, S. 56.
27 Vgl.: Rat der EKD (Hrsg.): Mitbestimmung in der Wirtschaft, erläutert von Eberhard Müller, Hamburg 1968.

ren Stellenwert einräumen als dem Kapital. Auch die Anerkennung des Privateigentums ändert daran nichts, Privateigentum ohne Sozialverpflichtung gibt es nicht. Die katholische Kirche spricht hier eine deutliche Sprache: „Darum soll der Mensch, der sich dieser Güter bedient, die äußeren Dinge, die er rechtmäßig besitzt, nicht nur als ihm persönlich zu eigen, sondern er muß sie zugleich auch als Gemeineigentum ansehen, in dem Sinn, daß sie nicht ihm allein, sondern auch anderen von Nutzen sein können" (GS, Nr. 69).

d) Gesellschaftspolitische Ziele

Die *Biedenkopfkommission* sieht in der Mitbestimmung einen wesentlichen Bestandteil zur Stabilisierung der marktwirtschaftlichen und demokratischen Ordnung:

„Es kann keinen Zweifel daran geben, daß die Marktwirtschaft auf Dauer nur bestehen wird, wenn sie von der Mehrzahl der Bürger, insbesondere den Arbeitnehmern, mitgetragen und nicht nur als ein zur Zeit unabänderliches, aber vorübergehendes Übel betrachtet wird. Die institutionelle Mitbestimmung der Arbeitnehmer trägt dazu bei, daß die Wirtschaft nicht als fremde Institution, sondern als Teil des eigenen Verantwortungsbereichs, die Dezentralisierung der Entscheidung nicht als Chaos, sondern als Vorbedingung der eigenen Einflußnahme erfahren und verstanden werden. ... Die institutionelle Mitbestimmung der Arbeitnehmer im Unternehmen ist geeignet, die Marktwirtschaft, die sich wegen ihres freiheitlichen Gehalts und ihrer wirtschaftlichen Effizienz empfiehlt, auch politisch zu sichern" [28].

Auch für die Vertreter des demokratischen Sozialismus ist die Mitbestimmung nicht nur ein Konfliktlösungsmodell, sondern mehr: „Mitbestimmung gehört zur Substanz des Demokratisierungsprozesses unserer Gesellschaft. In ihrer erkennen wir die geschichtliche Voraussetzung für jene Reformen, die in ihrer Summe den freiheitlichen Sozialstaat möglich macht. Mitbestimmung – als Ordnungselement im Arbeitsleben, aber nicht nur dort – heißt natürlich auch Mitverantwortung tragen; beides gehört zusammen" [29].

Darüber hinaus sind besonders zwei Komplexe zu nennen, die durch die Mitbestimmung weitgehend gelöst werden sollen:

---

28 Biedenkopfbericht, Teil IV/A, Abs. 32, S. 69.
29 Regierungserklärung vom 18. 1. 1973.

— Humanisierung der Arbeitswelt

— Kontrolle wirtschaftlicher Macht

Die *Humanisierung der Arbeitswelt* wird erleichtert durch Mitsprache der Arbeitnehmer bei der Arbeitsplatzgestaltung, der Planung des Arbeitsablaufs und des Produktionsprozesses, wobei materielle Gewinne und menschlichere Arbeitsbedingungen gegeneinander abzuwägen sind. Oftmals besteht aber darin kein wirklicher Gegensatz, sondern diese Begriffe werden nur traditionell gegensetzlich gesehen. Das Fließband, das ehemals einen wesentlichen Fortschritt in der Produktivität brachte und die Massenherstellung verschiedener Produkte zu erschwinglichen Preisen (PKW, Fernseher usw.) überhaupt erst ermöglichte, wird heute teilweise wieder abgeschafft, ohne daß größere Gewinneinbußen zu verzeichnen sind – ein erster Versuch, gegen die menschenunwürdige Arbeitseintönigkeit vorzugehen. Dabei hat es sich gezeigt, daß die geringere Arbeitsquantität durch höhere Qualität aufgewogen wird (z. B. Volvo).

Weit mehr Bedeutung als die Humanisierung der Arbeitswelt hat in der öffentlichen Diskussion die *Kontrolle bzw. Verlagerung wirtschaftlicher Macht:*

— Dezentralisation der Planungs- und Entscheidungskompetenzen

— Stärkung des Wettbewerbs

— Kontrolle der Konzentration

— Sicherung und Abgrenzung autonomer Zuständigkeiten

— Sicherung der Grundsätze der Gewaltenteilung in der Wirtschaft

— Verhinderung von Machtverfilzungen.

Obwohl Machtmißbrauch in allen Unternehmen sowohl intern als auch nach außen prinzipiell möglich ist, beschränken sich alle heute vorliegenden Mitbestimmungsmodelle auf Großunternehmen mit mehr als 1000 bis 2000 Mitarbeitern. Dies wird meist mit organisatorischen Schwierigkeiten begründet, die sich bei der Einführung der Mitbestimmung in mittleren Unternehmen ergäben – ein Einwand, bei dem sich die Frage stellt, ob dies nicht nur ein Vorwand für nicht genannte Ziele ist.

Da die Kontrolle im bisherigen *Gesellschaftsrecht* primär vom Aufsichtsrat wahrgenommen wird, dieser aber der Funktion – aus den verschiedensten Gründen – nicht mehr gerecht werden kann, muß das Gesellschaftsrecht dahingehend geändert werden, daß dem *Aufsichtsrat mehr*

Kontrollrechte zugestanden werden und die Möglichkeit, in verschiedenen Aufsichtsräten zugleich tätig zu sein, stark eingeschränkt wird.

Deshalb fordert Biedenkopf die *Fortentwicklung des Unternehmensrechts* [30] mit folgenden Zielen:

— Entwicklung eines partnerschaftlichen Verhältnisses von Anteilseignern und Mitarbeitern

— Stärkung der privatrechtlichen Eigentumsverfassung

— Integration von Gesellschaftsrecht und Betriebsverfassungsrecht im Unternehmensrecht

— Einbeziehung des Gesellschaftsrechts in den ordnungspolitischen Gesamtrahmen der Marktverfassung.

e) Kritik der Mitbestimmung

Sowohl von seiten der Unternehmerverbände als auch von Vertretern des marxistischen Sozialismus wird die Mitbestimmung abgelehnt: Die einen sehen in ihr eine Gefahr für die Marktwirtschaft [31], die andern eine Stabilisierung des Systems, das gerade durch Sozialisierung des Privateigentums qualitativ verändert werden soll [32].

Bisher konnte noch *kein stichhaltiges Argument* gegen die sozialethischen Grundlagen vorgebracht werden; ein Modell, wie ohne Mitbestimmung die oben erwähnten sozialethischen Forderungen erfüllt werden könnten, ist auch noch nicht entworfen. Da alle Einwände sich also nur gegen bestimmte Modelle richten können, hier aber nicht ein Modell, sondern die Mitbestimmung als solche besprochen wird, erübrigt sich eine Auseinandersetzung mit der Kritik.

---

30 Kurt Biedenkopf, Auf dem Weg zur Unternehmensgemeinschaft, Bonn 1973, S. 4.

31 Wolfgang Ohm, Unternehmensrecht und Mitbestimmung, Köln 1973, Beiträge, hrsg. vom Institut der deutschen Wirtschaft; Bundesvereinigung der Deutschen Arbeitgeberverbände, Stellungnahme des Arbeitskreises Mitbestimmung zum Entwurf eines Gesetzes über die Mitbestimmung der Arbeitnehmer, Köln 1974; Hanns Martin Schleyer, Argumente und Stellungnahme zum Koalitionsbeschluß über Mitbestimmung und Vermögensbildung, Köln 1974; Bundesvereinigung der Deutschen Arbeitgeberverbände (Hrsg.), Wohin führt das Mitbestimmungsmodell der Koalition?, Köln 1974; ders., Kritik aus wissenschaftlicher Sicht, eine Sammlung publizistischer Beiträge, Köln 1974.

32 Vgl. Schneider/Kuda, München 1969, dtv report, Bd. 606.

2. Mitbestimmung in den geltenden Gesetzen

a) Das Betriebsverfassungsgesetz

Das *Betriebsverfassungsgesetz von 1972* sieht für alle Betriebe mit mindestens fünf Arbeitnehmern die Einrichtung eines Betriebsrats vor, der die Interessen der Arbeitnehmer gegenüber der Unternehmensleitung vertritt. Dieses Gesetz stellt die konsequente Weiterentwicklung der Vorschriften über Arbeiterausschüsse in der Novelle zur Reichsgewerbeordnung von 1891 dar. Über drei Institutionen können die Arbeitnehmer mitwirken und mitbestimmen:

— Betriebsrat	Mitbestimmung in personellen und sozialen Angelegenheiten, vor allem am Arbeitsplatz und im Betrieb
— Wirtschaftsausschuß	Recht auf Information über alle wichtigen wirtschaftlichen Angelegenheiten in Betrieb und Unternehmen
— Aufsichtsrat	Ein Drittel der Mitglieder wird von den Arbeitnehmern als deren Interessenvertreter gewählt; sie können in allen Fragen mitentscheiden.

Der *Betriebsrat* hat in allen wichtigen personellen und sozialen Angelegenheiten ein echtes Mitwirkungsrecht, ohne seine Zustimmung kann z. B. kein Arbeitnehmer eingestellt oder entlassen werden – in Konfliktfällen entscheidet das Arbeitsgericht.

Der *Wirtschaftsausschuß* hat das Recht auf Information in allen wichtigen wirtschaftlichen Fragen, diese sind in § 106,3 des Betriebsverfassungsgesetzes (= BetrVerfG) aufgeführt. Außerdem gibt es eine Generalklausel: Alle Vorgänge, die nicht genannt sind, aber „die Interessen der Arbeitnehmer wesentlich berühren können", fallen unter die Informationspflicht; dabei ist der Unternehmer verpflichtet, den Wirtschaftsausschuß „rechtzeitig und umfassend über die wirtschaftlichen Angelegenheiten des Unternehmens unter Vorlage der erforderlichen Unterlagen zu unterrichten." (Vgl. BetrVerfG § 106,1 und 2)

Die *Funktion des Aufsichtsrates* ist im Gesellschaftsrecht geregelt, das BetrVerfG gibt nur Vorschriften – aus dem alten Gesetz übernommen – über die Besetzung und die Wahl der Arbeitnehmervertreter: Die Aufsichtsräte von Aktiengesellschaften und Kommanditgesellschaften auf

Aktien werden zu einem Drittel mit Arbeitnehmervertretern besetzt (ausgenommen sind Familiengesellschaften mit weniger als 500 Mitarbeitern); das gleiche gilt für eine GmbH mit mehr als 500 Mitarbeitern (vgl. § 129 BetrVerfG).

Die Zusammenfassung der verschiedenen Institutionen nach dem Betriebsverfassungsgesetz verdeutlicht Schaubild 1.

Schaubild 1:

Das Betriebsverfassungsgesetz von 1972 (am Beispiel einer AG)

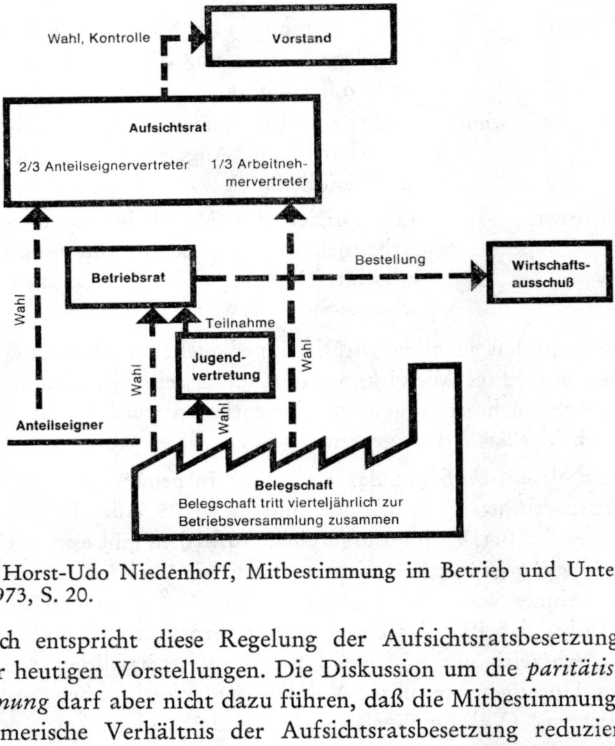

Quelle: Horst-Udo Niedenhoff, Mitbestimmung im Betrieb und Unternehmen, Köln, 1973, S. 20.

Sicherlich entspricht diese Regelung der Aufsichtsratsbesetzung immer weniger heutigen Vorstellungen. Die Diskussion um die *paritätische Mitbestimmung* darf aber nicht dazu führen, daß die Mitbestimmung nur auf das numerische Verhältnis der Aufsichtsratsbesetzung reduziert wird. Vielmehr müssen alle Mitbestimmungs- und Mitwirkungsmöglichkeiten in den verschiedensten Institutionen zusammen gesehen, zusammen ausgenützt, und auch zusammen bewertet werden. Ob die Vorschriften des BetrVerfG aber schon so vollkommen sind, daß durch einen paritätisch besetzten Aufsichtsrat die viel verschmähte *Überparität* entstehen würde, ist anzuweifeln.

Dies kann aber nicht die wichtigste Fragestellung sein, es muß vielmehr auf das Zusammenspiel von Kapitalgebern, Unternehmern und Arbeitnehmern im Unternehmen geachtet werden, um dadurch das allen gemeinsame Unternehmerziel einer Gewinnoptimierung unter Berücksichtigung der Interessen aller Betroffenen zu erreichen. Die Marktwirtschaft lebt nicht durch den Interessengegensatz von verschiedenen Klassen (Klassenkampf!), sondern ist ebenso auf die *Interessengemeinschaft* dieser Gruppen angewiesen, die in freiem Wettbewerb ausbalanciert werden soll.

b) Montanmitbestimmungsgesetz

Das „Gesetz über die Mitbestimmung der Arbeitnehmer in den Aufsichtsräten und Vorständen der Unternehmen des Bergbaus und der Eisen und Stahl erzeugenden Industrie" vom 21. 5. 1951, kurz das *Montanmitbestimmungsgesetz* genannt, kam in einer wohl einmaligen historischen Situation zustande: Die westlichen Alliierten wollten nach dem 2. Weltkrieg alle Schlüsselindustrien zerschlagen, da diese sich einen besonderen „Verdienst" am Krieg erworben hatten, was auch die einhellige Meinung der Parteien, Gewerkschaften und Kirchen war. Um der totalen Enteignung zu entgehen, lenkten Großaktionäre und Unternehmer in die Mitbestimmungsforderungen ein, zumal nur Großkonzerne „entflochten" wurden (z. B. IG Farben). Kaum war aber die Bundesrepublik Deutschland geschaffen, die Währungsreform durchgeführt und die Marktwirtschaft angekurbelt, waren alte Vereinbarungen vergessen – die Unternehmer gestanden nur noch zu einem Drittel Arbeitnehmervertreter im Aufsichtsrat zu. Nur der massiven Drohung mit einem Generalstreik war es zu verdanken, daß in dem Montanmitbestimmungsgesetz die Forderungen der Gewerkschaften weitgehend erfüllt wurden. Danach werden in den Unternehmen der Montanindustrie die *Aufsichtsratsposten paritätisch besetzt,* Pattstellungen sollen durch ein *neutrales Mitglied* verhindert werden (5 : 1 : 5); in den Vorstand muß ein sogenannter *Arbeitsdirektor* aufgenommen werden. Dieser kann nicht gegen die Mehrheit der Stimmen der Arbeitnehmervertreter im Aufsichtsrat gewählt oder entlassen werden und ist ausnahmslos für Personalfragen zuständig. Die Besetzung der Institutionen ist in Schaubild 2 schematisch dargestellt.

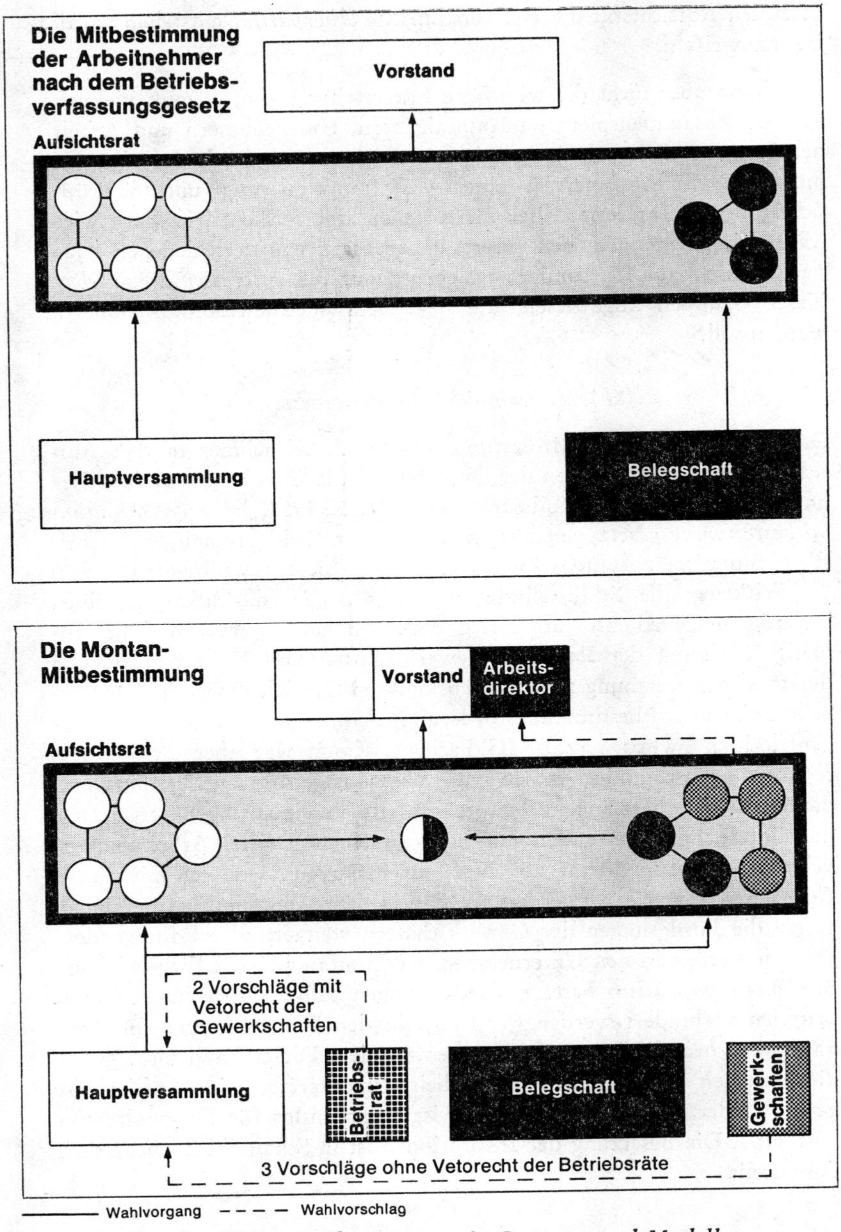

Schaubild 2: Mitbestimmung in Gesetzen und Modellen

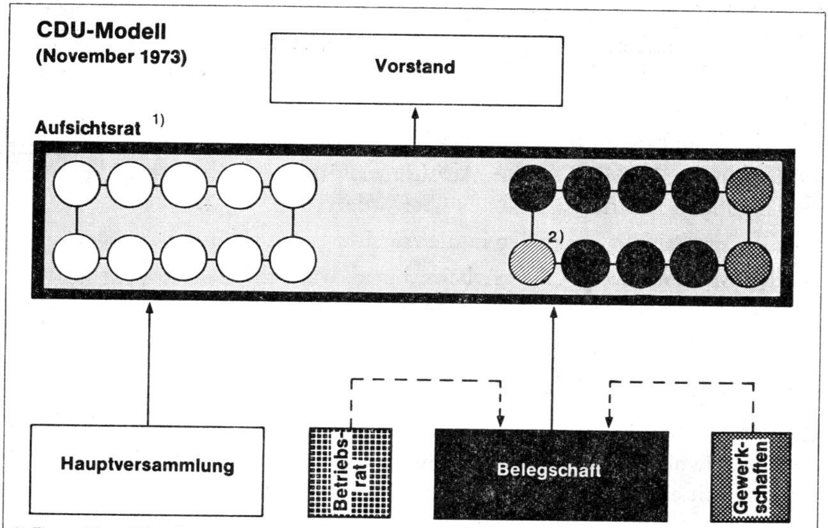

1) Eine zahlenmäßige Zusammensetzung des Aufsichtsrats wurde vom CDU-Parteitag nicht beschlossen.
2) Auf Arbeitnehmerseite muß ein leitender Angestellter sein, wobei das Vorschlags-Verfahren noch offen ist.

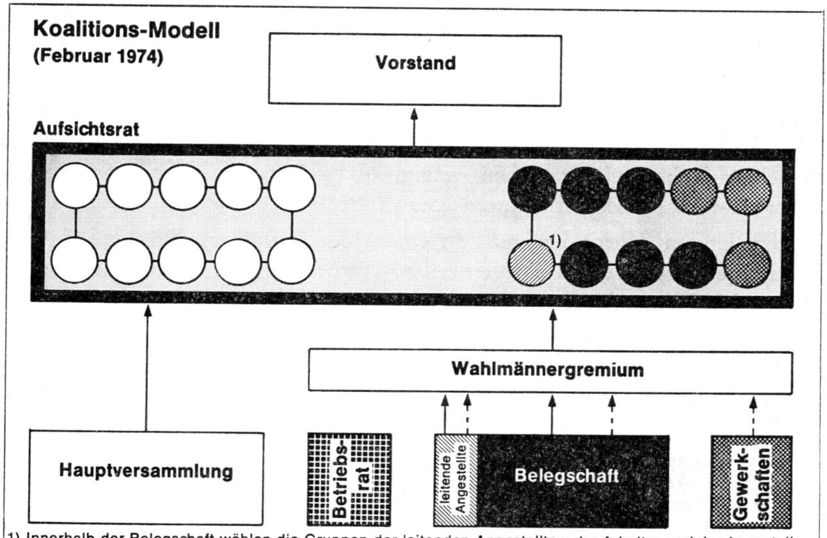

1) Innerhalb der Belegschaft wählen die Gruppen der leitenden Angestellten, der Arbeiter und der Angestellten die Wahlmänner und schlagen ihre Kandidaten für die Arbeitnehmer-Sitze im Aufsichtsrat vor (s. S. 6–10).

Quelle: Institut der Deutschen Wirtschaft (Hrsg.), Paritätische Mitbestimmung. Modell und Wirklichkeit, Argumente zu Wirtschaftsfragen 5/6, Köln 1974, S. 8 f.

Die *Biedenkopf-Kommission,* welche zur Auswertung der Erfahrungen mit der Montanbestimmung eingesetzt wurde, legte 1971 einen Bericht vor: Es gab weder über große Erfolge noch über schwere Konflikte zu berichten.

Als wichtigste Erkenntnisse seien erwähnt:

— Das neutrale Mitglied im Aufsichtsrat ist bei der Entscheidungsfindung in Konfliktsituationen überfordert;

— die Entscheidungen werden in die Aufsichtsratsausschüsse verlagert;

— die Mitbestimmung der Arbeitnehmer war bisher nicht geeignet, „einen möglichen Mißbrauch wirtschaftlicher Macht durch Großunternehmen zu verhindern." (Gutachten Teil III, Abs. 73)

Durch die insgesamt indifferenten Ergebnisse und *mangelnde Wissenschaftlichkeit* bei der Arbeit brachte dieser Bericht nicht die erhofften Grundlagen für ein neues Mitbestimmungsmodell, sondern dient Gegnern und Befürwortern der Mitbestimmung gleichermaßen dazu, die eigene Position mit einer Fülle von Zitaten zu untermauern [34].

3. Grundmodelle zur Mitbestimmung

Die heutige Mitbestimmungsdiskussion beschränkt sich fast ausschließlich auf die *Mitbestimmung der Arbeitnehmer im Aufsichtsrat.* Andere Bereiche, wie etwa der öffentliche Dienst, in dem noch ein – gemessen an dem Betriebsverfassungsgesetz – antiquiertes Personalvertretungsgesetz [35] gilt, finden wenig Beachtung. Auch interessiert die Mitbestimmung in mittelständischen Unternehmen wenig, obwohl gerade hier oft noch autoritär-hierarchische Strukturen vorzufinden sind.

In den letzten Jahren begann nun eine Modellinflation, ohne daß dadurch die Lösung der Frage einfacher geworden wäre; nach wie vor stehen sich die verschiedenen Fronten feindlich gegenüber.

---

34 Der Vorschlag der Kommission (Teil V) für die Mitbestimmung im Aufsichtsrat – ein *Kompromiß* zwischen Montanmitbestimmung und der Regelung nach dem BetrVerfG (6 : 4 und 2 mit Mehrheit zu kooptierende Mitglieder), ist weniger als ein dem Untersuchungsergebnis am nächsten kommendes Modell zu sehen, sondern vielmehr aufgrund subjektiver Wertentscheidungen der Kommission (vgl. Teil IV) entstanden. Vgl. auch: Dorothea Brinkmann-Herz, Entscheidungsprozesse in den Aufsichtsräten der Montanindustrie, Berlin 1972.

35 Das Bundes-Personalvertretungsgesetz wurde am 15. 3. 74 novelliert und teilweise dem neuen Betriebsverfassungsgesetz angepaßt, Bundesgesetzblatt I/26 vom 20. 3. 74.

Da die Modelle – ca. 30 wurden zeitweise mehr oder weniger breit diskutiert – oft nur ein kurzes Eigenleben haben, können sie hier nicht im einzelnen dargestellt werden. Wohl aber sind alle auf 3 Grundmodelle zu reduzieren [36]:

a) Keine paritätische Besetzung des Aufsichtsrats

b) Paritätische Besetzung des Aufsichtsrats

c) Paritätische Besetzung des Aufsichtsrats verbunden mit einer Novellierung der Unternehmensverfassung.

Die Modellvarianten a und b ändern nur die Besetzung des Aufsichtsrates (Gesellschaftsrecht), während Variante c eine neue Unternehmensverfassung anstrebt, bei der die Mitbestimmung nur einen Teil ausmacht.

a) Unterparität

Die *Kapitalvertreter* haben von vornherein immer die *Mehrheit*, damit über den Aufsichtsrat ein primär der Kapitalseite verantwortlicher, aber sonst unabhängiger Vorstand als Treuhänder der Kapitalgeber gewählt werden kann. Die Arbeitnehmervertreter setzen sich, je nach Modell, aus verschiedenen Personenkreisen zusammen – politische oder gruppenbezogene Ziele stehen dabei im Vordergrund.

Den schematischen Aufbau dieser Modelle zeigt Schaubild 3.

b) Parität

Das Grundmodell unterscheidet sich vom ersten nur dadurch, daß von vornherein eine *Parität* (bzw. Scheinparität) festgelegt wird. Entscheidend dabei ist, daß eine mögliche Pattsituation vermieden werden muß. Die Rolle des nötigen Ausgleichs wird verschiedenen Gruppen übertragen:

— neutrales Mitglied (SPD-, DGB-Entwurf)

— Vorstandsmitglieder (JU-Entwurf)

— Leitende Angestellte (F.D.P. Maihofer-Entwurf)

— Öffentliches Interesse

Bei allen diesen Modellen bleibt die Position der Dritten Bank jedoch fragwürdig: Entweder ist sie überfordert (neutrales Mitglied), läßt sich

36 Eine gute überschaubare Zusammenstellung der verschiedenen Modelle in: Horst Niedenhoff, Mitbestimmung und Betriebsverfassungsgesetz, Köln 1972, hrsg. vom Deutschen Industrieinstitut; Wirtschaftsrat der CDU e.V., Mitbestimmung in Modellen, Bonn 1973.

nicht ohne Schwierigkeiten und rechtliche Bedenken realisieren (Öffentliches Interesse – wie und durch wen soll es wahrgenommen werden?) oder ist von den Kapitalgebern abhängig (Vorstand, leitende Angestellte). Überzeugend ist jedenfalls in all diesen Modellen die *Gefahr einer Pattsituation* nicht gebannt, es denn, man schreibt Vorstandsmitglieder und leitende Angestellte von vornherein der Kapitalseite (= Scheinparität) oder der Arbeitnehmerseite (= Überparität) zu oder aber man sieht in ihnen einen dritten Faktor im Unternehmen (= Disposition), der unabhängig von Kapital- oder Arbeitnehmervertretern das Interesse des Unternehmens vertritt.

Schaubild 3:

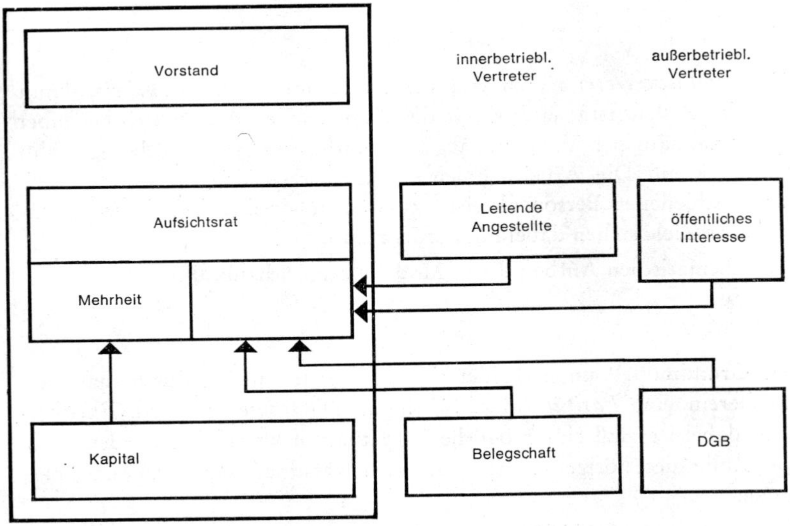

c) *Parität und neue Unternehmensverfassung*

Die letzte Gruppe der Modelle geht von einer neuen Unternehmensverfassung aus: Das Unternehmen soll nicht mehr nur eine materielle Größe sein, sondern ein Personalverband, der alle Gruppen (Arbeit, Disposition, Kapital) umfaßt.

Schaubilder 4 und 5 sollen dies im Vergleich verdeutlichen.

Wie die Aufgaben und Gewaltenverteilung unter den einzelnen Institutionen geregelt werden soll, ist zunächst nicht festgelegt. Die Auf-

Schaubild 4:
Geltendes Unternehmensrecht

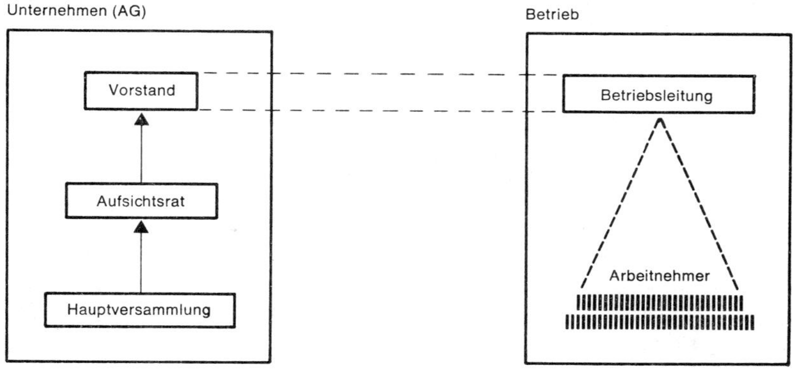

Schaubild 5:
Neues Unternehmensrecht

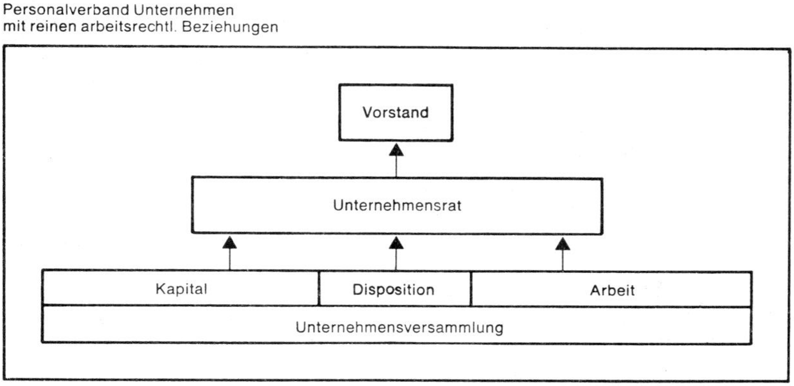

gabenverteilung kann, entsprechend dem bisherigen Aktienrecht, eine völlig unabhängige Unternehmensleitung vorsehen, wobei der Unternehmensrat und die Unternehmensversammlung vorwiegend Wahl- und Kontrollfunktion haben. Entsprechend dem angelsächsischen *Board-System* kann aber auch die Gewaltenteilung aufgehoben werden: Der Unternehmensrat wäre dann das Beschlußorgan, die Unternehmensleitung eine reine Exekutive (Hornmodell, CDA). Daß in diesem Modell den Faktoren Arbeit und Kapital ein Gleichgewicht eingeräumt wird, versteht sich von selbst, die gesamte Verfassung ist ja darauf ausgerichtet.

Der *Faktor Disposition* nimmt im Unternehmensrat die Funktion der Dritten Bank wahr und ist mit Vertretern der leitenden Angestellten und/oder Mitgliedern der Unternehmensleitung besetzt; im Unternehmensrat hat er weniger Gewicht als Arbeit oder Kapital.

4. Modell der CDU zur Mitbestimmung in Großunternehmen

a) Die innerparteiliche Mitbestimmungsdiskussion

„In den Betrieben, in denen wegen ihrer Größe das Verhältnis zwischen Arbeitnehmer und Unternehmen nicht mehr auf einer persönlichen Grundlage beruht, ist ein Mitbestimmungsrecht der Arbeitnehmer in den grundlegenden Fragen der wirtschaftlichen Planung und sozialen Gestaltung sicherzustellen."

So steht es im *Ahlener Programm,* dem ersten Grundsatzprogramm der CDU [37]. Daß es sich dabei nicht um eine Jugendsünde handelt, wie vielfach behauptet wird, zeigt die Bestätigung dieses wirtschaftspolitischen Ordnungsgrundsatzes in den *Düsseldorfer Leitsätzen von 1949.* Diese Beschlüsse wurden 1951 für den Montanbereich ganz realisiert, während die Mitbestimmung jedoch im Betriebsverfassungsgesetz von 1952 zu keiner großen Bedeutung gelangt. Mit der Diskussion um die Novellierung des BetrVerfG trat die Mitbestimmung wieder in den Vordergrund und wurde neu in das Programm aufgenommen: „Soziale Marktwirtschaft schließt ein, daß alle an der Wirtschaft beteiligten Kräfte zu *funktionsgerechter Mitbestimmung in partnerschaftlicher Zusammenarbeit* vereinigt werden" [38].

Um die Grundrechte des Arbeitnehmers zu stärken und auszubauen, nahm die CDU sie in ihren „Entwurf eines Gesetzes über die Mitbestimmung der Arbeitnehmer in Betrieb und Unternehmen" vom 5. 2. 1971 durch einen sogenannten *Katalog der Grundrechte* auf [39]; die Regierungs-

---

37 Ahlener Programm, Abs. III, S. 7, o. O. und o. J.
Dieses *Programm* stellt eine programmatische Erklärung des Zonenausschusses der britischen Zone dar und wurde auf dessen Tagung vom 1.– 3. 2. 1947 in Ahlen beschlossen.

38 Berliner Programm, 2. Fassung, Ziffer 72; beschlossen auf dem 18. Bundesparteitag in Düsseldorf vom 25. bis 27. Januar 1971.

39 Entwurf eines Gesetzes über die Mitbestimmung der Arbeitnehmer in Betrieb und Unternehmen, CDU/CSU-Fraktion vom 5. 2. 1971 (Bundestagsdrucksache VI/1806), §§ 1 bis 17; vgl. dazu: Rüdiger v. Voss, Das Mitbestimmungsmodell der CDU, in: ders. Partnerschaft und Parität, a.a.O., S. 9–31.

koalition konnte sich bis jetzt nicht für eine gesetzliche Fixierung dieser Grundrechte entscheiden.

Der Hamburger Parteitag schließlich rang sich nach einer langen und intensiv ausgetragenen innerparteilichen Diskussion zu dem Beschluß einer Aufsichtsratsparität durch.

Damit scheint diese Diskussion vorläufig beendet zu sein und das Ergebnis in absehbarer Zeit auch wohl nicht mehr in Frage gestellt.

b) Das Modell von Hamburg

Der Hamburger Parteitag hat zu den Problemen des Unternehmensrechts ein *umfassendes Reformwerk* beschlossen: Das kapitalistische Unternehmensrecht soll nach Prinzipien der gleichberechtigten Kooperation in ein partnerschaftliches umgestaltet werden. Da dieses Ziel so schnell nicht erreicht sein wird, soll in der Übergangszeit – wenigstens in Großunternehmen – die wirtschaftliche Mitbestimmung der Arbeitnehmer ausgebaut werden. Das vom Parteitag beschlossene Übergangsmodell (vgl. Schaubild 2) ist bewußt nur in seinen Grundsätzen skizziert, diese beschränken sich auf Aussagen über die *Zusammensetzung und Beschlußfassung im Aufsichtsrat*, der Beschluß [40] lautet:

Zusammensetzung des Aufsichtsrats

(1) Der Aufsichtsrat besteht aus einer gleichen Zahl von Vertretern der Anteilseigner und der Arbeitnehmer.

(2) Unter den Vertretern der Arbeitnehmer muß sich mindestens ein Arbeiter, ein Angestellter und ein leitender Angestellter aus dem Unternehmen befinden. Stellvertretende Vorstandsmitglieder und solche leitenden Angestellten, die in besonderer Nähe zum Vorstand stehen, sind vom aktiven und passiven Wahlrecht zum Aufsichtsrat ausgeschlossen.

Das Wahlverfahren für die Wahl der Arbeitnehmervertreter muß den Gesichtspunkten des Minderheitenschutzes Rechnung tragen.

(3) Die überwiegende Zahl der Arbeitnehmervertreter soll im Unternehmen beschäftigt sein. Für zwei außerbetriebliche Vertreter haben Gewerkschaft und Betriebsrat Vorschlagsrecht. Alle Arbeitnehmervertreter werden von der Belegschaft gewählt.

---

40 Beschluß des CDU-Bundesparteitages vom 19. 11. 1973 zur Reform des Unternehmensrechts, Ziff IV.

Beschlußfassung im Aufsichtsrat

(4) Kommt bei zustimmungspflichtigen Geschäften ein Beschluß im Aufsichtsrat wegen Stimmengleichheit nicht zustande, so kann der Vorstand ohne Zustimmung handeln. Er muß darüber im Geschäftsbericht berichten.

(5) Kommt im Aufsichtsrat bei der Bestellung des Vorstandes ein Beschluß wegen Stimmengleichheit nicht zustande, gibt die Stimme des Aufsichtsratsvorsitzenden den Ausschlag.

(6) Der Aufsichtsratsvorsitzende wird vom Aufsichtsrat aus dem Kreis seiner Mitglieder mit $^2/_3$ Mehrheit gewählt. Kommt nach wiederholten Wahlgängen ein Beschluß nicht zustande, so entscheidet entsprechend §8 Montanmitbestimmungsgesetz die Hauptversammlung.

c) Kritik des Modells

In diesen Grundsätzen sind folgende Gesichtspunkte berücksichtigt:

— eine paritätische Besetzung (arithmetisch) des Aufsichtsrates dokumentiert die Gleichberechtigung der Gruppen;
— da das Wahlverfahren Minderheitenschutz garantieren soll, werden Arbeitnehmervertreter direkt gewählt; unter ihnen muß immer ein ebenfalls gewählter Vertreter der Angestellten und leitenden Angestellten sein;
— die Gewerkschaften haben nur für eine Minderheit der Arbeitnehmervertreter das Vorschlagsrecht und damit nur indirekt Einfluß, so ist die Koalitionsfreiheit (Art. 9, 3 GG) der Sozialpartner nicht eingeschränkt;
— durch eine differenziert geregelte Auflösung von Pattsituationen (Vorsitzender des Aufsichtsrats oder Vorstand) ist die Funktionsfähigkeit des Unternehmens sowie das Letztentscheidungsrecht der Eigentümer gewährleistet.

Zusammenfassend läßt sich feststellen, daß diese Modellskizze den *drei wesentlichen Forderungen* entspricht:

— Die Funktionsfähigkeit des Unternehmens wird bewahrt
— Die vom Grundgesetz garantierten Rechte der Eigentümer und Sozialpartner werden nicht eingeschränkt
— Die Arbeitnehmer haben die Möglichkeit, durch direkt legitimierte und kontrollierte Vertreter an den grundsätzlichen unternehmerischen Entscheidungen mitzuwirken.

Damit wird das Modell dem selbstgestellten Anspruch der CDU gerecht, „die Freiheit des arbeitenden Menschen dort, wo sie nicht besteht, zu schaffen, dort, wo sie bedrängt ist, zu stärken und zu sichern, und dort, wo sie heute schon besteht, zu erweitern“ [41].

5. Gesetzentwurf der Bundesregierung zur Mitbestimmung

a) Die Diskussion des Gesetzentwurf

In seiner *Regierungserklärung vom 18. Januar 1973* sagte Bundeskanzler Brandt, daß die Mitbestimmung der Arbeitnehmer weiterentwickelt werden solle, und zwar unter Berücksichtigung des *Grundsatzes der Gleichberechtigung und Gleichgewichtigkeit* von Arbeitnehmern und Anteilseignern [42].

Ein Jahr danach wurde ein entsprechender Regierungsentwurf der Öffentlichkeit vorgestellt und als Gesetzentwurf [43] am 29. 4. 1974 in den Bundestag eingebracht.

Der Entwurf stieß nicht nur bei der Opposition, sondern gleichermaßen auch bei den Sozialpartnern auf Ablehnung: Nachdem *verschiedene Rechtsgutachten* [44] eine Verletzung des Grundgesetzes für möglich hiel-

---

41 Rüdiger v. Voss, Das Mitbestimmungsmodell der CDU, a.a.O., S. 31; vgl. dazu auch: Biedenkopf, Mitbestimmung. Beiträge zur ordnungspolitischen Diskussion, Köln 1972; Arthur Rich, Mitbestimmung in der Industrie, Zürich 1973.

42 Bundeskanzler Brandt, Regierungserklärung des zweiten Kabinetts Brandt/Scheel vom 18. 1. 73, hrsg. vom Presse- und Informationsamt der Bundesregierung, S. 47.

43 Entwurf eines Gesetzes über die Mitbestimmung der Arbeitnehmer (Mitbestimmungsgesetz – MitbestG), Bundestagsdrucksache 7/2172; die erste Lesung dazu fand in der 110. Sitzung am 20. 6. 1974 statt.

44 Thomas Raiser, Die Vereinbarkeit der Entwürfe eines Gesetzes über die Mitbestimmung der Arbeitnehmer mit dem Grundgesetz, Gießen 1974, Rechtsgutachten für den Bundestagsausschuß für Arbeit und Sozialordnung, Ausschußdrucksache Nr. 342; Rupert Scholz, Rechtsgutachten zur Verfassungsmäßigkeit der paritätischen Mitbestimmung, erstellt für den Bundestagsausschuß für Arbeit und Sozialordnung, Ausschußdrucksache Nr. 341; vgl. auch: Peter Raisch, Mitbestimmung und Koalitionsfreiheit, Stuttgart 1975, Schriftenreihe des Bundesministers für Arbeit und Sozialordnung, Heft 22. Dieses Gutachten enthält eine positive Beurteilung des Gesetzentwurfs in Bezug auf die im Grundgesetz Art. 9, 3 garantierte Koalitionsfreiheit.

ten, beschloß die Regierungskoalition, eine Anhörung von Sachverständigen [45] durchzuführen, um die vorgebrachten Bedenken zu diskutieren.

b) Das Modell der Regierung

Der *Gesetzentwurf zur Mitbestimmung* [46] (vgl. Schaubild 2) ist vorgesehen für Kapitalgesellschaften und Genossenschaften mit mehr als 2000 Beschäftigten, davon ausgenommen sind die Unternehmen des Montanbereichs.

Wie in dem CDU-Modell ist auch hier der *Aufsichtsrat paritätisch zusammengesetzt* (10 : 10), auch ohne eine ausgleichende dritte Kraft. Dabei wird die Arbeitnehmerbank zusammengesetzt aus 7 Belegschafts- und 5 Gewerkschaftsvertretern (intern oder extern).

Die *Arbeitnehmervertreter* werden nicht direkt, sondern über *Wahlmänner* gewählt (für 60 wahlberechtigte Mitarbeiter ein Wahlmann; Zahl der Wahlmänner nach oben begrenzt); die Wahlberechtigten (Arbeiter, Angestellte, leitende Angestellte getrennt) können Wahlvorschläge einreichen, die von mindestens 10 % oder 100 Wahlberechtigten unterzeichnet sein müssen.

Die Beschlußfassung im Aufsichtsrat findet mit einfacher Mehrheit statt; bei *Pattsituationen* kann die Stimme des Aufsichtsratsvorsitzenden den Ausschlag geben, wenn die Mehrheit der Gruppen dem zustimmt. Der Vorsitzende wird mit Mehrheit gewählt, sein Stellvertreter muß der anderen Gruppe angehören, er wird nach zwei Jahren selbst Vorsitzender. Kommt keine Einigung zustande, wählen beide Gruppen je

---

45 Die Anhörung der Sachverständigen fand in vier Hearings statt, und zwar unter Federführung des Ausschusses für Arbeit und Sozialordnung:
1. Sitzung am 16. 10. 1974 Protokoll Nr. 51
2. Sitzung am 4. 11. 1974 Protokoll Nr. 52
3. Sitzung am 7. 11. 1974 Protokoll Nr. 55
4. Sitzung am 19. 12. 1974 Protokoll Nr. 62
Die Fülle von Argumenten ist durch ein detailliertes Schlagwortregister (ergänzt durch 1. Lesung des Gesetzentwurfs und den Biedenkopfbericht) zugänglich: Rüdiger v. Voss, Projekt Mitbestimmungsgesetz, Köln 1975.

46 Grundlagen des Mitbestimmungsentwurfs der Regierung bilden die Beschlüsse der Koalitionsparteien: Mitbestimmung, Entwurf eines Gesetzes über die Unternehmensverfassung in Großunternehmen und Konzernen, hrsg. vom Vorstand der SPD, Bonn 1971, Reihe Gesellschaftspolitik, Heft 5; Freiburger Thesen der F.D.P. zur Gesellschaftspolitik, hrsg. vom Bundesvorstand der F.D.P., Bonn 1971.

einen Vorsitzenden, die beide ebenfalls alle zwei Jahre im Vorsitz wechseln. Über die Reihenfolge entscheidet die Mehrheit oder das Los.

c) Kritik des Modells

Die harte Kritik, von allen Seiten gegen den Entwurf vorgebracht, basiert auf mehreren Gründen, die teilweise im Gegensatz zueinander stehen:

So erklärte der DGB-Vorsitzende *Vetter,* der Entwurf „schafft vor dem Maßstab der Montanmitbestimmung keine Mitbestimmung" und sei „deshalb in der vorliegenden Fassung *für die Gewerkschaften nicht tragbar*" [47]. Für diese Haltung sind die folgenden geplanten Regelungen ausschlaggebend [48]:

— Die Hauptversammlung soll bei Pattsituationen in der Vorstandswahl den Stichentscheid erhalten; dies bedeutet einen Abbau der Parität.

— Auf der Arbeitnehmerbank soll ein leitender Angestellter sitzen; dieser vertrete aber mehr Unternehmerinteressen.

— Ein Personaldirektor (wie in der Montanbestimmung) ist nicht vorgesehen.

— Das Wahlverfahren ist umständlich und aufwendig.

— Die außerbetrieblichen Arbeitnehmervertreter spielen eine untergeordnete Rolle.

Der Vorsitzende der Arbeitgeberverbände (BDA), *Schleyer,* sieht in dem Entwurf ein Gesetz, „das zu einer *grundlegenden Umgestaltung unserer freiheitlichen Wirtschafts- und Gesellschaftsordnung* führen müßte" [49], und dies aus folgenden Gründen:

— Es werden „Weichen gestellt für eine Entwicklung, die die Gewerkschaften zur *dominierenden Macht*" erheben würde.

— Der Entwurf führt zu einer *Überparität,* vor allem im Bereich der Tarifautonomie.

---

47 Heinz Oskar Vetter, Bundestagshearing am 16. 10. 1974, Protokoll 51, S. 2 f.

48 Für die Haltung der *Gewerkschaften* seien aus der *Literatur* genannt: DGB (Hrsg.): Mitbestimmung, eine Forderung unserer Zeit, Düsseldorf 1971; H. O. Vetter (Hrsg.): Vom Sozialistengesetz zur Mitbestimmung. Zum 100. Geburtstag von Hans Böckler, Köln 1975; Wolfgang Däubler, Das Grundrecht auf Mitbestimmung, Frankfurt 1973.

49 Hanns Martin Schleyer, Ausschlußprotokoll 51, a.a.O., S. 3 f.

— Die vom Grundgesetz garantierte Verfügungsfreiheit über das Privateigentum ist nicht mehr gewährleistet [50].

Eine *Gefahr für das Eigentumsrecht und die Tarifautonomie* wird auch in einigen Rechtsgutachten gesehen, die zur Frage der Verfassungsmäßigkeit des Entwurfs abgegeben und in einem eigenen Hearing erörtert wurden [51]; schließlich konnte dort eine Überparität ebenfalls nicht ausgeschlossen werden.

6. Entwicklungstendenzen der Mitbestimmung

Für eine Betrachtung möglicher Entwicklungstendenzen – soweit im politischen Bereich überhaupt voraussehbar – sind die Antworten auf folgende vier Fragen entscheidend:

a) Gelingt es Gewerkschaften, Parteien und anderen Verbänden, den Gesetzgeber und die jetzigen Machthaber in der Wirtschaft davon zu überzeugen, daß die Herrschaft im Unternehmen nur durch beide Interessengruppen, Arbeit und Kapital, gleichermaßen legitimiert werden kann?

b) Stehen die Überlegungen und gesetzlichen Maßnahmen zur Mitbestimmung in Einklang mit denen der anderen EG-Länder?

c) Werden die bi- und multilateralen Handelsverträge der Bundesrepublik durch eine Mitbestimmungsregelung beeinflußt?

d) Läßt sich der Grundsatz der Gleichwertigkeit in einem Modell realisieren, das weder den durch Grundgesetz garantierten Rechten wie persönliche Freiheit (Art. 2 und 12 GG), der Koalitionsfreiheit und Tarifautonomie (Art. 9 GG) und Privateigentum (Art. 14, 1 GG) entgegensteht noch die Funktionsfähigkeit des Unternehmens, besonders die Entscheidungsfähigkeit, einengt?

---

50 Vgl. Anmerkung 31; vgl. außerdem: Hanns Martin Schleyer, Das soziale Modell, Stuttgart 1974; ders. Marktwirtschaftsfeindlich – Wettbewerbsgefährdend – Syndikalistisch, in: Entscheidungsfähige Unternehmen. Motor für Fortschritt und Sicherheit, Köln 1974; Hans Günther Sohl, Funktionsfähige Wirtschaft oder Funktionärswirtschaft?, Köln 1974.

51 Im Anhang an das 62. Ausschußprotokoll sind die Kurzgutachten veröffentlicht; diese kommen zu unterschiedlichen Ergebnissen; vgl. auch Anmerkung 44.

a) Realisierung des Gleichwertigkeitsprinzips

Es ist zumindest bei den Parteien (auch in ihren Programmen!) der erklärte Wille vorhanden, den Grundsatz der Gleichberechtigung zu verwirklichen; gegen das Prinzip Mitbestimmung haben auch die Arbeitgeberverbände nichts einzuwenden [52]. Lange genug wurde darüber diskutiert, geschrieben, verhandelt, so daß man mit Bundespräsident Scheel feststellen kann: „*Die Zeit für eine Entscheidung ist reif, sie sollte bald getroffen werden* [53]."

b) Mitbestimmung in Europa

Mit der Forderung nach einer Mitbestimmung der Arbeitnehmer im Unternehmen nimmt die Bundesrepublik anscheinend noch eine Vorrangstellung in Europa ein, aber inzwischen haben auch einige Länder Arbeitnehmervertreter in den Aufsichtsräten [54], so z. B. Dänemark, Norwegen, Luxemburg, Österreich und Schweden. In Frankreich [55] sollen ebenso Vertreter der Arbeit in die Aufsichtsräte wie in England [56]. Außerdem findet sich eine *gesamtwirtschaftliche (überbetriebliche) Mitbestimmung in allen Ländern der EG,* außer in Dänemark und in der Bundesrepublik; hier konnte man sich aus verschiedenen Gründen weder für einen besonders von den Gewerkschaften geforderten Bundesarbeits- und Sozialrat noch für Arbeitskammern, die den Industrie- und Handelskammern entsprechen, entscheiden [57].

---

52 Vgl. dazu die Parteiprogramme und Regierungserklärungen der Sozialliberalen Koalition. Zur Haltung der Arbeitgeberverbände führte H. M. Schleyer aus: „Wir bekennen uns auch zur Mitbestimmung der Arbeitnehmer, ... hierzu gehört auch die Mitbestimmung im Aufsichtsrat", in: Protokoll 51, S. 4.

53 Bundespräsident Walter Scheel in seiner Eröffnungsrede zum DGB-Kongreß in Hamburg am 25. 5. 1975.

54 Vgl. dazu Oswald von Nell-Breuning, Streit um die Mitbestimmung, in: AGP-Mitteilungen 197, 1. 9. 1975, S. 1 ff.

55 Ein im Auftrag der Regierung erstellter Sachverständigenbericht wurde 1975 vorgelegt. Er schlägt Arbeitnehmervertreter vor mit einem Mitentscheidungsrecht im Sinne einer „co-surveillance". Vgl.: Mitbestimmungspläne in Frankreich, in: Mitteilungen der AGP 195, 1. 5. 1975, S. 9 ff.

56 Die englische Regierung hat 1975 eine Kommission eingesetzt, die Vorschläge für die Arbeitnehmer-Mitbestimmung erarbeiten soll. Vgl.: Briten sollen Mitbestimmung erhalten, in: Süddeutsche Zeitung Nr. 179, 7. 8. 1975, S. 6.

57 Zu dem Problem der gesamtwirtschaftlichen Mitbestimmung vgl. Rüdiger v. Voss: Mitbestimmung in der Gesamtwirtschaft, Arbeitnehmerkammern, Wirtschafts- und Sozialräte, in: ders., Partnerschaft und Parität, a.a.O., S. 79–180.

Schließlich tritt auch die EG für die Mitbestimmung ein:

Europäisches Parlament (Juli 1974) und EG-Kommission (30. 4. 1975) haben ein *Statut der Europäischen Aktiengesellschaft*[58] verabschiedet, wonach der Aufsichtsrat nach den *Prinzipien der Drittelparität* besetzt werden soll:

Je ein Drittel wird von den Gruppen Arbeit und Kapital getrennt und direkt gewählt; diese Gruppenvertreter kooptieren dann für das restliche Drittel Vertreter des öffentlichen Interesses.

Diese Beispiele zeigen, daß die Mitbestimmung der Arbeitnehmer im mikro- und makroökonomischen Bereich in Europa ein aktuelles Thema ist und auch verwirklicht werden soll.

c) Mitbestimmung und Völkerrecht

Reserviert verhalten sich allerdings noch außereuropäische Staaten. So erklärte z. B. der amerikanische Autofabrikant Henry Ford II auf der Fünfzigjahrfeier der deutschen Ford-Werke[59]: „Ich möchte jedoch zu Vorsicht raten, und zwar Vorsicht vor der möglichen Vorstellung, daß, wenn ein gewisses Maß an Mitbestimmung gut ist, ein viel größeres Maß an Mitbestimmung noch viel besser sein muß ... Ich möchte Ihnen lediglich meine Ansicht vermitteln, daß es ein großes Unglück wäre, wenn die deutsche Wirtschaft, vielleicht die erfolgreichste und dynamischte der Welt, ihre Wettbewerbsfähigkeit durch eine zwar wohlgemeinte, aber doch lähmende Gesetzgebung verlieren würde."

Die Antwort auf die Frage, ob das Mitbestimmungsrecht mit dem Völkerrecht, z. B. den Handelsverträgen, vereinbar ist, hängt entscheidend von der Art der Durchführung der Mitbestimmung ab. Zu dem Regierungsentwurf von 1974 liegt ein Gutachten vor, das in der Einführung der Mitbestimmung *„eine vertragswidrige Beschränkung des Rechts der amerikanischen Aktionäre"*[60] sieht.

---

58 Im Zuge der europäischen Einigung soll eine *europäische Aktiengesellschaft* (= S. E.) geschaffen werden.
Vgl. dazu: EG. Europäische Gemeinschaft, 6/1975, S. VIII–XII; und: Interview mit dem Kommissionsmitglied Gundelach, in: EG, a.a.O., S. 7 f.

59 Rede von Henry Ford II bei der Deutsche Ford Werke AG am 16. 10. 1975 in Köln, zit. nach: Frankfurter Allgemeine Zeitung, 18. 10. 1975.

60 Wilhelm Wengler, Die Mitbestimmung und das Völkerrecht. Ein Gutachten über die Vereinbarkeit der Mitbestimmungs-Gesetzgebung in der Bundesrepublik mit dem deutsch-amerikanischen Handelsvertrag, Baden-Baden 1975.

d) Grundprinzipien für ein Mitbestimmungsmodell

Selbst wenn *Prof. Raisch* in seinem Rechtsgutachten der Bundesregierung bescheinigt, daß ihr Mitbestimmungsentwurf mit dem Grundgesetz vereinbar sei, dürfte dieser Entwurf vor der parlamentarischen Beschlußfassung noch so abgeändert werden, daß folgende Prinzipien erfüllt sind:

— direkte Wahl der Arbeitnehmervertreter

— geregelte Pattauflösung im Aufsichtsrat (Wahrung der Funktionsfähigkeit)

— Letztentscheidungsmöglichkeit der Eigentumsvertreter (Wahrung der Eigentumsgarantie).

Bei einer gesetzlichen Regelung werden auch die Gewerkschaften sich zu Zugeständnissen bereitfinden müssen; ihr Vorschlag, das Montanmitbestimmungsgesetz auf die gesamte Wirtschaft zu übertragen, wobei „85 % der Produktion ... von den Gewerkschaften kontrolliert werden“ [61] würden, ist wenig wahrscheinlich.

IV. PROBLEME DER VERMÖGENSBILDUNG

1. Die Diskussion um die Vermögenspolitik

a) Zur Situation

Es ist ruhig geworden um die Vermögenspolitik: Sprach Bundeskanzler Brandt in seiner Regierungserklärung von 1973 noch davon, daß die Bundesregierung einen Vorschlag ausarbeiten wolle, „durch den breitere Schichten der Bevölkerung am Zuwachs des Produktivvermögens der Großunternehmen beteiligt werden sollen“ [62], so stellte ein Jahr später Bundeskanzler Schmidt fest: „Weitaus dem größten Teil des Volkes geht es heute materiell und wirtschaftlich gut, d. h. besser denn je. ... Die Realeinkommen ... der Arbeitnehmer sind in den letzten Jahren stärker gestiegen als die Einkommen aus Unternehmertätigkeit ..., bereinigt

61 Heinz-Oskar Vetter in einem Interview zusammen mit Generalsekretär Maire der französischen Gewerkschaft C. F. D. T., in: Europa und die Welt, 6. 5. 1975.

62 Regierungserklärung vom 18. 1. 1973, a.a.O., S. 25.

stieg diese Lohnquote von 1969 bis 1973 von 61 auf 63 Prozent. ... Das ist einerseits ein *großer Erfolg der Verteilungsgerechtigkeit.* Man kann die Verteilungsgerechtigkeit messen, wenn man weiß, daß jede Verschiebung um 1 Prozent acht Millarden Einkommensverschiebung bedeutet" [63].

Nach Presseberichten [64] ist das Projekt Umverteilung von Produktivvermögen – und darum geht es primär in der Vermögensbildungspolitik – auf unbestimmte Zeit verschoben und damit auch aus der öffentlichen Diskussion verbannt. Schon im August 1974 bekannte der wirtschaftspolitische Sprecher der F.D.P., Graf Lambsdorff, in einem Interview, daß wieder alles offen sei, da die Regierung erkannt habe, „daß mit diesem Modell praktische Politik nicht gemacht werden kann" [65].

b) Ursachen der politischen Umorientierung

Sicherlich läßt sich in einer konjunkturellen Schönwetterphase leichter über Umverteilung diskutieren als in Rezessionszeiten; dennoch dürfte dies nicht die einzige Ursache für die gesellschaftspolitische Umorientierung sein, darüber hinaus läßt sich feststellen:

— In dem ursprünglich auf Unternehmer und Arbeitnehmer konzentrierten Verteilungskampf hat sich inzwischen auch der Staat eingeschaltet: Er beanspruchte 1974 schon 44 % des Bruttosozialproduktes [66].

---

63 Bundeskanzler Schmidt, Kontinuität und Konzentration, Regierungserklärung vom 17. 5. 1974, hrsg. vom Presse- und Informationsamt der Bundesregierung, S. 28. Das Volkseinkommen wird u. a. unterschieden nach
— Einkommen (Löhne, Gehälter) aus unselbständiger Arbeit = *Lohnquote*
— Einkommen aus Unternehmertätigkeit und Vermögen = *Gewinnquote.*

64 Vgl. dazu: Die großen Pläne sind Makulatur, in: Wirtschaftswoche, Nr. 21, 16. 5. 1975, S. 20 ff.
Selbstverständlich handelt es sich bei dieser Situationsanalyse um eine Momentaufnahme in der 7. Legislaturperiode (Herbst 1975); die Lage kann sich aufgrund gesellschafts- oder wirtschaftspolitischer Einflüsse jederzeit ändern.

65 Otto Graf von Lambsdorff in einem Interview in: Gesellschaftspolitik und Wirtschaftsordnung, Informationsdienst, hrsg. von Werner Roth, Villingen-Schwenningen, Nr. 14, 7. 8. 1974, S. 9 ff.

66 Grenze der Belastbarkeit?, in: Süddeutsche Zeitung, 25. 10. 1975. Danach betrug der *Staatsanteil am Bruttosozialprodukt* wie folgt: 1950: 32 %, 1962: 36 %, 1974: 44 %.

— Die vornehmlich marxistische Behauptung von der Ausbeutung der Arbeitnehmer wird angesichts steigender Einkommen der Haushalte immer unglaubwürdiger; 1974 betrug die Lohnquote schon 71,6 %.

— Trotz konjunktureller Flaute wächst die Sparrate der Haushalte (1975 ca. 15 %). Schon Ende 1974 betrug das Geldvermögen 748 Mrd. DM (ca. 75 % des Bruttosozialprodukts), während der Marktwert aller börsennotierten Aktien in der Bundesrepublik nur 11 % (BSP) betrug [67].

— Die privaten Haushalte legen lieber in Geldvermögen und langlebigen Konsumgütern (Auto, Haus usw.) an als in Aktien, die den konjunkturellen Schwankungen am stärksten unterworfen sind.

— Die Mehrheit der deutschen Gewerkschaften lehnt die Förderung des privaten Produktivvermögens (auch in Arbeitnehmerhand!) ab [68], da stattdessen die Produktivmittel sozialisiert werden sollen; es sollen keine zusätzlichen „Kleinkapitalisten" geschaffen werden.

Diese wenigen Thesen zeigen, daß die *privaten Haushalte und der Staat Gewinner des Verteilungskampfes* der letzten Jahre auf Kosten der Unternehmer sind. Damit wird auch die These von der „öffentlichen Armut und dem privaten Wohlstand" [69] in der Bundesrepublik, ähnlich wie in andern Sozialstaaten, sehr fragwürdig.

c) Der Verteilungskampf in Zahlen

Die Forderung nach einer *gerechteren* Vermögensverteilung impliziert die Aussage, daß die gegenwärtige Lage ungerecht sei. Diese Feststellung aber läßt sich aus den verschiedensten Gründen nicht beweisen:

---

67 Vgl. dazu: Das Geld im Rücken, in: Süddeutsche Zeitung, 26. 7. 1975; Der Aktienwohlstand der Nationen, in: Wirtschaftswoche, Nr. 26, 20. 6. 1975, S. 64.

68 Vgl. dazu: Hermann Adam, Macht und Vermögen in der Wirtschaft, Köln 1974; Karl H. Pitz (Hrsg.), Das Nein zur Vermögenspolitik. Gewerkschaftliche Argumente und Alternativen zur Vermögenspolitik, Reinbek 1974.

69 Vgl. dazu: John Kenneth Galbraith, Die moderne Industriegesellschaft, München/Zürich 1968; Wolfram Engels, Die öffentliche Verschwendung, in: Frankfurter Allgemeine Zeitung, 22. 7. 1972; Otto Graf Lambsdorff, Stoppt endlich den Staat, in: Wirtschaftswoche, Nr. 32, 1. 8. 1975, S. 12 ff.

— Es liegen zu wenig, vor allem miteinander vergleichbare Statistiken vor, um eine fundierte Aussage über die Vermögensverhältnisse zu treffen [70].

— „Die Tatsache, daß trotz der Steigerung des Anteils der privaten Haushalte an der Ersparnis nach wie vor von einer Vermögenskonzentration gesprochen wird, zeigt, daß die Gesamtheit der privaten Haushalte eine zur Beurteilung der vermögenspolitischen Frage zu wenig differenzierte statistische Masse darstellt“ [71].

— Die Frage nach der Gerechtigkeit kann nur durch eine Wertentscheidung beantwortet werden: Sollen alle von allen Vermögensformen gleich viel erhalten, oder soll der Wert von allen Formen zusammen gleich sein, oder soll jeder frei sein in seiner Vermögensbildung?

— Der Sachwert von verschiedenen Eigentumsformen läßt sich in der Regel in Geldwert ausdrücken, nicht aber der Gebrauchswert; Wohnungseigentum z. B. wird von den Arbeitnehmern meist der Aktie gegenüber bevorzugt (ca. 45 % der Haushalte haben Wohnungseigentum).

Da sich aus der Übersicht über die *Verteilung nach Sektoren und Vermögensarten* am ehesten Aussagen über die Situation treffen lassen, seien dazu einige Tabellen und Schaubilder angeführt.

Nach den Berechnungen von Engels [72] ist das *Volksvermögen* zwischen 1950 und 1970 etwa gleich schnell wie das Bruttosozialprodukt gewachsen, es hat sich pro Jahrzehnt verdreifacht (Mrd. DM in Marktpreisen):

---

70 Ein neuerer Versuch, das gesamte Volksvermögen in den Einzelteilen und im Zeitverlauf (Zeitreihe) zu erfassen, mußte sich in weiten Bereichen auf Schätzungen verlassen, da keine Zahlen dazu vorliegen, obwohl es heute wahrscheinlich „kein Land der Welt (gibt), in dem man so viel über das Vermögen weiß, wie in der Bundesrepublik Deutschland“, in: Engels / Sablotny / Zickler, Das Volksvermögen, seine verteilungs- und wohlstandspolitische Bedeutung, Frankfurt 1974. Dort ist auch eine umfangreiche Literaturliste zu finden. Dennoch ist auf ein Grundwerk besonders hinzuweisen: Willgerodt / Bartel / Schillert, Vermögen für alle. Probleme der Bildung, Verteilung und Werterhaltung in der Marktwirtschaft, Düsseldorf/Wien 1971.

71 Michael Bitz, Pläne und Maßnahmen zur Vermögensbildung, Köln/Berlin/Bern/München 1971; hier ist die gesamte wissenschaftliche und politische Diskussion umfassend dargestellt.

72 Engels u. a., Volksvermögen, a.a.O., S. 94; das private Sachvermögen wie Auto, Haus, Hausrat ist in den Berechnungen nicht berücksichtigt!

	Gesamtvermögen	Bruttosozialprodukt
1950	400	98
1960	1 100	302
1970	3 000	685
Steigerung	7,3 ×	7,0 ×

Die Quellen für das Wachstum waren „Ersparnis und Wertänderung am ruhenden Vermögen zu etwa gleichen Teilen“ [73].

Von dem gesamten Vermögen haben private Inländer „nur einen Anteil von 58 %“, die restlichen 42 % entfallen zum größten Teil auf Staat und andere kollektive Vermögensmassen (Kirchen, Gewerkschaften etc.), zum kleineren Teil auf das Inlandsvermögen von Ausländern.“

Die *Verteilung des gewerblichen Vermögens* (27 % des Volksvermögens) entspricht diesem Verhältnis: 57 % sind in privaten Händen der Deutschen; bei einer Gesamtbewertung (zu Aktienkursen etc.) wird der Anteil des gewerblichen Vermögens am Gesamtvermögen noch kleiner.

Die Ersparnisbildung nach Sektoren zeigen Tabelle 1 und Schaubild 6:

TABELLE 1

Gesamtwirtschaftliche Ersparnisbildung nach Sektoren [1])

Jahr	Inländische Sektoren insg. Mrd. DM	private Haushalte Mrd. DM	%	Unternehmen Mrd. DM	%	öffentl. Haushalte Mrd. DM	%
1950	12,0	2,0	16,7	4,8	40,0	5,2	43,3
1955	34,5	7,4	21,5	13,4	38,8	13,7	39,7
1960	57,2	15,3	26,7	23,6	41,3	18,3	32,0
1965	76,0	32,9	43,3	26,8	35,3	16,3	21,4
1970	113,4	46,6	41,1	36,7	32,4	30,1	26,5
1971	114,6	56,4	49,1	30,1	26,3	28,3	24,6
1972	119,2	65,7	55,2	30,8	25,9	22,6	18,9
1973	137,3	69,2	50,4	27,0	19,7	41,1	29,2
1974	124,1	77,4	62,3	25,2	20,3	21,5	17,4
Summe 1950–1974	1614,2	664,5	41,2	515,2	31,9	434,6	26,9

[1]) ab 1960 einschl. Saarland und West-Berlin

Quelle: 1950–1959 Monatsbericht der Deutschen Bundesbank 7 (1960)
1960–1970 Monatsbericht der Deutschen Bundesbank 5 (1971)
1971/1972 Monatsbericht der Deutschen Bundesbank 5 (1973)
1973/1974 Monatsbericht der Deutschen Bundesbank 10 (1975)

73 Engels, a.a.O., S. 169; und alle folgenden Zahlenzitate.

Schaubild 6:
Verteilung der Gesamtwirtschaftlichen Ersparnisbildung nach Sektoren

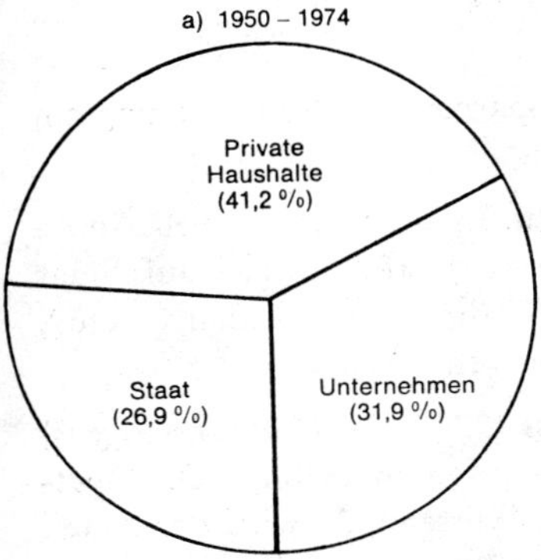

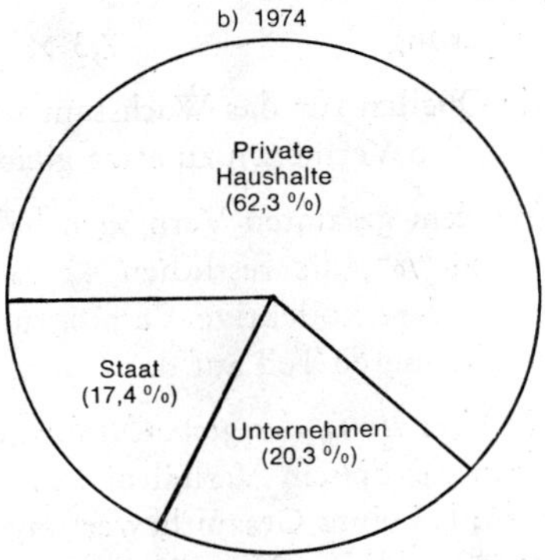

Bei der Interpretation dieser wie der folgenden Tabellen ist zu bedenken, daß die *Gliederung nach Sektoren* (z. B. bei Tabellen der Deutschen Bundesbank) rein theoretisch ist und in der Praxis oft verwirrt. So entsprechen die Privathaushalte der Statistik nicht den tatsächlichen sozialen Gebilden, „sondern jemand, der Nettovermögen bildet“ [74]; analog ist das „Unternehmen“ eine (theoretische) Wirtschaftseinheit, die Sachvermögen bildet. Also sind auch alle realen Haushalte, die Sachvermögen bilden (z. B. Haus), in dieser Statistik Unternehmen. Ebenso werden staatliche Unternehmen (Bahn, Post usw.) zu diesem Sektor gerechnet.

---

74 Wie die statistische Einteilung in Sektoren sich nur mit großen Vorbehalten auf die Realität übertragen läßt – die Kenntnis der Zusammensetzung der Sektoren ist erforderlich – so verhält es sich auch mit den *Vermögensformen:* Bei den bekannten Gutachten (Krelle/Siebke) wurde jeweils nur ein Teil des Produktivvermögens betrachtet, nämlich das private, selbstfinanzierte und vermögenssteuerpflichtige; dieser Teil umfaßt aber nur weniger als 20 % des gesamten Produktivvermögens.
Vgl.: Wilhelm Krelle, Überbetriebliche Ertragsbeteiligung der Arbeitnehmer, Bd. I und II, Tübingen 1968;
Jürgen Siebke, Die Vermögensbildung der privaten Haushalte in der Bundesrepublik Deutschland, in: Entwurf des Berichts der Bundesregierung über die Vermögensbildung, Bonn 1971;
Hans-Günther Guski, Probleme der Eigentumsbildung, Köln ^{2}1972, Reihe: Wirtschafts- und sozialpolitische Grundinformation. Lehr- und Vortragsunterlagen des deutschen Industrieinstituts, Nr. 14 (1972), Sachgruppe II, 6.

Trotz der genannten Vorbehalte lassen sich aus folgender Tabelle 2 über die Vermögensformen und -bestände einige Schlüsse ziehen, zumindest in der Tendenz [75].

d) Gesetze zur Vermögensbildung

Bald nach Gründung der Bundespolitik begann die Bundesregierung unter Bundeskanzler Adenauer mit gesetzlichen Maßnahmen, die Ver-

Schaubild 7:
Gesetze zur Vermögensbildung

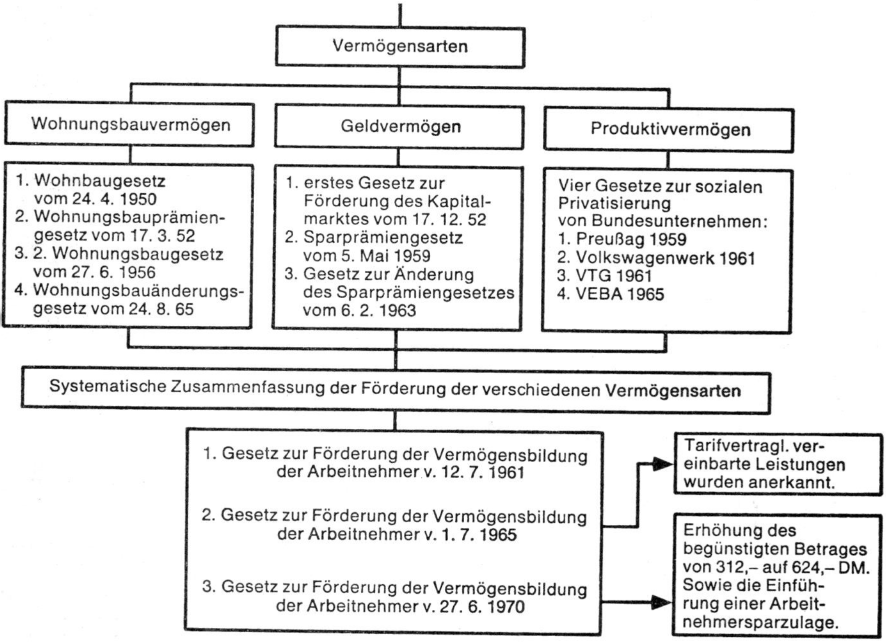

Quelle: Elmar Pieroth, Das vermögenspolitische Grundsatzprogramm der CDU; in: Rüdiger v. Voss, Partnerschaft und Parität, Bonn 1974, S. 68.

75 Weitere *statistische Zahlen* sind u. a. zu entnehmen aus: Monatsberichte der Deutschen Bundesbank; Statistisches Jahrbuch für die Bundesrepublik Deutschland, hrsg. vom Statistischen Bundesamt; Sozialbudget hrsg. von der Bundesregierung, für 1974: Bundestagsdrucksache 7/2853; Jahresgutachten des Sachverständigenrates, hrsg. von der Bundesregierung, für 1974: Bundestagsdrucksache 7/2848; zur Frage des Staatshaushaltes vgl. H. Schlömann, Finanz- und Steuerpolitik, in diesem Buch.

Tabelle 2

Vermögensformen und -bestände privater Haushalte 1973 *)
Nach Haushaltsgröße und sozialer Stellung des Haushaltsvorstandes

1 000

Gegenstand der Nachweisung	Haushalte insgesamt	Mit ... Personen: 1	2	3	4	5 und mehr	Nach sozialer Stellung des Haushaltsvorstandes: Landwirt	Selbständiger [1])	Beamter	Angestellter	Arbeiter	Nichterwerbstätiger
Haushalte insgesamt	*21 141*	*4 963*	*6 126*	*4 086*	*3 399*	*2 566*	*620*	*1 477*	*1 352*	*4 296*	*6 000*	*7 395*
und zwar:												
Haushalte mit Haus- und Grundbesitz	8 351	933	2 316	1 745	1 719	1 638	572	995	560	1 588	2 422	2 214
mit Einheitswerten [2])												
von ... bis unter ... DM												
unter 10 000	2 796	425	847	551	498	475	270	207	150	437	903	828
10 000 – 20 000	2 704	270	720	559	583	571	169	255	197	535	835	713
20 000 – 40 000	1 776	161	465	386	398	366	102	251	132	371	480	439
40 000 – 60 000	540	(43)	138	126	112	120	(21)	116	43	123	114	122
60 000 – 80 000	240	(20)	60	50	56	54	/	75	(18)	55	(40)	46
80 000 – 100 000	107	/	(31)	(21)	(27)	(23)	/	(25)	(8)	(25)	(21)	(25)
100 000 und mehr	189	/	55	51	45	(29)	/	66	(12)	40	(30)	(40)
Haushalte mit Sparbüchern	19 207	4 081	5 593	3 867	3 251	2 415	554	1 339	1 304	4 123	5 647	6 239
mit Sparguthaben												
von ... bis unter ... DM												
unter 500	1 442	444	307	266	236	190	(41)	103	84	256	415	543
500 – 1 000	1 355	379	292	233	253	198	(30)	103	82	257	422	462
1 000 – 2 000	2 250	620	544	394	385	307	46	132	136	420	714	803
2 000 – 3 000	2 038	471	543	395	359	269	52	128	134	435	661	627
3 000 – 4 000	1 674	386	474	328	278	208	(39)	99	110	375	533	517
4 000 – 5 000	1 619	343	464	332	293	188	(34)	104	105	366	503	507
5 000 – 10 000	4 209	750	1 357	924	709	469	113	247	333	996	1 257	1 263
10 000 – 20 000	3 073	488	1 066	657	499	363	89	212	220	719	840	994
20 000 – 50 000	1 335	181	466	296	203	189	91	151	88	269	283	453
50 000 und mehr	212	(19)	78	(42)	(38)	(34)	(19)	62	(11)	(31)	(19)	70
Haushalte mit Bausparverträgen	7 481	716	1 778	1 931	1 764	1 292	294	854	843	2 101	2 197	1 192
mit Barsparsummen												
von ... bis unter ... DM												
unter 10 000	1 349	178	328	314	304	224	(40)	106	109	346	478	269
10 000 – 20 000	2 057	240	476	492	492	357	90	208	182	516	662	399
20 000 – 30 000	1 293	129	300	333	300	232	66	141	131	356	404	195
30 000 – 40 000	789	60	180	221	183	145	(34)	93	84	227	230	120
40 000 – 50 000	652	(44)	162	184	147	115	(20)	91	90	204	162	85
50 000 – 75 000	720	(42)	166	210	179	123	(28)	99	107	240	173	74
75 000 – 100 000	328	(14)	86	99	82	47	(10)	(51)	62	113	60	(32)
100 000 und mehr	293	/	80	77	78	49	/	66	77	99	(29)	(17)

mit angesparten Bausparguthaben												
von . . . bis unter . . . DM												
unter 1 000	125	/	(22)	(33)	(32)	(26)	/	/	(16)	31	(46)	(18)
1 000 – 2 000	432	(44)	86	122	101	79	/	(32)	46	110	167	71
2 000 – 5 000	2 155	266	489	503	497	400	77	191	219	552	726	389
5 000 – 10 000	2 384	252	600	591	544	397	104	270	234	677	683	416
10 000 – 20 000	1 691	120	409	482	400	280	76	212	204	511	455	233
20 000 – 30 000	405	(17)	100	116	106	67	(19)	70	66	127	79	43
30 000 und mehr	289	/	71	85	84	45	/	68	58	93	(41)	(23)
Haushalte mit Lebensversicherungen u. ä.	16 021	2 856	4 505	3 442	2 981	2 238	421	1 301	1 076	3 459	5 055	4 709
mit Versicherungssummen												
von . . . bis unter . . . DM												
unter 3 000	4 698	1 914	1 721	512	313	238	59	84	138	455	982	2 979
3 000 – 4 000	1 068	223	434	193	127	90	(13)	(25)	54	154	369	454
4 000 – 5 000	879	150	300	192	142	95	(21)	(30)	58	151	334	286
5 000 – 10 000	2 278	223	631	587	486	351	62	88	189	506	1 008	425
10 000 – 20 000	2 894	179	589	810	751	566	98	148	286	824	1 245	294
20 000 – 30 000	1 593	76	331	449	433	304	69	172	149	491	585	126
30 000 – 50 000	1 321	(53)	267	368	348	285	62	241	129	417	378	94
50 000 – 75 000	595	(15)	117	158	171	133	(21)	190	44	206	107	(26)
75 000 – 100 000	290	/	51	80	81	74	(9)	123	(13)	110	(26)	/
100 000 und mehr	405	(18)	62	94	128	102	/	200	(15)	145	(21)	(16)
Haushalte mit Wertpapieren	4 998	940	1 548	1 087	873	549	87	542	407	1 507	867	1 588
dar. mit: Aktien	2 499	460	792	521	438	288	43	294	199	796	379	787
festverzinsliche Wertpapiere	2 370	457	729	517	420	246	(30)	283	218	753	277	810
Sparbriefen	1 004	151	314	232	186	121	(17)	90	82	272	213	330
Bundesschatzbriefen	688	111	239	147	120	70	/	60	70	202	120	229
Investmentzertifikaten	1 071	185	340	231	188	128	(17)	169	94	351	127	314
sonstigen Wertpapieren	236	(44)	84	54	(32)	(22)	/	(22)	(14)	67	(50)	80
mit Wertpapieren im Wert [3]												
von . . . bis unter . . . DM												
unter 2 000	1 613	312	427	367	316	192	(33)	124	137	482	395	442
2 000 – 5 000	1 125	211	330	249	214	120	(16)	92	94	359	224	339
5 000 – 10 000	876	163	306	180	140	87	(14)	90	74	287	121	291
10 000 – 20 000	725	144	232	165	110	74	(15)	88	54	219	90	259
20 000 – 50 000	457	81	177	89	63	48	/	83	34	119	(34)	180
50 000 und mehr	201	(29)	77	(37)	(30)	(27)	/	65	(13)	41	/	76

*) Ergebnis der Einkommens- und Verbrauchsstichprobe 1973. – Stand: 31. 12. 1973. – Ohne Haushalte von Ausländern und ohne Privathaushalte in Anstalten sowie ohne Haushalte mit einem monatlichen Haushaltsnettoeinkommen von 15 000 und mehr DM. – Zur Methode siehe „Wirtschaft und Statistik", 1975/6, S. 363 ff.

Quelle: Jahrbuch des Statistischen Bundesamtes, 1975, S. 490

1) Gewerbetreibender, freiberuflich Tätiger.
2) Nach dem Stand von 1964.
3) Tageswert.

mögensbildung der Arbeiter zu fördern. So sind alle bisher bestehenden Gesetze – wie Schaubild 7 auf Seite 149 zeigt – noch vor der sozialliberalen Koalition entstanden.

Das *3. Vermögensbildungsgesetz*, zuletzt geändert durch die Steuerreform vom 1. 1. 1975, brachte im wesentlichen Erhöhungen der begünstigten Beträge [76] sowie eine Beschränkung der Förderungsmaßnahmen auf Bezieher mit Jahreseinkommen unter 24 000 bzw. 48 000 DM.

Im Rahmen der *tariflichen Vermögensbildung* wurden von den Arbeitgebern [77] folgende Mittel bereitgestellt:

Jahr	1971	1972	1973	1974
begünstigte Beschäftigte (in Mio)	11,8	14,3	15,5	16
Summe (in Mrd. DM)	3,4	4,3	4,8	ca. 5

Außerdem bringen die Arbeitgeber in der *freiwilligen betrieblichen Altersversicherung*, in die 1973 ca. 60 % (= 7 Mio) der gewerblichen Arbeitnehmer [78] einbezogen waren, erhebliche Mittel auf.

e) Bewertung der praktizierten Maßnahmen

Die bisher praktizierten Methoden der Primär- und Sekundärverteilung hatten *unterschiedlichen Erfolg:* Zwar wurde in privater Hand ein *großes Geldvermögen* gebildet, das teilweise in Vermögen von langlebigen Konsumgütern umgewandelt ist, die *Beteiligung am Produktivvermögen* und die damit verbundene wirtschaftliche Dekonzentration konnte aber nicht erreicht werden.

Zu folgendem *Ergebnis der Vermögenspolitik*, das den oft euphorisch klingenden Zahlen zur Vermögenspolitik von amtlicher Seite widerspricht, muß man nach der bisherigen Darstellung kommen:

> Zielkonzeptionen, Voraussetzungen und Methoden für eine wirkungsvolle Vermögenspolitik sind nicht vorhanden, nicht klar ausgeprägt oder völlig unzulänglich.

---

76 Nach diesem Gesetz werden im Jahr gefördert: im Rahmen der vermögenswirksamen Leistungen je Arbeitnehmer DM 624,—; in Prämien oder Bausparen DM 800,— (bzw. 1600,— bei Verheirateten). Eine steuerliche Absetzung in den Sonderausgaben ist nicht möglich.

77 Institut der Deutschen Wirtschaft, Zahlen, a.a.O., S. 71.

78 Betriebliche Altersversorgung in: Süddeutsche Zeitung, 21. 6. 1975. Die Beiträge der Arbeitgeber sind zwar als Einkommen steuerpflichtig, bei Erfüllung bestimmter Vorschriften ermäßigt sich der Satz auf 10 %; nach dem „Gesetz zur Verbesserung der betrieblichen Altersversorgung“ vom 19. 12. 1974 (Bundesgesetzblatt I/139 vom 21. 12. 1974) sind die Leistungen auch bei Konkursen und anderen Zahlungsschwierigkeiten gesichert.

Ist nun überhaupt eine andere Vermögensverteilung in diesem System möglich? In der *kreislaufanalytischen Untersuchung von Föhl*[79] wird diese Frage positiv beantwortet und das Ergebnis wie folgt zusammengefaßt:

(1) Die Manipulierung der Nominallöhne ist verteilungsunwirksam, ganz gleich, ob sich die Größe der Veränderung im Rahmen des Produktivitätsfortschritts hält oder nicht. Sie ist nur zu einer Steuerung des inneren Geldwertes brauchbar.

(2) Keine der übrigen denkbaren verteilungspolitischen Maßnahmen, wie steuerliche Beeinflussung der Preispolitik, Steuerlastverteilung, Ge-

Schaubild 8:
Zielsysteme bei der Vermögensbildung

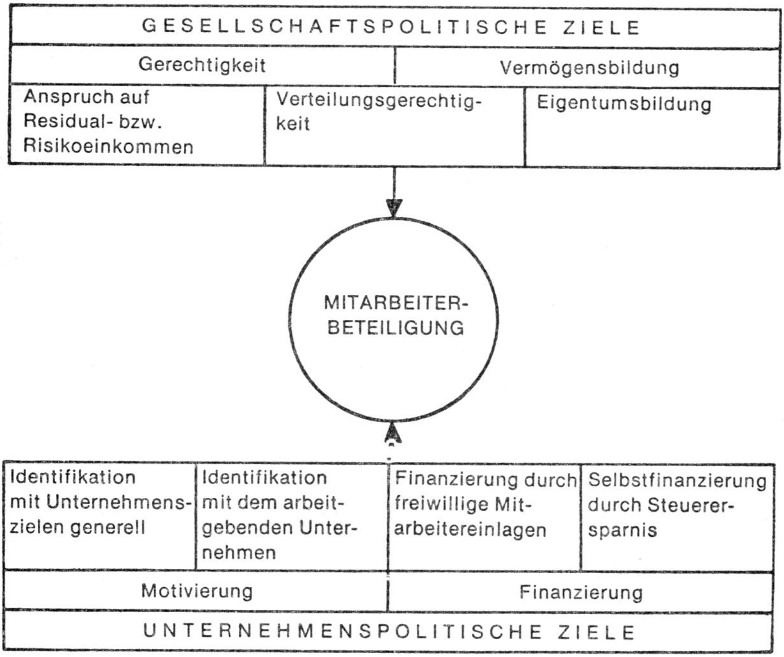

Quelle: Esser/Faltlhauser, Beteiligungsmodelle, München 1974, S. 46.

79 Carl Föhl u. a., Kreislaufanalytische Untersuchungen der Vermögensbildung in der Bundesrepublik Deutschland und der Beeinflußbarkeit ihrer Verteilung. Gutachten erstellt im Auftrag des BMWi; Tübingen 1964, S. 159 ff; vgl. auch das sog. Krelle-Gutachten, Anmerkung 74.

Schaubild 9:

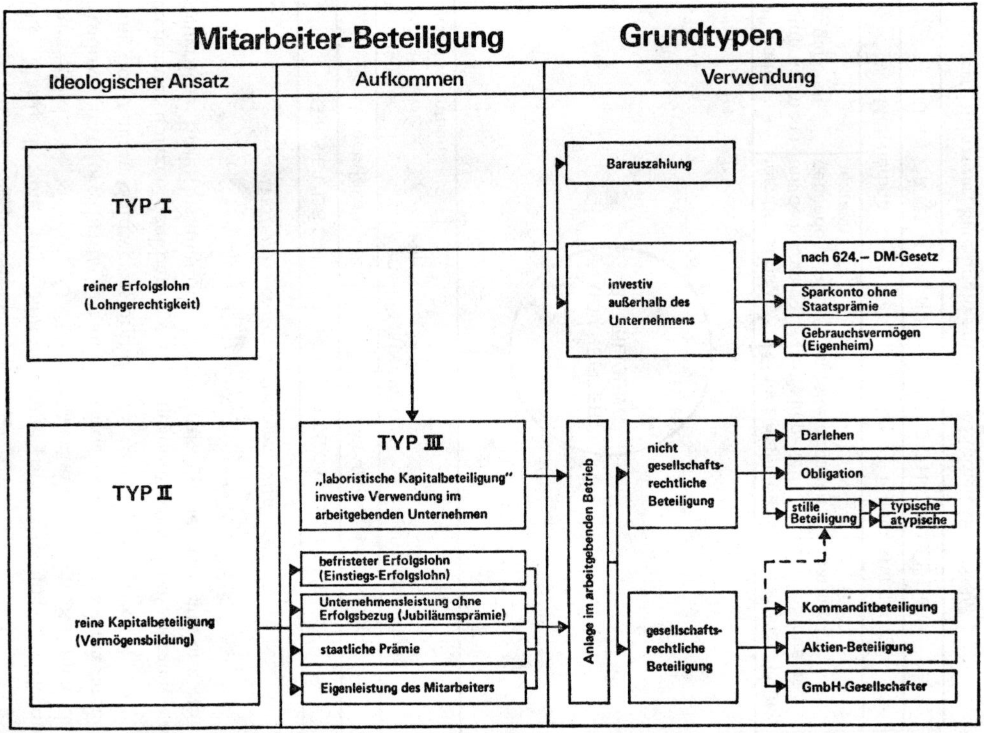

Quelle: Esser/Faltlhauser, Beteiligungsmodelle, München 1974, S. 21.

winnbeteiligung der Unselbständigen, erzwungene oder geförderte Ersparnisbildung, erlaubt bei isoliertem Einsatz die Erfüllung der konkurrierenden Postulate.

(3) Nur Kombinationen von Maßnahmen zur Beeinflussung der Primär- oder Sekundärverteilung mit Maßnahmen zur Beeinflussung der Einkommensverwendung entsprechen den gestellten Anforderungen.

Solange also die Vermögenspolitik sich in Einzelmaßnahmen erschöpft ohne Koordinierung und Ausrichtung der gesamten Wirtschafts- und Sozialpolitik, wird eine breite Streuung des Produktivvermögens weiterhin Zukunftstraum bleiben, obwohl die Bundesregierung allein für die Sparförderung 1973 ca. 7,2 Mrd. DM ausgab.

Schaubild 10:
Quellen und Verwendung des Individualeinkommens

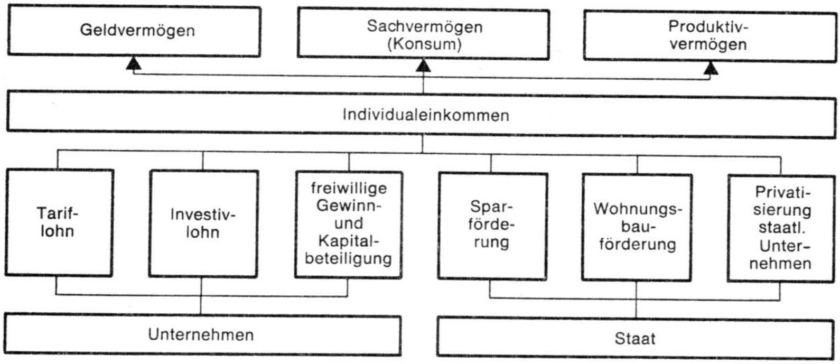

(Nicht berücksichtigt sind dabei alle Sozialversicherungen)

2. Modelle zur Vermögensbildung

a) Zielsetzung der Modelle

Entsprechend der divergierenden ordnungspolitischen Vorstellung haben die einzelnen Parteien und Gewerkschaften auch *unterschiedliche Modelle:*

— Die *Regierungskoalition* beschränkt sich auf Vorstellungen zur Bildung von Produktivvermögen, wobei bisher allein eine kollektive Lösung diskutiert wurde. Infolge der durch die Haushaltslücken notwendigen Sparmaßnahmen wird sogar eine Reduzierung der Sparförderung erwogen.

— Die *CDU* schlägt eine mehrgleisige Vermögensbildung vor, die primär individuell ausgerichtet ist.

— Die *Gewerkschaften* streben eine kollektive Gewinnbeteiligung über einen zentralen Fonds an.

Da die Pläne der Regierung [80] zurückgezogen sind und die Gewerkschaften [81] sich mit dem Problem der Arbeitslosigkeit beschäftigen (Rezessionsphase!), erscheint es wenig sinnvoll, diese Modelle [82] im einzelnen darzulegen.

Schaubild 11:
Modell der SPD zur Vermögensbildung (2. Entwurf OR '85)

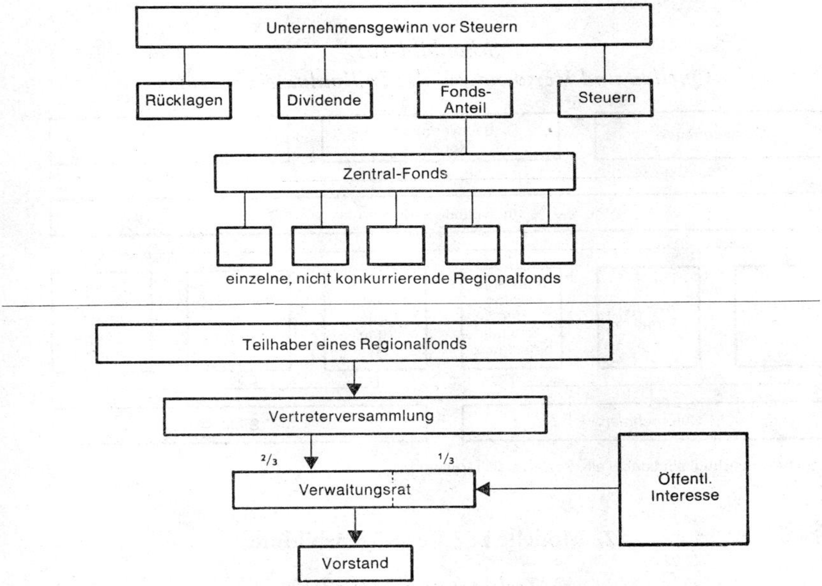

80 Als Grundlage dienen die Parteitagsbeschlüsse: SPD: Orientierungsrahmen '85, Mannheimer Parteitag, 11.–15. 11. 1975; F.D.P.: Freiburger Thesen, Freiburger Parteitag, 25.–27. 10. 1971.

81 Der Bundesausschuß des DGB – das höchste DGB-Organ zwischen den Bundeskongressen – beschloß am 4. April 1973 auf seiner Tagung in Düsseldorf eine Stellungnahme zur Beteiligung der Arbeitnehmer am Produktivvermögen (Grundmodell eines Fondsystems); diesem System hat die IG Metall einen eigenen Plan entgegengesetzt.

82 Vgl. Friedhelm Froemer, Vermögensbildung. 58 Modelle, Meinungen und Gesetze, Opladen 1973 (Heggen-Dokumentation 3).

b) Der Vermögensbildungsplan der CDU

Ziel der vermögenspolitischen Konzeption[83] *ist die Bildung von personenbezogenem und privatem Eigentum* in allen Bereichen (vgl. Schaubild 8); dazu gehören besonders:

— Geldvermögen

— Grund- und Wohnungsvermögen

— Produktivvermögen.

Dabei ist berücksichtigt, daß mit den gesellschaftspolitischen Zielen nach Vermögensbildung auch die Unternehmensziele in Einklang zu bringen sind; Schaubild 9 zeigt vereinfacht die Vorstellung der CDU.

Nach Meinung der CDU läßt sich *Verteilungsgerechtigkeit* „nur verwirklichen, wenn Einkommenspolitik, staatliche Verteilungspolitik und Vermögenspolitik im Rahmen einer durch Stabilität und Vollbeschäftigung gekennzeichneten marktwirtschaftlichen Ordnung zusammen wirken“ [84].

c) Individuelle oder kollektive Lösung?

Der *Grundsatzbeschluß der CDU* bietet eine prinzipielle Offenheit *für alle individuell orientierten praktischen Modelle,* was im Schaubild 10 verdeutlicht wird.

Die SPD sieht dagegen eine kollektive Lösung vor[85], die auch in Zukunft Grundlage aller Gesetzentwürfe einer sozial-liberalen Koalition sein dürfte; das Grundschema ist in Schaubild 11 skizziert.

---

83 In Ergänzung zum Berliner Programm beschloß die CDU auf dem Hamburger Parteitag 1973 ein „Vermögenspolitisches Grundsatzprogramm“; zit. n.: Das Berliner Programm. Mit den Beschlüssen des Hamburger Parteitages 1973, Bonn 1974, S. 66 – 71.
Vor und nach diesem Beschluß hat die CDU/CSU-Bundestagsfraktion eine Fülle von Gesetzentwürfen vorgelegt, so z. B.:
Gesetzentwurf über die Beteiligung der Arbeitnehmer am Produktivvermögen und zur Verbesserung der Kapitalstruktur der Wirtschaft, insbesondere des Mittelstandes (Beteiligungslohngesetz – BLG), Bundestagsdrucksache VI/616 vom 14. 4. 1970;
Gesetzentwurf zur weiteren sozialen Privatisierung von Bundesunternehmen im Rahmen der Vermögensbildung, BT-Dr. VI/1434 vom 16. 11. 1970;
Antrag über betriebliche Gewinn- und Kapitalbeteiligung der Arbeitnehmer, BT-Dr. VI/3613 vom 26. 6. 1972;
Gesetzentwurf über Unternehmensbeteiligungsgesellschaften (UBGG), BT-Dr. VI/3614 vom 27. 6. 1972;
Gesetzentwurf zur Förderung der betrieblichen Gewinn- und Kapitalbeteiligung der Arbeitnehmer, BT-Dr. 7/3664 vom 21. 5. 1975.

84 Hamburger Parteitag, a.a.O., S. 67 f.

85 Vgl. Orientierungsrahmen ’85 und Parteitagsbeschlüsse.

Schaubild 12:
Ordnungspolitischer Rahmen des Unternehmensrechts

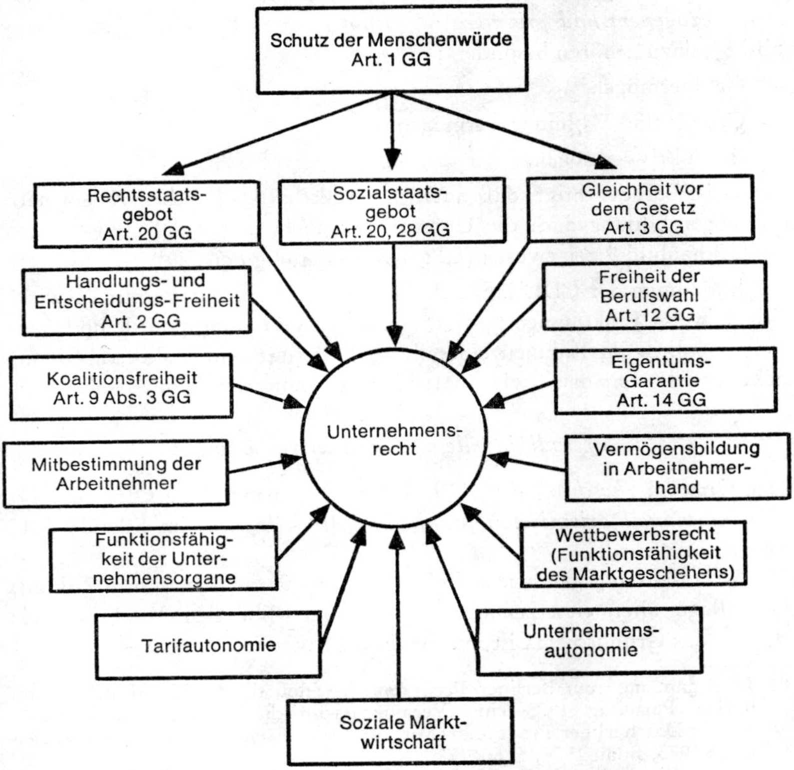

Quelle: Rüdiger v. Voss, Partnerschaft und Parität, Bonn 1974, S. 23.

Beide Lösungen sind nach Ansicht ihrer Vertreter mit Grundgesetz und Sozialer Marktwirtschaft vereinbar, was aber nicht zuletzt – wie bei der Mitbestimmung – von den konkreten Modellen abhängt.

Nicht zu verleugnen ist allerdings, daß der *individuelle Ansatz* primär die *Freiheit des einzelnen bei Wahrung der sozialen Verantwortung*, das *kollektive Modell aber mehr die Gleichheit* betont.

Schließlich wird durch das Fondssystem der direkte Bezug zwischen dem Mitbestimmungsrecht und der über die Gewinn- und Kapitalbeteiligung gegebenen direkten Verantwortung ausgeschlossen; ein *neues Unterneh-*

mensrecht im Sinne eines Sozialverbandes mit partnerschaftlichen Beziehungen ist aber auch auf die *Mitverantwortung* aller Mitbestimmenden abgestellt.

Die Einbettung eines solchen Unternehmensrechts in die Gesamtheit der wirtschafts- und gesellschaftspolitischen Ordnungen zeigt Schaubild 12.

V. ZUSAMMENFASSUNG

An den verschiedensten Stellen der vorausgehenden Überlegungen ergaben sich Hinweise, daß die Ausweitung des Produktivvermögens durch *Gewinn- und Kapitalbeteiligung* der Arbeitnehmer, die *Mitbestimmung* und ein *neues Unternehmensrecht eine Einheit*[86] bilden. Dies mag aus taktischen Gründen oft nicht gesehen oder gar geleugnet werden: So trennen die Gewerkschaften bewußt die Mitbestimmung von der Vermögensbildung, um nicht Gefahr zu laufen, daß ihre Modelle zusammen gesehen werden, und damit die Möglichkeit einer erheblichen Machtzunahme für die Gewerkschaften erkannt wird.

Aber der ständige Konflikt in den Unternehmen zwischen den Zielgrößen Wirtschaftlichkeitsstreben und Sozialverpflichtung kann durch die Mitbestimmung allein nicht behoben werden. Die paritätische Mitbestimmung ohne entsprechende Mitverantwortung ruft berechtigte Kritik hervor, da nämlich die Gefahr nicht ausgeräumt werden kann, daß das bisher dominierende Wirtschaftlichkeitsstreben nur abgelöst werden soll durch eine alles beherrschende Vorrangstellung des Sozialprinzips. Hier geht es aber nicht um eine Vorrangstellung, sondern um ein gleichwertiges Nebeneinander beider Prinzipien.

So ist der einzig gangbare Weg wohl in der Verbindung von Mitbestimmung und Gewinn- sowie Kapitalbeteiligung mit einer neuen Unternehmensverfassung zu sehen: Alle am Unternehmen beteiligten Gruppen wirken an den Entscheidungen mit, tragen mit dem Gewinn auch das Risiko für diese Entscheidungen und sind ihrem Einsatz entsprechend

---

86 Dies gilt nur, so weit die Begriffe im oben dargelegten Sinn gebraucht werden. Gewinnbeteiligung steht synonym für Erfolgsbeteiligung, Mitbestimmung für Mitbestimmung im mikroökonomischen Bereich. Vor jeder unreflektierten Übernahme von solchen Begriffen (auch Demokratisierung der Wirtschaft, Humanisierung der Arbeitswelt, gerechte Verteilung usw.) ist nachdrücklich zu warnen.

gleichermaßen an dem Vermögenszuwachs beteiligt. Dazu bedarf es einer *Unternehmensverfassung*, in der das *Unternehmen als Personalverband* gesehen wird.

Diesen Grundsatz bekräftigt die CDU nach dem Hamburger Beschluß immer wieder: „Die Selbstbestimmung des Arbeitnehmers kann nicht nur durch die Mitbestimmung gelöst werden. Dazu gehört in einer hochindustrialisierten Gesellschaft ... die Beteiligung der Arbeitnehmer am Produktivkapital. Mit dem Beschluß der *Bundesregierung*, keine Beteiligung am Produktivkapital für Arbeitnehmer zu ermöglichen, handelt sie *gegen die Interessen der Arbeitnehmer.*" (Abgeordneter Franke, Bundestagsprotokoll 7/110, S. 7469)

Für alle Modelle muß als *oberstes Prinzip* gelten, daß die *Würde des Menschen* nicht eingeschränkt werden darf, daß sie materiellen Prinzipien nicht unterstellt werden kann und daß schließlich immer mehr Wege geschaffen werden für die Selbstentfaltung des Menschen – auch im Arbeitsleben! Deshalb haben auch die Arbeitnehmer aus Klein- und Mittelunternehmen den gleichen Anspruch auf Gewinnbeteiligung und Mitbestimmung wie ihre Kollegen in großen Konzernen, ebenso die Angestellten und Beamten des öffentlichen Dienstes. Soll die Mitbestimmung der Selbstentfaltung des Menschen dienen, dann müssen auch Wege gesucht und gefunden werden, wie sie in allen Lebensbereichen zum Tragen kommen kann.

Wenn hier nur die wirtschaftliche Mitbestimmung der Arbeitnehmer in Großunternehmen behandelt wurde, dann nicht deshalb, weil dieser Bereich der wichtigste wäre, sondern weil er am meisten diskutiert wird. Der Staat hat die Aufgabe, die ordnungspolitischen Rahmendaten zu setzen und gestaltungspolitisch dort einzugreifen, wo es unumgänglich ist – dies ist wohl im Zuge einer besseren Steuer- und Vermögenspolitik im Sinne der sozialen Gerechtigkeit der Fall.

Parteien, Gewerkschaften und Unternehmerverbände müssen einsehen, daß es im Unternehmen und in der Wirtschaft neben dem berechtigten Interessengegensatz auch eine *Interessengemeinschaft* gibt, ja immer geben muß, wenn die Soziale Marktwirtschaft das leisten soll, was von ihr erwartet wird: durch ständiges Wachstum die Gesellschaft mit Gütern und Dienstleistungen zu versorgen und zugleich eine immer größere soziale Gerechtigkeit zu schaffen. In diesem permanenten Prozeß haben Unternehmensverfassung, Mitbestimmung und Vermögensbildung einen hohen Stellenwert.

VI. KONTROLLFRAGEN

1. Durch welche Merkmale ist das bestehende Unternehmensrecht gekennzeichnet?

2. Welche Interessen und Ziele sind in Unternehmen und Betrieb vorhanden, nach welchen Ordnungsmodellen können Konflikte gelöst werden?

3. Lassen sich alle Institutionen in der Gesellschaft nach dem Vorbild des Staates „demokratisieren"?

4. Warum wird eine neue Unternehmensverfassung gefordert, und wie soll sie aussehen?

5. Worin unterscheiden sich Betriebsverfassungs- und Montanmitbestimmungsgesetz?
Welche Funktionen haben der Betriebsrat und der Wirtschaftsausschuß? In welchen Bereichen kann man von echter Mitbestimmung dieser Organe sprechen und warum?

6. Welche Schwierigkeiten ergeben sich aus den verschiedenen Mitbestimmungsmodellen (vgl. die aufgezeigten Grundmodelle)? Mit welchen Argumenten werden wohl die Arbeitgeberverbände die „paritätische Mitbestimmung" ablehnen? Wie ist die Position der Marxisten zu dieser Frage, wie die der Gewerkschaften?

7. Was ist unter Eigentum, was unter Vermögen zu verstehen? Unter welchen Gesichtspunkten wird die Vermögensverteilung betrachtet?

8. Welche Besonderheiten der gegenwärtigen Vermögensverteilung sind in der staatlichen Vermögenspolitik vor allem zu berücksichtigen?

9. Welche Kriterien sind für die Bewertung der verschiedenen Modelle zur Vermögensbildung entscheidend?

10. Können Mitbestimmung, Unternehmensverfassung, Gewinnbeteiligung, Kapitalbeteiligung isoliert voneinander realisiert werden, oder gehört alles zu einem Gesamtkomplex? Wenn ja, mit welcher Begründung?

VII. LITERATURHINWEISE

Arbeitsgemeinschaft zur Förderung der Partnerschaft in der Wirtschaft (Hrsg.), Humanisierung der Arbeitswelt, Köln 1975.

Kurt H. Biedenkopf, Mitbestimmung. Beiträge zur ordnungspolitischen Diskussion, Köln 1972.

Reimar Birkwald/Hans Pornschlegel (Hrsg.), Mitbestimmen im Betrieb. Ein arbeits- und betriebskundliches Handbuch für Arbeitnehmervertreter, Köln 1973.

W. Engels / H. Sablotny / D. Zickler, Das Volksvermögen. Seine verteilungs- und wohlstandspolitische Bedeutung, Frankfurt/New York 1974.

Klaus Esser / Kurt Falthauser, Beteiligungsmodelle, München 1974.

Arthur Rich, Mitbestimmung in der Industrie. Probleme – Modelle – Kritische Beurteilung. Eine sozialethische Orientierung, Zürich 1973.

Hans J. Schneider, Die partnerschaftliche Kapitalbeteiligung der Arbeitnehmer am mittelständischen Industrieunternehmen, Köln 1973.

Heinz O. Vetter (Hrsg.), Vom Sozialistengesetz zur Mitbestimmung. Zum 100. Geburtstag von Hans Böckler, Köln 1975.

Rüdiger v. Voss u. a., Partnerschaft und Parität, Modellstudien zur Mitbestimmung und Vermögensbildung in Unternehmen und Wirtschaft, Bonn 1974.

Hans Willgerodt / Karl Bartel / Ullrich Schillert, Probleme der Bildung, Verteilung und Werterhaltung des Vermögens in der Marktwirtschaft, Düsseldorf/Wien 1971.

III
Ökonomische Grundfragen

Friedrich Wilke

Die Funktionsweise der Marktwirtschaft

INHALT

I. DAS LENKUNGSPROBLEM: ARBEITSTEILUNG UND KOORDINATION

Unternähme jemand den Versuch, das tägliche wirtschaftliche Geschehen in allen Einzelheiten auch nur annähernd vollständig erfassen und beschreiben zu wollen – er würde sehr bald aufgeben. Ein Blick auf die wirtschaftliche Wirklichkeit zeigt eine für den einzelnen kaum überschaubare Vielfalt unterschiedlicher Tätigkeiten, angefangen vom Kauf einer Zeitung bis hin zur staatlichen Rentenzahlung. Aber nicht allein die Fülle der Beobachtungen verurteilt dieses Unterfangen zum Scheitern, sondern auch die Tatsache, daß alle ökonomischen Handlungen untereinander zusammenhängen und sich gegenseitig beeinflussen, selbst wenn derartige Wechselwirkungen oftmals kaum spürbar sind. Jeder einzelne Haushalt beispielsweise steht mit zahlreichen anderen Wirtschaftssubjekten in direkten wirtschaftlichen Beziehungen, als Arbeitnehmer mit Arbeitgebern, als Sparer mit Kreditinstituten, als Verbraucher mit Produzenten und Händlern, als Steuerzahler und Empfänger von Sozialleistungen mit staatlichen Organisationen. Zusammen mit den indirekten Verbindungen ergibt sich ein äußerst komplexes Netz von Beziehungen, das die einzelnen Wirtschaftselemente mehr oder weniger eng miteinander zu einem volkswirtschaftlichen System verknüpft.

Die Verflechtungen haben zur Folge, daß jede individuelle Entscheidung die Handlungen anderer Personen oder Gruppen beeinflußt. Die Entscheidung eines Haushalts z. B., statt einer Stereoanlage und eines Pelzmantels ein neues Auto zu kaufen, hat Auswirkungen auf den Absatz, die Produktion und die Beschäftigung in zahlreichen Betrieben, so etwa in der Textilindustrie, die auf einen Auftrag verzichten muß. Sie fördert dagegen den Umsatz der Automobilbranche und trägt dazu bei, daß dieser Sektor Arbeiter und Angestellte beschäftigen kann, die wiederum durch ihre Handlungen weitere Impulse auslösen.

Ursache dieser *Interdependenz* ist der historische Wandel in der Organisation des Produktionsprozesses. An die Stelle der heute auf der ganzen Welt nur noch vereinzelt anzutreffenden geschlossenen Hauswirtschaft, in der sich jede kleine Gemeinschaft mit den notwendigen Gütern selbst versorgte (Selbstversorgungswirtschaft), trat die arbeitsteilige Produktionsweise *(Verkehrswirtschaft)*. Zwar führte die Spezialisierung zu einer verbesserten Nutzung der volkswirtschaftlichen Ressourcen, zugleich erhöhte sie jedoch die Abhängigkeit der Wirtschaftssubjekte voneinander, da

Arbeitsteilung ohne Zusammenarbeit undenkbar ist. Jeder Hersteller spezialisiert sich nur auf die Anfertigung bestimmter Güter, die nicht oder zumindest nicht ausschließlich der eigenen Bedarfsdeckung dienen, um durch ihren Verkauf hinreichende Mittel zum Erwerb derjenigen Waren und Dienstleistungen zu erhalten, die er zum eigenen Gebrauch oder Verbrauch benötigt oder wünscht.

Der komplizierte *Austausch* von Gütern ist eine unumgängliche Begleiterscheinung der arbeitsteiligen Produktion. Damit weder unerwünschte Güterlücken noch Güterüberschüsse entstehen, müssen alle Tauschwünsche in Übereinklang sein. Folglich bedarf jeder arbeitsteilige Wirtschaftsprozeß einer koordinierenden Steuerung bzw. Lenkung, der die Teilnehmer am Wirtschaftsleben dazu veranlaßt, ihre Verhaltensweisen aufeinander abzustimmen.

Selbst hochentwickelte Industrienationen können unmöglich Güter jeder Art in ausreichender Menge herstellen. Jede Volkswirtschaft muß daher unter den vielen konkurrierenden Verwendungsmöglichkeiten ihrer knappen Mittel eine Auswahl treffen und dabei folgende Fragen beantworten, die das *Lenkungsproblem* umschreiben:

(1) Welche Güter sollen in welcher Menge und Qualität produziert werden? (Was? Wieviel?)

(2) Welche Produktionsmethoden sollen zur Anwendung gelangen, und wie sollen die Produktionsfaktoren in ihre wirksamste Verwendung gelenkt werden? (Wie?)

(3) In welcher Weise sollen die produzierten Güter an die Mitglieder der Volkswirtschaft verteilt werden? (Für wen?)

Das allen arbeitsteiligen Volkswirtschaften gemeinsame Lenkungsproblem besteht also insgesamt in der Aufgabe, mit den begrenzten Mitteln den gegenwärtigen und zukünftigen Bedarf der Bevölkerung an Waren und Dienstleistungen bestmöglich (optimal) zu decken. Um diese Aufgabe erfüllen zu können, wird ein funktionsfähiges *Informations- und Sanktionssystem* benötigt. Kein Produzent wird beispielsweise ausschließlich Bleistifte oder Fernsehgeräte herstellen, wenn er nicht aufgrund bestimmter *Informationen* annehmen darf, daß er für seine Produkte auch Abnehmer findet und andere Wirtschaftseinheiten die von ihm gewünschten Güter zum Tausch anbieten. Indessen reicht die korrekte Informationsübermittlung etwa der Konsumentenwünsche nicht aus. Außerdem muß sichergestellt sein, daß die Produzenten sich entsprechend verhalten und die gewünschten Güter auch tatsächlich anfertigen. Dafür sind die *Sanktionen* zuständig, die „richtiges" Verhalten belohnen und „falsches" Verhalten bestrafen. Erst Informationen und Sanktionen zusammen vermögen Produktion und Bedarf aufeinander abzustimmen. Beide Komponenten sind somit notwendige Bestandteile eines jeden funktionsfähigen Lenkungsinstrumentariums.

II. DIE WIRTSCHAFTSORDNUNG ALS LENKUNGSSYSTEM

1. Idealtypische Lenkungssysteme

Mit der Lösung des Lenkungsproblems ist eine Aufgabe der *Wirtschaftsordnung* angesprochen. Wirtschaftsordnungen enthalten die grundsätzlichen Regelungen des Zustandekommens und der rationellen Abwicklung ökonomischer Beziehungen, sind in diesem Sinne also ein Steuerungs- bzw. Koordinationssystem, das die Funktionsweise arbeitsteiliger Volkswirtschaften herstellt und sichert. Dabei kann die Art der Instrumente recht unterschiedlich sein. Die konkrete Ausgestaltung des Informations- und Sanktionssystems ist sogar ein charakteristisches Unterscheidungsmerkmal verschiedener Wirtschaftsordnungen, wobei in idealtypischer Betrachtung zwei diametral entgegengesetzte Formen zu nennen sind:
(1) die Zentralverwaltungswirtschaft und
(2) die völlig freie Marktwirtschaft.

Beide theoretischen Konstruktionen (Modelle) stellen eine Lösung des allgemeinen Lenkungsproblems dar. Sie geben im Grundsatz zwar völlig verschiedenartige, gleichwohl vollständige Antworten auf die bereits formulierten Fragen (Was? Wieviel? Wie? Für wen?).

Im Modell der *Zentralverwaltungswirtschaft* ist ausschließlich eine oberste Instanz für die Steuerung des gesamten Wirtschaftslebens verantwortlich. Diese zentrale Planungsinstanz gibt den produzierenden Einheiten verbindliche Anweisungen, was in welcher Menge und Qualität mit welchen Verfahren herzustellen ist. Sie lenkt die Produktionsfaktoren in ihre produktivste Verwendung, regelt den Güterfluß zwischen den Betrieben und verteilt schließlich die konsumreifen Produkte an die Bevölkerung. Informationen fließen von „oben nach unten" als Befehle (Plansoll) und von „unten nach oben" als Auskünfte über tatsächlich erzielte Ergebnisse (Plan-Ist). Der Soll-Ist-Vergleich bildet dann die Basis für

Sanktionen: Die Zentrale gewährt bei (Über-)Erfüllung der Pläne Belohnungen (Orden, Prämien usw.) und erläßt Strafen (Rügen, Prämienentzug, Versetzungen usw.) bei unzureichender Einhaltung der Direktiven.

Im Modell der völlig freien *Marktwirtschaft* bleiben demgegenüber die Entscheidungen über den Einsatz der Produktionsfaktoren, über die Wahl der Produktionstechniken sowie über Umfang, Art und Verteilung der hergestellten Güter nicht einer zentralen Behörde, sondern den jeweiligen Wirtschaftssubjekten selbst überlassen, die im Rahmen übergeordneter Richtlinien (z. B. Sittengesetze) ausschließlich ihre egoistischen Ziele verfolgen. Regulator dieser auf den ersten Blick chaotisch anmutenden Form wirtschaftlichen Zusammenlebens ist der Marktmechanismus. Der Markt ist Träger sowohl der Informationen als auch der Sanktionen. Produzenten und Konsumenten geben mit ihrem Angebot und ihrer Nachfrage Auskünfte über ihre Tauschabsichten und reagieren zugleich auf die sich am Markt vollziehende Preisbildung so lange, bis alle individuellen Interessen und Wirtschaftspläne in Übereinstimmung sind. Dies wird erreicht durch materielle Sanktionen. Nur diejenigen Unternehmer erzielen Gewinne, die den Konsumentenwünschen folgen. Alle übrigen Hersteller werden mit Verlusten bestraft und zur Änderung ihrer Verhaltensweisen (Produktionspläne) veranlaßt.

2. Die Marktwirtschaft als gemischtes Lenkungssystem

Beide idealtypischen Lenkungssysteme sind in der Realität nun allerdings nirgends verwirklicht und in theoretisch reiner Form praktisch wohl auch kaum funktionsfähig. Zum einen benötigt die Zentralverwaltungswirtschaft beispielsweise einen derart umfassenden Informations- und Kontrollapparat, daß sie auf dezentrale wirtschaftliche Entscheidungen nicht völlig verzichten kann, und zum anderen zeitigt auch der Koordinationsmechanismus der freien Marktwirtschaft, wie noch ausführlicher zu zeigen sein wird, nicht immer und überall die erhofften Ergebnisse. Alle realen Wirtschaftssysteme sind daher notwendig *gemischte* Wirtschaftsordnungen, in denen sich zentrale und dezentrale Steuerungselemente gegenseitig ergänzen.

Ein Beispiel aus der sich nunmehr ergebenden Bandbreite vielfältigster Kombinationsmöglichkeiten ist die Konzeption der Sozialen Marktwirtschaft, die sich von anderen realen Typen (Konkurrenzsozialismus, Wirtschaft sowjetischen Typs usw.) hinsichtlich ihres Mischungsverhältnisses darin unterscheidet, daß in ihr das marktwirtschaftliche Ordnungsprinzip den Vorrang einnimmt.

Grundsätzlich, und dies ist ein erstes wichtiges Ergebnis, ruht demnach auch die Funktionsfähigkeit einer jeden Marktwirtschaft auf den beiden Säulen Marktmechanismus und Staatseingriffe. Diese Schlußfolgerung ist keineswegs neu, sondern war bereits dem oft als Begründer der Volkswirtschaftslehre bezeichneten Philosophen Adam *Smith* [1] bekannt. Mitte des 18. Jahrhunderts führte der Kritiker absolutistischer Herrschaftsausübung den Nachweis, daß die „unsichtbare Hand" des Marktes in der Lage ist, egoistische Bestrebungen zum „Wohle und Reichtum der Nationen" zu lenken. Damit konnte A. *Smith* seinen Glauben an die Nützlichkeit individueller Freiheit und Selbstverantwortung zwar sachlich begründen, gleichwohl hat er die Notwendigkeit zusätzlicher staatlicher Maßnahmen nicht übersehen. Der klassische wirtschaftliche Liberalismus verlangte keineswegs, wie oft behauptet wird, daß der Staat sich jeglicher Eingriffe enthalten müsse. A. *Smith* wies ihm beispielsweise so wichtige Aufgaben wie die Landesverteidigung und auch die soziale Fürsorge zu. Allerdings geriet diese Einsicht später oft in Vergessenheit und wich einem übertriebenen Glauben an die „Selbstheilungskräfte" des Marktes. Erst die Nachfolger der klassischen Lehre verurteilten mit ihrer Fehleinschätzung der Leistungsfähigkeit „reiner" marktwirtschaftlicher Systeme den Staat zum „Nachtwächterdasein". Soziale Mißstände (Kinderarbeit usw.) waren die Begleiterscheinungen dieser pauschalen Verdammung staatlicher Lenkungsmaßnahmen.

Der Staat ist in der Marktwirtschaft also kein „geduldetes Übel", sondern eine notwendige Voraussetzung ihrer Funktionsfähigkeit. Ein schwerwiegendes Problem ist allerdings die „richtige" Mischung beider Lenkungsarten, die weder leicht zu finden und zu verwirklichen, noch für alle Zeiten unveränderlich ist. Nachdem die *gesellschaftliche* Grundsatzentscheidung zugunsten einer freiheitlichen Lösung des Lenkungsproblems gefallen ist, steht das Prinzip indessen fest: In erster Linie soll der Preismechanismus die einzelwirtschaftlichen Pläne und Aktivitäten koordinieren. Damit umfaßt der Lenkungsanspruch des Marktes zuerst einmal ausnahmslos alle ökonomischen Handlungen, und nur sein nachweisliches Versagen begründet und rechtfertigt staatliche Eingriffe.

1 Titel des von Adam Smith 1776 veröffentlichten grundlegenden Werkes: „An Inquiry into the Nature and Causes of the Wealth of Nations"

III. DER MARKTMECHANISMUS: DIE WIRKUNGSWEISE DER UNSICHTBAREN HAND

1. Der Begriff des Marktes

Die bisherigen Erörterungen weisen bereits darauf hin, daß der Begriff des Marktes hier nicht im üblichen Verständnis der Umgangssprache verwendet wird. Aus ökonomischer Sicht ist der Markt eine abstrakte Funktion: Er soll die infolge der Arbeitsteilung unumgänglichen Tauschvorgänge regeln und die dahinter stehenden Verhaltensweisen der Marktteilnehmer im Interesse des „Gemeinwohls" steuern.

Ein Markt kann nur entstehen, wenn sich eine Gelegenheit des Zusammentreffens von Tauschwünschen bietet, wobei es jedoch nicht unbedingt auch zu ihrer Realisierung kommen muß. Solche Begegnungsmöglichkeiten eröffnen nicht allein Einkaufsstätten, Börsen oder Messen, sondern gleichfalls die heute im Wirtschaftsleben unentbehrlichen Kommunikationsmittel Telefon und Fernschreiber. Andererseits ist der Supermarkt nach Ladenschluß in diesem funktionellen Sinne kein Markt mehr, weil zu diesen Zeiten Angebot und Nachfrage hier nicht aufeinandertreffen können.

Der Markt ist also kein realer Ort (Marktplatz, Supermarkt usw.), sondern ein Lenkungsinstrument. Er ist allenfalls noch als eine fiktive Stätte der Kommunikation verständlich, wo Informationen über die Absichten der Verkäufer (Produzenten) und Käufer (Konsumenten) [2] zusammenfließen und als Angebot und Nachfrage in Erscheinung treten. Die beispielsweise in Zeitungsanzeigen zu findenden Bezeichnungen wie „Grundstücksmarkt", „Arbeitsmarkt" und „Geldmarkt" entsprechen noch am ehesten dieser Vorstellung, enthalten sie doch eine Zusammenstellung von Verkaufs- und Kaufbemühungen. Diesem Verhalten der Marktpartner gilt daher zunächst unser Interesse.

---

2 Die Gleichsetzung von Verkäufern und Produzenten einerseits sowie von Käufern und Konsumenten andererseits ist streng genommen nur auf den Märkten für konsumreife Produkte zulässig, wo sich Haushalte und Unternehmungen gegenüberstehen. Auf den Märkten für Zwischenprodukte und für Produktionsfaktoren (Arbeit, Kapital) treten die Unternehmungen auch als Nachfrager in Erscheinung. Die allgemeinen theoretischen Aussagen lassen sich jedoch ohne Schwierigkeiten analog anwenden.

2. Das Verhalten der Marktpartner

a) Das Verhalten der Anbieter

In der arbeitsteiligen Volkswirtschaft sind die Produzenten darauf angewiesen, ihre Produkte zum Verkauf anzubieten, wobei jeder Hersteller aus egoistischen Motiven einen möglichst hohen Gewinn erzielen möchte, andererseits aber nicht bereit und in der Lage ist, Verluste hinzunehmen. Glauben beispielsweise die Hersteller von Waschmaschinen, ihre Geräte für nicht mehr als 10,– DM veräußern zu können, werden sie erst gar nicht produzieren, weil angesichts dieser Marktlage Verluste unvermeidlich sind. Bei diesem geringen Marktpreis ist das Angebot an Waschmaschinen gleich Null.

Wenngleich die Unternehmungen, wie die Theorie meistens unterstellt, nicht immer ihre Gewinne maximieren, sondern in der Praxis eine breite Palette von Zielen (Erhaltung des Marktanteils, Schaffung eines „guten" Markennamens, Verbesserung der Liquidität usw.) verfolgen, bleibt die Feststellung gültig, daß private Betriebe auf Dauer nur so lange bestehen können, wie die Kosten [3] durch die Erlöse gedeckt sind. Die Güterpreise sind in der Marktwirtschaft eine entscheidende Kalkulationsbasis für die Produktions- und Absatzpläne der Unternehmungen.

Da nun die einzelnen Betriebe in der Regel mit unterschiedlichen Kosten arbeiten, werden sie auch verschiedene Vorstellungen über den Preis besitzen, den sie mindestens am Markt erhalten müssen, damit keine Verluste entstehen. Jeder höhere Preis ist ihnen selbstverständlich willkommen. Kann der „beste" (kostengünstigste) Waschmaschinen-Hersteller möglicherweise schon bei einem Verkaufspreis von 500,– DM mit Gewinn produzieren, so gelangen bei steigenden Preisen nach und nach immer mehr Unternehmungen in die Gewinnzone, bis schließlich auch der „schlechteste" Betrieb die Produktion frei von Verlusten aufnehmen kann. Allein Kostenüberlegungen führen demnach dazu, daß die Unternehmungen in ihrer Gesamtheit bei steigenden Preiserwartungen ihr Güterangebot ausdehnen [4]. Damit steht das „normale" [5] Verhalten der

---

3 Der sog. „Unternehmerlohn" und die Eigenkapitalverzinsung sind Kostenbestandteile. Beide zusammen werden auch als „Normalgewinne" bezeichnet. Die Produktion lohnt sich also auch, wenn der Gewinn genau gleich Null ist.

4 Dies gilt nur für einzelne Güter, nicht dagegen unbedingt bei allgemeinen Preissteigerungen (Inflation).

5 Ausnahmen von dieser Regel können hier nicht behandelt werden.

Anbieter fest: Die von allen Unternehmungen zusammen angebotene Menge eines bestimmten Gutes ist um so größer, je höher der Marktpreis ist.

Diese typische Reaktionsweise verdeutlicht die Angebotskurve (AT) in der Abbildung 1. Als zusammengefaßtes (aggregiertes) Ergebnis aller unternehmerischen Absatzpläne erteilt sie Auskunft darüber, zu welchem Preis (p) die Produzenten welche Menge (x) des betreffenden Gutes verkaufen möchten. So besagt beispielsweise der Punkt G (Abb. 1), daß

Abbildung 1:

Das „normale" Verhalten der Anbieter

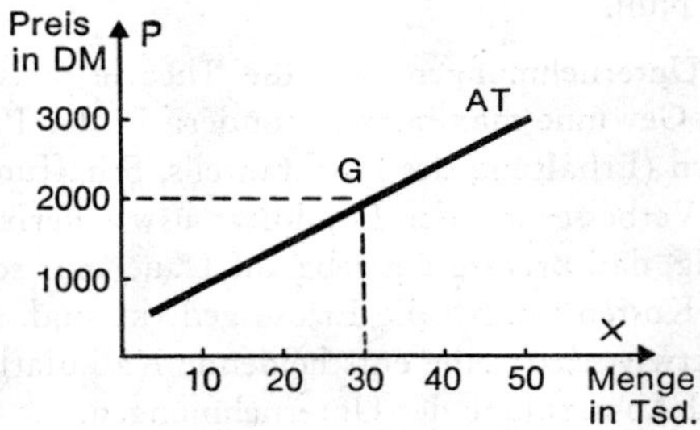

bei einem Verkaufspreis von p = 2000,– DM alle Hersteller insgesamt genau x = 30 000 Stück (etwa Waschmaschinen) produzieren und anbieten wollen.

Der sich dann im Zusammenspiel mit der Nachfrage tatsächlich einspielende Marktpreis hat für die Anbieter folgende Bedeutung: Während er alle „schlechten" Unternehmungen, die erst bei höheren Preisen kostendeckend produzieren können, als Bestrafung für ihre unzureichende Rentabilität zum Produktionsverzicht zwingt und vom Angebot ausschließt, belohnt er alle „guten" Hersteller wegen ihrer kostengünstigen Produktionsweise mit Gewinnen. Diejenigen Unternehmungen, die keine Verluste hinnehmen müssen, aber auch keine Gewinne erzielen können, sondern mit den Erlösen genau die Kosten abdecken, werden Grenzproduzenten genannt. Ein noch so geringer (dauerhafter) Preisrutsch verurteilt sie zum Marktaustritt.

In der *Auslesefunktion* des Marktpreises ist sein Sanktionscharakter deutlich erkennbar. Darin eingeschlossen ist der *Anreiz* für alle Anbieter, stets die besten Produktionsmethoden zu verwenden, um auch langfristig die Oberhand im Wettbewerb zu behalten. Hohe Gewinnchancen führen nicht allein zur Vollauslastung der Kapazitäten, sondern setzen auch *Signale für Investitionen* und locken möglicherweise sogar neue Anbieter an, sofern die Hemmnisse für den Markteintritt (z. B. Patentschutz, hohe Investitionskosten) nicht zu groß sind. Dynamische Unternehmer können der Entwicklung (technischer Fortschritt) neue Impulse verleihen und anpassungsschwache Betriebe verdrängen. Im Dienst an den Konsumenten sollen in der Marktwirtschaft stets nur die Leistungsfähigsten zum Zuge kommen.

Bereits an dieser Stelle sei darauf hingewiesen, daß dieses *Leistungsfähigkeitsprinzip* in seiner strengen Fassung heute in weiten Bereichen der Wirtschaft aufgehoben, zumindest aber eingeschränkt ist. Verantwortlich dafür sind einmal die Unternehmungen selbst, die durch Zusammenschlüsse (z. B. Krisenkartelle) Konkurse verhindern wollen, und zum anderen staatliche Eingriffe (z. B. Erhaltungssubventionen). Bei übergeordneten Zielen (z. B. nationale Sicherheit in der Versorgung) können derartige Schutzmaßnahmen auch durchaus angebracht sein.

b) Das Verhalten der Nachfrager

Die Interessen der Konsumenten sind denen der Produzenten genau entgegengesetzt gelagert. Sie wünschen aus egoistischen Motiven möglichst niedrige Güterpreise. Die individuellen Entscheidungen der Haushalte über Höhe und Struktur der Konsumausgaben sind dabei von zahlreichen Einflußfaktoren abhängig, so etwa von der Einkommenshöhe, der Sparwilligkeit, der aktuellen Bedarfsdringlichkeit, dem Prestigedenken, dem Gewohnheitsverhalten usw. Informationen über diese Entscheidungsgründe gelangen indessen direkt nicht auf den Markt. Die Marktnachfrage erteilt analog zum Angebot lediglich Auskunft darüber, zu welchem Preis die Nachfrager welche Menge des jeweiligen Gutes kaufen möchten.

Die Frage, welchen Preis jeder einzelne Haushalt für ein bestimmtes Gut zu zahlen bereit und in der Lage ist, wird für jede Wirtschaftseinheit je nach der individuellen Einkommens- und Präferenzsituation unterschiedlich zu beantworten sein. Gleichwohl lassen sich allgemeine Aussagen herleiten: Nur sehr wenige Haushalte können oder wollen beispielsweise für eine Waschmaschine den exklusiven Preis von 6000,– DM entrichten. Andererseits wird kaum jemand auf diese Anschaffung verzichten, sofern das Gerät für 10,– DM erhältlich ist. Demnach werden die Konsumenten in ihrer Gesamtheit um so mehr von einem Gut erwerben wollen (nachfragen), je kleiner der Kaufpreis ist. Diese Reaktionsweise gilt als „normales“ Verhalten [6] der Nachfrager, das die Nachfragekurve (NE) in der Abbildung 2 graphisch veranschaulicht.

Abbildung 2:
Das „normale“ Verhalten der Nachfrager

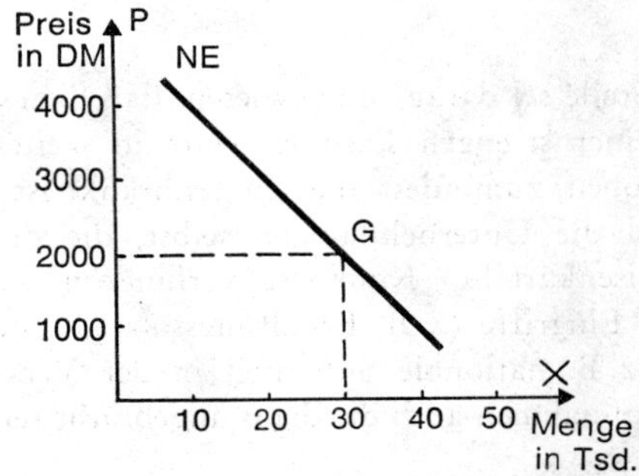

Der Punkt G (Abb. 2) besagt beispielsweise, daß bei einem Verkaufspreis (für Waschmaschinen) von p = 2000,– DM alle Haushalte zusammen x = 30 000 Geräte erwerben möchten. Einige Konsumenten sind zwar bereit, einen noch höheren Preis zu bezahlen [7], entrichten aber nur den für alle geltenden einheitlichen Marktpreis. Diese Nachfrager haben aus ihrer Sicht „günstig“ eingekauft. Der Vorteil, den sie daraus ziehen, daß sie das Gut zu einem geringeren Preis als ihrem Maximalangebot erwerben, wird *Konsumentenrente* genannt. Die Konsumentenrente erfüllt ähnliche Funktionen wie der Gewinn auf der Angebotsseite [8].

Anderen Haushalten ist dagegen der Marktpreis (2000,– DM) immer noch zu hoch. Sie verzichten auf den Kauf, weil sie das Geld entweder

---

6 Auf Ausnahmen von dieser Regel (z. B. snobistisches Verhalten) kann hier ebenfalls nicht eingegangen werden.

7 Beispielsweise können selbst für 4000,– DM noch 10 000 Waschmaschinen abgesetzt werden (Abb. 2).

8 Mit der sog. Preisdifferenzierung haben die Unternehmungen ein Instrument zur Abschöpfung der Konsumentenrente zur Verfügung. Die Produzenten können ihre Gewinne dadurch steigern, indem sie etwa zuerst hohe Preise fordern und nur die Kunden beliefern, die bereit sind, diese Preise zu bezahlen, und danach ihre Preise senken, um auch die übrigen Konsumenten zu bedienen.

nicht zur Verfügung haben oder lieber für andere Zwecke verwenden möchten. Diese Nachfrager gelangen daher auch nicht in den Vorteil des Waschmaschinenbesitzes, sondern werden über dem Marktpreis von der Nutzung des Gutes ausgeschlossen.

Auf der Nachfrageseite besteht der Sanktionscharakter des Marktpreises somit in der Konsumentenrente als „Belohnung“ und in dem Nutzungsausschluß als „Bestrafung“. Die marktwirtschaftliche Lenkung läßt nur leistungsfähige Nachfrager zum Zuge kommen, wobei *die Leistungsfähigkeit* sich hier nach der *Zahlungsfähigkeit* und *Zahlungsbereitschaft* bemißt.

Auch hier sei angemerkt, daß diese marktwirtschaftliche Einstellung unseren heutigen Gerechtigkeitsvorstellungen nicht immer entspricht und insbesondere aus sozialen Gründen eine Korrektur oder sogar Aufhebung des Sanktionsmechanismus' angeraten erscheinen läßt. Ein typisches Beispiel sind die sog. Sozialtarife. Darüber hinaus verliert das *Ausschlußprinzip* oftmals seine Gültigkeit. Bessert beispielsweise ein Hausbesitzer auf seine Kosten die vor seinem Grundstück verlaufende Straße aus, so gelangen auch die übrigen Benutzer in den Genuß dieser Maßnahme, ohne dafür einen Preis bezahlen zu müssen, es sei denn, der Hausbesitzer könne eine Gebühr erheben. Die Versorgung der Bevölkerung mit Gütern, bei denen das Ausschlußprinzip nicht gilt, führt bei reiner marktwirtschaftlichen Lenkung nicht unbedingt zu optimalen Ergebnissen. Hier sind staatliche Maßnahmen, wie später noch ausführlicher gezeigt wird, oft unentbehrlich.

3. Der Ausgleich von Angebot und Nachfrage

a) Das Marktgleichgewicht

Angesichts der diametral entgegengesetzten Interessen von Anbietern und Nachfragern mag man bezweifeln, es könne überhaupt zu einer beide Marktseiten befriedigenden Einigung gelangen. Bei den angegebenen „normalen“ Verhaltensweisen existiert auch tatsächlich nur eine Situation, das sog. *Marktgleichgewicht*, wo sich Konsumenten- und Produzentenwünsche in Übereinstimmung befinden. Um diese Marktlage zu verdeutlichen, sind die aus den vorangegangenen Abbildungen bereits bekannten Angebots- und Nachfragekurven als Symbol für das Aufeinandertreffen von Angebot und Nachfrage am Markt in einem Schaubild (Seite 178) vereint.

Abbildung 3:

Das Marktgleichgewicht

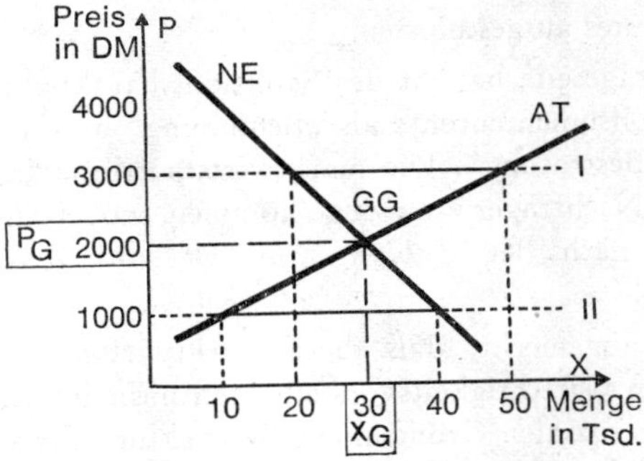

Man kann unmittelbar ablesen, daß nur im Schnittpunkt beider Geraden (Punkt GG) sämtliche Wirtschaftspläne der Marktteilnehmer in Erfüllung gehen: Nur zum Gleichgewichtspreis (p_G = 2000,– DM) wollen die Anbieter genau die Menge (x_G = 30 000) verkaufen, die die Nachfrager zu diesem Preis erwerben möchten. Bei jedem anderen Marktpreis stimmen die Tauschabsichten dagegen nicht überein. Liegt der tatsächliche Preis (z. B. p = 3000,– DM) über dem Gleichgewichtspreis, entsteht ein Angebotsüberschuß, weil die Anbieter eine größere Menge produzieren (x_{AT} = 50 000), als sie zu diesem Preis absetzen können (x_{NE} = 20 000). Die Differenz von 30 000 Geräten ist unverkäuflich. Umgekehrt entsteht ein Nachfrageüberhang (= Angebotsdefizit), wenn der Preis (z. B. p = 1000,– DM) unter dem Gleichgewichtspreis liegt.

In beiden Fällen stimmen die sich in den Kauf- und Verkaufsabsichten äußernden Wirtschaftspläne der Unternehmungen und Haushalte nicht überein: Der Markt befindet sich im Ungleichgewicht. Nur der Gleichgewichtspreis bewirkt, daß alle Marktteilnehmer, die zu diesem Preis kaufen bzw. verkaufen möchten, ihre Absichten voll verwirklichen können.

b) Der Marktautomatismus

Mit dem Nachweis, daß ein Gleichgewicht existiert bzw. existieren kann, ist allerdings die Arbeitsweise des Marktmechanismus noch nicht geklärt (Es sind durchaus Situationen denkbar, in denen ein Gleichgewicht entweder nicht existiert [die Angebots- und Nachfragekurve schneiden sich nicht] oder unbestimmt ist [die Kurven decken sich in bestimmten Bereichen]. Schließlich können noch mehrere Gleichgewichte existieren [mehrere Schnittpunkte]. Diese Spezialfälle bleiben hier unberücksichtigt). Wenn die marktwirtschaftliche Lenkung selbsttätig einen Ausgleich von Angebot und Nachfrage erzielen soll, muß sie in der Lage sein, jedes Ungleichgewicht zu bereinigen, und zwar ohne daß zusätzliche Steuerungsinstrumente erforderlich sind. Fragen wir also, welche Anpassungsreaktionen der Anbieter und/oder Nachfrager sich in ungleichgewichtigen Marktsituationen ergeben.

Die Situation I (Abb. 3) beschreibt einen Angebotsüberschuß. Bei einem Preis von p = 3000,– DM wollen die Anbieter insgesamt 30 000 Waschmaschinen mehr absetzen, als die Nachfrager zu kaufen wünschen. Es bilden sich unverkäufliche Läger. Die kostengünstigen Unternehmungen, die auch bei geringeren Preisen noch Gewinne erwirtschaften können, versuchen daraufhin, durch Preissenkungen ihren Absatz auszuweiten. Infolge der Preissenkungstendenzen steigt die Nachfrage, während das Marktangebot sinkt, weil nun einige Grenzproduzenten ausscheiden müssen. Beide Effekte zusammen führen in der Abbildung 3 zu einer Bewegung nach unten in Richtung des Schnittpunktes beider Geraden. Das Ergebnis ist eindeutig: Bei einem Angebotsüberschuß (= Nachfragedefizit) treten aufgrund der Konkurrenz zwischen den Anbietern Preissenkungstendenzen ein, die *automatisch* eine Bewegung zum Marktgleichgewicht auslösen.

In der Situation II (Abb. 3) wollen die Nachfrager zwar 40 000 Geräte kaufen, die Hersteller produzieren indessen nur 10 000 Waschmaschinen: Es entsteht ein Nachfrageüberschuß. Viele Konsumenten sind nun aber bereit, einen höheren Preis zu bezahlen. Die geringe Angebotsmenge könnte sogar für 4000,– DM abgesetzt werden. Die Nachfrager konkurrieren also um das knappe Gut und versuchen, durch Preisüberbietungen ein Gerät zu erwerben. Preissteigerungen bewirken, daß einige Nachfrager aussteigen. Zugleich dehnen die Unternehmungen das Angebot aus, weil nun weitere Hersteller verlustfrei produzieren können. Dies bedeutet in der Abbildung 3 eine Bewegung nach oben. Auch hier ist das Ergebnis eindeutig: Bei einem Nachfrageüberschuß (= Angebotsdefizit) treten aufgrund der Konkurrenz zwischen den Nachfragern Preissteigerungstendenzen ein, die *automatisch* eine Bewegung zum Marktgleichgewicht auslösen.

Demzufolge löst jede noch so geringe Abweichung vom Gleichgewicht, die sich in einem Angebots- oder Nachfragedefizit äußert, auf beiden Marktseiten direkte Anpassungsreaktionen aus, die zusammen auf einen Ausgleich von Angebot und Nachfrage via Preisänderungen hinwirken. Das marktwirtschaftliche Lenkungsinstrumentarium funktioniert in der gewünschten Weise. Das Marktgleichgewicht ist, ökonomisch formuliert, stabil [9].

4. Zwischenergebnis: Der Nachtwächterstaat

Mit der Stabilität des Gleichgewichts, die aus den Eigenschaften des freien Preismechanismus als Informations- und Sanktionssystem resultiert, ist die Wirkungsweise der marktwirtschaftlichen Koordination beschrieben. Offenbar vermag die unsichtbare Hand des Marktes gegensätzliche egoistische Bestrebungen im Interesse des Gemeinwohls selbsttätig zu lenken, bewirkt sich doch, um nur die wichtigsten theoretischen Ergebnisse zu nennen,

— daß alle Konsumenten und Produzenten, die zum Gleichgewichtspreis zu kaufen bzw. zu verkaufen bereit und in der Lage sind, ihre Tauschabsichten uneingeschränkt realisieren können, insofern weder unverkäufliche Angebotsüberschüsse noch unbefriedigte Nachfragewünsche verbleiben,

— daß die Produzenten letztlich nur diejenigen Güter herstellen und anbieten, die die Konsumenten nachfragen (Konsumentensouveränität),

— daß nur die kostengünstigsten Produktionsverfahren Anwendung finden (Rationalisierungsdruck, Durchsetzung des technischen Fortschritts), und

— daß eine bessere Versorgung der Bevölkerung mit dem betreffenden Gut als im Gleichgewicht unmöglich ist. Bei jedem anderen Preis ist der mengenmäßige Umsatz geringer: Entweder produzieren die Hersteller weniger (vgl. Situation I, Abb. 3) oder aber die Nachfrager kaufen weniger als die Gleichgewichtsmenge (vgl. Situation II, Abb. 3).

---

9 Bei „anomalen" Reaktionen der Marktteilnehmer, die im übrigen durchaus rational begründbar sind, können instabile Gleichgewichte existieren. Hier löst dann jede Abweichung vom Gleichgewicht Anpassungsreaktionen aus, die das Ungleichgewicht noch vergrößern. Dies kann man sich verdeutlichen, wenn man die Angebots- und Nachfragekurven in der Abb. 3 austauscht und die Situationen I und II interpretiert.

Diese Marktergebnisse kommen außerdem noch automatisch zustande, so daß staatliche Lenkungsmaßnahmen nicht nur entbehrlich, sondern sogar gefährlich erscheinen. Will der Staat etwa Höchst- oder Mindestpreise verordnen, die bewußt vom Gleichgewichtspreis abweichen [10], so entsteht unmittelbar ein Marktungleichgewicht. Mindestpreise rufen Angebotsüberschüsse (z. B. „Butterberg"), Höchstpreise dagegen Angebotsdefizite hervor. In beiden Fällen sind zusätzliche staatliche Maßnahmen erforderlich, damit die beabsichtigten Wirkungen der Preisreglementierung auch tatsächlich eintreten. Mindestpreise verfolgen in der Regel das Ziel der Einkommenssicherung bestimmter Produzentengruppen (z. B. im Sektor Landwirtschaft). Die Zielverwirklichung gelingt aber nur bei zusätzlichen staatlichen Absatzgarantien für die unverkäuflichen Produktionsüberschüsse. Folgekosten (z. B. Lagerhaltung) sind unausweichlich. Höchstpreise (Preisstopp) erfordern ebenfalls weitere Eingriffe. Eine „gerechte" Verteilung des knappen Gutes an die zu große Anzahl von Nachfragern ist nur durch entsprechende Maßnahmen (z. B. Rationierungssystem) zu bewerkstelligen. Schwarze und graue Märkte lassen sich dennoch wohl kaum völlig verhindern. Auf jeden Fall entstehen Überwachungskosten.

So scheint also jede Abweichung vom Gleichgewichtszustand der Volkswirtschaft insgesamt mehr Nachteile als Vorteile zu bringen. Die wirtschaftspolitische Konsequenz dieser „Einsicht" liegt auf der Hand: Staatliche Abstinenz lautet das Gebot, weil der Markt aus sich heraus bereits die beste Lösung des Lenkungsproblems für die Gesellschaft verbürgt. Die folgenden Abschnitte dienen dazu, diese Ansicht als Trugschluß zu entlarven und den Nachweis zu führen, daß staatliche Maßnahmen für die Funktionsfähigkeit der Marktwirtschaft unentbehrlich sind. Einige grundsätzliche Hinweise mögen dabei genügen. Andere Beiträge in diesem Handbuch vertiefen die hier aufzuzeigenden Grenzen der Leistungsfähigkeit der marktwirtschaftlichen Lenkung, deren Kenntnis ja eine notwendige Voraussetzung zur Identifizierung staatlicher Aufgabenbereiche in der Marktwirtschaft ist.

10 In diesem Fall sind Höchstpreise nur sinnvoll, wenn sie unter dem Gleichgewichtspreis liegen. Sonst sind sie überflüssig. Sie entsprechen der Situation II in der Abb. 3. Mindestpreise haben umgekehrt die in der Situation I beschriebene Wirkung. Die Festlegung von Höchstpreisen über und/oder von Mindestpreisen unter dem Gleichgewichtspreis verfolgt einen völlig anderen Zweck. Derartige Bandbreiten oder Margen (z. B. Wechselkurse oder Margentarife in der Verkehrswirtschaft) sollen zu starke Abweichungen vom Gleichgewicht verhindern. Sie schützen also das Gleichgewicht und heben es nicht auf.

IV. STAATLICHE EINGRIFFE: AUFGABENBEREICHE DER SICHTBAREN HAND

1. Die Sicherung der Stabilität

Der übertriebene Glaube an die (fast) unbegrenzte Leistungsfähigkeit der reinen marktwirtschaftlichen Koordination starb endgültig mit der Weltwirtschaftskrise. Hier zeigte sich erschreckend deutlich, daß die vielgerühmten Selbstheilungskräfte des Marktes nicht immer und überall in der Lage sind, jede ungleichgewichtige Situation selbsttätig zu bereinigen. Das Phänomen der Konjunktur zeugt davon, daß die bei einem Auseinanderfallen von Angebot und Nachfrage eintretenden Anpassungsreaktionen der Wirtschaftssubjekte oftmals nicht zur Abschwächung, sondern im Gegenteil noch zu Verschärfung des Ungleichgewichts beitragen. Verantwortlich dafür sind *gesamtwirtschaftliche Zusammenhänge.* Schränken beispielsweise die Unternehmungen bei einem Nachfragedefizit ihre Produktion ein, so braucht die Nachfrage selbst bei einer Senkung der Verkaufspreise dennoch nicht zu steigen. Sie kann infolge der Beschäftigungs- und Einkommensminderung auch weiter abnehmen und die Unternehmungen zu erneuten Produktionseinschränkungen veranlassen, die wiederum über den Einkommenseffekt zusätzliche Nachfrageausfälle bewirken. Die konjunkturellen Schwankungen beruhen auf derartigen, sich gegenseitig verstärkenden Prozessen. Hier ist eine Gegensteuerung unerläßlich, um negative Begleiterscheinungen (z. B. Unterbeschäftigung, Inflation) zu verhindern. *Keynes* führte schließlich den theoretischen Nachweis, daß bei ausschließlicher Lenkung durch den freien Preis- bzw. Lohnmechanismus Massenarbeitslosigkeit nicht allein eine vorübergehende Erscheinung sein muß, sondern durchaus von Dauer sein kann (Gleichgewicht bei Unterbeschäftigung).

Marktwirtschaftliche Systeme neigen also zu gesamtwirtschaftlichen *Instabilitäten.* Aus diesem Grund zählt die staatliche *Stabilisierungspolitik* heute zu den unumstrittenen Aufgabenbereichen der Wirtschaftspolitik. Ihren Niederschlag findet sie insbesondere in den sog. gesamtwirtschaftlichen Zielen: Sicherung der Vollbeschäftigung und der Preisniveaustabilität.

Ähnliches gilt auch für die *Wachstums- und Strukturpolitik.* Im wirtschaftlichen Entwicklungsprozeß weiten die einzelnen Branchen ihr Produktionsvolumen nicht im Gleichschritt aus, sondern sektorale Verschiebungen (Wachstumsbranchen, Schrumpfungsbranchen) sind notwendige

Begleiterscheinungen des Wirtschaftswachstums. Einige Anbietergruppen passen sich den veränderten Bedingungen aber entweder überhaupt nicht oder nur verspätet an, mit der Folge, daß Angebot und Nachfrage in ganzen Wirtschaftsbereichen für einen längeren Zeitraum nicht übereinstimmen.

Eine Ursache der mangelhaften Flexibilität des Angebots liegt darin, daß viele Grenzunternehmungen trotz Verluste nicht aus dem Markt scheiden, obwohl keine Hoffnung auf eine dauerhafte Besserung der Marktlage besteht. Die marktwirtschaftlichen Sanktionen werden nicht nur ignoriert, sondern sogar als Begründung für die Forderung nach Subventionen herangezogen. Die Auswirkungen solcher Strukturkrisen treffen meist weite Bevölkerungskreise. Hier muß die unzulängliche marktwirtschaftliche Steuerung nicht zuletzt aus politischen Gründen zur Vermeidung größerer sozialer Unruhen durch staatliche Lenkungsmaßnahmen ergänzt oder sogar ersetzt werden. Gleichwohl dürfen die Unterstützungsmittel (z. B. Subventionen) nicht darauf abzielen, überkommene Strukturen zu konservieren (sog. Erhaltungssubventionen). Vielmehr sollten sie helfen, die unumgänglichen Anpassungsprozesse reibungslos zu beschleunigen. Die andauernde Verhinderung eines Gleichgewichts von Angebot und Nachfrage ist für die Gesellschaft letztlich teurer als eine rechtzeitige, gezielte Förderung.

Die Konjunkturpolitik soll kurzfristige, die Wachstums- und Strukturpolitik dagegen langfristige Instabilitäten vermeiden, die der Markt allein nicht hinreichend schnell und wirksam bewältigen kann. Beide staatlichen Aufgabenbereiche ergänzen sich gegenseitig und bilden zusammen einen schützenden Rahmen für den freien Marktmechanismus. Ohne die Sicherung der gesamtwirtschaftlichen Stabilität durch den Staat könnte sich kein funktionsfähiger Wettbewerb entfalten und die Marktwirtschaft wäre zum Scheitern verurteilt.

2. Das Problem der externen Effekte

Ausschlaggebend für das Marktangebot ist die Kalkulation der Unternehmungen, wobei nur diejenigen Kosten in die Berechnungen eingehen die die Produzenten selbst zu tragen haben. Diese *privaten Kosten* sind aber nicht immer mit den *gesamtwirtschaftlichen Kosten* identisch. Leite beispielsweise ein Betrieb ungeklärte Abwässer in einen Fluß, so entstehen bei der Verhinderung oder Beseitigung von Folgewirkungen (Fischsterben, Bau von Kläranlagen usw.) zusätzliche Kosten, die nicht der verursachende Produzent, sondern die Allgemeinheit trägt. Hier gelingt es der Unternehmung, ihre Produktionskosten zu Lasten der Gesellschaft zu senken und damit ihre Gewinne zu steigern. Derartige Vorteile der Unternehmung, die nicht in ihrer Leistungsfähigkeit begründet liegen, und für die sie auch keine finanziellen Aufwendungen tätigen muß, nennt man externe Vorteile (Ersparnisse). Umgekehrt haben andere Betriebe externe Nachteile (Kosten), so etwa die Flußfischer, deren Existenz infolge der Gewässerverunreinigung möglicherweise sogar bedroht ist. Ein weiteres Beispiel für *externe Effekte* sind die vor allem in der regionalen Strukturpolitik eine wichtige Rolle spielenden Standortvorteile bzw. -nachteile der Unternehmungen.

Externe Nachteile bedeuten eine unverschuldete Benachteiligung, externe Vorteile dagegen eine unverdiente Bevorzugung der betroffenen Unternehmungen bei der Produktion und beim Angebot. Sie verfälschen den marktwirtschaftlichen Sanktionsmechanismus und führen aus gesamtwirtschaftlicher Sicht zu nicht-optimalen Ergebnissen. Korrigierende staatliche Eingriffe sind unerläßlich, wenn es zu schwerwiegenden Fehlentwicklungen kommt. Der Umweltschutz ist das derzeit wohl gravierendste Beispiel.

Verzerrungen des marktwirtschaftlichen Gleichgewichts entstammen allerdings nicht ausschließlich der Angebotsseite, sondern gleichfalls der Nachfrageseite. Was geschieht beispielsweise, wenn eine Minderheit bekundet, sie lege keinen Wert auf Verbrechensverhütung und -bekämpfung und sei daher nicht bereit, auch nur einen (Steuer-)Pfennig für die Polizei zu bezahlen? Wird der Polizeischutz dennoch beibehalten, etwa weil die Mehrheit dies wünscht, so gelangt auch die ablehnende Minderheit in den Vorteil dieses Gutes (z. B. weniger Überfälle infolge der Abschreckung), ob sie es will oder nicht. Die Minderheit kann über den zu bezahlenden Preis nicht von seiner Nutzung ausgeschlossen werden. Weil das Ausschlußprinzip keine Gültigkeit besitzt, kann jeder, selbst wenn er den Wert der Polizei sehr hoch einschätzt, im Vertrauen darauf, daß einige schon zur Zahlung bereit sein werden, einen eigenen Beitrag verweigern, ohne daß ihm daraus ein Schaden entsteht.

Weitere Beispiele für die völlige oder teilweise *Nichtgültigkeit des Ausschlußprinzips* sind die rechtsstaatliche Ordnung, die Landesverteidigung, Infrastrukturmaßnahmen wie Deichbau, Straßenbau usw. In all diesen Fällen ist der einzelne Bürger aus durchaus rationalen Gründen nicht bereit, seine „wahren" Präferenzen zu bekunden. Die geäußerte Nachfrage ist gegenüber den (unbekannten) tatsächlichen Wünschen und Bedürfnissen der Bevölkerung verfälscht. Das marktwirtschaftliche Informations- und Sanktionssystem versagt. Hier liegt eine ökonomische Begründung dafür, die Bereitstellung solcher *öffentlichen Güter* in den Aufgabenkomplex des Staates einzureihen.

3. Die Wettbewerbspolitik

Der ökonomische Wettbewerb zwischen den Marktteilnehmern ist weder ein von selbst entstehender, noch ein sich selbst erhaltender Prozeß. Jede Wirtschaftsordnung muß vielmehr permanent gegen die Versuche, diese Ordnung zu umgehen und zu beseitigen, geschützt werden. Hieraus erwächst die Notwendigkeit einer Förderung und Erhaltung des freiheitlichen Wettbewerbs. Staatliche Maßnahmen zur Sicherung und zur Herstellung der Funktionsweise marktwirtschaftlicher Lenkungssysteme sind daher unerläßlich (Ordnungspolitik, Wettbewerbspolitik). Herrscht über diese Feststellung noch Einigkeit, so befinden sich die wettbewerbspolitischen Ansatzpunkte und Zielrichtungen teilweise im Widerstreit der Meinungen. Zündstoff liefert insbesondere die unterschiedliche Beurteilung der Unternehmenskonzentration.

Zuerst einmal gilt zu bedenken, daß die im Zusammenhang mit der Darstellung des Marktmechanismus gewonnenen Aussagen im wesentlichen einem relativ einfachen Marktmodell entstammen, dem Modell der sog. *vollständigen Konkurrenz.* Es erlaubt sicherlich wesentliche Einblicke in die grundlegende Arbeitsweise des Marktes, gleichwohl hat es – wie jedes Modell – nur einen begrenzten Aussagewert. Die praktische Güte theoretischer Erkenntnisse hängt dabei nicht zuletzt von der Frage ab, ob und inwieweit die theoretischen Annahmen (Modellprämissen) mit der Wirklichkeit übereinstimmen.

Das Modell der vollständigen Konkurrenz basiert unter anderem auf der Voraussetzung, daß viele kleine Anbieter und Nachfrager auf einem Markt existieren, die alle nur einen geringen verschwindenden Marktanteil besitzen. Niemand verfügt über eine spürbare Marktmacht. Diese machtfreie sog. *polypolistische* (auch: *atomistische*) Marktform, deren Verwirklichung lange Zeit das erklärte Ziel der Wettbewerbspolitik war, findet sich in der Realität jedoch nur in Ausnahmefällen und kann darüber hinaus auch wohl kaum als erstrebenswerte Form des Wettbewerbs bezeichnet werden. Viele kleine Anbieter sind beispielsweise nicht in der Lage, die dynamischen Funktionen des Wettbewerbs zu erfüllen. Die oft kostspielige Erforschung und Entwicklung neuer Produkte und neue Produktionstechniken zur Durchsetzung des technischen Fortschritts sind ihnen nicht möglich. Die „Schlafmützenkonkurrenz" im Polypol kann einen funktionsfähigen, dynamischen Wettbewerb nicht gewährleisten und ist daher aus ökonomischen Gründen als Leitbild abzulehnen.

Die geringe praktische Bedeutung der vollständigen Konkurrenz kann durch die Produktenvielfalt in marktwirtschaftlichen Ordnungen noch untermauert werden. Die Unternehmungen versuchen bewußt, sich durch entsprechende Ausgestaltung ihrer Produkte in den Augen der Nachfrager von den Angeboten der Konkurrenten abzuheben. Mit ihrem absatzpolitischen Instrumentarium „spalten" sie den Markt und verschaffen sich eine monopolähnliche Situation, die sie allerdings nur in mehr oder weniger engen Grenzen ausnutzen können. Zu hohe Preisforderungen veranlassen die Käufer, auf „ähnliche" Produkte anderer Hersteller auszuweichen. Die Anbieter stehen untereinander in *monopolistischer Konkurrenz*. Infolge der fast immer vorhandenen Austauschmöglichkeit (Substitution) von Gütern sind im übrigen absolute („reine") Monopole äußerst selten.

Die Marktform der monopolistischen Konkurrenz läßt sich vom *Oligopol* (wenige Anbieter) praktisch kaum unterscheiden. Theoretische und empirische Untersuchungen bestätigen, daß im Oligopol weitgehende Preisruhe bzw. eine gleichförmige Preisgestaltung vorherrscht. Der Wettbewerb verlagert sich auf andere Formen (Qualitätswettbewerb, Werbung usw.), die in den Augen der Konkurrenten als weniger aggressiv erscheinen und nicht zum direkten, sofortigen Gegenschlag herausfordern. Der Preis wird nur selten als strategisches Mittel eingesetzt. Dennoch fechten Oligopolisten oftmals einen erbitterten Kampf um höhere Marktanteile aus, gleichzeitig neigen sie aber auch zu wettbewerbseinschränkenden Praktiken, die von der stillschweigenden oder offenen Verhaltensabstimmung bis hin zu Kartellen und Fusionen reichen.

Die in einigen Wirtschaftsbereichen inzwischen weit vorangeschrittene Unternehmenskonzentration läßt sich nicht leugnen. Ihre Beurteilung ist jedoch außerordentlich schwierig. Eine gewisse Mindestgröße erscheint erforderlich, um eine dynamische Funktionsweise der Marktwirtschaft zu ermöglichen, wobei auch internationale Erwägungen eine Rolle spielen können. Empirische Analysen lieferten bislang aber keinen eindeutigen Beweis dafür, daß Großunternehmungen den Klein- und Mittelbetrieben in ihrer ökonomischen Leistungsfähigkeit generell überlegen sind. Verallgemeinerungen sind hier unzulässig. Selbst wenn einige Tatbestände für Effizienzvorteile (Massenproduktionsvorteile usw.) bei Großbetrieben sprechen sollten, müssen Monopole und mächtige Konzerne auf Widerstand stoßen, wobei nicht allein ökonomische (wettbewerbspolitische), sondern auch gesellschaftspolitische Gründe den Ausschlag geben. Hier ist die Gefahr einer unkontrollierbaren mißbräuchlichen Ausnutzung der ökonomischen Macht, die weit in den politischen Raum ausstrahlt, zu groß. Die Mißbrauchsaufsicht durch den Staat ist eine Mindestforderung an die Wettbewerbspolitik.

Wenngleich die Anbieterzahl auf einem Markt nicht alleiniges Kriterium für die Funktionsfähigkeit des Wettbewerbs sein sollte, gilt es dennoch einen Mittelweg zwischen den beiden Extremen Polypol und Monopol zu finden. Konkrete und praktikable Vorstellungen über diesen Mittelweg besitzen derzeit jedoch weder die Wettbewerbstheoretiker noch die -politiker, was indessen nicht heißt, daß die Wettbewerbspraxis in der Bundesrepublik völlig unzureichend sei. Die präventive Fusionskontrolle und die Zulassung von Bagatellkartellen, um nur zwei Beispiele zu nennen, zeugen von den Bemühungen des Staates, den Marktmechanismus funktionsfähig zu gestalten und zu erhalten.

4. Das Marktgleichgewicht, eine gesellschaftliche Norm?

Nach dem Ordnungsprinzip der Marktwirtschaft sind staatliche Eingriffe erlaubt, wenn das freie Spiel der Kräfte für die Gesellschaft „unerwünschte“ Ergebnisse liefert. Dies kann selbst dann eintreten, wenn der Marktmechanismus frei von den beschriebenen Instabilitäten und Verzerrungen ein stabiles Gleichgewicht herstellt. Ökonomisch optimale Ergebnisse sind keineswegs mit gesellschaftlich optimalen Zuständen stets identisch. Das wohl prägnanteste Beispiel dafür ist der Arbeitsmarkt.

Bei reiner marktwirtschaftlicher Lenkung erhalten nur diejenigen Arbeitnehmer (= Anbieter) eine Beschäftigung und ein Einkommen, die zum gleichgewichtigen Lohnsatz zur Arbeit bereit und in der Lage sind. Das Problem sind in erster Linie nicht die Arbeitsunwilligen, sondern die Arbeitsunfähigen (z. B. Kranke, Rentner), die unter diesen Umständen nicht einmal ein Existenzminimum erhalten, weil sie keine Marktleistungen erbringen. Die Verwirklichung eines solch strengen Leistungsprinzips wird abgelehnt, weil sie nicht dem heutigen Gerechtigkeitsverständnis entspricht. Gerade in der Sozialen Marktwirtschaft ist die Notwendigkeit der sozialen Fürsorge durch den Staat unbestritten.

Ähnliches gilt in zahlreichen anderen Fällen, so etwa in der (Schul-)Ausbildung, wo eine marktwirtschaftliche Lösung nur diejenigen in den Genuß einer Ausbildung gelangen ließe, die den sich einstellenden Marktpreis bezahlen könnten und wollten, ein nach heutigem Verständnis ebenfalls „unerwünschtes" Ergebnis für die Gesellschaft. In all diesen Beispielen könnte der Marktmechanismus (Ausschlußprinzip) möglicherweise funktionieren, *er soll es indessen nicht*.

Die enge Verzahnung von Wirtschaft und Gesellschaft, die bereits bei der Monopolkontrolle sichtbar wurde, ist hier offenkundig. Das Marktgleichgewicht, selbst wenn es realisiert werden kann, ist keine unbedingte gesellschaftliche Norm. Die Marktergebnisse bedürfen immer noch einer stillschweigenden oder ausdrücklichen Beurteilung im Lichte gesellschaftlicher Wertvorstellungen. Die Verletzung übergeordneter Ziele (Gerechtigkeit, soziale Sicherheit, Chancengleichheit usw.) kann als Begründung für staatliche Korrekturen am wirtschaftlichen Gleichgewichtszustand dienen.

Ein zweifellos bedeutendes Problem ist hierbei die Art und Weise der Feststellung, wann die Marktergebnisse aus gesellschaftlichen Gründen „unerwünscht" sind. Diese oft strittige Frage kann nur im demokratischen Willensbildungsprozeß geklärt werden. Keinesfalls aber ist die Notwendigkeit einer gesellschaftlichen Beurteilung ein Freibrief für jegliche Eingriffe in den freien Marktprozeß. Auch die Freiheit der wirtschaftlichen Betätigung ist ein wichtiges gesellschaftspolitisches Ziel, das ohne schwerwiegende Gründe nicht eingeschränkt oder sogar gänzlich aufgegeben werden sollte.

V. DIE MARKTWIRTSCHAFT ALS DYNAMISCHE WIRTSCHAFTSORDNUNG

Soviel Freiheit wie möglich, soviel Planung wie nötig. Diese Formel umschreibt schlagwortartig das Lenkungsprinzip jeder realen Marktwirtschaft, deren Funktionsweise auf das Zusammenspiel von Marktmechanismus und Staatseingriffen beruht. Die Formel enthält aber keine Hinweise auf das beste Mischungsverhältnis, das aufzufinden nun allerdings auch kein einmalig zu lösendes Problem sein kann. Mit den Wandlungen gesellschaftlicher Werte und Ziele verändern sich gleichermaßen die Vorstellungen über Art und Umfang staatlicher Aufgaben. Die Schaffung einer gerechteren Einkommens- und Vermögensverteilung, die Mitbestimmung und der Umweltschutz sind nur einige Beispiele für Neuorientierungen. Daher ist die Gestaltung der Wirtschaftsordnung auch keine Aufgabe, die zum Abschluß gebracht werden könnte, sondern ein der historischen Entwicklung unterworfener *permanenter Vorgang*, der Veränderungen in der Gewichtung beider Lenkungsformen einschließt. Öffentliche Armut bei privatem Reichtum ist ebenso unerwünscht wie öffentlicher Reichtum bei privater Armut.

Der Umfang staatlicher Aktivitäten ist in der Vergangenheit zweifellos gestiegen. Hierin eine Gefahr für die Marktwirtschaft zu sehen, ist allerdings zu einseitig. Zwar kann Planung die Freiheit verdrängen, doch verfolgt sie oftmals das entgegengesetzte Ziel: Die Erhaltung und Stärkung der Freiheit. Die beispielhafte, keineswegs erschöpfende Aufzählung staatlicher Aufgaben, die für die Funktionsfähigkeit der Marktwirtschaft unabdingbar sind, hat dies deutlich bewiesen.

Die Soziale Marktwirtschaft beherbergt sicherlich einige Ungereimtheiten und Unzulänglichkeiten, die zu „unerwünschten" Ergebnissen führen. Die häufig zu hörenden Einwände gegen die Marktwirtschaft sind daher oftmals berechtigt und begründen tatsächlich die Notwendigkeit staatlicher Korrekturen. Anlaß zur Forderung nach einer Systemüberwindung geben die Mängel indessen nicht. Unzureichende Marktergebnisse haben ihre Ursache nämlich häufig in einer mangelhaften Konkurrenz und lassen in erster Linie eine Stärkung des Wettbewerbs angeraten erscheinen, und nicht sein Ersatz durch staatliche Lenkung. Die Zielrichtung der staatlichen Maßnahmen ist hier genau entgegengesetzt: Nicht Planung an die Stelle der Freiheit, sondern Planung im Dienste der Freiheit muß die Forderung lauten.

VI. ZUSAMMENFASSUNG

1. Die arbeitsteilige Produktionsweise, die eine gegenseitige Abhängigkeit der Wirtschaftssubjekte bewirkt, ist Ursache des Lenkungsproblems. Es besteht in der Aufgabe, mit den knappen Mitteln den Bedarf der Bevölkerung an Waren und Dienstleistungen bestmöglich zu decken.
2. Zur Lösung des Lenkungsproblems, das sich in allen Volkswirtschaften stellt, ist ein Koordinationsmechanismus erforderlich, der

die individuellen wirtschaftlichen Aktivitäten im Interesse des Gemeinwohls aufeinander abstimmt. Ein Koordinationsmechanismus besteht aus einem Informations- und Sanktionssystem. Die konkrete Ausgestaltung dieser Instrumente ist von Wirtschaftsordnung zu Wirtschaftsordnung unterschiedlich.

3. Jede reale Wirtschaftsordnung enthält dezentrale und zentrale Steuerungselemente in einem bestimmten (typischen) Mischungsverhältnis. Auch die Funktionsweise einer Marktwirtschaft beruht notwendig auf dem Zusammenspiel von marktwirtschaftlicher und staatlicher Lenkung, wobei dem Preismechanismus allerdings der Vorrang gebührt. Erst das nachweisliche Versagen des Marktes rechtfertigt staatliche Maßnahmen.

4. Aus ökonomischer Sicht ist der Markt kein realer Ort, sondern eine abstrakte Funktion. Er soll die infolge der Arbeitsteilung unumgänglichen Tauschvorgänge regeln. Die Verhaltensweisen (Wirtschaftspläne) der Markteilnehmer treten auf dem Markt als Angebot und Nachfrage in Erscheinung.

5. Gewinnchancen verkörpern für die Produzenten den Anreiz, stets die kostengünstigsten Produktionsverfahren zu verwenden. Unrentable Unternehmungen müssen aus dem Markt ausscheiden. Im Dienst an den Konsumenten sollen in der Marktwirtschaft nur die Leistungsfähigsten zum Zuge kommen.

6. Bei den Nachfragern bemißt sich die Leistungsfähigkeit nach der Zahlungsfähigkeit und Zahlungsbereitschaft. Nachfrager, die entweder nicht in der Lage oder nicht bereit sind, den Marktpreis zu entrichten, werden von der Nutzung des Gutes ausgeschlossen.

7. Im Marktgleichgewicht stimmen (definitionsgemäß) die Tauschwünsche der Anbieter und Nachfrager überein. Alle Marktteilnehmer, die zum Gleichgewichtspreis kaufen bzw. verkaufen wollen, können ihre Absichten (Mengenentscheidungen) voll realisieren.

8. Jede Abweichung vom Gleichgewichtszustand, die sich in einem Angebots- oder Nachfragedefizit (bzw. -überschuß) äußert, löst Anpassungsreaktionen bei den Makrtpartnern aus, die auf einen Ausgleich von Angebot und Nachfrage hinwirken. Bei sog. „normalen" Verhaltensweisen sorgt das marktwirtschaftliche Lenkungssystem stets selbsttätig für ein stabiles Gleichgewicht.

9. Das stabile Marktgleichgewicht ist ein ökonomisch optimaler Zustand. Gleichwohl können staatliche Eingriffe in den freien Preismechanismus erforderlich sein, und zwar
   - zur Verhinderung kurz- und langfristiger Instabilitäten, die infolge gesamtwirtschaftlicher Zusammenhänge auftreten,
   - zur Beseitigung von Verzerrungen des ökonomischen Gleichgewichts, deren Ursache externe Effekte sind, die das marktwirtschaftliche Informations- und Sanktionssystem (teilweise) außer Kraft setzen,
   - zur Förderung und Erhaltung eines freiheitlichen funktionsfähigen Wettbewerbs und
   - zur Aufhebung der marktwirtschaftlichen Lenkung, sofern übergeordnete gesellschaftspolitische Zielsetzungen durch die Marktergebnisse verletzt werden.

   Die Funktionsweise der Marktwirtschaft verlangt insgesamt keinen „Nachtwächterstaat", sondern einen starken Staat, der sich seiner Aufgaben bewußt ist.

10. Die Gestaltung der Wirtschaftsordnung ist ein dynamischer Vorgang und schließt bei veränderten gesellschaftlichen Werten und Zielen eine Veränderung des Mischungsverhältnisses zwischen zentraler und dezentraler Steuerung der individuellen Aktivitäten ein. Die zweifellos (immer) vorhandenen Mängel der Sozialen Marktwirtschaft geben indessen keinen Anlaß zur Überwindung des Systems. Sie lassen vielmehr in den meisten Fällen eine Stärkung der marktwirtschaftlichen Lenkung angeraten erscheinen. Aus diesem Blickwinkel steht dann die staatliche Planung im Dienste der freiheitlichen Wirtschaftsordnung.

VII. KONTROLLFRAGEN

1. Was ist Ursache und was ist Inhalt des Lenkungsproblems?
2. Welche idealtypischen Lösungen des Lenkungsproblems gibt es?
3. Wie lautet das Lenkungsprinzip der realen Marktwirtschaft als „gemischte" Wirtschaftsordnung?
4. Ist der Markt aus ökonomischer Sicht ein realer Ort (Marktplatz usw.)?

5. Wie treten die individuellen Wirtschaftspläne am Markt in Erscheinung?
6. Welche Informationen enthalten Marktangebot und Marktnachfrage?
7. Wie reagieren „normalerweise" die Anbieter und Nachfrager auf Preisänderungen? Begründen Sie die Verhaltensweisen mit dem Sanktionscharakter des Marktpreises!
8. Was ist ein Marktgleichgewicht?
9. Welche Anpassungsreaktionen der Marktpartner ergeben sich im Ungleichgewicht? Ist das Marktgleichgewicht stabil?
10. Welche Wirkungen haben staatlich vorgeschriebene Höchst- oder Mindestpreise, die vom Gleichgewichtspreis abweichen? Sind derartige Eingriffe in den freien Marktmechanismus gerechtfertigt?
11. Sind reine marktwirtschaftliche Systeme frei von (gesamtwirtschaftlichen, sektoralen) Instabilitäten?
12. Was sind externe Effekte? Welche Bedeutung haben sie für die Funktionsweise der marktwirtschaftlichen Lenkung?
13. Ist die Marktform des „Polypols" ein geeignetes Leitbild für die Wettbewerbspolitik? Welche Marktformen finden sich in der Wirklichkeit am häufigsten?
14. Soll bzw. kann der Staat jegliche Marktmacht verhindern?
15. Gibt es neben dem Preiswettbewerb noch andere Formen der Konkurrenz (zwischen Anbietern)?
16. Ist das ökonomische Marktgleichgewicht eine gesellschaftspolitische Norm, die unter allen Umständen einzuhalten ist?
17. Ist eine Zunahme staatlicher Aktivitäten notwendig eine Gefahr für die Soziale Marktwirtschaft? Ist auch das Gegenteil denkbar?

VIII. LITERATURHINWEISE

Cassel, D., Gutmann, G., Thieme, H. J., 25 Jahre Marktwirtschaft in der Bundesrepublik Deutschland. Konzeption und Wirklichkeit, Stuttgart 1972.

Erhard, L., Müller-Armack, A., Soziale Marktwirtschaft. Ordnung der Zukunft. Manifest '72, Ullstein Nr. 647, Frankfurt/M., Berlin, Wien 1972.

Häuser, K., Volkswirtschaftslehre, Fischer Bücherei, Funk-Kolleg Bd. 2, Frankfurt/M., Hamburg 1967.

Lampert, H., Die Wirtschafts- und Sozialordnung der Bundesrepublik Deutschland, Geschichte und Staat Bd. 107/108, München, Wien 1973.

Müller-Armack, A., Wirtschaftsordnung und Wirtschaftspolitik, Freiburg 1966.

Hans Harnoß

Der Wirtschaftskreislauf

INHALT

Bei der Betrachtung gesamtwirtschaftlicher Zusammenhänge wird die Kreislauftheorie als ein besonderer Zweig der Allgemeinen Volkswirtschaftslehre angesehen, obwohl hier weniger mit Gesetzmäßigkeiten als vielmehr mit Definitionen gearbeitet wird. Entsprechende Darstellungen und Zusammenhänge werden daher gelegentlich auch nur als „Systeme von Definitionen (betrachtet), die es ermöglichen, die Einkommens- und Güterströme einer Volkswirtschaft in einer Periode zu erfassen ... Sie erklären nichts. Sie halten ökonomische Geschehnisse nur statistisch fest“ [1]. Ungeachtet dessen [2], hat sich – nachdem 1758 erstmals eine zusammenfassende Schau aller Wirtschaftsvorgänge eines Landes konzipiert wurde – eine umfangreiche statistische, wirtschaftstheoretische und wirtschaftspolitische Problematik zu diesem Bereich der Volkswirtschaftslehre entwickelt.

I. STRUKTUR DES WIRTSCHAFTSKREISLAUFS

Nach einer Darstellung des Grundphänomens von Kreislauffaktoren sollen zunächst wichtige Definitionen und ein für die ganze Kreislauftheorie geltender Grundsatz erörtert werden.

1. Güter- und Geldkreislauf

Die gesamte wirtschaftliche Tätigkeit gleich welcher Art wird umfaßt von den zwei Spannungspolen *Produktion* und *Verbrauch:* der eine produziert, der andere (so in der arbeitsteiligen Volkswirtschaft – sonst der Produzent selbst) verbraucht das Produkt. Dieses hat einen Wert und wird daher nicht ohne Gegenleistung – von Schenkung oder Erbschaft als juristischer Sonderform einmal abgesehen – abgegeben; mithin ist der „gegenseitige Austausch von Gütern und Dienstleistungen zwischen den Wirtschaftseinheiten“ [3] als das Grundphänomen einer jeden arbeitsteiligen Volkswirtschaft anzusehen.

---

1 Siebert, Horst: Einführung in die Volkswirtschaftslehre, Teil II: Geld-, Volkseinkommens- und Wachstumstheorie. Stuttgart, Berlin, Köln, Mainz 1970, S. 16.

2 Man kann auch dahingehend unterscheiden, daß es sich bei einer ex post-Analyse um ein Kreislaufschema, bei Problemen der ex ante-Prognose um Kreislauftheorie handelt. (Vgl. Geigant, Friedrich u. a.: Der Milliardenkreislauf. München, Wien 1972, S. 24.)

3 Krelle, Wilhelm: Volkswirtschaftliche Gesamtrechnung einschließlich input-output-Analyse mit Zahlen für die Bundesrepublik Deutschland. 2. Aufl., Berlin 1967, S. 17.

a) Leistung und Gegenleistung

Gibt das Wirtschaftssubjekt 1 einen Wert (50) an das Wirtschaftssubjekt 2 und empfängt von diesem wiederum einen Wert (50), so ist durch diesen Tausch ein Kreislauf geschaffen worden.

Unter Berücksichtigung der beiden wichtigen Faktoren „Produktion" und „Verbrauch" sind zwei Wirtschaftsgruppen zu nennen: die wirtschaftliche Einheit Unternehmung für die Produzenten als die Gruppe, die nur produziert und bestrebt ist, ihre Produkte (Güter) abzusetzen und die Einheit Haushalt für die Verbraucher. Gegenleistung für die Hingabe eines bestimmten Gutes wird in der Regel durch einen Geldausgleich erbracht. Es sind innerhalb des Wirtschaftskreislaufs zwei Ströme festzustellen, die einander entgegenlaufen [4]:

1. der Güter/Leistungs- oder „reale" Strom,
2. der Geld- oder „monetäre" Strom.

Zu 1:

Die Lieferung von Gütern und Dienstleistungen durch die Unternehmen wird zum Bezug derselben durch die Haushalte. „Umschlagplatz" hierfür sind die Waren- und Dienstleistungsmärkte, während auf den Arbeits-, Boden- und Kapitalmärkten die Lieferung von Produktionsfaktoren angeboten wird, nach denen die Unternehmen als Bezug von Produktionsfaktoren nachfragen.

Zu 2:

In umgekehrter Richtung werden die Ausgaben der Unternehmen für Produktionsfaktoren zu Geldeinkommen der Haushalte, und die Ausgaben für Waren und Dienstleistungen der Haushalte sind die Erlöse der Unternehmen für diese.

Graphisch läßt sich das in einer Darstellung deutlich machen, wie sie auf der folgenden Seite zu finden ist (Abb. 1).

b) Zum monetären Kreislauf

Der monetäre Strom betrifft die dem Wert der Leistung entsprechenden Geldzahlungen, bzw. Kreditbeziehungen. „Geld und Kredit sind ... für die Kreislauftheorie keine Güter, wie die realen Güter, sondern Wertmesser für sie." [5] Wichtig ist die Feststellung, daß nur das Geld einen eigent-

4 Hier sei an den Blutkreislauf erinnert, wo auch der venöse Strom ohne den arteriellen nicht denkbar ist.

5 Krelle, a.a.O., S. 19.

Abbildung 1:

Einfaches Kreislaufschema

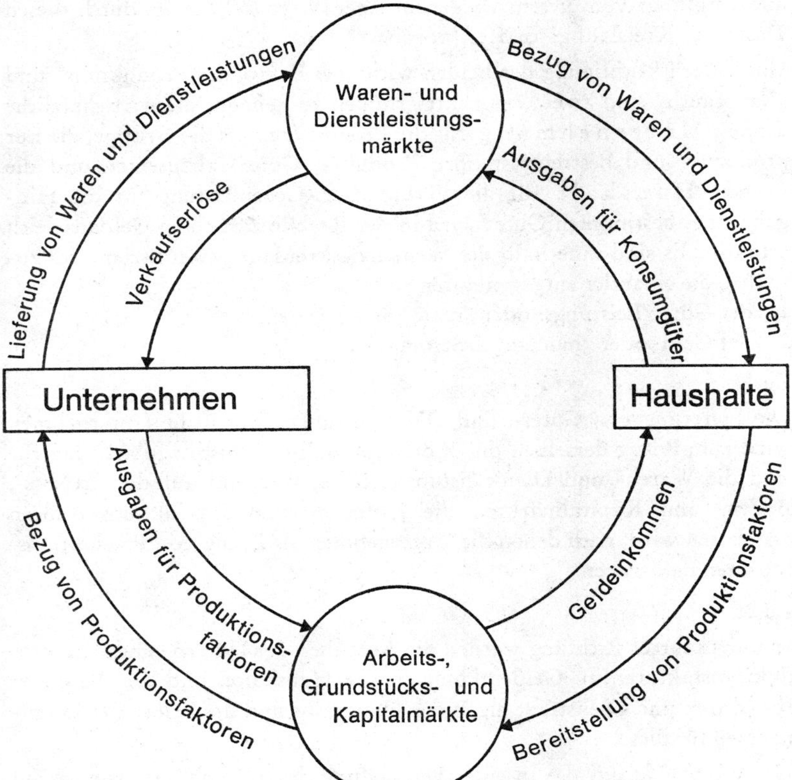

Quelle: Mändle, Eduard: Allgemeine Volkswirtschaftslehre I, Stuttgart, Düsseldorf 1967, S. 72

lichen Kreislauf ausführt, da es nicht (im materiellen Sinn) aufgezehrt wird; produzierte Güter hingegen beenden ihren Umlauf durch Verbrauch in den Haushalten [6]. In der heutigen Wirtschaft gibt es zwar keine geschlossenen Güterkreisläufe ohne entsprechende Geldkreisläufe, aber es

---

6 Vgl. Paulsen, Andreas: Allgemeine Volkswirtschaftslehre I, Grundlegung, Wirtschaftskreislauf. 9. Aufl., Berlin 1970, S. 67.

gibt „geschlossene Geldkreisläufe ohne entsprechende Güterkreisläufe, also ... Geldtausch ohne reale Unterlage. Dieser Fall tritt beispielsweise ein bei der Verrechnung der Bruttogehälter und Auszahlung der Nettogehälter an Beamte ..., bei Zinsleistungen (Aufrechnungen) für gegenseitig geliehene Geldkapitalien und in vielen ähnlichen Fällen. Will man in Wirtschaftsdingen wirklich klar sehen, so tut man daher gut daran, stets den Geldschleier zu beseitigen und die realen Unterlagen des Geldverkehrs, also die Güterbewegungen zu betrachten. Nur so wird man entscheiden können, was Schein, nämlich bloße Geldverschiebung im Kreise, und was Wirklichkeit ist“ [7].

Das Geld hat in einer modernen Volkswirtschaft mehrere Funktionen:

1. Geld ist *Tauschmittel:* Ohne Geld wären Arbeitsteilung und Spezialisierung in einer Wirtschaft kaum denkbar; um Tauschaktionen selbst geringer Größenordnung durchführen zu können, müßte man sich stets eine Menge Preis- oder Tauschrelationen merken. Bei 1000 Gütern oder Leistungen müßte man 499 500 Preisverhältnisse berücksichtigen. (Bei n Gütern berechnet man die Relationen nach der Formel $\frac{n^2 - n}{2}$.) Es könnte also „kaum jemand noch eine rationale Auswahl unter den vielen Gütern treffen“ [8], hätte man nicht das Geld als Medium. Die freie Konsumwahl wird ermöglicht, das Trucksystem [9] überflüssig.

2. Geld bedeutet eine *Wert- und Recheneinheit:* Neben die Funktion des Mittlers beim Tausch tritt die Funktion, als Recheneinheit zu dienen und damit Wertmesser zu sein. Ohne einen klaren und allgemein bekannten Geldwert – der allerdings großen Veränderungen unterworfen sein kann – wäre es kaum möglich, die vielfältigen Ergebnisse der Volkswirtschaft (Konsum- und Investitionsgüter, Dienstleistungen), aber auch Vermögensbestände und Schulden jeglicher Art untereinander zu vergleichen.

3. Geld wird als *gesetzliches Zahlungsmittel* verwendet: Durch Anordnung des Staates wird Geld nicht nur zum Tauschmittel, sondern findet

---

7 Grünig, Ferdinand: Der Wirtschaftskreislauf. München 1933, S. 19.

8 Zottmann, Anton: Allgemeine Volkswirtschaftslehre IV, Geld und Kredit. Stuttgart, Düsseldorf 1965, S. 24.

9 Noch im Jahre 1860 erhielt eine berühmte französische Sängerin, Angèle Zélie, auf den Gesellschaftsinseln als Honorar für ein Konzert ein Drittel der Einnahmen: 3 Schweine, 23 Puter, 44 Hühner, über 5000 Kokosnüsse und eine große Menge Bananen, Zitronen und Apfelsinen.

auch Verwendung als einseitiges Zahlungsmittel – Wertübertragung ohne Gegenleistung: Steuerzahlung, Schenkung, Schuldentilgung [10]. Zu dieser Festsetzung von Staats wegen muß aber noch die Annahmebereitschaft der Wirtschaftssubjekte treten. Fällt diese weg (z. B. Inflation, Schwarzer Markt), bleibt die Zahlungsmittelfunktion des Geldes auf die staatliche Ebene beschränkt; auf dem Markt bildet sich eine eigene Währung, z. B. die Zigarette, mit eigener Währungseinheit (Stück, Packung, Stange). Nach seinen *Arten* unterscheidet man das Geld in Bargeld (Scheidemünzen und Banknoten), Buchgeld (= Bank- oder Giralgeld oder Sichteinlagen) und Geldsurrogate (Spar- und Termineinlagen, evtl. Staatsanleihen). Bargeldumlauf – ohne die Kassenbestände der Kreditinstitute – und Sichteinlagen bilden das Geldvolumen.

4. Geld dient als *Wertaufbewahrungsmittel:* Mittels des Geldes können Werte in liquider Form aufbewahrt werden; Wertaufbewahrung ist bei Dienstleistungen und leicht verderblichen Gütern schon sachlich nicht möglich, aber auch bei dauerhaften Gütern in großer Menge nicht sinnvoll. Bei dieser Funktion des Geldes muß man aber die Probleme der Hortung und der Preisstabilität besonders berücksichtigen.

5. Geld ist *Wert- und Kapitalübertragungsmittel:* Durch Geld werden Vermögenswerte von bestimmten Wirtschaftssubjekten auf andere übertragen. Dies betrifft außer Übertragungen ohne Gegenleistungen auch Übertragungen „unter Ausbedingung später zu erbringender Gegenleistungen" [11] – Darlehen, Kredite, Aktien, Obligationen und dgl.

c) Makroökonomische Zusammenhänge

Eine Kreislaufdarstellung kann nicht jeden einzelnen Tauschakt jeder einzelnen Wirtschaftsperson innerhalb der Volkswirtschaft sichtbar machen. Selbst wenn dies inzwischen statistisch möglich werden sollte, würde der so zusammengetragene Zahlenwust ohne praktischen Wert sein. Um nun überschaubare Zusammenhänge zwischen volkswirtschaftlichen Größen sichtbar zu machen, sind makroökonomische Größen notwendig, die man durch klar konzipierte Zusammenfassung der jeweiligen mikroökonomischen Daten ermittelt. Das Arrangement solcher Zusammenfassungen, die Art der vorzunehmenden Aggregierung, steht zur freien Disposition.

10 Vgl. Zottmann, a.a.O., S. 20.
11 Zottmann, a.a.O., S. 21.

In der Regel wird man gliedern

1. nach institutionellen Gesichtspunkten,
2. nach der Art und Funktion gewisser Güter- und Leistungsströme [12].

Zu 1:

Unter institutionellen Gesichtspunkten sind Gliederungen der Wirtschaftspersonen möglich nach

- — ihrem Typ: private Haushalte, Unternehmen, Staat;
- — ihrer Größe: Klein-, Mittel-, Großbetriebe usw.;
- — ihrer soziologischen Zugehörigkeit: Industrie, Handwerk, Landwirtschaft u. a.;
- — ihren Hauptprodukten: z. B. Eisen- und Stahlindustrie, Holzverarbeitung und dgl.;
- — ihrer Rechtsform: Einzelfirmen, oHG, KG, GmbH, AG usw.;
- — ihrer geographischen Lage: Gemeinden, Gebiete (Bundesländer), Staaten.

Zu 2:

Fragt man nach der Art und Funktion gewisser Güter- und Leistungsströme, kann man unter Zerreißung natürlicher Wirtschaftseinheiten zu ganz anderen Gruppierungen kommen; so z. B.

- — Lohn- und Gehaltsempfänger, Renten- und Gewinnbezieher;
- — Konsumgüterproduktion, Investitionsgüterproduktion;
- — Gruppierung nach einzelnen Produkten: Produktion von Kohle, Koks, Gießereierzeugnissen, Kühlschränken (auch wenn sie als Nebenproduktion erfolgt).

Zwischen beiden Arten der Einteilung sind Mischungen und Kombinationen möglich; in der Praxis der Rechnungssysteme ist dies sogar recht häufig. „Welche Sektoren man bildet und welche Ströme man zusammenfaßt, wird letztlich davon abhängen, welche politischen und gesellschaftlichen Verhältnisse herrschen, welche sozialphilosophischen Anschauungen man hegt und vor allem, welche theoretische Fragestellung man beantworten will.“ [13]

Schließlich kann die Aggregierung unter Berücksichtigung des Umfangs des erfaßten realen Stroms erfolgen, so daß man z. B. nur den Güteraustausch im privaten Wirtschaftsbereich (ohne den öffentlichen Sektor) oder

---

12 Vgl. Krelle, a.a.O., S. 19 f.
13 Geigant u. a., a.a.O., S. 18.

nur die Inlandsumsätze (ohne Berücksichtigung des Auslandes) erfaßt; ferner ist es denkbar, daß man nur bestimmte Regionen oder bestimmte Branchen untersucht.

2. Grundbegriffe der Kreislauftheorie

a) Definitionen

Als *Strom* bezeichnet man die Transaktionen zwischen Wirtschaftssubjekten – gemessen als Mengen- oder Geldeinheit / Zeiteinheit. Der Strom [14] stellt also die Transaktionen in einer bestimmten Zeitperiode (Monat, Vierteljahr, Halbjahr, Jahr) dar.

Strombreite ist die Menge bzw. der Wert des Stromes.

Die als Empfänger oder bzw. und Geber tätig werdenden Wirtschaftssubjekte werden *Wirtschaftsgruppen*, *Pole* oder *Sektoren* genannt.

Wenn zwischen zwei Polen Ströme in entgegengesetzter Richtung fließen, kann man diese saldieren und nur den Netto- oder Saldenstrom in das Kreislaufbild einsetzen; dies kann jedoch wiederum untunlich sein, da man hierdurch (u. U. wichtige) Informationen verschenkt.

b) Kreislaufaxiom

Ein Axiom ist ein unmittelbar einleuchtender Grundsatz, der seinerseits weder eines Beweises bedarf noch dessen fähig ist. Der folgende Inhalt ist im Prinzip aus der Mathematik von der Gleichung her bekannt. Für jeden geschlossenen Kreislauf gilt als Kreislaufaxiom: *Die Summe der hineinfließenden Ströme ist bei jedem Pol gleich der Summe der herausfließenden Ströme.* Nach diesem, für die ganze Kreislauftheorie wichtigsten Satz ist jeder Kreislauf durch Definition eines oder mehrerer Pole in einen geschlossenen Kreislauf zu überführen. Hat man z. B. einen dreipoligen Kreislauf (man denke an drei Unternehmer, wobei 2 an 1 Güter im Wert von 100, 1 an 3 im Wert von 75 geliefert haben), der dadurch unterbrochen ist, daß zwischen Pol 2 und Pol 3 kein Strom sichtbar ist,

---

14 Diese Begriffe wurden von Hans Peter (Strukturlehre des Wirtschaftskreislaufs, Berlin 1943) geprägt.

Abbildung 2:
Offener dreipoliger Kreislauf

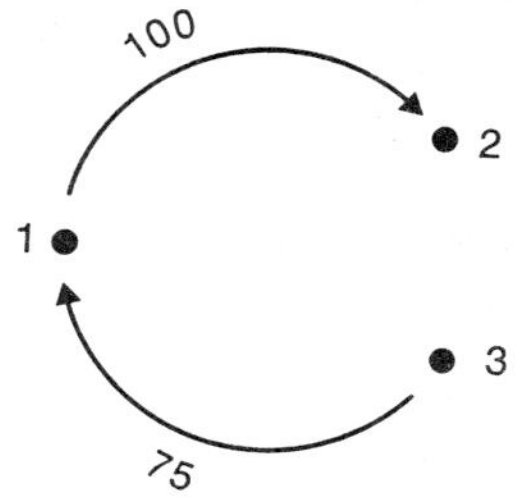

Quelle: Nach einem Modell bei Krelle, a.a.O., S. 22

so ist dieser Kreislauf durch Einfügung eines Poles 4 als Saldenpol (man denke hier an eine Bank als Empfänger von Sparbeiträgen und als Kreditgeber) zu schließen.

Abbildung 3:
Geschlossener vierpoliger Kreislauf

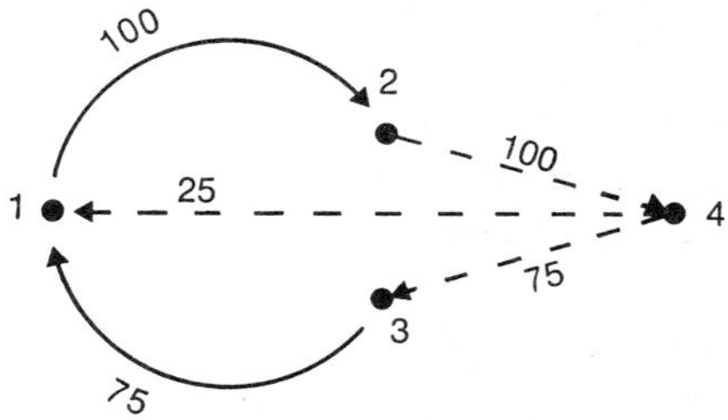

Quelle: Ebda

Hieraus wird wiederum ersichtlich, daß man nicht alle Größen des Wirtschaftskreislaufs kennen muß, sondern daß sich gewisse Größen aus dem Kreislaufzusammenhang rechnerisch ergeben können.

II. FORMEN DES WIRTSCHAFTSKREISLAUFS

1. Geschlossenheit des Kreislaufs

Die im Kreislaufbild erfaßten volkswirtschaftlichen Zusammenhänge machen deutlich, daß Ausgaben des einen Pols zu Einnahmen eines anderen Pols werden; dadurch sind diesem seinerseits wieder neue Ausgaben möglich. Ein bestimmtes Wirtschaftssubjekt setzt den Willen zur „Leistung“ in die Tat um, um „verzehren“ zu können; es „verzehrt“, um zu erneuter „Leistung“ fähig zu sein. So sieht Carl *Föhl* in dem Trieb zu Leistung und Genuß den „Motor des wirtschaftlichen Geschehens, und in der Fertigkeit der Arbeitsleistung und in der Besonderheit der Bedürfnisse kommen die gestaltenden Kräfte zum Ausdruck, die der Wirtschaft ihre sichtbare Form, ihr kulturelles Gepräge verleihen“ [15].

Die von bestimmten Polen auf den Märkten angebotenen Leistungen und Güter müssen von anderen Polen, die hierzu willens und fähig sind, erworben werden. Wenn folglich Geldeinkommen nur durch Geldausgaben gebildet werden können, ist es der Volkswirtschaft als Ganzes unmöglich, durch Erhöhung der Einnahmen und Drosselung der Ausgaben reicher zu werden; vielmehr würde eine Verringerung der Ausgaben zur Schrumpfung von Einkommen führen. Ein Wirtschaftskreislauf ist demnach „geschlossen in dem Sinne, daß sich keine Stelle bestimmen läßt, an der er seinen Anfang nimmt bzw. die Stärke des Kreislaufstromes entschieden wird. Denn Ausgaben der einen bewirken zwar Einnahmen der anderen, aber Ausgaben werden erst durch vorhergehende Einnahmen ermöglicht“ [16].

Einerseits ist die Produktion abhängig von der Nachfrage durch die Haushalte; andererseits hängt die Höhe der Nachfrage der Haushalte wieder von der Höhe ihrer Einkommen ab. Letzteres aber hängt auch wieder von der Produktionshöhe ab. „So sind die Entschlüsse der ‚Unternehmer‘ abhängig vom Verhalten der ‚Verbraucher‘, und das Verhalten der ‚Verbraucher‘ ist abhängig von den Entschlüssen der ‚Unternehmer‘. Der Leistungsstrom, der von den Verbrauchern zu den Unternehmungen und wieder zurück zu den Verbrauchern fließt, kann jede beliebige Breite annehmen, er kann wachsen und schrumpfen – es scheint, als könnte er in jeder Lage, bei jeder Breite beharren. Die Kräfte, welche ihn dem Daseinswillen der leistenden und verbrauchenden Wirtschafter entsprechend gestalten, liegen jedenfalls nicht offen zutage.“ [17]

Also kann die Erhöhung oder Schrumpfung der Nachfrage an einer beliebigen Stelle des Kreislaufs einsetzen, stets wird der Impuls im Kreislauf weitergetragen; der Impuls kann sich hierbei verstärken, oder er kann ver-

---

15 Föhl, Carl: Geldschöpfung und Wirtschaftskreislauf. 2. Aufl., Berlin 1955, S. 31.
16 Paulsen, a.a.O., S. 68.
17 Föhl, a.a.O., S. 32.

sickern. Kann ein solcher Anstoß theoretisch an einer beliebigen Stelle des Kreislaufs erfolgen, so haben sich doch in praxi einige markante Stellen herauskristallisiert, an denen solche Impulssendungen besonders beobachtet werden können:

— die *Nachfrage der Unternehmungen* nach Investitionsgütern (erhoffter Gewinn);
— die *Höhe der Staatsausgaben* (gesteigerte staatliche Auftragsvergabe in Krisenzeiten, staatliche Zurückhaltung in der Hochkonjunktur);
— die *Nachfrage der Haushaltungen* nach Verbrauchsgütern (die „Wellen" nach der Währungsreform); da diese Nachfrage aber – wie bekannt – wesentlich vom Einkommen der Haushalte abhängt, ist sie letztlich doch entscheidend durch die Produktionshöhe bestimmt;
— der *Anteil des Außenhandels,* besonders des Exports – wobei hier vor einem extremen Export-Überschuß allerdings gewarnt werden muß: „importierte" Inflation.

Es ist einzusehen, daß diese Ströme besonders die Konjunktur beeinflussen; sie sind daher oft mit marktwirtschaftskonformen Mitteln entsprechend konjunkturpolitischer Zielsetzung zu steuern.

Bei einer Veränderung der Stärke des Geldstromes (Strombreite) können sich die „reale Größe der produzierten und ausgetauschten Mengen der Güter und Dienste ... und der Preisausdruck (‚Geldwert' als Höhe der Kaufkraft der Geldeinheit)" [18] verändern. Die Vermehrung der umlaufenden Geldmenge, die sich in der Erhöhung des Preisniveaus – sinkende Kaufkraft des Geldeinheit – ausdrückt, führt zu einem Zustand der *Inflation* [19]; tritt jedoch ein allgemeiner Preisverfall ein, der „regelmäßig verbunden (ist) mit einer Verminderung des realen Güterumlaufs" [20], spricht man vom Zustand der *Deflation* [21].

2. Darstellung des Kreislaufs

Der Kreislauf kann im wesentlichen durch drei Methoden sichtbar gemacht werden. Hinzu tritt noch die Möglichkeit der Darstellung durch Gleichungen.

18 Paulsen, a.a.O., S. 69.
19 Vgl. Paulsen, a.a.O., S. 69 und 129.
20 Paulsen, a.a.O., S. 129.
21 Vgl. Paulsen, a.a.O., S. 129 und 69.

a) Graphische Methode

Die einfachste Art, Kreislaufzusammenhänge sichtbar zu machen, liegt in der Anwendung der graphischen Methode. Derartige Skizzen eignen sich im besonderen zu Demonstration und Information.

Vorteil: Bei kleinen Polzahlen ist die graphische Methode von einer ausgezeichneten Übersichtlichkeit; sie interpretiert die Ströme „als ein hydrodynamisches System, ... die Pole als Verzweigungspunkte dieser Ströme (und die Strombreite) als inkompressible Flüssigkeit" [22]. *Nachteil:* Die graphische Methode ist nicht anwendbar für praktische wirtschaftspolitische Zwecke, da man hier eine Vielzahl von Polen und Strömen berücksichtigen muß, wodurch die Darstellung infolge Unübersichtlichkeit ihren Wert verliert; außerdem ist bei einem solchen Schaubild eine exakte Datenverarbeitung nicht möglich.

Diese Methode kann erweitert werden zur Form der sogenannten Blockschaltbilder [23]. Außer den Wirtschaftsgruppen und Strömen werden hier auch die Steuerungsfunktionen eingetragen; gesteuert wird auf Grund von Informationsflüssen (z. B. Änderung der Geldmenge, Zinssatz), die ihrerseits in Verbindung stehen mit einer Informationserteilung zur Regulierung [24]. – Das Kreislaufaxiom gilt hier, wenn jeder von einem Pol ausgehende Strom in irgendeinen Pol wieder einmündet, d. h., daß bei jedem Pol „die Wertsumme der ausfließenden Ströme gleich der Wertsumme der einfließenden Ströme sein" [25] muß.

b) Kontenaufstellung

Hier findet man eine mathematisch exakte Methode vor. Jeder Pol eines Kreislaufschemas (jede Wirtschaftsgruppe) wird als Konto aufgefaßt; auf der Haben-Seite des Kontos werden die hineinfließenden, auf der Soll-Seite die herausfließenden Geldströme verbucht. So wird jeder Posten (= Strom) – wie von der doppelten Buchführung her bekannt – zweimal verbucht, einmal auf der Soll-Seite eines Kontos, ein anderes Mal auf der Haben-Seite eines anderen (u. U. auch des gleichen) Kontos. Hierbei kann

---

22 Krelle, a.a.O., S. 26; dieser optischen Ausdrucksweise bedient sich besonders C. Föhl.

23 Eine solche Darstellung erinnert an eine Schaltzeichnung aus dem Bereich der Elektrotechnik.

24 Vgl. Krelle, a.a.O., S. 27 f.

25 Geigant u. a., a.a.O., S. 23.

ein Strom in einem Konto nötigenfalls unterteilt werden (Unterkonten), ohne daß die Übersichtlichkeit einer solchen Darstellung leidet.

Vorteilhaft ist in der Kontendarstellung, daß zwar eine große Anzahl von Strömen berücksichtigt werden kann, *nachteilig* wirkt sich aber aus, daß die Anzahl der Pole auch hier nicht zu groß sein darf, da zu viele Konten bezüglich ihrer Aussage nicht mehr sinnvoll miteinander verglichen werden können.

Für einen Kreislauf, in der Art, wie ihn die Abb. 3 zeigt, würden sich folgende Konten erstellen lassen:

Konto 1

S	H
100	75
	25

Konto 2

S	H
100	100

Konto 3

S	H
75	75

Konto 4

S	H
75	100
25	

Das Kreislaufaxiom zeigt sich hier in der Gestalt, daß am Ende aller Buchungen jedes Konto in sich ausgeglichen sein muß.

c) *Tabellen*

Die tabellarische Darstellung beruht auf dem Gleichungssystem. Man trägt die Werte der liefernden Pole in die Zeilen ein und die der empfangenden in die Spalten. Im Vergleich zu dem Kontenschema kann man feststellen, daß die Haben-Seiten des Kontos in der Tabelle als Spalten nebeneinanderrücken, während die Soll-Seiten nun als Zeilen untereinander stehen. Eine derartige Tabelle – auch Matrix genannt – würde für den Kreislauf nach Abb. 3 so aussehen:

empfangender Pol / liefernder Pol	1	2	3	4	Summe
1		100			100
2				100	100
3	75				75
4	25		75		100
Summe	100	100	75	100	

Von *Vorteil* ist hier, daß sehr viele Pole (Sektoren) aufgeführt werden können, die Übersicht bleibt erhalten. Da nur einmal „gebucht“ wird, können auch viele Ströme erfaßt werden. Nicht unbedingt als *Nachteil* ist dabei das Problem der Saldierung anzusehen, auf das später eingegangen wird. – „Die Zeilen geben uns die Lieferungen jeder Wirtschaftsgruppe, die Spalten die Empfänge, und jede Zeilensumme muß wegen des Kreislaufaxioms gleich der entsprechenden Spaltensumme sein.“ [26]

Von dieser Grundform der tabellarischen Darstellung sind viele Abweichungen möglich, die in der Regel von den Bedürfnissen der Praxis her bestimmt werden. So kann es als sinnvoll erscheinen, einen Strom, der von einer Wirtschaftsgruppe zur anderen fließt, in mehrere Einzelströme aufzulösen. Stellt beispielsweise ein Strom die Steuerzahlung der privaten Haushalte an den Staat dar, so kann eine Aufschlüsselung nach den verschiedenen Arten der Steuer zweckmäßig sein. Da nun von dem liefernden Pol (Haushalte) mehrere (Einzel-) Ströme zu dem empfangenden Pol (Staat) fließen, wird eine Vermehrung der Spalten notwendig sein. Umgekehrt können die Zahlungen des „liefernden“ Staates an die „empfangenden“ Haushalte gegliedert sein z. B. als Löhne, Gehälter, Pensionen, Unterstützungszahlungen; bei einer solchen Betrachtung muß in der Matrix eine Vermehrung der Zeilen vorgenommen werden. Wenn der Kreislauf hier geschlossen ist, müssen „die Zeilensummen aller zu einer Wirtschaftsgruppe gehörigen Zeilen gleich den Spaltensummen der zur selben Wirtschaftsgruppe gehörigen verschiedenen Spalten sein“ [27]. Kann man Zeilen und Spalten, also die Ströme, aufgliedern, so kann man diese Operation auch bezüglich der Pole durchführen. Das führt in der Tabelle dann zur Ausgliederung von Unterspalten bzw. -zeilen.

Lieferungen können als negative Empfänge, Empfänge als negative Lieferungen angesehen werden. So sind Zeilen und Spalten vertauschbar. Man kann z. B. durch Vermehrung der Spaltenzahl die Zeilenzahl reduzieren. Es handelt sich hierbei um eine Umsetzung von Zeilen in Spalten oder umgekehrt, was realiter eine *Saldierung* der betreffenden Ströme bedeutet. Auf diese Weise können auch negative Größen in Kreislauftabellen auftauchen, die unter entsprechenden Gesichtspunkten besonders zweckmäßig sein können [28], z. B. Export- oder Importüberschuß.

Abschließend sei noch die Transfertabelle erwähnt. Man kann aus einem geschlossenen Kreislauf bestimmte Gebiete so auswählen, daß wieder ein

---

26 Krelle, a.a.O., S. 31.
27 Krelle, a.a.O., S. 32.
28 Vgl. Krelle, a.a.O., S. 36 ff.

geschlossener Kreislauf entsteht. Will man nur Teile eines Gesamtkreislaufes, die momentan gerade interessieren, statistisch erfassen, so kann man eine derartige Abtrennung vornehmen: „Die Summe der über die Trennungslinie hinüberfließenden Ströme ist dann notwendig gleich der Summe der über sie zurückfließenden Ströme.“ [29] Hier ist eine Erweiterung in der Art möglich, daß „durch Neudefinition von Wirtschaftsgruppen und Vertauschung von Zeilen und Spalten eine beliebige Kreislauftabelle in zwei rechteckige, nur mit einer Ecke zusammenstoßende Tabellen (zerlegt wird), für die das Kreislaufaxiom einzeln gilt, d. h. für die Zeilensumme gleich entsprechender Spaltensumme ist. Die eine Tabelle ist dann die neue Matrix des Teilkreislaufs und die andere die Transfertabelle“ [30].

d) Gleichungen

Die Lieferungen und Empfänge eines Poles lassen sich letztlich auch in Form einer Gleichung beschreiben, auf deren einer Seite alle hineinfließenden, auf deren anderer Seite alle herausfließenden Ströme aufgeführt werden. Selbstverständlich ist diese Schreibweise nur bei geschlossenen Kreisläufen sinnvoll und eben nur dann, wenn Gleichheit gegeben ist; bei Ungleichheit (eine Seite der Gleichung $<$ oder $>$ als die andere) ist mit einer derartigen Beschreibung nichts anzufangen. Interessant ist diese Darstellungsform für die Definition eines Stromes an einem bestimmten Pol, so daß man hier eine mathematische Aussage hat, die man ggf. in eine andere Gleichung wieder einsetzen kann.

III. ERWEITERUNG DES KREISLAUFSCHEMAS

Bei den bisherigen Darstellungen handelte es sich um ein einfaches Kreislaufschema – eine geschlossene Wirtschaft ohne staatliche Aktivität. Ferner wurde ausgegangen von der Fiktion, das ganze Einkommen der Haushalte würde zum Kauf der Produktion, welche die Unternehmungen anbieten, restlos verwendet. Unter Berücksichtigung neu hinzutretender Wirtschaftsgruppen muß also – da man sich von der eben geschilderten Fiktion der Realität nähern sollte – eine Erweiterung des Kreislaufschemas vorgenommen werden.

---

29 Krelle, a.a.O., S. 39.
30 Krelle, a.a.O., S. 39 f.

1. Die Beziehungen zwischen Investieren und Sparen

Das *Volksvermögen* ist als das Reinvermögen einer Nation anzusehen. Unter dem Reinvermögen einer einzelnen Wirtschaftseinheit versteht man deren Realvermögen, vermehrt um die Forderungen an andere Wirtschaftseinheiten abzüglich der Schulden an andere Wirtschaftseinheiten. Das Volkvermögen in einer geschlossenen Volkswirtschaft ist also als die „Summe der Realvermögen aller Wirtschaftseinheiten“ [31] zu verstehen.

Das *Volkseinkommen* wird definiert als „Gesamtheit aller Einkommen in der Volkswirtschaft“ [32], folglich werden hier sämtliche in einer Periode (üblicherweise in einem Jahr) verteilten Gehälter, Löhne, Gewinne und Zinsen, sowie direkte Steuern und Arbeitnehmer- und Arbeitgeberbeiträge zur Sozialversicherung addiert. Zum Volkseinkommen (= Nettosozialprodukt zu Faktorkosten) gehört nur das Inländereinkommen, das vom Inlandseinkommen zu unterscheiden ist.

Abbildung 4:

Unterscheidung von Inlands- und Inländereinkommen

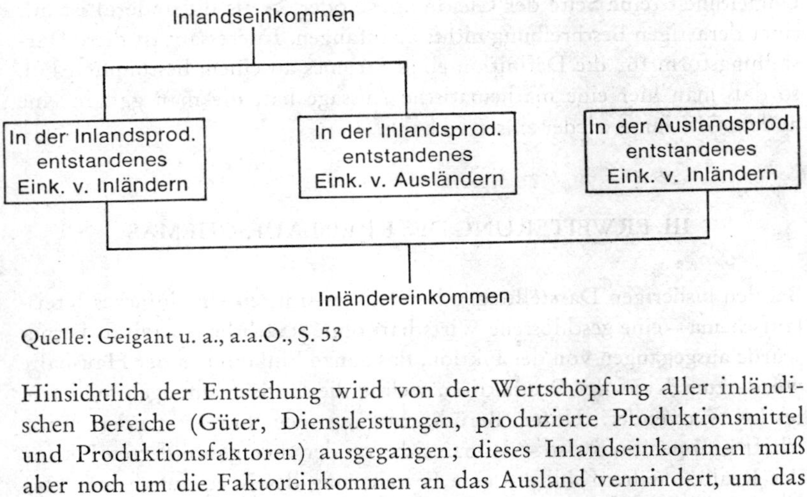

Quelle: Geigant u. a., a.a.O., S. 53

Hinsichtlich der Entstehung wird von der Wertschöpfung aller inländischen Bereiche (Güter, Dienstleistungen, produzierte Produktionsmittel und Produktionsfaktoren) ausgegangen; dieses Inlandseinkommen muß aber noch um die Faktoreinkommen an das Ausland vermindert, um das

---

31 Schneider, Erich: Einführung in die Wirtschaftstheorie, I. Teil: Theorie des Wirtschaftskreislaufs. 13. Aufl., Tübingen 1967, S. 35.

32 Siebert, a.a.O., S. 18

Faktoreinkommen aus dem Ausland vermehrt werden, um auch auf diese Weise das Volkseinkommen [33] bestimmen zu können.

a) Entstehung und Verwendung des Volkseinkommens

Die Haushalte werden (und können) nur einen bestimmten Teil des Volkseinkommens (Y) für den Konsum (C) ausgeben; ein Teil des Einkommens wird nicht zur Deckung des Bedarfs an Verbrauchsgütern *verwendet;* dieser Rest – Sparen und Investieren sind Differenzströme – des Einkommens (S) wird „gespart". Sparen ist daher zu definieren als „Verzicht auf die konsumtive Verwendung eines Teils des Geldeinkommens in einer bestimmten Periode" [34]. So ergibt sich für die Haushalte als Einkommensbezieher die Gleichung

$$Y = C + S.$$

Die Unternehmungen haben von dem Volkseinkommen Y folglich auch nur im Wert C den Haushalten Produkte (und Dienstleistungen) zuführen können; bei ihnen ergibt sich unter dem Aspekt der *Entstehung* eine Bestandsänderung, die als Investition (I) bezeichnet wird:

$$Y = C + I.$$

Unter Berücksichtigung der Verwendung des Sozialprodukts sind Investitionen „alle erzeugten Güter, die nicht von privaten oder öffentlichen Haushalten verbraucht oder an andere Volkswirtschaften durch Export abgegeben wurden" [35] (volkswirtschaftliche Komponente), während man im Hinblick auf die Theorie der Produktionsfaktoren Investitionen als „Einsatz von Geldkapital in Betrieben zur Instandhaltung, Vergrößerung und Verbesserung der realen Bestände an Produktionsanlagen und Gütervorräten" [36] (betriebswirtschaftliche Komponente) bezeichnet. – Als neuer Pol ist damit der Pol Vermögensbildung entstanden, der den Strom S der Einkommensbezieher aufnimmt und als I an die Unternehmen leitet. So entsteht – auch rein mathematisch ableitbar – die Gleichung

$$I = S.$$

Diese *Keynessche Investitionsgleichung* besagt, daß „in der geschlossenen Verkehrswirtschaft ohne staatliche Aktivität in jedem Augenblick, bzw. in

33 Siehe zum Gesamtkomplex Volkseinkommen den Beitrag von Christian Zschaber, unten S. 281.
34 Mändle, Eduard: Allgemeine Volkswirtschaftslehre I, Grundlagen, Produktions- und Markttheorie. Stuttgart, Düsseldorf 1967, S. 127.
35 Mändle, a.a.O., S. 130.
36 Ebda

jeder Periode von beliebiger Länge ex post der Wert der Nettoinvestition gleich ist dem Wert der Nettoersparnis“ [37]. Hier liegen Identitäten vor, „die aus der Definition der betreffenden Größen folgen. Bei jeder denkbaren wirtschaftlichen Situation ist also bei Anwendung dieser Definitionen Sparen = Investieren“ [38]. Eine Nettoinvestition (d. i. die Bruttoinvestition vermindert um die Abschreibungen, welche man auch Ersatzinvestitionen nennt) liegt nur dann vor, wenn es sich um die Schaffung neuen Realkapitals (Kapazitätserweiterung) wie Gebäude, Ausrüstung, Lagerbestände und dgl. handelt; beim Kauf eines Grundstücks oder eines bereits emittierten Wertpapiers wird man nur von einer Vermögensübertragung [39] sprechen können.

Das Kreislaufschema wird in dem hier vorliegenden Zusammenhang in der Weise erweitert, daß der „reale“ Kreislauf ergänzt wird „durch die im Werte der Investitionen den Haushalten zugeführten neuen Forderungs- bzw. Eigentumsrechte“ [40] und der „monetäre“ ergänzt wird „durch den Rückfluß des Geldes an Unternehmungen (vermittelt durch Banken) im Wert der verkauften Forderungsrechte. Zu den Märkten der Verbrauchsgüter und der Faktorleistungen kommt so der Markt des ‚Kapitalverkehrs‘ hinzu“ [41].

b) Ungleichheit von Investieren und Sparen

Teilt man die Wirtschaftsgruppe „Einkommensbezieher“ (= Haushalte) auf in einerseits „Produktionsfaktoren“ als Bezieher von vertraglich vereinbartem Arbeitseinkommen und Zinseinkommen und andererseits „Unternehmer“ als Bezieher von residualem Unternehmergewinn, entsteht folgender Kreislauf:

Abbildung 5:
Einkommen und Gewinn

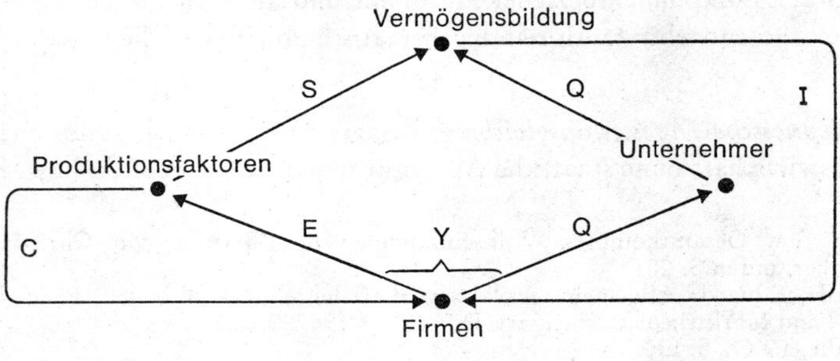

Quelle: Krelle, a.a.O., S. 55

Das Volkseinkommen (Y) wird daher neu definiert als Summe von Faktoreinkommen (E) und Unternehmergewinn (Q):

$$Y = E + Q.$$

Bei dieser Darstellung besteht die Fiktion, daß nur die Produktionsfaktoren konsumieren, also wäre

$$E = C + S,$$

wenn auch hier der nicht konsumierte Einkommensteil wieder Sparen ist. Der Unternehmergewinn fließt damit ganz in den Pol „Vermögensbildung", so daß folgende Gleichungen aufzustellen sind:

$$S + Q = I \qquad \text{oder} \qquad Q = I - S.$$

Wie man sieht, ist nun die Gleichheit von I und S aufgegeben; eben diese Differenz zwischen Investieren und Sparen ist der Unternehmergewinn, der um so größer ist, je mehr investiert und je weniger gespart wird.

Da die Hypothese, Unternehmer verbrauchen nicht und können daher ihren gesamten Gewinn der „Vermögensbildung" zuführen, praktisch nicht haltbar ist, hat Carl Föhl [42] den Kreislauf durch Hinzufügung von Unternehmerverbrauch (C_U) und Sparen der Unternehmer (S_U) zu den bisherigen Verbrauchs- und Sparströmen erweitert; diese Erweiterung verdeutlicht Abb. 6 auf der nächsten Seite.

Die Investitionsgleichung lautet nun

$$I = S_F + S_U.$$

Am Pol der Unternehmer ist abzulesen

$$Q = S_U + C_U \qquad \text{oder} \qquad S_U = Q - C_U.$$

Setzt man die letzte Gleichung in die erste ein, ergibt sich als tatsächlicher Unternehmergewinn die Differenz zwischen Investieren und Ersparnis der Produktionsfaktoren (S_F), vermehrt um den Unternehmerkonsum:

$$Q = I - S_F + C_U.$$

---

37 Schneider, a.a.O., S. 61.
38 Krelle, a.a.O., S. 55.
39 Vgl. Samuelson, Paul A.: Volkswirtschaftslehre. Bd. I, 5. Aufl., Köln 1972, S. 263.
40 Paulsen, a.a.O., S. 75.
41 Paulsen, a.a.O., S. 75 f.
42 Vgl. Föhl, a.a.O., S. 65 ff.

Abbildung 6:
Verbrauch und Sparen der Unternehmer

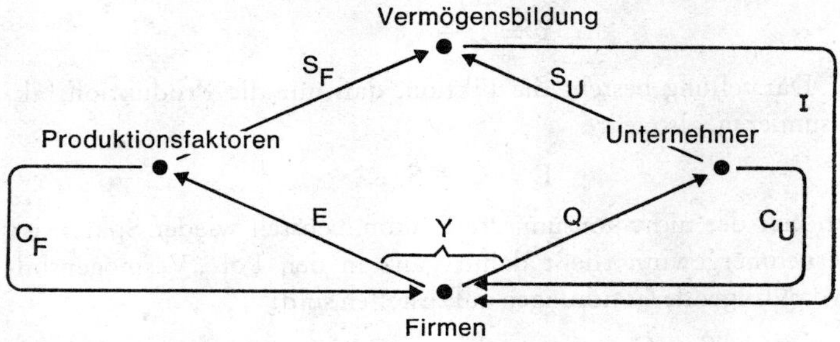

Quelle: Krelle, a.a.O., S. 57

c) *Freiwilligkeit und Unfreiwilligkeit*

Konsum, Investieren und Sparen können nach ihrer Freiwilligkeit oder Unfreiwilligkeit unterschieden werden. Unfreiwillige Investitionen sind z. B. alte Lagerbestände (Ladenhüter; Absatzrückgang), aber das „Übrigbleiben" von Gütern kann durchaus geplant oder gewollt sein – nämlich dann, wenn man bewußt in die Zukunft hinein Reserven (eiserne Bestände) bildet, um unter günstigeren Voraussetzungen auf dem Markt zu sein, oder wenn man langfristig Produktionskapazitäten entwickelt. Demgegenüber ist ein negativer unfreiwilliger Konsum als unfreiwilliger *Konsumverzicht* aufzufassen; unfreiwilliger Konsumverzicht aber zwingt zu unfreiwilligem Sparen:

$$S_{unfr.} = -C_{unfr.}$$

Das *Kollektiv- oder Zwangssparen* zeigt sich vornehmlich darin, daß eine über den Wirtschaftssubjekten stehende Instanz (Staat, Planungsbehörde) Art und Weise des Sparens bestimmt; das wird auch im Sozialstaat zu bedenken sein im Hinblick auf die gesetzliche Festsetzung umfassender Versicherungsbeiträge des einzelnen und vor allem im Hinblick auf die diesbezüglichen Versicherungsträger. Zur Freiwilligkeit des Sparens ist unabdingbar, daß der Sparer autonom über Höhe, Art und Instanz des Sparens bestimmt.

2. Staatliche Aktivität

Der Staat ist ein wichtiger Partner im Wirtschaftsgeschehen; in modernen Staaten wird „über fast ein Drittel des Sozialprodukts auf dem Wege durch den Staatshaushalt verfügt“ [43]. In der Bundesrepublik wurden 1972 durch die öffentliche Hand 251,271 Mrd. DM ausgegeben; dies ergibt am Sozialprodukt (834,6 Mrd. DM) einen Anteil von 30,1 %, am Volkseinkommen (639,9 Mrd. DM) [44] einen Anteil von 39,3 %. Zum Sektor Staat werden die Summe der Gebietskörperschaften (Bund, Länder, Gemeinden) und die Sozialversicherungsträger zusammengefaßt.

a) Staatseinnahmen und -ausgaben

So ist der Staat als neuer Pol in das Kreislaufbild einzusetzen. Die Einnahmen des Staates sind die direkten (von den privaten Einkommensbeziehern) und indirekten (von den Unternehmungen) Steuern (T). Tatsächlich werden auch die indirekten Steuern von den Haushalten bezahlt, da diese über die Kalkulation in den Preis eingehen. Eine formale Trennung ist aber gerechtfertigt, da hier unterschiedliche Geber anzutreffen sind. Zu den indirekten Steuern zählen alle Gebühren und Beiträge an die öffentliche Hand, insbesondere Mehrwertsteuer, Gewerbesteuer, Zölle und Verbrauchssteuern. Direkte Steuern sind im wesentlichen Lohn- und Einkommenssteuer sowie die Kapitalertragssteuer.

Der Staat verwendet seine Einnahmen zunächst für Konsum, den Staatsverbrauch; das sind Käufe von Waren und Dienstleistungen, Lohn- und Gehaltszahlungen an seine Bediensteten (vom Verwaltungslehrling bis zum Bundeskanzler), Miete für staatlich genutzte Räume und Grundstücke, sowie die gesamten Kosten für die Landesverteidigung – kurzum alle Ausgaben, die für eine effiziente Staatstätigkeit notwendig sind. Ferner gehören zu den staatlichen Ausgaben die Zuschüsse an die Unternehmungen (Z) – auch Subventionen genannt – und die Unterstützungs- oder Transferzahlungen an private Haushalte (Tr); im letzten Bereich wird die Aufgabenstellung besonders des Sozialstaates deutlich (z. B. Kindergeld, Wohnungsbeihilfe, Zuschüsse zu Versicherungsleistungen, Stipendien, Berufsbildungskosten, Sozialhilfe, vor allem auch die Pensionszahlungen an Ruhestandsbeamte). Letztlich tritt noch ein Sparbetrag hinzu, der aber auch negativ sein kann. In solchem Falle handelt es sich um eine Kreditaufnahme, die ihren wirklichen Platz auf der Einnahmenseite hat. So lautet die Gleichung für den Staat:

$$T_{dir} + T_{indir} = C_{st} + Z_{st} + Tr_{st} + S_{st}.$$

---

43 Krelle, a.a.O., S. 62.

44 Statistisches Jahrbuch 1975 für die Bundesrepublik Deutschland. Hg.: Statistisches Bundesamt, Stuttgart und Mainz 1975, S. 400 und 508.

Bei Subventionen, Transferzahlungen und Steuern fehlt der reale Strom. Hier liegen aber wechselseitige Beziehungen vor, die eben die Garantenposition des modernen Staates für eine gerechte Wirtschaftsordnung betonen. – Nicht nur Unternehmen, auch die Gebietskörperschaften investieren. Die Schaffung von Bauten (Krankenhäuser, Schulen, Autobahnen) und Ausrüstungen (Einsatzfahrzeuge für Polizei und Feuerwehr, Ausstattung von Diensträumen mit notwendigem Gerät und dgl.) sind wichtige staatliche Investitionen; gelegentlich findet man hier Kooperationen mit Unternehmungen vor, besonders im Bereich der Vorratsinvestitionen. In der oben stehenden Formel wurden die gesamten Investitionsvorhaben offensichtlich als für den Bestand des Staates notwendiger Staatsverbrauch ausgewiesen. Nun ist aber zu differenzieren; so wird am Pol der „Vermögensbildung" das gesamte Sparen um die verbrauchsbedingten Abschreibungen (A) vermehrt und der staatlichen und privaten Brutto-Investition gegenübergestellt, d. h.

$$S_{pr} + S_{st} + A = I_{pr} + I_{st}.$$

Das Volkseinkommen als „Summe aller individuellen, im Produktionsprozeß der Verkehrswirtschaft (durch Leistungen) erworbenen Geldeinkommen"[45] wird nun als Netto-Sozialprodukt zu Faktorkosten (Y_F) definiert. Dieses, zuzüglich der staatlichen Unterstützungszahlungen abzüglich der direkten Steuern, steht den privaten Einkommensbeziehern als verfügbares Einkommen für Konsum und Sparen zur Verfügung:

$$Y_F + Tr - T_{dir} = C_{pr} + S_{pr}\,.$$

Am Firmenpol stehen staatlichem und privatem Konsum und Investieren das Brutto-Sozialprodukt zu Marktpreisen gegenüber, das sich zusammensetzt aus der Summe von Netto-Sozialprodukt zu Faktorkosten, indirekten Steuern und Abschreibungen, vermindert um die Staatszuschüsse:

$$Y_F + T_{indir} - Z_{st} + A = C_{pr} + C_{st} + I_{pr} + I_{st}\,.$$

b) Staatsbudget

Die Differenz zwischen dem Steueraufkommen und den Ausgaben für Konsum, Subventionen, Transferzahlungen und Investition ist das Staatsbudget (B_{st}):

$$B_{st} = (T_{dir} + T_{indir}) - (C_{st} + Z_{st} + Tr_{st} + I_{st}).$$

45 Schneider, a.a.O., S. 56.

Nach der Formel $B_{st} = S_{st} — I_{st}$ ist der Budgetüberschuß „gleich dem Überschuß des staatlichen Sparens über die staatliche Investition, das Budgetdefizit gleich dem Überschuß der staatlichen Investition über das staatliche Sparen“ [46].

3. Auslandsbeziehungen

Durch die Berücksichtigung des Wirtschaftsverkehrs mit dem Ausland, das als neuer Pol in den Kreislauf eingefügt wird, wird die (bisher geschlossene) Volkswirtschaft mit staatlicher Aktivität zu einer offenen.

Die entscheidenden Ströme sind hier Import (M) und Export (X). Zu den Importen gehören die Warenimporte fob [47] und die Dienstleistungsimporte. Letztere gliedern sich auf in

— Reiseausgaben von Inländern im Ausland;
— Kosten der Inanspruchnahme fremder Fracht-Transportleistungen durch Inländer (= Fracht-Transport auf ausländischen Schiffen, Bahnen, Flugzeugen; Inanspruchnahme fremder Hafen- und Reparaturdienste, Auslandspost);
— Kosten der Inanspruchnahme ausländischer Banken, Versicherungen, Verkaufsorganisationen und Patente;
— Kosten fremder Kapitalleistungen (= Zins- und Dividendenzahlungen an das Ausland);
— Kosten fremder Arbeitsleistungen (= Lohnzahlungen an ausländische Arbeitskräfte).

Zu den Exporten rechnen die Warenexporte fob und die Dienstleistungsexporte, die ihrerseits wieder aufzugliedern sind in

— Reiseausgaben von Ausländern im Inland;
— Kosten der Inanspruchnahme eigener Fracht-Transportleistungen durch Ausländer (= Fracht-Transporte mit eigenen Schiffen, Bahnen und Flugzeugen für Ausländer; Kosten für Hafen- und Reparaturdienste für Ausländer; Inanspruchnahme der Bundespost durch Ausländer);
— Kosten der Inanspruchnahme inländischer Banken, Versicherungen, Verkaufsorganisationen und Patente durch Ausländer;

46 Krelle, a.a.O., S. 64.
47 Deswegen fob, weil sonst die Fracht- und Transportleistungen der ausländischen Exporteure als ausländische Dienstleistungen an inländischen Importeuren (Dienstleistungsimporte) aufgefaßt werden müßten; in der Praxis findet man bei Warenimporten häufig die cif-Klausel. (Vgl. Geigant u. a., a.a.O., S. 154.)

— Kosten eigener Kapitalleistungen (= Zins- und Dividendenzahlungen durch Ausländer);
— Kosten eigener Arbeitsleistungen (= Lohnzahlungen des Auslandes an inländische Arbeitskräfte) [48].

In der Zahlungsbilanz wird der Warenverkehr als *Handelsbilanz*, der Bereich der Reisen, Transporte, Lizenzen, Versicherungs-, Kapital- und Arbeitsleistungen als *Dienstleistungsbilanz* ausgewiesen. Unter Inland/Ausland werden hierbei alle natürlichen bzw. juristischen Personen verstanden, die ihren ständigen Wohnsitz im Inland/Ausland haben. Infolgedessen sind die „Gastarbeiter" zum Inland zu zählen; diplomatisches Personal und fremdes Militär aber gehören stets zum Ausland.

Der Geldstrom M entspricht dem Wert der Käufe von ausländischen Wirtschaftseinheiten, so daß der Strom X den Wert der Verkäufe an ausländische Wirtschaftseinheiten darstellt. Die „Entstehungsgleichung"

$$Y = C + I$$

kann dann bei Außerachtlassung des Staatshaushaltes unter Berücksichtigung der Außenbeziehung erweitert werden zu

$$Y = C + I + (X - M).$$

Da aber auch $Y = C + S$ ist, ergibt sich die Gleichung

$$S = I + (X - M) \qquad \text{oder} \qquad S + M = I + X.$$

Im Detail wären noch zu berücksichtigen die privaten (Schenkungen) und staatlichen Übertragungen (z. B. Wiedergutmachung, Entwicklungshilfe) an das Ausland ohne Gegenleistungen sowie die des Auslandes an das Inland ohne Gegenleistungen, die in der *Übertragungsbilanz* nachgewiesen werden, ferner die Krediterteilung an das Ausland und die Kreditgewährung des Auslandes an das Inland und der damit verbundene Eigentumserwerb *(Kapitalverkehrsbilanz)* und schließlich der wechselseitige Gold- und Devisenfluß *(Gold- und Devisenbilanz)*. Ob die jeweiligen Bilanzen aktiv oder passiv sind, hängt davon ab, ob letztlich ein Export-Überschuß oder ein Import-Überschuß zu verbuchen ist; der entsprechende Überschuß-Strom gleicht das Auslandskonto aus.

Abschließend kann man feststellen, daß das Reinvermögen einer offenen Verkehrswirtschaft in dem Realvermögen aller der Nation angehörenden Wirtschaftseinheiten besteht, vermehrt um die Forderungen an ausländische Wirtschaftseinheiten und vermindert um die Schulden an ausländische Wirtschaftseinheiten.

48 Nach einer Aufstellung bei Krelle, a.a.O., S. 66, Anm. 21.

IV. WICHTIGE RECHNUNGSSYSTEME

1. Volkswirtschaftliche Gesamtrechnung

Die bisher erörterten theoretischen Zusammenhänge finden ihren praktischen Niederschlag in der Ausgestaltung zu „Volkswirtschaftlichen Gesamtrechnungen". Die „Nationale Buchführung" – auch national economic accounting oder Volkswirtschaftliche Gesamtrechnung genannt – ist eine „makroökonomische Darstellung der am Ende einer Periode in einer Volkswirtschaft registrierten ökonomischen Transaktionen zwischen bestimmten Gruppen (Sektoren)" [49]. Am Ende einer Periode müssen die Soll- und Haben-Werte eines jeden Kontos gleich, muß das Konto ausgeglichen sein.

a) Definition und Geschichte

Derartige Systeme wurden in den USA, den skandinavischen Ländern, in England und Holland und auch in Deutschland entwickelt. In Deutschland werden seit 1932 laufend amtliche Volkseinkommensberechnungen veröffentlicht. In diese Berechnungen wurden die Jahre 1925 bis 1931 einbezogen, und für die Jahre 1891 bis 1913 wurden die Werte nach repräsentativen Methoden errechnet; 1941 allerdings trat durch die Kriegsereignisse eine Unterbrechung bis etwa 1948 ein. Für diese Berechnungen definierte das Statistische Reichsamt als Volkseinkommen: „Unter Volkseinkommen wird die Gesamtheit der geldwerten Güter und Dienstleistungen verstanden, die einer Volkswirtschaft nach Erhaltung des anfänglichen Vermögensstandes jährlich für Verbrauch und Kapitalbildung zur Verfügung stehen. Das Volkseinkommen tritt dabei in drei Stadien des wirtschaftlichen Kreislaufs in Erscheinung:

zunächst als Gesamtheit der produzierten Güter und Dienstleistungen; sodann als Summe der aus der Produktion fließenden Einkommen, und schließlich in Form von Verbrauch und Kapitalbildung." [50] D. h., die Berechnung des Sozialprodukts kann geschehen unter den Aspekten der Entstehungs-, Verteilungs- und Verwendungsrechnung.

b) Entwicklung der Systeme

Nach einigen vorbereitenden Länderstudien wurde 1952 das *Standardsystem der OEEC* vorgelegt. Die Vorläuferin der heutigen OECD wollte

---

49 Schneider, a.a.O., S. 122.

50 Aus „Das deutsche Volkseinkommen vor und nach dem Kriege". Einzelschriften zur Statistik des Deutschen Reichs Nr. 24, Berlin 1932, zitiert nach: Grünig, Ferdinand: Die Anfänge der „Volkswirtschaftlichen Gesamtrechnung" in Deutschland. In: Beiträge zur empirischen Konjunkturforschung, Berlin 1950, S. 74.

hiermit den einzelnen Staaten bei der Konzeption einer Nationalen Buchführung helfen, die international vergleichbar ist; viele Staaten, die NATO und die UN haben das Prinzip dieses Kontensystems übernommen, obwohl es nicht als für die Mitgliedsländer verbindlich erklärt worden war. Das System basiert auf einer Kombination von *institutioneller* und *funktionaler* Gliederung: erstere zeigt sich in den Polen Unternehmungen, Haushalte, Staat – letztere in der Aufstellung von Produktionskonto, Einkommenskonto, Vermögensveränderungskonto und Auslandskonto. Hiernach müßten 12 Konten entstehen, jedoch vereinfachte man dieses Schema durch Konsolidierung einiger Konten auf ein sechspoliges System [51]:

Konto 1 – Sozialproduktskonto;
Konto 2 – Volkseinkommenskonto;
Konto 3 – Zusammengefaßtes Einkommenskonto für den Staat;
Konto 4 – Zusammengefaßtes Einkommenskonto für die Haushalte und privaten Organisationen ohne Erwerbscharakter;
Konto 5 – Zusammengefaßtes Vermögensveränderungskonto;
Konto 6 – Zusammengefaßtes Konto für das Ausland.

Das *Kontensystem des Statistischen Bundesamtes* ist eine Weiterentwicklung des eben skizzierten Standardsystems. Seit 1960 wurde in Deutschland eine stärkere Differenzierung versucht. Zunächst ging man von den 3 bekannten Sektoren Unternehmungen (bei denen auch die wirtschaftliche Tätigkeit der freien Berufe erfaßt wird), Staat und Haushalte aus. Hierzu wurden 7 Sektorkonten entwickelt:
Kontengruppe 1: Produktion von Waren und Dienstleistungen;
Kontengruppe 2: Entstehung von Erwerbs- und Vermögenseinkommen;
Kontengruppe 3: Verteilung von Erwerbs- und Vermögenseinkommen;
Kontengruppe 4: Umverteilung der Einkommen;
Kontengruppe 5: Verwendung der Einkommen;
Kontengruppe 6: Vermögensbildung;
Kontengruppe 7: Veränderung der Forderungen und Verbindlichkeiten.

Nach diesen Unterkonten werden Konto 1 (Unternehmen), Konto 2 (Staat einschließl. Sozialversicherung) und Konto 3 (Private Haushalte und pri-

51 Nähere Einzelheiten zum OEEC-System – besonders hinsichtlich der hier fließenden Ströme – siehe bei Müller, J. Heinz; und Frank Dorow: Volkswirtschaftliche Gesamtrechnung. In: Staatslexikon, hg. von der Görres-Gesellschaft, 8. Bd., 6. Aufl., Freiburg i. Br. 1963, Sp. 367 ff., zum UN-System besonders Colm, Gerhard: Volkswirtschaftliche Gesamtrechnung, I: Theorie. In: Handwörterbuch der Sozialwissenschaften, hg. von Erwin v. Beckerath u. a., 11. Bd., Stuttgart, Tübingen, Göttingen 1961, S. 397 ff.

vate Organisationen ohne Erwerbscharakter) gegliedert; ein zusammengefaßtes Güterkonto (Konto 0) wird vorangestellt, ein zusammengefaßtes Konto der übrigen Welt (Konto 8)[52] beschließt dieses System. Die hier offenbar werdende weitergehende Strukturierung wird durch das Bemühen begründet, *Güterströme* zwischen den Sektoren deutlicher hervortreten zu lassen, umfassende *Kreditverflechtungen* zu erkennen und der *Umverteilung* von Einkommen und Vermögen besondere Beachtung zu schenken. Konkret bedeutet das, daß der Sektor Unternehmung in die Sektoren „Produktionsunternehmen“, „Banken“ und „Versicherungen“, der Sektor Staat in „Gebietskörperschaften“ und „Sozialversicherung“, schließlich der Sektor Haushalte in „Private Organisationen ohne Erwerbscharakter“ und „Private Haushalte“ aufgeteilt werden. Nach dieser Aggregierung werden bereits Gesamtrechnungen vom Statistischen Bundesamt veröffentlicht[53]. Im Ergebnis ist folgende Gliederung angestrebt:

Produktionsunternehmen	Banken	Versicherungsunternehmen	Sozialversicherung	Gebietskörperschaften	Private Organisationen ohne Erwerbscharakter	Private Haushalte
1	2	3	4	5	6	7
(1) Die Produktion und ihre Verwendung						
1,1	1,2	1,3	1,4	1,5	1,6	1,7
(2) Die Entstehung von Erwerbs- und Vermögenseinheiten						
2,1	2,2	2,3	2,4	2,5	2,6	2,7
(3) Die Verteilung von Erwerbs- und Vermögenseinheiten						
3,1	3,2	3,3	3,4	3,5	3,6	3,7
(4) Die Umverteilung der Einkommen						
4,1	4,2	4,3	4,4	4,5	4,6	4,7
(5) Der letzte Verbrauch und die Ersparnis						
5,1	5,2	5,3	5,4	5,5	5,6	5,7
(6) Die Veränderungen des Reinvermögens						
6,1	6,2	6,3	6,4	6,5	6,6	6,7
(7) Die Veränderungen der Forderungen und Verbindlichkeiten						
7,1	7,2	7,3	7,4	7,5	7,6	7,7
Das zusammengefaßte Konto für die übrige Welt						
8,0						

Quelle: Müller/Dorow, a.a.O., Sp. 371

Sicher wird dabei das zusätzlich entwickelte Konto 0 (Zusammengefaßtes Güterkonto) die Einleitung bilden.

c) *Politische Aspekte*

Volkswirtschaftliche Gesamtrechnungen können Auskunft geben über

1. die Wirtschaftsstruktur und die Produktivkraft eines betreffenden Landes (auch in zeitlichem und regionalem Vergleich);
2. die Höhe und Zusammensetzung des Sozialprodukts, damit über Stand und Entwicklung der sozialen „Wohlfahrt" – hier also begriffen als social accounting;
3. die Abläufe des gesamtwirtschaftlichen Prozesses;
4. die Ansätze zur Erreichung bestimmter wirtschaftspolitischer Ziele [54].

Praktisch stellen sie „eine statistische Durchleuchtung der gesamten Wirtschaft nach einem einheitlichen Grundgedanken (dar) derart, daß alle gemessenen Größen zusammenpassen und als Teil eines volkswirtschaftlichen Kreislaufs aufgefaßt werden können" [55]. Man kann den Volkswirtschaftlichen Gesamtrechnungen aber keine planwirtschaftlichen Ambitionen unterstellen, denn sie ersetzen keine Wirtschaftspolitik, sondern sind allein Hilfsmittel für diese. „Als rein formales Instrument kann ‚social accounting' ebenso zur Rettung des kapitalistischen Wirtschaftssystems vor dem Verfall in Dauerkrisen benutzt werden wie zur Umgestaltung in ein System, das den Namen Sozialismus verdienen könnte. Die Notwendigkeit, dieses Rechnungssystem über seine vorerst noch primitiven Anfänge hinaus theoretisch und statistisch weiter zu entwickeln, ist deshalb gemeinsame Überzeugung aller Gruppen." [56]

Während bei den *Erfassungs- und Abgrenzungsproblemen* hauptsächlich statistische Fragen zu beantworten sind, wird bei der Erörterung von *Bewertungsproblemen* ein starker gesellschaftspolitischer Akzent gesetzt. Die Problemlage kann hier nur angedeutet werden.

Die Zurechnung staatlicher Leistungen wird nach dem Konsumenten-Konzept vorgenommen: Staatliche Leistungen dienen der Befriedigung von

---

52 Vgl. Statistisches Jahrbuch 1975, a.a.O., S. 498 ff.
53 Vgl. Geigant u. a., a.a.O., S. 210 ff.; zu den Abgrenzungen der neuen Sektoren a.a.O., S. 83 f.
54 Vgl. Paulsen, a.a.O., S. 86 ff.
55 Krelle, a.a.O., S. 189.
56 von Eynern, Gert: „Soziale Marktwirtschaft". In: Beiträge zur empirischen Konjunkturforschung, Berlin 1950, S. 142.

Kollektivbedürfnissen. Kommt aber die Leistung innerer Sicherheit – z. B. durch Festnahme eines Einbrechers – dem Bürger zugute, dessen Eigentum geschützt wird, oder einem Unternehmen, das durch Effizienz polizeilichen Handelns nicht selbst so viel für Sicherheitsvorkehrungen investieren muß, oder gar dem Straftäter, der durch Resozialisierungsmaßnahmen wieder in die Ordnung der Gesellschaft zurückfinden kann? Ist staatliche Finanzierung des Straßenbaus in erster Linie ein Nutzen für das Kraftverkehrsgewerbe oder für die privaten Haushalte, bei denen die Freizeitgestaltung – besonders am Wochenende – ohne Kraftfahrzeugbenutzung häufig kaum noch denkbar ist? Sind Bildungsinvestitionen den privaten Haushalten zuzurechnen, oder widerspricht diese stark am Interesse individuellen Aufstiegs und an der Entfaltung der Persönlichkeit orientierte Auffassung des Bildungsauftrages den immer stärker in Mode kommenden Postulaten kollektiv-solidarischer Interessenorientierung, die zu kollektiven Verhaltensweisen und Aktionen führen soll, was dann als vergesellschaftete Nutzung der wissenschaftlichen Qualifikation propagiert wird?

Sehr problematisch ist auch das momentane Nichterfassen von Hausfrauenarbeit – mangels Festlegung bestimmten Entgelts –, was bei modernen Debatten um Hausfrauenrente und Vermögens-, besonders aber Versorgungsansprüchen im neuen Scheidungsrecht diskutiert wird. Schließlich darf in einer Zeit, in der der laissez faire-Gedanke in der Wirtschaftspolitik nicht mehr zu vertreten ist, gerade der Staat seine wirtschaftspolitische Verantwortung nicht über Geld- und Kreditpolitik allein auf die Wirtschaft und damit auf den Verbraucher abwälzen, sondern muß sich dieser eigenen Verantwortung durch besonnene Fiskalpolitik in erhöhtem Maße bewußt sein.

2. Input-Output-Rechnung

Als besonderer Bereich der Volkswirtschaftlichen Gesamtrechnung ist die Input-Output-Rechnung zu erwähnen, die von Wassily A. *Leontief* entwickelt wurde. Sie ist ein System zwischenindustrieller Beziehungen und berücksichtigt insbesondere Einsatz (input) und Ausstoß (output) industrieller Erzeugnisse. Die *Input-Output-Tabelle* stellt die „übersichtliche Beschreibung der interindustriellen Transaktionen einer abgelaufenen Periode“ [57] dar; aus dem Begriff selbst ergibt sich, daß sie stets als Matrix

57 Schneider, a.a.O., S. 146.

vorgelegt wird. Die Input-Output-Tabelle berücksichtigt nicht die Beziehungen zum Markt, sondern die jeweiligen produktionstechnischen Zusammenhänge. Von ihr zu unterscheiden ist die *Input-Output-Analyse*, die die Beantwortung der Frage, „wie sich eine Änderung des Exports oder der Nachfrage der Haushalte oder des Staates auf die einzelnen Industrien auswirkt“ [58], versucht. Im ersten Fall handelt es sich wieder um eine exakte, wenn auch unter Berücksichtigung ganz spezieller Fragestellung aggregierte, konstatierende ex post-Rechnung, während im zweiten Fall eine ex ante-Aussage hypothetischen Charakters über Interdependenzen in den einzelnen Sektoren, bei Löhnen oder Preisen gemacht wird.

3. Nationalbudget

Als weitere Form innerhalb der spezifischen Rechnungssysteme ist noch das Nationalbudget zu beschreiben, das nicht mit dem Staatsbudget verwechselt werden sollte; es ist eine „unter Berücksichtigung der angestrebten Ziele antizipierte volkswirtschaftliche Gesamtrechnung“ [59], bei der nicht ex post Werte erfaßt, sondern ex ante Zahlen für eine kommende Periode vorweggenommen werden. Derartige Schätzungen künftiger Wirtschaftsentwicklung gibt es in manigfachen Akzentuierungen, wobei die entsprechende Abgrenzung der Begriffe nicht immer einheitlich ist.

An erster Stelle steht das *Programmbudget*, das auch *Planungsbudget* genannt wird. Seine wichtigen Charakteristika sind Einbeziehung des staatlichen Finanzplanes, Verbindlichkeit quantifizierter wirtschaftspolitischer Zielsetzung und Darstellung der staatlichen Durchsetzungsmittel. Die mittelfristigen Jahrespläne in Zentralverwaltungswirtschaften gehören in diese Kategorie, bei der „imperative Planung“ [60] offenkundig wird. In der westlichen Welt verwendet man solche Entscheidungs- oder Programmmodelle nur gegenüber verstaatlichten oder auch durch langfristige Programme besonders geförderten Wirtschaftsbereichen.

An zweiter Stelle ist das *Orientierungsbudget* zu nennen. Hierzu rechnet zunächst das *Prognose- oder Vorhersagebudget,* das keine wirtschaftspolitische Zielsetzungen formuliert, sondern Annahmen darüber enthält, wie bestimmte staatliche Einflüsse (z. B. auf die Finanz-, Außenhandels- oder Beschäftigtenpolitik) kurzfristig auf das Verhalten der Wirtschaftssub-

---

58 Ebda; näheres bei Geigant u. a., a.a.O., S. 105 ff.
59 Schneider, a.a.O., S. 146 f.
60 Thalheim, Karl C.: Imperative zentrale Planung. In: Wirtschaftswissenschaftliches Studium, 1973, H. 6, S. 273.

jekte oder auf bestimmte Strukturrelationen (z. B. Beschäftigungsgrad oder Lohnstruktur) einwirken. Außerdem rechnet man hier das *Nationalbudget i. e. S.* hinzu, das neben allgemeinen Hypothesen zum Wirtschaftsverlauf auch Globalziele staatlicher Wirtschaftspolitik festhält. Durch Beteiligung gesellschaftlicher Gruppen an der Aufstellung des Nationalbudgets können deren Interessen bei dessen Formulierung berücksichtigt werden. Es stellt auf jeden Fall „keinen vollzugsverbindlichen Wirtschaftsplan dar. Es dient vielmehr als rein instrumentales System zur Formulierung und rationalen Koordinierung politischer Ziele und ermöglicht es, konträre und undurchführbare Zielsetzungen zu erkennen. Damit wird die Entscheidung, welche Ziele verwirklicht werden sollen, den Verantwortlichen nicht abgenommen, wohl aber erleichtert“ [61]. Bei diesem Sachzusammenhang liegt also „indikative Planung“ vor. Damit ist das Nationalbudet i. e. S. in der Hauptsache als methodisches Hilfsmittel zu verstehen mit dem Zweck, „diejenigen Maßnahmen herauszuarbeiten, die zur Erreichung der verschiedenen angestrebten Ziele der staatlichen Wirtschaftspolitik erforderlich sind. Alternative Projektionen, in denen Ziele und Mittel variiert werden, erleichtern die Formulierung des endgültigen Nationalbudgets“ [62]. Bei allen diesen Modellen sind als entscheidende Kriterien folglich immer die spezifische Zielformulierung, der entsprechende Maßnahmenkatalog und die jeweilige Vollzugsverbindlichkeit des Modells zu beachten.

V. ZUR GESCHICHTE DER KREISLAUFTHEORIE

Kreislaufdarstellungen haben die Aufgabe, den strukturellen makroökonomischen Aufbau der Volkswirtschaft darzustellen und Daten für seine Analyse in aussagekräftige Zusammenhänge zu bringen, um möglichst einen störungsfreien Ablauf des Wirtschaftsprozesses zu erreichen. In ihren Anfängen war die Kreislauftheorie stark güterwirtschaftlich orientiert, während sie in diesem Jahrhundert – seit der Weltwirtschaftskrise – hauptsächlich unter dem geldwirtschaftlichen Aspekt entwickelt wird; damit wird dem Geld nicht mehr eine neutrale (Werkzeug-)Funktion beim Tauschverkehr allein zuerkannt, vielmehr wird seine Eigengesetzlichkeit und Dynamik zum besonderen Ansatzpunkt theoretischer Entwicklungen.

---

61 Müller/Dorow, a.a.O., Sp. 374 f.
62 Colm, a.a.O., S. 402.

1. Quesnay: Tableau Economique

Der Chirurg und Nationalökonom François Quesnay (1694–1774) konzipierte als erster die Idee eines Wirtschaftskreislaufes und benutzte hierfür eine zahlenmäßige Schätzung der Kreislaufströme, wie sie wohl dem Frankreich seiner Zeit entsprochen hat. Zunächst formulierte er drei Wirtschaftsgruppen:

a) die produktive Klasse – in diesen Sektor der Urerzeuger gehören die Landwirte und Bergarbeiter;
b) die Grundeigentümer – dieser Sektor umfaßt Landesfürsten (König), weltliche und kirchliche Grundbesitzer;
c) die sterile Klasse – hier sind (gemäß physiokratischem Denken) alle übrigen Berufe, besonders die Manufakturisten und Händler, zusammengefaßt.

Die produktive Klasse schafft nun Nahrungsmittel (N) im Wert von 3 Mrd. Livre und Rohstoffe (R) im Wert von 2 Mrd. Livre; von beiden verbraucht sie selbst im Wert von je 1 Mrd. Livre. Die sterile Klasse erzeugt Manufakturwaren (M) im Wert von 2 Mrd. Livre. Die Grundeigentümer beziehen von der produktiven Klasse 2 Mrd. Livre an Pacht (Reinertrag).

Abbildung 7:
Geldströme des Quesnayschen Tableaus

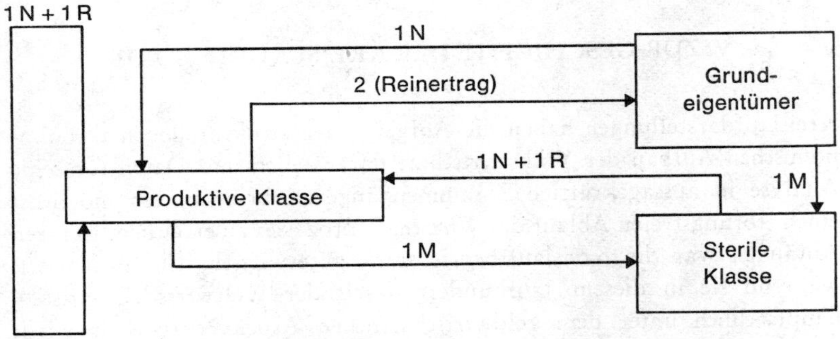

Quelle: Schneider IV, a.a.O., S. 18

In der tabellarischen Darstellung sieht dieser Kreislauf dann so aus:

empfangender Sektor / liefernder Sektor	Grund-eigentümer	Sterile Klasse	Produktive Klasse
Grundeigentümer		1 Mrd.	1 Mrd.
Sterile Klasse			2 Mrd.
Produktive Klasse	2 Mrd.	1 Mrd.	2 Mrd.

Quelle: Nach einer Matrix bei Geigant u. a., a.a.O., S. 28.

Quesnay wollte mit seinem Tableau économique eine leicht faßliche Darstellung über Ausgaben und Produktion erarbeiten, „woraus man mit Klarheit die Ordnungen und Unordnungen, welche die Regierungen verursachen kann, zu beurteilen vermag“ [63]. Das Tableau, das weniger wegen seiner sachlichen Aspekte als vielmehr wegen seiner methodischen von Interesse ist, basiert auf dem Glauben, „daß es den Menschen möglich sei, eine natürliche Ordnung als Ganzes im Wirtschaftsleben zu erkennen, die einen natürlichen Gleichgewichtszustand impliziert, eine Voraussetzung, die – wie wir wissen – unwirklich ist“ [64].

2. Marx: Abteilungsordnung

Karl Marx (1818–1883) nimmt für seine Analyse eines gesamtwirtschaftlichen Prozesses, bei dem er in der gesellschaftlichen Arbeit allein die werterzeugende Kraft sieht, eine ganz andere Sektorenbildung vor; er teilt die produzierenden Betriebe in zwei Abteilungen ein.

Abt. I: Produktionsmittelabteilung – Betriebe, die an der Erzeugung und Weiterverarbeitung von Rohstoffen für Produktionsmittelerzeugung beteiligt sind;

Abt. II: Konsumgüterabteilung – Betriebe, die an der Erzeugung und Weiterverarbeitung von Rohstoffen für Konsumgütererzeugung beteiligt sind.

---

63 Aus einem Brief Quesnays, zitiert nach: Schneider, Erich: Einführung in die Wirtschaftstheorie, IV. Teil: Ausgewählte Kapitel der Geschichte der Wirtschaftstheorie. 1. Bd., Tübingen 1962, S. 20.

64 Mangold, Gerhard: Die Strukturanalyse des wirtschaftlichen Kreislaufs. In: Schmollers Jahrbuch, Berlin, 73. Jg., 1953, S. 52.

Zu den Rohstoffen treten in jeder Abteilung auf jeder Stufe des Produktionsprozesses menschliche Arbeitskraft und Sachkapital hinzu. Weiter sind zu nennen:

c = konstantes Kapital – Wert des Verschleißes an dauerhaftem Sachkapital und der verbrauchten Hilfsstoffe;

v = variables Kapital – Arbeitslöhne;

m = vom Unternehmer erzeugter Mehrwert – Gewinn, „Unternehmerprofit".

Der Wert eines in einer Abteilung erzeugten Gutes ist dann

$$W = c + v + m.$$

Für die einzelne Abteilung bedeutet das:

$$W_I = c_I + v_I + m_I,$$
$$W_{II} = c_{II} + v_{II} + m_{II}.$$

Bildet man aus den Einkommensempfängern noch die beiden Gruppen „Kapitalisten" und „Arbeiter", kommt man zu folgendem Kreislaufbild:

Abbildung 8:
Stationäres Schema nach Marx

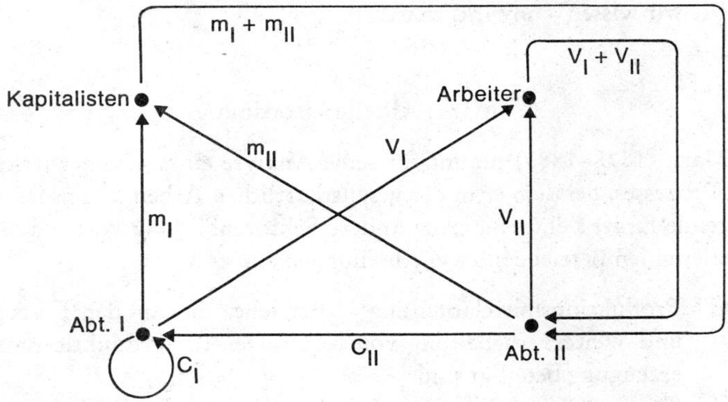

Quelle: Krelle, a.a.O., S. 45.

Als Gleichgewichtsbedingung kann man am Pol jeder Abteilung ablesen

$$c_{II} = m_I + v_I,$$

d. h., „bei stationärem Ablauf (muß) die Summe aller Löhne und Gewinne gleich dem Wert der Konsumgüterproduktion sein" [65].

65 Schneider IV, a.a.O., S. 26.

Unter Berücksichtigung einer *wachsenden* Wirtschaft konstatiert Marx, daß die Kapitalisten nicht mehr ihren gesamten Mehrwert verbrauchen, sondern einen Teil – z. B. die Hälfte – investieren. Daraus ergibt sich der fünfpolige Kreislauf

Abbildung 9:
Dynamisches Schema nach Marx

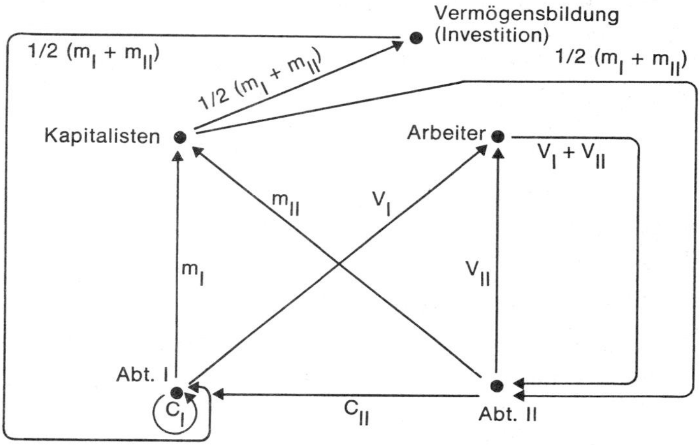

Quelle: Krelle, a.a.O., S. 47

und zwar bei einer Gleichgewichtsbedingung

$$c_{II} + {}^1/_2\, m_{II} = v_I + {}^1/_2\, m_I,$$

die am Pol jeder Abteilung abzulesen ist.

3. Böhm-Bawerk: Stufenordnung

Arbeit und Bodennutzung sind für Eugen von Böhm-Bawerk (1851–1914) „die elementaren wirtschaftlichen Produktivkräfte“ [66], womit deutlich wird, daß für ihn Kapital als selbständiger Produktionsfaktor ausscheidet. Der Mensch kann, um aus diesen produktiven Elementen seine Genußgüter zu entwickeln – von einer direkten Kombination wirtschaftlicher Produktivkräfte untereinander abgesehen – einen *Umweg* einschlagen und „mit seinen Elementen zunächst ein anderes Gut und erst mit dessen Hilfe

66 von Böhm-Bawerk, Eugen: Kapital und Kapitalzins, Positive Theorie des Kapitals. 1. Bd., 4. Aufl., Jena 1921, S. 110.

später das begehrte Genußgut" [67] herstellen. Diese kapitalistische Produktionsmethode bringt als Nachteil ein Opfer an Zeit mit sich. Von dem Gedanken der Umwegproduktion ausgehend, gliedert Böhm-Bawerk die gesamte Kapitalmasse „mit Rücksicht auf die verschiedene Entfernung von der Genußreife ... in eine Anzahl von Reife- oder Jahresklassen, die sich ... unter dem Bilde konzentrischer Jahresringe vorstellen lassen" [68].

Diese Ringe enthalten eine Ordnung der einzelnen Reifegrade. Derartige Reifegrade einzelner Produkte einer Reifeklasse sind oft verschieden; die Reifeklassen „haben mit dem technischen Reifegrad der Konsumgüter nichts zu tun" [69], sind vielmehr reine Zeitklassen. Der Tenor des Ringschemas lautet: Alle Güter reifen zu Genußgütern aus. Eine Aufteilung des Schemas sähe etwa so aus:

1. Ring: Fertiggüter;
2. Ring: Halbfabrikate;
3. Ring: Halbzeug;
4. Ring: Rohstoffe.

„Die Ausreifung der Zwischenprodukte zu Genußmitteln erfordert einen fortwährenden Zusatz von laufenden Produktivkräften. In jedem Stadium des Produktionsprozesses wird den aus dem vorangegangenen Stadium übernommenen Zwischenprodukten neue Arbeit zugesetzt, um sie in einem vorgeschritteneren Zustand dem folgenden Stadium zu überliefern." [70]

4. Keynes: Vollbeschäftigungspolitik

Einer der bedeutendsten Wirtschaftstheoretiker in der ersten Hälfte dieses Jahrhunderts war John Maynard Keynes (1883–1946), später als Lord Keynes of Tilton geadelt; er ist der erste Vertreter einer speziell geldwirtschaftlich orientierten Kreislauftheorie.

Seiner Ansicht nach übt das Geld den wichtigsten Einfluß auf den gesamten Volkswirtschaftsprozeß aus, dessen entscheidende Variablen das Gesamteinkommen und die Beschäftigung sind. Diese Überlegungen sind

---

67 Böhm-Bawerk, a.a.O., S. 111.
68 Böhm-Bawerk, a.a.O., S. 141.
69 Mangold, a.a.O., S. 63.
70 Böhm-Bawerk, a.a.O., S. 143 f.

in seinem Werk „Allgemeine Theorie der Beschäftigung, des Zinses und des Geldes“ (1936) niedergelegt. Zwar würden Einkommensteile, die für Konsum ausgegeben werden, gleichzeitig die Nachfrage nach Konsumgütern ansteigen lassen, umgekehrt würden aber gesparte Einkommensteile nicht unbedingt eine Nachfrage nach Investitionsgütern nach sich ziehen. Die daraus entstehende *Nachfragelücke* kommt erst zum Ausgleich, wenn die Nachfrage gleich dem tatsächlichen Angebot ist; dieses Gleichgewicht kann erst erreicht werden, wenn die Sparsumme sich verringert, die Beschäftigung zurückgeht und damit das Gesamteinkommen sinkt. Hierbei hat Keynes die oben beschriebene Unterteilung der Spar- und Investitionsakte in bewußt vollzogene, geplante und in zufällige, ungeplante vorgenommen. Auf diese Weise kommt er nach buchhalterischen Prinzipien stets zu einer Gleichheit von I und S.

Keynes entwickelte aus diesem theoretischen Ansatz praktische Schlußfolgerungen. Einer seiner Mitarbeiter, E. A. G. Robinson, meint hierzu: „Soweit ich mich erinnere, hat K. in seinem späteren Leben niemals ein ökonomisches Instrument um seiner selbst willen entworfen, sondern nur um durch die Anwendung des Verfahrens volkswirtschaftlicher Analyse eine unmittelbare praktische Aufgabe der Regierung zu lösen. Sein überragendes Interesse an Politik und Regierung machten K. im allerbesten Sinn des Wortes zu einem politischen Ökonomen.“ [71] Wenn das Gleichgewicht nur durch eine Veränderung des Gesamteinkommens erreicht werden kann, wenn sich dabei auch die Beschäftigung verändert, wird das Beschäftigungsproblem der wichtigste Akzent moderner Nationalökonomie. Eines der wichtigsten Ziele der Volkswirtschaft ist die Vollbeschäftigung. Ist eine Volkswirtschaft einer Tendenz zur Unterbeschäftigung ausgesetzt, ist es Aufgabe der staatlichen Wirtschaftspolitik, die effektive Nachfrage so zu steigern, daß Vollbeschäftigung gesichert ist und damit die Arbeitslosigkeit bekämpft wird.

Als Instrumentarium dieser Politik sind das deficit-spending, die restributive Besteuerung, die Kreditpolitik des leichten Geldes und eine umfangreiche Sozialpolitik zu nennen, wobei nicht zu übersehen ist, daß auch stetige Preissteigerungen (schleichende Inflation) als negative Nebenerscheinungen auftreten.

---

71 Zitiert nach: Wessels, Theodor: Keynes und Keynesianismus. In: Staatslexikon, hg. von der Görres-Gesellschaft, 4. Bd., 6. Aufl., Freiburg i. Br. 1959, Sp. 960 f.

5. Föhl: Geldschöpfung

Eine klare Aufteilung der Wirtschaft in „Produktionsfaktoren" und „Unternehmungen" nimmt Carl Föhl vor, und er analysiert in Einzelheiten die Ströme, die zwischen diesen beiden Konten fließen.

Föhl untersucht besonders – in Anknüpfung an Keynes –, wie sich eine Geldschöpfung auswirken kann in einer unterbeschäftigten Wirtschaft. Die Geldschöpfung, deren Grundlage er in der Erkenntnis sieht, „daß zur Ausübung der Funktion eines Zahlungsmittels die materielle Aushändigung eines allgemein anerkannten Tauschgutes gar nicht erforderlich ist, sondern daß die Übertragung einer Forderung auf ein solches Gut die gleichen Dienste leistet, wenn nur die Person oder die Anstalt, gegen welche diese Forderung gerichtet ist, dem Verkäufer als genügend sicher erscheint" [72], setzt er zu Kapitalbildung, Preisniveau und wirtschaftlicher Dynamik in Beziehung und empfiehlt ihren Einsatz in der Depression, sofern die konjunkturellen Erfordernisse analysiert sind. Somit kann die Arbeitsbeschaffung – ein Hauptziel, auf das Föhl hinsteuerte – von Staats wegen ohne Besorgnis der Inflationsgefahr finanziert werden.

6. Grünig: Wirtschaftsmodell

Im Anschluß an eine Darlegung wirtschaftsmechanischer Grundlagen nimmt Ferdinand Grünig seine Untersuchungen am Wirtschaftsmodell vor, wobei er versucht, „ein maßstabgetreues Modell der deutschen Wirtschaft zu entwerfen, um an Hand dieses Modells in ‚makroökonomischer' Untersuchungsweise zu bestimmten quantitativen Aussagen über Statik und Dynamik des deutschen Wirtschaftsgeschehens zu kommen" [73].

Die Einteilung seiner Modellwirtschaft geschieht nach Wirtschaftsabteilungen; als Gruppen sind hier zu nennen: die *Erzeugerwirtschaft* (untergliedert in Verbrauchsgüterwirtschaft und Investitionswirtschaft), die *öffentliche Verwaltungswirtschaft* und die *Versorgungswirtschaft.* Die Beziehung der Gruppen untereinander macht Grünig durch modellhafte Darstellung von Ursprung und Verwendung der Produktionserzeugnisse deutlich. Es werden den Erzeugergruppen die Verbrauchergruppen gegenübergestellt. Die Verbrauchergruppe umfaßt die Erzeugerwirtschaft und

---

72 Föhl, a.a.O., S. 75.
73 Grünig, Anfänge, a.a.O., S. 85.

die Empfänger von Ausgleichsgüterströmen. Zur Erzeugerwirtschaft gehören:

— die Nahrungs- und Genußmittelgewinnung;
— das Wohnungswesen;
— das Bekleidungswesen;
— die Herstellung von Hausrat usw.;
— die Dienstleistungen;
— die Investitionswirtschaft.

Als Empfänger von Ausgleichsgüterströmen bezeichnet Grünig:

— Sachbeschaffung;
— Verwaltungsdienste;
— Bezieher öffentlicher Renten;
— Arbeitslose;
— Zinsempfänger;
— Ausland
— und den Staat (als nicht in Wirtschaftsgruppen zerlegbare Allgemeinheit).

Hierbei müssen dann Gesamtverbrauch und Gesamterzeugung [74] einander gleich sein; auf dieses Ziel muß die Wirtschaft hinsteuern. Bleibt jedoch „der Haushalt einer oder mehrerer Gruppen trotz auf Ausgleich gerichteter Bemühungen unausgeglichen, so sind auf das ganze System sich fortpflanzende Störungen zu erwarten. Umgekehrt wirkt die freiwillige Passivität im Haushalt einer oder mehrerer Gruppen (beispielsweise bewußte Kreditaufnahme oder Geldabschöpfung des Staates, aber auch privatwirtschaftliche Vorgänge ähnlicher Art) bei unterbeschäftigter Wirtschaft wirtschaftsbelebend“ [75]. Deutlich kann man hier Verbindungslinien zu Keynes und Föhl ziehen.

☆

Auch die gegenwärtige Diskussion wird vom geldwirtschaftlichen Ansatz her bestimmt. Bestritten wird diese insbesondere von den Monetaristen und den Fiskalisten. Der Monetarismus stellt hauptsächlich auf die Kontrolle der Geldmenge durch die Notenbank ab und ist somit das Konzept einer Selbstbeschränkung des Staates, der lediglich ökonomische Rahmenbedingungen zu setzen hat, die durch die Aktivität gesellschaftlicher Grup-

---

74 So genauer formuliert in: Grünig, Anfänge, a.a.O., S. 89.
75 Grünig, Anfänge, a.a.O., S. 85.

pen auszufüllen sind. Der Fiskalismus betont die staatliche Steuer- und Ausgabenpolitik, so daß er bei entsprechender Zielorientierung und ordnungspolitischer Bedingung durchaus eine Basis für die Realisierung gesellschaftspolitischer Forderungen bietet. Verantwortliche Wirtschaftspolitik des Staates zeigt sich hier in der globalen Steuerung der Wirtschaft durch die Zinspolitik, insbesondere jedoch durch eine antizyklische Haushaltspolitik, die in der Konjunktur ein Höchstmaß an Ausgabendisziplin der Exekutive und der Abgeordneten erfordert.

VI. ZUSAMMENFASSUNG

Auf „Produktion" und „Verbrauch" baut strukturell gesehen das gesamte Wirtschaftsgeschehen auf. Als Grundphänomen einer arbeitsteiligen Volkswirtschaft ist also der wechselseitige Austausch von Gütern und Leistungen zwischen verschiedenen Wirtschaftseinheiten anzusehen. Bei einem Tauschakt zwischen denselben fließen zwei Ströme: ein „realer" Strom (Güter, Leistungen) und ein „monetärer" (Geld). Nur das Geld führt einen eigentlichen Kreislauf aus, da es nicht – im materiellen Sinn – aufgezehrt wird. Hierbei hat das Geld mehrere Funktionen: Geld ist Tauschmittel, Wert- und Recheneinheit, gesetzliches Zahlungsmittel, Wertaufbewahrungsmittel sowie Wert- und Kapitalübertragungsmittel.

Nicht jeder einzelne Tauschakt jeder einzelnen Wirtschaftsperson innerhalb der Volkswirtschaft kann im Kreislaufbild sichtbar gemacht werden; eine solche Darstellung würde unübersichtlich. Daher faßt man entsprechende mikroökonomische Größen zu makroökonomischen zusammen. Eine derartige Gesamtschau kann man nach institutionellen Gesichtspunkten oder nach der Art und Funktion gewisser „realer" Ströme vornehmen. In der Praxis kommt es fast stets zu einer Mischung beider Gliederungsprinzipien.

Für die Kreislauftheorie sind die Begriffe Pol (oder Wirtschaftsgruppe bzw. Sektor), Strom und Strombreite wichtige Elemente. Hinzu tritt das Kreislaufaxiom, das bei jedem geschlossenen Kreislauf lautet: Die Summe der hineinfließenden Ströme ist bei jedem Pol gleich der Summe der herausfließenden Ströme.

Man spricht von der Geschlossenheit eines Kreislaufs, da sich keine Stelle bestimmen läßt, an der er beginnt, bzw. seine Strombreite entschieden wird; die Erhöhung oder Schrumpfung der Nachfrage nach einem Gut kann an einer beliebigen Kreislaufstelle einsetzen, stets wird der Impuls weitergetragen. Entscheidende Impulssendungen sind jedoch die Nachfrage der Unternehmungen nach Investitionsgütern, die Höhe der Staatsausgaben, die Nachfrage der Haushaltungen nach Verbrauchsgütern und die Höhe des Exports.

Der Kreislauf kann durch vier Methoden sichtbar gemacht werden: Graphische Darstellung (demonstrativ ohne konkreten Aussagewert), Aufstellung von Konten (exakte Wertangaben; häufig verwendet), Darstellung in Tabellen (klare Übersicht auch bei einer Vielzahl von Polen und Strömen), Gleichungen (Definition der Ströme nur an einem Pol oder partielle Betrachtung).

Das Kreislaufschema wird erweitert durch Berücksichtigung der Beziehungen zwischen Investieren und Sparen, sowie durch Einbeziehung von Staat (staatliche Aktivität) und Ausland. Die Keynessche Investitionsgleichung (I = S) besagt, daß in einer geschlossenen Verkehrswirtschaft ohne staatliche Aktivität der Wert der Nettoinvestition stets ex post gleich dem Wert der Nettoersparnis ist. Man unterscheidet, ob Sparen, Investieren oder Konsum geplant – und damit freiwillig – oder unfreiwillig sind. – In modernen Staaten ist der Staat (Gebietskörperschaften und Sozialversicherung) mit etwa einem Drittel am Umlauf des Sozialprodukts beteiligt. Dem wird im Kreislauf dadurch Rechnung getragen, daß für den Staat zum einen als Einnahmen die direkten (von privaten Einkommensbeziehern) und die indirekten (von Unternehmungen) Steuern, zum anderen seine Ausgaben für Konsum, Subventionen und Unterstützungen an Private aufgeführt werden; als Differenzgröße kommt der staatliche Sparbetrag hinzu. – Durch die Auslandsbeziehungen werden die Ströme für Import (Warenimporte fob und Dienstleistungsimporte) und Export (Warenexporte fob und Dienstleistungsexporte) in das Kreislaufbild aufgenommen. Der Güteraustausch wird in der Handelsbilanz erfaßt, der Austausch der Dienstleistungen in der Dienstleistungsbilanz; als weitere Aspekte der Zahlungsbilanz treten die Übertragungsbilanz, die Kapitalverkehrsbilanz und die Gold- und Devisenbilanz hinzu.

Die theoretischen Zusammenhänge der Kreislaufdarstellungen finden ihren praktischen Niederschlag in der Ausgestaltung zu „Volkswirtschaftlichen Gesamtrechnungen“. In Deutschland werden seit 1932 amtliche Volkseinkommensberechnungen veröffentlicht. Das Volkseinkommen tritt in 3 Stadien des Wirtschaftskreislaufs in Erscheinung: als Gesamtheit der produzierten Güter und Dienstleistungen, als Summe der aus der Produktion fließenden Einkommen und in Form von Verbrauch und Kapitalbildung. Bekannte Systeme nationaler Buchführung sind das Standardsystem der OECD und das System des Stat. Bundesamtes. Derartige Gesamtrechnungen sind nur Hilfsmittel für die Politik, wobei das Bewertungsproblem zunehmend an Bedeutung gewinnt. Ferner ist noch auf die Input-Output-Rechnung und das Nationalbudget hinzuweisen.

Die Idee eines Wirtschaftskreislaufs konzipierte als erster 1758 der französische Arzt François *Quesnay* – in Anlehnung an den damals gerade entdeckten menschlichen Blutkreislauf. Er formulierte hierzu drei Sektoren: die produktive Klasse, die Grundeigentümer und die sterile Klasse. Sein System fußt auf der physiokratischen Vorstellung einer natürlichen Wirtschaftsordnung, die einen natürlichen Gleichgewichtszustand impliziert.

Eine völlig andere Gruppenbildung nimmt Karl *Marx* vor. Er teilt die gesamten produzierenden Betriebe in die Produktionsmittelabteilung und die Konsumgüterabteilung ein. Der Wert eines erzeugten Gutes ist die Summe aus konstantem Kapital, variablem Kapital und Mehrwert. Bei stationärem Wirtschaftsablauf besteht Gleichgewicht, wenn die Summe aller Löhne und Gewinne gleich ist dem Wert der Konsumgüterproduktion, während in einer dynamischen Wirtschaft, wo – die Hälfte (so die Marxsche Annahme) – investiert wird, Gleichgewicht herrscht, wenn die Summe des konstanten Kapitals und die Hälfte des Mehrwerts der Konsumgüterabt. gleich ist der Summe von Löhnen und Hälfte des Mehrwerts der Produktionsmittelabt. Die Stufenordnung nach Eugen v. *Böhm-Bawerk* geht vom Gedanken des Umweges und der Produktionsferne aus; nur auf Umwegen kann man ein Genußgut herstellen.

Während diese Klassiker der Kreislauftheorie vorrangig güterwirtschaftliche Modelle entwickelten, da sie das Geld nur als Werkzeug beim Tauschverkehr verstanden, wird seit der Weltwirtschaftskrise dieses Jahrhunderts durch eine auf geldwirtschaftliche Probleme abstellende Orientierung der Kreislauftheorie der Eigengesetzlichkeit des Geldes stärker Beachtung geschenkt.

So wird durch John Maynard *Keynes* der Strom der Einkommen als bei der Analyse der Abhängigkeiten gesamtwirtschaftlicher Größen besonders bedeutsam herausgearbeitet. Das Problem des Gleichgewichts ist bei einer tendenziell zur Unterbeschäftigung neigenden Volkswirtschaft hauptsächlich ein Beschäftigungsproblem, genauer das Problem einer Vollbeschäftigung, die mit entsprechendem wirtschaftspolitischem Instrumentarium erreicht werden soll. Eine Aufteilung der Wirtschaft in „Produktionsfaktoren“ und „Unternehmungen“ nimmt Carl *Föhl* vor, wobei bei dem Gewinn der Unternehmer erstmalig auch deren Verbrauch berücksichtigt wird. Besonders untersucht er die Stellung der Geldschöpfung im Wirtschaftsprozeß und empfiehlt ihren Einsatz – unter Beachtung der Erfordernisse konjunktureller Gegebenheiten – bei Depressionen, um Arbeitsbeschaffung zu finanzieren.

Ferdinand *Grünig* erstellt ein quantitatives Wirtschaftsmodell und versucht, an Hand von Maßstäben zu bestimmten quantitativen Aussagen über Statik und Dynamik des deutschen Wirtschaftsgeschehens zu kommen. In der Gegenwart stehen sich in dieser – nunmehr auch gesellschaftspolitisch akzentuierten – Diskussion die Monetaristen und die Fiskalisten gegenüber.

VII. KONTROLLFRAGEN

1. Was ist das Grundphänomen einer arbeitsteiligen Volkswirtschaft, und was ist daraus hinsichtlich der Güter, der Dienstleistungen und des Geldes abzuleiten?
2. Welche Funktionen hat das Geld in einer modernen Volkswirtschaft?
3. Auf welche Weise erreicht man überschaubare Zusammenhänge volkswirtschaftlicher Größen? Nennen Sie Möglichkeiten der Aggregierung!
4. Wie definieren Sie Pol, Strom und Strombreite?
5. Wie lautet das Kreislaufaxiom, und was bedeutet es für die praktische Kreislaufbetrachtung?
6. Was heißt es, wenn man von der Geschlossenheit eines Kreislaufs spricht? Nennen Sie markante Stellen im Kreislauf, durch die praktisch eine Erweiterung oder Verengung des Kreislaufs bestimmt werden kann!
7. Wieviel praktikable Methoden zur Sichtbarmachung von Kreislaufzusammenhängen kennen Sie? Erläutern Sie bei den einzelnen Darstellungsformen deren Prinzip, Vor- und Nachteile!
8. Wodurch wird ein einfaches Kreislaufmodell (geschlossene Verkehrswirtschaft ohne staatliche Aktivität, in der alles Produzierte sofort verbraucht wird) erweitert?

9. Wie definieren Sie Volksvermögen, wie Volkseinkommen? Worin unterscheidet sich das Inlandseinkommen vom Inländereinkommen?
10. Was sagt die Keynessche Investitionsgleichung aus?
11. Welche Ströme konstatiert man beim Pol Staat (öffentliche Hand)? Machen Sie zu einzelnen Strömen Angaben über deren praktischen Inhalt!
12. Was gehört beim Auslandskonto im einzelnen zu den Strömen Export und Import?
13. Was können Sie zur Geschichte der Volkswirtschaftlichen Gesamtrechnung in Deutschland und zu deren Bedeutung sagen?
14. In welchem Zusammenhang stehen Input-Output-Rechnung und Nationalbudget zum Wirtschaftskreislauf?
15. Wer erstellte als erster ein Kreislaufmodell? Welche Nationalökonomen kennen Sie noch, die zur Entwicklung der Kreislauftheorie beigetragen haben?

VIII. LITERATURHINWEISE

Geigant, Friedrich; Friedemann Allgayer u. a.: Der Milliardenkreislauf. München, Wien 1972.

Krelle, Wilhelm: Volkswirtschaftliche Gesamtrechnung einschließlich input-output-Analyse mit Zahlen für die Bundesrepublik Deutschland. 2. Aufl., Berlin 1967.

Paulsen, Andreas: Allgemeine Volkswirtschaftslehre I, Grundlegung, Wirtschaftskreislauf. 9. Aufl., Berlin 1970.

Stobbe, Alfred: Volkswirtschaftliches Rechnungswesen. 3. Aufl., Berlin 1972.

Werner Allemeyer

Produktionsfaktoren und ihre Märkte

INHALT

I. „DER KALTE STERN DER KNAPPHEIT"

Die Notwendigkeit des Wirtschaftens wird darauf zurückgeführt, daß den unbegrenzten Bedürfnissen des Menschen nur begrenzte Möglichkeiten der Güterproduktion gegenüberstehen. Es ist also eine Auswahl darüber zu treffen, welche Güter produziert werden sollen und welche nicht. Beliebige Gütermengen zu erzeugen, ist deswegen unmöglich, weil die dazu erforderlichen Produktionsfaktoren, Natur, Arbeit, Kapital, nur begrenzt zur Verfügung stehen. Die Entscheidung für die Produktion bestimmter Güter beinhaltet also eine Entscheidung darüber, wo diese Faktoren eingesetzt werden sollen und wo nicht. Dabei gibt es grundsätzlich zwei Möglichkeiten [1]:

a) Die Zentralkoordinierung der Zentralverwaltungswirtschaft sowjetischen Typs, bei der eine höchste staatliche Instanz den Einsatz bestimmt.

b) Die Marktkoordination, bei der die Konsumenten am Markt über ökonomischen Erfolg oder Mißerfolg einer Produktion entscheiden und damit die Produktionsfaktoren lenken.

II. MÖGLICHKEITEN DER FAKTORKOMBINATION

Mit der Entscheidung darüber, welche Güter produziert werden, ist nun aber der Einsatz der Produktionsfaktoren noch nicht hinreichend determiniert. Vielmehr können sehr häufig dieselben Güter mit verschiedenen Kombinationen der Faktoren (Faktorkombination) hergestellt werden. Maschinen (Kapital) können Arbeit ersetzen. Das ist der bekannteste Fall einer Substitution. Man sagt daher, wo das möglich ist, die Faktoren verhalten sich zueinander substitutional. Das Gegenteil ist die Limitationalität, die dann gegeben ist, wenn nur eine bestimmte Faktorkombination in der Herstellung eines Gutes möglich ist. Die Vermehrung nur eines Faktors ist dann in dem Sinne nutzlos, daß eine Vermehrung der Produktion daraus nicht resultiert. Diese beiden Fälle lassen sich wie folgt darstellen:

1 Vgl. dazu den Beitrag von F. Wilke: Die Funktionsweise der Marktwirtschaft.

Schaubild 1:
Substitutionalität der Produktionsfaktoren

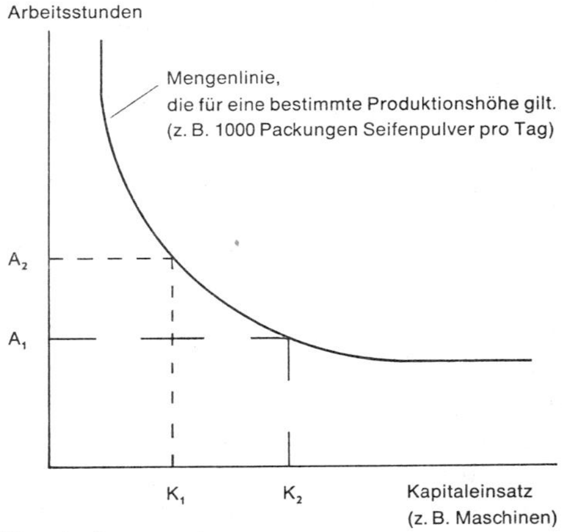

A_2/K_1 und A_1/K_2 sind zwei der zahlreichen möglichen Faktorkombinationen (im physischen Sinne).

Schaubild 2:
Limitationalität der Produktionsfaktoren

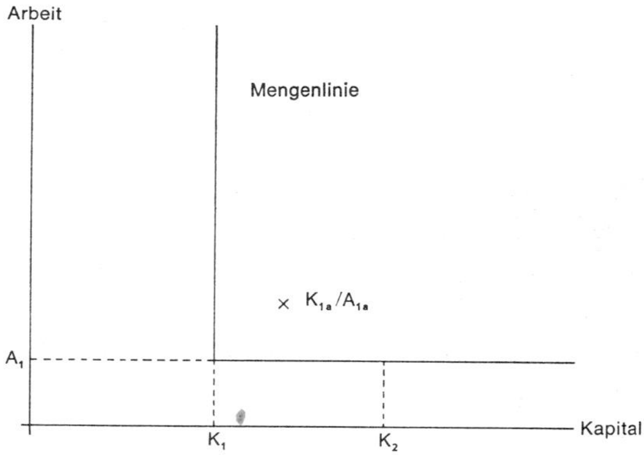

A_1/K_1 einzig sinnvolle Faktorkombination.

A_1/K_2 Faktorkombination, bei der der Faktor Kapital im Überfluß eingesetzt wird. Verwendet man einen Teil der hier aufgewendeten Kapitalmittel zum Kauf zusätzlicher Arbeitskräfte, so kann man mit gleichen

Gesamtkosten mehr produzieren, z. B. in einem Punkt mit den Koordinaten K_{1a}/A_{1a}.

Über den Einsatz der Produktionsfaktoren ist demnach auf zwei Ebenen zu entscheiden:

1. In welcher Verwendung sollen die Produktionsfaktoren eingesetzt werden?
2. In welcher Kombination sollen die Produktionsfaktoren eingesetzt werden?

III. DAS RATIONALITÄTSPRINZIP IN DER PRODUKTION

Die nächste Frage, die zuvor zu beantworten wäre, ist die nach den Kriterien, an denen eine solche Entscheidung zu orientieren ist. Man spricht allgemein vom Rationalitätsprinzip, das hier zu gelten habe, ohne natürlich damit das Problem gelöst zu haben, denn es wäre erneut zu fragen:

1. welche Güterversorgung rational ist,
2. welche Faktorkombination rational ist.

Die zweite Frage ist leichter zu beantworten, denn hier könnte man sich darauf einigen, die Kombination von Produktionsfaktoren, mit deren Hilfe ein Gut erzeugt werden kann, als die optimale (rationale) anzusehen, welche die geringsten Kosten verursacht. Man spricht dann von der Minimalkostenkombination.

Im Falle der Limitationalität ist leicht einzusehen, daß die einzig sinnvolle Kombination der Produktionsfaktoren zugleich diejenige mit den geringsten Gesamtkosten für eine bestimmte Menge ist.

Im Falle der Substitutionalität wurde bisher nicht von den Kosten der Faktoren Arbeit und Kapital gesprochen, sondern nur von den technisch möglichen Kombinationen.

Die ökonomisch einzig richtige Minimalkostenkombination ergibt sich aus folgender Darstellung (s. Schaubild 3):

Es ist selbstverständlich, daß für den Unternehmer die Kosten der Arbeit (Löhne) und des Kapitals (Zinsen) dafür entscheidend sind, welche der technisch möglichen Kombinationen er wählt. Die Linie B_1 B_2 gibt dieses Kostenverhältnis an. Ihr Punkt B_1 (B_2) entstand als Antwort auf die Frage: Welche Menge Arbeit (Kapital) kann sich der Unternehmer

Schaubild 3:
Die Minimalkosten-Kombination

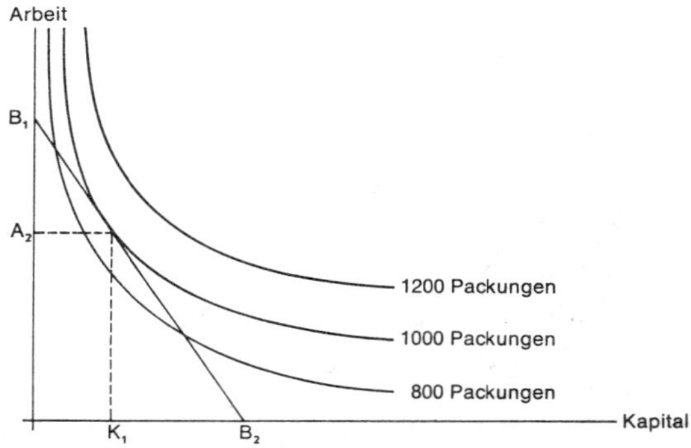

kaufen, wenn er seine gesamten für die Produktion zur Verfügung stehenden Mittel nur für diesen Faktor aufwendet. Die Linie B_1 B_2 gibt dann alle Kombinationen von Arbeit und Kapital an, die in der Summe dasselbe kosten. Nur auf dieser „Bilanzgeraden" wird sich der Produzent bewegen. Hier ist nur die Kombination der Faktormengen A_2/K_1 optimal, denn jede andere Kombination zur Herstellung der gleichen Menge (1000 Packungen) läge rechts dieser Bilanzgeraden und wäre damit teurer, jeder andere Punkt auf der vorgegebenen Bilanzgeraden würde eine geringerwertige Mengenlinie schneiden.

Wir wollen anhand dieser Darstellung die Auswirkungen einer Veränderung des Faktorpreisverhältnisses (hier des Lohn/Zinsverhältnisses) untersuchen und eine wesentliche und als dauerhaft angesehene Herabsetzung des Zinsnievaus unterstellen. Dann ergibt sich folgendes Bild (s. Schaubild 4):

Die andere aufgeworfenen Frage nach der Rationalität der Güterversorgung reicht viel weiter. Sie spielt eine entscheidende Rolle in der Auseinandersetzung der Marktwirtschaft mit der Zentralverwaltungswirtschaft oder mit ihren Kritikern. Im Prinzip bezeichnet nämlich die Marktwirtschaft diejenige Güterversorgung als „richtig" und zugleich rational, die der Markt wünscht. Wir wollen es in diesem Beitrag bei dieser Antwort bewenden lassen [2] und uns im folgenden nur mit dem ersten Problem auseinandersetzen. Aus den bisherigen Überlegungen ergibt sich, daß ein Produktionsfaktor nur dann und insoweit von Inter-

2 Vgl. dazu die Beiträge von F. Wilke und U. Wagner

Schaubild 4:
Änderung des Faktorpeis-Verhältnisses

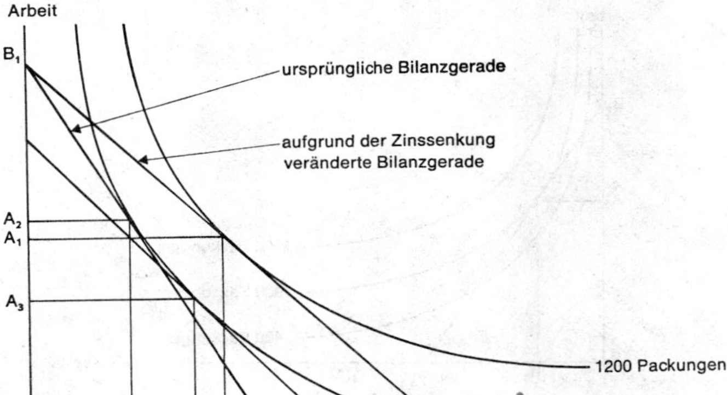

A_2/K_1 ist die ursprüngliche Faktorkombination.
Die Bilanzgerade dreht sich um den Punkt B_1 nach rechts. Mit derselben Aufwandssumme läßt sich jetzt eine größere Produktmenge (1200) erzeugen, mit der Faktorkombination A_1/K_3.
Oder: dieselbe Produktmenge läßt sich jetzt mit einer geringeren Geldsumme erzeugen, mit der Faktorkombination A_3/K_2.

esse für den Ökonomen ist, als er nicht im Überfluß zur Verfügung steht, denn nur dann muß man damit haushalten und eine Entscheidung über Menge und Ort seines Einsatzes treffen.

IV. DAS WESEN DER PRODUKTIONSFAKTOREN

Es wird damit zugleich festgestellt, daß die Frage, welches denn nun die Produktionsfaktoren sind, nicht ein für allemal in Form eines Katalogs etwa zu beantworten ist.
Das ist leicht am Beispiel des Produktionsfaktors Luft zu verdeutlichen. Dieser Faktor war selbstverständlich schon immer an der Güterproduktion beteiligt, häufig durchaus auch in dem Sinne, daß er verbraucht

wurde und/oder in das Produkt einging. Solange es aber keine Probleme der Luftverschmutzung gab, stand dieser Faktor in ausreichendem Maße zur Verfügung, er hatte keinen Preis, weil er nicht knapp war, und war damit für den Ökonomen uninteressant. Hinsichtlich der Beteiligung von Luft am Produktionsprozeß war nicht zu entscheiden, ob man davon mehr oder weniger einsetzen wollte. Dort, wo heute dieser Faktor knapp wird, wie etwa in Duisburg oder Los Angeles usw., wird er plötzlich mit einem Preis belegt (Staatliche Auflagen zur Abgasfilterung, zur zeitweisen Produktionsdrosselung) und unterscheidet sich dann ökonomisch gesehen überhaupt nicht mehr von Kohle, Erz oder anderen Faktoren, mit deren Hilfe produziert wird.

Würden wir nun aber, wie das in der Volkswirtschaftstheorie vielfach geschieht, einem Produktionsfaktor (Natur, Arbeit, Kapital) diese Qualifikation erst dann beimessen, wenn für seine Beteiligung am Produktionsprozeß ein Preis zu zahlen ist, so würden wir zwei für den Ökonomen äußerst interessante und politisch wichtige Fragen hinauskomplimentieren, nämlich

1. ob und inwieweit die von der Natur gesetzten Bedingungen der Produktion die Leistungsfähigkeit einer nationalen Volkswirtschaft bestimmen und
2. inwieweit es notwendig ist, physische Beteiligung bestimmter Stoffe an der Produktion von Gütern auch ökonomisch zu berücksichtigen, selbst wenn zur Zeit noch kein Preis dafür zu zahlen ist.

Da es das Ziel dieser volkswirtschaftlichen Einführung ist, mit ökonomischen Problemen vertraut zu machen, erscheint es allein sinnvoll, auf eine exakte Definition – etwa im eben genannten Sinne – und die damit verbundenen Beschränkungen zu verzichten und einfach anhand der Produktionsfaktoren diesen Problemen nachzugehen.

V. DER PRODUKTIONSFAKTOR NATUR

1. Arten des Faktors Natur

Dieser Produktionsfaktor ist außerordentlich vielgestaltig. Die Klassiker der Nationalökonomie (Adam Smith, David Ricardo, Robert Malthus, John St. Mill) verstanden darunter im wesentlichen den Grund und Boden. Er hatte für sie insofern besondere Bedeutung, als er in seiner

Quantität als vorgegeben, nicht vermehrbar und damit letztlich als Engpaßfaktor galt. Im weiteren Sinne versteht man unter diesem Produktionsfaktor die natürlichen Bedingungen der Güter- und Leistungserstellung.

Im folgenden seien einige Ausprägungen dieses Produktionsfaktors und die jeweilige ökonomische Bedeutung genannt:

— natürliche Wasserwege erleichtern den Güteraustausch, insbesondere den Massengütertransport. Das Ruhrgebiet einerseits (als Rohstoffbezieher) und Rotterdam andererseits (als größter Hafen der Welt) wären nicht denkbar ohne den Rhein.
— die Topografie (Oberflächenstruktur) eines Wirtschaftsraumes erleichtert oder erschwert (und verteuert damit) den Güteraustausch zu Lande. Die Erschließung des amerikanischen Kontinents und seiner Rohstoffe wäre bei ungünstigen topografischen Gegebenheiten nicht so schnell möglich gewesen. Die Alpenbarriere verteuert den Güterverkehr zwischen Italien und Europa.
— die klimatischen Verhältnisse können die wirtschaftliche Erschließung enorm verteuern, zuweilen sogar unmöglich machen (Sibirien), sie ermöglichen andererseits, wenn sie günstig sind, erst bestimmte ökonomische Aktivitäten, wie etwa den Tourismus oder den Anbau bestimmter Früchte.

2. Der Faktor Natur in der Industriegesellschaft

Diese Liste könnte leicht weitergeführt werden. Kommen wir jetzt noch einmal auf die klassische Theorie zurück, wonach der Produktionsfaktor Grund und Boden Engpaßfaktor und damit entscheidend für die Produktionsmöglichkeiten ist, so ist folgendes festzustellen:

1. Dieser im physikalischen Sinne nicht bestreitbare Tatbestand der Nichtvermehrbarkeit erhält seine ökonomische Bedeutung im Sinne der Produktionsbegrenzung nur stark gefiltert und verdünnt, denn es gelang dem technischen Fortschritt immer wieder, diese Begrenztheit zu überspielen. Beispiele dafür sind die Produktivitätssteigerungen in der Landwirtschaft, die Entwicklung der Kunststoffe, des Hochhausbaus, der Tankerriesen, der Atomenergie usw.

Ein Fachgebiet der Wirtschaftswissenschaft, die Wirtschaftsgeografie, widmet sich speziell der Frage, ob letztlich nicht doch die Verfügungsmacht über diesen Faktor Natur entscheidend für die Produktionsmöglichkeiten und damit den Lebensstandard und die wirtschaftliche Macht einer Volkswirtschaft ist. Die Vergangenheit liefert keinen Beweis für eine solche mögliche Behauptung, sondern eher dagegen. Wertmäßig hat der Anteil des Faktors Natur an den Produktionskosten in den letzten Jahrzehnten ständig abgenommen. Es war vielmehr die komplizierte Technik, nicht das Material als solches, die im Kostengerüst unserer Produkte immer deutlicher hervortrat und in noch stärkerem Maße war es die menschliche Arbeitskraft, deren Kosten heute schlechthin vielfach entscheidend für die Preiskalkulation eines Produktes sind.

Derartige Verschiebungen im Kostengerüst, bei denen der reine Materialwert zurücktritt und das Kapital bzw. die Arbeit immer stärker hervortreten, sind jedoch in einer Marktwirtschaft ein Zeichen dafür, daß der in seiner Bewertung rückläufige Faktor Natur insgesamt gesehen im Vergleich zu den anderen (Arbeit, Kapital) im Überfluß vorhanden ist. Gegenargumente der Art, daß der Grund und Boden in den Städten heute ungeheuer wertvoll und knapp sei, daß unsere moderne Technik ohne Kupfer nicht denkbar sei, selbst die Energiekrise nach dem arabischen Lieferboykott können bei Licht gesehen nicht gelten, denn diese enormen Verteuerungen in Einzelfällen haben bisher weder die Produktion ernsthaft und nachhaltig gefährdet, noch konnten sie an dem festgestellten Sachverhalt etwas ändern, daß nämlich der Trend, der die Faktoren Kapital und ganz besonders Arbeit als Engpässe ausweist, ungebrochen ist.

Die Tatsache allerdings, daß

a) im Kostengerüst der Produktion der Faktor Natur zurücktritt und daß

b) die absoluten Versorgungsengpässe bisher nicht aufgetreten sind,

– auch bei der Erdölkrise handelte es sich bisher ja lediglich um die Androhung einer Krise – darf auf keinen Fall zu der Aussage verleiten, damit brauche man sich um diesen Faktor gar keine Sorge mehr zu machen, denn wenn ein Faktor in dem oben beschriebenen Sinne in seiner Bedeutung rückläufig ist, so ist er damit doch nicht entbehrlich oder auch nur ersetzbar. Das Gegenteil ist richtig. Wenn es der technische Fortschritt heute möglich gemacht hat (so könnte man bildhaft erläutern), auf einem dünnen Fundament (Produktionsfaktor Natur) ein hohes und überaus wertvolles Gebäude (mit Hilfe der Faktoren Arbeit und Kapital) zu errichten, so ist es um so wichtiger, dieses Fundament zu erhalten, weil sein Fehlen den Einsatz der übrigen Faktoren unmöglich machen und damit größeren Schaden anrichten würde als in früheren Zeiten, zu denen die relative Bedeutung des Fundaments deswegen größer war, weil das technische Rüstzeug ein höheres leistungsfähigeres Gebäude nicht ermöglichte. In ihrer absoluten Höhe steigende Rohstoffpreise sind deswegen für eine hochindustrialisierte Volkswirtschaft zwar ärgerlich, aber nicht im entferntesten so bedrohlich wie ein absoluter Mangel, der etwa durch eine politische Entscheidung in den Lieferländern hervorgerufen und mit ökonomischen Mitteln (z. B. einem höheren Preisangebot) nicht zu beheben ist.

Eine arbeitsteilige Industriewirtschaft ist in der Art aufgebaut, daß ein Bereich jeweils Vorleistungen für den nächsten nachgelagerten erbringt, daß ein Produkt quasi wie auf einer Treppe vom Rohstoff zur Konsumreife aufsteigt. Dabei werden auf jeder Stufe neue Kombinationen der Faktoren Natur, Arbeit und Kapital verwirklicht. Nun ist es leicht einsichtig, daß der Mangel eines Faktors um so weitere Kreise zieht, je früher im Produktionsprozeß dieser Mangel fühlbar wird. Wenn kein Stahl erzeugt werden kann, weil das Erz fehlt, sind nicht nur die Hochöfen und Konverter und Arbeiter der Stahlwerke ohne Beschäftigung, sondern der Maschinenindustrie (z. B. Automobilbranche) fehlt das Vorprodukt mit der Folge, daß auch hier Bandstraßen, Pressen, Arbeiter nicht eingesetzt werden können. Die Beschaffung der notwendigen Produkte auf diesen unteren Ebenen ist also von vorrangiger Bedeutung. An dieser Stelle sei daran erinnert, daß die marktwirtschaftliche Ordnung bisher besonders diese Aufgabe der Sicherstellung der Versorgung mit potentiellen Engpaßfaktoren am besten und am schnellsten gelöst hat. Es ist nicht Aufgabe dieses Beitrags, den Beweis dafür zu liefern, aber es sei vermerkt: Wer steigende Preise für solche Engpaßfaktoren zum Anlaß nimmt, die Außerkraftsetzung des damit sichtbar werdenden Lenkungsmechanismus zu fordern, zeigt nur, daß er von der Konstruktion des eben skizzierten Gebäudes keine Ahnung hat.

Demgegenüber können wir viel leichter auf solche Produkte verzichten, die erst in den oberen Etagen unseres Gebäudes nahe oder auf der Konsumebene benötigt werden, die dann allerdings auch keine Produktionsgüter mehr sind in dem Sinne, daß mit ihrem Einsatz in einem neuen Prozeß ein neues Gut erzeugt wird.

Der Faktor Natur in seiner Ausprägung Rohstoffe, Energieträger ist tatsächlich für eine nationale Volkswirtschaft nicht wandel- und nicht beeinflußbar, gleichwohl aber ungeheuer wichtig und deswegen ihr wunder

Punkt, an dem sie ohne eigenes Verschulden getroffen werden kann, und zwar um so schwerer, je tiefer (auf der Produktionsleiter) der Faktor entzogen wird, der technisches Wissen und Arbeitsdisziplin wertlos macht, weil ihnen das Objekt ihres Könnens und ihres Fleißes fehlt. Demgegenüber können andere der genannten Elemente des Faktors Natur (Topografie, Klima, Bodenqualität), wenn sie sich nicht in ihrer Ungunst zu sehr summieren oder zu extrem ungünstig sind, viel häufiger mit einer großen Anstrengung überspielt werden, wie etwa der Bau großer Verkehrswege (Brenner-Autobahn, Pipelie Triest–Ingolstadt) oder künstliche Bewässerungsanlagen (Assuan-Staudamm) zeigen.

Es dürfte nach den bisherigen Überlegungen erkennbar geworden sein, daß man niemals generell, sondern allenfalls in einer konkreten aktuellen Situation sagen kann, welcher Produktionsfaktor die Grenzen unseres Wachstums markiert. Niemals sind diese Grenzen fixiert, sondern sie zeigen sich als Horizont, der sich erweitert, wenn der technische Fortschritt unseren Standort erhöht, oder den wir bewußt verengen, wenn wir unser Bemühen auf Lebensqualität statt auf materielles Wachstum richten.

Einige der aufsehenerregendsten Bücher der letzten Jahre beschäftigten sich mit dem Produktionsfaktor Natur, dem Problem seiner Nichtvermehrbarkeit und den zu erwartenden neuen Machtkonstellationen bzw. den damit sichtbar werdenden neuen Grenzen.

Der Aachener Physiker Wilhelm Fucks sah in seinen „Formeln zur Macht“ die zukünftige wirtschaftliche und damit militärische und weltpolitische Bedeutung der Nationen in erster Linie als von der Verfügbarkeit des Faktors Natur und hier wieder von Rohstoffen abhängig. Ihm wurde entgegengehalten, seine Analyse zeige die für einen Naturwissenschaftler typische Vernachlässigung der eigenständigen und offensichtlich doch vorrangigen Bedeutung des organisatorischen Potentials und des wissenschaftlich technischen Erkenntnisstandes. Die empirisch argumentierende Kritik wies nach, daß generell die rohstoffarmen Länder mit Abstand höhere Entwicklungsniveaus haben als die rohstoffproduzierenden Länder. Augenfällige Beispiele dafür sind heute etwa Japan und Indonesien. Japan hatte für sein Wirtschaftswunder so gut wie keine Rohstoffbasis, während es Indonesien, das über bedeutende Vorkommen insbesondere an Erdöl verfügt, noch nicht gelungen ist, eine dynamisch sich entwickelnde Wirtschaft darauf aufzubauen.

Der von Dennis Meadows verfaßte Bericht „Die Grenzen des Wachstums – Bericht des Club of Rom zur Lage der Menschheit“ verläßt diese nationale Betrachtung und stellt die überproportional ansteigenden Verbrauchskurven an Nahrungsmitteln und Rohstoffen den natürlichen Produktionsmöglichkeiten gegenüber. Wird das derzeitige Wachstum des Abbaus der sich nicht regenerierenden Rohstoffe beibehalten, so schneiden sich die Kurven der Bestände und des Verbrauchs zahlreicher Rohstoffe noch zu Lebzeiten unserer Generation und markieren mit diesem Schnittpunkt die Katastrophe.

In der folgenden Tabelle sind einige der nächstgelegenen Schnittpunkte für einige Rohstoffe angegeben.

TABELLE 1:
Die Erschöpfung der Rohstoffreserven [3]

Rohstoff	Erschöpfung der bekannten Vorkommen bei Beibehaltung der derzeitigen Verbrauchsrate in Jahren
Kupfer	36
Gold	11
Blei	26
Quecksilber	13
Molybdän	79
natürliche Gasvorkommen	38
Petroleum	31
Silber	16
Zinn	17
Wolfram	40
Zink	23

Die Aussagen des Club of Rome in bezug auf den zu erwartenden Nahrungsmittelengpaß stehen nur vordergründig im Widerspruch zu den Erfahrungen, welche die meisten Industrieländer mit landwirtschaftlicher Überproduktion und einem latenten Preisverfall für Nahrungsmittel machen.

Hunger im einen Teil der Welt und Absatzschwierigkeiten im anderen sind ökonomisch betrachtet natürlich keineswegs paradox, denn ein Markt bringt Angebot und Nachfrage selbstverständlich über den Preis

3 Meadows, D., Die Grenzen des Wachstums – Bericht des Club of Rome zur Lage der Menschheit. Stuttgart, 1972, S. 16–49

zum Ausgleich. Wenn aber der Preis, den die einen zahlen können, wesentlich unter dem liegt, den die anderen zur Deckung ihrer Produktionskosten fordern müssen, kann ein solcher Ausgleich nicht hergestellt werden. Dieser Markt zeigt dann folgendes Bild:

Schaubild 5:
Agrarüberschüsse in Industrieländern und Hunger in Entwicklungsländern

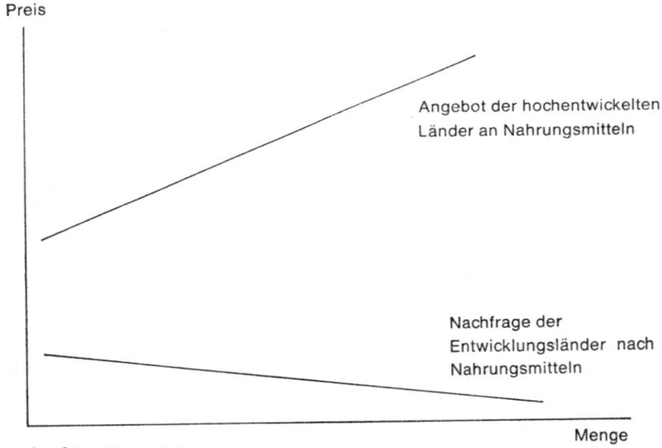

Die Gründe für die schlechte Ertragslage der Landwirtschaft wie auch der Kohleindustrie, also eigentlich des Faktors Natur, in den entwickelten Industrienationen wurden implicite bereits dargestellt. Sie sollen hier am Beispiel der Landwirtschaft noch einmal dargelegt werden.

Wir wollen dazu einmal überprüfen, wie hoch die Beträge sind, die ein Haushalt, dessen Einkommen im Laufe der Jahre wesentlich gewachsen ist, für Nahrungsmittel ausgibt. In dieser Zuordnung von Haushaltseinkommen und Nahrungsmittelkäufen könnte sich (theoretisch) etwa folgendes Bild ergeben:

Prozentual gesehen geht also der Anteil der Nahrungsmittelausgaben am Einkommen deutlich zurück. Die Statistik der Bundesrepublik weist tatsächlich für das Jahr 1960 noch einen Anteil von 38,2 % der Ausgaben eines Haushalts für Nahrungsmittel und Genußmittel (einschließlich Verzehr in Gaststätten) nach, für das Jahr 1971 aber nur noch einen Anteil von 29,2 %[4].

4 Statistisches Jahrbuch für die Bundesrepublik Deutschland, 1973, S. 528

TABELLE 2:
Einkommen und Nahrungsmittelausgaben

Jahr	Einkommen pro Monat	Ausgaben für Nahrungsmittel – absolut –	in % des Einkommens
1955	1 000	500	50
1960	2 000	750	37,5
1965	4 000	1 250	31,3
1970	8 000	1 500	18,8
1975	16 000	2 000	12,5

Man kann nun diese Aussage, die hier für einen Haushalt getroffen wurde, selbstverständlich auch auf eine ganze Volkswirtschaft übertragen und dann feststellen, daß mit wachsendem Volkseinkommen der Anteil der Ausgaben für Nahrungsmittel relativ zurückgeht. Im Koordinatensystem ergibt sich dann folgender funktionaler Zusammenhang:

Schaubild 6:
Nahrungsmittelausgaben bei steigendem Volkseinkommen

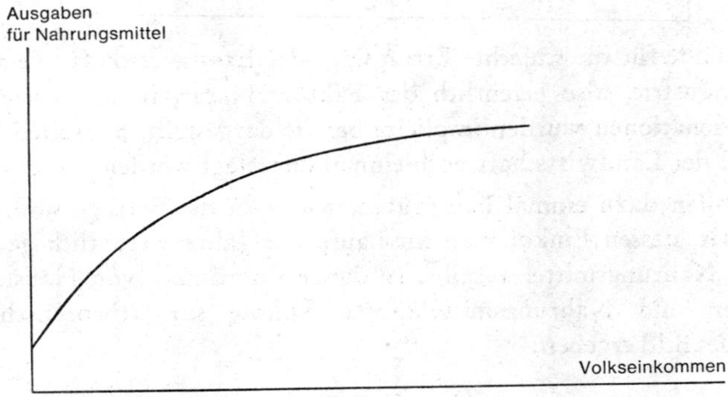

Die Ausgaben der einen Gruppe (für Nahrungsmittel) sind nun selbstverständlich die Einnahmen der anderen (hier der Landwirtschaft). Damit ergibt sich aber der rückläufige Anteil der Landwirtschaft am gesamten Volkseinkommen als eine normale Strukturveränderung der gesamtwirtschaftlichen Nachfrage bei bestimmten Produkten. Wollen die in diesen leistungsbereichen Tätigen ihr persönliches Einkommen erhalten, so ist das nur auf folgenden Wegen möglich:

1. Die Kosten der Produktion müssen ständig gesenkt werden, damit eine stagnierende Nachfrage nach Produkten von steigenden Gewinnen begleitet ist. Dieser Weg ist aus natürlichen Gründen nur ein kurzes Stück gangbar, dann wird er immer beschwerlicher.

2. Die mengenmäßig stagnierende Nachfrage muß von steigenden Preisen begleitet sein, damit die Gewinne mit dem wachsenden Volkseinkommen Schritt halten können. Das ist der von der Landwirtschaft geforderte Weg. Ihn zu begehen, begegnet jedoch auch einigen Schwierigkeiten.

   a) Der Versuch, ein höheres Einkommen zu realisieren, wird bis heute von den einzelnen Landwirten immer noch mit Hilfe einer Erhöhung der Produktionsmenge gemacht, was zu einem allgemeinen Angebotsüberhang führt. Lagerbestände (Butterberge, Getreideberge) sind aber die denkbar ungünstigste Voraussetzung für Preiserhöhungen.

   b) Wenn die weniger entwickelten Länder den Industrienationen ein interessantes Welthandelsangebot machen können, dann nur im Bereich der Nahrungsmittel. Die Industrienationen stehen daher unter latentem Importdruck aus diesen Ländern. Auch von daher wird also das Angebot erhöht.

3. Wenn die Gewinne insgesamt stagnieren, so läßt sich ein höheres persönliches Einkommen nur dadurch erzielen, daß die Anzahl derer, die sich in diese Gewinne teilen, geringer wird. Das ist der vom ehemaligen Agrarkommissar der Europäischen Gemeinschaft Sicco Mansholt gewiesene Weg einer Gesundschrumpfung der europäischen Landwirtschaft. Dieser notwendige Schritt kann selbstverständlich nicht ständig wiederholt werden, aber er ist Voraussetzung dafür, daß der Markt vom Angebotsüberhang befreit wird und daß Rationalisierungsmöglichkeiten, die bisher an einer übermäßigen Personalausstattung in der landwirtschaftlichen Produktion gescheitert sind, genutzt werden können.

4. Die von den übrigen Bereichen der Industrie ausgeschöpften Möglichkeiten einer Verbesserung oder gar Vervollkommnung ihrer Produkte scheiden für die landwirtschaftliche Produktion weitgehend aus. Hier werden Güter des elementaren Lebensbedarfs produziert, die einen hohen Grad der Vollkommenheit bereits auf einer niedrigen Reifestufe unserer Volkswirtschaft erreicht haben und in ihrer Qualität (Ver-

packung, Verarbeitung) nur bis zu einer gewissen Grenze der Absurdität zu verbessern sind.

3. Das Problem der Umweltverschmutzung

Wir haben in den hochindustrialisierten Ländern in den letzten Jahren feststellen müssen, daß wir zuweilen an unserer Produktion den Faktor Natur beteiligen, ohne ihn in unsere Kostenkalkulation tatsächlich einzubringen. Das ist z. B. immer dann der Fall, wenn bei einer Produktion die Luft verunreinigt, das Wasser verschmutzt oder erwärmt wird. Tatsächlich entstehen dabei sehr häufig als Gesundheitsschädigungen, Beeinträchtigungen der Produktionsmöglichkeiten in anderen Sektoren, Kosten, die in diesem Fall jedoch nicht der verursachende Betrieb, sondern die Gesellschaft als Ganzes oder irgendein anderer in Mitleidenschaft gezogener Produktionszweig zahlt. Die Folge davon ist, daß der Preis eines Produktes niedriger ausgewiesen wird als seinem tatsächlichen Faktorverzehr entspricht, die Folge davon wiederum, daß von diesem Produkt mehr gekauft oder von dieser Leistung mehr erstellt wird, als bei richtiger Zurechnung der gesamten betrieblichen und gesamtwirtschaftlichen Kosten der Markt aufnehmen würde. Das Produkt oder die Leistung hat sich einen ungerechtfertigten Wettbewerbsvorteil auf Kosten aller verschafft. Es ist daher eine wichtige Aufgabe des Staates, die Abgeltung derartiger sozialer Kosten zu verlangen. Nur dann nämlich treffen wir richtige Entscheidungen innerhalb unseres marktwirtschaftlichen Lenkungssystems. Genau so wie es derartige soziale Kosten eines bestimmten Produkts gibt, sind nun auf der anderen Seite soziale Nutzen denkbar, die etwa einem Kanal zuzurechnen sind, wenn er den Wasserhaushalt der durchzogenen Gegend verbessert. Hier wären im Gegensatz zu dem eben erläuterten Fall nicht die gesamten Kosten des Kanals der Schiffahrt zuzurechnen, sondern in Höhe der sozialen Nutzen (Verbesserung des Wasserhaushalts) hätte der Staat dafür zu sorgen, daß dieses Produkt entlastet wird (soziale Nutzen).

4. Das Ertragsgesetz

Einige Gesetzmäßigkeiten des Zusammenwirkens der Produktionsfaktoren lassen sich sehr gut an einem Theorem entwickeln, das man als das Ertragsgesetz bezeichnet (genauer eigentlich: Gesetz von abnehmendem Bodenertragszuwachs).

Dieses Gesetz soll aus einem Beispiel heraus entwickelt werden:

Auf einem Kartoffelacker, der aus zehn Parzellen von je einem ha besteht, wird ermittelt, wie sich der Ertrag entwickelt, wenn einmal nur ein Arbeiter in der Ernte eingesetzt wird, auf einer anderen Parzelle zwei, drei, vier usw. Das Resultat ist folgendes:

TABELLE 3:
Produktionsergebnis in Abhängigkeit vom Faktoreinsatz

Eingesetzte Arbeitskräfte	Ernteergebnis in Doppelzentner
1	5
2	11
3	18
4	26
5	33
6	39
7	44
8	47
9	48
10	47

Die Darstellung dieses Ergebnisses in einer Kurve ergibt folgendes Bild:

Schaubild 7:
Das Ertragsgesetz

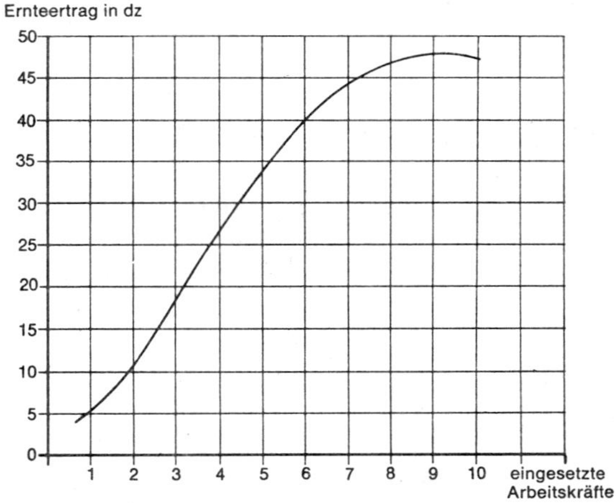

Der Grund für diesen sogenannten „ertragsgesetzlichen Verlauf“ ist darin zu sehen, daß hier ein Faktor, nämlich der Boden, konstant gehalten wird mit dem vermehrten Einsatz eines anderen Faktors also nicht mitwächst. Zunächst sind bei vermehrtem Arbeitseinsatz noch überproportional ansteigende Erträge zu verzeichnen, weil sich Rationalisierungsmöglichkeiten ergeben. Diese erschöpfen sich jedoch und erreichen mit der Kombination von 1 ha Boden und 4 Arbeitskräften ihren Kulminationspunkt. Von da an steigen zwar noch die Gesamterträge, aber nicht mehr in dem bisher bekannten Ausmaß, und beim Übergang von neun auf zehn Arbeitskräfte geht sogar absolut gesehen der Ertrag zurück. In der Praxis hätte man sich das in dem hier genannten Beispiel so vorzustellen, daß die Überausstattung des relativ kleinen Ackers mit Arbeitskräften dazu führt, daß sich die Leute gegenseitig behindern.

Derartige über- oder unterproportional ansteigende Erträge werden sich immer dann ergeben, wenn eine bestimmte Faktorkombination verlassen und einem konstanten Faktor mehr oder weniger eines anderen Faktors zugeordnet wird. Von der Betriebswirtschaftslehre, die die Produktivität im Betrieb zum Gegenstand ihrer Betrachtung macht, wird ein derartiger ertragsgesetzlicher Verlauf als nicht repräsentativ angesehen (Gutenberg), und zwar deswegen nicht, weil eine Ausweitung der Produktion sich normalerweise nicht über die Vermehrung nur eines einzigen Faktors, sondern aller drei Faktoren (Natur, Arbeit und Kapital) vollzieht. Verläßt man aber nicht eine einmal als optimal anerkannte Faktorkombination, sondern transponiert man sie nur sukzessive auf ein immer höheres Niveau, so ist verständlich, daß hier ein linearer Gesamtkostenverlauf als normal anzusehen ist.

VI. DER PRODUKTIONSFAKTOR ARBEIT

Die Kritik an der Überbewertung des Faktors Natur hinsichtlich seiner aktuellen Bedeutung für den Wohlstand und das Wachstum der Wirtschaft zeigte mit unserem Beispiel Japan-Indonesien, daß in unserer Zeit begründeter Anlaß besteht, dem Faktor Arbeit die größte Wichtigkeit beizumessen.

Es kommt dabei in erster Linie nicht auf quantitative, sondern auf qualitative Aspekte an. Darunter sind u. a. zu verstehen:

— Arbeitsdisziplin
— technisch-organisatorischer Ausbildungsstand

Erst auf dieser Basis gewinnen quantitative Elemente, wie die Größe der Bevölkerung, die Zahl der durchschnittlich geleisteten Arbeitsstunden, ihren ökonomischen Wert.

1. Der Faktor Arbeit aus der Sicht des Unternehmers

Die ökonomische Theorie war selbstverständlich bemüht, die Gesetzmäßigkeiten beim Einsatz des Faktors Arbeit im Produktionsprozeß ebenso zu erfassen wie bei den Faktoren Natur und Kapital. Das gelang jedoch nur teilweise, weil der Mensch (nicht nur Produktionsfaktor) sein Angebot häufig im ökonomischen Sinne irrational gestaltet. Ökonomische Rationalität herrscht dagegen bei der unternehmerischen Nachfrage nach Arbeitskräften, denn in die hier zu realisierenden Optimalkonstellationen geht der Faktor Arbeit nur mit seinen Kosten und Leistungen, nicht mit seinen menschlichen Bedürfnissen ein.

In diesem Kalkül spielt die Produktivität des Faktors Arbeit eine entscheidende Rolle. Gehen wir zur Darstellung dieser Zusammenhänge wieder von dem Beispiel aus, mit dem das Ertragsgesetz dargestellt wurde. Jetzt wird aber nicht mehr die Frage gestellt, wie sich der Gesamtertrag entwickelt, wenn mehr Arbeitskräfte eingestellt werden, sondern jetzt soll geprüft werden, welch *zusätzlichen* Erträge sich einstellen, wenn zusätzliche Arbeitskräfte eingestellt werden. Diese Erträge nennen wir Grenzerträge und ordnen sie dem jeweils neuen Arbeiter zu:

TABELLE 4:
Der Grenzertrag des Faktors Arbeit

eingesetzte Arbeitskräfte	Zusatzertrag (Grenzertrag) des jeweiligen Arbeiters
1	5
2	6
3	7
4	8
5	7
6	6
7	5
8	3
9	1
10	— 1

In der grafischen Darstellung gibt diese Tabelle das folgende Bild:

Schaubild 8:
Die Grenzertragskurve

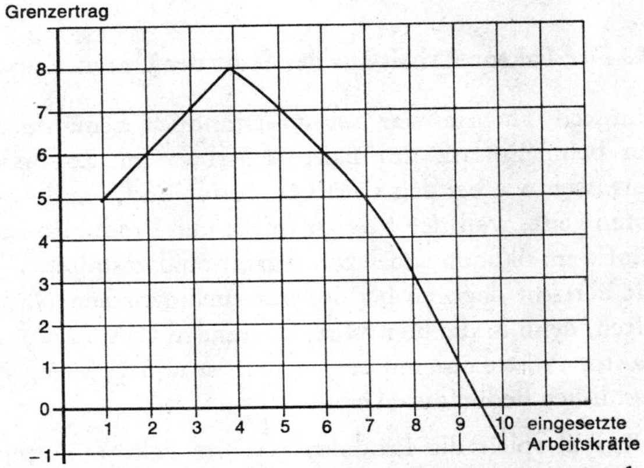

Wir sehen also, daß wir bei sukzessivem Arbeitseinsatz zunächst steigende und dann sinkende Grenzproduktivitäten haben. Es bereitet nun keinerlei Schwierigkeiten, diese Grenzerträge zu transformieren in Grenzerlöse, indem man das von den Arbeitern hergestellte Produkt mit seinem Preis bewertet. Es ergibt sich dann die folgende Darstellung (es wurde ein Preis von 10 DM je dz Kartoffeln unterstellt):

Schaubild 9:
Die Grenzerlös-Kurve

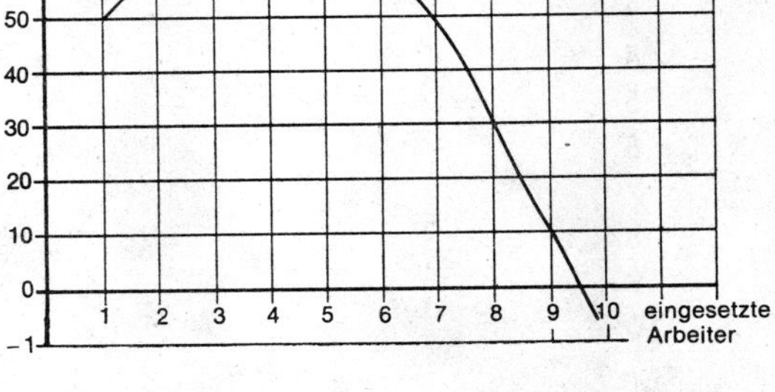

Der Unternehmer kann anhand dieser Kurve nun ermitteln, wie sich seine Erträge verändern, wenn er sukzessive zusätzliche Arbeitskräfte einstellt bzw. wie hoch der Ertrag ist, den ihm der jeweilige Arbeiter bringt. Während die Erträge der einzelnen Arbeitskräfte unterschiedlich sind, ist die Höhe ihrer Löhne gleich, unabhängig davon, ob es sich um den ersten oder den zehnten eingestellten Arbeiter handelt. Wir können deswegen die Lohnhöhe als eine gerade Linie in das Koordinatensystem der Grenzerlöse einzeichnen und erhalten als Gewinn des Unternehmers die Differenz zwischen dem jeweiligen Ertrag eines Arbeiters und seinen Kosten. Es ist dann aus diesem Bild unmittelbar einsichtig, daß sich die Einstellung zusätzlicher Arbeitskräfte für den Unternehmer so lange lohnt, als der Grenzertrag noch höher ist als der Lohn. Wir haben auf diese Art und Weise die optimale Betriebsgröße dieses Unternehmens ermittelt. Aus diesem Schema könnte man eine Reihe weiterer Schlüsse ziehen:

1. Wenn die Produktivität steigt, was durch eine Verschiebung der Grenzertragskurve nach oben zum Ausdruck gebracht wird, so kann das Unternehmen, ohne seinen Optimalpunkt zu verlassen, höhere Löhne zahlen.
2. Das gleiche gilt für den Fall, daß bei gleichbleibender physischer Produktivität der Unternehmer die Möglichkeit hat, seine Produkte zu einem höheren Preis abzusetzen.
3. Werden die Löhne erhöht, ohne daß gleichzeitig die Produktivität oder die Preise für das Produkt heraufgesetzt werden, so liegt der Optimalpunkt für das Unternehmen bei einem geringeren Beschäftigungsgrad.

2. Die produktivitätsorientierte Lohnpolitik

Der zuletzt genannte Fall spielt eine besondere Rolle in den Überlegungen zur gleichzeitigen Sicherung der Preisniveaustabilität und der Vollbeschäftigung. Wenn nämlich in dem eben unter 3 genannten Fall der gegebene Beschäftigungsstand aufrecht erhalten werden soll, so ist das nur möglich, wenn die in der bisherigen Menge bei gestiegenem Lohnsatz erzeugten Güter zu einem höheren Preis abgesetzt werden können. Man könnte (stark vereinfachend) als Ergebnis einer Tarif- und Preisänderung feststellen, daß Lohnerhöhungen, die sich nicht an der Produktivität orientieren, real gar nicht durchsetzbar sind oder daß Lohnerhöhungen, die nicht von einer daraus folgenden Geldentwertung aufgezehrt werden, nur möglich sind, wenn die Löhne der Arbeitsproduktivität entsprechend steigen. Dieses Konzept zur Sicherung der Preisniveaustabilität und eines hohen Beschäftigungsstandes bezeichnet man als „produktivitätsorientierte Lohnpolitik". Es spielt in der Tarifpolitik der Bundesrepublik trotz der gleich zu erwartenden Probleme, die damit verbunden sind, eine bedeutende Rolle.

Wenn zwischen Lohnhöhe, Produktivität und Beschäftigung ein Zusammenhang besteht, so könnte in dieser Erkenntnis die Chance liegen, die nach der richtigen Lohnhöhe zu einer Aufgabe der Wissenschaft zu machen, um sie von allen Nachteilen eines mit Streiks und Aussperrung geführten Arbeitskampfes zu befreien. Bereits in den 50er Jahren tauchte in der Bundesrepublik die Forderung nach einer produktivitätsorientierten Lohnpolitik auf. Danach sollten die Löhne Jahr für Jahr in dem Ausmaß angehoben werden, in dem die Produktivität steigt. Voraussetzung dafür, daß ein derartiges Verfahren praktiziert werden kann, ist jedoch, daß die Entlohnung der übrigen am Produktionsprozeß beteiligten Faktoren (Kapital und Natur) von den Arbeitern bzw. ihren Gewerkschaften als gerechtfertigt angesehen wird, oder anders ausgedrückt, daß es über die Höhe des Gewinns in dem Jahr, von dem aus entlang der Produktivität fortgeschrieben werden soll, keine Diskussion gibt. Das war in der Praxis niemals gewährleistet. Selbst wenn in einem derartigen Basisjahr Einigkeit zwischen Unternehmern und Gewerkschaften über eine derartige gerechtfertigte Gewinnhöhe bestanden hätte, so läßt auch eine Orientierung der Lohnsteigerungen an der Produktivität die Frage der gerechten Gewinnhöhe immer dann wieder auftauchen, wenn im Zuge der wirtschaftlichen Entwicklung sich etwa für eine Branche besondere Absatzchancen und damit eine Heraufsetzung der absoluten Gewinnhöhe eingestellt haben.

Ein anderes Problem, das wahrscheinlich in der Praxis noch schwerwiegender ist, ist darin zu sehen, daß eine produktivitätsorientierte Lohnpolitik der Gewerkschaft nur zufällig identisch ist mit einer „gerechten" Lohnpolitik. In die produktivitätsorientierte Lohnpolitik gehen nur ökonomische Tatbestände ein, während unsere Vorstellungen von einer gerechten Lohnhöhe ganz entscheidend von der Schwierigkeit der geleisteten Arbeit geprägt sind. Die Produktivität in dem hier besprochenen Sinne ergibt sich ganz wesentlich aus dem Markterfolg der produzierten

Güter und nur daneben auch noch aus physischen Leistungssteigerungen. Am Beispiel der Kohle ließ sich nun aber erkennen, daß eine anerkanntermaßen sehr schwere Arbeit, die zusätzlich im physischen Sinne beträchtliche Produktivitätsfortschritte erzielt hatte, wegen rückläufiger Absatzmöglichkeiten ihrer Produkte sinkende Erlöse aufwies. Die Folge davon hätte eine Senkung der Löhne der in diesem Bereich Tätigen sein müssen, was aber unserer Vorstellung von einer gerechten Lohnskala extrem zuwider gelaufen wäre. Würde man sich nun als eine große Einheitsgewerkschaft darauf einigen, generell die durchschnittliche Produktivität auch als Lohnsteigerung durchzusetzen, so wäre die Folge die, daß in einzelnen Branchen Arbeitskräfte entlassen werden müßten, weil die hier geringere Produktivitätssteigerung die Lohnsteigerung nicht hergibt, während in anderen Bereichen, in denen der Faktor Arbeit sich seinen Produktivitätsfortschritt nicht voll auszahlen läßt, eine Tendenz zur Attraktion weiterer Arbeitskräfte bzw. zu übertariflichen Lohnzugeständnissen ausgelöst würde. Das feinnervige marktwirtschaftliche Lenkungssystem würde also derartige Nivellierungsversuche ad absurdum führen.

3. Lohnhöhe und Gesamtbeschäftigung

Eine weitere Anmerkung zur produktivitätsorientierten Lohnpolitik ist notwendig: Die Produktivität im eben erörterten ökonomischen Sinne ist nicht die unabhängige naturgesetzlich vorgegebene Größe, an der sich eine rationale Lohnpolitik zu orientieren hätte, sondern diese ökonomische Produktivität ist ihrerseits abhängig von der Höhe der Löhne. Das hat z. B. Henry Ford erkannt, wenn ihm zu Recht die Forderung nach hohen Löhnen für seine Arbeitskräfte zugesprochen wird, damit sie sein Automobil kaufen können. Der ehemalige Direktor des Wirtschaftswissenschaftlichen Instituts der Gewerkschaft hat eben diesen Gedanken verfolgt, wenn er die zunächst absurd erscheinende Forderung aufstellte, in Zeiten der Unterbeschäftigung müßten die Löhne erhöht werden, damit die Vollbeschäftigung wieder erreicht werden könne.

Hier liegt der Gedanke zugrunde, daß in gesamtwirtschaftlicher Betrachtungsweise die von den Unternehmern gezahlten Löhne nicht nur Kostenfaktor sind, sondern daß von ihrer Höhe auch die Nachfrage auf dem Güter- und Leistungsmarkt bestimmt wird. Die graphische Darstellung dieses Gedankens ergibt folgendes Bild:

Schaubild 10:
Lohnhöhe und Gesamtbeschäftigung

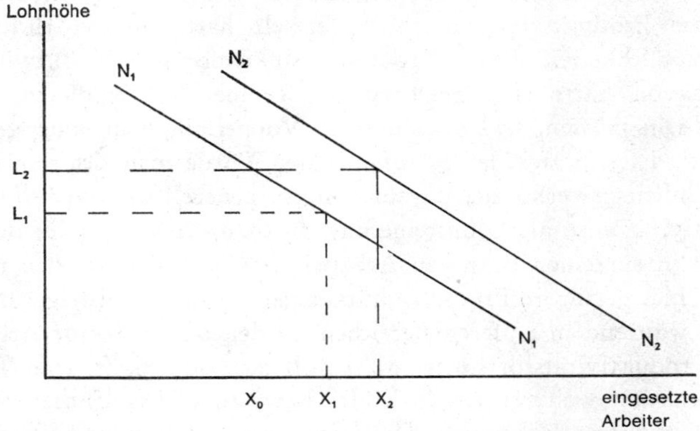

Hierbei stellt die Linie N_1N_1 die Unternehmernachfrage nach Arbeitskräften dar. Die aktuelle Lohnhöhe sei l_1 und die entsprechende Beschäftigung ist x_1. In der hier vorgestellten Argumentation hat nun eine Heraufsetzung der Löhne – z. B. auf l_2 einen derart starken nachfrageankurbelnden Effekt, daß die Absatzchancen der Unternehmer erheblich zunehmen, so daß sie ihre Nachfrage nach Arbeitskräften auf N_2N_2 ausweiten und dann trotz gestiegener Lohnkosten die Gesamtbeschäftigung bei x_2, also höher liegt und keineswegs auf x_0 zurückgeht, wie derjenige vermuten würde, der die Nachfragewirksamkeit höherer Löhne überhaupt nicht in Rechnung stellt.

Dieses Verfahren kann selbstverständlich nicht als die umfassende Lösung des Problems der Unterbeschäftigung gesehen werden. Die Lohnhöhe ist nicht das einzige Nachfrageelement, sondern hinzu kommen die Nachfrage des Staates, die unternehmerische Investitionsnachfrage und die Exportgüternachfrage des Auslandes. Auslandsnachfrage und Investitionsgüternachfrage werden jedoch bei einer Heraufsetzung der Löhne tendenziell sinken, die erstere, weil das inländische Preisniveau damit angehoben wird, die letztere, weil zukünftige Gewinnerwartungen reduziert werden. Damit ist jedoch eine Aussage darüber, ob der Verteuerungseffekt der Lohnhöhe durch den Nachfrageeffekt dieser Löhne überkompensiert wird, unmöglich. Diesen Gedanken im Auge zu behalten, ist jedoch insbesondere in Zeiten einer rezessiven Entwicklung erforderlich. Denn die Ableitung der unternehmerischen Nachfrage nach Arbeitskräften in Abhängigkeit von der Höhe der Löhne könnte allzu leicht zu dem Schluß veranlassen, eine Senkung der Löhne biete dann die Möglichkeit, zur Vollbeschäftigung zurückzukehren. Auch hier ist jedoch der gegengerichtete Effekt auf den Nachfragemärkten zu beachten.

4. Die „Irrationalität" des Faktors Arbeit

Es wurde eingangs dieses Kapitels bereits darauf hingewiesen, daß die Erfassung des Faktors Arbeit mit ökonomischen Gesetzmäßigkeiten wegen seiner „irrationalen" Reaktionen Schwierigkeiten bereitet. Eine sogenannte anomale Reaktion des Arbeitsangebots konstatierten bereits die Klassiker der Nationalökonomie, wenn sie davon sprachen, daß eine Senkung der Stundenlöhne eine Erhöhung des Arbeitsangebots zur Folge haben werde, weil die Arbeiter nur so in der Lage sein würden, ihr Existenzminimum zu sichern.

Wir haben seit langem diesen Bereich verlassen, in dem das Einkommen einer breiten Masse unserer Bevölkerung gerade für das Existenzminimum ausreicht. Die Unsicherheit der ökonomischen Theorie gegenüber dem Arbeitsangebot ist damit jedoch nur größer geworden.

Dieselbe Überlegung, die zu der eben zitierten Annahme führt, läßt ja vermuten, daß mit zunehmender Lohnhöhe und der damit verbundenen Entfernung vom Existenzminimum das globale Arbeitsangebot zurückgeht. Die funktionale Beziehung zwischen Lohnhöhe und Arbeitsangebot hätte demnach in allen Bereichen den atypischen Verlauf:

Schaubild 11:
Lohnhöhe und Arbeitsangebot

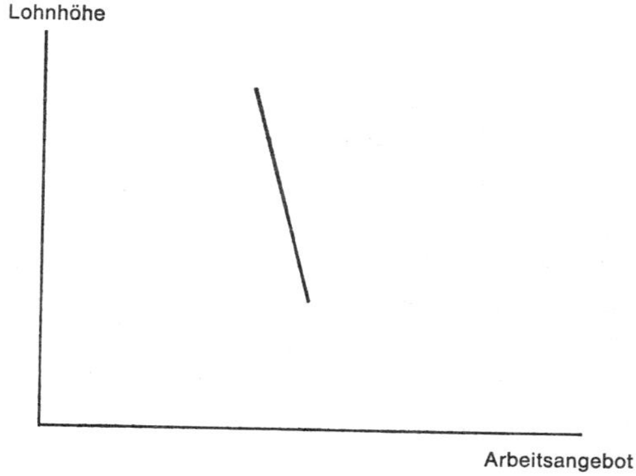

Danach könnte der Marktmechanismus hier überhaupt nicht funktionieren, ein von den Unternehmern anzubietender Lohnanreiz zur Steigerung des Arbeitsangebots würde versagen, sie könnten demnach nur durch den Einsatz von Machtmitteln zur Heraufsetzung der Löhne veranlaßt werden.

In diesem atypischen Verlauf der gesamtwirtschaftlichen Arbeitsangebotskurve kommt zum Ausdruck, daß steigender Lohn und die damit verbundene Möglichkeit, mehr Güter zu kaufen, in Konkurrenz tritt zur gleichzeitig sinkenden Möglichkeit, den Wunsch nach Freizeit zu realisieren. Dem Einsatz des Faktors Arbeit im Produktionsprozeß ist also nicht nur eine objektive Grenze mit der physisch möglichen täglichen Arbeitszeit gesetzt, sondern eine subjektive Grenze, die um so enger wird, je mehr der wirtschaftliche Fortschritt einer breiten Masse der Bevölkerung materiellen Wohlstand beschert. Immer mehr Güter kommen dann an ihre Sättigungsgrenze. Damit mußte auch das Interesse an einer Ausweitung des Arbeitsangebots zurückgehen.

5. Leistungsprinzip versus Menschlichkeit

An dieser Stelle stoßen wir auch auf die Überlegungen der Kritiker unseres marktwirtschaftlichen Systems. Sie untersuchen die Bedingungen, unter denen der Faktor Arbeit im marktwirtschaftlichen Produktionsprozeß eingesetzt ist. Wir wollen diese Überlegungen anhand einer allgemeinen Produktionsfunktion verfolgen:

$$G = f(N, A, K)$$

Diese Formel sagt aus, daß die Menge der produzierten Güter (G) in irgendeiner Beziehung (f) abhängig ist von der eingesetzten Menge der Faktoren Natur (N), Arbeit (A) und Kapital (K). Die Bewertung der Produktionsfaktoren steigt demgemäß mit steigender Menge der produzierten Güter, sie sinkt (stets absolut gesehen) mit sinkender Menge der produzierten Güter. Nun unterscheidet sich aber der Faktor Arbeit grundlegend von den beiden anderen insofern, als bei seinem Einsatz derjenige, der darüber verfügt, der Arbeiter, persönlich anwesend sein muß, womit er sich anderer menschlicher Möglichkeiten begibt. Diejenigen aber, denen das Kapital, die Rohstoffe usw. gehören, können den gesteigerten Einsatz ihrer Faktoren aus der Ferne verfolgen, sie zahlen keinen persönlichen Preis.

Die allgemeine Produktionsfunktion, an der wir diese Systemkritik aufgehängt haben, hat nicht nur quantitative Aspekte, sondern auch qualitative: Je besser die Produktionsfaktoren (Natur, Arbeit, Kapital) für die Gütererzeugung geeignet sind, um so höher wird ihre Bewertung sein. Hier gilt im Prinzip dieselbe kritische Unterscheidung. Die Faktoren Natur und Kapital werden um so höher bewertet, je besser sie der technische Fortschritt für den Produktionsprozeß gestaltet hat, ihre Eigentümer bleiben von dieser Unterwerfung unter technisch-ökonomische Sachzwänge verschont.

Anders jedoch der Faktor Arbeit. Auch hier gilt selbstverständlich, daß seine materielle Bewertung um so höher sein kann, je besser er sich für den Prozeß der Güterproduktion eignet.

Die auf einen Produktionsprozeß ausgerichtete Ausbildung bedeutet häufig aber wiederum den Verzicht auf Bildung im allgemeinen menschlichen Sinne. Das gilt nur für den Faktor Arbeit. Und weiter: Die auf einen Produktionsprozeß ausgerichtete Art des Arbeitseinsatzes bedeutet häufig die Zerstörung der Beziehung zwischen dem Menschen und dem erzeugten Produkt (Arbeitsteilung, Spezialisierung, Bandstraßenfertigung gleich Entfremdung).

Wir haben bisher nichts anderes gemacht, als eine allgemeine Produktionsfunktion hinsichtlich ihrer Konsequenzen für den Faktor Arbeit zu untersuchen. Argumentieren wir weiter anhand dieser Formel, so wird deutlich, daß die beklagten Probleme des Faktors Arbeit dann an Schärfe verlieren, wenn die Güterproduktion nicht ständig weiter gesteigert wird, sondern der technische Fortschritt bei gleichbleibender Güterversorgung (d. h., gleichbleibendem Reallohn) dazu benutzt wird, Quantität und Qualität (im ökonomischen Sinne) des Faktors Arbeit zu verringern.

VII. DER FAKTOR KAPITAL

1. Verschiedene Kapitalbegriffe

Dieser Produktionsfaktor ist begrifflich viel schwerer zu fassen als die bisher besprochenen Faktoren Natur und Arbeit. Das wird sofort erkennbar, wenn wir uns vor Augen führen, in welcher Bedeutung wir den Kapitalbegriff verwenden: Betriebskapital, Geldkapital, Eigen- und

Fremdkapital, Kapitalvermögen, Kapitalflucht. Jeder verbindet offenbar mit diesem Begriff eine unterschiedliche Vorstellung. Wir müssen daraus die für unsere Zwecke geeignete herausgreifen.

Es sei daran erinnert, daß wir die Produktion von Gütern und Leistungen analysieren und nach Elementen suchen, die daran mitwirken und daß wir dabei Gesetzmäßigkeiten beim Einsatz dieser Elemente zu erkennen versuchen. Nach dieser Vorüberlegung scheidet dann das Geld als Synonym für Kapital bereits aus, denn es wirkt in der Produktion nicht selbst mit, sondern allenfalls Dinge, die man damit erworben hat, um sie in den Produktionsprozeß einzusetzen. Handelt es sich also beim Kapital um die berühmten produzierten Produktionsmittel, Maschinen, Gebäude, Vorprodukte, mit denen Güter erzeugt werden? Wir wollen uns im wesentlichen dieser Definition anschließen, sie jedoch ergänzen und interpretieren.

Es wird damit klar, daß es sich beim Kapital nicht um ein ursprüngliches, sondern um ein abgeleitetes Gut handelt, das seinerseits – mindestens unter Einsatz von Natur und Arbeit – erzeugt worden ist.

2. Der Prozeß der Kapitalbildung

Ein Beispiel soll das Wesen des Kapitals weiter erhellen: Auf einer Südseeinsel lebt man im wesentlichen vom Fischfang, dem man ohne Gerätschaften in der Brandung nachgeht. Eines Tages machen sich von den 20 Bewohnern unserer Insel 10 daran, ein Einbaum-Boot und ein Netz herzustellen, von deren Einsatz man größere Fangergebnisse erwartet. Sie benötigen für die Herstellung dieser Gerätschaften 30 Tage, können in dieser Zeit nicht selbst dem Fischfang nachgehen, werden aber von den übrigen Bewohnern der Insel, die weiterhin in der Brandung Fische fangen, mit versorgt, indem diese längere Zeit, als sie es bisher gewohnt waren, dem Fang nachgehen und die zurückgebliebenen auf diese Art und Weise mit versorgen. Nachdem Einbaum und Netz hergestellt und im Fang eingesetzt sind, erhöht sich das Fangergebnis schlagartig und nachhaltig.

Dieses Beispiel macht folgendes deutlich:

1. Die Erzeugung eines Gutes, das im Produktionsprozeß einzusetzen ist (Kapitalbildung), setzt einen Konsumverzicht (sparen) voraus. Diejenigen Bewohner nämlich, die weiter dem Fischfang nachgingen,

mußten darauf verzichten, ihr gesamtes Produktionsergebnis ihrem eigenen Konsum zu widmen.

a) Wenn in einer Volkswirtschaft Kapitalgüter erzeugt werden, so stehen diese nicht für den Konsum zur Verfügung. Bei ihrer Erzeugung werden aber Produktionsfaktoren entlohnt, die damit Konsumgüter kaufen wollen. Dieses Geld muß von anderen zur Verfügung gestellt werden, die mehr Konsumgüter erzeugt haben, als sie selbst nachfragen, die also sparen.

b) Die Bereitschaft zum Sparen genügt allein nicht. Es muß vielmehr auch möglich sein, mehr zu produzieren, als man selbst für seinen eigenen Bedarf unbedingt braucht, für andere, die in der Kapitalgüterproduktion eingesetzt sind, die erforderlichen Konsumgüter mit zu produzieren. Kapitalbildung setzt also „Überfluß" voraus, ein Tatbestand, der erklärt, weshalb dieser Prozeß in Entwicklungsländern nur so schwer in Gang kommt.

c) Dieser Konsumverzicht äußert sich abstrakt in der Zurverfügungstellung von Geld. Dieses Geld steht für den Kauf von Kapitalgütern zur Verfügung. Daher ist es verständlich, wenn man häufig schon dann von Kapitalbildung spricht, wenn das für den Kauf der Produktionsmittel erforderliche Geld akkumuliert worden ist, obwohl das nicht exakt richtig ist.

2. Ebensowenig wie aber mit dem Konsumverzicht oder seinem Ergebnis, dem für den Produktionsmittelkauf zur Verfügung stehenden Geld, das Kapital definiert ist, kann man es im physischen Sinne fassen, z. B. jede Schreibmaschine als Kapitalgut bezeichnen wollen. Vielmehr macht erst eine unternehmerische Entscheidung ein potentielles Produktionsmittel in der Gütererzeugung einzusetzen (Kapitalverwendung = Investition), dieses zum Kapital.

Kapital entsteht demnach in einem zweistufigen Prozeß:

1. Durch Freisetzung von Kapazitäten und Herstellung potentieller Produktionsmittel.
2. Durch Einsatz dieser Produktionsmittel in einem Prozeß der Güter- und Leistungserstellung.

Von zahlreichen National-Ökonomen wird daher das Kapital nicht als eine Sache, sondern als ein Vorgang definiert.

Tatsächlich stellt sich natürlich das Kapital einer Volkswirtschaft als die Gesamtheit der Güter (Maschinen, Gebäude usw.) dar, die der Produktion gewidmet ist. Bei der Behandlung der Faktoren Natur und Arbeit wurde gesagt, daß die Vermehrbarkeit dieser Faktoren ihre natürlichen Grenzen findet. Das gilt – wie aus den bisherigen Erörterungen in diesem Kapitel deutlich geworden sein dürfte – in diesem technisch absoluten Sinne nicht für den Faktor Kapital.

Produzierte Produktionsgüter sind permanent vermehrbar in dem Maße, in dem Sparbereitschaft und Investitionsbereitschaft vorhanden sind. Damit wird deutlich, daß im wesentlichen Kapitalgüter das Vehikel unseres materiellen Fortschritts sind. Die menschliche Arbeit als solche läßt sich nur marginal im ökonomischen Sinne verbessern (rationellere Bewegungsabläufe oder Einteilung der tageszeitlichen Arbeitsbelastung entsprechend einer natürlichen Leistungskurve sind einige der sehr wenigen Beispiele dafür).

Erst wenn sich menschlicher Geist in verbesserten oder vermehrten Kapitalgütern manifestieren kann, ist das Ergebnis materieller Fortschritt. Es ist daher gerechtfertigt, die Vermehrung des Kapitalbestandes mit wirtschaftlichem Wachstum synonym zu setzen.

Für diese Kapitalbestandsvermehrung wählen wir den Begriff Investitionen. Jede Anschaffung und Einsetzung von produzierten Produktionsmitteln stellt eine Investition dar, nicht jedoch in dem Sinne, daß damit der volkswirtschaftliche oder betriebliche Kapitalbestand vermehrt und entsprechend Wachstumsprozesse eingeleitet werden. Vielmehr wird im Laufe des Produktionsprozesses ein Teil des vorhandenen Kapitalbestandes technisch und ökonomisch verzehrt. Erst wenn über diesen Wertverzehr hinaus zusätzliche Kapitalgüter angeschafft und eingesetzt werden, spricht man von einer Netto-Investition, die diese Wachstumsimpulse auslöst. Der Gesamtbetrag, der im Verlauf einer Wirtschaftsperiode zur Anschaffung von Produktionsmitteln verwendet wird, wird als Bruttoinvestition bezeichnet.

Ein Teil dieses Betrages gilt jedoch – wie eben ausgeführt – der Erhaltung des alten Bestandes an Kapitalgütern in Höhe der sogenannten Desinvestition (Abschreibungen), der in einer Wirtschaftsperiode an Wert verloren hat. Dieser zum Ersatz erforderliche Betrag wird daher als Reinvestition bezeichnet.

3. Kapitalbildung und Wirtschaftswachstum

Aus dem eben angeführten Beispiel unserer Südseeinsel ist noch mehr abzulesen:

Wenn es einmal gelungen ist, Kapital zu schaffen, so produziert diese Volkswirtschaft fortan quasi auf einem höheren Niveau. Das produzierte Produktionsmittel vervielfältigt menschliche Leistungsfähigkeit. Es wird auf unserer Südseeinsel in Zukunft leichter möglich sein, im Überfluß zu produzieren (d. h. im oben erläuterten Sinne, Konsumverzicht zu leisten) und dann neue noch aufwendigere Produktionsmittel, etwa Segelboote, Schleppnetze usw., herzustellen. Diese Volkswirtschaft kann sich mit Hilfe der Kapitalbildung aus der stagnierenden, in eine dynamische Entwicklung hineinbegeben. Das ist nur durch den Faktor Kapital möglich. Wenn man diese Entwicklungsstufen einmal gedanklich nachvollzieht, so wird man darauf kommen, daß gewaltige Produktionssteigerungen wie beim Einsatz des ersten Kapitalgutes (Einbaum und Netz) nur selten oder nur mit wesentlich höherem Kapitalaufwand wiederholbar sind. Es liegt vielmehr nahe, von folgender Beziehung zwischen Kapitaleinsatz und Produktionsmenge auszugehen:

Schaubild 12:
Die Rentabilität des Kapitals

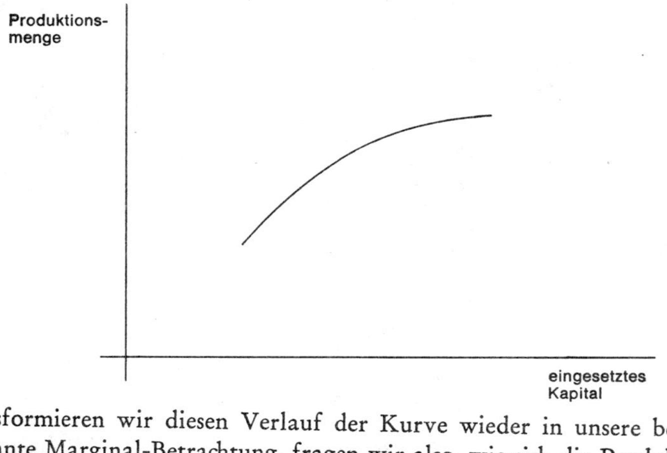

Transformieren wir diesen Verlauf der Kurve wieder in unsere bereits bekannte Marginal-Betrachtung, fragen wir also, wie sich die Produktion verändert, wenn mehr Kapital eingesetzt wird, so erhalten wir für die sogenannte Grenzleistungsfähigkeit des Kapitals folgenden Verlauf:

Schaubild 13:
Die Grenzleistungsfähigkeit des Kapitals

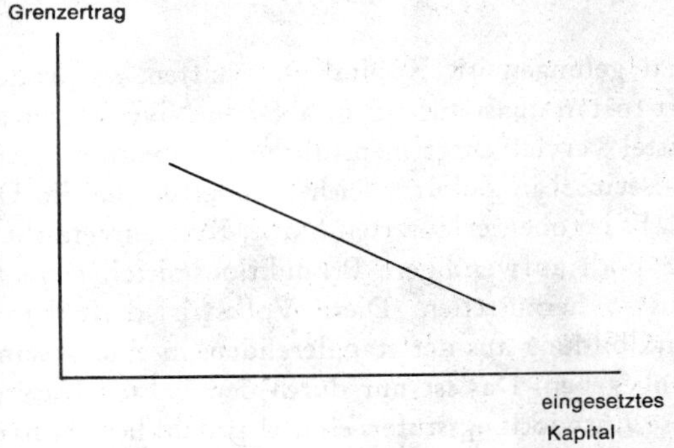

Genau so wie man vorher den Lohn als ein für den einzelnen Unternehmer vorgegebenes Datum ansehen konnte, kann man das jetzt mit dem Zins tun und erhält dann folgende Darstellung, die die Nachfrage nach Kapital als Funktion seiner in Geld bewerteten Grenzleistungsfähigkeit bei bestimmtem Marktzinssatz zeigt:

Schaubild 14:
Die Nachfrage nach Kapital

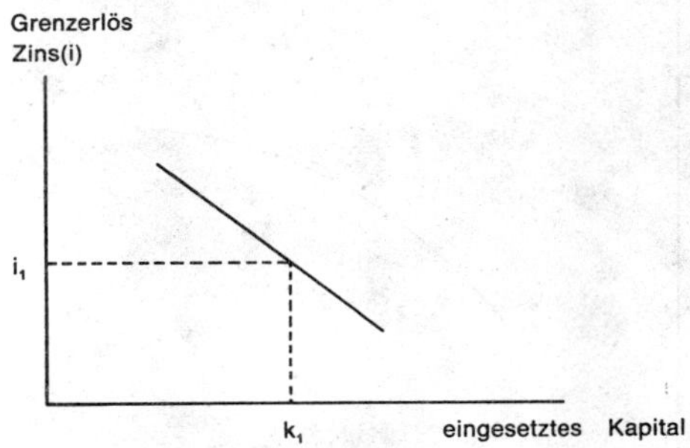

4. Kapitalbildung und Zins

Der Zins, der für ein Kapital zu zahlen ist, kann als der Preis interpretiert werden, den diejenigen verlangen, die Konsumverzicht leisten, die sparen.

Es wurde auf diese Weise ermöglicht, daß ein Produktionsumweg mit einem am Ende um so höheren Ergebnis beschritten werden konnte. Konsumverzicht und die damit verbundene Zurverfügungstellung von „überflüssigem" Geld einerseits und Investitionen und die damit verbundene Inanspruchnahme von noch nicht verdientem Geld andererseits, vollziehen sich nun normalerweise in verschiedenen Haushalten bzw. Unternehmen.

Dabei orientieren die einen ihr Geldangebot u. a. an der Höhe der gezahlten Zinsen, und die anderen ihre Geldnachfrage u. a. an der eben durchgeführten Gegenüberstellung von Rentabilität und Zins.

Wir haben es also mit einem Markt zu tun, auf dem über einen Preis (Zins) Angebot und Nachfrage zum Ausgleich gebracht werden.

Schaubild 15:
Der Markt für investierbare Fonds

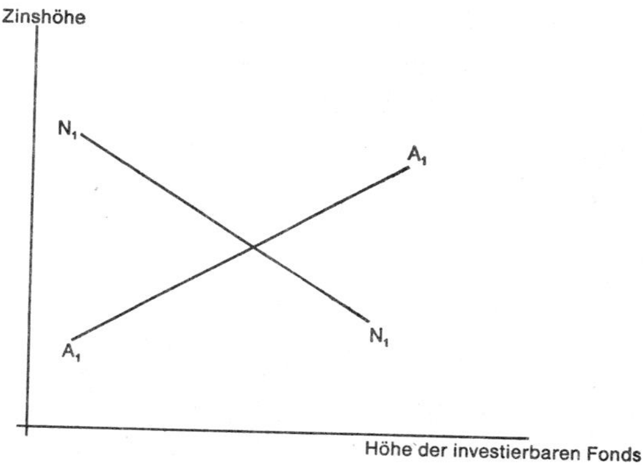

Die Angebotskurve A_1A_1 ist in ihrem Verlauf unmittelbar plausibel. Die Nachfragekurve N_1N_1 ergibt sich aus Schaubild 14, wenn man den Zins sukzessive steigen läßt.

Wir haben mit diesen Überlegungen die realwirtschaftliche Betrachtungsweise, die wir für die Vorgänge auf unserer Südseeinsel gewählt hatten, verlassen und uns dem modernen Industriestaat mit seinem hochorganisierten Geldwesen zugewandt. Kapitalbildung (Sparen) und Kapitaleinsatz (Investieren) haben hier eine abstrakte Gestalt angenommen. Auf diesem Markt für investierbare Fonds werden nun nicht nur Sparer und Investoren einander zugeführt, sondern dieser Markt hat wesentliche

Eigengesetzlichkeiten entwickelt, auf die hier nicht ausführlich einzugehen ist.

Ein Hinweis darauf soll genügen: Das Sparen ist nicht allein an der Höhe des Zinses ausgerichtet, sondern an vielen anderen Motiven. Genau so orientiert der Unternehmer seine Kreditnachfrage nur sehr bedingt am aktuellen Marktzins und der aktuellen Rentabilität, er orientiert sich im viel stärkeren Maße an zukünftigen Gewinnerwartungen, Marktpositionen usw. Die Reaktion der Nachfrage und des Angebots auf Änderungen des Marktzinses ist deshalb meistens unbeträchtlich. Wir sprechen von einer geringen Zinsreagibilität. Hinzu kommt – aber auch das kann hier nur angedeutet werden –, daß die Kreditinstitute für Investitionszwecke nicht nur die Gelder ausleihen können, die bei ihnen gespart worden sind, sondern daß die Buchgeldschöpfung ihnen die Möglichkeit gibt, ihren Kreditspielraum weitgehend unabhängig vom Sparvolumen zu gestalten.

Kehren wir aber zur realwirtschaftlichen Betrachtungsweise zurück, so läßt sich abschließend feststellen, daß unabhängig von allen Eigengesetzlichkeiten des Geldmarktes, auf dem investierbare Fonds „an den Mann gebracht“ werden, Produktionsmittel nur produziert werden können, wenn eine Wirtschaft bereit ist, ihre Kapazitäten dafür einzusetzen, sie also nicht für die Gegenwart, sondern für die Zukunft arbeiten zu lassen.

5. Die Mobilität des Kapitals

Es ist stets anzuraten, die organisatorisch komplizierten Vorgänge unserer Wirtschaft mit Hilfe der güterwirtschaftlichen Betrachtungsweise auf ihren Kern zu reduzieren. Dann wird auch ein Tatbestand sofort klar, der mit dem Begriff „Internationale Kapitaltransaktionen“ belegt ist. Erfaßt werden damit Geldströme, die etwa von den USA angeboten, auf unseren Märkten (vergleiche Schaubild 15) auftauchen.

Erinnern wir uns: Mit dem Geldangebot ist erst eines von zwei notwendigen Kriterien des „Vorgangs“ Kapital erfüllt, es wurde gespart, Konsumverzicht geleistet (hier in den USA). Erst wenn jedoch die damit geschaffenen Produktionsmittel in den Produktionsprozeß eingebracht wurden, ist das zweite Kriterium erfüllt.

Dieses Beispiel zeigt jedoch eines: Die ungeheuer große Mobilität des Kapitals auch über Grenzen hinweg.

Das Rationalitätsprinzip in unserer Wirtschaft erfordert, daß die Faktoren an der Stelle eingesetzt werden, an der sie den größtmöglichen Ertrag erbringen. Erinnern wir uns an die Überlegungen zu Strukturveränderungen in unseren wachsenden Wirtschaften, dann wissen wir, daß eine einmal gegebene derartige optimale Faktorallokation niemals eine auf Dauer richtige Lösung ist, daß vielmehr technischer Fortschritt, internationale politische Entscheidungen, Veränderung unserer Konsumgewohnheiten das Bild ständig wandeln. Stahl wird verdrängt, Kunststoff kommt, mit der daraus folgenden Notwendigkeit, die Produktionsfaktoren aus der einen Branche in die andere zu überführen. Wir brauchen Faktormobilität als Voraussetzung für maximales Wachstum. Der Faktor Natur ist in aller Regel immobil, wenigstens in den meisten seiner Ausprägungen (Topografie, Klima, Bodenschätze). Der Faktor Arbeit ist weitgehend immobil, und zwar räumlich, wegen der menschlichen Bindungen und personal, wegen der häufig fehlenden Qualifikation für einen anderen, neuen Beruf. Diese Einschränkungen gelten nicht für den Faktor Kapital, der deswegen von der Mobilität her nicht nur keine Wachstumshemmnisse aufrichtet, sondern sogar, wie die Gründung des Opel-Werks im Bochumer Revier gezeigt hat, die Folgen der fehlenden Mobilität, z. B. des Faktors Arbeit, überspielen kann.

6. Die Verstaatlichung [5] des Kapitals

Die Kritiker unseres marktwirtschaftlichen Systems mit Privateigentum an Produktionsmitteln sehen eine der Hauptursachen für die von ihnen beklagten gesellschaftlichen Zustände in der Tatsache, daß in den Produktionsstätten mindestens ein Produktionsfaktor nach ausschließlich ökonomischen Gesetzmäßigkeiten eingesetzt wird.

Daher wird eine Abschaffung dieses privaten Besitzes gefordert, wovon man die Inkraftsetzung gesellschaftspolitischer Ziele in der Wirtschaft und eine verbesserte Einkommensverteilung zugunsten des Faktors Arbeit oder zugunsten des Staates erwartet.

Der Zweck läßt sich gewiß verwirklichen, wenn man die verstaatlichten Unternehmen als Instrumente der Daseinsvorsorge und nicht mehr als gewinnmotivierte Einrichtungen arbeiten läßt. Nur dürfen diejenigen, die investierbare Fonds aufbringen auch nicht wie bisher erwarten, für

5 Die verschiedenen Formen der Überführung in Gemeineigentum wurden nicht unterschieden.

ihren Konsumverzicht einen Preis (Zins) zu erhalten. Sollten sie als Folge davon weniger sparen, so wird man dazu übergehen müssen, auch die Kapitalaufbringung zu verstaatlichen, um den für erforderlich gehaltenen Produktionsweg einschlagen zu können. Vereidigt man die Verwalter staatlichen Kapitals aber weiterhin auf die Gesetze der Rentabilität, so hätte man letztlich nur eine Vielzahl von Verfügungsberechtigten durch einen einzigen (den Staat) ersetzt. Denn die Verfügungsgewalt über das Kapital kann man niemals abschaffen, auch nicht die Tatsache, daß mit dieser Verfügungsgewalt Macht verbunden ist, Macht, die derzeit dem ökonomischen Gesetz der Rentabilitätsmaximierung unterworfen ist. Das ist jedoch gewiß eine bedeutendere und sicherer wirkende Einschränkung als die Verpflichtung auf die „richtigen gesellschaftlichen Bedürfnisse“, zu deren Erfüllung ein verstaatlichter Faktor Kapital willkürlich einzusetzen wäre.

VIII. ZUSAMMENFASSUNG

Natur, Arbeit und Kapital bezeichnen wir als die Produktionsfaktoren, die in einem Produktionsprozeß miteinander kombiniert werden, um Güter oder Leistungen zu erzeugen. In der überwiegenden Mehrzahl der Fälle kann dabei ein Faktor einen anderen bis zu einem gewissen Grade substituieren (Substitutionalität). Der tatsächliche Anteil der Faktoren in der Produktion bestimmter Güter wird dann durch ihren Preis bestimmt (Minimalkostenkombination). Da in einer hochindustrialisierten Wirtschaft bei jeder Gütererzeugung alle Produktionsfaktoren mitwirken, ist eine generelle Aussage darüber, welcher Faktor der wichtigste ist, nicht möglich. Auch die Tatsache, daß einzelne Faktoren (etwa der Faktor Natur) im Kostengerüst der Produktion zurücktritt, berechtigt in gar keiner Weise zu dieser Feststellung. Der modernen Technik ist es hier gelungen, auf einem sehr dünnen natürlichen Fundament ein gewaltiges hochkompliziertes Gebäude aufzurichten.

Der Faktor Natur, der für die Klassiker der Nationalökonomie vorrangige Bedeutung hatte, trat in der Zeit der industriellen Entwicklung vorübergehend zurück, weil er in seiner Ausprägung Rohstoffe, Grund und Boden in ausreichendem Maße vorhanden waren. Seine sichtbar werdende Erschöpfung (Rohstoffe, Umweltbelastung) läßt ihm jetzt wieder steigende Bedeutung zukommen. Die Tatsache der Nicht-Regenerierbarkeit, die für zahlreiche Ausprägungen des Faktors Natur gilt, macht ihn immer häufiger zum Engpaßfaktor mit der Folge, daß der Ertrag auch der übrigen eingesetzten Faktoren abnimmt (Ertragsgesetz). Der Faktor Arbeit erschließt sich der Nationalökonomie unschwer aus der Sicht des Unternehmens. Hier gelten für die Entscheidung über seine Beteiligung am Produktionsprozeß aus betrieblicher Sicht seine Kosten (Löhne) im Vergleich zu den Kosten anderer substitutiver Faktoren. Die Entlohnung des Faktors kann steigen, wenn seine Produktivität steigt. Da diese Produktivitätssteigerungen im technischen Sinne so gut wie immer an eine Verbesserung von Kapitalgütern gebunden ist, erübrigt die Forderung einer produktivitätsorientierten Lohnpolitik nicht den Verteilungskampf (Lohneinkommen versus Gewinneinkommen). Da die Produktivität der Faktoren vom Erlös für die mit ihrer Hilfe erzeugten Produkte abhängt, besteht ein Zusammenhang zwischen Lohnhöhe und Produkterlös. Diese Verbindung ist gesamtwirtschaftlich beachtlich.

Der Faktor Arbeit erschließt sich der Nationalökonomie schwer, weil er sich im Sinne der ökonomischen Gesetze anomal verhält, wenn er auf erhöhte Lohnangebote mit verminderter Arbeitsleistung reagiert. Die Kritiker unseres Wirtschaftssystems fordern, den Faktor Arbeit von den selbstgesetzten Zwängen ökonomischer Gesetzmäßigkeiten zu befreien. Der Faktor Kapital ist das Vehikel unseres technischen Fortschritts und damit unseres wirtschaftlichen Wachstums. Ohne ihn ist eine dynamische Wirtschaft nicht denkbar. Kapital ist der grundsätzlich ad infinitum vermehrbare Faktor. Kapitalbildung erfordert die Bereitschaft und die Fähigkeit, zur Herstellung von Produktionsmitteln Kapazitäten freizusetzen, die nicht für die Gegenwart, sondern für die Zukunft produzieren (Konsumverzicht). Mit der Verfügung über den Faktor Kapital ist ökonomische Macht unlöslich verbunden. Sie kann aufgrund der Forderung der Kritiker unseres Systems nach einer Verstaatlichung des Kapitals nicht zerstört, sondern nur anderen übertragen werden.

IX. KONTROLLFRAGEN

1. Was versteht man unter der Faktormobilität, und welche Bedeutung hat sie in einer modernen Industriegesellschaft?
2. Was versteht man unter der produktivitätsorientierten Lohnpolitik, und welche Probleme wirft ein solches Konzept auf?

3. Kann eine hochtechnisierte Wirtschaft mehr und mehr auf den Produktionsfaktor Natur verzichten? Was ist zur Bedeutung dieses Faktors in unserer Wirtschaft zu sagen?
4. Beschreiben Sie den Prozeß der Kapitalbildung, und kennzeichnen Sie seine Voraussetzungen und Wirkungen.

X. LITERATURHINWEISE

Samuelson, P. A.,
Volkswirtschaftslehre. Eine Einführung, 4. Auflage, Köln 1. Bd. 1969, 2. Band 1970

Kilger, W.,
Produktions- und Kostentheorie, Wiesbaden 1970

Kruse, A., Hrsg.,
Die Volkswirtschaft. Ein systematisches Sammelwerk, Adolf-Weber-Stiftung, Frankfurt 1968

Christian Zschaber

Das Sozialprodukt

INHALT

I. VORBEMERKUNG

Das Sozialprodukt soll im folgenden in zweierlei Hinsicht betrachtet werden. Im ersten Teil geht es darum, die verschiedenen Rechnungsaspekte des Sozialproduktes darzustellen und deren unterschiedliche Aussagekraft anzuführen.

Im zweiten Teil wird auf das Mißverständnis eingegangen, das darin besteht, die Größe des Sozialproduktes als Wohlstandsindikator zu interpretieren, wobei auf die Mängel der Erfassung des Sozialproduktes selbst eingegangen wird, die diese Interpretation fragwürdig erscheinen läßt, auch wenn in diesem Zusammenhang der Begriff des Wohlstandes bzw. der Wohlfahrt mit einem großen Bedeutungsspielraum umgeben ist, den einzuengen nicht Aufgabe des vorliegenden Beitrages sein konnte.

II. BERECHNUNGSARTEN DES SOZIALPRODUKTES

1. Die Entstehungsrechnung

In der Entstehungsrechnung wird nach dem Ursprung der produzierten Leistungen, die während eines Jahres von der Volkswirtschaft geschaffen wurden, gefragt. Üblicherweise werden hier bestimmte Wirtschaftsbereiche, z. B. Land- und Forstwirtschaft, Bergbau etc., betrachtet, und deren Beitrag zu der Summe der Gesamtleistungen aufgezeigt. Dabei wird abgestellt auf die „Wertschöpfung“ dieser Wirtschaftsbereiche. Um aber zu diesem Aspekt der Betrachtung von Wirtschaftsbereichen zu gelangen, ist es zweckmäßig, einmal von einem einzelnen Unternehmen auszugehen und anhand dieser Darstellung den Begriff der „Wertschöpfung“ näher zu kennzeichnen. Ausgangspunkt kann die Gewinn- und Verlustrechnung des betreffenden Unternehmens sein. Folgende Geldströme mit der ausgewiesenen Zweckbestimmung können das Unternehmen während eines Produktionsjahres berühren, wobei zweckmäßigerweise eine Kontendarstellung gewählt wird, mit den Aufwandsposten auf der linken Seite und den Ertragsposten auf der rechten Seite.

Sicherlich ist dieses Konto eine abweichende Darstellung zu den üblichen publizierten Gewinn- und Verlustrechnungen, nur hier wurde schon eine Systematisierung vorgenommen, die in dieser Zusammenfassung immer

TABELLE 1:

Aufwand	Gewinn- u. Verlustrechnung	Ertrag
1. Einkäufe an Roh- und Hilfsstoffen		1. Verkäufe von Waren und Dienstleistungen
2. Sonstige Vorleistungen		2. Bestandsveränderungen
3. Abschreibungen		a) an Roh- und Hilfsstoffen
4. Nettowertschöpfung		b) an Halb- und Fertigfabrikaten
a) Löhne und Gehälter		3. Selbsterstellte Anlagen
b) Zinsen und Mieten		
c) Betriebsgewinn		

möglich ist. Betrachten wir die rechte Seite des Kontos, so stellt die *Summe* der aufgelisteten Einzelposten den sogenannten *Bruttoproduktionswert* der betreffenden Unternehmung während des betrachteten Zeitraumes dar, d. h. das gesamte in Geld bewertete Produktionsergebnis. Nun um dieses Ergebnis zu erzielen, bedurfte es zur Produktion bestimmter Vorleistungen. Diese sind auf der linken Seite aufgezeigt, nämlich die eingekauften Roh- und Hilfsstoffe und sonstigen Vorleistungen. Werden vom Bruttoproduktionswert die gesamten Vorleistungen abgezogen, ergibt sich der *Nettoproduktionswert* des betreffenden Unternehmens. Wie man leicht sieht, setzt sich der Nettoproduktionswert auch aus der Summe von Abschreibungen und Nettowertschöpfung zusammen. Was besagt der Nettoproduktionswert? Er gibt an, welcher Wert (brutto) den gesamten Vorleistungen durch die Produktionstätigkeit dieser Unternehmung hinzugefügt wurde und wird deshalb auch als *Bruttowertschöpfung* bezeichnet. Zu beachten ist, daß dieser Wert auch dadurch entstanden ist, daß die dauerhaften Produktionsmittel (in dem Konto die selbsterstellten Anlagen, also Vorleistungen vergangener Perioden) Nutzungen abgegeben haben, die üblicherweise durch den Betrag der Abschreibung gemessen werden. Genau der Betrag der Abschreibungen unterscheidet die Netto- von der Bruttowertschöpfung. Es hat sich in der Literatur für die Nettowertschöpfung, kurz die *„Wertschöpfung"* durchgesetzt, obwohl dadurch einigen Mißverständnissen Vorschub geleistet wird. Zwei Methoden können für die Berechnung der Nettowertschöpfung angewandt werden, einerseits die *personelle* Methode, d. h. hier wird unmittelbar die Summe aller durch den Produktionsprozeß entstandenen Einkommen (Löhne, Gehälter, Zinsen, etc.) gemessen, andererseits die *reale* Methode, d. h. Messung des Bruttoproduktionswertes abzüglich der Vorleistungen und Abschreibungen. Beiden ist die Frage gemeinsam, welcher Nettowert (net value) den eingekauften Gütern und Dienstleistungen während des Produktionsprozesses hinzugefügt (added) wurde, damit ist das Prinzip, auf dem die ganze Sozialproduktrechnung basiert, freigelegt, nämlich dem *net-value-added-Prinzip*.

Aufbauend auf diesem Prinzip bedarf es für eine volkswirtschaftliche Betrachtung eine Veränderung des vorherigen Kontos. Denn in diesem blieb die Änderung des Realvermögens unberücksichtigt, sei es, daß Maschinen, Ausrüstungsgegenstände oder Gebäude gekauft wurden, sei es, daß die Lager mit Rohstoffen oder anderen Hilfsstoffen verändert wurden. Wird das vorhergehende Konto entsprechend ergänzt, gelangt man zu dem *Produktionskonto* dieser Unternehmung. Da hier nicht mehr nur Aufwendungen bzw. Erträge verbucht werden, ist es angebracht, nur von der linken bzw. rechten Seite des Produktionskontos zu sprechen. Im ersten Schritt der Darstellung des Produktionskontos werden vorerst die Beziehungen der betreffenden Unternehmung zum Ausland bzw. zum Staat ausgeklammert (d. h. geschlossene Volkswirtschaft ohne staatliche Aktivität).

TABELLE 2:
Produktionskonto der Unternehmung X

1. Einkäufe von Vorprodukten	1. Verkäufe Waren und Dienstleistungen an andere Wirtschaftssubjekte
a) Verbrauch von Vorprodukten = Vorleistungen	2. Bruttoinvestitionen
b) Nichtverbrauchte Vorprodukte	a) Lagerinvestitionen
c) Sonstige Vorleistungen	1. Nichtverbrauchte Vorprodukte
d) Einkäufe von Anlagen	2. Mehrbestand an Halb- u. Fertigfabrikaten
2. Abschreibungen	b) Bruttoanlageinvestitionen
3. Nettowertschöpfung	1. gekaufte Anlagen
a) Löhne u. Gehälter	2. selbsterstellte Anlagen
b) Zinsen u. Mieten	
c) Betriebsgewinn	

Es hat sich, wie aus dem Konto ersichtlich, lediglich eine Verlängerung desselben ergeben. Auf der rechten Seite erscheinen die Positionen 2 a1 und 2 b1, die identisch denen auf der linken Seite 1b und 1d sind. Auch hier läßt sich die Nettowertschöpfung durch die personelle und reale Methode trivialerweise berechnen.

Nicht ganz so trivial wird es, wenn die Auslandsbeziehungen bzw. die staatliche Aktivität in dem Produktionskonto Berücksichtigung finden. Modifizierung des Kontos ergibt sich in folgenden Positionen. Die Verkäufe an Waren und Dienstleistungen können an andere Unternehmungen, an private Haushalte, an den Staat und an das Ausland fließen, d. h. Staat und Ausland beanspruchen einen Teil des Produktionsergebnisses dieses Unternehmens. Andererseits macht sich die staatliche Aktivität auch dadurch bemerkbar, daß Transferzahlungen an das Unternehmen fließen, d. h. kurz gesagt, Subventionen als laufende öffentliche Zuwendungen ohne gleichzeitige ökonomische Gegenleistung. Man könnte z. B. an den Bergbau oder an Unternehmungen im Zonenrandgebiet denken, damit ist sicherlich nicht die ganze Subventionstätigkeit des Staates umrissen.

Betrafen diese Änderungen die rechte Seite, so machen sich auch Ausland und Staat auf der linken Seite des Produktionskontos bemerkbar. Einmal müssen die Einkäufe aus dem Ausland berücksichtigt werden, denn nicht alle Waren und Dienstleistungen sind in der Quantität bzw. Qualität im Inland erhältlich. Sind damit die Auslandsbeziehungen des betreffenden Unternehmens verbucht, so verbleiben noch die Steuerzahlungen des Unternehmens an den Staat, und zwar die sogenannten indirekten Steuern, d. h. Umsatzsteuer, Zölle, Gewerbesteuer etc., um das Charakteristikum der indirekten Steuern anzudeuten.

Festzuhalten ist die Veränderung durch die staatliche Aktivität, denn hier haben Positionen Eingang gefunden, die keine gleichzeitige ökonomische Gegenleistung wie die anderen Positionen zum Äquivalent haben. Dies hat auch Auswirkungen auf die Nettowertschöpfung der Unternehmung. Nach wie vor läßt sich diese durch die reale bzw. personelle Methode ermitteln, nur ist die Nettowertschöpfung nicht mehr in voller Höhe durch den Produktionsprozeß selbst entstanden. Denn wenn alle anderen Bestandteile des Produktionskontos gleich bleiben, würde eine Erhöhung der Subventionen die Nettowertschöpfung erhöhen. Eine Erhöhung der indirekten Steuern dagegen verringern. Es wurde schon darauf hingewiesen, daß Subventionen und indirekte Steuern keine entsprechende ökonomische Gegenleistung haben, so daß sie auch nicht als Bestandteil an der Nettowertschöpfung angesehen werden können. Im Vorgriff auf Nachfolgendes sei hier auf die Unterscheidung des Bruttosozialproduktes zu Faktorkosten bzw. zu Marktpreisen hingewiesen, die diesem aufgezeigten Umstand zugrundeliegt.

Die folgende Darstellung zeigt jetzt das vollständige Produktionskonto einer Unternehmung in einer offenen Volkswirtschaft mit staatlicher Aktivität.

Sind hiermit die Grundlagen der Entstehungsrechnung der Nettowertschöpfung einer Unternehmung aufgezeigt, die einerseits die Summe der Einkommen der Produktionsfaktoren darstellen, andererseits die Summe

TABELLE 3:
Produktionskonto der Unternehmung X

1. Einkäufe aus	1. Verkäufe an
a) dem Inland	a) andere Unternehmungen
b) dem Ausland	b) private Haushalte
2. Abschreibungen	c) den Staat
3. indirekte Steuern	d) das Ausland
4. Nettowertschöpfung	2. Bruttoinvestitionen
a) Löhne und Gehälter einschl. Sozialleistungen	3. Subventionen
b) Zinsen und Mieten	
c) Betriebsgewinn	

der Faktorkosten für das Unternehmen je nach Blickrichtung, so ist es nur ein kleiner Schritt zu einer Addition der Nettowertschöpfungen von Unternehmungen eines bestimmten Wirtschaftsbereiches. Die amtliche Statistik weist zehn Wirtschaftsbereiche unserer Volkswirtschaft aus. Wird wiederum eine Addition der Nettowertschöpfungen der Wirtschaftsbereiche vorgenommen, so gelangt man zu dem *Netto-Inlandsprodukt* zu Faktorkosten, d. h. das im Inland geschaffene Gesamtprodukt bewertet zu Faktorkosten, die ja von der Perspektive der Produktionsfaktoren Einkommen darstellen. Aber hier sind noch nicht alle Einkommen der Volkswirtschaft berücksichtigt, um von dem Volkseinkommen zu sprechen. Das Netto-Inlandprodukt zu Faktorkosten muß ergänzt werden durch den Saldo der Erwerbs- und Vermögenseinkommen mit dem Ausland, erst dies ergibt das *Volkseinkommen.* Denn ein Inländer kann ein Vermögenseinkommen aus dem Ausland erzielen, z. B. durch Zinszahlungen auf ausländische Aktien.

Das Volkseinkommen wird auch als Nettosozialprodukt zu Faktorkosten bezeichnet. Damit ist die Entstehungsrechnung abgeschlossen. Zu fragen ist, welche Aufschlüsse diese Berechnungsart gibt. Zwei Fragen können beantwortet werden:

— Welcher Teil des Volkseinkommens ist in den einzelnen Wirtschaftsbereichen entstanden?

— Welche Bedeutung hat der jeweilige Bereich im Rahmen der gesamten Volkswirtschaft?

Sicherlich läßt sich die Aussagekraft der Entstehungsrechnung erhöhen, wenn neben dem sektoralen Aspekt auch regionale und zeitliche Entwicklungen berücksichtigt werden, die dann möglicherweise Eingang finden können in einer *Strukturpolitik.*

2. Die Verteilungsrechnung

Dieser Aspekt der Berechnung stellt ab auf die Zusammensetzung des Volkseinkommens (Nettosozialprodukt zu Faktorkosten) und zwar einerseits nach den Einkommensarten und andererseits nach Empfängergruppen. Nach der Einkommensart wird unterschieden in Bruttoeinkommen aus *unselbständiger Arbeit* und aus *Unternehmertätigkeit und Vermögen.* Die Summe der beiden Einkommensarten ergibt natürlich das Volkseinkommen. Selbstverständlich läßt sich vom Bruttoeinkommen aus unselbständiger Arbeit das Nettoeinkommen berechnen. Dazu ist es notwendig, daß vom Bruttoeinkommen die Arbeitgeberbeiträge zur Sozialversicherung und die zusätzlichen Sozialaufwendungen der Arbeitgeber abgezogen werden. (Siehe hierzu auch die Entstehungsrechnung, wo in die Nettowertschöpfung auch die Sozialleistungen mit eingeschlossen waren.) Das Ergebnis stellt die Bruttolohn- und Gehaltssumme aus unselbständiger Arbeit dar. Werden von dieser die Arbeitnehmerbeiträge zur Sozialversicherung und, nicht zu vergessen, die Lohnsteuer abgezogen, so erhält man die Nettolohn- und Gehaltssumme aus unselbständiger Arbeit. Die Nettolohn- und Gehaltssumme muß um die zusätzlichen Sozialaufwendungen der Arbeitgeber noch ergänzt werden, um zum Nettoeinkommen aus unselbständiger Arbeit zu gelangen, da diese ja auch Einkommensbestandteile sind.

Ähnlich verfährt man auch bei den Nettoeinkommen aus Unternehmertätigkeit und Vermögen. Nur werden hier noch bestimmte Empfängergruppen ausgewiesen. Vom Bruttoeinkommen aus Unternehmertätigkeit und Vermögen sind zuerst einmal die direkten Steuern und ähnliches auf Einkommen aus Unternehmertätigkeit und Vermögen abzusetzen, man erhält dann das Nettoeinkommen. Dieses Nettoeinkommen läßt sich darstellen einerseits aus den entnommenen Gewinnen und Vermögenseinkommen, die an private Haushalte und den Staat geflossen sind, andererseits aus den nichtentnommenen Gewinnen der Unternehmungen, die ja auch Einkommensbestandteile sind, aber nicht ausgeschüttet wurden.

Diese Verteilungsrechnung und die Ableitungen aus dieser stehen oft im Mittelpunkt politischer Auseinandersetzungen. Es lassen sich nämlich sehr leicht bestimmte Quoten bilden, die verkürzte Argumente darstellen sollen in Bezug auf die Gerechtigkeit der Verteilung des Volkseinkommens. So läßt sich das Volkseinkommen einmal beziehen je Kopf der Bevölkerung oder je Erwerbstätigen und man erhält bestimmte Durchschnittseinkommen. Sind diese Quoten im politischen Sprachgebrauch noch relativ harmlos, so kann dies von den Quoten Bruttoeinkommen aus unselbständiger Arbeit bzw. aus Unternehmertätigkeit und Vermögen bezogen auf das Volkseinkommen nicht mehr gesagt werden. Daß aus den ermittelten statistischen Quoten ein Urteil folgen soll, ob gerecht oder ungerecht, ist so absurd, daß es einmal klar ausgesprochen werden muß, um allgemein akzeptiert zu werden. Unbestritten ist, daß diese Quoten bestimmten Standards bzw. Normen widersprechen, aber diese sind nicht in den Quoten selbst enthalten. Sinnlos erscheint es auch, internationale und (oder) regionale Vergleiche dieser Quoten anzustellen, solange nicht klar ist, mit welchen Standards bzw. Normen diese „Wohlstandsbeurteilungen“ gemacht werden. Die fußballtabellarische Auflistung dieser Quoten, womöglich noch unter dem Gesichtspunkt entwickelte und unterentwickelte Länder, spiegelt einen Informationsgehalt vor, der in der Nähe von „Morgen wird es regnen oder nicht“ angesiedelt ist. Zweckmäßig ist es bei der Beurteilung wenigstens

— die zeitliche Bewegung der ermittelten Quoten
— die Zusammensetzung nach Einkommensarten und -quellen
— die Schichtung aller persönlichen Einkommen nach ihrer Höhe (Einkommenspyramide)

mit in Betracht zu ziehen. Auch hier wären dann Ansatzpunkte einer Einkommens- bzw. Vermögenspolitik gegeben.

3. Die Verwendungsrechnung

Der dritte Aspekt der Berechnung zielt auf die Art der Güter und Dienstleistungen bzw. deren Verwendung. Dies wurde schon deutlich bei der Herleitung des Produktionskontos für eine Unternehmung oder bei dem Nationalen Produktionskonto d. h. für die gesamte Volkswirtschaft. Die gesamten Verkäufe an Waren und Dienstleistungen an die privaten Haushalte, stellten nämlich den privaten Konsum dar, an den Staat, den staatlichen Konsum. Neben der Aufspaltung der Verbrauchsgüter lassen sich auch die Bruttoinvestitionen untergliedern, und zwar in die privaten und staatlichen Bruttoinvestitionen. Damit ist der erwirtschaftete Güterberg in Verbrauchs- und Investitionsgütern klassifiziert und wer sie beansprucht. Da eine offene Volkswirtschaft unterstellt ist, stellen die gesamten Verkäufe an Waren und Dienstleistungen an das Ausland, den Export dar. Umgekehrt alle Einkäufe vom Ausland den Import. All diese Transaktionen sind zu Marktpreisen bewertet, d. h. die Waren und Dienstleistungen laufen über die betreffenden Märkte und werden durch die dort herrschenden Preise bewertet und fließen dann den genannten Aggregaten zu. Übersichtlich lassen sich diese Zusammenhänge an dem nationalen Produktionskonto aufzeigen, dabei werden folgende Symbole zur Abkürzung gewählt.

C_{pr} = privater Konsum
C_{st} = staatlicher Konsum
$I^{br}{}_{pr}$ = private Bruttoinvestition
$I^{br}{}_{st}$ = staatliche Bruttoinvestition
Ex = Export
IM = Import
Y = Sozialprodukt
$Y^{br}{}_{M}$ = Bruttosozialprodukt zu Marktpreisen
T^{ind} = indirekte Steuern
Z_{st} = Subventionen (Zahlungen des Staates)
D = Abschreibungen (depreciation)

Nationales Produktionskonto für die Volkswirtschaft X

$T^{ind} - Z_{st}$	C_{pr}
D	C_{st}
Volkseinkommen =	$I^{br}{}_{pr}$
Nettosozialprodukt	$I^{br}{}_{st}$
zu Faktorkosten	Ex – IM

Wer das Produktionskonto in der Entstehungsrechnung noch in Erinnerung hat, wird einige Veränderungen bemerkt haben. Vor allem, wo die Verkäufe an Waren und Dienstleistungen an andere Unternehmungen geblieben sind. Diese berechtigte Frage läßt sich dadurch beantworten, daß, wenn einmal zwei Unternehmungen betrachtet werden bzw., deren Produktionskonto, so fallen bei der Zusammenfassung beider Konten diese Transaktionen heraus, da die Verkäufe der einen Unternehmung die Einkäufe der anderen darstellen. Dieser Gedankengang läßt sich dann auf diese gesamten Transaktionen übertragen, so daß sie herausfallen. Wird hier das Verbuchungstechnische angeführt, so hat das einen realistischen Hintergrund, einerseits werden in der Sozialproduktrechnung Doppelzählungen vermieden und andererseits würde die Berücksichtigung gegen das „net-value-added-Prinzip" verstoßen.

Zwei weitere Änderungen sind ebenfalls vorgenommen worden. Die Importe wurden mit den Exporten saldiert, dieser Saldo stellt den Außenbeitrag dar und die Subventionen wurden mit den indirekten Steuern ebenfalls saldiert. Auf der rechten Seite erscheinen nun all diejenigen Transaktionen, die marktmäßig bewertet werden, d. h. wo eine ökonomische Gegenleistung gegenübersteht. Die Summe dieser Positionen stellt dann das Bruttosozialprodukt bewertet zu Marktpreisen dar nach dem Verwendungsaspekt. Diese Größe ist wohl der gebräuchlichste Maßstab für das Gesamtergebnis der volkswirtschaftlichen Tätigkeit eines Jahres, also der Wertsumme aller Waren und Dienstleistungen, die in diesem Jahr erzeugt wurden. In Symbolen ausgedrückt setzt sich das Bruttosozialprodukt zu Marktpreisen dann wie folgt zusammen:

$$Y^{br}{}_{M} = C_{pr} + C_{st} + I^{br}{}_{st} + I^{br}{}_{pr} + Ex - IM$$

Werden C_{st} und $I^{br}{}_{st}$ zu A_{st} = Staatsausgaben zusammengefaßt, verkürzt sich die ex-post-Gleichung zu:

$$Y^{br}{}_{M} = C_{pr} + I^{br}{}_{pr} + A_{st} + Ex - IM$$

Der Schritt zum Nettosozialprodukt zu Marktpreisen ergibt sich dadurch, daß die Abschreibungen in Abzug gebracht werden.

$$Y^{br}{}_{M} - D = Y^{N}{}_{M}$$

Wie bereits erwähnt, unterscheiden sich Nettosozialprodukt zu Marktpreisen und Nettosozialprodukt zu Faktorkosten durch die staatliche Aktivität, denn diese „verzerrt" die Marktpreise, wie auch anhand des Nationalen Produktionskontos zu ersehen ist. Wird z. B. die Annahme getroffen, eine offene Volkswirtschaft ohne staatliche Aktivität zu betrachten, so sind beide Größen gleich. Anhand dieses Gedankenganges ist es relativ einfach, vom $Y^{N}{}_{M}$ zum VE (Volkseinkommen) bzw. $Y^{N}{}_{F}$ (Nettosozialprodukt zu Faktorkosten) zu gelangen.

$$Y^{N}{}_{M} - T^{ind} + Z_{st} = VE = Y^{N}{}_{F}$$

Damit sind auch die wichtigsten Begriffe in Zusammenhang mit der Verwendungsrechnung erwähnt, die folgende Fragen beantworten kann:

— Wie wurde der erwirtschaftete Güterberg, sprich Sozialprodukt verwendet?

— Welche Anteile am Sozialprodukt ergeben sich z. B. für die Investitionen = Investitionsquote, für den Konsum = Konsumquote, für den Export = Exportquote bzw. für den Import = Importquote und schließlich dem Anteil des Staates am Sozialprodukt?

Sicherlich ist bei dieser Betrachtung der zeitliche und räumliche Aspekt bei der Entwicklung zu berücksichtigen. Auch hier kann die Wirtschaftspolitik Hinweise für ihre Maßnahmen erhalten. Eine andere Nutzanwendung der angeführten Definitionsgleichung für das Bruttosozialprodukt zu Marktpreisen soll nicht unerwähnt bleiben. Bezog sich das Bisherige auf eine ex-post-Betrachtung, so läßt sich diese Definitionsgleichung für ex-ante-Betrachtungen verwenden, wenn auf die Determinanten des Bruttosozialproduktes geschaut wird. Dabei kann die rechte Seite der Gleichung, also die Größen C_{pr}, ${I^{br}}_{pr}$, A_{st} und Ex als gesamtwirtschaftliche Nachfrage interpretiert werden, die linke Seite, d. h. ${Y^{br}}_M$ ergänzt durch IM als gesamtwirtschaftliches Angebot. Eine Konjunkturpolitik ausgerichtet auf eine Globalsteuerung müßte dann versuchen, bei Ungleichgewichtssituationen, d. h. entweder Nachfrage größer als das Angebot oder Angebot größer als die Nachfrage, eine Gleichgewichtssituation wieder herzustellen, d. h. wo sich gesamtwirtschaftliches Angebot und Nachfrage entsprechen. Und zwar soll dies wie der Maßnahmenkatalog des Stabilitäts- und Wachstumsgesetzes zeigt, dadurch geschehen, daß die Nachfragekomponenten durch entsprechende Maßnahmen manipuliert werden. Dabei erweist sich die amtliche Konjunkturpolitik als eine nachfrageorientierte und auch kurzfristige, da das gesamtwirtschaftliche Angebot nicht ad-hoc manipuliert werden kann.

4. Exkurs: Nominales und reales Sozialprodukt

Nachdem die verschiedenen Aspekte der Berechnung des Sozialprodukts dargestellt wurden, muß noch auf die Unterscheidung zwischen nominalem und realem Sozialprodukt eingegangen werden. Egal welche Methode angewandt wird, das Sozialprodukt wird immer zu den jeweiligen Preisen erfaßt. Dabei dienen die Marktpreise als Maßeinheit, um überhaupt die heterogenen Güter und Dienstleistungen zusammenzufassen. Einen Nachteil haben die Marktpreise dahingehend, daß diese im zeitlichen Ablauf schwanken. Will man also das Sozialprodukt eines Jahres messen und es mit dem Sozialprodukt des vorhergehenden Jahres vergleichen, so muß man beachten, daß die Größe Sozialprodukt sowohl von Mengen als auch Preisänderungen der verschiedenen Güter und Dienstleistungen beeinflußt wurden. Nun wird versucht, den Einfluß der Preisänderung auf das Sozialprodukt auszuschalten, um zu wissen, was tatsächlich real hinzugekommen ist. Man geht dabei so vor, daß man die Gütermengen beider

Jahre mit den Preisen eines bestimmten Basisjahres bewertet, in der Statistik wird als Basisjahr 1962 verwandt. Konkret bedeutet das zum Beispiel, daß das Bruttosozialprodukt der Bundesrepublik in den Preisen von 1962 von 1973 auf 1974 um 0,4 % gestiegen ist, was gleichbedeutend mit der Aussage ist, das reale Bruttosozialprodukt sei um diesen Betrag gestiegen.

Eine andere Betrachtung kann angestellt werden, indem man sich fragt, inwieweit die Zunahme des Bruttosozialproduktes zum Beispiel 1974 auf Preisänderungen zurückzuführen ist. Dabei bewertet man die Gütermengen des Jahres 1974 einmal mit den Preisen des Basisjahres 1962 und das andere Mal mit den Preisen von 1974. Der Unterschied im Gesamtwert drückt dann die Folge der Preisänderung aus. Zweckmäßigerweise geht man bei diesen Berechnungen so vor, daß man einen bestimmten Warenkorb an Gütern und Dienstleistungen konstant hält und ihn mit verschiedenen Preisen dann bewertet. Man bewertet also die Mengen der Güter und Dienstleistungen, die in den Warenkorb Eingang gefunden haben, einmal mit den Preisen des Basisjahres und mit den Preisen des Berichtsjahres. Wird hieraus ein Quotient gebildet, so erhält man, abgestellt auf das Bruttosozialprodukt, einen Preisindex desselben. Er gibt dann an die prozentuale Änderung des Wertes des Warenkorbes vom Basisjahr bis zum Berichtsjahr, wobei der Wert des Basisjahres gleich 100 gesetzt wird. Für die Bruttosozialprodukte der Jahre 1973 und 1974 ergibt sich, bezogen auf das Basisjahr 1962 = 100, mit dem Warenkorb des jeweiligen Berichtsjahres, daß der Preisindex 1973 = 156,7, 1974 = 166,9 betrug. Anders herum wenn 1973 und 1974 verglichen werden, besagt es, daß 6,5 % der Zunahme des Bruttosozialproduktes auf Preissteigerungen beruhten.

Ohne auf weitere Schwierigkeiten der Indexberechnungen einzugehen, bleibt festzuhalten, daß in der statistischen Praxis Wertgrößen zum Beispiel das Bruttosozialprodukt zu Marktpreisen dadurch bereinigt oder in konstanten Preisen des Basisjahres ausgedrückt wird, indem man diesen durch den betreffenden Preisindex teilt. Zwei Bemerkungen zu den Problemen der Preisindizes seien noch vermerkt

— die Schwierigkeiten, bei der realen Entwicklung den Einfluß von Mengen und Preisen auseinanderzuhalten, z. B. in den Dienstleistungsbereichen und bei Qualitätsänderungen der Güter

— die mögliche starke Abweichung der Mengen- und Preisrelationen des Basisjahres vom Berichtsjahr.

5. Berechnungsarten des Sozialprodukts bzw. des Volkseinkommens [1])

Entstehungsrechnung (Zusammengefaßte Wirtschaftsbereiche)	in Mrd. DM 1972	1973	1974
Land- und Forstwirtschaft, Fischerei	24,8	27,4	28,2
Warenproduzierendes Gewerbe	440,0	484,4	505,0
Handel und Verkehr	150,0	167,9	183,2
Dienstleistungen	130,4	148,6	162,2
Staat, private Haushalte	99,2	113,9	131,0
Summe [2]):	844,4	942,2	1009,6
Bruttoinlandsprodukt zu Marktpreisen	834,6	930,6	997,9
./. Abschreibungen	93,5	103,2	116,5
Nettoinlandsprodukte zu Marktpreisen	741,1	827,4	881,4
./. indirekte Steuern abzüglich Subventionen	101,2	109,9	114,6
Nettoinlandsprodukt zu Faktorkosten	639,9	717,5	766,8
./. Saldo der Erwerbs- und Vermögenseinkommen zwischen Inländern und der übrigen Welt	–	0,3	2,4

Verteilungsrechnung	in Mrd. DM 1972	1973	1974
1. Bruttoeinkommen aus unselbständiger Arbeit	439,2	498,7	547,3
./. Arbeitgeberbeiträge zur Sozialversicherung	57,1	68,4	76,1
./. zusätzliche Sozialaufwendungen der Arbeitgeber	5,8	6,5	7,1
= Bruttolohn und Gehaltssumme	376,3	423,8	464,1
./. Arbeitnehmerbeiträge zur Sozialversicherung	41,4	49,1	54,3
./. Lohnsteuer	48,8	63,5	74,2
= Nettolohn- und Gehaltssumme	286,1	311,2	335,6
+ Zusätzliche Sozialaufwendungen der Arbeitgeber	5,8	6,5	7,1
= Nettoeinkommen aus unselbständiger Arbeit	291,9	317,7	342,7
2. Bruttoeinkommen aus Unternehmertätigkeit und Vermögen	200,7	218,5	217,1
./. Direkte Steuern u. ä. Einnahmen aus Unternehmertätigkeit + Vermögen	39,6	49,7	51,1

Verwendungsrechnung	in Mrd. DM 1972	1973	1974
Privater Verbrauch	450,9	496,8	534,2
Bruttoinvestitionen	221,8	239,6	227,4
Staatsverbrauch	146,5	168,6	195,6
Export — Import (Außenbetrag)	+15,4	+25,3	+38,3
— Export	190,2	226,1	295,6
— Import	174,8	200,8	257,3
Summe = Bruttosozialprodukt zu Marktpreisen	834,6	930,3	995,5
./. Abschreibungen	93,5	103,2	116,5
Nettosozialprodukt zu Marktpreisen	741,1	827,1	879,0
./. indirekte Steuern abzüglich Subventionen	101,2	109,9	114,6

				Nettoeinkommen aus Unternehmertätigkeit und Vermögen	161,1	168,8	166,0				
				davon: — Entnommene Gewinne und Vermögenseinkommen							
				— der privaten Haushalte	142,3	153,9	162,8				
				des Staates	3,2	4,2	2,5				
				— Nichtentnommene Gewinne der Unternehmen	15,6	10,7	0,7				
Volkseinkommen = Nettosozialprodukt zu Faktorkosten	639,9	717,2	764,4	Summe 1 und 2 = Volkseinkommen = Netto-Sozialprodukten zu Faktorkosten	639,9	717,2	764,4	Volkseinkommen = Nettosozialprodukt zu Faktorkosten	639,9	717,2	764,4

1) Zahlen aus „Wirtschaft und Statistik". Hrsg. v. Statistischen Bundesamt, Wiesbaden, Heft 2/75, S. 75 ff. Die Zahlen sind ab- bzw. aufgerundet.

2) Die Summe der Beiträge der Wirtschaftsbereiche zum Bruttoinlandsprodukt in jeweiligen Preisen sind größer als das Bruttoinlandsprodukt insgesamt.
Die Differenz ergibt sich aus unterschiedlichen Buchungen der Umsatz- bzw. Investitionssteuer in der Entstehungs- und Verwendungsrechnung des Sozialprodukts. Deshalb wurde von dem Bruttoinlandsprodukt insgesamt ausgegangen für weiterführenden Rechnungen zum Volkseinkommen.

III. DAS SOZIALPRODUKT ALS WOHLSTANDSINDIKATOR

1. VORBEMERKUNG

Die Entwicklung des Sozialprodukts wird üblicherweise als ein Gradmesser für den Wohlstand eines Landes bzw. einer Gesellschaft herangezogen. In diesem Zusammenhang wird auch auf die Wohlfahrt verwiesen, die eine Gesellschaft besitzt oder nicht. Vom alltäglichen Sprachgebrauch, der nicht notwendigerweise ein wissenschaftlicher zu sein braucht, wird intuitiv der Wohlstandsbegriff mit ökonomischen Tatbeständen identifiziert und der Wohlfahrtsbegriff sowohl auf ökonomischen als auch außerökonomischen Tatbeständen bezogen. Werden die ökonomischen Tatbestände zum Wohlstandsbegriff im Sozialprodukt gesehen, so ist es relativ einfach, wie es meistens geschieht, von einem umfassenden Wohlfahrtsbegriff dies nachhaltig zu kritisieren, obwohl nicht klar wird, welche konkreten ökonomischen, soziologischen und ethischen Komponenten des Wohlfahrtsbegriffs in die Diskussion eingeführt werden. Ein aktuelles Beispiel ist dafür der Wohlfahrtsbegriff der „Lebensqualität". Der Mangel an begrifflicher Klarheit wird hier nicht empfunden, so daß Individuen, Gruppen oder sogar ganze Gesellschaften bedenkenlos ein Mehr oder Weniger an Lebensqualität zu bzw. abgesprochen werden kann. Selbst wirtschaftspolitische und allgemeinpolitische Maßnahmen werden gerechtfertigt durch ihren Bezug auf die „Lebensqualität". Daß eine solche Universalvokabel geradezu dazu einlädt, in der Wirtschaft eine bloße „Selbstzweckmaschinerie" zu sehen, die es abzuschaffen gilt, kann nicht verwundern. Auch wenn auf diesem Wege eine notwendige Voraussetzung jeder Lebensqualität verlorengeht. Stattdessen ist zu fragen, wie das Wirtschaftsleben zu organisieren ist, um den wirtschaftlichen Wohlstand für das Individuum und der Gesellschaft zu heben.

Maßnahmen und Bedingungen aufzuzeigen, unter denen ein Mehr oder Weniger an Wohlstand sichtbar wird, oder Maßnahmen und Bedingungen vorzuschlagen, die ergriffen werden können, um diesen Zustand zu erreichen. Zweckmäßigerweise sollte dabei eine Einteilung gewählt werden, die einerseits sichtbar macht, wie eine Steigerung der Ergiebigkeit bei gegebener Struktur herbeigeführt werden kann, andererseits inwiefern eine Änderung der Struktur selbst infrage kommt, d. h. den Gesamtrahmen der bestehenden Wirtschaftsordnung zu verändern, um eine Steigerung des Wohlstandes zu bewirken. Da beide Aspekte eine unauflösbare Einheit bilden, wäre es unsinnig, einen der Aspekte zu verselbständigen, und zwar heute vornehmlich den zweiten. Unbesehen der Mängel der bestehenden Wirtschaftsordnung war es sicherlich der vergangene Verdienst der Konzeption einer „sozialen Marktwirtschaft" beide Aspekte einzubinden, um für den einzelnen, für die Gesellschaft und deren Entscheidungsträger ein Mehr oder Weniger an Wohlstand bzw. Wohlfahrt zu verdeutlichen, und zwar nicht nur inform eines gestiegenen Sozialprodukts.

Übrig geblieben ist leider ein der progressiven Ausgestaltung harrender Stilgedanke, der seine ethischen und soziologischen Komponenten lediglich in den Erfolgen vergangener Perioden erblickt. Um so bereitwilliger ist man, das durch den Sozialproduktbegriff zugeworfene Halteseil zu ergreifen. Wie zweifelhaft der Aussagegehalt des Sozialprodukts als Wohlstandsindikator selbst ist, mit welchen Mängeln dieser besetzt ist, sollen die folgenden Punkte zeigen.

2. Das Indexproblem

Bei der erwähnten Unterscheidung von nominalem und realem Bruttosozialprodukt wurde, um das reale Bruttosozialprodukt zu errechnen, das nominale durch das jeweilige Preisniveau dividiert. Dieses Verfahren setzte natürlich voraus, daß die Zusammensetzung des Bruttosozialprodukts und die Qualität der Güter und Dienstleistungen konstant gehalten werden mußte. Dagegen steht die Tatsache, daß in einer wachsenden Wirtschaft die Zusammensetzung und Qualität durch Bedarfswandel und technischen Fortschritt laufend ändern. Auch wenn der Warenkorb von Zeit zu Zeit diesem Wandel angepaßt wird, bleibt, daß Preissteigerungen, die aus qualitativen Verbesserungen der Güter resultieren, also eine Wertsteigerung darstellen, durch die Preisbereinigung eliminiert werden. Das heißt das reale Bruttosozialprodukt wird also zu niedrig ausgewiesen, so daß Wohlstandsvergleiche aufgrund dieser Tatsache mit Vorsicht zu interpretieren sind.

3. Das Problem der Abschreibungen

Brutto- und Nettosozialprodukt unterscheiden sich durch die Abschreibungen, die den Verschleiß an Produktionsmitteln während der betreffenden Perioden auffangen. Nun unterliegt aber die gesamte natürliche Umwelt bei der Produktion von Gütern und Dienstleistungen einem Verschleiß. Jede Rohstoffausbeutung bei begrenzten Vorräten bedeutet damit eine Beeinträchtigung zukünftiger Produktionsmöglichkeiten, d. h. des Wohlstandes. Auf der anderen Seite stehen Forschungstätigkeiten mit entsprechenden Aufwendungen, die möglicherweise neue Rohstoffe erschließen, und so als „Ersatzinvestitionen" gelten können, um die Produktionskapazitäten der zukünftigen Wirtschaft zu erhalten. Sicherlich ist eine entsprechende Zuordnung dieser Forschungstätigkeit schwierig, aber das kann nicht heißen, Beziehungen zum Sozialprodukt nicht herzustellen.

4. Das reale Nettosozialprodukt pro Kopf der Bevölkerung

Wird das reale Nettosozialprodukt zu Wohlstandsvergleichen herangezogen, so kann nicht von einer Steigerung gesprochen werden, wenn die Bevölkerung in gleichem Ausmaße mitgewachsen ist. Ein Ausweg bietet sich, das reale Nettosozialprodukt pro Kopf der Bevölkerung zu nehmen. Hierbei würde unberücksichtigt bleiben, daß zum Beispiel die Wohlstandssteigerung durch eine höhere durchschnittliche Arbeitszeit der Erwerbstätigen erkauft worden wäre. Das heißt, es würden sich eine Wohlstandssteigerung im ökonomischen Sinne und eine Wohlfahrtsverminderung im Sinne von weniger Freizeit gegenüberstehen. Zeigt sich hier eine substitutive Beziehung zwischen beiden, die unbedingt bei Wohlstandsvergleichen berücksichtigt werden müßte, so läßt sich auch eine komplementäre Verbindung aufzeigen. Stellt die Ausweitung der Freizeit zweifellos ein Wohlfahrtsgewinn dar, so kann diese Zeit dazu benutzt werden, um ein Mehr an materiellen Gütern und Dienstleistungen zu konsumieren, und damit zu einer Steigerung des Wohlstandes beizutragen. Die Frage, ob zum Beispiel in hochentwickelten Industriegesellschaften dieser Mehrkonsum ein Gewinn darstellt, erscheint fraglich. Andererseits kann diese Freizeit auch dazu benutzt werden, den augenblicklichen Ausbildungsstand zu verbessern. Wird dabei auf eine Verbesserung der Arbeitsqualität abgestellt, so hat dies eine zukünftige Vermehrung des Nettosozialproduktes zur Folge.

Die Betrachtung zwischen Freizeit und Nettosozialprodukt pro Kopf der Bevölkerung sollte aber nicht den Blick dafür trüben, daß das Nettosozialprodukt, auch ein Mehr, erst einmal auch erwirtschaftet (geleistet) werden muß, also eine notwendige Voraussetzung dafür bildet, so paradox es klingen mag, um uns weniger Leistung, d. h. Freizeit, leisten zu können.

5. Die sozialen Kosten

Steigendes Umweltbewußtsein der Bevölkerung hat die Frage der sozialen Kosten in den Vordergrund gerückt, wobei hier jene Kosten gemeint sind, für die die verursachende Unternehmung bzw. der private Haushalt die Kosten selbst nicht zu tragen hat, d. h. wo volkswirtschaftliche und privatwirtschaftliche Kosten auseinanderfallen. Im Gegensatz zu allen anderen Kosten geschieht bei sozialen Kosten keine Subtraktion vom Bruttosozialprodukt. Inwieweit diese sozialen Kosten endogenisiert werden können, ist offen, da eine Quantifizierung und eine Bewertung zu Marktpreisen notwendig wären. Für die Luftverschmutzung wäre zum Beispiel folgende Frage zu beantworten:

Wieviel wäre ein Konsument bereit für einen Kubikmeter saubere Luft zu bezahlen im Verhältnis zu anderen am Markt gehandelten Gütern, vorausgesetzt natürlich, er könne saubere Luft am Markt kaufen? Oder aber, das wäre eine andere Möglichkeit, die Produktion wird mit Indikatoren in Bezug auf die sozialen Kosten versehen, wo es möglich ist, so daß der Wachstumsprozeß unter diesen restriktiven Bedingungen abläuft.

Bei der Interpretation des Sozialproduktes ohne Berücksichtigung der sozialen Kosten können diese negativen Begleiterscheinungen sogar als positiver Beitrag zum Bruttosozialprodukt gewertet werden. Paradebeispiel hierfür sind die Verkehrsunfälle: Behandlungskosten, Reparaturkosten, Neukauf von Fahrzeugen sind „neues“ Bruttosozialprodukt und damit Bestandteil einer „Wohlstandsmehrung“, d. h. der statistische Indikator kann durchaus noch eine „Wohlstandsvermehrung“ anzeigen, obwohl bereits steigende soziale Kosten den Wohlstand bzw. Wohlfahrt beeinträchtigen.

6. Die öffentlichen Güter

Öffentliche Güter wie Gesundheits-, Bildungswesen, Verteidigung etc. werden in der Sozialproduktstatistik als Endnachfrage behandelt, d. h. als Verbrauch der Haushalte. Zu überlegen wäre, ob eine Aufspaltung auf den Haushalts- bzw. Produktionssektor nicht sinnvoller wäre. Denn gewisse öffentliche Leistungen könnten als Vorleistung für den Produktionsprozeß betrachtet werden, d. h. als Kosten, die dann in einer Verminderung des Bruttosozialproduktes ihren Niederschlag finden würden. Dies würde auch dem Nettoprinzip in der Wertschöpfungsrechnung adäquat sein, das durch diese obengenannte Handhabung durchbrochen wird und somit in der Statistik doppelt eingeht. Nicht nur die Doppelzählung, sondern auch die Bewertung der öffentlichen Güter wirft bisher ungelöste Probleme auf, da für diese Güter kein Marktwert existiert. Sie werden daher zu den Kosten der Produktion bewertet, ohne Rücksicht auf Wertstrukturänderung und Qualität der Leistung. Damit wird die Homogenität der Sozialproduktstatistik z. B. in der Verwendungsrechnung durchbrochen, einerseits werden Marktpreise in Ansatz gebracht, andererseits Faktorkosten.

Versuche, für öffentliche Güter Marktpreise zu finden, werden wohl kaum erfolgreich sein. Eine Ergänzung der bisherigen Rechnung durch gesellschaftliche Kennzahlen für den öffentlichen Sektor erscheint deshalb sinnvoll. Dies würde bedeuten, die Qualität und Quantität zum Beispiel des Gesundheitswesens durch bestimmte Quoten durchsichtiger zu machen, es ist dabei gedacht an Ärztedichte, Krankenhausbetten pro 1000 Einwohner etc. Aber auch hier bleibt das Problem der Effizienzmessung erhalten.

Noch problematischer ist die Umrechnung der nominalen Reihen des Beitrages des öffentlichen Sektors in reale Reihen, da hier Lohnsteigerungen, die in anderen Bereichen durch Produktivitätssteigerungen zum Teil aufgefangen werden, für die Realrechnung voll als Preissteigerungen deklariert werden. Damit sind die realen Zuwachsraten des Bruttosozialproduktes im Ausmaß des Beitrages des öffentlichen Sektors mit einigen Fragezeichen zu versehen.

Bezogen sich die angeführten Punkte auf Erfassungs-, Abgrenzungs- und Bewertungsfragen, die bei der Interpretation des Sozialproduktes als Wohlstandsindikator Berücksichtigung finden sollten, so trifft trotz dieser Mängel als Indikator die Alternative richtig oder falsch für die Sozialproduktrechnung nicht zu, sondern sie ist lediglich eine Zweckmäßigkeitsfrage, wie man die produzierten Waren und Dienstleistungen einer vergangenen Periode bestmöglich erfassen kann. Dabei sind Verbesserungen nicht ausgeschlossen. Wird diese Zweckmäßigkeitsfrage unter einer anderen Perspektive betrachtet, sei es die des Wohlstandes oder der Wohlfahrt, so sind ergänzende Daten mit heranzuziehen. Die Grundlage und notwendige Voraussetzung jedes Wohlstands- oder Wohlfahrtsbegriffs bilden dabei die Leistungen, die in den erwirtschafteten „Güterberg" eingegangen sind, wie mangelhaft dieser bis jetzt auch erfaßt wird. Letztendlich spiegeln sich in dem Sozialprodukt die oben erwähnten zwei Aspekte wieder, die beide eng zusammenhängen und somit Anlaß geben, über Maßnahmen und Bedingungen bei gegebener oder veränderter Struktur nachzudenken, was nicht Gegenstand dieses Beitrages sein kann.

IV. ZUSAMMENFASSUNG

1. Die Berechnung des Sozialproduktes kann nach drei Aspekten vorgenommen werden:
   a) nach der Entstehungsseite
   b) nach der Verteilungsseite
   c) nach der Verwendungsseite.
2. In der Entstehungsrechnung wurde das Grundprinzip der Sozialproduktrechnung dargestellt, nämlich das net-value-added-Prinzip. Sie zeigt, welchen Beitrag (Wertschöpfung) die einzelnen Wirtschaftsbereiche zum Sozialprodukt geleistet haben.
3. Die Verteilungsrechnung zielt ab auf die Verteilung des Volkseinkommens auf verschiedene Personengruppen und Einkommensarten.
4. Die Verwendungsrechnung zeigt, wer den erwirtschafteten Güterberg beansprucht und wie dieser verwendet wurde.
5. Je nach Aspekt können diese Rechnungen Anhaltspunkte für Maßnahmen der Wirtschaftspolitik geben.
6. Die Interpretation des Sozialproduktes als Wohlstandsindikator stößt auf zweierlei Schwierigkeiten:
   a) mangelhafte Erfassung und Bewertung der produzierten Leistungen,
   b) unklare Vorstellungen von Wohlstand bzw. Wohlfahrt.
7. Trotz dieser mangelhaften Erfassung bildet das Sozialprodukt die notwendige Grundlage jedes Wohlstands- bzw. Wohlfahrtsbegriffes.

V. KONTROLLFRAGEN

1. Was versteht man unter Brutto- bzw. Nettoproduktionswert einer Unternehmung und wie lassen sich daraus Brutto- bzw. Nettowertschöpfung ableiten?
2. In der marxistischen Interpretation schöpft lediglich der Faktor Arbeit „Werte“. Betrachten Sie die Brutto- bzw. Nettowertschöpfung einer Unternehmung und diskutieren Sie diese obengenannte Aussage.
3. Stellen Sie anhand einer Entstehungsrechnung einen Vergleich zwischen hochentwickelten und unterentwickelten Ländern an und

interpretieren Sie die unterschiedliche Bedeutung verschiedener Wirtschaftsbereiche.

4. Berechnen Sie Lohn- bzw. Gewinnquoten verschiedener Jahre und stellen Sie die Entwicklung der Brutto- und Nettogrößen gegenüber. Welche Entwicklung zeigt sich dabei?

5. Stellen Sie den Maßnahmenkatalog des Stabilitäts- und Wachstumsgesetzes zusammen, der die verschiedenen Verwendungskomponenten des Sozialproduktes treffen könnte.

6. Wird das Sozialprodukt als Zielgröße für das Wachstum einer Volkswirtschaft genommen, welche Bedenken sind aufgrund der Erfassung des Sozialproduktes anzumelden auch in Verbindung mit dem „materiellen Wohlstand"?

VI. LITERATURHINWEISE

Schneider, Erich, Einführung in die Wirtschaftstheorie, I. Teil, Theorie des Wirtschaftskreislaufes, Tübingen 1963

Stobbe, Alfred, Volkswirtschaftliches Rechnungswesen, Berlin 1966

Paulsen, Andreas, Allgemeine Volkswirtschaftslehre Bd. I, Grundlegung, Wirtschaftskreislauf, Berlin 1968

Hicks, J. R., Einführung in die Volkswirtschaftslehre, Hamburg

Handwörterbuch der Sozialwissenschaften:
Stichworte: „Sozialprodukt", Bd. 9
„Volkseinkommen", Bd. 11
„Volkseinkommensstatistik" Bd. 11

Molitor, Regina (Hrsg.), Kontaktstudium, Ökonomie und Gesellschaft, Frankfurt/M. 1972
darin die Beiträge von:
Schröder, Dieter: Wachstum – Quantität und Qualität?
Külp, Bernhard: Argumente gegen den Indikator Sozialprodukt
Drost, Helmar: Soziale Indikatoren und Qualität des Lebens.

Otto Vogel

Ziele, Träger und Instrumente der Wirtschaftspolitik

INHALT

I. DIE ZIELE DER KONJUNKTURPOLITIK

1. Die ordnungspolitische Aufgabe der Konjunkturpolitik

Haupt- und Grundziel jeder Konjunkturpolitik (in der modernen ökonomischen Fachsprache auch „Prozeßpolitik“ genannt) ist die Einebnung jener konjunkturellen (zyklischen) Schwankungen, wie sie in marktwirtschaftlichen Ordnungen mit weitgehend dezentralisierten, marktorientierten Entscheidungsprozessen mehr oder weniger stark auftreten. Diese konjunkturellen Schwankungen, deren wesentliches Charakteristikum die Schwankungen des privaten Investitionsvolumens sind, können – wie die historische Erfahrung zeigt – infolge zeitweise fehlender Auslastung der Produktionsfaktoren (Arbeitskräfte und Sachkapital) zu fühlbaren ökonomischen Verlusten führen. Wesentlicher für die Wert- und Zielorientierung als diese in der Nachkriegszeit für die Bundesrepublik seltene Erscheinung bedeutender ökonomischer Verluste ist jedoch die soziale und gesellschaftspolitische Komponente einer aktiven Konjunkturpolitik. Erhebliche konjunkturbedingte Schwankungen des Beschäftigungsgrades sind sozial- und gesellschaftspolitisch ebenso bedenklich wie eine übermäßige Verminderung des Geldwertes. Die große ordnungs- und gesellschaftspolitische Aufgabe einer konjunkturelle Schwankungen begrenzenden Konjunkturpolitik wird damit deutlich: nämlich die, ein durch dezentralisierte marktorientierte Entscheidung und infolgedessen hohe Freiheitsspielräume charakterisiertes Wirtschaftssystem gesellschaftspolitisch abzusichern. Konjunkturpolitik heißt also, einen unter humanen, sozialen und gesellschaftspolitischen Gesichtspunkten akzeptablen Wirtschaftsablauf zu gewährleisten.

2. Die konjunkturpolitischen Einzelziele im Überblick

Die konjunkturpolitische Praxis muß sich, wenn auch dieser übergeordneten Zielsetzung eingedenk, an konjunkturpolitischen Einzelzielen orientieren. Als Ergebnis der geschichtlichen Erfahrung und der wirtschaftswissenschaftlichen Problembehandlung wird die Konjunkturpolitik heute an vier großen Einzelzielen orientiert, die im Gesamtzusammenhang des konjunkturellen Prozesses allerdings eng miteinander verflochten sind: Geldwertstabilität, Vollbeschäftigung oder besser hoher Beschäftigungsstand, außenwirtschaftliches Gleichgewicht und angemessenes Wirtschaftswachstum. Im berühmten § 1 des ebenso berühmten „Gesetzes zur Förderung der Stabilität und des Wachstums der Wirtschaft“ vom 8. 6. 1967, das in der Regierungszeit der Großen Koalition als „modernstes konjunkturpolitisches Gesetz der Welt“ angesehen und verabschiedet wurde, haben diese vier Ziele der Konjunkturpolitik auch ihre gesetzliche Verankerung erfahren. Sie sind damit für die amtliche Konjunkturpolitik der Bundesregierung rechtsverbindlich geworden.

So klar die Rechtsverbindlichkeit dieser Ziele ist, so wandelbar ist ihre inhaltliche Bestimmung. In einer modernen, dynamischen Wirtschaft kann es für die drei klassischen Ziele Geldwertstabilität, Vollbeschäftigung und außenwirtschaftliches Gleichgewicht kein „Null-Postulat“ geben. Bei einer ausschließlich verbal-theoretischen Definition wäre nämlich Geldwertstabilität oder wie es im Gesetz heißt: „Stabilität des Preisniveaus“ mit einem konstanten Preisniveau identisch. Die statistisch gemessene Preisniveaustabilität würde eine Steigerungsrate des Preisniveaus, die schon aus strukturellen Gründen (Zunahme des Dienstleistungssektors) in einer modernen Volkswirtschaft unvermeidbar ist, nicht zulassen. Auch Vollbeschäftigung kann nicht die Abwesenheit von Arbeitslosigkeit überhaupt bedeuten, da es zumindest einen Bodensatz an struktureller Arbeitslosigkeit der verschiedensten Art (in strukturschwachen Regionen, Branchen sowie bestimmten Altersgruppen der Beschäftigten) immer gibt. Auch das außenwirtschaftliche Gleichgewicht ist nicht einfach mit einer ausgeglichenen Zahlungsbilanz, also einem Zahlungsbilanzüberschuß bzw. -defizit von Null zu definieren. Ein solches Maß an Zielgenauigkeit ist auch nicht sehr realistisch. Hinsichtlich des stetigen und angemessenen Wirtschaftswachstums ist – trotz aller modischen Diskussionen um das Null-Wachstum – ohnehin klar, daß nur eine positive reale Wachstumsrate gemeint sein kann.

Die Konjunkturpolitik kann ihre quantitativen Ziele, sofern sie politisch operationale Größen sein sollen, überhaupt nur unter Berücksichtigung der wirtschaftlichen Ausgangslage im In- und Ausland sowie der sich abzeichnenden konjunkturellen Tendenzen festlegen. Andernfalls verliert sie den Boden unter den Füßen. Die Maßstäbe für die Definition der wirtschaftspolitischen Ziele müssen infolgedessen außerordentlich schwanken. Dies gilt sowohl für die jährlichen als auch die mittelfristigen, für einen Zeitraum von 5 Jahren festzulegenden Zielvorstellungen.

Am deutlichsten schwanken die Maßstäbe für die *Geldwertstabilität.* Im Rezessionsjahr 1967 definierte die Bundesregierung für den Zeitraum von 1967 bis 71 Preisniveaustabilität noch als Steigerungsrate des gesamtwirtschaftlichen Preisniveaus, also des Preisindex des Sozialprodukts, von 1 Prozent. Für den Zeitraum 1974 bis 76, ohne das inflatorische Rekordjahr 1973, dagegen von 3 bis 4 Prozent. Auf Jahresbasis und auf das Verbraucherpreisniveau bezogen, sind die Veränderungen bezüglich dessen, was als stabilitätskonform angesehen werden kann, noch gravierender. Für 1968 waren 2,5 Prozent Verbrauchssteigerungen noch als stabilitätskonformes Ziel genannt worden, für 1973 dagegen schon 5,5 bis 6 Prozent.

Die unter dem Druck der tatsächlichen Gegebenheiten fortschreitende Relativierung des Zieles der Geldwertstabilität kommt in diesen Zahlen deutlich zum Ausdruck. Die Chancen für einen hohen Grad an Geldwertstabilität werden also wesentlich ungünstiger eingeschätzt als noch vor wenigen Jahren.

Kaum verändert haben sich dagegen die Formulierungen für die übrigen drei Ziele: das *Beschäftigungsniveau*, das *außenwirtschaftliche Gleichgewicht* und das *angemessene Wirtschaftswachstum.* In Anpassung an die glänzende Entwicklung der Beschäftigung in der Nachkriegszeit wird in der Bundesrepublik als *hoher Beschäftigungsstand* eine durchschnittliche Arbeitslosenquote (Anteil der Arbeitslosen an der Zahl der abhängigen Erwerbspersonen) von 0,8 bis 1,2 Prozent angesehen (für 1973 allein: 1 Prozent). Dies ist nicht nur ein Niveau, das weit über dem internationalen Standard liegt, sondern auch gegenüber der Vor- und frühen Nachkriegszeit entscheidend absticht. Noch zu Beginn der fünfziger Jahre galt eine Arbeitslosenquote von 5 Prozent international als Vollbeschäftigungsstandard. Fraglich ist allerdings, ob die Arbeitslosenquote in Ländern mit hohem Gastarbeiterbestand wie der Bundesrepublik (gegenwärtig rd. 10 Prozent der Gesamtbeschäftigten) allein überhaupt noch aussagekräftig ist. Dies gilt um so mehr, als die Zahl der offenen Stellen in der Bundesrepublik selbst in konjunkturschwachen Zeiten die Arbeitslosenzahl beträchtlich übersteigt.

Das *außenwirtschaftliche Gleichgewicht,* was ungefähr mit Zahlungsbilanzgleichgewicht (Deviseneinnahmen = Devisenausgaben) gleichzusetzen ist, wird als Anteil des Außenbeitrages (Überschuß des Waren- und Dienstleistungsexports gegenüber den entsprechenden Importen) am Bruttosozialprodukt mit 1,5 bis 2 Prozent angesetzt. Bezogen auf das Jahr 1973 macht das einen absoluten Betrag von rd. 14 Mrd. DM aus.

Daraus müssen die Übertragungen ans Ausland (z. B. Gastarbeiterüberweisungen) und der Kapitalexport finanziert werden. Die große politische Bedeutung des außenwirtschaftlichen Gleichgewichts besteht darin, daß es die Unabhängigkeit der inneren Wirtschafts- und Konjunkturpolitik sichert. Ein Land mit Zahlungsbilanzdefiziten (Deviseneinnahmen geringer als Devisenausgaben) muß eine Austeritypolitik („Gürtel enger schnallen“) betreiben, was den ungestörten Wachstumsprozeß unterbricht („Englische Krankheit“). Ein Zahlungsbilanzüberschuß (Deviseneinnahmen sind größer als Devisenausgaben) hat im Vergleich dazu eine ebenfalls unangenehme Eigenschaft, nämlich die, zur sogenannten „importierten Inflation“ zu führen.

Das Ziel des *„stetigen“ und „angemessenen“ wirtschaftlichen Wachstums* ist ein Kind der über alle Maßen günstigen Wirtschaftsentwicklung der Nachkriegsjahre. Die Erfahrungen ungewohnt hoher realer Wachstumsraten des Sozialprodukts und die damit verbundenen Wirkungen (kräftige private Wohlstandssteigerung, hohe Staatsausgaben für die verschiedensten Staatszwecke) haben dazu geführt, aus einer Resultante des Wirtschaftsprozesses eine quantifizierte Zielnorm zu machen. Als angemessenes Wirtschaftswachstum wird unter den Bedingungen der Bundesrepublik heute eine jahresdurchschnittliche, also von den Unregelmäßigkeiten des Konjunkturverlaufs bereinigte reale Wachstumsrate von 4 bis 4,5 Prozent angesehen. Vom (eher sinkenden) Arbeitsvolumen sind keine positiven Wachstumsimpulse mehr zu erwarten. Das genannte Wachstum ist somit nur durch entsprechende Erhöhung der Arbeitsproduktivität zu erreichen. Dies erfordert wiederum eine verstärkte Kapitalintensität (erhöhte Kapitalaufwendungen je Arbeitskraft) und – zum Teil damit im Zusammenhang stehend – erhöhten (vor allem arbeitsparenden) technischen Fortschritt. Nur so kann bei rückläufigem Arbeitsangebot trotz Zunahme arbeitsintensiver Dienstleistungsbereiche und zunehmender wachstumshemmender Faktoren (z. B. erhöhte Aufwendungen für Umweltschutz) eine so ansehnliche Wachstumsrate als realistisch angesehen werden. Da sie als Ergebnis einer Vielzahl von Faktoren anzusehen ist, kann sie wirtschaftspolitisch zwar angestrebt, jedoch nicht einfach „gemacht“ werden. Der Ausdruck Wachstumsspielraum gibt diesen Tatbestand richtiger wieder. Wachstumspolitik heißt daher, kontinuierlich die wichtigsten Bestimmungsgründe des Wirtschaftswachstums zu beeinflussen (Investitionsquote, Arbeitsproduktivität und -moral, Auswertungsgrad des technischen Wissens, Förderung der Produktion von neuem wissenschaftlich-technischen Know-how).

3. Die Rangordnung der Ziele

Der Gesetzgeber hat im Stabilitäts- und Wachstumsgesetz die vier konjunkturpolitischen Ziele als gleichrangig nebeneinander gestellt. Er hat damit eine Wertung vorgenommen, die eher wissenschaftlichen und ethischen als politischen Maßstäben gerecht wird. In der politischen Alltagspraxis wird infolgedessen das Prinzip der Gleichrangigkeit permanent verletzt. Dabei sind zumeist politische oder sogar parteipolitische Opportunitätserwägungen im Spiel. Die sogenannte „Vollbeschäftigungsgarantie“ in Zeiten äußerster Arbeitskräfteknappheit, wie sie die Bundesregierung selbst im Angesicht hoher Geldentwertungsraten ausgesprochen hat, ist dafür ein markantes Beispiel. Das gleiche gilt auch für Bemerkungen wie „5 Prozent Inflation ist besser als 5 Prozent Arbeitslosigkeit“ (Helmut Schmidt). Es wäre jedoch falsch, in solchen Darstellungen nur politische Opportunität zu sehen. Sie dürfte zwar im Vordergrund stehen. Dennoch ist zu vermuten, daß sich dahinter auch Unterschiede in den wirtschaftspolitischen Ziel- und Wertvorstellungen der verschiedenen politischen Gruppierungen verbergen. Hinzu kommt, daß in der praktischen Beurteilung der konjunkturellen Lage ein gewisser Interpretations- und Ermessensspielraum besteht, der verschieden genutzt werden kann. Verordnete und praktizierte Gleichrangigkeit in der konjunkturpolitischen Zielverwirklichung, Gesetzesvorschrift und realpolitische Wirklichkeit, können somit – für allerdings nur begrenzte Zeiträume – voneinander abweichen.

Das Postulat der Gleichrangigkeit ist mehr ein Produkt der Einsicht in ökonomische Zusammenhänge als politisch-ethischer Grundsatzüberlegungen. Es dominiert die volkswirtschaftliche Erkenntnis, daß alle vier Ziele in einem angemessenen Verhältnis zueinander stehen müssen, wenn jedes einzelne von ihnen eine echte und dauerhafte Chance der Verwirklichung haben soll. Konkreter ausgedrückt: der Verlust oder auch die Übererfüllung eines der Ziele löst ökonomische Prozesse aus, in deren Verlauf auch die übrigen gefährdet werden oder sogar verlorengehen können. Eine inflatorische Entwicklung z. B. kann einen konjunkturellen Rückgang einleiten oder ihn so verschärfen, daß es zu Beschäftigungsrückgang und Wachstumsverlusten kommt. Das gleiche Ergebnis kann im Umweg über Zahlungsbilanzkrisen zustande kommen. Oder aber: Überbeschäftigung, das dauernde Übersteigen des Arbeitsplatzangebotes im Verhältnis zum Arbeitskräftepotential kann inflatorische Prozesse und Zahlungsbilanzprobleme auslösen, die im Rückkoppelungseffekt auch wieder auf den Beschäftigungsstand negativ zurückschlagen können.

Resultiert die Gleichrangigkeit der Ziele vor allem aus den ökonomischen Sachgegebenheiten, so bedeutet dies jedoch nicht, daß nicht auch politisch-ethische Komponenten im Spiele sind. Hinter den großen konjunkturpolitischen Zielen verbergen sich nämlich politisch-ethische Postulate, deren Verwirklichung in fast gleichem Maße von überwirtschaftlicher Bedeutung ist. Geldwertstabilität und hoher Beschäftigungsstand sind ökonomische Synonyme für soziale Gerechtigkeit (gerechte Einkommens- und Vermögensverteilung, Recht auf Arbeit und Selbstverwirklichung); wirtschaftliches Wachstum steht für Wohlstand und Fortschritt; außenwirtschaftliches Gleichgewicht, das ökonomischste der vier Ziele, schließt immerhin noch Werte wie Gerechtigkeit in den ökonomischen Beziehungen zwischen Staaten und nationale Souveränität ein. Wenn darüber hinaus, wie es im § 1 auch steht, diese Ziele im Rahmen einer marktwirtschaftlichen Ordnung erreicht werden sollen, kommen auch noch Werte wie Freiheit und Effizienz ins Spiel.

4. Typische Zielkonflikte im „magischen Viereck"

Die praktische Wirtschaftspolitik ist jedoch nicht nur durch den Konflikt zwischen verordneter und praktizierter Gleichrangigkeit der vier konjunkturpolitischen Ziele bestimmt. Noch stärker steht sie vor dem Problem, daß die Ziele nach § 1 nicht nur „gleichrangig" sind, sondern auch „gleichzeitig" verwirklicht werden sollen. Daraus aber ergibt sich jenes Dilemma, daß in der wirtschaftspolitischen Situation als „magisches Viereck" bezeichnet wird. Es besagt, daß die als gleichrangig angesehenen Ziele – zumindest kurzfristig – untereinander so in Konflikt stehen können, daß sie nicht gleichzeitig in befriedigender Weise verwirklicht werden können.

Die Zielkonflikte zwischen den vier Zielen können zahlreich und vielgestaltig sein. An dieser Stelle sollen nur die sozusagen „klassischen Konfliktsituationen" herausgestellt werden.

a) Vollbeschäftigung kontra Stabilität

Am berühmtesten in der Geschichte der Wirtschafts- und Konjunkturpolitik ist der Zielkonflikt zwischen Vollbeschäftigung und Stabilität. Je knapper die Arbeitskraft aus strukturellen (z. B. Bevölkerungsstruktur, längere Ausbildungszeiten etc.) oder konjunkturellen Gründen (Konjunkturaufschwung) ist, um so stärker ist die Macht der Arbeitnehmerorganisationen, Tariflohnerhöhungen durchzusetzen, die über den gesamtwirtschaftlichen Produktivitätsfortschritt hinausgehen. Verstärkt wird diese Tendenz noch dadurch, daß die Arbeitgeber im Wettbewerb um die knappen Arbeitskräfte und zur Aufrechterhaltung leistungsbedingter innerbetrieblicher Lohnstruktur-Relationen Effektivlohnsteigerungen hinnehmen müssen. Ein sowohl vom Kosten- als auch vom Verbraucher-Nachfrageniveau her gegebener Druck auf Erhöhung des Preisniveaus ist die Folge. Dies gilt um so mehr, als in der Regel in intensiven Konjunkturphasen auch das Gesamtniveau der privaten Nachfrage (Export, privater Verbrauch, private Investitionen) und – entgegen aller Regel antizyklischer Konjunkturpolitik oft auch der Staatsnachfrage – zu hoch ist. Da es aber keine Regel ohne Ausnahme gibt, soll vermerkt werden, daß auch in Phasen schwacher Konjunktur oder Stagflation (Wachstumsstagnation mit Preisniveausteigerung) Lohnerhöhungen möglich sind, die über die Produktivität hinausgehen können und vom Lohnkostendruck her trotz schwacher Nachfrage und „normaler", ja sogar relativ hoher Arbeitslosigkeit das Preisniveau nach oben drücken können (z. B. USA, Großbritannien). Starke Gewerkschaften bei sehr differenzierter Arbeitnehmerschaft (hoher Anteil ungenügend ausgebildeter Arbeitskräfte) und ungünstiger räumlicher Wirtschaftsstruktur (industrialisierte Räume mit Arbeitskräfteknappheit koexistieren mit wirtschaftsschwachen Räumen) sind dafür wesentliche Voraussetzungen.

b) Stabilität und außenwirtschaftliches Gleichgewicht

Ein hoher Grad an innerer Stabilität harmonisiert prinzipiell mit einem hohen Grad an außenwirtschaftlichem Gleichgewicht. Denn ein hohes Maß an innerer Preisniveaustabilität fördert die Exportfähigkeit und vermeidet eine Übernachfrage nach Importen. Die Handelsbilanz tendiert zum Ausgleich oder gar zum Überschuß, was für den Ausgleich auch der gesamten Zahlungsbilanz eine wichtige, wenn auch nicht unter allen Umständen ausreichende Voraussetzung ist. In einer inflationären Umwelt kann schon ein relatives, von der Zielsetzung der Geldwertstabilität her an sich unbefriedigendes Maß an innerer Stabilität zu dauerhaften „fundamentalen Zahlungsbilanzüberschüssen" führen. Die Fachwelt spricht dann von dem Phänomen der „importierten Inflation", das seit Ende der fünfziger Jahre immer wieder ein grundlegendes Problem der Konjunkturpolitik der Bundesrepublik war und zu den verschiedenen Aufwertungswellen der Deutschen Mark (1961; 1968/69; 1971/73) geführt hat. Importierte Inflation heißt, daß durch übermäßige Auslandsnachfrage (Exportsog), Devisenzuflüsse (= innere Geldvermehrung) oder steigende Importpreise (Rohstoffe, aber auch Fertigwaren) und Exportpreise (zunehmender Gewinn im Export) das innere Preisniveau nach oben gedrückt wird. In der Praxis ist jedoch die importierte Inflation mit hausgemachter (innerer) Inflation gemischt.

Eine für die Bundesrepublik bisher unbekannte Erscheinung ist dagegen die eigentlich klassische Variante des Zielkonflikts zwischen innerer Stabilität und außenwirtschaftlichem Gleichgewicht, nämlich die, daß der Verlust der Geldwertstabilität auch zum Verlust des außenwirtschaftlichen Gleichgewichts, also zu Handels- und Zahlungsbilanzdefiziten und damit zum Verlust von Währungsreserven führt. Länder, die sich zu lange eine über dem internationalen Durchschnitt liegende Inflationsrate leisten, geraten über den Verlust ihrer internationalen Wettbewerbsfähigkeit, was einen Importsog bei nachlassender Exportkraft herbeiführt, mehr oder weniger zwangsläufig in diese Situation. Sie müssen zu internationalen Krediten Zuflucht nehmen, um die eigene Währung zu stützen, ohne jedoch auf die Dauer zumeist eine Abwertung der eigenen Währung vermeiden zu können. International überdurchschnittliche Inflationsraten eines Landes führen, wie die Beispiele Großbritanniens, Frankreichs und Italiens gezeigt haben, zum Verlust des außenwirtschaftlichen Gleichgewichts und zur Aufweichung der eigenen Währungsparitäten.

c) „Stabilisierungskrise" als Konfliktsituation im magischen Viereck

Eine Darstellung der Zielkonflikte muß auch die Rückkoppelungseffekte berücksichtigen, die mit der Wiedergewinnung verlorengegangener Ziele verbunden sein können. Der bekannteste Rückkoppelungseffekt dieser Art läßt sich mit dem Begriff der sogenannten Stabilisierungskrise umschreiben. Sie ist immer dann eine reale Gefahr, wenn es bei dem Versuch, verlorengegangene Geldwertstabilität zurückzugewinnen bzw. ein Zahlungsbilanzdefizit zu beseitigen, zu einer Überreaktion der Wirtschaftssubjekte kommt, indem sie ihre Investitionen und ihren Verbrauch übermäßig drosseln und einen Nachfragezusammenbruch herbeiführen. Die Stabilisierung des Preisniveaus und die Rückgewinnung einer ausgeglichenen Zahlungsbilanz muß dann mit Wachstumseinbußen, möglicherweise auch Unterbeschäftigung, bezahlt werden. Die Gefahr der Stabilisierungskrise wächst mit dem Grad der Entfernung vom Gleichgewicht und dem riskanten Einsatz der verfügbaren wirtschaftspolitischen Mittel.

d) Wachstum und Stabilität – Gegner oder Alliierte?

In der konjunkturpolitischen Diskussion tauchen oft Begriffe auf wie „Stabilitätsfanatiker" und „Wachstumsfetischisten". Sie stehen für extreme Verhaltensweisen, wie sie mit „Stabilität um jeden Preis" und „Wachstum um jeden Preis" umschrieben werden können. Diese Begriffsbildungen suggerieren, daß es lediglich eines Wachstumsverzichts bedürfe, um mehr Stabilität zu erlangen oder umgekehrt, daß eine leichte Inflation das Wachstum fördern würde. Solche Theorien lassen sich als dynamische Konflikttheorien bezeichnen. Sie können jedoch nur einen relativen Wahrheitsgehalt für sich in Anspruch nehmen. Sie sind nämlich nur kurzfristig richtig. Ein Inflationsstoß kann in der Tat kurzfristig die Investitions- und damit die Wachstumsrate steigern. Haben sich jedoch alle Wirtschaftssubjekte an das erhöhte Inflationsniveau gewöhnt, bleiben die Wachstumsimpulse aus (inflationäres Gleichgewicht). Es bedarf schon neuer und wiederholter inflatorischer Anstöße, um die Wachstumsrate dauerhaft zu stimulieren, was jedoch von einem bestimmten Punkt an Maßnahmen zur Inflationsbekämpfung mit der Gefahr einer nachfolgenden Stabilisierungskrise auslösen muß.

Eine inflatorische Überforderung der Wachstumsspielräume kann allenfalls kurzfristig zu realen Wachstumsgewinnen führen, die jedoch zumeist später wieder verlorengehen. Auf der anderen Seite muß man sich vor dem Trugschluß hüten, als könnte durch Verzicht auf echte reale Wachstumsmöglichkeiten ein Beitrag zur Inflationsbekämpfung geleistet werden. Der Verzicht auf echtes reales Wachstum bedeutet letzten Endes den Verzicht auf ein höheres Güter- und Leistungsangebot und sogar – durch mangelnde Auslastung der Produktionsfaktoren und Fortschrittskomponenten – auch eine kostenungünstigere Erstellung des realen Sozialprodukts. Wenn einer mäßigen Nachfrage ein, gemessen an den realen Möglichkeiten geringes und dazu teures Angebot gegenübersteht, erweist sich der Versuch, durch Nachfrage- und Wachstumsdrosselung ein höheres Maß an Stabilität zu erreichen, als Bumerang. Die Inflationsrate ist möglicherweise die gleiche, nur die Wachstumsrate und der Beschäftigungsstand sind niedriger.

Auf die Dauer gesehen ist sowohl vom Stabilitäts- wie vom Wachstumsaspekt aus eine Nachfragesteuerung wünschenswert, welche die vorgegebenen echten realen Wachstumsmöglichkeiten gerade ausschöpft. Die Überbeanspruchung des Wachstumsspielraumes muß mit Inflation bezahlt werden, ohne nachhaltigen Wachstumsgewinn. Aber auch die Unterauslastung des echten realen Wachstumsspielraumes bringt nicht mehr Stabilität, sondern nur weniger reales Wachstum und Beschäftigung. Die optimale gleichgewichtige Wachstumsrate ist auf die Dauer auch die stabilitätsgerechte Wachstumsrate. So verstanden, sind Wachstum und Stabilität eher Verbündete als Gegner.

5. Strategische Möglichkeiten der Konfliktlösung

Die Konjunkturpolitik steht angesichts der vielgestaltigen Zielkonflikte vor dem grundsätzlichen Dilemma, nicht allen ihren Zielen gleichzeitig und schon gar nicht gleichmäßig Rechnung tragen zu können. Sie muß mit der Möglichkeit rechnen, daß die bessere Erfüllung des einen Zieles zu Lasten der anderen konkurrierenden Ziele gehen kann. So können die gegenwärtigen Bemühungen um Rückgewinnung einer wenigstens relativen Geldwertstabilität in eine Stabilisierungskrise münden, was zu Lasten des angestrebten Wachstums- und Beschäftigungszieles gehen kann. Konfrontiert mit dieser Konfliktsituation können zwei alternative Strategien der Konfliktlösung angestrebt werden: Die Konzentration auf das kurzfristig am stärksten gefährdete Ziel innerhalb des Zielbündels oder aber eine auf mittelfristige Sicht gleichmäßige Verfolgung aller vier Ziele.

a) Konzentration auf das gefährdetste Ziel

Die erste Strategie läßt sich, obwohl sie angefochten und angezweifelt ist und gegen sie in der politischen Praxis oft verstoßen wird, als die heute immer noch gültige amtliche Philosophie ansehen. Sie wird auch den Intentionen des Stabilitäts- und Wachstumsgesetzes, das in seinem Instrumentarium auf das kurzfristige antizyklische Gegensteuern der Gesamtnachfrage („Globalsteuerung" auf der Grundlage der Theorie des britischen Nationalökonomen John Maynard Keynes) ausgerichtet ist, am ehesten gerecht. Es steht auch ganz außer Zweifel, daß diese Strategie der Konzentration der Mittel auf das jeweils gefährdetste Ziel von den politischen

Gegebenheiten her nahezu zwangsläufig ist. Die öffentliche konjunkturpolitische Diskussion in einer parlamentarischen Demokratie konzentriert sich zwangsläufig auf die konjunkturellen Fehlentwicklungen hin und zwingt die Regierung unter dem Druck von politischer Opposition und kritischer öffentlicher Meinung gegen diese Fehlentwicklungen „etwas zu unternehmen". Dies schließt taktisch motivierte Verzögerungen (z. B. Rücksicht auf Wahltermine) nicht aus.

In der wirtschaftspolitischen Diskussion werden gegen dieses strategische Konzept zwei entscheidende Bedenken angeführt: 1. die Unsicherheit der Konjunkturprognose, 2. die politischen und technischen Wirkungsverzögerungen.

Die konjunkturellen Wahrscheinlichkeitsprognosen und noch mehr die politisch intendierten amtlichen Zielprojektionen sind in der Tat nicht über alle Zweifel erhaben. Die bisherigen Erfahrungen auf diesem Gebiet müssen sogar als überwiegend negativ bezeichnet werden. Von den Beschäftigungszahlen, dem privaten Verbrauch, dem Staatsverbrauch abgesehen, sind fast alle ökonomischen Ziele und Entwicklungsgrößen falsch eingeschätzt worden. Dies gilt vor allem für die konjunkturwichtigen privaten Investitionen, den Export, die Wachstumsrate, die Einkommensverteilung und vor allem die Preisentwicklung. So wurde denn auch schon in den Jahren 1968 und 69 die reale Wachstumsrate erheblich unterschätzt, während in den Jahren 1970 bis 73 die Preisentwicklung stets unterschätzt wurde.

Die konjunkturpolitischen Probleme solcher Fehleinschätzungen der autonomen Konjunkturkräfte liegen auf der Hand: Es droht die Gefahr der konjunkturellen Unter- oder Übersteuerung. So wurde 1968 die Konjunktur zu intensiv angekurbelt, während in den Jahren 1969 und 70 sowie auch 1972 zu wenig gegen die Preissteigerungen getan wurde. Die Unsicherheit der Konjunkturprognose, die zum Teil auch mit dem verspäteten zeitlichen Anfall von wichtigen Konjunkturindikatoren (in der Bundesrepublik zeitliche Verzögerung von mindestens 6 Wochen) und der zumindest zeitweise gegebenen unterschiedlichen Interpretationsmöglichkeit dieser Indikatoren zusammenhängt, ist häufig ein Grund, konjunkturpolitische Maßnahmen vor sich herzuschieben oder ihre Dosierung aus Furcht vor Übersteuerung zu gering anzusetzen. Diese zeitlichen Unsicherheiten und Verzögerungen der Kunjunkturdiagnose werden als zeitliche Erkenntnislücke (Recognition-lag) bezeichnet.

Sehr eng damit zusammen hängen auch die Wirkungsverzögerungen der konjunkturpolitischen Mittel. Wenn schon eine einigermaßen zuverlässige

Diagnose relativ spät vorliegt, so kommt es bis zur konjunkturpolitischen Aktion zu weiteren Verzögerungsmomenten. Das konjunkturpolitische Programm muß aufgestellt, zwischen den verschiedenen Ressorts abgestimmt werden und durch die parlamentarischen Gremien (Bundestag, Bundesrat) gebracht werden. Auch wenn das Stabilitäts- und Wachstumsgesetz von 1967 der Regierung Vollmachten gibt, bestimmte Maßnahmen auf dem Verordnungswege zu erlassen (z. B. Ausgabenstreckung, Aussetzung der degressiven Abschreibung, Konjunkturrücklagen), so vergeht doch eine gewisse Zeit, bis der politische Entscheidungsprozeß, zumal in einem föderativ aufgebauten Staat, endlich abgeschlossen ist. Diese Verzögerungen können als Handlungsverzögerungen (action-lag) bezeichnet werden.

Zu diesen Diagnose- und Handlungsverzögerungen kommt schließlich noch der Komplex der sogenannten technischen Wirkungsverzögerungen. Damit ist gemeint, daß die beschlossenen geld-, haushalts- und finanzpolitischen Mittel eine ganze Weile brauchen, bis sie greifen. Erst wenn z. B. in einer Boomphase die verhängten Nachfragebeschränkungen, die erhöhte Zins- und Steuerbelastung, die eingeengte Liquidität einige Zeit durchgehalten werden, werden die am Konjunkturprozeß beteiligten Kräfte: Unternehmer, Arbeitnehmer und Gewerkschaften, Verbraucher und Staat (Bund, Länder und Gemeinden) ihr Verhalten ändern und vorsichtiger disponieren (z. B. weniger investieren und Schulden aufnehmen sowie geringere Lohnforderungen stellen und bewilligen). Das gleiche gilt natürlich entsprechend auch für die Überwindung einer Rezessionsphase.

b) Regelgebundene Konjunkturpolitik als Alternative

Diagnoseunsicherheit, konjunkturpolitische Handlungs- und Wirkungsverzögerungen können dazu führen, daß die konjunkturpolitischen Maßnahmen erst ihre Wirkung entfalten, wenn der Konjunkturprozeß sich schon von selbst wieder normalisiert hat oder gar umgeschlagen ist. Die erhoffte positive Wirkung der Maßnahmen ist dann nicht nur nicht eingetreten, sondern sie wirken darüber hinaus sogar verstärkt in die falsche Richtung. So können stabilitätspolitisch richtige, aber verspätet wirksame Maßnahmen den Konjunkturabschwung verschärfen, während ein Krisenprogramm zur Übersteigerung des Konjunkturaufschwunges beitragen kann. Skeptiker schließen daraus, daß die in Richtung auf das gefährdetste Ziel kurzfristig die Gesamtnachfrage antizyklisch steuernde Politik die konjunkturellen Schwankungen nicht nur nicht glättet, sondern im Gegenteil noch verschärft. In der Tat gibt es für diese These wesentliche Hinweise. Allerdings muß auch festgestellt werden, daß die konventionelle Konjunkturpolitik des kurzfristigen Gegensteuerns (prophylaktische Konjunkturpolitik) noch nicht ihren möglichen Vollkommenheitsgrad erreicht hat.

Die regelgebundene Konjunkturpolitik, im Anschluß an die regelgebundene Geld- und Kreditpolitik des amerikanischen Nationalökonomen Milton Friedman vom Sachverständigenrat, insbesondere von Prof. Herbert Giersch, als Alternativkonzept zur Schiller'schen Globalsteuerung entwickelt, geht davon aus, daß es in jeder Volkswirtschaft einen bestimmten, real begrenzten Wachstumsspielraum gibt (für die Bundesrepublik etwa 4 bis 4,5 Prozent). Boom und Rezession entstehen aus der Über- oder Unterbeanspruchung dieses Spielraumes durch die gesamtwirtschaftliche Nachfrage. Würde es gelingen, diese Gesamtnachfrage und ihre wichtigsten Bestimmungsgründe stärker auf diesen Wachstumsspielraum einzustellen, wäre dies gleichbedeutend mit der Vermeidung extremer Konjunkturschwankungen und deren Auswirkungen auf Geldwert, Beschäftigungsstand und Wirtschaftswachstum. Die Hauptformel der regelgebundenen Konjunkturpolitik lautet daher: die gesamtwirtschaftliche Nachfrage, insbesondere deren beeinflußbare Bestimmungsgrößen wie Staatsausgaben, Einkommen und Geldmenge sollen nur in dem Maße wachsen, wie das reale Wachstum zuzunehmen vermag.

So einfach und plausibel diese politische Formel auch ist – als Richtschnur jeder mittelfristig orientierten Politik hat sie sicherlich ihre Bedeutung –, so wirklichkeitsfremd sind ihre Voraussetzungen. Es darf in diesem Konzept keine Verteilungskämpfe geben, weder seitens des Staates zu Lasten der privaten Einkommensbezieher, noch zwischen den Sozialpartnern (Arbeitnehmern und Arbeitgebern). Hinzu kommt, daß sich die Politik an solche von Ökonomen und Technokraten vorgegebene Formeln halten müßte. Beide Prämissen widersprechen jedoch unserer politischen und gesellschaftlichen Realität, so daß auf die herkömmliche kurzfristige Feinsteuerung nicht verzichtet werden kann. Eine gewisse Verzahnung, insbesondere die verstärkte Einbettung der kurzfristigen Konjunkturpolitik in eine mittelfristige potential-orientierte Wirtschafts- und Gesellschaftspolitik ist jedoch sinnvoll. An der potential-orientierten Politik ist eines richtig: Keine Volkswirtschaft kann ungestraft und ohne Inflationierung über ihre Verhältnisse, also über ihre reale Leistungskraft, leben.

6. Außenwirtschaftliche Absicherung als Rahmenbedingung für erfolgreiche innere Konjunkturpolitik

Gleichgültig, für welche Typen der Konjunkturpolitik man sich kurz- und mittelfristig entscheiden mag: für eine weltwirtschaftlich stark verflochtene Volkswirtschaft wie die unsrige (Außenhandelsanteil nahezu 20 Prozent des BSP) ist die Gefahr außenwirtschaftlicher Störungen durch Devisenzufluß, überbordende Auslandsnachfrage und starke Preissteigerungen im Ausland immer gegeben. Dies gilt im Zeichen eines weltweiten inflationären Auftriebs und einer defekten Weltwährungsordnung selbstverständlich in besonderem Maße. Gegen solche externen Störungen muß sich die innere Konjunkturpolitik absichern, andernfalls gerät sie in Gefahr, daß ihre stabilitätspolitischen Bemühungen durch Auslandseinflüsse unterlaufen werden. So kann eine eingeschränkte Inlandsnachfrage durch entsprechend höhere Auslandsnachfrage ersetzt werden. Aber auch eine Politik der inneren Nachfrageausdehnung zwecks Rezessionsbekämpfung kann scheitern, wenn infolge Überbewertung einer Währung der Export abflaut. Besonders anfällig gegen Auslandsstörungen ist die Geld- und Kreditpolitik. Solange die freie Konvertierbarkeit der Währung gegeben ist, steht z. B. eine restriktive Geld- und Kreditpolitik stets in Gefahr, daß ein hoher Zins Auslandsgeld anlockt oder die internationale Spekulation in der Erwartung von Aufwertungsgewinnen sich auf die Währung des stabilitätsorientierten Landes stürzt. Diese Erfahrungen, die vor allem die Bundesrepublik wiederholt machen mußte, haben dazu geführt, daß dem Problem der außenwirtschaftlichen Absicherung immer stärkere Aufmerksamkeit gezollt wird. Nicht nur mit dem Risiko einer unsicheren Konjunkturdiagnose sowie den vielfältigen Verzögerungseffekten sieht sich die Konjunkturpolitik somit konfrontiert, sondern auch mit dem Problem außenwirtschaftlicher Störungseffekte.

II. TRÄGER UND INSTITUTIONEN DER KONJUNKTURPOLITIK

Nach der grundsätzlich festgelegten und praktizierten Regelung gehört die Wirtschafts- und als deren wesentlicher Teil auch die Konjunkturpolitik zu den Aufgaben des Bundes. Diese klare übergeordnete Funktion des Bundes in der Konjunkturpolitik schließt allerdings nicht aus, daß auch andere staatliche und nichtstaatliche Institutionen einen so wesentlichen Einfluß auf die Konjunkturpolitik haben, daß von praktischer Mitträgerschaft gesprochen werden kann. Länder und Gemeinden disponieren nicht nur über rund die Hälfte des Gesamthaushaltes unseres Staates, sondern auch über 85 Prozent der konjunkturwichtigen öffentlichen Investitionen. Die Bundesbank als regierungsunabhängige Institution spielt wegen ihrer konjunkturpolitisch zentralen Aufgabe, die Geldversorgung der Volkswirtschaft zu regulieren, ebenfalls eine besondere konjunkturpolitische Rolle. Die Sozialpartner schließlich, also die Arbeitnehmer- und Arbeitgeberorganisationen, bestimmen mit ihren lohnpolitischen Entscheidungen maßgeblich das gesamtwirtschaftliche Kostenniveau und die Verbrauchsnachfrage, auf die mehr als die Hälfte des Bruttosozialprodukts entfällt.

1. Die Führungsrolle des Bundes in der Konjunkturpolitik

Ungeachtet dieser Vielfalt praktischer Träger der Konjunkturpolitik fällt der Bundesregierung die Führungsrolle und damit auch die Verantwortung in der Konjunkturpolitik zu. Infolge des Kollegialprinzips in der Bundesregierung trifft diese Verantwortung die Bundesregierung mit dem Bundeskanzler an der Spitze als Ganzes. Erfolg und Mißerfolg der Konjunkturpolitik werden deshalb zu Recht der Bundesregierung als Ganzes zugerechnet oder angelastet. Entsprechend dem neben dem Kollegialprinzip geltenden Ressortprinzip ist jedoch der Bundeswirtschaftsminister mit der Führung der wirtschafts- und konjunkturpolitischen Geschäfte betraut. Diese organisatorische Regelung, die mit der Bildung der ersten Bundesregierung im Jahr 1949 eingeführt wurde, gilt prinzipiell auch heute noch. Dennoch ist die institutionelle Position des heutigen Bundeswirtschaftsministers wesentlich schwächer als zu Zeiten von Ludwig Erhard. Denn die Verfügung über die konjunkturpolitischen Instrumente ist immer mehr auf andere Instanzen übergegangen. Die Entwicklung zur Europäischen Wirtschaftsgemeinschaft hat dazu geführt, daß die Außenhandelspolitik (Zollpolitik, Außenhandelsliberalisierung), mit der in den fünfziger Jahren erfolgreich Konjunkturpolitik betrieben wurde, in die Kompetenz der EG-Organe überführt worden ist. Seit Bildung der zweiten Regierung Brandt ist dem Bundeswirtschaftsminister auch die währungspolitische Kompetenz, wozu vor allem die internationale Währungspolitik gehört, entzogen worden. Der Bundesfinanzminister verfügt damit über einen erheblichen konjunkturpolitischen Einfluß. Seit Inkrafttreten des Stabilitäts- und Wachstumsgesetzes im Jahre 1968 ist ihm durch die

Erweiterung der finanzpolitischen Konjunkturinstrumente ohnehin erhebliche zusätzliche konjunkturpolitische Einflußmacht zugeflossen. Der Bundeswirtschaftsminister ist heute mehr oder weniger nur noch der Konzeptor und Koordinator der Konjunkturpolitik in der Bundesregierung. Für deren Verwirklichung bedarf er jedoch der Unterstützung wichtiger Bundesgenossen, nicht nur der ohnehin autonomen Bundesbank sowie der Sozialpartner, sondern vor allem auch des Bundesfinanzministers.

Ob diese Organisation der Konjunkturpolitik zweckmäßig ist, läßt sich bezweifeln. Der für die Konjunkturpolitik zuständige Minister, ganz gleich, wie sein Ressort abgegrenzt ist, sollte eine stärkere Position haben; zumindest sollte er für die Währungspolitik zuständig sein und einen stärkeren Einfluß auf die Gestaltung der Finanzpolitik haben. Gegenüber diesen Organisationsproblemen tritt die Bedeutung eines Wirtschafts- und Finanzkabinetts zurück.

2. Jahreswirtschaftsbericht und Zielprojektion

Die Konzeption und Formulierung der Konjunkturpolitik im Rahmen der Bundesregierung obliegt somit zweifelsfrei dem Bundeswirtschaftsminister. Nach dem § 2 des Stabilitäts- und Wachstumsgesetzes hat dies im Rahmen eines Jahreswirtschaftsberichtes zu geschehen. Dieser Jahreswirtschaftsbericht, der im Januar eines jeden Jahres dem Bundestag und dem Bundesrat vorgelegt werden muß, läßt sich als die konjunkturpolitische Willenserklärung der Bundesregierung ansehen. Er enthält eine Stellungnahme zum Jahresgutachten des Sachverständigenrates zur Begutachtung der gesamtwirtschaftlichen Entwicklung (nach dem Gesetz vom 14. 8. 1963), das in der Regel im November des vorangegangenen Jahres abgegeben wird, eine Darlegung der für das laufende Jahr von der Regierung angestrebten wirtschafts- und finanzpolitischen Ziele (Jahresprojektion) und schließlich eine Darlegung der für das laufende Jahr geplanten Wirtschafts- und Finanzpolitik.

Die wesentliche Neuerung, die von diesem Jahreswirtschaftsbericht ausgegangen ist, ist zweifellos die jährliche Zielprojektion, die in der Form der volkswirtschaftlichen Gesamtrechnung eine quantifizierte Fixierung des von der Bundesregierung für erreichbar angesehenen Wirtschaftsverlaufes bringt. Auf ihr sollen die konjunkturpolitischen Maßnahmen aufbauen. Die bisherigen Erfahrungen mit dem Jahreswirtschaftsbericht sind allerdings nicht übermäßig positiv. Er ist zweifellos ein interessantes wirtschaftspolitisches Dokument, hat jedoch den Nachteil, zumeist nach wenigen Wochen überholt zu sein. Der Zeitpunkt seiner Vorlage ist außerordentlich ungünstig. Die wesentlichen, den Wirtschaftsablauf des Jahres betreffenden Konjunkturentwicklungen werden erst im Frühjahr sichtbar. Eine Fortschreibung der Zielprojektion ist dann erforderlich und oft muß auch der Maßnahmenkatalog der konjunkturellen Entwicklung angepaßt werden. Diese Entwicklung bringt die Gefahr mit sich, daß der Jahreswirtschaftsbericht nicht so ganz ernst genommen wird.

Immerhin setzt die Bundesregierung mit dem Jahreswirtschaftsbericht und seinen Korrekturen Signale für die übrigen Gebietskörperschaften und die autonomen Gruppen. Dieser Signalfunktion kommt angesichts des ökonomischen Gewichts und des konjunkturpolitischen Einflusses dieser Organisationen fast stärkere Bedeutung zu als der unmittelbaren Wirkung, die von einem konjunkturgerechten Verhalten des Bundes, insbesondere in seiner Haushaltsgebarung, für sich allein ausgehen kann. Daher kommt den institutionellen Regelungen des Stabilitäts- und Wachstumsgesetzes, die zur Koordination der Verhaltensweisen aller konjunkturwichtigen Gebietskörperschaften und Gruppen eingesetzt worden sind, eine wesentliche Bedeutung zu. Im Verhältnis zwischen Bund, Ländern und Gemeinden gibt es den Konjunkturrat (§ 18 des Stabilitäts- und Wachstumsgesetzes) und den Finanzplanungsrat. In diesen Gremien, in denen alle Gebietskörperschaften vertreten sind und an deren Beratungen auch Bundesbank und Sachverständigenrat teilnehmen, werden die Konjunktur-, Haushalts- und Finanzpolitik beraten und aufeinander abgestimmt. Wesentliche Themen der Sitzungen in diesen Gremien sind die Zuwachsrate der öffentlichen Haushalte insgesamt, ihre Verteilung auf die Haushalte der verschiedenen Gebietskörperschaften, das Ausmaß der für diese Körperschaften jeweils zulässigen Verschuldung und die Verwendung überplanmäßig anfallender Steuermehreinnahmen (z. B. für Konjunkturrücklage oder Schuldenverminderung). Das entsprechende Gremium im Verhältnis von Bundesregierung und Tarifpartnern, das eine konjunkturgerechte Lohnpolitik gewährleisten soll, ist die konzertierte Aktion (vergleiche weiter unten).

3. Die konjunkturpolitische Rolle der Bundesbank

Die konjunkturpolitische Rolle der Bundesbank schwankt je nach dem Stellenwert, der der Geld- und Kreditpolitik im Rahmen der gesamten Konjunkturpolitik eingeräumt wird, außerordentlich. Im Konzept der

Globalsteuerung, das unter dem dominierenden Einfluß der Theorie des britischen Nationalökonomen John Maynard Keynes der antizyklischen Finanzpolitik die entscheidende Funktion der Nachfrageregulierung zuwies, besitzt die Geld- und Kreditpolitik allenfalls eine untergeordnete, dienende Rolle. Das keynesianisch bestimmte und auf die Finanzpolitik setzende Stabilitäts- und Wachstumsgesetz berührt die Geld- und Kreditpolitik nur am Rande. Die Wiederentdeckung der Geldmenge als konjunktureller Bestimmungsfaktor in Gestalt des Friedman'schen Monetarismus, die gegenwärtig die Konjunkturpolitik fast aller Länder mehr oder weniger beeinflußt, hat den konjunkturpolitischen Stellenwert der Geld- und Kreditpolitik wieder hochschnellen lassen. In der Bundesrepublik ist unter allen konjunkturpolitischen Stabilitätsmaßnahmen die Geld- und Kreditrestriktion der Bundesbank die zweifellos eindrucksvollste und auch bislang relativ wirkungsvollste Maßnahme.

Je stärker die Geld- und Kreditpolitik die konjunkturpolitischen Maßnahmenbündel bestimmt, um so gewichtiger wird auch die Stimme der Bundesbank als konjunkturpolitisches Beratungs- und Willensbildungsorgan. Allerdings beruht die starke konjunkturpolitische Position der Bundesbank in der Bundesrepublik nicht nur auf dem Gewicht, das der Geld- und Kreditpolitik zur Rückgewinnung der Stabilität beigemessen wird. Wesentlicher noch ist ihr Autonomiestatus, der sie im Gegensatz zu den meisten Ländern von Weisungen der Regierung unabhängig macht. Nach dem Bundesbankgesetz von 1956 obliegt der Bundesbank als Hauptaufgabe die Sicherung der Währung. Allerdings soll sie auch die Wirtschafts- und Konjunkturpolitik der Bundesregierung unterstützen. Aus dem Autonomiestatus, der klaren Priorität für die Währungssicherung und der Bedeutung des geldpolitischen Instrumentariums in allen Konjunkturlagen ist die Bundesbank eine entscheidende konjunkturpolitische Macht in der Bundesrepublik. Solange sich Ansichten und Ziele von Bundesregierung und Bundesbank decken, ergeben sich keine Kooperationsprobleme. Gibt es jedoch Divergenzen zwischen Bonn und Frankfurt, sind Konfliktsituationen möglich. Im Rahmen einer Stabilitätspolitik können sie am ehesten auftreten, wenn die Frage zur Erörterung steht, wie lange eine restriktive Geld- und Kreditpolitik fortgesetzt werden soll.

Der Autonomiestatus sichert der Bundesbank – ähnlich dem Sachverständigenrat – aber auch eine entscheidende Position in der öffentlichen Meinungsbildung über die Konjunktur. Ihre Analysen, Warnungen und Stellungnahmen beeindrucken Regierung, Parlament, Sozialpartner und die öffentlichen Organe der Meinungsbildung gleichermaßen. In der Rolle einer nationalisierten Zentralbank würde sie diese „moral persuasion-Position“ sicherlich nicht besitzen.

Im Zuge der Liberalisierung des Kapitalverkehrs, der Entwicklung zu freier Konvertierbarkeit der Währungen und der internationalen Stärkung der DM ist der Bundesbank aber auch eine bedeutsame internationale Machtposition zugewachsen. Ihre Zinspolitik hat auf der Grundlage einer international starken DM einen bedeutsamen Einfluß auf die internationalen Geld- und Kapitalströme. Das gleiche gilt auch im internationalen Kreditverkehr zwischen den Notenbanken. Diese internationale Geltung drückt sich in einer entsprechend starken Verantwortung für die Funktionsfähigkeit der internationalen Geld- und Devisenmärkte aus, von wo positive oder negative Einflüsse auf die interne Konjunkturpolitik ausgehen. Die Notwendigkeit einer internationalen Zusammenarbeit, vor allem auf dem Gebiet der Zinspolitik, ist eine wesentliche Voraussetzung für eine aufeinander abgestimmte Konjunkturpolitik der wichtigsten Welthandelsländer.

4. Die Tarifpartner als Mitträger der Konjunkturpolitik

Zur Vielfalt der Träger der Konjunkturpolitik, die Ausdruck der jeweiligen staatsrechtlichen und gesellschaftlichen Organisation eines Staates ist, gehören auch die Tarifpartner, also die Gewerkschaften und Arbeitgeberorganisationen. Sie können mit ihren freien lohnpolitischen Vereinbarungen die amtliche Konjunkturpolitik sowohl stören als auch unterstützen. So können übersteigerte Lohnerhöhungen vor allem die stabilitätspolitischen Bemühungen unterlaufen und die Gefahr einer Rezession mit Unterbeschäftigung heraufbeschwören. In jeder Konjunkturphase, unter jeder konjunkturpolitischen Konstellation gibt es eine Einkommens- und Lohnpolitik, die der Konjunkturlage und den konjunkturpolitischen Absichten der Regierung gerecht wird und deren „soziale Kosten“, in Beschäftigung und Geldwert gemessen, minimalisiert. Diese konjunkturgerechte lohn- und einkommenspolitische Flankensicherung zu erreichen, ist die ehrgeizige Aufgabe der konzertierten Aktion, wie sie in § 3 des Stabilitäts- und Wachstumsgesetzes verankert ist. Es ist keine Frage, daß zur Überwindung der Rezession 1966/67 die Sozialpartner mit einer maßvollen Lohnpolitik wesentlich beigetragen haben. Kritiker meinen, daß die Arbeitsmarktlage sie auch ohne konzertierte Aktion dazu gezwungen hätte. Klar ist nur, daß in den bisherigen Aufschwungphasen die Hoffnungen, die man in die konzertierte Aktion gesetzt hat, sich nicht erfüllt haben. Der Grund dürfte jedoch weniger in der konzertierten Aktion selbst liegen, als im Fehlen einer konjunkturgerechten Geld- und Finanzpolitik. Ohne deren Vorleistung ist ein konjunkturgerechter Beitrag der Sozialpartner schwerlich zu erbringen. Sind auch die konjunkturpolitischen Hoffnungen, die in die konzertierte Aktion gesetzt worden sind, bislang nicht erfüllt worden, so steht – ungeachtet der mit ihr aufgeworfenen verfassungsrechtlichen Probleme – ihre Bedeutung als Informations- und Diskussionsforum von Bundesregierung, Gewerkschaften und Arbeitgeberverbänden in allen konjunkturpolitisch bedeutsamen Fragen außer jedem Zweifel.

5. Die Koordinierung der Konjunktur- und Währungspolitik in der EG

Trotz vielfacher Bemühungen um eine europäische Wirtschafts- und Währungsunion wird die Konjunkturpolitik noch weitgehend im nationalen Alleingang der Mitgliedsländer betrieben. Es mangelt sowohl an einer Harmonisierung der wirtschaftspolitischen Zielvorstellungen zwischen den Mitgliedsländern (Präferenzierung der Vollbeschäftigung in Italien, des Wirtschaftswachstums in Frankreich, dagegen stärkere Stabilitätsorientierung in der Bundesrepublik Deutschland) als auch des konjunkturpolitischen Mitteleinsatzes. Die bisherigen zaghaften Ansätze beschränken sich auf Empfehlungen über die Zuwachsrate der öffentlichen Haushalte und in allerjüngster Zeit auch hinsichtlich des Wachstums der Geldmenge. Dennoch besteht in dem Maße wie an der Verwirklichung der Wirtschafts- und Währungsunion festgehalten werden soll die Notwendigkeit, im EG-Ministerrat, den EG-Ausschüssen für mittelfristige Wirtschaftspolitik, für Währung und Finanzen auf eine engere Zusammenarbeit hinzuwirken. Dies gilt um so mehr, als der Einsatz der Zoll-, Handels- und Agrarpreispolitik im Rahmen konjunkturpolitischer Zielsetzungen (vermehrte und verbilligte Einfuhren) nur von der EG beschlossen werden kann. Eine engere Zusammenarbeit hat sich auch in der äußeren Währungspolitik, wie das Block-Floating gegenüber dem US-Dollar zeigt, als notwendig erwiesen; was auch konjunkturpolitisch von Belang ist (Abschirmung gegenüber Dollar-Zuflüssen). Eine gewisse Mitträgerschaft der EG-Gremien und -Behörden auch in der weitgehend noch nationalen Konjunkturpolitik ist also schon vorhanden und auf dem Weg zur europäischen Wirtschafts- und Währungsunion zwangsläufig weiter zu entwickeln.

III. DIE INSTRUMENTE DER KONJUNKTURPOLITIK

Das normale Instrumentarium der amtlichen, global steuernden Konjunkturpolitik umfaßt finanz-, geld- und währungspolitische Instrumente. Nur diese sind von Regierung und Notenbank unmittelbar einsatzfähig. Der Schwerpunkt liegt dabei nach Inhalt und Geist des Stabilitäts- und Wachstumsgesetzes eindeutig auf dem finanzpolitischen Teil des Instrumentariums. Im Gegensatz dazu spielt allerdings in neuerer Zeit die Geld- und Kreditpolitik in der konjunkturpolitischen Praxis wieder die dominierende Rolle. Weitergehende Maßnahmen mit direkten und detaillierten Eingriffen in den marktwirtschaftlichen Prozeß, insbesondere die Lohn- und Preisbildung, sind nach den heute verfügbaren gesetzlichen Grundlagen nicht möglich und auch prinzipiell mit einer marktwirtschaftlichen Konjunkturpolitik unvereinbar. Die Erfahrungen in westlichen Ländern, die mit Lohn- und Preiskontrollen gearbeitet haben, haben die geringe und nur kurzfristige Wirksamkeit solcher Eingriffe, die zudem das Übel nicht an der Wurzel anpacken, klar erwiesen.

1. Die antizyklische Finanzpolitik

Das finanzpolitische Instrumentarium soll eine antizyklische, d. h. im Konjunkturverlauf möglichst rasch gegensteuernde öffentliche Finanz- und Haushaltspolitik auf möglichst allen Ebenen der Gebietskörperschaften (Bund, Länder, Gemeinden) ermöglichen. Im Falle einer drohenden oder schon eingetretenen Rezession müssen nach dieser Regel antizyklischer Finanz- und Haushaltspolitik alle öffentlichen Hände Ausgabenüberschüsse („deficit-spending") herbeiführen, wobei die Überschüsse durch entsprechende zusätzliche öffentliche Verschuldung möglichst direkt im Zentralbankensystem zu finanzieren wären. Durch dieses „deficit-spending" sollen gesamtwirtschaftliche Liquidität und gesamtwirtschaftliche Nachfrage, insbesondere nach Investitionsgütern, ausgeweitet und dem Wirtschaftskreislauf neue belebende Impulse vermittelt werden, die auch auf das private Investitions- und Konsumverhalten ausstrahlen. Zur Bekämpfung einer drohenden oder schon eingetretenen Boomphase ist dagegen die Erzielung von Haushaltsüberschüssen (Bildung von Konjunkturrücklagen) notwendig. Die Gesamtheit der öffentlichen Hände gibt in diesem Falle weniger aus als an Einnahmen (insbesondere Steuereinnahmen) erzielt werden. Dem Wirtschaftskreislauf wird Kaufkraft, Nachfrage und Liquidität entzogen, was sich dämpfend auf die Gesamtnachfrage, die Geldmenge und den Preisauftrieb auswirken soll.

Die Bildung sowohl von Konjunkturrücklagen durch Haushaltsüberschüsse als auch die Verwirklichung von Ausgabenüberschüssen („deficit-spending“) kann sowohl im Wege der Einnahmen- als auch der Ausgabenpolitik oder aber – was in der Praxis die Normalität darstellen dürfte – in Kombination miteinander erfolgen.

a) Die Möglichkeiten antizyklischer Ausgabenpolitik

Im Stabilitäts- und Wachstumsgesetz dominiert eindeutig die antizyklische Ausgabenpolitik gegenüber der antizyklischen Einnahmenpolitik. Die Waffen zur Einschränkung der öffentlichen Ausgaben – vor allem im Haushaltsvollzug – sind wesentlich weiter entwickelt als die der Drosselung privater Nachfrage durch steuerliche Abschöpfung. Folgende wesentliche Instrumente sind im Gesetz verankert:

1. Der Bundesfinanzminister kann nach Ermächtigung durch die Bundesregierung Verfügungssperren über Ausgaben verhängen, den Beginn von öffentlichen Baumaßnahmen stoppen und das Eingehen von Verpflichtungen zu Lasten künftiger Rechnungsjahre (Bindungsermächtigungen) von seiner Zustimmung abhängig machen (§ 6). Die Länderfinanzminister sollen analog verfahren.

2. Die Bundesregierung kann mit Zustimmung des Bundesrates die Bildung obligatorischer Konjunkturrücklagen, die im Zentralbankensystem stillzulegen sind, anordnen. Die obligatorische Konjunkturrücklage (§ 15) soll jedoch 3 Prozent der Steuereinnahmen nicht überschreiten. Die Konjunkturrücklage darf nur dann aufgelöst werden, wenn die konjunkturelle Lage dies gestattet. Neben der obligatorischen Konjunkturrücklage können von den Gebietskörperschaften auch freiwillige Konjunkturrücklagen vorgenommen werden.

Bund, Länder, Gemeinden und Gemeindeverbände können dazu verpflichtet werden, ihre Kreditaufnahmen einzuschränken („Schuldendeckel“). Die Kredite können dabei auf Höchstbeträge beschränkt werden, wobei jedoch 80 Prozent der durchschnittlichen Kreditsummen der letzten fünf Haushaltsjahre nicht unterschritten werden dürfen (§ 19, 20). Diese Kreditbeschränkung soll einen Zwang zur Verminderung der Ausgaben auslösen und zudem verhindern, daß die Bildung von Konjunkturrücklagen aus Steuermitteln durch Schuldenaufnahme ausgeglichen wird. Das Gegenstück zu dieser Maßnahme der Inflations- und Boombekämpfung sind Maßnahmen zur Ausweitung der Ausgaben im Falle einer drohenden oder eingetretenen Rezession. Der Bundesfinanzminister (analog auch die Länderfinanzminister) kann ermächtigt werden, zu diesem Zweck zusätzliche Investitionsausgaben auf der Grundlage langfristiger Investitionsprogramme zu bewilligen und dafür eine zusätzliche Verschuldung bis zur Höhe von 5 Mrd. DM einzugehen. Sind Konjunkturausgleichsrücklagen vorhanden, können die entsprechenden Mittel aus diesen entnommen werden (§ 6, § 1, Absatz 2). Ein entsprechendes Investitionsverhalten der Gemeinden kann durch Bundes- und Landeszuschüsse zu Kommunalinvestitionen gefördert werden.

b) Die Möglichkeiten antizyklischer Einnahmenpolitik

Die Grundidee der antizyklischen Einnahmenpolitik besteht darin, den privaten Einkommensbeziehern durch steuerliche Zusatzbelastung Kaufkraft zu entziehen und sie in Konjunkturausgleichsrücklagen stillzulegen. Die konjunkturpolitischen Lasten können auf diese Weise stärker auf die Schultern der privaten statt der öffentlichen Nachfrage gelegt werden. Für die antizyklische Einnahmenpolitik stehen zwei Instrumente zur Verfügung: die Variierung der Lohn-, Einkommens- und Körperschaftssteuerschuld und die Variierung der Abschreibungsregelungen (§ 26, 27). In der Hochkonjunktur kann ein sogenannter Konjunkturzuschlag bis zu einer Höhe von 10 Prozent der Steuerschuld für längstens ein Jahr erhoben werden, wobei der Erlös in eine Konjunkturausgleichsrücklage überführt werden muß. Analog können in der Rezession die Lohn-, Einkommen- und Körperschaftsteuerschuld bis zu 10 Prozent vermindert werden, um neue Kaufkraft zur Belebung des Wirtschaftskreislaufes zu beschaffen. Die Veränderung der Abschreibungsregelungen soll einen Beitrag zur Steuerung der privaten Investitionsnachfrage leisten. In der Hochkonjunktur soll durch Aussetzung der degressiven Abschreibung (Abschreibung in fallenden Jahresraten), die längstens für ein Jahr vorgenommen, aber verlängert werden kann, ein Zurückstellen von Investitionsvorhaben bewirkt werden. Zur Investitionsbelebung in der Rezession ist als Gegenstück eine Investitionsprämie in Höhe von 7,5 Prozent des Anschaffungs- oder Herstellungswertes des jeweiligen Investitionsgutes möglich, um verstärkte Investitionen anzuregen. Diese Möglichkeiten einer antizyklischen Einnahmenpolitik sind bei der Bekämpfung einer Hochkonjunktur in den letzten Jahren wesentlich stärker zur Anwendung gekommen als die antizyklische Ausgabenpolitik.

c) Probleme der antizyklischen Finanzpolitik

Die antizyklische Haushalts- und Finanzpolitik galt lange Zeit als ideales Instrument zur Regulierung der gesamtwirtschaftlichen Nachfrage und damit für die Globalsteuerung des Konjunkturverlaufes insgesamt. Im Gegensatz zur Geld- und Kreditpolitik wurde ihr eine unmittelbare und rasche konjunkturregulierende Wirkung zuerkannt. Wissenschaftliche Analysen und noch mehr die bisherige Praxis mit dem finanzpolitischen Instrumentarium haben jedoch gezeigt, daß sie nicht die Wunderwaffe darstellt, wie es die engagierten Befürworter angenommen haben.

Vor allem eine antizyklische Ausgabenpolitik stößt auf erhebliche Widerstände. Es wird häufig mit der These operiert, daß die dringlichen öffentlichen Investitionen, insbesondere zur Verbesserung unserer Infrastruktur (Bildungs-, Verkehrs-, Gesundheitswesen etc.) nicht zu Lückenbüßern der Konjunkturpolitik gemacht werden dürften. Dabei wird oft übersehen, daß eine forcierte öffentliche Investitionspolitik nur zu neuen Preisschüben auf dem Baumarkt führen kann, ohne das reale Investitionsvolumen zu erhöhen. Die wesentlich konjunkturwirksamere Einschränkung der konsumtiven (zumeist rechtlich gebundenen) öffentlichen Ausgaben dagegen, insbesondere das Wachstum der Personalausgaben oder der Verteidigungsausgaben, stößt auf noch größere Widerstände und Bedenken. In den letzten Jahren hat sich die öffentliche Hand in der Lohnpolitik sogar eindeutig als Lohnführer betätigt.

Selbst in Rezessionsphasen ist die öffentliche Ausgabenpolitik nicht hundertprozentig zuverlässig. Es hat sich gezeigt, daß insbesondere die Gemeinden in Rezessionsphasen ähnlich wie private Unternehmer reagieren. Entsprechend der geringeren Steuereinnahmen schränken sie häufig ihre Investitionen ein statt sie zu erhöhen und sich dafür zusätzlich zu verschulden, was sie mit Rücksicht auf schon vorhandenen hohen Verschuldungsgrad unterlassen. Sie verhalten sich damit nicht anti-, sondern prozyklisch. Hinzu kommt, daß die Planung und Durchführung zusätzlicher Investitionsprojekte sich so lange hinstrecken kann, daß sie erst dann zur Wirkung gelangen, wenn die konjunkturelle Lage bereits umgeschlagen und ein neuer Aufschwung in vollem Gange ist. Nur durch eine mittelfristige Investitionsplanung, die zu planungsreifen Schubladenprojekten führt, können vielleicht diese Wirkungsverzögerungen öffentlicher Ausgabenpolitik eingeengt werden.

Aber auch die antizyklische Einnahmenpolitik stößt auf nicht unerhebliche Schwierigkeiten. Einmal ist sie unpopulär, was ihren politischen Einsatz erschwert, verzögert oder aber nur rudimentär zuläßt. Dies drückt sich dann darin aus, daß entweder ein rückzahlbarer Konjunkturzuschlag erhoben wird, der dann möglicherweise in einer nicht konjunkturgünstigen Lage zurückgezahlt werden muß, oder aber es werden die Masse der Einkommensbezieher von dieser Abgabe verschont, was die einschränkende Wirkung auf die private Konsumnachfrage und damit die Dämpfung des Preisauftriebs ausschließt. Es kommt hinzu, daß selbst bei entsprechendem politischen Mut die Gefahr besteht, daß der Konjunkturzuschlag sich in erhöhten Lohnforderungen und -vereinbarungen niederschlägt, was die Lohn-Preis-Spirale verstärkt in Gang setzt. Auch ist möglich, daß die durch Konjunkturzuschläge zur Ader gelassenen privaten Einkommensbezieher, zumal in Phasen hoher Inflationserwartung, ihr Sparverhalten einschränken, wodurch das steuerpolitische Zwangssparen unterlaufen werden kann. Schließlich ist noch darauf hinzuweisen, daß auch die degressive Abschreibung keine Wunderwaffe zur Beschränkung der privaten Investitionsnachfrage darstellt. Die Unternehmen planen ihre Investitionen zunehmend längerfristiger, was eine kurzfristige Reduzierung ihrer Investitionsplanungen nicht zuläßt. Dies gilt um so mehr, als bei steigenden Investitionsgüterpreisen der mögliche steuerliche Vorteil eines Aufschubes von Investitionen verlorengehen kann. Jedenfalls zeigen die bisherigen Erfahrungen mit der Aussetzung der degressiven Abschreibung, daß sie kaum zur Dämpfung der Investitionsnachfrage beigetragen hat.

Die antizyklische Finanzpolitik sieht sich also auf dem Papier gut an. In der konjunkturpolitischen Praxis jedoch zeigen sich deutlich die Grenzen ihrer Möglichkeiten. Wichtiger als die einzelnen Maßnahmen selbst ist der Eindruck, den die Führung der Wirtschaftspolitik in der Öffentlichkeit und Wirtschaft hinterläßt, insbesondere ob ihr geglaubt wird, daß sie ernsthaft gegen inflationäre oder auch rezessive Entwicklungen vorzugehen bereit ist.

2. Geldpolitische Instrumente

Die zunehmende Insuffizienz der antizyklischen Finanzpolitik in immer mehr Ländern hat, ausgehend von den Vereinigten Staaten, zu einer international verbreiteten Renaissance der Geld- und Kreditpolitik als konjunkturpolitischem Instrument geführt. Diese Entwicklung hat auch in jüngster Zeit die Bundesrepublik ergriffen. War noch die Rezession 1966/67 als ein konjunkturpolitischer Betriebsunfall angesehen worden, der vorwiegend einer zu scharfen und zu lange durchgehaltenen Geld- und

Kreditbeschränkung angelastet wurde („Einradbremse“ der privaten Investitionstätigkeit = gemindertes Beschäftigungsniveau), erhofft man sich – trotz des Stabilitäts- und Wachstumsgesetzes mit seinen „finanzpolitischen Wunderwaffen“ – die Rückkehr zur Stabilität fast ausschließlich mit Hilfe einer restriktiven Geld- und Kreditpolitik. Eine Entwicklung scheint sich anzubahnen, die dazu führt, Konjunkturanregung vorwiegend mit finanzpolitischen Mitteln (deficit-spending), Konjunkturdämpfung dagegen vorwiegend mit geld- und kreditpolitischen Mitteln anzustreben. Ob sich dies durchsetzt und als tragfähige neue konjunkturpolitische Konstruktion erweist, ist noch offen. Die Betrachtung des geldpolitischen Instrumentariums läßt allerdings nur einen sehr gedämpften Optimismus zu.

a) Die „klassische“ Diskont- und Zinspolitik

Das bekannteste Instrument in der Geld- und Kreditpolitik ist die Veränderung des Diskontsatzes, zu dem die Zentral-Notenbank, bei uns also die Bundesbank, von den Geschäftsbanken Wechsel ankauft. Mit dieser „Rediskontierung“ von Wechseln beschaffen sich die Geschäftsbanken jene Liquiditätsmenge bei der Notenbank (Zentralbankgeld), die sie benötigen, um den Bargeldbedarf ihrer Kunden und zur Verrechnung von Salden im Giroverkehr zwischen den Geschäftsbanken finanzieren zu können. Die Erhöhung des Diskontsatzes verteuert die Beschaffung dieser Refinanzierungsmittel bei der Bundesbank, was die Banken zwingt, auch ihr Kreditangebot, d. h. die Sollzinsen für Kreditausleihungen der verschiedensten Art zu verteuern. Im Falle einer Herabsetzung des Diskontsatzes führt dies auch zu einer Senkung der Zinsen an die Kreditnehmer. Wegen der engen Verflechtungen zwischen Geldmarkt und Kapitalmarkt schlagen die Zinsveränderungen am Geldmarkt in der Regel auch auf den Kapitalmarkt durch.

Das konjunkturpolitisch Entscheidende jedoch ist: die Zinsverteuerung soll in der Hochkonjunktur zu einer Verminderung, die Zinsverbilligung in Rezessionsphasen dagegen zu einer Ausweitung der Kreditnachfrage führen. Die wirksame Geldmenge und die Nachfrage, insbesondere im investiven Bereich, würde in der Hochkonjunktur eingeschränkt, was den Preisauftrieb dämpft. In der Rezession dagegen würde die Verbilligung des Kredites zu vermehrter Verschuldung der Geschäftswelt führen und über erhöhte Investitionsnachfrage (Ausrüstungen, Bauten, Lagervorräte) den Wirtschaftskreislauf anregen.

Diese unterstellte „klassische Reaktion" der Kreditnachfrage auf Zinsveränderungen tritt heute jedoch nur noch in wenigen Bereichen ein (privater Wohnungsbau, Lagerhaltung), wo die Zinsbelastung von überdurchschnittlichem Gewicht ist. Das gilt auch für die öffentlichen Investitionen, bei denen Rentabilitätsgesichtspunkte keine primäre Rolle spielen. Die Mehrzahl der gewerblichen Investitionen reagiert weniger auf Zinsveränderungen als auf Absatz- und Gewinnerwartungen. Vor allem in der Rezession mit ungünstigen Absatz- und Gewinnerwartungen vermag oft selbst der niedrigste Zins nicht, „die Pferde zur Tränke zu führen (Karl Schiller)". Auch bei guter Konjunkturlage mit guten Absatz- und Gewinnerwartungen, dazu noch möglichen Inflationserwartungen, sind Zinsverteuerungen oft unwirksam. Bei freier Konvertierbarkeit der Währung kommt hinzu, daß eine Hochzinspolitik Auslandsgelder anlockt und sich damit selbst zerstören kann. Die klassische Diskont- und Zinspolitik hat dadurch viel von ihrer Wirksamkeit eingebüßt. Sie wird deshalb zumeist mit Maßnahmen zur Einengung der Liquiditätsmenge gekoppelt. Als Warnsignal der Bundesbank, das mit dem potentiellen Einsatz schärferer Waffen untermauert ist, behält die Diskontpolitik jedoch geld- und konjunkturpolitisches Gewicht.

b) Die Beeinflussung der Bankenliquidität

Die Kontrolle der Kreditmenge und des Geldumlaufes durch den Zins wird wegen der mangelnden Zinsreagibilität der Kreditnachfrage durch liquiditätsregulierende Maßnahmen gegenüber dem Bankensystem ergänzt. Dazu gehören: *Rediskontkontingente, Mindestreservensätze* und die *Offenmarktpolitik*.

Durch die *Rediskontkontingente* wird den Geschäftsbanken der Umfang, zu dem sie Wechsel bei der Bundesbank zur Refinanzierung ihres Kreditgeschäftes einreichen können, begrenzt. Durch Verschärfung oder Lockerung dieser Vorschriften kann den Geschäftsbanken ihr Kreditgeschäft erschwert oder erleichtert werden. Haben die Banken Überschußreserven an Liquidität oder können sie oder ihre Kreditkunden ins Ausland ausweichen, kann sich auch diese Maßnahme als unzureichend erweisen.

Aus diesen Gründen hat in den letzten Jahren die *Mindestreservenpolitik* an Bedeutung gewonnen. Die Banken sind verpflichtet, einen gewissen Prozentsatz ihrer Einlagen (Depositen-, Termin- und Spargelder) als zinslose Mindestreserven bei der Bundesbank zu unterhalten. Durch Erhöhung dieser Mindestreserven kann die Bundesbank Liquiditätsüberschüsse der

Geschäftsbanken kreditpolitisch neutralisieren, im Extremfall sie sogar zwingen, ihren Kreditbestand zu kürzen, um dem Mindestreservesoll bei der Bundesbank zu entsprechen. Ein spezieller Anwendungsfall der Mindestreservenpolitik ist auch die Abschöpfung von Liquiditätszuflüssen aus dem Ausland. Dies geschieht dadurch, daß für Auslandsguthaben ein höherer Mindestreservesatz als für Inlandsguthaben festgelegt wird. Das schärfste Mittel in diesem Rahmen ist die hundertprozentige Zuwachsreserve auf Ausländerguthaben, d. h. die Zuflüsse von Auslandsgeld müssen voll an die Bundesbank abgeführt werden. Die Mindestreservenpolitik ist somit die schärfste geldpolitische Waffe im Arsenal der Bundesbank. Für das Kreditgewerbe können sich allerdings außerordentlich schwere Rentabilitätsprobleme stellen.

Dies ist auch der wesentliche Grund dafür, daß in jüngster Zeit für vermehrte *Offenmarktoperationen* plädiert wird. Die Bundesbank verkauft oder kauft Geldmarktpapiere, vor allem Schatzwechsel der öffentlichen Gebietskörperschaften, was eine entsprechende Verminderung oder Vermehrung der aktiven Geldmenge in der Wirtschaft bedeutet und gleichzeitig die Liquidität des Bankensystems einschränkt oder ausweitet. Diese Maßnahme wirkt schnell und einschneidend, ist jedoch durch die Menge der Offenmarktpapiere bei der Bundesbank begrenzt. Die Tendenz besteht, den Umfang der offenmarktfähigen Papiere auf Kapitalmarktanlagen, wie Industrieobligationen, Schuldscheine der Versicherungen etc., auszuweiten. Die Möglichkeiten im Bereich der Geldmarktpapiere sind schon durch das Stabilitäts- und Wachstumsgesetz verstärkt worden. Insbesondere ist dem Bund die Verpflichtung auferlegt worden, der Bundesbank Schatzwechsel zur Verfügung zu stellen. Der Vorteil der Offenmarktpolitik besteht in der Möglichkeit, die Geld- und Kreditknappheit erheblich zu verschärfen, ohne eine Rentabilitätskrise im Bankensystem auszulösen.

c) Neue geld- und kreditpolitische Waffen in der Diskussion

Die entscheidende Kritik an der Geld- und Kreditpolitik geht dahin, daß ihre Bremsspuren zu langsam sind, also erhebliche Wirkungsverzögerungen bestehen, was sie als konjunkturpolitisches Instrument diskreditiert. Um schnellere und damit auch gezieltere Wirkung zu erreichen, gehen Bestrebungen im Rahmen der geplanten, inzwischen zurückgestellten Novellierung des Bundesbankgesetzes vom 26. 7. 1957 dahin, die Kreditgewährung noch unmittelbarer in den Griff zu bekommen. Zwei Maßnahmen sind in der Diskussion: die Einführung einer *Mindestreservepflicht auf das Aktivgeschäft* und die sogenannte *Kreditplafondierung.*

Die Erwartung der Befürworter dieser Maßnahmen geht dahin, daß die Verknüpfung der Mindestreservepflicht mit dem Kreditvolumen statt oder zusätzlich zu den Einlagen eine wirksamere Bremse für die Kreditgewährung schaffen würde. Ob dies der Fall sein kann, ist zweifelhaft. Bei Ausschöpfung aller bisherigen Möglichkeiten der Mindestreservenpolitik, die an die Einlagen, also die Passivseite der Bilanz anknüpft, wäre zweifellos die gleiche Wirkung zu erzielen. Die Hemmnisse einer verschärften Mindestreservepflicht werden dagegen kaum durch deren Umorientierung von der Passiv- zur Aktivseite behoben. Dagegen würden schwerwiegende Wettbewerbsverzerrungen zwischen verschiedenen Gruppen von Banken im Kreditgeschäft eintreten.

Besonders stark umstritten ist die sogenannte *Kreditplafondierung.* Sie würde bedeuten, daß den Banken praktisch Richtsätze für die erlaubte Ausweitung des Kreditgeschäftes erteilt würden. Im Extremfall könnte sogar das Kreditvolumen durch Dekret der Bundesbank absolut eingeschränkt werden. Die Kreditplafondierung würde damit auf eine Planung des Kreditvolumens hinauslaufen. Der große Nachteil einer solchen, allenfalls als äußerstes Notmittel akzeptierbaren Maßnahme, wäre das Erlahmen des Wettbewerbs im Kreditgeschäft zum Nachteil der schwachen und vor allen Dingen der neuen Kunden. Zudem könnte sich aus der Kreditplafondierung ein Instrument zur Investitionslenkung entwickeln. Auch könnte die Kreditplafondierung als abrupte Notbremsung der Konjunktur mit Krisenerscheinungen im Gefolge mißbraucht werden. Sie hat deshalb nur eine politische Chance, wenn nicht nur die Bundesbank das alleinige Entscheidungsrecht zum Einsatz dieses Instrumentes bekommt, sondern auch die politisch verantwortliche Bundesregierung ein Mitentscheidungsrecht hat („Zweischlüsseltheorie").

d) Die Wirkungsgrenzen der Geld- und Kreditpolitik

Neben den bereits genannten speziellen Grenzen der einzelnen Instrumente müssen der Geld- und Kreditpolitik noch zwei entscheidende Wirkungsbegrenzungen konstatiert werden. Zunächst kann sie bei freier Konvertierbarkeit und ergiebigen ausländischen Kreditmärkten (Euro-Dollar-Markt) leicht unterlaufen werden. Entsprechende Abschirmungsmaßnahmen (siehe außenwirtschaftliche Absicherung) werden dann notwendig. Zum zweiten ist die Geldmenge nicht der einzige Einflußfaktor für die Bestimmung der Gesamtnachfrage und des Preisniveaus. Durch Auflösung von Termin- und Sparguthaben, Rationalisierung des Geldgebrauches (z. B. durch Clearing zwischen den Industrieunternehmen) kann eine Kürzung der Geldmenge, wenn auch in bestimmten, theoretisch jedoch weitgesteckten Grenzen, was die ökonomische Auswirkung anbelangt, kompensiert werden.

3. Die Einkommenspolitik

Viele Konjunkturtheoretiker und -politiker sehen in der Einkommenspolitik eine notwendige, ergänzende dritte Säule der Konjunkturpolitik. Diese Vorstellung gründet sich auf den Tatbestand, daß die Löhne sowohl das gesamtwirtschaftliche Kosten- als auch das Nachfrageniveau (mehr als 50 Prozent des BIP entscheidend bestimmen. Eine Beeinflussung dieser Größe liegt daher nahe. Die Vermeidung von Verteilungskämpfen zwischen den Sozialpartnern kann eine stabilitätsorientierte Politik wesentlich unterstützen, ja sogar über deren Erfolg oder Mißerfolg entscheiden. Andernfalls droht ein noch höheres Inflationsniveau oder aber die gefürchtete Stabilitätskrise.

a) Konzepte einer kosten- und preisniveau-neutralen Lohnpolitik

Die Wissenschaft, in der Bundesrepublik Deutschland der offizielle Sachverständigenrat zur Begutachtung der volkswirtschaftlichen Entwicklung, hat für die Sozialpartner entsprechende Orientierungspunkte geliefert. Die ursprünglich *produktivitätsorientierte Lohnformel* (Löhne je Beschäftigtenstunde = Produktivitätszuwachs je Beschäftigtenstunde = stabile Lohnstückkosten) wurde durch Berücksichtigung weiterer Kostenfaktoren (Zinsen, Einfuhr- und Ausfuhrpreise etc.) zur *kostenniveau-neutralen Lohnformel* weiterentwickelt, die als Maßstab absoluter Stabilitätskonformität angesehen werden kann. Als realitätsnähere Orientierungsformel kann die *preisniveau-neutrale Lohnpolitik* gelten, die außer der Produktivität noch einen unvermeidbaren Preiszuschlag für die Lohnbemessung berücksichtigt. Sie soll die Arbeitnehmer vor Verteilungsnachteilen schützen, die durch wirtschaftspolitisch nicht vermiedene Preissteigerungen entstehen, ohne jedoch die Stabilitätsbemühungen der Wirtschaftspolitik zu gefährden. Die Akzeptierung einer solchen Formel durch die Gewerkschaften scheiterte bisher am mangelnden Vertrauen in die Treffsicherheit der Wirtschaftspolitik wie auch an dem Anspruch, die Verteilung des Volkseinkommens über die Lohnpolitik zu verändern, was nach allen wissenschaftlichen Erkenntnissen auf lohnpolitischem Wege nicht erreichbar ist. Die preisniveau-neutrale Lohnpolitik ist unter der Prämisse erfolgreicher Konjunkturpolitik „nur“ verteilungsneutral.

b) Instrumentale Möglichkeiten und Grenzen der Einkommenspolitik

Die Aufstellung von wissenschaftlichen Formeln konjunkturgerechter, insbesondere stabilitätskonformer Lohnpolitik reicht nicht aus, um die einkommenspolitischen Verhaltensweisen grundlegend zu verändern. Aus diesem Grunde werden immer wieder Versuche gemacht, die Sozialpartner auf lohnpolitische Entscheidungen hinzudrängen, die als stabilitätsgerecht angesehen werden. Sie reichen von der „moral persuasion“ bis hin zu quantitativen Orientierungsdaten und Lohnleitlinien. Die *konzertierte Aktion* in der Bundesrepublik ist ein Versuch, die Sozialpartner unter Aufrechterhaltung der Tarifautonomie im Wege von gesamtwirtschaftlichen Orientierungsdaten über den angestrebten Wirtschaftsablauf zu einem lohnpolitischen Wohlverhalten zu bewegen. Man kann diesen Versuch, bei dem keine Seite feste quantitative Verpflichtungen eingeht, als eine Einkommenspolitik der leichten Hand ansehen. Den Sozialpartnern werden die Spielräume und Grenzen ihrer lohnpolitischen Entscheidungen im Rahmen einer stabilitätsorientierten Wirtschafts- und Konjunkturpolitik anhand volkswirtschaftlicher Gesamtrechnungen dargelegt. Die Einkommenspolitik der leichten Hand ist somit ein Appell zur Einsicht in die volkswirtschaftlichen Notwendigkeiten. Sie hat damit ein starkes Element von „moral persuasion“. Damit sind jedoch auch die Grenzen dieser Politik schon abgesteckt. Außer der Einsicht der Tarifpartner und der Bereitschaft, sich dieser Einsicht gemäß zu verhalten, ist die vorbildliche Haltung der Bundesregierung und der übrigen öffentlichen Körperschaften entscheidende Voraussetzung für den Erfolg einer solchen „moral persuasion“-Aktion.

Schärfere Interventionen, wie *Lohnleitlinien* oder sogar *Lohnstopp*, passen nicht in eine marktwirtschaftliche Ordnung und widersprechen der Tarifautonomie. Sie sind zudem kaum funktionstüchtig, da sie ohne Preisstopp politisch kaum durchsetzbar sind. Alle Erfahrungen zeigen, daß nach der Aufhebung oder Lockerung solcher Beschränkungen Nachholprozesse eintreten, sofern sie nicht ohnehin von vornherein umgangen werden. Ein umfassender Behördenapparat für die Kontrolle des komplizierten Lohn- und Preissystems einer modernen Volkswirtschaft steht praktisch nirgends zur Verfügung. Die Gefahr, daß aus Lohn- und Preiskontrollen schließlich die Gesamtkontrolle des wirtschaftlichen Prozesses wird, ist ebenfalls nicht auszuschließen. Das entscheidende Moment ist jedoch, daß ohne Abbau von Übernachfrage, zu hohem Kostenniveau und zu kräftigem Geldvolumen das Übel der Instabilität nicht an der Wurzel bekämpft werden kann. Der scheinbar mühelose Ausweg durch Preis- und Lohnkontrollen birgt die Versuchung in sich, überhaupt nicht ernsthaft an die Beseitigung dieser Ursachen heranzugehen. Lohn- und Preisstopps führen somit leicht in die Sackgasse.

4. Die außenwirtschaftliche Absicherung und ihre Methoden

In einer stark weltwirtschaftlich verflochtenen Volkswirtschaft genügt eine binnenwirtschaftliche Konjunkturpolitik nicht, um die gesteckten konjunkturpolitischen Ziele zu erreichen. Eine internationale Abstimmung der Wirtschafts- und Konjunkturpolitik zwischen den wichtigsten Welthandelsländern, auf jeden Fall innerhalb der Europäischen Gemeinschaft, ist erforderlich, um zielorientierte und erfolgreiche Wirtschafts- und Konjunkturpolitik betreiben zu können. Solange diese Abstimmung nicht oder noch nicht in ausreichendem Maße gewährleistet ist, sowohl was die anzustrebenden Ziele als auch den Einsatz der dazu notwendigen Mittel anbelangt, sind außenwirtschaftliche Absicherungen im nationalen Alleingang unvermeidbar. Die Notwendigkeit zu einer solchen Absicherung entsteht vor allem dann, wenn ein Land versucht, sich von der internationalen Inflationswelle abzusetzen, also mehr Stabilität zu verwirklichen, als anderswo üblich ist. Ein solches Land ist in Gefahr, daß die Einschränkung der Inlandsnachfrage durch Auslandsnachfrage ausgeglichen wird und kommt zudem in den Verdacht der Aufwertung, was spekulative Devisenzuflüsse herbeiführt.

Gegen solche Devisenzuflüsse und eine Überforderung der Volkswirtschaft durch Auslandsnachfrage kann sich eine Volkswirtschaft durch verschiedene Maßnahmen abzusichern suchen.

Das bisher gebräuchlichste Instrument zur außenwirtschaftlichen Absicherung ist die *Veränderung der Wechselkurse*. Sie kann auf zwei Wegen vor sich gehen: entweder durch eine verordnete Aufwertung, d. h. eine Höherbewertung der eigenen Währung im Verhältnis zu anderen, oder aber durch Freigabe der Wechselkurse und die Bildung eines Devisenkurses durch Angebot und Nachfrage (sogenanntes „Floating"). Auch diese Mittel sind in ihrer Wirkungsmöglichkeit begrenzt. Häufige und starke Aufwertungen der Deutschen Mark seit 1969 haben nicht den erwarteten

Abbau der Außenhandelsüberschüsse gebracht und auch spekulative Devisenzuströme nur kurzfristig unterbinden können. Das nationale Floating, wie es einige Monate lang im Jahr 1971 für die DM betrieben wurde, schließlich wird als unvereinbar mit dem Ziel einer europäischen Wirtschafts- und Währungsunion angesehen. Rein technisch gesehen allerdings vermag es am ehesten, die Devisenspekulation zu entmutigen. Die Wechselkursvariationen im Sinne eines Aufwertungseffektes haben zudem den angenehmen Nebeneffekt, auch die Einfuhren zu verbilligen, zumindest die Preissteigerungen beim Import zu dämpfen. Seit dem 11. 3. 1973 beteiligt sich die Bundesrepublik an einem „Blockfloating", an dem allerdings Frankreich, Großbritannien, Italien, Irland nicht beteiligt sind. Die im Block zusammengeschlossenen Staaten halten ihre Wechselkurse im Innenverhältnis konstant (Bandbreite 2,25 %), lassen sie jedoch gegenüber Drittwährungen, insbesondere dem US-Dollar, frei schwanken. Mit dieser Lösung soll der gegenwärtige monetäre Integrationsstand der EG gewahrt und gleichzeitig eine gemeinsame Front gegenüber neuen Dollar-Zuflüssen aufgebaut werden. Sie hat jedoch neue Devisenzuflüsse und eine DM-Aufwertung von 5,5 % gegenüber den Partnern des Währungsblocks nicht verhindern können.

Eng mit Wechselkursveränderungen zusammen hängt die *zahlungsbilanzkonforme Zinspolitik*. Ein stabilitätsorientiertes Land, das über eine harte Geld- und Kreditpolitik und damit eine Hochzinspolitik versucht, den inneren Geldwertschwund zu bekämpfen, gerät bei stabilen Wechselkursen zwangsläufig in die Gefahr, durch Devisenzuflüsse aus dem Ausland unterlaufen zu werden. Gerade eine solche Hochzinspolitik muß deshalb nach außen abgesichert werden.

Gelingt dies nicht im Wege internationaler Abstimmung der Zinspolitik durch die Notenbanken und Regierungen, ist eine Wechselkursveränderung zwangsläufig; es sei denn, man nimmt zu dem fragwürdigen Mittel *administrativer Eingriffe in den auswärtigen Kapitalverkehr* Zuflucht. Nach Artikel 23 des Außenwirtschaftsgesetzes ist es der Bundesregierung möglich, die Führung von Auslandskonten, den Erwerb von Wertpapieren, Beteiligungen und Grundstücken durch Gebietsfremde genehmigungspflichtig zu machen. Die Bundesregierung hat am 29. 6. 72 diesen Weg vorübergehend beschritten und mit den *verschärften Maßnahmen vom 5. 2. 1973* den Kapitalverkehr mit dem Ausland praktisch unterbunden. Heute gibt es eine lockere Form der administrativen Kontrolle des auswärtigen Kapitalverkehrs durch das sogenannte *Bardepot*, mit dem ursprünglich die Anwendung des Artikels 23 AWG vermieden werden sollte. Dieses Instrument verhindert oder beschränkt die Kreditaufnahme deutscher Unternehmen im Ausland, insbesondere am Euro-Dollar-Markt, indem ein Teil der aufgenommenen Kreditsumme beim Zentralbanksystem stillgelegt werden muß. Da aber Zinsen auf die Gesamtsumme geleistet werden müssen, bedeutet dies, daß z. B. bei einem Bardepot von 50 Prozent sich der effektive Zinssatz verdoppelt. Man muß sich darüber im klaren sein, daß solche Eingriffe mit dem Ziel der Konvertierbarkeit der Währungen und der Wanderungen des Kapitals an die Stellen der höchsten Produktivität – was insbesondere für den gemeinsamen Markt notwendig ist – nicht zu vereinbaren sind. Sie können allenfalls als kurzfristige, vorübergehende Notlösungen angesehen werden, die baldmöglichst abgeschafft werden sollen. Besser ist noch, sie überhaupt zu vermeiden und marktkonforme Methoden der außenwirtschaftlichen Absicherung anzuwenden. Dafür ist jedoch eine Reform des Weltwährungssystems, durch die eine neue Leitwährung geschaffen werden muß, eine unabdingbare Voraussetzung.

IV. ZUSAMMENFASSUNG

Es besteht allgemeine Übereinstimmung, daß die Aufgabe der Konjunkturpolitik darin besteht, den Auslastungsgrad der Produktionsfaktoren (Arbeit und Kapital) so gleichmäßig wie möglich zu gestalten. Auch über die Ziele, die sie anzustreben hat, besteht durch das Stabilitäts- und Wachstumsgesetz von 1967 Klarheit: Geldwertstabilität, hoher Beschäftigungsstand, außenwirtschaftliches Gleichgewicht und angemessenes Wachstum sind gleichrangig und gleichzeitig anzustreben. Damit jedoch sieht sich die Wirtschaftspolitik vor das Problem des „Magischen Vierecks“ gestellt. Sie muß mit Konflikten zwischen diesen Zielen leben und versuchen, eine Strategie zu entwickeln, durch welche die Zielkonflikte so gering wie möglich gehalten werden.

In dieser Strategiefrage setzt sich langsam ein Wandel in den Auffassungen durch. Bislang herrscht noch die Idee des kurzfristigen, antizyklischen Gegensteuerns vor, wobei die konjunkturpolitischen Kräfte und Instrumente auf das jeweils gefährdetste Ziel konzentriert werden sollen. Gegen diese kurzatmige, zuweilen hektische Strategie des „Stop“ and „Go“ werden immer stärkere Bedenken laut. An ihre Stelle soll eine mittelfristige Verstetigungsstrategie treten. Danach müßte die Gesamtnachfrage an den mittelfristigen realen Wachstumsmöglichkeiten orientiert werden. Zumindest die Ausweitung der Geldmenge und die Staatsnachfrage müßten an die reale Wachstumsrate des Sozialprodukts gebunden werden. Erfolgversprechend wäre eine solche Strategie jedoch nur auf der Basis einer funktionsfähigen außenwirtschaftlichen Absicherung. Sie hätte den großen Vorteil, daß die konjunkturpolitischen Instrumente nicht überstrapaziert werden müssen und die Wirtschaft nicht mehr durch konjunkturpolitische Wechselbäder verunsichert wird. Ob es in Kürze allerdings zu einem solchen Wechsel der konjunkturpolitischen Strategie kommt, ist zweifelhaft. Die Konjunkturentwicklung ist gegenwärtig so stark von einem „Gleichgewichtszustand" entfernt, daß kurzfristige konjunkturpolitische Reaktionen vorläufig wahrscheinlich bleiben.

V. KONTROLLFRAGEN

1. Was wird in Wirtschaftstheorie und Wirtschaftspolitik unter dem Begriff „Magisches Viereck" verstanden?
2. Können Sie Beispiele für Zielkonflikte zwischen konjunkturpolitischen Zielen geben?
3. Durch welche Zielkonflikte ist die gegenwärtige Wirtschaftslage der Bundesrepublik gekennzeichnet?
4. Können Sie die vier wirtschaftspolitischen Ziele des „Stabilitäts- und Wachstumsgesetzes" verbal und statisch definieren?
5. Wie können geld- und finanzpolitische Instrumente in der Inflationsbekämpfung zusammenwirken?
6. Mit welchen Instrumenten läßt sich Rezession normalerweise am wirkungsvollsten bekämpfen?
7. Können Sie die Möglichkeiten und Grenzen der Einkommenspolitik als Instrument der Konjunkturpolitik beschreiben und in diesem Zusammenhang auch die Funktion der „Konzertierten Aktion" interpretieren?
8. Mit welchen Methoden läßt sich die sogenannte außenwirtschaftliche Absicherung erreichen?
9. Können Sie Sinn und Problematik der außenwirtschaftlichen Absicherung umreißen?

10. Ist auch heute noch wirtschaftliches Wachstum sinnvoll?
11. Nennen Sie die wichtigsten Bestimmungsgrößen des wirtschaftlichen Wachstums in der Bundesrepublik Deutschland?
12. Unter welchen Bedingungen kann eine Stabilitätspolitik in eine „Stabilisierungskrise" münden? Was heißt Stabilisierungskrise?
13. Was können Sie sich unter einer „regelgebundenen" Konjunkturpolitik vorstellen?
14. Können Sie die Begriffe „Konjunkturpolitik", „Prozeßpolitik", „Globalsteuerung" gegeneinander abgrenzen?
15. Was ist unter „antizyklischer Fiskal(=Finanz)-politik" zu verstehen und welche Instrumente stehen ihr zur Verfügung?

VI. LITERATURHINWEISE

Beyfuss, Jörg: Das Stabilitätsgesetz – Erfahrung und Kritik, „Beiträge des Deutschen Industrieinstituts", Heft 6/1971

Beyfuss, Jörg: Regelmechanismen – konjunkturpolitisches Konzept der Zukunft? „Beiträge des Deutschen Industrieinstituts", Heft 3/1970

Beyfuss, Jörg: Die neue Wirtschaftspolitik – Konzeption und Kritik –, „Beiträge des Deutschen Industrieinstituts", Heft 3/1969

BMW (Texte): Stabilität und Wachstum, überarbeitete Auflage, herausgegeben vom Referat Presse und Information 1970

Katholisch-Soziales Institut der Erzdiözese Köln (Hrsg.): Wirtschaftspolitischer Zielkonflikt und katholische Soziallehre, Köln 1968

Möller, Alex: Kommentar zum Gesetz zur Förderung der Stabilität und des Wachstums der Wirtschaft, Hannover 1968

Sachverständigenrat zur Begutachtung der wirtschaftlichen Entwicklung: Jahresgutachten 1966–1972, erschienen als Bundestagsdrucksache im Verlag Heyer, Bad Godesberg oder im Kohlhammer-Verlag

Schiller, Karl: Marktwirtschaft und Globalsteuerung, in: Reden zur Wirtschaftspolitik, 1 Texte des Bundesministeriums für Wirtschaft)

Schmahl, H. J.: Globalsteuerung der Wirtschaft, Hamburg 1970.

Joachim Starbatty

Konjunkturpolitik und Konzertierte Aktion

INHALT

Vorbemerkung

Die Konjunkturpolitik der letzten Jahre – oder genauer die Globalsteuerung – ist (oder war) ein neues wirtschaftspolitisches Experiment. Neu an ihr war, daß der Staat quantifizierte wirtschaftspolitische Ziele – wie etwa Wachstumsraten – anstrebte. Neu war auch, daß er die gesellschaftlichen (autonomen) Gruppen in die Globalsteuerung einbinden und ihnen Einfluß auf deren Gestaltung einräumen wollte (Konzertierte Aktion). Die Verquickung von Staat und Gesellschaft wäre nicht nur ein neuer konjunkturpolitischer Stil gewesen, sondern hätte zugleich auch die politische Landschaft verändert. Deswegen haben wir bei der Analyse dieses Prinzips, dem über die Konzertierte Aktion hinaus (zum Beispiel bei Etablierung einer irgendwie gearteten zentralen Investitionskontrolle) grundsätzliche Bedeutung zukommt, auch die möglichen Konsequenzen auf die marktwirtschaftliche Ordnung und die Verfassungswirklichkeit anklingen lassen.

I. KONZERTIERTE AKTION ALS KONSTITUTIVES ELEMENT DER KONJUNKTURPOLITIK (GLOBALSTEUERUNG)

1. Konjunkturpolitische Aufgabenstellungen

Konjunkturzyklen sind Schwankungen in der Auslastung des Produktionspotentials um das als normal geltende Niveau (Vollbeschäftigung, gesamtwirtschaftliches Gleichgewicht). Aufgabe der Konjunkturpolitik ist Minimierung, nicht Ausschaltung solcher Schwankungen, ist Verstetigung der Konjunkturentwicklung. Sind bei Normalauslastung des Produktionspotentials noch Arbeitskräfte unbeschäftigt, so können diese durch konjunkturpolitische Maßnahmen (Ausweitung der Gesamtnachfrage) dauerhaft nicht in den Arbeitsprozeß eingegliedert werden. Ankurbelung der volkswirtschaftlichen Gesamtnachfrage würde letztlich nur die Inflationsrate steigen lassen. Diese Form der Arbeitslosigkeit, die wir strukturelle nennen wollen, läßt sich nur durch eine regionale oder sektorale Strukturpolitik bekämpfen (vgl. hierzu den Abschnitt Struktur- und Wachstumspolitik). Strukturpolitik zielt nicht auf die Senkung der Arbeitslosenquote bei bestehendem Produktionspotential, sondern auf die Umgestaltung oder Vergrößerung des Produktionspotentials selbst ab.

Die Klassiker der Nationalökonomie glaubten, daß sich in einer Volkswirtschaft selbsttätig ein gesamtwirtschaftliches Gleichgewicht (Normalauslastung) einstelle, solange sich die Obrigkeit störender Eingriffe enthalte, solange Preise und Löhne nach oben und nach unten voll beweglich seien und hinreichend starker Wettbewerb herrsche – vor allem keine Marktzugangsbeschränkungen. Deshalb müsse die Aufgabe der Obrigkeit auf die Schaffung und Erhaltung dieser Ordnungsbedingungen beschränkt bleiben. Heute glaubt man dagegen auf grund vielfältiger Erfahrungen schließen zu müssen, „daß durch den Markt- und Preismechanismus den übergreifenden gesellschaftspolitischen Zielsetzungen nicht hinreichend entsprochen wird ... und daß eine Verstetigung des Konjunkturverlaufs ohne die Einbeziehung der öffentlichen Hand einfach nicht möglich ist“ [1]. Wir wollen die Einwände einiger Kritiker der vergangenen und heutigen konjunkturpolitischen Praxis übergehen, daß es die Obrigkeiten selbst gewesen wären, die früher und auch heute die konjunkturellen Fehlentwicklungen zu verantworten hätten, die sie dann selbst wiederum zu korrigieren versuchten [2]. Festhalten wollen wir, daß Konjunkturpolitik auf „klassische“ Art und Weise Verbesserung des ordnungspolitischen Rahmens heißt, während heute die direkte Beeinflussung der Nachfrage den gewünschten Gleichgewichtszustand herbeiführen soll. Konjunkturpolitik (Globalsteuerung) hat sich „emanzipiert“, sie steht gleichberechtigt neben der Ordnungspolitik oder sogar vor ihr, d. h. der Ordnungsrahmen wird zur Disposition gestellt, wenn man durch Ausschaltung marktwirtschaftlicher Elemente eher konjunkturpolitische Ziele erreichen zu können glaubt (teilweise Ablösung des freien grenz-

---

1 Schriftlicher Bericht des Ausschusses für Wirtschaft und Mittelstandsfragen über den von der Bundesregierung eingebrachten Entwurf eines Gesetzes zur Förderung der wirtschaftlichen Stabilität, zu Drs. V/1678, S. 1 u. 2 („Elbrächter-Bericht“).

2 Vgl. hierzu A. H. Meltzer: „In dieser Sicht erscheinen die wichtigsten Maßnahmen des Staates nicht als Instrument zur Beseitigung der Instabilitäten, die durch Fehler der Privaten hervorgerufen wurden. Vielmehr sind scharfe Änderungen der Wirtschaftspolitik die Ursachen später auftretender Optimismus-Pessimismus-Wogen. Die Wellen von Optimismus und Pessimismus sind die verzögerten Resultate plötzlicher und einschneidender Kursänderungen der Wirtschaftspolitik des Staates“ (Die Wiederherstellung vernünftiger ökonomischer Rahmenbedingungen, in: „Kredit und Kapital“, 4. Jg. (1971), S. 127). – H. Besters: „Die Konjunkturpolitik ist keineswegs erfolgreich gewesen, wie man es ihr in Unkenntnis der wirklichen Zusammenhänge derzeit gern bescheinigt; vielmehr ist sie selbst in höchstem Maße für die konjunkturellen Ausschläge verantwortlich zu machen.“ (Regelmechanismen oder Staatseingriffe? in: „Die Freiheit erhalten!“ Protokolle des Wirtschaftstages der CDU/CSU, 1969, S. 124).

überschreitenden Kapitalverkehrs durch administrative Kontrollen), oder das marktwirtschaftliche Prinzip selbst wird zugunsten prozeßpolitischer Ziele (Wirtschaftswachstum) instrumentalisiert [3].

2. Das Gesetz zur Förderung der Stabilität und des Wachstums der Wirtschaft (StabWG)

Die konjunkturpolitische Konzeption, die den Staat mit der Sorge um die Konjunkturentwicklung und mit der Verantwortung für die Realisierung des erwünschten Gleichgewichts betraut hat, geht auf John Maynard Keynes zurück. Auf der von Keynes und nach Keynes (weiter)-entwickelten makroökonomischen Überlegung, durch Steuerung der volkswirtschaftlichen Aggregate (privater Konsum, Investitionen, Staatsnachfrage, Auslandsnachfrage) das gewünschte gesamtwirtschaftliche Gleichgewicht zu schaffen, gründet das noch unter Bundeskanzler Erhard im Jahre 1966 eingebrachte und dann während der großen Koalition in zentralen Punkten veränderte „Stabilitäts- und Wachstumsgesetz“, das ursprünglich nur „Stabilitätsgesetz“ heißen sollte.

Das „StabWG“ umfaßt folgende wesentlichen konjunkturpolitischen Absichten und Instrumente:

§ 1 des StabWG präsentiert die *prozeßpolitische Programmatik* („... im Rahmen der marktwirtschaftlichen Ordnung gleichzeitig zur Stabilität des Preisniveaus, zu einem hohen Beschäftigungsgrad und außenwirtschaftlichen Gleichgewichts bei stetigem und angemessenem Wirtschaftswachstum“). Dieses Programm wird gewöhnlich auch „magisches Viereck“ (oder „Polygon“) genannt, womit Assoziationen wachgerufen werden, daß es magischer Kräfte bedürfe, um diese vier volkswirtschaftlichen Ziele zu gleicher Zeit Wirklichkeit werden zu lassen.

§ 2 umfaßt die *Informationspolitik*: die Stellungnahme zum Jahresgutachten des Sachverständigenrates, die Quantifizierung der konjunkturpolitischen Ziele (Zielprojektionen) und die Darlegung der geplanten Politik gegenüber dem Parlament und der Öffentlichkeit (Jahreswirtschaftsbericht).

§ 3 verkörpert die *„Philosophie“* des StabWG *(Konzertierte Aktion)*: die gesellschaftlichen Gruppen setzen sich an den „Tisch der kollektiven Vernunft“ [4] und überlegen unter der Stabführung des verantwortlichen Ministers anhand der ministeriell präparierten Orientierungsdaten, was im Interesse der prozeßpolitischen Programmatik (die Ziele des § 1) und letztlich auch im eigenen Interesse von den autonomen Gruppen zu tun sei.

---

3 Vgl. hierzu: E. Hoppmann, „Neue Wettbewerbspolitik“: Vom Wettbewerb zur staatlichen Mikrosteuerung, „Jahrbücher für Nationalökonomie und Statistik“, Bd. 184 (1970), S. 397 ff.

4 K. Schiller, An die Arbeitnehmer. In: BMWi, Reden zur Wirtschaftspolitik, Bd. 5, S. 69.

§ 4 regelt die *außenwirtschaftliche Absicherung* binnenwirtschaftlicher Stabilitätspolitik, wonach abgestuft auf drei Ebenen (binnenwirtschaftliche Maßnahmen, internationale Koordination, außenwirtschaftliche Maßnahmen) gehandelt werden soll, sobald außenwirtschaftliche Störungen des gesamtwirtschaftlichen Gleichgewichts vorliegen.

§§ 5 bis 28 enthalten das *finanzwirtschaftliche Instrumentarium* (antizyklische Ausgabenpolitik, Konjunkturausgleichsrücklage, mehrjährige Finanzplanung, Investitionsprogramme, Subventionsbericht, Konjunktur- und Finanzplanungsrat zur konjunkturpolitischen Abstimmung von Bund, Ländern und Gemeinden, Kreditplafondierung, Variation der Steuertarife zwecks Steuerung der Konsum- und Investitionsnachfrage, zeitliche Variation der steuerlichen Veranlagung).

§ 29 verschafft der Deutschen Bundesbank Material (Liquiditätspapiere) für ihre Offen-Markt-Operationen zwecks Steuerung der Bankenliquidität *(Komplettierung des geldpolitischen Instrumentariums).*

§ 30 schreibt Anlageformen für die Rücklagen der Bundesanstalt für Arbeit vor.

§ 31 verpflichtet den Sachverständigenrat zur Erstattung zusätzlicher Gutachten, wenn konjunkturelle Fehlentwicklung zu befürchten bzw. eingetreten sind oder wenn die Bundesregierung Sondergutachten in Auftrag gibt.

Das StabWG und das in ihm zusammengefaßte konjunkturpolitische Arsenal wurde bei seiner Taufe im Bundestag als „ein Werk" gefeiert, „das zu dem modernsten Instrumentarium gehört, das einer modernen Volkswirtschaft gegeben werden kann" [5]. Gemäß der Keynesschen Leitideen sollte der Staat nicht nur die Verantwortung für die konjunkturelle Entwicklung übernehmen, sondern seine finanzwirtschaftlichen Aktionsparameter (Ausgaben und Einnahmen) in den Dienst konjunkturpolitischer Ziele („fiscal policy", „functional finance") stellen. Er „steuert" nicht nur, sondern muß sich selbst „ins Ruder legen", um das „Konjunkturschiff" zwischen Scylla und Charybdis, zwischen Vollbeschäftigung und Wachstum einerseits und Geldwertstabilität andererseits, hindurchzumanövrieren.

Diese Form der Konjunkturpolitik übernimmt auch die in den makroökonomischen Modellen implizierten Normen für politisches Verhalten, ein Verhalten, das sich an der „ökonomischen Rationalität" orientiert. Das politisch zu verfolgende Gemeinwohl wird auf die ökonomische Komponente verkürzt. Ausgeklammert werden damit außenpolitische und auch gesellschaftspolitische Ziele, soweit sie nicht mit ökonomischen harmonieren.

Die politische Wirklichkeit sieht anders aus. Der Politiker will in aller Regel erst einmal das ganz unmittelbare Ziel der persönlichen Wieder-

---

5 Berichterstatter Dr. Elbrächter in der 108. Sitzung des 5. Deutschen Bundestages am 10. Mai 1967.

wahl oder des Wahlsieges anstreben [6]. Er wird sein Handeln nur dann konjunkturpolitischen Zielen unterordnen, wenn er sich davon eine günstige oder zumindest keine ungünstige Wirkung auf die Wähler verspricht. Wir müssen also davon ausgehen, daß es in der politischen Wirklichkeit Konflikte zwischen „politischer Rationalität" (Wählerstimmenmaximierung) und „ökonomischer Rationalität" (Auftrag des StabWG) gibt. Das heißt, das StabWG stellt dem Politiker zwar das Instrumentarium zur Verfügung, ob er es aber entsprechend der makroökonomischen Norm anwendet, steht auf einem ganz anderen Blatt.

Nach sieben Jahren Erfahrungen mit dem StabWG wissen wir, wie hellsichtig ein Wort eines seiner Architekten, Karl Schillers, war, gesprochen vor Verabschiedung des StabWG: „Es wäre dann ein Gesetz entstanden, das sich seine Regierung sucht" [7].

Wir wissen, daß sich das Gesetz noch immer auf der Suche befindet, nach einer Regierung, die sich nicht nur die nach ihrer Meinung in die politische Landschaft passenden Vorschriften des StabWG herausgreift und die der prozeßpolitischen Programmatik nicht nur in den ihr genehmen Teilen nachkäme, also nicht nur „Vollbeschäftigungsgarantien", sondern auch „Stabilitätsgarantien" abgäbe. Die Erklärung, warum das so ist, ist leicht zu finden. In den Worten Wilhelm Röpkes: „So ist es, wenn man die Währungsgeschichte studiert, interessant festzustellen, daß es in der Tat von Zeit zu Zeit wirklichen Aufruhr gegeben hat, weil ein Herrscher eine Deflationspolitik durchzuführen versucht hat ... Ich habe mich noch immer nicht belehren lassen können über einen entsprechenden Fall, in dem ein für die Inflation verantwortlich gemachter Staatsmann irgendwelche Unannehmlichkeiten gehabt hätte oder gar ermordet worden wäre" [8].

---

6 Vgl. hierzu: J. A. Schumpeter, Kapitalismus, Sozialismus und Demokratie, 2. Aufl. Bern 1950, besonders das 22. Kapitel. – Vgl. weiter: A. Downs, Ökonomische Theorie der Demokratie, Tübingen 1968. – Downs kritisiert zutreffend den normativen Ansatz der Nationalökonomie, präsentiert aber selbst eine methodologisch höchst fragwürdige Modellstudie, die letztlich nichts anderes als die Übertragung in der Nationalökonomie selbst umstrittener Verhaltenshypothesen („Eigennutz-Axiom") auf die politische Ebene ist.

7 K. Schiller, Preisstabilität durch globale Steuerung der Marktwirtschaft, Tübingen 1966, S. 21.

8 W. Röpke, Fronten der Währungspolitik, in: Geldwert und öffentliche Finanzen, Tagungsprotokoll der Aktionsgemeinschaft Soziale Marktwirtschaft, Nr. 23, Ludwigsburg 1965, S. 33.

3. Die „neue“ Inflation oder das Phänomen der „Stagflation“

In der letzten Zeit glaubt man beobachten zu können, daß Konjunkturpolitik auf herkömmliche Art und Weise – also über die Beeinflussung der gesamtwirtschaftlichen Nachfrage mittels des finanz- und geldpolitischen Instrumentariums – nicht mehr genügend stark auf die Lohn- und Preisentwicklung durchschlägt. Die Märkte seien vermachtet und die gesellschaftlichen Gruppen ließen sich durch die Bemühungen des Staates und der Notenbank in ihren Preis- und Lohnkalkulationen nicht stören. Sie setzten Löhne und Preise „autonom“ fest. Daher auch die Bezeichnung „autonome Gruppen“. Die Produzenten kalkulierten ihre Preise nach den Stückkosten und seien eher bereit, kostensteigernde Lohnforderungen zu akzeptieren als eventuelle Arbeitskämpfe zu riskieren – in der Gewißheit, die Kostensteigerungen über den Preis weitergeben zu können.

Würden die Regierungen restriktive konjunkturpolitische Anläufe unternehmen, so schieden zunächst die Grenzproduzenten oder die auf Nachfragezuwachs orientierten Unternehmen wegen Absatzstockung und Finanzschwierigkeiten aus. Das gesamtwirtschaftliche Güterangebot sinkt und die Arbeitslosigkeit steigt. Es entsteht die für „klassische“ Ökonomen undenkbare Kombination eines allgemeinen Produktions-, Nachfrage- und Beschäftigungsrückganges bei weiterhin ansteigenden Preisen und Löhnen („Stagflation“). Wird der restriktive Kurs durchgehalten, so müßten auch die nach der Stückkostenentwicklung kalkulierenden Produzenten zu sinkenden Preisen ihre Läger räumen, um den Zinsdruck zu mindern, und die Gewerkschaften könnten wegen der Unruhe an der Gewerkschaftsbasis und wegen der allgemeinen Stimmung in der Öffentlichkeit nicht mehr an dem Ziel der Nominallohnsteigerung festhalten. Es wird daher irrtümlich angenommen, daß die „klassische“ Medizin nicht mehr wirke. Es besteht jedoch die Gefahr, daß der Konjunkturabschwung außer Kontrolle gerät oder wie Balogh es formuliert: „The history of crisis ... demonstrate that global measures do ‚work‘. They work, however necessarily by an over-kill“ [9].

Müßten die Produzenten und Gewerkschaften einkalkulieren, bei der nächsten Konjunkturüberhitzung dieselbe „Medizin“ zu schlucken, so könnten die Erfahrungen aus dem letzten Zyklus die Wirtschaftssubjekte

9 Th. Balogh, Nixon as a Keynesian, „New York Times“ vom 17. Juni 1971.

prompter auf geänderte gesamtwirtschaftliche Nachfragekonstellationen reagieren lassen. Der Lerneffekt würde zu einem möglichst synchronen Verlauf staatlicher Konjunkturpolitik und einzelwirtschaftlichen Verhaltensweisen führen. Nur dann könnten eventuelle Verluste vermieden oder unabwendbare minimiert werden. Die skizzierte Therapie setzt neben der Kontrolle der Geldmenge eine grundsätzliche Übereinstimmung über die Grundwerte der bestehenden Wirtschafts- und Gesellschaftsordnung und eine Regierung mit langem Atem voraus. Auf die derzeitigen modernen, demokratisch regierten Wohlfahrtsstaaten bezogen, heißt das: Eine Regierung, die in ihrem Kampf um Geldwertstabilität auch ihr politisches Überleben riskiert.

Eine solche Regierung dürfte kaum zu finden sein. Man verzichtet also nicht auf die Anwendung der „klassischen" Medizin, weil man an ihrer Wirkung zweifelte, sondern weil man ihre Wirkung nicht will. Dann und nur dann brauchen die wirtschaftlich Mächtigen auf Marktimpulse nicht zu reagieren. Die Regierungen würden beginnenden Absatzstockungen und Beschäftigungseinbußen eilfertig mit einer Politik billigen Geldes und allgemeiner Nachfrageankurbelung begegnen. Die auf den „Machttheorien" beruhenden ad hoc-Erklärungen zum Inflationsphänomen sind ein Kind eines ganz bestimmten konjunkturpolitischen Stils. Die Konjunkturpolitik hat sich nicht geändert, weil andere Inflationstheorien modern geworden sind, die Inflationstheorien haben sich geändert, weil sich die Konjunkturpolitik gewandelt hat. Bei faktischen Vollbeschäftigungsgarantien begeben sich die Regierungen in die Hand der Marktmächtigen. Wird die „klassische" Medizin von den Regierungen tabuisiert, kann das Ziel „Geldwertstabilität" nur erreicht werden, wenn die Marktmächtigen freiwillig auf den Einsatz ihrer Macht verzichten.

Die Regierungen, die „Vollbeschäftigungsgarantien" abgeben oder sich im Zweifelsfall so verhalten, als ob sie welche abgegeben hätten, müssen versuchen, daß die gesellschaftlichen Gruppen die ihnen verliehene Macht nicht ausnutzen. Sie müssen ihnen klar machen, daß sich dies nicht für sie auszahlt, daß Verteilungskämpfe niemandem nutzen und daß außer Inflation nichts gewesen ist. Mittel- und langfristig schade der Geldwertschwund sogar auch ihnen, etwa weil die volkswirtschaftlichen Ressourcen nicht mehr optimal genützt würden und weil die Arbeitnehmer neben den allgemeinen Preissteigerungen auch die Entwertung ihrer Spareinlagen hinnehmen müßten.

Dies ist die Erklärungsidee für die „Konzertierte Aktion", eine Idee, die der Sachverständigenrat mit viel Engagement in die politische und wissenschaftliche Diskussion eingeführt hat[10] und die der spätere Wirtschaftsminister dankbar aufgegriffen hat, weil er so die offene Flanke der auf makroökonomischen Modellüberlegungen gegründeten Globalsteuerung schließen zu können glaubte. Auf sein Betreiben ist in das StabWG der § 3 eingeführt worden. Er hat der Konzertierten Aktion auch das Gepräge gegeben. Sie war sein Instrument.

Die „Konzertierte Aktion" als Begriff umfaßt zwei Bedeutungen: sowohl „ein gleichzeitiges aufeinander abgestimmtes Verhalten ... der Gebietskörperschaften, Gewerkschaften und Unternehmensverbände zur Erreichung der Ziele des § 1", also die freiwillige Verhaltensbindung der autonomen Gruppen, als auch die institutionalisierten Gesprächsrunden, in denen eine „Konzertierte Aktion" zuwege gebracht werden soll. Daher kann man im institutionellen Sinne von „Konzertierter Aktion" sprechen, ohne daß sie – als Institution – eine „Konzertierte Aktion", also eine freiwillige Verhaltensbindung, zum Ergebnis gehabt hätte. Im folgenden ist die „Konzertierte Aktion" in der Regel im institutionellen Sinne verwandt worden.

II. DIE AUF DIE KONZERTIERTE AKTION GEGRÜNDETEN ERWARTUNGEN UND BEFÜRCHTUNGEN

1. Die Erwartungen der an der Konzertierten Aktion beteiligten Gesprächspartner

Die Konzertierte Aktion sollte die zwischen den autonomen Gruppen existierenden Konflikte nicht vernebeln, sondern für eine andere, die volkswirtschaftlichen Kosten minimierende – in Form von Verletzungen anderer gesamtwirtschaftlicher Ziele – Austragung sorgen. Die Gespräche – gerade wenn sie geradeheraus geführt würden – ließen die beteiligten Gesprächspartner erkennen, daß sie letztlich „alle in einem Boot" säßen. Dies waren die Erwartungen, die der verantwortliche Minister in den Lernprozeß setzte und die er bereits nach einigen Gesprächsrunden erfüllt sah: „Die Konzertierte Aktion selbst hat unsere

---

10 Vgl. vor allem das Jahresgutachten 1965, in dem der Sachverständigenrat sich ausführlich mit der Möglichkeit einer „Konzertierten Stabilisierungsaktion" auseinandergesetzt hat (Tz. 185 ff).

gesellschaftspolitische Landschaft verändert und wird sie weiter verändern"[11].

Als „Morgengabe" für den Verzicht auf Einsatz ihrer Marktmacht stellte der Minister den beteiligten Gruppen die Vorformung der Wirtschaftspolitik in Aussicht, den einen – den Gewerkschaften – die Konzertierte Aktion als „eine Kampfarena für die Veränderung unserer gesellschaftlichen Landschaft"[12], den anderen – den Unternehmensverbänden – als eine Institution zur Sicherung der marktwirtschaftlichen Ordnung[13]. Die Konzertierte Aktion ging also in ihrer praktischen Bedeutung – genauer: in den Ankündigungen über ihren Stellenwert – weit über das im StabWG Kodifizierte hinaus. Sie sollte nicht nur eine Stätte des Interessen-Clearing der beteiligten Gruppen unter Einschaltung des Staates, sondern ein Institut des „do ut des"[14] sein: Verzicht auf Ausübung von Marktmacht gegen Beteiligung an der Wirtschaftspolitik.

Die Gewerkschaften schienen bereit zu sein, im „Tauschgeschäft" gegen mehr Einfluß auf die offizielle Wirtschaftspolitik sich an die Orientierungsdaten zu halten[15].

Dabei stand folgende Gedankenkette im Hintergrund der Überlegungen: Die bisherigen Erfahrungen mit der Nominallohnpolitik haben bewiesen, daß sich mittels periodischer Maximierung der Nominallohnzuwächse eine Umverteilung nicht erreichen lasse, da die Differenz zwischen Produktivitätszuwachs und Lohnerhöhung durch entsprechende Preissteigerungen wettgemacht würde[16]. Wenn sich die Lohnzuwächse an die Orientierungsdaten anpaßten, so blieben die Reallohnzuwächse gleich, da sich die Inflationsrate entsprechend verringere. Man verliere also nichts,

---

11 K. Schiller, Konjunkturpolitik auf dem Wege zu einer Affluent Society, in: BMWi, Reden zur Wirtschaftspolitik, Bd. 3, S. 156.

12 K. Schiller, An die Arbeitnehmer, a.a.O., S. 68.

13 Vgl. hierzu: H. Adam, Die Konzertierte Aktion in der Bundesrepublik, WSI-Studien, Nr. 21, Köln 1972, S. 35 f.

14 Diese Namensnennung stammt von H. Giersch, Diskussionsbeitrag in: Grundsatzprobleme wirtschaftspolitischer Beratung, Schriften des Vereins für Socialpolitik, Bd. 49, Berlin 1968, S. 377.

15 Vgl. hierzu: H. Kluncker, Vorsitzender der ÖTV: „Wenn die Gewerkschaften an den gesellschaftspolitischen Vorentscheidungen und an den Entscheidungen für alle wichtigen volkswirtschaftlichen Daten beteiligt würden – also auch bei privaten und öffentlichen Investitionen, Gewinnen und Preisen mitbestimmen könnten –, wären wir in der Lage, unsere Tarifpolitik an anderen Maßstäben zu orientieren." („Der Spiegel", Nr. 48, 1970, S. 54).

16 Vgl. A. Christmann, Lohnpolitik im Rahmen mittelfristiger Wirtschaftspolitik, „Gewerkschaftliche Monatshefte", 20. Jg. (1969), S. 277 ff.

wenn man sich in die Globalsteuerung einbinden lasse, gewinne dadurch aber zusätzlichen Einfluß auf deren Gestaltung im Sinne eigener Zielsetzung. Die Gewerkschaften wollten folgerichtig die Konzertierte Aktion über konjunkturelle Fragen hinaus gesellschaftspolitische Anliegen behandeln lassen [17].

Industrie- und Arbeitgeberverbände waren für die Konzertierte Aktion, weil sie glaubten, daß sich so Arbeitskämpfe vermeiden, die Lohnkostenentwicklung besser übersehen und die Planung betrieblicher Investitionen und Entwicklungen genauer kalkulieren ließen. Sie wollten jedoch die Hinwendung der Konzertierten Aktion zu einem gesellschaftspolitischen Forum verhindern. Sie verwiesen deshalb auf den „klar umrissenen Gesetzesauftrag“, mit dem die Konzertierte Aktion eindeutig eine konjunkturpolitische Zielsetzung erhalten habe [18].

2. Ordnungspolitische Kontroversen
Ablösung oder Ergänzung des Koordinationsprinzips „Markt“?

Diesem Instrument der gesellschaftlichen Integration ist vor allem von liberaler Seite der Vorwurf gemacht worden, daß es den Marktmechanismus außer Kraft und an dessen Stelle einen „organisierten Interessenausgleich“ setze [19], während die Befürworter der Konzertierten Aktion gerade deren Systemkonformität herausstellen [20].

Die Begründung lautet: Da die „walrasianische Landschaft“ mit einer Fülle dezentralisierter Entscheidungsorte durch eine gruppenhaft aggregierte Gesellschaft abgelöst worden sei, könnten auch die Konflikte nicht mehr auf dem Markt „par tâtonnement“ oder durch „trial and error“ gelöst werden, da die „errors“ ein solches Ausmaß annehmen könnten, daß eventuelle volkswirtschaftliche Verluste kaum noch wettzumachen seien.

Aufgabe der Konzertierten Aktion ist, die autonomen Gruppen gesamtwirtschaftliche Tableaus diskutieren, isolierte Strategien durchspielen und ihre Konsequenzen auf andere Variable aufdecken zu lassen. Fehlent-

---

17 Vgl. H. Adam, a.a.O., S. 30 ff.
18 Vgl. W. Eichler, Schiller-Konzert: Neue Musik? „Der Arbeitgeber“, 1968, Nr. 13/14, S. 387.
19 Die Bezeichnung stammt von W. A. Jöhr. Vgl. Jöhr–Singer, Die Nationalökonomie im Dienste der Wirtschaftspolitik, Göttingen 1957, S. 155 ff.
20 Vgl. O. Schlecht, Die Konzertierte Aktion als Instrument der Wirtschaftspolitik, Tübingen 1968, S. 21 f.

wicklungen könnten so frühzeitig erkannt und damit verhindert werden. Der Marktmechanismus soll also nicht ersetzt, sondern simuliert werden. Die Gesprächsrunden können somit als simulierte Marktprozesse aufgefaßt werden, oder in den Termini von Giersch: „Die ex post-Koordination über den Markt soll durch die ex ante-Koordination und über die freiwillige Übereinkunft ersetzt werden“ [21].

Das Urteil über die Systemkonformität hängt von der Einschätzung der Wirksamkeit des Marktmechanismus und der Langzeitwirkungen der Verhaltensabstimmung ab. Wenn man der Meinung ist, daß die Abstimmung über den Markt hohe soziale Kosten verursache, der Markt also seine Koordinationsfunktion nicht mehr wahrnehmen könne und deshalb das marktwirtschaftliche Marktprinzip in toto gefährdet sei, so wird man die Form der ex ante-Koordination als systemkonform charakterisieren müssen, als inkonform, wenn man hingegen glaubt, daß der Marktmechanismus, so unvollkommen er auch arbeite, doch zu besseren Ergebnissen führe und daß die freiwillige Verhaltensabstimmung einen Umbruch im wirtschaftspolitischen Denken signalisiere, wobei eine Volkswirtschaft geradewegs „in eine Art ‚Planification française‘ hineinschlittern wird“ [22]. Die ordnungspolitische Beurteilung der Konzertierten Aktion ist damit zunächst eine Folge unterschiedlicher Diagnosen und Prognosen. Ein sicheres Urteil ist nicht ex ante, sondern nur entsprechend dem Grundsatz „an den Früchten sollt ihr sie erkennen“ möglich.

Einschränkung der Tarifautonomie?

Der Verzicht auf Marktmacht heißt für die autonomen Gruppen konkret, sich bei Lohn- und Preisforderungen an die gemeinsamen Verabredungen zu halten. Damit existiert ein Spannungsverhältnis zwischen der Tarifautonomie und den „Orientierungsdaten“, ein Begriff der unverfänglicher klingt als „Lohnleitlinien“. Nach offizieller Lesart heben die Verabredungen in der Konzertierten Aktion die Tarifhoheit nicht auf. Die Orientierungsdaten sollten lediglich bei anstehenden Entscheidungen so etwas wie eine gesamtwirtschaftliche „Hilfestellung“ sein. Doch welchen Wert hätten die Gespräche, wenn sich die Beteiligten nicht an

---

21 H. Giersch, Infrastruktur und Regionalpolitik, in: A. Plitzko (Hrsg.), Planung ohne Planwirtschaft, Basel und Tübingen 1964, S. 70.

22 F. A. Lutz, Zielprojektionen – kein harmloses Vergnügen, „Frankfurter Allgemeine Zeitung“, Nr. 282 vom 5. 12. 1967.

die Verabredungen gebunden fühlten? Die Prozeßsteuerung liefe empfindlich aus dem Ruder, wenn die staatliche Konjunkturpolitik auf Tableaus beruhte, deren tragende Säulen von Anfang an brüchig sind. Giersch hat für das Spannungsverhältnis zwischen Tarifautonomie und Orientierungsdaten folgende geradezu klassische und zugleich entlarvende Formulierung gefunden: „Alle Beteiligten müssen das Gefühl der Freiheit haben und doch die innere Bindung spüren; denn sie brauchen die äußere Freiheit vor jeder Tarifverhandlung, um ihre Existenzberechtigung zu demonstrieren“ [23]. Die Exekutive erwartete auch, daß sich die Tarifpartner an die Abmachungen der Konzertierten Aktion gebunden fühlten [24]. Damit ist klargestellt, daß die Konzertierte Aktion als Institution des „do ut des“ nur funktioniert, wenn die Tarifautonomie, abgesehen von einem tolerierbaren Spielraum, nach den Gesprächen faktisch aufgehoben ist.

Entmachtung des Parlaments?

Liberale Kritiker behaupten, daß die Konzertierte Aktion einem bevorzugten, geschlossenen Kreis („closed shop“) das Privileg einräume, vorab und genauer informiert zu werden und die Wirtschaftspolitik zum eigenen Vorteil „vorformen“ zu können. Die Konzertierte Aktion gehe zu Lasten des Parlaments, das immer mehr zu einer Akklamationsmaschine bereits in der Konzertierten Aktion abgeklärter Entscheidungen degradiert werde [25]. Die Entgegnung von Schlecht [26], der Vorwurf der Entmachtung des Parlamentes gehe völlig an der Wirklichkeit vorbei, weil die Bundesregierung zwar nach Konsultation der Gruppen, aber letztlich nach eigenem Ermessen und ohne Beschlußfassung in der Konzertierten Aktion entscheide, mag formal der Praxis entsprechen, doch wollen die Gruppen ihre Einlassungen genau so wenig als unverbindliche Anregung gewertet wissen, wie die Bundesregierung gewisse

---

23 H. Giersch, Diskussionsbeitrag in: Grundsatzprobleme wirtschaftspolitischer Beratung, a.a.O., S. 443.

24 O. Schlecht, Das Konzept der neuen Wirtschaftspolitik, BMWi – Texte, Nr. 29, 14. 8. 1968, S. 14: „Aber niemand kann bei solchen konkreten lohnpolitischen Auseinandersetzungen mehr so handeln, als ob es den Dialog in der Konzertierten Aktion nicht gäbe“.

25 Vgl. hierzu: K. Biedenkopf, Ordnungspolitische Probleme der neuen Wirtschaftspolitik, „Jahrbuch für Sozialwissenschaft“, Bd. 19 (1968), S. 308 ff. und H. H. Rupp, Konzertierte Aktion und freiheitlich-rechtsstaatliche Demokratie, in: E. Hoppmann (Hrsg.), Konzertierte Aktion, Kritische Beiträge zu einem Experiment, Frankfurt/M. 1971, S. 1 ff.

26 O. Schlecht, Konzertierte Aktion . . ., a.a.O., S. 21 f.

Verständigungen über Orientierungsdaten als unverbindliches Geplauder am Kaminfeuer betrachtet. Wäre dem so, wie Schlecht behauptet, dann fehlte der Konzertierten Aktion von vornherein die Geschäftsgrundlage. Die Auffassung von Biedenkopf, daß die Installation der Konzertierten Aktion auf Kosten der Prärogative des Parlaments gehe, wird auch von H. Adam geteilt, wobei allerdings Adam der Auffassung ist, daß diese Machtverschiebung gerechtfertigt sei, da das Parlament seine gesellschaftlich integrative Kraft längst eingebüßt habe [27]. Die Parlamentarier selbst sahen in der Konzertierten Aktion wohl so etwas wie die Inthronisation einer Nebenregierung und waren ihr gegenüber von einem latenten Mißtrauen erfüllt [28].

Entmachtung des Staates oder „Zähmung" der Macht der autonomen Gruppen?

Daß die Exekutive bei Beteiligung der Marktmächtigen an den staatlichen Entscheidungen „instrumentalisiert" würde, wurde Walter Eucken nicht müde zu warnen:

„Sobald solche Machtgebilde staatliche Privilegien erhalten, macht sich ein circulus vitiosus geltend. Ähnlich wie in der Zeit des mittelalterlichen Lehenswesens werden die verliehenen Hoheitsrechte und Privilegien dazu benutzt, erneut weitere Rechte und Privilegien zu erkämpfen" [29]. Der verantwortliche Minister hegte andere Erwartungen. Er sah durch den Erziehungseffekt der Konzertierten Aktion Rationalität und Einsicht bei den großen Gruppen wachsen, so daß der Staat immer weniger direkt in das Wirtschaftsleben eingreifen müsse, sondern sich in einen „Aufklärungs- und Orientierungsstaat" verwandeln könne, „der mit Argumenten statt mit Befehlen regiert und der seine Argumente an jene gesellschaftlichen Gruppen adressiert, die zu Trägern und Voll-

---

27 H. Adam, a.a.O., S. 44 ff.

28 Der Vorsitzende des Arbeitskreises „Finanzen und Haushalt" der CDU/-CSU-Fraktion, W. Pohle, stellte fest: „Bei einem solchen Verfahren (Behandlung über die Einkommenspolitik hinausgehender Fragen, d. V.) besteht auch für unsere Wirtschaftsordnung die deutliche Gefahr, daß hier eine Art Nebenregierung in der Form eines Bundeswirtschaftsrats entsteht, in der allgemeinpolitische Fragen vorentschieden werden, durch die sich die gesetzgebenden Körperschaften unvermittelt vor vollendete Tatsachen gestellt sehen" (Das Stabilitätsgesetz im politischen Alltag, „Wirtschaftstag der CDU/CSU", 1969, a.a.O., S. 92).

29 W. Eucken, Grundsätze der Wirtschaftspolitik, Tübingen–Zürich 1955, S. 334.

streckern seiner aufgeklärten Wirtschaftspolitik avancieren"[30]. In diesem Bild ist alles eingefangen, was an Ideen hinter der Konzertierten Aktion steckt: Ein „aufgeklärter", optimistischer Konstruktivismus, der die Macht der autonomen Gruppen durch Einbindung in die Globalsteuerung zu Erfüllungsgehilfen staatlicher Wirtschaftspolitik „avancieren" lassen will.

Der ministerielle Optimismus bezüglich der Präponderanz der Exekutive gründete auf folgenden Annahmen:

— Im Ministerium laufen die Fäden zusammen und kreuzen sich die Informationskanäle;
— der Minister präsentiert die Tableaus und erläutert Inkonsistenzen in den Argumentationsketten der autonomen Gruppen;
— Bundesbank und Sachverständigenrat werden auf Seiten des Ministers stehen, wenn das Ziel „Geldwertstabilität" ins Hintertreffen geraten sollte;
— die Konkurrenz der Verbände balanciert deren Macht aus und verschafft dem Minister als Schiedsrichter und Schlichter ein hohes Maß an informeller Autorität und ermöglicht es ihm, eigene Vorstellungen als Kompromißformeln zu präsentieren.

3. Die konjunkturpolitischen Ziele

Die Konzertierte Aktion ist als ordnungspolitischer Ansatz zwecks Realisierung prozeßpolitischer Ziele zu verstehen. Deswegen waren wir genötigt, zunächst das ordnungspolitische Soll zu präsentieren und die dabei implizierten Nebenwirkungen offenzulegen. Die Konzertierte Aktion soll dazu dienen, konjunkturelle Fehlentwicklungen möglichst frühzeitig durch die Simulierung von Marktprozessen erkennen und somit verhindern zu können. Das Produktionspotential sollte voll ausgeschöpft werden, ohne daß dabei inflationäre Spannungen entstünden. Makroökonomisch bedeutet dies die Abstimmung des Güter- und Einkommensstroms. Wenn eine der Gruppen ihren Anteil am Volkseinkommen steigern wolle, so ist dies nur bei inflationsneutraler Umverteilung möglich. Die Abstimmung über den Einkommenszuwachs verhindere, daß es wie bei früheren Zyklen zu einem Voraneilen der Gewinne und zu einem Aufholen der Löhne komme. Die gleichgewichtige Entwicklung von Löhnen und Gewinnen sowohl im Verhältnis zuein-

30 K. Schiller, Vorwort in: A. Shonfield, Geplanter Kapitalismus. Wirtschaftspolitik in Westeuropa und USA, Köln–Berlin 1968, S. XX.

ander als auch im Verhältnis zur Entwicklung des Produktionspotentials verstetige die Konjunkturentwicklung. Deshalb bräuchten Kapazitätsauslastung und Wachstumsrate nur minimal um das als angemessen geltende Niveau zu schwingen. Das eigentliche Ziel der Konjunkturpolitik wäre erfüllt.

III. KONJUNKTURENTWICKLUNG – AUS DEM RUDER!

1. Die konjunkturelle Entwicklung

Die konjunkturelle Entwicklung zeitigte nicht die durch den Einsatz der Konzertierten Aktion erhofften positiven Wirkungen. Wenn der Sachverständigenrat und die Bundesregierung selbst von einem „Verteilungskampf" sprechen [31], so wird damit konstatiert, daß die Erwartungen in ein neues gesellschaftliches Bewußtsein der autonomen Gruppen getrogen haben. Die Tarifpartner ließen sich nicht davon abhalten, im Schutze von Vollbeschäftigungs- und Absatzgarantien ihre „Marktchancen" wahrzunehmen. In der folgenden Tabelle sind die Orientierungsdaten und andere entweder mit den Orientierungsdaten zusammenhängende oder für den Erfolg der Konzertierten Aktion zentralen Werte (Soll und Ist) gegenübergestellt worden. Die Jahre 1967–1969 zeigen eine relativ starke Übereinstimmung von Soll und Ist bei der Lohnentwicklung. Das Tariflohnniveau auf Stundenbasis entsprach – bis auf geringe Abweichungen – den Orientierungsdaten, die Lohnkosten blieben fast konstant (der Anstieg in 1969 ist vornehmlich auf das letzte Dritteljahr zurückzuführen – Stichwort: wilde Streiks). Die anderen Daten wie Bruttoeinkommen aus Unternehmertätigkeit und Vermögen und Bruttosozialprodukt (BSP) sind dagegen total verschätzt worden.

Als Ergebnisse des Konjunkturzyklus 1967–1971 müssen wir festhalten:
— die Orientierung des Volkseinkommens (Einkommen aus unselbständiger Arbeit und aus Unternehmertätigkeit und Vermögen) am Zuwachs des Produktionspotentials ging völlig verloren;
— als Folge explodieren die Lohne geradezu;
— die Preisentwicklung für das Bruttosozialprodukt und für die private Lebenshaltung waren die inflationäre Kehrseite der Überforderung der Volkswirtschaft;
— das Voraneilen der Gewinne war außergewöhnlich stark, das Aufholen der Löhne noch außergewöhnlicher;

31 Jahresgutachten 1971, Tz. 64 ff. und Jahreswirtschaftsbericht 1972, Tz. 5.

— dies verschärfte die konjunkturellen Ausschläge. Von einer Glättung der Kapazitätsauslastung um das als angemessen geltende Niveau konnte keine Rede sein.

Die lohn- und konjunkturpolitische Entwicklung – Anstieg in %
Soll und Ist

		1967	1968	1969	1970	1971	1972	1973	1974
Soll [a]	Lohnpol. Orientierungs-daten	3,5[b]	4–5[c]	5,5–6,5[c]	9,5–10,5[d]	7–8[d]	6–6,5[d]	9–10[d]	8,5–9,5[d]
	Bruttoeink. aus unselbst. Arb.		4,7	8,5	13,0	+10,0	7,5	10–11	7–8,5
	Zuwachs des BSP in konst. Preisen		4,0	4,4	4,3	3,3	2,4	5	0–2
	Preisentw. d. BSP (Deflator)		2,1	2,5	5,0	4,5	5,0	5,5	6,5–7
	Priv. Lebens-haltungskosten		2,5	2,0	3,0	3,0	4,5	5,5–6	8–9
	Bruttoeink. aus Unt. u. Verm.		11,8	4,0	4,5	3,5	6,5	9–10	3–5
Ist	Tarifl.-niv. auf Stundenbasis	4,0	4,0	7,0	12,9	14,2	9,4	10,6	12,8
	Effekt. verd. je Besch.	3,2	6,1	9,2	14,7	11,7	9,0	10,3	12,3
	Bruttoeink. aus unselbst. Arb.	+0,2	7,4	12,7	17,7	13,3	9,7	13,5	9,6
	Zuwachs d. BSP in konst. Preisen	—0,2	7,3	8,2	5,8	2,7	3,0	5,1	0,4
	Preisentw. d. BSP (Deflator)	1,1	1,6	3,6	7,1	7,8	6,1	5,9	6,5
	Priv. Lebens-haltungskosten	1,7	1,6	2,7	3,8	5,2	5,6	7,0	7,3
	Bruttoeink. aus Unt. u. Verm.	—1,9	17,5	6,6	9,7	3,7	7,1	8,9	—0,7
Ist	Lohnkosten je Prod.-Einheit[e]	0,4	—0,2	+3,2	10,1	9,6	5,7	7,5	9,3
	Produktivität[f]	2,9	6,9	6,2	4,4	2,8	3,6	5,0	2,5
	Zuwachs d. Produktions-potentials[g]	4,7	4,7	4,7	4,6	4,5	4,5	4,5	3,7

Quelle: Jahreswirtschaftsberichte (JWB), Jahresgutachten (JG), „Wirtschaft und Statistik", Monatsberichte der Deutschen Bundesbank, eigene Berechnungen.

a Die „Soll"-Werte sind den jeweiligen JWB entnommen. Im JWB 1967 wird noch keine quantitative Vorausschau geliefert.

b Tariflohnerhöhung auf Stundenbasis, enthalten in der am 1. März 1967 der Presse übergebenen Jahresprojektion.
c Tariflöhne und Gehälter (Stundensatz) JWB 1968, 1969 (Jahresprojektion).
d Effektivverdienste je Beschäftigten (JWB 1970, Tz. 49; JWB 1971, Tz. 54; JWB 1972, Tz. 39) bzw. Bruttoeinkommen je beschäftigten Arbeitnehmer (JWB 1973, Anlage II, Tz. 26 und JWB 1974, Anlage II, Tz. 20).
e Bereinigt um Änderungen in der Struktur der Erwerbsfähigkeit; berechnet als Quotient aus dem Index der Bruttoeinkommen aus unselbständiger Arbeit je abhängig Beschäftigten und aus dem Index des BIP in Preisen von 1962 je Erwerbstätigen (vgl. Jahresgutachten 1972, Tab. 62 und „Wirtschaft und Statistik", H. 2, 1975).
f Bruttoinlandsprodukt in Preisen von 1962 je Erwerbstätigen-Zuwachs in % (vgl. JG 1972, Tab. 62 und „Wirtschaft und Statistik", H. 2, 1975). (Zuwachs in %).
g Von konjunkturellen Schwankungen der Investitionen bereinigt, Quelle: BMWi, Studienreihe 1, S. 7, Tab. 1 (1973) und JG 1974, Tab. 19.

2. Versagen der Konzertierten Aktion?

Die konjunkturelle Fehlentwicklung kann von niemandem bestritten werden. Ist daran die Konzertierte Aktion schuld, war sie ohne irgendeinen Einfluß auf die Konjunkturentwicklung, oder hat sie gar eine noch stärkere Fehlentwicklung verhindern können? Vorsichtig, doch positiv wertet die Bundesregierung die Wirkung der Konzertierten Aktion: „Dennoch dürfte die Konzertierte Aktion als Diskussionsforum zur Entschärfung des Verteilungskampfes beigetragen haben" [32].

Die Hypothese der Bundesregierung zu überprüfen, ist nicht unproblematisch, da wir nicht die Entwicklung ohne Einwirkung durch die Konzertierte Aktion kennen. Um eine etwa zutreffende Beurteilung zu finden, wollen wir prüfen, wie es um Lohnkosten und Gewinn-Lohn-Lags in früheren Konjunkturzyklen in der Bundesrepublik Deutschland bestellt war – der Vergleich mit anderen Ländern ist nicht aussagekräftig, da eventuelle negative Abweichungen auf andere Ursache-Wirkungs-Konstellationen (Organisation der Gewerkschaften, soziales Klima ...) zurückzuführen sein mögen. Dieses Problem besteht grundsätzlich auch bei einem intertemporalen Vergleich, doch in einem weitaus geringeren Ausmaß. Fällt dieser Vergleich zuungunsten des letzten Konjunkturzyklus aus, so ist damit eine notwendige Bedingung zur Beurteilung der Konzertierten Aktion gewonnen. Dies ist aber noch nicht hinreichend, um die Verantwortlichkeit der Konzertierten Aktion zu beweisen. Wir müssen belegen, daß die bessere oder schlechtere Entwicklung im Ver-

32 Jahreswirtschaftsbericht 1973, Tz. 55.

gleich zu früheren Zyklen mit der Wirkungsweise der Konzertierten Aktion ursächlich zusammenhängt (hinreichende Bedingung).

Wenden wir uns der notwendigen Bedingung zu: Lohnkosten und Gewinn-Lohn-Verhältnis.

— *Lohnstückkosten:* Sie stiegen in der Nachkriegszeit noch nie so stark wie in den Jahren 1970/71 (10,1 und 9,6 %). Sogar während des Korea-Booms (1951) lagen sie deutlich darunter (7,6 %) [33].

— *Gewinn-Lohn-Verhältnis:* Eine Minimierung des zyklenverschärfenden Lohn-Lags gab es nicht. Aus der nachfolgenden Abbildung geht die Gleichsinnigkeit von Gewinn-Lohn- und Konjunkturentwicklung – das Voraneilen der Gewinne fällt zeitlich mit dem Konjunkturaufschwung (Anstieg der Wachstumsrate) zusammen – deutlich hervor.

Gewinn-Lohn-Entwicklung seit 1950

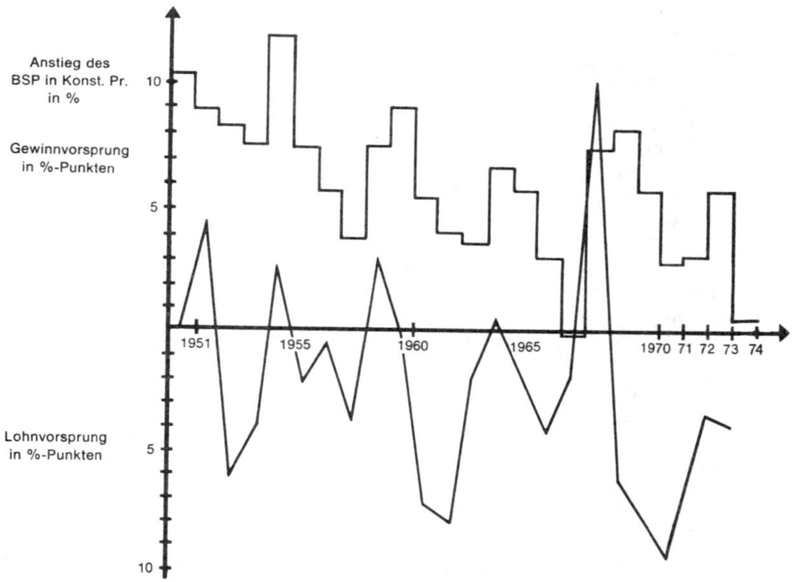

33 *Anstieg der Lohnkosten je Produkteinheit in %*

1951	52	53	54	55	56	57	58	59
7,6	1,0	0,6	0,0	0,2	3,4	3,1	3,9	1,0

60	61	62	63	64	65	66	67	68	69
2,0	5,4	5,6	2,9	1,7	3,9	4,3	0,4	–0,2	3,2

1970	71	72	73	74
10,1	9,6	5,7	7,5	9,3

Quelle: Jahresgutachten 1972, Tab. 62. – Eigene Berechnungen –.

Noch nie aber war die Schwingungsamplitude so stark wie im jüngsten Zyklus[34].

Man kann die geschilderten Fehlentwicklungen der Konzertierten Aktion nur anlasten, wenn nachgewiesen wird, daß sich die Gewerkschaften in

34 *Gewinn-Lohn-Relation*

	51	52	53	54	55	56	57	58	59	60	61	62	63
(1) Anstieg des BSP in % (konst. Pr.)	10,4	8,9	8,2	7,4	12,0	7,3	5,7	3,7	7,3	9,0	5,4	4,0	3,4
(2) Anst. d. Bruttoeink. aus Untern. u. Verm.	21,1	16,0	4,1	5,1	14,6	9,5	9,0	4,7	10,2	11,6	5,0	2,5	5,4
(3) Anst. d. Bruttoeink. aus unselbst. Arb.	21,2	11,5	10,4	9,3	14,0	12,1	9,7	8,5	7,1	12,2	12,4	10,6	7,3
(4) Abweichung zugunsten von (2) in %-Punkt.		4,5			2,6				3,1				
(5) Abweichung zugunsten von (3) in %-Punkt.	0,1		6,3	4,2		2,6	0,7	3,8		0,6	7,4	8,1	1,9

	64	65	66	67	68	69	70	71	72	73	74
(1) Anstieg des BSP in % (konst. Pr.)	6,7	5,6	2,9	–0,2	7,3	8,2	5,8	2,7	3,0	5,3	0,4
(2) Anst. d. Bruttoeink. aus Untern. u. Verm.	10,0	8,1	3,4	–1,9	17,5	6,6	9,7	4,4	6,5	9,6	—0,7
(3) Anst. d. Bruttoeink. aus unselbst. Arb.	9,4	10,3	7,6	0,1	7,4	12,7	17,7	13,3	9,7	13,5	9,6
(4) Abweichung zugunsten von (2) in %-Punkt.	0,6				10,1					–	–
(5) Abweichung zugunsten von (3) in %-Punkt.		2,2	4,2	2,9		6,1	8,0	9,8	3,7	3,9	10,3

Quelle: Jahresgutachten 1972, Tab. 61 – Eigene Berechnungen.

Unkenntnis des rasanten Aufschwungs bei den Tarifverhandlungen aufgrund der restriktiven Orientierungsdaten zurückhielten und dann, diese Diskrepanz sehend, Versäumtes durch besonders hohe Lohnforderungen wettmachen wollten. Genau dann müßten sich Lohnkosten und Gewinn-Lohn-Relation wie geschildert entwickeln. Es kann nicht zweifelhaft sein, daß gerade die sehr zurückhaltenden Orientierungsdaten, was den Konjunkturaufschwung angeht, ein gerüttelt Maß Schuld tragen, daß die geschilderte Diskrepanz zwischen Gewinnen und Löhnen zustande kam. So läßt der Vergleich zwischen Orientierungsdaten und Entwicklung des Tarifniveaus auf die Einhaltung der Orientierungsdaten schließen [35]. Der damals amtierende Wirtschaftsminister hat die Übereinstimmung ausdrücklich dem Einfluß der Konzertierten Aktion zugeschrieben: „Eigentlich hat sich die Konzertierte Aktion ... bisher fast zu gut bewährt, wir haben eine Tarifvertragsentwicklung, die sich im Schnitt immer noch im Rahmen der Orientierungsdaten sieht, nämlich bei plus 6,5 v. H. für dieses Jahr, vielleicht ein bißchen darüber. Während wir in einer wage drift leben, die um 3 bis 4 Prozent darüber hinausgeht“ [36].

Daß diese konjunkturelle Fehlentwicklung kein einmaliger Betriebsunfall war, beweisen die Erfahrungen in den Ländern, die ebenfalls Einkommenspolitik zu betreiben versuchten. Es bildete sich ein typisches Phasenschema heraus, das für alle Länder mit gewissen Abweichungen zutrifft:

— In der Anfangsphase (Talsohle, beginnender Konjunkturaufschwung) halten sich die Gewerkschaften an die „Lohnleitlinien“ („Orientierungsdaten“, „guide-posts“);

— in der zweiten Phase steigen die Gewinne sehr rasch, die Effektivlöhne steigen rascher als die Tariflöhne, vereinzelt werden „schwarze“ Löhne gezahlt; es häufen sich wilde Arbeitskämpfe, die Gewerkschaftsführungen sehen ihren Einfluß auf die Basis schwinden [37];

---

35 Die Orientierungsdaten sahen für den Zeitraum 1967/69 einen Anstieg des Tariflohnniveaus auf Stundenbasis von 14,6 % vor, der tatsächliche Anstieg betrug 15,7 %.

36 K. Schiller, Freiheitliche Marktwirtschaft in der Bewährung, 33. Arbeitstagung der Aktionsgemeinschaft Soziale Marktwirtschaft, Ludwigsburg 1969, S. 87.

37 Vgl. H. Hoefnagels zu den lohnpolitischen Erfahrungen in den Niederlanden: „Dies war für die Gewerkschaften um so schlimmer, als diese Gewinne immer mehr dazu benutzt wurden, um ‚schwarze Löhne‘ zu zahlen. Löhne, die zehn bis zwanzig Prozent über den gesetzlich gestatteten lagen, waren keine Ausnahme“ (Experimente mit dem Lohn – Hollands Gewerkschaften machen nicht mehr mit, „Die Zeit“, Nr. 14 vom 1. April 1966, S. 38).

— der Nachholbedarf an Löhnen wird durch eine aggressive Verhandlungsstrategie wettgemacht und überkompensiert; insgesamt wird der Konjunkturzyklus durch die Einkommenspolitik verschärft.

IV. GRÜNDE FÜR DAS SCHEITERN DER KONZERTIERTEN AKTION

1. Unzulängliche Konjunkturpolitik

Falsche Prognosen und die fehlende außenwirtschaftliche Absicherung waren sowohl der Gewinn- als auch der Lohnkostenexplosion förderlich, und die Finanzpolitik tat ein übriges, um die Preis- und Lohnerhöhungsspielräume nicht zu schmälern. Bei der Erklärung, den Umständen die Unwirksamkeit beziehungsweise die negativen Auswirkungen der Konzertierten Aktion zuzuschreiben, darf man nicht stehenbleiben, sondern es ist zu klären, warum die Umstände so und nicht anders waren. Offene außenwirtschaftliche Flanke, funktionsunfähige Geldpolitik, falsche Prognosen, prozyklische Finanzpolitik sind durchaus immanente Konsequenzen des hier analysierten konjunkturpolitischen Stils, und der „Dirigent" hätte dies bei seinen „Konzertierungen" nicht vergessen dürfen. Da eben vom Ansatz her die Konzertierte Aktion nur funktionieren kann, wenn die übrigen Instrumente der Globalsteuerung ihre Arbeit tun, kann man nicht behaupten, die Konzertierte Aktion habe funktioniert, nur hätten die übrigen Instrumente versagt.

Als eine Variante tritt hinzu, daß die Bundesregierung sich selbst in zweifacher Weise als Dirigenten der Konzertierten Aktion desavouiert hat:

— Sie hat die hohen Lohnsteigerungen in den Jahren 1970, 1971 sich selbst auf das Haben-Konto geschrieben und damit die Gewerkschaften indirekt zu weiterem Zupacken ermuntert;

— sie hat sich als Arbeitgeber nicht nur nicht an die eigenen Orientierungsdaten gehalten, sondern sogar die Rolle des Vorreiters übernommen.

Die Bundesregierung mußte sich vorhalten lassen, daß sie es unterlassen habe, während kritischer Situationen der Konzertierten Aktion Orientierungsdaten vorzulegen. Die Regierung wies diesen Vorwurf als unbegründet zurück. Man kann jedoch für das Jahr 1970 durchaus einen langen „Sommerschlaf“ der Konzertierten Aktion oder – genauer – des Dirigenten konstatieren. Falsch wäre aber die Schlußfolgerung, daß dies für die Fehlentwicklung ursächlich gewesen sei. Hätte der Minister stabilitätsgerechte Orientierungsdaten vorgelegt und die Gewerkschaften von der Fruchtlosigkeit hoher Nominalforderungen zu überzeugen versucht, so hätte er einen solchen Eklat provoziert, daß niemand mehr an die gesellschaftlich integrative Kraft der Konzertierten Aktion geglaubt hätte. Der Architekt der Konzertierten Aktion hätte selbst bewiesen, daß sich die autonomen Gruppen nur so lange an den Gesprächen beteiligen, wie es ihren Interessen nützt oder zumindest nicht schadet. Damit haben wir auf einen Umstand aufmerksam gemacht, warum die Konzertierte Aktion nie das leistet, was sich ihre Befürworter erhofften und was ihre Gegner befürchteten.

2. Fortsetzung des traditionellen Bargaining mit anderen Mitteln

Die Konzertierte Aktion hatte nie die Chance, ein „Tisch der kollektiven Vernunft“ zu werden, sobald es über die Präliminarien hinausging. Die Gespräche in der Konzertierten Aktion waren bloß die Fortsetzung des traditionellen Bargaining, des Aushandelns und Übervorteilens, mit anderen Mitteln. Die Gesprächspartner gingen mit unterschiedlichen, sogar widersprüchlichen Erwartungen in die Konzertierte Aktion. Jede Gruppe erhoffte sich einen Vorteil ohne entsprechende Gegenleistung:

— Die Bundesregierung wollte das lohn- und preispolitische Wohlverhalten der autonomen Gruppen und offerierte die Beteiligung an den Makrodezisionen, die diese sowieso hätten usurpieren können. Die autonomen Gruppen sollten als Träger und Vollstrecker der „aufgeklärten“ staatlichen Wirtschaftspolitik fungieren („Instrumentalisierung“ der autonomen Gruppen);

— die Gewerkschaften glaubten, die Konzertierte Aktion tue ihren verteilungspolitischen Zielen keinen Abbruch und ihre weitergehenden gesellschaftspolitischen Zielvorstellungen ließen sich über die Konzertierte Aktion leichter und direkter realisieren („Instrumentalisierung“ des Staates);

— die Unternehmensverbände erwarteten lohnpolitisches Wohlverhalten; gesellschaftspolitische Ziele sollten außen bleiben.

Die Gegensätze mußten aufbrechen, wenn es an die Konkretisierung der an sich von allen gewünschten makroökonomischen Ziele ging. So wurden in der Tat kontroverse gesellschaftspolitische Fragen nicht diskutiert [38]. Durch die Verlagerung strittiger Punkte in ad-hoc-Kommissionen konnte Konfliktstoff zunächst aus den politischen Gesprächen der Konzertierten Aktion herausgehalten und in Expertenrunden auf „kleiner Flamme" gekocht werden [39].

3. Das Verhalten der autonomen Gruppen

Der fundamentale Irrtum der Sozialutopien, die gesellschaftlichen Gruppen würden bei genügender Aufklärung schon begreifen, daß die Realisierung des Gemeinwohls – hier die Einhaltung der Orientierungsdaten – langfristig auch ihren eigenen Interessen diene, hat bei der Etablierung der Konzertierten Aktion Pate gestanden –, wenn auch immer betont wurde, daß nur eine andere Form der Konfliktaustragung angestrebt werde. Wir können deshalb mit Watrin folgern, „daß derartige Einrichtungen nur dann erfolgreich sind, wenn sie die Aussicht auf ‚steigende Erträge', also bessere Bedingungen der jeweiligen Interessen gewähren, daß sie aber dann versagen, wenn sie ‚Kostensteigerungen' verursachen, also die Interessen beeinträchtigen". Bezüglich der speziellen Interessen von Gewerkschaften und Unternehmern hält Watrin ein Wirken der Konzertierten Aktion nur für erfolgreich, wenn das Ziel „Einkommenserhöhung" realisiert werde [40]. Wir teilen aber nicht die Ansicht Watrins, daß es die „Einkommenserhöhung" für die jeweilige Gruppe sei, die über Erfolg oder Mißerfolg der Konzertierten Aktion entscheide. Wir können uns sogar vorstellen, daß die Gewerkschaften bei ihrer traditionellen Barlohnpolitik bleiben, obwohl die Gesamteinkommen der von

38 Vgl. hierzu auch: H. Adam, a.a.O., S. 82 ff.

39 H. Tietmeyer: „Bisher ist es allerdings gelungen, z. B. durch Ausklammern von Fragen mit besonders verhärteten Positionen wie die Mitbestimmungsfrage, diese Interessenunterschiede zu überbrücken. In dieser Divergenz liegt jedoch zweifellos eine erhebliche latente Gefahr für die Konzertierte Aktion" („Konzertierte Aktion", Konzept, Praxis und Erfahrungen, „Kredit und Kapital", 2. Jg. (1969), S. 193).

40 Ch. Watrin, Geldwertstabilität, Konzertierte Aktion und autonome Gruppen. In: E. Hoppmann (Hrsg.), Konzertierte Aktion, a.a.O., S. 218.

ihnen Vertretenen bei Einhaltung der Orientierungsdaten stärker steigen würden.

Auch gerät man, wenn man nur auf das interessengebundene Verhalten der autonomen Gruppen abstellt, in Gegensatz zu K. Biedenkopf, der die Konzertierte Aktion gerade deswegen ablehnt, weil sie den Sonderinteressen der autonomen Gruppen und nicht dem allgemeinen Wohl diene [41]; denn die autonomen Gruppen erhalten immerhin bei Einhaltung der Orientierungsdaten legitimierten Einfluß auf die wirtschaftspolitische Willensbildung, ein „Gut", das ausschließlich ihnen zufällt. Deswegen kann der Olson'sche Ansatz [42] übertragen auf den Arbeitsmarkt – die Gewerkschaften verzichten nicht auf die Durchsetzung von Maximallohnforderungen, tragen also nicht die Kosten für mehr Geldwertstabilität, wenn davon alle Wirtschaftssubjekte profitieren würden, sogar dann, wenn sie sich selbst nicht stabilitätsbewußt verhalten haben –, nicht das Scheitern erklären, weil eben nicht das ausschließliche Gut „Vorformung" berücksichtigt wird.

Die Wirtschaftswissenschaftler tun sich sehr schwer mit der Erklärung des Scheiterns der Konzertierten Aktion, weil sie in ökonomischen Kategorien denken, weil sie menschliches Handeln auf die ökonomische Komponente „Einkommenserhöhung" verkürzen und – makroökonomischem Denken verhaftet – die organisierten Gruppen als Aggregate die Maximierung ihrer Zielfunktion anstreben lassen [43]. Aber gerade um die Ziele, um die Strategie wird innerhalb der Gruppen gerungen.

Wir wollen das am Verhalten der Gewerkschaften darstellen. Ziel der Gewerkschaftsführung ist zunächst einmal, den Verband schlagkräftig zu wissen. Sie muß die verschiedenen Strömungen integrieren [44]. Es gilt die Auffassung der Mitglieder (Basis), der Funktionäre (Mittelbau) und der Führungen (Spitze) auf einen gemeinsamen Nenner zu bringen. Das Ziel der Gewerkschaftsführung ist daher nicht ein wirtschaftliches (Einkommensmaxemierung), sondern ein politisches, „als Verband zu überleben". Sonst könnten wir nicht erklären, warum die Gewerkschaften noch nicht

---

41 K. Biedenkopf, a.a.O., S. 320 ff.
42 M. Olson, Die Logik des kollektiven Handelns, Tübingen 1968.
43 Typisch für diesen Denkstil sind die Ausführungen des Sachverständigenrates.
44 Vgl. hierzu: B. Külp, Der Einfluß der Interessengruppen auf die Wirtschaftspolitik in Abhängigkeit von der Organisationsfähigkeit der Interessen. In: E. Dürr (Hrsg.), Neue Wege der Wirtschaftspolitik, Schriften des Vereins für Socialpolitik, Bd. 67, Berlin 1972, S. 53 ff. (in Anschluß an A. Ross, Trade Unions Wage Policy, Berkeley 1950).

zur Kopplung von Barlohn- und Investivlohnpolitik übergegangen sind, obwohl es nicht strittig ist, daß die Einkommensumverteilung letztlich nur über die Vermögensbildung zugunsten der Arbeitnehmer geändert werden kann.

Die Gewerkschaftsführung wird immer dann zu einer aggressiven Strategie neigen, wenn interne Auseinandersetzungen durch einen gemeinsamen äußeren „Feind" überspielt werden sollen. Das Verhalten der Gewerkschaftsführung bei Tarifverhandlungen ist um so militanter, je schwächer ihre Stellung gegenüber den Funktionären oder der Basis ist. Bei den deutschen Gewerkschaften bestimmt nicht nur der Gegensatz zwischen Spitze und Basis, sondern mehr noch zwischen Spitze und Mittelbau (Verbesserung oder Ablösung des bestehenden Gesellschaftssystems) die Strategie der Gewerkschaften [46]. Daher waren die Forderungen während der Hochkonjunktur 1970 nach einem Friedensschluß vor einem gesamtwirtschaftlich „schädlichen" Verteilungskampf von vornherein vergebliche Liebesmüh. Die wilden Streiks im September 1969 und das eilfertige Entgegenkommen der Arbeitgeber und der Beifall einiger Regierungsmitglieder waren für die Gewerkschaften wohl ein traumatisches Erlebnis. Die Gewerkschaftsführung war völlig überrascht worden [47]. Sie mußte bei den nachfolgenden Tarifverhandlungen alles daransetzen, diesen „Gesichtsverlust" wieder wettzumachen. Sie waren mehr die „Getriebenen" als die „Treiber". Die Konfrontation mit der Forderung, „weniger Tarifarbeit am grünen Tisch mit den Gremien, mehr Tariflohnpolitik mit der Masse" [48], trieb die Gewerkschaften zur Flucht nach vorn, zu möglichst hohen Nominallohnforderungen, ohne Rücksicht auf die „Kosten" – in Form höherer steuerlicher Belastung bei inflatorisch aufgeblähten Nominallohnsteigerungen und in Form stärkerer Entwertung des Geldvermögens.

---

45 B. Külp, a.a.O., S. 55.

46 E. G. Vetter: „Radikale Kreise – die Kommunisten formieren sich immer fester – peitschen Emotionen genau in die falsche Richtung. Ihnen liegt allein daran, durch verantwortungslose Lohnpolitik die freie Ordnung zu unterminieren" (Brenners nächste Lohnrunde, „Frankfurter Allgemeine Zeitung", vom 3. September 1971).

47 Noch acht Tage vor Ausbruch der „wilden Streiks" hieß es in der Zeitschrift der IG-Metall: „Mit dem Abschluß bestimmter regionaler Zusatzvereinbarungen ist die Lohnbewegung im Bereich der Metallindustrie für das Jahr 1969 zum Abschluß gekommen." Zitiert nach G. Stoltenberg, in: Aktionsgemeinschaft Soziale Marktwirtschaft, Tagungsprotokoll Nr. 35, Ludwigsburg 1970, S. 37.

48 Zitiert nach: „Wirtschaftswoche", Nr. 37 vom 15. September 1972.

V. ZUSAMMENFASSUNG

Konsequenzen aus dem Scheitern der Konzertierten Aktion

Die Betrauung des Staates mit der Verantwortung für die Konjunkturentwicklung führt zur Ausprägung eines ganz besonderen konjunkturpolitischen Stils, der in aller Regel die Regierungen „Vollbeschäftigungs-“, nicht aber „Stabilitätsgarantien“ abgeben läßt. Dann und nur dann brauchen die gesellschaftlichen Gruppen in ihren Aktionen auf die Konjunkturentwicklung keine Rücksicht zu nehmen, da Fehlentwicklungen nicht ihnen, sondern der jeweiligen Regierung angelastet werden, und die daher eilfertig der Gefährdung der Arbeitsplätze mit konjunkturstimulierenden Mitteln begegnet, auch wenn dadurch der Geldwert an Wert verliert. Die Konzertierte Aktion ist der Versuch, die Marktmacht der autonomen Gruppen durch die Einbindung in die Globalsteuerung (Einhaltung der Orientierungsdaten) zu „zähmen“. Als Ersatz wird ihnen Einfluß auf die Wirtschafts- und Gesellschaftspolitik in Aussicht gestellt. Die Konzertierte Aktion ist besonders von liberaler Seite angegriffen worden, weil so allmählich eine Transformation einer grundsätzlichen marktwirtschaftlichen Ordnung in eine korporativ organisierte stattfinde.

Die Praxis der Konzertierten Aktion und die Konjunkturentwicklung haben dagegen bewiesen, daß weder die Hoffnungen erfüllt wurden noch die Befürchtungen eingetreten sind. Von der Einhaltung der Orientierungsdaten während der Hochkonjunktur konnte keine Rede sein. Der Grund für das Scheitern liegt letztlich in den falschen Annahmen über das Verhalten der autonomen Gruppen, insbesondere der Gewerkschaftsführungen. Diese haben das primäre politische Ziel, den Verband schlagkräftig und sich selbst an der Spitze zu halten. Es war daher Illusion zu erwarten, daß irgendwelche gesamtwirtschaftlichen Ziele den Vorrang gegenüber innerverbandlichen Zielen genießen könnten.

Die bisher praktizierte oder – genauer – nicht praktizierte Globalsteuerung und ihre spezifische Ausprägung, die Konzertierte Aktion, sind ein Irrweg. Die Konjunkturpolitik kann nur besser werden, wenn man Abschied nimmt von dem Gemeinwohl maximierenden Politikertypus der makroökonomischen Modellüberlegungen und wenn man die interne Willensbildung sogenannter makroökonomischer Größen, wie Staat, Gewerkschaften, Produzenten, nicht länger unter den Tisch fallen läßt.

VI. KONTROLLFRAGEN

1. Welches Politikerbild stand bei Verabschiedung des StabWG Pate?
2. Warum neigen die Politiker eher dazu, Vollbeschäftigungs- als Stabilitätsgarantien abzugeben?
3. Geht die „neue“ Inflation auf die Marktmacht der autonomen Gruppen zurück?
4. Wie soll über die Konzertierte Aktion die Marktmacht der autonomen Gruppen „gezähmt“ werden?
5. Welche Wirkungen können sich aus der Konzertierten Aktion für die marktwirtschaftliche Ordnung und für die Verfassungswirklichkeit ergeben?
6. Ist die Konzertierte Aktion mitschuldig an der konjunkturellen Fehlentwicklung?
7. Trafen die Annahmen über das Verhalten der autonomen Gruppen zu?

VII. LITERATURHINWEISE

Adam, H.: Die Konzertierte Aktion in der Bundesrepublik, WSI-Studien Nr. 21, Köln 1972.

Biedenkopf, K.: Ordnungspolitische Probleme der neuen Wirtschaftspolitik, „Jahrbuch für Sozialwissenschaft“, Bd. 19 (1968), S. 308 ff.

Hoppmann, E. (Hrsg.): Konzertierte Aktion. Kritische Beiträge zu einem Experiment, Frankfurt/M. 1971.

Klaus, J.: Die Konzertierte Aktion als Instrument der neuen Wirtschaftspolitik, in: E. Dürr (Hrsg.), Neue Wege der Wirtschaftspolitik, Schriften des Vereins für Socialpolitik, Bd. 67, Berlin 1972, S. 11 ff.

Schlecht, O.: Konzertierte Aktion als Instrument der Wirtschaftspolitik (Vorträge und Aufsätze des Walter Eucken-Instituts, Nr. 21), Tübingen 1968.

IV
Marktwirtschaftliche Ordnungspolitik

Hans-Jürgen Ewers

Wettbewerbspolitik

INHALT

I. EINLEITUNG *)

Die *wirtschaftspolitische Grundsatzentscheidung marktwirtschaftlicher Ordnungen* beruht auf der *Anerkenntnis des Wettbewerbsprinzips als Lenkungsinstrument des Wirtschaftsprozesses.* Während in der allgemeinen Formulierung dieses Grundsatzes Übereinstimmung besteht, weichen die *Ansichten über die ordnungspolitische Ausgestaltung des Wettbewerbsprinzips als Ziel der Wettbewerbspolitik z. T. erheblich voneinander ab.* Der Grund liegt in der unterschiedlichen Interpretation des Wettbewerbsbegriffs, seiner Bedeutung und seiner Funktionen, die er einzel-, gesamtwirtschaftlich und gesellschaftspolitisch erfüllen soll.

Um die *Bedeutung des Wettbewerbs* und der Wettbewerbspolitik *im Rahmen unserer Wirtschaftspolitik* zu klären, werden wir in *drei Schritten* vorgehen: Zunächst werden wir untersuchen, ob es eine *wirtschaftspolitisch praktikable Definition des Wettbewerbs* gibt und wie eine solche Definition auszusehen hat. Danach wollen wir einige *Leitbilder der Wettbewerbspolitik* im Hinblick auf ihre Zweckmäßigkeit als Grundlage der praktischen Wettbewerbspolitik untersuchen. Anschließend werden wir uns mit einigen *aktuellen wettbewerbspolitischen Problemen im Rahmen der 1973 erfolgten Novellierung des Gesetzes gegen Wettbewerbsbeschränkungen* befassen.

II. ZUM PROBLEM EINER WIRTSCHAFTSPOLITISCH PRAKTIKABLEN DEFINITION DES WETTBEWERBS

Der Wirtschaftspolitische Ausschuß des Deutschen Bundestages erklärte bei Erlaß des Kartellgesetzes im Jahre 1957, eine *Legaldefinition* des Begriffs „Wettbewerb" als Schutzobjekt des vorliegenden Gesetzentwurfs sei *nicht möglich,* daher in dem Entwurf auch gar nicht erst versucht. Dies sei eine Angelegenheit der zuständigen Fachdisziplin. Befragt man daraufhin die Volkswirtschaftslehre als die zuständige Fachdisziplin, so stellt man eine geradezu *babylonische Sprachverwirrung* in der Frage des Wettbewerbsbegriffs fest. Zwar besteht Einigkeit darüber, daß der Wettbewerb ein von Natur aus gegebener, in allen Lebensbereichen anzutreffender Prozeß ist, auf dessen Vorhandensein der Mensch insoweit keinen Einfluß auszuüben vermag, jedoch werden aus der Beobachtung des wirtschaftlichen Wettbewerbs die unterschiedlichsten Schlußfolgerun-

* Unter dem *-Symbol wird am Anfang jedes Abschnitts ein Literaturhinweis für den Leser gegeben, der die jeweilige Fragestellung vertiefen möchte. Quellenangaben im Text erscheinen wie üblich als numerierte Fußnoten.

gen gezogen. Zur Beantwortung der Frage nach dem Warum dieses Zustandes werden wir zunächst den Wettbewerb als Sozialprinzip charakterisieren (II. 1. – 3.) und dann die Probleme erörtern, welche sich bei einer Übertragung des allgemeinen Wettbewerbsbegriffs auf den Wirtschaftsprozeß ergeben.

1. Ursachen des Wettbewerbs *

Die *Ursachen* für das Entstehen wettbewerblicher Beziehungen können *objektiver* und *subjektiver* Natur sein. Die *objektive Basis des Wettbewerbs* ist die *Knappheit der erstrebten Zielobjekte,* der Güter als Mittel zur Bedürfnisbefriedigung mit der Folge, daß der Erfolg des einen in der Regel zu Lasten des Erfolges anderer Wettbewerber geht. Als *subjektive Entstehungsursachen* des Wettbewerbs sind die *Unersättlichkeit menschlicher Bedürfnisse* (im Vergleich zu den verfügbaren Mitteln) und *der Trieb, andere zu übertreffen,* anzusehen. Ob das daraus resultierende Sich-um-die-Wette-Bewerben ein ursprünglicher menschlicher Trieb ist oder ob es aus der Knappheit der Zielobjekte her resultiert, ist in diesem Zusammenhang von untergeordneter Bedeutung. Die subjektiven Entstehungsursachen des Wettbewerbs werden gemeinhin als *Rivalitätsempfinden* oder *„spirit of competition"* bezeichnet.

2. Voraussetzungen des Wettbewerbs *

Im Gegensatz zu der unter II. 1. aufgeworfenen Fragestellung nach den Quellen des Wettbewerbs geht es hier darum, die *notwendigen und hinreichenden Bedingungen* zu erklären, *unter denen Wettbewerb zustande kommt und erhalten bleibt.* In diesem Sinne ist das *subjektive Rivalitätsempfinden,* der oben genannte *„spirit of competition", eine notwendige Voraussetzung für das Entstehen des Wettbewerbs.* Allerdings ist die Voraussetzung allein nicht hinreichend: *Es bedarf zusätzlich der Wettbewerbsfreiheit,* damit Wettbewerb entsteht und erhalten bleibt. Beide Voraussetzungen sind notwendig, keine jedoch ist allein hinreichend für das Entstehen von Wettbewerb. Auch schärfstes Rivalitätsempfinden etwa führt dann nicht zum Entstehen von Wettbewerb, wenn Freiheit zur Vornahme von Wettbewerbshandlungen in keiner Weise besteht. Mit

---

* *Wiese* v., L., Art. „Wettbewerb", HdSW, 12. Bd., S. 25 ff.

* *Hoppmann,* E., Zum Problem einer wirtschaftspolitisch praktikablen Definition des Wettbewerbs, in: Grundlagen der Wettbewerbspolitik (Hrsg. Schneider, H. K.), Berlin 1968, S. 9 ff.;
Ders., Wettbewerb als Norm der Wettbewerbspolitik, in: ORDO, Bd. XVIII (1967), S. 77 ff.

der Formulierung „in keiner Weise“ soll auf die *außerordentliche Vielschichtigkeit des Begriffs „Wettbewerbsfreiheit“* hingewiesen werden. Er umfaßt sowohl die *Freiheit im „Parallelprozeß“*, d. h. die Freiheit zum Wettbewerb unter den Konkurrenten einer Marktseite, als auch die *Freiheit im „Austauschprozeß“*, d. h. die Freiheit zur Wahl zwischen verschiedenen Alternativen auf der Marktgegenseite, und innerhalb dieser beiden Teilbereiche ist die Möglichkeit zu einer Vielzahl denkbarer Wettbewerbshandlungen gegeben. Dabei ist die Freiheit des Wettbewerbs unter den Konkurrenten jeder Marktseite (Angebot, Nachfrage) Voraussetzung dafür, daß die andere Marktseite Wahlfreiheit genießt.

Weiterhin ist zu unterscheiden zwischen *formaler Entschließungsfreiheit* und *materialer Handlungsfreiheit*. Während es bei der formalen Entschließungsfreiheit um die Freiheit der persönlichen Willensbildung geht (Freiheit als Abwesenheit staatlichen oder privaten Zwanges, durch den entweder Entscheidungsumstände manipuliert oder Umwertungen bewirkt werden), bezieht sich die materiale Handlungsfreiheit auf die Möglichkeit, gefaßte Entschlüsse in die Tat umzusetzen. Die materiale Handlungsfreiheit ist abhängig von den einem Wirtschaftssubjekt zur Verfügung stehenden Mitteln. Materiale Handlungsfreiheit setzt also ein bestimmtes Minimum an Macht, „Vermögen“ im weitesten Sinne des Wortes voraus. Freiheit und Macht sind somit durchaus nicht immer gegensätzliche Begriffe. Macht wird erst dann zum Problem, wenn sie *unangemessen* ist.

Die *Wettbewerbsfreiheit* als Voraussetzung der Entstehung von Wettbewerbsprozessen muß *in zweierlei Hinsicht relativiert* werden. Zunächst kann es schon deshalb *keine absolute Wettbewerbsfreiheit* geben, weil der Freiheitsbereich eines Marktteilnehmers in den Freiheitsbereichen seiner Wettbewerber und Marktpartner eine Grenze findet. Des weiteren braucht selbst diese *relative Wettbewerbsfreiheit nicht für alle Handlungsmöglichkeiten* zu bestehen, damit Wettbewerb entsteht. Wettbewerb ist grundsätzlich auch dann noch möglich, wenn nur eine Möglichkeit zur Vornahme von Wettbewerbshandlungen (etwa nur Qualitätswettbewerb) besteht.

3. Wettbewerb als Sozialprinzip *

Als Sozialprinzip gesehen ist Wettbewerb allgemein *ein Instrument, um den Fähigsten zum Ziele kommen zu lassen.* Er hat *zwei Arten von*

* *Seidenfus, H. St.*, Die Wandelbarkeit des Wettbewerbsbegriffs, in: Zehn Jahre Gesetz gegen Wettbewerbsbeschränkungen (Hrsg. Studienvereinigung Kartellrecht e. V.), Köln, Berlin, Bonn, München 1968, S. 83 ff.

Beziehungen zwischen Individuen zum Inhalt: *Rivalität und Kollegialität:* Aus dem Wunsch nach Erreichung gleicher, knapper Ziele, aus der grundsätzlichen Unersättlichkeit individueller Bedürfnisse und Bestrebungen erwächst eine Konfliktsituation zwischen den verschiedenen Wettbewerbern, die ihren Ausdruck in einer Rivalitätsbeziehung findet. Ungehemmte Rivalität jedoch führt zum offenen Konflikt, zum Kampf mit dem Ziele, den unbequemen Mitläufer zu beseitigen und gewaltsam auszumerzen. *Ein Wettbewerbsprozeß, der allein durch Rivalität gekennzeichnet ist, führt also zur Denaturierung des Wettbewerbs,* indem die Entschließungs- und Handlungsfreiheit der Mitbewerber beseitigt wird. Aus dem Kampf Mann gegen Mann wird erst dann ein *Parallelkampf,* wenn zur Rivalitätsbeziehung die Kollegialitätsbeziehung tritt. Sie wird geschaffen durch das *Bewußtsein gleicher Ziele,* der gegenseitigen *Interdependenz individueller Freiheitsspielräume* und der *gegenseitigen Erfolgsabhängigkeit.* Eine zu starke Kollegialitätsbeziehung kann jedoch (wie im Fall der zu starken Rivalitätsbeziehung) den Wettbewerb denaturieren, diesmal allerdings nicht durch gewaltsame, sondern durch freiwillige Beseitigung von Freiheitsspielräumen im Wettbewerb (Kartelle, Fusionen). *Erst eine gleichgewichtige Mischung beider Beziehungen führt zu jenem Wettbewerb, der sich in besseren Leistungen äußert.* Kooperation und Rivalität sind also als komplementäre Erscheinungsweisen des Wettbewerbsprinzips zu begreifen, das seine volle Wirksamkeit als ein die menschliche Gesellschaft gliederndes und zur Leistung anspornendes Sozialprinzip nur dann entfalten kann, wenn eine *Koexistenz von Gegensatz und Gemeinschaft von der Gesellschaft akzeptiert wird.*

4. Wirtschaftlicher Wettbewerb

Borchardt/Fikentscher definieren wirtschaftlichen Wettbewerb als „das *selbständige* Streben sich *gegenseitig* im *Wirtschaftserfolg* beeinflussender Anbieter oder Nachfrager (Mitbewerber) nach *Geschäftsverbindung mit Dritten* (Kunden oder Lieferanten) durch Inaussichtstellen günstiger erscheinender Geschäftsbedingungen“ [1].

---

1 *Fikentscher, W.,* Neuere Entwicklungen der Theorie zum Tatbestandsmerkmal der Wettbewerbsbeschränkung § 1 GWB, in: Wirtschaft und Wettbewerb 1961, S. 788 ff, hier S. 798 (*Kursiv* vom Verfasser).

In Anlehnung an *Borchardt/Fikentscher,* jedoch etwas weiter definiert *Sandrock:* „Wirtschaftlicher Wettbewerb ist das *selbständige* Streben von Unternehmen nach *Geschäftsabschlüssen* mit Kunden oder Lieferanten, wenn das einzelne Unternehmen dabei in seinem *Geschäftserfolg* von dem Verhalten anderer, ihm als Einzelunternehmen *oder als Gruppe* zur Seite stehender Unternehmen (einseitig oder zweiseitig) *fühlbar abhängig* ist und wenn es sein marktstrategisches *Verhalten* deshalb nach dem Verhalten dieser *anderen Unternehmen,* zu denen auch *potentielle Rivalen* zu rechnen sind, ausrichten muß, indem es bei der Vornahme seiner Wettbewerbshandlungen zur Förderung des Absatzes/Bezuges (wie Festsetzung des Preises, Entscheidung über Qualität des Gutes, Lieferungs- und Zahlungsbedingungen, Modalitäten der Abnahme, Werbung usw.) die entsprechenden Wettbewerbshandlungen der anderen Unternehmen berücksichtigt" [2].

Beide Definitionen schließen den *Monopol-* bzw. *Kartellfall* als wettbewerblichen Zustand aus (Unabhängigkeit bzw. Selbständigkeit der unternehmerischen Wettbewerbsentscheidungen). Beide Definitionen *unterstellen nicht einseitig Gewinnmaximierung als einziges Ziel* von Anbietern und Nachfragern und beziehen damit auch das nicht auf Gewinnerzielung ausgerichtete öffentliche Versorgungsunternehmen mit in die Diskussion ein („Streben nach Geschäftsverbindung"). Im Gegensatz zur Definition von *Borchardt/Fikentscher* ist die *Sandrock*sche Definition weiter, insofern sie

a) *nicht allein auf oligopolistischen Wettbewerb abstellt* und
b) darüberhinaus *die potentielle Konkurrenz mit berücksichtigt.*

Beiden Definitionen gemeinsam ist jedoch auch ein *zweifacher Mangel* im Hinblick auf ihre Verwendung als Grundlage einer Wettbewerbspolitik: Zum einen enthalten sie keine Informationen darüber, innerhalb welchen (sächlichen, räumlichen, persönlichen, zeitlichen) Bezugsrahmens die Wettbewerbshandlungen von Anbietern und Nachfragern festgestellt werden sollen. Sie lösen also nicht das bekannte *Problem des relevanten Marktes.* Selbst wenn dieses Problem jedoch gelöst sein sollte, ergibt sich eine weitere Frage: Nach welchen Kriterien sollen die auf den relevanten Märkten festgestellten Wettbewerbsprozesse durch die Wettbewerbspolitik beeinflußt werden? Eine wirtschaftspolitisch praktikable Definition des Wettbewerbs hat also auch auf die *Ziele der Wettbewerbspolitik* Bezug zu nehmen.

---

2 *Sandrock,* O., Grundbegriffe des Gesetzes gegen Wettbewerbsbeschränkungen, München 1968, S. 129 f. (*Kursiv* vom Verfasser).

Beide Probleme, das des relevanten Marktes und das der Ziele der Wettbewerbspolitik, sollen in den folgenden beiden Abschnitten behandelt werden.*

5. Möglichkeiten zur Abgrenzung des relevanten Marktes *

Ziel einer Abgrenzung des relevanten Marktes ist die Unterscheidung der für die Beurteilung der Wettbewerbsbeziehungen allein interessanten wesentlichen von den weniger wesentlichen *ökonomischen Interdependenzen in sachlicher, räumlicher, zeitlicher und persönlicher Hinsicht.* Generell kann unter einem relevanten Markt das *räumliche und zeitliche Zusammentreffen von Angebot und Nachfrage nach konkurrierenden Gütern oder Dienstleistungen* verstanden werden, wobei es Aufgabe einer Theorie des relevanten Marktes ist, die konkurrierenden Güter oder Dienstleistungen von den nicht miteinander konkurrierenden abzugrenzen. Dabei steht die Frage nach der sachlichen, d. h. entweder der technischen oder der *ökonomischen Gleichartigkeit* der Güter bzw. Dienstleistungen an erster Stelle. Räumliche, zeitliche und persönliche Relevanz lassen sich erst dann feststellen, wenn der Markt vom Gut bzw. von der Dienstleistung in der Sache abgegrenzt ist. Die sachliche Abgrenzung des relevanten Marktes verursacht zugleich die größten Schwierigkeiten.

Zur Lösung dieses Problems sind in der Volkswirtschaftstheorie eine Reihe von Konzepten entwickelt worden, die entweder von dem physikalisch-technischen oder dem ökonomischen Grad der Austauschbarkeit von Gütern und Dienstleistungen ausgehen. Für die praktische Wettbewerbspolitik können die meisten dieser Konzepte jedoch keine Anwendung finden, weil sie entweder theoretisch umstritten oder in ihrer Handhabung nicht praktikabel sind. In der Praxis der amerikanischen Anti-Trust-Rechtsprechung und der deutschen kartellrechtlichen Entscheidungspraxis wird bei der Abgrenzung des relevanten Marktes insbesondere auf zwei Aspekte abgestellt: Die „angemessene Austauschbarkeit“ und die „hinreichende Eigentümlichkeit“ von Gütern und Dienstleistungen.

— Nach dem Kriterium der *angemessenen Austauschbarkeit* werden Güter bzw. Dienstleistungen, die für einen bestimmten Zweck bei „vernünftiger“ Würdigung durch den Nachfrager funktional aus-

* *Beckmann, P.*, Die Abgrenzung des relevanten Marktes im Gesetz gegen Wettbewerbsbeschränkungen, Wirtschaftsrecht und Wirtschaftspolitik (Hrsg. Bestmäcker, E. J.), Bd. 6, Münster 1968.

tauschbar sind, zu einem Markt zusammengefaßt. Dabei geht man bei der Bestimmung der Marktgrenzen in zwei Schritten vor: Zunächst wird die *funktionale Austauschbarkeit* im weiteren Sinne geprüft, d. h. festgestellt, inwieweit die Produkte einem gewünschten Zweck generell dienlich sind. Hierbei werden die Preise gar nicht und die qualitative Ausstattung nur insoweit berücksichtigt, als sie aus technischen Gründen für den Verbrauchs- oder Gebrauchszweck unentbehrlich ist. Eine weitere Einschränkung des so noch relativ grob abgegrenzten relevanten Marktes ergibt sich dann durch die Prüfung der *reaktiven Austauschbarkeit,* d. h. durch die Feststellung, ob die Nachfrager die Güter auch ökonomisch als austauschbar ansehen und entsprechend handeln. Hierbei werden insbesondere Preise, Qualitäten und Präferenzen in die Untersuchung einbezogen (Bildung von Preis- und Qualitätsklassen). Im Sinne dieser Abgrenzung kann also die funktionale Austauschbarkeit als notwendige, die reaktive Austauschbarkeit als hinreichende Bedingung für die Zugehörigkeit eines Gutes oder einer Dienstleistung zu einem bestimmten relvanten Markt angesehen werden.

— Unter dem Aspekt der *hinreichenden Eigentümlichkeit und tatsächlichen Verwendung* faßt man solche Güter und Dienstleistungen zusammen, die aufgrund von Produktforschung und Verbrauchergewohnheiten einem gleichen Zweck dienen können. Der sehr detaillierte Test erstreckt sich über eine Reihe von Merkmalen der Angebots, wie auch der Nachfrageseite, so z. B. die physischen Eigenschaften des Produkts, besonderen Nebeneigenschaften, Produktionsflexibilität, Marktzugangsbeschränkungen, speziellen Vertriebswege und -methoden, Einfluß der Verkaufskosten, Kaufreaktionen der Nachfrage auf Preisänderungen bei verwandten Produkten und unterschiedliche Kaufgewohnheiten, Image einer Firmenmarke, Größe der Abnahmemengen.

— Beide Abgrenzungskonzepte werden in jüngerer Zeit auch zusammen angewendet. Dabei wird zunächst unter dem Kriterium der angemessenen Austauschbarkeit, der auch zur Untersuchung angrenzender Marktbereiche auf mögliche Wettbewerbsbeziehungen hinzwingt, der weitere Bereich des Obermarktes festgelegt. Die entscheidende Bestimmung des relevanten Marktes als Untermarkt erfolgt dann durch den Test der hinreichenden Eigentümlichkeit und besonderen Verwendungsmöglichkeit.

Im Vergleich zur sachlichen Abgrenzung des relevanten Marktes bereiten räumliche, zeitliche und persönliche Abgrenzung in der Regel geringe Probleme. *Räumliche Marktgrenzen* lassen sich sowohl aufgrund institutioneller (z. B. Landesgrenzen) wie auch faktischer (z. B. Transportkosten) Hemmnisse eines ubiquitären Angebots feststellen. *Zeitliche und persönliche Marktabgrenzungen* sind in solchen Fällen notwendig, wo ein Angebot nur zu ganz bestimmten Zeiten (z. B. Ausschank von „Heurigem") oder für einen ganz bestimmten Personenkreis (z. B. Unternehmenskantine) entfaltet wird.

Auch gegen die hier vorgestellten Möglichkeiten zur Abgrenzung des relevanten Marktes müssen im Hinblick auf die Beurteilung der tatsächlichen Wettbewerbsbeziehungen noch zwei Einwendungen erhoben werden:

— Implizit gehen die Konzepte zur Abgrenzung des relevanten Marktes von der Vorstellung aus, daß ein Unternehmen jeweils nur auf einem relevanten Markt anbiete. Nun stimmt jedoch die *Vorstellung der Ein-Produkt-Unternehmung als der für unsere Wirtschaft typischen Unternehmensform* nicht mit der Realität überein. Im Gegenteil: Diversifikation, konglomerale Konzentration und Reziprozitätsbeziehungen (Beispiel: Bundesbahn bezieht nur dann ihre Loks von einem bestimmten Stahlhersteller, wenn dieser sich bereit erklärt, seine gesamten Transporte auf der Schiene ausführen zu lassen) sind zumindest für einen Teil unserer Wirtschaft heute eher typisch als die Ein-Produkt-Unternehmung.

— Darüber hinaus ist noch ein weiteres zu beachten: In der Regel kann eine *Marktabgrenzung nur zeitpunktbezogen* vorgenommen werden. Damit gilt sie auch nur für einen ganz bestimmten Zeitpunkt und vernachlässigt, daß (ebenso wie die Marktformen) auch die *Grenzen* des *relevanten Marktes im Zeitablauf Verschiebungen* unterworfen sind (Beispiel: Auftauchen neuer Substitute).

6. Ziele der Wettbewerbspolitik *

Für die Wettbewerbspolitik werden im allgemeinen zwei Zielkomplexe angeführt:

---

* *Kanzenbach, E.*, die Funktionsfähigkeit des Wettbewerbs, Göttingen 1967[2], S. 13–21;
Hoppmann, E., Wettbewerb als Norm der Wettbewerbspolitik, a.a.O.

a) die Möglichkeit der freien wirtschaftlichen Entfaltung des einzelnen *(Freiheit der wirtschaftlichen Betätigung)* und

b) Zwang zur Leistungssteigerung *(gute ökonomische Marktergebnisse).*

Insofern Freiheit sowohl Voraussetzung des Wettbewerbs als auch Ziel der Wettbewerbspolitik ist, läßt sich sagen, *Wettbewerb sei ein Ziel in sich selbst.* Wettbewerb werde deshalb gewünscht, weil sich in ihm Freiheit manifestiere. In diesem Sinne ist Ziel der Wettbewerbspolitik ein Marktprozeß, der aus der Wettbewerbsfreiheit herauswächst und in dem diese Freiheit zugleich erhalten bleibt.

Die vom Wettbewerb erwarteten guten ökonomischen Marktergebnisse lassen sich am besten durch die *fünf Wettbewerbsfunktionen* beschreiben:[3]

(1) Der Wettbewerb steuert die funktionelle Einkommensverteilung nach der Marktleistung und verhindert damit eine Ausbeutung aufgrund von Marktmacht *(Verteilungsfunktion).*

(2) Der Wettbewerb steuert die Zusammensetzung des laufenden Angebots an Waren und Dienstleistungen nach den Käuferpräferenzen. Er steigert auf diese Weise das Maß der Befriedigung individueller Bedürfnisse *(Angebotssteuerung).*

(3) Der Wettbewerb lenkt die Produktionsfaktoren in ihre produktivsten Einsatzmöglichkeiten *(Faktorlenkung).* Er trägt damit zur Senkung der gesamtwirtschaftlichen Kosten bzw. zur Erhöhung der gesamtwirtschaftlichen Wertschöpfung bei.

(4) Der Wettbewerb bewirkt die laufende flexible Anpassung der Produktionskapazitäten an die außerwirtschaftlichen Daten, insbesondere an die sich ständig ändernde Nachfragestruktur und Produktionstechnik *(Anpassungsflexibilität).* Dadurch wird das Ausmaß der Fehlinvestitionen begrenzt, und die durch Strukturwandlungen hervorgerufenen volkswirtschaftlichen Kosten werden verringert.

(5) Der Wettbewerb beschleunigt die Durchsetzung des technischen Fortschritts bei Produkten und Produktionsmethoden *(Anreizfunktion).* Er erhöht damit die Möglichkeiten eines gesamtwirtschaftlichen Wachstums.

Angebotssteuerung, Faktorlenkung und Anpassungsflexibilität werden auch zusammengefaßt als Allokationsfunktion des Wettbewerbs bezeichnet.

---

3 Vgl. *Kantzenbach, E.,* Die Funktionsfähigkeit des Wettbewerbs, Göttingen 1967², S. 16.

Im Rahmen unserer Wirtschaftsordnung angestrebt ist also ein Wettbewerb, der

— die Einkommen nach der Marktleistung verteilt *(Verteilungsfunktion)*,
— Die Zusammensetzung des Angebots, Verwendungsart und Kombination der Produktionsfaktoren in Richtung auf die maximale Bedürfnisbefriedigung der Wirtschaftseinheiten steuert *(Allokationsfunktion)* und
— den technischen Fortschritt stimuliert *(Anreizfunktion)*.

Diese Leistungen soll der Wettbewerb grundsätzlich unabhängig vom guten Willen der Beteiligten und ohne staatliche Zwangsmaßnahmen hervorbringen. Ein Wettbewerb, der in diesem Sinne wirkt, wird als funktionsfähig bezeichnet.

Beachtet werden muß, daß diese Funktionen nur *allgemeine Leitziele* einer Wettbewerbspolitik darstellen können, insofern sie aus dem allgemeinen Wohlstandsziel (gemessen an Höhe, Art und Verteilung des Sozialprodukts) hergeleitet sind. Da Wettbewerbspolitik die Gestaltung der Wettbewerbsbeziehungen auf konkreten Märkten (Sektoren, Branchen) der Wirtschaft zum Inhalt hat, besteht durchaus die Möglichkeit, daß *im speziellen Fall die gewünschten ökonomischen Marktergebnisse andere als die hier genannten* sind. Zwar werden sich im allgemeinen spezielle sektorale Zielsetzungen nur in einer *unterschiedlichen Gewichtung der einzelnen Funktionen* des Wettbewerbs niederschlagen, jedoch ist auch das Auftauchen bisher nicht genannter Ziele im Hinblick auf die Leistungen (Ergebnisse) des Wettbewerbs nicht ausgeschlossen. Bei der Formulierung sektoraler wettbewerblicher Zielkomplexe sind also jeweilige *sektorale Eigenwerte* zu berücksichtigen.

7. Die Dilemma-These *

Von zentraler Bedeutung für die Art des wettbewerbspolitischen Leitbildes, den funktionsfähigen Wettbewerb, ist die Beantwortung der Frage, ob es sich bei den beiden wettbewerbspolitischen Zielkomplexen Freiheit und gute ökonomische Marktergebnisse um *konkurrierende oder harmonierende Wertsetzungen* handelt. Diese Frage hat unter dem Stichwort „Dilemma-These“ Eingang in die jüngere wettbewerbspolitische Literatur gefunden.

---

* *Hoppmann, E.*, Workable Competition als wettbewerbspolitisches Konzept, in: Theoretische und institutionelle Grundlagen der Wirtschaftspolitik, Theodor Wessels zum 65. Geburtstag (Hrsg. Besters, H.), Berlin 1967, S. 145 ff.

Inhalt der *Dilemma-These* ist die Behauptung, daß die aus der Wettbewerbsfreiheit resultierenden ökonomischen Ergebnisse sich generell oder im Einzelfall von den als „gute ökonomische Marktergebnisse“ gekennzeichneten Funktionen des Wettbewerbs unterscheiden können, mit anderen Worten, daß ein *Zielkonflikt zwischen den Zielen Wettbewerbsfreiheit und den vom Wettbewerb erwarteten ökonomischen Marktergebnissen* besteht. Das Dilemma wird insbesondere deshalb behauptet, weil es ja ein Zufall sein müsse, daß ein in Freiheit koordinierter Marktprozeß, an dem alle Wettbewerber *zur Erfüllung ihrer individuellen Zielsetzungen* teilnehmen, genau jene Ergebnisse erbringt, die *wirtschaftspolitisch für erwünscht* (Wettbewerbsfunktionen!) gehalten werden.

Offenbar hängt also das Verhältnis der beiden wettbewerblichen Zielkomplexe Freiheit und gute ökonomische Marktergebnisse davon ab, inwieweit sich individuelle und gesamtwirtschaftliche Vorteile des Wettbewerbs decken. Unterschiede zwischen den wechselseitig individuellen Vorteilen und den gesamtwirtschaftlichen Funktionen des Wettbewerbs können sich insbesondere in *zweierlei Hinsicht* ergeben:

— Ein erster möglicher Unterschied resultiert aus der *unterschiedlichen Fristigkeit* der auf gute ökonomische Marktergebnisse gerichteten individuellen bzw. gesamtwirtschaftlichen Wertsetzungen. So können zum Beispiel auf die Realisierung kurzfristiger Vorteile gerichtete unternehmerische Strategien den gesamtwirtschaftlich erwünschten langfristigen positiven Wirkungen des (Leistungs-)Wettbewerbs zuwiderlaufen. (Beispiel: Die aufgrund der niedrigen Mineralölpreise in den 50er und 60er Jahren zu erwartende Schließung der meisten Kohlezechen wurde vom Staat u. a. deshalb verhindert, um die langfristige Energieversorgung zu sichern; mit Recht, wie sich gezeigt hat). Es kann deshalb notwendig werden, durch Beschränkung der Freiheit zur Realisierung kurzfristiger Strategien einen Wettbewerb zu stimulieren, dessen positive Wirkungen erst längerfristig wirksam werden.

— Ein zweiter wesentlicher Unterschied kann sich ergeben aufgrund der *Existenz von Systemeffekten* zwischen den Märkten, die von den jeweiligen Marktteilnehmern – sei es, weil sie sie nicht kennen, sei es, weil sie nicht dafür bezahlen müssen – bei ihren Angebots- und Nachfrageentscheidungen nicht berücksichtigt werden und damit zu gesamtwirtschaftlich unerwünschten Produktionsverzerrungen führen. Solche Systemeffekte werden als *externe Effekte* von Produktion und Konsumtion (Beispiel: Umweltschäden durch Industrieproduktion) ebenso wirksam wie als *sektorale Ungleichgewichte, die als Engpässe bzw. Überkapazitäten ein optimales Wirtschaftswachstum hemmen und darüber hinaus konjunkturell bedeutsame Instabilitäten provozieren können* (vgl. auch „Gefahren eines ungesteuerten Strukturwandels", S. 434 f.). Diese Effekte bilden das Grundproblem einer sektoral konzipierten Wirtschafts- und Wettbewerbspolitik.

Es besteht also weder die in neoklassischen Konzepten behauptete a-priori-Harmonie der beiden wettbewerbspolitischen Zielkomplexe, noch eine unbedingte Zielkonkurrenz. Geht man davon aus, daß in aller Regel der Unterschied zwischen den individuellen ökonomischen Vorteilen und den gesamtwirtschaftlich gewünschten guten ökonomischen Marktergebnissen des Wettbewerbs nur ein gradueller sein wird, so kann man von einer grundsätzlichen Harmonie der beiden wettbewerbspolitischen Zielkomplexe sprechen. Das schließt nicht aus, daß im Einzelfall aus den oben genannten Gründen zwischen Freiheit der wirtschaftlichen Betätigung und guten ökonomischen Marktergebnissen abgewogen werden muß.

Wesentlich stärkere Unvereinbarkeiten als zwischen dem Freiheitsziel einerseits und den ökonomischen Funktionen des Wettbewerbs andererseits können sich möglicherweise zwischen den einzelnen Wettbewerbsfunktionen ergeben. So ist z. B. ein verteilungsoptimaler Wettbewerb (vollständige Konkurrenz) nicht in der Lage, dynamische Funktionen (etwa technischen Fortschritt) zu bewirken (vgl. im einzelnen II. 1). Es muß daher nicht nur zwischen Freiheit und guten ökonomischen Marktergebnissen, sondern auch innerhalb der einzelnen ökonomischen Wettbewerbsfunktionen abgewogen werden. Eine konkrete wirtschaftspolitische Entscheidung setzt also voraus, daß die einzelnen Wettbewerbsfunktionen gewichtet sind. Anderenfalls ist keine Entscheidung möglich.

III. LEITBILDER DER WETTBEWERBSPOLITIK

1. Das Leitbild der vollständigen Konkurrenz *

Fragen wir zunächst nach dem Ursprung des Leitbildes der vollständigen Konkurrenz [4]:

* *Kantzenbach, E.*, Die Funktionsfähigkeit des Wettbewerbs, a.a.O., S. 19–31; *Giersch, H.*, Allgemeine Wirtschaftspolitik, Grundlagen, Wiesbaden 1960, S. 106–134.

4 Die folgenden drei Absätze sind entnommen: *Seidenfus, H. St.*, Die Wandelbarkeit des Wettbewerbsbegriffs, in: 10 Jahre Gesetz gegen Wettbewerbs-Beschränkungen, Köln–Berlin–Bonn–München 1968, S. 84 f. (*Kursiv* vom Verfasser).

„Der *Ursprung des Leitbildes der vollständigen Konkurrenz* ebenso wie der Wettbewerbsidee als Ordnungsprinzip liegt nunmehr bald 200 Jahre zurück. Sie ist mit dem Namen des englischen Sozialökonomen *Adam Smith* untrennbar verbunden und durch eine bestimmte *mechanistisch-metaphysische Auffassung vom Wirtschaftsablauf* determiniert.

Der *Funktionsmechanismus der Wettbewerbswirtschaft basiert* nach dieser Auffassung, die zum festen Bestandteil der ökonomischen Lehre geworden ist, auf dem Antriebsmotor der egoistischen Wünsche und Bestrebungen der Wirtschaftssubjekte. Da diese danach trachten, als Unternehmer durch die Produktion ihren Gewinn und als Konsumenten durch den Güter- und Leistungsverkehr ihren Nutzen zu maximieren, sind sie gezwungen, mit den nur begrenzt vorhandenen Gütern dieser Erde sparsam umzugehen. Der Wettbewerb um die Anteile am Sozialprodukt fördert eine ständige Steigerung der wirtschaftlichen Anstrengungen, erhöht die wirtschaftliche Leistung und führt zu einem *Maximum an Gütern und Dienstleistungen.* Dieser Prozeß verläuft *quasi automatisch,* sofern nur der beschriebene Maximierungswille als Antriebsmotor des Selbstinteresses gegeben ist. Genau wie die physikalischen Gesetze der Mechanik die Naturwelt immer wieder zu Gleichgewichtszuständen hinführen, *erreicht der wirtschaftliche Prozeß aus sich heraus immer wieder Gleichgewichtslagen, die durch eine Übereinstimmung von Angebot und Nachfrage bei einer bestmöglichen Ausschöpfung der natürlichen Ressourcen gekennzeichnet* sind.

Neben dem mechanistischen Aspekt enthält diese Vorstellung vom Ablauf der Wirtschaft eine *metaphysische Idee.* Die Maximierungsabsicht der Wirtschaftssubjekte hat nämlich einen unbeabsichtigten Gemeinwohleffekt dadurch, daß die aus der Summe der Egoismen fließenden wirtschaftlichen Anstrengungen zugleich die allgemeine Wohlfahrt erhöhen. Zwar verfolgen alle Wirtschaftssubjekte nur ihre persönlichen Ziele. Aber dadurch, daß sie alle im Wettbewerb miteinander stehen, können sie ihre egoistischen Wünsche nicht ungehemmt durchsetzen. Eine *„verborgene Hand"* sorgt dafür, daß das Wettbewerbsverhalten das Wohl aller erhöht. Eine metaphysisch vorausgesetzte *„prästabilisierte Harmonie"* bewirkt eine gewissermaßen moralisch bestimmte Gleichgewichtslage der Gesellschaft. *Die Identität zwischen Selbst- und Gesamtinteresse bedeutet somit eine moralische Legitimation des Egoismus als Antriebsmotor des liberalen Wettbewerbssystems."*

Die dem klassischen Liberalismus eigene Grundidee eines *automatisch zum Vollbeschäftigungsgleichgewicht* zurückkehrenden Wirtschaftsprozesses ist spätestens seit der Weltwirtschaftskrise 1929/30 als *empirisch widerlegt* anzusehen. Noch mehr hat sich das späterhin aus dieser Grundidee entwickelte Modell der vollständigen Konkurrenz als unrealistisch erwiesen.

Zum besseren Verständnis des Unterschiedes zwischen dem freien Wettbewerb der Klassiker und dem Modell der vollständigen Konkurrenz sei noch einmal die Grundidee der Klassiker zusammengefaßt: Adam *Smith* stellte die Frage nach einer Gesellschaftsordnung, in der Armut und Unfreiheit verhindert werden können, *die Frage nach der Möglichkeit einer Gesellschaft freier und wohlhabender Menschen, und beantwortete diese Frage mit der Forderung nach Freiheit des Wettbewerbs.* Ein in diesem Sinne freies System des Wohlstandes und des wirtschaftlichen Fortschritts war für ihn die freie Wettbewerbswirtschaft. Dieses wirtschaftspolitische Ideal wurde nun späterhin, insbesondere seit der Jahrhundertwende, wirtschaftstheoretisch näher untersucht. Dabei interessierte man sich vor allem für die Frage, *unter welchen Bedingungen dieser freie Wettbewerb zustandekomme und wann sich ein Marktgleichgewicht ergebe.* So kam man auf die Frage nach der Vollkommenheit des Wettbewerbs und entwickelte das Modell des vollkommenen Wettbewerbs bzw. der vollständigen Konkurrenz als ein abstraktes analytisches Modell, bei dem die einzelnen Marktteilnehmer praktisch machtlos sind und keinerlei Einfluß auf das Marktgeschehen haben. *So ergab sich eine Wendung vom freien Wettbewerb der Klassiker zu einem vollkommenen Wettbewerb, die späterhin entsprechende wirtschaftspolitische Konsequenzen nach sich zog.*

Befassen wir uns näher mit dem Modell der vollständigen Konkurrenz.

Es basiert auf *folgenden Voraussetzungen:*
— *Rationalverhalten* (das bedeutet Gewinnmaximierung für Anbieter und Nutzenmaximierung für Nachfrager)
— *Homogenität der Produkte* (das heißt, Nichtbestehen sachlicher, persönlicher, räumlicher und zeitlicher Präferenzen)
— *vollkommene Markttransparenz* (das heißt, vollkommene Information der Käufer über Produktpreise, Bedürfnisbefriedigungsqualität und eigene Bedürfnisstruktur, der Verkäufer über Faktorpreise, Produktionsfunktion und Produktpreise)
— *freier Markteintritt* (das heißt, Nichtbestehen von institutionellen oder faktischen Markteintrittsbeschränkungen)

— *vollkommene Mobilität* der Produktionsfaktoren und Nachfrager in räumlicher, sektoraler und zeitlicher Hinsicht
— *unendliche Teilbarkeit* der Produktionsfaktoren
— *viele kleine Anbieter und Nachfrager dergestalt, daß keiner Einfluß auf den Marktpreis hat.*

Als *Marktverhalten* bleibt in diesem Modell nur die *Mengenanpassung* übrig. Das *Marktergebnis* kann wie folgt charakterisiert werden: Alle Anbieter produzieren im Minimum der totalen Durchschnittskosten. Kein Anbieter erzielt Differentialgewinne. Alle Anbieter haben die gleiche Kostenstruktur.

Zur Beantwortung der Frage, ob das Modell der vollständigen Konkurrenz als Leitbild einer Wettbewerbspolitik geeignet ist, müssen wir dieses Modell an den *Zielen der Wettbewerbspolitik* messen.

Im Hinblick auf das *Freiheitsziel* ergibt sich dabei, daß zwar alle Marktteilnehmer im Besitz der formalen Entschließungsfreiheit sind, jedoch so gut wie *keine materiale Handlungsfreiheit* haben. De facto bleibt ihnen nur die Strategie der *Mengenanpassung* übrig, jede andere Strategie führt entweder zum sofortigen Ausscheiden des Anbieters aus dem Markt oder aber widerspricht den Bedingungen des Modells. Darüber hinaus ist fraglich, ob ein Anbieter im Zustand der vollständigen Konkurrenz überhaupt die Möglichkeit hat, etwa einen vorstoßenden Wettbewerb (als Innovationswettbewerb) zu betreiben. Da er keine Gewinne macht und auch in Zukunft keine Gewinne erwarten kann, fehlt ihm sowohl die faktische Möglichkeit wie auch der Anreiz zum Verfolg solcher Strategien. Betrachten wir die fünf Funktionen des Wettbewerbs, so zeigt sich, daß innerhalb einer Marktwirtschaft die *vollständige Konkurrenz* auf allen Märkten eine hinreichende Bedingung für die statische Erfüllung der Verteilungs- und Allokationsfunktion des Wettbewerbs ist. Daß die vollständige Konkurrenz auf allen Märkten eine dynamischche Erfüllung dieser Funktionen nicht gewährleistet, ergibt sich aus der Natur des Modells: Es bezieht sich auf *eine gegebene Einkommensverteilung, ein gegebenes Produktionsvolumen, gegebene Produktionstechnik und gegebene Ressourcen.* Über die dynamische Erfüllung dieser Funktionen sagt das Modell der vollständigen Konkurrenz nichts aus.

Deshalb wird im Modell der vollständigen Konkurrenz weder eine flexible Anpassung der Produktionskapazitäten an Änderungen der gesamtwirtschaftlichen Daten noch ein Anreiz zum technischen Fortschritt bewirkt. Es handelt sich um eine „*Schlafmützenkonkurrenz*". Diese beschränkte Funktionsweise der vollständigen Konkurrenz ist darüber hinaus noch an eine Reihe von restriktiven Bedingungen gebunden, die in der Realität in der Regel nicht erfüllt sein dürften *(Nichtexistenz externer Effekte, Nichtexistenz konstanter oder fallender Grenzkosten).* Wichtig ist weiterhin, daß *sämtliche Bedingungen der vollständigen Konkurrenz gleichzeitig gegeben sein müssen,* damit überhaupt das oben beschriebene Marktergebnis eintritt. Bei Zwischenlagen ist keine Aussage möglich. Die stärkere Erfüllung einzelner Bedingungen im Vergleich zu anderen bedeutet keine Annäherung an das Optimum.

Zusammenfassend läßt sich also folgendes sagen: Das Modell der vollständigen Konkurrenz als wettbewerbspolitisches Ideal anzustreben hieße, den stationären Zustand zu zementieren, da die vollständige Konkurrenz ex definitione keine dynamischen Leistungen zu verwirklichen in der Lage ist. In einer auf Wachstum ausgerichteten Wirtschaftsordnung kann das Leitbild der vollständigen Konkurrenz nicht zieladäquat sein.

2. Das Konzept des funktionsfähigen Wettbewerbs *

Diskutieren wir zunächst, was unter dem Konzept des funktionsfähigen Wettbewerbs (Workable-Competition-Konzept) zu verstehen ist: *Von einem einheitlichen Workable-Competition-Konzept kann nämlich keine Rede sein.* Vielmehr entstand in dem Bemühen um ein wirklichkeitsnahes, praktikables Leitbild der Wettbewerbspolitik und in dem Bestreben zur Reform des amerikanischen Antitrustrechts eine Vielzahl von Workable-Competition-Konzeptionen, deren unterschiedliche Ansatzpunkte in *drei* – nicht immer scharf zu trennenden – *Kategorien* zusammengefaßt werden können:

— *Marktstruktur (market structure),*
— *Marktverhalten (market conduct),*
— *Marktergebnis (market performance).*

Mit *Merkmalen der Marktstruktur* sind *nicht nur die Marktformen oder die Marktstrukturen im engeren Sinne* gemeint, sondern es werden auch

* *Poeche, J.*, Workable Competition als wettbewerbspolitisches Leitbild, in: Das Konzept der „Workable Competition" in der angelsächsischen Literatur, FIW-Dokumentation, Heft 1, Köln, Berlin, Bonn, München 1970, S. 9–32; *Stegemann,* K., Workable Competition nach 20 Jahren, Bemerkungen zu einem Buch von John Maurice *Clark,* in: Hamburger Jahrbuch für Wirtschafts- und Gesellschaftspolitik, 9. Jahr (1964), S. 237 ff.

weitere Merkmale als Strukturkomponenten berücksichtigt: *zeitliche Ausdehnung des Marktes, Formen und Aufbau der Unternehmen (Dezentralisierung der Leitungsfunktion, vertikale Gliederung, finanzielle Verflechtungen, Diversifikation), Marktorganisation* und andere mehr. Auch die *Entwicklungsphase* des Marktes wird als Strukturmerkmal berücksichtigt. Als Marktstruktur kann man also den Rahmen ansehen, innerhalb dessen Marktprozesse ablaufen. So lassen sich (ohne Anspruch auf Vollständigkeit) etwa folgende Merkmale der Marktstruktur nennen:

— Anzahl, relative Größe und Art der Marktteilnehmer,
— Homogenitäts- bzw. Heterogenitätsgrad der Leistungen,
— Stärke der Tauschposition (Käufermarkt – Verkäufermarkt),
— Marktzugangsbedingungen (Abwesenheit oder Vorhandensein faktischer oder institutioneller Mobilitätshemmnisse),
— Organisation oder Transparenz des Tauschverkehrs (Marktorganisation, Markttransparenz),
— Existenz faktischer oder institutioneller Wettbewerbshemmnisse (etwa staatliche Restriktionen hinsichtlich Preis, Menge, Qualität etc.),
— Existenz sachlicher, persönlicher, zeitlicher und/oder räumlicher Präferenzen,
— Entwicklungsphase des Marktes.

Merkmale des Marktverhaltens betreffen die Wettbewerbsbeziehungen zwischen den Marktteilnehmern und/oder Marktpartnern, also sowohl ihre Zielsetzungen oder Verhaltensmaximen als auch ihre tatsächlichen Wettbewerbshandlungen. Folgende Verhaltensmerkmale werden im allgemeinen genannt:

— Rivalitätsempfinden (Abhängigkeit bzw. Unabhängigkeit der Marktteilnehmer),
— Gewinnmotiv (Empfindlichkeit bzw. Unempfindlichkeit gegenüber Gewinnen und Verlusten – unterschiedlich in Abhängigkeit davon, ob es sich z. B. um eine Ein- oder um eine Mehrproduktuntersuchung handelt),
— Kollegialitätsempfinden (Schutz ineffizienter Wirtschaftspartner – Anbieter oder Nachfrager),
— praktizierte Diskriminierungsformen,
— Art der Konfliktregelung (unfaire Praktiken, Behinderungswettbewerb etc.),
— Art der Werbung (irreführende, vergleichende Werbung),
— Preisreagibilität der Nachfrager.

Bei weitem am zahlreichsten sind die in der Literatur genannten *Merkmale des Marktergebnisses.* Als wichtigste sollen hier genannt werden:

— technischer bzw. ökonomischer Fortschritt (neue Produkte, neue Produktionsverfahren, neue Produktionsfaktoren, neue Betriebe),
— Preis-Kosten-Relation,
— Gewinnhöhe,
— Höhe der Produktionskosten,
— Kapazitätsauslastung,
— Werbekosten,
— Qualität der Produkte,
— Marktfluktuation (Art und Umfang der Marktein- und -austritte).

Merkmale des Marktergebnisses können, wie die obige Aufstellung zeigt, auf einen Zeitpunkt oder auf einen Zeitraum bezogen sein. Damit zeigt sich gleichzeitig die *Interdependenz von Marktstruktur, Marktverhalten und Marktergebnis:* Aus einer gegenwärtigen Marktstruktur erwächst in Verbindung mit einem gegenwärtigen Marktverhalten jeweils ein zukünftiges Ergebnis. Umgekehrt beeinflußt das Marktergebnis seinerseits wieder die künftige Marktstruktur und das künftige Marktverhalten (etwa über den Marktein- und -austrittsvorgang). Schließlich lassen sich auch Zusammenhänge zwischen Marktstruktur und Marktverhalten feststellen dergestalt, daß einerseits bestimmte Verhaltensweisen für bestimmte Marktstrukturen typisch sind, andererseits durch unternehmerische Verhaltensweisen gewisse Marktstrukturen geschaffen bzw. verändert werden.

Ausgangspunkt aller Konzepte der Workable Competition ist die Unzufriedenheit mit den Modellen der klassischen Preistheorie (insbesondere mit dem statischen Gleichgewichtsmodell der vollständigen Konkurrenz) und die Erkenntnis, daß wirtschaftlicher Fortschritt nur zu erreichen ist, wenn man den unvollkommenen Wettbewerb zur Norm erhebt. Als eigentliches Problem ergibt sich dabei die Frage, mit welchen normativen Merkmalen der gewünschte Wettbewerb beschrieben werden kann. Soll man Kriterien der Marktstruktur, des Marktverhaltens oder des Marktergebnisses allein verwenden oder ist eine Kombination aus Kriterien zweier oder aller drei Kategorien zweckmäßiger? In der Diskussion um diese Frage, die sich an dem inzwischen berühmt gewordenen Aufsatz von *Clark* [5] entzündete, wurden derart viele Definitionen des funktionsfähigen Wettbewerbs gegeben, daß einer der bekanntesten Workable-Competition-Theoretiker, *E. Mason,* zu dem Ausspruch veranlaßt wurde, es gebe soviele Definitionen des funktionsfähigen Wettbewerbs, wie es „funktions- bzw. arbeitsfähige Nationalökonomen gibt".

Ohne die Konzepte hier im einzelnen beurteilen zu wollen, lassen sich doch einige generelle Aussagen zum Workable-Competition-Konzept machen. Geht man wiederum von den Zielen der Wettbewerbspolitik aus, so ist derjenige Wettbewerb funktionsfähig, der die Ziele der Wettbewerbspolitik – eine politische Gewichtung der Einzelfunktionen sei vorausgesetzt – in optimaler Weise erfüllt. Von daher gesehen müßte eine *Workable-Competition-Definition des Wettbewerbs immer auch eine Marktergebnisdefinition* sein, es sei denn, es gelänge der Nachweis, daß aus einer bestimmten Marktstruktur oder aus einem bestimmten Marktverhalten zwangsläufig ein bestimmtes Marktergebnis folgen muß. In letzterem Fall genügt es, die jeweiligen Struktur- bzw. Verhaltenskriterien zur Normierung des funktionsfähigen Wettbewerbs zu nennen. Allerdings ist der dafür erforderliche Nachweis keinem der Workable-Competition-Theoretiker gelungen.

Umgekehrt gesehen reichen jedoch Marktergebnisnormen allein zur Normierung des gewünschten Wettbewerbs nicht aus, insofern etwa ein zufriedenstellender technischer Fortschritt oder niedrige Produktionskosten und niedrige Preise noch nichts darüber aussagen, ob diese Marktergebnisse in Freiheit zustandegekommen sind oder nicht. Letzteres ist nicht nur wichtig zur Beurteilung des Erfüllungsgrades des Freiheitsziels, sondern auch zur Beantwortung der Frage, ob ein Wettbewerb, der heute möglicherweise günstige Marktergebnisse erbringt, auch in Zukunft dazu in der Lage sein wird. Dazu bedarf es jedoch wiederum der Kenntnis von Marktstruktur und Marktverhalten. So kann man also folgern, *daß in der Regel zur Normierung des funktionsfähigen Wettbewerbs Kriterien aller drei Kategorien – Marktstruktur, Marktverhalten und Marktergebnis – erforderlich sein werden.*

Zwei weitere *theoretische Schwierigkeiten* im Zusammenhang mit dem Workable-Competition-Konzept sollten nicht übersehen werden: Zunächst ist festzustellen, daß über die *Einordnung einzelner Merkmale in das Marktstruktur-Marktverhalten-Marktergebnis-Schema durchaus keine Übereinstimmung* besteht. So kann etwa die Markttransparenz einerseits als Ergebnis des Wettbewerbs gekennzeichnet werden (nachfolgender Wettbewerb vergrößert die Markttransparenz, während vorstoßender

5 Clark, J. M., Towards a Concept of Workable Competition, in: American Economic Review, Vol. XXX (1940), S. 241 ff.

Wettbewerb sie verkleinert), man kann sie jedoch andererseits auch der Marktstruktur zurechnen, insofern sie ein wesentliches Datum für das Verhalten der Marktteilnehmer darstellt. Eine zweite Schwierigkeit liegt darin, daß die im Rahmen der Workable-Competition-Theorie genannten Merkmale des Wettbewerbsprozesses und darauf aufbauende Tests *keinerlei Kriterien zur Abgrenzung des relevanten Marktes* liefern. Dieses Problem allerdings hat die Workable-Competition-Theorie mit allen Wettbewerbstheorien gemein.

Von größerer Bedeutung im Hinblick auf die wettbewerbspolitische Anwendung ist jedoch die *mangelnde Praktikabilität und Justitiabilität insbesondere der Marktergebnis-Normen.*

Mangelnde Praktikabilität ergibt sich insbesondere aus dem *Bewertungsproblem:* Bei der Auswahl des jeweils gültigen wettbewerbspolitischen Leitbildes ist nämlich ein doppelter Kompromiß erforderlich: Zum einen muß zwischen Freiheit und ökonomischen Vorteilen bestimmter Marktprozesse gewählt werden, insofern die beiden Zielkomplexe (teilweise) konkurrieren, zum anderen müssen die ökonomischen Funktionen des Wettbewerbs selbst gegeneinander abgewogen werden, wie etwa das bekannte magische Dreieck der Wettbewerbspolitik (Vollständigkeit der Konkurrenz, Massenproduktionsvorteile, Produktdifferenzierung) zeigt. Zur *Festellung der Funktionsfähigkeit* eines Marktprozesses bedarf es daher der *expliziten Einführung einer Reihe von Werturteilen,* die Gewichtungsrelationen sowohl zwischen den beiden großen Zielkomplexen „Freiheit" und „ökonomische Vorteile" als auch innerhalb des Komplexes der ökonomischen Vorteile selbst festlegen. *Erschwerend kommt hinzu, daß diese Gewichtungsrelationen durchaus nicht für alle Märkte gleich zu sein brauchen:* Die unterschiedliche Bedeutung einzelner Märkte im gesamten Wirtschaftsablauf sowie unterschiedliche sektorale Eigenwerte der einzelnen Funktionen des Wettbewerbs werden in aller Regel nicht ohne Einfluß auf die Prioritätsskala der wettbewerbspolitischen Einzelziele bleiben. *Damit kann die Funktionsfähigkeit eines Marktprozesses nur im Einzelfall festgestellt werden.* Folge des dargelegten Zusammenhangs ist, daß ein Workable-Competition-Konzept im einzelnen festlegen müßte, welcher Gewinn etwa noch zulässig sei, welcher Grad des technischen Fortschritts mindestens erforderlich sei und wie der technische Fortschritt gemessen werden soll u. s. f. Die Festsetzungen müßten im Zweifel für jeden einzelnen Markt erfolgen. Damit wird das Workable-Competition-Konzept im Hinblick auf seine politische Handhabung unpraktikabel.

Mangelnde Justistiabilität des Konzepts der Workable Competition ergibt sich daraus, daß es bei Verwendung von Marktergebnisnormen im Zweifel erforderlich sein wird, bestimmte Verhaltensweisen nachträglich aufgrund (ursächlich mit diesen Verhaltensweisen möglicherweise nicht direkt verknüpfter) Marktergebnisse zu beurteilen und zu bestrafen. Stellt sich nämlich heraus, daß eine zunächst für zulässig gehaltene Verhaltensweise (etwa der Abschluß eines Kartells) zu schlechten Marktergebnissen geführt hat, so muß diese Verhaltensweise *nachträglich sanktioniert* werden. Daraus jedoch resultiert *mangelnde Rechtssicherheit.* Solche Einwände gegen Merkmale des Marktergebnisses zur Normierung des funktionsfähigen Wettbewerbs sind um so gravierender als – wie wir oben sagten – eine realistische Konzeption des funktionsfähigen Wettbewerbs immer auch Marktergebnisnormen enthalten müßte. *Damit jedoch gerät man in ein wettbewerbspolitisches Dilemma: Einerseits sind Marktergebnisnormen erforderlich, um den gewünschten Wettbewerb zu normieren, andererseits ist eine mit Marktergebnisnormen arbeitende Wettbewerbspolitik nicht justitiabel.*

Dieses Dilemma kann nur dann überwunden werden, wenn es Theorien gibt, die in der Lage sind, jene Bedingungskonstellation aufzuzeigen, unter der ein funktionsfähiger Wettbewerb zuverlässig zu erwarten ist, die also einen stringenten Zusammenhang zwischen Struktur- und Verhaltensnormen einerseits und Marktergebnisnormen andererseits herstellen. Dann könnte man auf Marktergebniskriterien zur Normierung des funktionsfähigen Wettbewerbs verzichten. Im Sinne dieser Frage, unter welchen „conditioning factors" *(Clark)* der Wettbewerb funktionsfähig ist, liefert die Workable-Competition-Theorie zwar eine Vielfalt von Ansatzpunkten, aber diese Vielfalt ist auch ihre Schwäche, insofern es nicht gelingt, aus der Vielzahl der möglichen Ansatzpunkte für weitere Gruppen von Tatbeständen relativ wenige entscheidende Kriterien herauszukristallisieren. Insbesondere ist es der Workable-Competition-Theorie nicht gelungen, eindeutige, kategorische Struktur- und Verhaltensnormen zu entwickeln, aus denen das gewünschte Marktergebnis zuverlässig erwartet werden könnte.

3. Wettbewerbsförderungspolitik und Wettbewerbserhaltungspolitik *)

Auch die in jüngerer Zeit entwickelten – auf dem Workable-Competition-Konzept aufbauenden – wettbewerbspolitischen Vorstellungen führten nicht zur Entwicklung eines theoretisch geschlossenen und politisch praktikablen wettbewerbspolitischen Leitbildes. Jedoch hat die jüngere wettbewerbspolitische Diskussion – insbesondere die zwischen *Kantzenbach* und *Hoppmann* geführte Kontroverse [6] – zur Klärung wesentlicher *Determinanten eines funktionsfähigen* Wettbewerbs beigetragen.

— Verdienst *Hoppmanns* ist es, die *Bedeutung der Freiheit zum Wettbewerb* sowohl für die Entstehung und Erhaltung des Wettbewerbs wie auch für das Zustandekommen guter ökonomischer Marktergebnisse gezeigt zu haben. Allerdings gelang es *Hoppmann* nicht zu beweisen, daß die Herstellung von Wettbewerbsfreiheit zwangsläufig zu guten ökonomischen Marktergebnissen führt. So sind durchaus strukturelle Ausgangsbedingungen des Wettbewerbs denkbar, unter denen ein freier Wettbewerb zu unerwünschten Marktergebnissen führt.

— Bei der Analyse dieser *strukturellen Ausgangsbedingungen* des Wettbewerbs hat *Kantzenbach* die *besondere Bedeutung des Oligopols* zur Herstellung eines funktionsfähigen Wettbewerbs herausgestellt. Je mehr die Wirtschaftspolitik die Erfüllung dynamischer Wettbewerbsfunktionen in den Vordergrund rückt, um so mehr muß das Leitbild der Wettbewerbspolitik von dem durch das Leitbild der vollständigen Konkurrenz geforderten Zustand des homogenen Polypols abrücken. Spätestens hier zeigt sich, daß *Wettbewerbspolitik nicht nur Anti-*

---

* *Hoppmann, E.*, Zum Problem . . ., a.a.O.;
Ders., Wettbewerb als Norm . . ., a.a.O.;
Ders., Workable Competition . . ., a.a.O.;
Tolksdorf, M., Hoppmanns neoklassische Wettbewerbstheorie als Grundlage der Wettbewerbspolitik, in: Jahrbuch für Nationalökonomie und Statistik, S. 61 ff.

6 Hoppmann, E., Das Konzept der optimalen Wettbewerbsintensität, in: Jahrbücher für Nationalökonomie und Statistik (JfNS), 179, Bd. (1966), S. 286 ff.; Kantzenbach, E., Das Konzept der optimalen Wettbewerbsintensität. Eine Erwiderung auf den gleichnamigen Besprechungsaufsatz von Erich Hoppmann, in: JfNS, 181. Bd. (1967), S. 193 ff.; Hoppmann, E., Die Funktionsfähigkeit des Wettbewerbs. Bemerkungen zu Kantzenbachs „Erwiderung", in: JfNS, 181. Bd. (1967), S. 251 ff. Eine Zusammenfassung dieser Diskussion findet sich bei Ewers, H. J., Wettbewerbspolitische Ansätze in der deutschen Verkehrspolitik seit den Verkehrsänderungsgesetzen – eine kritische Analyse. Beiträge aus dem Institut für Verkehrswissenschaft an der Universität Münster, hrsg. von H. St. Seidenfus, Heft 63, Göttingen 1971, S. 40–110.

monopol- und Antikartellpolitik, sondern auch Marktstrukturpolitik ist.

Entsprechend dieser Aussagen lassen sich *zwei Hauptaufgaben staatlicher Wettbewerbspolitik* unterscheiden: *Wettbewerbsförderung und Wettbewerbserhaltung.*

a) Wettbewerbsförderungspolitik

Aufgabe der Wettbewerbsförderungspolitik ist es, die strukturellen Ausgangsbedingungen des Wettbewerbs so zu verbessern, daß ein freier Wettbewerb die erwünschten Marktergebnisse zu erbringen imstande ist.

Ansatzpunkte dieser Politik sind die *Marktform* (Anbieterzahl, Produkthomogenität, Markttransparenz) sowie die *Produktions- und Kostenstruktur* der am Markt tätigen Unternehmen (als – zwar nicht alleinige, aber doch wesentliche – Determinanten der Anpassungsflexibilität und des technischen Fortschritts). Die zur Verwirklichung „funktionsfähiger Marktstrukturen" eingesetzten *Mittel* sind insbesondere *Förderung von Kooperation und Konzentration sowie Marktinformation,* letztere sowohl zur Beschleunigung gesamtwirtschaftlich erwünschter Anpassungsvorgänge als auch zur Erhöhung der Markttransparenz.

Allerdings unterliegt eine derartige Wettbewerbsförderungspolitik einigen *Schwierigkeiten.* Zunächst ergibt sich ein *Bewertungsproblem,* insofern entschieden werden muß, wann eine funktionsfähige Marktstruktur erreicht ist. Eine Beantwortung dieser Frage ist jedoch nicht möglich. Sie könnte nur über einen hypothetischen Marktergebnistest erfolgen, d. h. über eine Prognose der Marktergebnisse, die sich bei Vorliegen einer bestimmten Marktstruktur und eines bestimmten Marktverhaltens ergeben. Eine solche Prognose ist nicht möglich. Man müßte dazu alles wissen, was durch den Wettbewerb erst herausgefunden werden soll. Damit bleibt nur eine *indirekte und negative Normierung der Wettbewerbsförderungspolitik* über, indem sie auf die Veränderung jener Marktstrukturen beschränkt wird, die *mit hoher Wahrscheinlichkeit als funktionsfähig klassifiziert* werden können.

In diesem Sinne kommen eigentlich nur die beiden Fälle des *ruinösen Wettbewerbs* in Frage. Beide sind im allgemeinen durch eine relativ *fortgeschrittene Entwicklungsphase des Marktes* und *eine niedrige Preiselastizität der Gesamtnachfrage* gekennzeichnet. Als zusätzliche Kennzeichen des *langfristig ruinösen Wettbewerbs* im Bereich der Marktstruktur sind darüber hinaus *niedrige Markttransparenz, geringe Kosten-, Produktions- und Marktflexibilität* der anbietenden Unternehmen und oft eine *polypolistische Angebotsstruktur* (Beispiel: Verkehrsmärkte, Landwirtschaft) zu nennen. Im *Marktergebnis* macht sich der langfristig ruinöse Wettbewerb insbesondere an *langfristigen Überkapazitäten* und *Preisen* bemerkbar, *die unter den Durchschnittskosten* der Unternehmen liegen. Der Wettbewerbsprozeß besteht nur mehr aus einem zirkulären gegenseitigen Unterbieten der Preise, wobei keiner der Wettbewerber zu einer höheren Nachfrage kommt. Dieser ruinöse Wettbewerbsprozeß hält an, weil keiner der Anbieter in der Lage ist, mit Hilfe eines Leistungswettbewerbs (Produktinnovation) diesem Teufelskreis zu entrinnen, aber auch keiner der Wettbewerber aus dem Markt austritt, obwohl er möglicherweise weniger Einkommen realisiert als bei einer anderen Beschäftigung (Selbstausbeutung, Treue zum alten Beruf). Demgegenüber ist der *kurzfristig ruinöse Wettbewerb* in der Regel lediglich – über die beiden schon genannten generellen Merkmale hinaus – durch eine *oligopolistische (oder teil-oligopolitische)* Angebotsstruktur und hohe Markttransparenz gekennzeichnet. Er repräsentiert den typischen Fall des überwiegend gegen die Wettbewerber gerichteten Preiskampfes im Oligopol bzw. des Verdrängungswettbewerbs aufgrund von Marktmacht.

Im Fall des *langfristig* ruinösen Wettbewerbs verfügt die Wettbewerbsförderungspolitik über *zahlreiche Mittel der Abhilfe*, sei es Veränderung der Anbieterzahl (Konzentration), Erhöhung der Markttransparenz (Marktinformation) oder Veränderung der Kosten-, Produktions- und Marktflexibilität etwa im Wege der Kooperation. Dagegen ist die Wettbewerbsförderungspolitik im Falle des oligopolitischen Verdrängungswettbewerbs so gut wie ohnmächtig. Als einzig wirkungsvolle Maßnahme bleibt nämlich nur die direkte Veränderung der Marktform, insbesondere eine Vergrößerung der Anbieterzahl durch Teilung von Unternehmen. Dies ist jedoch praktisch kaum möglich.

b) Wettbewerbserhaltungspolitik

Demgegenüber sind die *Einsatzmöglichkeiten der Wettbewerbserhaltungspolitik* vielfältiger. Ihre Aufgabe ist es, Beschränkungen des Wettbewerbs auf Märkten, die ihrer Struktur nach grundsätzlich als funktionsfähig gelten können, zu verhindern. Sie ist damit sowohl *gegen Wettbewerbsbeschränkung durch vertragliche Absprache (Kartelle), durch formlose Verhaltensabstimmungen (sogenannte Frühstückskartelle)* und durch nicht abgestimmtes Parallelverhalten als auch gegen Wettbewerbsbeschränkungen durch Marktmachtbildung (Konzentration, Fusion) gerichtet. *Ihr allgemeines Ziel ist die Erhaltung der wirtschaftlichen Freiheit und damit der Freiheit zum Wettbewerb.* Auch sie sollte den Grundsatz der indirekten, negativen Normierung des gesamten wirtschaftlich erwünschten Wettbewerbs verfolgen, insofern ein kausaler Zusammenhang zwischen bestimmten Dimensionen der wirtschaftlichen Freiheit und den gewünschten Marktergebnissen bislang nicht hergeleitet werden konnte. Die Wettbewerbserhaltungspolitik richtet sich also grundsätzlich gegen jede Art von Beschränkungen der wirtschaftlichen Freiheit. Zur Identifizierung solcher Beschränkungen kann sie sich des von *Hoppmann* vorgeschlagenen *Marktprozeßtests* (Kombination von Marktstruktur- und Marktverhaltenstest) bedienen. Ihre Eingriffsinstrumente sind das Verbot und entsprechende Sanktionen (Beseitigung der Beschränkung durch Verwaltungsverfahren und Bußgelder).

c) Der arbiträre Charakter der Wettbewerbspolitik

Wettbewerbsförderungs- wie Wettbewerbserhaltungspolitik unterliegen beide dem Dilemma-Problem der Wettbewerbspolitik, d. h. es muß ständig zwischen den beiden Zielkomplexen „Freiheit" und „gute ökonomische Marktergebnisse" (und – wie gezeigt wurde – auch innerhalb des Komplexes der guten ökonomischen Marktergebnisse) abgewogen werden. Das macht Wettbewerbspolitik – wie auch der dritte Teil dieses Beitrags (Aktuelle Probleme der Wettbewerbspolitik) zeigt – zu einem schwierigen und umstrittenen Geschäft, allerdings auch zu einer ständigen Herausforderung, weil sich die Frage nach der wirtschaftlichen Freiheit als eine der Hauptgrundlagen der Sozialen Marktwirtschaft immer neu stellt.

III. AKTUELLE PROBLEME DER WETTBEWERBSPOLITIK

1. Die gesetzlichen Grundlagen *

Die *Wettbewerbsgesetzgebung*, wie sie heute in dem am 1. 1. 1958 in Kraft getretenen Gesetz gegen Wettbewerbsbeschränkungen (GWB) zur Verfügung steht, hat in der Bundesrepublik Deutschland – im Gegensatz etwa zu den Vereinigten Staaten (Sherman Act 1890, Clayton Act 1914) *nur eine kurze Tradition.*[7] Noch im Jahre 1897 fällte das Reichs-

---

* *Helm, H.*, Das Kartellrecht in der Wirtschaftspraxis, Darmstadt 1970;

7 Vgl. Kartte, W., Ein neues Leitbild für die Wettbewerbspolitik, FIW-Schriftenreihe, Heft 49, Köln, Berlin, Bonn, München 1969, S. 15 ff.

gericht die berühmte Entscheidung, nach der Kartelle grundsätzlich zulässig und mit der Gewerbefreiheit vereinbar seien. Die allgemeine Auffassung ging damals dahin, daß auch für die Einschränkungen der Wettbewerbsfreiheit der Grundsatz der Vertragsfreiheit gelte. Zwar wurde im Jahre 1923 die Verordnung gegen Mißbrauch wirtschaftlicher Machtstellungen (Kartellverordnung) erlassen, doch wurden schon bald Kartelle ganz ausdrücklich zur Wirtschaftslenkung benutzt. Das Zwangskartellgesetz von 1933 gab dem Reichswirtschaftsminister die Befugnis, zum Zwecke der Marktregelung Unternehmen zu Syndikaten und Kartellen zusammenzuschließen bzw. bereits bestehenden Kartellorganisationen anzuschließen, wenn dies für das Gemeinwohl erforderlich schien. Bis zu dem Versuch des Dritten Reichs, über Kartelle die Wirtschaft in den Griff zu bekommen, herrschte ausgesprochen oder unausgesprochen die Ansicht, daß der Wettbewerb grundsätzlich keiner Regelung bedürfe. Für notwendig wurde lediglich der *Ausschluß unlauterer bzw. unfairer Wettbewerbspraktiken* gehalten. Zur Bekämpfung solcher Praktiken wurden schon früh *spezielle Wettbewerbsgesetze* entwickelt: Das *Gesetz gegen den unlauteren Wettbewerb* vom 7. Juni 1909, die *Zugabeverordnung* vom 9. März 1932, das *Rabattgesetz* vom 5. Mai 1936 usw. Ziel dieser Gesetze ist es nicht, den Wettbewerb zu regulieren, beschränken oder gar auszuschalten. Vielmehr soll der Wettbewerb mit unredlichen Mitteln ausgemerzt werden, damit der lautere Wettbewerb als Grundlage unserer Wirtschaftsordnung funktionsfähig gehalten werden kann. Erst mit der Verabschiedung des *Gesetzes gegen Wettbewerbsbeschränkungen* (GWB) im Jahre 1957 wurde die klassisch-liberale Grundhaltung praktisch absoluter Vertragsfreiheit zugunsten der Ansicht aufgegeben, daß der Wettbewerb in umfangreicherer Weise als bisher durch staatliche Maßnahmen geschützt werden müsse, wenn er auf lange Sicht als Koordinationssystem unserer Wirtschaft funktionsfähig bleiben sollte. Damit ist noch keine Aussage über das angestrebte Leitbild der Wettbewerbspolitik impliziert. Es wird lediglich anerkannt, daß der Wettbewerb nicht von selbst auf die Dauer funktionsfähig bleibt. Die wettbewerbspolitische Konzeption des bundesrepublikanischen Gesetzgebers kann nur den einzelnen Bestimmungen des GWB selbst entnommen werden.

Für die Bundesrepublik weiter von Bedeutung sind die *Wettbewerbsregeln des EWG-Vertrages* vom 25. März 1957 (Artikel 85 bis 90 EWG-Vertrag), die ebenfalls am 1. Januar 1958 in Kraft traten und in den Mitgliedsstaaten der Gemeinschaft unmittelbar geltendes Recht sind, ebenso wie die Artikel 65–67 des Vertrages über die Gründung der Europäischen Gemeinschaft für Kohle und Stahl (*Montanunion*-Vertrag) vom 18. April 1951, letztere gültig für den Bereich der Kohle- und Stahlindustrie.

Auf die Wettbewerbsregeln des EWG-Vertrages und des Montanunion-Vertrages wollen wir an dieser Stelle nicht eingehen. Eine Überschneidung der Bestimmungen des Gesetzes gegen Wettbewerbsbeschränkungen und der Wettbewerbsregeln innerhalb der Europäischen Gemeinschaft ist immer dann gegeben, wenn der Handel und Verkehr zwischen der Bundesrepublik Deutschland und einem anderen EG-Mitgliedstaat betroffen ist. Sie ist jedoch insofern *unproblematisch*, als nach herrschender Meinung die sogenannte *Zwei-Schranken-Theorie* gilt, nach der in den geschilderten Fällen beide Rechte gleichzeitig anzuwenden sind, mit anderen Worten, das jeweils schärfere Recht zum Zuge kommt.

Wir nehmen ausschließlich Bezug auf das GWB in der Fassung vom 3. Januar 1966 (Bundesgesetzblatt I, S. 37), zuletzt geändert durch das Zweite Gesetz zur Änderung des Gesetzes gegen Wettbewerbsbeschränkungen vom 3. August 1973.

Die in diesem Gesetz aufgeführten und mit Sanktionen belegten *wettbewerbsbeschränkenden Tatbestände* lassen sich im wesentlichen in *drei Kategorien* gliedern:

— mehrseitige Wettbewerbsbeschränkungen,

— einseitige Wettbewerbsbeschränkungen
  und

— Wettbewerbsregeln.

Unter *mehrseitigen Wettbewerbsbeschränkungen* werden hier solche Verhaltensweisen verstanden, die auf einer wie auch immer gearteten *Abstimmung zwischen den Wettbewerbern* basieren. Dazu zählen zunächst die klassischen Kartellverträge, aber auch alle anderen auf die Beeinflussung der Marktverhältnisse gerichteten Verträge (vertikale Preisbindung, Verwendungsbindungen, Ausschließlichkeitsverträge, Vertriebsbindungen, Koppelungsverträge etc.) bis hin zur abgestimmten Verhaltensweise.

Einseitige Wettbewerbsbeschränkungen dagegen beruhen überwiegend auf der *Aktivität eines einzelnen Wettbewerbers*, sei es, daß er Marktmacht hat und diese mißbraucht, sei es, daß er Marktmacht durch Fusion zu erwerben versucht, oder sei es, daß er andere Bewerber zu wettbewerbsbeschränkendem Verhalten (Boykott, Diskriminierung etc.) veranlassen kann.

Im Unterschied zu den beiden erstgenannten Kategorien stellen *Wettbewerbsregeln* als solche grundsätzlich *keine Wettbewerbsbeschränkung* dar. Ihr Ziel ist im Gegenteil, ein im Sinne des Gesetzes gegen unlauteren Wettbewerb und seiner Nebengesetze unlauteres Wettbewerbsverhalten zu verhindern, um auf diese Weise die Funktionsfähigkeit des Wettbewerbs zu fördern. Allerdings ist eine solche Lauterkeitsförderung auch immer mit einer Beschränkung des Wettbewerbs verbunden. Beide Wirkungen von Wettbewerbsregeln gegeneinander abzuwägen ist Zweck der diesbezüglichen Bestimmungen des GWB.

2. Mehrseitige Wettbewerbsbeschränkungen *)

a) Kartelle

Das *grundlegende Kartellverbot* des Gesetzes gegen Wettbewerbsbeschränkungen ist *in § 1 GWB enthalten:* „Verträge, die Unternehmen oder Vereinigungen von Unternehmen zu einem gemeinsamen Zweck schließen, und Beschlüsse von Vereinigungen von Unternehmen sind *unwirksam,* soweit sie geeignet sind, die Erzeugung oder die Marktverhältnisse für den Verkehr mit Waren oder gewerblichen Leistungen durch Beschränkung des Wettbewerbs zu beeinflussen."

Im Gegensatz etwa zum EWG-Kartellrecht, das nach dem *Verbotsprinzip* gestaltet ist, folgt § 1 GWB dem *Nichtigkeitsprinzip:* Der Gesetzgeber beschränkt sich darauf, Kartellverträge und -beschlüsse für unwirksam zu erklären, er verweigert also den Rechtsschutz aus diesen Verträgen und macht damit die Rechtsverfolgung unmöglich. **Zusätzlich begeht** allerdings nach § 38 Abs. 1 Nr. 1 GWB derjenige eine *Ordnungswidrigkeit,* der sich über die Unwirksamkeit eines Kartellvertrages hinwegsetzt. Die Befolgung eines Kartellvertrages kann auf diese Weise mit einer Geldbuße bis zu 100 000 DM, darüber hinaus mit einer Geldbuße bis zur dreifachen Höhe des durch die Zuwiderhandlung erzielten Mehrerlöses (§ 38 Abs. 4 Nr. 1) geahndet werden. Die gegen das Chemiefaser-Kartell vom Bundeskartellamt im Jahre 1973 ausgesprochenen Verfügungen über insgesamt ca. 50 Mill. DM Geldbußen beweisen, daß das Kartellamt durchaus Möglichkeiten zu empfindlichen Strafen hat.

---

* Hennig, W., Sauter, H., Wettbewerbsbeschränkungen und Kartellrecht, München 1972.

Damit ein *Kartell* vorliegt, bedarf es nach dem Wortlaut des Gesetzes des Vorliegens von *vier Voraussetzungen:*

— Es muß sich bei den Beteiligten um *Unternehmen oder Vereinigungen von Unternehmen* handeln.
— Es muß ein *Vertrag zu einem gemeinsamen Zweck* vorliegen.
— Der Vertrag muß *geeignet* sein, die *Marktverhältnisse zu beeinflussen.*
— Die Marktbeeinflussung muß *durch Beschränkung des Wettbewerbs* erfolgen.

Nur wenn diese vier Tatbestandsmerkmale vorliegen, handelt es sich um ein Kartell im Sinne des GWB.

Vom grundsätzlichen Kartellverbot des § 1 GWB gibt es eine Reihe von *Ausnahmen* (§§ 2–8 GWB):

— So sind *Kalkulationsschema-Verträge* (§ 5 Abs. 4), soweit sie keine Festlegung von Preisen oder Preisbestandteilen enthalten, *ohne weiteres wirksam.*

— Erst durch *Anmeldung*, dann aber ohne weitere Voraussetzungen werden *Normen- und Typenkartelle* (§ 5 Abs. 1) sowie *Exportkartelle ohne Inlandswirkung* (§ 6 Abs. 1) wirksam.

— Nach *Anmeldung* und Ablauf einer dreimonatigen *Widerspruchsfrist* werden *Konditionenkartelle* (§ 2), *Rabattkartelle* (§ 3) und *Spezialisierungskartelle* (§ 5 a) wirksam.

— Dagegen bedürfen *Strukturkrisen-Kartelle* (§ 4), *Rationalisierungskartelle* (§ 5 Abs. 2, 3), *Exportkartelle mit Inlandswirkung* (§ 6 Abs. 2), *Einfuhrkartelle* (§ 7) und *Notstandskartelle* (§ 8) einer ausdrücklichen *Erlaubnis* zu ihrer Wirksamkeit. Bei letzteren (Notstandskartelle) handelt es sich um eine Generalausnahmeklausel des GWB, nach der der Bundesminister für Wirtschaft auf Antrag die Erlaubnis zu einem Vertrag oder Beschluß im Sinne des § 1 GWB erteilen kann, „wenn ausnahmsweise die Beschränkung des Wettbewerbs aus überwiegenden Gründen der Gesamtwirtschaft und des Gemeinwohls notwendig ist". Die während der Diskussion des Gesetzes gegen Wettbewerbsbeschränkung früher geäußerte Ansicht, mit Hilfe dieser Generalklausel könne das Gesetz legal umgangen werden, hat sich insofern als gegenstandslos erwiesen, als bis heute kein Wirtschaftsminister von dieser Generalausnahmeklausel Gebrauch gemacht hat.

— Von erheblicher wirtschaftspolitischer Bedeutung dagegen sind die *Bereichsausnahmen vom Kartellverbot* für bestimmte Unternehmen bezw. Wirtschaftszweige, die in den §§ 99 f. des GWB geregelt sind. Danach gilt das grundsätzliche Kartellverbot des GWB nicht oder nur eingeschränkt für folgende Sektoren:

— Bundespost, Bundesbahn und andere Verkehrsunternehmen sowie ihre Verbände (§ 99)

— landwirtschaftliche Erzeugerbetriebe und ihre Vereinigungen (§ 100)

— Bundesbank, Kreditanstalt für Wiederaufbau, staatliche Monopole und Bereiche, für die der Montan Union-Vertrag besondere Vorschriften enthält (§ 101)

— Banken, Versicherungsunternehmen und Bausparkassen (§ 102)

— Urheberrechtsverwertungsgesellschaften, wie zum Beispiel die GEMA (§ 102 a)

— Unternehmen der öffentlichen Energie- und Wasserversorgung (§ 103).

In allen Fällen handelt es sich um Märkte, bei denen nach Ansicht des Gesetzgebers ein *freier Wettbewerb* zu *unerwünschten Marktergebnissen* führen würde. Grundsatz der Ausnahmeregelung ist jeweils, daß die betreffenden Bereiche vom Kartellverbot nur insoweit freigestellt werden, wie andere *aufsichtsrechtliche Regelungen* (Fachaufsicht durch Bundesbehörden) vorliegen.

Inwieweit die relativ umfänglichen Bereichsausnahmen vom grundsätzlichen Kartellverbot aus Gründen der dauernden Unmöglichkeit eines freien Wettbewerbs zwingend sind oder nicht, soll hier im einzelnen nicht diskutiert werden. In jedem Falle muß geprüft werden, ob es nicht möglich ist, *im Wege marktstruktureller Maßnahmen die erforderlichen Ausgangsbedingungen für einen funktionsfähigen freien Wettbewerb zu schaffen und damit die Bereichsausnahme überflüssig zu machen.* Ansonsten besteht die Gefahr, daß *Bereichsausnahmen* zu *Gruppenprivilegien* werden.

An den Kartellvorschriften des GWB wurde in den vergangenen Jahren insbesondere im Hinblick auf drei Gesichtspunkte *Kritik* geäußert:

— *Ungleichbehandlung von Kartellen und Fusionen*

Gegenstand dieses Kritikpunktes ist die Tatsache, daß von den zwei Möglichkeiten zur Bildung von Marktmacht – Kartellen und Fusionen – bis zum Zweiten Gesetz zur Änderung des GWB vom 3. August 1973 nur der eine, nämlich das Kartell, untersagt war. Dagegen unterlagen Fusionen bis dahin keiner Beschränkung, sieht man ab von der immer schon bestehenden, jedoch praktisch bis zur zweiten Kartellnovelle unbedeutenden Anzeigepflicht von Unternehmenszusammenschlüssen in § 23 GWB. Bei letzterem handelt es sich um ein Relikt aus der ursprünglich in dem 1952 vorgelegten Entwurf des GWB enthaltenen präventiven Fusionskontrolle, die jedoch im Verlauf der nahezu sechsjährigen Diskussion dieses Gesetzes eliminiert wurde. Mit der 73er Novelle wurde sie wieder eingeführt (vgl. Punkt III 3 b dieser Ausarbeitung).

— *Nichterfassung des abgestimmten Verhaltens*

Des weiteren wurde kritisiert, daß durch das generelle Kartellverbot in § 1 GWB lediglich die auf einem Vertrag beruhenden Wettbewerbsbeschränkungen erfaßt werden. Nicht erfaßt dagegen waren, ebenfalls bis zum Erlaß der 73-Novelle, jene Wettbewerbsbeschränkungen, die ohne Vertrag aufgrund formloser Abstimmungen zustande kommen und die nicht unter die Mißbrauchsaufsicht (vgl. Punkt 3.3.1 dieser Ausarbeitung) fielen. Seit dem 3. August 1973 sind jedoch auch die abgestimmten Verhaltensweisen ausdrücklich im Gesetz erfaßt (§ 25 Abs. 1; vgl. Punkt 3.2.3).

— *„Blindes Kartellverbot"*

Als blind wurde das hier dargestellte Kartellverbot insofern bezeichnet, als es eine Reihe von Verträgen gibt, die alle Voraussetzungen eines Kartellvertrages (Unternehmen, gemeinsamer Zweck, Beeinflussung der Marktverhältnisse durch Beschränkung des Wettbewerbs) erfüllen, dennoch im Sinne eines funktionsfähigen Wettbewerbs erwünscht sind, insofern sie zur Leistungssteigerung der am Markt befindlichen Unternehmen beitragen (sogenannte *leistungssteigernde Kooperation*). Dieser Mangel führte bereits im Jahre 1965 zur Herausgabe der sogenannten *Kooperationsfibel* durch das Bundeswirtschaftsministerium, in der aufgezeigt wurde, welche Kooperationsformen trotz dieses relativ engen Kartellverbots zulässig waren. In der 73er Kartellnovelle wurde dann der § 5 b neu in das Kartellgesetz aufgenommen, nach dem Verträge und Beschlüsse, die die Rationalisierung wirtschaftlicher Vorgänge durch zwischenbetriebliche Zusammenarbeit zum Gegenstand haben, dann zulässig sind, „wenn dadurch der Wettbewerb auf dem Markt nicht wesentlich beeinträchtigt wird und der Vertrag oder Beschluß dazu dient, die Leistungsfähigkeit kleiner oder mittlerer Unternehmen zu fördern".

b) Sonstige Verträge

Die im folgenden behandelten Vertragsarten unterscheiden sich von Kartellen dadurch, daß sie *nicht zu einem gemeinsamen Zweck abgeschlossen* sind. Es handelt sich um *Individualverträge,* bei denen jeder Partner seine eigenen Interessen verfolgt. Nicht alle diese Individualverträge unterliegen der Kontrolle durch das GWB. Kontrolliert wird vielmehr nur in drei Fällen, die im folgenden zu behandeln sind:

— vertikale Preis- und Geschäftsbedingungsbindung,

— Vertriebsbindungen, Ausschließlichkeitsverträge, Verwendungsbindungen, Kopplungsverträge und

— Verträge über Patente, Gebrauchsmuster, Sortenschutzrechte, Betriebsgeheimnisse und Pflanzenzüchtungen.

(1) Vertikale Preis- und Geschäftsbedingungsbindungen

Nach § 15 GWB sind alle *Verträge* zwischen Unternehmen über Waren oder gewerbliche Leistungen *nichtig,* „soweit sie einen Vertragsbeteiligten in der Freiheit der Gestaltung von Preisen oder Geschäftsbedingungen bei solchen Verträgen beschränken, die er mit Dritten über die gelieferten Waren, über andere Waren oder über gewerbliche Leistungen schließt". Eine *Ausnahme* von diesem Verbot ist nur für *Verlagserzeugnisse* (§ 16) vorgesehen. Danach kann ein Unternehmen die Abnehmer seiner Verlagserzeugnisse rechtlich oder wirtschaftlich binden, „bei der Weiterveräußerung bestimmte Preise zu vereinbaren oder ihren Abnehmern die gleiche Bindung bis zur Weiterveräußerung an den letzten Verbraucher aufzuerlegen".

Die gleiche Ausnahmevorschrift hatte bis zum 31. Dezember 1973 auch für Markenartikel bestanden. Sie wurde durch das Zweite Gesetz zur Änderung des GWB aufgehoben. Die Liste der Pro- und Kontra-Argumente bei der Diskussion um die *vertikale Preisbindung für Markenwaren* ist sehr lang. Hier können nur die wichtigsten Beispiele angeführt werden:

— *Für* die vertikale Preisbindung bei Markenwaren sprechen u. a. die hohe *Markttransparenz,* die relativ *gleichmäßige Versorgung im*

Raum und die *Mittelstandsfreundlichkeit* dieser Wettbewerbsbeschränkung.

— Gegen die vertikale Preisbindung bei Markenwaren sprechen u. a. die durch sie bewirkte *Tendenz zu höheren Preisen,* der Beitrag der Preisbindung zur allgemein feststellbaren *Preisstarrheit* und insbesondere die Gefahr der *Verbraucherdiskriminierung* durch Lückenhaftigkeit der Preisbindung.

Verwiesen sei in diesem Zusammenhang auf die *vertikalen Preisempfehlungen für Markenwaren,* die nach dem ebenfalls in der 73'er Kartellnovelle eingeführten § 38 a zulässig sind. Da es sich hier jedoch nicht um wettbewerbsbeschränkende Verträge handelt, werden die Preisempfehlungen an anderer Stelle behandelt (vgl. Punkt III 3 c 5).

Soweit Preisbindungen (für Verlagserzeugnisse) nach § 16 GWB noch zulässig sind, unterliegen sie der *Mißbrauchsaufsicht* durch die Kartellbehörde (§ 17).

(2) Verwendungsbindungen, Ausschließlichkeitsverträge, Vertriebsbindungen, Kopplungsgeschäfte

Im Gegensatz zu Verträgen, die vertikale Preis- und Geschäftsbedingungsbindungen enthalten und die nach § 15 von vornherein nichtig sind, unterliegen Verträge, die Verwendungsbeschränkungen, Ausschließlichkeits- und Vertriebsbindungen oder Kopplungsgeschäfte beinhalten, *lediglich* der *Mißbrauchsaufsicht* der Kartellbehörde, mit anderen Worten, die Kartellbehörde kann solche Verträge mit sofortiger Wirkung für unwirksam erklären, wenn dadurch unbillige Wettbewerbsbeschränkungen eintreten. Da im Gesetz nicht weiter definiert ist, wann eine unbillige Beschränkung des Wettbewerbs vorliegt, entstehen hier zum Teil sehr schwierige Beweisfragen. Im Eingriffsfall erklärt die Kartellbehörde gemäß § 19 jeweils nur die beanstandete Bindung für unwirksam, alle anderen Bestandteile solcher Verträge gelten weiter.

(3) Verträge über gewerbliche Schutzrechte und Betriebsgeheimnisse

Soweit etwa bei Patent- oder Gebrauchsmusterverträgen (auch: Verträge über Sortenschutzrechte, Betriebsgeheimnisse und Pflanzenzüchtungen) Beschränkungen auferlegt werden, die über den Inhalt des Schutzrechts hinausgehen, sind gemäß § 20 bzw. § 21 GWB solche Verträge unwirksam. Die Kartellbehörde kann jedoch auf Antrag die Erlaubnis zu einem solchen Vertrag erteilen, „wenn die wirtschaftliche Bewegungsfreiheit des Erwerbers oder Lizenznehmers oder anderer Unternehmen nicht unbillig eingeschränkt und durch das Ausmaß der Beschränkungen der Wettbewerb auf dem Markt nicht wesentlich beeinträchtigt wird" (§ 20 Abs. 3 GWB).

c) Abgestimmtes Verhalten

Durch die Kartellnovelle vom 3. August 1973 neu in das GWB hineingekommen ist der § 25 Abs. 1, nach dem „ein *aufeinander abgestimmtes Verhalten* von Unternehmen oder Vereinigungen von Unternehmen, das nach diesem Gesetz nicht zum Gegenstand einer vertraglichen Bindung gemacht werden darf", verboten ist. Damit wurde eine Wettbewerbsbeschränkung gesetzlich erfaßt, die auf der Grenze zwischen mehrseitiger und einseitiger Wettbewerbsbeschränkung steht. *Besonderes Problem des § 25 Abs. 1 GWB ist es, das „abgestimmte Verhalten" vom bloßen „Parallelverhalten" zu unterscheiden.* Zum besseren Verständnis dieses Problems ist auf die Marktform abzustellen, in der Parallelverhalten ebenso wie abgestimmtes Verhalten am ehesten zu erwarten ist, dem engen *Oligopol.* In Fällen eines weitgehend vollkommenen Marktes (Beispiel: Zementindustrie) und weniger großer Anbieter ist es durchaus rational, wenn jeder Anbieter preislich stillhält und keinen anderen als den Marktpreis fordert, mit anderen Worten, wenn sich alle Anbieter gleichförmig verhalten. Würde nämlich ein Anbieter den Preis senken, so müßten ihm alle anderen Anbieter unverzüglich folgen, wollten sie nicht Gefahr laufen, plötzlich alle Nachfrage zu verlieren. Das gleiche gilt sinngemäß für etwa aufgrund von Kostensteigerungen notwendig werdende Preiserhöhungen: Derjenige Anbieter, der mit der Preiserhöhung vorprellt, läuft Gefahr, aus dem Markt geworfen zu werden. Er wird diese Preiserhöhung also nur dann vornehmen, wenn er sicher sein kann, daß ihm die anderen Wettbewerber folgen. Unternimmt er nun irgendwelche Schritte, um sich seiner Konkurrenten zu vergewissern, so handelt es sich um eine abgestimmte Verhaltensweise im Sinne des § 25 Abs. 1. Erhöht er dagegen seinen Preis ohne diese Vergewisserung und folgen ihm die anderen Wettbewerber, weil sie aus Kostengründen möglicherweise keine andere Wahl haben, so handelt es sich um bloßes Parallelverhalten. *Die Grenze ist, wie man sieht, fließend.* Sie wird u. a. wesentlich durch die *Möglichkeit der Beweisbarkeit* festgelegt.

3. Einseitige Wettbewerbsbeschränkungen *)

a) Mißbrauch von Marktmacht

Im Falle *marktbeherrschender Unternehmen* übt die Kartellbehörde eine *Mißbrauchsaufsicht* aus, um zu verhindern, daß solche Unternehmen ihre marktbeherrschende Stellung – gleich auf welchem Markt – mißbräuchlich ausnutzen. Ist ein Mißbrauch festgestellt, so kann die Kartellbehörde das mißbräuchliche Verhalten untersagen bzw. entsprechende Verträge für unwirksam erklären (§ 22, Abs. 5).

Vor einer solchen Intervention ist es jedoch gemäß § 22 Abs. 1–3 notwendig, daß das Kartellamt sowohl die marktbeherrschende Stellung des betreffenden Unternehmens wie auch den Mißbrauch nachweist. Hauptschwäche der bis zur zweiten Kartellnovelle gültigen Mißbrauchsaufsichtsbestimmungen war, daß die Kartellbehörde bereits am *Nachweis der marktbeherrschenden Stellung* scheiterte. Gemäß § 22 Abs. 1 alter Fassung GWB galt ein Unternehmen als marktbeherrschend, soweit es „für eine bestimmte Art von Waren oder gewerblichen Leistungen ohne Wettbewerber ist oder keinem wesentlichen Wettbewerb ausgesetzt ist". Als marktbeherrschend galten auch „zwei oder mehr Unternehmen, soweit zwischen ihnen für eine bestimmte Art von Waren oder gewerblichen Leistungen allgemein oder auf bestimmten Märkten aus tatsächlichen Gründen ein wesentlicher Wettbewerb nicht besteht und soweit sie in ihrer Gesamtheit die Voraussetzungen des Absatzes 1 erfüllen" (§ 22, Abs. 2 alter Fassung). Damit war der Nachweis einer marktbeherrschenden Stellung an das *Kriterium des „wesentlichen" Wettbewerbs* gebunden. Ohne eine weitere Konkretisierung des Begriffs „wesentlicher Wettbewerb" aber war es nahezu unmöglich, in der Praxis eine marktbeherrschende Stellung nachzuweisen. So stellte der Vorsitzende des Bundeskartellamts, *Günter,* bereits 1968 resigniert fest: „In fast allen Fällen ist der Nachweis der Marktbeherrschung im Sinne des § 22 (kein oder kein wesentlicher Wettbewerb) nicht gelungen. Darin liegt eine der Ursachen für das Fehlen von Mißbrauchsverfügungen und damit für die Unwirksamkeit des Instruments". Wie unwirksam dieses Instrument war, zeigt am ehesten die Statistik: *In 11 Jahren* (1958–1969) wurde in 313 eingeleiteten Mißbrauchsverfahren *nur eine einzige Mißbrauchsverfügung* (Handpreisauszeichnungsgeräte 1968) rechtskräftig.

Im Hinblick auf diese außerordentlich ungünstige Beweislage hat nun die 73-Kartellnovelle eine gewisse Erleichterung insofern gebracht, als zwar

* Kirschstein, F., Marktmacht und ihre Kontrolle, München 1974.

nach wie vor auf das Kriterium des „wesentlichen“ Wettbewerbs (§ 22, Abs. 1, Nr. 1; § 22 Abs. 2) abgestellt wird, diesem jedoch zwei sogenannte *Beweisvermutungstatbestände* hinzugefügt werden. So wird in § 22 Abs. 3 die gesetzliche Vermutung aufgestellt, daß ein Unternehmen marktbeherrschend ist, „wenn es für eine bestimmte Art von Waren oder gewerblichen Leistungen einen Marktanteil von mindestens einem Drittel hat“, bzw. daß zwei oder mehr Unternehmen als marktbeherrschend gelten, wenn eine der beiden folgenden Bedingungen vorliegt:

— Drei oder weniger Unternehmen haben zusammen einen Marktanteil von 50 %.

— Fünf oder weniger Unternehmen haben zusammen einen Marktanteil von 66 2/3 % oder mehr.

Die Wirkung dieser Beweisvermutungstatbestände sollte jedoch nicht zu stark eingeschätzt werden, insofern sie in der Praxis keine Beweislastumkehrung bedeuten, sondern nur als Aufgreifkriterien dienen. Ein weiterer Mangel der Mißbrauchsaufsicht bestand darin, daß die Definition der Marktbeherrschung im GWB *einseitig auf die Horizontal-Konzentration abstellte.* Erfaßt wurden also nur marktbeherrschende Stellungen, die durch Konzentration auf einer Produktions- bzw. Marktstufe zustande kommen. *Nicht erfaßt* dagegen wurde die *Vertikal-Konzentration* als Zusammenfassung vor- und nachgelagerter Wirtschaftsbereiche in einem Unternehmen ebenso wie die *Diagonal-Konzentration* als Zusammenfassung von produktionsmäßig nicht miteinander verflochtenen Bereichen. Diese Lücke wurde in der 73er Novelle des GWB durch Berücksichtigung sog. marktstarker Unternehmen („überragende Marktstellung“) geschlossen. Dabei sind gemäß § 22 Abs. 1 Ziffer 2 „außer seinem Marktanteil insbesondere seine Finanzkraft, sein Zugang zu den Beschaffungs- und Absatzmärkten, Verflechtungen mit anderen Unternehmen sowie rechtliche oder tatsächliche Schranken für den Marktzutritt anderer Unternehmen zu berücksichtigen“.

Ungeklärt ist auch weiterhin der zweite zum Erlaß einer Mißbrauchsverfügung erforderliche Beweis der Kartellbehörde: Sie muß die *mißbräuchliche Ausnutzung einer marktbeherrschenden Stellung* nachweisen. Die Kartellbehörde muß also zeigen, daß die vorliegenden Marktergebnisse andere gewesen wären, wenn wesentlicher Wettbewerb geherrscht hätte (hypothetischer Marktergebnistest). Abgesehen von krassen Mißbrauchsfällen dürfte der vom Kartellamt zu erbringende Beweis in der Regel stark spekulativ und damit im gerichtlichen Verfahren angreifbar sein.

Allerdings ist die Einführung allgemeiner Beweisvermutungskriterien zum Nachweis des Mißbrauchs von Marktmacht ungleich schwieriger, als es bei den Beweisvermutungstatbeständen für eine marktbeherrschende Stellung der Fall war. Bei der Beurteilung von Marktergebnissen sind nämlich u. a. auch saisonale und konjunkturelle Aspekte mit einzubeziehen, die eine Verallgemeinerung praktisch unmöglich machen.

b) Fusion

Im Gegensatz zu dem eben erörterten Fall, bei dem das GWB lediglich den Mißbrauch von Marktmacht unter Strafe stellt, geht es bei den Bestimmungen des Kartellgesetzes gegen Unternehmenszusammenschlüsse (§ 23 und § 24 GWB) darum, das *Entstehen von neuer Marktmacht zu verhindern,* soweit nicht gesamtwirtschaftlich zwingende Gründe die Machtbildung erfordern. Bereits in dem 1952 zur Diskussion gestellten Entwurf eines Gesetzes gegen Wettbewerbsbeschränkungen war eine *präventive Fusionskontrolle* vorgesehen, von der jedoch in dem 1958 in Kraft getretenen Gesetz nur noch die schon erwähnte *Anzeigepflicht bei Zusammenschlüssen* (§ 23 GWB) blieb. Danach ist ein Zusammenschluß von Unternehmen dem Kartellamt unverzüglich anzuzeigen, wenn durch den Zusammenschluß ein *Marktanteil von mindestens 20 %* erreicht oder erhöht wird oder ein beteiligtes Unternehmen bereits auf einem anderen Markt einen Anteil von mindestens 20 % hat oder wenn die beteiligten Unternehmen innerhalb des letzten vor dem Zusammenschluß endenden Geschäftsjahres *mindestens 10 000 Beschäftigte* oder in diesem Zeitraum *Umsatzerlöse von mindestens 500 Mill. DM* hatten (§ 23, Abs. 1 Satz 1 GWB). Im Rahmen der 73-Kartellnovelle wurde diese Anzeigepflicht bei Zusammenschlüssen um eine *Genehmigungspflicht von Zusammenschlüssen* in den genannten Größenordnungen ergänzt. Nach § 24 GWB kann das Kartellamt jetzt einen Zusammenschluß *untersagen,* wenn zu erwarten ist, daß durch diesen Zusammenschluß eine *marktbeherrschende Stellung* entsteht oder verstärkt wird, ohne daß durch den Zusammenschluß *Verbesserungen der Wettbewerbsbedingungen* eintreten, die die Nachteile der Marktbeherrschung überwiegen.

Im Zusammenhang mit der Einführung einer präventiven Fusionskontrolle waren insbesondere *drei Probleme* zu lösen:

(1) die Frage der Aufgreifkriterien,
(2) die Frage der Entscheidungskriterien und
(3) die Frage des Entscheidungsverfahrens.

(1) Aufgreifkriterien

Aufgreifkriterien sind jene Tatbestände, bei deren Vorliegen eine Fusion genehmigungspflichtig wird. Zu unterscheiden sind

— relative (Marktanteil, Beschäftigungsanteil usw.) und
— absolute (Umsatz, Bilanzsumme, Beschäftigte etc.)

Aufgreifkriterien. Dadurch, daß das Kartellgesetz neben dem relativen Kriterium des Marktanteils (mindestens 20 %; § 23 GWB) auch absolute Aufgreifkriterien (mindestens 10 000 Beschäftigte oder mindestens 500 Mill. Umsatz) verwendet, wird auch die *vertikale und diagonale Konzentration* einer präventiven Fusionskontrolle unterworfen.

(2) Entscheidungskriterien

Ob positiv oder negativ über einen Fusionsantrag entschieden wird, hängt von dem Abwägungsprozeß zwischen den beiden im Gesetz genannten Kriterien ab:

— Entstehung oder Verstärkung einer marktbeherrschenden Stellung durch den Zusammenschluß
und
— Verbesserung der Wettbewerbsbedingungen.

Zur Beurteilung des Kriteriums der *marktbeherrschenden Stellung* kann auf die Definition der Marktbeherrschung im Rahmen der Mißbrauchsbestimmungen (§ 22 GWB) zurückgegriffen werden.

Eine *Verbesserung der Wettbewerbsbedingungen* durch einen Unternehmenszusammenschluß kann z. B. bestehen in:

— Wahrnahme von Massenproduktionsvorteilen,
— Realisierung technischer Fortschritte (Forschungsinvestitionen!),
— internationaler Wettbewerbsfähigkeit etc.

In jedem Fall wird also eine *Entscheidung zwischen der Freiheit zum Wettbewerb und den durch die Fusion erreichbaren guten ökonomischen Marktergebnissen* zu treffen sein. Die gesamte Problematik der präventiven Fusionskontrolle wurde bereits Anfang 1974 deutlich, als das Kartellamt die aus energiepolitischen Gründen erwünschte Fusionierung der Gelsenberg AG und der VEBA-AG ablehnte, der Bundeswirtschaftsminister jedoch im weiteren den Zusammenschluß gestattete.

(3) Entscheidungsverfahren

Das Entscheidungsverfahren im Rahmen der präventiven Fusionskontrolle ist derzeit wie folgt geregelt: Je nachdem, wie groß die am Zusammenschluß beteiligten Unternehmen sind, muß entweder schon das *Zusammenschlußvorhaben* (wenn mindestens zwei der am Zusammenschluß beteiligten Unternehmen im letzten abgeschlossenen Geschäftsjahr Umsatzerlöse von jeweils 1 Milliarde DM oder mehr hatten; § 24 a Abs. 1, Satz 1) oder nur der *erfolgte Zusammenschluß* (gemäß den Kriterien von § 23 Abs. 1, Satz 1, also 20 % oder mehr Marktanteil, mindestens 10 000 Beschäftigte bzw. Umsatzerlöse von 500 Mill. DM) dem *Kartellamt angezeigt* werden. Innerhalb bestimmter Fristen (ein Jahr nach der Anzeige des Zusammenschlusses bzw. vier Monate nach der Anzeige des Zusammenschlußvorhabens) kann dann das Kartellamt den Zusammenschluß *untersagen*. Gegen diese Entscheidung kann gemäß § 24 Abs. 3 ein *Antrag auf Erlaubnis zum Zusammenschluß beim Bundesminister für Wirtschaft* eingereicht werden. Der Bundesminister für Wirtschaft erteilt die Zusammenschlußerlaubnis, „wenn im Einzelfall die Wettbewerbsbeschränkung von gesamtwirtschaftlichen Vorteilen des Zusammenschlusses aufgehoben wird oder der Zusammenschluß durch ein überragendes Interesse der Allgemeinheit gerechtfertigt ist", wobei auch auf die Wettbewerbsfähigkeit der beteiligten Unternehmen auf Märkten außerhalb der Bundesrepublik Deutschland abgestellt werden soll.

Es liegt die Vermutung nahe, daß dieser gegenüber dem normalen Kartellamtverfahren durch Einschaltung des Bundeswirtschaftsministers *modifizierte Entscheidungsweg* nicht ohne *Konsequenzen auf die Art der Entscheidungen* über Zusammenschlüsse sein wird, dergestalt etwa, daß der Bundeswirtschaftsminister im Zweifel Aspekten der Versorgung oder der internationalen Wettbewerbsfähigkeit den Vorrang geben und für einen Zusammenschluß entscheiden wird. Die Entscheidung im Falle Gelsenberg-VEBA scheint diese Vermutung zu bestätigen.

Im Rahmen des Entscheidungsverfahrens zu erwähnen ist die in § 24 b GWB vorgeschriebene Einrichtung einer *Monopolkommission* „zur regelmäßigen Begutachtung der Entwicklung der Unternehmenskonzentration in der Bundesrepublik Deutschland und der Anwendung der §§ 22–24 a". Die Monopolkommission besteht aus fünf Mitgliedern, die nur an den durch das GWB begründeten Auftrag gebunden und in ihrer Tätigkeit unabhängig sein sollen. Sie erstellt alle zwei Jahre bis zum 30. Juni (erstmals nach Ablauf des zweiten vollen Kalenderjahres nach Inkrafttreten des Zweiten Gesetzes zur Änderung des GWB, also 1976) ein Gutachten, kann jedoch darüber hinaus nach eigenem Ermessen zusätzliche Gutachten erstellen. Darüber hinaus kann die Bundesregierung die Monopolkommission mit der Erstellung zusätzlicher Gutachten beauftragen, etwa in Einzelfällen, die ihm nach § 24 Abs. 3 zur Entscheidung vorliegen.

c) Veranlassung zu wettbewerbsbeschränkendem Verhalten

(1) Grundsatz

Unabhängig davon, ob Unternehmen oder Vereinigungen von Unternehmen Marktmacht haben oder nicht, dürfen sie gemäß § 25 Abs. 2 anderen Unternehmen „keine Nachteile androhen oder zufügen und keine Vorteile versprechen oder gewähren, um sie zu einem Verhalten zu veranlassen, das nach diesem Gesetz oder nach einer aufgrund dieses Gesetzes ergangenen Verfügung der Kartellbehörde nicht zum Gegenstand einer vertraglichen Bindung gemacht werden darf". Das Kartellgesetz verbietet also die *Veranlassung zu einem Verhalten, das im Sinne der Ziele des GWB unterbunden werden soll* (verbotenes wettbewerbsbeschränkendes Verhalten). Das GWB geht darüber hinaus noch einen Schritt weiter: Es untersagt auch die *Veranlassung zu erlaubtem wettbewerbsbeschränkenden Verhalten,* etwa die Veranlassung zum Beitritt zu einem erlaubten Kartell. Bestraft wird in allen diesen Fällen derjenige, der zum wettbewerbsbeschränkenden Verhalten veranlaßt, nicht der Wettbewerbsbeschränkende selber (so § 38, Abs. 1, Ziff. 8).

(2) Boykott

Über den allgemeinen Grundsatz des § 25 Abs. 2 und 3 hinaus, nach dem die Veranlassung zur verbotenen ebenso wie zur erlaubten Wettbewerbsbeschränkung unter Strafe gestellt wird, stellt § 26 GWB die Aufforderung zum Boykott in der Absicht, bestimmte Wettbewerber unbillig zu beeinträchtigen, gesondert unter Strafe. Wiederum wird *nicht der Boykottierende, sondern der Aufforderer* bestraft.

(3) Diskriminierung

Ein *allgemeines Diskriminierungsverbot* kennt das Gesetz gegen Wettbewerbsbeschränkungen *nicht.* Dazu wäre es notwendig, zu fordern, daß jedes Unternehmen zur Gleichbehandlung aller Abnehmer verpflichtet ist. Dies ist nicht der Fall. § 26 Abs. 2 verpflichtet vielmehr nur *marktbeherrschende Unternehmen, Kartelle und Preisbinder dazu,* „ein anderes Unternehmen in einem Geschäftsverkehr, der gleichartigen Unternehmen üblicherweise zugänglich ist, weder unmittelbar noch mittelbar unbillig zu behindern oder gegenüber gleichartigen Unternehmen ohne sachlich gerechtfertigten Grund unmittelbar oder mittelbar unterschiedlich (zu) behandeln". Allerdings gilt seit der 73er Novelle dieses Diskriminierungsverbot „auch für Unternehmen ..., soweit von ihnen Anbieter oder Nachfrager ... in der Weise *abhängig* sind, daß ausreichende und zumutbare Möglichkeiten, auf andere Unternehmen auszuweichen, nicht bestehen".

(4) Nichtaufnahme in eine Wirtschafts- oder Berufsvereinigung

Sofern die Zugehörigkeit zu einer Wirtschafts- oder Berufsvereinigung bzw. einer Gütezeichengemeinschaft ein Verkaufsargument darstellt, kann die Nichtaufnahme in eine solche Vereinigung durchaus eine Behinderung im Wettbewerb bedeuten. Gemäß § 27, Abs. 1 kann die Kartellbehörde im Falle der Nichtaufnahme eines Unternehmens in eine solche Wirtschafts- oder Berufsvereinigung die Aufnahme anordnen, „wenn die Ablehnung eine sachlich nicht gerechtfertigte ungleiche Behandlung darstellt und zu einer unbilligen Benachteiligung des Unternehmens im Wettbewerb führt".

(5) Empfehlungen

Gemäß § 38, Abs. 1, Ziffern 10, 11 und 12 stellt *jede Art von Empfehlungen, die ein im GWB verbotenes Verhalten bewirken, eine Ordnungswidrigkeit* dar, die mit Geldbußen bis zu 100 000 DM und darüber hinaus bis zur dreifachen Höhe des durch die Zuwiderhandlung erzielten Mehrerlöses geahndet werden kann. Von diesem Empfehlungsverbot gibt es *vier wesentliche Ausnahmen*:

— Die sogenannte *Mittelstandsempfehlung* (§ 38, Abs. 2, Ziffer 1), die „von Vereinigungen kleiner oder mittlerer Unternehmen unter Beschränkung auf den Kreis der Beteiligten ausgesprochen werden" und dazu dienen, die Leistungsfähigkeit der Beteiligten zu heben, ohne daß bei ihrer Durchsetzung Druck angewendet wird.

— *Normungs- und Typungsempfehlungen,*

— Empfehlungen von Wirtschafts- und Berufsvereinigungen, die lediglich die *einheitliche Anwendung allgemeiner Geschäfts-, Lieferungs- und Zahlungsbedingungen* zum Gegenstand haben, und

— *Preisempfehlungen für Markenartikel* (§ 38 a).

Die letztgenannte Ausnahme stellt ein Kompensat für die durch die 73er Novelle entfallene vertikale Preisbindung dar. *Nicht alle Preisempfehlungen sind zulässig.* Voraussetzung ist insbesondere, daß es sich hier um *unverbindliche Empfehlungen* handelt und daß der empfohlene Preis dem von der Mehrheit der Empfehlungsempfänger voraussichtlich geforderten

Preis entspricht *(keine „Mondpreis"empfehlung).* Wie sich die verstärkte Zulassung von Preisempfehlungen für Markenartikel auswirken wird, bleibt abzuwarten.

4. Wettbewerbsregeln

Wettbewerbsregeln von Wirtschafts- und Berufsvereinigungen, die gemäß § 28 Abs. 3 von der Kartellbehörde in das Register für Wettbewerbsregeln eingetragen werden können, stellen *zunächst gar keine Wettbewerbsbeschränkungen* dar. Wettbewerbsregeln im Sinne der Vorschriften des GWB sind vielmehr Bestimmungen, „die das Verhalten von Unternehmen im Wettbewerb regeln zu dem Zweck, einem den Grundsätzen des lauteren oder der Wirksamkeit eines leistungsgerechten Wettbewerbs zuwiderlaufenden Verhalten im Wettbewerb entgegenzuwirken und ein diesen Grundsätzen entsprechendes Verhalten im Wettbewerb anzuregen". Wettbewerbsregeln dienen insbesondere also *zwei Zwecken:* Zum einen sollen sie die *Sicherstellung der in den Wettbewerbsnebengesetzen genannten Grundsätze eines lauteren und fairen Wettbewerbs* bewirken. Zum anderen sollen sie solche Tatbestände erfassen, die zwar weder im GWB noch in den Wettbewerbsnebengesetzen verboten sind, jedoch hart an der Grenze von Unrechtstatbeständen liegen. Wettbewerbsregeln zielen also insbesondere auf die sogenannte *Grauzone des Wettbewerbsverhaltens.*

Problem jeder Wettbewerbsregel ist, daß sie unstreitig mit einer Beschränkung des Wettbewerbs durch Ausschluß bestimmter Wettbewerbshandlungen verbunden sind. In diesem Sinne ist also jeweils von der Kartellbehörde zu prüfen, ob das Maß der erreichbaren Lauterkeitsförderung durch die Wettbewerbsregel die gleichzeitig bewirkte Wettbewerbsbeschränkung rechtfertigt. Sie kann durchaus (§ 31) die Eintragung ablehnen oder eine erfolgte Eintragung löschen, wenn sie zu der Ansicht gelangt, daß die Verletzung von Bestimmungen des GWB überwiegt.

V. ZUSAMMENFASSUNG

1. Als Sozialprinzip gesehen ist Wettbewerb ein Instrument, um den Fähigsten zum Ziele kommen zu lassen. Wettbewerb hat zwei Arten von Beziehungen zwischen Individuen zum Inhalt: Rivalität und Kollegialität. Notwendige und hinreichende Bedingungen dafür, daß

Wettbewerb zustandekommt und erhalten bleibt, sind zum einen das subjektive Rivalitätsempfinden, zum anderen Freiheit zum Wettbewerb.

2. Eine Beschreibung des wirtschaftlichen Wettbewerbs stellt über die allgemeine Wettbewerbsdefinition hinaus vor das Problem einer Abgrenzung eines relevanten Marktes als Summe aller Bedingungen, unter denen Angebot und Nachfrage nach konkurrierenden Gütern oder Dienstleistungen zusammentreffen und sich ein Preis für die getauschten Waren bildet.

3. Ziele der Wettbewerbspolitik sind zum einen die Freiheit der wirtschaftlichen Betätigung, zum anderen gute ökonomische Marktergebnisse (Steuerung der funktionellen Einkommensverteilung nach der Marktleistung, Steuerung der Zusammensetzung des laufenden Angebots an Waren- und Dienstleistungen nach Käuferpräferenzen, Lenkung der Produktionsfaktoren in ihre produktivsten Einsatzmöglichkeiten, Anpassung der Produktionskapazitäten an Veränderungen ökonomischer und außerökonomischer Daten, Durchsetzung des technischen Fortschritts bei Produkten und Produktionsmethoden).

4. Die Frage, welcher Wettbewerb die Ziele der Wettbewerbspolitik am ehesten erfüllt, konnte von der ökonomischen Theorie bislang nicht eindeutig beantwortet werden. Der Grund dafür ist u. a. darin zu sehen, daß sowohl zwischen dem Freiheitsziel und den ökonomischen Funktionen des Wettbewerbs als auch innerhalb der ökonomischen Funktionen des Wettbewerbs Zielkonflikte bestehen, die nicht generell für alle Märkte gelöst werden können. Als Konsequenz für die Wettbewerbspolitik bleibt damit nur der Weg einer negativen und indirekten Normierung des Wettbewerbs dergestalt, daß die unerwünschten Wettbewerbsprozesse durch entsprechende Maßnahmen der staatlichen Wettbewerbspolitik ausgeschlossen werden. In diesem Sinne hat die Wettbewerbsförderungspolitik die Aufgabe, in Fällen einer unzureichenden Marktstruktur die Ausgangsbedingungen des Wettbewerbs so zu verbessern, daß ein freier Wettbewerb die erwünschten Marktergebnisse zu erbringen imstande ist. Aufgabe der Wettbewerbserhaltungspolitik dagegen ist es, auf Märkten, die ihrer Struktur nach grundsätzlich als funktionsfähig gelten können, Beschränkungen des Wettbewerbs zu verhindern.

5. Grundlage der Wettbewerbspolitik in der Bundesrepublik Deutschland ist das Gesetz gegen Wettbewerbsbeschränkungen (GWB), das am

1. 1. 1958 in Kraft trat. Für die Bundesrepublik weiter von Bedeutung sind die Wettbewerbsregeln des EWG-Vertrages vom 25. 3. 1957 (Art. 85–90 EWG-Vertrag), die in den Mitgliedsstaaten der Gemeinschaft unmittelbar geltendes Recht sind, ebenso wie die Artikel 65–67 des Vertrages über die Gründung der Europäischen Gemeinschaft für Kohle und Stahl (Montanunion-Vertrag) vom 18. 4. 1951. Im Rahmen des vorliegenden Beitrags wird ausschließlich auf das GWB Bezug genommen.

6. Die wichtigsten Bestimmungen des Gesetzes gegen Wettbewerbsbeschränkungen bestehen in
   — einem grundsätzlichen Kartellverbot (§ 1 GWB),
   — einem grundsätzlichen Verbot vertikaler Preis- und Geschäftsbedingungsbindungen (§ 15 GWB),
   — einer Mißbrauchsaufsicht über marktbeherrschende Unternehmen (§ 22 GWB) und
   — einer präventiven Fusionskontrolle (§ 23, 24 GWB).

7. Die im Jahre 1973 in Kraft getretene Kartellnovelle zielt insbesondere darauf ab,
   — durch partielle Lockerung des Kartellverbotes die leistungssteigernde Kooperation zu fördern (§ 5 b GWB),
   — durch Verbot der vertikalen Preisbindung bei Markenartikeln den Preiswettbewerb zu beleben (§ 16 GWB),
   — durch Einführung von Beweisvermutungstatbeständen und Berücksichtigung sogenannter marktstarker Stellungen die Mißbrauchsaufsicht über marktbeherrschende Unternehmen zu verbessern (§ 22 GWB) und
   — durch Einführung einer präventiven Fusionskontrolle das Entstehen neuer Marktmacht zu verhindern (§§ 23, 24 GWB).

VI. KONTROLLFRAGEN

1. Welche Voraussetzungen müssen erfüllt sein, damit Wettbewerb zustande kommt und erhalten bleibt?
2. Inwiefern ist Marktmacht immer ein relatives Problem?
3. Warum besteht Wettbewerb nicht nur aus Rivalität?
4. Was verstehen Sie unter dem Problem des relevanten Marktes?
5. Welche Ziele verfolgt die Wettbewerbspolitik?

6. Was versteht man unter der Dilemmathese?
7. Wann ist der Wettbewerb funktionsfähig?
8. Warum kann das Modell der vollständigen Konkurrenz nicht als Leitbild der Wettbewerbspolitik dienen?
9. Warum ist das Konzept des funktionsfähigen Wettbewerbs nicht praktikabel?
10. Was verstehen Sie unter Wettbewerbsförderungspolitik (Wettbewerbserhaltungspolitik?)
11. Was ist ein Kartell? Welche Maßnahmen sieht das Gesetz gegen Wettbewerbsbeschränkungen gegen Kartelle vor?
12. Welche Wirtschaftsbereiche sind vom grundsätzlichen Kartellverbot des § 1 GWB ausgenommen?
13. Welche Kritik kann gegen das im GWB fixierte Kartellverbot vorgebracht werden?
14. Warum untersagt das GWB vertikale Preis- und Geschäftsbedingungsbindungen?
15. Welches besondere Problem stellt sich beim Verbot aufeinander abgestimmter Verhaltensweisen nach § 25 Abs. 1 GWB?
16. Aus welchem Grunde war die Mißbrauchsaufsicht über marktbeherrschende Unternehmen bislang praktisch unwirksam?
17. Welche Aufgreif- und Entscheidungskriterien sind im Rahmen der präventiven Fusionskontrolle von Bedeutung?

VII. LITERATURHINWEISE

Helm, Horst, Das Kartellrecht der Wirtschaftspraxis, Neuwied, Berlin 1970

Kartte, Wolfgang, Ein neues Leitbild für die Wettbewerbspolitik, Köln, Berlin, Bonn, München, 1969

Kirschstein, Friedrich, Marktmacht und ihre Kontrolle, München 1974

Hennig, Werner und Sauter, Herbert, Wettbewerbsbeschränkungen und Kartellrecht, München 1972

Tätigkeitsberichte des Bundeskartellamts ab 1958 (erscheinen jährlich als Bundestagsdrucksache)

Hans-Jürgen Ewers

Wachstumspolitik und Strukturpolitik

INHALT

I. PROBLEMSTELLUNG

Angesichts des Stellenwertes, den „das Wachstumsziel“ im Rahmen der wirtschafts- und gesellschaftspolitischen Entwicklung der Nachkriegsjahrzehnte hatte (und möglicherweise heute noch hat), kommt die „klassische“, auf die globale Mobilisierung von Arbeits- und Kapitalreserven bedachte Wachstumspolitik zur Steigerung des in einer Volkswirtschaft je Periode erstellten Sozialprodukts im Rahmen dieses Handbuchs sicher zu kurz. Neben diesem kurzen Beitrag zur „Wachstumspolitik und Strukturpolitik“ wird sie nämlich an keiner Stelle explizit mehr erwähnt. Stattdessen ist jedoch der (sektoralen und regionalen) Strukturpolitik breiter Raum gewidmet. Der Grund dafür ist sicher nur zum Teil darin zu sehen, daß wir den zukünftigen Stellenwert des globalen Wachstums und einer darauf ausgerichteten Wirtschaftspolitik gering erachten. Wesentlicher ist vielmehr die Überzeugung, daß Wachstum im Sinne einer gesellschaftlich erwünschten Entwicklung je länger desto mehr nur durch Strukturpolitik gefördert werden kann. Der Begründung dieser Ansicht dienen die folgenden Seiten. Dabei werden wir zunächst einige Konkretisierungen des Wachstumsziels erörtern (Teil II), anschließend auf die Determinanten des Wirtschaftswachstums eingehen (Teil III). Es folgt eine Erörterung der Möglichkeiten einer globalen Wachstumspolitik (Teil IV), ehe dann Wachstum als Strukturwandel, und damit Wachstumspolitik als Strukturpolitik vorgestellt wird (Teil V).

II. DAS WACHSTUMSZIEL

1. Wirtschaftswachstum als allgemeines Entwicklungsziel

Das Wachstums- oder Wohlstandsziel wird in der Regel auf der Ebene der obersten wirtschafts- und gesellschaftspolitischen Ziele angesiedelt [1], obwohl auch dieses Ziel durchaus noch instrumentalen Charakter trägt, den zu beachten für seine jeweilige Interpretation von Bedeutung sein kann. Wertender Ausgangspunkt der für die westlichen Demokratien

---

1 Vgl. Giersch, H., Allgemeine Wirtschaftspolitik, Grundlagen, Wiesbaden 1960, S. 59 ff.
Schröder, D., Wachstum und Gesellschaftspolitik, Prognos Studien, Beiträge zur angewandten Wirtschaftsforschung, Bd. 4, Stuttgart, Berlin, Köln, Mainz 1971, S. 42 ff. sowie S. 74 ff.

mehr oder weniger identischen Skala der obersten Ziele ist die Annahme, den Individuen sei „a priori kein bestimmtes Zielstreben vorgeschrieben" [2]. Vielmehr sei das individuelle Zielstreben „ein Akt freier Willensbildung bzw. in irgendeiner Weise in der menschlichen Natur angelegt" [3]. Damit wird die Freiheit des Individuums zum obersten Wert. Frieden, Sicherheit und Gerechtigkeit – ebenfalls auf der Ebene der höchsten Ziele genannt – haben im Verhältnis zum Freiheitsziel Sicherungscharakter, Wachstum bzw. Wohlstand dagegen sollen den individuellen Freiheitsspielraum vergrößern, indem sie soweit wie möglich von den Fesseln begrenzender Umweltbedingungen befreien. Wachstum und Wohlstand sind also höchstens teilweise Selbstzweck. Das hat eine bedeutende Konsequenz etwa in bezug auf die Legitimierung eines exponentiellen Wirtschaftswachstums (Konstanz der Wachstumsrate des Bruttosozialprodukts): Eine so definierte Wachstumszielsetzung kann gesellschaftspolitisch nur so lange akzeptiert werden, wie tatsächlich Wirtschaftswachstum zur Vergrößerung von Freiheitsspielräumen beiträgt und nicht etwa die Positiveffekte wachsender Einkommen durch Umweltbelästigung, verschärften Streß, Konsumzwang oder unerwünschte Verteilungseffekte überkompensiert werden.

In diesem Sinne sollte Wirtschaftswachstum besser als erwünschte Entwicklung der wirtschaftlichen Aktivitäten definiert werden. Es kommt dann auf die konkrete Situation an, ob es sich dabei um ein globales Wachstum des Sozialprodukts um einen bestimmten Prozentsatz oder möglicherweise auch um ein (globales) Nullwachstum bei gleichzeitiger Strukturverschiebung zwischen den Sektoren, Regionen oder zwischen privaten und öffentlichen Aktivitäten handelt.

2. Wirtschaftswachstum als Zuwachs gesamtwirtschaftlicher Größen

In der eben vorgestellten weiten Fassung ist das Wachstumsziel wenig praktikabel und damit auch praktisch nicht nachprüfbar. Praktikabel formuliert muß das Ziel Angaben darüber enthalten, welche Größen in welchem Zeitraum um welchen Prozentsatz unter welchen globalen und strukturellen Nebenbedingungen (z. B. Luftverschmutzung, Mindestanteile bestimmter Sektoren etc.) wachsen sollen.

Für die quantitative Fassung des Wachstumsziels bietet sich eine Vielzahl von Möglichkeiten, je nachdem, ob als relevante Einkommensgröße

2 Schröder, D., a.a.O., S. 43.
3 Ebenda.

— das Bruttoinlandsprodukt (BIP),
— das Bruttosozialprodukt zu Marktpreisen (BSP),
— das Nettosozialprodukt zu Marktpreisen (NSPM) oder
— das Nettosozialprodukt zu Faktorkosten (NSPF), auch als Volkseinkommen (VE) bezeichnet,

gewählt werden und diese Größen weiterhin

— nominal oder real und
— absolut oder relativ (etwa bezogen auf die Anzahl der Bevölkerung, der Erwerbstätigen oder geleisteten Arbeitsstunden)

gemessen werden. Zunächst einmal erscheint es sinnvoll, lediglich reale Größen als Bemessungsgrundlage des Wirtschaftswachstums zu verwenden, d. h. Preissteigerungen aus der Betrachtung zu eleminieren. Betrachtet man weiterhin die Bevölkerungszahl als konstant (oder das Bevölkerungswachstum als exogene Größe), so sind die Ziele der Erhöhung des Einkommens absolut bzw. pro Kopf der Bevölkerung inhaltlich identisch. Die verbleibenden Kombinationsmöglichkeiten lassen sich unter drei Varianten subsumieren:

— *Politikvariante*

Zielt man in erster Linie auf die Stärkung der Wirtschaftskraft, des politischen Prestiges eines Landes und die Möglichkeit zur Finanzierung von Gemeinschaftsaufgaben ab, so ist als Maßgröße des Wachstums das absolute BIP bzw. das BSP geeignet.

— *Lebensstandardvariante*

Geht es dagegen in erster Linie um eine Erhöhung des Lebensstandards als Zielgröße der Wachstumspolitik, so bietet sich als Maßgröße des Wachstums das VE (= NSPM) (bzw. der Konsum) je Kopf der Bevölkerung an.

— *Wohlfahrtsvariante*

Eine Erhöhung des Lebensstandards braucht nicht immer auch eine Erhöhung der individuellen Wohlfahrt zu bedeuten. Bewertet man nämlich bei gegebenem Lebensstandard (definiert durch die individuelle Versorgung mit privaten und öffentlichen Gütern) eine Verringerung der Erwerbsquote (= Anteil der Beschäftigten an der Gesamtbevölkerungszahl) und/oder eine Verringerung der Arbeitszeit als Wohlfahrtssteigerung, so kann – umgekehrt gesehen – z. B. die durch eine Erhöhung der Arbeitszeit bewirkte Steigerung des Lebensstandards im Endeffekt auf eine Minderung der Wohlfahrt hinauslaufen. Es erscheint unter dem Wohlfahrtsgesichtspunkt daher zweckmäßig, einem Produktivitätsmaß des Wachstums den Vorrang zu geben, also etwa dem BIP (oder dem VE) je Erwerbstätigen und/oder dem BIP (bzw. dem VE) je Erwerbstätigenstunde.

3. Nebenbedingungen des Wachstumsziels

Selbst in der Wohlfahrtsvariante (Produktivitätsmaß) erscheint das Wachstumsziel im Hinblick auf seinen möglichen Beitrag zur Vergrößerung des individuellen Handlungsspielraums nicht vollständig definiert. Eine steigende Produktivität kann nämlich mit einer Einengung des individuellen Handlungsspielraums (oder der individuellen Wohlfahrt) dann verbunden sein, wenn die aus dem Prozeß der Leistungserstellung resultierenden physischen bzw. psychischen Zwänge (Umweltbeeinträchtigung im weitesten Sinne des Wortes) derart anwachsen, daß sie die wohlfahrtssteigernden Effekte eines höheren Einkommens bzw. einer höheren Freizeit überkompensieren, oder wenn der Prozeß der Leistungssteigerung die langfristigen Existenzgrundlagen gefährdet (Rohstoffproblem) oder wenn sich bei absoluter Verbesserung des Lebensstandards aller Bevölkerungskreise die relative Position einiger Gruppen verschlechtert (Verteilungsproblem in personeller, funktioneller, sektoraler und regionaler Hinsicht) etc. Das Wachstumsziel kann also nie ohne eine Vielzahl von Nebenwirkungen durchgesetzt werden. Sie sind als Nebenbedingungen des Wachstums bei der Zielformulierung zu berücksichtigen.

4. Das Wachstumsziel in der Bundesrepublik Deutschland

Die Legaldefinition des Wachstumsziels in § 1 des Gesetzes zur Förderung der Stabilität und des Wachstums der Wirtschaft vom 8. Juni 1967 (Stabilitätsgesetz, BGBl. I, S. 582) ist sehr allgemein gehalten. Bund und Länder haben „bei ihren wirtschafts- und finanzpolitischen Maßnahmen die Erfordernisse des gesamtwirtschaftlichen Gleichgewichts zu beachten" und dabei die Maßnahmen so zu treffen, „daß sie im Rahmen der marktwirtschaftlichen Ordnung gleichzeitig zur Stabilität des Preisniveaus, zu einem hohen Beschäftigungsstand und außenwirtschaftlichem Gleichgewicht bei *stetigem und angemessenem Wirtschaftswachstum* beitragen". Die Forderung nach *Stetigkeit des Wachstums* kann als der Wunsch des

Gesetzgebers nach einer generellen Verstetigung der Wirtschaftsentwicklung aufgefaßt werden. Dies entspricht zum einen dem Sicherheitsziel der Wirtschafts- und Gesellschaftspolitik, zum anderen trägt eine Verstetigung des Wirtschaftsablaufs infolge sicherer Planungsgrundlagen zu einer Effizienzsteigerung des gesamtwirtschaftlichen Leistungsprozesses bei. Durch die Forderung nach einem *angemessenen* Wirtschaftswachstum dagegen wird die offizielle Wirtschaftspolitik zu einem Entscheidungsprozeß aufgefordert, in dem eine Erhöhung des Einkommens oder des Lebensstandards gegen mögliche unerwünschte Nebenwirkungen des Wirtschaftswachstums abzuwägen sind.

Das Ergebnis dieses Entscheidungsprozesses hat die Bundesregierung gemäß § 2 des Stabilitätsgesetzes im Januar eines jeden Jahres Bundestag und Bundesrat im Rahmen des Jahreswirtschaftsberichtes mitzuteilen, der u. a. eine Darlegung der für das laufende Jahr von der Bundesregierung angestrebten wirtschafts- und finanzpolitischen Ziele (Jahresprojektion) enthält. Im Rahmen dieser Jahreswirtschaftsberichte wurde bislang eine Doppeldefinition des (quantitativen) Wachstumszieles gewählt: zum einen als Realwachstum des BSP, zum anderen als Realwachstum des BIP je Erwerbstätigenstunde. Hinsichtlich der qualitativen Definition des Wachstumsziels wird in den Jahreswirtschaftsberichten mehr und mehr auf die zahlreichen Nebenbedingungen hingewiesen, unter denen die jeweils angestrebte Einkommens- bzw. Produktivitätssteigerung bewirkt werden soll. Solche Nebenbedingungen ergeben sich u. a. aus der regionalen und sektoralen Strukturpolitik, der Umweltpolitik, der Verteilungspolitik und der Verbraucherschutzpolitik. Wie weit sie zum Hemmnis eines ausschließlich an globalen Wachstumsraten gemessenen Wirtschaftswachstums werden, hängt von der jeweiligen wirtschaftlichen Situation ab. Ihre Berücksichtigung wird zwingend durch die gesetzliche Forderung nach einem a n g e m e s s e n e n Wachstum.

III. DETERMINANTEN DES WIRTSCHAFTSWACHSTUMS

Eine Volkswirtschaft wächst auf die Dauer nur dann, wenn sowohl das gesamtwirtschaftliche Angebot als auch die gesamtwirtschaftliche Nachfrage wachsen. Ein Nachfragewachstum ohne eine entsprechende Ausdehnung der Angebotsmöglichkeiten führt nur zur inflationären Aufblähung des Gesamtkreislaufs, eine Vergrößerung der Angebotsmöglichkeiten ohne ein entsprechendes Nachfragewachstum bewirkt nur Überkapazitäten, die über kurz oder lang wieder abgebaut werden müssen. Eine empirisch gehaltvolle Wachstumstheorie hätte also in der Realität getestete Hypothesen über jene Faktoren zu liefern, die ein Wachstum von gesamtwirtschaftlichem Angebot und gesamtwirtschaftlicher Nachfrage bewirken. Im Hinblick auf diesen Anspruch hat die moderne Wachstumstheorie bislang versagt. Zwar konnten die angebotsorientierte (neoklassische) und die nachfrageorientierte (postkeynesianische) Wachstumstheorie jeweils darlegen, unter welchen Bedingungen ein gleichgewichtiges Wachstum von Angebotsmöglichkeiten und Nachfrage möglich ist (Wachstumsrate des Volkseinkommens gleich Quotient aus Sparneigung bzw. Investitionsneigung und Kapitalkoeffizient). Welche Faktoren jedoch hinter diesen Gleichgewichtsbedingungen stehen und die tatsächliche Höhe der Kapitalakkumulation (und damit den Wachstumstrend) bestimmen, kann die moderne Wachstumstheorie ebensowenig erklären wie die konjunkturellen Schwankungen, unter denen sich das Wachstum des Kapitalbestandes in der Regel vollzieht [4]. Damit bleibt für die Wachstumspolitik nur die Möglichkeit, an jener Erkenntnis anzuknüpfen, die auch Ausgangspunkt der Wachstumstheorie ist und über die die Wachstumstheorie – im Hinblick auf eine Erklärung des tatsächlichen Wachstums – bislang nicht hinausgekommen ist: Wirtschaftliches Wachstum läßt sich über einen quantitativ vermehrten Einsatz von Produktionsfaktoren (Arbeit und Kapital) und/oder über deren effizientere Verwendung im Produktionsprozeß bewirken. Bei Konstanz des Bevölkerungswachstums, langfristig nicht beliebig erhöhbarer Erwerbsquote und nur beschränkter Vermehrbarkeit der materiellen Ressourcen wird der effizientere Einsatz der Produktionsfaktoren durch Verbesserung der Faktorqualität (technischer Fortschritt) zur entscheidenden Wachstumsdeterminante.

IV. ANSATZPUNKTE EINER GLOBALEN WACHSTUMSPOLITIK

Entsprechend den Determinanten des Wachstums setzt die globale Wachstumspolitik bei den Produktionsfaktoren Arbeit und Kapital sowie beim technischen Fortschritt an.

---

4 Vgl. Kromphardt, J., Wachstum und Konjunktur, Grundriß der Sozialwissenschaft, hrsg. v. H. Jürgensen und A. Predöhl, Band 26, Göttingen 1972, S. 124.

1. Faktor Arbeit

Die Möglichkeiten zur *quantitativen Vermehrung* des Arbeitsangebotes sind gering. Das Bevölkerungswachstum stagniert, und die Veränderung des generativen Verhaltens tendiert gar auf einen Bevölkerungsrückgang, zumindest im Hinblick auf die inländische Bevölkerung. Eine Erhöhung der Erwerbsquote (Anteil der Erwerbstätigen an der Gesamtbevölkerung) durch Vermehrung der Erwerbstätigkeit der Frau ist sowohl hinsichtlich der dafür unzulänglichen Voraussetzungen (Kindergärten, Ganztagsschule) wie auch hinsichtlich der möglichen Auswirkungen auf die Wohlfahrt noch auf lange Zeit als problematisch anzusehen. Noch größere (insbesondere soziale) Probleme dürfte der Versuch aufwerfen, das Arbeitsangebot durch Erhöhung der Gastarbeiterzahl zu vermehren, ganz abgesehen davon, daß der lebensstandarderhöhende Effekt einer solchen Maßnahme durchaus fragwürdig ist.

Dagegen sind die Möglichkeiten einer auf die *Qualität* des Faktors Arbeit gerichteten Wachstumspolitik durchaus noch nicht ausgeschöpft. Eine solche Politik hätte nicht nur die Fähigkeit des einzelnen Arbeitenden zur Arbeit an seinem bisherigen Arbeitsplatz, sondern auch die Fähigkeit zur (beruflichen) Mobilität zu erhöhen, um auf diese Weise den Strukturwandel (vgl. unten) zu begünstigen. Das bedeutet eine breiter angelegte und im durchschnittlichen Niveau höher angesetzte Berufsausbildung ebenso wie eine dauernde berufliche Weiterbildung.

2. Faktor Kapital

Eine erhöhte Sachkapitalbildung ist immer an zwei Voraussetzungen gebunden: Zum einen muß in einer Volkswirtschaft gespart werden, damit überhaupt Güter zur Realkapitalbildung verfügbar sind. (Es sei denn, man importiert alle Kapitalgüter. Dann allerdings fragt sich, woher man die dazu notwendigen Devisen nimmt.) Eine Erhöhung der *Sparquote* (etwa durch Sparförderung) hat jedoch nur dann den gewünschten Wachstumseffekt, wenn auch die Investitionsgüternachfrage entsprechend steigt. (Ansonsten geht das Einkommen zurück; Deflationsfall.) Also muß eine auf Vermehrung des volkswirtschaftlichen Kapitalstocks (Produktionspotential) bedachte Wachstumspolitik auch zum anderen die *Investitionsneigung* erhöhen (etwa durch Abschreibungsvergünstigungen, Investitionszulagen, Investitionskredite – oft mit unerwünschten verteilungspolitischen Effekten). Ein gewisser Ausgleich der verteilungspolitischen Nebenwirkungen solcher Maßnahmen zur Erhöhung der Investitionsneigung läßt sich allerdings durch eine gegensteuernde Ausgestaltung der Sparförderung bewirken.

3. Technischer Fortschritt

Auch die Realisierung technischen Fortschritts (neue Produkte, neue Produktionsverfahren, neue Produktionsfaktoren) ist an zwei Voraussetzungen gebunden: Fähigkeit und Anreiz bzw. Zwang zu technischem Fortschritt. Die *Fähigkeit zu technischem Fortschritt* wird vor allem durch den Prozeß der Schaffung neuen Wissens determiniert. Insoweit hängt technischer Fortschritt weitgehend von der Effektivität der privaten und öffentlichen Forschungstätigkeit ab. Ansatzpunkte der Wachstumspolitik ergeben sich sowohl in der Ausweitung der öffentlichen wie auch in der Förderung der privaten Forschung (z. B. Investitionszulage für Forschungs- und Entwicklungsinvestitionen, Förderung der Gemeinschaftsforschung kleiner und mittlerer Unternehmen). Doch ist nicht jeder wissenschaftliche Fortschritt auch zugleich eine am Markt durchgesetzte Neuerung. In der Regel stellen Investitionen in technisch neuartige Verwendungen besonders risikoreiche Unternehmungen dar, die nur getätigt werden, wenn entweder besondere Gewinnchancen bestehen [5] *(Anreiz zum technischen Fortschritt)* oder wenn ohne diese Neuerung die Existenz des Unternehmens durch aktivere Wettbewerber gefährdet wäre *(Zwang zum technischen Fortschritt)*. Damit ergeben sich zwei weitere Ansatzpunkte einer auf den technischen Fortschritt gerichteten Wachstumspolitik: Erhöhung der Investitionsneigung bei den innovativen Investitionen (z. B. durch die sog. Erstinnovationsmittel des Bundesministers für Wirtschaft als bedingt rückzahlbare Zuschüsse an solche Unternehmen, die ein neues Produkt oder Verfahren von besonderer volkswirtschaftlicher Bedeutung in den Produktionsprozeß einführen) und Verschärfung des Wettbewerbs durch Marktstruktur-, Anti-Monopol- und Anti-Kartell-Politik.

5 Bzw. wenn man Verluste aus solchen Investitionen infolge Mischkalkulation relativ leicht verkraft kann. Dies – und nicht die vermeintlich größere Zahl an neuen Einfällen – könnte ein Grund für die oft vermutete, empirisch jedoch bislang noch nicht belegte Innovationsüberlegenheit großer Unternehmen sein.

V. WACHSTUM UND STRUKTURWANDEL

Die globale Behandlung der Wachstumsproblematik sowohl im Rahmen der gesamtwirtschaftlichen Wachstumstheorie wie auch im Rahmen der eben erörterten globalen Wachstumspolitik täuscht über ein wesentliches Charakteristikum des Wachstums hinweg: den Strukturwandel. Es ist nämlich nicht so, als fände das Wachstum gleichmäßig in allen Sektoren und Regionen einer Volkswirtschaft statt. Ein solches Proportionalwachstum ist schon deshalb undenkbar, weil es praktisch unbegrenzte Ressourcen erforderte. In dem Augenblick jedoch, wo infolge langsam oder gar nicht mehr wachsenden Arbeits- oder Kapitalangebots Engpässe auftreten, kann ein Sektor (oder eine Region) – abgesehen von technischen Fortschritten – nur noch zu Lasten anderer Sektoren (Regionen) wachsen. Dieser Zusammenhang ist auch einer der Gründe dafür, daß etwa der sektorale Strukturwandel in der BRD seit 1955 erheblich mehr an Bedeutung gewonnen hat, weil „wir seit Erreichen der Vollbeschäftigung für ein bestimmtes Wachstum der Industrieproduktion einen relativ größeren Strukturwandel innerhalb der Industrie in Kauf nehmen und bewältigen mußten und müssen" [6]. So bietet die wachsende Wirtschaft ein sehr differenziertes Bild von hinsichtlich ihrer wirtschaftlichen Bedeutung wachsenden und schrumpfenden Sektoren und Regionen. Wichtigste Ursachen dieses Strukturwandels sind zum einen die Änderungen der Konsumgewohnheiten mit steigendem Lebensstandard, zum anderen die unterschiedliche Fähigkeit von Sektoren und Regionen, technischen Fortschritt hervorzubringen bzw. sich an ihn anzupassen.

1. Sektoraler Strukturwandel

Herausragendes Merkmal des sektoralen Strukturwandels in der BRD ist die Veränderung der Beschäftigtenstruktur ebenso wie des Beitrages zum Bruttosozialprodukt zum Nachteil der Landwirtschaft und zugunsten des produzierenden Gewerbes und des Dienstleistungsbereichs. So sank der Anteil der Erwerbstätigen (Beitrag zum BIP) der Landwirtschaft von 24,8 % (10,4 %) im Jahre 1950 auf 8,5 % (3,1 %) im Jahre 1970. Im gleichen Zeitraum stiegen die entsprechenden Anteile für das produzierende Gewerbe (Industrie, Handwerk, sonstiges produzierendes Ge-

---

6 Jahresgutachten 1964/65 des Sachverständigenrats zur Begutachtung der gesamtwirtschaftlichen Entwicklung „Stabiles Geld – Stetiges Wachstum", Textziffer 219.

werbe) von 42,6 (49,6) auf 49,1 % (54,7) bzw. für den Dienstleistungsbereich im weiteren Sinne (Handel, Verkehr, übrige Bereiche) von 32,6 % (40,0 %) auf 43,4 % (43,29 %). Über die Entwicklung der Erwerbstätigen und der Beiträge zum BIP in den einzelnen Branchen von 1950 bis 1970 unterrichten die Tabellen 1 und 2. Eine gegenläufige Entwicklung ist für den Dienstleistungsbereich im engeren Sinne eingetreten, in dem zwar der Anteil der Erwerbstätigen sehr stark, der Beitrag zum BIP jedoch nur sehr gering wuchs.

2. Regionaler Strukturwandel

Zwar hat sich die räumliche Verteilung der Produktion „seit Mitte der 50er Jahre zugunsten der wirtschaftlich weniger entwickelten Gebiete verändert“ [7], nachdem „zwischen 1950 und 1957 die Schwerpunkte des wirtschaftlichen Wachstums fast ausschließlich in den traditionellen Industriegebieten gelegen hatten“ [8], zwar scheint der säkulare Wanderungstrend aus den ländlichen und wirtschaftlich benachteiligten Räumen zu den großen Metropolen durchbrochen, insofern „die Bevölkerungszahl in ländlichen Gebieten ... von 1961 bis Ende 1968 um etwa den gleichen Prozentsatz wie in den Stadtregionen des Bundesgebietes, nämlich um über 7 %“ [9] stieg, doch ist damit das Problem des flachen Landes keineswegs gelöst. Denn: „In den ländlichen Gebieten konzentriert sich das Bevölkerungswachstum zusehends auf zentrale Orte, die ein größeres Bevölkerungswachstum als die Stadtregionen aufweisen. Demgegenüber nimmt die Bevölkerung in den kleinen Landgemeinden weiter ab oder stagniert.“ [10] Des weiteren befindet sich die Mehrzahl der Landkreise mit Wanderungsgewinnen in der Nähe bereits hoch entwickelter Räume [11].

3. Gefahren eines ungesteuerten Strukturwandels

Der geschilderte Strukturwandel ist nicht etwa in der Hauptsache Ergebnis staatlicher Eingriffe in den Wirtschaftsprozeß. Er ist vielmehr Voraussetzung und Ergebnis einer wachsenden, sich entwickelnden Wirtschaft.

---

7 Sachverständigenrat zur Begutachtung der gesamtwirtschaftlichen Entwicklung, Jahresgutachten 1964/65: „Stabiles Geld – Stetiges Wachstum“, Textziffer 250.
8 Ebenda.
9 Raumordnungsbericht 1970, BT-Drucksache VI/1340 vom 4. 11. 1970, S. 13.
10 Ebenda.
11 Vgl. Raumordnungsbericht 1968, BT-Drucksache V/3958 vom 12. 3. 1969, S. 6.

Warum also diesen Strukturwandel wirtschaftspolitisch manipulieren, wo er doch quasi naturgesetzlich eintritt und zur Erzielung eines stetigen und angemessenen Wachstums auch erwünscht ist?

Ein ungesteuerter, besser gesagt: nur über den Markt gesteuerter Strukturwandel bringt insbesondere zwei Gefahren mit sich:

— *Unerwünschte Strukturentwicklungen* infolge der Existenz externer Effekte bzw. infolge unterschiedlicher Fristigkeit der auf die Erzielung bestimmter Marktergebnisse gerichteten individuellen und gesamtwirtschaftlichen Zielsetzungen.

  Bei externen Effekten handelt es sich um Interdependenzen zwischen den Produktions- und / oder Konsumfunktionen verschiedener Wirtschaftssubjekte, deren positive bzw. negative Auswirkungen dem jeweils Begünstigten (Geschädigten) nicht über den Markt in Anrechnung gebracht werden. Agglomerationsvorteile etwa (als Beispiel positiver externer Effekte für Produzenten und Konsumenten) führen zu dem raumstrukturell unerwünschten Phänomen der Ballung. Ein anderes Beispiel: Bei Existenz von Umweltbeeinträchtigung (negative externe Effekte) wird die Produktion der verursachenden Branchen weiter ausgedehnt, als es angesichts der tatsächlichen Faktorbeanspruchung wünschenswert wäre.

  Unterschiedliche Fristigkeit privater und öffentlicher Ziele etwa kann sektorale und regionale Strukturwandlungen bewirken, die den langfristigen Zielen der Wirtschaftspolitik entgegenstehen (Beispiel: Kohlekrise infolge der Heizölkonkurrenz in den 60er Jahren).

— *Wachstumspausen bzw. -verzögerungen* durch Anpassungshemmnisse beim Strukturwandel bzw. soziale Friktionen im Falle eines zu plötzlichen Strukturwandels. Je mehr eine Wirtschaft an der Grenze der Vollauslastung ihrer Ressourcen produziert, um so wichtiger wird die Mobilität von Arbeit und Kapital als Wachstumsvoraussetzung. Umgekehrt führt ein zu rascher Strukturwandel zu Unsicherheit oder gar Existenzgefährdung bei den Betroffenen.

4. Strukturpolitik als Wachstumsvoraussetzung und Wachstumssteuerung

Der Steuerung des Strukturwandels kommt damit sowohl zur Erleichterung des Wachstums wie auch zur Verhinderung unerwünschter Folgen einer Ausdehnung der Wirtschaftstätigkeit zentrale Bedeutung im Rahmen der Wachstumspolitik zu. Strukturpolitik bedeutet dabei nicht die grundsätzliche Ausschaltung des Markt„mechanismus" als Steuerungsinstrument der sektoralen und regionalen Produktionsstruktur. Vielmehr wird der Markt dort unterstützt, wo er im Sinne der wirtschaftspolitischen Zielsetzungen versagt: Bei sektoralen oder regionalen Anpassungshemmnissen erleichtert die Strukturpolitik den strukturellen Wandel (oder ermöglicht ihn erst) und schafft so die Voraussetzungen für weiteres Wachstum. Bei absehbaren Fehlentwicklungen setzt die Strukturpolitik vorausschauend Signale und Anreize, um das Wachstum und damit die Produktionsstruktur in die gewünschte Richtung zu lenken.

TABELLE 1:
Beiträge der Wirtschaftsbereiche zum Bruttoinlandsprodukt (in jeweiligen Preisen) von 1950 bis 1970
Angaben in v. H.

Wirtschaftsbereiche	1950	1955	1960	1965	1970 [12]
1. Land- und Forstwirtschaft, Fischerei	10,41	8,11	5,72	4,44	3,13
2. Warenproduzierendes Gewerbe					
Energiewirtschaft und Wasserversorgung	1,62	1,85	2,47	1,89	2,30
Bergbau	3,92	3,70	2,80	2,12	1,48
Chem. Industrie, Mineralölverarb. usw.	4,16	4,87	5,77	5,15	6,17
Gewinnung u. Verarbeit. v. Steinen u. Erden, Feinkeramik u. Glasgewerbe	2,03	2,33	2,20	2,39	2,18
Eisen- u. Metallerzeugung u. -bearbeitung	3,78	3,78	5,73	4,23	4,73
Stahl-, Maschinen- u. Fahrzeugbau	5,65	7,25	8,00	8,84	10,08
Elektronik, Feinmechanik, Herstellung von EBM-Waren usw.	3,86	6,52	5,83	6,02	6,39
Holz-, Papier- u. Druckgewerbe	4,22	4,24	3,77	4,04	4,18

12 Vorläufiges Ergebnis.

Textilgewerbe	3,91	2,98	2,21	2,12	1,79
Leder- u. Bekleidungsgewerbe	2,69	2,18	1,94	2,22	1,67
Nahrungs- u. Genußmittelgewerbe	8,56	7,30	6,70	6,01	5,50
Baugewerbe	5,16	6,20	7,00	7,58	8,14
3. Handel und Verkehr					
Handel	12,75	13,22	13,39	13,68	12,64
Verkehr und Nachrichtenübermittlung	7,12	6,70	6,21	5,79	5,54
4. Dienstleistungsunternehmen	10,54	10,70	11,37	13,44	14,28
5. Staat	7,82	7,25	7,22	8,52	9,21
6. Priv. Haushalte u. priv. Haushalte ohne Erwerbscharakter	1,81	0,82 [14]	1,64	1,49	1,62
Bruttoinlandsprodukt (Mill. DM)	97 820	179 060	302 550	453 830	686 960 [13]

Quelle: Stat. Jahrbücher 1962, 1964, 1968, 1973 und eigene Berechnungen.

TABELLE 2:
Erwerbstätige nach zusammengefaßten Wirtschaftsbereichen
Anteil in v. H.

Wirtschaftsbereich	1950	1955	1960	1965	1970
Land- u. Forstwirtschaft, Fischerei	24,8	18,6	13,8	10,7	8,5
Produzierendes Gewerbe	42,6	46,7	47,7	48,8	49,6
Handel und Verkehr	16,0	18,5	17,2	17,6	17,6
Übrige Bereiche	16,6	16,2	21,3	22,8	25,9

Quelle: Sachverständigenrat zur Begutachtung der gesamtwirtschaftlichen Entwicklung, Jahresgutachten 1964/65: „Stabiles Geld – Stetiges Wachstum", Tabelle 55 (für die Jahre 1950, 1955 und 1960); Statistisches Jahrbuch für die BRD 1973.

13 Die Summe der Beiträge zum BIP ist ab 1968 höher als das BIP insgesamt. Die Differenz ergibt sich aus der unterschiedlichen Buchung der Umsatzsteuer auf Investitionsgüter bzw. der Investitionssteuer in der Entstehungs- und Verwendungsrechnung des Sozialprodukts.

14 Nur häusliche Dienste (priv. HH).

VI. ZUSAMMENFASSUNG

1. Als Zielgröße der Wirtschafts- und Gesellschaftspolitik dient Wachstum zur Vergrößerung individueller Freiheitsspielräume und Wohlfahrt und kann nur insoweit als positive sozioökonomische Entwicklung aufgefaßt werden.
2. In Ermangelung hinreichender Kenntnisse über die tatsächlich den Wachstumsprozeß auslösenden und bestimmenden Determinanten muß sich die globale Wachstumspolitik auf den Versuch beschränken, Quantität und/oder Qualität des Faktoreinsatzes generell zu erhöhen.
3. Dagegen kommt der Strukturpolitik bei der Verwirklichung des Wachstumsziels eine doppelte Aufgabe zu: Erleichterung des Wachstums durch Beseitigung von Anpassungswiderständen einerseits, Verhinderung unerwünschter struktureller Entwicklungen als Folge des Wachstums andererseits.

VII. KONTROLLFRAGEN

1. Was verstehen Sie unter der
   — Politikvariante
   — Lebensstandardvariante
   — Wohlfahrtsvariante
   des Wachstumsziels?
2. Warum kann auch eine Erhöhung des BIP/Erwerbstätigenstunde unerwünscht sein?
3. Welche Möglichkeiten hat eine globale Wachstumspolitik, und warum sind diese Möglichkeiten begrenzt?
4. Welches sind die Hauptgründe für den sektoralen (regionalen) Strukturwandel?
5. Warum kann heute Strukturwandel als Wachstumsvoraussetzung gelten?
6. Warum überläßt man die Struktursteuerung nicht einfach dem Wettbewerb?

VIII. LITERATURHINWEISE

Kromphardt, J., Wachstum und Konjunktur, Grundriß der Sozialwissenschaft (Hrsg. Jürgensen, H. und Predöhl, A.), Bd. 26, Göttingen 1972

Sachverständigenrat zur Begutachtung der gesamtwirtschaftlichen Entwicklung, Jahresgutachten 1964/65: „Stabiles Geld – Stetiges Wachstum", 4. Kapitel: Wachstum und Strukturwandel, Textziffer 213–281

Schröder, D., Wachstum und Gesellschaftspolitik, Prognos Studien 4, Stuttgart, Berlin, Köln, Mainz 1971

Strukturbericht 1970 der Bundesregierung, Bundestags-Drucksache VI/761 vom 8. 5. 1970

Manfred von Krüchten

Sektorale Strukturpolitik

INHALT

I. GRUNDLAGEN SEKTORALER STRUKTURPOLITIK

1. Einführung

Wenn eine Volkswirtschaft im Laufe ihrer historischen Entwicklung wächst, so wandelt sich, ähnlich wie bei einem Organismus, meist auch ihr inneres Gefüge, ihre Struktur. Zunehmende Beschleunigung der technischen Entwicklung, unterschiedliches Wachstum der Wirtschaftszweige und begrenzte Flexibilität des Arbeitskräftepotentials bewirken einen fortlaufenden Wandel der Wirtschaftsstruktur.

Auf keinen anderen Staat trifft diese These voll nachweisbarer zu als auf die Bundesrepublik Deutschland. Spielte sich auf ihrem Gebiet das wirtschaftliche Geschehen vor 30 Jahren ganz im Zeichen der staatlich geleiteten Kriegswirtschaft ab, so brachte die Soziale Marktwirtschaft – analog zur Abkehr von der Hitlerdiktatur und Hinwendung zu einer freiheitlich-demokratischen Grundordnung – eine Wirtschaftsverfassung, deren ordnungspolitische Idee den Wandel von Wirtschaftsstrukturen ermöglicht und erleichtert. Dieser Wandel von Wirtschaftsstrukturen äußert sich in einer Veränderung des Verhältnisses der Teile zum Ganzen, d. h. der Wirtschaftssektoren oder Branchen sowie der Berufsgruppen zur gesamten Volkswirtschaft. Die Proportionen verschieben sich. Tiefgreifende Veränderungen der Produktions- und Beschäftigungsstruktur haben sich in den letzten 25 Jahren niedergeschlagen.

Sind sich dabei ergebende Strukturprobleme wegen des Nachkriegsbooms noch überdeckt worden, so traten sie in der Rezession 1966/67 krass und deutlich hervor und ließen zur Bewältigung von Strukturkrisen die Forderung nach einer systematischen, aktiven Strukturpolitik laut werden.

2. Beschleunigter Strukturwandel und seine Ursachen

In der Bundesrepublik Deutschland haben die zum Teil sehr unterschiedlichen Wachstumsraten der einzelnen Wirtschaftszweige zu einem starken sektoralen Strukturwandel geführt. Ausdruck der Veränderungen sind einmal die Beitragsanteile der Produktion bestimmter Branchen am Bruttosozialprodukt oder die Entwicklung der Beschäftigungsverhältnisse in den einzelnen Sektoren. Wie den Tabellen 1 und 2 im Beitrag „Wachstumspolitik und Strukturpolitik“ zu entnehmen ist, fällt besonders auf der Rückgang des Beitrages der Landwirtschaft zum Sozialprodukt und der in ihr Beschäftigten. Kennzeichen der Dynamik des Strukturwandels sind auch die sinkenden Anteile an der gesamten Produktion beim Kohlebergbau, bei der Textil- und bei der Lederindustrie sowie der Anstieg bei der chemischen Industrie, bei der Stahlverarbeitung und bei der elektrotechnischen Industrie.

Künftig werden strukturelle Veränderungen – und damit Anpassungsprobleme – aus folgenden Gründen sogar noch eine größere Rolle spielen als in den vergangenen Jahren:

— Das Wachstumsklima hat sich entscheidend verändert. Abgesehen von politisch geführten Diskussion um die Qualität des Lebens und dem Versuch, die Problemlösungsfähigkeit der Marktwirtschaft wegen angeblich nachgewiesener Grenzen des Wachstums zu desavouieren, läßt der für die Bundesrepublik typische Mangel an Arbeitskräften Wachstumsfriktionen erwarten. Durch Pillenknick, verlängerte Ausbildungszeiten und Frührentner wird ein Rückgang des Arbeitsvolumens eintreten, der auch durch einen weiteren Anstieg ausländischer Arbeitnehmer nicht mehr ausgeglichen werden kann, da mit weiteren Arbeitszeitverkürzungen und längerem Urlaub zu rechnen ist. Diese Entwicklung auf dem Arbeitsmarkt wird die Expansionsindustrien künftig in vermehrtem Maße dazu zwingen, auf Beschäftigte zurückzugreifen, die in volkswirtschaftlich unterdurchschnittlich produktiven Industriezweigen tätig sind.

— Der technische Fortschritt, d. h. die Anwendung und Nutzung neuer technisch-wissenschaftlicher Erkenntnisse, gewinnt immer größere Bedeutung. Der Anteil der Produkte am gesamten industriellen Ausstoß, die vor zehn Jahren noch unbekannt waren, nimmt immer weiter zu. Neue Entdeckungen substituieren die zu verarbeitenden Rohstoffe (Kunststoffe statt Metall z. B.), konkurrieren mit den heute noch vorwiegend genutzten Energiequellen (Erdgas und Atomenergie statt Kohle und Öl) und revolutionieren die bisherige Fertigungstechnik (Automation).

— Die steigenden Einkommen erlauben eine zunehmend differenzierte Bedürfnisbefriedigung, wobei ein wachsender Einkommensteil nicht mehr für die Existenzsicherung aufgewandt wird, sondern für den Freizeitkonsum verfügbar bleibt.

— Mit der weiteren europäischen Integrierung und der weltwirtschaftlichen Liberalisierung erweitern sich die Märkte und ändern sich die Voraussetzungen der internationalen Arbeitsteilung. Dieser Prozeß wird noch durch die Notwendigkeit verstärkt, die Entwicklungsländer dadurch stärker in den Welthandel einzugliedern, daß die Industrieländer ihnen icht nur Rohstoffe, sondern in verstärktem Maße auch Halb- und Fertigwaren abkaufen [1].

Alle diese Faktoren lassen eine Beschleunigung des Strukturwandels erwarten. Sie erzwingen von Unternehmern und Arbeitnehmern immer neue Anpassungen an die sich ändernden Marktverhältnisse und bringen häufiger als in der Vergangenheit für einzelne Unternehmen und für ganze Wirtschaftszweige größere Umstellungsschwierigkeiten oder gar Existenzsorgen mit sich. Der Staat wird daher von den Betroffenen mehr als bisher gedrängt werden, in solchen Fällen Hilfe zu leisten.

3. Begriff und Abgrenzung der sektoralen von der allgemeinen Wirtschaftspolitik

Die Stellung der Strukturpolitik wird in der Nationalökonomie sehr unterschiedlich interpretiert. Der Begriff Strukturpolitik wird gleichbedeutend mit dem Begriff Ordnungspolitik gebraucht oder als Bestandteil der Ablaufspolitik oder auch nur als Instrument zur Wachstumssteigerung. Als Untersuchungsobjekt dieses Beitrages umfaßt die sektorale Strukturpolitik alle diejenigen Maßnahmen, die unmittelbar auf das Verhältnis wesentlicher Teilbereiche einer Wirtschaft untereinander oder in ihrer Gesamtheit gerichtet sind. Hierzu zählen sowohl ordnungs- als auch ablaufpolitische Maßnahmen.

Die allgemeine Wirtschaftspolitik wird in der Regel in Ordnungs- und Prozeß- oder Ablaufspolitik unterschieden. Auf die Gesamtwirtschaft gerichtete ordnungspolitische Maßnahmen verändern den allgemeinen Ordnungsrahmen, etwa durch die Kartellnovelle; hingegen greift die sektorale Ordnungspolitik in den speziellen Ordnungsrahmen für bestimmte Sektoren ein, z. B. durch das System der Marktordnungen in der Landwirtschaft. Analog zählen Maßnahmen zur direkten Beeinflussung bestimmter Sektoren, beispielsweise Subventionen für die Landwirtschaft, zur sektoralen Prozeßpolitik, während die allgemeine Prozeßpolitik globale Maßnahmen etwa der Konjunktursteuerung umfaßt. Die Wesenszüge der sektoralen Strukturpolitik werden besonders deutlich bei der Gegenüberstellung mit der Konjunkturpolitik: Die Konjunkturpolitik bedient sich in der Regel globaler (makroökonomischer) Maßnahmen mit meist

---

1 Schlecht, Otto, Strukturpolitik in der Marktwirtschaft, FIW-Schriftenreihe, Heft 46, Köln–Berlin–Bonn–München 1968, S. 11 f.

kurzfristiger Wirkung, während die sektorale Wirtschaftspolitik sektorspezifische Maßnahmen mit meist langfristiger Wirkung ergreift [2].

II. ZIELE DER SEKTORALEN STRUKTURPOLITIK

Die konkreten Einzelziele der sektoralen Wirtschaftspolitik sind eingebettet in die großen wirtschafts- und gesellschaftspolitischen Grundziele, die sich mit Freiheit, Gerechtigkeit, Wohlstand und Sicherheit umschreiben lassen. Die sektorale Strukturpolitik zielt letztlich darauf ab, die Voraussetzungen für menschenwürdige freiheitliche Arbeits- und Lebensbedingungen zu verbessern. Das erfordert beispielsweise, mehr und bessere Wahlmöglichkeiten für die Erwerbstätigkeit der Wirtschaftssubjekte zu schaffen, soziale Erosionen mit unzumutbnaren Härten für die Betroffenen aufzufangen, die Mobilität der Produktionsfaktoren zu verbessern und die Krisenfestigkeit der Arbeitsstätten und -plätze zu sichern [3].

Die sektorale Wirtschaftspolitik trägt zur Verwirklichung des Freiheitszieles bei, indem sie zum Beispiel durch Abbau unnötiger Beschränkungen des Marktzugangs in bestimmten Branchen die Freiheit des Produzierens, der Berufswahl und -ausübung sowie der Wahl des Arbeitsplatzes stärkt. Dem Grundziel „Gerechtigkeit“ dient die sektorale Wirtschaftspolitik zum Beispiel dadurch, daß sie durch Beseitigung von wettbewerbsverfälschenden Branchenprivilegien rechtlicher Art und die Angleichung der Startbedingungen für konkurrierende Wirtschaftszweige die Leistungsgerechtigkeit erhöht. Einen Beitrag zur Erreichung des Wohlstandsziels kann die sektorale Wirtschaftspolitik leisten, wenn es ihr gelingt, die Mobilität der Produktionsfaktoren durch sektorspezifische Maßnahmen zu verbessern und die Produktivkräfte über den Markt in die jeweils rentabelsten Verwendungen zu lenken. Die Beseitigung von Hemmnissen, die einer Anpassung der Unternehmen an ökonomische Strukturwandlungen entgegenwirken, erhöht die Krisenfestigkeit der Arbeitsplätze und dient damit dem Sicherheitsaspekt. Die Grundziele können manchmal auch Zielkonflikte in sich bergen. So kann zum Beispiel ein statisch verstandenes Sicherheitsziel, das auf Konservierung der Branchenstruktur und Erhaltung von Arbeitsstätten in bestimmten Wirtschaftszweigen um jeden Preis

---

2 Peters, Hans-Rudolf, Grundzüge sektoraler Wirtschaftspolitik, in: Beiträge zur Wirtschaftspolitik, Bd. 15, Freiburg im Breisgau, S. 20 f.
3 Peters, Hans-Rudolf, a.a.O., S. 44.

gerichtet ist, in einem starken Spannungsverhältnis zum gesamtwirtschaftlichen Wohlstandsziel stehen. Wohlstand für breite Schichten der Bevölkerung läßt sich nämlich in wachsenden Industriegesellschaften ohne eine stetige Steigerung des Wirtschaftswachstums, das regelmäßige ökonomische Strukturwandlungen mit sich bringt, nicht erreichen. Strebt die sektorale Wirtschaftspolitik an, alle, also auch die vom Strukturwandel bedrohten, wenig zukunftsträchtigen Unternehmen bestimmter Branchen zu erhalten, so beschwört ein solcher falsch verstandener Sicherheitsaspekt einen permanenten Zielkonflikt mit dem Wachstum- und Wohlstandsaspekt herauf [4].

1. Sektorale Einkommenssicherung und Besitzstandserhaltung

a) Einkommensverbesserung und Arbeitsplatzssicherung

Entkleidet man die Ziele der sektoralen Wirtschaftspolitik ihrer häufig fadenscheinigen Verbrämung mit dem Allgemeinwohl oder einem angeblich gesamtwirtschaftlichen Nutzen, so kommen oft Ziele zum Vorschein, die auf handfeste Einkommensverbesserungen für bestimmte Wirtschaftszweige oder Berufsgruppen hinauslaufen.

Unter dem permanenten Druck der organisierten Interessengruppen hat sich eine starke Tendenz zur künstlichen Angleichung von – im Marktprozeß „zurückgebliebenen" – Einkommen bestimmter Wirtschaftszweige an höhere Einkommen vergleichbarer Berufsgruppen und zum Schutz vor einem Absinken sektoraler Einkommen ergeben. Das Ziel einer sektoralen Einkommensparität wird nicht immer sofort erkannt, weil die Paritätsforderung nur selten offen verfochten wird und auch die Art der geforderten wirtschaftspolitischen Maßnahmen manchmal nicht sogleich erkennen läßt, daß de-facto-Einkommensverbesserungen für bestimmte Gruppen angestrebt werden.

In den einzelnen Branchenpolitiken ist gelegentlich offen, häufig aber verdeckt, das Einzelziel „sektorale Einkommenssteigerung" enthalten. Offen ist das sektorale Einkommensziel in der Agrarpolitik ausgewiesen, indem „ein möglichst hohes Einkommen und ein möglichst hoher Sozialstatus für die in der Landwirtschaft Tätigen" angestrebt werden soll [5]. Etwas ver-

---

4 Peters, Hans-Rudolf, a.a.O., S. 45.

5 Arbeitsprogramm für die Agrarpolitik der Bundesregierung (Agrarprogramm), Hrgn. vom Bundesministerium für Ernährung, Landwirtschaft und Forsten, Schriftenreihe Landwirtschaft angewandte Wissenschaft, Heft 134, Hiltrup (Westf.) 1968, S. 9.

deckt ist das sektorale Einkommensziel in der Verkehrspolitik damit umschrieben worden, daß die Nachfrage der Bevölkerung und der verladenen Wirtschaft nach Verkehrsleistungen „zu angemessenen Bedingungen" erfüllt werden soll [6]. Bei der gegenwärtigen Verkehrsordnung werden „die angemessenen Bedingungen" im Güterverkehr nicht im interessenausgleichenden Marktprozeß über eine freie Preisbildung gefunden, sondern unter Mitwirkung von Vertretern des Verkehrsgewerbes und der verladenden Wirtschaft vom Staat festgesetzt. Da im Güterverkehr erfahrungsgemäß die staatlichen Instanzen – nicht zuletzt unter dem Einfluß des Verkehrsgewerbes – oft dazu neigen, die Verkehrstarife langfristig über dem Marktpreisniveau zugunsten der Verkehrsleistungsanbieter festzulegen, ist das sektorale Einkommensziel in der Verkehrspolitik unverkennbar. In der Energiepolitik hat sich das sektorale Einkommensziel lange Jahre hinter der Zielsetzung einer sicheren Energieversorgung, die nach Auffassung mancher Politiker angeblich nur durch Aufrechterhaltung einer über der Marktnachfrage liegenden Förderung des einheimischen Steinkohlenbergbaus gewährleistet ist, verborgen. Der Sicherheitsaspekt der Energieversorgung, der bei der insgesamt ausreichenden und kontinuierlichen Versorgung der Energieverbraucher im letzten Jahrzehnt bis zur sogenannten Energiekrise keine nennenswerte praktische Bedeutung gewinnen konnte, diente häufig lediglich als Rechtfertigungsvorwand für die Schutzpolitik zugunsten des einheimischen Steinkohlebergbaues.

Die sektorale Strukturpolitik hat manchmal mit dem Ziel der Stabilisierung und Verbesserung von Produzenteneinkommen gleichzeitig auch das Ziel der Sicherung der Arbeitsplätze und derArbeitnehmereinkommenin der betreffenden Branche verfolgt. Grundsätzlich besteht jedoch in einer Marktwirtschaft keine Garantie für die Wirtschaftssubjekte, ständig im gleichen Beruf, in der gleichen Branche oder gar am gleichen Arbeitsplatz beschäftigt zu werden. Dennoch kann sich der Staat in bestimmten Situationen gezwungen sehen, Maßnahmen zu ergreifen, um Arbeitsplätze und Einkommen in bestimmten Wirtschaftszweigen – entgegen den Markttendenzen – vorübergehend zu erhalten. Da manchmal die Mobilität der Arbeitskräfte gering und alternative Beschäftigungen in Regionen, in denen „kranke" Wirtschaftszweige konzentriert sind, nicht in ausreichendem Maße vorhanden sind, muß unter Umständen die sektorale Strukturpolitik einen Strukturwandlungsprozeß zeitlich strecken.

---

6 Verkehrspolitisches Programm für die Jahre 1968 bis 1972, Bundestagsdrucksache V/2434 vom 19. 1. 1968, S. VIII.

Manchmal versäumen es die staatlichen Instanzen, das ursprünglich nur kurzfristig gesetzte Ziel der Einkommenssicherung für die betreffenden Branchenangehörigen rechtzeitig auslaufen zu lassen und die Beschäftigung der Arbeitnehmer durch besser geeignete Mittel sicherzustellen. Sicherlich wäre es für das Ruhrgebiet und die Gesamtwirtschaft besser gewesen, wenn die staatlichen Instanzen spätestens nach Ausbruch der Steinkohlenabsatzkrise Ende der 50er Jahre dem Industrieansiedlungsziel im Ruhrrevier den Vorzug gegeben hätten, um die Krisenanfälligkeit dieses industriell monostrukturierten Gebietes durch Ansiedlung neuer Industriezweige zu vermindern.

b) Erhaltung von Produktion und Marktanteilen

Ein markantes Beispiel für ein Produktionserhaltungsziel und dessen Wirkung findet sich in der Steinkohlenbergbaupolitik. Die Bundesregierung ließ sich Anfang der 60er Jahre dazu verleiten, eine jährliche Steinkohlenförderung von etwa 140 Millionen Tonnen als Zielvorstellung zu nennen. Obwohl damit dem Steinkohlenbergbau keineswegs eine verbriefte Absatzgarantie gegeben war, wurde diese Zusicherung vielfach als Förderrichtzahl aufgefaßt. Trotz aller Hilfsmaßnahmen zugunsten des Steinkohlenbergbaus erzwang der Absatzrückgang schon bald, daß die Steinkohlenförderung eingeschränkt werden mußte und unter die 140-Mio-Tonnen-Zielgrenze absank. Die politisch-staatlichen Instanzen mußten sich des wirtschaftspolitischen Versagens bezichtigen lassen und bezüglich der wünschenswerten Förderung inzwischen eine flexiblere Haltung einnehmen. Das nunmehr von der Energiekrise überholte, 1973 vorgelegte energiepolitische Programm der Bundesregierung sieht als Förderrichtzahl etwa 85 Millionen Tonnen vor. Besser würde man sich jedoch davor hüten, für Branchen quantitative Produktionsziele zu nennen, die erfahrungsgemäß vornehmlich von privaten und politischen Interessenten als willkommene Pressionsmittel verwandt werden.

Ein Beispiel für das Ziel, Marktanteile bestimmter Anbietergruppen zu erhalten, bietet die Binnenschiffahrtspolitik. Nach dem Gesetz über den gewerblichen Binnenschiffsverkehr ist der Bundesverkehrsminister ermächtigt, soweit Notstände in der Binnenschiffahrt eingetreten sind oder sich anbahnen, die Verteilung von Fracht- und Schleppgut durch Rechtsverordnung zu regeln [7]. Ein Notstand ist als gegeben angesehen, wenn die

7 Gesetz über den gewerblichen Binnenschiffsverkehr in der Fassung vom 8. 1. 1969, Bundesgesetzblatt I, Nr. 7/1969.

Kleinschiffer im gesamten Wasserstraßennetz, in einzelnen Stromgebieten oder Teilen von Stromgebieten am Verkehrsaufkommen nicht angemessen beteiligt werden. Ziel dieser Regelung ist, den mittelständigen Unternehmen der Binnenschiffahrt einen Marktanteil am Verkehrsaufkommen, der von den staatlichen Instanzen als angemessen angesehen wird, zu sichern.

Das Ziel, bestimmte Unternehmensgrößen zu erhalten, wird an dem Leitbild des bäuerlichen Familienbetriebes, das jahrelang die Agrarpolitik beherrschte, deutlich. Die einseitige Ausrichtung der agrarpolitischen Ziele und Maßnahmen an dem Typ des bäuerlichen Familienbetriebes wird jedoch in jüngster Zeit mehr und mehr aufgehoben. Die Agrarpolitik verschließt sich nicht mehr der Erkenntnis, daß die differenzierte Erzeugung und Absatzstruktur von Agrargütern unterschiedliche Betriebs- und Unternehmungsformen erfordern.

c) Schutz vor neuen Wettbewerbern

Ziele des Branchen- und Berufsschutzes verbergen sich häufig unter dem Deckmantel von angeblich im Allgemeininteresse liegenden Berufsordnungen. Zumeist richtet sich das Interesse der „Berufsschützer" auf die Anordnung einer Sachkundeprüfung für neue Wettbewerber, die den Zugang zum Beruf erschweren sollen. Sachkundeprüfungen, an denen vielfach als Prüfer sogar am Markt befindliche Anbieter der betreffenden Branche bzw. des Gewerbes teilnehmen, können bei bewußtem Herausprüfen potentieller Wettbewerber zum Instrument des Branchen- und Berufsschutzes werden. Manchmal erscheint es höchst zweifelhaft, ob das offizielle Ziel, den Schutz der Allgemeinheit vor Gefahren durch solche berufsordnenden Regelungen zu verbessern, wirklich angestrebt wird oder ob sich die staatlichen Instanzen lediglich des Berufsschutzzieles der Interessenten angenommen haben. Deutlich wird dies schon daran, daß immer nur die neuen Bewerber eine Sachkunde nachweisen müssen.

Wie fragwürdig manchmal Sachkundeprüfungen als Mittel des Schutzes gegen Gefahren sind, wird am Beispiel der subjektiven Zulassungsbedingungen im Güterkraftverkehr sichtbar. Es dürfte äußerst zweifelhaft sein, ob die nach dem Güterkraftverkehrsgesetz geforderte Sachkundeprüfung des Verkehrsunternehmers wirklich geeignet ist, die Verkehrssicherheit auf den Straßen zu heben. So ist unerfindlich, wieso die Verkehrssicherheit verbessert wird, wenn ein Verkehrsunternehmer eine Sachkundeprüfung vornehmlich über Verkehrspreisvorschriften, kaufmännische Kalkulation und dergleichen ablegt. Dabei kann doch eigentlich nur der Fahrer eines Lastwagens, der mit dem sachkundegeprüften Verkehrsunternehmer häufig nicht identisch ist, merklich zur Erhöhung der Verkehrssicherheit beitragen. Gänzlich unverständlich ist, warum nur der Verkehrsunternehmer, der Güter befördert, eine Sachkundeprüfung ablegen muß, während der Verkehrsunternehmer, der Personen befördert, dies nicht braucht. Es sind also gewisse Zweifel berechtigt, ob im gewerblichen Güterverkehr das Ziel einer Verbesserung der Verkehrssicherheit, das mit der Sachkundeprüfung angeblich erreicht werden soll, wirklich angestrebt wird oder ob nicht doch der Konkurrenzschutz im Verkehrsgewerbe die dominierende Rolle spielt [8].

2. Sektorale Anpassung an Strukturwandlungen

a) Verbesserung der Anpassungsflexibilität

Die Funktionsfähigkeit des marktwirtschaftlichen Lenkungssystems setzt ein hohes Maß an Anpassungsflexibilität der Unternehmen voraus. Grundsätzlich gehört es zur Funktion des Unternehmers, Strukturwandlungen rechtzeitig zu erkennen und sich in seinen Dispositionen darauf einzustellen. Dies gilt in gewissem Maße auch für die Arbeitnehmer in den einzelnen Wirtschaftszweigen. Vielfältige Anpassungshemmnisse ökonomischer, rechtlicher und psychologischer Art können jedoch die Anpassungsflexibilität der Unternehmen und die Mobilität der Produktionsfaktoren beeinträchtigen.

Zum Abbau sektoraler Anpassungshemmnisse und zur Förderung der Mobilität der Produktionsfaktoren hat die Bundesregierung in ihren Grundsätzen der sektoralen Strukturpolitik folgendes ausgeführt: „Soweit rechtliche Bestimmungen und traditionelle Gepflogenheiten die Anpassung behindern, ist zu untersuchen, wie sie gemildert oder beseitigt oder wie deren nachteilige Wirkungen vermieden werden könnern.“ Als Beispiele werden genannt:

- in der Außenwirtschaft der Abbau von mengenmäßigen Beschränkungen, administrativen Hemmnissen und von unausgewogenen Zollbelastungen von Rohstoffen und von Halb- und Fertigwaren.
- Verbreiterung der Basis in der noch auf zu enge Fachbereiche abgestellten Berufsausbildung.

---

8 Peters, Hans-Rudolf, a.a.O., S. 59.

— Einschränkung der hohen Zahl der erlaubnispflichtigen Gewerbe und der Sachkundenachweise.

— Änderung des Systems der betrieblichen Altersvorsorge (Pensionskassen, Pensionsrückstellungen) oder der tarifvertraglichen Vereinbarungen, wonach der Arbeitnehmer im Falle eines Wechsels seine Anwartschaft verliert [9].

Die Beispiele zeigen, daß die sektorale Strukturpolitik immer noch den Ballast eines jahrzehntelangen wildgewucherten Interventionismus und Protektionismus in zahlreichen Branchen mit sich herumschleppt. Dabei ist es nicht ausgeblieben, daß zahlreiche Regelungen gleichzeitig die Anpassungsmöglichkeiten anderer Wirtschaftszweige vermindern oder unangemessen beeinträchtigen. Das Ziel einer Verbesserung der Anpassungsflexibilität der Wirtschaft kann nur erreicht werden, indem die sektorale Strukturpolitik die Anpassungshemmnisse soweit wie möglich abbaut.

b) Vermeidung überstürzter Anpassungsprozesse

In der Vergangenheit sind verschiedentlich Situationen eingetreten, in denen nachhaltige Strukturwandlungen die Marktverhältnisse für einen ganzen Produktionszweig grundlegend verändert haben. Unvorhersehbare Strukturveränderungen, die z. B. durch technisch revolutionäre Erfindungen, die Entdeckung neuer Rohstoffvorkommen oder die Entwicklung neuartiger Produkte ausgelöst werden, könmnen die Unternehmen eines Wirtschaftszweiges unvorberreitet treffen. Der Staat kann sich in solchen Situationen, aber auch in Fällen vorhersehbarer Strukturwandlungen, in denen tiefgreifende Strukturveränderungen bewältigt werden müssen, unter Umständen veranlaßt sehen, den sektoralen Anpassungsprozeß sich nicht selbst zu überlassen.

In den Grundsätzen der sektoralen Strukturpolitik wird daher ausgeführt: „Anpassungsvorgänge sollen verlangsamt werden, wenn ein sich selbst überlassener Vorgang zu überstürzten und damit zu krisenhaften Entwicklungen zu führen droht. Den Anpassungsprozeß zu verlangsamen empfiehlt sich besonders, wenn sonst mit sozialpolitischen Nachteilen größeren Umfangs gerechnet werden müßte oder wenn Unternehmen in Mitleidenschaft gezogen wurden, die bei einem gemäßigteren Ablauf ihre Wettbewerbsfähigkeit bewahren oder wieder erlangen könnten.“ [10]

---

9 Grundsätze der sektoralen Strukturpolitik, Bundestagsdrucksache V/2469 vom 16. 1. 1968, S. 3.

10 Grundsätze der sektoralen Strukturpolitik, a.a.O., S. 3.

c) Beschleunigung wachstumsfördernder Anpassungsvorgänge

Als Pendant zur Verlangsamung von Anpassungsvorgängen werden von der sektoralen Strukturpolitik gelegentlich auch Beschleunigungen der sektoralen Strukturanpassung angestrebt. Nach Auffassung der Bundesregierung gilt es, einen Anpassungsprozeß zu beschleunigen, wenn dieser durch Beharrungskräfte so behindert wird, daß der wachstumsnotwendige Strukturwandel nicht oder nur in zu geringem Umfange eintritt [11]. In der sektoralen Strukturpolitik waren in der Vergangenheit spezielle Ziele, die auf eine Beschleunigung wachstumsfördernder Anpassungsvorgänge gerichtet waren, weitaus weniger zahlreich als solche, die auf eine Verlangsamung von sektoralen Anpassungsvorgängen abzielten. Ein wesentlicher Grund dafür ist in dem massiven Widerstand der organisierten Interessengruppen zu sehen. Erfahrungsgemäß versuchen sowohl die Branchenverbände der Produzenten als auch die Branchengewerkschaften mit allen ihnen zu Gebote stehenden Mitteln zu verhindern, daß ein meist schmerzhafter Anpassungsprozeß forciert wird.

d) Beseitigung struktureller Produktionsengpässe

Produktionsengpässe, die marktmäßig nicht oder nur ungenügend bewältigt werden konnten, hat es in der Bundesrepublik vornehmlich in den ersten Jahren nach dem 2. Weltkrieg gegeben. Engpässe in der Produktion bestanden bzw. entwickelten sich vor allem in den Grundstoffbereichen, und zwar im Kohlenbergbau, in der Eisen- und Stahlindustrie sowie in der Energiewirtschaft. Kriegszerstörungen, Demontagen, alliierte Investitionskontrollen, Produktionsverbote, ungeklärte Eigentumsverhältnisse und nicht zuletzt die Aufrechterhaltung der staatlichen Wirtschaftslenkung und Preisfixierung in diesen Bereichen hatten bewirkt, daß die Grundstoffbereiche den steigenden Bedarf der verarbeitenden Industrie und anderer Nachfrager nicht voll decken konnten. Die Ausweitung der Produktion und damit des verfügbaren Angebots der verarbeitenden Industrie wurde zeitweilig durch die Engpässe in der Versorgung mit Roh- und Hilfsstoffen aus der einheimischen Produktion stark behindert. Da der Kapitalmarkt zerrüttet war und die Selbstfinanzierung über den Preis wegen der staatlichen Preisfixierungen für Grundstoffe beschränkt war, konnten die Grundstoffindustrien das Investitionsproblem nicht aus eigener Kraft lösen. In dieser Situation wurde es zum vordringlichen Ziel der

---

11 Grundsätze der sektoralen Strukturpolitik, a.a.O., S. 4.

Wirtschaftspolitik, die wachstumshemmenden Engpässe zu beseitigen. Zur Schaffung einer breiteren Basis der inländischen Roshtoffversorgung, die fast nur durch Kapazitätserweiterungen der Grundstoffbereiche zu erreichen war, lenkte der Staat einen großen Teil der Kapitalmittel aus dem ERP-Sondervermögen (Wiederaufbauprogramm der Vereinigten Staaten) und das Aufkommen aus dem Investitionshilfegesetz in die Grundstoffindustrien.

e) Abbau struktureller Überkapazitäten

In marktwirtschaftlich orientierten Ordnungen wird in der Regel der Abbau von Überkapazitäten langfristig von den Marktkräften erzwungen. Allerdings kann sich dieser Anpassungsprozeß manchmal wegen ökonomischer und psychologischer Hemmnisse auf den betreffenden Märkten lange hinquälen, bis eine Überkapazität in etwa abgebaut ist. Da die politisch-staatlichen Instanzen manchmal nicht bereit gewesen sind, den Abbau von Überkapazität in bestimmten Wirtschaftszweigen dem Markt zu überlassen und dabei mögliche abträgliche soziale Folgen in Kauf zu nehmen, haben sie Ziele für einen „geordneten Kapazitätsabbau" in diesen Wirtschaftszweigen gesetzt. Solche Ziele eines sukzessiven Abbaus von sektoralen Überkapazitäten sind häufig Teilziele zur Vermeidung eines überstürzten Anpassungsprozesses. Zumeist werden die Einzelziele des Abbaus von Überkapazitäten mit Einkommenszielen verknüpft, was sich daran zeigt, daß der Kapazitätsabbau gegen Entgelt erfolgt, das oft den Marktwert der Kapazitäten beträchtlich übersteigt.

3. Sektorale Entwicklungsförderung und Strukturgestaltung

a) Steigerung des sektoralen Wachstumspotentials

Marktwirtschaftliche Strukturpolitik darf sich nicht nur an den Erfordernissen des Tages orientieren, sie muß sich vor allem den Anforderungen der Zukunft stellen. Durch eine Verzögerung notwendiger struktureller Veränderungen in der Wirtschaft werden gleichermaßen Stabilitäts- und Wachstumschancen vergeben. Die sektorale Strukturpolitik muß daher Bestandteil einer aktiven Wachstumspolitik sein, d. h. sie muß dazu beitragen, die Produktivität der Gesamtwirtschaft rasch zu steigern, indem sie die Entwicklung der Wirtschaftsbereiche begünstigt, die sowohl von der technologischen Entwicklung als auch von der voraussichtlichen Entwicklung der Nachfrage her eine aussichtsreiche Zukunft haben.

In dieser Hinsicht ergeben sich nach Auffassung der Bundesregierung die Ziele der sektoralen Strukturpolitik „aus der Notwendigkeit, dazu beizutragen, daß für den gesamtwirtschaftlichen Fortschritt wichtige zukunftssichernde Produktionen entwickelt werden“ [12]. Beispiele für gesamtwirtschaftlich begründete Ausnahmefälle sind etwa die Luft- und Raumfahrtindustrie mit dem spektakulären Airbus-Programm sowie die Kernenergie und die EDV-Industrie. Zur Sicherung der Unabhängigkeit in der Energieversorgung werden in Zukunft gewiß auch finanzielle Hilfen für die Verbreiterung der Rohstoffsicherung erforderlich.

Für die Anwendung selektiver Förderungsmaßnahmen bei Wachstumsbereichen kommen folgende Kriterien in Frage:

— es muß sich um einen Schlüsselsektor für das allgemeine Wirtschaftswachstum handeln, insbesondere wegen der von ihm verwandten Spitzentechniken (z. B. Halbleiter und integrierte Schaltkreise);
die Expansion des Sektors auf der Grundlage seiner eigenen Mittel muß unzureichend sein, weil ein unverhältnismäßig hohes technisches Risiko besteht oder die Belastungen mit Ausgaben für die Forschung und Entwicklung zu hoch sind und nur noch von einem ganzen Land oder sogar mehreren Ländern zusammen wahrgenommen werden können;

— ferner muß die Auswahl des betreffenden Sektors auf einem fundierten Vergleich zwischen den in Frage kommenden Sektoren beruhen, wobei sowohl von der Wirtschaftlichkeit der Ausgaben als auch von den Erfolgschancen der betreffenden Sektoren im internationalen Wettbewerb auszugehen ist [13].

b) Steigerung leistungssichernder Innovationen

Im Strukturbereicht 1969 der Bundesregierung wird ausgeführt: „Die Förderung der industriellen Forschung und Entwicklung geht davon aus, daß in der industriellen Produktion der Wettbewerb mit Neuerungen immer stärker wird, sei es daß neue Produktionsverfahren zu geringeren Kosten oder verbesserten Eigenschaften der Produkte führen oder daß neue Produkte angeboten werden. Somit hängt die langfristige Leistungsfähigkeit moderner Industrien in zunehmendem Maße davon ab, daß neue

---

12 Strukturbericht 1969 der Bundesregierung, Bundestagsdrucksache V/4564 vom 4. 7. 1969, S. 4.

13 Zweites Programm für die mittelfristige Wirtschaftspolitik, veröffentlicht im Amtsblatt der Europäischen Gemeinschaften, Nr. L 129 vom 30. 5. 1969, S. 38.

Produkte und Verfahren entwickelt und rasch in der industriellen Praxis angewendet werden (Innovation)." [14] Die Bundesregierung will über ihre allgemeinen Bemühungen zur Schaffung günstiger Voraussetzungen für Innovationen darüber hinaus spezielle sektorale Hilfen geben, „wenn in bestimmten Schlüsselbereichen des technischen Fortschritts Risiken hinsichtlich Kosten und Erfolg der Entwicklungsarbeit entstehen, die über die Leistungskraft des einzelnen Unternehmers hinausgehen". Ferner will die Bundesregierung prüfen, „ob künftig auch bei gesamtwirtschaftlich besonders wichtigen einzelnen industriellen Innovationsvorhaben in weiteren Industriezweigen Hilfen dann gegeben werden können, wenn diese Vorhaben ohne Hilfe des Staates nicht oder zu langsam zustande kämen". Bei der Förderung zukunftsweisender Produktionszweige wird neben dem Ziel, leistungssichernde Innovationen zu steigern, gleichzeitig angestrebt, das technisch-ökonomische Wissen und den Ausbildungsstand der Gesellschaft zu verbessern. Es wird erwartet, daß bei der industriellen Großforschung zahlreiche Kenntnisse anfallen, die geeignet sind, auch die Forschung, Lehre und Ausbildung in den außerökonomischen Bereichen, wie z. B. im Bereich der Hochschulen, sonstigen Schulen und Ausbildungsstätten, zu befruchten und zu verbessern.

III. MITTEL DER SEKTORALEN STRUKTURPOLITIK

1. Mittel zur Strukturerhaltung

a) Staatliche Preisfixierungen

In der Regel sind expandierende Wirtschaftszweige an einer staatlichen Preisbindung nicht interessiert, weil sie davon eine Beschneidung ihrer Ertragschancen befürchten. Dagegen erhoffen sich oft Wirtschaftszweige, die sich in der Stagnations- oder Rückbildungsphase des Marktes befinden, von einer staatlichen Preisfestsetzung eine Sicherung ihres Einkommens. Allerdings ist das Ergebnis der staatlichen Preisfestsetzung sowohl für die preisgebundenen Wirtschaftszweige als auch für den Staat meist enttäuschend. Häufig hat die Mehrzahl der Unternehmen von Branchen, denen wie in der Landwirtschaft und im gewerblichen Güternahverkehr die staatliche Preisfestsetzung zugestanden oder aufgezwungen wurde, langfristig zwar ein stabiles, aber relativ geringes Einkommen. Ein wesent-

14 Strukturbericht 1969 der Bundesregierung, a.a.O., S. 6.

licher Grund liegt darin, daß der Selbstreinigungsprozeß der betreffenden Wirtschaftszweige, der zur Ausscheidung von Grenzanbietern führt, durch die staatlich festgesetzten Branchenpreise fast immer verzögert wird.

Wird somit einerseits auch den leistungsschwächsten Anbietern noch eine Kostendeckung und Gewinnerzielung garantiert, so finden andererseits besondere Leistungen in den Brancheneinheitsentgelten oft keine ausreichende Berücksichtigung, so daß nicht selten der Leistungsansporn in solchen Branchen unterentwickelt ist. In der Regel gehen von der wettbewerbsbeschränkenden Wirkung staatlich festgesetzter Branchenpreise negative Wirkungen auf die gesamtwirtschaftliche Produktivität aus, weil der Zwang zu permanenten Rationalisierungsanstrengungen durch die Preisgarantien vermindert wird. Darüber hinaus wird sogar noch die Forderung erhoben, der Staat solle Abnahmegarantien aussprechen oder die Substitutions- und die Auslandskonkurrenz durch Steuern, Zölle und Kontingente eindämmen.

Als bedenkliche Nebenwirkung staatlich festgesetzter Branchenpreise tritt fast immer das Überkapazitätenproblem in Erscheinung. So haben beispielsweise die weit über Weltmarktniveau festgesetzten Agrarpreise in den EG [15] in Verbindung mit der unbeschränkten Abnahmegarantie des Staates die Agrarerzeugung außerordentlich angeregt. Im Rahmen der EG-Agrarmarktordnung mußten zeitweise große Mengen von Butter, Zucker und Weichweizen von den staatlichen Interventionsstellen eingelagert werden, weil die produzierten Mengen zu den politisch festgesetzten hohen Agrarpreisen nicht absetzbar waren.

Administrativ festgesetzte Preise können auch die Konjunkturpolitik beeinträchtigen, weil Preiserhöhungen oft eine Signalwirkung ausüben, indem sie die freie Wirtschaft animieren, ihre Preise ebenfalls heraufzusetzen.

b) Anbieterschutzverordnungen

Da in der Regel staatliche Preisfestsetzungen zur Sicherung von sektoralen Einkommen und Besitzständen nicht ausreichen, hat der Staat oft die sektorale Preisfestsetzung um weitere Schutzmaßnahmen ergänzt und zu regelrechten Anbieterschutzordnungen ausgebaut. Solche Ordnungen bestehen aus einem mehr oder weniger geschlossenen System von Einzel-

---

15 Jahresgutachten 1969 des Sachverständigenrates zur Begutachtung der gesamtwirtschaftlichen Entwicklung, Bundestagsdrucksache VI/100 vom 1. 11. 1969, S. 97.

elementen, die alle darauf ausgerichtet sind, einem Wirtschaftszweig oder bestimmten Anbietergruppen einen möglichst lückenlosen Schutz vor unerwünschten Einflüssen auf das sektorale Einkommen zu verschaffen. Dem Schutz des sektoralen Besitzstandes und der Einkommenssicherung dienen als Einzelelemente innerhalb solcher Anbieterschutzverordnungen neben staatlich festgesetzten Preisen beispielsweise staatliche Absatzgarantien, Einfuhrkontingente, künstliche Verteuerung des Auslandsangebotes durch staatlich verordnete Preisheraufschleusungen und hohe Zölle, steuerliche Belastungen der Substitutionskonkurrenz sowie Beschränkungen und Erschwernisse für den Marktzugang neuer Wettbewerber.

Nahezu all diese am Markt vorbei operierenden Instrumente der Strukturpolitik finden ihren Einsatz in der Landwirtschaft. Die Anbieterschutzordnung im Agrarbereich, die in der Bundesrepublik Deutschland zunächst in den Marktordnungsgesetzen von 1950/51 ihren gesetzlichen Niederschlag fand [16] und die heute bis zur „Vollkommenheit" der EG-Agrarmarktordnungen herangereift ist, gewährt der deutschen Landwirtschaft durch die staatliche Festsetzung wichtiger landwirtschaftlicher Erzeugerpreise und die Regulierung der Angebotsmengen über die Einfuhr- und Vorratsstellen weitgehende Preis- und Absatzgarantien. Da ferner die preiswerteren ausländischen Agrarerzeugnisse durch die Einfuhrregelung auf das künstlich hochgehaltene Preisniveau heraufgeschleust werden, ist der Konkurrenzschutz der deutschen Landwirtschaft bei ihren Haupterzeugnissen nahezu perfekt. Den Preis für diese Anbieterschutzordnung zahlen in erster Linie die Verbraucher. Sie werden zur zwangsweisen Einkommensübertragung zugunsten der Landwirtschaft über künstlich hochgehaltene Agrarerzeugerpreise, die auf die Verbraucherpreise vieler Ernährungs- und Genußmittelgüter durchschlagen, herangezogen.

Es läßt sich feststellen, daß die bis ins einzelne ausgeklügelten Agrarmarktordnungen in ihrer praktischen Handhabung versagt haben. Die von dieser Anbieterschutzordnung ausgehenden schädlichen Nebenwirkungen, die insbesondere zu unverkäuflichen Agrarüberschüssen führen, stellen die Brauchbarkeit des Mittels „Landwirtschaftliche Marktordnungen" ständig in Frage, zumal auch das Hauptziel der Agrarpolitik, nämlich die Einkommensdisparität zwischen Landwirtschaft und gewerblicher Wirtschaft zu verringern, bisher nicht erreicht wurde. Das gegenwärtige System der Marktinterventionen, das durch eine quantitativ unbegrenzte

---

16 Vgl. diverse Gesetze wie Getreidegesetz, Zuckergesetz, Milch- und Fettgesetz etc. der Jahre 1950/51.

Marktstützung auf hohem Preisniveau gekennzeichnet ist, stellt eine Förderung der Erhaltung von Grenzbetrieben dar und bildet damit auf der Ebene der Europäischen Gemeinschaften ein Hemmnis für die Modernisierung der Landwirtschaft und für die Arbeitsteilung in diesem Wirtschaftsbereich. Durch die Interventionskosten, wie Kosten der Lagerung, Wartung, Wälzung, Denaturierung, Transporte, Ausfuhrerstattungen, Verwaltung und teilweise Vernichtung von verdorbenen Erzeugnissen, sind darüber hinaus extrem hohe Kosten für die Gesamtheit aller Steuerzahler entstanden.

c) Erhaltungssubventionen

Neben staatlich festgesetzten Preisen und zu Anbieterschutzordnungen ausgebauten Systemen sind Branchensubventionen, die der Erhaltung von Produktionen und Einkommen in bestimmten Wirtschaftszweigen dienen, ein klassisches Mittel der sektoralen Strukturerhaltungspolitik. Als Branchensubventionen gelten alle sichtbaren Finanzhilfen, die der Staat bestimmten Wirtschaftszweigen oder Gruppen von Anbietern oder Beschäftigten innerhalb von Wirtschaftszweigen mit der Forderung oder zumindest in der Erwartung bestimmter Verhaltensweisen der Subventionsempfänger gewährt, sowie alle haushaltsmäßig unsichtbaren Begünstigungen an Branchenangehörige, die – wie z. B. diejenigen steuerlicher Art – zu staatlichen Mindereinnahmen oder zu staatlichen Mehrausgaben an anderer Stelle führen [17]. Bei Erhaltungssubventionen besteht die vom Staat erwünschte Verhaltensweise darin, daß Unternehmen eines Wirtschaftszweiges ihre Tätigkeit voll oder in einem Ausmaß, wie es ohne die staatliche Hilfe nicht möglich wäre, aufrechterhalten sowie darin, daß sie ihr Kapitel und ihre verfügbaren Produktionsfaktoren Arbeit und Boden in einer bestimmten Produktionsrichtung einsetzen. Beispiele für Erhaltungssubventionen sind die Beihilfen an Bergbauunternehmen für Lieferungen von Kokskohle an die Eisen- und Stahlindustrie, die der Stabilisierung des Kohlenabsatzes und damit der Erhaltung des Steinkohlebergbaus dienten bzw. dienen. Der Einkommensausgleich an die Landwirtschaft für die Getreidepreissenkung von 1967 im Rahmen der Errichtung des gemeinsamen Agrarmarktes in der EWG läßt sich zutreffend als Erhaltungshilfe für die Landwirtschaft einordnen.

Der Anteil der Erhaltungssubventionen an allen Finanzhilfen des Bundes und Steuervergünstigungen liegt in den letzten Jahren zwischen 55 und

---

17 Peters, Hans-Rudolf, a.a.O., S. 97.

65 % [18]. Gleichwohl deklarieren die Politiker die eingesetzten Milliardenbeträge häufig als Anpassungssubventionen, die den ökonomischen Strukturwandel erleichtern und den Produktivitätsfortschritt und das Wirtschaftswachstum fördern sollen, weil Erhaltungssubventionen ökonomisch nicht begründbar sind.

Erhaltungssubventionen bewirken nämlich, daß der ökonomische Zwang zur Anpassung an den Strukturwandel für die Unternehmen oder Wirtschaftszweige aufgehoben oder zumindest fühlbar vermindert wird. Unternehmen, die sich aufgrund eigener Leistung am Markt nicht behaupten können, werden durch Erhaltungssubventionen in die Lage versetzt, knappe Produktivkräfte zu binden, die beim Einsatz in anderen volkswirtschaftlichen Verwendungen produktiver und wohlstandsmehrend gewirkt hätten. Erhaltungssubventionen beeinflussen die Produktivität der Gesamtwirtschaft und das Wirtschaftswachstum durchweg negativ, weil Unternehmen mit niedrigem Produktivitätsgrad, deren relativ hohe Produktionskosten zuzüglich eines Unternehmergewinns durch die erzielbaren Marktpreise nicht gedeckt werden, künstlich am Leben gehalten werden. Es steht zu erwarten, daß die politisch-staatlichen Instanzen – nicht zuletzt unter dem Druck von Interessenvertretungen der Branchen – weiterhin geneigt sein werden, eine Reihe von außerökonomischen Zielen meist einkommenssichernden Charakters mit dem schnell wirkenden Mittel der Erhaltungssubvention anzustreben.

2. Mittel zur Strukturanpassung

a) Rationalisierungshilfen

Der Wettbewerb in der Marktwirtschaft übt einen ständigen Druck auf die Unternehmen aus, ihre Rationalisierungsanstrengungen zu intensivieren. Verschiedentlich haben sich die staatlichen Instanzen vornehmlich aus gesellschaftspolitischen Gründen veranlaßt gesehen, bestimmten mittelständig strukturierten Gewerbezweigen bei ihren Rationalisierungsanstrengungen zu helfen. Neben einer Reihe von Maßnahmen zur Verbesserung der Agrarstruktur sind unter die Rationalisierungshilfen vor allem die Gewerbeförderung im Handwerk, Handel und Hotel- und Gaststättengewerbe zu rechnen. Die Gewerbeförderung für diese vorwiegend mittelständig strukturierten Wirtschaftszweige erstreckt sich im wesentlichen auf staatliche Mithilfe beim Auf- und Ausbau sowie der Unterhal-

18 Peters, Hans-Rudolf, a.a.O., S. 103.

tung von Betriebsberatungsdiensten, Zuschüssen zu den Kosten von Rationalisierungskursen und Vorträgen, Förderung spezieller wissenschaftlicher Forschung und Entwicklung auf den betreffenden Wirtschaftsgebieten, Auf- und Ausbau von Fachschulen und sonstigen Schulungsstätten und Förderung der überbetrieblichen Lehrlingsbildung. In der Regel werden Gewerbeförderungsmittel nur als Hilfe zur Selbsthilfe gewährt, d. h. Voraussetzung für eine finanzielle Unterstützung solcher Rationalisierungsvorhaben ist eine angemessene Eigenbeteiligung der Unternehmen, Berufsorganisationen und Verbände der betreffenden Wirtschaftszweige. Die finanziellen Aufwendungen für die Gewerbeförderung sind im Vergleich mit den beträchtlichen Zuwendungen, die einzelne andere Wirtschaftszweige, wie z. B. Landwirtschaft und der Steinkohlenbergbau, erhalten haben, relativ klein [19]. Mit vergleichsweise geringen DM-Beträgen, die statt der Milliarden – „nur" Millionen-Größenordnungen erreichen, sind durchweg Vorhaben, die tatsächlich die strukturelle Anpassungsfähigkeit der Wirtschaftssubjekte verbessert haben, gefördert worden. Damit dürfte dieser vor der Bundesregierung angestrebte Weg strukturpolitisch der richtige sein.

b) Umstellungskredite und Staatsbürgschaften

Die staatlichen Instanzen haben den von nachhaltigen Strukturwandlungen betroffenen Unternehmen bestimmter Wirtschaftszweige bei der notwendigen Umstellung ihrer Produktionsprogramme durch Zinsverbilligung, zinsgünstige staatliche Kredite oder Staatsbürgschaften geholfen. Umstellungskredite sind zahlreichen Branchen besonders aus dem ERP-Sondervermögen zugeflossen.

Der Staat stellte insbesondere für das Handwerk, den Handel, die Klein- und Mittelbetriebe der Industrie, das Beherbergungs- und Gaststättengewerbe, das Verkehrsgewerbe sowie für freie Berufe Kredite zu günstigen Bedingungen zur Verfügung und übernahm Kreditbürgschaften. Um die Schwierigkeiten zu beheben, die sich daraus ergeben, daß viele mittelständige Kreditnehmer die bankühlichen Sicherheiten nicht beibringen können, haben einige Wirtschaftszweige Kreditgarantiegemeinschaften geschaffen. Bund und Länder fördern die Kreditgarantiegemeinschaften durch Übernahme von Rückbürgschaften. Die Kreditgarantiegemeinschaf-

---

19 Berichterstattung über Lage, Entwicklung und Förderung kleiner und mittlerer Unternehmen an den Deutschen Bundestag, Bundestagsdrucksache V/3678 vom 16. 12. 1968, S. 81 ff.

ten können für mittel- und langfristige Kredite an kleine oder mittlere Unternehmen der vorgenannten Wirtschaftszweige Ausfallbürgschaften bis einem gewissen Prozentsatz des jeweiligen Kredits übernehmen, die vom Bund und den Ländern weitgehend rückverbürgt werden.

Kredite sind unter finanzpolitischem Aspekt besser als verlorene Zuschüsse, weil sie an die öffentlichen Haushalte wieder zurückfließen. Staatsbürgschaften, die nicht in Anspruch genommen werden, belasten die öffentlichen Kassen nicht. Nicht zuletzt aus diesem Grunde sind die staatlichen Instanzen häufig mit Zinszuschüssen, verbilligten Staatskrediten und Staatsbürgschaften ziemlich großzügig umgegangen. Solche künstlich vom Staat geschaffenen Kreditkonditionen können die Funktionsfähigkeit des Kapitalmarkts beeinträchtigen, indem sie verhindern, daß das Kapital zur rentabelsten Verwendung gelangt. Manche Kreditverbilligung hat die Anpassung nicht gefördert, sondern im Gegenteil als „Sterbeverlängerung" im Ausscheidungsprozeß der Unternehmen gedient [20].

c) *Beihilfen zur Überkapazitätsbeseitigung*

Beihilfen zur Beseitigung von Überkapazitäten können erwünscht und zweckmäßig sein, wenn aus wirtschaftlichen, sozialen oder politischen Gründen gesamtwirtschaftlich notwendige und wichtige Strukturwandlungen sich wesentlich verzögern und wenn der Abbau von Überkapazitäten durch den Ausleseprozeß des Marktes und mit leichterem Anpassungshilfen nur unter Voraussetzungen möglich ist, die aus gesamtwirtschaftlichen und sozialen Gründen bedenklich erscheinen [21].

Als Mittel zur Beseitigung von Überkapazitäten zahlte der Staat Zuschüsse zu Stillegungsprämien im Steinkohlenbergbau und zu Abwrackprämien in der Binnenschiffahrt. Zur Beseitigung der Milchschwemmen und der Butterberge innerhalb der EG wurden Prämien für die Abschlachtung von Kühen für die Landwirtschaft eingeführt.

In ihren Auswirkungen gehören die Beihilfen zur Beseitigung von Überkapazitäten zu den schlechtesten Maßnahmen der sektoralen Strukturpolitik. Sobald Wirtschaftszweige damit rechnen können, daß der Staat zur Stillegung unwirtschaftlicher Kapazitäten Beihilfen gewährt, werden sie bestrebt sein, diese Kapazitäten solange durchzuhalten, bis sie in den Genuß der Prämien kommen.

---

20 Peters, Hans-Rudolf, a.a.O., S. 123.
21 Schlecht, Otto, a.a.O., S. 27.

Der natürliche Abbau der Kapazität wird also verzögert. Wenn den Prämienempfängern die Möglichkeit verbleibt, die öffentlichen Zuschüsse wieder in neue Kapazitäten derselben Produktion zu investieren – geschehen bei Abwrackaktionen in der Binnenschiffahrt –, kann die Überkapazität am Ende der Stillegungsaktion genauso groß oder wegen der Modernität der neuen Anlagen, die oft mit einer Erweiterung des Produktionsausstoßes verbunden ist, noch größer sein. Ein generelles Verbot von Neuinvestitionen würde aber gerade die tüchtigsten Produzenten der Branche treffen, weil diesen die Möglichkeit genommen wird, Rationalisierungs- und Kostenvorsprünge zu Kapazitätserweiterungen und Absatzsteigerungen zu benutzen. Außerdem wird der Zugang neuer Konkurrenten verhindert.

Da sich Stillegungen, Verschrottungen oder Abwrackungen regelmäßig primär auf die unrentabelsten Kapazitäten erstrecken, gibt der Staat öffentliche Gelder für die Stillegung von veralteten Anlagen, die sowohl steuerlich wie kalkulatorisch bereits längst abgeschrieben sind. Werden Beihilfen zur Überkapazitätsbeseitigung zum ständigen Instrument der sektoralen Strukturpolitik erklärt, so wird damit einer bedenklichen Verminderung des Investitionsrisikos Vorschub geleistet. In einer marktwirtschaftlich orientierten Ordnung müssen jedoch die Investitionsrisiken, die das Äquivalent für die Gewinnchancen sind, grundsätzlich von den Unternehmern und ihren Geldgebern getragen werden [22].

3. Mittel zur Strukturgestaltung

a) Sektorale Entwicklungsförderung

Die staatliche Entwicklungsförderung zukunftsweisender Wirtschaftszweige hat sich bisher in der Bundesrepublik Deutschland auf die Luft- und Raumfahrtindustrie, die elektronische Datenverarbeitungsindustrie und die Kernenergieindustrie konzentriert. Nach Auffassung der Bundesregierung sind dies Schlüsselbereiche der technischen Entwicklung, die für die zukünftige Entwicklung der Gesamtwirtschaft von entscheidender Bedeutung sind. Die Förderung besteht in der ganzen oder teilweisen Übernahme der außerordentlich hohen Entwicklungskosten für solche Projekte, deren wirtschaftlicher Erfolg ungewiß ist und deren Risiken die Leistungsfähigkeit der deutschen Unternehmen oft übersteigen [23].

---

22 Peters, Hans-Rudolf, a.a.O., S. 125.
23 Strukturbericht 1969 der Bundesregierung, a.a.O., S. 10.

Unterstellt man, daß die staatlichen Instanzen die Zukunftsaussichten und die fortschrittsfördernden Ausstrahlungen dieser Branchen auf andere Wirtschaftsbereiche richtig eingeschätzt haben, so dürfen Art und Ausmaß der bisherigen finanziellen Entwicklungsförderung vertretbar sein. Die Mittel zur Förderung technischer Entwicklungen sind, gemessen an den außerordentlich hohen Aufwendungen, die der Staat zur Strukturerhaltung von Wirtschaftszweigen – also in der Regel für unproduktive Zwecke mit wachstumsmildernden Effekt – ausgibt, als maßvoll zu bezeichnen.

b) Sektorale Konzentrationsförderung

Unter den Mitteln zur Gestaltung von Branchenstrukturen hat die aktive Konzentrationsförderung in den letzten Jahren an Bedeutung gewonnen. Die Befürworter der Konzentrationsförderung gehen von folgender Kausalkette aus: Die Konzentration führe zu größeren optimalen Unternehmungseinheiten. Diese größeren Unternehmen seien allein in der Lage, die großen finanziellen Aufwendungen für Forschung und Entwicklung aufzubringen. Nur die Großunternehmen seien dem internationalen Wettbewerb gewachsen und nur die industrielle Großforschung führe zum technischen Fortschritt und erhöhe das Wirtschaftswachstum. Die Veröffentlichungen von John Kenneth Galbraith „Die moderne Industriegesellschaft“ und von Jean-Jacques Servan-Schreiber „Die amerikanische Herausforderung“ haben dazu beigetragen, in der zweiten Hälfte der 60er Jahre den Nährboden für eine Konzentrationsbegeisterung bei einem breiten Publikum vorzubereiten.

Konsequenz dieser Euphorie war ab Mitte der 60er Jahre bis zur Verabschiedung der Kartellnovelle 1973 eine Fusionsbewegung horizontaler wie auch vertikaler Art, wie sie seit Bestehen der Bundesrepublik nicht zu verzeichnen gewesen war. Während dieser Fusionswelle konnten Anhörungen vor dem amerikanischen Senatsunterausschuß für Antitrust- und Monopolfragen sowie auch bundesrepublikanische wissenschaftliche Untersuchungen nicht den Nachweis erbringen, daß die technische Entwicklung zur Konzentration zwingt und daß größere Unternehmen den Fortschritt besonders stark fördert. Vielmehr lassen sich die Ergebnisse dieser Untersuchungen wie folgt zusammenfassen:

— Die generelle Aussage, daß Großunternehmen aufgrund niedriger Stückkosten immer eine höhere Leistungsfähigkeit als mittlere und kleinere Unternehmen besitzen, trifft nicht zu.

— Erhebliche Zweifel kommen an der Richtigkeit der weitverbreiteten Annahme auf, daß der technische Fortschritt zukünftig Großunternehmen erzwingt, weil er die kostengünstigste Betriebsgröße immer weiter hinausschiebt. Vielmehr können die optimalen Betriebsgrößen für neue Produkte die Entstehung mittlerer und kleinerer Unternehmen begünstigen; neue Produktionsverfahren können die Grenze für die notwendige Mindestgröße auch nach unten verschieben.

— Die generelle Überlegenheit von Großunternehmen auf dem Sektor Forschung und Entwicklung wird nicht bestätigt. Selbst in den Fällen, in denen eine derartige Überlegenheit besteht, scheint nicht gesichert, daß auch der Wille zur Nutzung von Erfindungen in Großunternehmen in jedem Fall vorhanden ist.

Die Neigung staatlicher Instanzen, bei der Bewältigung sektoraler Probleme zum Mittel der Konzentrationsförderung zu greifen, wie dies bei der Errichtung der Ruhrkohleeinheitsgesellschaft sowie in der Luft- und Raumfahrtindustrie geschehen ist, ist leicht verständlich, wenn man bedenkt, daß sich der politische Gestaltungswille erfahrungsgemäß gegenüber wenigen Großunternehmen einer Branche oder Brancheneinheitsgesellschaft leichter durchsetzen läßt als gegenüber einer Vielzahl von kleinen und mittleren Wirtschaftseinheiten. Hier gilt es für den Ordnungspolitiker, wachsam zu sein und den Anfängen zu wehren.

c) Das Gesetz zur Anpassung und Gesundung des Steinkohlenbergbaues

Da es der Steinkohlenbergbau auch mit Hilfe beispielloser umfangreicher Förderungsmaßnahmen ein Jahrzehnt lang nicht fertiggebracht hat, seine Absatzprobleme zu lösen und sich in befriedigender Weise an den unaufhaltsamen fortschreitenden Strukturwandel auf dem Energiemarkt anzupassen, hat 1968 der Gesetzgeber den Instanzen der Energiepolitik stärkere Gestaltungsmittel an die Hand gegeben. Diese sind darauf gerichtet, den Absatz der Kohle in gewissen Verwendungsbereichen zu fördern und zu stabilisieren, teilweise haben sie aber auch zum Ziel, das Vordringen konkurrierender Energieträger während einer Übergangszeit zu verlangsamen. Im einezlnen handelt es sich um folgende Maßnahmen:

— Förderung der Verwendung von Steinkohle in Kraftwerken

— Stabilisierung des Absatzes von Kokskohle und Hochofenkoks an die Eisen- und Stahlindustrien

— Förderung des Baues von Heizwerken auf Kohlenbasis

— Frachthilfen für Kohletransporte

— Beschränkung der Einfuhr von Steinkohle aus Ländern außerhalb der europäischen Gemeinschaft und Kohlenzoll

— Selbstbeschränkung der Mineralölwirtschaft beim Absatz von Heizöl

— Belastung des Heizöls durch eine Steuer von DM 25,– pro Tonne schweren und DM 10,– pro Tonne leichten Heizöls [24].

Diese wie auch die später auf der Grundlage des Gesetzes ergriffenen Maßnahmen, wie insbesondere die Festlegung von optimalen Unternehmungsgrößen, und die staatliche Mitwirkung bei der Bildung einer Einheitsgesellschaft für den Ruhrbergbau, lassen keinen Zweifel daran, daß die Steinkohlenbergbaupolitik ab 1968 zunehmend Strukturgestaltungspolitik ist.

In der Begründung des Entwurfs des Gesetzes der Anpassung und Gesundung des Steinkohlenbergbaus werden als wesentliche Vorteile einer solchen Unternehmenskonzentration genannt:

— Gesamtplanung in der Investitionspolitik

— Langfristige Förderprogrammierung

— Aufsprengung der alten Feldergrenzen und Schaffung optimaler Betriebsgrößen

— Bessere Ausnutzung des technischen Fortschritts

— Zweckmäßige und geordnete Durchführung der Anpassung der Förderung [25].

Die inzwischen gemachten Erfahrungen lassen berechtigte Zweifel aufkommen, ob mit der Ruhrkohleeinheitsgesellschaft der richtige Weg beschritten wurde. Zieht man einen Vergleich zur Deutschen Bundesbahn, so zeigt sich, daß Großunternehmen vom Umfang der Ruhrkohle AG wegen eines regelmäßig starren Blocks hoher fixer Kosten und einer meist schwerfälligen Verwaltungs- und Entscheidungspraxis sich häufig viel schwerer abwechselnden Marktsituationen anpassen können als kleinere

---

24 Schlecht, Otto, a.a.O., S. 35 f.
25 Entwurf eines Gesetzes zur Anpassung und Gesundung des deutschen Steinkohlenbergbaus und der deutschen Steinkohlenbergbaugebiete, Bundestagsdrucksache V/2078 vom 30. 8. 1967, S. 17.

und beweglichere Einzelunternehmen. Über dem Abwägen der betriebswirtschaftlichen Vor- und Nachteile der Unternehmenskonzentration darf auch nicht vergessen werden, daß eventuelle Vorteile in der Betriebsphäre überwiegend gesamtwirtschaftliche Nachteile gegenüberstehen können. Dies ist insbesondere der Fall, wenn die Funktionsfähigkeit des Wettbewerbs durch Bildung marktbeherrschender Unternehmen lahm gelegt oder weiter beeinträchtigt wird. Die Gesamtgesellschaft beseitigte die letzten Reste an Wettbewerb zwischen den Steinkohleproduzenten im Revier.

Das Gesetz zur Anpassung und Gesundung des Steinkohlenbergbaues von 1968 soll am 31. Dezember 1977 außer Kraft treten. Ob bis dahin der Steinkohlenbergbau als ein aus eigener Kraft existenzfähiger Wirtschaftszweig in die Marktwirtschaft eingegliedert ist, bleibt abzuwarten. Gewisse Zweifel an der Erreichung des Zieles sind berechtigt, weil mit der Gründung von Gesamtgesellschaften und der Übernahme von Staatsbürgschaften für die Verbindlichkeiten solcher Gesellschaften ein strukturpolitisch gewagter und ordnungspolitisch bedenklicher Weg beschritten worden ist. Bei dem großen Arrangement, daß der Staat besonders hinsichtlich der finanziellen Garantie bei diesem Modell der Einheitsgesellschaft eingeht, wird er und damit letztendlich der Steuerzahler gleichzeitig in die Verantwortung für den ganzen Wirtschaftszweig oder wesentliche Teile einer Branche gedrängt.

IV. PROBLEME DER SEKTORALEN STRUKTURPOLITIK

1. Gehemmtes Wachstum durch Erhaltungsinterventionen

Wirtschaftliche Gruppen, sie sich in ihrer Existenz bedroht fühlen, richten über ihre Verbände und über die Parteien an den Staat Forderungen nach wirksamen Sicherungen vor den für sie schmerzhaften Folgen der wachsenden Wirtschaft. Die Wirtschaftsbürger erleben entgegen ihren Erwartungen eine stärkere Differenzierung der wirtschaftlichen und gesellschaftlichen Stellung zwischen einzelnen Personen und Berufsgruppen. Getreu den Wahlparolen der 60er Jahre „Sicherheit und Wohlstand für alle“ hat sich jeder eine von der allgemeinen Entwicklung getragene Besserung seines Status erhofft. Nun müssen einzelne feststellen, daß ihr Einkommen kaum noch steigt, stagniert oder sogar zurückgeht. Wenn darüber hinaus auch die berufliche Position gefährdet wird, sinkt das gesellschaftliche Ansehen [26].

Der Wunsch nach Erhaltung und Festigung der jeweiligen Position wird unterschiedlich begründet. Die angeführten Argumente lassen sich jedoch fast alle auf folgende Ziele zurückführen: Das *Streben nach Sicherheit und Gleichheit* im Sinne eines angemessenen Anteils am Wohlstand. Dabei wird betont, daß eine Verwirklichung dieser Ziele zugleich der Freiheit im sozialen Rechtsstaat diene. Die Sicherung wird vor allem als Einkommenssicherung verstanden. Man möchte die im Wirtschaftswachstum unterschiedlichen Branchenerfolge angleichen und strebt damit praktisch eine sektorale Einkommensparität an.

Im Lichte besehen sind das alles jedoch nichts anderes als Garnierungen des *einen* Ziels, die sektoralen Besitzstände auch in der Wirtschaftsdynamik durchzuhalten. Wir haben es hier mit der jüngsten Version des Gleichheitspostulates zu tun, das gerade in Kombination mit dem Sicherheitsziel für die moderne Bewußtseinslage typisch ist. Und als Adressat gilt nicht etwa die Verbandsinitiative zur Selbsthilfe, sondern wie selbstverständlich die staatliche Wirtschafts- und Sozialpolitik [27]. Es läßt sich feststellen, daß sich die Befürworter der Erhaltungsinterventionen auf allgemeine Wertmaßstäbe stützen, wie sie heute von allen demokratischen Parteien genannt und als verbindlich angesehen werden. Man glaubt beweisen zu können, daß staatliche Hilfen zur Erhaltung der eigenen Gruppe dem „Gemeinwohl" dienen.

Der Steinkohlenbergbau argumentiert in seiner *gesamtwirtschaftlichen Bedeutung* und macht nachdrücklich auf die sozialen Spannungen sowie auf eine möglich werdende politische Radikalisierungstendenz im Ruhrgebiet aufmerksam. In der Landwirtschaft wurde lange mit ähnlichen Begründungen für eine wirksame Agrarschutzpolitik plädiert. Der Akzent liegt – wie beim Kohlenbergbau – weniger auf ökonomischen als auf sozialen und politischen Aspekten. In seiner Eigenschaft als Bundesernährungsminister unterstützte H. Lübke 1958 die vor allem vom Bauernverband vorgetragene These: „Das echte bodenständige Bauerntum muß aus soziologischen Gründen erhalten bleiben, und die Öffentlichkeit muß sich das

---

26 Ortlieb, Heinz-Dietrich und Dörge, Friedrich-Wilhelm: Wirtschaftsordnung und Strukturpolitik, Modellanalysen – Band II, Opladen 1968, S. 81.

27 Molitor, Bruno, Sektorale Einkommensverteilung und Wirtschaftspolitik – Die Problematik der Branchenschutzpolitik, in: Hamburger Jahrbuch für Wirtschafts- und Gesellschaftspolitik, Hrsg. H.-D. Ortlieb und B. Molitor, 12. Jahr (1967), S. 3 f.

etwas kosten lassen . . ., gerade wegen des Wertes, der in diesem Bevölkerungsteil steckt.“ [28] Das Bestreben nach Erhaltung und Festigung von landwirtschaftlichen Familienbetrieben gilt gleichermaßen für den gewerblichen Mittelstand. Er bildet einen „unentbehrlichen Hort der Freiheit“ und spielt bei der Erhaltung der Individualität eine große Rolle. Dadurch bekommt das wirtschaftliche und politische Leben in Deutschland eine besondere Prägung. Deshalb verlangen mittelständige Unternehmer Schutz vor den „Großen“ im In- und Ausland.

In der Auseinandersetzung über den wirtschaftlichen Fortschritt spielt neben dem Streben nach Gleichheit und Sicherheit die Frage nach dem Sinn des wachsenden Wohlstandes eine große Rolle. Dabei werden Grundprobleme der Existenz des Menschen in der industriellen Gesellschaft berührt. Wenn das Volkseinkommen, so wird gesagt, nur noch um den Preis der Existenzgefährdung vieler Menschen steigen kann, dann hat das Wirtschaftswachstum seinen Sinn verloren. Das habe mit Wohlstand im Sinne des Sozialstaates nichts zu tun. Der statistisch ermittelte Wohlstand sage nur etwas über das steigende Sozialprodukt, aber nichts über das persönliche Wohlbefinden des einzelnen aus. Die Jagd nach der billigsten Höchstproduktion, für die ein Bedarf bei oft unnötigen Gütern erst mühsam geweckt werden muß, zerstöre das menschliche Glück [29].

2. Beschleunigtes Wachstum durch Anpassungsinterventionen

Die politisch-staatlichen Instanzen haben immer wieder zum Ausdruck gebracht, daß die sektorale Strukturpolitik nicht der Strukturkonservierung dienen dürfe. Wenn also Strukturerhaltung nicht – wie dies früher häufig der Fall war – das Ziel sein soll, wie muß eine sektorale Wirtschaftspolitik dann aussehen? Die sektorale Strukturpolitik soll vornehmlich dazu beitragen, die Anpassung der Wirtschaftszweige an den ökonomischen Strukturwandel zu erleichtern und darüber hinaus erwünschte Strukturwandlungen mit günstigen Folgen für die Gesamtwirtschaft und die Gesellschaft auszulösen. Damit ist die Richtung einer „neuen“ Politik, die an die Stelle der bisher weitgehend strukturkonservierenden sektoralen Wirtschaftspolitik treten soll, vorgezeichnet.

---

28 Lübke, Heinrich, Tagungsprotokoll Nr. 10 der Aktionsgemeinschaft Soziale Marktwirtschaft, Ludwigsburg 1958, S. 42.
29 Ortlieb, Heinz-Dietrich und Dörge, Friedrich-Wilhelm, a.a.O., S. 84.

Anpassungsinterventionen passen auch viel eher in die ordnungspolitische Konzeption der sozialen Marktwirtschaft, wonach Leistungswettbewerb und Wandel für den Unternehmer den Normalfall darstellen. So liegt die unternehmerische Rechtfertigung darin, daß der Unternehmer sich immer wieder anpaßt, sich immer wieder auf die Wünsche seiner Mitmenschen, die er an Preisen und Gewinnen ablesen kann, umzustellen. Darin liegt die *ethische Rechtfertigung für die Unternehmerfreiheit*, für die Preisfreiheit im Wettbewerb [30].

In einer marktwirtschaftlichen Ordnung kann die Aufgabe von Anpassungshilfen primär nur so verstanden werden, daß sie die natürlichen Markttendenzen zu stützen und zu verstärken haben, um den Übergang in neue Wettbewerbspositionen zu beschleunigen. Dabei darf der Staat keine autonomen Branchenziele setzen und dem Unternehmer keine Garantien gewähren. Es kann sich also nicht um eine irgendwie geartete staatliche Planung der künftigen Wirtschaftsstruktur handeln, sondern um die Unterstützung von Tendenzen, die über den Marktprozeß und in Richtung des Marktprozesses Strukturveränderungen erleichtern oder beschleunigen sollen [31]. Mit einer so verstandenen sektoralen Strukturpolitik werden sowohl Wachstum wie auch Wohlstand gefördert, die beide die materielle Voraussetzung für die Verwirklichung immaterieller Werte des einzelnen und der Gesellschaft liefern.

3. Gesteuertes Wachstum durch Gestaltungsinterventionen

In jüngster Zeit sind die politisch-staatlichen Instanzen bemüht, die Strukturpolitik vorwiegend an Wachstumsgesichtspunkten zu orientieren und quasi zu einer aktiven Wachstumspolitik auszubauen. Danach sollen Wirtschaftszweige mit ungünstigen Zukunftsaussichten in die Lage versetzt werden, sich den Strukturwandlungen anzupassen und sich auf entwicklungsfähige Produktionen umzustellen. Darüber hinaus sollen die Wirtschaftszweige, die sowohl von der technologischen Entwicklung als auch von der voraussichtlichen Nachfrageentwicklung her zukunftsträchtig sind, gefördert werden, wenn sie den Aufschwung allein nicht schaffen oder erst später schaffen würden.

---

30 Frickhöffer, W., Mut und Strukturwandel, in: Was nun? Tagungsprotokoll Nr. 17 der Aktionsgemeinschaft Soziale Marktwirtschaft, Ludwigsburg 1962, S. 18 f.

31 Kohn, H., Sektorale Wirtschaftspolitik ist notwendig, in: Wirtschaftsdienst, Heft 2/1967, S. 88.

Die Forderungen nach Gestaltungsinterventionen sind fast alle auf die Verbesserung der geistigen und materiellen Infrastruktur in der Bundesrepublik Deutschland gerichtet. So sind staatliche Interventionen dann gerechtfertigt, wenn sie geeignet ind, politische Ziele wie *Freiheit, Gleichheit, Sicherheit und Wohlstand in wohlabgewogener Weise zu verwirklichen.* In dem Bemühen um Verwirklichung humaner und demokratischer Lebensbedingungen sollen marktwirtschaftliche Entwicklungen teilweise in andere Bahnen als bei freiem Spiel der Kräfte gelenkt werden. Die Gestaltungsintervention will also weder etwas bewahren, was schon besteht oder durch Erhaltungsmaßnahmen gesichert wird, noch etwas erreichen, was die marktwirtschaftliche Entwicklung, durch Anpassungshilfen unterstützt, herbeizuführen strebt, sondern dient einer gezielten Steuerung des wirtschaftlichen Wachstums. „Die Technik von heute ist das Brot von morgen; die Wissenschaft von heute aber ist die Technik von morgen.“ [32] Diese These C. F. v. Weizsäckers weist auf die Bedeutung wissenschaftlicher Forschung hin. Um der Gefahr der „Vergreisung“ der deutschen Wirtschaft durch Festhalten an überholten Strukturen zu begegnen, wird eine zielstrebige allgemeine Förderung der wissenschaftlichen Forschungsarbeit unter Bildung von strukturpolitisch wichtigen Schwerpunkten gefordert.

Neben der Förderung von Luft- und Raumfahrt, des Reaktorbaus sowie neuerdings der Waffentechnik, wird man künftig auch in anderen Bereichen wie in der Chemie, Physik und Biologie nach Meinungen aus der Privatwirtschaft und der Wissenschaft nicht ohne erhebliche staatliche Unterstützung der Forschung auskommen, wenn das wirtschaftliche Wachstum nicht den marktwirtschaftlichen Zufälligkeiten allein überlassen und die Abwanderung fähiger junger Wissenschaftler verhindert werden soll. Dies ist nicht nur ein ökonomisches, sondern ebenso ein gesellschaftliches und politisches Problem.

Bei aller Rechtfertigung für Gestaltungsinterventionen darf man die Schwierigkeiten und Gefahren nicht verkennen, die darin begründet sind, daß eine möglichst genaue Erfassung der jeweils gegenwärtigen Situation sowie eine Projektion der mittel- und langfristigen Entwicklungstendenzen in der Wirtschaftsgesellschaft notwendig ist. Die Zukunftsforschung ist nicht auf die Entdeckung von vermeintlich alles beherrschenden Sach-

---

32 von Weizsäcker, Carl Friedrich, Gedanken über unsere Zukunft Göttingen 1966, S. 59.

gesetzlichkeiten gerichtet; sie ist vielmehr um eine sorgfältige Sammlung von Fakten aus den verschiedensten, auch außerökonomischen Erfahrungsbereichen bemüht, die in einer Systemanalyse zusammengefaßt und unter Beachtung der allseitigen Interdependenz auf ihre künftigen Auswirkungen geprüft werden. Der Stand der Technologie erlaubt Wahrscheinlichkeitsrechnungen und Prognosen über die Hauptentwicklungslinien bis in die 80er Jahre hinein. Strukturprojektionen dieser Art stellen Beschreibungen darüber dar, wie sich die Sektoren der Wirtschaft voraussichtlich entwickeln werden. Es muß davor gewarnt werden, daß solche als „Orientierungshilfen" getarnte privatliche Zielvorstellungen für bestimmte Wirtschaftszweige entwickelt werden. Denn von einer vorausschauenden Programmierung für die Entwicklung der Wirtschaftszweige bis zu einer „Planification en detail" nach französischem Muster, die unsere marktwirtschaftliche Ordnung sprengen würde, ist es nicht mehr weit.

4. Beurteilung der verschiedenen Konzeptionen

Beim Abwägen der unterschiedlichen Konzeptionen zur Strukturpolitik in der Bundesrepublik wird deutlich, daß alle drei Richtungen, die Befürworter der Erhaltungs-, Anpassungs- und Gestaltungsinterventionen, von allgemein anerkannten Wertvorstellungen wie Freiheit, Gleichheit, Sicherheit und Wohlstand ausgehen. Aber die Prioritäten werden unterschiedlich gesetzt.

Wertskala der „Wachstumsbremser"

Diese Gruppe stellt *Sicherheit* und *Gleichheit* durch die Erhaltung des status quo an die *Spitze der Zielskala.* Sie ist der Meinung, daß erst ein hohes Maß an Sicherheit (Wahrung des Besitzstandes) und die Verwirklichung der Gleichheit im Sinne einer sie besser berücksichtigten Verteilung des Volkseinkommens (Einkommensparität) das Fundament für Freiheit schafft, und ist bereit, hierfür das Tempo der Wohlstandssteigerung zu bremsen. Die Anhänger dieser Konzeption rekrutieren sich aus recht verschiedenen sozialen Schichten. Deshalb ist das alte und immer wieder neu beschworene Bild des sozialen Klassenkampfes nicht anwendbar. *Die soziale Frage stellt sich neu:* Die auf der Schattenseite des wirtschaftlichen Wachstums Stehenden bilden eine – wenn auch bisher nur indirekte – *Interessengemeinschaft.* Sie kämpfen für die Erhaltung ihres Einkommens, ihrer beruflichen Funktion und ihres sozialen Status. Es sind einzelne

Gruppen der Arbeiter (z. B. Bergarbeiter), Bauern (z. B. Kleinbauern), selbständige Handwerker (z. B. Bauhandwerker) und Händler (z. B. Lebensmitteleinzelhändler), aber auch der Industrieunternehmer (z. B. Textilunternehmer), die sich alle durch die Strukturwandlungen in ihrer Existenz bedroht fühlen.

Prioritäten der „Wachstumsbeschleuniger"

Diese Gruppe stellt die *Freiheit wirtschaftlicher Betätigung* an die Spitze ihrer Zielskala und ist der Meinung, daß der dadurch wachsende Wohlstand die besten Chancen für soziale Sicherheit bietet. Die *Gleichheit* soll der Staat im Sinne gleicher Startbedingungen beim marktwirtschaftlichen Wettbewerb schaffen. Ganz allgemein sei die Aufgabe des Staates darauf beschränkt, neben seiner Funktion als Hüter der Wettbewerbsordnung den aus den spontanen Kräften am Markt erkennbaren Wandlungsprozeß zu fördern, um so das wirtschaftliche Wachstum zu beschleunigen. Befürworter dieser Konzeption sind insbesondere Unternehmer in expandierenden Wirtschaftszweigen und im Bereich der Banken sowie Wissenschaftler und Politiker, die größtenteils zum Kreis der Neoliberalen zählen oder ihm nahestehen.

Ziele der „Wachstumslotsen"

Diese Gruppe setzt weder die Sicherheit noch die Freiheit an die Spitze ihrer Zielskala. Sie erstrebt vielmehr ein *synchrones Optimum* mit etwa gleich starker Gewichtung der Ziele, das heißt die möglichst weitgehende Realisierung von individuellen Freiheitsrechten und nationalen oder europäischen Sicherheitsvorstellungen unter der Bedingung eines stetigen und angemessenen Wirtschaftswachstums. Insofern übernehmen sie manche Motive der „Status-quo-Interessenten", wollen ihnen aber in anderer Weise Rechnung tragen. Der Staat soll vorausschauend nach klar umrissenen Gestaltungszielen steuern und dabei die marktwirtschaftlichen Kräfte keineswegs ausschalten, sondern ihre außerordentliche Dynamik in den Dienst der Strukturpolitik stellen. Dabei muß er die Funktionsbedingungen der Wettbewerbswirtschaft beachten, soll also nur in seltenen Fällen direkt in das freie Spiel der Kräfte eingreifen, aber dann in einer rechtsstaatlichen Form, auf die sich die Bürger möglichst langfristig einstellen können. Der Schwerpunkt der Aktivität liegt auf Gebieten, wo die Steuerungskraft des Marktes zu gering ist, und in der langfristig vorausplanenden Betrachtung.

V. THESEN ZUR SEKTORALEN STRUKTURPOLITIK

Die staatliche Strukturpolitik dient dem Ziel, ein optimales wirtschaftliches Wachstum zu sichern. Sie trägt damit zur Steigerung des allgemeinen Lebensstandards bei und erleichtert die Befriedigung sozialer Bedürfnisse.

Im allgemeinen vollzieht sich die Strukturanpassung durch den Wettbewerbsprozeß. Staatliche Förderung des Wettbewerbs bedeutet deshalb immer auch Förderung des Strukturwandels der Wirtschaft. Wenn wir von Strukturpolitik sprechen, dann meinen wir jene staatlichen Maßnahmen, die ganz bewußt auf die Erleichterung von strukturellen Anpassungen ausgerichtet sind.

Die sektorale Strukturpolitik erleichtert die Strukturanpassung einzelner Wirtschaftszweige, wenn bei ihnen besonders schwierige Produktions- oder Marktverhältnisse vorliegen oder wenn es zu unterschiedliche Wettbewerbsvoraussetzungen im nationalen und internationalen Wettbewerb auszugleichen gilt. Außerdem fördert sie die technische und wirtschaftliche Entwicklung zukunftssichernder, neuer Produktionen in Schlüsselbereichen.

Die staatliche sektorale Strukturpolitik sollte in der Marktwirtschaft folgende Bedingungen erfüllen:

1. Der Staat ergänzt oder korrigiert die Wettbewerbswirtschaft dort, wo sie auf Grund von Marktunvollkommenheiten nicht funktioniert oder wo das Ergebnis ihres Kräftespiels den Zielsetzungen der marktwirtschaftlichen Ordnung zuwiderliefe. Die Eingriffe in den Wettbewerb können deshalb nicht als wettbewerbswidrig bezeichnet werden, weil sie dazu dienen, neue Grundlagen für einen besser funktionierenden Wettbewerb zu schaffen.
2. Der Staat bedient sich bei der Strukturpolitik marktkonformer Mittel und greift nicht in die Unternehmerentscheidungen ein. Er setzt keine Planziele und gewährt keine Absatzgarantien.
3. Das Ziel der Strukturpolitik ist nicht marktwidrige Strukturerhaltung, sondern die Anpassung an neue Wettbewerbsverhältnisse.
4. Die allgemeinen Maßnahmen der Strukturpolitik sollen vor allem die Mobilität der Produktionsfaktoren Kapital und Arbeit verbessern. Diesem Ziel dienen Maßnahmen zur Beseitigung von Mobilitätshemmnissen wie zur Schaffung von Mobilitätsvoraussetzungen und -anreizen.

5. Spezielle strukturpolitische Maßnahmen sollen zeitlich begrenzt und degressiv gestaltet werden. Ihre Kosten sollen offen dargelegt und weder verschleiert noch abgewälzt werden.

6. Die im Strukturwandel auftretenden sozialen Härten, insbesondere für ältere Arbeitnehmer, müssen aufgefangen werden.

7. Die Strukturpolitik muß zwischen Bund und Ländern und mit den EG-Ländern koordiniert werden.

Wenn alle diese Voraussetzungen erfüllt sind, dann ist unsere staatliche Strukturpolitik nicht nur mit der marktwirtschaftlichen Ordnung vereinbar, sondern darüber hinaus ein wichtiger Faktor zur Verbesserung dieses Ordnungssystems.

VI. ZUSAMMENFASSUNG

1. Strukturprobleme und -krisen sind nach einer Phase ungebrochenen Wachstums Teil des Erscheinungsbildes der deutschen Wirtschaft geworden; sie werden künftig wegen des stagnierenden Arbeitskräftepotentials, wegen des technischen Fortschritts und zunehmend differenzierter Bedürfnisbefriedigung sowie wegen wachsender weltwirtschaftlicher Verflechtung eine größere Rolle spielen.

2. Sektorale Strukturpolitik ist eingebettet in die großen wirtschafts- und gesellschaftspolitischen Grundziele, die sich mit Freiheit, Gerechtigkeit, Wohlstand und Sicherheit umschreiben lassen. Sie zielt darauf ab, die Voraussetzungen für menschenwürdige freiheitliche Arbeits- und Lebensbedingungen zu verbessern. Dies erfordert, mehr und bessere Wahlmöglichkeiten für die Erwerbstätigkeit der Wirtschaftssubjekte zu schaffen, soziale Erosionen mit unzumutbaren Härten für die Betroffenen aufzufangen, die Mobilität der Produktionsfaktoren zu verbessern und die Krisenfestigkeit der Arbeitsstätten und -plätze zu sichern.

3. Die konkreten Einzelziele der sektoralen Strukturpolitik lassen sich unterscheiden nach Strukturerhaltungs-, Strukturanpassungs- und Strukturgestaltungszielen.

   Die Strukturerhaltungspolitik unterläuft den marktwirtschaftlichen Ausleseprozeß, indem in strukturschwachen Branchen Einkommen stabilisiert und verbessert und Produktionen und Marktanteile erhalten werden.

Die Strukturanpassungspolitik zielt auf eine Erleichterung der Anpassungsprozesse in einzelnen Wirtschaftszweigen ab, wenn bei ihnen besonders schwierige Produktions- oder Marktverhältnisse vorliegen oder wenn es zu unterschiedliche Wettbewerbsvoraussetzungen im nationalen und internationalen Wettbewerb auszugleichen gilt. Dabei sind überstürzte Anpassungsprozesse ebenso zu vermeiden wie wachstumsfördernde Anpassungsvorgänge zu beschleunigen.

Als aktive Wachstumspolitik versucht die Strukturgestaltungspolitik, die Produktivität der Gesamtwirtschaft rasch zu steigern, indem sie die Entwicklung der Wirtschaftszweige begünstigt, die sowohl von der technologischen Entwicklung als auch von der voraussichtlichen Entwicklung der Nachfrage her eine aussichtsreiche Zukunft haben.

4. Das Instrumentarium der sektoralen Strukturpolitik ist außerordentlich vielfältig, weil neben Finanzhilfen, die sich im Staatshaushalt niederschlagen, auch administrative Maßnahmen und Steuervergünstigungen wirksam werden.

   Landwirtschaft und Steinkohlenbergbau sind die beiden Branchen, denen qualitativ und quantitativ durch die Strukturerhaltungspolitik die größte Förderung zuteil wird; dies geschieht durch staatliche Preisfixierungen, Anbieterschutzverordnungen und direkte Erhaltungssubventionen.

   Zur Anregung und Stabilisierung von gesamtwirtschaftlich wünschenswerten Entwicklungen sieht die Strukturanpassungspolitik Rationalisierungshilfen, Umstellungskredite, Staatsbürgschaften und Beihilfen zur Überkapazitätsbeseitigung vor.

   Die vergleichsweise wenig ausgabeintensive Strukturgestaltungspolitik hat durch die Förderung der zukunftsweisenden Wirtschaftszweige den höchsten wachstumsmehrenden Effekt. Als Maßnahme kommt die Übernahme der Entwicklungskosten, wie etwa in der Kernenergieindustrie in Betracht, während die Förderung der Konzentration heute umstritten ist.

5. Bei Abwägen der unterschiedlichen Konzeptionen zur Strukturpolitik in der Bundesrepublik wird deutlich, daß alle drei Richtungen, die Befürworter der Erhaltungs-, Anpassungs- und Gestaltungsinterven-

tionen, von allgemein anerkannten Wertvorstellungen wie Freiheit, Gleichheit, Sicherheit und Wohlstand ausgehen. Aber die Prioritäten werden unterschiedlich gesetzt.

6. Sektorale Strukturpolitik sollte in der Marktgwirtschaft folgende Bedingungen erfüllen:
   — Korrektur des Wettbewerbs erst und ausschließlich bei unbefriedigenden Ergebnissen durch Schaffung funktionsfähiger Marktstrukturen,
   — Einsatz marktkonformer Mittel und kein Eingriff in die privaten Entscheidungen,
   — keine Erhaltung marktwidriger Strukturen,
   — Auffangen der im Strukturwandel unvermeidbar auftretenden sozialen Härten.

VII. KONTROLLFRAGEN

1. Was ist sektorale Strukturpolitik und wie grenzt man sie von der allgemeinen Wirtschaftspolitik ab?
2. Welche Faktoren werden künftig den Strukturwandel besonders beinflussen?
3. Nennen Sie die gesellschaftspolitischen Ziele der sektoralen Strukturpolitik!
4. Womit werden die strukturerhaltenden Ziele begründet?
5. Unterscheiden Sie die Strukturerhaltungs-, -anpassungs- und -gestaltungsziele voneinander!
6. Nehmen Sie kritisch Stellung zu den Mitteln der Strukturerhaltungspolitik!
7. Wodurch unterscheiden sich die Mittel zur Strukturanpassung und zur Strukturgestaltung voneinander?
8. Fördern nur Gestaltungsinterventionen das wirtschaftliche Wachstum?
9. Ist die sektorale Strukturpolitik mit der ordnungspolitischen Konzeption der Sozialen Marktwirtschaft vereinbar?

10. Wie sollte Ihrer Meinung nach eine Konzeption (Entwicklung der Grundlagen) einer sektoralen Strukturpolitik sein?

VIII. LITERATURHINWEISE

Ortlieb, Heinz-Dietrich und Dörge, Friedrich-Wilhelm: Wirtschaftsordnung und Strukturpolitik, Modellanalysen – Band II, Opladen 1968

Schlecht, Otto: Strukturpolitik in der Marktwirtschaft, FIW – Schriftenreihe, Heft 46, Köln–Berlin-Bonn-München 1968

Peters, Hans-Rudolf: Grundzüge sektoraler Wirtschaftspolitik, in: Beiträge zur Wirtschaftspolitik, Bd. 15, Freiburg im Breisgau 1971

Neumark, Fritz (Hrsg.), Strukturwandlungen einer wachsenden Wirtschaft, Schriften des Vereins für Sozialpolitik, N. F. Bd. 30/I und II, Berlin 1964

Hans-Jürgen Ewers

Regionale Strukturpolitik

INHALT

I. BEGRIFF

Regionale Strukturpolitik (auch als „regionale Wirtschaftspolitik" oder kurz als „Regionalpolitik" bezeichnet) kann sowohl als *räumliche Dimension der allgemeinen Wirtschaftspolitik* wie auch als *wirtschaftliche Dimension der Raumordnung* bzw. als deren Durchführung im Bereich der Wirtschaft aufgefaßt werden. Zwischen beiden Auffassungen besteht dann kein Unterschied, wenn sich alle Maximen wirtschafts- und gesellschaftspolitischen Handelns (Ziele) aus den allgemein anerkannten gesellschaftlichen Oberzielen ableiten lassen. Das ist in der Realität nicht der Fall. Daher können Unterschiede im Verständnis der regionalen Strukturpolitik auftreten, je nachdem, unter welchem Blickwinkel man sie sieht.

1. Die gesamtwirtschaftliche Dimension der regionalen Strukturpolitik *

Als unmittelbare Konsequenz der für die Volkswirtschaft insgesamt verfolgten Ziele verstanden, stellt sich regionale Strukturpolitik als *regionale Verwirklichung gesamtwirtschaftlicher Zielsetzungen* dar. Sie ist die *notwendige regionale Differenzierung der allgemeinen Wirtschaftspolitik,* insofern alle Regionen je nach Lage, natürlicher Ausstattung mit Ressourcen und nach der historisch geprägten Produktions- und Siedlungsstruktur unterschiedlich auf die Maßnahmen der allgemeinen Wirtschaftspolitik reagieren. Eine rationale Gesamt-Wirtschaftspolitik wird deshalb unterschiedliche regionale Problemlagen in ihren Kalkül einbeziehen und ihre Maßnahmen derart regional differenzieren, „daß sie die größtmögliche Erfüllung der gesamtwirtschaftlichen Zielsetzungen bewirken. Das läuft auf eine Regionalisierung der gesamtwirtschaftlichen Ziele hinaus" (D. *Storbeck).* So lassen sich die *regionalen Implikationen der wichtigsten gesamtwirtschaftlichen Zielsetzungen* wie folgt formulieren (H. K. *Schneider):*

— *Gerechtigkeitsziel:* Vermeidung und Beseitigung extremer Disparitäten in der interregionalen Verteilung der durchschnittlichen Pro-Kopf-Realeinkommen; im Hinblick auf die Gleichwertigkeit der Lebens-

---

* Unter dem *-Symbol wird am Anfang jedes Abschnitts auf vertiefende Literatur verwiesen, für diesen Abschnitt auf: *Schneider, H. K.*, Über die Notwendigkeit regionaler Wirtschaftspolitik, in: Beiträge zur Regionalpolitik, herausgegeben von Schneider, H. K., Schriften des Vereins für Sozialpolitik, N. F. Bd. 41, Berlin 1968, S. 63–85.
Storbeck, D., Art. „Regionale Wirtschaftspolitik", Handwörterbuch der Raumforschung und Raumordnung, Hannover 1970, Sp. 2621–2636.

bedingungen (Art. 72 Abs. 2 bzw. Art. 106 Abs. 3 GG) ist dabei auch die Versorgung mit privaten und öffentlichen Gütern mit in die Betrachtung einzubeziehen.

— *Stabilitätsziel:* Reduzierung der konjunkturellen und strukturellen Anfälligkeit der Region; dabei trägt eine Politik der regionalen Stabilisierung durch dauerhafte Ausnutzung der in der Region vorhandenen Produktionsmöglichkeiten und Vermeidung saisonaler, konjunktureller und struktureller Friktionen (ausgewogene Produktionsstruktur) zugleich zur Verwirklichung des gesamtwirtschaftlichen Wachstumsziels bei.

— *Wachstumsziel:* Schaffung der Voraussetzungen, die gesamtwirtschaftlich optimale regionale Wachstumsraten ermöglichen; letztere sind nicht etwa die jeweils maximalen Wachstumsraten, sondern werden durch das regionale Entwicklungspotential bestimmt, wobei allerdings diese Orientierung am regionalen Entwicklungspotential zum einen wegen der Schwierigkeit der empirischen Feststellung (etwa durch regionale Produktivitätsvergleiche alternativer Allokationen) unpraktikabel, zum anderen wegen der Abhängigkeit des regionalen Entwicklungspotentials von staatlichen Maßnahmen (z. B. Infrastrukturvorleistungen) theoretisch problematisch ist. (Die Armen bleiben arm, weil sie arm sind.)

In jedem Fall bemißt die als „integrierter Bestandteil der Gesamtpolitik für Gesellschaft und Wirtschaft" (H. K. *Schneider*) verstandene regionale Strukturpolitik ihren Erfolg an den Erfüllungsgraden der gesamtwirtschaftlichen Ziele. Ihre Maßnahmen sind den gesamtwirtschaftlichen (z. B. konjunkturpolitischen) Notwendigkeiten untergeordnet.

2. Die raumordnungspolitische Dimension der regionalen Strukturpolitik *

Als wirtschaftliche Dimension der Raumordnung verstanden, soll die regionale Strukturpolitik den „Daseins-Raum", d. h. den „Zusammenhang

---

* *Müller, G.*, Art. „Raumordnung", Handwörterbuch der Raumforschung und Raumordnung, Hannover 1970, Sp. 2460–2479.
ders., Art. „Raumordnungspolitik", Handwörterbuch der Raumforschung und Raumordnung, Hannover 1970, Sp. 2506–2509.
Ley, N., Art. „Landesplanung", Handwörterbuch der Raumforschung und Raumordnung, Hannover 1970, Sp. 1713–1734.

zwischen Sozialstruktur und räumlichen Gegebenheiten" (G. *Müller*) gestalten helfen mit dem Ziel der Schaffung bzw. Verbesserung „gesunder Lebens- und Arbeitsbedingungen" sowie „ausgewogener wirtschaftlicher, sozialer und kultureller Verhältnisse" (§ 2 Abs. 1 Ziffer 1, 2 und 6 des Raumordnungsgesetzes vom 8. April 1965 [1]) in allen Gebieten. In diesem Rahmen kommt ihr insbesondere die *Aufgabe* zu, *eine den Zielen und Grundsätzen von Raumordnung und Landesplanung entsprechende Anordnung der Wirtschaft im Raum zu bewirken,* d. h. die Wirtschaftsstruktur der Regionen, insbesondere die Produktionsstruktur, im Sinne der raumordnungspolitischen Vorstellungen zu beeinflussen.

Letztere haben die Anpassung der Umweltverhältnisse (im weitesten Sinne des Wortes) an die heutigen menschlichen Lebensbedürfnisse zum Ziel. Eine derartige Anpassung ist dann bewirkt, wenn in allen Räumen „ausgewogene Verflechtungen der menschlichen Hauptlebensfunktionen – arbeiten, wohnen, sich bilden, erholen und verkehren – bestehen" (G. *Müller*). Entsprechend dieser Zielrichtung setzt die Raumordnungspolitik beim „Funktionsraum" als Raumordnungseinheit an. Ein solcher Funktionsraum ist weitgehend unabhängig von bestehenden kommunalen Verwaltungsgrenzen und übersteigt in der Regel das Gebiet einer einzelnen Gemeinde. Wichtigster Grundsatz der Raumordnung ist das „Prinzip der Verdichtung", demgemäß eine „Verdichtung von Wohn- und Arbeitsstätten" angestrebt werden soll, „die dazu beiträgt, räumliche Strukturen mit gesunden Lebens- und Arbeitsbedingungen sowie ausgewogenen wirtschaftlichen, sozialen und kulturellen Verhältnissen zu erhalten, zu verbessern oder zu schaffen" (§ 2 Abs. 1 Ziffer 2 ROG). Mit diesem Grundsatz wird der Tatsache Rechnung getragen, „daß die Verdichtung von Menschen und Arbeitskraft eines der tragenden Prinzipien unserer modernen Gesellschaftsordnung ist" (G. *Müller*), eine Tendenz, die sich am deutlichsten an dem fortschreitenden Kontraktionsprozeß der Wohn- und Gewerbesiedlungen zu punkt- und bandartigen Verdichtungen zeigt. Die Raumordnungspolitik fördert diese Entwicklung der Landschaftsstruktur und lenkt sie gleichzeitig in geordnete Bahnen (Zentrale Orte, Entwicklungsschwerpunkte, Entwicklungsachsen). In diesen größeren Rahmen gliedert sich die regionale Strukturpolitik als wirtschaftliche Dimension der Raumordnung ein. Insoweit hat regionale Strukturpolitik von den Erfordernissen der Raumplanung auszugehen.

---

1 BGBl. I, S. 306 (im folgenden „ROG" genannt).

II. ANSATZPUNKTE

Ansatzpunkt der regionalen Strukturpolitik ist zunächst – unabhängig von ihrer jeweiligen Zuordnung zur Gesamtwirtschaftspolitik oder zur Raumordnungspolitik – die *regionale Wirtschaftsstruktur*, deren Entwicklung im Hinblick auf die (noch zu erörternden) Ziele der regionalen Strukturpolitik (vgl. Gliederungspunkt IV) durch zweckgerichtete Maßnahmen (vgl. Gliederungspunkt VI) beeinflußt werden soll. Für die regionale Strukturpolitik in der Bundesrepublik Deutschland, die im Rahmen dieses Beitrages ausschließlich betrachtet wird [2], erheben sich damit zwei Fragen:

(1) Wie kann die der regionalen Strukturpolitik zugrundegelegte Raumeinheit, die Wirtschaftsregion, definiert werden, und welche Raumeinheiten werden in der Praxis der regionalen Strukturpolitik zugrundegelegt?

(2) Warum wird die Steuerung der regionalen Wirtschaftsstruktur in einem grundsätzlich marktwirtschaftlichen System nicht dem Markt„mechanismus" überlassen? Oder (anders formuliert und damit einen Teil der Frage beantwortend): Welche Umstände hindern den Marktprozeß, eine optimale regionale Wirtschaftsstruktur zu bewirken?

1. Die Region als Ansatzpunkt *

Die Einteilung eines Wirtschaftsraumes in Teilräume (Regionen) ist nicht naturgegeben, sondern immer von der speziellen Fragestellung abhängig. Der Geograph etwa wird eine andere Regionierung (Einteilung eines Gesamtraumes in Regionen) vorziehen als der Meteorologe, und letzterer wiederum eine andere als der Ökonom. Unter bestimmten Fragestellungen

---

2 Der an regionaler Strukturpolitik in der EWG bzw. in Entwicklungsländern interessierte Leser kann sich einen ersten Überblick anhand der entsprechenden Artikel im Handwörterbuch der Raumforschung und Raumordnung verschaffen. Vgl. Wäldchen, P., Art. „Regionalpolitik der Europäischen Gemeinschaften, Handwörterbuch der Raumforschung und Raumordnung, Hannover 1970, Sp. 2649–2669; Egner, E., Art. „Regionale Wirtschaftspolitik in Entwicklungsländern", Handwörterbuch der Raumforschung und Raumordnung, Hannover 1970, Sp. 2669–2680.

* *Lauschmann, E.*, Grundlagen einer Theorie der Regionalpolitik, Veröffentlichungen der Akademie für Raumforschung und Landesplanung, Abhandlungen Bd. 60, Hannover 1970, S. 9–24.
Müller, J. H., Methoden zur regionalen Analyse und Prognose, Veröffentlichungen der Akademie für Raumforschung und Landesplanung, Taschenbücher zur Raumplanung, Bd. 1, Hannover 1973, S. 4–42.

(etwa: Zukunftschancen der Kohlenreviere, oder: Förderung unterentwickelter Gebiete) braucht man nicht einmal den Gesamtraum in (überschneidungsfreie) Teilräume einzuteilen, es genügt, die jeweils interessierenden Gebiete abzugrenzen. *Regionen* können daher *immer nur aufgrund bestimmter Merkmale* (z. B. Bevölkerungsdichte, Branchenstruktur) *abgegrenzt* werden. „Sie werden damit also gewissermaßen aus allen wirtschaftlichen und räumlichen Beziehungszusammenhängen herausgelöst, die durch das Abgrenzungsmerkmal ausgeschlossen werden" *(Lauschmann)*. Im Zusammenhang mit der Abgrenzung von Wirtschaftsregionen ist weiterhin zu beachten, daß alle Abgrenzungen nur *zeitpunktbezogen* gelten, insofern die zugrundegelegten Merkmale in der Regel im Zeitablauf variabel sind (Strukturveränderungen), und daß die *exakte Bestimmung von Grenzlinien* (aufgrund wirtschaftlicher Merkmale) *normalerweise nicht möglich sein* wird. Es ergibt sich also ein gleitender Übergang der durch verschiedene Merkmalswerte charakterisierten Wirtschaftsgebiete und damit eine mehr oder weniger breite Grenzzone zwischen ihnen. Die in der Praxis vorgenommenen Regionsabgrenzungen, die schon aus Gründen der Statistik einer eindeutigen Grenzlinie bedürfen, entbehren deshalb nicht einer gewissen Willkür.

Im Hinblick auf die Art der einer Regionsabgrenzung zugrundegelegten Merkmale unterscheidet man *homogene und funktionale Räume*, je nachdem, ob sie auf der Basis der Gleichartigkeit eines bzw. mehrerer Strukturmerkmale innerhalb des Teilraumes (also nach dem *Homogenitätsprinzip;* Beispiele: Einwohnerdichte bei der Abgrenzung von Verdichtungsgebieten, Pro-Kopf-Einkommen bei der Abgrenzung von Problemregionen) oder auf der Basis von Verflechtungsanalysen (also nach dem *Funktionalprinzip;* Beispiele: Abgrenzung von Regionen nach bestehenden Pendlerbewegungen bzw. Güterströmen) vorgenommen wurden.

Hauptsächlicher Einwand gegen Regionsabgrenzungen nach dem Homogenitätsprinzip ist die Verwendung von regionalen Durchschnittswerten für einzelne Strukturmerkmale, insofern – insbesondere bei großen Regionen – intraregionale Differenzierungen (und damit die intraregionale Standortstruktur) vernachlässigt werden. Diesem Einwand muß insbesondere bei der Abgrenzung von Notstands- und Problemgebieten Rechnung getragen werden, weil diese ja in der Regel nur nach dem Homogenitätskriterium erfolgen kann.

Wesentlichster Einwand gegen die Abgrenzung von Räumen nach dem Funktionalprinzip ist die mangelnde Praktikabilität dieses theoretisch relativ einfachen Verfahrens. In der Regel werden nämlich an den Standorten wirtschaftlicher Aktivitäten (etwa den Zentralen Orten) verschiedene Funktionen unterschiedlicher Reichweite angeboten, so daß schon von daher die Bestimmung *der* Reichweite bzw. *des* Einzugsbereiches einer Stadt oder eines Gebiets praktisch bestenfalls für eine einzelne Funktion, nicht aber für die Gesamtheit der heute für erforderlich gehaltenen Lebensfunktionen möglich ist. Darüber hinaus überschneiden sich die Einzugsbereiche verschiedener Orte oder Gebiete selbst bei der gleichen Funktion oft sehr weit (regionale Präferenzen), ohne dabei bestimmte Grenzlinien erkennen zu lassen.

Die Praxis der regionalen Strukturpolitik verwendet eine Vielzahl von meist nicht miteinander zu vereinbarenden Einteilungen, von denen hier einige der für die BRD wichtigsten aufgeführt seien:

— Für die Zwecke des im April 1975 vorgelegten *Bundesraumordnungsprogramms* (BROP) [3] wurde eine Einteilung des Bundesgebietes in *38 regionale Gebietseinheiten* geschaffen (vgl. Tabelle 1). Diese Gebietseinheiten bilden den räumlichen Bezugsrahmen für die in künftigen Bundesraumordnungsprogrammen vorzunehmende Prognose und Zielprojektion der regionalen Bevölkerungs- und Arbeitsplatzverteilung, für die Regionalisierung der raumwirksamen Bundesmittel sowie für die Ableitung von Schwerpunkten und Prioritäten für den zukünftigen Mitteleinsatz. Die statistischen Gebietseinheiten des BROP werden „als Räume verstanden, die sich funktional ergänzen, grundsätzlich auf mindestens ein Oberzentrum orientiert sind und mindestens 400 000 Einwohner und 5000 qkm umfassen". [4]

---

3 Der Auftrag zur Erstellung des BROP wurde der Bundesregierung durch einstimmigen Beschluß des Deutschen Bundestages vom 3. Juli 1969 erteilt, um „auf der Grundlage einer konkreten räumlichen Zielvorstellung für die Entwicklung des Bundesgebietes" die regionale Verteilung der raumwirksamen Bundesmittel festlegen zu können. Träger der Ausarbeitung sind der Interministerielle Ausschuß für Raumordnung (IMARO), der in Zusammenarbeit mit dem Kabinettsausschuß für Raumordnung, Regionalplanung und Städtebau und dessen Abteilungsleiterausschuß die Entscheidungen der Bundesregierung vorbereitet, und die Ministerkonferenz für Raumordnung (MKRO), in der die Zusammenarbeit zwischen Bund und Ländern erfolgt. In die Ausarbeitung eingeschaltet ist auch der Beirat für Raumordnung, der den für die Raumordnung zuständigen Bundesminister des Innern in Grundsatzfragen der Raumordnung berät. Das Programm liegt inzwischen als Beschluß der MKRO (BT-Drucksache 7/3584 vom 30. 4. 1975), erscheint allerdings in wesentlichen Punkten noch überarbeitungsbedürftig.

4 Raumordnungsbericht 1972, BT-Drucksache VI/3793, S. 24, rechte Spalte, Fußnote I.

— Mehr zufällig-historisch ist die durch die *Regionalen Aktionsprogramme* (als gemeinsamer Maßnahmen des Bundes und der Länder) bewirkte Einteilung des Bundesgebietes in förderungsbedürftige (bzw. förderungswürdige) Gebiete und solche, die nicht förderungsbedürftig (bzw. förderungswürdig) sind. Die heute 21 Regionalen Aktionsprogramme (vgl. Tabelle 2) umfassen mehr als 50 Prozent des Bundesgebietes. Ihr Zweck ist es, die als Bundesfördergebiete (Zonenrandgebiet, Bundesbaugebiete und Bundesausbauorte) früher bereits anerkannten Städte und Landkreise zu größeren, aber dennoch (insbesondere im Hinblick auf die Wirtschaftsstruktur) noch homogenen räumlichen Einheiten zusammenzufassen, „in denen die Förderungsmöglichkeiten auf die speziellen Strukturprobleme der Region abgestimmt und konkrete Entwicklungsziele festgelegt werden. Diese Abgrenzung der Fördergebiete nach wirtschaftlichen Gesichtspunkten verstärkt die Möglichkeiten, den Fächer der Maßnahmen individuell dem Charakter der einzelnen Region anzupassen". [5] Gleichzeitig wurden die Förderungsmaßnahmen von Bund und Ländern in den ab 1969 erstellten Regionalen Aktionsprogrammen gemeinsam verplant und auf einen fünfjährigen, der mittelfristigen Finanzplanung angepaßten Zeitraum projektiert sowie die Maßnahmen zur Förderung der Ansiedlung von gewerblichen Produktionsbetrieben auf gewerbliche Schwerpunktorte mit einem Einzugsbereich von mindestens 20 000 Einwohnern konzentriert (Schwerpunktprinzip). Die Regionalen Aktionsprogramme sind Grundlage der heute im Rahmen des Gesetzes über die Gemeinschaftsaufgabe „Verbesserung der regionalen Wirtschaftsstruktur" [6] betriebenen regionalen Strukturpolitik (vgl. Gliederungspunkt VI).

— Als Konkretisierung der im Raumordnungsgesetz genannten Gebietskategorien
  — Verdichtungsräume
  — ländliche Räume
  — Gebiete, die unter der allgemeinen Entwicklung zurückgeblieben sind oder zurückzubleiben drohen und
  — Zonenrandgebiet

---

5 Mehrländer, H., Regionale Aktionsprogramme, Handbuch der regionalen Wirtschaftsförderung (hrsg. v. H. H. Eberstein), Köln ab 1971, BI, S. 10.

6 vom 6. Oktober 1969, BGBl. I, S. 1861, geändert durch Gesetz zur Förderung des Zonenrandgebietes (Zonenrandförderungsgesetz) vom 5. 8. 1971, BGBl. I, S. 1237, und durch Gesetz zur Änderung des Gesetzes über die Gemeinschaftsaufgaben vom 23. 12. 1971, BGBl. I, S. 2140 (im folgenden „GRW" genannt).

hat die Ministerkonferenz für Raumordnung in der Entschließung über „Fragen der Verdichtungsräume nach § 2 Abs. 1 Nr. 6 ROG" vom 21. 11. 1968 raumordnerische Grundvorstellungen für die großflächigen Räume mit stärkerer Verdichtung von Wohn- und Arbeitsstätten entwickelt und 24 *Verdichtungsräume* ausgewiesen. In diesen Verdichtungsräumen lebt fast die Hälfte der Bevölkerung auf nur 7 % der Fläche des Bundesgebietes. Diese Räume werden bei zunehmender Verdichtung wachsende Bedeutung für die räumliche Entwicklung des Bundesgebietes haben. Bei der Abgrenzung sind unter Zugrundelegung statistischer Merkmale als Verdichtungsraum die Gemeinden, bei denen im Jahre 1961 die Summe der Einwohner und Beschäftigten in nicht landwirtschaftlichen Arbeitsstätten je qkm (Einwohner-Arbeitsplatzdichte) 1250 übersteigt, sowie die angrenzenden Gemeinden mit einer geringeren Einwohner-Arbeitsplatzdichte, aber überdurchschnittlichem Bevölkerungswachstum in den Jahren 1961–1967, erfaßt worden. Insgesamt muß ein Verdichtungsraum mehr als 150 000 Einwohner und eine Bevölkerungsdichte von mindestens 1000 je qkm aufweisen. [7]

Dagegen wurde eine verbindliche Abgrenzung der ländlichen Räume bislang nicht vorgenommen. Für das Bundesraumordnungsprogramm werden als ländliche Räume diejenigen Teile der Bundesrepublik Deutschland bezeichnet, die nicht zu den Verdichtungsräumen gehören. [8]

Neben den hier aufgeführten Regionseinteilungen grenzen die regionalen Entwicklungsplanungen der Länder ebenso wie der Europäischen Wirtschaftsgemeinschaft eine Reihe weiterer Planungsräume ab, die den unterschiedlichsten Kriterien genügen.

2. Der interregionale Wettbewerb als Ansatzpunkt *

Im Rahmen einer grundsätzlich durch den freien Wettbewerb koordinierten Wirtschaft kann die Notwendigkeit lenkender Staatseingriffe auf Teilgebieten des Wirtschaftens nur durch Mängel in der Steuerungsfähigkeit des freien Marktprozesses begründet werden. Solche *Mängel in der Steuerung der Raumstruktur durch den freien Wettbewerb* sind in der Tat aus zwei Gründen möglich:

7 Vgl. Entschließungen der Ministerkonferenz für Raumordnung zur Frage der Verdichtungsräume (§ 2 Abs. 1 Nr. 6 ROG) vom 21. 11. 1968, abgedruckt in: Raumordnungsbericht 1968, Bundestagsdrucksache V/3958, S. 151.

8 Vgl. Raumordnungsbericht 1972, Bundestagsdrucksache VI/3793, S. 78.

* *Schneider, H. K.*, a.a.O., *Storbeck, D.*, a.a.O.

— Räumliche Ergebnisse des freien Wettbewerbs können zum einen deshalb unerwünscht sein, weil die individuellen Zielsetzungen der Marktteilnehmer, die ja diese Ergebnisse bestimmen, *kurzfristigerer* Natur sind als die gesamtwirtschaftlichen Zielsetzungen. Die drohende Zersiedlung großer Teile der Landschaft in der Bundesrepublik Deutschland lieferte in den drei Nachkriegsjahrzehnten ein Beispiel dafür, wie die tendenziell mehr auf die Realisierung kurzfristiger Vorteile gerichteten Strategien der Marktteilnehmer den gesamtwirtschaftlich erwünschten längerfristigen Zielsetzungen (der Sicherung einer planvollen Entwicklung der Landschaftsstruktur zwecks Minimierung der Versorgungskosten und Erhaltung genügend großer Freiräume) zuwider laufen könnten. Es kann deshalb notwendig sein, durch Beschränkung der Freiheit zur Realisierung kurzfristiger Strategien oder Gewährung von steuerlichen Anreizen einen Wettbewerb zu stimulieren, dessen positive Wirkungen erst längerfristig wirksam werden.

— Unerwünschte Wirkungen eines freien Wettbewerbs können sich auch dadurch ergeben bzw. erwünschte Wirkungen können dadurch ausbleiben, daß *Systemeffekte* zwischen verschiedenen Märkten existieren, die von den jeweils verursachenden Marktteilnehmern nicht in ihren Kalkül einbezogen bzw. den verursachenden Marktteilnehmern nicht honoriert werden. Solche Systemeffekte werden als *externe Effekte* von Produktion und Konsumtion (Beispiel: Besorgungskopplung im Konsumbereich, Fühlungsvorteile im Produktionsbereich) wirksam und sind sowohl Ursache der Entstehung von Agglomeration (Lokalisations- und Urbanisationsvorteile) wie auch deren schädlicher Auswirkungen (Umweltproblem).

Zusammen mit einer in der Regel *begrenzten regionalen Mobilität von Arbeit und Kapital* bilden beide genannten Effekte das Grundproblem einer regional differenzierenden Wirtschaftspolitik. Zu ihrer Beseitigung bzw. Auflösung bedarf es durchaus nicht immer einer vollständigen Unterbindung des freien Wettbewerbs zwischen den Regionen durch Ge- und Verbote. In den meisten Fällen genügen (abschreckende oder ermunternde) finanzielle Stimuli, um das Marktgeschehen in die gewünschte Richtung zu lenken. Um keine überflüssigen Wettbewerbsverzerrungen zu bewirken und den Marktzugang praktisch nicht zu versperren, sollten diese Stimuli für alle Wettbewerber gelten und allen potentiellen Marktteilnehmern zugänglich sein.

III. DIE ENTWICKLUNG DER REGIONALEN STRUKTURPOLITIK IN DER BUNDESREPUBLIK DEUTSCHLAND *

In der Entwicklung der regionalen Strukturpolitik nach dem Kriege lassen sich *zwei parallel laufende Entwicklungstendenzen* erkennen:

— Der Charakter der regionalen Strukturpolitik wandelte sich *von einer notstandsdiktierten ad-hoc-Politik zur langfristigen Strukturplanung.*

— Die für regionale Strukturpolitik *verfügbaren Mittel* des Bundes wurden von Jahr zu Jahr *in kräftigem Ausmaß erhöht.*

Regionale Strukturpolitik war nach dem Kriege zunächst ein Kind der Not. Krisenhafte Entwicklungen auf lokaler und regionaler Ebene – verursacht durch den Vertriebenenzustrom in bestimmten ländlichen Gebieten (z. B. Bayerischer Wald, Nord-West-Niedersachsen) – und hohe Arbeitslosigkeit in diesen Räumen einerseits, Zerstörung, Demontage, Produktionsverbot in den Städten andererseits – führten im Jahre 1951 zur Bereitstellung der ersten Bundesmittel mit dem *Ziel einer Beseitigung der Notstände,* die in einzelnen Teilen des Bundesgebietes auftraten. Für die Behandlung dieser Notstandsfragen und die Erstellung eines regionalen Förderungsprogrammes der Bundesregierung wurde 1951 der *Interministerielle Ausschuß für Notstandsgebietsfragen* (IMNOS) gegründet, der zwar inzwischen in „Interministerieller Ausschuß für regionale Wirtschaftspolitik" umbenannt wurde, nach wie vor jedoch unter der Abkürzung „IMNOS" geführt wird.

Nach Beseitigung der wichtigsten Notstände und annähernd erfolgtem Wiederaufbau wurde Ende der 50er Jahre ein anderes regional-strukturelles Problem offenkundig: In den Ballungsgebieten traten die ersten Engpässe sowohl im Hinblick auf die Bodenbeschaffung wie auch im Hinblick auf den Arbeitsmarkt auf. Der ländliche Raum und die dort vorhandenen latenten und offenen Arbeitsmarktreserven wurden interessant für den industriellen Expansionsprozeß. Der Versuch der Förderung dieser Tendenz, an der der Wirtschaftspolitik im Sinne einer ausgewogenen Raum-

---

* *Giel, W.*, und *Wegge, G.*, Art. „Regionale Wirtschaftspolitik in der BRD", Handwörterbuch der Raumforschung und Raumordnung, Hannover 1970, S. 2637–2648.
Albert, W., Die Entwicklung der regionalen Wirtschaftspolitik in der Bundesrepublik Deutschland, in: Handwörterbuch der regionalen Wirtschaftsförderung (herausgegeben von H. H. Eberstein), Köln ab 1971, A II.

struktur nur gelegen sein konnte, führte zur Einsetzung eines dritten Teilprogramms in das *Regionale Förderungsprogramm der Bundesregierung:* Neben die *Zonenrandförderung* (seit Errichtung des Eisernen Vorhanges im Jahre 1953 für alle kreisfreien Städte und Landkreise, von denen mehr als die Hälfte der Bevölkerung oder Fläche sich weniger als 40 km vom Eisernen Vorhang entfernt befinden) und die *Förderung in Sanierungsgebieten* (die früheren Notstandsgebiete, seit 1964 Bundesausbaugebiete genannt) wurde 1959 das *„Entwicklungsprogramm für Zentrale Orte* in ländlichen, schwach strukturierten Gebieten" gestellt. Die Zentralen Orte im Sinne des Entwicklungsprogramms wurden im Jahre 1964 durch Beschluß des IMNOS in *„Bundesausbauorte"* umgenannt. Bundesausbauorte waren demgemäß Gemeinden mit zentralörtlicher Bedeutung, die einen hinreichend großen Einzugsbereich aufwiesen, in dem eine größere Zahl unzureichend beschäftigter Arbeitskräfte ansässig war. Darüber hinaus wurde eine Mindestausstattung der Gemeinde an sanitären, sozialen, schulischen und sonstigen kulturellen Einrichtungen ebenso erwartet wie das Vorhandensein erster industrieller Ansatzpunkte. Praktisch handelte es sich bei den Bundesausbauorten ihrer Größe nach um die kleinsten Zentralen Orte, die man grundsätzlich für die Förderung von Industrieansiedlungsmaßnahmen zulassen wollte. Die Schaffung der Bundesausbauorte kennzeichnet einen wichtigen Einschnitt in der Entwicklung der regionalen Strukturpolitik in der Bundesrepublik Deutschland: Sie bedeutet den *Rückzug aus der Flächenförderung* und den ersten *Ansatz zu einer räumlich gezielten Entwicklungsplanung.* Sowohl historisch als auch sachlich sind die Bundesausbauorte als Vorläufer der gewerblichen Schwerpunkte anzusehen, die seit 1969 bei der Aufstellung Regionaler Aktionsprogramme bestimmt werden.

Bis zum Übergang zu einer langfristigen Strukturplanung, wie sie in den 21 Regionalen Aktionsprogrammen des Bundes und der Länder heute stattfindet, bedurfte es jedoch noch eines besonderen Auslösers. Dieser war durch die Auswirkungen der schweren Rezession im ersten Halbjahr 1967 gegeben. Der konjunkturelle Tiefstand ließ die strukturellen Probleme der wachsenden Wirtschaft in der Bundesrepublik Deutschland deutlich hervortreten. Sie ergaben sich zum einen durch die ungewöhnlich starke konjunkturelle Anfälligkeit der klassischen Fördergebiete (ländliche Gebiete, strukturschwache Räume), zum anderen durch die aus der Monostruktur der Kohlegebiete herrührende Krise. Auf diese Situation reagierte die regionale Strukturpolitik in zweifacher Weise:

(1) Zunächst wurde die Gesamtsumme der für das Regionale Förde-

rungsprogramm der Bundesregierung verfügbaren *Mittel kurzfristig kräftig erhöht*. Während in den Jahren von 1960 bis 1965 durchschnittlich rund 140 Mio. DM jährlich für das regionale Förderungsprogramm der Bundesregierung zur Verfügung standen, wurde diese Summe auf mehr als 320 Mio. DM jährlich seit 1969 aufgestockt. Dazu kommen die über das Investitionszulagengesetz rückwirkend ab 1. 1. 1969 (vgl. im einzelnen Gliederungspunkt VI) bereitgestellten Mittel, die bei Verabschiedung des Investitionszulagengesetzes auf rund 300 Mio. DM jährlich geschätzt wurden. Tatsächlich fielen jedoch bereits 1971 485,6 Mio. DM Steuerausfälle an, die sich 1972 auf 665 Mio. DM steigerten und 1973 bereits 790 Mio. DM betrugen (zur Begründung vgl. später, Gliederungspunkt VI). Auf diese Weise beliefen sich die im Jahre 1973 allein aus Haushaltsmitteln verfügbaren Titel der regionalen Strukturpolitik auf über 1,1 Mrd. DM. Darin nicht berücksichtigt sind rund 350 Mio. DM an zinsverbilligten Krediten aus dem ERP-Sondervermögen, die im Jahre 1973 zur Finanzierung betrieblicher Investitionen in den Fördergebieten (ca. 200 Mio. DM) bzw. zur Finanzierung von Infrastrukturmaßnahmen in Schwerpunktorten der Regionalen Aktionsprogramme (ca. 150 Mio. DM) zur Verfügung standen. Darüber hinaus werden seit 1969 jährlich rund 200 Mio. DM an Krediten von der Bundesanstalt für Arbeit im Rahmen der regionalen Wirtschaftsförderung bereitgestellt, ganz abgesehen von den Zuschüssen und Darlehen der Länder und den im Rahmen des Städtebauförderungsgesetzes für Sanierungs- und Entwicklungsmaßnahmen gezahlten Mitteln (1973 ca. 200 Mio. DM allein durch den Bund). Damit kann heute das direkt für die regionale Wirtschaftsförderung jährlich bereitgestellte Mittelvolumen auf rund 2 Mrd. DM beziffert werden.

(2) Über die erhebliche Anhebung der Mittel für die regionale Strukturpolitik hinaus gab die 1967er Krise Anlaß, die *Konzeption des Regionalen Förderungsprogramms der Bundesregierung grundsätzlich zu überdenken*. Dies wurde schon durch die Einbeziehung des Ruhrgebietes in die regionale Wirtschaftsförderung (als Folge der sich abzeichnenden Kohlekrise) erzwungen, insofern sich das System der Regionalpräferenzen zum Nachteil der klassischen Fördergebiete veränderte. Des weiteren hatte die konjunkturelle Krise die Notwendigkeit gelehrt, regionale Strukturprogramme auf eine langfristige Basis zu stellen, um eine zwar konjunkturpolitisch erwünschte, regionalpolitisch jedoch nicht immer zweckmäßige übereilte Inszenierung

regionaler Entwicklungsprojekte zu verhindern. Der *Zweite Konjunkturhaushalt* der Bundesregierung, der unter der Bezeichnung „Zweites Programm der Bundesregierung für besondere konjunktur- und strukturpolitische Maßnahmen 1967/68“ in Kraft gesetzt wurde, war ein erster Schritt in Richtung auf die Koordinierung von Struktur- und Konjunkturpolitik. Der eigentliche Durchbruch zu einer langfristigen und mit der mittelfristigen Finanzplanung koordinierten Regionalplanung wurde jedoch erst mit der *Schaffung der Regionalen Aktionsprogramme seit 1969* eingeleitet. Bereits im Jahre 1969 wurden zwölf Aktionsprogramme in Kraft gesetzt und 1970 erstmals fortgeschrieben sowie um acht weitere, kleinere Programme ergänzt. Mit dem IMNOS-Beschluß vom 12. 5. 1971 über das 21. Regionale Aktionsprogramm (Nördliches Ruhrgebiet/Westmünsterland) wurde auch das letzte der Fördergebiete der Bundesrepublik (Berlin ausgenommen) von diesem neuen Langfrist-Planungssystem erfaßt. Den einheitlichen Rahmen für diese 21 Regionalen Aktionsprogramme bildet das am 6. 10. 1969 beschlossene *Gesetz über die Gemeinschaftsaufgabe „Verbesserung der regionalen Wirtschaftsstruktur“* (GRW) [9], das in zweifacher Hinsicht von Bedeutung ist.

— Zunächst regelt es die bis dahin verfassungsmäßig ungeklärte Regionalförderung des Bundes durch Ergänzung des Grundgesetzes um das Institut der Gemeinschaftsaufgabe auf dem Gebiet der regionalen Wirtschaftsstruktur. Dabei stärkt die Gemeinschaftsaufgabe die Rolle der Länder im Rahmen der regionalen Strukturpolitik, insofern die Länder die einzelnen Maßnahmen verantwortlich durchführen, während der Bund sich lediglich an der Aufstellung und Fortschreibung des Rahmenplanes und an dessen Finanzierung in Höhe von 50 % der Gesamtaufwendungen beteiligt. Ein dem Umfang der bereitgestellten Finanzmittel nach wichtiges Kontrollinstrument jedoch verbleibt dem Bund neben der Gemeinschaftsaufgabe durch das Investitionszulagengesetz, bei dem die Gewährung einer Investitionszulage von der Bescheinigung der volkswirtschaftlich besonderen Förderungswürdigkeit eines Vorhabens durch das Bundeswirtschaftsministerium abhängig gemacht wird.

— Zum zweiten dient die Gemeinschaftsaufgabe „Verbesserung der

9 BGBl. I, S. 1861.

regionalen Wirtschaftsstruktur“ als Auffangstelle für alle Maßnahmen, die bislang im regionalen Förderungprogramm der Bundesregierung durchgeführt wurden. So wurden im Jahre 1971 letztmalig Haushaltsmittel für das regionale Förderungsprogramm der Bundesregierung bereitgestellt, deren Einsatz bis zum 31. 10. 1972 abgewickelt wurde. Seit dieser Zeit werden regionalpolitische Investitionshilfen für die gewerbliche Wirtschaft grundsätzlich nur noch im Rahmen der Gemeinschaftsaufgabe „Verbesserung der regionalen Wirtschaftsstruktur“ gewährt. Lediglich für das Zonenrandgebiet stehen im Bundeshaushalt noch spezielle Mittel für Maßnahmen der Wirtschaftsförderung bereit, mit denen Wildschäden an der Zonengrenze abgegolten, Frachthilfen für das Zonenrandgebiet und Investitionshilfen in Form einer Kapitalisierung der Frachthilfe finanziert werden.

Am 29. 6. 1971 beschloß der aufgrund § 6 GRW eingerichtete Planungsausschuß für regionale Wirtschaftsstruktur den ersten gemeinsamen Rahmenplan für die Verbesserung der regionalen Wirtschaftsstruktur in der Bundesrepublik Deutschland, der am 1. 1. 1972 in Kraft trat und nach dem (auf der Basis der einundzwanzig Regionalen Aktionsprogramme) bis 1975 rund 460 000 neue Arbeitsplätze geschaffen und rund 240 000 bestehende Arbeitsplätze gesichert werden sollen. Inzwischen liegt bereits die dritte Fortschreibung dieses Rahmenplans vor, in der u. a. die Fördergebietsabgrenzung, Schwerpunktauswahl und Förderungsgrundsätze im Vergleich zu den vorhergehenden Rahmenplänen wesentlich präzisiert wurde [10].

IV. ZIELE DER REGIONALEN STRUKTURPOLITIK *

Für die regionale Strukturpolitik liegen inzwischen eine Reihe von Gesetzen und weiteren amtlichen Verlautbarungen vor, denen Angaben über die Ziele entnommen werden können. Neben den bereits genannten Geset-

---

10 Vgl. 4. Rahmenplan der Gemeinschaftsaufgabe „Verbesserung der regionalen Wirtschaftsstruktur“ für den Zeitraum 1975 bis 1978, BT-Drucksache 7/3601 vom 20. 3. 1975.

* *Brösse, U.*, Ziele in der Regionalpolitik und in der Raumordnungspolitik, Zielforschung und Probleme der Realisierung von Zielen, Berlin 1972.
Eberstein, H. H., Grundlagen der Regionalpolitik und ihre wesentlichen Grundsätze, in: Handbuch der regionalen Wirtschaftsförderung (herausgegeben von H. H. Eberstein), Köln ab 1971.

zen (Raumordnungsgesetz, Investitionszulagengesetz, Gesetz über die Gemeinschaftsaufgabe „Verbesserung der regionalen Wirtschaftsstruktur") sind dies u. a.

— das Gesetz zur Anpassung und Gesundung des deutschen Steinkohlenbergbaus und der deutschen Steinkohlenbergbaugebiete vom 15. Mai 1968 (Steinkohlenbergbauanpassungsgesetz) [11]
— das Gesetz über die Gemeinschaftsaufgabe „Verbesserung der Agrarstruktur und des Küstenschutzes" vom 3. September 1969 [12] (Gemeinschaftsaufgabe Agrarstruktur)
— das Gesetz zur Förderung der Berliner Wirtschaft in der Fassung vom 29. Oktober 1970 [13] (Berlinförderungsgesetz)
— das Gesetz zur Förderung des Zonenrandgebietes vom 5. August 1971 [14] (Zonenrandförderungsgesetz)
— Raumordnungsberichte und -programme sowie Strukturberichte der Bundesregierung.

In praktisch allen genannten Gesetzen und Verlautbarungen wird eine *Doppelfunktion regionaler Strukturpolitik* erkennbar:

— Zum einen geht es – in Anlehnung an Art. 72 GG – um die *Einheitlichkeit der Lebensverhältnisse und damit um Chancengleichheit (Versorgungszielsetzung).* Dies zeigt sich ganz deutlich im Raumordnungsgesetz, in dem die Forderung nach „ausgewogenen wirtschaftlichen, sozialen und kulturellen Verhältnissen" (§ 2 Abs. 1, Ziffer 1 ROG) sowie die Forderung nach einer Verbesserung der wirtschaftlichen und sozialen Lage in jenen Gebieten erhoben wird, „in denen die Lebensbedingungen in ihrer Gesamtheit im Verhältnis zum Bundesdurchschnitt wesentlich zurückgeblieben sind oder in denen ein solches Zurückbleiben zu befürchten ist" (§ 2 Abs. 1, Ziffer 3 ROG). Hierfür spricht auch die bereits angeführte Aufgabenstellung im Gesetz über die Gemeinschaftsaufgabe „Verbesserung der regionalen Wirtschaftsstruktur", in dem festgelegt ist, daß Förderungsmaßnahmen neben dem Zonenrandgebiet nur in solchen Gebieten durchgeführt werden dürfen, „deren Wirtschaftskraft erheblich unter dem Bundesdurchschnitt liegt oder erheblich darunter abzusinken droht oder in denen Wirtschaftszweige vorherrschen, die vom Strukturwandel in einer Weise betroffen oder bedroht sind, daß negative Rückwirkungen auf

11 BGBl. I, S. 365.
12 BGBl. I, S. 1573.
13 BGBl. I, S. 1482.
14 BGBl. I, S. 1237.

das Gebiet in erheblichem Umfang eingetreten oder absehbar sind" (§ 1, Abs. 2 GRW). In die gleiche Richtung gehen die Empfehlungen des Beirats für Raumordnung bei der Aufstellung eines Zielsystems für die räumliche Entwicklung der Bundesrepublik Deutschland: „Der beherrschende Faktor der absehbaren Entwicklung der räumlichen Struktur ist in der zunehmenden Bedeutung und Attraktivität städtischer Lebensformen zu sehen, die den Menschen sowohl Befriedigung immer differenzierterer Bedürfnisse als auch die Trennung von privatem und gesellschaftlichem Leben ermöglichen und zugleich für die meisten Bereiche der Wirtschaft die günstigsten Voraussetzungen für die optimale Kombination der Produktionsfaktoren und damit auch für stabiles wirtschaftliches Wachstum bieten ... Das Angebot solcher ‚städtischer' Lebensverhältnisse für möglichst alle Menschen in der Bundesrepublik Deutschland schafft die Voraussetzungen für die erstrebten gleichen Entfaltungsmöglichkeiten und für die langfristige Sicherung ausgeglichener ökologischer Verhältnisse [15].

— Zweite Zielgröße der regionalen Strukturpolitik ist das *Wachstum.* Bereits in den 1967 von der Bundesregierung beschlossenen „Grundsätzen der regionalen Wirtschaftspolitik" heißt es in Ziffer 4: „Allgemeines Ziel der regionalen Wirtschaftspolitik ist es, eine optimale regionale Wirtschaftsstruktur zu schaffen und in allen Gebieten dafür zu sorgen, daß ungenutzte bzw. schlecht genutzte Produktionsfaktoren für das allgemeine Wirtschaftswachstum mobilisiert werden. Durch die regionale Wirtschaftspolitik, die sich in die Zielsetzungen der allgemeinen Wirtschaftspolitik einfügt, wird die Wirtschaftskraft in den zu begünstigenden Räumen gesteigert" [16]. Ähnlichen Zwecken dient auch das Investitionszulagengesetz, das auf „eine durchgreifende Verbesserung der regionalen Wirtschaftsstruktur" [17] durch

  — „Mobilisierung ungenutzter oder schlecht genutzter Produktionsfaktoren für das allgemeine Wirtschaftswachstum,

  — Erschließung zusätzlicher Einkommensquellen und damit Erhöhung des Gesamteinkommens der Bevölkerung in dem Fördergebiet,

15 Empfehlungen des Beirats für Raumordnung: Zielsystem für die räumliche Entwicklung der Bundesrepublik Deutschland (28. Oktober 1971), abgedruckt in: Raumordnungsbericht 1972 der Bundesregierung, BT-Drucksache VI/3793, S. 155.
16 Grundsätze der regionalen Wirtschaftspolitik, BT-Drucksache V/2469, S. 5.
17 BGBl. 1969, I, S. 1573.

— Schaffung neuer Dauerarbeitsplätze oder Sicherung bestehender“ [18] abzielt. Auch in den Strukturberichten der Bundesregierung wird darauf hingewiesen, daß regionale und sektorale Strukturpolitik „vor allem Wachstumspolitik“ sei [19].

Wachstums- und versorgungspolitische Zielsetzungen ergänzen sich in der Regel, wie eine Aufspaltung des regionalen Versorgungsziels zeigt: Aus der versorgungspolitischen Forderung nach vergleichbaren Lebensverhältnissen lassen sich zwei Zielsetzungen ableiten, zum einen die gleichmäßige Versorgung der Bevölkerung mit öffentlichen und privaten Leistungen aller Art, zum anderen der Abbau bestehender Einkommensdisparitäten [20]. Beide Teilzielsetzungen sind nicht unabhängig voneinander: Einerseits hängt die tatsächliche Versorgung der Bevölkerung mit öffentlichen und privaten Gütern nicht nur von einem entsprechenden Angebot, sondern auch von der Kaufkraft der Bevölkerung ab. Andererseits besteht das Einkommen in einer Region zu einem nicht unerheblichen Teil jeweils aus gratis oder nicht kostendeckend angebotenen öffentlichen Leistungen, wächst also ceteris paribus mit steigendem Versorgungsgrad bei öffentlich dargebotenen Leistungen.

Beide Teilziele der versorgungspolitischen Zielsetzung haben auch eine hohe Affinität zum regionalen Wachstumsziel. Mit dem Ansteigen der regionalen Wirtschaftskraft (etwa gemessen am regionalen Bruttosozialprodukt oder am regionalen Pro-Kopf-Einkommen verringern die regionalen Einkommensdisparitäten, und umgekehrt ist ein hoher regionaler Versorgungsgrad, wie später noch zu zeigen sein wird, eine wichtige Determinante des regionalen Wachstums. Ein Zielkonflikt zwischen regionalem Wachstums- und Versorgungsziel tritt allerdings in dem Augenblick ein, wo einzelne Räume besser (etwa mit Infrastruktur) versorgt sein wollen, als es in Anbetracht ihrer langfristigen Wachstumschancen zweckmäßig erscheint. Wegen der aus diesem Konflikt entstehenden „Ungerechtigkeiten“ etwa zwischen gerade noch geförderten und nicht mehr geförderten Gemeinden kommt der Bestimmung einer „Förderungsuntergrenze“ besondere Bedeutung zu. Die Auswahl von Bundesausbauorten war ein erster Schritt in dieser Richtung. Eine Mindestzahl für die Einzugsbereiche

---

18 Eberstein, H. H., Grundlagen der Regionalpolitik und ihre wesentlichen Grundsätze, in: Handbuch der regionalen Wirtschaftsförderung (hrsg. v. H. H. Ebertstein), Köln ab 1971, S. 22.

19 So der Strukturbericht 1970, BT-Drucksache VI/761, S. 7.

20 Vgl. Kloten, N., Höpfner, K., Zehender, W., Ortsgröße und regionale Wirtschaftspolitik, Berlin 1972, S. 15 ff.

gewerblicher Schwerpunktorte wurde erst 1968, und zwar mit 20 000 Einwohnern offiziell genannt [21]. Die Diskussion über diese Mindestgröße ist noch nicht beendet.

V. KONZEPTE DER REGIONALEN STRUKTURPOLITIK

Konzepte (oder Theorien) der regionalen Strukturpolitik enthalten Aussagen über Beziehungszusammenhänge zwischen der angestrebten regionalen Entwicklung (hier insbesondere als regionales Wachstum verstanden) und bestimmten Verursachungsfaktoren dieser Entwicklung. Sofern sie empirisch getestet sind, liefern sie Ansatzpunkte für die regionale Strukturpolitik, indem sie deren wichtigste Instrumentvariablen beschreiben.

Die im Rahmen der regionalen Wirtschaftstheorie entwickelten Modelle zur Analyse des regionalen Wirtschaftswachstums lassen sich im wesentlichen auf drei grundsätzlich verschiedene Ansätze zurückführen:

— das Exportbasis-Konzept,

— das Konzept der Wachstumspole und

— die Infrastrukturtheorie.

1. Das Exportbasiskonzept *

a) Darstellung

Ausgangspunkt des Exportbasiskonzepts und darauf fußender Theorien zur Erklärung des kleinräumlichen Wachstums ist der Gedanke der Arbeitsteilung: „Vom regionalen Standpunkt aus äußert sich die Arbeitsteilung darin, daß in einem engen Gebiet, also etwa in einer Stadt, einer-

---

21 Vgl. BMW-Texte, Intensivierung und Koordinierung der regionalen Strukturpolitik, Vorschläge des Bundesministers für Wirtschaft, Bonn 1968, S. 20.

* *Rittenbruch, K.*, Zur Anwendbarkeit der Exportbasiskonzepte im Rahmen von Regionalstudien, Schriften zu Regional- und Verkehrsproblemen in Industrie- und Entwicklungsländern (herausgegeben von J. H. Müller und Th. Dams), Berlin 1968.
Isenberg, G., Existenzgrundlagen der Stadt, in: Existenzgrundlagen in Stadt- und Landesplanung, Schriftenreihe der Deutschen Akademie für Städtebau und Landesplanung, Bd. 14, Tübingen 1965.

seits der vielseitige Bedarf der Bevölkerung nur zu einem winzigen Teil durch die eigenen Leistungen gedeckt wird, andererseits nur ein Bruchteil der industriellen Erzeugung der Stadt innerhalb des eigenen Bereichs Absatz finden kann. Eine Stadt könnte ... ohne äußere Wirtschaftsbeziehungen nicht existieren" (Isenberg). Diese Einkommenszuflüsse von außen als Gegenwert der regionalen „Exporte" werden von den Exportbasis-Theoretikern als die eigentlichen Existenzgrundlagen kleiner Räume angesehen.

Die wirtschaftlichen Aktivitäten einer Region werden dementsprechend in zwei Kategorien getrennt: die basics, d. h. die fernversorgenden, exportierenden Wirtschaftszweige, und die nonbasics, jene Wirtschaftszweige also, die überwiegend intraregional, also nahversorgend tätig werden. Zu den basics werden gewöhnlich Landwirtschaft und Industrie gerechnet, zu den nonbasics Energiewirtschaft (ohne Bergbau), Baugewerbe, Kleingewerbe (Kleinindustrie und Handwerk) und alle Dienstleistungsbereiche (Handel, Verkehr und Nachrichtenübermittlung, Kreditinstitute, Versicherungsgewerbe, Organisationen ohne Erwerbscharakter, Gebietskörperschaften, Sozialversicherung und alle Dienstleistungen im engeren Sinne). Den unterschiedlichen Aktivitätsbereichen entsprechen die basic- bzw. nonbasic-Einkommensbereiche, die entsprechend der dem Modell zugrunde liegenden Kreislaufvorstellung multiplikativ verknüpft sind:

Regionales Einkommen entsteht nach dieser Vorstellung originär aus Exporten (basic-Einkommen). Diese basic-Einkommen werden zu einem bestimmten Prozentsatz (innergebietliche Verwendungsquote) zu Einkommen in den non-basic-Bereichen, das wiederum entsprechend der innergebietlichen Verwendungsquote im non-basic-Bereich reproduziert wird usw. Das aus diesem Prozeß resultierende Gesamteinkommen läßt sich formal nach der allgemeinen Multiplikatorformel berechnen.

$$Y_R = Y_{Ex} \frac{1}{1 - a}$$

wobei Y_R das regionale Gesamteinkommen, Y_{Ex} das basic-Einkommen und a die innergebietliche Verwendungsquote ist. Auf diese Weise steht *das non-basic-Einkommen in einer festen Relation zum basic-Einkommen wie zum Gesamteinkommen der Region,* wenn die innergebietliche Verwendungsquote konstant bleibt.

Von der Konstanz der Einkommensrelation zur Konstanz der entsprechenden Beschäftigtenrelation ist unter diesen Umständen nur ein leichter

Schritt: Unter den genannten Bedingungen läßt sich die Zahl der Beschäftigten im non-basic-Bereich multiplikativ in Abhängigkeit von der jeweiligen Beschäftigtenzahl im basic-Bereich ermitteln:

$$B_R = B_{Ex} \frac{1}{1 - a}$$

Der Ansatz kann zur Diagnose, Status-quo-Prognose und Wirkungsprognose verwendet werden. Das Ergebnis für die zweckmäßigste Strategie einer regionalen Strukturpolitik ist relativ eindeutig: Nur die Ansiedlung solcher Wirtschaftszweige ist zu fördern, deren Absatz überwiegend außerhalb der Problemregion erfolgt.

b) Kritik

Die Kritik an diesem Konzept verkennt keineswegs die Richtigkeit der Grundannahme einer zentralen Bedeutung der exportierenden Wirtschaftsbereiche für das kleinräumliche Wachstum, wendet sich jedoch sowohl gegen die Monokausalität dieses Erklärungsversuchs ebenso wie gegen die behauptete Stringenz und theoretische Richtigkeit des Zusammenhangs.

Eine Reihe von Argumenten kritisiert generell die Anwendung von Multiplikatormodellen (im weitesten Sinne) für die Analyse des regionalen Wachstums, weil

— angesichts der Langfristigkeit regionaler Wachstumsprozesse kaum von der in Multiplikatoranalysen unterstellten Konstanz der Verhaltensgrößen (etwa der innergebietlichen Verwendungsquote und damit der regionalen „Import“-quote) ausgegangen werden kann,

— es sich bei den in Multiplikatormodellen verwendeten Verhaltensgrößen um makroökonomische statistische Gesetzmäßigkeiten handelt, deren Anwendung eine gewisse Mindestzahl von Wirtschaftseinheiten verlangt, mit der Folge, „daß die Regionen, für die die dargestellten Gesetzeshypothesen Anwendung finden sollen, eine bestimmte Mindestgröße haben müssen“ [22].

Eine weitere Gruppe von Argumenten richtet sich gegen die Monokausalität des Konzepts:

---

22 Ortmann, F., Überlegungen zur regionalpolitischen Anwendbarkeit des Multiplikator-Konzeptes, Kieler Studien, Bd. 122, hrsg. v. H. Giersch, Tübingen 1973, S. 165.

— Die Exporttätigkeit ist zwar eine wichtige Determinante des regionalen Wachstums, eine auf dieser Aussage aufbauende monokausale regionale Wachstumstheorie jedoch vernachlässigt eine Reihe weiterer wichtiger Wachstumsdeterminanten, insbesondere die Ausnutzung externer Effekte und Fühlungsvorteile der räumlichen Ballung (Polarisationseffekte) und die Attraktivität zentraler Güter und Dienstleistungen, deren Bedeutung als Standortfaktor immer mehr wächst. (Auf diese Effekte wird noch einzugehen sein.)

— Die Überschätzung der Multiplikatorwirkung der Exporte als einziger Determinante des regionalen Wachstums ergibt sich vor allen Dingen aus der (implizit unterstellten) Annahme, der non-basic-Bereich einer Region produziere keine autonomen Wachstumsanstöße. Diese Annahme muß spätestens dann fallengelassen werden, wenn die Problemregion so groß definiert wird, daß die Exporte nur noch einen verschwindend geringen Teil des regionalen Kreislaufs ausmachen. Damit kann umgekehrt gefolgert werden, daß das Konzept die Realität um so besser beschreibt, je kleiner die betrachtete Region ist. Streng genommen gilt das Konzept nur dann, wenn die betrachtete Region so klein ist, daß ein autonomes Wachstum bewirkender non-basic-Bereich nicht existiert. In der Realität ist jedoch davon auszugehen, daß motorische Wirkungen nicht nur von den basic-Bereichen, sondern auch von den non-basic-Bereichen (z. B. den Dienstleistungsbereichen) ausgehen können.

— In diesem Zusammenhang ist auch auf die Schwierigkeit einer Unterscheidung von basic- und non-basic-Bereichen hinzuweisen. Was basic ist, hängt allein von der Regionsgröße ab. Die Unterscheidung ist um so schwieriger, „als die Trennungslinie zwischen den beiden Aktivitätsgruppen nicht mit den herkömmlichen Gliederungen nach Wirtschaftsbereichen, Wirtschaftsabteilungen oder Wirtschaftsstufen identisch ist. Sie verläuft vielmehr quer durch die bekannten statistischen Aufteilungen, so daß auch gerade das Denken in Wirtschaftsbereichen (etwa die Gleichsetzung der Grundstoff- und Produktionsgüterindustrien sowie der Weiterverarbeitung mit den basic-Aktivitäten und die Identifizierung des tertiären Sektors mit den non-basic-Aktivitäten) unbedingt vermieden werden muß, da eine solche Konzeption dem einkommenstheoretischen Ansatz der economic-base-Theorie widersprechen würde“ *(Rittenbruch)*. Zudem: Wie sollen jene Sektoren eingestuft werden, die Vorleistungen für die basic-Bereiche erbringen?

— Schließlich kann nicht jede Erweiterung von basic-Aktivitäten als in gleicher Weise wachstumsinduzierend angesehen werden. Der Effekt auf das langfristige regionale Wachstum dürfte u. a. auch davon abhängen, wie groß zum einen die künftigen Marktchancen, zum anderen die intersektoralen Verflechtungen des expandierenden Wirtschaftszweiges innerhalb der jeweiligen Problemregion sind. Die Feststellung solcher Verflechtungen ist im Wege regionaler Branchenstrukturanalysen (Industriekomplexanalyse) ebenso möglich wie durch regionale Input-Output-Analysen.

Trotz dieser sehr umfassenden Kritik kann gleichwohl eine wichtige grundsätzliche Erkenntnis im Hinblick auf Ansatzpunkte für eine regionale Strukturpolitik aus diesem Konzept festgehalten werden: Das Merkmal „Exportindustrie“ (im Hinblick auf den regionalen Wirtschaftskreislauf) ist als generelles Indiz für multiplikative Wachstumswirkungen einer Industrieansiedlungsmaßnahme anzusehen, jedoch weder im Sinne eines notwendigen Kriteriums für multiplikative Wirkungen überhaupt noch im Sinne eines hinreichenden Kriteriums für besonders hohe multiplikative Wirkungen im Einzelfall. Allerdings ist die Wahrscheinlichkeit für das Auftreten wachstumsinduzierender Wirkungen einer Industrieansiedlungsmaßnahme ceteris paribus um so größer, je größer der Exportanteil an der regionalen Produktion des expandierenden Wirtschaftsbereichs ist.

2. Das Konzept der Entwicklungspole *

a) Darstellung

Von einem geschlossenen Konzept oder einer Theorie der Entwicklungspole kann keine Rede sein. Vielmehr existiert eine Vielzahl von – zunächst überwiegend im französischen Sprachraum erschienenen – Beiträgen, die sich – explizit oder implizit – auf ein gleiches Prinzip der regionalen Entwicklung berufen: Das *Prinzip der polarisierten Entwicklung.*

Dieses Prinzip vermittelt zunächst die allgemein gehaltene Erkenntnis, daß das wirtschaftliche Wachstum einer Volkswirtschaft nicht gleichmäßig stattfindet, sondern in Gestalt „aufeinanderfolgender Entwicklungsschübe

* *Buttler, F.*, Entwicklungspole und räumliches Wirtschaftswachstum, Schriften zur angewandten Wirtschaftsforschung (herausgegeben von B. Gahlen und H. Hesse), Bd. 30, Tübingen 1973.
Klemmer, P., Die Theorie der Entwicklungspole – Strategisches Konzept für die regionale Wirtschaftspolitik? in: Raumforschung und Raumordnung, 30. Jg. (1972), S. 102–107.

innerhalb sektoral/regional identifizierbarer Zusammenballungen wirtschaftlicher Aktivitäten (d. h. Entwicklungspolen), von denen aus Impulse zu Anpassungsbewegungen im übrigen gesamtwirtschaftlichen System diffundieren“ (F. *Buttler*). Polarisation stellt sich damit als Nettoergebnis zentrifugaler und zentripetaler Entwicklungsprozesse dar.

Grundlegend für die (regionale und sektorale) Polbildung ist das *Prinzip der zirkulären Verursachung*, das formal einen wechselseitigen Zusammenhang zwischen Ursache und Wirkung bezeichnet, angewendet auf die wirtschaftliche Entwicklung: einen wechselseitigen Zusammenhang zwischen regionalem (sektoralem) Wachstum und den dieses Wachstum verursachenden Determinanten behauptet. Das führt zu der – aus der Praxis an zahlreichen Beispielen nachweisbaren – Aussage, daß einmal zustandegekommenes Wachstum sich selbst die Ausgangsbedingungen für die weitere Verstärkung schafft. („Nichts ist so erfolgreich wie der Erfolg“.) Der entscheidende Grund für diesen Zusammenhang ist die partielle oder gänzliche Immobilität der entscheidenden Wachstumsdeterminanten (Arbeitsmarktreserven, Infrastruktur, natürliche Standortvorteile), wie sich am Beispiel der Infrastruktur leicht zeigen läßt: Orte, die bereits über Industrieansiedlung verfügen, haben auch die Mittel (und den Zwang) zur Schaffung der erforderlichen industrienahen Infrastruktur (z. B. Energieversorgung, Kläranlagen, Tertiärbereich). Damit aber steigt ihre Attraktivität für neue Industrieansiedlungen etc. In diesem Sinne begründet das Prinzip der polarisierten Entwicklung den in der kommunalen Wirtschaftspolitik erkennbaren circulus vitiosus, nach dem arme Gemeinden arm bleiben, reiche noch reicher werden.

Für die weitere Analyse muß zwischen sektoralen und regionalen Polarisierungseffekten motorischer Bereiche unterschieden werden.

— *Sektorale Polarisierungseffekte* können *technischer, einkommensmäßiger und psychologischer Art sein.* Bei den *technischen Polarisierungseffekten* handelt es sich um die aus der Input-Output-Analyse bekannten, durch Absatz- und Zulieferverpflechtungen bedingten Vorwärts- und Rückwärts-Kopplungseffekte, denen besonders im Zulieferbereich Bedeutung zukommt. Während sich die technisch-produktionsmäßig bedingten Polarisierungseffekte überwiegend im Sekundärbereich niederschlagen, fallen die *Einkommenseffekte* von Veränderungen in motorischen Bereichen überwiegend im Tertiärsektor an. Sie ergeben sich aus der Verausgabung der in den motorischen Bereichen erzielten Einkommen. Dagegen wirken *psychologische Polarisierungseffekte* über die von der günstigen Entwicklung motorischer Bereiche ausgehende Verbesserung des Investitionsklimas in alle Sektoren hinein.

— *Regionale Polarisierungseffekte* ergeben sich aus den eben beschriebenen sektoralen Entwicklungseffekten erst dadurch, daß „der von der motorischen Industrie ausgehende Zugeffekt auch eine räumliche Attraktionskraft ausübt ... Erst dann entwickelt der dominierende Sektor jene Agglomerationskraft, die die Entstehung eines räumlich sichtbaren Entwicklungspols bewirkt, wobei sich innerhalb eines solchen regionalen Wachstumszentrums mehrere sektorale Pole überlagern können ... Da der größte Teil der eben aufgezeigten Wirkungen in den Bereich der externen Ersparnisse (Verluste) fällt, kann man das Aufkommen eines regionalen Entwicklungspols auch als das Produkt der Agglomerationsvorteile ansehen" (P. *Klemmer*).

Als Konsequenz der Theorie der polarisierten Entwicklung für die regionale Strukturpolitik läßt sich das bekannte *Schwerpunktprinzip* herleiten, demgemäß Mittel der regionalen Strukturpolitik konzentriert eingesetzt werden sollen, d. h. der Maßnahmeneinsatz der regionalen Strukturpolitik sollte zweckmäßigerweise bei den bereits bestehenden regionalen Verdichtungen, und hier wiederum bei den motorischen „Schlüssel"-bereichen ansetzen. In dieser Schlußfolgerung liegt gleichzeitig der wesentlichste Ansatzpunkt für die Kritik an diesem Konzept.

b) Kritik

Die Kritik am Konzept der Entwicklungspole knüpft insbesondere an die Frage nach der (sektoralen und regionalen) Mindestqualifikation eines Entwicklungspols an, die gegeben sein muß, damit dieser Pol die erwünschten Zugeffekte bewirkt. Genau darüber gibt das Konzept jedoch keine hinreichende Auskunft, abgesehen von der wenig befriedigenden Aussage, daß eine solche Mindestqualifikation (insbesondere eine Mindestgröße) existiert. Entscheidend für diese Mindestqualifikation ist insbesondere die Beantwortung der Frage, welcher Voraussetzungen es bedarf, damit eine feststellbare sektorale Verflechtung auch zu entsprechenden räumlichen Konsequenzen (Beispiel: Ansiedlung von Zulieferindustrien bei expandierendem motorischen Bereich) führt. In empirischen Untersuchungen ist bislang der Nachweis eines räumlichen Verbunds von sektoralen Verflechtungsbereichen um einen Entwicklungspol nicht gelungen. Im Gegenteil: Vieles deutet darauf hin, daß die auf industriellen Zulieferbeziehungen beruhenden Agglomerationsvorteile wesentlich geringer sind als bislang unterstellt, in vielen Fällen sogar unbedeutend sind[23]." Damit ist der entscheidende Mangel der allein auf der Theorie der Entwicklungspole aufbauenden regionalpolitischen Strategien angesprochen, nämlich die Überbetonung der mit den intersektoralen Verflechtungen verknüpften räumlichen Polarisierungseffekte im Industriebereich" (P. *Klemmer*). Dagegen werden auf die regionale Ausstattung im weitesten Sinne abstellende Wachstumsdeterminanten, die in empirischen Studien als wesentlich ausgewiesen werden – wie etwa das Arbeitsmarktpotential und die zentralörtliche infrastrukturelle Ausstattung – praktisch vollständig vernachlässigt.

3. Die Infrastrukturtheorie *

a) Darstellung

Im Gegensatz zu den beiden oben beschriebenen, mehr sektoral ausgerichteten Erklärungsansätzen regionalwirtschaftlicher Entwicklung *stellt die Infrastrukturtheorie auf die räumliche Verteilung bestimmter Ausstattungsmerkmale zur Erklärung eines regional differenzierten Wachstums ab.*

Unter *Infrastruktur* kann in Anlehnung an *Jochimsen* die Summe der örtlich erforderlichen Voraussetzungen für die wirtschaftliche Aktivität von Unternehmen und Haushalten verstanden werden. Es handelt sich um einen heuristischen Begriff, der bislang überwiegend im Sinne einer global orientierten entwicklungstheoretischen Fragestellung nach dem Einfluß der Infrastruktur auf das Niveau der Wirtschaftstätigkeit einer Volkswirtschaft oder Region bzw. nach dem Ausmaß, in dem Infrastruktur als Voraussetzung sozioökonomischer Entwicklungen gesellschaftlich wie regional angesehen werden muß, verwendet wurde. Entsprechend der Verwendung des Infrastrukturbegriffs als Instrument einer globalen Theorie der Wirtschaftspolitik wurde bisher wenig Augenmerk auf eine differenzierende Typisierung der verschiedenen Infrastruktursysteme gelegt. Außer der von *Jochimsen* angeführten Unterteilung in materielle, perso-

---

23 Vgl. etwa Brösse, U., Industrielle Zulieferbeziehungen als Standortfaktor, Forschungs- und Sitzungsberichte, Bd. 65 der Akademie für Raumforschung und Landesplanung, Hannover 1971.

* *Jochimsen, R.*, und *Gustafson, K.*, Art. „Infrastruktur", Handwörterbuch der Raumforschung und Raumordnung, Hannover 1970, Sp. 1318 ff.
Jansen, P. G., Infrastrukturinvestitionen als Mittel der Regionalpolitik, Beiträge zur Raumplanung, Gütersloh 1968.

nelle und institutionelle Infrastruktur und der Aufzählung gewisser Merkmale (wie Unteilbarkeiten, lange Lebensdauer, externe Effekte, Nichtanwendbarkeit des exclusion principle etc.) begnügen sich die meisten Autoren mit der Erwähnung bestimmter Infrastrukturbereiche (Verkehrswege, Wasser- und Energieversorgung, Bildungs- und Gesundheitseinrichtungen, Verwaltung etc.).

Eine gewisse Einigkeit scheint lediglich darüber zu bestehen, daß die von der Infrastruktur zur Verfügung gestellten Leistungen die Grundlage für eine Vielzahl von wirtschaftlichen Aktivitäten sind und in aller Regel nicht importiert werden können. Gleiches gilt aber auch für die zur Versorgung einer Region anzubietenden zentralen Güter (etwa Gebietskörperschaften, Bildungseinrichtungen, Einrichtungen der Gesundheitsfürsorge, Handel, Kredit- und Versicherungswesen etc.).

Unabhängig von einer Unterscheidung beider Begriffe im einzelnen wird als feststehend angesehen, daß die *Versorgung mit Infrastruktur bzw. zentralen Dienstleistungen eine wichtige Standort- und damit regionale Wachstumsdeterminante* darstellt. Dies wird auch von der offiziellen Wirtschaftspolitik betont. So wird etwa die Förderung des Ausbaus der Infrastruktur im Gesetz über die Gemeinschaftsaufgabe „Verbesserung der regionalen Wirtschaftsstruktur" als Maßnahme zur Verbesserung der regionalen Wirtschaftsstruktur apostrophiert, wobei der Ausbau der Infrastruktur allerdings auf die sog. wirtschaftsnahe Infrastruktur beschränkt wird, d. h. folgende Gruppen von Maßnahmen umfaßt:

— Erschließung von Industriegelände im Zusammenhang mit Industrieansiedlungsvorhaben,

— Ausbau von Verkehrsverbindungen, Energie- und Wasserversorgungsanlagen, Abwasserbeseitigungsanlagen sowie öffentliche Fremdenverkehrseinrichtungen,

— Errichtung oder Ausbau von Ausbildungs-, Fortbildungs- und Umschulungsstätten, soweit ein unmittelbarer Zusammenhang mit dem Bedarf der regionalen Wirtschaft an geschulten Arbeitskräften besteht.

Man erwartet von Infrastrukturinvestitionen insbesondere [24]

---

24 Vgl. Buhr, W., Die Abhängigkeit der räumlichen Effekte von der Infrastrukturausstattung, in: Grundfragen der Infrastrukturplanung für wachsende Wirtschaften, herausgegeben v. H. Arndt und D. Swatek, Schriften des Vereins für Sozialpolitik, NF., Bd. 48, Berlin 1971, S. 103–124.

— *Einkommenseffekte* (als Multiplikatoreffekt während der Ausreifungszeit der Investition und als kostensenkende bzw. das – nicht monetäre – Einkommen erhöhende Effekte der vorhandenen Infrastrukturkapazitäten),
— *Standorteffekte,* vor allem als Anreiz für die Ansiedlung von Arbeitskräften und Betrieben (Investitionen in die Superstruktur),
— *Selbsterzeugungseffekte* (Verursachung des eigenen Wachstums durch die Infrastruktur, etwa als Folgeinvestitionen).

b) Kritik

Abgesehen von der Unschärfe der Begriffsbildung kann von einer Infrastrukturtheorie im Sinne etwa von empirisch geprüften Hypothesen schon deshalb nicht die Rede sein, weil eine empirische Prüfung der Wirkungen einzelner Infrastruktursysteme in Ermangelung sowohl der erforderlichen Daten wie der erforderlichen Methoden bislang nicht vorgenommen werden konnte. Zwar liegen Nachweise der generellen Bedeutung des Vorhandenseins bestimmter Infrastrukturbündel für die Standortentscheidungen von Arbeitnehmern und Betrieben inzwischen vor [25], doch steht eine Theorie der Wirkungen einzelner Infrastrukturinvestitionen auf das Wachstum noch aus. Insbesondere ist noch nicht geklärt, inwieweit Infrastrukturinvestitionen anderen Investitionen zeitlich vorausgehen müssen. „Es gibt Infrastrukturelemente, in denen innerhalb weiter Bereiche das Verhältnis zwischen Infrastruktur- und anderen Investitionen nicht technologisch bestimmt ist. Allerdings sind die Produktionskosten je Outputeinheit der Superstruktur ceteris paribus um so höher, je inadäquater die Infrastruktur einer Region ausgebaut ist“ *(Jansen).*

In jenen Fällen jedoch, in denen das Verhältnis zwischen Infrastruktur- und anderen Investitionen technologisch relativ eng bestimmt ist, werden die betreffenden Infrastrukturinvestitionen notwendige Vorbedingung für die wirtschaftliche Entwicklung. Als solche Vorbedingungen sind zunächst insbesondere Investitionen in das Trasnportwesen und in die Energieversorgung anzusehen. Zwar kann auch hier nicht mit Sicherheit gesagt

---

25 Vgl. Zimmermann, H., Anderseck, K., Reding, K., und Zimmermann, A., Regionale Präferenzen. Zur Wohnortorientierung und Mobilitätsbereitschaft der Arbeitnehmer in der Bundesrepublik Deutschland, Gesellschaft für Regionale Strukturentwicklung – Schriftenreihe, Bd. 2, Bonn 1973, Fürst, D., Zimmermann, K., und Hansmeyer, K.-H., Standortwahl industrieller Unternehmen, Gesellschaft für regionale Strukturentwicklung – Schriftenreihe Bd. 1, Bonn 1973.

werden, daß diesen Infrastrukturbereichen entsprechende private Investitionen in der Superstruktur und damit wirtschaftliche Wachstumsprozesse folgen. Jedoch kann negativ formuliert werden, daß ein Wachstum überhaupt nicht oder nur innerhalb bestimmter Grenzen möglich ist, wenn die limitierenden Inftrastrukturbereiche nicht vergrößert werden, mit anderen Worten, *wenn eines der für das regionale Wachstum unabdingbar erforderlichen Infrastruktursysteme zum Engpaß wird.*

In Anbetracht der wachsenden Bedeutung des regionalen Arbeitsmarktes werden in diesem Zusammenhang in zunehmendem Maße auch jene Infrastruktursysteme relevant, die insbesondere für Standortentscheidungen von Arbeitnehmern von Bedeutung sind (z. B. Komponente des Wohn- und Freizeitwertes). Berücksichtigt man zudem den Zusammenhang, daß bei wachsenden Einkommen die Ansprüche an die (konsumtive) Infrastruktur steigen, so steht zu vermuten, daß die Zahl der das regionale Wachstum limitierenden Infrastrukturbereiche in Zukunft ansteigen wird. Entsprechend *steigende Bedeutung kommt damit auch einer (nicht nur auf den wirtschaftsnahen Bereich beschränkten) Infrastrukturpolitik zu.*

VI. MASSNAHMEN DER REGIONALEN STRUKTURPOLITIK IN DER BUNDESREPUBLIK DEUTSCHLAND *

Seit dem Auslaufen des regionalen Förderungsprogramms der Bundesregierung im Oktober 1972 sind die wichtigsten Maßnahmen der regionalen Strukturpolitik des Bundes und der Länder im *Rahmenplan zur Gemeinschaftsaufgabe „Verbesserung der regionalen Wirtschaftsstruktur“* zusammengefaßt. Es erweist sich daher als zweckmäßig, zunächst auf die dem Rahmenplan zugrunde liegenden Prinzipien einzugehen und sodann die beiden wichtigsten Einzelmaßnahmen des Rahmenplans, *Regionale Aktionsprogramme* und *Investitionszulagen* zu erörtern.

1. Rahmenplan „Verbesserung der regionalen Wirtschaftsstruktur“

Gemäß § 4 GRW wird für die Erfüllung der Gemeinschaftsaufgaben – jeweils angepaßt an den Zeitraum der Finanzplanung – ein gemeinsamer Rahmenplan aufgestellt, der jedes Jahr sachlich zu prüfen und der Ent-

* Handbuch der regionalen Wirtschaftsförderung (herausgegeben von H. H. Eberstein), Köln ab 1971, Teil B: Einzelprogramme.

wicklung entsprechend fortzuführen ist. Dabei ist die Finanzplanung des Bundes und der Länder zu berücksichtigen.

Für die Aufstellung dieses Rahmenplanes wurde gemäß § 6 GRW von der Bundesregierung und den Landesregierungen ein *Planungsausschuß* gebildet, der über die Grundrisse und Richtlinien der Rahmenpläne beschließt. Der Planungsausschuß, dem der Bundeswirtschaftsminister als Vorsitzender sowie der Bundesminister für Finanzen und je ein Minister (Senator) jedes Landes angehören, hat praktisch die Führungsrolle im Rahmen der regionalen Strukturpolitik übernommen, die vorher der IMNOS innehatte. Heute dient der IMNOS zur Abstimmung der Meinung der Bundesregierung im Rahmen des Planungsausschusses.

Um relativ kurzfristig über einen Rahmenplan der Gemeinschaftsaufgabe „Verbesserung der regionalen Wirtschaftsstruktur" verfügen zu können, übernahm der Planungsausschuß für die regionale Wirtschaftsstruktur mit seinem Beschluß vom 29. 6. 1971 (1. Rahmenplan) im wesentlichen die bis dahin zwischen dem Bund und den einzelnen Ländern vereinbarten 21 Regionalen Aktionsprogramme in die Gemeinschaftsaufgabe. Gemeinsam ist allen diesen Rahmenplänen eine *sektorale und regionale Differenzierung der Förderungsmaßnahmen.*

— *Die regionale Differenzierung* der Förderungsmaßnahmen wird durch Anwendung des Schwerpunktprinzips bewirkt. Zwar werden durch die 21 regionalen Aktionsprogramme rund 58 % der Fläche des Bundesgebietes mit ca. 33 % der Bundesbevölkerung zu den Fördergebieten gezählt, jedoch gelten innerhalb dieser Fördergebiete nicht mehr wie früher im Prinzip rund 10 000, sondern nur noch – von Ausnahmen abgesehen – 312 als Entwicklungsschwerpunkte ausgewählte Gemeinden im Rahmen der Regionalen Aktionsprogramme als förderungswürdig. Bei der Mindestgröße eines Entwicklungsschwerpunktes geht man in der Regel von 20 000 Einwohnern aus, die in der Stadt selbst bzw. in den umliegenden Gemeinden innerhalb eines Anfahrtsweges von maximal einer Stunde angesiedelt sind. In der Praxis ist jedoch die Größe der Entwicklungsschwerpunkte meist höher angesetzt, wie eine überschlägige Rechnung verdeutlicht: So leben in den Fördergebieten heute rund 20 Mio. Einwohner, so daß bei 312 Schwerpunkten im Durchschnitt 64 000 Einwohner auf einen Schwerpunkt entfallen. Dabei bietet das regionale Aktionsprogramm für Holstein mit rund 190 000 Einwohnern je Schwerpunkt den oberen Extremwert, das regionale Aktionsprogramm für Ostbayern mit 29 400 Einwohnern je Schwerpunkt den unteren Extremwert.

Innerhalb dieser 312 Schwerpunkte wurde je nach Förderungsbedürftigkeit und Entwicklungsfähigkeit eine weitere Differenzierung in Form unterschiedlicher Förderungspräferenzen eingefügt: So betragen die maximalen Förderungssätze von Investitionen der gewerblichen Wirtschaft bei übergeordneten Schwerpunkten im Zonenrandgebiet (A-Schwerpunkte) 25 %, bei übergeordneten Schwerpunkten in den übrigen Fördergebieten (B-Schwerpunkte) 20 %, bei normalen Förderungsschwerpunkten (C-Schwerpunkte) 15 % und bei untergeordneten Förderungsschwerpunkten (D-Schwerpunkte) 10 %. Einen Sonderfall bilden einige kleinere Städte in der Normalförderungskategorie, die zwar keine übergeordneten Schwerpunkte sind, aber wegen ihrer extremen Randlage auch die 25-%-Präferenz erhalten (E-Schwerpunkte). Die Einstufung in die verschiedenen Schwerpunktarten wird relativ streng gehandhabt. So gibt es nur 12 A-Schwerpunkte und 20 B-Schwerpunkte, dagegen 229 C-Schwerpunkte und 51 D-Schwerpunkte.

— *Eine sektorale Differenzierung* der Förderungsmaßnahmen wird dadurch erreicht, daß man in der Regel nur solche Investitionsvorhaben fördert, die einen *Primäreffekt* aufweisen. Ein Investitionsvorhaben weist dann einen Primäreffekt auf, „wenn es geeignet ist, durch Schaffung von zusätzlichen Einkommensquellen das Gesamteinkommen in den förderungsbedürftigen Gebieten unmittelbar und auf die Dauer zu erhöhen. Dies wird insbesondere dadurch erreicht, daß der überwiegende Teil der in der Betriebsstätte hergestellten Güter oder der in ihr erbrachten Leistungen außerhalb der förderungsbedürftigen Gebiete abgesetzt wird“ (Entwurf eines Steueränderungsgesetzes 1973; Bundestagsdrucksache 7/419 vom 28. 3. 1973). Damit stellt sich die offizielle regionale Strukturpolitik überwiegend auf den Standpunkt des Exportbasiskonzepts (zur Kritik vgl. Gliederungspunkt V. 1. a)). Besonders deutlich wurde diese sektorale Orientierung bei der im Jahre 1973 vorgenommenen Änderung des Investitionszulagengesetzes (vgl. im folgenden Gliederungspunkt VI. 3).

Förderungswürdig sind gemäß § 1 GRW *zwei Arten von Maßnahmen*, nämlich

— die *Förderung der gewerblichen Wirtschaft* bei Errichtung, Ausbau,

Umstellung oder grundlegender Rationalisierung von Gewerbebetrieben und

— die *Förderung des Ausbaus der Infrastruktur,* soweit es für die Entwicklung der gewerblichen Wirtschaft erforderlich ist.

Dabei entfällt die Hauptmasse der eingesetzten Mittel auf die Förderung von Investitionsmaßnahmen der gewerblichen Wirtschaft. Dies geschieht in erste Linie über die *Investitionszulage* gemäß Investitionszulagengesetz (vgl. Gliederungspunkt VI. 3), zum anderen über *Investitionszuschüsse* aus Mitteln der Gemeinschaftsaufgabe. Der Unterschied zwischen Investitionszuschüssen aus der Gemeinschaftsaufgabe und Investitionszulagen gemäß Investitionszulagengesetz liegt zum einen darin, daß im Falle der Investitionszulagen ein *Rechtsanspruch* für diejenigen Betriebe besteht, die die entsprechenden Kriterien des Investitionszulagengesetzes erfüllen, während über die Investitionszuschüsse von Fall zu Fall durch die zuständigen Ministerien des Bundes und der Länder entschieden wird. Zum zweiten sind die *Investitionszulagen steuerfrei,* während hinsichtlich des Invesitionszuschusses ein Wahlrecht besteht, ihn entweder sofort als außerordentlichen Ertrag zu versteuern oder die abschreibungsfähigen Anlagegüter um den dafür gewährten Zuschußbetrag zu kürzen.

Die früher übliche und nach § 3 GRW auch mögliche finanzielle Förderung in Form der Gewährung von Darlehen und Zinszuschüssen ist durch die in die Regelungen der Gemeinschaftsaufgabe übernommenen Richtlinien des alten Regionalen Förderungsprogrammes der Bundesregierung ausgeschlossen. Dagegen wird die Zuschußförderung der Gemeinschaftsaufgabe noch durch ein *Bürgschaftssystem* ergänzt.

Diesen grundsätzlichen Bestimmungen des Rahmenplans sind die beiden im folgenden kurz zu erörternden Instrumente der Regionalen Aktionsprogramme und der gebietsbezogenen Investitionszulagen gemäß Investitionszulagengesetz unterworfen.

2. Regionale Aktionsprogramme

Die Schaffung Regionaler Aktionsprogramme wurde im Jahre 1968 vom Bundeswirtschaftsministerium im Rahmen der „Vorschläge zur Intensivierung und Koordinierung der regionalen Strukturpolitik" [26] angeregt. Vier

26 Vgl. BMW-Texte, Intensivierung und Koordinierung der regionalen Strukturpolitik, Vorschläge des Bundesministers für Wirtschaft, Bonn 1968.

Überlegungen waren es, die diese Maßnahme zweckmäßig erscheinen ließen:

— Zum einen konnte man in Anbetracht *absehbarer struktureller Entwicklungen* – insbesondere Abwanderung aus der Landwirtschaft, Umstellung wachstumsschwacher Bereiche auf neue Produktionsrichtungen – bis 1980 mit der Notwendigkeit rechnen, jährlich rund 20 000 neue gewerbliche Arbeitsplätze in dem Bundesausbaugebiet schaffen zu müssen.

— Des weiteren war eine *befriedigende Koordinierung* der regionalen Wirtschaftsförderung von Bund und Ländern und damit eine optimale Effizienz der in der regionalen Wirtschaftsförderung eingesetzten Mittel bislang nicht bewirkt.

— Darüber hinaus erschienen die abgegrenzten Regionalen Aktionsprogramme in besserer Weise als das regionale Förderungsprogramm der Bundesregierung geeignet, auf die *individuelle Situation des einzelnen Fördergebiets* einzugehen.

— Schließlich bot sich mit den Regionalen Aktionsprogrammen die *Möglichkeit einer räumlichen und institutionellen Zusammenfassung der Mittel und Maßnahmen* der regionalen Wirtschaftsförderung und damit einer besseren Koordinierung der Regionalpolitik. In räumlicher Hinsicht wurden die früher als Bundesfördergebiete anerkannten Städte und Landkreise zu größeren räumlichen Einheiten zusammengefaßt, innerhalb deren die regionale Wirtschaftsförderung auf gewerbliche Schwerpunktorte mit einem Einzugsbereich von mindestens 20 000 Einwohnern konzentriert ist. In institutioneller Hinsicht werden in den Regionalen Aktionsprogrammen die Förderungsmittel und -maßnahmen von Bund und Ländern gemeinsam verplant und auf einen fünfjährigen Zeitraum projektiert, der der mehrjährigen Finanzplanung angepaßt ist.

Formal besteht ein Regionales Aktionsprogramm in der Regel aus vier Teilen:

— Der erste Teil enthält eine *Beschreibung des Aktionsraumes* (räumliche Abgrenzung, wirtschaftliche Entwicklung, wichtige Strukturdaten, Probleme).

— Im zweiten Teil des Programms werden die *Entwicklungsziele* für die gewerbliche Wirtschaft im Planungszeitraum ausgewiesen. Dabei soll neben dem primären Entwicklungsziel jeweils aufgezeigt werden, wieviel Arbeitsplätze jeweils neu geschaffen bzw. gesichert werden und welche räumlichen Schwerpunkte der Förderung (getrennt nach gewerblichen Schwerpunkten und Fremdenverkehrsgebieten) in Aussicht genommen werden sollen.

— Die im Rahmen der Gemeinschaftsaufgabe zu fördernden *Investitionen* des Regionalen Aktionsprogrammes und die *Aufteilung der verfügbaren Fördermittel* werden im dritten Teil dargestellt.

— Der vierte Teil umfaßt den notwendigen *Finanzierungsplan.*

3. Gebietsbezogene Investitionszulagen nach dem Investitionszulagengesetz

Nach § 2 des Investitionszulagengesetzes vom 18. Aug. 1969 kann Steuerpflichtigen im Sinne des Einkommensteuergesetzes und des Körperschaftsteuergesetzes eine Investitionszulage gewährt werden, wenn

(1) sie in einem *förderungsbedürftigen Gebiet* eine gewerbliche Betriebstätte errichten oder erweitern und diese Maßnahme *volkswirtschaftlich besonders förderungswürdig* ist und den *Zielen und Grundsätzen der Raumordnung und Landesplanung entspricht*, oder wenn

(2) sie im Zusammenhang mit der Umstellung oder *grundlegenden Rationalisierung* einer *im Zonenrandgebiet* gelegenen gewerblichen Betriebstätte Investitionen vornehmen, die volkswirtschaftlich besonders förderungswürdig sind und den Grundsätzen der Raumordnung und Landesplanung entsprechen.

Die förderungsbedürftigen Gebiete im Sinne der unter (1) genannten Förderungsmöglichkeit hat die Bundesregierung aufgrund der in § 1 Abs. 2 Satz 2 Investitionszulagengesetz enthaltenen Ermächtigung durch eine Verordnung bestimmt. [27]

Voraussetzung für die Gewährung der Investitionszulage ist eine Bescheinigung des Bundeswirtschaftsministers, daß es sich um eine volkswirtschaftlich besonders förderungswürdige Investition handelt, die den Zielen und Grundsätzen der Raumordnung und Landesplanung entspricht. Die Voraussetzungen zur Erteilung dieser Bescheinigung wurden durch

27 Vgl. Verordnung über die förderungsbedürftigen Gebiete im Sinne des § 1 Abs. 2 Nr. 3 des Investitionszulagengesetzes vom 4. Sept. 1969, Bundesgesetzblatt I, S. 1576.

das Steueränderungsgesetz 1973 vom 26. Juni 1973 [28] im Vergleich zur 69er-Fassung des Gesetzes erheblich präzisiert, nachdem es eine Reihe von Prozessen um die Auslegung dieses Begriffes gegeben hatte. Nach § 2 Abs. 2 in der neuen Fassung des Investitionszulagengesetzes ist die Errichtung, Erweiterung, Umstellung oder grundlegende Rationalisierung einer Betriebstätte (Investitionsvorhaben) volkswirtschaftlich besonders förderungswürdig, wenn u. a.

(1) im Schwerpunktort eines förderungsbedürftigen Gebiets investiert wird,

(2) in der Betriebsstätte überwiegend Güter hergestellt oder Leistungen erbracht werden, die ihrer Art nach regelmäßig überregional abgesetzt werden,

(3) bei Erweiterungen und Betriebsverlagerungen die Zahl der bestehenden Dauerarbeitsplätze um mindestens 20 % erhöht wird oder mindestens 50 zusätzliche Dauerarbeitsplätze geschaffen werden,

(4) die Investitionskosten je geschaffenem oder gesichertem Dauerarbeitsplatz das 30fache der durchschnittlichen Investitionskosten je gefördertem Arbeitsplatz in den förderungsbedürftigen Gebieten in den vorangegangenen drei Kalenderjahren nicht übersteigen [29].

Das unter (2) genannte Kriterium (überregionaler Absatz) weist eindeutig auf die *Zugrundelegung des Exportbasis-Konzeptes* bei diesem Gesetz hin. Bei den großen Abgrenzungsschwierigkeiten, die diesem Konzept eigen sind, fragt es sich, ob es tatsächlich zweckmäßig war, beim Investitionszulagengesetz auf Güter abzustellen, „die ihrer Art nach regelmäßig überregional abgesetzt werden", insbesondere auch deshalb, weil es in klassischen Nichtbasisbereichen (z. B. Dienstleistungssektor) im Einzelfall durchaus die Möglichkeit einer fernversorgenden Tätigkeit gibt.

Gemäß § 1 Abs. 4 beträgt die *Höhe der Investitionszulage 7,5 % der Investitionskosten* (bis zum Erlaß des Steueränderungsgesetzes 1973 dagegen 10 %). Der Grund für die Reduktion der Investitionszulage liegt darin, daß die für Investitionszulagen ausgegebenen Mittel die geplanten Ansätze bei weitem überschritten: Bei der Verabschiedung des Investitionszulagengesetzes war man nämlich davon ausgegangen, daß durch die

---

28 BGBl. I, S. 676.

29 Die durchschnittlichen Investitionskosten je Arbeitsplatz werden derzeit auf 67 000,– DM beziffert. Vgl. Entwurf eines Steueränderungsgesetzes 1973, BT-Drucksache 7/419 vom 28. 3. 1973.

Gewährung der Investitionszulagen gemäß § 1 des Investitionszulagengesetzes für Bund und Länder in den Haushaltsjahren 1970 bis 1972 Mindereinnahmen an Einkommen- und Körperschaftsteuer in Höhe von insgesamt 890 Mio. DM eintreten würden. Dieser Betrag wurde mit tatsächlichen Steuermindereinnahmen in Höhe von 1279 Mio. DM erheblich überschritten. Es schien daher aus finanzpolitischen Gründen geboten, die Investitionszulage einzuschränken.

4. Sonstige Maßnahmen

Eine Reihe ergänzender Maßnahmen zur regional gezielten Wirtschaftsförderung sind unter anderem enthalten im Steinkohlenbergbauanpassungsgesetz, Berlinförderungsgesetz und im Gesetz über die Gemeinschaftsaufgabe „Verbesserung der Agrarstruktur und des Küstenschutzes". Weitere Förderungsmöglichkeiten sind über Investitionskredite aus ERP-Mitteln bzw. aus Mitteln der Kreditanstalt für Wiederaufbau und der Montanunion gegeben.

TABELLE 1: Regionale Gebietseinheiten des BROP

Nr. und Bez. der Gebietseinheiten	Zugehörige Kreise bzw. kreisfreie Städte	Wichtige Strukturdaten der Gebietseinheit (Stand 1970) Fläche qkm	Einwohner 1000	Einwohner je qkm	Beschäftigte	Beschäftigte je 1000 Einw.	Lohn- u. Gehaltssumme in 1000 DM (1969)	Gehalts- Lohn- u. summe je Beschäftigten in DM
1 Schleswig	Flensburg, Nordfriesland, Schleswig	4 150	423,5	102	130 348	308	1 158 501	8 888
2 Mittelholstein-Dithmarschen	Dithmarschen, Kiel, Ostholstein, Plön, Rendsburg-Eckernförde, Steinburg, Neumünster	7 490	1 369,3	183	485 503	355	4 688 839	9 658
3 Hamburg	Cuxhaven, Landhadel, Stade, Pinneberg, Hamburg, Harburg, Segeberg, Stormarn, Herzogtum Lauenburg	8 314	2 887,3	347	1 261 856	437	14 219 524	11 269
4 Lüneburger Heide	Celle, Fallingbostel, Lüchow-Dannenberg, Lüneburg, Soltau, Uelzen	7 171	559,8	78	185 031	331	1 602 277	8 660
5 Bremen	Ammerland, Bremen, Bremerhaven, Bremerförde, Delmenhorst, Friesland, Grafschaft Hoya, Oldenburg, Rotenburg, Verden, Wesermarsch, Wilhelmshaven	9 478	1 870,9	197	728 499	389	7 250 489	9 953
6 Osnabrück	Bersenbrück, Cloppenburg, Melle, Osnabrück, Vechta, Wittlage	4 415	625,9	142	219 976	351	1 981 632	9 008

Nr. und Bez. der Gebietseinheiten	Zugehörige Kreise bzw. kreisfreie Städte	Wichtige Strukturdaten der Gebietseinheit (Stand 1970)						
		Fläche qkm	Einwohner 1000	Einwohner je qkm	Beschäftigte	Beschäftigte je 1000 Einw.	Lohn- u. Gehaltssumme in 1000 DM (1969)	Lohn- u. Gehaltssumme je Beschäftigten in DM
7 Ems	Aschendorf-Hümmling, Aurich, Grafschaft Bentheim, Emden, Leer, Norden, Wittmund	7 060	748,7	106	227 229	303	1 929 955	8 493
8 Münster	Ahaus, Bocholt, Borken, Coesfeld, Münster, Steinfurt, Warendorf, Tecklenburg	4 948	1 076,2	218	371 393	345	3 661 079	9 858
9 Bielefeld	Bielefeld, Büren, Detmold, Halle, Herford, Höxter, Lemgo, Lübecke, Minden, Paderborn, Warburg, Wiedenbrück	6 481	1 736,9	268	660 938	381	6 448 002	9 756
10 Hannover	Alfeld, Burgdorf, Grafschaft Diepholz, Hameln, H.-Pyrmont, Hannover, Hildesheim, Hildesheim-Marienburg, Holzminden, Neustadt a. Rbge., Nienburg, Grafschaft Schaumburg, Schaumburg-Lippe, Springe	7 953	1 930,4	243	823 465	431	8 546 021	10 266
11 Braunschweig	Gifhorn, Wolfsburg, Peine, Braunschweig, Helmstedt, Salzgitter, Wolfenbüttel, Goslar, Gandersheim, Zellerfeld, Blankenburg	5 690	1 217,1	214	495 965	408	5 197 735	10 480

Nr. und Bez. der Gebietseinheiten	Zugehörige Kreise bzw. kreisfreie Städte	Wichtige Strukturdaten der Gebietseinheit (Stand 1970) Fläche qkm	Einwohner 1000	Einwohner je qkm	Beschäftigte	Beschäftigte je 1000 Einw.	Lohn- u. Gehaltssumme in 1000 DM (1969)	Lohn- u. Gehaltssumme je Beschäftigten in DM
12 Göttingen	Einbeck, Nordheim, Osterode am Harz, Duderstadt, Göttingen	2 192	415,6	190	159 671	384	1 453 996	9 106
13 Kassel	Hofgeismar, Münden, Wolfhagen, Waldeck, Kassel, Witzenhausen, Eschwege, Melsungen, Frankenberg, Fritzlar-Homberg, Rotenburg, Ziegenheim	6 712	966,7	144	352 849	365	3 290 613	9 326
14 Dortmund-Siegen	Lüdinghausen, Beckum, Hamm, Lünen, Dortmund, Unna, Soest, Lippstadt, Ennepe-Ruhr-Kreis, Hagen, Iserlohn, Arnsberg, Brilon, Meschede, Lüdenscheid, Olpe, Wittgenstein, Siegen	8 754	3 220,5	368	1 244 484	386	13 377 542	10 749
15 Essen	Kleve, Rees, Geldern, Moers, Dinslaken, Duisburg, Mülheim a. d. Ruhr, Oberhausen, Bottrop, Gladbeck, Gelsenkirchen, Wattenscheid, Essen, Wanne-Eickel, Herne, Castrop-Rauxel, Recklinghausen, Bochum, Witten	4 080	4 218,2	1 034	1 567 075	372	17 331 958	11 060

Nr. und Bez. der Gebietseinheiten	Zugehörige Kreise bzw. kreisfreie Städte	Wichtige Strukturdaten der Gebietseinheit (Stand 1970)						
		Fläche qkm	Einwohner 1000	Einwohner je qkm	Beschäftigte	Beschäftigte je 1000 Einw.	Lohn- u. Gehaltssumme in 1000 DM (1969)	Lohn- u. Gehaltssumme je Beschäftigten in DM
16 Düsseldorf	Kempen-Krefeld, Krefeld, Düsseldorf-Mettmann, Wuppertal, Remscheid, Solingen, Düsseldorf, Neuß, Rheydt, Mönchengladbach, Grevenbroich, Erkelenz, Rhein-Wupper-Kreis	2 953	3 222,8	1 091	1 469 706	456	16 879 286	11 485
17 Aachen	Selfkant-Kreis, Geilenkirchen-Heinsberg, Jülich, Aachen, Düren, Monschau, Schleiden	2 777	919,7	331	332 238	361	3 287 094	9 894
18 Köln	Bergheim, Euskirchen, Köln, Leverkusen, Rheinischbergischer Kreis, Bonn, Rhein-Sieg-Kreis, Oberbergischer Kreis	4 051	2 519,8	622	1 082 291	430	12 950 163	11 966
19 Trier	Bitburg-Prüm, Bernkastel-Wittlich, Daun, Trier, Trier-Saarburg	4 923	482,4	98	143 357	297	1 181 848	8 244
20 Koblenz	Ahrweiler, Altenkirchen, Cochem-Zell, Mayen-Koblenz, Neuwied, Koblenz, Oberwesterwaldkreis, Rhein-Lahn-Kreis, Unterwesterwaldkreis	5 468	1 025,8	188	351 146	342	3 201 489	9 117

Nr. und Bez. der Gebietseinheiten	Zugehörige Kreise bzw. kreisfreie Städte	Wichtige Strukturdaten der Gebietseinheit (Stand 1970)						
		Fläche qkm	Einwohner 1000	Einwohner je qkm	Beschäftigte	Beschäftigte je 1000 Einw.	Lohn- u. Gehaltssumme in 1000 DM (1969)	Lohn- u. Gehaltssumme je Beschäftigten in DM
21 Mittel-Ost-Hessen	Alsfeld, Biedenkopf, Dillkreis, Hersfeld, Hünfeld, Fulda, Lauterbach, Marburg, a. d. Lahn, Gießen, Oberlahnkreis, Wetzlar	6 752	1 101,3	163	408 152	371	3 710 688	9 091
22 Bamberg-Hof	Bamberg, Coburg, Bayreuth, Ebermannstadt, Ebern, Hof, Kronach, Marktredwitz, Neustadt b. Coburg, Lichtenfels, Münchberg, Naila, Kulmbach, Stadt Steinach	6 973	1 021,3	147	413 051	404	3 460 475	8 378
23 Aschaffenburg-Schweinfurt	Mellrichstadt, Bad Neustadt, Bad Brückenau, Bad Kissingen, Königshofen i. Grabfeld, Gmünden, Hammelburg, Schweinfurt, Hofheim i. UF., Alzenau i. UF., Aschaffenburg, Lohr a. Main, Karlstadt, Gerolshofen, Haßfurt, Kitzingen, Ochsenfurt, Würzburg, Marktheidenfeld, Obernburg, Miltenberg	8 120	1 154,8	142	408 903	354	3 718 667	9 094

Nr. und Bez. der Gebietseinheiten		Zugehörige Kreise bzw. kreisfreie Städte	Wichtige Strukturdaten der Gebietseinheit (Stand 1970)						
			Fläche qkm	Einwohner 1000	Einwohner je qkm	Beschäftigte	Beschäftigte je 1000 Einw.	Lohn- u. Gehaltssumme in 1000 DM (1969)	Lohn- u. Gehaltssumme je Beschäftigten in DM
24	Frankfurt-Darmstadt	Usingen, Friedberg, Büdingen, Schlüchtern, Gellenhausen, Hanau, Obertaunus-Kreis, Main-Taunus-Kreis, Frankfurt, Offenbach, Groß-Gerau, Darmstadt, Dieburg, Erbach	6 665	2 883,8	433	1 333 578	462	15 375 569	11 530
25	Mainz-Wiesbaden	Limburg, Untertaunus-Kreis, Rhein-Hunsrück-Kreis, Rheingau-Kreis, Wiesbaden, Mainz, Mainz-Bingen, Bad Kreuznach, Birkenfeld, Alzey-Worms, Worms	5 317	1 299,2	244	508 099	391	5 071 539	9 981
26	Saarland	Merzig, Wadern, St. Wendel, Saarlouis, Ottweiler, Homburg, St. Ingbert, Saarbrücken	2 568	1 119,7	436	424 929	379	4 289 576	10 095
27	Westpfalz	Kusel, Donnersberg-Kreis, Kaiserslautern, Pirmasens, Zweibrücken	3 074	541,1	176	196 745	364	1 737 944	8 833
28	Rhein-Neckar-Südpfalz	Mannheim, Heidelberg, Sinsheim, Mosbach, Buchen	5 203	1 831,6	352	778 454	425	8 461 875	10 870
29	Oberrhein-Nordschwarzwald	Bruchsal, Karlsruhe, Pforzheim, Rastatt, Baden-Baden, Calw, Freudenstadt, Horb	10 447	3 388,9	324	1 563 041	461	16 666 472	10 663

Nr. und Bez. der Gebietseinheiten	Zugehörige Kreise bzw. kreisfreie Städte	Wichtige Strukturdaten der Gebietseinheit (Stand 1970) Fläche qkm	Einwohner 1000	Einwohner je qkm	Beschäftigte	Beschäftigte je 1000 Einw.	Lohn- u. Gehaltssumme in 1000 DM (1969)	Lohn- u. Gehaltssumme je Beschäftigten in DM
30 **Neckar-Franken**	Tauberbischofsheim, Mergentheim, Künzelsau, Crailsheim, Schwäbisch-Hall, Öhringen, Heilbronn, Vaihingen, Ludwigsburg, Backnang, Aalen, Schwäbisch-Gmünd, Waiblingen, Stuttgart, Leonberg, Böblingen, Eßlingen, Nürtingen, Göppingen, Heidenheim	3 984	1 205,9	303	532 046	441	5 380 997	10 114
31 Ansbach-Nürnberg	Scheinfeld, Höchstadt a. d. Aisch, Forchheim, Lauf, Erlangen, Neustadt a. d. Aisch, Uffenheim, Rothenburg ob der Tauber, Ansbach, Fürth, Nürnberg, Hersbruck, Schwabach, Hilpoltstein, Weißenburg, Gunzenhausen, Feuchtwangen, Dinkelsbühl	7 895	1 563,7	198	680 723	435	6 561 458	9 639
32 **Regensburg-Weiden**	Tirschenreuth, Eschenbach i. d. OPf., Neustadt a. d. Waldnaab, Weiden, Vohenstrauß, Oberviechtach, Naburg, Amberg, Sulzbach-Rosenberg, Neumarkt i. d.							

Nr. und Bez. der Gebietseinheiten	Zugehörige Kreise bzw. kreisfreie Städte	Wichtige Strukturdaten der Gebietseinheit (Stand 1970) Fläche qkm	Einwohner 1000	Einwohner je qkm	Beschäftigte	Beschäftigte je 1000 Einw.	Lohn- u. Gehaltssumme in 1000 DM (1969)	Lohn- u. Gehaltssumme je Beschäftigten in DM
	OPf., Beilngries, Parsberg, Schwandorf i. Bayr., Neunburg vorm Wald, Waldmünchen, Cham, Kötzing, Roding, Regensburg, Kelheim	10 375	1 025,5	99	340 748	332	2 829 702	8 304
33 Landshut-Passau	Viechtach, Regen, Bogen, Straubing, Deggendorf, Grafenau, Wolfstein, Wegscheid, Passau, Vilshofen, Landau a. d. Isar, Dingolfing, Mallersdorf, Rottenburg, Mainburg, Landshut, Vilsbiburg, Eggenfelden, Pfarrkirchen, Griesbach, Altötting, Mühldorf	10 869	1 083,5	100	338 914	313	2 575 902	7 600
34 München-Rosenheim	Freising, Erding, Wasserburg a. Inn, Ebersberg, München, Dachau, Fürstenfeldbruck, Starnberg, Wolfratshausen, Bad Aibling, Rosenheim, Traunstein, Laufen, Bad Reichenhall, Berchtesgarden, Miesbach, Bad Tölz, Weilheim in Obbayr., Schongau, Garmisch-Partenkirchen	12 574	2 765,6	220	1 204 925	436	12 603 128	10 460

Nr. und Bez. der Gebietseinheiten	Zugehörige Kreise bzw. kreisfreie Städte	Wichtige Strukturdaten der Gebietseinheit (Stand 1970)						
		Fläche qkm	Einwohner 1000	Einwohner je qkm	Beschäftigte	Beschäftigte je 1000 Einw.	Lohn- u. Gehaltssumme in 1000 DM (1969)	Lohn- u. Gehaltssumme je Beschäftigten in DM
35 Kempten-Ingolstadt	Nördlingen, Donauwörth, Eichstätt, Neuburg a. d. Donau, Ingolstadt, Riedenburg, Pfaffenhofen a. d. Ilm, Schrobenhausen, Aichach, Wertingen, Dillingen a. d. Donau, Günzburg, Augsburg, Friedberg, Landsberg am Lech, Schwabmünchen, Krumbach, Neuulm, Illertissen, Mindelheim, Kaufbeuren, Memmingen, Kempten, Marktoberdorf, Füssen, Sonthofen, Lindau	13 741	1 865,0	136	689 661	370	6 095 122	8 838
36 Alb-Oberschwaben	Tübingen, Reutlingen, Münsingen, Ulm, Ehingen, Hechingen, Balingen, Sigmaringen, Sulgau, Biberach, Wangen, Ravensburg, Überlingen, Tettnang	8 704	1 397,0	161	581 362	416	5 723 089	9 844
37 Oberrhein-Südschwarzwald	Bühl, Kehl, Lahr, Offenburg, Wolfach, Emmendingen, Villingen, Rottweil, Tuttlingen, Stockach, Konstanz, Donaueschingen,							

Nr. und Bez. der Gebietseinheiten	Zugehörige Kreise bzw. kreisfreie Städte	Wichtige Strukturdaten der Gebietseinheit (Stand 1970)						
		Fläche qkm	Einwohner 1000	Einwohner je qkm	Beschäftigte	Beschäftigte je 1000 Einw.	Lohn- u. Gehaltssumme in 1000 DM (1969)	Lohn- u. Gehaltssumme je Beschäftigten in DM
	Hochschwarzwald, Waldshut, Säckingen, Lörrach, Müllheim, Freiburg	9 765	1 842,8	189	738 585	401	7 024 381	9 511
38 Berlin (West)	Berlin	480	2 120,9	4 418	952 858	449	10 058 993	10 557

Quelle: Bt-Drucksache VI/3793, S. 49, S. 64/65.

TABELLE 2: Regionale Aktionsprogramme

Nr. und Bezeichnung des Aktionsprogramms	Zugehörige Kreise bzw. kreisfreie Städte	Wichtige Strukturdaten des Aktionsprogramms (Stand 1973)				
		Einwohner in 1000	Fläche qkm	Einwohner je qkm	Industriebeschäftigte je 1000	Einwohner Bruttoinlandsprodukt je Kopf der Wirtschaftsbevölkerung (1966)
1 Schleswig-Unterelbe	Dithmarschen, Flensburg, Nordfriesland, Schleswig, Steinburg	689	6 587	105	52	6 518
2 Holstein	Lauenburg, Ostholstein, Plön, Rendsburg-Eckernförde, Segeberg, Stormarn, Kiel, Lübeck, Neumünster	1 566	8 427	186	87	7 268
3 Nordwestniedersachsen	Ammerland, Aschendorf-Hümmling, Aurich, Bersenbrück, Bremervörde, Cloppenburg, Friesland, Grafschaft Bentheim, Grafschaft Diepholz, Grafschaft Hoya, Harburg, Land Hadeln, Leer, Lingen, Meppen, Nienburg, Norden, Oldenburg, Osterholz, Rotenburg, Soltau, Stade, Vechta, Verden, Wesermarsch, Wesermünde, Wittlage, Wittmund, Cuxhaven, Delmenhorst, Emden, Oldenburg, Wilhelmshaven	2 851	26 403	108	70	6 490
4 Niedersächsisches Zonenrandgebiet	Blankenburg, Braunschweig, Duderstadt, Einbeck, Gandersheim, Gifhorn, Göttingen, Goslar, Helmstedt, Hildesheim-Marienburg, Lüchow-Dannenberg, Lüne-					

Nr. und Bezeichnung des Aktionsprogramms	Zugehörige Kreise bzw. kreisfreie Städte	Wichtige Strukturdaten des Aktionsprogramms (Stand 1973) Einwohner in 1000	Fläche qkm	Einwohner je qkm	Industriebeschäftigte je 1000	Einwohner Bruttoinlandsprodukt je Kopf der Wirtschaftsbevölkerung (1966)
	burg, Münden, Northeim, Osterode, Peine, Uelzen, Wolfenbüttel, Zellerfeld, Braunschweig, Goslar, Hildesheim, Lüneburg, Salzgitter, Wolfsburg	2 169	12 591	172	145	7 558
5 Nördliches Ruhrgebiet – Westmünsterland	Ahaus, Borken, Recklinghausen, Steinfurt, Bocholt, Bottrop, Castrop-Rauxel, Gladbeck, Herne, Lünen, Recklinghausen, Wanne-Eickel, Wattenscheid	1 564	3 124	501	137	6 390
6 Nordeifel – Grenzraum Aachen	Aachen, Geilenkirchen-Heinsberg, Monschau, Schleiden, Selfkantkreis, Aachen	695	1 908	364	129	6 800
7 Südostwestfalen	Brilon, Büren, Warburg, Wittgenstein	235	2 557	92	93	5 660
8 Hessisches Fördergebiet	Alsfeld, Büdingen, Eschwege, Fritzlar-Homberg, Fulda, Gelnhausen, Hersfeld, Hofgeismar, Hünfeld, Kassel, Lauterbach, Melsungen, Rotenburg, Schlüchtern, Witzenhausen, Wolfhagen, Ziegenhain; Fulda, Kassel	1 365	9 611	147	110	7 123
9 Mittelrhein – Lohn – Sieg	Altenkirchen, Limburg, Oberlahnkreis, Oberwesterwaldkreis, Rhein-Hunsrück-Kreis, Rhein-Lahn-Kreis	555	3 712	150	84	5 934

Nr.	und Bezeichnung des Aktionsprogramms	Zugehörige Kreise bzw. kreisfreie Städte	Wichtige Strukturdaten des Aktionsprogramms (Stand 1973) Einwohner in 1000	Fläche qkm	Einwohner je qkm	Industriebeschäftigte je 1000	Einwohner Bruttoinlandsprodukt je Kopf der Wirtschaftsbevölkerung (1966)
10	Eifel – Hunsrück	Bernkastel-Wittlich, Bitburg-Prüm, Cochem-Zell, Daun, Trier-Saarburg; Trier	548	5 634	97	53	5 457
11	Saarland – Westpfalz	Birkenfeld, Donnersberg-Kreis, Homburg, Kaiserslautern, Kusel, Merzingwadern, Ottweiler, Pirmasens, Saarbrücken, Saarlouis, St. Ingbert, St. Wendel, Zweibrücken; Kaiserslautern, Pirmasens, Saarbrücken, Zweibrücken	1 765	6 440	274	130	6 466
12	Hohenlohe – Odenwald	Buchen, Crailsheim, Künzelsau, Mergentheim, Moosbach, Öhringen, Schwäbisch-Hall, Sinsheim, Tauberbischofsheim	578	5 135	113	118	6 017
13	Südlicher Oberrhein – Hochschwarzwald	Emmendingen, Freiburg, Hochschwarzwald, Müllheim; Freiburg i. Breisgau	497	2 555	195	101	6 914
14	Alb – Oberschwaben – Bodensee	Münsingen, Saulgau, Sigmaringen, Stockach, Überlingen	304	3 331	91	114	6 010
15	Unterfränkisches Fördergebiet	Bad Brückenau, Bad Kissingen, Bad Neustadt, Ebern, Gemünden, Gerolzhofen, Hammelburg, Haßfurt, Hofheim, Karlstadt, Kitzingen, Königshofen, Marktheidenfeld, Melrichstadt, Ochsenfurt,					

Nr. und Bezeichnung des Aktionsprogramms	Zugehörige Kreise bzw. kreisfreie Städte	Wichtige Strukturdaten des Aktionsprogramms (Stand 1973) Einwohner in 1000	Fläche qkm	Einwohner je qkm	Industriebeschäftigte je 1000	Einwohner Bruttoinlandsprodukt je Kopf der Wirtschaftsbevölkerung (1966)
	Schweinfurt, Würzburg; Bad Kissingen, Kitzingen, Schweinfurt, Würzburg	857	6 767	127	115	6 123
16 Oberfränkisches Fördergebiet	Bamberg, Bayreuth, Coburg, Ebermannstadt, Hof, Kronach, Kulmbach, Lichtenfels, Münchberg, Naila, Pegnitz, Rehau, Stadtsteinach, Staffelstein, Wunsiedel; Bamberg, Bayreuth, Coburg, Hof, Kulmbach, Marktredwitz, Neustadt b. Coburg, Selb	993	6 608	150	168	7 260
17 Westbayerisches Fördergebiet	Aichach, Ansbach, Dinkelsbühl, Donauwörth, Eichstätt, Feuchtwangen, Gunzenhausen, Hilpoltstein, Ingolstadt, Neuburg, Neustadt a. d. Aisch, Nördlingen, Pfaffenhofen a. d. Ilm, Rothenburg ob der Tauber, Steinfeld, Schrobenhausen, Uffenheim, Weißenburg, Wertingen; Ansbach, Eichstätt, Ingolstadt, Neuburg, Nördlingen, Rothenburg ob der Tauber	923	9 759	95	109	6 776
18 Oberpfälzisches Fördergebiet	Amberg, Beilngries, Burglengenfeld, Eschenbach, Kemnath, Nabburg, Neumarkt i. d. ObPf., Neu-					

Nr. und Bezeichnung des Aktionsprogramms	Zugehörige Kreise bzw. kreisfreie Städte	Wichtige Strukturdaten des Aktionsprogramms (Stand 1973) Einwohner in 1000	Fläche qkm	Einwohner je qkm	Industriebeschäftigte je 1000	Einwohner Bruttoinlandsprodukt je Kopf der Wirtschaftsbevölkerung (1966)
	stadt a. d. Waldnaab, Parsberg, Regensburg, Riedenburg, Sulzbach-Rosenberg, Tirschenreuth; Amberg, Neumarkt i. d. OPf., Regensburg, Schwandorf i. Bayern, Weiden i. d. OPf.	810	7 461	109	117	6 496
19 Ostbayerisches Fördergebiet	Bogen, Cham, Deggendorf, Dingolfing, Eggenfelden, Grafenau, Griesbach i. Rottal, Kelheim, Kötzing, Landau a. d. Isar, Mainburg, Mallersdorf, Neunburg vorm Wald, Oberviechtach, Passau, Pfarrkirchen, Regen, Röding, Rottenburg a. d. Laaber, Straubing, Viechtach, Vilsbiburg, Vilshofen, Vohenstrauß, Waldmünchen, Wegscheid, Wolfstein; Deggendorf, Passau, Straubing	1 060	12 373	86	88	5 128
20 Oberbayerisch-schwäbisches Fördergebiet	Füssen, Garmisch-Partenkirchen, Landsberg am Lech, Weilheim i. Obb.; Landsberg am Lech	238	2 666	89	62	5 751
21 Südöstlich-oberbayerisches Fördergebiet	Berchtesgarden, Laufen, Traunstein, Wasserburg a. Inn; Bad Reichenhall, Traunstein	279	3 014	93	87	5 881

Quelle: Handbuch der regionalen Wirtschaftsförderung, 2. Rahmenplan, BT-Drucksache 7/401 v. 22. 3. 1973

TABELLE 3: Verdichtungsräume

Nummer und Bezeichnung des Verdichtungsraums		Wichtige Strukturdaten (1970) Einwohner	Beschäftigte	Beschäftigte je 1000 Einwohner	Lohn- und Gehaltssumme in 1000 DM (1969)	Lohn- und Gehaltssumme je Beschäftigten in DM
1	Rhein-Ruhr	10 909 371	4 581 467	420	52 660 809	11 494
2	Rhein-Main	2 586 779	1 377 087	532	16 613 391	12 064
3	Hamburg	2 031 700	1 030 437	507	12 169 104	11 810
4	Stuttgart	2 446 391	1 233 812	504	13 726 275	11 125
5	München	1 651 297	835 618	506	9 558 814	11 439
6	Rhein-Neckar	1 163 504	590 622	508	6 921 598	11 719
7	Nürnberg	881 764	483 216	548	5 060 326	10 472
8	Hannover	757 553	452 536	597	5 188 496	11 465
9	Bremen	725 729	356 556	491	3 911 367	10 970
10	Saar	763 452	315 241	413	3 282 519	10 413
11	Aachen	448 900	184 703	411	1 897 014	10 271
12	Bielefeld-Herford	557 728	251 005	450	2 583 286	10 292
13	Augsburg	337 689	176 553	523	1 751 514	9 921
14	Karlsruhe	460 874	221 561	481	2 491 601	11 246
15	Kiel	271 719	129 469	476	1 422 240	10 985
16	Braunschweig	317 124	150 420	474	1 578 514	10 494
17	Kassel	312 454	159 957	512	1 738 995	10 872
18	Lübeck	239 339	106 688	446	1 102 572	10 335
19	Koblenz/Neuwied	305 190	126 257	414	1 256 522	9 952
20	Münster	320 545	131 456	410	1 444 410	10 988
21	Osnabrück	283 461	123 734	437	1 234 753	9 979
22	Freiburg	162 222	94 194	581	1 062 487	11 280
23	Siegen	239 132	99 047	414	1 104 958	11 156
24	Bremerhaven	140 455	57 060	406	604 089	10 587
	insgesamt	28 314 372	13 268 696	469	150 365 654	11 332

Quelle: Strukturbericht 1972, Bundestagsdrucksachen VI/3793 S. 51

VII. ZUSAMMENFASSUNG

1. Regionale Strukturpolitik kann sowohl als räumliche Dimension der allgemeinen Wirtschaftspolitik wie auch als wirtschaftliche Dimension der Raumordnung aufgefaßt werden. Nach der erstgenannten Auffassung stellt sich regionale Strukturpolitik als die regionale Verwirklichung gesamtwirtschaftlicher Zielsetzungen und damit angesichts der faktisch vorhandenen regionalen Unterschiede als die notwendige regionale Differenzierung der allgemeinen Wirtschaftspolitik dar. Nach der letztgenannten Auffassung dagegen kommt der regionalen Strukturpolitik insbesondere die Aufgabe zu, eine den Zielen und Grundsätzen von Raumordnung und Landesplanung entsprechende Anordnung der wirtschaftlichen Aktivitäten im Raum zu bewirken, d. h., die Wirtschaftsstruktur der Regionen, insbesondere die Produktionsstruktur, im Sinne der raumordnungspolitischen Vorstellungen zu beeinflussen.
2. Ansatzpunkte der regionalen Strukturpolitik sind zum einen die Regionen, die im Hinblick auf die Ziele der regionalen Strukturpolitik abgegrenzt werden müssen, zum anderen der interregionale Wettbewerb, dem in einer Marktwirtschaft grundsätzlich die Steuerung der regionalen Wirtschaftsstruktur überlassen ist.
3. Die Entwicklung der regionalen Strukturpolitik in der Bundesrepublik Deutschland kann als Weg von einer notstandsdiktierten ad-hoc-Politik zur langfristigen Strukturplanung charakterisiert werden.
4. Ziel der regionalen Strukturpolitik ist zum einen die Einheitlichkeit der Lebensverhältnisse und damit die Chancengleichheit im Raum (Versorgungszielsetzung), zum anderen die Schaffung einer optimalen regionalen Wirtschaftsstruktur im Hinblick auf das gesamtwirtschaftliche Wachstum.
5. Konzepte der regionalen Strukturpolitik enthalten Aussagen über Beziehungszusammenhänge zwischen der angestrebten regionalen Entwicklung (worunter insbesondere das regionale Wachstum zu verstehen ist) und den Verursachungsfaktoren dieser Entwicklung. Sie liefern Ansatzpunkte für die regionale Strukturpolitik, indem sie Aussagen über deren wichtigste Instrumentvariabeln vermitteln. In diesem Sinne vermittelt das Exportbasiskonzept die Erkenntnis, daß ein regionaler Wachstumseffekt insbesondere von jenen Wirtschaftssektoren zu

erwarten ist, die für den überregionalen Bedarf produzieren. Dem Konzept der Entwicklungspole kann entnommen werden, daß zum Ankurbeln einer regionalen Entwicklung ein bestimmtes Mindestniveau der regionalwirtschaftlichen Aktivitäten unabdingbare Voraussetzung ist („Entwicklungsschwerpunkte“). Die Infrastrukturtheorie schließlich liefert einen Hinweis auf die zentrale Bedeutung der Versorgung mit Infrastruktur bzw. zentralen Dienstleistungen als Determinante des regionalen Wachstums.

6. Die wichtigsten Maßnahmen im Rahmen der regionalen Strukturpolitik in der Bundesrepublik Deutschland sind durch den Rahmenplan zur Gemeinschaftsaufgabe „Verbesserung der regionalen Wirtschaftsstruktur“ festgelegt. Es handelt sich insbesondere um die Regionalen Aktionsprogramme, in denen die Schaffung von Arbeitsplätzen sowohl durch den Ausbau der wirtschaftsnahen Infrastruktur indirekt als auch im Wege von Investitionszuschüssen direkt gefördert wird, und die gebietsbezogenen Investitionszulagen nach dem Investitionszulagengesetz. Die Maßnahmen werden regional und sektoral differenziert eingesetzt (Schwerpunktprinzip, Erfordernis des Primäreffekts).

VIII. KONTROLLFRAGEN

1. Inwiefern kann die regionale Strukturpolitik als regionale Implikation der Gesamtwirtschaftspolitik verstanden werden?
2. Welche Aufgaben kommen der regionalen Strukturpolitik im Rahmen der Raumordnung und Landesplanung zu?
3. Was versteht man unter dem Homogenitätskriterium (Funktionalkriterium) der Regionsabgrenzung? Welche Einwände lassen sich gegen jedes der beiden Kriterien erheben?
4. Nennen Sie einige Regionsabgrenzungen der praktischen Regionalpolitik! Welche Rolle kommt diesen Abgrenzungen jeweils zu?
5. Warum kann der Wettbewerb allein keine befriedigende Steuerung der Regionalstruktur bewirken?
6. Was ist der IMNOS? Welche Funktionen hat er?
7. Was ist unter einem Bundesausbauort zu verstehen?

8. Welche Verbesserung brachten die Regionalen Aktionsprogramme für die regionale Strukturpolitik?
9. Inwiefern kann sich ein Zielkonflikt zwischen versorgungs- und wachstumsorientierten Zielsetzungen der regionalen Strukturpolitik ergeben?
10. Welche Kritik ist gegen das Exportbasis-Konzept als Grundlage der regionalen Strukturpolitik vorzubringen?
11. Welche Konsequenzen können aus dem Konzept der Entwicklungspole für die regionale Strukturpolitik hergeleitet werden?
12. Sollte der Infrastrukturausbau als Maßnahme der regionalen Strukturpolitik auf den Ausbau der wirtschaftsnahen Infrastruktur beschränkt werden?
13. Welcher Unterschied besteht zwischen Investitionsförderung im Rahmen der Gemeinschaftsaufgabe „Verbesserung der regionalen Wirtschaftsstruktur" und den gebietsbezogenen Investitionszulagen nach dem Investitionszulagengesetz?
14. Welche Maßnahmen außerhalb der Gemeinschaftsaufgabe „Verbesserung der regionalen Wirtschaftsstruktur" und deren Investitionszulagengesetz erscheinen Ihnen wichtig im Rahmen der regionalen Strukturpolitik?

IX. LITERATURHINWEISE

Handbuch der regionalen Wirtschaftsförderung (hrsg. von H. H. Eberstein), Köln ab 1971 (Loseblattsammlung)

Handwörterbuch der Raumforschung und Raumordnung (hrsg. von der Akademie für Raumforschung und Landesplanung), 2. Auflage (3 Bände), Hannover 1970

Herbert Schlömann

Finanz- und Steuerpolitik

INHALT

I. DIE AUFGABEN DES STAATES

1. Grundbedürfnisse der Gemeinschaft

Dient Wirtschaften allgemein der Befriedigung der menschlichen Bedürfnisse, so zeigt sich in der heutigen Gesellschaft, daß ein wichtiger Teil der Grundbedürfnisse der Menschen erst daraus entsteht, daß der Mensch in eine Gemeinschaft eingebettet ist, die als solche eigene Bedürfnisse entwickelt und deren Bedürfnisse wiederum nur durch die Gemeinschaft erfüllt werden können:

Die Sicherheit der Gemeinschaft nach außen und innen, Verteidigungsbereitschaft und der Schutz des Bürgers vor Gewalt und Verbrechen, können nur durch die Gemeinschaft gewährleistet werden.

Die Bereitstellung einer ausreichenden Infrastruktur für die wirtschaftliche Entwicklung eines Landes oder einer Region, wie der Ausbau und die Unterhaltung eines leistungsfähigen Verkehrs- und Nachrichtennetzes, Kanalisation für Wasserversorgung und Abwässerbeseitigung, sind als sogenannte kollektive Bedürfnisse Voraussetzung für Industrie, Handel, Städtebau und Wohnungswesen.

Bildung und Ausbildung fördern neben ihrem persönlichkeitsbildenden Eigenwert nicht nur die individuellen Möglichkeiten im Berufs- und Erwerbsleben; die Mobilisierung von Intelligenz und Begabungen dient daneben dem wissenschaftlichen, wirtschaftlichen und technischen Fortschritt mit seiner der Allgemeinheit zugutekommenden Steigerung der Produktivität. Investitionen in Schule und Ausbildung helfen auch ein gesellschaftspolitisches Anliegen nach einer Angleichung der Bildungschancen und somit Verbesserung der Startchancen für alle verwirklichen.

Die der wirtschaftlichen und technischen Entwicklung dienende Forschung geht vielfach über die finanziellen und technischen Möglichkeiten eines einzelnen Unternehmens hinaus oder würde in der Hand einzelner unerwünschte Konzentration wirtschaftlicher Macht und Monopolisierung der Märkte begünstigen. Großforschung, Raumfahrt, Atomforschung, moderne Technologie und Innovation werden daher vom Staat entweder selbst übernommen oder aber durch Subventionen aus den staatlichen Haushalten gefördert.

Die wirtschaftliche Entwicklung soll möglichst nicht zu vermeidbaren konjunkturellen oder strukturellen Einbrüchen in die Beschäftigung und den Bestand ganzer Wirtschaftszweige führen. Neben den Möglichkeiten der allgemeinen Wirtschafts- und Konjunkturpolitik gibt es staatliche Hilfen, die Anpassungsprozesse steuern, glätten und wirtschaftlich wie politisch zuträglicher gestalten sollen.

Das Verfassungsgebot nach gleichartigen Lebensbedingungen in allen Regionen und Landesteilen gebietet gewisse regionale Ausgleichsmaßnahmen.

Die Forderung nach sozialer Gerechtigkeit verlangt Einkommensübertragungen zugunsten der älteren, nicht mehr im Erwerbsleben stehenden Mitglieder der Gesellschaft, und der ganz jungen, die noch nicht am Erwerbsleben beteiligt sind, sowie Übertragungen an Kranke, Behinderte, Kriegsversehrte, Waisen und andere sozial schwächere Gruppen der Bevölkerung auf Kosten der erwerbstätigen Bevölkerung.

Nicht nur für die Sicherung der Märkte, sondern auch im Interesse des den Frieden fördernden internationalen Ausgleichs, der internationalen Solidarität, der Verwirklichung allgemeiner Menschheitsideale, mehr Menschlichkeit, Kampf gegen Hunger und Elend in der Welt, ist die Entwicklungshilfe für die jungen, unter schwierigsten klimatischen, bevölkerungspolitischen, weltanschaulichen und zuweilen auch schon ideologischen Bedingungen lebenden Völker eine unter die staatlichen Aufgaben fallende Selbstverständlichkeit.

In jüngster Zeit sind Fragen der Erhaltung der Volksgesundheit, des Gleichgewichts der Natur, des Umweltschutzes, der Rohstoff- und Energieversorgung in den Mittelpunkt des öffentlichen Interesses gerückt.

2. Vom Verwaltungsstaat zum Dienstleistungsbetrieb

Für alle diese Aufgaben benötigt der Staat einen leistungsfähigen Apparat und Menschen, die in der Lage sind, diesen Apparat zu betätigen. Angefangen von den bürgernahen Dienstleistungen der örtlichen Verwaltungen, der Polizei, der Lehrer, Bahn, Post, öffentlicher Nahverkehr, Krankenversorgung, Jugend- und Wohlfahrtspflege, Stadtwerke für Wasserversorgung, Müllabfuhr, Elektrizität, sowie der Sozialversicherungseinrichtungen, über die Mittelinstanzen der Verwaltung bis hin zur Regierung von Bund und Ländern muß der Staat in allen Bereichen Beamte und Angestellte beschäftigen, die mit durch Ausbildung und Erfahrung gewonnener Sachkenntnis die unterschiedlichsten Dienstleistungen für die Allgemeinheit erbringen können. Insbesondere für eine moderne Regierung bedeutet dieses, daß sie für alle Aktivitäten Sachverständige der verschiedensten wissenschaftlichen Disziplinen für Grundlagenforschung, Planung, Entwickeln von Konzeptionen, Beobachtung neuer Entwicklungen, Vorbereitung der Gesetzgebungsarbeit benötigt. Anders als im vorigen Jahrhundert, als auf der einen Seite die Volkswirtschaft stand, die über die Mechanismen des Marktes zu einem Höchstmaß an Bedürfnisbefriedigung führte, der Staat dagegen als notwendiges Übel angesehen wurde, der von der Volkswirtschaft alimentiert werden mußte, damit er als Verwaltungsstaat unter vorwiegend juristischen Gesichtspunkten seine Ordnungsaufgaben erfüllen konnte und zu diesem Zweck vorwiegend den Eigenbedarf seiner Träger erfüllen mußte, steht heute unter dem Primat der Politik gleichsam eine Omnipotenz und Allzuständigkeit des Staates, die die Verteilung des Volkseinkommens auf individuelle und kollektive Bedarfsdeckung je nach dem Umfang gestalten kann, wie der Staat im parlamentarischen Bewilligungsverfahren von seinen Bürgern als Dienstleistungsbetrieb in Anspruch genommen wird.

3. Das Gesetz von der wachsenden Ausdehnung der Staatstätigkeit

Der Bedeutungswandel in den Aufgaben des Staates hat nicht nur zu einer anderen Qualität in der Entwicklung vom Verwaltungsstaat zum Dienstleistungsstaat geführt, sondern mit dem Anwachsen der Staatsleistungen sind auch quantitativ die Ausgaben des Staates in andere Größenordnungen gerückt. Beim heutigen Umfang der öffentlichen Aufgaben machen diese Ausgaben einen erheblichen Teil, in vielen Ländern mehr als ein Drittel, in der Bundesrepublik Deutschland über 40 Prozent, des Volkseinkommens aus.

Diese Entwicklung läßt sich anschaulich an wenigen Zahlen demonstrieren:

Der erste Haushalt des Deutschen Reiches nach der Überwindung der Inflation 1923 hatte ein Volumen von 6 Milliarden Reichsmark. Das Reich hatte damals 65 Millionen Einwohner. Von den 6 Milliarden Reichsmark hatte das Reich 1,86 Milliarden RM an die damaligen Länder abzuführen. Die Reichswehr beanspruchte damals 400 Millionen RM. Den Hauptteil der Reichsausgaben bildeten reine Verwaltungsausgaben.

1930 war die Haushaltssumme des Reiches auf rund 12 Milliarden RM angewachsen. Dieses Volumen (in DM) hatte auch der erste Haushalt des Bundes im Jahre 1950. Der Haushalt des Bundes für 1974 hat die Summe von 120 Milliarden DM überschritten. Daneben treten die Haushalte der Länder und Gemeinden mit zusammen annähernd der gleichen Größenordnung.

Das Anwachsen der öffentlichen Haushalte kann nur zu einem Teil mit der Geldentwertung erklärt werden, obwohl die Beschleunigung des Wachstums der öffentlichen Haushalte infolge inflationsbedingter Steuermehreinnahmen auf der einen Seite und der Verteuerungen für Sach- und Dienstleistungen des Staates auf der anderen Seite offensichtlich ist. Quantitativ größere Bedeutung liegt in der immer weiter um sich greifenden Staatstätigkeit. Die Hauptgründe für das Anwachsen der Staatsaufgaben und -leistungen sind:

1. Höhere Verteidigungsausgaben infolge Wettrüstens und technischer Entwicklung.
2. Höhere Sozialausgaben durch Anpassung an gestiegene Einkommensverhältnisse.
3. Mitwachsen der Gemeinschaftsausgaben für Infrastruktur mit steigendem individuellen Wohlstand.
4. Neue Prioritäten für Bildung, Ausbildung, Wissenschaft und Forschung.
5. Höhere Anfälligkeit für Interventionismus und Dirigismus in der Wirtschaft.

Die Tendenz zur fortschreitenden Ausweitung der Staatsaufgaben war bereits im 19. Jahrhundert von Adolph Wagner (1835 bis 1917) in einem „Gesetz der wachsenden Ausdehnung der öffentlichen, insbesondere der Staatstätigkeiten" und dem daraus abgeleiteten „Gesetz der wachsenden Ausdehnung des Finanzbedarfs" aufgezeigt worden. Obwohl wir dieses „Gesetz" nicht im Sinne eines unausweichlichen Naturgesetzes verstehen dürfen, hat doch die Entwicklung in allen Kulturstaaten – ohne Rücksicht auf Staatsform und Ideologie, wenn auch durch diese verstärkt – Wagners Vorhersage bestätigt. Ausmaß und Tempo der öffentlichen Ausgaben haben sich seit Adolph Wagners Voraussage noch erheblich verstärkt.

4. Finanzpolitik als Teil der Wirtschaftspolitik

Lange Zeit wurde Finanzwirtschaft, Finanzwissenschaft und Finanzpolitik in Deutschland vorwiegend unter Gesichtspunkten behandelt, die das Bedarfsdeckungsprinzip für die Staatstätigkeit in den Mittelpunkt der Betrachtungen stellten. Dabei ging es in erster Linie um juristische Normen für die Aufstellung und Ausführung der Haushalte und finanzpolitische Verhaltensregeln. Das oberste Prinzip war die Enthaltsamkeit des Staates. Je billiger und sparsamer der Staat wirtschaftete, um so besser. Außerdem sollte sich die Finanzpolitik gegenüber der Wirtschaft grundsätzlich neutral verhalten; die Budgets mußten ausgeglichen sein; die Besteuerung sollte wenig spürbar und gleichmäßig sein. Die Finanzwissenschaft erschöpfte sich in einer „an administrativ institutionellen Fragen orientierte(n) Deskription, die sich auf bestimmte staatsphilosophische Axiome stützte“ (F. Neumark). Ihren Tiefpunkt erreichte die Finanzwissenschaft nicht nur in Deutschland mit der völligen Hilflosigkeit, mit der die gesamte ökonomische Wissenschaft – bis auf einige Ausnahmen – nach dem ersten Weltkrieg vor dem Phänomen der Weltwirtschaftskrise stand.

Erst die von J. M. Keynes in die national-ökonomische Wissenschaft eingeführte makro-ökonomische Betrachtungsweise leitete auch einen Prozeß der theoretischen Fundierung und Ökonomisierung der Finanzwissenschaft ein. Ist das Erfahrungsobjekt der Finanzwissenschaft die ökonomisch relevante Staatstätigkeit, so ergibt sich schon aus dem stark angewachsenen Umfang und Inhalt, daß die Staatstätigkeit mit all ihren Aufgaben, Maßnahmen und Einrichtungen heute keine rein fiskalische Angelegenheit mehr sein kann. Umfang, Inhalt und Ausmaß der Staatstätigkeit spielen im volkswirtschaftlichen Kreislauf eine gewichtige Rolle. Es ist heute nicht mehr vorstellbar, die Entstehung, Verteilung und Verwendung von über 40 Prozent unseres Volkseinkommens mit dem Hinweis auf das berühmte Bedarfsdeckungsprinzip der streng ökonomischen Beurteilung einfach zu entziehen, nur weil ein vielleicht von der Effizienz her schlecht kontrolliertes Kollektiv darüber entscheidet. Das gewandelte Rollenverhältnis der Finanzwissenschaft hat zu einer Fusion von Wirtschafts- und Finanztheorie geführt in einem sich abzeichnenden Aufgehen der Finanzpolitik in die allgemeine Wirtschaftspolitik. Zentralanliegen der modernen Finanzwissenschaft ist es, anhand von Budget- und Markttheorie unter Einschluß psychologischer und soziologischer Faktoren für das Verhalten Einzelner und Gruppen die Wirkungen finanzpolitischer Maßnahmen auf den volkswirtschaftlichen Kreislauf aufzuzeigen und die Interdependenz innerhalb der öffentlichen Haushalte und zwischen ihnen und der Gesamtwirtschaft in einer Weise durchsichtig zu machen, daß sie für eine rationale Wirtschaftspolitik fruchtbar wird und als eine Hilfe für politische Planungen und Entscheidungen dienen kann. In der Bundesrepublik hat diese Bedeutung der Finanzpolitik für die allgemeine Wirtschaftspolitik und für die Verwirklichung der von dieser verfolgten Ziele ihren konkreten Niederschlag in dem Gesetz zur Förderung der Stabilität und des Wachstums der Wirtschaft vom 8. Juni 1967 gefunden. Im § 1 dieses Gesetzes heißt es: „Bund und Länder haben bei ihren wirtschafts- und finanzpolitischen Maßnahmen die Erfordernisse des gesamtwirtschaftlichen Gleichgewichts zu beachten. Die Maßnahmen sind so zu treffen, daß sie im Rahmen der marktwirtschaftlichen Ordnung gleichzeitig zur Stabilität des Preisniveaus, zu einem hohen Beschäftigungsstand und außenwirtschaftlichem Gleichgewicht bei stetigem und angemessenem Wirtschaftswachstum beitragen."

II. DIE FINANZIERUNG DER STAATSLEISTUNGEN

1. Die Einnahmequellen des Staates

Um ihre vielfältigen Aufgaben erfüllen zu können, benötigen Staat und Kommunen in beträchtlichem und ständig wachsendem Umfang Mittel und Möglichkeiten in Form von menschlicher Arbeit, Grund und Boden, vielerlei sachlicher Hilfsmittel und für alles das Geld.

Zur Finanzierung ihrer Aufgaben muß sich der Staat und müssen sich die Gemeinden auf irgendwelchen Wegen Geldmittel beschaffen. Sieht man einmal von ausländischen Quellen (Kapitalhilfe, Reparationen u. a.) ab, so bestehen hierfür folgende Möglichkeiten:

a) Beschaffung von Geldmitteln auf Wegen, die jedermann offenstehen:
   — Erzielung von Erwerbseinnahmen durch unternehmerische Betätigung und Vermögensnutzung
   — Einnahmenbeschaffung auf Kosten des Vermögens: Abstoßen von Vermögensobjekten, Kreditaufnahmen
b) Gewinnung der Geldmittel durch Erhebung von gesetzlich festgelegten „Abgaben"
c) Einnahmen auf Grund der monetären Hoheitsbefugnisse des Staates.

Die Haupteinnahmequelle der staatlichen Finanzwirtschaft stellen heute die vom Staat erhobenen Steuern dar. Diese Abgaben sind von den privaten Wirtschaftseinheiten (Unternehmen und Haushalte) beim Vorliegen bestimmter gesetzlich festliegender Tatbestände in einer ebenfalls gesetzlich vorgeschriebenen Höhe zu entrichten. Für die Erhebung der Steuern gibt es zwei Fundamentalprinzipien: die Steuererhebung nach dem Äquivalenzprinzip oder nach dem Prinzip der Leistungsfähigkeit. Beim Äquivalenzprinzip will man eine Entsprechung zwischen den von den einzelnen Staatsbürgern zu leistenden Abgaben und den von ihnen empfangenen staatlichen Leistungen erreichen. Es gilt die Devise: Wer den Vorteil aus den staatlichen Leistungen hat und diese fordert, soll auch dafür bezahlen. Dieses Prinzip ist immer da anzuwenden, wo der Staat Leistungen anbietet, die nur von denen in Anspruch genommen werden können, die bereit sind, dafür den verlangten Preis zu bezahlen.

Der überwiegende Teil der Staatsleistungen ist jedoch so beschaffen, daß die Leistungen allen Staatsbürgern zugute kommen, ob sie dies wünschen oder nicht. Von der Vorstellung ausgehend, daß der Staat Leistungen erbringt, die im allgemeinen Interesse liegen, kann man den Beitrag des einzelnen als eine Art wirtschaftliches Opfer betrachten, das er für das Ganze, für die Allgemeinheit, auf sich zu nehmen hat. Ein Opfer kann aber nicht nach Vorteilen, die man erlangt, oder nach Kosten, die man verursacht, bemessen werden. Vielmehr erscheint ein solcher Beitrag für das Ganze völlig losgelöst von Gegenleistungen. Richtschnur für die Höhe der Abgabenbemessung ist hier, daß jeder an seinem Opfer zugunsten der Allgemeinheit gleich schwer zu tragen hat. Jeder ist in Anspruch zu nehmen entsprechend seiner Fähigkeit, Opfer zu tragen. Das Prinzip der Abgabenbemessung nach der Opferfähigkeit wird als Leistungfähigkeitsprinzip bezeichnet.

Eine Beziehung zu irgendwelchen bestimmten, speziell zurechenbaren Gegenleistungen liegt bei den Steuern grundsätzlich nicht vor. Dies ist anders bei den sogenannten Gebühren und Beiträgen, die bei Inanspruchnahme bestimmter Einrichtungen oder Dienste des Staates und der Gemeinden oder bei Vorliegen einer bestimmten Nutznießerschaft öffentlicher Einrichtungen zu entrichten sind. Hier herrscht das Prinzip der speziellen Entgeltlichkeit, wo eine Leistung des Staates unmittelbar bezahlt wird (z. B. Verkehrsleistungen von Bahn und Post, Prüfungsgebühren, Beurkundungen, Anliegergebühren, Müllabfuhr etc.).

Schließlich sind zu den Zwangsabgaben noch die Zölle zu rechnen, die bei der Einfuhr oder Ausfuhr bestimmter Waren erhoben werden, sowie Straf- und Bußgelder bei Gesetzesübertretungen.

2. Die Vielfalt der Steuern

Bei der Besteuerung kann der Staat an verschiedene Tatbestände anknüpfen, indem er sich in den Kreislauf der Leistungen je nach Zweckmäßigkeit bei der Abgabe oder dem Empfang der Leistungen einschaltet, den Leistungsübergang besteuert oder durch Rückgriff auf Tatbestände, die das Vermögen betreffen:

1. Wenn der Staat einen Teil der in der Wirtschaft verdienten Geldbeträge für sich in Anspruch nehmen will, so ist es naheliegend, wenn er die Steuerschuld an den Tatbestand der Einkommenserzielung knüpft. Bei dieser Form der direkten Besteuerung kann er zwei Wege beschreiten:

a) Er kann die Entgelte für die einzelnen produktiven Leistungen besteuern, wie sie von den Produktionseinheiten bezahlt bzw. gutgeschrieben werden, ohne davon Kenntnis zu nehmen, wem (Haushalte oder Unternehmen) diese Entgelte zufließen. Er besteuert in diesem Fall die Erträge der einzelnen Produktionsfaktoren (Arbeitsleistungen, Grundstücke, Nutzung von Geld- und Sachvermögen) unmittelbar am Ort des Entstehens (Ertragsteuer).

b) Der Staat hält sich an den Einkommensempfänger und macht die bei diesem zusammenströmenden Einkommen zur Grundlage der Besteuerung (Einkommensteuer). Die Einkommensteuer wird in zwei Arten erhoben. Die Einkommen aus unselbständiger Arbeit unterliegen der Lohnsteuer im Steuerabzugsverfahren durch den Arbeitgeber. Ab einer bestimmten Höhe unterliegen die Einkommen aus unselbständiger Arbeit ebenso wie die sonstigen Einkommen der Einkommensteuer, die auf Grund einer dem Finanzamt gegenüber abzugebenden Einkommensteuererklärung von diesem erhoben wird.

2. Ein weiterer Ansatzpunkt für die Besteuerung bietet sich an bei der Einkommensverwendung. Bei dieser Form der indirekten Besteuerung wird der dem Verbrauch zufließende Teil des Einkommens besteuert, indem der Staat Zuschläge auf die Verkaufspreise der Verbrauchsgüter erhebt, die von den Verkäufern an die Käufer weitergegeben werden, und zwar

a) auf einzelne bestimmte Verbrauchsgüter, die einer besonderen Verbrauchsbesteuerung unterworfen werden (Mineralöl, Tabak, Spirituosen, Kaffee, Tee, Zucker, Salz, Spielkarten etc.), und

b) auf den gesamten Umsatz der Produktionseinheiten, wobei zum Umsatz beim Verkauf der fertigen Güter sämtliche Zwischenumsätze beim Übergang der Vorprodukte von Stufe zu Stufe hinzutreten (Umsatzsteuer).

3. Die bisher genannten Steuern nehmen alle den Kreislauf Leistung – Einkommen – Verbrauch zur Grundlage. Neben ihnen bestehen als zweite Hauptgruppe diejenigen Steuern, die an Vermögen und dessen Übertragung anknüpfen:

a) Die nächstliegende und einfachste Möglichkeit ist die Heranziehung des gesamten Vermögensbestandes der privaten Wirtschaftseinheiten zur Vermögensbesteuerung.

b) Neben der generellen Vermögensbesteuerung gibt es die Möglichkeit, besondere Vermögensobjekte zu besteuern. Hier können insbesondere auch solche Güter ausgewählt werden, die konsumtiv genutzt werden, also dauerhafte Konsum- oder Gebrauchsgüter, z. B. Kraftwagen.

c) Die Besteuerung kann ferner statt an den Vermögensbestand an Vermögensübertragungen anknüpfen: Besteuerung des Eigentumswechsels von Vermögensobjekten. Hier handelt es sich um eine Besteuerung von Umsätzen, die nicht im Leistungskreislauf auftreten, da die betreffenden Vermögenswerte nicht neu geschaffen werden, z. B. Grunderwerbssteuer, Schenkungs- und Erbschaftsteuer.

d) Schließlich besteht die Möglichkeit einer Anknüpfung für die Besteuerung an Veränderungen des Wertes bestimmter Vermögensobjekte oder den Zuwachs beim Einkommen oder Vermögen, z. B. Wertzuwachsbesteuerung, Planungswertausgleich.

3. Grundsätze der Steuerpolitik

Das in einem Lande jeweils geltende Steuersystem ist das Ergebnis einer historischen Entwicklung. In der Regel ging diese Entwicklung so vor sich, daß immer dann, wenn neue Staatsausgaben erforderlich wurden oder bestimmte Einnahmequellen in ihrer Bedeutung zurückgingen, nach neuen Möglichkeiten der Besteuerung gesucht wurde, entweder indem bereits bestehende Steuern erhöht oder neue Steuern eingeführt wurden. Bei einigen Steuern war zunächst nur an eine befristete Einführung zur Finanzierung vorübergehender Ausgaben oder um bestimmte wirtschaftliche Entwicklungen zeitweilig zu begünstigen gedacht. Es zeigte sich jedoch, daß einmal eingeführte Steuern ein starkes Beharrungsvermögen aufweisen.

Um die Belastungen der Steuern möglichst wenig spürbar zu machen oder auch die Steuerlast gemäß der Opfertheorie für bestimmte Personen- und Bevölkerungsgruppen zu erleichtern, wurden immer mehr Ausnahmetatbestände und Vergünstigungen eingeführt. Schon immer wurden zudem neben den fiskalischen Zwecken mit Steuern auch wirtschafts- und gesellschaftspolitische Ziele verbunden, um durch steuerliche Subventionen und Privilegien Anreize für gewünschte Entwicklungen zu schaffen oder auch durch Belastungen weniger erwünschten Entwicklungen zu begegnen. Das hat dazu geführt, daß das Steuersystem mit der Zeit immer komplizierter und unübersichtlicher geworden ist und die Vielzahl von Ausnahmen, Erleichterungen, Privilegien nicht gerade dazu angetan ist, daß das Steuersystem von den Bürgern als gerecht empfunden wird. So hat es immer wieder Bestrebungen gegeben, das System zu vereinfachen und zu reformieren. Auf der Suche nach einem rationalen Steuersystem sind schon von Adam Smith Grundsätze der Steuerpolitik aufgestellt worden, die später von Adolph Wagner ergänzt wurden und zum Teil noch heute Gültigkeit haben. In neuerer Zeit ist die Diskussion um ein rationales Steuersystem von H. Haller wieder aufgegriffen worden, der zur Beurteilung von Steuersystemen eine Reihe von Kriterien entwickelt hat, an denen die Rationalität zu messen sei:

1. Erhebungsbilligkeit: Die Besteuerung ist so zu gestalten, daß der Aufwand, der dem Staat aus der Besteuerung entsteht, so gering wie möglich ist.

2. Entrichtungsbilligkeit: Die Besteuerung ist so zu gestalten, daß der Aufwand, der den Besteuerten aus der Ermittlung und Bezahlung der Steuerschuld entsteht, so gering wie möglich ist.

3. Lasterleichterung: Die Besteuerung ist so zu gestalten, daß die den Steuerzahlern aufgebürdete Last so wenig wie möglich spürbar ist und damit die wirtschaftliche Aktivität so wenig wie möglich beeinträchtigt.

4. Neutralität: Die Besteuerung ist so zu gestalten, daß durch sie weder die „innere Rationalität" der Produktion noch die optimale Abstimmung der Produktion auf die Bedürfnisstruktur („äußere Rationalität" der Produktion) gestört wird.

5. Konjunkturpolitische Effizienz: Die Besteuerung ist so zu gestalten, daß sie für Zwecke der Konjunktur- und Beschäftigungspolitik mit finanzwirtschaftlichen Mitteln so wirkungsvoll wie möglich eingesetzt werden kann.

6. Verteilungspolitische Effizienz: Die Besteuerung ist so zu gestalten, daß mit ihrer Hilfe in möglichst hohem Grade Einfluß genommen werden kann auf die Einkommensverteilung im Sinne einer Erhöhung der Verteilungsgerechtigkeit.

7. Achtung der privaten Sphäre: Die Besteuerung ist so zu gestalten, daß eine sich im Zusammenhang mit der Feststellung der steuerlichen „Leistungsfähigkeit" und der Vornahme steuerlicher Verteilungskorrekturen

evtl. ergebende Offenlegung der persönlichen Verhältnisse auf das unumgängliche Maß beschränkt wird.

8. Innere Geschlossenheit: Die Besteuerung ist so zu gestalten, daß die evtl. zu wählende Kombination von Steuern ein auf die verschiedenen Zielsetzungen abgestimmtes Ganzes bildet, so daß insbesondere keine ungerechtfertigten Überschneidungen und Lücken in der Besteuerung auftreten.

4. Das Problem der öffentlichen Verschuldung

Neben den Steuern ist seit langem die Kreditaufnahme für den Staat und die Gemeinden das bedeutendste Mittel der Finanzierung ihrer Ausgaben. Außer zur Überwindung von zeitlichen Verzögerungen der im Laufe eines Rechnungsjahres anfallenden Einnahmen und fälligen Auszahlungen durch der Höhe nach begrenzte sogenannte Betriebsmittelkredite erfolgt die staatliche Kreditaufnahme in der Regel durch längerfristige Anleihen, die von Kreditgebern freiwillig gezeichnet werden.

Die Kreditaufnahme durch den Staat wirft eine Reihe von Problemen auf, die einer uneingeschränkten Verschuldung des Staates Grenzen setzen. Wenn es auch keine absolute Grenze für die Staatsverschuldung gibt, so verlangen die damit verbundenen verteilungspolitischen Probleme nach Maßstäben, an denen die Zweckmäßigkeit und Zulässigkeit des öffentlichen Kredits zu messen ist. Solche Maßstäbe sind jedoch deswegen nicht leicht zu finden, weil es sich vielfach mehr um politisch-psychologische Wertungen als um ökonomische Sachzwänge handelt.

Was die Höhe des öffentlichen Kredits anbetrifft, so liegt darin in erster Linie ein Finanzproblem, indem der anwachsende Schuldendienst in Form von Zinszahlungen und Rückzahlungen aus den öffentlichen Haushalten zu bestreiten ist. In Haushalten, bei denen die Kreditaufnahme im Verhältnis zum Gesamtvolumen des Haushaltes gering ist, mag dieses keine allzu große Rolle spielen. In Haushalten, wie z. B. vieler Städte und Gemeinden, in denen Investitionen für Verwaltungsgebäude, Krankenhäuser, Schulen, Sportanlagen, Straßen und Plätze finanziert werden müssen, die im Verhältnis zu den Gesamtausgaben der Haushalte stärker zu Buche schlagen, spielt die Finanzierung über Kredite und die Frage der Begrenzung der Verschuldung eine beträchtliche Rolle.

Ein weiterer Maßstab kann in der Zweckbestimmung des öffentlichen Kredits gesehen werden. Als relativ unproblematisch gilt die öffentliche

Verschuldung zur Finanzierung sogenannter werbender Ausgaben, das sind Ausgaben zur Finanzierung von Investitionen, die sich unmittelbar rentieren und bei denen der Schuldendienst aus den Erträgen bestritten werden kann. Problematischer wird es schon, den Begriff der werbenden Ausgaben so weit zu fassen, daß darunter auch Investitionen fallen, die langfristig zum Wachstum der Volkswirtschaft beitragen und auf lange Sicht die volkswirtschaftliche Ertragskraft steigern. Früher war die Unterscheidung in ordentliche und außerordentliche Ausgaben gebräuchlich. Unter ordentlichen Ausgaben wurden solche verstanden, die auf Grund von Gesetzen, vertraglich begründeten Ansprüchen oder ähnlichen Rechtsverpflichtungen ständig wiederkehren und durch ordentliche Einnahmen über Steuern zu finanzieren waren. Dagegen waren außerordentliche Ausgaben einmalige Ausgaben zur Finanzierung von Investitionen, zumeist in Form öffentlicher Bauten, für die ein außerordentlicher Haushalt aufgestellt wurde, der aus Krediten gespeist wurde.

Da heute das Ausmaß der früheren außerordentlichen Ausgaben stark angewachsen ist und Ausgaben für Investitionen in allen Haushalten keine einmaligen Ausnahmen, sondern ständig wiederkehrende Regel sind, ist diese Trennung und die daran orientierte Normierung der Schuldaufnahme hinfällig geworden. Stattdessen erfolgt neuerdings die Bindung des Kreditvolumens an das Investitionsvolumen, das in seiner Gesamtheit Bestandteil der allgemeinen Haushaltsausgaben geworden ist. So schreibt Artikel 115, Abs. 1, Satz 2 des Grundgesetzes vor: „Die Einnahmen aus Krediten dürfen die Summe der im Haushaltsplan veranschlagten Ausgaben für Investitionen nicht überschreiten; Ausnahmen sind nur zulässig zur Abwehr einer Störung des gesamtwirtschaftlichen Gleichgewichts."

Eine Rechtfertigung für die Schuldaufnahme zur Finanzierung von Investitionen wird vielfach darin gesehen, daß dadurch eine Lastenverteilung auf spätere Generationen stattfindet und nicht nur die Generation, die die Investition tätigt, sondern auch die, die den Nutzen daraus hat, die Schuldenlast tragen soll. Schon Lorenz von Stein schrieb in seinem 1878 erschienenen Lehrbuch der Finanzwissenschaft: „Ein Staat ohne Staatsschuld leistet entweder zu wenig für seine Zukunft oder er fordert zu viel von seiner Gegenwart".

Aber einmal ganz abgesehen von dem zahlungstechnischen Aspekt der Lastenverteilung werden heute immer mehr Zweifel an der Richtigkeit dieser Lastentheorie laut, die in dreifacher Hinsicht anfechtbar ist:

Einmal ist die „reale Last“ der Aufbringung der Investition aus der laufenden Güterproduktion einer Volkswirtschaft nicht verlagerbar.

Zum anderen ist zu bezweifeln, ob die Finanzierung des öffentlichen Kredits für die Kreditgeber überhaupt eine Last ist, da die Anleihen weitgehend aus Ersparnissen finanziert werden und für die Kreditgeber häufig nichts anderes als eine zinsgünstige, zuweilen auch noch prämien- oder steuerbegünstigte Geldanlage bedeuten.

Drittens ist möglicherweise eine andere verteilungspolitische Konsequenz noch gravierender. Bei laufender Kreditfinanzierung größeren Umfangs ist die Kreditaufnahme als Ersatz einer sonst notwendigen Steuererhöhung anzusehen. Darin kann ein Geschenk für die „Reichen“ liegen, indem ihnen weniger Steuern abverlangt werden als ihrer Leistungsfähigkeit entspräche und dafür eine Möglichkeit der Vermögensanlage mit Zins und Zinseszins geboten wird, die als Ausgaben den Haushalt belasten, der aus den Steuern der Allgemeinheit finanziert werden muß.

In der Bundesrepublik unterliegt die staatliche Kreditaufnahme außerdem dem Gebot des Gesetzes zur Förderung der Stabilität und des Wachstums der Wirtschaft vom 8. Juni 1967. Danach wird der Bundesminister der Finanzen ermächtigt, zur Finanzierung zusätzlicher Ausgaben zur Abwehr einer drohenden Abschwächung der allgemeinen Wirtschaftstätigkeit Kredite über die im Haushaltsgesetz erteilten Kreditermächtigungen hinaus bis zur Höhe von fünf Milliarden Deutsche Mark aufzunehmen.

Wenn der Staat in Zeiten wirtschaftlicher Depression die volkswirtschaftliche Gesamtnachfrage und das Beschäftigungsvolumen dadurch steigert, daß er Ausgaben vornimmt, die durch Steuereinnahmen nicht gedeckt sind, so bedeutet dieses, daß zur Finanzierung nachfragestimulierender zusätzlicher Staatsausgaben bewußt Haushaltsdefizite in Kauf genommen und mit Schulden finanziert werden (deficit spending).

Dieses gilt jedoch nur, wenn das Wachstumspotential nicht ausgelastet ist. Kredite würden nicht helfen, wenn keine Ressourcen vorhanden sind, sondern in diesem Falle nur preissteigernd wirken. Deshalb ist auch die Finanzierung von Staatsausgaben mit Krediten bei ausgelastetem Produktionspotential wesentlich anders zu beurteilen, sofern es sich dabei nicht nur um eine Kaufkraftverlagerung von der privaten in die öffentliche Hand handelt.

In dem Fall einer die volkswirtschaftliche Leistungsfähigkeit übersteigenden Nachfrageausweitung kann es sogar notwendig werden, daß die Regierung die Staatsausgaben drosselt, Überschüsse bildet und Steuermehreinnahmen stillegt sowie auch die Aufnahme von Krediten begrenzt (§§ 19, 20 StWG).

Die Anwendung des Konzepts moderner Finanzpolitik, nach dem nicht das konjunkturell schwankende Steueraufkommen, sondern das Wachstumspotential der Volkswirtschaft das Kriterium für die Expansion der Staatsausgaben abgibt, verlangt eine konjunkturgerechte Ausgaben- und Einnahmenpolitik, die auch die Schuldenpolitik als Instrument einer antizyklischen Finanzpolitik zu nutzen weiß.

Abgesehen von der besonderen finanz- und wirtschaftspolitischen Beurteilungsmaßstäben unterliegenden höheren kurzfristigen Verschuldung zum Ausgleich konjunkturell bedingter Steuerausfälle und zur Finanzierung konjunkturpolitischer Förderungsmaßnahmen kann die Frage, ob und inwieweit eine stärkere Verschuldung des Staates auf längere Sicht finanz- und volkswirtschaftlich vertretbar oder sogar notwendig ist, weder rein fiskalisch im Hinblick auf die wachsende Schuldenlast noch aus der jeweiligen Situation des Kapitalmarktes, sondern sinnvoll nur im Rahmen gesamtwirtschaftlicher Betrachtungen und im Hinblick auf die allgemeinen wirtschafts- und finanzpolitischen Zielsetzungen entschieden werden. Die zur Erreichung der wirtschaftspolitischen Ziele Wachstum und Vollbeschäftigung notwendige Steigerung der privaten und staatlichen Investitionen ist weitgehend auch eine Frage der Möglichkeiten ihrer Finanzierung. Die Investitionsbereitschaft der Unternehmer hängt entscheidend von ihren Gewinnerwartungen und den Möglichkeiten unternehmerischer Selbstfinanzierung ab. Unter der Voraussetzung einer gleichzeitigen Stabilität des Preisniveaus läßt sich die notwendige Verbesserung der Gewinnsituation und die Aufrechterhaltung einer ausreichenden Selbstfinanzierung nur von den Kosten her erreichen. Bei gleichzeitig steigenden Löhnen und Gehältern, die in angemessenem Umfang für die notwendige Entwicklung der Verbrauchsnachfrage unentbehrlich sind, bleibt nur der Weg, daß der Staat bei seinen finanzpolitischen Belastungen Zurückhaltung übt und einen größeren Teil seiner steigenden Ausgaben für Investitionen nicht durch höhere Steuern, sondern durch Kredite finanziert. Um die notwendige Selbstfinanzierung der Wirtschaft und den einkommenspolitischen Ausgleich sicherzustellen, muß die Finanzpolitik den Finanzierungsspielraum des öffentlichen Kredits ausschöpfen.

Voraussetzung einer höheren Kreditfinanzierung des Staates ist allerdings, daß der Kapitalmarkt ein ausreichendes Kapitalangebot bereithält. Die zur Verwirklichung der gesamtwirtschaftlichen Ziele notwendige stärkere Verscnuldung des Staates ist ohne Gefährdung der Stabilität nur möglich, wenn aus den steigenden privaten Einkommen eine ausreichende Quote in die private Ersparnisbildung fließt. Insofern eröffnet der finanzpolitische Weg einer stärkeren Staatsverschuldung zur Finanzierung der wachstumspolitisch notwendigen öffentlichen Investitionen der Politik der breitgestreuten Vermögensbildung in privater Hand neue Möglichkeiten und gibt ihr eine wichtige Aufgabe.

III. DIE ORDNUNG DER ÖFFENTLICHEN FINANZEN IN DER BUNDESREPUBLIK DEUTSCHLAND

1. Finanzverfassung und Finanzordnung

Die Finanzgebarung des Staates, der mit den ihm anvertrauten Geldern seiner Bürger wirtschaftet, muß in einem demokratischen Rechtsstaat einer genauen Regelung durch Gesetze und einer öffentlichen Kontrolle unterworfen sein. Die grundlegenden Rechtsnormen für die öffentliche Finanzwirtschaft im Ganzen, in Einnahmen und Ausgaben, werden Finanzverfassung genannt. Die moderne Finanzverfassung muß den rechtlichen Rahmen für die gesamte Finanzgebarung der öffentlichen Hand abstecken, angefangen von der formalen Gestaltung des Staatshaushalts, über die Steuern und Ausgaben bis zur staatlichen Vermögens- und Schuldenverwaltung und zum Finanzausgleich.

Finanzgewalt und Finanzverfassung sind Urbestandteile jeder Staatshoheit und Staatsverfassung. Die Finanzverfassung ist stets ein Spiegelbild der Staatsverfassung, der Staatsform und der Grundkonzeption der Staatszwecke. Der enge Zusammenhang zwischen Finanzverfassung und Staatsverfassung zeigt sich in der parlamentarischen Demokratie besonders an der Abhängigkeit der Regierung von der Zustimmung des Parlaments zu ihrer jeweiligen finanzpolitischen Konzeption. Dabei zeigt sich im Laufe der Geschichte, daß die jeweils herrschende Finanzordnung eine starke materielle Beharrungskraft und institutionelle Eigendynamik hat, die durchaus in der Lage ist, politische Krisen zu überdauern und Zusammenbrüche des Staates zu überleben. Dies ist nur soziologisch und sozialpsychologisch zu erklären; verfassungsrechtlich ist die Finanzverfassung nur eine abgeleitete, keineswegs in allen Teilen ausdrücklich kodifizierte systematische Ordnung. Der moderne Rechtsstaat beruht auf dem Grundsatz der Anerkennung gewisser Grundrechte seiner Bürger, zu denen die persönliche Freiheit und damit, neben anderen Persönlichkeitsrechten, das Recht zum Eigentumserwerb und -besitz gehört; um diese Rechte zu gewährleisten, unterwirft der Staat die Ausübung seiner Staatsgewalt bestimmten verfassungsrechtlich garantierten Beschränkungen und organisatorischen Normen, die am anschaulichsten in der sogenannten Gewaltenteilung zum Ausdruck kommen. Der moderne Verfassungsstaat pflegt die Bindungen und Schranken, die er dem politischen und staatlichen Handeln seiner Organe auferlegt, in einer geschriebenen oder ungeschriebenen Verfassung zu verankern, die eine Art höheres, überzeitliches Recht verkörpert.

Ähnliche Verfassungsnormen, wie sie die Staatsverfassung für die Gewaltenteilung im Staate und für die Ausübung der Staatsgewalt vorsieht, müßte der Verfassungsstaat konsequenterweise auch für die Finanzgewalt in Form einer Finanzverfassung akzeptieren, soll nicht gerade auf diesem heiklen Gebiet der Willkür Tür und Tür geöffnet werden. In der Tat gibt es eine solche Finanzverfassung, wenn auch nicht in Form einer als solchen deklarierten Verfassung; ihr Inhalt ist vielmehr nur synthetisch aus den verschiedenen rechtlichen Regelungen abzuleiten.

Da ist zunächst das Grundgesetz mit seinem Abschnitt X. „Das Finanzwesen“, der die Artikel 104 a bis 115 GG umfaßt. Art. 104 a enthält die grundlegenden Bestimmungen für die Lastenabgrenzung zwischen Bund und Ländern mit dem allgemeinen Grundsatz, daß Bund und Länder gesondert die Ausgaben tragen, die sich aus der Wahrnehmung ihrer Aufgaben ergeben (Art. 104 a, Abs. 1 GG). Weiterhin enthält Art. 104 a GG die Kostenabgrenzung für die Auftragsverwaltung durch die Länder (Art. 104 a Abs. 2 GG), die Ausführung für Geldleistungsgesetze (Art. 104 a, Abs. 3 GG) und die Mitfinanzierung durch Finanzhilfen des Bundes für besonders bedeutsame Investitionen der Länder und Gemeinden, die zur Abwehr einer Störung des gesamtwirtschaftlichen Gleichgewichts oder zum Ausgleich unterschiedlicher Wirtschaftskraft im Bundesgebiet oder zur Förderung des wirtschaftlichen Wachstums erforderlich sind (Art. 104 a Abs. 4 GG). In Art. 105 GG ist die Steuerhoheit, die Befugnis zur Erhebung von Steuern, geregelt. Art. 106 GG enthält die einschlägigen Bestimmungen über die Aufteilung der Steuern auf Bund, Länder und Gemeinden und die für diese Aufteilung geltenden Grundsätze. Art. 107 GG enthält Anweisungen für den Gesetzgeber über die Finanzausstattung der Länder und über einen horizontalen Finanzausgleich zwischen den Ländern sowie einen vertikalen Lastenausgleich zwischen Bund und Ländern. Art. 108 GG regelt die Zuständigkeiten für die Verwaltung der Steuern, den Aufbau der Finanzverwaltung und die Finanzgerichtsbarkeit.

Als ein tragender Grundsatz unseres föderativen Staatsaufbaus gilt Art. 109 Abs. 1 GG, nach dem Bund und Länder in ihrer Haushaltswirtschaft selbständig und voneinander unabhängig sind. Durch eine Grundgesetzänderung sind in den Artikel 109 im Zusammenhang mit dem Gesetz zur Förderung der Stabilität und des Wachstums der Wirtschaft vom 8. Juni 1967 (StWG) Bestimmungen eingefügt worden, die Bund und Länder verpflichten, bei ihrer Haushaltswirtschaft die Erfordernisse des gesamtwirtschaftlichen Gleichgewichts zu achten (Art. 109, Abs. 2 GG), und die die Voraussetzung für eine Koordinierung der Haushaltspolitik und Bund und Ländern schaffen sollen (Art. 109, Abs. 3 GG) sowie zur Abwehr einer Störung des gesamtwirtschaftlichen Gleichgewichts gesetzliche Möglichkeiten für die Begrenzung der Kreditaufnahmen und die Unterhaltung von Konjunkturausgleichsrücklagen liefern sollen (Art. 109, Abs. 4 GG). Artikel 110 GG enthält die tragenden Prinzipien für die Aufstellung des Bundeshaushaltsplans und Bestimmungen über die parlamentarische Behandlung und den Inhalt des Haushaltsgesetzes. Um bei Verzögerungen bei der Aufstellung des Haushalts und der parlamentarischen Beratung des Haushaltsgesetzes eine geregelte Haushaltsführung zu ermöglichen, enthält Art. 111 GG den Ermächtigungsrahmen für Ausgaben vor Genehmigung des Etats, Art. 112 GG sagt, wann Haushaltsüberschreitungen zulässig sind und Art. 113 GG enthält „Bremsvorschriften“, soweit das Parlament über die Vorschläge der Regierung hinaus Ausgabenerhöhungen oder neue Ausgaben sowie Einnahmeminderungen beschließt. In diesem Fall hat die Bundesregierung ein Vetorecht mit aufschiebender Wirkung. Art. 114 GG verpflichtet den Bundesminister der Finanzen zur Rechnungslegung und ordnet die Prüfung der Rechnung sowie der Wirtschaftlichkeit und Ordnungsmäßigkeit der Haushalts- und Wirtschaftsführung durch den Bundesrechnungshof an. Schließlich setzt Art. 115 GG Grenzen für die Aufnahme von Krediten.

Neben den Bestimmungen über das Finanzwesen im Grundgesetz gibt es eine Fülle von Bundesgesetzen und Verordnungen, die allesamt die Aufgabe haben, das Finanzwesen zu ordnen und die in ihrer Gesamtheit die Finanzverfassung ausmachen. Die wichtigsten Gesetze und Verordnungen sind:

— Gesetz über die Grundsätze des Haushaltsrechts des Bundes und der Länder (Haushaltsgrundsätzegesetz – HGrG)
— Bundeshaushaltsordnung (BHO)
— Gesetz zur Förderung der Stabilität und des Wachstums der Wirtschaft (StWG)
— Abgabenordnung (AO) als das Steuergrundgesetz
— das gesamte Steuerrecht

2. Haushaltsplan und Haushaltsgrundsätze

Eine wichtige Rolle im Zusammenhang mit der öffentlichen Kontrolle der Finanzwirtschaft spielen die Regeln und Grundsätze für die Aufstellung des Haushaltsplan, die sich aus dem Grundgesetz und der Haushaltsordnung ergeben:

Im Haushaltsplan werden die für einen bestimmten Zeitraum geplanten Ausgaben und Einnahmen gegenübergestellt. Der Haushalt ist durch Gesetz festzustellen. Dieser Grundsatz der Gesetzlichkeit mutet heute als Selbstverständlichkeit an, ist aber das Ergebnis einer langen geschichtlichen Auseinandersetzung zwischen Regierung (Krone) und Parlament um das Recht, Steuern und Staatsausgaben festzusetzen bzw. zu bewilligen. Im Grunde ist die Budgetvotierung durch das Parlament eine Durchbrechung der Gewaltenteilung. Seiner rechtlichen Natur nach ist das Haushaltsgesetz ein Ermächtigungsgesetz formalen Charakters. Es ermächtigt die zuständigen Behörden und Beamten, Ausgaben bis zur bewilligten Höhe – und nicht über diese hinaus – vorzunehmen. Mit der Genehmigung des Haushaltsgesetzes schreibt das Parlament der Exekutive einen Rahmen für ihr Handeln vor.

Gemäß Art. 110 Abs. 1 GG sind „alle“ Einnahmen und Ausgaben des Bundes in den Haushaltsplan einzustellen. Der Grundsatz der Vollständigkeit des Haushaltsplans will verhindern, daß Einnahmen und Ausgaben verschwiegen werden, daß sich schwarze Kassen bilden, die unkontrollierte Finanzmanipulationen ermöglichen könnten. Zur Vollständigkeit gehört das Bruttoprinzip, nach dem nicht wie in der Privatwirtschaft

Einnahmen und Ausgaben miteinander saldiert werden dürfen. Für die Veranschlagung im Haushaltsplan ist die Erfassung aller Vorgänge wichtig, um eine Kontrolle ermöglichen zu können.

Der Grundsatz der Vorherigkeit besagt, daß das Parlament vorher sagt, was die Regierung ausgeben darf, wie es dem Wesen eines Plans entspricht. Wenn auch die rechtzeitige vorherige Verabschiedung des Etats nur selten erreicht wird, sind genügend Sicherungen eingebaut, um einerseits zu verhindern, daß die Regierung handlungsunfähig wird, andererseits aber unkontrolliert Ausgaben tätigen kann.

Die Grundsätze moderner Budgettechnik werden je nach Bewertung zu wenigen wichtigen konzentriert oder aber der Vollständigkeit halber möglichst erschöpfend dargestellt. In der Literatur finden sich neben den bereits dargestellten insbesondere diese:

Öffentlichkeit, d. h. das Budgetwesen soll transparent sein, öffentlich verhandelt werden und für jederman zugänglich sein.

Budgetklarheit verlangt Klarheit sowohl über Einzelposten als auch Gesamtziffern. Es darf keine Tarnbezeichnungen und auch keine Globalziffern geben.

Verwandt damit ist die Forderung nach Genauigkeit, Übersichtlichkeit und Vergleichbarkeit; durch die Aufschlüsselung der Einnahmen und Ausgaben, ihrer Gliederung nach gleichen Gliederungsmerkmalen und Kriterien sowie der Veranschlagung nach der Ressortzuständigkeit soll ein Vergleich der Ansätze untereinander und mit denen der Vorjahre ermöglicht werden.

Der Grundsatz der Spezialität verlangt die qualitative Festlegung, quantitative Bindung und zeitliche Zuordnung der veranschlagten Ausgaben zu bestimmten Maßnahmen und Zwecken.

Schließlich ist noch das Prinzip der Non-Affektion oder des Verbots der Zweckbindung zu nennen. Durch dieses Prinzip soll sichergestellt werden, daß alle Einnahmen grundsätzlich in einen Topf kommen und alle Einnahmen für alle Ausgaben zur Verfügung stehen. Gleichzeitig soll dadurch verhindert werden, daß bestimmte Einnahmen für bestimmte Ausgaben ohne ständige Überprüfung ihrer Dringlichkeit beansprucht werden.

Neben diesen Grundsätzen, die bei der Aufstellung des Haushalts zu beachten sind, enthält die Haushaltsordnung nähere Bestimmungen darüber, wie bei der Ausführung des Haushalts zu verfahren ist, wie Zahlungen, Buchführung und Rechnungslegung zu erfolgen haben sowie über die Rechnungsprüfung.

Aufstellung des Haushalts, parlamentarische Beratung und Bewilligung, Ausführung, Rechnungslegung, Prüfung durch den Rechnungshof und Entlastung der Regierung durch das Parlament sind die Stadien des Haushalts, die man auch als Budgetkreislauf bezeichnet.

3. Horizontaler und vertikaler Finanzausgleich

In einem zentralistisch organisierten Staatswesen gibt es nur eine Ebene der politischen Willensbildung, nur eine einheitliche Verwaltung mit einer Staatsregierung an der Spitze und einer durchgehenden Hierarchie von oben herunter bis zu den lokalen Instanzen.

Sämtliche Instanzen bekommen von oben ihre Aufgaben zugeteilt und werden mit genauen Richtlinien versehen. Einem so organisierten Staatswesen entspricht eine einheitliche Finanzwirtschaft. Die Zentrale beschafft die erforderlichen Einnahmen und weist sämtlichen Verwaltungsinstanzen entsprechend den ihnen zugeteilten Aufgaben die Mittel zu (Zuweisungssystem).

In einem föderativ gegliederten Staatswesen mit politischer Unabhängigkeit und Selbständigkeit der Gebietskörperschaften übernimmt der Gesamtstaat (Bund) nur Aufgaben von übergreifender Bedeutung. Die politische Willensbildung vollzieht sich auf mehreren Ebenen. Die Verwaltungen auf den verschiedenen Ebenen sind verselbständigt. Zu dieser Selbständigkeit gehört auch, daß die Gebietskörperschaften eigene Finanzwirtschaften führen müssen. Sie müssen über eigene Mittel verfügen können, die dem Umfang der ihnen zufallenden Aufgaben angemessen sind und über deren Verwendung sie selbständig entscheiden können. Damit verträgt sich nicht, daß diese Mittel von der Zentrale nach deren Ermessen zugewiesen werden. Die selbständigen Gebietskörperschaften müssen vielmehr mit bestimmten, ihnen zustehenden Einnahmen fest rechnen können. Das bedeutet nicht, daß die Beschaffung der Einnahmen nicht doch dem Gesamtstaat vorbehalten werden kann, so daß dieser allein berechtigt ist, Steuern zu erheben. Es muß nur gewährleistet sein, daß den nachgeordneten Gebietskörperschaften eine bestimmte, dem Umfang ihrer Aufgaben angemessene Quote der Steuereinnahmen zusteht und an sie abgeführt werden muß.

Eine mögliche Lösung des Problems der Verteilung der Staatseinnahmen auf die verschiedenen Ebenen besteht in einem vertikalen Finanzausgleich durch quotale Beteiligung der einzelnen Gebietskörperschaften an den ausschließlich vom Gesamtstaat erhobenen Steuereinnahmen (Gesamtverbundsystem). Die Aufteilung der feststehenden Quote erfolgt zweckmäßigerweise entsprechend den Einwohnerzahlen und nicht nach dem Steueraufkommen. Dadurch wird gleichzeitig ein horizontaler Finanzausgleichseffekt zwischen den wirtschaftlich schwächeren Gebietskörperschaften mit entsprechend niedrigeren Einnahmen und den wirtschaftlich stärkeren erzielt. Dem Vorteil einer einheitlichen Besteuerung stehen eine Reihe von Nachteilen gegenüber, die in der Schwierigkeit begründet liegen, daß die pauschale Quotenzuteilung nicht immer den Ausgleich herbeiführt, der den Bedürfnissen entspricht und deshalb ständige Auseinandersetzungen über eine angemessene Verteilung, die zudem sich ändernden Verhältnissen Rechnung trägt, zwischen den Gebietskörperschaften unvermeidlich sind.

Eine zweite grundsätzliche Lösung des Problems besteht in dem sogenannten Trennsystem, mit völliger Steuerautonomie der einzelnen Gebietskörperschaften der verschiedenen Ebenen. Für das Trennsystem ist somit charakteristisch, daß Einnahmequellen und Ausgabenbereiche der zentralen und der nachgeordneten Gebietskörperschaften gänzlich unabhängig nebeneinander stehen. Im Extremfall kann in diesem System jede Gebietskörperschaft ganz nach Belieben Steuern erheben. Die verschiedenen Gebietskörperschaften wählen die Form der Besteuerung und die Höhe der Steuerbelastung nach eigenem Gutdünken. Sie haben dadurch die Möglichkeit, die Steuereinnahmen dem innerhalb ihres Aufgabenbereichs autonom bestimmten Finanzbedarf anzupassen. Es gibt keine Auseinandersetzung um Anteile, aber auch keinen Lastenausgleich. Jede Einheit muß mit sich selbst fertig werden. Als Konsequenz ergeben sich eine uneinheitliche, komplizierte Struktur der Besteuerung, eine mangelhafte Koordinierung der Steuerpolitik und entsprechend den regionalen Unterschieden in der wirtschaftlichen Leistungsfähigkeit eine unterschiedliche hohe Steuerbelastung und notwendigerweise auch ein Gefälle im Umfang der öffentlichen Leistungen. Dieser Umstand hat die Tendenz, sich zu verstärken durch Abwanderungen mit weiteren Steuerausfällen und wachsenden Verschlechterungen. Die steuerliche Autonomie ist somit eine ziemlich zweifelhafte Errungenschaft und Steuerwirrwarr fast unvermeidbar.

Zwischen diesen beiden extremen Lösungen liegen eine Reihe von weiteren Lösungsmöglichkeiten, die mehr dem einen oder dem anderen System angelehnt sind und die Nachteile der einzelnen Systeme durch Korrekturen zu mildern suchen. Die Praxis der Finanzpolitik hat mannigfache Mischformen herausgebildet, pragmatische Regelungen, bei denen oft parlamentarische Kompromisse, partikulare Vorbehalte und enge Finanzegoismen der beteiligten Parteien Pate zu stehen pflegen; auch in der Finanzpolitik besteht die Kunst darin, die einander widerstreitenden Interessen auf einen gemeinsamen Nenner zu bringen.

Das Grundgesetz sieht mehrere Formen des Finanzausgleichs vor:

a) einen horizontalen Ausgleich zwischen leistungsstarken und leistungsschwachen Ländern (Art. 107 GG)

b) einen vertikalen Ausgleich in Gestalt von Bundeszuweisungen an leistungsschwache Länder (Art. 107, Abs. 2)

c) einen vertikalen Ausgleich zwischen Ländern und Gemeinden. Art. 106 bestimmt, daß den Gemeinden von dem Länderanteil an der Einkommens- und Körperschaftssteuer ein bestimmter (von der Landesgesetzgebung zu bestimmender) Hundertsatz zufließt. Ferner müssen beim Finanzausgleich unter den Ländern gemäß Art. 107 GG Finanzkraft und Finanzbedarf der Gemeinden berücksichtigt werden.

d) Neuerdings wirkt der Bund nach Art. 91 a GG auf folgenden Gebieten bei der Erfüllung von Aufgaben der Länder mit, wenn diese Aufgaben für die Gesamtheit bedeutsam sind und die Mitwirkung des Bundes zur Verbesserung der Lebensverhältnisse erforderlich ist (Gemeinschaftsaufgaben):

   1. Ausbau und Neubau von Hochschulen einschl. der Hochschulkliniken
   2. Verbesserung der regionalen Wirtschaftsstruktur
   3. Verbesserung der Agrarstruktur und des Küstenschutzes.

   Nach Art. 91 b können ferner Bund und Länder auf Grund von Vereinbarungen bei der Bildungsplanung und bei der Förderung von Einrichtungen und Vorhaben der wissenschaftlichen Forschung von überregionaler Bedeutung zusammenwirken. Die Aufteilung der Kosten wird in der Vereinbarung geregelt.

Der Finanzausgleich in der Bundesrepublik enthält somit Elemente eines Verbundsystems, in dem mit der Einkommens- und Körperschaftssteuer und der Umsatzsteuer nahezu $^2/_3$ des gesamten Steueraufkommens in einem großen Steuerverbund als Gemeinschaftssteuern Bund und Ländern gemeinsam zustehen. Daneben gibt es Steuern, über die Bund und Länder weiterhin getrennt verfügen, wie z. B. – um die wichtigsten zu nennen –

die Verbrauchssteuern (Mineralöl, Tabak, Kaffee) auf der einen Seite und die Vermögenssteuern einschl. Erbschaftssteuern und die Kraftfahrzeugsteuer auf der anderen Seite.

Durch die Einführung des Rechtsinstituts der Gemeinschaftsaufgaben (Art. 91 a und b GG) ist die Kooperation von Bund und Ländern bei der Erfüllung bestimmter öffentlicher Aufgaben auf eine gesicherte verfassungsrechtliche Grundlage gestellt worden. Bund und Länder wirken danach bei der Erfüllung solcher staatlicher Aufgaben zusammen, die für die Entwicklung des Gesamtstaats besonders bedeutsam sind. Und schließlich besteht die Möglichkeit der Finanzhilfen des Bundes an die Länder für besonders bedeutsame Investitionen, soweit damit die in Art. 104, Abs. 4 GG genannten gesamtwirtschaftlichen Ziele verfolgt werden.

Der Finanzausgleich zwischen Bund, Ländern und Gemeinden, wie ihn das Grundgesetz regelt, ist durch eine Finanzreform zustandegekommen. Die bis dahin gegoltene Finanzverfassung hatte sich angesichts der finanz- und wirtschaftspolitischen Entwicklung der vergangenen Jahre als nicht ausreichend erwiesen. Die wesentlichen Ursachen und Mängel lagen auf folgenden Gebieten:

1. Bundes- und Länderausgaben auf der einen Seite, das Aufkommen der Steuern des Bundes und der Länder auf der anderen Seite hatten sich unterschiedlich entwickelt. Ferner hatten sich zwischen Bund und Ländern ernste Meinungsverschiedenheiten und Unklarheiten über die Aufgabenverteilung auf wichtigen Sachgebieten ergeben. Diese Entwicklung hatte in der Vergangenheit zu ständigen Auseinandersetzungen geführt, die die Wirksamkeit der gesamten öffentlichen Haushaltsführung beeinträchtigten und auf die Dauer das bundesstaatliche Gefüge gefährdeten.

2. Das überkommene Finanz- und Steuersystem der Gemeinden und Gemeindeverbände war im Hinblick auf die überragende Bedeutung der Gewerbesteuer als Haupteinnahmequelle der Gemeinden allzu konjunkturempfindlich und wurde durch übermäßig hohe Steuerkraftunterschiede von Gemeinde zu Gemeinde gekennzeichnet. Dadurch wurde eine einigermaßen gleichmäßige Erfüllung der kommunalen Aufgaben in Frage gestellt.

3. Die vorrangigen Ziele der Wirtschaftspolitik, insbesondere die Wahrung der gesamtwirtschaftlichen Stabilität, hohe Beschäftigung und außenwirtschaftliches Gleichgewicht bei stetigem und angemessenem Wachstum fanden in der Finanzverfassung nicht den Rückhalt, der zur

wirksamen Wahrnehmung dieser wirtschaftspolitischen Aufgaben notwendig war.

Durch die Neuordnung der Finanzverfassung im Zuge der Finanzreform im Jahre 1968, die Änderung des Art. 109 GG im Zusammenhang mit dem Gesetz zur Förderung der Stabilität und des Wachstums der Wirtschaft im Jahre 1967 und das Gesetz über die Grundsätze des Haushaltsrechts des Bundes und der Länder aus dem Jahre 1969 sind die Voraussetzungen für einen „kooperativen Föderalismus“ geschaffen worden. Neben den Verbesserungen des Finanzausgleichs und dem Zusammenwirken von Bund und Ländern bei den großen Gemeinschaftsaufgaben erklären die Gesetze auch das Zusammenwirken sowohl in der Haushalts- und Finanzplanung als auch in der Verpflichtung zur konjunkturgerechten Finanzpolitik zur Aufgabe von Bund und Ländern. Die Länder ihrerseits haben eine gesetzliche Handhabe bekommen, auch die Gemeinden zu einer konjunkturgerechten Führung ihrer Haushalte anzuhalten (§ 16 StWG).

Als beratende Gremien für die Koordinierung der Finanz- und Wirtschaftspolitik von Bund, Ländern und Gemeinden sind der „Konjunkturrat für die öffentliche Hand“ und der „Finanzplanungsrat“ geschaffen worden. Der Konjunkturrat, dem die Bundesminister für Wirtschaft und Finanzen sowie je ein Vertreter der Gemeinden angehören, berät gemäß § 18 StWG die zur Erreichung der gesamtwirtschaftlichen Ziele des Stabilitäts- und Wachstumsgesetzes erforderlichen Maßnahmen und die Möglichkeiten der Deckung des Kreditbedarfs der öffentlichen Haushalte. Der Finanzplanungsrat, dem die Bundesminister der Finanzen und für Wirtschaft, die für die Finanzen zuständigen Minister der Länder und vier Vertreter der Gemeinden und Gemeindeverbände angehören, gibt gemäß § 51 Haushaltsgrundsätzegesetz (HGrG) Empfehlungen für eine Koordinierung der Finanzplanungen des Bundes, der Länder und der Gemeinden. Dabei sollen eine einheitliche Systematik der Finanzplanungen aufgestellt sowie einheitliche volks- und finanzwirtschaftliche Annahmen für die Finanzplanungen und Schwerpunkte für eine den gesamtwirtschaftlichen Erfordernissen entsprechende Erfüllung der öffentlichen Aufgaben ermittelt werden. Die vom Konjunkturrat zur Erreichung der Ziele des Stabilitäts- und Wachstumsgesetzes für erforderlich gehaltenen Maßnahmen sollen berücksichtigt werden.

Wenn somit auch die gesetzlichen und institutionellen Voraussetzungen einer Zusammenarbeit von Bund und Ländern vorliegen, so wird sich der kooperative Föderalismus in der Praxis bei der unterschiedlichen Aufgabenstellung und Interessenlage von Bund und Ländern immer wieder zu bewähren haben.

IV. ZUSAMMENFASSUNG

1. Der moderne Staat hat sich von einem Ordnungsstaat zu einem Dienstleistungsbetrieb entwickelt. Demgemäß haben sich die Aufgaben des Staates gewandelt und gleichzeitig vermehrt. Diese Entwicklung schlägt sich in den öffentlichen Haushalten nieder und bestimmt Richtung und Ziele der Finanzpolitik.

2. Bei dem Umfang und Inhalt der öffentlichen Haushalte, der Wirkungen der Einnahme- und Ausgabepolitik auf den volkswirtschaftlichen Kreislauf und die gesamtwirtschaftliche Entwicklung ist Haushalts- und Finanzpolitik keine nur fiskalische Angelegenheit. Finanzpolitik muß vielmehr als ein integraler Bestandteil der allgemeinen Wirtschaftspolitik angesehen werden, die neben der Bedarfsdeckungsfunktion für die Staatstätigkeit und die Staatsleistungen der Erreichung der übergeordneten gesamtwirtschaftlichen Ziele zu dienen hat.

3. Die öffentliche Finanzwirtschaft von Bund, Ländern und Gemeinden muß wegen ihrer Ergänzungsfunktion als Einheit angesehen werden. Um die gesamtwirtschaftlichen Ziele erreichen, den Verfassungsanspruch von Bund und Ländern auf die zu ihrer Aufgabenerfüllung notwendigen Ausgaben erfüllen und eine ihren Zuständigkeiten und Möglichkeiten entsprechende Aufgabenteilung für Bund, Länder und Gemeinden finden zu können, bedarf es einer Zusammenarbeit von Bund und Ländern im Geiste eines kooperativen Föderalismus.

V. KONTROLLFRAGEN

1. Inwiefern haben gesellschaftliche Wandlungen die Notwendigkeit öffentlicher Sozialausgaben verstärkt? Inwiefern können Änderungen der Bevölkerungsschichtung zu einer Vermehrung der Gemeinschaftsaufgaben führen? Inwiefern trägt wachsender Wohlstand zu einer Vermehrung der Staatsaufgaben und -ausgaben bei?

2. Welche Unterschiede bestehen zwischen Verwaltung und Dienstleistung des Staates?

3. Inwiefern ist die Vorhersage gerechtfertigt, daß sich die Ausgaben der öffentlichen Hand in den nächsten zehn bis zwanzig Jahren verdoppeln werden?

4. In welchen gesetzlichen Bestimmungen und wirtschaftspolitischen Maßnahmen kommt die gewandelte Rolle der Finanzpolitik besonders zum Ausdruck?

5. Welche Faktoren werden bei der Besteuerung nach der Leistungsfähigkeit berücksichtigt und wie sind sie im geltenden Steuerrecht geregelt?

6. Halten Sie eine direkte oder eine indirekte Besteuerung für zweckmäßiger, und welche Art erscheint Ihnen gerechter?

7. Nennen Sie Beispiele für das besondere Beharrungsvermögen einmal eingeführter Steuern und womit ist dieses zu erklären?

8. Halten Sie es für richtig, daß eine Generation die Verluste zweier Inflationen, die Folgen eines verlorenen Krieges, den Wiederaufbau, den Ausbau des Sozialstaates und die Zukunftsvorsorge für die weitere wirtschaftliche und soziale Entwicklung aus dem laufenden Einkommen finanziert oder halten Sie eine Verlagerung der Ausgaben auf mehrere Generationen für möglich, angezeigt und gerechtfertigt?

9. Welche Bestimmungen des Grundgesetzes regeln die öffentliche Finanzwirtschaft?

10. Was bestimmt das Grundgesetz über Nothaushalt und Haushaltsüberschreitungen? Was ist der Sinn dieser Bestimmungen?

11. Wie regelt das Grundgesetz die Gesetzgebungskompetenz und die Ertragshoheit für die wichtigsten Steuern?

12. Welche Bestimmung des Grundgesetzes über die Finanzwirtschaft spiegelt am deutlichsten den föderalistischen Staatsaufbau der Bundesrepublik Deutschland wieder?

13. Durch welche Bestimmungen des Grundgesetzes und andere gesetzlichen Bestimmungen soll eine Koordinierung der öffentlichen Haushalte von Bund, Ländern und Gemeinden ermöglicht werden? Welchen Zielen dient diese Koordinierung?

VI. LITERATURHINWEISE

Haller, Heinz: Finanzpolitik, Grundlagen und Hauptprobleme, 4. Auflage, Tübingen–Zürich 1968

Haller, Heinz: Die Steuern, Grundlinien eines rationalen Systems öffentlicher Abgaben, Tübingen 1964

Schmölders, Günter: Finanzpolitik, Berlin–Heidelberg–New York 1970

Gutachten über die Finanzreform in der Bundesrepublik Deutschland, Stuttgart–Köln–Berlin–Mainz 1966

Handbuch der Finanzwissenschaft, 1. Bd., Tübingen 1952

Haushaltsrecht des Bundes, herausgegeben vom Bundesministerium der Finanzen, Bonn 1969

V
Wirtschaftsordnungen im Vergleich

Dr. Ferdinand Graf von Ballestrem

Entwicklungstendenzen der Sozialen Marktwirtschaft

INHALT

I. DIE SOZIALE MARKTWIRTSCHAFT – EINE OFFENE WIRTSCHAFTSORDNUNG

1. Die Konzeption

Selten wohl in der Geschichte haben die Resultate der Überlegungen einer relativ kleinen Zahl von Wissenschaftlern die Lebensverhältnisse eines ganzen Volkes so entscheidend beeinflußt, wie in der Bundesrepublik nach dem zweiten Weltkrieg. Nach dem Zerfall des Staates, und dem Ende der Diktatur mußte die grundsätzliche Entscheidung getroffen werden, unter welchen Bedingungen das wirtschaftliche Leben ablaufen sollte.

Schon vor und während des Krieges hatten die Vertreter der Freiburger Schule, vor allem ihr Gründer, Walter Eucken, erkannt, daß hochindustrialisierte Volkswirtschaften einer Ordnung bedürfen, damit der Prozeß von Produktion und Verteilung rational ablaufen und – unter den jeweils gegebenen Umständen – zu möglichst guten Ergebnissen kommen kann. Die Elemente dieser Ordnung, so war ihre Meinung, sind nicht vorgegeben, sondern unterliegen der rationalen Diskussion unter Einbeziehung historischer Erfahrungen und empirisch nachweisbarer Zusammenhänge. Analog zur Staatstheorie entstand die Theorie – wenn auch nicht in geschlossener Form – von der Wirtschaftsordnung. Es wird sich zeigen, daß beide mit verwandten Fragestellungen konfrontiert sind.

Der Gedanke, daß eine rational gestaltete Ordnung Grundlage zumindest jeder hochindustrialisierten Wirtschaft, deren spezifische Probleme aus der weitgehenden Arbeitsteilung und Spezialisierung resultieren, sein sollte, mutet an wie ein Gemeinplatz; er war in der Eindringlichkeit und Konsequenz jedoch neu. Entscheidend ist, wie diese Ordnung aussehen soll. Wie soll konkret entschieden werden, was, in welchen Mengen, wann und wo, für wen und mit welchen Mitteln produziert wird? Diese Grundfragen müssen in jedem Wirtschaftssystem beantwortet werden, zumindest solange die Produktionsfaktoren (Arbeitskräfte, Maschinen, Boden, Rohstoffe, technisches Wissen) und die mit diesen herstellbaren Güter gemessen an den Bedürfnissen (nach Essen, Kleidung, Reisen, Unterhaltung, Bildung etc.) knapp sind.

Die Freiburger und ihnen nahestehende Wirtschaftswissenschaftler vertraten die Ansicht, geordneter Wettbewerb sei das geeignete Instrument, um den Wirtschaftsprozeß zu steuern und die einzelnen Aktivitäten zu koordinieren. Sie beherzigen damit die schlechten Erfahrungen, die sowohl mit einem unkontrollierten Wettbewerb als auch mit staatlichem Interventionismus und staatlicher Lenkung gemacht wurden. Sie wollten damit vor allem die Möglichkeit schaffen, individuelle Freiheit weitgehend zu verwirklichen. Der einzelne soll soweit als möglich selbst entscheiden können, was und wo er arbeitet, was er produziert und wie er sein Einkommen verwendet. Grundvoraussetzung für das Funktionieren dieses Systems ist, daß unabhängige Wirtschaftssubjekte auf den verschiedenen Märkten (für Arbeitskräfte, für Kapital, für Investitions- und für Konsumgüter) miteinander konkurrieren, sich dem Diktat des Marktes beugen und für Fehldispositionen selbst das Risiko tragen. Eine der Grundvoraussetzungen, daß dieses System funktioniert, ist die Existenz von Privateigentum, gerade auch an Produktionsmitteln.

Für denjenigen, der so dem Wettbewerb ausgesetzt ist, ist das mit erheblichen Schwierigkeiten und Risiken verbunden. Meistens werden sie bei den Produzenten, den Anbietern von Gütern, sichtbar, wenn diese feststellen müssen, daß sie hinter der Konkurrenz zurückgeblieben sind oder am Bedarf vorbei produziert haben; sie werden aber auch für Konsumenten merklich, wenn Übernachfrage herrscht und infolgedessen die Preise steigen. Es ist leicht verständlich, daß oft versucht wird, diese einzelwirtschaftlichen Nachteile des Wettbewerbs durch Marktabsprachen und Kartelle, aber auch durch Konzernbildung und Konzentration zu verringern. Wettbewerb ist daher nichts, das – einmal eingeführt – immer optimal funktioniert. Vielmehr bedarf die Einhaltung der Spielregeln durch die Marktteilnehmer der ständigen Überwachung und des Verbotes von Praktiken, die die Wettbewerbsintensität herabsetzen. Diese Aufgabe kann nur vom Staat mittels seiner Hoheitsgewalt gelöst werden. Sie erfordert einen starken Staat, der nicht der Spielball von Gruppeninteressen ist, der aber auch die Grenzen seines Eingreifens kennt, damit die Vorteile einer funktionsfähigen Wettbewerbsordnung gesichert werden können.

Diese Vorteile sind die folgenden:

1. Motivation der am Wirtschaftsprozeß Beteiligten. Ihnen kommen die Erfolge ihres Handelns zu; sie müssen aber auch für Verluste einstehen.

2. Ausrichtung der Produktion am Bedarf und an den Interessen der Konsumenten. Ein Anbieter hat nur dann Aussicht auf Gewinn, wenn er die Wünsche der Käufer möglichst gut erfüllen kann. Die Konsumenten, für deren Versorgung der ganze Wirtschaftsprozeß letztendlich veranstaltet wird, steuern die Produktion über ihre Nachfrage in einer fortlaufenden Abstimmung. Es wird unterstellt, daß die Konsumenten ihre Bedürfnisse unbeeinflußt von der Produktion entwickeln

und den Nutzen kennen, den ihnen die verschiedenen Güter stiften. Es ist offen, welche Maßstäbe der einzelne bei der Bewertung der Güter anwendet und wie er diese ändert. Das System ist gerade für den Fall geschaffen, daß die Ziele und damit auch die Nutzenvorstellungen der Individuen subjektiv und durchaus unterschiedlich sind. Jeder kennt seine Ziele und Absichten und damit die Präferenzen, die er den alternativen Verwendungsmöglichkeiten seines Einkommens, seiner Arbeitskraft und seiner Zeit zumißt, besser als es eine Planungsbehörde je könnte.

3. Optimale Verwendung der knappen Produktionsfaktoren. Die Produzenten setzen Produktionsfaktoren nur dann ein, wenn sie zumindest erhoffen können, daß ihnen die Kosten der Produktion vom Markt ersetzt werden.
4. Anreiz zu technischem Fortschritt. Gewinnanreiz und Konkurrenzdruck sorgen dafür, daß ein ständiger Zwang zur Entwicklung neuer oder der Verbesserung bekannter Produkte und Produktionsverfahren besteht.
5. Effizienz und Flexibilität des Steuerungsprozesses bei niedrigen Kosten und weitgehender Vermeidung volkswirtschaftlicher Verluste. Das Prinzip des dezentralen Entscheidens, Handelns und Reagierens ermöglicht die beste und schnellste Verwertung der bei den Wirtschaftssubjekten vorhandenen Informationen. Große und teure Planungsbehörden werden überflüssig, Änderungen am Markt können schnell in betriebliche Aktionen umgesetzt werden.
6. Kontrolle und Begrenzung wirtschaftlicher Macht. Die Konkurrenz zwingt die Inhaber wirtschaftlich einflußreicher Positionen zur Orientierung an wirtschaftlichen Größen.

Es war das Verdienst von Alfred Müller-Armack, die so skizzierte Konzeption in zwei wesentlichen Punkten zu erweitern. Möglichst Weitgehende Freiheit der wirtschaftlichen Betätigung ist die adäquate Wirtschaftsordnung einer freiheitlich-demokratischen Staatsordnung. Diesen über das Technisch-Ökonomische hinausgehenden Ansatz einer Begründung der Marktwirtschaft weitete er aus und gab ihm die eigentliche anthropologische Grundlage. Die soziale Marktwirtschaft bezeichnet er als den Versuch, „die spezifische Geschichtlichkeit des Menschen und menschlicher Ordnungen in ihren Möglichkeiten und Grenzen zu umschreiben."

Der für die Praxis bedeutendere Beitrag liegt darin, daß Müller-Armack sich des wohl schwerwiegendsten konstruktiven Mangels eines reinen Wettbewerbssystems angenommen hat. Der Markt vermag aus einer Vielzahl von Gründen keine Verteilung des Produktionsergebnisses (= Einkommen) und des Kapitals (= Vermögen) hervorzubringen, die den Kriterien der sozialen Gerechtigkeit genügen. Daraus wurde und wird noch immer die Behauptung hergeleitet, eine Marktwirtschaft sei zwar leistungsfähig, aber ungerecht. Wenn Gerechtigkeit nicht mit völliger Gleichheit verwechselt wird, die bei den gegebenen Unterschieden zwischen den Menschen als inhuman zu bezeichnen ist, so läßt sich eine gerechte Verteilung durchaus innerhalb eines Wettbewerbssystems erzielen. Insoweit können die Marktergebnisse korrigiert werden. Es kommt nur darauf an, daß durch die Maßnahmen der Einkommens- und Sozialpolitik das Rechnungsgefüge des Marktes und die Leistungsbereitschaft der einzelnen nicht zerstört werden („Wirtschaftspolitik aus einem Guß"). Nur dann kann es gelingen, die Vorteile des Wettbewerbs mit den für die Existenz einer jeden Gesellschaft notwendigen sozialen Bedingungen zu verbinden. Die Verbindung beider Komponenten ist das Wesen der „Sozialen Marktwirtschaft".

Hier ergibt sich die Möglichkeit, konkrete Einzelziele zu verfolgen, die jedoch durch die Marktwirtschaft nicht vorgegeben sind. Diese dient als solche keinem bestimmten Ziel; sie ist der individuellen Freiheit verpflichtet, indem sie die Voraussetzungen dafür schafft, daß der einzelne in jeder Situation die aus seiner subjektiven Sicht beste Handlungsalternative auswählen kann. Sie ist daher offen für Änderungen in den Bedürfnissen der Individuen und der Gesamtheit. Das System der Marktwirtschaft wird im Prinzip nicht berührt, wenn an die Stelle des materiellen Wachstums, das in der Phase des Wiederaufbaus im Vordergrund stand, die Forderung nach eher qualitativen Verbesserungen tritt.

2. Die Entwicklung in den ersten 25 Jahren

Inzwischen sind mehr als 25 Jahre seit dem 20. Juni 1948, dem Tag der Währungsreform, der als der Beginn der Verwirklichung der Sozialen Marktwirtschaft angesehen wird, vergangen. Exponent der politischen Durchsetzung dieser Wirtschaftsordnung war Ludwig Erhard, zunächst Direktor des Vereinigten Wirtschaftsrates, von 1949 bis 1963 Wirtschaftsminister und bis 1966 Bundeskanzler.

Ein Rückblick gibt die Gelegenheit zu prüfen, was aus der Konzeption der Sozialen Marktwirtschaft geworden ist und ob die behaupteten Vorteile tatsächlich eingetreten sind. Es fing an mit einer wirtschaftspolitischen

Kehrtwende, für die das Wort Reform zu schwach ist. Von einem auf den anderen Tag wurde ein totales Zuteilungssystem durch freie Märkte abgelöst. Das Angebot war zunächst nicht sehr groß. Es verbesserte sich jedoch sehr schnell, da die zurückgestaute Nachfrage infolge von Krieg und Zerstörung sehr groß war. Die Bürger andererseits faßten Vertrauen, da sie bald merkten, daß sie für ihr Geld Gegenwerte bekamen. Dies wiederum spornte den Leistungswillen an. Durch diese Zusammenhänge wurde eine Phase wirtschaftlichen Wachstums eingeleitet, die niemand hatte vorausahnen können. Schließlich rückte die Bundesrepublik auf einen führenden Platz unter die Welthandels- und Industrienationen.

Es soll nicht übersehen werden, daß günstige Voraussetzungen für den Wiederaufbau in Form einer gut ausgebildeten und leistungswilligen Bevölkerung und amerikanischer Kapitalhilfe aus dem Marshall-Plan bestanden. Entscheidend ist jedoch, daß diese Chancen genutzt wurden, was in Ländern mit vergleichbaren Voraussetzungen, aber anderen wirtschaftspolitischen Grundsätzen bei weitem nicht in demselben Ausmaß gelang.

In dieser Entwicklung und verstärkt nach dem Abschluß der eigentlichen Wiederaufbauphase wurde der wirtschaftliche Wohlstand der Bundesrepublik auf eine völlig neue Grundlage gestellt, ohne daß existenzbedrohende soziale Spannungen auftraten. War die deutsche Wirtschaft früher auf der Grundlage relativ günstiger Bodenschätze, vor allem von Kohlevorkommen, aufgebaut, so werden heute die Rohstoffe importiert und zum großen Teil als Fertigwaren wieder exportiert. Die Grundlage der Wirtschaft ist heute das technisch-ökonomische Wissen und die Ausstattung mit einem hoch entwickelten Produktionsapparat. Die Wirtschaftsordnung hat es gestattet, diese Aufgabe zu meistern; sie hat ihre Flexibilität bewiesen.

Die hohen Exporte der deutschen Wirtschaft weisen darauf hin, daß sie international konkurrenzfähig ist. Dabei steht der Arbeiter in der Spitzengruppe der internationalen Lohnskala; er hält diese Stellung auch bei den Sozialleistungen und beim Urlaub. Schließlich wurde die Währung seit 1949 um rd. 40 % aufgewertet, d. h. allein dadurch wurden deutsche Waren für das Ausland um rd. 40 % teurer. Wenn trotzdem hohe Exportüberschüsse zu verzeichnen sind, so kann das nur daran liegen, daß die Produktionsfaktoren gut ausgenutzt werden. Das Problem der Faktorallokation ist also verglichen mit anderen Volkswirtschaften gut gelöst. Die Steuerungsfunktion des Wettbewerbs funktioniert.

Wie steht es mit den sozialen Leistungen und dem Ausgleich sozialer Konflikte? Gerade hier liegen die größten Erfolge. Das durch die Marktwirtschaft ermöglichte Wachstum führte zu einer Steigerung des Wohlstandes, die vor 25 Jahren unvorstellbar war. Die beinahe ausschließliche Mehrheit des Volkes lebt in Verhältnissen weit oberhalb des Existenzminimums. Der Konsum wurde im echten Sine sozialisiert, d. h. jedermann zugänglich. Hier ist Gleichheit im positiven Sinne realisiert. Beinahe noch wichtiger als das Niveau des Wohlstandes ist seine Qualität. Er ist gesichert, wenn auch niemandem eine Garantie für seinen Arbeitsplatz gegeben werden kann, da gerade 1973/74 die Notwendigkeit erheblicher struktureller Änderungen der Wirtschaft sichtbar wird. Die Arbeitsbedingungen für viele wurden verbessert, wenn es auch da noch manches zu tun gibt. Die Einführung der dynamischen Rente durch die Rentenreform des Jahres 1957 sichert auch den nicht mehr aktiv im Wirtschaftsleben Stehenden die Beteiligung am wirtschaftlichen Fortschritt. Schließlich ist es gelungen, rd. 12 Millionen Flüchtlingen eine neue Existenz zu bieten und sie zu integrieren. Dieser Erfolg ist so selbstverständlich geworden, daß er aus dem öffentlichen Bewußtsein vor allem der Jüngeren nahezu verschwunden ist. Wie wertvoll er ist, zeigt der Blick auf Flüchtlingsschicksale in anderen Teilen der Welt, wo ähnliches nicht erreicht wurde.

Die Liste der Erfolge ist eindrucksvoll; sie ließe sich beliebig verlängern. Trotzdem ist nicht zu übersehen, daß Probleme der Lösung harren, die die Substanz der Wirtschaftsordnung berühren. Wir leben keineswegs im Paradies; allerdings konnten in den ersten 25 Jahren nach Einführung der Sozialen Marktwirtschaft große Aufgaben gelöst werden, ohne daß es zu tiefgehenden sozialen Konflikten oder Krisen kam.

3. Der Stilwandel der Wirtschaftspolitik

Die beschriebene Entwicklung verlief keineswegs unbeeinflußt durch die Wirtschaftspolitik. Die Grundentscheidung stand am Anfang und brauchte nicht korrigiert zu werden. Auf Grund der Erfolge wurde die Soziale Marktwirtschaft zu einem so kraftvollen Leitbild, daß schließlich auch die ursprünglich gegen sie opponierende SPD wesentliche Teile in ihr Godesberger Programm übernahm.

In den ersten Jahren kam es darauf an, den Grundprinzipien des Wettbewerbs möglichst weitgehende Geltung zu verschaffen. Zwei große Etappen kennzeichnen diesen Weg in den Fünfziger Jahren: Der Kampf um die Wettbewerbsgesetzgebung endete im Jahr 1957 zunächst mit einem Teilerfolg im Gesetz gegen Wettbewerbsbeschränkungen, das 1973 entscheidend verbessert werden konnte. Die verantwortlichen Wirtschaftspolitiker waren sich darüber klar, daß in einem marktwirtschaftlichen System der Ordnungspolitik, d. h. der Ausgestaltung der Voraussetzungen, unter denen der Wirtschaftsprozeß abläuft, der Vorrang gebührt vor Eingriffen in den Prozeß selbst. Das zentrale Problem der Ordnungspolitik ist die Überwachung und ständige Verbesserung des Wettbewerbs.

Die zweite Etappe war die Einfügung der deutschen Wirtschaft in den Welthandel, erreicht durch die vollständige Konvertibilität der DM im Jahre 1958 und die schrittweise Liberalisierung des Außenhandels, insbesondere der Einfuhren.

Die Präponderanz der Ordnungspolitik, wie sie auch von Eucken gefordert worden war, zeigte sich auch, soweit Eingriffe in den Wirtschaftsprozeß als notwendig angesehen wurden. Die Maßnahmen wurden sehr genau daran gemessen, ob sie systemkonform sind. Eine Schädigung der Steuerungsfunktion des Marktes durch wirtschaftspolitische Eingriffe sollte vermieden werden. Daher wurde jede Form der zentralen Steuerung, auch die Globalsteuerung, entschieden abgelehnt. Für Eingriffe mit dem Ziel der Konjunkturbeeinflussung wurden lediglich die geldpolitischen Instrumente der Bundesbank vorgesehen, die unabhängig von der Regierung handelt.

Diese ordnungspolitische Konsequenz ging Anfang der sechziger Jahre verloren. Zu einem Stilwandel kam es mit der Bildung der großen Koalition und der Berufung des Wirtschaftsministers Schiller (1966). Die „neue" oder „aufgeklärte" Wirtschaftspolitik wurde proklamiert. „Soviel Planung wie nötig, so viel Wettbewerb wie möglich" war die neue Devise. Mit dem Stabilitätsgesetz (1967) schaffte sich der Staat ein sehr differenziertes Instrumentarium zur Konjunktursteuerung. Gleichzeitig wurde das sogenannte magische Viereck – hoher Beschäftigungsstand, Stabilität des Geldwertes, angemessenes Wachstum und außenwirtschaftliches Gleichgewicht – in den Rang einer durch Gesetz verbindlichen Zielvorstellung gehoben. Damit wurde bewußt ein Schritt in Richtung auf zentrale Planung und Steuerung der wichtigsten volkswirtschaftlichen Globalgrößen – Einkommen, privater und öffentlicher Verbrauch, private und öffentliche Investitionen, Wachstumsrate und Beschäftigungsgrad – getan. Darüber hinaus wurden die Aktivitäten der Struktur- und Regionalpolitik erheblich verstärkt.

Ausgelöst wurde dieser Stilwandel, weil in der Folge der Rezession der

Jahre 1966/67 das Vertrauen in die Selbstheilungskräfte des Marktes geschwunden war und nach dem Staat gerufen wurde. Die Rezession konnte schnell überwunden werden, wobei allerdings noch ungeklärt ist, wie groß der quantitative Anteil der Wirtschaftspolitik mit ihren Konjunkturhaushalten tatsächlich war. Bei der Bekämpfung der im Grunde viel gefährlicheren Situation hoher Inflationsraten verbunden mit drohender Stagnation hat dieses Konzept keine großen Erfolge vorzuweisen.

Ein eigener wirtschaftspolitischer Stil der derzeit regierenden Koalition zwischen SPD und FDP ist nicht erkennbar. Es hat den Anschein, als sei die Bereitschaft vorhanden, zur Erreichung kurzfristiger Einzelziele die auf eher langfristigen Überlegungen beruhenden Kriterien der Systemkonformität zu vernachlässigen. Damit wächst die Gefahr unerwünschter Seiten- und Folgewirkungen wirtschaftspolitischer Eingriffe, die durch neue Interventionen beseitigt werden müssen. Am Ende steht dann ein richtungsloser Interventionismus, in dem die einzelnen Aktivitäten einander behindern und sie zusammen die Wirtschaftsordnung durchlöchern.

II. OFFENE PROBLEME DER WIRTSCHAFTSORDNUNG

1. Grenzen des Marktes

Trotz aller Erfolge ist für jeden klar erkennbar, daß wir keineswegs im Paradies leben. Eine solche Erwartung ist schon deswegen reine Utopie, weil die Menschen, die die Wirtschaftsordnung aufbauen und in ihr tätig werden, unvollkommen und mit begrenzten Fähigkeiten ausgestattet sind. Diese Tatsache ist bei einem offenen System wie der Sozialen Marktwirtschaft von vornherein mit einkalkuliert. Daher gehören gerade ihre Vertreter nicht zu denen, die Ideallösungen für realisierbar erklären. Die Wirtschaftstheorie hat gezeigt, daß Markt und Wettbewerb nicht alles und jedes leisten können; die praktische Erfahrung hat weitere Grenzen deutlich gemacht. Auf den wichtigsten Fall, wo der Markt den herrschenden Zielvorstellungen nicht gerecht werden kann, wurde bereits hingewiesen: Die Verteilung von Einkommen und Vermögen. Diese Frage wird uns weiter unten beschäftigen.

Die Funktion des Marktes als Instrument, durch das die Produktionsfaktoren ihrer jeweils besten Verwendung zugeführt werden sollen, wird durch das Auftreten sogenannter externer Effekte beeinträchtigt. Die Annahme, Wettbewerb führe zu einer optimalen Produktionsstruktur, trifft nur dann zu, wenn alle in einer Volkswirtschaft durch die Erzeugung eines Gutes verursachten Kosten dem Produkt angelastet und alle durch die Produktion ausgelösten positiven Wirkungen ihm zugerechnet werden. Stimmen einzel- und gesamtwirtschaftliche Kosten nicht überein, führt das dazu, daß Produktionszweige übermäßig ausgedehnt werden bzw. nicht so stark wachsen, wie es wünschenswert ist.

Zwei Fälle externer Effekte werden heute diskutiert:

1. Die Umweltschäden. Die Umweltverschmutzung bedeutet in wirtschaftlichen Kategorien gesprochen nichts anderes, als daß es Produzenten und Konsumenten gelingt, durch ihre Produktion bzw. ihren Konsum verursachte Kosten auf andere zu überwälzen, die einen Nutzenentgang oder Schäden durch verschmutzte Flüsse, Lärm etc. hinnehmen müssen. Hier handelt es sich nicht um Konstruktionsfehler des Marktes; vielmehr liegt hier eine ordnungspolitische Inkonsequenz vor. So wie jedes Unternehmen für seine Rohstoffe und seine Arbeitskräfte zahlen muß, so muß es auch die Kosten der Beseitigung von Umweltschäden, die durch die Produktion verursacht werden, auf sich nehmen. Die konsequente Verwirklichung des Verursacherprinzips liegt ganz im Sinne der Wettbewerbstheorie. Es bedeutet nämlich, daß Kostenarten, die man bisher vernachlässigen zu können glaubte, die aber dennoch existieren, den Produkten angelastet und damit im Marktpreis abgegolten werden. Dieser Weg dürfte zugleich die volkswirtschaftlich billigste Methode des Umweltschutzes sein. Manche potentiell umweltschädliche Produktion dürfte unterbleiben, da die Investitionen unrentabel werden, wenn Filteranlagen oder Kühltürme gleich mit eingerechnet werden müssen.

   Die stärkere Durchsetzung dieses Prinzips wird oft mit dem Hinweis auf die internationale Konkurrenzfähigkeit abgelehnt. Dieses Argument ist nicht neu; es wurde und wird bei der Diskussion um soziale Verbesserungen immer wieder angeführt. Natürlich besteht international die Gefahr eines „Umweltdumpings“, so wie es ein Sozialdumping geben kann. Staaten können durch weniger strikte Gesetzgebung die Kosten der bei ihnen produzierten Güter verringern und damit ihre Stellung auf dem Weltmarkt verbessern. Gesetzt den den Fall, ein Staat handelt so und die erwünschte Wirkung tritt ein: Dann wird ein industrielles Wachstum induziert, das ihn sehr schnell vor den Zwang zu ähnlichen Maßnahmen stellt, wie weiterentwickelte Staaten sie bereits ergriffen haben. Die Erfahrung zeigt – falls Staaten so handeln – handelt es sich um vorübergehende Erscheinungen.

2. Der Extrem- und Grenzfall externer Effekte sind die sogenannten öffentlichen Güter. Es handelt sich dabei um Güter und Dienstleistungen, die existenznotwendig sind, von deren Genuß aber niemand ausgeschlossen werden kann, werden sie nur einmal bereitgestellt. Der einzelne kann ablehnen, sich an der Finanzierung zu beteiligen, da ihm dies keinen Nachteil bringt. Die Bereitstellung solcher Leistungen, z. B. innere und äußere Sicherheit, ist daher von Natur aus eine Aufgabe des Staates.

Es gibt noch weitere Gründe für das Auftreten externer Effekte, die nicht durch stärkere Beachtung der Grundprinzipien des Wettbewerbs zu beseitigen sind. Bevor nach einem Eingreifen des Staates gerufen wird, muß jedoch eine Abwägung von Kosten und Nutzen vorgenommen werden. Es kann insgesamt oft günstiger sein, einen nicht zufriedenstellenden Zustand zu dulden, als einen Eingriff mit dem Risiko schnell anwachsender Kosten vorzunehmen.

Muten diese Überlegungen recht technisch und theoretisch an, so gibt es einen Fall des Marktversagens, der im Verhalten der Wirtschaftssubjekte begründet ist. Es wird mit einem der vielen fremdsprachlichen Begriffe, die in der Sprache der Wirtschafts- und Gesellschaftswissenschaften Eingang gefunden haben, als „Tyrannei der atomistischen Entscheidungen“ bezeichnet. Dahinter verbirgt sich eine Situation, die jedem Autofahrer bekannt ist, der sich zum Zeitpunkt des Geschäftsschlusses im Zentrum einer Großstadt bewegen will oder an einem Ferienwochenende die Autobahn benutzt. Aus der Sicht jedes einzelnen ist das Auto das schnellste, flexibelste und jederzeit verfügbare Verkehrsmittel. Denken jedoch viele Autofahrer in der gleichen Weise und wollen sie alle zur selben Zeit dieselbe Straße befahren, so ist es für alle mit der Schnelligkeit vorbei.

Ähnliche Situationen kann es im Wirtschaftsleben geben, so daß viele gleichgerichtete einzelwirtschaftlich rationale Aktionen keineswegs insgesamt ein erwünschtes Resultat bringen. Den wichtigsten dieser Fälle werden wir unter dem Stichwort „Stabilität“ zu behandeln haben. Gemeint ist der Fall der Konjunkturbeeinflussung durch gleichgerichtetes Verhalten einer großen Zahl von Konsumenten.

2. Die Konzentration in der Wirtschaft

Wettbewerb ist nur wirksam, wenn mehrere Voraussetzungen gegeben sind. Die wichtigste besteht darin, daß kein Unternehmen infolge seiner Größe die Macht hat, den Markt zu manipulieren. Die Theorie fordert, daß die Unternehmen auf sinkende Nachfrage mit sinkenden Preisen und auf steigende Nachfrage mit steigender Produktion reagieren. Der jeweilige Marktpreis soll sich im freien Spiel zwischen dem gesamten Angebot und der gesamten Nachfrage ergeben, für den einzelnen Marktteilnehmer jedoch nicht beeinflußbar, d. h. ein Datum, sein. Haben Unternehmen zu große Marktanteile, so können sie es sich leisten, anders zu handeln, etwa bei sinkender Nachfrage die Preise zu erhöhen oder auch technischen Fortschritt nicht an die Kunden weiterzugeben.

Je nach der Zahl der konkurrierenden Marktteilnehmer spricht man von atomistischem Wettbewerb (viele kleine Anbieter), von Oligopol (wenige große) oder Monopol (ein einziger).

Karl Marx hat die These aufgestellt, die Wettbewerbswirtschaft tendiere zwangsläufig zur Konzentration bis nur noch Monopole („Monopolkapitalisten") vorhanden sind. Diese Entwicklung wird vom ausgebeuteten Proletariat mit der Revolution („Expropriation der Expropriateure") und der Sozialisierung der Produktionsmittel beantwortet. Ein Blick auf Vorgänge in vielen Wirtschaftszweigen könnte die Ansicht begründen, die Wirtschaft befände sich auf dem beschriebenen Weg. Es kann kein Zweifel sein, daß es in der Bundesrepublik eine Welle von Unternehmenszusammenschlüssen – teilweise spektakulärer Art – gegeben hat. Auf einigen Märkten sind, wenn auch nicht monopolistische, so doch oligopolistische Strukturen unverkennbar. Handelt es sich dabei um den von Marx behaupteten Prozeß und ist die Marktwirtschaft infolgedessen zum Absterben verurteilt?

Zunächst einmal kann nicht jedes Unternehmenswachstum und jeder Zusammenschluß unbesehen negativ beurteilt werden. Es gibt viele Produkte, die in Massenfertigung, d. h. in großen Produktionsanlagen, billiger hergestellt werden können als in Kleinbetrieben. Autos, Kühlschränke oder Fernsehapparate, die in Handarbeit hergestellt würden, wären nur für ganz wenige erschwinglich. Sind einmal Fabriken mit Massenkapazität entstanden, so haben die Unternehmen ein Interesse daran, ihre Preise nicht zu hoch steigen zu lassen. Sie sind ja auf breite Käuferschichten angewiesen.

Weiterhin hat die Liberalisierung des Welthandels es mit sich gebracht, daß viele Unternehmen weltweiter Konkurrenz ausgesetzt sind. Beispielsweise gibt es in der Bundesrepublik nur noch fünf bedeutende Hersteller von Personenwagen. Um die deutschen Käufer jedoch konkurrieren außer ihnen Hersteller aus nahezu allen bedeutenden Industriestaaten.

Untersucht man die Fülle von Unternehmenszusammenschlüssen der letzten Jahre, so zeigt sich, daß sie oft andere Ziele hatten, als größere, rationellere Produktionsanlagen zu ermöglichen. Einen volkswirtschaftlichen Vorteil – nämlich günstigere Ausnutzung der Produktionsfaktoren – bieten solche Konzentrationen nicht. Es kann bei den Risiken, die funktionsfähiger Wettbewerb für die einzelnen Unternehmen begründet, nicht erstaunen, daß diese die Bestrebung haben, den Wettbewerbsdruck herabzumindern. Ein Mittel dazu sind Zusammenschlüsse, durch die die Stellung auf Beschaffungs- oder Absatzmärkten verbessert werden soll.

Es ist nun Aufgabe des Staates, der die Wirtschaftsordnung setzt, die Grenzen für solche Fusionen eng zu ziehen. Viele Zusammenschlüsse in der Bundesrepublik wären nicht möglich gewesen, wenn es – wie in den USA – eine schärfere Gesetzgebung auf diesem Gebiet gegeben hätte. Unternehmenskonzentration aus rein finanziellen oder sogar steuerlichen Gründen bedeutet, daß der Staat ordnungspolitisch versagt hat. Die einzelnen Unternehmen, die aus ihrer Sicht rational handeln, wenn sie sich zusammenschließen, um höhere Gewinne zu erzielen, können nicht die Wächter der Wettbewerbsordnung sein.

3. Stabilität und Inflation

Verstärkt seit dem Jahr 1970 hat die Bundesrepublik mit einem Problem zu kämpfen, das andere Staaten schon länger kennen. Hohe Preissteigerungsraten und der daraus folgende Verfall des Geldwertes sind das Anzeichen für einen inflatorischen Prozeß. Inflation entsteht, wenn – gerechnet in Geldeinheiten, also nominal – die Nachfrage einer Volkswirtschaft in einem Zeitraum höher ist als das Angebot.

Die Gründe, aus denen eine solche Situation entsteht, können vielfältig sein. Die Wissenschaft kennt verschiedene Typen von Inflation. Kosteninduzierte Preissteigerungen liegen vor, wenn die Produktionskosten, sei es infolge Preissteigerungen für Rohstoffe, sei es infolge von Lohnerhöhungen, schneller steigen, als es durch Rationalisierung aufgefangen werden kann. Von nachfrageinduzierter Inflation wird gesprochen, wenn die

Steigerung der Nachfrage aus dem In- und Ausland die Produktionsreserven übertrifft. Dies kann auf Änderungen der Konsumgewohnheiten (weniger Sparen, mehr ausgeben) oder auf stark gestiegene Einkommen zurückzuführen sein. Besonders wichtig ist die Nachfrage des Staates (Bund, Länder, Gemeinden und sonstige öffentliche Einrichtungen), der mit rund 40 v. H. am Bruttosozialprodukt beteiligt und somit der größte Nachfrager ist.

Konjunkturell von Bedeutung sind die Investitionen der Privaten, der Staatsverbrauch und die Auslandsnachfrage, da bei der Erstellung der hier verwendeten Güter und Dienstleistungen Einkommen entstehen, die teilweise als Nachfrage wirksam werden; dieser so induzierten zusätzlichen Nachfrage steht – zumindest zunächst – kein zusätzliches Angebot gegenüber. Es sind daher Instrumente entwickelt worden, um die aufgezählten volkswirtschaftlichen Größen so zu beeinflussen, wie es die Wirtschaftslage verlangt. Die Aufgabe, diese Instrumente einzusetzen, ist eine typische öffentliche Aufgabe, da nur staatliche Stellen in der Lage sind, gesamtwirtschaftliche Größen zu beeinflussen, die für die Privaten – Unternehmen ebenso wie Verbraucher und Arbeitnehmer – Daten sind; nur staatliche Stellen verfügen über die notwendige Hoheitsgewalt.

Lang andauernde Inflationen deuten darauf hin, daß der Staat die ihm theoretisch gegebenen Möglichkeiten nicht genutzt und infolgedessen bei der Erfüllung einer ihm zukommenden Aufgabe versagt hat. Der Hauptgrund für dieses Versagen liegt darin, daß einzelne Interessengruppen, deren Mitglieder ja Wähler sind, es schaffen, Forderungen durchzusetzen, die gesamtwirtschaftlich nicht tragbar sind. Die Tatsache, daß alle westlichen Industriestaaten mit der Inflation zu kämpfen haben, ist also keine Strukturschwäche der Marktwirtschaft; sie ist eher eine Strukturschwäche der Demokratie. Die Regierungen sind gezwungen, in Wahlperioden zu denken und glauben, daher eine wirksame Inflationsbekämpfung nicht durchhalten zu können, die bedeuten würde, daß ein Teil oder sogar die Gesamtheit des Volkes auf Forderungen verzichten müßte. Diese kurzfristige Denkweise gefährdet die Wirtschaft erst recht und birgt daher viel größere politische Risiken als eine frühzeitige und entschlossene Reaktion. Je länger die Wirtschaft überfordert wird und je stärker die Orientierungsdaten der Unternehmen inflatorisch verfälscht sind und daher falsche einzelwirtschaftliche Aktionen ausgelöst werden, desto schwieriger beherrschbar wird die Situation und desto größer die Gefahr eines wirtschaftlichen Zusammenbruchs. Dazu kommen noch erhebliche soziale Schäden, da die Lasten der Inflation ungleich verteilt werden. Sparer werden am stärksten getroffen. Es bedeutet einen Vorteil, daß wirtschaftliche Fehlentwicklungen durch die Signale des Marktes schnell und deutlich angezeigt werden. Wirtschaftliche Krisen in marktwirtschaftlichen Systemen entstehen nicht – wie in zentral geplanten Volkswirtschaften – ohne Vorwarnung.

4. Die Grenzen des Wachstums und die Vorsorge für die Zukunft

Die Frage der möglichen Grenzen des wirtschaftlichen Wachstums ist in das Scheinwerferlicht der Öffentlichkeit gerückt worden, seit der Club of Rome, eine Vereinigung von Industriellen und Wissenschaftlern, seine aufsehenerregende Studie vorgelegt hat. Aus der plausiblen Annahme, daß die Bodenschätze und Naturkräfte der Erde begrenzt sind, wird mit hohem formalen Aufwand hergeleitet, daß bei gleichbleibendem oder sich verstärkendem Wachstum wichtige natürliche Ressourcen noch zu Lebzeiten des größten Teils der heute lebenden Menschen erschöpft sein werden. Die Forderung nach sparsameren Umgang mit den nicht reproduzierbaren Naturgegebenheiten wurde wie selbstverständlich laut.

Gegner der Marktwirtschaft nutzen die Diskussion zu der Behauptung, der Wettbewerb müsse durch Planung ersetzt werden. Ohne, daß es ihnen selbst immer klar ist, benutzen sie das Argument, im Wettbewerb würden lediglich Knappheitsrelationen und Kosten der Gegenwart, nicht jedoch die der Zukunft wirksam. Produktion und Verbrauch richteten sich lediglich danach, welche Mengen heute zur Verfügung stehen und trieben Verschwendung zu Lasten künftiger Generationen. Zentrale Planung sei hier überlegen, sie könne die Knappheitsrelationen der Zukunft antizipieren.

Diese Argumentation übersieht, daß die Fähigkeit, die Bedürfnisse und die technischen Möglichkeiten kommender Generationen vorauszusehen, unabhängig von der Wirtschaftsordnung und ziemlich gering sein dürfte. Darüber hinaus bestehen in Zentralverwaltungswirtschaften ja bereits Schwierigkeiten, die Bedürfnisse und die Knappheitsrelationen der Gegenwart zu kennen. In diesen Systemen fehlen die objektiven Rechengrößen, wie sie sich am Markt von selbst ergeben.

Treten die vorhergesagten Mängel bei einigen natürlichen Ressourcen tatsächlich ein – was noch gar nicht sicher ist und mit Sicherheit nicht in den von der Studie berechneten Zeiträumen geschieht, da dort mit ziemlich willkürlichen und nicht überprüften Annahmen über die Entwicklung des Verbrauchs gearbeitet wird – so sind Substitutionsprozesse erforderlich.

Für dieselbe Verwendung müssen andere Stoffe herangezogen werden, beispielsweise muß das Mineralöl als der zur Zeit wichtigste Primärenergieträger durch andere Energiequellen ersetzt werden. Damit solche Prozesse stattfinden können, bedarf es wieder der Informationen darüber, wann und in welchem Außmaß sie volkswirtschaftlich sinnvoll sind. In der Bereitstellung solcher Informationen liegt aber gerade die Stärke marktwirtschaftlicher Systeme. In zentral geplanten Volkswirtschaften muß mit Größen gerechnet werden, die nie empirisch auf ihre Richtigkeit geprüft werden können.

Letztendlich ist das an dieser Stelle angesprochene Problem ein Problem der Sicherheit. Das Beispiel der Energiewirtschaft hat gezeigt, daß der Markt dazu tendiert, die billigste Möglichkeit zur Befriedigung vorhandener Bedürfnisse wahrzunehmen. Sobald die sicherste Möglichkeit teurer ist als die billigste, etwa die Verwendung inländischer Kohle anstelle importierten Erdöls, ist der Markt nicht in der Lage, Sicherheit zu gewährleisten. Gerade der Energiesektor zeigt, daß es mit dem Wettbewerb verträgliche, also marktkonforme Instrumente gibt, Versorgungssicherheit anzustreben. Als Beispiel seien die Vorschriften über die Mindestreserven in der Mineralölindustrie genannt. Diese Instrumente sind noch nicht weit genug ausgebaut, um allen oder auch nur den wahrscheinlichsten Eventualitäten Rechnung zu tragen; schließlich ist die breite Erkenntnis über die umfassende Bedeutung des Problems relativ jung. Es ist deshalb bisher zu wenig diskutiert worden, ob und wie die vorhandenen Möglichkeiten verbessert und ausgebaut werden können. Prinzipiell erlaubt die Marktwirtschaft solche Regelungen. Am weitesten fortgeschritten ist die Lösung auf dem sozialen Sektor durch die Arbeitsschutzgesetzgebung.

5. Die Rollen des Staates

An verschiedenen Stellen ist deutlich geworden, daß die Soziale Marktwirtschaft den Staat nicht als Nachtwächterstaat aus dem Wirtschaftsleben herausdrängen will. Im Gegenteil: Ein starker Staat, der nicht Spielball der widerstreitenden Gruppeninteressen ist, ist notwendig, um diese Wirtschaftsordnung funktionsfähig zu erhalten. Analysiert man die Stellung des Staates genauer, so zeigt sich, daß er in drei unterschiedlichen Rollen auf die Wirtschaft einwirkt:

1. Kraft seiner Hoheitsgewalt setzt er die Wirtschaftsordnung, überwacht ihre Funktionsweise und sorgt für Verbesserungen.

2. Als Träger des Geldwesens, als größter Marktteilnehmer und auf Grund seiner Gesamtverantwortung wird er konjunkturpolitisch tätig. Bei dieser Aufgabe hat er zu beachten, daß durch seine Handlungen die Wirtschaftsordnung nicht geschädigt wird. Die eingesetzten Instrumente müssen systemkonform sein.

3. Dem Staat obliegt die Bereitstellung und Finanzierung der existenznotwendigen Güter und Dienstleistungen, die privatwirtschaftlich nicht finanziert werden können (öffentliche Güter) oder auf Grund bestimmter Zielsetzungen nicht privatisiert werden sollen (z. B. Schulen und Hochschulen). In dieser Rolle erhebt er die Einnahmen auf Grund seiner Hoheitsgewalt als Steuern. Er steht in doppelter Konkurrenz zum privaten Sektor. Einerseits bedeuten Steuern Minderung privater Einkommen; die Bürger müssen den Nutzen der öffentlichen Ausgabe einsehen und zu einem Einkommensverzicht bereit sein. Andererseits tritt er auf Güter- und Dienstleistungsmärken als Nachfrager auf. Bei allen öffentlichen Maßnahmen müssen Nutzen und Kosten abgewogen werden.

III. DIE SOZIALE MARKTWIRTSCHAFT – DIE WIRTSCHAFTSORDNUNG DER ZUKUNFT?

1. Zentrale Planung oder Wettbewerb als die entscheidende Frage

Unter den Bedingungen der sozialen Marktwirtschaft sind in der Bundesrepublik wirtschaftliche, soziale und gesellschaftliche Fortschritte eingetreten, wie sie in diesem Ausmaß der größte Optimist vor 25 Jahren nicht zu erträumen gewagt hätte. Trotzdem muß die Frage, ob diese Wirtschaftsordnung auch in Zukunft beibehalten werden soll, immer wieder gestellt werden. Nur wenn sie positiv beantwortet werden kann, kann von einer echten Überlegenheit gesprochen werden.

Die Frage ist letztlich die Frage danach, ob Wettbewerb oder zentrale Planung der Steuerungs- und Koordinationsmechanismus der Volkswirtschaft sein soll. Man wird sich für das System entscheiden, von dem man glaubt, daß unter seinen spezifischen Bedingungen die erkennbaren Aufgaben und Probleme der Zukunft am besten gelöst werden. Aus der derzeitigen Sicht lassen sich die folgenden Aufgaben als die wichtigsten nennen:

1. Anpassung der Wirtschaft an geänderte Bedürfnisstrukturen

2. Bewältigung von Substitionsprozessen infolge der Änderung in den Knappheitsrelationen wichtiger natürlicher Ressourcen
3. Induzierung und Realisierung eines hohen Maßes an technischem Fortschritt, ohne den allein die Aufgaben 1 und 2 unlösbar sind
4. Anpassung an die zunehmende internationale Arbeitsteilung, besonders, wenn sich die industrielle Entwicklung einzelner Entwicklungsländer beschleunigt
5. Lösung der immer vorhandenen sozialen Konflikte auf friedlichem Wege
6. Rahmen für gesellschaftliche Veränderungen und Reformen, die teilweise durch wirtschaftliche Veränderungen ausgelöst werden, teilweise ihrerseits Veränderungen im Sektor „Wirtschaft" erfordern.

Das – für manchen vielleicht erstaunliche – Resultat dieses Aufgabenkataloges liegt darin, daß keiner der genannten Punkte in der grundsätzlichen Problematik völlig neu ist. Nur die konkrete Ausgestaltung ändert sich. So war zum Beispiel seit 1957 die Ersetzung der Kohle durch das Erdöl technisch und wirtschaftlich zu bewältigen. In Zukunft wird es darum gehen, das Erdöl durch die Atomenergie abzulösen. Solche Beispiele lassen sich für jeden der genannten Punkte anführen.

Es läßt sich nicht einsehen, warum die Soziale Marktwirtschaft nicht in Zukunft die besser geeignete Wirtschaftsordnung sein soll, wenn ihre Überlegenheit in der Vergangenheit bewiesen werden konnte. Selbst eine heute nicht erkennbare Verbesserung der Planungstechniken würde dieses Urteil nicht ändern.

Für diese Meinung gibt es Zeugen, die als unverfänglich gelten müssen, da sie aus dem Lager des Sozialismus stammen. Wirtschaftsreformatoren wie Libermann in der Sowjetunion oder Ota Šik in der CSSR wollten den Wettbewerb als Steuerungsinstrument der Volkswirtschaft installieren. Beide gingen allerdings – für ihre Position als Marxisten verständlich – nicht soweit, auch Privateigentum an Produktionsmitteln zuzulassen. Wie aber soll eine echte Konkurrenz zwischen unabhängigen, auf eigene Rechnung und auf eigenes Risiko wirtschaftenden Wirtschaftssubjekten zustandekommen ohne Privateigentum gerade auch an Produktionsmitteln? Ohne dieses besteht die Gefahr, daß Unternehmen, die dem Staat oder den Belegschaften gehören, wirtschaftliche Mißerfolge auf politischem Weg auszugleichen versuchen, um so einen drohenden Zusammenbruch oder eine Verdrängung vom Markt zu vermeiden. Wie sollen die zur Neugründung eines Unternehmens, das ja noch keiner Belegschaft gehören kann, notwendigen Energien freigesetzt werden?

2. Der Ausbau der Sozialen Marktwirtschaft

Ist Klarheit darüber gewonnen, daß die Grundentscheidung des Jahres 1948 nicht korrigiert werden muß, so ist damit auch klar, in welche Richtung die Politik bezüglich der Wirtschaftsordnung zielen muß: Es geht darum, den Prinzipien der sozialen Marktwirtschaft immer bessere Geltung zu verschaffen.

Wichtigster Punkt ist und bleibt die Stärkung des Wettbewerbs. „Der Wettbewerb ist eine staatliche Veranstaltung" (Miksch). Konkret heißt das Verbesserung des Instrumentariums des Kartellamtes, insbesondere bei der Fusionskontrolle, unter Verwertung der Erfahrungen, die bei Anwendung der bestehenden Gesetze gemacht werden und Erarbeitung eines europäischen Kartellrechtes. Die Grundsätze des Wettbewerbs können und sollten auch auf Gebieten angewendet werden, auf denen sie heute ausgeschaltet sind. Welche Gefahren Monopolbildungen mit sich bringen, haben die Aktionen der Fluglotsen und der Streik im öffentlichen Dienst im Frühjahr 1974 gezeigt. Ein anderes Beispiel wären die Hochschulen. Die Effizienz des Bildungswesens würde sich schnell bessern, wenn die Hochschulen um Hörergelder konkurrieren müßten. Ein großer Teil der Bildungsausgaben würde als Stipendien vergeben und den Hochschulen über die Studenten zufließen.

Genauso wichtig ist die Beseitigung steuerlicher und finanzieller Wettbewerbsnachteile von kleineren und mittleren Unternehmen. Wenn es heute so aussieht, daß die Konzentration eine Einbahnstraße ist, so muß das keineswegs so sein. Oft würde der Verkauf einer Beteiligung durch einen Konzern zur Aufdeckung stiller Reserven und damit zu einer untragbaren Belastung führen. Es muß möglich gemacht werden, aus Teilen eines Großunternehmens, wenn es in der Struktur, die es besitzt, nicht mehr rentabel arbeitet, gesunde mittlere Unternehmen zu bilden. Stattdessen besteht heute praktisch der Zwang, ein solches Unternehmen mit einem noch größeren zu verbinden.

Beinahe ebensowichtig wie auf der Seite der Anbieter ist Ordnungspolitik auf dem Sektor der Verbraucher. Letzten Endes dient alles Wirtschaften der optimalen Versorgung der Bevölkerung. Oft ist die juristische oder auch die faktische Stellung des Kunden gegenüber dem Unternehmen so schwach, daß das Ziel, die „Konsumentensouveränität", weit entfernt ist.

Ein integrierter Bestandteil der wirtschaftspolitischen Konzeption ist die Sozialpolitik. Faßt man diesen Begriff eng, so scheinen größere Aufgaben derzeit nicht zu bestehen. Müller-Armack hat jedoch schon frühzeitig gefordert, nach dem Abschluß des Wiederaufbaus die „zweite Phase" der sozialen Marktwirtschaft einzuleiten. Schwerpunkte seiner Konzeption, die nach wie vor aktuell sind, waren eine gerechte Verteilung des Vermögens und die Verbesserung der Chancengerechtigkeit im Bildungswesen.

Die Vermögensverteilung in der Bundesrepublik – neuere Untersuchungen von Willgerodt haben ergeben, daß sie gerechter ist als oft behauptet wird – ist eine Folge von zwei Kriegen und anschließenden Inflationen, nach denen alle Eigentümer von Geldwerten und von Vermögen in Mittel- und Ostdeutschland praktisch enteignet waren. Der Zwang zum schnellen Wiederaufbau begünstigte die Eigentümer von Sachwerten in der Bundesrepublik sehr stark. Wird eine breitere Streuung von Vermögen, die auch sozialpolitische wünschbar ist, angestrebt, so darf der Leistungswille der heutigen Eigentümer nicht geschädigt werden; die Vermögenspolitik darf also nicht mit konfiskatorischen Mitteln arbeiten.

Sie darf auch nicht die Investitionsfähigkeit der Wirtschaft treffen oder Wettbewerbsverhältnisse verzerren: Ziel muß es sein – und nur das ist mit der Wirtschaftsordnung verträglich – breiten Schichten ein Angebot zu machen. Jeder muß dann selbst entscheiden, ob er diese gebotenen Möglichkeiten annimmt und wie er einmal erworbenes Vermögen anlegt oder verwendet. Anfänge sind gemacht; der Prozeß wird – bemüht man sich um eine realistische Konzeption mit Augenmaß – lange Zeit in Anspruch nehmen.

3. Soziale Marktwirtschaft als Rahmen politischen Handelns

Die Soziale Marktwirtschaft wird oft als Begriff für die in der Bundesrepublik existierende Wirtschafts- und Gesellschaftsordnung genommen. Infolgedessen wird an die Behandlung von Problemen der Wirtschaftsordnung oft die Erwartung geknüpft, daß Ziele und Handlungsalternativen für viele politische Teilbereiche abgeleitet werden. Darin liegt jedoch eine Überforderung. Die Soziale Marktwirtschaft dient nicht der Erreichung spezieller Ziele; diese müssen aufbauend auf moralischen und ethischen Prinzipien gewonnen werden.

Für Maßnahmen, die getroffen werden sollen, kann die Handlungsrichtung aus der Sicht der Wirtschaftsordnung nicht bestimmt werden. Sie stellt lediglich Kriterien zur Auswahl der Instrumente bereit. Es wäre wünschenswert, daß diese Kriterien bei den staatlichen Aktivitäten stärker beachtet würden. Voraussetzung dafür allerdings ist ein schärferes ordnungspolitisches Gewissen der Staatsbürger und Wähler.

Wäre dies bereits vorhanden, bestünde nicht die Gefahr, daß durch die von der Regierung geplante Mitbestimmungsregelung ein Machtkartell ungeahnten Ausmaßes entstünde. Die Soziale Marktwirtschaft kennt für die Entscheidungsgänge innerhalb der Utnernehmen keine besonderen Vorschriften, sie schließt daher eine Beteiligung der Belegschaften an den Entscheidungen nicht aus. Ihre Prinzipien verlangen jedoch, daß unabhängige Einheiten miteinander konkurrieren. Sie lassen eine Fernsteuerung von außen, durch die die Unternehmenspolitik an anderen Größen als dem Gewinn ausgerichtet würde, nicht zu. Der Gewinn ist die Größe, die anzeigt, daß Produktionsfaktoren richtig eingesetzt sind, bzw. wenn er nachhaltig fehlt, daß Produktionsfaktoren für anderweitige Verwendung freigesetzt werden können. Jede andere Ausrichtung der Unternehmenspolitik würde daher eine Schädigung der Aufgabe bedeuten, die Märkte optimal zu versorgen. Dadurch wiederum würden die Konsumenten in ihrem – wenn auch noch nicht voll verwirklichten – Recht beeinträchtigt, über Richtung und Ausmaß der Produktion allein zu bestimmen. Träte diese Entwicklung ein, ginge ein großer Teil der heute verwirklichten praktischen Demokratie verloren.

Die Chance, die Soziale Marktwirtschaft zu erhalten wächst, je höher die Staatsbürger ihre individuelle Freiheit und Unabhängigkeit schätzen und je mehr sie bereit sind aktiv für diese Werte einzutreten. Vorbedingung für ihr Weiterbestehen ist daher, daß immer genügend Bereitschaft besteht, die großen Chancen einer selbständigen Existenz zu sehen, aber auch Risiken und Stress, die mit einem Wirtschaften auf eigene Rechnung verbunden sind, auf sich zu nehmen.

IV. ZUSAMMENFASSUNG

Das Konzept der Sozialen Marktwirtschaft läßt sich durch die folgenden Elemente beschreiben:

1. Als Steuerungsmechanismus der Wirtschaft dient der Wettbewerb. Dadurch soll möglichst weitgehende Freiheit des Individiums auch in der Wirtschaft, gleichzeitig Ausrichtung der Produktion an den Wünschen der Konsumenten erreicht werden.

2. Verteilungsergebnisse des Wirtschaftsprozesses und sonstige soziale Spannungen und Probleme, die der Markt nicht zufriedenstellend bewältigt, sollen durch eine entsprechende Sozialpolitik gelöst werden.
3. Kriterium für alle Arten von Eingriffen in den Marktprozeß ist die Marktkonformität. Die Wirtschafts- und Sozialpolitik soll das Rechengefüge des Marktes möglichst wenig stören.

Mit diesem Konzept konnten wirtschaftliche und soziale Fortschritte erreicht werden, wie sie bei der Entscheidung für die Wirtschaftsordnung im Jahr 1948 nicht zu erwarten waren.

Trotzdem bleiben ordnungspolitische Probleme bisher ungelöst, die die Substanz der Sozialen Marktwirtschaft betreffen. Theorie und Praxis haben gezeigt, daß der Markt nicht in jedem Fall zu optimalen Ergebnissen führt, z. B. bei der Versorgung mit (echten) öffentlichen Gütern. Ebenso konnte die Verwirklichung der Prinzipien des Wettbewerbs nicht überall durchgeführt werden. Die Möglichkeit, Teile der Produktionskosten zu überwälzen ist eine der Hauptursachen der Umweltverschmutzung. Die Erfahrung, daß es aus der Sicht der Unternehmen realistisch ist, den Wettbewerbsdruck zu verringern, führt zu der Forderung, daß der Staat die Einhaltung der Wettbewerbsregeln überwachen muß. Entsprechende gesetzliche Regeln konnten nur mühsam durchgesetzt werden. Die Fusionskontrolle hat noch immer Lücken.

Die langandauernde Inflation ist dagegen kein Strukturproblem der Marktwirtschaft, eher kann man es als Problem der Demokratie ansehen.

Sollten Prognosen über baldige Verknappung von Rohstoffen eintreffen, so ergibt sich daraus kein Argument gegen die Marktwirtschaft. Bei den notwendigen Substitutionsprozessen ist dieses Steuerungssystem der Planung überlegen. Planung kann Mangel bestenfalls verwalten, aber nicht verringern.

Damit ist die Grundfrage nach der Wirtschaftsordnung gestellt. Die erkennbaren Aufgaben, die auf die Wirtschaft zukommen, sind im Prinzip nicht neu und erfordern daher keine Korrektur der ordnungspolitischen Grundentscheidung. Somit gilt es die Soziale Marktwirtschaft auszubauen, d. h. den Wettbewerb zu intensivieren und die Rolle der Konsumenten zu stärken. Die soziale Komponente kann durch Maßnahmen der Vermögenspolitik gestärkt werden.

Für sonstige Maßnahmen kann die Wirtschaftsordnung keine Ziele setzen. Aus der Sicht der Wirtschaftsordnung lassen sich lediglich Kriterien zur Auswahl der Maßnahmen angeben. Sie ist der Freiheit verpflichtet, aber kennt keine speziellen Ziele.

V. KONTROLLFRAGEN

1. Welche Wissenschaftler haben sich um den Entwurf des Konzeptes der Sozialen Marktwirtschaft bemüht?
2. Welche Vorteile bietet der Wettbewerb für eine Volkswirtschaft?
3. Welches Wirtschaftssystem ist als das Gegenteil der Marktwirtschaft zu bezeichnen?
4. Wann wurde die Soziale Marktwirtschaft verwirklicht?
5. Welches sind die wichtigsten Leistungen?
6. Wo liegen Grenzen des Marktes?
7. Rechtfertigt jede Marktunvollkommenheit einen staatlichen Eingriff?
8. Läßt sich Umweltschutz mit marktkonformen Mitteln realisieren?
9. Wie sind Unternehmenskonzentrationen zu beurteilen?
10. Ist Inflation eine zwangsläufige Erscheinung in der Marktwirtschaft?
11. Welches sind die Gefahren einer längeren Inflation?
12. Muß der Verbrauch an Rohstoffen geplant werden, um einen Mangel zu beseitigen?
13. In welchen Rollen ist der Staat am Wirtschaftsleben beteiligt?
14. Welche neuen Aufgaben kommen auf die Wirtschaft zu?
15. Wo kann die Soziale Marktwirtschaft verbessert werden?
16. Welche Ziele werden mit der Sozialen Marktwirtschaft verfolgt?
17. Welche Kriterien müssen bei staatlichen Eingriffen in den Wirtschaftsprozeß erfüllt sein?

VI. LITERATURHINWEISE

Erhard, L. und A. Müller-Armack, Soziale Marktwirtschaft, Manifest '72, Berlin 1972

Eucken, W., Die Grundlagen der Nationalökonomie, 8. Aufl. Berlin 1965

Eucken, W., Grundsätze der Wirtschaftspolitik, hrsg. von E. Eucken und K. P. Hensel, 4. Aufl. Tübingen-Zürich 1968

Hayek, F. A. v., Die Verfassung der Freiheit, Tübingen 1971

Müller-Armack, A., Soziale Marktwirtschaft, in: Handwörterbuch der Sozialwissenschaften, Band 9, Stuttgart, Tübingen, Göttingen 1959

Müller-Armack, A., Wirtschaftsordnung und Wirtschaftspolitik, Freiburg 1966

Ulrich Wagner

Entwicklungstendenzen sozialistischer Wirtschaftssysteme

INHALT

I. ENTSTEHUNG, AUFBAU UND FUNKTIONSWEISE DES ADMINISTRATIVEN SOZIALISMUS

1. Entstehung des administrativen Systems

Will man die Wirtschaftsreformen der einzelnen sozialistischen Länder und deren Entwicklungstendenzen verstehen, so ist es zunächst unumgänglich, sich über Entstehung und Funktionsweise eines sozialistischen Wirtschaftssystems eine Vorstellung zu machen.

Der Sozialismus als Wirtschaftssystem wird in der Diskussion dem Kapitalismus gegenübergestellt. Zusätzlich wird dann meist noch die Verständigung dadurch erschwert, daß man ein reales kapitalistisches System einem vorstellbaren sozialistischen Idealbild gegenüberstellt. Da man in dieses Idealbild alles einbringen kann, was man gern als Bestandteil „seines" sozialistischen, menschlichen, progressiven, ausbeutungsfreien Systems hätte, schneiden dann in solchen Diskussionen die realen Wirtschaftsgesellschaften der Bundesrepublik, der USA oder Japans nicht sonderlich gut ab, da reale Systeme immer erkennbare Mängel haben, gedankliche Konstrukte aber vom Konstrukteur als vollkommen, zumindest aber als weit besser als irgendeine realisierte Ordnung betrachtet werden.

Auch der überzeugteste Anhänger einer „kapitalistischen" Marktwirtschaft wird nicht deren Mängel leugnen. Das hohe Ausmaß der Ungleichheit in der Einkommens- und Vermögensverteilung, Konzentrationstendenzen, auf ökonomischer Macht beruhende demokratisch nicht legitimierte politische Macht (auch der Gewerkschaften), konjunkturelle Schwankungen und das Phänomen der Stagflation sind wenig geeignet, Begeisterung und Kampfbereitschaft für dieses System zu erzeugen.

Aus diesen Symptomen aber den Schluß zu ziehen, man müsse deshalb lieber heute als morgen das „kapitalistische" System über Bord werfen und durch ein anderes, „sozialistisches" System, das frei von diesen Mängeln ist, ersetzen, wäre recht gefährlich.

Daß es *ohne* ein Wirtschaftssystem nicht geht, dürfte wohl einsichtig sein. Denn wo immer man überhaupt wirtschaftet, geschieht dies nach bestimmten Regeln.

Bevor man sein ungeliebtes Wirtschaftssystem ersetzt, sollte man sich allerdings über die Alternativen klar sein. Die Darstellung der realisierten Alternativen zur „kapitalistischen Marktwirtschaft" und der Versuch, deren Entwicklungstendenzen erkennbar zu machen, soll in diesem Beitrag geleistet werden.

Für die politische Diskussion über die Zukunft unserer Wirtschaftsgesellschaft sollten die Ergebnisse derjenigen Länder, in denen sozialistische Vorstellungen in der Wirtschaft realisiert wurden, wichtiger sein als das, was sich Menschen vorstellen können, deren Phantasie größer ist als ihre Erfahrung.

Weitverbreitet ist die Auffassung, daß sich die kapitalistischen Systeme in einem historischen Prozeß geformt haben und daß das sozialistische Wirtschaftssystem „nach Bauplan“ konstruiert wurde. Für die Autoren des Bauplanes hält man dann Marx und Engels. Diese Vorstellung ist unrichtig. Zur Zeit der Oktoberrevolution 1917 beschwerte sich Lenin in einer Schrift, daß ihm Marx und Engels zwar eine vorzügliche Kritik am Kapitalismus der Mitte des 19. Jahrhunderts höchstentwickelten europäischen Staaten hinterlassen hatten, aber keinerlei Anweisungen oder Rezepte zum Aufbau einer sozialistischen Wirtschaftsordnung.

Nachdem Marx und Engels die meisten negativen Erscheinungen des Kapitalismus auf das private Produktionsmitteleigentum zurückführten, war es zwar für Lenin klar, daß dies beseitigt werden müsse. Wie aber ein auf Basis verstaatlichter Banken und Industrie konstruiertes System funktionieren sollte, nach welchen Kriterien wer entscheiden sollte, wer, was, wann, wo, in welchen Mengen, wie und für wen produzieren soll und wie diese Entscheidungen verwirklicht werden sollen, das stand nirgends in den Werken von Marx und Engels, das mußten Lenin und seine Mitarbeiter ausfindig machen.

Es ist deshalb leicht einsichtig, daß in der Sowjetunion nicht *das* sozialistische Wirtschaftssystem schlechthin entstehen konnte, sondern ein auf die Verhältnisse der Sowjetunion zugeschnittenes System.

Diese Verhältnisse waren nach der Oktoberrevolution, aber weitestgehend auch noch nach dem 2. Weltkrieg: ein großes Land mit fast allen Klimazonen, reiche Vorkommen an Bodenschätzen, viele – allerdings wenig ausgebildete und wenig qualifizierte – Arbeitskräfte, technischer und organisatorischer Rückstand gegenüber den westeuropäischen Nationen.

Lenin mußte ein Wirtschaftssystem finden, das auf Basis verstaatlichter Produktionsmittel die optimale Nutzung der in der Sowjetunion vorhandenen Wachstumsquellen zuließ.

Als Lenin starb, war dieses System nicht einmal eine „sozialistische Planwirtschaft“, Zentralverwaltungswirtschaft, administrativ-direktives Lenkungssystem oder mit welchem Namen auch immer das heutige Sowjetsystem belegt wird. Das wurde es erst unter Stalin, beibehalten bis heute von dessen Nachfolgern.

2. Zum Begriff „administrativer Sozialismus"

Wie hat man sich das Funktionieren dieses Systems vorzustellen? Zunächst sollte man diesem sowjetischen Wirtschaftssystem einen Namen geben. „Planwirtschaft" ist ein Name, der – obwohl er oft gebraucht wird –, nicht dazu geeignet ist, dieses System zu charakterisieren und erst recht nicht, gegenüber anderen Systemen abzugrenzen. Daß in der Wirtschaft der Sowjetunion geplant wird, kann zwar nicht geleugnet werden; das ist aber keine Eigenart der Sowjetwirtschaft. Geplant wird überall wo gewirtschaftet wird. Der Bäcker in der Sowjetunion unterscheidet sich nicht von dem in der Bundesrepublik dadurch, daß der eine plant und der andere nicht. Die Grundlage der Planung ist nur anders. Der „sozialistische" Bäcker erhält eine staatliche Anweisung, wieviel Brot er zu backen hat, und er bekommt nach staatlichen Kontingenten seine Vorprodukte. Das ist die Grundlage seiner Planung. Vor ihm haben andere geplant. Aber er ist der Notwendigkeit der Planung nicht enthoben. Planlos erfüllt er seinen Plan auch nicht. Der „kapitalistische" Bäcker plant, wieviel Brot und anderes Backwerk er backen soll, welche Preise er verlangen soll, ob er seinen Laden renovieren soll, wo er am besten sein Mehl kauft u. v. m.

Weder *ob* geplant wird, noch *wer* alles plant, sind sinnvolle Fragen zur Systemunterscheidung. Überall wird geplant und überall wird vom Staat, von Unternehmungen, Haushalten, Verbänden geplant. Die Systeme unterscheiden sich aber dadurch, wie die Pläne zustandekommen, wie sie koordiniert und wie sie realisiert werden. Da im Sowjetsystem die produktionsentscheidenden Pläne von staatlichen Instanzen aufgestellt werden und per Anweisungssystem nach „unten" weitergegeben werden und dort nur noch Art und Ausmaß der Erfüllung und Übererfüllung der vorgegebenen Solls entschieden (geplant) werden, wollen wir es „administrativer Sozialismus" nennen. Das Wort administrativ ist notwendig, weil es auch – wie wir unten noch sehen werden – mittlerweile andere Varianten des Sozialismus gibt; das Wort Sozialismus ist zur Charakterisierung notwendig, da es auch nichtsozialistische administrative Systeme gab, wie die Kriegswirtschaften der meisten kriegführenden Länder während der beiden Weltkriege.

3. Das System der zentralen Bilanzierung

Das im wesentlichen unter Stalin entstandene, bis heute im Prinzip erhalten gebliebene Wirtschaftssystem der Sowjetunion funktioniert kurz skizziert folgendermaßen: Von der politischen Führung wird festgelegt, welche Proportionen zwischen Investitionsgüter- und Konsumgütersektor bestehen sollen und welche Branchen und Regionen vorrangig entwickelt werden sollen. Die Kriterien für diese Entscheidungen sind primär politischer Natur. Auf der Basis dieser Grundentscheidungen werden von staatlichen Organen (deren Namen und Kompetenzen häufig wechseln) die produktionsrelevanten Bilanzierungen vorgenommen. Dabei werden die tatsächlich zu produzierenden Güter zu 2 000–3 000 Güterbündeln zusammengefaßt. Zwischen diesen Güterbündeln sind nun optimale Beziehungen herzustellen. Zur Verdeutlichung der hierbei auftauchenden Probleme greifen wir ein solches Güterbündel heraus, beispielhaft das sehr heterogene Produkt Holz. Es gilt hierbei sowohl das Aufkommen als auch die Verwendung von Holz zu planen.

Marktpreise für die verschiedenen Holzarten, die dann wieder die Entscheidungen der Unternehmungen beeinflussen, diese oder jene Holzart zu verwenden, dieses oder jenes Holzprodukt zu erzeugen, oder früher aus Holz hergestellte Produkte heute aus Kunststoff zu produzieren, gibt es nicht. Der Markt soll ja gerade ausgeschaltet und das private Gewinnstreben durch andere Kalküle ersetzt werden.

Aus diesem Grunde müssen staatliche Instanzen all das entscheiden, was in Marktwirtschaften gleichsam automatisch und anonym geschieht.

Sparen wir uns einmal der Einfachheit halber die Spezifizierung in verschiedene Holzarten und Verarbeitungsstufen (was in der Praxis natürlich unterschieden werden muß und das Verfahren kompliziert), dann kann man schematisiert die beiden Seiten unserer Holzbilanz so zeigen:

Auf der linken Seite der Bilanz, der Aktiv- oder Aufkommensseite, stehen die Holzvorräte zu Beginn der Periode, für die geplant wird, das geplante Holzaufkommen der fraglichen Periode sowie eventueller Holzimport. Auf der rechten Seite der Bilanz, der Passiv- oder Verwendungsseite, stehen die für das Ende der Periode gewünschten Holzbestände, die Anforderungen der verschiedenen holzverwendenden Branchen sowie eventuelle Exporte.

Daß beide Seiten der Bilanz ausgeglichen sind, wird nur höchst selten und zufällig sein. Der Normalfall dürfte eine größere Passivseite sein. Die mit der Holzbilanzierung betraute staatliche Instanz steht dann vor dem Problem, die Aktivseite zu vergrößern und/oder auf der Passivseite Kürzungen vornehmen zu müssen. Die Aktivseite über eine Aufkommenserhöhung zu vergrößern, würde heißen, daß gegenüber dem ursprünglichen

HOLZBILANZ

Bestände zu Beginn	Soll-Bestände am Ende
Holzaufkommen	Anforderungen der Branchen A B C D . . . Z
Importe	Exporte

Planansatz zusätzliche Bäume der Verarbeitung zugeführt werden. Dies würde die Waldbestände und damit das Holzaufkommen der Folgejahre mindern. Es gilt hier Gegenwartsinteressen den Zukunftsinteressen gegenüberzustellen. Ohne eine Kürzung auf der Passivseite wird man in der Regel kaum auskommen. Es gilt also, nach irgendwelchen Kriterien die Anforderungen der einzelnen Branchen zu kürzen. Wo aber soll wieviel gekürzt werden? Dies muß wiederum von unserer bürokratischen Instanz politisch entschieden werden. Die Anforderungen stammen unter vielen anderen von der Möbel-, Bau-, Waffen-, Spielzeugindustrie, Bergbau, Schiffbau, der Eisenbahn. Die bürokratische Behörde wird immer dort die Kürzungen vornehmen, wo sie die dadurch entstehenden Nutzentgänge für am niedrigsten hält. Die ersten 10 000 Festmeter Holz werden vielleicht von der Möbelindustrie, die zweiten 10 000 bei der Spielzeugindustrie, die dritten 10 000 wieder bei der Möbelindustrie usw. abgezogen, weil man dort eben die Nutzenentgänge für am niedrigsten hält. Das erscheint zunächst als ökonomisch vernünftig und politisch nicht relevant. Man sollte sich aber die Konsequenz dieses Bilanzierungssystems vergegenwärtigen, das ja nicht nur für Holz, sondern einige tausend Güterbündel, in denen indirekt alle Güter enthalten sind, angewendet wird. Wenn eine bürokratische Instanz entscheidet (und das muß sie in diesem System) wo um wieviel gekürzt wird, dann entscheidet sie gleichzeitig, welche Bedürfnisse der Menschen es wert sind, befriedigt zu werden und welche nicht.

Das ist eine wesentliche politische Konsequenz, die man kennen muß, wenn man das Für und Wider der verschiedenen Wirtschaftssysteme diskutieren will. Aus diesem Grunde soll dieser Gedanke kurz begründet werden:

Die Menschen haben alle möglichen Bedürfnisse, wie essen, trinken, kleiden, vergnügen, bilden. Einige dieser Bedürfnisse lassen sich ohne Güter befriedigen (man kann sich an einem Naturschauspiel ergötzen); die meisten Ziele aber brauchen zu ihrer Realisierung Güter. Einige Güter sind „freie" Güter, wie Luft oder teilweise noch Wasser, und sind deshalb nicht Gegenstand des Wirtschaftens. Die meisten Güter sind ökonomische Güter, d. h. sie sind knapp und deshalb Gegenstand des Wirtschaftens und damit auch der Planung. Diese Güter werden in der Regel mit Hilfe von Vorprodukten einschließlich Arbeit hergestellt.

Wenn nun Vorprodukte für die Herstellung bestimmter Konsumgüter nur in geringeren Mengen zur Verfügung gestellt werden, dann können weniger Menschen ein ganz bestimmtes Bedürfnis befriedigen. Da in der Bilanzierung zumindest indirekt alle Güter enthalten sind, bestimmen die politische Führung und deren bürokratische Erfüllungsgehilfen über das Ausmaß der Befriedigung jedes einzelnen Bedürfnisses. Für die Wertigkeit von Bedürfnissen gibt es nirgendwo einen objektiven Maßstab. Wer welche Bedürfnisse in welchem Ausmaß befriedigen kann, muß in jedem Wirtschaftssystem entschieden werden. Die Systeme unterscheiden sich nur durch den Mechanismus, der dies bewirkt. Hier hat man eben grundsätzlich die Wahl, ob man einen nach sozialpolitischen Erwägungen korrigierbaren Markt-Preis-Mechanismus will oder die Entscheidungen der Planungsbürokratie für besser hält. Über eines muß man sich aber dabei im klaren sein: Die *Macht* der Planungsbürokratie, die über Art und Ausmaß der Befriedigung sämtlicher Bedürfnisse entscheiden muß, ist immer größer als die irgendeines auf den Märkten agierenden Wirtschaftssubjektes.

Das kann man politisch wollen oder auch nicht. Nur muß man wissen, daß mit der Entscheidung zugunsten des administrativen Sozialismus untrennbar die Entscheidung zugunsten der allumfassenden Einwirkung der Bürokratie auf die Bedürfnisbefriedigung jeder Gruppe von Menschen verbunden ist.

4. Probleme des Wirtschaftswachstums im administrativen Sozialismus

Die Bilanzierung der Güter durch staatliche Instanzen ist kein isoliert lösbares Problem. Die Bürokratie braucht Informationen. Und vor allem: die Pläne müssen verwirklicht werden. Da Wirtschaftswachstum oberstes Ziel der politischen Führung ist, muß sie das ökonomische Bedingungssystem für die Betriebe so gestalten, daß diese an der Erfüllung, möglichst aber an der Überfüllung der auferlegten Plansolls interessiert sind. Dies versuchte und versucht man noch heute dadurch zu erreichen, daß die Übererfüllung auferlegter Plansolls prämiert wird, d. h. je größer die Planübererfüllung, desto größer sind die „Prämienfonds“ der Betriebe und damit die Einkommen der Manager und Arbeiter. Die Reaktionen der Betriebe auf dieses Bedingungssystem sind die wesentliche Ursache für die dauernden Wirtschaftsreformen und so auch für die heute beobachtbaren Entwicklungstendenzen der administrativ-sozialistsichen Systeme. Das wird weiter zu präzisieren sein.

Hier interessieren uns zunächst nur einige, wohl jetzt schon erkennbare Konsequenzen des Systems:

(1) Je weniger Güterarten zu planen sind, desto weniger kompliziert und desto eher lösbar wird das Problem der zentralen Bilanzierung sein.

(2) Die Verbesserung von Produkten und Produktionsverfahren ist durch die Bilanzierungsmethode nicht erreichbar. Es ist kaum prognostizierbar, wo, in welchem Ausmaß und mit welchen ökonomischen Konsequenzen neue Verfahren entwickelt und wo sie eingeführt werden können. Erst recht wird es nicht möglich sein, (von wenigen Einzelprojekten abgesehen) die Entwicklung neuer Produkte und neuer Verfahren mit Hilfe von „Produktionsbefehlen“ zu erreichen.

(3) Durch die Prämierung auf Basis der Übererfüllung administrativ diktierter Pläne werden die Betriebe einseitig an der Mehrproduktion auf Basis gegebener Produktionsstrukturen interessiert.

Die Konsequenz aus den eben genannten drei Punkten ist, daß einseitig das *extensive Wirtschaftswachstum* stimuliert wird., Unter extensivem Wachstum versteht man die quantitative Erhöhung des Outputs aufgrund einer Erhöhung des Inputs, wobei der Quotient $\frac{\text{Output}}{\text{Input}}$ unverändert bleibt. Demgegenüber bedeutet eine Erhöhung dieses Quotienten bei gleichbleibendem Input intensives Wirtschaftswachstum.

Die Entwicklung eines solchen einseitig auf extensives Wachstum orientierten Wirtschaftssystems war für die Sowjetunion – nachdem man sich für ein sozialistisches System entschieden hatte – durchaus nicht falsch, denn die Quellen extensiven Wachstums (Vergrößerung der Inputs von: Boden, Arbeit, Rohstoffen usw.) dominierten in der Sowjetunion. Mit einem auf intensives Wachstum abgestellten System hätte die Sowjetunion niemals diesen (zumindest für statistische Größen nicht Hinterfragende) gigantischen Aufschwung verzeichnen können.

In dieser positiven Wertung der Entscheidung Stalins zugunsten eines administrativen Sozialismus ist aber schon die wichtigste Entwicklungstendenz heutiger sozialistischer Systeme impliziert: Immer dann und immer dort, wo die Quellen des extensiven Wachstums weitestgehend versiegt sind und es auf die bestmögliche Nutzung der Quellen intensiven Wachstums ankommt, ist das administrative System nicht mehr geeignet, die Wachstumsprobleme (die meist schlicht Versorgungsprobleme sind) der Zukunft zu lösen.

Zumindest was die ökonomische Effizienz anbetrifft, war es der verhängnisvollste Fehler von Stalin, den seine Nachfolger mit nur geringen Einschränkungen wiederholt haben, das für ein bestimmtes Land (Sowjetunion) in einer bestimmten Periode (1. Hälfte des 20. Jahrhunderts) entwickelte Wirtschaftssystem für *das* sozialistische Wirtschaftssystem schlechthin zu erklären und Abweichungen von diesem System mit Abweichungen von den tragenden Größen des Sozialismus gleichzusetzen. So wurden die europäischen „Volksdemokratien" einschließlich DDR dazu gezwungen, unabhängig von deren Wachstumsvoraussetzungen, eben dieses System zu übernehmen.

Die Probleme eines konkreten administrativen Sozialismus und die Versuche, diese unter Beibehaltung des Systems zu lösen (systemerhaltende Wirtschaftsreformen), könnten anhand der Sowjetunion, Polens, Bulgariens, Rumäniens und der DDR gezeigt werden. Wir wollen uns hier auf die DDR beschränken.

In einem weiteren Teil sollen die sozialistischen Alternativen zum administrativen System am Beispiel Jugoslawien gezeigt werden.

Nach einer kurzen Darstellung der Eigenarten des ungarischen Systems sollen in einem letzten Teil die Probleme einer Prognose der weiteren Entwicklung der sozialistischen Wirtschaftssysteme skizziert werden.

II. DIE ENTWICKLUNG EINES ADMINISTRATIV-SOZIALISTISCHEN SYSTEMS AM BEISPIEL DER DDR

1. Das System der zentralen Bilanzierung in der DDR

Unabhängig von ihren spezifischen Wachstumsbedingungen mußte die DDR neben dem sowjetischen Gesellschaftssystem auch deren Wirtschaftssystem übernehmen. Die erste Phase der Wirtschaftsentwicklung der DDR wird deshalb meist auch als „Rezeption des Sowjetmodells" bezeichnet. Es wurde bereits gezeigt, welche Bedingungen gegeben sein müssen, daß ein administrativ-sozialistisches System Wachstumsprobleme lösen kann: es müssen die Quellen extensiven Wachstums dominieren. In der DDR dominierten aber sehr bald die Quellen des intensiven Wachstums, die der administrative Sozialismus bis heute nicht zu mobilisieren vermochte. Wie sah dies konkret aus?

Im administrativen System muß von der politischen Führung der Markt durch Bilanzierung und Anweisung ersetzt werden, d. h. es muß irgendwie zentral entschieden werden, wer, was, wann, wo, wie für wen produzieren soll. Es sind optimale Beziehungen zwischen den knappen Gütern (einschließlich Leistungen) herzustellen, wobei es die unterschiedlichsten Verknüpfungen zu bedenken gilt: Bei der Herstellung eines Gutes können Vorprodukte gegeneinander ausgetauscht werden (Substituierbarkeit); Vorprodukte müssen in Kombination eingesetzt werden, um ein bestimmtes Endprodukt zu erzeugen (Komplementarität); zwei oder mehr Güter können alternativ das gleiche Bedürfnis befriedigen (Substituierbarkeit); ein Bedürfnis kann oft nur durch mehrere Güter gleichzeitig befriedigt werden (Komplementarität). Diese Beziehungen sind bei der Bilanzierung von grundlegender Bedeutung.

Die Produktion wievieler Güterarten muß entschieden werden? In einer modernen Volkswirtschaft werden ca. 10 Millionen Güterarten hergestellt (schon der Quelle-Katalog enthält 40 000 Produkte). Nun gibt es zwischen diesen Gütern die oben angedeuteten vielfältigsten Beziehungen. Mitbedacht werden muß, daß ein und dasselbe Gut mit verschiedenen Produktionsverfahren in verschiedenen Betrieben hergestellt werden kann.

Der Direktor des Instituts für Gesellschaftswissenschaften beim Zentralkomitee der SED, Otto Reinhold, fragte kürzlich Fachleute nach der von ihnen geschätzten Zahl ökonomischer Beziehungen, die in der DDR jährlich hergestellt (und vorher geplant) werden müssen. Die Antowrten lagen zwischen 2 Milliarden und 20 Milliarden. Reinhold meint dazu, daß diese Zahlen die Unter- und Obergrenze wohl richtig angeben (vgl. Zeitschrift „Wirtschaftswissenschaft", Berlin/Ost, 1972, Heft 10, S. 1443).

Das mag das Planungsproblem in solchen Systemen veranschaulichen. Daß eine zentrale bürokratische Behörde mehrere Milliarden Beziehungen (die das Ergebnis von viel mehr möglichen Alternativen sind) zwischen mehreren Millionen Güterarten nicht örtlich, zeitlich, qualitativ und quantitativ planvoll optimieren kann, dürfte einsichtig sein. Auch die Computer der Zukunft dürften angesichts dieses gigantischen Problems überfordert sein. Man muß vor allem die notwendigen Informationen, die richtig oder aber absichtlich oder unabsichtlich falsch gegeben werden, mit in die Vorstellung von dieser gigantischen Planungsaufgabe einbeziehen. Selbst wenn es möglich wäre, die genannten Beziehungen einmal pro Jahr zu optimieren, was würde passieren, wenn die geplanten Ernteerträge durch Wettereinflüsse anders ausfallen als geplant, oder wenn weniger „verplante" Rohstoffe wegen einer Grippeepidemie gefördert werden können? Hier müßte der gesamte Plan wegen der vielfältigen Beziehungen zwischen den Gütern revidiert werden.

Will man dennoch zentral planen, dann muß man zu der bereits oben beschriebenen Hilfskonstruktion greifen, und nur wenige tausend Güterbündel zentral bilanzieren und die „Aufschlüsselung" im Sinne einer Konkretisierung an untergeordnete Organe delegieren, denen nicht im einzelnen das gesamte Wertsystem der politischen Führung bekannt sein kann. Bei der Wahrnehmung der Aufschlüsselungsfunktion können die Beziehungen zwischen den Gütern nicht mehr optimiert werden, da den damit beauftragten „rangniedrigeren" Organen nur noch Ausschnitte des gesamtwirtschaftlich relevanten Beziehungssystems bekannt sein können, und da solche Organe auch eher geneigt sind, gewisse regionale und/oder „Ressortinteressen" den gesamtgesellschaftlichen Interessen (die im einzelnen höchstens geahnt werden können) vorzuziehen. Da die Angehörigen dieser Organe bis hin zu den in den Betrieben Entscheidungsbefugten erstens auch persönlich gern hohe Einkommen hätten und sie zweitens an Karriere interessiert sind, kann man deren Verhaltensweisen bei der Aufschlüsselung und schließlich bei der Realisierung zentral vorgegebener Pläne nur verstehen, wenn man die Kriterien für Entlohnung und Karriere kennt. Das werden wir deshalb bei der weiteren Analyse mit zu berücksichtigen haben. Andererseits sei schon hier bemerkt, daß die Wirtschaftsreformen der letzten 25 Jahre im wesentlichen Versuche darstellen, die Kriterien für Entlohnung und Karriere auf die von der politischen Führung gewünschten Reaktionen der Mitarbeiter untergeordneter Organe und der Betriebe zuzuschneiden.

Bei der Entwicklung des DDR-Wirtschaftssystems können wir drei Phasen unterscheiden: 1949–1962 Durchsetzung zentraler Pläne mit Hilfe detaillierter Produktionsauflagen.

1963–1970 Ökonomisierung; Lenkung mit Hilfe indirekterer Methoden; größere Entscheidungsautonomie und -sicherheit der Betriebe.

Seit 1970 „geläuterte" Rückkehr zur „administration en detail".

Diese drei Phasen sollen im folgenden dargestellt werden:

2. Die Phase der detaillierten Produktionsauflagen 1949–1962

a) Die Organisation der DDR-Wirtschaft

1949–1962 war eine Zeit ständiger Wirtschaftsreformen. Das, was reformiert wurde, änderte nichts am Grundprinzip der zentralen Wirtschaftsplanung mit administrativ-direktiver Plandurchsetzung. Was sich in den „Reformen" dieser Jahre änderte, betraf zumeist Art und Ausmaß der Aufschlüsselungsfunktionen. Wellen stärkerer „Dezentralisierung" (weniger detaillierte Zentralplanung, dementsprechend mehr Funktionen für untergeordnete Organe) wechselten ständig ab mit Wellen stärkerer „Zentralisierung" (mehr detaillierte Zentralplanung, dementsprechend geringere Aufschlüsselungsfunktionen untergeordneter Organe). Ebenso vollzog sich die Änderung von Kriterien für die Bildung von „Aufschlüsselungsorganen" in Wellenbewegungen. Hierbei wechselten ständig die Siege für das „Produktionsprinzip" (auch Branchenprinzip genannt; hier wird eine Behörde für die Planaufschlüsselung nach dem Branchen- oder Erzeugnisgruppenprinzip für die ganze DDR beauftragt) mit denen für das „Territorialprinzip" (hier werden die Pläne nach Bezirken aufgeschlüsselt, dann nach Kreisen usw.; eine regionale Behörde schlüsselt dann sämtliche ihr vorgegebenen Planziffern für alle Betriebe der Region auf). Die Zwischeninstanzen und deren Kompetenzen änderten sich auch ständig, so die Schaffung und Auflösung von regionalen Plankommissionen und Wirtschaftsräten und die Kompetenzen der Vereinigungen volkseigener Betriebe.

Ebenso änderten sich öfter die Kriterien für die Auswahl der Führungskräfte in der Wirtschaftsplanung und den Betrieben. Perioden, in denen die Führungskraft linientreu sein mußte und nach Möglichkeit auch Ahnung von den zu lösenden Problemen haben sollte, wechselten mit solchen, in denen Wissen und Fähigkeit höherwertig waren und die Parteitreue als selbstverständliche Zugabe verlangt wurde.

Schließlich wurden die Preise und die Kriterien für die Preisbildung einige Male geändert, ohne daß sich aber etwas am Grundprinzip der zentral vorgegebenen Preise nach dem Schema: „Kosten + Gewinnzuschlag = Preis" etwas änderte.

Alle diese Reformen hatten natürlich ihren Grund: Die Reaktionen der untergeordneten Organe, der Betriebsleitungen und der Belegschaften auf das von Staat und Partei gesetzte Bedingungssystem waren nicht so, wie es die politische Führung wünschte. Die Ursache jeder einzelnen Wirtschaftsreform war die Tatsache, daß die jeweils vorangegangene Reform sich als nicht geeignet erwies, den Interessenkonflikt zwischen politischer Führung und den anderen Wirtschaftssubjekten zu lösen. Wodurch wurden in diesem sozialistischen System, in dem es nach der Ideologie keine antagonistischen (nicht aufhebbaren) Widersprüche zwischen Interessen der einzelnen und denen der „Gesamtgesellschaft" gibt, solche Konflikte erzeugt? Will man diese Interessenkonflikte klassifizieren, so bietet sich eine Dreiteilung bezüglich des Aktuellwerdens an: (1) Informationsverhalten, (2) Planerfüllungsverhalten, (3) Aufschlüsselungsverhalten.

Um diese drei Verhaltensweisen der Betriebe, die vom Standpunkt der politischen Führung zu wünschen übrig lassen, besser verstehen zu können, soll kurz das Bedingungssystem für die Betriebe konkreter beschrieben werden.

Oben haben wir Produktions- und Territorialprinzip genannt. Beide Prinzipien waren in der DDR stets gleichzeitig realisiert, nur die Dominanz änderte sich durch einige Reformen. Die wichtigsten Betriebe der DDR unterliegen einer Leitung nach dem Produktionsprinzip:

Politbüro ← KPdSU
↓ ← Comecon
Zentralkomitee
↓
Ministerrat ←→ Staatl. Plankommission (SPK)
↓
Branchenministerium
↓
Vereinigungen volkseigener Betriebe (VVB)
↓
Volkseigene Betriebe (VEB)

Die Betriebe (VEB) von primär regionaler Bedeutung werden nach dem Territorialprinzip geleitet:

wie bei Produktionsprinzip
↓
Ministerrat ←→ SPK
↓
Bezirksplankommissionen
↓
VEB

Im folgenden wollen wir die Verhaltensweisen am Beispiel des Produktionsprinzips zeigen:
Die entscheidenden Pläne sind die Volkswirtschaftspläne, die jeweils für ein Jahr gelten. Weitverbreitet ist die Auffassung, die 5-Jahrpläne seien produktionsentscheidend. Das stimmt zumindest aus der Perspektive der Betriebe nicht. Die Produktionsauflagen sind alle praktisch Konkretisierungen der Jahres-Volkswirtschaftspläne. Im übrigen ist allen 5-Jahresplänen aller sozialistischen Länder eines gemeinsam: Noch keiner ist so wie er aufgestellt war auch zuende geführt worden. Viele wurden entscheidend revidiert, andere vorzeitig abgebrochen.
Oben haben wir bereits gezeigt, daß von oben nach unten sich die Zahl der geplanten Güter pyramidenförmig vergrößert. Ministerrat, Ministerien und VVB haben jeweils die Funktion, die ihnen vorgegebenen Planziffern zu konkretisieren, aufzuschlüsseln. Unten erhalten dann die Betriebe gleichsam als letztes befehlsempfangendes Glied einer Steuerkette diejenigen Werte vorgegeben, an denen sie dann gemessen werden. Die Planauflagen für die Betriebe betreffen aber insgesamt keineswegs 10 Millionen Güterarten obwohl schließlich etwa so viele produziert werden. Daraus folgt, daß die Betriebe im administrativen Sozialismus nicht nur Pläne verwirklichen, die andere aufgestellt haben, sondern daß sie selbst die letzten „Planaufschlüsseler" sind. Zusätzlich sind die übergeordneten Organe auf die Informationen der Betriebe angewiesen. Ob eine Planauflage unrealistisch (zu hoch oder zu niedrig) ist, können die Betriebe am besten entscheiden, ebenso, ob ein bestimmtes technisches Verfahren zu entwickeln ist oder ob Investitionsvariante A besser geeignet ist als die Varianten B oder C, ein bestimmtes Produktionssoll in Zukunft zu bewältigen. Deshalb vollzieht sich die Planung nicht nur in einer Phase und nicht nur in einer Richtung. Die Betriebe müssen zu den Planvorstellungen der übergeordneten Bürokratien Stellung nehmen, damit nicht unrealistische Pläne zu Engpässen und nicht vorhergesehenen Folgewirkungen führen. Wenn ein Betrieb sein Soll nicht erfüllen kann und dieser Betrieb Vorprodukte für andere Betriebe herstellt, so kann es sein (und das kommt auch oft vor), daß diese anderen Betriebe dann nicht produzieren können. Teilt der Betrieb aber rechtzeitig mit (und wird er überhaupt rechtzeitig danach gefragt), daß das Soll unrealisierbar ist, dann können die drohenden Engpässe durch die Planungsbehörden noch während der Periode der Planung auf andere Weise vermieden werden.
Schließlich sind die politische Führung und alle den Betrieben jeweils übergeordneten Behörden daran interessiert, daß die Betriebe ihre Pläne er-

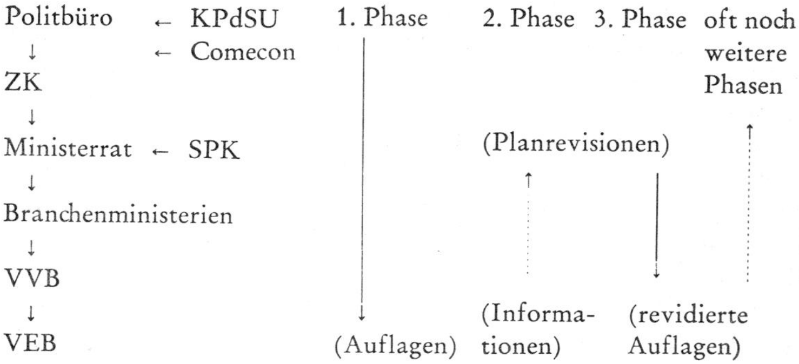

füllen, möglichst übererfüllen. Eine Übererfüllung heißt ja, der Betrieb hat mehr geleistet, als die Gesellschaft eigentlich von ihm erwartet hatte.

Aus alledem folgt, daß das Bedingungssystem für die Betriebe positiv auf die genannten drei Verhaltensweisen ((1) Informationsverhalten, (2) Planerfüllungsverhalten, (3) Aufschlüsselungsverhalten) wirken muß.

Wie sind diese drei Verhaltensweisen im administrativen Sozialismus nun tatsächlich?

b) Informationsverhalten der Betriebe

Die politische Führung ist daran interessiert, daß die zentralen Pläne auch verwirklicht werden. Deshalb interessiert sie sämtliche ihr unterstehenden Behörden und schließlich und vor allem die Betriebe daran, die jeweils vorgegebenen Plansolls zu erfüllen, besser aber: überzuerfüllen. Dies geschieht über die Bindung der Prämienfonds von Behörden und Betrieben an das Ausmaß der Planerfüllung:

Prämienfonds = f (erreichtes IST minus auferlegtes SOLL).

Je höher das Ausmaß der Planüberfüllung ist, desto höher wird die Prämie, und damit die Chance jedes einzelnen sein, höhere persönliche Einkommen zu erhalten. Hinzu kommt, daß es im administrativen Sozialismus kein anderes Kriterium für die Einschätzung der Leistung von Betrieben gibt als der Vergleich von erreichtem IST mit dem vorgegebenen SOLL. Da es kein anderes Kriterium gibt, sind alle Entscheidungsbefugten in den Betrieben und Behörden auch aus Karrieregründen daran interessiert, die Pläne mindestens zu erfüllen. Nun gibt es mehrere Möglichkeiten, die auferlegten Pläne überzuerfüllen: Sich bei der Planerfüllung anzustrengen und/oder dafür zu sorgen, daß das SOLL so niedrig ausfällt, daß es auch ohne Anstrengung übererfüllbar ist. Der letztere Weg ist sowohl bequemer als auch sicherer. Wie kann ein Betrieb im administrativen Sozialismus seine Planauflage beeinflussen, an deren Erfüllung er dann gemessen und prämiiert wird? Das wird deutlich durch das letzte Schema. Hier gehen gestrichelte Pfeile, die einen Informationsfluß in der der Anweisungskette entgegengesetzten Richtung darstellen, von den Betrieben zu den übergeordneten Planungsbehörden. Mit eben diesen Informationen versuchen die Betriebe, dafür zu sorgen, daß ihre Planauflagen leicht erfüllbar ausfallen. Die Benutzung des Präsens in diesen die Zeit von 1949 bis 1962 betreffenden Ausführungen ist zulässig, da die hier beschriebenen Probleme bis heute in keiner Weise gelöst werden konnten.

Das Informationsverhalten der Betriebe wird durch das zwangsläufig mit dem administrativen Sozialismus verbundene System des IST – SOLL-Vergleiches bestimmt. Je niedriger das SOLL, desto leichter sind die Pläne erfüllbar. Die übergeordneten Organe sind bei der Ausarbeitung der Plansolls auf die Informationen derjenigen angewiesen, für die diese Plansolls Arbeitsgrundlage und zugleich Maßstab der Leistungsbewertung darstellen.

Die Betriebe haben gegenüber der Planungsbürokratie gleichsam ein Informationsmonopol. Von diesem Monopol machen sie verständlicherweise in ihrem Sinne Gebrauch. Informationen werden so gegeben, daß das Ergebnis leicht erfüllbare Planauflagen – im DDR-Sprachgebrauch „weiche Pläne" – sind. Dazu werden Kapazitäten niedriger und Kosten höher als tatsächlich angegeben. Im Streben der Betriebe nach weichen Plänen manifestiert sich der Hauptinteressenkonflikt zwischen politischer Führung und Betriebsleitungen.

Warum gehen Betriebspartei- und Betriebsgewerkschaftsleitungen nur unzureichend gegen dieses Informationsverhalten vor? Das hat zwei Gründe: Erstens handelt es sich bei den Partei- und Gewerkschaftsfunktionären in den Betrieben nur selten um so qualifizierte Fachleute, daß sie das Informationsverhalten des Managements beurteilen können. Wären sie genügend qualifiziert, dann wären sie nicht Partei- oder Gewerkschaftsfunktionäre, sondern Manager in den Betrieben. Hier wird ein ständiger Konflikt des administrativen Sozialismus sichtbar: Sollen die Fähigen kontrollieren, wie die weniger Fähigen das Sozialprodukt hervorbringen, oder sollen die Fähigen das Sozialprodukt hervorbringen und dabei von weniger Fähigen kontrolliert werden? Quantitativ würde das Problem lauten: Sollen wenige Produzenten von vielen Kontrolleuren allumfassend kontrolliert werden, oder ist es besser, einige der Kontrolleure zu

Produzenten zu machen mit dem Ergebnis, daß die Kontrolle nicht mehr allumfassend sein kann?

Der zweite Grund für die mangelhafte Kontrolle ist folgender: Die Partei- und Gewerkschaftsfunktionäre wollen in ihrer Organisation Karriere machen. Dafür müssen sie sich in den Betrieben bewähren. Das geht am besten dadurch, daß sie in stets den Plan erfüllenden Betrieben tätig sind, und sie einen Teil des Erfolges des Betriebes auf ihre Mitwirkung zurückführen.

Je leichter der Plan des Betriebes ist, desto größer ist die Chance für den Funktionär, Mitglied eines den Plan zumindest erfüllenden Betriebes zu sein.

Warum schreiten die nächst übergeordneten Instanzen gegen vermutete Falschinformationen der Betriebe nur unzureichend ein? Die Antwort ist die gleiche wie die bei den Betrieben einschließlich den dort tätigen Funktionären. Nach dem Produktionsprinzip unterstehen die VEB einer VVB (Ulbricht: „sozialistische Konzerne"). Eine VVB produziert selbst nicht, sondern sie ist eine Art Branchen- oder Erzeugnisgruppenleitung. Die Direktion der VVB muß auch nach irgendeinem Maßstab von der ihr übergeordneten Behörde (Ministerium) beurteilt werden. Auch hier fehlt jedes andere Kriterium als der IST-SOLL-Vergleich. Das IST einer VVB ist nun nichts anderes als die Summe der ISTs der einer VVB unterstehenden Betriebe (VEB) und das SOLL der VVB ist die Summe der SOLLs der ihr unterstehenden VEB. Daraus folgt: Je „weicher" (leichter erfüllbarer) die Planauflagen der VEBs sind, desto leichter kann die VVB den Plan erfüllen (weil die ihr unterstehenden Betriebe die Pläne leichter erfüllen können). Welchen Grund sollte also beispielsweise der Generaldirektor der VVB haben, für realistischere (und damit schwerer erfüllbare) Planauflagen der VEBs seines Bereiches sorgen? Diese „Logik" gilt bis hinauf in die Ministerien und die Abteilungen der staatlichen Plankommission. Das Informationsverhalten der Betriebe wirkt effizienzmindernd. Wenn es notwendig ist, Kapazitäten und tatsächliches Leistungsvermögen zu verschleiern, um leicht erfüllbare Planauflagen zu erhalten, dann ist dadurch die Qualität der zentralen Bilanzierung erheblich gemindert, da diese ja auf diesen Informationen beruht.

c) Planerfüllungsverhalten der Betriebe

Oberflächlich betrachtet bedeutet dieses eben beschriebene Informationsverhalten der Betriebe nur ein recht kurzfristiges Problem: In einem bestimmten Jahr – so könnte man argumentieren – kann das Problem auftreten; aber dadurch, daß die Betriebe eine an das Ausmaß der Planübererfüllung gebundene Prämie erhalten, sind diese ja an maximaler Übererfüllung interessiert. Spätestens dadurch erfährt dann die Planungsbürokratie die tatsächliche Leistungsfähigkeit und kann dementsprechend realistische Planauflagen für die Folgejahre erteilen.

Diese Überlegung ist richtig und wird von der Planungsbürokratie geteilt. Es ist üblich, das SOLL eines Jahres mindestens in Höhe des ISTs des Vorjahres festzulegen. Diese Konsequenz ist aber auch den in den Betrieben Entscheidungsbefugten bekannt. Die Folge ist, daß man die Pläne dort nur „maßvoll" übererfüllt. Das hat den eben genannten Grund, daß zu hohe Übererfüllungen die „Gefahr" einer realistischen Planauflage für das Folgejahr hervorruft, der Betrieb also faktisch für gute Arbeit in diesem Jahr durch eine schwere Planauflage im Folgejahr „bestraft" wird. Aber auch ein anderer Grund spricht gegen eine der tatsächlichen Leistungsfähigkeit entsprechende Planerfüllung. Es kommt den Betriebsleitungen nicht nur darauf an, ihre Prämie möglichst hoch, sondern auch ihr Risiko möglichst niedrig zu halten. In einem durchbürokratisierten Wirtschaftssystem, wie dem der administrativ-sozialistischen DDR, kommt es für die Betriebe darauf an, daß keine Kontrollaktionen gegenüber dem Betrieb in Gang gesetzt werden. Da nicht überall alles kontrolliert werden kann, werden Kontrollorgane stets beim Vorliegen bestimmter Symptome besonders aktiv. Das gefährlichste Symptom sind nicht erfüllte Planauflagen. Je weicher der Plan, desto unwahrscheinlicher ist das Eintreten dieses Falles. Um das Risiko langfristig zu mindern, dürfen auch extrem weiche Pläne nur „maßvoll" übererfüllt werden, damit sie nicht durch zu große Erfolge in der Folgezeit schwerer werden. Hinzu kommt, daß jeder Betrieb mit Hilfe seines Informationsverhaltens für weiche Pläne kämpft. War dieser Kampf erfolgreich und übererfüllt der Betrieb dann diesen Plan „maßlos", so werden dadurch auch die gefürchteten Kontrollmaßnahmen einsetzen. Denn, so werden diese Kontrollorgane folgern müssen, wer den Plan hoch übererfüllt, muß vorher falsche Informationen gegeben haben und zusätzlich in den Vorjahren sehr „zurückhaltend" gearbeitet haben. Diesem Verdacht möchte sich ebenfalls kein Betriebsdirektor aussetzen. Deshalb ist es immer am besten, für weiche Pläne zu kämpfen, diese maßvoll überzuerfüllen und dabei den Eindruck zu erwecken, ein fast unerfüllbar schwerer Plan sei dank der hervorragenden Leistungen der Kader und des unermüdlichen Einsatzes aller Werktätigen doch noch sogar übererfüllt worden.

Die politische Führung hat im administrativen Sozialismus keinen anderen Bewertungsmaßstab als den IST-SOLL-Vergleich; wenn Prämien für Planerfüllung und -übererfüllung gezahlt werden, weiß sie nie, ob hier hervorragende Arbeit oder das Geschick der Betriebsleitung, weiche Pläne auszuhandeln, prämiiert wurde.

d) Aufschlüsselungsverhalten der Betriebe

In den Betrieben werden ca. 10 Millionen verschiedener Güterarten (einschließlich Leistungen) produziert. Wir haben gesehen, daß es nicht möglich ist, all diese Güterarten im einzelnen und mit all ihren Beziehungen zu bilanzieren. Aus diesem Grunde verbleibt den Betrieben ein Entscheidungsspielraum bei der Konkretisierung der auferlegten Pläne. Das Aufschlüsselungsverhalten der Betriebe läßt sich nur im Zusammenhang mit dem Streben nach weichen Plänen erklären. Wie sahen die Planauflagen im Zeitraum 1949 bis 1962 für die Betriebe konkret aus?

Das Produktionsprogramm war (und ist auch heute noch) den Betrieben vorgeschrieben. Die Planauflagen werden als „Kennziffern" ausgedrückt. Hierbei unterscheidet man Haupt- und Nebenkennziffern. Die Hauptkennziffer ist diejenige, deren Erfüllung und Übererfüllung über die Höhe des Betriebsprämienfonds bestimmt. Die Nebenkennziffern müssen alle erfüllt werden, damit sich keine Abzüge von der durch die Übererfüllung der Hauptkennziffer bestimmten Prämiensumme ergibt. Die Hauptkennziffer war im hier zu behandelnden Zeitraum in der Regel die „Bruttoproduktion". Die Bruttoproduktion ist das, was der Betrieb in einem bestimmten Zeitraum (einem Jahr) produziert hat, gemessen in physischen oder Geldeinheiten. Wenn beispielsweise eine Planauflage für einen Kochtopfproduzenten in Tonnen ausgedrückt ist, dann ist damit weder das genaue Sortiment noch der Schwierigkeitsgrad der Planauflage determiniert. Die Hauptkennziffer ist leichter übererfüllbar, wenn sich der Betrieb auf große, dickwandige und dickbödige Kochtöpfe spezialisiert, was er in solchen Fällen beobachtungsweise auch getan hat. Wird dem gleichen Betrieb aber die Hauptkennziffer Bruttoproduktion als Stückzahl vorgegeben, so wird er es bei der Planerfüllung relativ leicht haben, wenn er sich auf kleine dünnerwandige Exemplare spezialisiert. Eine in „Kochtöpfe für soundsoviel Liter Inhalt" vorgegebene Hauptkennziffer würde mit großen dünnwandigen Töpfen am leichtesten erfüllbar sein. Wir sehen, je nachdem wie die Hauptkennziffer ausgedrückt ist, sind bestimmte Verhaltensweisen bezüglich der Plankonkretisierung durch die Betriebe aktuell. Da meist die Bruttoproduktion in Gewicht ausgedrückt war, mußte die vorteilhafte Planaufschlüsselung der Betriebe in Richtung möglichst schwere Stücke (Öfen, Schuhe, Autos, selbst Uhren) gehen. Diese vom Standpunkt der Betriebe verständliche Verhaltensweise, die aber gesamtvolkswirtschaftlich schlicht Verschwendung bedeutet, hat in der Terminologie der administrativ-sozialistischen Länder den plastischen Namen „Tonnenideologie".

Man könnte Bücher mit Zitaten aus der Presse dieser Länder füllen, die sich auf konkrete Beispiele für Tonnenideologie beziehen.

Jetzt liegt die Frage nahe, warum dann nicht die Planungsbürokratie den Betrieben genau vorgibt, was sie zu produzieren haben, in unserem Falle, wieviel Kochtöpfe jeweils von jedem durch Abmessung, Gewicht, Form und Farbe genau bezeichneten Typ herzustellen sind. Wenn die Planungsbürokratie das im einzelnen könnte, würde sie es bestimmt tun. Das hieße aber, daß doch bürokratische Instanzen die mehreren Milliarden Beziehungen zwischen den 10 Millionen Güterarten bilanzieren müßten. Genau diese Aufgabe haben wir aber schon oben als unlösbar erkannt.

Auf noch ein Problem der Bruttoproduktion als Hauptkennziffer sei hier abschließend hingewiesen. Diese Auflage läßt sich durch die bloße *Herstellung* eines Erzeugnisses erfüllen, ohne daß für den Absatz oder auch nur die ausreichende Brauchbarkeit für den Weiterverarbeiter oder Konsumenten gesorgt werden müßte. Das verdeutlicht noch einmal, was wir bereits oben gesagt haben: Dieses administrativ-sozialistische System orientiert einseitig an der irgendwie gemessenen Quantität. Extensives und rein quantitatives Wirtschaftswachstum wird einseitig gefördert. Gleichzeitig dürfte durch diese Ausführungen zu den betrieblichen Verhaltensweisen noch einmal unterstrichen worden sein, daß dieses Wirtschaftssystem höchstens in einer Anfangsphase der industriellen Entwicklung, nicht aber mehr in einer zunehmend differenzierter werdenden Wirtschaft geeignet ist, die Probleme der Wirtschaftslenkung ausreichend zu lösen. Je weniger Güterarten produziert werden, desto geringer sind die Entscheidungsspielräume der Betriebe und desto weniger werden die hier beschriebenen betrieblichen Verhaltensweisen aktuell.

3. Die Epoche der ökonomischen Problemlösungsversuche 1963–1970

a) Das neue ökonomische System (NÖS)

Bis 1962 boten die eben beschriebenen betrieblichen Verhaltensweisen ständig Anlaß zu Kritik und Reformen. Bis 1962 wurden die beschriebenen Symptome für Interessenkonflikte aber als Ergebnis mangelnden sozialistischen Bewußtseins der Behörden- und Betriebsleitungen oder als Sabotageakte interpretiert. Erst Ende 1962 wurde ausgesprochen, daß das *Bedingungssystem* für die zu Unwirtschaftlichkeiten führenden betrieblichen Verhaltensweisen verantwortlich war. Eingeleitet wurde dieser Sinneswandel durch den Abdruck eines Aufsatzes von Liberman in der sowjetischen Parteizeitung Prawda am 9. 9. 1962 (J. Liberman „Plan, Gewinn, Prämie", deutsch in: Presse der Sowjetunion 1962, Nr. 108).

In diesem Aufsatz wurden die oben beschriebenen Verhaltensweisen der Betriebe als vom Standpunkt der Betriebe rational hingestellt. Im Anschluß an diese Kritik am bisherigen System unterbreitete Liberman Vorschläge zur Änderung des Bedingungssystems. Ergebnis sollte ein System sein, das folgender Bedingung genügt: „Was für die Gesellschaft nutzbringend ist, muß auch jedem Betrieb nützlich sein und umgekehrt, was nicht vorteilhaft für die Gesellschaft ist, muß äußerst unvorteilhaft für die Belegschaft eines Betriebes sein."

Diese Forderung ist nach dem, was wir über die betrieblichen Interessenlagen unter den Rahmenbedingungen des administrativen Sozialismus wissen, konsequent; denn Libermans Forderung als Zustandsbeschreibung umformuliert würde ja heißen: „Bisher und heute war und ist es für die Betriebe vorteilhaft etwas zu tun, was der Gesamtgesellschaft schadet". Oder etwas schärfer formuliert: „Das Bedingungssystem des administrativen Sozialismus zwingt die Betriebe zu Verhaltensweisen, die in ihrem Ergebnis Unwirtschaftlichkeit und damit Schaden für die Gesamtgesellschaft bedeuten."

Das von Liberman vorgeschlagene System wurde in der Sowjetunion niemals realisiert. Etwas, was mit den Vorschlägen Libermans scheinbare Ähnlichkeit hatte, wurde in der DDR seit Ende 1962 teilweise experimentiert und ab Juli 1963 allmählich als „Neues ökonomisches System der Planung und Leitung der Volkswirtschaft" in der gesamten volkseigenen DDR-Wirtschaft eingeführt.

Dieses „Neue ökonomische System" (NÖS) war die erste Wirtschaftsreform in der DDR, die über die auf Seite 608 beschriebenen Reformmaßnahmen hinausging. Neben Verlautbarungen von der Verbesserung und neuen Qualität der Zentralplanung und einer erneuten Änderung in der Organisationsstruktur der Wirtschaft, die schon zum Repertoire der vorherigen Reformen gehörten, enthielt das NÖS als entscheidende Neuerung ein „in sich geschlossenes System ökonomischer Hebel". Ökonomische *Hebel* sind Instrumente zur Durchsetzung der zentralen Planziele. *Öko-*

nomisch soll hier heißen, daß die Hebel nicht unbedingt Befehle sein müssen, sondern subtilere Instrumente, wie Preise, Interessierung an Gewinnen oder Kapitalzinsen zur Stimulierung eines sparsamen Umgangs mit Kapital. Daß die ökonomischen Hebel als „in sich geschlossenes System" eingesetzt werden, soll heißen, daß die einzelnen Instrumente sich in ihrer Wirkung nicht gegenseitig aufheben, sondern vielmehr flankieren sollen.

Die wesentlichste Neuerung im NÖS war die Ablösung der „Bruttoproduktion" als Hauptkennziffer durch den *Gewinn*. Hoffähig gemacht worden war der Gewinn als eine auch unter sozialistischen Produktionsverhältnissen anwendbare Kategorie durch die sowjetische Liberman-Diskussion. (Hier war als Hauptkennziffer die „Rentabilität" als Gewinn dividiert durch eingesetztes Kapital vorgeschlagen und diskutiert worden.) Der Gewinn als Orientierungsgröße hatte mehrere entscheidende Vorteile gegenüber der zur Tonnenideologie verführenden Bruttoproduktion. Sieht man einmal von Lagerbestandsveränderungen und von den Betrieben eventuell selbst erstellten Anlagen ab, so ist der Gewinn die Differenz zwischen Umsatz und Kosten. Der Vorteil des Gewinnes liegt deshalb darin, daß er längerfristig daran interessiert, nicht nur zu produzieren, sondern auch zu verkaufen – und zum anderen orientiert er an einer Minderung der Kosten.

Das Problem aber, an dem diese und alle folgenden Reformen scheitern mußten, war folgendes:

Wann ist der tatsächlich erzielte Gewinn eine für die Tätigkeit der Betriebe aussagefähige Größe? Wenn die Preise frei sind, die Betriebe selbst darüber entscheiden können, was und wieviel sie produzieren, und wenn sie über die Investitionen selbst entscheiden können, m. a. W.: wenn sie keine Planauflagen, Zulieferkontingente und Investitionsobjekte vorgeschrieben bekommen. Das wären aber Bedingungen einer marktwirtschaftlichen Ordnung. Die Reform des NÖS sollte aber niemals einen Übergang zur Marktwirtschaft (systemverändernde Reform) implizieren; sie war vielmehr der Versuch, den administrativen Sozialismus effizienter zu gestalten (systemerhaltende Reform). Die Planauflagen aller Art wurden im NÖS beibehalten. Daher war der Gewinn vom Standpunkt der Betriebe eine primär exogen beeinflußte Größe. Die Anstrengungen der Betriebe zur Erhöhung der Differenz zwischen Umsatz und Kosten (Gewinn) hatten einen relativ geringeren Einfluß auf den Gewinn als beispielsweise gewinngünstige oder -ungünstige Sortimentsauflagen. Deshalb konnte konsequenterweise der Gewinn als absolute Größe nicht Leistungseinschätzungs- und Prämierungskriterium sein, sondern nur die Übererfüllung des Gewinnplanes.

Die durch die zentrale Planung verursachten unterschiedlichen Voraussetzungen der Betriebe bei der Gewinnerzielung fanden bei der Festsetzung des „Plangewinnes" Berücksichtigung.

Damit ist wiederum der IST-SOLL-Vergleich Bewertungskriterium und das Streben nach weichen Plänen für die Betriebe sinnvoll. Die auf den Seiten 611–616 beschriebenen betrieblichen Verhaltensweisen würden wieder aktuell. Um das zu verhindern, wurde im NÖS die Kennziffer Gewinn besonders gestaltet. Die Betriebe erhielten eine „Orientierungsziffer Gewinn" anstelle einer Planauflage. Diese Orientierungsziffer sollte der Betrieb in der Periode der Planung überbieten und das Ausmaß dieser Überbietung der übergeordneten Behörde melden. Das wurde besonders prämiert. Beispiel: Ein Betrieb erhält die Orientierungsziffer für den Gewinn in Höhe von 1 Mio. DM. Er überbietet sie nicht und erreicht 1 100 000 Gewinn. Ergebnis: Prämie von annahmegemäß 200 000 DM. Hätte der Betrieb schon die Orientierungsziffer auf 1 100 000 überboten und auch erreicht, so hätte er vielleicht 400 000 DM Prämie erhalten. Diese Konstruktion ist auf den ersten Blick genial. Auf den zweiten Blick hatten die Betriebe aber bemerkt, wie sie sich zu ihrem Vorteil verhalten müssen. Sie wußten genau: wenn sie zu hohe Gewinne erzielen, erhalten sie für das kommende Jahr eine höhere Orientierungsziffer Gewinn; und ebenso wußten sie, daß eine niedrige Orientierungsziffer eine bessere Ausgangsbasis für Planübererfüllungen (und damit für Prämie und Geltung bei übergeordneten Behörden) ist als eine hohe.

Die Folge war, daß man um niedrige Orientierungsziffern kämpfte und diese maßvoll übererfüllte. Statt weiche Bruttoproduktionspläne begehrten die Betriebe weiche Gewinnpläne.

Einen Vorteil hatte das geschilderte Verfahren aber doch noch: Schon in der Periode der Planung hatte die übergeordnete Instanz eine Chance zu erfahren, um wieviel die Betriebe die Orientierungsziffer überzuerfüllen gedenken (Ursache: Höherprämierung des überbotenen Teils, wie oben beschrieben).

Die anderen ökonomischen Hebel des NÖS waren im wesentlichen die Preise und eine sogenannte Produktionsfondsabgabe.

Die Preise sollten über ein neues Preisermittlungsverfahren besser den „gesellschaftlich notwendigen Aufwand an lebendiger und vergegenständlichter Arbeit" erfassen und zum anderen über gezielte Preisrelationen die Verwendung bestimmter Güter fördern oder hemmen.

Die Produktionsfondsabgabe (PFA) soll ökonomisch wie ein Zins auf eingesetztes Kapital wirken. Die gewollte ökonomische Wirkung, nämlich sparsamer Umgang mit Anlagen und Umlaufmitteln, mußte aber wegen des beibehaltenen IST-SOLL-Vergleichs ausbleiben. Für geplante Anlagen wurde eine geplante PFA eingesetzt. Diese minderte den planmäßig zu erwirtschaftenden Gewinn. Folglich waren die Betriebe an hohen Planansätzen für die PFA (über hohe geplante Investitionen) interessiert.

Insgesamt traten die mit dem NÖS gewollten ökonomischen Wirkungen nicht ein.

b) Das ökonomische System des Sozialismus (ÖSS)

1967, im Jahr des VII. Parteitages der SED, wurde aus dem NÖS das ÖSS. Das ÖSS ist das „ökonomische System des Sozialismus", das als Kernstück eines „entwickelten gesellschaftlichen Systems des Sozialismus" interpretiert wurde.

Das ökonomisch Wesentliche und Neue am ÖSS waren die sogenannten „Gewinnverwendungsnormative".

Der IST-SOLL-Vergleich als Prämierungsbasis wurde abgelöst durch eine Technik, die in ihrer speziellen Handhabung aber praktisch wieder auf den IST-SOLL-Vergleich hinauslief und für die Betriebe die gleiche Wirkung hatte.

Gewinnverwendungsnormative bedeuten folgendes:

Der tatsächlich erwirtschaftete Gewinn fließt in drei Kanäle: (1) Mittel für die erweiterte Reproduktion (Nettoinvestitionen); (2) Prämienfonds; (3) Staatshaushalt.

Nettogewinn (Gewinn nach Abzug der PFA)

Eigenmittel der Betriebe für Investitionen	Prämien	Gewinnabführungen an den Staatshaushalt

Für diese drei Kanäle wurden Prozentsätze (Gewinnverwendungsnormative) festgelegt (näheres hierzu S. 635, VII. Literaturhinweise: Hensel, Wagner, Wessely, S. 68 ff.). Für die Jahre 1969 und 1970 galten sogar „Zweijahresnormative", d. h. für diese beiden Jahre im voraus festgelegte

Zuführungssätze. Sinn der Zweijahresnormative sollte sein, daß der Betrieb nicht schon 1970 für gute Arbeit im Jahre 1969 durch Änderung der Normative „bestraft“ werden konnte.

Dafür, daß diese Normative dennoch genauso wie der IST-SOLL-Vergleich wirkten, sorgten folgende Regelungen:

(a) Die Normative wurden nicht einheitlich für alle Betriebe der DDR oder auch nur alle Betriebe einer Branche, sondern betriebsindividuell festgelegt. Konkret: Plante man für einen Betrieb einen niedrigen Gewinn, so war der Zuführungssatz zum Prämienfonds sehr hoch; plante man einen hohen Gewinn, war dieser Zuführungssatz niedrig. Ergebnis: Es war fast gleich, wieviel der Betrieb an Gewinn erwirtschaftete, die Prämie pro Kopf war über Normativmanipulationen kaum unterschiedlich.

(b) Es wurden Grund- und Zuwachsnormative festgelegt, wobei maßgebend für das Grundnormativ der Plangewinn war und für das Zuwachsnormativ der Gewinnzuwachs, also praktisch die Planübererfüllung.

(c) Um etwa trotzdem eintretende Einkommensunterschiede zwischen den Arbeitern verschiedener Betriebe zu verhindern, die durch unterschiedliche Höhe der Prämienfonds zustande kommen konnten, wurden Jahreshöchstprämien (etwa in Höhe eines 13. Monatsgehaltes) festgelegt.

(d) Die Betriebe erhielten nach wie vor Auflagen, welche Erzeugnisse sie in welchen Mengen herzustellen haben. Erfüllten die Betriebe diese Planauflagen nicht, so erfolgten hohe Abzüge von der Prämiensumme, die sich nach Anwendung der Normative ergeben hätte.

Eine Transformation in die „sozialistische Marktwirtschaft“ war in dieser Zeit weder beabsichtigt, noch bestand aufgrund der beschriebenen neuen Regelungen die „Gefahr“ einer solchen Transformation.

4. Die Rückkehr zur Detail-Administration

Durch einen Beschluß des Ministerrats der DDR vom 15. 4. 1970 („Grundsatzregelung für die Gestaltung des ökonomischen Systems des Sozialismus in der Deutschen Demokratischen Republik im Zeitraum 1971–1975“) hätte eine solche Transformation eintreten können.

Er wurde aber aus eben diesem Grund nicht durchgeführt. Dieser Beschluß sah für 5 Jahre konstante Normative vor. 5 Jahre lang sollten also – zumindest was die Gewinnverwendung anbetraf – die Betriebe der Manipulationsmöglichkeit der Planungsbürokratie entzogen sein. Das wäre der Preis gewesen, den die Bürokratie dafür hätte bezahlen müssen, daß die Betriebe dann kein Interesse mehr an weichen Plänen haben. Obwohl auch 1971–1975 weiter materielle Planauflagen und Prämienobergrenzen gelten sollten, sah man in diesem Beschluß noch rechtzeitig gefährliche Tendenzen. Vor allem die Investitionsfähigkeit der einzelnen Betriebe hätte man nur schwer zentral in den Griff bekommen können. Die materielle Planung (zentrale Bilanzierung) hätte sich nicht mehr gedeckt mit den finanziellen Investitionsmöglichkeiten der Betriebe.

Auf der 13. ZK-Tagung der SED (Juni 1970) und vor allem durch einen Politbürobeschluß vom 8. September 1970 wurden das NÖS und das ÖSS praktisch abgebrochen. Der „Beschluß über die Durchführung des ökonomischen Systems des Sozialismus im Jahre 1971“ hat dann auch keine Ähnlichkeit mehr mit der genannten Grundsatzregelung. Statt für 5 Jahre konstante Gewinnverwendungsnormative erhalten die Betriebe wieder detaillierte Planauflagen, von denen *eine* der Plangewinn ist. Die Betriebe sind in ein Anweisungssystem eingebettet wie vor 1963. Übergeordnete Organe dürfen den Betrieben für alles und jedes Planauflagen erteilen, auch für solche Dinge, für die sie selbst gar keine Globalanweisungen aufzuschlüsseln haben. Die Pläne sind nach Monatsaufgabe aufzugliedern und monatlich abzurechnen. Die Reform der Preise wurde rückgängig gemacht. Die DDR ist zur seit 1962 bürokratischsten Variante des administrativen Sozialismus zurückgekehrt.

Das heute in der DDR realisierte System unterscheidet sich nur in Details von dem der Sowjetunion, Polens, Bulgariens und Rumäniens.

In Jugoslawien und Ungarn existieren marktwirtschaftliche Systeme. In der ČSSR gab es 1967/68 ebenfalls eine sozialistische Marktwirtschaft. Seit 1969 kehrt man (im Rahmen der „Normalisierung“) wieder zurück zum administrativen Sozialismus.

III. DER SELBSTVERWALTUNGSSOZIALISMUS JUGOSLAWIENS

Das Wirtschaftssystem Jugoslawiens läßt sich am schnellsten durch die drei wesentlichen Elemente dieses Systems charakterisieren: (1) Marktwirtschaft; (2) gesellschaftliches Produktionsmitteleigentum; (3) Arbeiterselbstverwaltung (ASV).

1. Das Planungssystem

Jugoslawien wird oft fälschlicherweise als „Dritter Weg“ bezeichnet, ohne daß man genauer bestimmt, im Vergleich zu welchen beiden anderen Wegen Jugoslawien einen dritten Weg darstellt. Hält man das Planungssystem für systemkonstituierend, dann ist Jugoslawien eindeutig eine Marktwirtschaft. Die jugoslawischen Unternehmungen erhalten keinerlei Produktionsanweisungen, und sie können deshalb nicht durch einen IST-SOLL-Vergleich gemessen werden. Jugoslawien ist allerdings eine Marktwirtschaft eigener Art. Die Produktionsfaktoren werden im Gegensatz zu den westlichen Marktwirtschaften nicht nach den Interessen des Faktors Kapital, sondern nach denen der Beschäftigten eingesetzt. Das bringt ideologisch gewisse Vorteile, aber ökonomisch – wie noch zu zeigen ist – entscheidende Nachteile. Die von den Beschäftigten gewählten Entscheidungsbefugten der Betriebe orientieren sich am Markt. Das geschieht im Interesse der Beschäftigten, da deren persönliche Einkommen und die Sicherheit des Arbeitsplatzes von den Markterfolgen abhängig sind. Es gibt zwar gesellschaftliche Entwicklungspläne (näheres hierzu S. 635, VII. Literaturhinweise: Hensel, Wagner, Wessely, S. 134–136); die Ziele dieser Pläne sind aber nur für den Staat selbst, nicht aber für die Betriebe (nicht einmal für die Geschäftsbanken) verbindlich. Der Staat kann seine Ziele nicht durch Befehle, sondern wie in den westlichen Marktwirtschaften nur mit Hilfe der Wirtschaftspolitik durchzusetzen versuchen.

Die Preise sind in Jugoslawien für ca. 50 % der Güter frei, für ca. 50 % kontrolliert. Kontrolliert heißt aber nicht, staatlich festgesetzt, sondern nur, daß die Preiserhöhungen genehmigungspflichtig sind (die Genehmigung wird in der Regel erteilt). Preisbindungen sind verboten.

2. Die Eigentumsordnung

Die Produktionsmittel sind überall dort in Gesellschaftseigentum, wo mehr als 5 Nicht-Familienmitglieder beschäftigt werden; in der Landwirtschaft sind Privatbetriebe bis zu 10 ha zugelassen.

Da aber etwa die Hälfte der in Jugoslawien Beschäftigten in der Landwirtschaft tätig sind und dort 96 % der Beschäftigten in Privatbetrieben arbeiten, kann man sagen, daß etwa nur die Hälfte der Beschäftigten im gesellschaftseigenen Sektor und damit auch unter Bedingungen der Arbeiterselbstverwaltung arbeiten.

Gesellschaftliches Produktionsmitteleigentum ist in der „Verfassung der Sozialistischen Föderativen Republik Jugoslawien“ negativ formuliert:

„Davon ausgehend, daß niemand ein Eigentumsrecht auf gesellschaftliche Produktionsmittel besitzt . . .“.

Diese Konstruktion hat durchaus ihren Sinn; sie soll den Staat daran hindern, von eventuellen Eigentumsrechten etwa durch Anweisungen an die Betriebe Gebrauch zu machen; zum anderen wird durch diese Bestimmung das Arbeiterkollektiv daran gehindert, die Substanz eines Betriebes aufzuzehren.

Man unterscheidet in Jugoslawien streng zwischen dem angeblich absterbenden Staat und der Gesellschaft. Die zitierte Verfassungsstelle soll demonstrieren, daß die Gesellschaft der Meinung ist, Gremien der Arbeiterselbstverwaltung könnten das gesellschaftliche Produktionsmitteleigentum besser zum Nutzen der Gesellschaft verwalten und mehren als die staatliche Bürokratie.

3. Das System der Arbeiterselbstverwaltung (ASV)

Jeder gesellschaftseigene Betrieb Jugoslawiens hat als Basis eine Belegschaftsversammlung. Abgesehen von kleineren Betrieben, in denen Belegschaftsversammlung und Arbeiterrat identisch sind, wählt die Belegschaft in geheimer Wahl einen Arbeiterrat. In der Regel werden die Mitglieder zum Arbeiterrat (AR) für zwei Jahre gewählt, wobei bis 1968 Wiederwahl ausgeschlossen war. Alle grundlegenden Entscheidungen trifft der durchschnittlich einmal pro Monat tagende AR. Für die laufende Geschäftstätigkeit haben die meisten Betriebe einen Verwaltungsausschuß, deren Mitglieder für die Dauer eines Jahres gewählt werden. Der Selbstverwaltungsidee nach nur ausführendes Organ ist der für 4 Jahre vom AR zu wählende Direktor (Wiederwahl ist beliebig oft möglich).

→ wählt → DIREKTOR (für 4 Jahre)

Verwaltungsausschuß (in der Regel für 1 Jahr)

↑

wählt

↑

Arbeiterrat (in der Regel für 2 Jahre)

↑

wählt

↑

Belegschaftsversammlung

Bis Ende 1968 waren die Kompetenzen der Gremien, die Dauer, für die gewählt werden durfte und ob und wie oft Wiederwahl möglich ist, genau geregelt. Seit 1969 darf laut Verfassungsänderung Nr. XV die Belegschaft in ihrer Satzung diese Dinge selbst regeln. Sinn dieser Verfassungsänderung war, daß in den entwickelten Gebieten der AR viel und der Direktor wenig entscheiden soll und umgekehrt in den unterentwickelten Gebieten. Allerdings scheint diese Verfassungsänderung XV an der Selbstverwaltungspraxis wenig geändert zu haben; sie hat wohl in vielen Fällen die praktische Handhabung nur nachträglich sanktioniert.

4. Ökonomische Probleme im Selbstverwaltungssystem

Neben dem gesellschaftlichen Produktionsmitteleigentum ist der Hauptunterschied zwischen den westlichen Marktwirtschaften und der sozialistischen Marktwirtschaft Jugoslawiens derjenige, daß hier die Kapitaleigentümer und dort die Arbeiter ein erfolgsabhängiges Einkommen erhalten und entscheidungsbefugt sind. Die Zielgröße einer „westlichen" Unternehmung ist deshalb die Rentabilität (natürlich unter Randbedingungen) des eingesetzten Kapitals, also der Quotient $\frac{\text{Gewinn}}{\text{Kapitaleinsatz}}$; die Zielgröße einer selbstverwalteten ökonomischen Einheit in Jugoslawien ist die sogenannte „Arbeiterrentabilität", die hier kurz erklärt werden soll:

Da im Gegensatz zur westlichen Marktwirtschaft in Jugoslawien die Einkommen der Arbeiter keine Tarifeinkommen sind (kontraktbestimmte Einkommen), sondern in Abhängigkeit vom Erfolg ausgezahlt werden (Residualeinkommen), fungieren die Löhne bei der Berechnung des Periodenerfolges dort nicht als Kosten. Vereinfacht ergibt sich folgende Erfolgsberechnung:

Umsätze
+/⁒ Lagerbestandsveränderungen
⁒ Abschreibungen
⁒ Vorleistungen
⁒ gesetzliche und vertragliche Verpflichtungen
―――――――――――――――――
Ergebnis: Einkommen der Unternehmung

Verteilung

persönl. Einkommen d. Beschäftigten / Fonds d. Untern.

Der Arbeiter ist deshalb nicht „Lohnarbeiter“, sondern am Periodenerfolg partizipierendes Mitglied der Unternehmung. Das dürfte einer der Gründe dafür sein, daß das jugoslawische System so attraktiv für diejenigen ist, für die die Ideologie Vorrang vor der Ökonomie genießt.

Dieses aus der Arbeiterselbstverwaltung zwangsläufig folgende System der Ergebnisermittlung und Verteilung (Begründung in: VII. Literaturhinweise auf S. 635: Hensel, Wagner, Wessely, S. 140 f.) wirft allerdings schwerwiegende ökonomische Probleme auf.

Wir sehen aus obigem Schema, daß die persönlichen Einkommen (in ihrer Gesamthöhe für die Summe aller Arbeiter) vom Einkommen der Unternehmung und von der Verteilung dieses Einkommens abhängig ist. Wenn wir zunächst einmal die Verteilung der persönlichen Einkommen auf die einzelnen Beschäftigten einen Augenblick vernachlässigen, dann ergeben sich schon eine Reihe von Konflikten und Problemen.

Die Verteilung des Einkommens gehört zu den Aufgaben des Arbeiterrates, die dieser am wichtigsten nimmt. Das Einkommen der Unternehmung hängt von den Erfolgen der Unternehmung auf Absatz- und Beschaffungsmärkten und allgemein von der Qualität des Managements ab. Der einzelne Arbeiter hat trotz seiner Mitwirkungsmöglichkeit im Arbeiterrat kaum einen Einfluß. Er kann den Direktor zwar wählen, aber wegen fehlender fachlicher Qualifikation nur in den seltensten Fällen kontrollieren. Einfluß hat der AR auf die Einkommensverteilung, hierbei konkurrieren verschiedene Interessen miteinander:

(1) Die Verteilungsentscheidung impliziert eine Entscheidung zugunsten der persönlichen Interessen der einzelnen gegenwärtig Beschäftigten (persönliche Einkommen) und den Unternehmensinteressen, die auf Wachstum gerichtet sind (Fonds der Unternehmung, aus dem der eigenfinanzierte Anteil der Investitionsmittel fließt).

Hier ist beobachtbar, daß die Arbeiter eher ihre persönlichen Interessen bevorzugen, die Direktoren aber auch stark Unternehmensinteressen mit berücksichtigen.

(2) Die Verteilung der Einkommen unterliegt einem Konflikt zwischen persönlichen Kurzfrist- und persönlichen Langfristinteressen. Eine hohe Auszahlung persönlicher Einkommen liegt im Kurzfristinteresse der Beschäftigten. Längerfristig sind aber die persönlichen Einkommen von der Entwicklung des Einkommens der Unternehmung abhängig. Dieses Unternehmenseinkommen hängt in Zukunft wesentlich von den heute durch-

geführten und durch Verzicht auf persönliche Einkommen mitzufinanzierenden Investitionen ab.

(3) Einen Generationenkonflikt gilt es bei der Einkommensverteilung zu lösen. Im Gegensatz zu den jüngeren Arbeitern profitieren ältere Arbeiter nicht mehr von den Investitionen, die heute durchzuführen und zu finanzieren sind, aber erst in einigen Jahren (nach dem Ausscheiden des älteren Arbeiters) zu höheren persönlichen Einkommen führen.

Diese Konflikte versucht man dadurch zu lösen, daß man beobachtbarerweise einen immer höheren Anteil des Unternehmenseinkommens als persönliche Einkommen an die Arbeiter auszahlt und die notwendigen Erweiterungen der Anlage- und Umlaufmittel kreditär finanziert. Da die Unternehmungen niemals in absehbarer Zeit dazu in der Lage und auch gar nicht willens sind, die Kredite zurückzuzahlen (höchstens durch neue Kredite), wächst die Verschuldung der Unternehmungen insbesondere bei den vier größten Geschäftsbanken ständig. Offensichtlich betrachtet man Kredite als ein Instrument, Investitionen nicht durch Verzicht der *heutigen* Beschäftigten auf persönliche Einkommen zu finanzieren, sondern die Lasten auf die jeweils *nächste* „Beschäftigtengeneration“ zu überwälzen.

Das Hauptproblem des jugoslawischen Systems, das wohl unter Selbstverwaltungsbedingungen kaum lösbar sein wird, ist das der Arbeitslosigkeit. Die offizielle Arbeitslosenquote (gemessen an Zahl der Arbeitslosen dividiert durch die Zahl der Beschäftigten) beträgt 10 %. Diese Zahl spiegelt die Wirklichkeit nicht annähernd wider. Sie berücksichtigt nicht diejenigen, die ins Ausland gegangen sind, weil es für sie in Jugoslawien aussichtslos war, einen Arbeitsplatz zu finden; unberücksichtigt bleibt die versteckte Arbeitslosigkeit, und schließlich und vor allem erscheinen in der Arbeitslosenstatistik nur diejenigen, die sich jedes Jahr bei den dafür zuständigen Stellen registrieren lassen, ohne daß diese Stellen Arbeitsplätze vermitteln können. Ein Interesse an der Registrierung bei den oft weit entfernt und schwierig erreichbaren Ämtern ist also kaum erkennbar. So kommen Autoren, die diesen letztgenannten und wichtigsten Punkt vernachlässigen, schon auf Schätzungen um 22 %. Diese Zahl dürfte wegen dieser Vernachlässigung viel zu niedrig angesetzt sein. Welches sind die Gründe für die hohe Arbeitslosigkeit? Es gibt Gründe, die in Entwicklungsländern und in Ländern mit unterentwickelten Gebieten immer zu Arbeitslosigkeit führen – unabhängig vom Wirtschaftssystem. Diese Gründe darzustellen ist nicht Aufgabe dieses Beitrages. Zu diesen – man könnte sagen systemdifferenten – Gründen kommen im Falle Jugoslawiens aber systembedingte Ursachen hinzu.

Die Hauptursache ist die Tatsache, daß unter Selbstverwaltungsbedingungen die Produktionsfaktoren nach den Interessen der Beschäftigten eingesetzt werden. Wenn die Arbeiter einer Unternehmung zusätzliche Kollegen aufnehmen wollen, so sollten diese nach der Selbstverwaltungsideologie grundsätzlich ohne Diskriminierungen, also gleichberechtigt, aufgenommen werden. Das bezieht sich sowohl auf die persönlichen Einkommen als auch auf die Selbstverwaltungsrechte.

Dazu werden die Beschäftigten des Unternehmens nur unter einer ganz bestimmten Bedingung bereit sein. Diese Bedingung ist, (gleiche Qualität der Arbeit vorausgesetzt), daß das Unternehmenseinkommen pro Beschäftigtenzahl nicht sinkt. Diesen Quotienten, der im Selbstverwaltungssystem die Zielgröße der Unternehmung darstellt, nennt man auch „Arbeiterrentabilität". Würde dieser Quotient sinken, dann müßte dadurch das persönliche Einkommen pro Kopf und/oder die (aus den Unternehmensfonds zu finanzierende) Arbeitsplatzausstattung mit Produktiv- und Sozialkapital sinken. Weder das eine noch das andere kann im Interesse der Beschäftigten sein. Dies bedeutet aber eine bei ASV höhere Eintrittsbarriere für eintrittswillige Arbeitslose als in westlichen Marktwirtschaften (bei gleichen sonstigen Bedingungen). In einer westlichen Marktwirtschaft muß der Arbeiter, um aufgenommen zu werden, einen Beitrag zu erbringen versprechen, der höher ist als sein Lohn. Anders ausgedrückt: Er muß Gewinn abwerfen; dafür ist es notwendig, daß sein Beitrag zum Umsatz höher ist als derjenige zu den Kosten. Im Selbstverwaltungssystem muß der Eintrittswillige aber neben seinem Lohn noch den durchschnittlichen Beitrag zu den Unternehmensfonds erbringen. Er muß also nicht nur *„etwas mehr"* als seinen Lohn, sondern *eine bestimmte Summe* mehr erbringen, damit er eingestellt wird. Das heißt: im ASV-System sind die Eintrittsbarrieren für einen eintrittswilligen Arbeitslosen (oder vorher woanders Beschäftigten) höher als in einer westlichen Marktwirtschaft. (Zum Beschäftigungsproblem vgl. VII. Literaturhinweise auf S. 635: Hof, Wagner)

Andere Gründe erhöhen diese Eintrittsbarrieren noch:

Hat eine Belegschaft eine Investition mit Hilfe eines langjährigen Konsumverzichts finanziert, dann wird sie nicht bereit sein, Kollegen gleichberechtigt aufzunehmen, die an diesem Konsumverzicht nicht mitgewirkt haben. (Diese Barriere kann allerdings durch kreditäre Finanzierung wegfallen, weil hier der neu Eingestellte die Last der Zinsen und der Rückzahlung des Kredites mittragen muß.) Erhöht wird die Eintrittsbarriere dadurch, daß Entlassungen kaum möglich sind. Deshalb wird man im

Konjunkturaufschwung kaum Arbeiter einstellen, weil man sie im Abschwung nicht wieder entlassen kann.

Eine weitere ökonomisch negative Auswirkung des Selbstverwaltungssystems liegt in nicht leistungsbedingten Einkommensunterschieden für gleiche Arbeit in verschiedenen Unternehmungen.

Wir wissen, daß die persönlichen Einkommen abhängig sind erstens von der Höhe des Unternehmenseinkommens und zweitens von dessen Verteilung. Für die Beantwortung der Frage, wieviel der einzelne Arbeiter verdient, ist die Punktzahl maßgeblich, die ein Arbeiter erhält. Die Arbeit wird in den jugoslawischen Unternehmungen mit Punkten bewertet. Punkte gibt es für die Schwierigkeit der Arbeit, Verantwortung, Qualifikation, Ausbildung, Arbeitsdisziplin und anderes. Die Summe der persönlichen Einkommen wird durch die Gesamtzahl der vergebenen Punkte dividiert. So erhält man den Wert eines Punktes. Der jugoslawische Arbeiter weiß immer, wieviele Punkte er hat; er weiß aber nicht, wieviel ein Punkt wert sein wird. Das ist ergebnis- und ergebnisverteilungsabhängig.

So kommt es zu erheblichen Einkommensunterschieden für gleiche Arbeit in verschiedenen Unternehmungen. Oft verdient in der gleichen Stadt ein Facharbeiter, Hilfsarbeiter, Bote oder eine Putzfrau das drei- bis vierfache des Betrages, den sein Kollege oder ihre Kollegin für die gleiche Arbeit in einer anderen Unternehmung verdient. Eine Wanderungsbewegung von der schlecht- zur gutbezahlenden Unternehmung setzt nicht ein, da die gutverdienende Unternehmung diese Leute nicht aufnehmen würde und auf den Platz in der schlechtverdienenden Unternehmung viele Arbeitslose warten. Man spricht deshalb von einer „Monopolisierung“ der Arbeitsplätze bei Arbeiterselbstverwaltung.

IV. ENTWICKLUNGSTENDENZEN SOZIALISTISCHER MARKTWIRTSCHAFTEN

1. Die Zukunft der ASV

Diese effizienzmindernden und unsozialen Auswirkungen des jugoslawischen Systems und die offensichtlichen Schwierigkeiten, unter ASV-Bedingungen überhaupt Wirtschaftspolitik zu betreiben (vgl. hierzu S. 635, VII. Literaturhinweise: Hof, Wagner), haben eine umfangreiche Diskussion in Jugoslawien ausgelöst. Etwas pauschalierend kann man sagen, es gibt drei Gruppen von Theoretikern, Wirtschaftspraktikern und Politikern:

(1) Eine Gruppe will die Arbeiterselbstverwaltung mit allen Mitteln halten. Sie erhofft sich insbesondere von einer Reorganisierung des Bankensystems und einer primären Kreditfinanzierung der Unternehmungen die Lösung der beschriebenen Probleme.

(2) Eine zweite Gruppe hält die Marktwirtschaft für den Sozialismus nicht adäquat und bevorzugt eine administrativ-sozialistische Lösung.

(3) Die dritte Gruppe behauptet von sich zwar, für ASV zu sein; ihre Vorschläge, wie z. B. den Gewinn zur Zielgröße der Unternehmungen zu machen, lassen sich aber nur dann realisieren, wenn man die ASV zur Farce macht.

Momentan zeichnet sich ein Kompromiß aus Gruppe (1) und Gruppe (3) ab, allerdings stark zugunsten der Gruppe (3).

Gestützt wird diese Interpretation der gegenwärtigen Entwicklung durch folgende Phänomene:

(a) Nach Umfragen verschiedener Institutionen wollen die Arbeiter gar nicht erfolgsabhängig bezahlt werden.

(b) Die Entscheidungen treffen tatsächlich die Direktoren.

Die Arbeiter mit Hoch- oder Fachschulabschluß verbünden sich wegen gleichgelagerter Interessen mit den Direktoren. Die weniger gut Ausgebildeten können die Entscheidungen des Managements nicht kontrollieren.

(c) Es gibt bereits in einigen Branchen einiger Republiken Jugoslawiens vertragliche Absprachen über Höchst- und Mindestlöhne. Das bedeutet ein Abgehen von der erfolgsabhängigen Bezahlung und der freien Entscheidung des AR über die Verteilung des Unternehmenseinkommens. Eine Tendenz zum „Gewinnprinzip“ ist unverkennbar (der Gewinn ist aber die typische Zielgröße der Kapitaleigner).

(d) In den Unternehmungen, die mit ausländischen Firmen kooperieren, ist das „Gewinnprinzip“ schon die Regel. Zusätzlich haben hier die Gremien der ASV faktisch auf die Wahrnehmung ihrer Rechte verzichtet (zugunsten eines Geschäftsausschusses, der paritätisch mit jugoslawischem und ausländischem Management besetzt ist). Dieser Verzicht erfolgte, um die Kooperation, mit der Einkommen und Arbeitsplatz der jugoslawischen Arbeiter stehen und fallen, nicht zu gefährden.

Das läuft alles auf das „Gewinnprinzip“ hinaus. Das Gewinnprinzip ist bisher nur in einem sozialistischen Land realisiert, in Ungarn.

2. Der ungarische Managersozialismus

Das ungarische System („Der neue Wirtschaftsmechanismus“) ist seit 1968 eine Marktwirtschaft mit Staatseigentum an den Produktionsmitteln. Die ungarischen Unternehmungen erhalten in der Regel keine Planauflagen. Lediglich Betriebe der „Schlüsselindustrien“ und der stark exportorientierten Wirtschaft erhalten Planauflagen in Form von Staatsaufträgen, die aber verbindlich sind.

Entscheidungsbefugt sind die Direktoren der Betriebe, die nicht etwa von der Belegschaft gewählt, sondern vom zuständigen Fachminister ernannt werden. Es gibt in Ungarn weder ASV noch Mitbestimmung.

Die Löhne sind vom Staat festgelegte Tariflöhne.

Daneben gibt es eine Gewinnbeteiligung der Arbeitnehmer. Entscheidend für das ungarische System ist, daß insbesondere die Top-Manager den Großteil ihres Gehalts in Abhängigkeit vom erzielten Gewinn erhalten, und daß diese konsequenterweise sogar am Verlust beteiligt werden. Deshalb ist hier, wie in den westlichen Marktwirtschaften, der Gewinn Zielgröße der Entscheidungsbefugten. Aus mehreren Gründen ist es schwer, über die Erfolge oder Mißerfolge des ungarischen Systems Aussagen zu machen:

(1) Die ungarische Marktwirtschaft existiert erst seit 1968 und wurde recht vorsichtig und in Etappen eingeführt.

(2) Ungarn ist durch die Erfahrungen der ČSSR mit seiner Informationspolitik sehr vorsichtig.

(3) Ungarn ist ein kleines, exportabhängiges, stark in den sozialistischen Wirtschaftsblock Comecon (deutsch: Rat für gegenseitige Wirtschaftshilfe, RGW) integriertes Land. Deshalb ist hier wegen der verbindlichen Exportverpflichtungen in die sozialistischen Nachbarländer eine Marktwirtschaft besonders schwierig zu handhaben.

(4) Die Ungarn wissen, daß ihr Experiment genau so lange dauert, wie es von der politischen Führung der Sowjetunion toleriert wird. Obwohl ein wechselseitiger Wirkungszusammenhang zwischen Ökonomie und Politik grundsätzlich besteht, muß Ungarn wegen der Breschnew-Doktrin das Kunststück fertig bringen, die ökonomische Reform ohne eine korrespondierende politische Liberalisierung durchzuführen. Nur solange dies gelingt, wird Ungarn mit diesem Wirtschaftssystem weiter experimentieren dürfen.

V. ZUSAMMENFASSUNG

Das Dogma von den negativen Wirkungen des privaten Produktionsmitteleigentums und die speziellen Bedingungen der Sowjetunion führten zur Entwicklung eines administrativ-sozialistischen Wirtschaftssystems. In diesem System muß die politische Führung nach ihren Wertvorstellungen entscheiden, welche Güter in welchen Mengen mit Hilfe welcher Vorprodukte und welcher Verfahren produziert werden. Da die meisten Bedürfnisse nur mit Hilfe produzierter Güter zu befriedigen sind, entscheidet die politische Führung damit gleichzeitig, welche Bedürfnisse der Menschen es wert sind, befriedigt zu werden und welche nicht. Zur Planung bedient man sich einer Bilanzierung von Güterbündeln. Diese werden von untergeordneten Behörden aufgeschlüsselt. Die Ergebnisse dieser Zentralplanung sollen durch Produktionsanweisungen an die Betriebe realisiert werden. Dieses auf die Verhältnisse der Sowjetunion zugeschnittene System kann zwar die Probleme extensiven, nicht aber diejenigen intensiven Wirtschaftswachstums lösen.

Trotzdem wurde dieses System auf Länder wie die DDR übertragen, in der schon sehr bald die Quellen extensiven Wachstums versiegt waren und es deshalb diejenigen intensiven Wachstums zu aktivieren galt. Die Übertragung des Sowjetsystems auf die DDR führte zu Interessenkonflikten, insbesondere zwischen der politischen Führung und den Betriebsleitungen. Diese zeigten sich wegen des IST-SOLL-Vergleiches im Streben nach weichen Plänen (über Informationsverhalten und Planerfüllungsverhalten) und der sogenannten Tonnenideologie (über Planaufschlüsselungsverhalten).

Die erste als ökonomisch zu bezeichnende Reform, die diese Konflikte lösen sollte, war das NÖS (1963), in dem der Gewinn zur Hauptkennziffer wurde und die Preise Lenkungsfunktionen erhalten sollten.

1967 wurde daraus das ÖSS mit seinen Gewinnverwendungsnormativen. Die für 1971–1975 geplanten, für 5 Jahre den Betrieben vorher bekannten Normative wurden niemals realisiert. Seit 1971 erhalten die Betriebe in der DDR wieder detaillierte Auflagen, die nach Monaten aufgegliedert und nach Monaten abzurechnen sind. NÖS und ÖSS sind tot. Der Konflikt zwischen Macht und Effizient wurde vorläufig zugunsten der Macht von politischer Führung und Bürokratie gelöst.

Eine andere Variante des Sozialismus stellt diejenige der sozialistischen Marktwirtschaft mit gesellschaftlichem Produktionsmitteleigentum und Arbeiterselbstverwaltung (ASV) in Jugoslawien dar.

Dieses System der ASV führt aber zu entscheidenden Konflikten in den Unternehmungen, deren offensichtlichste Symptome (1) die hohe Verschuldung; (2) die zu Arbeitslosigkeit führenden Eintrittsbarrieren gegenüber eintrittswilligen Arbeitslosen und (3) die nicht leistungsbedingten Einkommensunterschiede sind. In Jugoslawien ist eine Tendenz zum Abbau der Selbstverwaltungsrechte zugunsten eines „Gewinnprinzips" erkennbar.

Ein solches Gewinnprinzip existiert bereits seit 1968 in der einzigen anderen sozialistischen Marktwirtschaft: Ungarn. Dort ist ebenfalls ein administratives System durch eine Marktwirtschaft ersetzt worden. Das staatliche Produktionsmitteleigentum wurde beibehalten. ASV oder Mitbestimmung gibt es nicht. Die Top-Manager werden erheblich am Gewinn und sogar am Verlust ihrer Betriebe beteiligt.

Wie wird das sozialistische Wirtschaftssystem der Zukunft aussehen?

Mit zunehmender Differenzierung der Wirtschaft wird der administrative Sozialismus weniger geeignet sein, die Wachstumsprobleme zu lösen. Verzicht auf zentrale Planung bedeutet aber Verzicht der politischen Führung auf Macht. Allerdings überschätzen wohl die politischen Führungen der Länder mit administrativem Sozialismus etwas die Lenkungsmöglichkeiten durch Zentralplanung. Ota Šik, der Vater der tschechoslowakischen Marktwirtschaftsepisode 1967/68, behauptet sogar, daß die Planungsbehörden nur imstande seien, die alten Strukturen immer wieder zu reproduzieren. Wann allerdings Politiker bereit sind, auf Macht oder vermeintliche Macht zugunsten der ökonomischen Effizienz zu verzichten, ob das in 5 oder in 30 Jahren sein wird, läßt sich mit den Mitteln der Nationalökonomie nicht prognostizieren. Nicht zuletzt wird dies von den Erfolgen oder Mißerfolgen des von der Sowjetunion geduldeten ungarischen Experiments abhängen. Erfolg oder Mißerfolg sind hier nicht nur von der ökonomischen Effizienz her zu beurteilen, sondern auch (vielleicht sogar vor allem) von der historischen Beantwortung der Frage her, ob es dort gelingt, die übrigen Lebensbereiche vor der ökonomischen Liberalisierung abzuschirmen.

Trotz der unzureichenden Erfahrungen mit sozialistischen Marktwirtschaften ohne Selbstverwaltung und mit Gewinn als Zielgröße der Unternehmungen scheint dies die sozialistische Ordnung der Zukunft zu werden. Dies deshalb, weil es unter diesen Bedingungen am ehesten möglich ist, das System der westlichen Marktwirtschaft zu simulieren.

Ideologisch rechtfertigen wird man dieses Modell mit dem Hinweis auf das nicht private Produktionsmitteleigentum. Die „Grundwidersprüche" des Kapitalismus können dadurch wenigstens *wegdefiniert* werden.

VI. KONTROLLFRAGEN

1. Was spricht für die Bezeichnung „administrativer Sozialismus" anstelle von „Planwirtschaft"?
2. Welche ökonomischen Grundentscheidungen muß die politische Führung im administrativen Sozialismus treffen?
3. Wie hat man sich das System der zentralen Bilanzierung vorzustellen?
4. Begründen Sie den Satz: „Die Planungsbürokratie entscheidet, welche Bedürfnisse der Menschen es wert sind, befriedigt zu werden".
5. Was versteht man unter extensivem und was unter intensivem Wirtschaftswachstum?
6. Was versteht man unter „Aufschlüsselung" zentraler Pläne und wer hat in der DDR Aufschlüsselungsfunktionen?
7. Wie zeigen sich in der DDR Interessenkonflikte zwischen politischer Führung und Betriebsleitungen

   (a) im Informationsverhalten, (b) im Planerfüllungsverhalten, (c) im Aufschlüsselungsverhalten der Betriebe?
8. Welche Rolle spielt im administrativen Sozialismus der IST-SOLL-Vergleich?
9. Was versteht man im NÖS unter ökonomischen Hebeln und welcher war im NÖS der wichtigste?
10. Wodurch unterscheiden sich NÖS und ÖSS?
11. Wie sieht das gegenwärtige Bedingungssystem für die volkseigenen Betriebe (VEB) der DDR aus?
12. Warum kann man Jugoslawien als Marktwirtschaft bezeichnen?
13. Welchen Sinn hat in Jugoslawien die Konstruktion des „gesellschaftlichen" Produktionsmitteleigentums?
14. Welche Konflikte werden innerhalb einer ASV-Unternehmung bei der Verteilung des Unternehmenseinkommens aktuell?

15. Welcher Zusammenhang besteht zwischen ASV und dem Problem der Arbeitslosigkeit?
16. Welche Entwicklungstendenzen sind gegenwärtig in Jugoslawien erkennbar?
17. Wodurch unterscheidet sich der jugoslawische Selbstverwaltungssozialismus von der sozialistischen Marktwirtschaft in Ungarn?

VII. LITERATURHINWEISE

Blaich, Bog, Gutmann, Hensel u. a.: Wirtschaftssysteme zwischen Zwangsläufigkeit und Entscheidung, Stuttgart 1971

Bress, Hof, Wagner: Die soziale Marktwirtschaft und ihre Alternativen, Aschaffenburg 1975

Hensel, K. Paul: Grundformen der Wirtschaftsordnung, München 1972

Hensel, Wagner, Wessely: Das Profitprinzip – seine ordnungspolitischen Alternativen in sozialistischen Wirtschaftssystemen, Stuttgart 1972

Hof, Wagner: Probleme der Beschäftigungspolitik bei Arbeiterselbstverwaltung, in H. Hamel (Hrsg.), Arbeiterselbstverwaltung in Jugoslawien, München 1974

Klaus Weigelt

Zur Theorie und Politik der Konvergenz

INHALT

I. BEGRIFF UND ANWENDUNGSGEBIETE

Der Begriff „Konvergenz“ ist lateinischer, genauer neulateinischer Herkunft. Er meint die Annäherung oder das Zusammenlaufen zweier Linien, die sich wirklich oder scheinbar in einem Punkte treffen. Der Gegenbegriff ist „Divergenz“.

Hauptanwendungsgebiet des Konvergenzbegriffs ist die Naturwissenschaft. Man verwendet ihn in der Optik, der Mathematik und in der Biologie. Hier bedeutet Konvergenz die „Annäherung des Organbaus verschiedenartiger Lebewesen bei gleichsinniger Funktionsdifferenzierung durch die Anpassung an ein- und dasselbe Milieu (Tiefsee-, Luft-, Grab-, Polartiere usw.).[1] So verstanden ist also Konvergenz ein mögliches Ergebnis oder Zwischenergebnis im ständigen Evolutionsprozeß der Natur.

Außerhalb der Naturwissenschaften fand der Konvergenzbegriff bis vor kurzem nur in der Völkerkunde Anwendung, wo er die Entwicklung von Kulturgütern verschiedenartiger Herkunft zu ähnlichen oder gleichen Formen beschreibt, was die Gefahr einer Mißdeutung auf gleiche Herkunft eröffnet.

Bereits an dieser Stelle sei darauf hingewiesen, daß Konvergenz in all den beschriebenen Anwendungsgebieten einen tatsächlichen Sachverhalt meint, von dem aus rückschauend der Vorgang des Konvergierens rekonstruiert werden kann. Dies gilt für die Biologie wie für die Völkerkunde. Allein Optik und Mathematik gestatten als „exakte Wissenschaften“ eine sichere Prognose, also eine Vorhersage der Konvergenz.

Mit der sogenannten „Theorie von der Konvergenz der Wirtschaftssysteme[2]“ hat der Konvergenzbegriff vor einiger Zeit ein neues Anwendungsgebiet im Bereich der Wirtschafts- und Sozialwissenschaften, und hier speziell im Bereich der vergleichenden Systemforschung gefunden. Dieser Vorgang ist nicht einzigartig, wenn man berücksichtigt, daß die noch recht jungen Wirtschafts- und Sozialwissenschaften mitten in ihrer „Orientierungsphase“ stecken und gegenwärtig versuchen, ihren wissenschaftlichen Fortschritt durch die Übernahme naturwissenschaftlicher und

---

1 Vergl. Konvergenz, in: Das Bertelsmann Lexikon, 2. Bd. G–L, Gütersloh 1954, Sp. 1059.

2 Da es sich, wie noch weiter unten zu zeigen sein wird, bei der Konvergenz nicht um eine Theorie im wissenschaftlichen Sinne handelt, wenn es um sozialwissenschaftliche Fragen geht, werden wir von den Konvergenzthesen sprechen.

technischer Methoden voranzutreiben. Es kann hier nicht unsere Aufgabe sein, über die allgemeine Frage des Methodentransfers, d. h. der Übertragung naturwissenschaftlicher Methoden in den Bereich der Sozialwissenschaften nachzudenken [3], aber die Beschäftigung mit der Konvergenz der Wirtschaftssysteme ist auch unter diesem Aspekt von Bedeutung. Begriffe wie Wachstum, Gleichgewicht und Stabilität legen dem Hörer oder Leser eine Analogie zwischen Wirtschafts- und Naturwissenschaft, zwischen Technik und Wirtschaftspolitik nahe, eine Analogie, die bereits in der Vergangenheit zu Fehlschlüssen und Fehlentwicklungen beigetragen hat und wohl auch in der Zukunft dafür sorgen wird [4]. In diesen Zusammenhang gehört auch der Konvergenzbegriff, wenn er in den Sozialwissenschaften Verwendung findet.

Anders als in den beschriebenen Verwendungsformen des Konvergenzbegriffes, handelt es sich bei der sogenannten Theorie von der Konvergenz der Wirtschaftssysteme weder um einen tatsächlichen Sachverhalt noch um eine sichere Prognose. Vielmehr hat diese „Theorie“ den Charakter einer Prophezeiung, die wiederum von sehr intensiven Harmoniewünschen begleitet ist. Ähnlich alttestamentlichen Prophezeiungen [5] wird die Aussage über die gewünschte zukünftige Entwicklung indikativisch abgefaßt: *Es wird zu einer Konvergenz, d. h. zu einer Annäherung oder gar Verschmelzung der Wirtschaftssysteme in Ost und West kommen.*

Eigentlich könnte man angesichts eines solchen Satzes zur Tagesordnung übergehen, wenn man der Ansicht ist, daß eine solche Aussage blanker Unsinn sei. Nun ist es aber nicht nur so, daß Hoffnungen und Wünsche über Kräfte verfügen, die Anlaß und Motivation zu politischem Handeln geben und damit die Zukunft prägen, sondern sie tun das ganz besonders wirkungsvoll in wissenschaftlichem Gewande.

Es ist also der Theorieanspruch der Konvergenzprophetie, der sehr genau überprüft werden muß, denn Theorien sind Grundlagen für das Handeln der Menschen, auch für das politische Handeln.

---

3 Vgl. hierzu den wissenschaftstheoretischen Beitrag von Christian Zschaber „Zur Wertproblematik in den Sozialwissenschaften“ in diesem Handbuch.

4 Vgl. hierzu Klaus Weigelt, Wem dient die Wirtschaft? in: Eichholzbrief 9. Jg. Heft 1, Eichholz-Verlag Bonn 1972, S. 14–18.

5 Vgl. Micha 4, wo Zion als der Mittelpunkt des kommenden Friedensreiches geschildert wird: „... und sie werden ihre Schwerter zu Pflugscharen schmieden und ihre Spieße zu Rebmessern. Kein Volk wird wider das andere das Schwert erheben, und sie werden den Krieg nicht mehr lernen.“ (Micha 4, 3).

Wirtschaftspolitik kann sinnvoll und erfolgreich nur betrieben werden, wenn ihr eine richtige Wirtschaftstheorie zugrunde liegt. Diese Wechselbeziehung ist unauflöslich. Und ebenso kann eine Konvergenzpolitik nur betrieben werden, wenn die ihr zugrunde liegende Konvergenztheorie stimmt. Hier liegt das Problem.

Es gibt nicht nur Theorien, die so abstrakt sind, daß es niemals zu einer Umsetzung in die Praxis kommen kann, sondern es gibt auch praktische Politik, deren theoretische Basis so wenig tragfähig ist, daß man sie nur als Vabanquespiel bezeichnen kann. Und deswegen ist es nicht nur reizvoll, sondern auch sehr wichtig, sich mit den Konvergenzthesen zu beschäftigen.

Dabei stehen folgende Fragen im Vordergrund:

1. Inwieweit finden die Thesen von der Konvergenz der Wirtschaftssysteme ihre Entsprechung in der tatsächlichen Evolution der Wirtschaftssysteme?
2. Welchen Prognosewert haben die Thesen von der Konvergenz der Wirtschaftssysteme?
3. Wie wird in den Konvergenzthesen die Interdependenz von Wirtschaft und Gesellschaft gesehen?

II. ARTEN DER KONVERGENZ

Wenn man sich die verschiedenen Konvergenzthesen ansieht, dann stellt man sehr bald fest, daß sie von sehr unterschiedlicher Aussagerichtung sind. Allen gemeinsam ist der Ost-West-Gegensatz als Ausgangspunkt, wirtschaftlich verkürzt ausgesprochen: der Gegensatz von Kapitalismus und Sozialismus. Folgende Entwicklungsmöglichkeiten sind unter diesen Voraussetzungen denkbar:

a) Der Sozialismus wandelt sich und bewegt sich durch diese ständige Veränderung auf den Kapitalismus zu, um schließlich mit ihm zu verschmelzen.

   Man nennt diese Spielart der Konvergenz die westliche Transformationsvariante.

b) Der Kapitalismus wandelt sich und verschmilzt schließlich mit dem Sozialismus. Diese Spielart ist die östliche Transformationsvariante.

c) Beide, Kapitalismus und Sozialismus, wandeln sich und verändern sich in Richtung auf etwas Neues, auf die moderne Industriegesellschaft hin. Diese Spielart ist die eigentliche Konvergenz, da ein neuer, dritter Zustand als Ergebnis gesehen wird.

d) Beide, Kapitalismus und Sozialismus, entwickeln sich parallel für sich weiter und verändern ständig ihre Gestalt; sie behalten aber ihre Systemeigenart. Hier handelt es sich nicht mehr um Konvergenz, sondern um Koexistenz.

Ehe eine genauere Untersuchung der Konvergenzthesen vorgenommen wird, soll je ein Beispiel die geschilderten Arten der Konvergenz verdeutlichen.

1. Die westliche Transformationsvariante

Diese Variante ist nicht häufig. Es gibt in neuerer Zeit nur ein bekanntes Beispiel, das Rostow mit seinem Buch „Stadien wirtschaftlichen Wachstum“ gegeben hat [6]. Allerdings hat Rostows Lehre trotz ihrer theoretischen Fragwürdigkeit eine große Popularität erreichen können, da sie eine Reihe weitverbreiteter Hoffnungen nährt und antikommunistische Vorurteile unterstützt.

Für Rostow durchläuft jedes Land in seiner wirtschaftlichen Entwicklung fünf Wachstumsphasen. Es sind dies folgende:

— die traditionelle Gesellschaft (als Ausgangslage)
— die Anlaufperiode (Schaffen der Voraussetzungen für den wirtschaftlichen Aufstieg)
— die Periode des wirtschaftlichen Aufstiegs
— die Entwicklung zur Reife
— das Zeitalter des Massenkonsums.

Die östlichen Länder sind nun nach Rostow noch in einer der Anfangsphasen: „In einer derartigen Lage kann die zentrale Diktatur wesentliche technische Voraussetzungen für den wirtschaftlichen Aufstieg und die stetige Entwicklung zur Reife darstellen, nämlich in der Form einer wirksamen Staatsorganisation.“ ... „Der Kommunismus ist nun keineswegs die einzige Form einer wirksamen Staatsorganisation, die in der Übergangsperiode die Voraussetzungen einer traditionellen Gesellschaft für den wirtschaftlichen Aufstieg und die Reife legen kann. Aber er kann eine Methode darstellen, diese schwierige Aufgabe zu vollziehen, wenn – und

6 Walt W. Rostow, Stadien wirtschaftlichen Wachstums. Eine Alternative zur marxistischen Entwicklungstheorie, Göttingen 1967².

das muß sich noch zeigen – er das Problem der landwirtschaftlichen Produktion in den Jahrzehnten des Aufstiegs lösen kann. Der Kommunismus nimmt dann neben der Meji-Restauration in Japan und neben Atatürks Türkei seinen Platz ein als eine besonders unmenschliche Form politischer Organisation, die fähig ist, einen Wachstumsprozeß in Gesellschaften einzuleiten und aufrechtzuerhalten, in denen die Anlaufperiode keine bedeutende unternehmerische Mittelklasse und keine ausreichende politische Übereinstimmung zwischen den Führern der Gesellschaft hervorgebracht hat. Es ist eine Art Krankheit, die eine traditionelle Gesellschaft befallen kann, wenn sie nicht die Elemente in sich wirksam organisieren kann, die bereit sind, die Aufgabe der Modernisierung durchzuführen." [7] Die Transformation der östlichen Systeme gestaltet sich auf diese Weise für Rostow nicht nur als Aufstieg zu einem höheren Wirtschaftsstadium, sondern auch als Heilungsprozeß von der „Krankheit" Kommunismus.

2. Die östliche Transformationsvariante

Man kann Rostows Überlegungen als eine Art Retourkutsche zu Gedankengängen verstehen, die von den Vertretern des wissenschaftlichen Sozialismus bereits früher gedacht worden sind. Diese bemühen sich seit Karl Marx darum, Gesetze der ökonomischen Entwicklung aufzustellen. Marx glaubte, das ökonomische Bewegungsgesetz der Gesellschaft mit seinen drei Stadien: Feudalismus – Kapitalismus – Sozialismus enthüllt zu haben [8]. Von diesem Standpunkt aus erreicht also eine Gesellschaft im Geschichtsablauf jeweils einen bestimmten Stand. Diese These ist vielfach modifiziert und erweitert worden. Gegenwärtig findet sich z. B. in den Lehrbüchern der politischen Ökonomie der Sowjetunion folgendes Schema:

1. Vorkapitalistische Produktionsweise
   a) Urgemeinschaft
   b) Sklaverei
   c) Feudalismus

7 Walt W. Rostow, a.a.O., S. 193 f.

8 Diese als historischer Materialismus (Histomat) bekannte Lehre von Marx wird von ihm nicht geschlossen dargestellt, sondern ist seinem Werk insgesamt zu entnehmen. Vgl. insbesondere: Siegfried Landshut (Hrsg.), Karl Marx, Die Frühschriften, Stuttgart 1964 (z. B. S. 525 f.) und Irving Fetscher (Hrsg.), Karl Marx – Friedrich Engels, Studienausgabe in vier Bänden, Erstauflage 1966, Fischer Bücherei (z. B. Bd. III, S. 59 ff., Manifest der kommunistischen Partei von 1848). Empfehlenswert als Einführungsliteratur: Adalbert Rudnick, Die kommunistische Idee, Bd. 167/168 der Reihe Geschichte und Staat, Olzog Verlag München 1972, S. 58 ff.

2. Kapitalistische Produktionsweise
   a) Vormonopolistischer Kapitalismus
   b) Monopolistischer Kapitalismus (Imperialismus)
3. Sozialistische Produktionsweise
   a) Übergang vom Kapitalismus zum Sozialismus
   b) Sozialistisches System

In jeder Phase gelten bestimmte ökonomische Gesetze. Darüber hinaus gibt es aber noch übergreifende Gesetze, die für alle Phasen gelten, die Entwicklungsgesetze, die festlegen, daß eine Phase in die andere übergeht. Nach marxistischer Auffassung verläuft der Geschichtsprozeß also nicht nur evolutorisch, sondern er gehorcht auch evolutorischen Gesetzen. Dieser Theorie entsprechend befinden sich die westlichen Volkswirtschaften gegenwärtig in der Phase des Imperialismus. Sie befinden sich damit in der Phase einer krisenhaften Zuspitzung und des Übergangs in eine neue Ordnung. Dutschke [9] datiert den Verfall des Kapitalismus vom Ende des zweiten Weltkriegs an. Gleichzeitig zeige sich immer deutlicher das Heraufkommen einer neuen Gesellschaft des 21. Jahrhunderts. Die große Koalition von 1966 sei noch ein letzter verzweifelter Versuch gewesen, die strukturellen Gegebenheiten des Kapitalismus zu erhalten.

3. Die moderne Industriegesellschaft

Neben den beiden erwähnten Konvergenzthesen, die man besser als Transformationsthesen bezeichnen kann [10], wird seit Anfang der sechziger Jahre die eigentliche Konvergenzthese diskutiert. Den Anstoß zu dieser Diskussion gab ein Aufsatz von Jan Tinbergen, der 1963 in deutscher Sprache erschien [11]. Tinbergen zog in diesem Aufsatz eine Verbindungslinie zwischen Konvergenz und Wohlfahrtsökonomik, da sie die allgemeinen

---

9 Rudi Dutschke, Die Widersprüche des Spätkapitalismus, die antiautoritären Studenten und ihr Verhältnis zur Dritten Welt, in: Bergmann/Dutschke/Lefèvre/Rabehl, Rebellion der Studenten oder Die neue Opposition, Rowohlt-Taschenbuch Nr. 1043, Reinbek 1968, S. 33–93.

10 Furtak spricht von „absorptiver“ Konvergenz, vgl. Robert K. Furtak, Konvergenztheorie: Anspruch und Wirklichkeit, in: Der Bürger im Staat, Heft 4, 1970, S. 199–202.

11 Jan Tinbergen, Kommt es zu einer Annäherung zwischen den kommunistischen und den freiheitlichen Wirtschaftsordnungen? in: Hamburger Jahrbruch für Wirtschafts- und Gesellschaftspolitik, 8. Jahr, 1963, S. 11–20.

Bedingungen für das gesellschaftliche Optimum angebe [12]. Um ein solches Optimum zu erreichen, müßten sich sowohl die kommunistischen als auch die freiheitlichen Wirtschaftsordnungen verändern, und zwar nicht – das könnte man auch bereits zeigen – zu ihren Extremen hin, sondern umgekehrt, nämlich aufeinander zu. Allerdings ist Tinbergen 1963 noch skeptisch: „Ohne Zweifel wird die optimale Organisation der Volkswirtschaft von Land zu Land und von Periode zu Periode unterschiedlich sein. Es ist auch kaum denkbar, daß wir schon bald angeben können, wo das Optimum liegt, oder gar sagen können, ob sich ‚Ost und West' bei ihrer Suche nach dem ‚Wohlfahrtsmaximum' tatsächlich ‚treffen' werden." [13] Wenige Jahre später – Tinbergen hatte sich inzwischen intensiv mit den Planungstechniken in Ost und West befaßt – war er nicht mehr so zurückhaltend: „Da die Ziele der Sozial- und Wirtschaftspolitik des Westens und des Ostens – meiner Meinung nach – sich einander immer mehr nähern und es unter den vielen denkbaren Strukturen nur eine optimale gibt, werden sich beide Strukturen allmählich zu diesem Optimum hin entwickeln." [14]

Dieser Gedanke beherrscht seitdem die Diskussion und hat zu vielen Spekulationen über die zukünftige moderne Industriegesellschaft geführt. Zwei von ihnen seien erwähnt. Zum einen ist Galbraith's These sehr populär geworden, die von einer zunehmenden Durchdringung des Produktionsprozesses durch die Technologie ausgeht, d. h. von einer immer stärkeren systematischen Anwendung wissenschaftlicher Erkenntnisse [15]. Durch diese Entwicklung komme es zu einer immer größeren Bedeutung der „Technostruktur" innerhalb der modernen Industriegesellschaft, worunter Galbraith alle diejenigen Teile des Management versteht, die mit ihrem Wissen zur Entscheidungsfindung in Produktionsprozessen beitragen [16].

---

12 Unter Wohlfahrtsökonomik versteht man diejenige Forschungsrichtung in der Wirtschaftswissenschaft, die das einzelwirtschaftliche Zielmaximierungsdenken auf die gesamte Volkswirtschaft eines Landes zu übertragen versucht. Vgl. hierzu besonders Herbert Giersch, Allgemeine Wirtschaftspolitik, Wiesbaden 1961, S. 97–134 und die Aufsätze von Boulding und Mishan in: Gérard Gäfgen (Hrsg.), Grundlagen der Wirtschaftspolitik, Köln und Berlin 1967[2] (Neue Wissenschaftliche Bibliothek Bd. 11).

13 Jan Tinbergen, a.a.O., S. 19.

14 Jan Tinbergen, Die Rolle der Planungstechniken bei einer Annäherung der Strukturen in Ost und West, in: E. Boettcher (Hrsg.), Wirtschaftsplanung im Ostblock, Beginn einer Liberalisierung?, Stuttgart u. a. 1966, S. 35.

15 Vgl. John Kenneth Galbraith, Die moderne Industriegesellschaft, München/Zürich 1970 (Knaur Taschenbuch, Bd. 219) S. 19.

16 Vgl. John Kenneth Galbraith, a.a.O., S. 73 f.

Die Schlußfolgerung von Galbraith lautet: „Planung muß an die Stelle des freien Marktes treten.“ [17]

In einem anderen Gedankengang, der bereits 1960 in deutscher Sprache erschienen ist, hat Sorokin sich zur Konvergenz zwischen den USA und der Sowjetunion geäußert [18]. Dieser Aufsatz gehört zu den wenigen, die sich mit nicht-ökonomischen, hier speziell mit soziologischen und kulturellen Problemen befassen. Dafür ist das spekulative Element besonders stark. Die Motivation und auch das Ziel der Analyse besteht in der Aussage, daß „nicht der mindeste Anlaß besteht, die bisherige feindselige Politik fortzusetzen oder das größte Verbrechen eines neuen Weltkrieges heraufzubeschwören.“ [19]

Diese Überzeugung gewinnt Sorokin aus dem Ergebnis seiner Untersuchung: „Unsere Analyse . . . beweist in aller Deutlichkeit, daß die Vereinigten Staaten und Rußland sich in den Grundzügen immer ähnlicher geworden sind und sich einer Staatsform nähern, die weder kommunistisch noch kapitalistisch, weder totalitär noch demokratisch, weder materialistisch noch idealistisch, weder sehr religiös noch atheistisch-agnostisch, weder rein individualistisch noch kollektivistisch, weder zu verderbt noch zu fromm sein wird. Es hat sich zur Zeit eine eklektische Mischung der Charakteristika beider Länder herausgebildet, die noch der wesentlichen Einheitlichkeit in kulturellen, sozialen und persönlichen Bereichen entbehrt. Wenn den gegenwärtigen Staatsformen die Chance einer friedlichen und ungehinderten Entwicklung gegeben wird, so besteht kein Zweifel darüber, daß sie eines Tages hineinwachsen werden in eine große und wesentliche Ordnung, die nicht nur für Amerika und Rußland, sondern für die ganze Welt gelten wird.“ [20]

Solchen Optimismus strahlen allerdings nur westliche Denker aus. Sie sind es auch allein, die dem Gedanken der Konvergenz in diesem Sinne etwas abgewinnen können oder wollen. Das östliche Lager sieht in dieser Ausprägung der Konvergenz eine besonders raffinierte Form des kalten Krieges und wehrt sich mit Entschiedenheit dagegen [21].

17 John Kenneth Galbraith, a.a.O., S. 368.
18 Pitirim A. Sorokin, Soziologische und Kulturelle Annäherungen zwischen den Vereinigten Staaten und der Sowjetunion, in: Zeitschrift für Politik, 7. Jg. (NF), Heft 4, 1960, S. 341–370.
19 Pitirim A. Sorokin, a.a.O., S. 370.
20 ebd.
21 Vgl. weiter unten S. 659.

4. Parallel sich entwickelnde moderne Industriegesellschaften

Nicht unbeträchtlich ist die Zahl derjenigen Wissenschaftler, die bei ihrer Beschäftigung mit den Problemen und Entwicklungstendenzen der modernen Industriegesellschaft eine Konvergenz nicht erwägen, sondern eine parallele Entwicklung verschiedener Gesellschaften annehmen. „Beide vorhandenen Systeme entwickeln sich in sich selbst und durch sich selbst weiter, unterliegen auch den Sachzwängen der Industriegesellschaft, bilden jedoch kein neues System, sondern verharren als zwei nicht mehr antagonistische, strukturell sozusagen parallele Systeme nebeneinander. Verschiedene Ausprägungen gibt es weiter, aber Ähnlichkeiten überwiegen quantitativ und qualitativ.“ [22] Zu den Vertretern dieser Auffassung gehört unter anderen auch R. Aron. Er sagt: „Die sowjetischen und die kapitalistischen Gesellschaften sind nur zwei Arten ein und derselben Gattung oder zwei Abwandlungen ein und desselben Typs: der progressiven industriellen Gesellschaft.“ [23] Ähnlich, wenn auch mit einem etwas anderen Akzent, äußern sich Brzezinski und Huntington: „Die politischen Systeme der Sowjetunion und der Vereinigten Staaten sind, jedes auf seine Weise, höchst erfolgreich. Da sie bisher Erfolg hatten, ist nicht anzunehmen, daß sie sich entscheidend ändern werden. Um die beiden Systeme konvergieren zu lassen, wäre aber eine deutliche Kursänderung – historisch gesehen sogar eine revolutionäre Richtungsänderung – im Entwicklungsgang eines der beiden Systeme notwendig.“ [24]

III. DER THEORETISCHE GEHALT DER KONVERGENZTHESEN

Wir werden uns jetzt nur noch mit der eigentlichen Konvergenzthese beschäftigen. Dabei werden selbstverständlich sowohl Elemente der beiden Transformationsvarianten als auch Gesichtspunkte der Auffassung vom parallelen Verlauf der Industriegesellschaften Berücksichtigung finden,

---

22 So faßt von Bredow in seinem Kapitel Typen der Konvergenz diese Richtung zusammen. Vgl. Wilfried von Bredow, Vom Antagonismus zur Konvergenz? Studien zum Ost-West-Problem, Frankfurt a. M. 1972, S. 42.
23 Raymond Aron, Die industrielle Gesellschaft. 18 Vorlesungen, Frankfurt/Hamburg 1964 (Fischer-Taschenbücherei 636), S. 37.
24 Zbihniew K. Brzezinski und Samuel P. Huntington, Politische Macht. USA/UdSSR, Ein Vergleich. Köln und Berlin 1966, S. 467 f.

letztere vor allem deswegen, weil sie in gewisser Weise eine Antithese zur Konvergenztheorie darstellt [25].

1. Der logische Gehalt der Konvergenzthesen

a) Vereinbarkeit der Wirtschaftssysteme

In der Konvergenzthese steckt die Behauptung, daß die Wirtschaftssysteme keine Alternativen sind, also sich auch nicht gegenseitig ausschließen. Nicht ein „entweder – oder", sondern ein „sowohl – als auch" ist zu diskutieren, da wir in der Realität nur dualistische Mischsysteme vorfinden, also Systeme, die von beiden Ansatzpunkten, dem kapitalistischen wie dem sozialistischen, Elemente in sich tragen. Von Schachtschabel stammt die folgende Darstellung [26]:

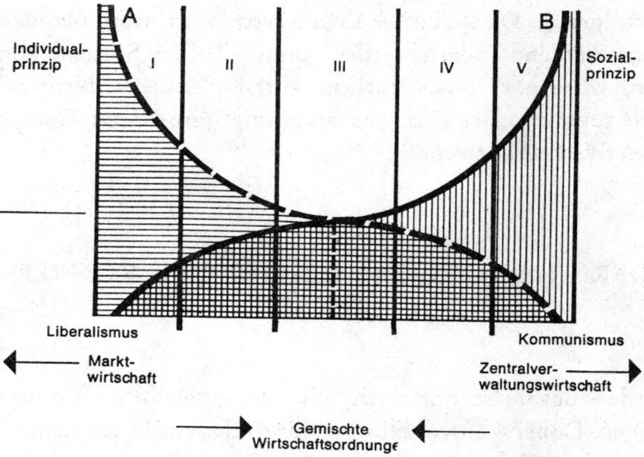

25 Die Struktur des folgenden Gedankenganges verdanke ich in ihren wesentlichen Zügen meinem verehrten Lehrer Erich Hoppmann. In seiner Vorlesung „Grundlagen der Wettbewerbspolitik" vom Wintersemester 1970/71 ist er auch auf die Konvergenzproblematik eingegangen.

26 Das Schaubild ist (leicht verändert) entnommen: Hans G. Schachtschabel, Wirtschaftspolitische Konzeptionen, Stuttgart u. a. 1971², S. 27.

Sie verdeutlicht das Gesagte. Rechts ist der Kollektivpol, links der Individualpol, d. h. rechts werden alle Vorgänge in der Gesellschaft kollektiv geregelt, links gibt es nur individuelle Vorgänge. Die beiden Pole sind als Extreme nicht realisierbar. Auf der L-K-Achse aber sind alle denkbaren und realisierbaren Wirtschaftssysteme als Mischsysteme auffindbar. Im Bereich V ist der individuelle Anteil an Entscheidungen sehr gering, fast alle Vorgänge werden kollektiv geregelt. Die Systeme dieses Bereichs sind kaum existenzfähig wie die des Bereichs I, der dem individuellen Streben kaum Grenzen setzt.

Die Bereiche II, III und IV kennzeichnen die praktisch möglichen dualistischen Mischsysteme. Im Bereich II liegen die marktwirtschaftlichen Systeme westlicher Prägung mit überwiegendem Individualanteil. Im Bereich IV liegen die Zentralverwaltungswirtschaften östlicher Prägung mit überwiegendem Kollektivanteil. Der Bereich III bildet die Schwelle der Transformation; hier gleichen sich die lenkenden Kräfte der beiden Systeme aus. Hier liegt auch der logische Punkt der Konvergenz, der jedoch real, wie man leicht sieht, nicht beschreibbar ist, es sei denn, daß eine Gesellschaft mit genau 50 % Individualanteil und genau 50 % Kollekitvanteil beschreibbar ist.

b) Historische Annäherung der Wirtschaftssysteme

Dieses ist die zweite in der Konvergenzthese enthaltene Aussage. Die Wirtschaftssysteme sind wandlungsfähig, und sie wandeln sich dergestalt, daß die inhaltliche Zuordnung der beiden Komponenten des Mischsystems sich gewichtsmäßig verändert. Wie wir bereits oben gesehen haben [27], kann diese Veränderung in verschiedener Weise erfolgen:

a) Die Marktwirtschaften haben sich auf die Zentralverwaltungswirtschaften zubewegt (Östliche Transformationsvariante).
b) Die Zentralverwaltungswirtschaften haben sich auf die Marktwirtschaften zubewegt; Liberalisierung der östlichen Systeme (Westliche Transformationsvariante).
c) Die Zentralverwaltungswirtschaften und die Marktwirtschaften haben sich aufeinander zubewegt, um sich irgendwo in der Mitte zu treffen (Eigentliche Konvergenzthese).

Beachtet werden muß, daß bei der Verwendung dieses einfachen Kollek-

---

27 Vgl. oben S. 642.

tivpol-Individualpol-Schemas nur diese drei Entwicklungsmöglichkeiten darstellbar sind. Wenn überhaupt Prozesse ablaufen, dann sind das Divergenzprozesse oder einer von den drei beschriebenen Konvergenzprozessen. Um Parallelentwicklungen zeigen zu können, wäre eine neue Dimension notwendig. Bei dem verwendeten Schema überlagert die Zeitachse die K-L-Achse, wodurch eine Darstellung von Parallelentwicklungen, wie sie in Ziffer II 4 dargestellt werden, unmöglich wird.

c) Zukünftige Annäherung der Wirtschaftssysteme

Diese in den Konvergenzthesen enthaltene dritte Aussage ist eine Zukunftsvoraussage. Damit erscheint die Konvergenz als eine Notwendigkeit, die sich in der Zukunft einstellen wird. Hier ist ein kurzer Hinweis auf den Unterschied zwischen einer Prognose und einer Prophezeiung notwendig [28]. Prognosen bestehen immer aus zwei Klassen von Aussagen:

— aus empirischen Gesetzen
— aus singulären Anfangsbedingungen, d. h. aus Sätzen, die nur für den betreffenden Fall gelten und die eine Feststellung darüber enthalten, ob die von den empirischen Gesetzen aufgestellten Bedingungen erfüllt sind.

Prognosen sind also *bedingte Voraussagen,* d. h. sie sind an bestimmte Raum-Zeit-Bedingungen geknüpft. Prophezeiungen dagegen sind *unbedingte Voraussagen.* Sie fußen

— auf der Vorstellung von historischen Entwicklungsphasen (vgl. oben Rostow und Marx)
— auf einfachen Extrapolationen, d. h. zeitlichen Verlängerungen einer gegebenen Entwicklung in die Zukunft.

Bei den Konvergenzthesen handelt es sich grundsätzlich um unbedingte Voraussagen, also um Prophezeiungen.

2. Wirtschaftspolitische Grundentscheidung und Mischsystem

Wir sind bei unseren bisherigen Überlegungen so vorgegangen, als sei eine beliebige Zuordnung individueller und kollektiver Elemente in einem Wirtschaftssysytem tatsächlich möglich. Eine Schwierigkeit wurde bei

---

28 Vgl. hierzu auch den Aufsatz von Karl R. Popper, Prognose und Prophetie in den Sozialwissenschaften, in: Ernst Topitsch (Hrsg.), Logik der Forschung, Köln 1972[8] (Neue Wissenschaftliche Bibliothek, Bd. 6), S. 113–125.

dieser Denkweise lediglich bei dem Problem sichtbar, den logischen Punkt der Konvergenz zu realisieren. Dies scheitert nicht nur aus rein empirischen Schwierigkeiten, sondern auch deswegen, weil es unüberbrückbare Meinungsverschiedenheiten darüber gibt, welchem der beiden Koordinationsprinzipien, dem individuellen oder dem kollektiven, der Vorzug zu geben sei. Damit ist das Problem der wirtschafts- und gesellschaftspolitischen Grundsatzentscheidung angesprochen, das ich an anderer Stelle in diesem Handbuch ausführlich erörtert habe [29]. Hier nur soviel: Ist die Grundsatzentscheidung für eines der beiden Koordinationsprinzipien gefallen, so sind die Gestaltungsmöglichkeiten im Rahmen der wirtschafts- und Gesellschaftspolitik wohl mannigfach, aber nicht mehr beliebig gegeben. Sie sind durch das gewählte Lenkungssystem eingeschränkt.

Je nachdem, ob das nach einer Grundsatzentscheidung sich entfaltende Wirtschaftssystem und die in ihm praktizierten politischen Maßnahmen übereinstimmen, kann zwischen

— systemkonformer
— systeminkonformer
— systemneutraler

Politik unterschieden werden. Die *Systemeffizienz* nimmt bei inkonformen Maßnahmen ab, bei konformen Maßnahmen zu und bei neutralen Maßnahmen wird sie nicht berührt.

In unserem Zusammenhang interessiert nunmehr die Frage: Besteht ein Widerspruch zwischen den Konvergenzthesen auf der einen Seite und der Feststellung, daß eine wirtschafts- und gesellschaftspolitische Grundentscheidung notwendig sei? Diese Frage soll in zwei Schritten beantwortet werden.

a) Kompatibilität von wirtschaftspolitischer Grundentscheidung und Mischsystem

Zunächst muß an dieser Stelle der Frage nachgegangen werden, was eigentlich ein Wirtschaftssystem ist. Da die Nationalökonomie diesen Begriff bisher nicht fest umrissen hat, ist es nicht verwunderlich, daß der Begriff in der Konvergenzdiskussion anders verstanden wird als in der Diskussion um die Grundsatzentscheidung.

---

29 Vgl. Klaus Weigelt, Interdependenz von Wirtschaft, Gesellschaft und Politik, in diesem Handbuch.

(1) Der Begriff des Wirtschaftssystems in der Konvergenzdiskussion

Hier gibt es eine ganze Reihe von Apsekten, denen man eine Bedeutung als konstitutive Systemelemente zumißt. Das Wirtschaftssystem ist also multidimensional zu denken. Auch aus diesem Grunde ist das obige Schaubild irreführend, da es die Vorstellung eines eindimensionalen Kontinuums zwischen den beiden Polen Individualwirtschaft und Kollektivwirtschaft vermittelt. Welches aber sind nun die konstitutiven Systemelemente? Tuchtfeld und Kleps unterscheiden insgesamt fünf, die in der Konvergenzdiskussion eine Rolle spielen [30]:

a) die soziologische Struktur der Führungsschichten

b) Planungstechniken

c) wirtschaftspolitische Ziele

d) Eigentumsordnung

e) Struktur der staatlichen Verwaltungs- und Kontrollorgane

Eine Gewichtung dieser einzelnen Systemelemente ist notwendig, um zu Aussagen über die Konvergenz oder Divergenz der Wirtschaftssysteme zu gelangen. So stellen die Vertreter der Konvergenzthesen fest, daß sich diese Elemente immer ähnlicher werden in Ost und West und daß z. B. die Ausrichtung der Wirtschaft auf das Wachstum, die Befriedigung der Konsumbedürfnisse der breiten Massen und auf andere zentrale gesellschafts- und wirtschaftspolitische Ziele sich in Ost und West angleicht. Daraus wird eine Tendenz zur Konvergenz abgeleitet.

(2) Der Begriff des Wirtschaftssystems in der Diskussion um die wirtschaftspolitische Grundentscheidung

Die wirtschaftspolitische Grundentscheidung bezieht sich auf die Frage, welches der beiden Koordinationsprinzipien für die Bildung der Gesamtordnung vorrangig herangezogen werden soll. Sie entscheidet also über den Charakter eines Systems als eines grundsätzlich marktwirtschaftlichen oder eines grundsätzlich zentralverwaltungswirtschaftlichen. Die Grundentscheidung ist damit so etwas wie das Vorzeichen vor der Systemklammer, innerhalb der sich durchaus vergleichbare oder gar gleiche Systemelemente befinden können. Ihren eigentlichen Stellenwert bekommen diese aber erst durch die Grundentscheidung.

---

30 Vgl. Karlheinz Kleps, Der Traum von der Annäherung zwischen Sozialismus und Kapitalismus, in: Die Zeit vom 30. 10. 1970, vom 6. 1. 1971 und vom 13. 1. 1971.

(3) Ergebnis

Wenn in der Konvergenzdiskussion über Konvergenz geredet wird, dann bezieht sie sich auf einen anderen Sachverhalt als wenn bezüglich der wirtschaftspolitischen Grundentscheidung über Konvergenz geredet wird. Deswegen ist eine genaue Unterscheidung zwischen den systemkonstitutiven Elementen im Sinne der wirtschaftspolitischen Grundentscheidung und denen im Sinne der Konvergenzdiskussion erforderlich. Daraus ergeben sich drei Konsequenzen:

a) Einige Sachverhalte, die innerhalb einer gegebenen Grundentscheidung wesentlich sind, können bei der Konvergenzdiskussion unbeachtet bleiben. Beispiel: das Problem der Systemkonformität und der Systemeffizienz.

b) In einem marktwirtschaftlichen System und in einer Zentralverwaltungswirtschaft können Elemente ähnlich sein (z. B. die soziologische Struktur der Führungsschicht), und dennoch bleibt das Typische einer Marktwirtschaft und das Typische einer Zentralverwaltungswirtschaft erhalten, weil die Merkmale für die Grundentscheidung nicht systemrelevant, jedoch für die Konvergenzdiskussion relevant sind.

c) Schließlich gibt es konstitutive Systemelemente, die für beide Diskussionsebenen relevant sind. Beispiel: Eigentumsordnung und zentrale gesellschaftspolitische Ziele. Hier kann sich eine Parallelität in der Entwicklung von Wirtschaftssystemen ergeben im Sinne der Grundentscheidung ebenso wie in dem der Konvergenzdiskussion. Eine marktwirtschaftliche Ordnung kann keine Handlungen erzwingen; sie verbietet lediglich, die geschützte Sphäre des anderen zu verletzen. Die Sphäre des anderen ist dabei nicht nur formal, sondern auch material, z. B. durch die Eigentumsordnung abgesteckt. Bei einem zentralen gesellschaftspolitischen Ziel geht es immer um die Frage des Verhältnisses von Staat und Gesellschaft. Bei beiden Systemelementen, der Eigentumsordnung und den zentralen gesellschaftspolitischen Zielen, würde Konvergenz nicht gegen eine Grundentscheidung sprechen, da eine Grundentscheidung systemwidriges Verhalten nicht ausschließt.

Wir kommen also zu dem Ergebnis, daß eine wirtschaftspolitische Grundentscheidung und wirtschaftliche Mischsysteme durchaus miteinander kompatibel sind; m. a. W. eine Konvergenz wäre möglich.

b) Mischsystem und Systemeffizienz: Die Unvereinbarkeitshypothese

Welchen Sinn hat die wirtschaftspolitische Grundentscheidung und die Unterscheidung in systemwidrige und systemkonforme Maßnahmen, wenn Mischsysteme möglich sind? Zur Beantwortung dieser Frage gehen wir auf v. Mises zurück, der die Unvereinbarkeitslehre aufgestellt hat. [31] V. Mises verwendet den Systembegriff nicht im Sinne der Konvergenzdiskussion, sondern im Sinne der wirtschaftspolitischen Grundentscheidung. Er hält die Systeme begrifflich auseinander. Das heißt aber nicht, daß die Systeme auch in der Realität auseinanderfallen. Dieser Gedanke wird von Kritikern v. Mises häufig übersehen, weshalb seine Lehre auch vielen Fehlinterpretationen ausgesetzt ist. Ein Beispiel aus jüngster Zeit: Die Wirtschaftstheorie unterscheidet zwischen Makro- und Mikroökonomie. Da aber die Globalsteuerung immer wieder in die Mikroökonomie eingreift, stimmt die reale Trennung mit der begrifflichen nicht überein. [32]

Über das reale Mischsystem schreibt v. Mises folgendermaßen: „Diese Kompromißlösung zeitigt zunächst Folgen, die – vom Standpunkt ihrer Befürworter – unbefriedigender erscheinen müssen als das Verharren an dem, was sie starres Manchestertum nennen und ablehnen. Ihr Mißerfolg läßt der Obrigkeit nur die Wahl zwischen zwei Wegen. Sie kann entweder von jeder Zwangsregulierung der Markterscheinungen absehen und damit das, was man die Souveränität der Käufer genannt hat, wiederherstellen. Oder sie muß Schritt für Schritt weiter gehen in ihren Anordnungen, bis sie schließlich bei der vollen Planwirtschaft, dem Sozialismus, angelangt ist.“ [33]

Aus diesem Zitat lassen sich zwei Gedanken ableiten über v. Mises Anschauung des Mischsystems:

- Mischsysteme sind im Sinne der Grundentscheidung wohl möglich, aber systemineffizient,
- Mischsysteme sind nicht nur ineffizient, sondern auch labil, da sie Kräfte freisetzen, die sich gegen das System richten.

31 Vgl. Ludwig von Mises, Liberalismus, Jena 1927 und ders., Kritik des Interventionismus, Jena 1929.

32 Vgl. Erich Hoppmann (Hrsg.), Konzertierte Aktion, Kritische Beiträge zu einem Experiment, Frankfurt a. M. 1971, insbesondere die Aufsätze von Heuss, Woll und Dürr.

33 Artikel Liberalismus (II), Wirtschaftlicher Liberalismus von Ludwig von Mises, in: HdSW, Bd. 6 (1959), S. 596–603, hier: S. 601.

Wirtschaftssysteme sind also kein Zustand, sondern ein dauernder Prozeß mit einer systemeffizienten Richtung. Hingegen basieren Mischsysteme auf Interventionen, die weitere Interventionen nach sich ziehen, wenn die ursprünglichen Interventionen nicht revidiert werden.

c) Zusammenfassung

- Konkrete, historische Wirtschaftssysteme können nicht statisch gesehen werden; sie befinden sich in ständiger Entwicklung. Da sich Wirtschaftssysteme in einem ständigen Entwicklungsprozeß befinden, ist die Möglichkeit einer Konvergenz verschiedener Systeme nicht auszuschließen.
- die Konvergenz einiger Merkmale konkreter Wirtschaftssysteme, die im Sinne der Konvergenzdiskussion systemrelevant sind, sagt noch nichts aus über eine Konvergenz der Systeme im Sinne der Grundentscheidung.
- Merkmale, die im Rahmen der Grundentscheidung konstitutiv sind, können ebenfalls konvergieren. Hier jedoch stellt sich sofort das Problem der Systemeffizienz.

3. Die Problematik ökonomischer Entwicklungsgesetze

Hier geht es um die Frage, ob Konvergenz mehr als nur eine Möglichkeit darstellt, ob also Konvergenzentwicklungen mit einer Art Zwangsläufigkeit verbunden sind. Wir sind oben schon kurz auf diese Frage eingegangen und wollen hier nur einige Bemerkungen anschließen. Der Behauptung, daß sich ein Wirtschaftssystem in einer bestimmten Phase auf dem Wege zur Konvergenz befindet, liegt ein Denkschema zugrunde, das davon ausgeht, daß historische Ereignisse in bestimmten, gelenkten Bahnen verlaufen. Dieses Denkschema ist sehr alt. Man nennt es „Historismus" oder „Historizismus" [34]. Der Historismus bildet Theorien über den Geschichtsablauf. Theorien müssen prinzipiell revidierbar sein. [35] Nur auf einer solchen Grundlage ist Kritik möglich.

Eine Betrachtung ökonomischer Entwicklungsgesetze zeigt, daß sie weder für eine Beschreibung der Realität, noch zu ihrer Erklärung und schließlich auch nicht für eine Prognose der Zukunft geeignet sind. Als Beispiel diene

---

34 Vgl. zum Folgenden Karl R. Popper, Das Elend des Historizismus, Tübingen 1965.

35 Vgl. Hans Albert, Theorie und Prognose in den Sozialwissenschaften, in: Ernst Topitsch, Logik der Sozialwissenschaften, Köln 1972[8] (Neue Wissenschaftliche Bibliothek, Bd. 6), S. 126, 143.

das Marx'sche ökonomische Bewegungsgesetz, das einen Geschichtsablauf vom Feudalismus über den Kapitalismus zum Sozialismus beschreibt und festlegt. Der Feudalismus ist eine europäische Erscheinung. Damit sind für die Deskription außereuropäischer Entwicklungen erhebliche Schwierigkeiten gegeben, wenn sie nicht sogar unmöglich werden. Das Marx'sche Bewegungsgesetz kann weiter z. B. so ein Phänomen wie den Nationalsozialismus nicht erklären. Auch die Ersetzung des Begriffes Nationalsozialismus durch Faschismus hilft hier nicht weiter. Schließlich zum prognostischen Wert von Entwicklungsgesetzen: hier liegt ihre Hauptanziehungskraft, aber auch ihre größte Anfechtbarkeit: Der Verfall des Kapitalismus, den Marx und seine Nachfolger prognostiziert haben, ist nicht eingetreten.

Es erhebt sich die Frage, wie eine Theorie weiterexistieren kann, die sich bereits als falsch erwiesen hat. Die Antwort lautet: die Theorie wird sukzessive immunisiert. Die Immunisierungsstrategie für die Erhaltung von Entwicklungsgesetzen verfügt über drei Möglichkeiten:

— Man kann eine neue Phase in das Entwicklungsschema einführen. Dies ist z. B. der Fall gewesen bei den Theoretikern, die den *Imperialismus* als zusätzliche Phase in das Marx'sche Bewegungsgesetz eingeführt haben. Da heute der Sozialismus immer noch auf sich warten läßt, werden wir mit der Lehre vom *Spät-Kapitalismus* konfrontiert.

  Eine falsifizierte Theorie wird also nicht nur durch eine neue ersetzt, sondern es kommt zu einer überarbeiteten Fassung der alten Theorie.

— Man kann Ad-hoc-Hypothesen einführen. Hier handelt es sich darum, Widersprüche zwischen der Theorie und der Realität wegzuintegrieren. Als Beispiel sei die Integration des schon erwähnten Nationalsozialismus in das Marx'sche Bewegungsgesetz erwähnt.

— Der Zeitpunkt der Erfüllung der Prognose wird in eine möglichst ferne Zukunft gelegt. Dies ist die sicherste Methode der Immunisierung. So sagt Sweezy: „Von einem globalen Standpunkt aus kann sich der Übergang sehr wohl lang ausgedehnt und stufenweise vollziehen, und er kann viele Phasen durchlaufen, die sich betont voneinander unterscheiden." [36]

Diese Strategien immunisieren die Entwicklungstheorie nicht nur, sondern sie entleeren sie auch von jedem Inhalt. Dadurch fehlt den Entwicklungsgesetzen auf die Dauer der informative Gehalt, das Gesetz kann an keiner

---

36 Paul M. Sweezy, Theorie der kapitalistischen Entwicklung, edition suhrkamp 433, Frankfurt a. M. 1970, S. 413.

Erfahrung mehr scheitern, weil es inhaltsleer ist. Es wird zur reinen Prophetie und eignet sich für seine Vertreter als Rechtfertigungsideologie.

4. Ergebnis

Nach diesen Überlegungen zum logischen Gehalt der Konvergenzthese, zum Problemkreis Wirtschaftspolitische Grundentscheidung und Mischsystem, sowie über die Problematik ökonomischer Entwicklungsgesetze können wir jetzt folgendes Ergebnis zusammenfassen:

— Wir unterscheiden nach der Art des für die Gesamtordnung gewählten Koordinierungsprinzips (wirtschaftspolitische Grundentscheidung) verschiedene Wirtschaftssysteme.

— Mischungen von Elementen verschiedener Wirtschaftssysteme (Mischsysteme) sind möglich, aber mit einer Beeinträchtigung der Systemeffizienz verbunden.

— Thesen über eine Konvergenz, Divergenz oder Transformation von Wirtschaftssystemen sagen nichts über eine Zwangsläufigkeit der Entwicklung aus. Entwicklungsgesetze haben die Funktion von Rechtfertigungsideologien im Hinblick auf die Erhaltung, Veränderung oder Transformation von Wirtschaftssystemen. Die Konvergenzthese hat deswegen auch nicht den Charakter einer wissenschaftlichen Theorie, sondern stellt eine Prophezeiung dar, die aus politischen Gründen abgegeben wird.

Die Entwicklung eines Wirtschaftssystems in Richtung auf die Zukunft ist offen. Es kann jedes Wirtschaftssystem durch wirtschaftspolitische Maßnahmen gestaltet werden, und die wirtschaftspolitischen Maßnahmen sind im Hinblick auf die Systemeffizienz zu beurteilen.

IV. DER POLITISCHE GEHALT DER KONVERGENZTHESEN

Ungeachtet der dargestellten Anfechtbarkeit der Konvergenzthese findet sie gerade im politischen Bereich in jüngster Zeit einen erstaunlichen Widerhall. So kann man ohne Übertreibung feststellen, daß die ganze Ostpolitik nach 1969 so etwas die Konvergenzpolitik ist [37]. Nach Willy

---

37 Vgl. den jüngst erschienenen Bd. 15 der Untersuchungen und Beiträge zu Politik und Zeitgeschehen, hrsg. von der Politischen Akademie Eichholz: Franz Heubl u. a., Konvergenz – Koexistenz oder Zusammenarbeit in Europa, Bonn 1973.

Brandts Bekenntnis zur Konvergenz wurde das besonders deutlich durch die Überschrift, die Egon Bahr der neuen Ostpolitik gab: „Wandel durch Annäherung." Diese Aussage beinhaltet, daß die eigene Annäherung mit der Hoffnung auf den Wandel der anderen Seite verbunden wurde. Konkret ist an dieser Aussage nur die Transformation des eigenen Standortes; der erhoffte Wandel der anderen Seite bleibt Fiktion.

Man muß sich auch fragen, wie es überhaupt zu dieser Hoffnung hat kommen können angesichts der eindeutigen Absagen gegenüber der Konvergenzthese, die von östlicher Seite erteilt werden. Da heißt es z. B. bei Rose unter der Überschrift „Konvergenztheorie und imperialistische Strategie gegenüber der sozialistischen Welt": „Die Konvergenztheorie stellt neben der Evolutionstheorie und der vom bürgerlichen Nationalismus ausgehenden Theorie von der ‚Erosion des Ostblocks' eine der wichtigsten konzeptionellen Grundlagen für die imperialistische Strategie der Aufweichung, Spaltung und Zersetzung des Sozialismus dar." [38] Und Meissner warnt vor der Konvergenzthese mit folgenden Überlegungen: „Wenn z. B. der Begriff der Konvergenz zum festen Bestandteil heutiger bürgerlicher Ideologie geworden ist, wenn sich damit die reaktionäre Illusion einer ‚einheitlichen Industriegesellschaft' verbindet, wenn dieser Begriff zu einem wichtigen Instrument der antikommunistischen Propaganda gemacht wurde – und wenn dieser gleiche Terminus, wenn auch in eingeschränktem und abgewandeltem Sinne, auch von uns verwendet wird, so werden die grundsätzlichen Unterschiede verwischt, die Möglichkeit ideologischer Kompromisse wird eröffnet, die Möglichkeit und Notwendigkeit einer klaren Stellungnahme zu diesen Fragen wird verdeckt. Der Prozeß der sozialistischen Bewußtseinsbildung und theoretischen Klärung ideologischer Fragen wird dadurch gehemmt." [39]

Diese von grundsatzpolitischen Vorbehalten gekennzeichnete Aussage über die Konvergenzproblematik wird – wenn auch selbstverständlich von einer ganz anderen Position her – sicher von vielen westlichen Denkern geteilt. So sagt z. B. auch Gräfin Dönhoff in ihrer Rede anläßlich der Verleihung des Friedenspreises des Deutschen Buchhandels im Jahre 1971 „Im ersten Teil dieser Darlegung (gemeint ist die Rede, K. W.) könnte man resümieren, daß die Gesetze der modernen industriellen Gesellschaft tat-

38 Günther Rose, Konvergenz der Systeme/Legende und Wirklichkeit, Köln 1970, S. 156 f. Vgl. auch ders., „Industriegesellschaft" und Konvergenztheorie. Genesis, Strukturen, Funktionen, Berlin (Ost) 1971.

39 Herbert Meissner, Konvergenztheorie und Realität, Berlin (Ost) 1969, S. 117.

sächlich so zwingend sind, daß sie die Verschiedenartigkeit der beiden Gesellschaftssysteme überdecken, also im wirtschaftlichen Bereich eine Annäherung von Kapitalismus und Kommunismus erfolgt. Gleiches läßt sich im zweiten Teil, der von den geistigen Vorstellungen, dem Selbstverständnis der konkurrierenden Systeme handelt, nicht sagen." [40]

Die Konvergenzthese ist also allenfalls etwas für Ökonomisten, für Leute, die ausschließlich wirtschaftlich zu denken bereit sind. Und wenn man sich die Publikationen ansieht zur Konvergenzproblematik – sie stammen fast ausschließlich aus dem Bereich der Wirtschaftswissenschaften. Die Wirtschaftswissenschaft aber ist eine Instrumentalwissenschaft, was aber besagt eine Konvergenz der Instrumente? Nur Ökonomen wie Tinbergen können aus einer Konvergenz der Instrumente (Planungstechniken) die Idee (Spekulation) einer Konvergenz der Systeme ableiten. Hier sind die übrigen Sozialwissenschaftler vorsichtiger, zumindest solange sie nicht Politiker werden. Denn das ist das Erstaunliche: Irgendwo gibt es einen Punkt, wo wider besseres Wissen der Wunsch durchbricht, die Theorie oder die vermeintliche Theorie – und sei sie noch so brüchig – in die Tat umzusetzen. Hier ereignet sich sozusagen der dialektische Sprung von der Theorie in die Praxis. Diesem Bruch unterliegt auch Gräfin Dönhoff. Wenige Sätze nach der oben angeführten Erkenntnis fordert sie angesichts der Hochkonjunktur der Ostpolitik im Jahre 1971: „Nicht die Wirtschafts*theorie* – mit oder ohne Privateigentum – ist das Entscheidende, sondern die Wirtschafts*politik*, also das, was die Menschen aus der jeweiligen Theorie machen." [41] Als ob man aus einer Theorie etwas anderes machen könnte als das, was sie eben aussagt. Und das führt dann zu nichts oder zu einer gefährlichen Entwicklung, wenn die Theorie keine Theorie, sondern eine Fiktion ist. Deswegen ist die Konvergenzthese als Theorie oder Quasitheorie eine interessante intellektuelle Spielerei, die nicht weiter von Bedeutung wäre, wenn ihr zentrales Anliegen nicht ein politisches wäre. Das haben die Kommunisten begriffen. Deswegen bekämpfen sie die Konvergenzthese als antikommunistische Ideologie und vertreten die Transformationsthese im Sinne des Marx'schen Bewegungsgesetzes der Geschichte. Im übrigen aber rankt sich um den Konvergenzgedanken eine Fülle von Blütenträumen: „Die These von der Konvergenz kommt mancherlei Bedürfnissen entgegen und erweckt mancherlei Hoffnungen.

---

40 Marion Gräfin Dönhoff, „Es wird keine heroische Epoche sein", Rede bei der Verleihung des Friedenspreises des deutschen Buchhandels, in: FAZ vom 18. 10. 71. Vgl. den Unterschied zum optimistischen Sorokin.

41 ebd.

Den Amerikanern und Westeuropäern verheißt sie den einzigen weithin erkennbaren Ausweg aus einem hoffnungs- und endlosen Machtkampf. Den Neutralisten bietet sie die historische Rechtfertigung für ihre Position. Den Titoisten liefert sie den Beweis für die Berechtigung ihrer Absonderung von der übrigen Kommunistischen Gemeinschaft. Den chinesischen Kommunisten dient sie als Erklärung, warum sie im Gegensatz zu den Sowjets dem orthodoxen Marxismus-Leninismus unverbrüchlich treu bleiben. So ist die Konvergenztheorie nicht nur eine abstrakte intellektuelle Position, sondern auch eine Quelle des Optimismus für viele und eine Quelle der Rechtfertigung für alle.“ [42]

V. ZUSAMMENFASSUNG

1. Der Konvergenzbegriff entstammt den Naturwissenschaften. Übertragen auf das sozialwissenschaftliche Forschungsgebiet der vergleichenden Systemforschung versteht man unter Konvergenz die Lehre, daß es zu einer Annäherung oder gar Verschmelzung der Wirtschaftssysteme in Ost und West komme.
2. Wir unterscheiden zwei Transformationsvarianten (die östliche und die westliche), die eigentliche Konvergenzthese und die Lehre von den parallel sich entwickelnden modernen Industriegesellschaften.
3. Konkrete, historische Wirtschaftssysteme können nicht statisch gesehen werden; sie befinden sich in ständiger Entwicklung. Daher ist eine Konvergenz verschiedener Systeme nicht auszuschließen.
4. Die Konvergenz einiger Merkmale konkreter Wirtschaftssysteme, die im Sinne der Konvergenzdiskussion systemrelevant sind, sagt nichts aus über eine Konvergenz der Systeme im Sinne der Grundentscheidung.
5. Merkmale, die im Rahmen der Grundentscheidung konstitutiv sind, können ebenfalls konvergieren. Eine solche Konvergenz wirft das Problem der Systemeffizienz auf.
6. Thesen über eine Konvergenz, Divergenz oder Transformation von Wirtschaftssystemen sagen nichts über eine Zwangsläufigkeit der Entwicklung aus. Entwicklungsgesetze haben die Funktion von Rechtfertigungsideologien im Hinblick auf die Erhaltung, Veränderung oder

42 Brzezinski/Huntington, a.a.O., S. 26.

Transformation von Wirtschaftssystemen. Die Konvergenzthese hat deswegen auch nicht den Charakter einer wissenschaftlichen Theorie, sondern sie stellt eine Prophezeiung dar, die aus politischen Gründen abgegeben wird.

VI. KONTROLLFRAGEN

1. Welche Unterschiede bestehen zwischen der Anwendung des Konvergenzbegriffes im naturwissenschaftlichen und im sozialwissenschaftlichen Bereich?
2. Welche Arten der Konvergenz kann man unterscheiden?
3. Welche Aussagen sind in der Konvergenzthese enthalten?
4. Welche Unterschiede bestehen zwischen der Beschreibung des Wirtschaftssystems in der Konvergenzdiskusson und in der Diskussion um die wirtschaftspolitische Grundentscheidung?
5. Was ist ein Mischsystem?
6. Welche Aussagen kann man über die Systemeffizienz eines Mischsystems machen.
7. Was besagt die Unvereinbarkeitshypothese?
8. Was sind ökonomische Entwicklungsgesetze?
9. Warum haben die Konvergenzthesen eine solche Bedeutung?
10. Was halten Sie von den Konvergenzthesen?

VII. LITERATURHINWEISE

Raymond Aron, Die industrielle Gesellschaft. 18 Vorlesungen, Frankfurt/Hamburg 1964 (Fischer Taschenbücherei 636)

Wilfried von Bredow, Vom Antagonismus zur Konvergenz? Studien zum Ost-West-Problem, Frankfurt a. M. 1972

Erhard/Müller-Armack, Soziale Marktwirtschaft, Manifest '72, Frankfurt a. M. u. a. 1972, S. 200–211

John Kenneth Galbraith, Die moderne Industriegesellschaft, München/Zürich 1970 (Knaur Taschenbuch 219)

Karl R. Popper, Das Elend des Historizismus, Tübingen 1965

Karl R. Popper, Prognose und Prophetie in den Sozialwissenschaften, in: Ernst Topitsch (Hrsg.), Logik der Forschung, Köln 1972 [8] (Neue Wissenschaftliche Bibliothek, Bd. 6), S. 113–125

Günter Rose, Konvergenz der Systeme/Legende und Wirklichkeit, Köln 1970

Walt W. Rostow, Stadien wirtschaftlichen Wachstums, Eine Alternative zur Marxistischen Entwicklungstheorie, Göttingen 1967 [2]

Adalbert Rudnick, Die kommunistische Idee, Geschichte und Staat, Bd. 167/168, Olzog Verlag München 1972

Hans G. Schachtschabel, Wirtschaftspolitische Konzeptionen, Stuttgart u. a. 1971 [2]

Jan Tinbergen, Kommt es zu einer Annäherung zwischen den kommunistischen und den freiheitlichen Wirtschaftsordnungen? in: Hamburger Jahrbuch für Wirtschafts- und Gesellschaftspolitik, 8. Jahr, 1963, S. 11–20

VI
Internationale Wirtschaftsbeziehungen

Werner Allemeyer

Der Außenhandel der Bundesrepublik Deutschland

INHALT

I. EINLEITUNG:

DAS FÜR UND WIDER INTERNATIONALER WIRTSCHAFTSVERFLECHTUNG

In fast allen westlichen Industrieländern hat der Außenhandel in der Zeit seit 1960 jährlich stärker zugenommen als das Sozialprodukt. Das deutet auf eine besonders intensive Ausrichtung aller modernen Volkswirtschaften auf die Weltmärkte hin. Diese Aussage wird unterstützt mit dem Hinweis auf die zahlreichen internationalen Zusammenschlüsse, die ökonomisch induziert waren, wie die Europäische Gemeinschaft, die Efta, der Rat für Gegenseitige Wirtschaftshilfe im Ostblock, oder die weltweiten Bestrebungen zum Abbau der Handelshemmnisse zwischen den Nationen, die im General Agreement on Tariffs and Trade (GATT) institutionalisiert worden sind.

Ein Blick auf die deutsche Industrielandschaft belehrt uns, daß das bei uns vorhandene Industriepotential zu einem großen Teil gar nicht auszulasten wäre, wenn wir nicht ausländische Märkte mit unseren Gütern zu beliefern hätten.

Ein Blick in unsere Kaufhäuser oder in die Prospekte unserer Reisebüros belehrt uns auf der anderen Seite, daß wir unseren erreichten Lebensstandard heute zu einem großen Teil mit Hilfe ausländischer Güter und Leistungen realisieren.

Die Ölkrise und die vom Club of Rome prognostizierte Verknappung anderer Rohstoffe haben uns klargemacht, daß es sich hier durchaus nicht immer, nicht einmal in erster Linie, um den Import von Luxusgütern oder die Inanspruchnahme gehobener Leistungen des Auslandes handelt, sondern daß unsere Wirtschaft existentiell bedroht wäre, verfügte sie nicht über ausländische Beschaffungsmärkte.

Dieser positiven Beurteilung der internationalen Verflechtung einer Volkswirtschaft steht eine negative gegenüber. Sie weist auf das politische Versorgungsrisiko hin, das mit der Integration ausländischer Beschaffungsmärkte verbunden ist. Dem entspricht das Beschäftigungsrisiko, wenn wir die Dimensionierung unserer Kapazitäten weitgehend auf die Aufnahmefähigkeit ausländischer Absatzmärkte abgestellt haben. In kurzfristiger Betrachtung wird von den Kritikern einer liberalen Außenhandelspolitik und der damit zwangsläufig verbundenen engen internationalen Wirtschaftsverflechtung auf die konjunkturpolitischen Probleme wie die importierte Inflation und auf spekulative Geldzuflüsse Bezug genommen.

Ziel dieses Beitrags ist es, in diesem oft heftig geführten Streit ein abgewogeneres Urteil zu den jeweils beklagten oder begrüßten Ergebnissen der internationalen Wirtschaftsverflechtung zu ermöglichen.

II. DIE INTERNATIONALE WIRTSCHAFTSVERFLECHTUNG UNTER DEM ASPEKT DER WOHLSTANDSSTEIGERUNG

1. Der internationale Güter- und Leistungsaustausch

Wir wollen uns in einem ersten Teil unserer Überlegungen zum Außenhandel den langfristigen, strukturellen Fragen zuwenden und dabei untersuchen, welchen Beitrag der Außenhandel zum Leistungsniveau und zum Lebensstandard einer Volkswirtschaft leisten kann und welche langfristigen, strukturellen Probleme dann auftauchen.

a) Die Beseitigung von Mängellagen

Eine moderne Industriewirtschaft zeichnet sich u. a. durch die Vielzahl und die Vielgestaltigkeit ihrer Produkte aus, ferner dadurch, daß das technisch-organisatorische Wissen der Bevölkerung diese Volkswirtschaften weit über das Niveau hinausgehoben hat, das die auf dem Territorium vorfindbaren Rohstoffe ermöglichen. Das gilt insbesondere für die west- und mitteleuropäischen Volkswirtschaften, die auf einem in diesem Sinne kleinen Territorium ein bedeutendes Industriepotential aufgebaut haben. Nehmen wir als Beispiel die Bundesrepublik, wo sich dieser Fall besonders gut studieren läßt.

Die mit der industriellen Revolution einsetzende Entwicklungsphase, die Walt Whitman Rostow so glänzend analysiert und beschrieben hat [1], basierte auch bei uns auf den vorhandenen Rohstoffen für den schwerindustriellen Bereich (Erz, Kohle) sowie den Möglichkeiten der landwirtschaftlichen Überproduktion [2]. Die zunehmende Erschöpfung dieser Rohstoffe war jedoch nicht von einer entsprechenden Verlangsamung des

---

1 Rostow, W. W., Stadien wirtschaftlichen Wachstums, Göttingen 1967.
2 Vgl. den Beitrag von R. Clapham in diesem Band.

Wachstumstempos begleitet, sondern konnte durch steigende Importe der benötigten Materialien kompensiert werden. Zahlreiche Rohstoffe, über die wir praktisch selbst nicht verfügen, wie Erdöl, Kupfer, Salpeter usw. wären auch in den Erzeugerländern wertlos, könnte sie nicht das technisch-organisatorische Wissen der hochentwickelten Industrieländer als wertvolle Faktoren in einen produktiven Prozeß einbringen. Andererseits wäre aber auch dieses Wissen ohne diese seine Objekte wertlos. In der Außenhandelsstatistik der Bundesrepublik stellten sich diese Überlegungen wie folgt dar:

Import von Rohstoffen in der Bundesrepublik Deutschland

	in Mrd. DM	in % der Einfuhr		in Mrd. DM	in % der Einfuhr
1962	8,82	17,8	1969	14,49	14,8
1963	9,36	17,9	1970	14,81	13,5
1964	10,92	18,6	1971	15,87	13,2
1965	11,43	16,2	1972	15,86	12,3
1966	11,82	16,3	1973	18,75	12,9
1967	11,83	16,9	1974	34,65	19,3
1968	13,64	16,9	1975 (geschätzt)	28,80	16,3

3 Quelle: Statistische Beihefte zu den Monatsberichten der Deutschen Bundesbank, Reihe 3, Oktober 1975.

Der relative Rückgang der Rohstoffimporte widerspricht dabei keineswegs den obigen Ausführungen. Dieses Phänomen ist lediglich darauf zurückzuführen, daß innerhalb des gesamten Sozialprodukts und damit auch innerhalb des Außenhandels die Güter der gewerblichen Wirtschaft wertmäßig steigende Bedeutung haben, weil die beteiligten Personal- und Kapitalkosten in der Preiskalkulation besonders hoch zu Buche schlagen. Bis etwa 1974 war noch festzustellen, daß der Weltmarkt die Rohstoffe tendenziell mit langfristig geringer steigenden (häufig sogar stagnierenden oder sinkenden) Preisen bewertete, während die Erzeugnisse der Industrienationen sich stärker steigender Preise erfreuen konnten. Die Folge derartiger Preisentwicklungen war, daß die Industrienationen immer weniger Anstrengungen zu unternehmen brauchten, um die Güter der Rohstofflieferanten zu kaufen, die Preisentwicklung kam ihnen entgegen. Man bezeichnet dieses Verhältnis von Exportgüterpreisen zu den Importgüterpreisen als die terms of trade. Um die Preise für verschiedene Güter vergleichbar zu machen, muß man natürlich einen Index bilden und erhält dann die

$$\text{terms of trade} = \frac{\text{Exportgüterpreisindex in \$}}{\text{Importgüterpreisindex in \$}}$$

Man spricht von einer Verbesserung der terms of trade, wenn der Ausdruck größer wird.

Die terms of trade zwischen Industrie- und Entwicklungsländern zeigten in langfristiger Betrachtung folgendes Bild: [4]

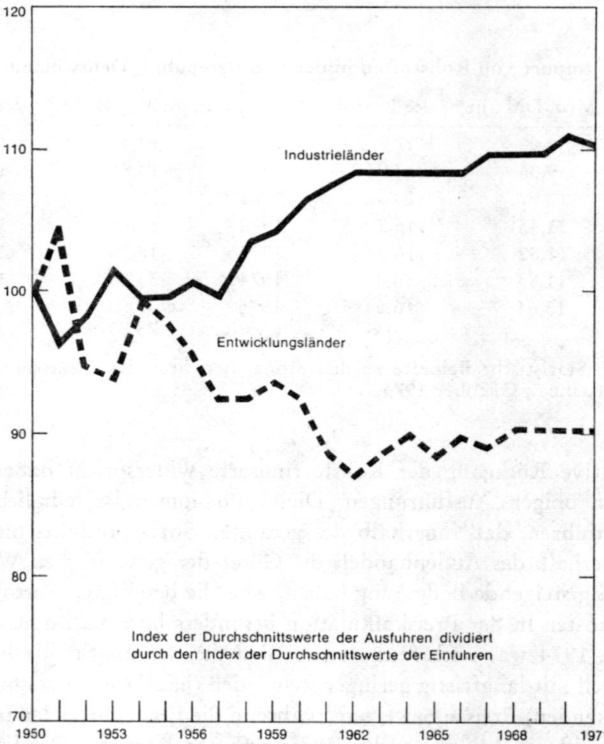

Die zunehmende Verknappung der Rohstoffe, insbesondere die erhebliche Verteuerung des Rohöls, wird dieses Bild verändern. Allerdings ist nicht ohne weiteres anzunehmen, daß sich damit die terms of trade für die Indu-

4 Quelle: Finanzierung und Entrichtung, Vierteljahresheft des Internationalen Währungsfonds, 11. Jg. (1974), Nr. 1, S. 14.

strieländer eindeutig und nachhaltig verschlechtern, weil mit dieser Verteuerung der Importgüter eine weltweite inflationäre Preisentwicklung in den Industrieländern verbunden war, wodurch auch der Zähller der Terms-of-trade-Formel vergrößert wird.

b) Die Erweiterung der Güterpalette

Bleiben wir noch eine Weile beim Import, und unterscheiden wir nach der Dringlichkeit und Unverzichtbarkeit der aus dem Ausland bezogenen Güter jetzt solche, die nicht wie die eben besprochenen Rohstoffe an der Basis der Produktionsleiter benötigt werden, so geraten auf der Konsumstufe jetzt Güter und Leistungen des gehobenen Bedarfs in unser Blickfeld. Dabei wird deutlich, daß wir unseren allgemeinen Wohlstand in zunehmendem Maße auf Auslandsmärkten realisieren. Der internationale Tourismus ist das augenfälligste Beispiel dafür. Wie die folgende Übersicht zeigt, hat kaum eine gesamtwirtschaftliche Größe solche monetären Wachstumsraten auszuweisen wie die Ausgaben für Reisen ins Ausland.

Jahr	Ausgaben in Mrd. DM	⌀ jährl. Steigerung
1960	2,6	
1965	5,3	21 %
1970	10,2	19 %
1972	14,5	21 %
1974	18,2	13 %

Zahlreiche weitere Belege dafür, daß die Objekte unseres Wohlstandes immer häufiger aus dem Ausland stammen, ließen sich leicht finden. Das sei jedoch dem Leser überlassen.

c) Produktionskosten-Unterschiede

Bisher wurde die Notwendigkeit bzw. die Vorteilhaftigkeit des Imports aus dem Ausland damit begründet, daß die fraglichen Güter im Inland nicht hergestellt, bzw. die Leistungen nicht gewährt werden konnten. David Ricardo (1772–1823) hat nachgewiesen, daß internationaler Handel auch dann ökonomisch zweckmäßig sein kann, wenn die Möglichkeit zur Güterproduktion zwar im Inland sowohl als auch im Ausland gegeben ist, wenn also grundsätzlich die untersuchten Volkswirtschaften autark sind, aber unterschiedliche Kosten bei der Güterproduktion auftauchen. Seine Forderung lautet dann, ein Land solle auf die Herstellung solcher Güter verzichten, die das Ausland kostengünstiger herstellen kann, es solle seinen Bedarf daran mit Hilfe von Importen decken und diese mit den Gütern bezahlen, die es im Vergleich zum Ausland selbst kostengünstiger erstellen kann. Auf die Herstellung dieser Güter solle dann das Ausland verzichten. Im Ergebnis hätten sich dann beide Länder aufgrund ihrer jeweiligen Kostenvorteile spezialisiert. Ein Zahlenbeispiel möge das verdeutlichen:

	Großbritannien		Bundesrepublik	
Tuch	50	(100)	70	(–)
Wein	75	(–)	55	(110)
	125	(100)	125	(110)

Die autarke Versorgung mit Wein und Tuch kostet pro Einheit (Ballen bzw. Tonne) in G. B. und in der BRD 125 Arbeitsstunden. Richten sich beide Länder nun nach Ricardos Vorschlag (Zahlen in Klammern), erzeugen sie die doppelten Mengen mit (hier unterstellt) doppelten Kosten und versorgen sie mit dieser Mehrproduktion jeweils die andere Volkswirtschaft, so läßt sich der alte Versorgungsstand mit Tuch und Wein jetzt mit geringerem Aufwand realisieren. Man bezeichnet diese Erklärung für die Vorteilhaftigkeit des internationalen Handels als das „Theorem der absoluten Kostenvorteile". Es dürfte aufgefallen sein, daß dieses Modell den internationalen Handel nur prinzipiell begründen, jedoch der Vielgestaltigkeit der Realität nicht gerecht werden kann. Transportkosten wären hinzuzurechnen (was allerdings auch im inländischen Handel gilt, wo eine in Duisburg nachgefragte Ware aus München kommend höhere Transportkosten hat als wenn sie aus Rotterdam kommt). Die Tatsache, daß beide Volkswirtschaften des Beispiels annähernd gleich groß sind, täuscht darüber hinweg, daß häufig nur eine partielle Mitversorgung einer anderen Volkswirtschaft innerhalb der Möglichkeiten eines Landes liegt, so daß nur ein teilweiser Produktionsverzicht des größeren Landes in Frage kommt. Vom Risiko einer vollkommenen Spezialisierung wird später noch die Rede sein.

Ökonomisch am ergiebigsten sind Überlegungen zum Kostenverlauf bei einer Ausweitung der Produktion (hier Verdoppelung). Nehmen wir etwa als Beispiel die Weinproduktion in der Bundesrepublik, so ist leicht einsichtig, daß die Unterstellung eines linearen Gesamtkostenverlaufs (doppelte Menge = doppelte Arbeitseinsätze) unrealistisch ist, daß vielmehr mit einer notwendigen Bearbeitung schlechterer Lagen ein überproportionaler Anstieg der erforderlichen Arbeitsstunden zu erwarten ist. Genau das Gegenteil wäre im Falle der Tuchproduktion denkbar. Hier könnte nämlich die Ausweitung der Produktion neue Möglichkeiten der Rationalisierung eröffnen, so daß einer Verdoppelung der Produktion nur eine vielleicht 70 %ige Zunahme der erforderlichen Arbeitsstunden entspräche. In beiden Fällen haben wir es mit einem sogenannten ertragsgesetzlichen Kostenverlauf zu tun [5].

Das Beispiel, mit dem David Ricardo seine Überlegungen vorgestellt hat, lautete folgendermaßen:

	Groß-Britannien		Portugal	
Tuch	100	(200)	90	(–)
Wein	120	(–)	80	(160)
	220	(200)	170	(160)

Hier verfügt also ein Land sowohl in der Wein- als auch in der Tuchproduktion über Produktionskostenvorteile gegenüber dem anderen. Trotzdem ist es, wie die Zahlen in Klammern zeigen, vorteilhaft, sich jeweils vollkommen zu spezialisieren, und zwar auf die Produktion des Gutes, das man vergleichsweise kostengünstiger herstellen kann als das andere Gut. Deshalb wurde das Ricardo-Theorem auch das „Theorem der komparativen Kostenvorteile“ genannt. Hier soll seine Nennung nicht der historischen Wahrheit wegen erfolgen, sondern weil für den gegenwärtigen internationalen Güteraustausch daraus abzuleiten ist, daß tatsächlich im Zuge der Intensivierung der Außenhandelsbeziehungen auch solche Produktionszweige in Bedrängnis geraten können, die gar nicht kostenungünstiger produzieren als ihre Konkurrenten im Ausland, z. B. könnte das für die deutsche Landwirtschaft im Vergleich zur französischen gelten, wenn etwa die deutsche chemische Industrie gegenüber der französischen derartige komparative Vorteile hat. Wie diese paradoxe Markteroberung in der Praxis vor sich geht, kann hier nur angedeutet werden: Die Wechselkurse werden sich so entwickeln, daß die Kostenvorteile schrumpfen, mit der Folge, daß nur der größere (komparative) Vorteil übrig bleibt.

d) Massenproduktionsvorteile

Der obengenannte Fall, bei dem eine Ausweitung der Produktion mit Hilfe des Außenhandels – quasi als angenehme Begleiterscheinung – sinkende Stückkosten ergab, kann sogar als eine in der Praxis besonders relevante eigenständige Erklärung für die Ausweitung des internationalen Handels ins Feld geführt werden. Die industrielle Produktion zeichnet sich

5 Vgl. dazu den Beitrag „Produktionsfaktoren und ihre Märkte“ in diesem Band.

häufig dadurch aus, daß sie erst bei einem bestimmten Massenabsatz ihre technischen Möglichkeiten voll ausschöpfen kann. Die Fließbandfertigung ist ein Beispiel dafür. Die begrenzten Aufnahmekapazitaten eines nationalen Marktes erlauben es nun aber häufig gar nicht, derartige „kritische Mengen", bei denen modernste Verfahren eingesetzt werden können, zu erreichen. Hier kann eine Ausweitung des Absatzes auf den Weltmarkt nicht nur die Rentabilität der Produktion im Erzeugerland steigern, sondern durchaus auch im Interesse aller inländischen und ausländischen Abnehmer erschwingliche Preise erst möglich machen. Man hat – auf nationaler Ebene – diesen Massenkonsum zu niedrigen Preisen (zwei Tatbestände, die sich wechselseitig bedingen) mit dem Schlagwort von der „Demokratisierung des Luxus" umschrieben. Eine sehr treffende Bezeichnung, die im nationalen Bereich solche einstigen Luxusgüter wie Autos, Fernseher, Kameras, Kühlschränke usw. erfaßt und in den Dimensionen des Weltmarktes – als „Demokratisierung des Superluxus – Computer, Düsenflugzeuge, Tourismus, Spezialmaschinen und zahlreiche „Überflüssigkeiten" ermöglicht, die bei lediglich nationalen Absatzmärkten niemals in Serie gefertigt werden könnten.

Der Leistungsvorteil von bevölkerungsmäßig großen Volkswirtschaften, wie etwa den USA gegenüber den kleineren europäischen, lag wesentlich in diesen sinkenden Stückkostenverläufen begründet, so daß man die europäische Integration von 1958, zumal den Anschluß ehemaliger Eftaländer 1973/1974, mit Recht ökonomisch derart begründen kann.

In Anbetracht der vorher geschilderten wechselseitigen Ergänzung von Industriewirtschaften und Rohstoff-Lieferanten mag es erstaunen, daß in den letzten 20 Jahren der Außenhandel zwischen den Industrieländern wesentlich stärker zugenommen hat als der Handel zwischen den hoch entwickelten und den Entwicklungsländern. Einer der Gründe dafür wurde eben erläutert. Die Unternehmen in den Industrienationen bringen unter Ausnutzung sinkender Stückkostenverkäufe immer neue Produkte über die Grenze zum Massenkonsum und intensivieren damit die Austauschbeziehungen zwischen Wohlstandsgesellschaften.

e) Das Risiko der internationalen Arbeitsteilung

Man kann, wie das Andreas Predöhl getan hat, die Entwicklung des internationalen Güteraustausches, die sich langfristig als Liberalisierung des Außenhandels darstellt, charakterisieren als Überwindung des staatsräumlichen Denkens zugunsten der wirtschaftsräumlichen Betrachtung, womit sich mehr und mehr „natürliche“ anstelle von staatspolitisch verzerrten Austauschbeziehungen ergeben. Diese Entwicklung wurde zunächst auch aus ökonomischer Sicht mit Euphorie betrachtet; es sei an die Europa-Bewegungen nach 1958 erinnert, die erst allmählich der nüchternen Erkenntnis wich, daß nationale wirtschaftspolitische Souveränität und internationale wirtschaftsräumliche Verflechtung einander feindlich gesinnt sind. Das betrifft einmal die konjunkturelle Verflechtung, worauf später einzugehen ist, und zum anderen das Versorgungs- und Preisrisiko einer Volkswirtschaft, die nach dem Ricardo-Theorem eigene Produktionsstätten aufgegeben und sich auf Importe eingestellt hat, oder das Absatz- und damit Beschäftigungsrisiko einer Wirtschaft, die ihre Kapazitäten im Hinblick auf Exportmärkte dimensioniert hat. Die internationale Wirtschaftsverflechtung setzt voraus, daß man sich auf die ausländischen Absatz- und Bezugsmärkte wie auf inländische verlassen kann. Das bedingt einen möglichst weitgehenden Verzicht der jeweiligen nationalen Wirtschaftspolitik auf Maßnahmen, die sich negativ für die ausländischen Handelspartner auswirken. Am besten ist es, wenn dieser Verzicht durch die schrittweise Ausgliederung von wirtschaftspolitischen Kompetenzen aus der nationalen Entscheidung und die Übertragung an eine supranationale Behörde institutionalisiert wird.

Wenn man sich darüber klar wird, daß die staatlichen Instanzen nicht die einzigen Träger der wirtschaftlichen Willensbildung sind, dann folgt daraus unmittelbar, daß auch unterschiedliche Strukturen, etwa des Gewerkschaftswesens, das Risiko des Außenhandels erhöhen können. In der ökonomischen Sprache der Theorie des Außenhandels würde man feststellen, daß zu dem Preis des Importgutes ein Risikozuschlag zu addieren wäre, der das Risiko der Versorgungsunsicherheit abdeckt, während vom erzielten Preis für das Exportgut ein Abschlag fiktiv zu abstrahieren wäre, der das Kapazitätsauslastungsrisiko abdeckt. Infolgedessen könnten sich die jeweiligen Kostenvorteile des anderen Landes nur beschränkt durchsetzen.

2. Internationaler Kapitalverkehr

Die Liberalisierung der Außenwirtschaft verfolgt das Ziel, nationale Produktionskostenvorteile zu nutzen, um so den internationalen Wohlstand zu steigern. Der mögliche Güterabsatz soll nicht durch die Enge des nationalen Marktes begrenzt werden. Derselbe Gedanke spricht für eine Freizügigkeit des internationalen Kapitalverkehrs: Die Nutzbarmachung der in einer Volkswirtschaft vergleichsweise besonders hohen Kapitalrentabilität soll nicht dadurch begrenzt werden, daß wegen der Erschöpfung des nationalen Kapitalmarktes keine investierbaren Fonds mehr zur Verfügung stehen. Die Freizügigkeit des Kapitalverkehrs fördert daher ebenso wie die Freizügigkeit des Güterverkehrs den internationalen Wohlstand. Auch hier gibt es jedoch, womöglich in noch stärkerem Maße als beim Güterverkehr aus nationaler Sicht Bedenken gegen eine uneingeschränkte Liberalisierung.

a) Der Transfer von „hot money"

Um die Motive und die Wirkungen internationaler Kapitalbewegungen zu erfassen, ist es zweckmäßig, zunächst die kurzfristigen, spekulativen Zwecken dienenden Bewegungen sogenannter „heißer Gelder" zu betrachten. Sie werden entweder durch die Erwartung einer Aufwertung der fremden Währung oder durch ein plötzlich auftretendes Zinsgefälle zwischen zwei Volkswirtschaften ausgelöst und verschwinden, wenn die Ursachen weggefallen sind, ebenso schnell wieder, wie sie gekommen sind. Die Wirkungen dieser Geldströme sind deswegen ausschließlich konjunktureller Natur, d. h. sie tendieren dazu, die Preisniveaustabilität und die Beschäftigungslage im Inland und im Ausland zu beeinflussen. Die Notenbank im Zielland dieser Ströme wird bemüht sein, den inländischen Wirtschaftskreislauf vor diesen Geldern zu schützen, weil sie in aller Regel ihre währungs- und konjunkturpolitischen Pläne durchkreuzen. Wir werden im konjunkturpolitischen Teil dieses Beitrages auf die Wirkung des „hot money" zurückkommen.

b) Das Problem der Kapitalflucht

Sonstige plötzlich und heftig einsetzende, aber auch kontinuierliche Übertragungen liquider Mittel auf eine andere Volkswirtschaft werden mit dem Begriff „Kapitalflucht" erfaßt. Diesen Geldströmen liegt in den Augen der Kapitaleigentümer des Fluchtlandes zumeist eine Erhöhung des politischen Risikos der Kapitalbindung im Inland zugrunde, etwa wenn politische Richtungen Einfluß gewinnen, die eine mehr oder weniger starke soziale Bindung des Kapitals oder Eingriffe in das Kapitaleigentum fordern. Ein derartiges Mißtrauen in die zukünftige Rentabilität des Kapitals kann auch durch eine allgemeine krisenhafte Entwicklung in dem Fluchtland gegeben sein. Derartige deflatorische Tendenzen werden hier durch den Geldabfluß noch verstärkt. Aus diesem Grunde wird die heimische Notenbank versuchen, Gegenmaßnahmen zu ergreifen. Der grundsätzlich die Nachfrage verstärkende Einfluß des ausländischen Geldes im Kapitalzuflußland wird normalerweise auch hier nicht begrüßt werden, entweder weil die konjunkturelle Entwicklung eine zusätzliche Spritze nicht verträgt oder weil es als unzweckmäßig angesehen wird, sich auf eine Nachfrage einzurichten, die eines Tages möglicherweise ebenso rasch und massiv wieder zurückgezogen wird.

Ein großer Teil der auf Schweizer Banken deponierten Gelder stellt derartiges Fluchtgeld dar, das häufig aus sich entwickelnden Ländern stammt, jedoch durchaus nicht aus Rentabilitätsgesichtspunkten in andere Volkswirtschaften eingespeist, sondern lediglich wegen unsicherer Erwartungen hinsichtlich der politischen, gesellschaftlichen Entwicklung im Heimatland in der Schweiz vor dem Zugriff geschützt wird. Dem Fluchtland gehen so Wachstumsimpulse verloren.

c) *Kapitalexporte*

Ein ganz anderer Fall ist der langfristig motivierte Erwerb von Produktivvermögen im Ausland. Zu diesem Zweck in Bewegung gesetzte Kapitalströme, die in aller Regel nicht plötzlich und massiv einsetzen, deuten auf fundamentale Unterschiede zwischen den Kapitalrentabilitäten in verschiedenen Volkswirtschaften hin. Diese Unterschiede können sich einmal aus steuerlichen Tatbeständen ergeben. Wenn nämlich die Besteuerung des Kapitalertrages sich in einer Volkswirtschaft signifikant verändert, wird zuweilen eine derartige Kapitalübertragung eingeleitet. Ein zweiter Grund für diese Störungen investierbarer Fonds ist in dem Produktivitätsgefälle zwischen Volkswirtschaften zu sehen. Ein derartiger Unterschied der ökonomischen Kapitalrentabilität kann einmal auf den unterschiedlichen Reifegrad verschiedener Volkswirtschaften zurückzuführen sein. Es gibt deutliche Anzeichen dafür, daß mit zunehmender Reife etwa von der industriellen zur postindustriellen Gesellschaft die Produktivitätsfortschritte immer kleiner werden, weil die Chancen der weiteren Rationalisierung immer geringer werden. Trifft das nun eine Volkswirtschaft wie etwa die amerikanische eher als eine andere wie etwa die bundesrepublikanische, so ergibt sich eine Tendenz zur amerikanischen Investition in der Bundesrepublik. Das ist jedoch nur ein Erklärungsgrund unter zahlreichen anderen. So vielfältig wie die Gründe für die unterschiedliche Leistungskraft zweier selbständiger Unternehmen sind die Gründe dafür, daß Produktivitätsunterschiede zwischen Volkswirtschaften bestehen. Sie können hier nicht ausgeführt werden.

Die unterschiedliche Rentabilitätsentwicklung im Fluchtland und der damit verbundene Abzug von Kapital läßt hier die Investitionen zurückgehen. Die Folge, die sich auf den ersten Blick abzeichnet, wäre ein Schrumpfungsprozeß in dieser Wirtschaft, was zu einem weiteren Kapitalentzug und einer allgemein sich verstärkenden Rezession führen würde.

In der Praxis sind nun die Wirkungen im Kapitalgeberland jedoch wesentlich komplexer und kaum eindeutig vorauszusagen. Die folgenden Überlegungen zu diesem Fall können in diesem Beitrag daher vor allem nur dazu dienen, zu zeigen, wie kompliziert zuweilen die Erfassung ökonomischer Beziehungen ist. Folgende Gesichtspunkte beeinflussen die Entwicklung:

1. Das Kapitalnehmerland ist letztlich nicht an den Zahlungsmitteln des Kapitalexportlandes, sondern an den damit zu erwerbenden Waren dieses Landes interessiert. Dazu werden zu einem großen Teil diese Zahlungsmittel verwendet werden. Geschieht das nicht von selbst dadurch, daß diese ausländischen Konsumgüter von Privaten verstärkt erworben werden, so wird wegen der Überschwemmung der Notenbank im Zuflußland eine Tendenz zur Aufwertung der eigenen gegenüber der zufließenden Währung ausgelöst, was die Ware des Kapitalexportlandes verbilligt. Dieser „Rückeffekt" wird nun dem ursprünglichen Entzugseffekt entgegenwirken und den Abschwung im Kapitalgeberland um so stärker bremsen, je schneller und je mehr das zu Investitionszwecken ins Ausland gegebene Geld ins eigene Land zurückfließt.
2. In welchem Ausmaß investierbare Fonds tatsächlich in den Kapitalnehmerländern verbleiben, hängt davon ab, ob diese anlagesuchende Währung als internationales Reservemedium anerkannt ist. Dann könnte dieses Anlagekapital zu einem großen Teil in den Tresoren der Notenbank gehalten werden, und ein Rückeffekt wäre nur über die Ankurbelung der Wirtschaft des Zuflußlandes und die dadurch möglicherweise ausgelösten zusätzlichen Käufe bei der Wirtschaft des Kapitalexportlandes denkbar.
3. Aufgrund der Investitionen wird das Kapitalexportland Zinsen (Dividenden) aus dem Kapitalnehmerland erhalten. Diese werden sogar höher ausfallen, als wenn im eigenen Land investiert worden wäre. Das Volkseinkommen des Kapitalgeberlandes wird daher nicht sinken.

Unter Einbeziehung dieses Tatbestandes kann also bei einer Übertragung von Investitionsmitteln von einer Volkswirtschaft an eine andere im Sinne der volkswirtschaftlichen Gesamtrechnung durchaus nicht von einer eindeutig negativen Auswirkung auf das Kapitalgeberland gesprochen werden.

d) Das Problem der Kapitalüberfremdung

Betrachten wir nun die Wirkungen von langfristigen Kapitalzuflüssen im Kapitalnehmerland, so gelten zunächst dieselben komplexen Überlegungen hinsichtlich der Auswirkung auf das Wachstum und die Struktur dieser Wirtschaft. Es werden vorhandene oder zu schaffende Vermögenswerte an Ausländer übertragen, und letztlich werden als Entgelt die Waren dieses Auslandes bezogen. Dabei werden in der Regel Investitionen getätigt, die ohne ausländisches Kapital nicht oder erst später getätigt worden wären. Die Kapazitäten dieser Volkswirtschaft werden vergrößert, sie wächst, schuldet jedoch die Entlohnung des Faktors Kapital (Zins) später zum Teil einer anderen Volkswirtschaft. Die mit Hilfe der ausländischen Investitionen neu geschaffenen Beschäftigungsmöglichkeiten zusätzlicher Arbeitskräfte bleiben jedoch (quasi territorial) an die empfangene Volkswirtschaft gebunden. Dieser Aufschwung der kapitalempfangenden Volkswirtschaft wird jedoch ebenfalls gebremst, weil die neu geschaffenen Kapazitäten immer schwieriger auszulasten sind, zumal wenn, wie oben ausgeführt, tendenziell die Güternachfrage des Kapitalexportlandes wegen der dort eingeleiteten Rezessionsphase zurückgeht.

Eine andere bisher noch nicht erörterte Folge derartiger Kapitalströme größeren Ausmaßes ist die manchmal damit verbundene Fremdbestimmung der inländischen Wirtschaft. Diese Befürchtung ist insbesondere in den westeuropäischen Ländern im Hinblick auf amerikanische Investitionen gegeben. In neuerer Zeit kommt die Erwartung hinzu, die Ölförderländer könnten ihre Milliardeneinnahmen zum schrittweisen Aufkauf der Industriewirtschaften verwenden.

Um diese Frage zu beantworten, sollte man zunächst zwischen der anonymen Inbesitznahme von Anteilswerten, also dem Kauf von Effekten (Portfolioinvestitionen), und den Direktinvestitionen unterscheiden. Portfolioinvestitionen suchen nichts anderes als die höhere Dividende; eine massive Einflußnahme auf die Geschäftspolitik und/oder eine Majorisierung der Unternehmen, deren Anteilswerte man erworben hat, ist nicht beabsichtigt. Daher wird, von Ausnahmen abgesehen, eine an typisch ausländischen Interessen orientierte Unternehmenspolitik nicht die Folge derartiger Beteiligungen sein.

Anders verhält es sich mit den Direktinvestitionen. Hier ist die im Vergleich zum Kapitalgeberland höhere Kapitalrendite nur ein häufig keineswegs erstrangiges Motiv. In erster Linie sollen dabei die erworbenen ausländischen Unternehmen in die Geschäftspolitik eines in der Regel internationalen Konzerns integriert werden. Wo man vor den Gefahren einer derart zustande gekommenen möglicherweise massiven Überfremdung einer nationalen Volkswirtschaft warnen will, muß man nachweisen, daß derartige ausländische Unternehmen wenigstens potentiell zum Nachteil der inländischen Bevölkerung arbeiten, während inländische Unternehmen diese Möglichkeit nicht hätten.

Da ist zunächst die Behauptung, ausländische Unternehmen würden ihre Gewinne ins Mutterland zurücktransferieren. Das ist unlogisch, solange und soweit Rentabilitätsgesichtspunkte die Geldanlage lenken. Dann werden nämlich die Gewinne in dem Land, in dem sie entstanden sind, auch wieder investiert, solange dort die Kapitalrentabilität noch größer ist. Fällt diese letztgenannte Voraussetzung weg, fließen natürlich die Gewinne in ein anderes Land, aber das gilt gleichermaßen für die von inländischen Unternehmen erzielten Gewinne.

Ebensowenig ist das Argument haltbar, die Ausländer würden sich im Falle einer krisenhaften Entwicklung schnell zurückziehen. Grundsätzlich wird bei einem so auftauchenden Produktivitätsgefälle auch das inländische Kapital Anlage im Ausland suchen. Ein „Rückzug" der bereits realisierten Investitionen (Betriebsstätten, Maschinen) ist ohnehin nicht möglich.

Eine Monopolisierung des inländischen Marktes ist durch ausländische ebenso möglich wie durch inländische Unternehmen und erfordert in beiden Fällen, damit sie sich nicht zum Nachteil der Bevölkerung auswirkt, eine entsprechende nationale Wettbewerbssicherung. Ein Verbot ausländischer Investitionen wäre ein falsches Mittel.

Wird eine derartige Monopolisierung durch technisch-organisatorische Überlegenheit der ausländischen Unternehmen begründet, wie das etwa für die amerikanische Datenverarbeitung gilt, so wäre es ebenso verhängnisvoll, dieses know how auszusperren, weil seine Nutzbarmachung für die heimische Wirtschaft wichtiger ist als die kostspielige Entwicklung einer autarken eigenen Versorgung mit derartigen hochtechnisierten Erzeugnissen. Einschränkend ist allerdings zu beachten, daß auch hier nach Möglichkeit der Wettbewerb evtl. als Importwettbewerb zu sichern ist.

Potentielle Gefahren einer Überfremdung sind dann gegeben, wenn z. B.

— im Falle einer qualifizierten Mehrheitsbeteiligung Gewinnmanipulationen mit der Muttergesellschaft praktiziert werden, um sich dem jeweiligen Steuersystem anzupassen. Dagegen ist das Argument zurückzuweisen, in solchen Fällen könne auch eine Geschäftspolitik zuungunsten nationaler Miteigentümer betrieben werden. Das gilt bei nationalen Mehrheitsaktionären gleichermaßen.

— im Falle einer weltweiten Absatzkrise vorrangig die Beschäftigung der Muttergesellschaft zu Lasten ausländischer Zweigunternehmen aufrecht erhalten wird.

Als Ergebnis bleibt festzuhalten, daß die Interessen der Weltwirtschaft für einen möglichst freien Kapitalaustausch sprechen, daß jedoch nationalstaatliche Argumente tendenziell gegen einen Kapitalexport und für einen Kapitalimport ins Feld zu führen sind, wobei im letztgenannten Fall die nationale Wirtschaftspolitik für die Wahrung der nationalen Interessen zu sorgen hat.

3. Die Freizügigkeit der Arbeit

Die einleitenden Bemerkungen zum Kapitel „internationaler Kapitalverkehr" sind sinngemäß auch auf die internationale Wanderung des Faktors Arbeit anzuwenden. Der Einsatz der Arbeitskräfte am Standort mit der größten Produktivkraft fördert den materiellen Wohlstand des jeweiligen Integrationsgebildes bzw. der Weltwirtschaft.

a) Die Interessen des Gastlandes

Im ökonomischen Sinne uneingeschränkt gilt das für das Gastland, das die ausländischen Arbeitskräfte beschäftigt. Hier, in den hochindustrialisierten Wirtschaften, wird der bedeutendste Engpaß der Gegenwart, der des Faktors Arbeit, erweitert, und damit ergeben sich neue Einsatzmöglichkeiten für den Faktor Kapital; das Wachstum erhält einen Impuls.

Mit Hilfe ausländischer Arbeitskräfte gelingt es den Gastländern auch häufig, eine bessere Auslastung ihrer Kapazitäten im Industrie- und Dienstleistungssektor zu erreichen, wenn nämlich saisonale Absatzzyklen vorliegen, was im tertiären Sektor ein häufiger und wegen der nicht gegebenen Lagerproduktions-Möglichkeiten ein besonders kritischer Fall ist. Wenn Gastarbeiter in saisonal schwachen Zeiten in ihre Heimat zurückkehren, entlasten sie die Gastländer von den Kosten dieser unproduktiven Phasen. Auch dieser Effekt bringt ein erhöhtes wirtschaftliches Niveau mit sich.

Veränderungen im Produktivitätsgefüge einer Wirtschaft erfordern unter dem Gesichtspunkt der Wachstumsförderung eine möglichst schnelle Anpassung (Mobilität) der Produktionsfaktoren [6]. Die Bindung der Gastarbeiter an ihre Umgebung ist nicht so ausgeprägt wie die der heimischen Arbeitskräfte; ihre Mobilität ist größer. Auch das hebt ihren Wert für eine Volkswirtschaft.

Im nicht oder nur indirekt ökonomischen Sinne stellen jedoch Gastarbeiter gerade unter dem letztgenannten Aspekt ein Problem dar, als ihnen häufig die Integration in die Gesellschaft des Gastlandes nicht gelingt. Ihr Aufenthalt gewinnt rein funktionalen Charakter, die jeweiligen aktuellen ökonomischen Bedingungen erhalten Prädominanz. Gastarbeiter lassen sich leichter als heimische Arbeiter auf kurzfristige Zielsetzungen – etwa in der Lohn- und Arbeitsbedingungspolitik – einschwören. Zusammen mit der zweifellos vorhandenen sozialen Entwurzelung können sich dann bei erheblichem Anteil der Gastarbeiter in einem Betrieb oder in einer Region durchaus ökonomisch relevante besondere Probleme der Unzufriedenheit ergeben. Unter anderem aus diesem Grunde betreiben viele Industrieländer eine restriktive Freizügigkeitspolitik, wenn ein Anteil von etwa 10 % an der Gesamtbeschäftigung erreicht ist.

b) Die Interessen des Heimatlandes

Für die Heimatländer der Gastarbeiter stellt sich der Export des Faktors Arbeit wie folgt dar:

1. Sie erhalten aus der Aktivseite eine Entlastung vom bisherigen Werteverzehr (Konsum) des Arbeiters.
2. Auf der Passivseite schlägt sich der Wegfall der bisherigen Werteschöpfung des Arbeiters nieder.

(Im Falle einiger stark unterentwickelter Länder oder Regionen in diesen Ländern genügt diese Rechnung bereits, um ein eindeutiges Interesse am

6 Vgl. den Beitrag „Produktionsfaktoren“ in diesem Band.

Export von Arbeitskräften zu begründen, weil wegen sehr niedriger Produktivität der Werteverzehr größer ist als die Werteschöpfung.)

Auf der Aktivseite taucht der Transfer des im Ausland erzielten Einkommens in das Heimatland auf, das dem Inland jetzt als Anspruch an das Ausland zur Verfügung steht.

Aus dieser Kalkulation mag deutlich geworden sein, daß die Parallele zum Kapitalexport deswegen nicht zu ziehen ist, weil das Kapital als Produktionsfaktor im Gegensatz zum Menschen kein wertverzehrender (konsumierender) Faktor ist. Ferner ergibt sich aus dem Export von Arbeitskräften immer ein Rückstrom des im Ausland verdienten Geldes, weil zumeist die Familien im Heimatland bleiben und/oder weil unabhängig von Rentabilitätserwägungen das ersparte Einkommen z. B. zum Kauf langlebiger Konsumgüter oder zu Investitionen im Heimatland verwendet wird.

Ein weiteres kommt hinzu, nämlich die automatisch mit dem im Produktionsprozeß einer hochindustrialisierten Volkswirtschaft verbundene Ausbildung des Gastarbeiters, die ihn nach der Rückkehr ins Heimatland zu einem im ökonomischen Sinne wertvolleren Wirtschaftsfaktor macht.

Zusammenfassend sei noch einmal an die Asymmetrie der Interessen beim Kapitalexport und bei der Abgabe von Arbeitskräften erinnert, die sich beim Faktor Kapital als überwiegend positiv für das Zuflußland, aber überwiegend negativ für das Abflußland, jedoch beim Faktor Arbeit als überwiegend positiv für das Heimat- und das Gastland darstellt.

III. ZAHLUNGSBILANZ

Der Außenhandel einer Volkswirtschaft wird in ihrer Zahlungsbilanz erfaßt. Sie ist nach einer Definition des IWF „die systematische Erfassung aller Transaktionen, die in einer Wirtschaftsperiode zwischen Inländern und Ausländern stattgefunden haben."

Man könnte die ZB auch als eine doppelte Buchhaltung des internen Handels ausweisen. Als Bilanz ist sie stets ausgeglichen. Die bezüglich der ZB der Bundesrepublik häufig vorgetragene Klage, die Bilanz sei nicht ausgeglichen, ist also streng genommen ein Widerspruch. Ausgeglichenheit dieser Bilanz wird deutlich, wenn man sich klar macht, daß z. B. dem Export eines Volkswagens, dem weder ein Warenimport im gleichen Wert, noch eine Bezahlung zum gegenwärtigen Zeitpunkt zum Außenhandelsausgleich entgegensteht, doch in jedem Fall im Sinne der Bilanz eine Gegenbuchung entspricht, hier z. B. der Import einer Forderung an den ausländischen Abnehmer.

Die ZB ist jedoch in eine Reihe von Unterbilanzen unterteilt, was die statistische Erfassung und entsprechende Aussagen ermöglichen, z. B. gibt es eine Güterbilanz (Handelsbilanz – seit 1975 oft auch Außenhandel genannt), in der nur der Export des VW und in unserem Beispiel sonst gar nichts erscheinen würde. Diese Bilanz wäre – für sich betrachtet – damit per Saldo positiv. Wir würden für die Erfassung der entsprechenden Forderung an das Ausland noch eine weitere Unterbilanz erstellen müssen, die die monetären Ströme erfaßt – nämlich die Kapitalbilanz. Hier würde die Kreditgewährung an das Ausland zu einem Negativsaldo in gleicher Höhe führen. Die ZB der Bundesrepublik hatte 1973 das folgende Aussehen:

			in Mrd. DM
I.	Leistungsbilanz		+ 12 407
	1. Handelsbilanz	+ 40 317	
	2. Dienstleistungsbilanz	— 11 836	
	3. Übertragungsbilanz	— 16 074	
II.	Kapitalbilanz		+ 11 480
	1. langfristig	+ 8 090	
	2. kurzfristig	+ 3 390	
III.	Saldo der ungeklärten Transaktionen		+ 2 541
IV.	Ausgleichsposten		— 10 279
V.	Devisenbilanz		+ 16 149

Die notwendige Ausgeglichenheit dieser Bilanz leitet sich wie folgt her:

Aufgrund der statistischen Erfassung der Transaktionen, die zu den einzelnen Unterbilanzen gehören, erwarten wir folgende Zuflüsse von internationalen Zahlungsmitteln:

		in Mrd. DM
1. Warenhandel		40 317
2. langfristiges Kapital		8 090
3. kurzfristiges Kapital		3 390
	insgesamt	51 797

Dem stehen aus folgenden Transaktionen Abflüsse internationaler Zahlungsmittel gegenüber:

		in Mrd. DM
1. Dienstleistungen		11 836
2. Übertragungen		16 074
	insgesamt	27 910

Demnach müßte unsere Devisenbilanz, die Zu- und Abflüsse internationaler Zahlungsmittel registriert, im Jahre 1973 einen Aktivsaldo von 23 887 Mrd. DM ausweisen.

Tatsächlich hat sich aber der Devisenbestand nur um 16 149 Mrd. DM erhöht, wie die Inventur per 31. 12. 1973 ergibt. Bei dieser Inventur mußte jedoch die Bewertung des Bestandes an ausländischen Zahlungsmitteln in DM erfolgen. Damit wirkt sich aber eine im Laufe des Berichtsjahres erfolgte Abwertung fremder Währung buchtechnisch so aus, als seien Devisen abgeflossen. Aufgrund derartiger Abwertungen ausländischer Währung und – was sich identisch auswirkt – Aufwertungen der DM ist unser Devisenbestand (in DM gemessen) 1973 um 10 279 Mrd. DM in seinem Wert gemindert worden.

Dieser scheinbare Devisenabfluß muß im Saldo der Devisenbilanz rückgängig gemacht werden, wenn man erfassen will, wieviele Devisen nun per Saldo zu- bzw. abgeflossen sind. Das sind tatsächlich also (10 279 + 16 149 =) 26 428 Mrd. DM gewesen, also sogar noch mehr als aufgrund der erfaßten Transaktionen (23 887 Mrd. DM) zu erwarten gewesen wäre. Es ist demnach nicht ganz gelungen, alle Geschäfte statistisch zu verfolgen. Die Differenz zwischen den erwarteten Zuflüssen (23 887 Mrd. DM) und den registrierten Zuflüssen (26 428 Mrd. DM) wird in einem Restposten (= 2 541 Mrd. DM) untergebracht, der die ZB ausgleicht. Die einzelnen Unterbilanzen der ZB erfassen folgende Transaktionen:

Handelsbilanz: Warenhandel. In der Ausfuhr überwiegen dabei mit weitem Abstand die Erzeugnisse der Investitionsgüterindustrien (54,6 %), in der Einfuhr haben ebenfalls gewerbliche Fertigwaren die größte Bedeutung (51,8 %), aber mit 12,9 % haben Rohstoffe 1973 bereits eine nicht unbeträchtliche Bedeutung gehabt. 1974 haben aber die Preiserhöhungen für Rohöl den Anteil dieses Produkts an der Einfuhr auf 19,3 % heraufschnellen lassen.

Dienstleistungsbilanz: Sie erfaßt alle Dienstleistungen, die von Volkswirtschaften gegenseitig in Anspruch genommen werden. Für die Bundesrepublik sind das vor allem die Inanspruchnahme ausländischer Touristikangebote (2/3 dieser Unterbilanz), Transportleistungen, Provisionen und auf der Einnahmeseite in erster Linie die Ausgaben fremder Truppen auf unserem Territorium und Dividenden aus dem Ausland.

Übertragungsbilanz: Sie enthält in erster Linie die Überweisungen ausländischer Arbeitskräfte in ihre Heimatländer. Diese Transfers sind in den elf Jahren von 1963 bis 1974 kontinuierlich von 1,3 Mrd. DM auf 8,4 Mrd. DM gestiegen. Ferner erfaßt diese Bilanz öffentliche Leistungen (Zahlungen) an internationale Organisationen, insbesondere die Europäischen Gemeinschaften, Wiedergutmachungen usw. Die deutsche Entwicklungshilfe spielt in dieser Bilanz so gut wie keine Rolle. Diese Hilfe wird weitaus überwiegend als Kredit gewährt und erscheint in der Kapitalbilanz.

Langfristiger Kapitalverkehr: Diese Bilanz des Geldverkehrs zeigt im Zeitablauf keine kontinuierliche, sondern eine sehr stark zyklische Entwicklung mit starken positiven (Kapitalzufluß) und negativen (Kapitalabfluß) Ausschlägen: (1968: – 11,2 Mrd. DM, 1969: – 23,0 Mrd. DM, 1972: + 14,9 Mrd DM, 1973: + 8,1 Mrd. DM, 1974: — 6,3 Mrd. DM). Ursache dieser Zyklen sind vor allem die mittel- und längerfristigen Entwicklungen der relativen Kapitalrentabiltät. Dabei spielen selbstverständlich auch die jeweiligen Wechselkurse und ihre erwartete Entwicklung eine Rolle mit. Verfolgt man einmal die Salden ausländischer Kapitalanlagen in der Bundesrepublik und deutscher Kapitalströme ins Ausland in den letzten zehn Jahren, so wird diese Suche nach den rentabelsten Anlagen spürbar.

	Saldo deutscher privater Netto-Kapitalanlagen im Ausland in Mio DM (Kapitalabfluß = —)	Saldo ausländischer privater Netto-Kapitalanlagen in der BRD in Mio DM (Kapitalzufluß = +)
1963	— 1 663	+ 4 916
1964	— 2 377	+ 2 798
1965	— 2 199	+ 4 627
1966	— 2 815	+ 5 004
1967	— 3 663	+ 2 223
1968	— 12 223	+ 2 351
1969	— 22 706	+ 1 503
1970	— 8 575	+ 10 102
1971	— 3 805	+ 12 485
1972	+ 283	+ 16 014
1973	— 910	+ 11 145
1974	— 9 459	+ 4 078

Die Unterteilung in lang- und kurzfristig erfolgt einmal nach sachlichen Gesichtspunkten derart, daß alle Investitionen (direkt oder über Anteilspapiere und Rentenpapiere) und nach zeitlichen Kriterien derart, daß alle Kredite mit mehr als einjähriger Vertragslaufzeit der Bilanz des langfristigen Kapitalverkehrs zugerechnet werden.

Kurzfristiger Kapitalverkehr: Die zyklischen Ausschläge dieser Bilanz haben zeitlich noch wesentlich enger zusammenliegende Hoch- und Tiefpunkte mit nicht minder starken Amplituden als im langfristigen Kapitalverkehr. Dazu ein paar Zahlen aus dem Jahr 1973 (Kapitalzufluß = +, Kapitalabfluß = –)

Januar	—	2,9 Mrd DM
Februar	+	10,0 Mrd DM
März	+	3,9 Mrd DM
Oktober	—	4,2 Mrd DM
November	—	3,3 Mrd DM
Dezember	+	1,4 Mrd DM

Hier dominieren die spekulativ motivierten Geldströme, die auf Änderungen der Wechselkursparitäten setzen oder aktuelle Zinsdifferenzen zwischen den Ländern ausnutzen. Erfaßt werden alle Geldströme, die nicht der langfristigen Kapitalbilanz zuzurechnen sind, also u. a.: Guthaben bei ausländischen Banken, Wechseldiskontkredite, Finanzkredite, Handelskredite, ausländische Notenbestände.

Gold- und Devisenbilanz: In ihr zeigt sich das Ergebnis der Wirtschaftstätigkeit eines Landes (vgl. die obigen Erläuterungen zum ex-definitione-Ausgleich der Zahlungsbilanz). Eine Zunahme der Devisenbestände kann sowohl aufgrund von Leistungsbilanzüberschüssen als auch von lang- oder kurzfristigen Kapitalzuströmen entstehen. Der Bilanzausweis trifft hier keinen Unterschied, zu werten sind diese beiden „Arten" von Devisen jedoch verschieden. Die erstgenannten Devisenzuflüsse kann man als die im Wirtschaftsverkehr mit dem Ausland verdienten Forderungen an fremde Volkswirtschaften bezeichnen, die letztgenannten resultieren entweder aus einem Substanzverkauf (langfristige Kapitalzuflüsse) oder aus einer lang- oder kurzfristigen Überlassung ausländischer Zahlungsmittel (Kredite), die zurückgefordert werden können. Die Bundesrepublik bezieht ihren Devisenbestand überwiegend aus Überschüssen der Leistungsbilanz. Wollte man jedoch nur anhand einer Addition der hier seit 1950 erzielten Überschüsse den Gläubiger-Status der Bundesrepublik ausweisen, so wäre das eine nicht korrekte Betrachtung, denn dabei spielen auch z. B. private Verbindlichkeiten von Inländern gegenüber dem Ausland eine Rolle, für die im Falle einer „Gesamtabrechnung" die Bundesbank Devisen abzugeben hätte. Im Zusammenhang mit den drastischen Ölpreiserhöhungen seit Ende 1973 ist die Frage nach diesem Status akut geworden. Sie ist per 31. 12. 1973 wie folgt zu beantworten [7]:

7 Wiedergabe erfolgt nach: Die Zahlungsbilanz der Bundesrepublik im Jahre 1973, Monatsberichte der Deutschen Bundesbank, März 1974, S. 19 ff.

Gold- und Devisenbestand (davon Gold: 14,0 Mrd. DM bewertet mit 42,22 je Unze Feingold)	90,5 Mrd. DM
kurzfristige Verbindlichkeiten der gesamten deutschen Volkswirtschaft gegenüber dem Ausland etwa	80,0 Mrd DM
kurzfristige Forderungen der deutschen Volkswirtschaft an das Ausland	60,0 Mrd DM

Liquiditätsprobleme können also für die Bundesrepublik nicht auftreten.

IV. AUSSENHANDEL UNTER KONJUNKTURPOLITISCHEM ASPEKT

Die konjunkturelle Situation einer Volkswirtschaft wird zumeist mit Zahlen beschrieben, die den Grad der Verwirklichung der Ziele der Konjunkturpolitik (hoher Beschäftigungsgrad, Preisniveaustabilität, außenwirtschaftliches Gleichgewicht und stetiges angemessenes Wirtschaftswachstum) ausweisen.

Ob man das letztgenannte Ziel als ein kurzfristig konjunkturpolitisches oder als ein nur mit langfristig wirkenden Instrumenten (z. B. Bildung, Forschung) erreichbares Ziel anzustreben hat, ist streitig, ebenso, ob es überhaupt zu Recht als Eckpunkt eines sogenannten magischen Vierecks aufgenommen wurde. Wir haben im ersten Teil dieses Beitrages die Rolle des Außenhandels für das Wirtschaftswachstum ausreichend diskutiert, es soll uns unter konjunkturellen Aspekten nicht mehr beschäftigen.

1. Das außenwirtschaftliche Gleichgewicht

Das außenwirtschaftliche Gleichgewicht ist auf den ersten Blick das konjunkturpolitische Ziel, das im Mittelpunkt dieses Kapitels stehen müßte. Erinnern wir uns jedoch an die Überlegungen zur Zahlungsbilanz, so deutet sich folgendes an:

1. Dieses Ziel des außenwirtschaftlichen Gleichgewichts ist als eine bestimmte anzustrebende Struktur unserer Zahlungsbilanz zu interpretieren.
2. Für sich genommen kann das Ziel nur in einer mittelfristigen Sicht – mehrere Jahre umfassend – Gültigkeit haben.

Wir wollen zunächst versuchen, ohne Kenntnis der offiziellen wirtschaftspolitischen oder wissenschaftlichen Definition das Gleichgewichtsziel zu definieren.

Dann geht es uns in einer längerfristigen Betrachtungsweise doch offenbar darum, unseren Außenhandel so zu gestalten, daß wir dem Ausland genauso viele Güter und Leistungen verkaufen, wie wir vom Ausland beziehen [8]. Würden wir nämlich mehr liefern als wir bekommen, so hieße das nichts anderes, als daß wir dem Ausland permanent etwas schenken. Wir bekämen zwar als „Gegenleistung" die Zahlungsmittel des Auslands, unser Devisenbestand würde anwachsen, aber als Dauererscheinung ist das keineswegs ein Grund zur Freude, sondern ein Ausdruck für eine derartige strukturelle Gläubigerposition. Umgekehrt würde ein dauerhafter Importüberschuß ein Ausdruck dafür sein, daß wir auf Kosten des Auslands leben (konsumieren, investieren usw.). Es ist zu vermuten, daß unsere Handelspartner auch daran kein Interesse hätten, so daß sich eine Einigkeit zwsichen Inland und Ausland zum Gleichgewicht des Außenhandels ergibt. Diese Situation wäre dann realisiert, wenn wir vom Ausland genau so viel in Anspruch nehmen wie das Ausland von uns.

Projizieren wir diese Gleichgewichtsbedingung auf unsere Zahlungsbilanz, so weisen unstreitig folgende Positionen eine derartige Inanspruchnahme aus:

1. Handelsbilanz
2. Dienstleistungsbilanz

Den Saldo dieser beiden Bilanzen (zusammengefaßt) bezeichnet man auch als den Außenbeitrag einer Volkswirtschaft. Ist er positiv, so heißt das, daß unsere Volkswirtschaft dem Ausland mehr Güter und Leistungen zur Verfügung gestellt hat als umgekehrt.

Die wirtschaftspolitische Interpretation des Ziels „außenwirtschaftliches Gleichgewicht" begnügt sich mit den bisherigen Überlegungen und sieht in ihren Jahreswirtschaftsberichten, in denen die im jeweiligen Jahr angestrebten volkswirtschaftlichen Daten vorgestellt werden, einen Außenbeitrag von X % des Bruttosozialprodukts als Ziel an. Konkret angestrebt wird langfristig eine Größenordnung von 1,5 – 2 %. Wir benötigen einen derartigen Überschuß, weil wir damit gegenüber dem Ausland jährlich neu entstehende Verpflichtungen bezahlen müssen, nämlich:

---

8 Es sei noch einmal ausdrücklich vermerkt, daß es sich hier um eine mehrjährige Betrachtungsweise handelt.

— die Inanspruchnahme ausländischer Arbeitskräfte. Als Ausdruck für die „Nettoleistungen" (Einkommen minus Käufe im Inland) der Gastarbeiter erscheinen in der Übertragungsbilanz ihre Überweisungen in die Heimatländer.
— Beitragszahlungen aufgrund internationaler Abkommen
— Wiedergutmachungsleistungen
— Entwicklungshilfe

Hinzu kommt jedoch der Wunsch, mit dem Anwachsen des internationalen Handels auch die Bestände an internationalen Zahlungsmitteln zu erhöhen, um nicht in Liquiditätsengpässe zu geraten und um zur Einflußnahme auf den Wechselkurs Interventionswahrung zu haben. Für die Bundesrepublik hat dieser jedoch nur theoretische Bedeutung, er begründet keine zusätzliche Verpflichtung, in der Leistungsbilanz Überschüsse zu erzielen, denn
— das Volumen internationaler Zahlungsmittel, über das sie verfügt, geht weit über die Liquiditätserfordernisse hinaus,
— sie ist seit 1958 stets nur gezwungen gewesen, zum Zwecke der Wechselkursstützung eigene DM-Währung abzugeben und ausländische Währung aufzunehmen.

Man sieht, daß der angestrebte Überschuß der Leistungsbilanz (Handels- und Dienstleistungsbilanz) bei uns ausschließlich der Finanzierung des erwarteten Defizits in der Übertragungsbilanz dient und kann deshalb die wirtschaftspolitische Interpretation des Gleichgewichtsziels als einen Nullsaldo der Bilanz der laufenden Posten (Leistungs- plus Übertragungsbilanz) wiedergeben.

Wie bereits bei der Erläuterung unserer Zahlungsbilanz festgestellt werden konnte, hat die Bundesrepublik dieses Ziel nur selten erreicht. Sie erzielte in den letzten zehn Jahren folgende Außenbeiträge (in % des BSP)[9]:

1964	1965	1966	1967	1968	1969	1970	1971	1972	1973	1974
1,4	0,03	1,4	3,3	3,6	2,7	2,0	1,9	2,1	2,8	4,2

Auf diese Interpretation des außenwirtschaftlichen Gleichgewichtsziels hat man sich für die Politik vor allem deswegen geeinigt, weil es praktikabel, nachprüfbar ist. Rufen wir uns jedoch aus dem ersten Hauptteil dieses Beitrags in Erinnerung, daß es beim Außenhandel unter langfristigen

9 Außenbeitrag a. Gr. der im März 1974 korrigierten Werte, BSP alte Werte.

Gesichtspunkten nicht nur darum geht, die Freizügigkeit des Güter- und Dienstleistungsverkehrs (Leistungsbilanz) und die Freizügigkeit der Arbeit (wesentlich in der Übertragungbilanz erfaßt) zu gewährleisten, sondern auch internationale Kapitalströme zuzulassen, so wird deutlich, daß in unserer bisherigen „wirtschaftspolitischen" Gleichgewichtsbedingung noch ein Element, eben dieses letztgenannte fehlt, denn nach der bisherigen Zielinterpretation würde die nationale Wirtschaftspolitik ja keinen Anlaß zu einer Beeinflussung des Außenhandels sehen, wenn die Bilanz der laufenden Posten ausgeglichen ist, aber ein stetiger Kapitalexport oder -import stattfindet. Wie oben ausgeführt werden konnte, gibt aber eine derartige Entwicklung durchaus Anlaß zu wirtschaftspolitischen Eingriffen.

Umgekehrt kann ein Überschuß in der Bilanz der laufenden Posten in Kauf genommen werden, wenn die dadurch erworbenen ausländischen Zahlungsmittel zum Kauf ausländischer Vermögenswerte verwendet werden. Auch dann könnte man von einem Gleichgewicht sprechen. Nur scheinbar richtig wäre es, ausgehend von dem letztgenannten Beispiel schon dann von einem Gleichgewicht zu sprechen, wenn die ein- und ausfließenden Geldströme sich entsprechen, wenn sich also unsere Devisenbilanz nicht ändert. Würde man das als Gleichgewichtsziel aufstellen, so hätte z. B. die Bundesrepublik in den Jahren, in denen sie bedeutende Überschüsse in der Devisenbilanz vor allem aufgrund von Spekulationszuflüssen realisiert hat, eine Außenhandelspolitik betreiben müssen, die z. B. via Importüberschüsse (wir müssen in ausländischer Währung zahlen) die Spekulationsgelder zurückgeführt hätten und welche – vielleicht im folgenden Jahr – die für den Abzug der Spekulationsgelder erforderlichen Devisen durch einen entsprechend hohen Exportüberschuß besorgt hätten. Das wäre eine unmögliche Politik.

Die Wirtschaftswissenschaft hat aufgrund all dieser Überlegungen einen Begriff des außenwirtschaftlichen Gleichgewichts entwickelt, der die Zahlungsbilanz in zwei Teilbilanzen aufgliedert, in eine Bilanz der autonomen und in eine der induzierten Transaktionen. Autonome Transaktionen sind solche, die

— im Güter- und Dienstleistungsaustausch aufgrund von Preisvergleichen (natürlich auch sonstigen Konditionen, wie Lieferfristen usw.), stattfinden,
— hinsichtlich der Wanderung von Arbeitskräften und der daraus resultierenden Geldströme auf einem Lohnhöhenvergleich beruhen,

— im Kapitalverkehr auf einen Rentabilitätsvergleich zurückzuführen sind.
— Die seitens der öffentlichen Hand geleisteten Zahlungen, z. B. für Wiedergutmachungen, Entwicklungshilfe, gehören ebenfalls zu dieser Kategorie.

Induzierte Transaktionen sind dagegen solche, die sich aus der jeweiligen Situation der Zahlungsbilanz selbst ergeben, also spekulative Zuflüsse, Rüstungskäufe im Rahmen von Devisenausgleichsabkommen, Devisenhilfen durch eine fremde Notenbank oder den Internationalen Währungsfonds, sämtlich also Transaktionen, die mit der internationalen Leistungsfähigkeit einer Volkswirtschaft nichts zu tun haben, sondern dem Ausgleich von Ungleichgewichten der autonomen („ökonomischen") Transaktionen dienen.

Eine Zahlungsbilanz ist nach dieser sinnvollen Definition dann im Gleichgewicht, wenn sie in ihrem autonomen Teil ausgeglichen ist.

Es bleibt jedoch festzuhalten, daß es bei dem Ziel des außenwirtschaftlichen Gleichgewichts nicht um ein kurzfristig konjunkturpolitisches, sondern um ein im mehrjährigen Rahmen zu verfolgendes Ziel geht, wobei die Mittel, die dazu einzusetzen sind, strukturpolitische Züge tragen.

2. Der internationale Konjunkturzusammenhang

Preisniveaustabilität und hoher Beschäftigungsstand sind konjunkturpolitische Ziele im eigentlichen Sinne. Während wir bisher in mittelfristiger Sicht gefragt haben, wie der Außenhandel gestaltet werden kann, soll jetzt festgestellt werden, wie die außenwirtschaftliche Aktivität einer Volkswirtschaft die binnenwirtschaftliche Konjunktur beeinflußt und sollen die kurzfristig wirkenden Maßnahmen zur außenwirtschaftlichen Absicherung der binnenwirtschaftlichen Ziele vorgestellt werden.

Preisniveau und Beschäftigungsstand sind unter einem bestimmten Aspekt die zwei Seiten derselben Medaille: beide reagieren in einer Marktwirtschaft auf das jeweilige Verhältnis von Angebot und Nachfrage auf den Güter- und Leistungsmärkten [10].

Ist die Nachfrage größer als das Angebot, so steigt die Beschäftigung, wenn noch freie Kapazitäten vorhanden sind, ansonsten steigen die Preise. Die erste Variante ist erwünscht, die zweite nicht.

---

10 Der Einfachheit halber wird im folgenden nur noch von Gütermärkten gesprochen.

Ist das Angebot größer als die Nachfrage, so sinken die Preise, wenn die Gewinnmargen das ermöglichen oder wenn die Faktorpreise (z. B. die Löhne) ebenfalls sinken, ansonsten sinkt der Beschäftigungsstand. Die erste Variante ist unrealistisch, u. a. deswegen, weil in der Praxis die Löhne nicht sinken können, die zweite Variante ist unerwünscht.

Der Außenhandel hat seinen Anteil an diesem Spiel von Angebot und Nachfrage. Exporte stellen auf den nationalen Gütermärkten, auf denen sich Preise und Beschäftigungsstand herausbilden, eine Nachfragekomponente dar, Importe einer Angebotskomponente. Sind also die Exporte größer als die Importe, so wirkt der Außenhandel auf dem nationalen Markt expansiv, weil damit die Nachfrage größer wird als das Angebot; ein Importüberschuß wirkt umgekehrt, nämlich kontraktiv, denn hier werden dem Markt mehr Güter zugeführt (Importe), als ihm entzogen werden.

Ein Exportüberschuß ist also in einer unterbeschäftigten Volkswirtschaft erwünscht, die Nachfrageimpulse braucht, damit ihre Ressourcen mobilisiert werden können, ein Importüberschuß dagegen in einer Volkswirtschaft, die auf die gütermäßige Unterversorgung bereits mit Preissteigerungen reagiert.

Ein Exportüberschuß ist jedoch als Dauererscheinung unerwünscht in einem Land, das bereits die Vollbeschäftigung erreicht hat, weil hier die Wirtschaft auf die zusätzliche Nachfrage des Auslands nicht mehr mit vermehrter Produktion, sondern nur noch mit insgesamt steigenden Preisen reagiert.

Ein Importüberschuß ist unerwünscht, wenn die inländische Wirtschaft aufgrund der gegebenen Nachfrage nur mühsam die Beschäftigung aufrecht erhalten kann. Die zusätzliche Versorgung des inländischen Marktes mit ausländischen Gütern vermindert die eigenen Absatzmöglichkeiten und gefährdet damit die eigenen Arbeitsplätze.

Aus diesen Überlegungen dürfte unmittelbar deutlich geworden sein, daß die nationale Außenhandelspolitik zur Beeinflussung der Exporte und der Importe durchaus zum Instrumentarium der nationalen Konjunkturpolitik zu rechnen ist. Eine Förderung der Exporte führt aus der Rezession heraus, eine Forcierung der Importe hilft den Boom überwinden.

Bei einem solchen Vorgehen spricht man jedoch zu Recht von einem konjunkturpolitischen Mißbrauch des Außenhandels, denn man muß sich darüber klar sein, daß eine solche Politik, wenn sie Erfolg hat, im Ausland genau die entgegengesetzten Wirkungen auslöst.

Die Steigerung unserer Exporte führt zu einer vermehrten Güterversorgung ausländischer Mräkte und damit hier tendenziell zur Arbeitslosigkeit. Es ist also mit Abwehrreaktionen zu rechnen, mit deren Hilfe die Überflutung des Auslands mit unseren Gütern verhindert wird [11].

Umgekehrt wird ein Land nicht auf Dauer damit rechnen können, seine eigene Übernachfrage auf Kosten des Auslands befriedigen zu können.

Es muß also das Ziel einer richtig verstandenen Außenhandelspolitik sein, ein Gleichgewicht im vorher besprochenen Sinne herzustellen. Der Erreichung dieses Ziels dient vor allem die internationale Währungsordnung [12].

Es mag verwundern, daß hier u. a. die Exporterfolge einer Volkswirtschaft so skeptisch beurteilt werden und praktisch eine Außenhandelspolitik empfohlen wird, die den international tätigen Unternehmen ihre Markteroberungen durch „künstliche" Behinderungen (Aufwertungen, Exportzölle) permanent verleidet. Die Divergenz der privatwirtschaftlichen und der gesamtwirtschaftlichen Interessen soll an folgendem Beispiel erläutert werden.

Das VW-Werk hat an einem Tage Fahrzeuge im Wert von 100 000,– DM an Frankreich geliefert, wir haben aus Frankreich Textilien im Wert von 50 000,– DM = 100 000,– Franc erhalten. Zu verfolgen sind jetzt die konjunkturellen Wirkungen eines solchen Außenhandels:

1. Das VW-Werk zahlt denjenigen, die an der Fahrzeugproduktion beteiligt waren, den Gegenwert von 100 000 DM aus und schafft damit in dieser Höhe kaufkräftige inländische Nachfrage.
2. Die Güter, die bei einer Produktion für den inländischen Markt dem Geldeinkommen (im Grundsatz) stets entsprechen, befinden sich in diesem Fall jedoch im Ausland, womit sofort das inländische Gleichgewicht gestört ist: es entsteht ein Geldüberhang.
3. Das VW-Werk erhielt seine Fahrzeuge in ausländischer Währung bezahlt. Es konnte eine Faktorentlohnung in deutscher Währung nur

11 Häufig reagierte in der Vergangenheit die ausländische Wirtschaftspolitik auf derartige „Erfolge" der deutschen Wirtschaft nicht mit Abwehrmaßnahmen gegen deutsche Produkte, sondern schuf mit Hilfe einer expansiven Geld- oder Fiskalpolitik die erforderliche Nachfrage, was den Selbstheilungsprozeß des Geldmengen-Preis-Mechanismus behinderte und uns ständige neue „Erfolge" bescherte.

12 Vgl. dazu den Beitrag von J. Beyfuß in diesem Band.

vornehmen, weil es eine Instanz gibt (die Bundesbank), die sich bereit erklärt hat, jede beliebige Menge ausländischer Währung gegen inländische umzutauschen (Konvertibilität).

4. Die Konvertibilität ist damit als eine äußerst wichtige Voraussetzung für den internationalen Handel herausgestellt worden, denn ohne die Umtauschmöglichkeit konnte das VW-Werk nur schwerlich ein Interesse an Auslandsgeschäften haben.

5. Mit dem Umtausch der ausländischen Währung in die inländische ist für das VW-Werk das Geschäft „gelaufen", es wurde einem inländischen Geschäft identisch.

6. Aus der Sicht der Bundesrepublik als ganzem stellt sich jedoch dieser Umtausch dar als die Hergabe eines wertvollen Gutes (inländische Währung, die jetzt mit Sicherheit zum Kauf inländischer Güter eingesetzt wird) und als die Hereinnahme eines zunächst und vielleicht z. T. dauerhaft wertlosen Gutes (nämlich ausländische Währung) als ein Forderungsrecht, das die Bundesbank jedoch nicht selbst etwa als Importeur realisieren kann, sondern das nur in dem Maße etwas wert wird, in dem diese Zahlungsmittel von deutschen Importeuren zur Bezahlung ausländischer Güter abgerufen werden. Die Bundesbank hat also dem VW-Werk das Wertrisiko des internationalen Geldes abgenommen.

So erklärt sich, daß Wirtschaftsunternehmen sich gegen alle Maßnahmen der Exportbeschränkung wehren, während Wirtschaftspolitiker sie als dringend erforderlich ansehen, wenn sich ein Exportüberschuß als dauerhaft abzeichnet. Wir wollen den Export und Import dieses Tages anhand eines Schemas weiterverfolgen:

Art des Geschäfts	Bundesbank (+ = Eingang, — = Ausgang) Geldschöpfung = Zunahme der Devisen	
	DM-Konto	Franc Konto
Export 100 000 DM	— 100 000	+ 200 000
Import 50 000 DM	+ 50 000	— 100 000
	50 000 DM	100 000 Franc

Wollen wir den Import ebenfalls (kurz) in einzelnen Schritten verfolgen, so müssen wir die umgekehrte Richtung einschlagen:

1. Der deutsche Importeur gibt inländische Zahlungsmittel (evtl. nach eigenem Umtausch bei der Bundesbank) an das Ausland, es wird Geld aus unserem Kreislauf entzogen.
2. Das Güterangebot auf unseren Märkten wird erhöht. Der Import für sich betrachtet schafft einen Güterüberhang.

Entsprechen sich jedoch Exporte und Importe in unserem Beispiel nicht, so zeigt das obige Buchungsschema, daß wir mit dem Umtausch der Währungen (hier) eine Geldschöpfung vollziehen, die im Wirtschaftskreislauf expansiv, bei bereits bestehender Vollbeschäftigung also preissteigernd wirkt. Es sei darauf aufmerksam gemacht, daß es sich hier nur um den Güterverkehr handelte. Autonome Geldströme kämen als Kapitalimporte verschärfend, als Kapitalexporte entlastend hinzu.

V. ZUSAMMENFASSUNG

Eines der entscheidenden Elemente für das wirtschaftliche Wachstum einer Volkswirtschaft ist die Arbeitsteilung. Diese ergibt sich innerhalb der nationalen Grenzen einer Volkswirtschaft zwangsläufig, als internationale Arbeitsteilung kann sie sich jedoch nur durchsetzen, wenn die bis heute bestehenden Handelshemmnisse an den Grenzen abgebaut werden. Die Bemühungen gehen in diese Richtung.

Man erwartet von einer weltweiten Liberalisierung des internationalen Handels folgende Vorteile:

1. Wenn nur eine Volkswirtschaft in der Lage ist, Güter oder Leistungen zu erstellen, die auf dem Weltmarkt Absatz finden, so verschafft sie sich damit die Möglichkeit, auch über solche elementar notwendigen Güter (Rohstoffe) oder Luxusleistungen (Ferntourismus) zu verfügen, die sie auf dem eigenen Territorium nicht vorfindet bzw. die sie nicht nutzen kann.
2. Eine Spezialisierung der nationalen Wirtschaften auf die Produktion solcher Güter, die aus natürlichen Gründen relativ kostengünstig erstellt werden können, und der Austausch mit diesen Gütern bringt für alle daran beteiligten Länder ein höheres Versorgungsniveau mit sich (Ricardo).
3. Die Enge eines nationalen Marktes begrenzt in einer geschlossenen Volkswirtschaft häufig die Ausdehnung eines Unternehmens, das sogar

zu niedrigen Stückkosten produzieren könnte, hätte es nur einen Markt, dessen Aufnahmekapazitäten seinem Betriebsoptimum entspräche. Die Zahl der Güter, für die diese Aussage gilt, ist im Steigen begriffen.

Diesen Vorteilen stehen einige Nachteile gegenüber, die insbesondere das Risiko der Arbeitsteilung betreffen. Sich die Arbeit zu teilen, heißt, sich auf andere zu verlassen. Wenn nach erfolgter Spezialisierung politische Entscheidungen getroffen werden, die den freien Güteraustausch erneut behindern, so kann die arbeitsteilig produzierende Wirtschaft größeren Schaden nehmen, als hätte sie sich zwar teurer aber sicherer selbst versorgt. Aus diesen Gründen muß die Liberalisierung unter folgenden Nebenbedingungen verwirklicht werden:

1. Bei Gütern, die auf einer sehr niedrigen Stufe im Produktionsprozeß eingesetzt werden, sollten Risikoüberlegungen in besonderem Maße die Marktentscheidung korrigieren.
2. Derartige Risikozuschläge können geringer sein, wenn die Abhängigkeit wechselseitig ist.
3. Man kann auf Risikozuschläge verzichten, wenn wirtschaftliche Entscheidungen einer supranationalen Instanz übertragen werden.

Internationale Arbeitsteilung sollte sich nicht auf den Güteraustausch beschränken, sondern auch den Faktoren Kapital und Arbeit sollte die Möglichkeit gegeben sein, sich unabhängig von nationalen Grenzen den Ort der größten Rentabilität zu suchen. Dabei sind jedoch hinsichtlich des Kapitalverkehrs folgende Probleme zu beachten:

1. die konjunkturellen Wirkungen von internationalen kurzfristig motivierten Geldströmen,
2. der Rückgang der Investitionen im Kapitalgeberland,
3. eine mögliche Kapitalüberfremdung im Kapitalnehmerland.

Ähnliche Überlegungen gelten für die Freizügigkeit des Faktors Arbeit. Hier stehen den sowohl in wachstums- als auch in konjunkturpolitischer Hinsicht positiven Aspekten der Beschäftigung ausländischer Arbeiter ebenfalls Überfremdungsprobleme im Zuwanderungsland und Wachstumseinbußen im Abwanderungsland entgegen.

Im konjunkturpolitischen Sinne ist der Außenhandel ein die binnenwirtschaftliche Situation beeinflussender Faktor. Eine starke internationale Verflechtung beeinträchtigt die Möglichkeiten einer rein an nationalen Interessen orientierten Politik.

VI. KONTROLLFRAGEN

1. Wie läßt sich die Vorteilhaftigkeit des internationalen Handels mit Massenproduktionsvorteilen begründen?
2. In welcher Weise läßt sich das Risiko der internationalen Arbeitsteilung in der Außenhandelspolitik berücksichtigen?
3. Wie wird lang- und kurzfristiger Kapitalverkehr unterschieden?
4. Welche Gründe sprechen für und welche gegen einen uneingeschränkten langfristigen Kapitalverkehr über die Grenzen hinweg?
5. Was versteht man unter „hot money", warum taucht es in einer Volkswirtschaft auf?
6. Was versteht man
   a) in der Wirtschaftspolitik
   b) in der Wirtschaftswissenschaft

   unter dem außenwirtschaftlichen Gleichgewicht?
   Welche Definition hat welche Vorzüge?
7. Warum gibt es hinsichtlich der Exportüberschüsse unterschiedliche Interessen zwischen dem einzelnen Unternehmen und dem Gesamtstaat?

VII. LITERATURHINWEISE

Predöhl, A., Außenwirtschaft, 2. Aufl., Göttingen 1971

Kruse, A., Außenwirtschaft, 2. Aufl., Berlin 1972

Gahlen, B., (Hrsg.), Volkswirtschaftslehre. Augsburger Volkswirtschaftliche Studientexte, Bd. 1, München 1971

Jörg Beyfuß

Die Internationale Währungsordnung

INHALT

I. FUNKTIONEN EINER INTERNATIONALEN WÄHRUNGSORDNUNG

Eine funktionstüchtige internationale Währungsordnung hat die wichtige Aufgabe, zur weltweiten Wohlstandsmehrung beizutragen. Da das entscheidende weltwirtschaftliche Vehikel einer internationalen Wachstumsförderung ein freier und gleichgewichtiger Welthandel ist, muß eine funktionstüchtige Weltwährungsordnung die monetären Bedingungen für einen unbehinderten Waren- und Kapitalaustausch schaffen. Das Ziel „weltweite Wohlstandsmehrung“ beinhaltet aber auch das Recht der einzelnen Nationen auf eine innere Wirtschaftspolitik, die die individuellen Vorstellungen einer nationalen Wohlstandsmehrung berücksichtigt. Zwischen diesem Bedarf an wirtschaftspolitischer Autonomie und den Spielregeln einer internationalen Währungsordnung, die unter Umständen die nationalen wirtschaftspolitischen Spielräume einengen, entstehen möglicherweise Konflikte, die in dem Ordnungskonzept internationaler Wirtschaftsbeziehungen berücksichtigt und gelöst werden müssen. Zudem erfordert eine reibungslose Abwicklung der internationalen Wirtschaftsbeziehungen ein Liquiditätsmedium, das weltweit als internationales Zahlungs- und Rechenmittel akzeptiert wird, und das nicht zu einer eigenständigen Ursache internationaler Währungskrisen und einer beschleunigten Weltinflation wird.

Aus diesen Grundzielen einer internationalen Währungsordnung lassen sich drei gestaltende Ordnungsprinzipien ableiten:

1. die Wechselkursordnung,
2. die Anpassungsgrundsätze und
3. die Konvertibilitätsregeln.

Hinzu kommt als materielles Element die Methode der Versorgung mit internationaler Liquidität. Die Ausgestaltung dieser ordnenden und materiellen Elemente entscheidet über Art (beispielsweise Goldstandard oder Golddevisenstandard), Funktionsweise (beispielsweise feste oder flexible Wechselkurse) und Funktionstüchtigkeit einer internationalen Währungsordnung.

II. EMPIRISCHE ORDNUNGSSYSTEME

1. Der klassische Goldstandard

Der Goldstandard wird in historischer Idealisierung häufig als optimale Weltwährungsordnung bezeichnet. Es ist wohl die geniale Einfachheit des Goldwährungskonzepts, das dieses Urteil und das im ganzen befriedigende Funktionieren des Goldstandards erklärt. Denn die drei Ordnungsprinzipien wurden ebenso wie die Liquiditätsversorgung auf eine einzige Gestaltungsidee reduzierte: Die Golddeckung des Notenumlaufs und den sich hieraus ergebenden Goldwährungsmechanismus.

Das Problem der Wechselkursordnung stellte sich in jener klassischen Weltwährungsordnung gar nicht. Denn da Notenbankgesetze die Dekkung einer bestimmten Quote des Notenumlaufs in Gold vorschrieben und da der Goldpreis aufgrund internationaler Abkommen konstant gehalten wurde, wurden die Wechselkursrelationen durch die jeweiligen Golddekkungsquoten definiert: Zwei Länder mit gleicher Golddeckung hatten eine Wechselkursrelation von 1 zu 1. Wechselkursveränderungen ergaben sich somit nur dann, wenn ein Land seine Golddeckungsquote veränderte.

Auch das Konstruktionsproblem der Konvertibilität stellte sich nicht, da sie aufgrund der allgemein gültigen Umtauschmöglichkeit von Papiergeld in Gold (sogenannte Goldumtauschwährung) ex definitione garantiert war.

Die Funktion der internationalen Liquiditätsversorgung wurde ebenfalls vom Gold übernommen. Das knappe und begehrte Metall galt zu international garantierten Festpreisen als einziges internationales Rechen- und Zahlungsmittel.

Aus den Prinzipien der Golddeckung und des festen Goldpreises ergab sich der Geldwährungsmechanismus, der das Zahlungsbilanzanpassungsproblem löste. Hatte beispielsweise ein Land ein Zahlungsbilanzdefizit, mußte es dieses durch Hergabe von Gold ausgleichen. Aufgrund dieser Goldverluste und der Golddeckungskonstante mußte der Notenumlauf im Inland reduziert werden. Spiegelbildlich hierzu mußte ein Überschußland aufgrund des Goldzuflusses den Notenumlauf ausdehnen. Die Nachfrageverringerung führte im Defizitland zu Preis- und Lohnsenkungen und damit tendenziell zu einer Steigerung der Exporte, also zum Ausgleich der Zahlungsbilanz. Umgekehrt bewirkte die Nachfragevermehrung im Überschußland Lohn- und Preiserhöhungen, der Export wurde gedrosselt und damit der Zahlungsbilanzüberschuß abgebaut.

Alle heute brennenden Währungsprobleme wie Zahlungsbilanzungleichgewichte, Wechselkursverzerrungen, Konvertibilitätseinschränkungen und Überversorgung mit internationaler Liquidität wurden in der Goldwährungsära mit dem und über das Gold gelöst. Kein Wunder, daß es eine Reihe von Währungstheoretikern gibt (beispielsweise der Franzose Jacques Rueff), die zur Überwindung des akuten Währungsdebakels eine Rückkehr zum Gold empfehlen. Doch eine solche Rückkehr ist illusorisch. Denn die Wiedereinführung der Goldwährung setzte eine völlige Unterordnung unter die Spielregeln der Goldwährung voraus. Das bedingt einmal ein weltweites Interesse an einem friedlichen und fairen wirtschaftlichen Wettbewerb, also das Nichtvorhandensein von Weltkrisen und -kriegen (Bezeichnenderweise endete die Goldwährungsära mit dem Beginn des ersten Weltkrieges und sämtliche Versuche, diese Ära nach diesem Krieg zu restaurieren, scheiterten an dem mißtrauischen und eigennützigen Gegeneinander, das die Zwischenkriegszeit beherrschte). Zum anderen müßten sich die Wirtschaftspolitiker aller Länder dem Diktat der Goldbestandsveränderung unterwerfen. Eine landesspezifische Konjunktur-, Struktur- oder Sozialpolitik wäre nicht mehr möglich. Drittens müßten Löhne und Preise nach oben wie nach unten flexibel sein. Aus sozial- und machtpolitischen Gründen ist diese Prämisse nicht mehr gegeben. Schließlich erschwerte die ungleiche Verteilung der Goldvorräte und die im Vergleich zum Güterproduktionswachstum geringe Goldproduktion eine Restauration des klassischen Goldstandards.

Nach dem Scheitern der Versuche, nach dem ersten Weltkrieg wieder eine funktionstüchtige goldstandardähnliche Weltwährungsordnung aufzubauen, brach das weltwirtschaftliche Gefüge auseinander. Rivalisierende Länder und Ländergruppen kapselten sich mit Devisenbewirtschaftung, bilateralen Handelsverträgen und Kontingentierungen des Außenhandels voneinander ab und führten einen allgemeinen Währungs- und Handelskrieg, bei dem letztlich alle Länder verloren.

2. Das Bretton Woods-System

Diese Erfahrungen aus der Zwischenkriegszeit erklären das frühzeitige Bemühen der späteren Siegermächte um den Aufbau eines weltweiten Währungs- und Handelssystems, das die ökonomische Grundlage für ein friedliches und stabiles Zusammenleben nach Beendigung des zweiten Weltkrieges bilden sollte. Im Jahre 1944 einigte man sich in dem nordamerikanischen Badeort Bretton Woods auf ein internationales Währungssystem, von dem man annahm, daß es für ähnlich stabile Währungsverhältnisse sorgen könnte wie der klassische Goldstandard, ohne daß es der als obsolet betrachteten Goldfessel (also die völlige Unterordnung der nationalen Wirtschaftspolitik unter das Diktat der Goldbewegungen) bedürfte. Als Grundlagen dieser Ordnung betrachtete man die Freizügigkeit des internationalen Kapitalverkehrs, internationale Kooperation und

Hilfsbereitschaft und stabile, aber anpassungsfähige Währungsparitäten. Der 1944 gegründete Internationale Währungsfonds (IWF) sollte die organisatorische Klammer der neuen Weltwährungsordnung bilden.

a) Konvertibilität der Währungen

Um die Freizügigkeit des internationalen Zahlungsverkehrs zu garantieren und eine multilaterale Verrechnung von Zahlungsbilanzspitzen zu ermöglichen, schreibt der Artikel VIII der Statuten des IWF die Einführung der allgemeinen Währungskonvertibilität vor, d. h. die Mitgliedsländer müssen auf Restriktionen im laufenden Zahlungs- und Überweisungsverkehr verzichten und Guthaben von Mitgliedsländern mit der Währung des betroffenen Landes oder mit Gold begleichen. Diese Regel soll freilich nur für die Länder angewandt werden, deren Wirtschafts- und Währungslage stabil genug ist, um die Konvertibilitätslast zu tragen. In der unmittelbaren Nachkriegszeit traf das mit Ausnahme der Vereinigten Staaten für kein Land zu. Der Übergang zum freizügigen Kapitalverkehr erwies sich in der zweiten Hälfte der 60er Jahre als eine Überforderung des Bretton Woods-Systems und wurde zu einer eigenständigen Ursache von Währungskrisen. Zur Zeit wird der Artikel VIII der IWF-Statuten von keinem Land mehr uneingeschränkt angewandt.

b) Das System der Stufenflexibilität

Um geordnete Währungsbeziehungen zwischen den Mitgliedsländern aufrecht zu erhalten und Währungsabwertungen aus Wettbewerbsgründen zu verhindern (Artikel I, 3 IWF-Statuten), wie es in den 30er Jahren gang und gäbe war, einigte man sich in Bretton Woods auf ein System grundsätzlich fester Wechselkurse. Die Mitgliedsländer wurden verpflichtet, ihre Paritäten durch Devisenkäufe bzw. -verkäufe zu verteidigen, wenn sie die Grenzen des interventionsfreien Wechselkursbandes (± 1 % der in Gold oder Dollar definierten Partität) zu überschreiten drohten. Darüber hinaus waren Wechselkursänderungen gemäß Artikel IV,5 IWF-Statuten nur möglich, wenn ein fundamentales Zahlungsbilanzungsgleichgewicht zu beseitigen war. In der Praxis führte dieses Fixkurssystem jedoch zu faktisch zementierten Wechselkursen. Wechselkursänderungen, die objektiv notwendig waren, wurden aus innenpolitischen Gründen hinausgezögert und nur unter dem massiven Druck akuter Spekulationswellen durchgeführt. Das führte zu Verzerrungen der internationalen Wettbewerbsposition und gab schließlich der internationalen Währungsspekulation einen entscheidenden Einfluß auf die Wechselkurspolitik der einzelnen Länder. Seit Anfang der 70er Jahre gaben wichtige Industrieländer immer häufiger das Prinzip der festen Wechselkurse auf und ließen ihre Parität allein oder im Verbund mit anderen Ländern frei schwanken.

c) Die Anpassungsgrundsätze

In den Statuten des IWF werden die Techniken des Anpassungsprozesses nicht eindeutig geregelt. Das Prinzip grundsätzlich fester Wechselkurse bedeutet jedoch für den Anpassungsprozeß, daß Zahlungsbilanzstörungen mit der Ausnahme „fundamentaler Zahlungsbilanzungsgleichgewichte" durch innere Anpassungsmaßnahmen überwunden werden müssen. Im Falle von Zahlungsbilanzdefiziten (indiziert durch den Verlust von Devisenreserven) müßte das betroffene Land eine restriktive, also auf Geldwertstabilität gerichtete Politik betreiben. Ein Überschußland (indiziert durch Devisenzuflüsse) müßte einen expansiven, also tendenziell inflationären Wirtschaftskurs einschlagen. Das Ergebnis wäre eine Verschiebung der internationalen Wettbewerbsrelationen: Das Defizitland verbesserte im Zuge der Stabilitätspolitik seine Position auf den Weltmärkten und könnte so tendenziell sein Zahlungsbilanzdefizit abbauen. Umgekehrt verschlechterte sich die Wettbewerbsposition des Überschußlandes im Zuge der Expansionspolitik. Es käme zu einem Abbau der Überschüsse.

Im Grundsatz ähnelt diese modellhafte Anpassungsregel der des Goldstandards. Der Anpassungsautomatismus des Goldstandards wird lediglich ersetzt durch ein System von zahlungsbilanzkonformen Verhaltensspielregeln. Doch gerade das Abgehen vom klassischen Anpassungszwang machte den Konflikt zwischen systemkonformem Verhalten und dem Wunsch der einzelnen Länder, in ihren wirtschaftspolitischen Entscheidungen autonom zu bleiben, evident. In der Regel wurde dieser Konflikt zugunsten der nationalen Autonomie gelöst, so daß sich die Zahlungsbilanzungsgleichgewichte verhärteten. Von den Ideen her bietet das Bretton Woods-System die Möglichkeit, ein zahlungsbilanzkonformes Verhalten seiner Mitglieder zu erzwingen. Ein Defizitland kann nur solange Zahlungsbilanzlücken tolerieren, wie es über internationale Liquidität verfügt, um seine Defizite zu begleichen. Sind diese Reserven erschöpft, muß es notgedrungen seinen inneren wirtschaftspolitischen Kurs revidieren. Um diesen Anpassungszwang zu erleichtern und damit zu verhindern, daß das Defizitland in einer solchen Situation zu handelshemmenden Maßnahmen greift, stellt der IWF diesen Ländern Kredite zur Verfügung. Solche

„Überbrückungskredite" werden jedoch (dem Modell entsprechend) vom Fonds nur unter der Bedingung gewährt, daß das kreditnehmende Land seinen wirtschaftspolitischen Kurs ändert. In der Praxis wurden diese IWF-Kredite, die als Hilfe für akute Notsituationen gedacht waren, jedoch so freizügig vergeben, daß sie den Anpassungsprozeß nicht erleichterten, sondern verzögerten: Die Defizitländer erhielten eine zusätzliche Liquiditätsquelle, die ihnen die Fortsetzung der zahlungsbilanzinkonformen Politik ermöglichte.

Vom Grundsatz her bietet das Bretton Woods-System auch für die Überschußländer einen Anpassungszwang: Denn permanente Devisenzuflüsse bewirken in diesen Ländern monetäre Expansionskräfte, die eine Beschleunigung des inflationären Preisauftriebs in diesen Ländern und von daher eine Verschlechterung der internationalen Wettbewerbsposition bewirken. Da freilich der Anpassungsdruck bei den Defizitländern nicht funktionierte und eine Verringerung des Inflationstempos in diesen Ländern bewirkte, war das faktische Ergebnis der Devisenzuflüsse ein Inflationsimport in die Überschußländer und damit eine Anpassung der internationalen Inflationsraten. Wehren sich die Überschußländer gegen diesen Inflationsimport durch eine Verschärfung der inneren Restriktionspolitik, wird die Tendenz einer Überschußbildung noch verschärft. Die Statuten des IWF bieten zwar die Möglichkeit, ein solches Verhalten zu bestrafen (mit der Knapperklärung der Währungen von Überschußländern, die Devisenrestriktionen gegen die Überschußländer gestatten). Doch Strafaktionen dieser Art wurden seit Ende der 50er Jahre nicht mehr praktiziert.

Der Übergang der wichtigsten Industrieländer zu floatenden Wechselkursen hat die „Anpassungsregel" des alten Bretton Woods-Systems außer Kraft gesetzt. Zahlungsbilanzgleichgewichte werden beim Floating theoretisch durch Wechselkursveränderungen abgebaut.

d) Quellen der internationalen Liquidität

Von den gestaltenden Ordnungsprinzipien des Bretton Woods-Systems, freie Konvertibilität bei festen Wechselkursen und den sich daraus ergebenden Anpassungsregeln, existieren somit heute keine mehr. Ähnlich tiefgreifende Änderungen haben sich auch bei dem materiellen Element der Liquiditätsversorgung ergeben.

Eine Rückkehr zum Gold als alleiniges Reservemedium war bei der Gründung des Bretton Woods-Systems unmöglich. Denn den goldreichen Vereinigten Staaten – sie hatten über 70 % der gesamten Weltgoldvorräte in ihrem Besitz – standen die goldarmen europäischen Staaten gegenüber. Die zwölf Staaten der ehemaligen europäischen Zahlungsunion hatten in der unmittelbaren Nachkriegszeit einen Goldvorrat von 6 Mrd. Dollar (USA 24,5 Mrd. Dollar). Davon entfielen allein auf die neutrale Schweiz 1,4 Mrd. Dollar. Die Bundesrepublik hatte überhaupt keine Goldreserven. Da in einem System fester Wechselkurse jedoch alle Mitgliedsländer über internationale Liquidität verfügen müssen (um die Paritäten durch Devisenan- und -verkäufe verteidigen zu können) galt es, ein Reservesystem zu schaffen, das auch den goldarmen Ländern den Erwerb von internationaler Liquidität ermöglichte. Das Bretton Woods-System entsprach diesem Anliegen damit, indem die Kreditlinien, die die Mitgliedsländer beim IWF haben, als Liquiditätsreseren für Notfälle geschaffen wurden. Die Errichtung eines internationalen Kreditapparates stellte in der Tat eine wichtige Veränderung in dem Währungsmiteinander dar. Dennoch blieb der Anteil der IWF-Kredite an der gesamten Weltliquidität gering. Eine wesentlich wichtigere Rolle bei der Versorgung mit internationaler Liquidität hatte der Dollar als Leit- und Reservewährung des Bretton Woods-Systems. Diese Rolle wurde dem Dollar nicht durch das Abkommen von Bretton Woods übertragen, es sei denn, man nimmt den Artikel IV,1 der IWF-Statuten, nach dem die Parität eines Landes in Gold *oder in US-Dollar* ausgedrückt werden kann, als Ursache des Entstehens der Leitwährung Dollar. Aufgrund der hohen Goldvorräte und des mächtigen Industriepotentials der Vereinigten Staaten lag das Hineinwachsen des Dollars in die Rolle der Leit- und Reservewährung nahe. Da der Dollar jederzeit zum amtlich garantierten Preis von damals 35 Dollar je Feinunze Gold umgetauscht werden konnte, betrachtete man den US-Dollar in der ersten Nachkriegsperiode als goldgleich und wertete das Ansammeln von Dollarreserven als Symbol des wirtschaftlichen Wiedererstarkens. Ja, man schätzte zu der Zeit Dollarreserven höher ein als Goldreserven, da die ersten zinsbringend angelegt werden konnten. Diese Sehnsucht Europas nach Dollars ermunterte die Vereinigten Staaten, Zahlungsbilanzdefizite zu tolerieren und so die Welt mit internationaler Liquidität, also Dollars, zu versorgen. Darüber hinaus wurde der Dollar zur wichtigsten Handelswährung (fast das gesamte Welthandelsvolumen wurde in den 50er Jahren in Dollars fakturiert) und zur wichtigsten Interventionswährung: Da die Mitgliedsländer des IWF ihre Paritäten in Dollar oder über den Dollar in Gold definieren mußten, wurden die Stützungskäufe zur Verteidigung der Wechselkurse ebenfalls in Dollars getätigt. Somit übernahm der Dollar bis etwa zur Mitte der 60er Jahre die Funktion, die im klassischen Goldstandard das Gold innehatte. Anhaltende US-Zahlungsbilanzdefizite vergrößerten jedoch im Laufe der Zeit die Dollarbestände bei den ausländischen Notenbanken. Man begann Dollars in amerikanisches Währungsgold umzutauschen mit der Folge, daß sich das Verhältnis zwischen den amerikanischen Schulden und deren Golddeckung verschlechterte. Damit war die Ausgangslage für die Dollarkrisen der zweiten Hälfte der 60er Jahre gelegt, die schließlich zum Sturz der Leitwährung Dollar führten. Mit der offiziellen Aufhebung der Goldkonvertibilität des Dollars am 15. August 1971 und mit den nach dem 18. Dezember 1971 erfolgten Dollarabwertungen wurde dieser Sturz vollzogen.

Die Sonderziehungsrechte des IWF (SZR) sollen in Zukunft für eine krisensichere Liquiditätsbereitstellung sorgen. Dennoch stehen die Währungspolitiker der westlichen Welt vor dem Dilemma, daß der Dollar zwar de facto keine Leitwährung mehr ist, es aber bislang keine Möglichkeit gibt, die angesammelten und nun inkonvertiblen Dollarreserven loszuwerden. Die Bedeutung dieses Dilemmas wird klar, wenn man sich die Zusammensetzung der internationalen Liquidität vor Augen hält. Von den 176 Mrd. Dollar Währungsreserven der gesamten Welt werden zur Zeit 43 Mrd. Dollar in Gold, 10,5 Mrd. in SRZ, 7,5 Mrd. in IWF-Kredite und 115 Mrd. in Devisen gehalten, davon etwa 70 Mrd. Dollar in amerikanischer Währung.

III. DER ZUSAMMENBRUCH DES BRETTON WOODS-SYSTEMS

1. Ursachen des Zusammenbruchs

Das Bretton-Woods-System hat bis in die frühen 60er Jahre gut funktioniert und – das sollte man bei aller berechtigten Kritik an dem System nicht vergessen – für eine beispielslose Expansion des Welthandels gesorgt. In den 60er Jahren wurden aber zwei Daten wirksam, die zunächst unbemerkt, später aber immer deutlicher das Bretton Woods-System überforderten.

a) Unelastische Wechselkurspolitik

Ende der 50er Jahre führten die wichtigsten Industrienationen die freie Konvertibilität der Währungen ein. Diese in den IWF-Statuten vorgesehene Liberalisierung des Kapitalverkehrs hat zusammen mit dem Fixkurssystem zur Folge, daß die Geld- und Kreditpolitik der politischen Autonomie der Nationalstaaten entglitt. Wenn zum Beispiel ein Land aus konjunkturpolitischen Gründen sein Zinsniveau erhöht, strömt bei unbehindertem internationalem Kapitalverkehr ausländisches Geld in dieses Land. Das geldpolitische Anliegen – Verringerung des inländischen Geldvolumens – wird also durch den Zufluß ausländischer Gelder konterkariert. Dieser Schwächung des geldpolitischen Instrumentariums begegnete man in vielen Ländern mit einem Verstoß gegen die Spielregeln der internationalen Währungsordnung, nämlich mit der Einschränkung der freien Konvertibilität durch Verzinsungsverbote für Ausländer, Devisenkontrollen, Kapitalimportbeschränkungen und ähnliches.

Das zweite Moment wurde durch den Nachkriegswachstumsprozeß der 50er Jahre überdeckt. In den 60er Jahren wurde aber ein altes Phänomen wieder deutlich, nämlich die Tatsache, daß die einzelnen Staaten erstens unterschiedliche Wertvorstellungen bezüglich der Ziele Preisstabilität und Vollbeschäftigung haben, und daß sie zweitens unterschiedliche Erfolge beim Kampf um diese Ziele haben. In einem System fester Wechselkurse und freiem Handels- und Kapitalverkehr gerät der konjunkturpolitische Erfolg eines Landes jedoch in Abhängigkeit von der Wirtschaftspolitik der übrigen Länder:

1. Will ein Land mehr Stabilität und treibt zu diesem Zweck eine Politik des knappen und teuren Geldes, treten wie gezeigt, Kapitalzuflüsse auf, die den Erfolg dieser Politik in Frage stellen.
2. Gelingt es mit anderen Mitteln, beispielsweise mit Hilfe einer restriktiven Finanzpolitik, im Inland mehr Stabilität als im Ausland zu erreichen, treten Zahlungsbilanzüberschüsse auf, die ihrerseits preissteigernde Einkommens- und Liquiditätswirkungen haben.

Diesem Dilemma zwischen innerer Stabilität und den Anforderungen der internationalen Währungsordnung kann sich ein Land nur durch Wechselkursveränderungen entziehen, und es gibt wohl kaum rationale, wohl aber politische Erklärungen dafür, daß trotz dieser Notwendigkeit in den 60er Jahren Wechselkursänderungen eher Ausnahmen blieben. Nur unter dem Zwang spekulativer Devisenzuflüsse reagierten Länder mit Zahlungsbilanzüberschüssen so, wie es die Statuten des IWF vorschreiben, nämlich mit einer Wechselkursaufwertung. Ein Grund für die Abneigung der Überschußländer, ihre Währung aufzuwerten, mag darin liegen, daß die Defizitländer ebenfalls nicht systemgerecht reagierten, nämlich mit Abwertungen ihrer Währung. Im Falle eines Zahlungsbilanzdefizits verliert ein Land Devisen. Sind diese Devisenreserven erschöpft, wäre das Land an und für sich gezwungen, abzuwerten bzw. im Innern eine Stabilitätspolitik zu betreiben, um so über eine Verbesserung der Wettbewerbsposition das Zahlungsbilanzdefizit abzubauen. Doch anstatt ein Defizitland dazu zu zwingen, wenn es nicht bereit ist abzuwerten, eine Stabilitätspolitik zu betreiben und so den internationalen Inflationsverbund abzubremsen, wird ihm die Möglichkeit gegeben, sich beim IWF Devisen im Kreditwege zu besorgen. Ursprünglich waren die Kredite wie gezeigt als Atempause für die betroffenen Länder gedacht, um ohne Wechselkursänderungen durch eine Veränderung ihres wirtschaftspolitischen Kurses in Richtung Stabilität ihre Zahlungsbilanz zu verbessern. Daher war die Kreditvergabe zum Teil auch an wirtschaftspolitische Auflagen gebunden. In der Praxis sah es jedoch anders aus. Aus Furcht, daß die Defizitländer zu Maßnahmen Zuflucht nehmen könnten, die den freien Handel beschränkten, war der IWF nur allzuleicht bereit, mit Krediten ohne wirtschaftspolitische Auflagen auszuhelfen. Ja, man ging noch ein gutes Stück darüber hinaus. Durch Kreditabkommen außerhalb des IWF, also multilateralen Swapvereinbarungen und Beistandskreditabkommen verlieh man dem internationalen Kreditapparat ein Maß an Elastizität, so daß nicht nur Hilfe in Notfällen möglich war. Die internationalen Kreditlinien wurden bewußt als Instrument benutzt, um notwendige Abwertungen oder wirtschaftspolitische Kursänderungen zu umgehen. Je mehr das geschah, um so größer wurde die Inflationsdynamik des westlichen Währungssystems und um so schwieriger wurde es für die stabilitätswilligen Länder, sich von diesem Inflationstrend abzusetzen. Denn in den Überschußländern wuchs die Abneigung gegen Aufwertungen, weil die Höhe der notwendigen Aufwertungen mit der Höhe der Differenzen der Inflationsgeschwindigkeiten zunahm und man von allzu hohen Aufwertungen nachhaltige Rückwirkungen auf die Wettbewerbsfähigkeit der eigenen Wirtschaft befürchtete.

b) Das Leitwährungsproblem

Der Dollar als internationale Leitwährung schien zunächst eine problemlose Angelegenheit zu sein. Eine funktionierende internationale Währungsordnung braucht einen Maßstab, an dem der Wert der übrigen Währungen gemessen werden kann und eine Währung, die bei der Abwicklung des internationalen Handels als Rechengröße und als international anerkanntes Zahlungsmittel gilt. Nach dem zweiten Weltkrieg übernahm die Währung des stärksten Industrielandes der westlichen Welt, also der Dollar, diese Funktion. Spätestens beim Übergang zu den 60er Jahren war die Dollarlücke der 50er Jahre infolge der permanenten US-Zahlungsbilanzdefizite gestopft. Man begann, Dollars in Gold umzutauschen; der Goldschatz in Fort Knox schmolz. Die Goldbestände der Vereinigten Staaten betrugen 1950 noch 23 Mrd. Dollar, heute sind es nur noch etwa 10 Mrd. Dollar. Damit traten Zweifel an der Zahlungsfähigkeit der US-Wirtschaft auf, deren wirtschaftlicher Status sich zudem mit dem militärischen Engagement in Südostasien ständig verschlechtert hatte.

Das Unbehagen gegenüber dem Dollar wuchs zu einem Zeitpunkt, als man klar erkannte, daß man sich gegen den Dollarstrom gar nicht wehren konnte. Denn die Pflicht, die Wechselkurse innerhalb eines engen Interventionsbandes von ± 1 % zu verteidigen, beinhaltete die Interventionspflicht der einzelnen Notenbanken: Wenn die DM beispielsweise stabiler ist als der Dollar, entsteht auf den internationalen Devisenmärkten Nachfrage nach DM, während Dollars angeboten werden. Mit anderen Worten, der Dollar ist abwertungs- und die DM aufwertungsverdächtig. Stößt der Dollar/DM-Kurs an den unteren Interventionspunkt, das war vor dem 9. Mai 1971 1 Dollar = 3,63 DM, muß die Bundesbank in unbeschränktem Umfang Dollar ankaufen und DM verkaufen. Für die Bundesrepublik hat das zur Folge, daß sich das inländische Inflationspotential vergrößert, für die USA bedeutet es, daß ihr Defizit von den übrigen Ländern kreditiert wird. Denn während die übrigen Defizitländer ihr Zahlungsbilanzminus mit internationaler Liquidität, also Gold, Dollars oder anderen konvertiblen Währungen begleichen müssen, ist für die USA internationale Liquidität und Landeswährung identisch. Sie können also internationale Schulden mit einer Währung begleichen, die sie selbst schaffen können. Da Drittländer die so geschaffenen Dollarbeträge in ihre Währungsreserve aufnahmen, brauchten die Amerikaner keine Sorgen um die Begleichung ihrer Defizite haben. Seit Mitte der 60er Jahre gingen einige Länder, zunächst vor allem Frankreich, dazu über, eingehende Dollarbeträge in Fort Knox gegen amerikanisches Währungsgold umzutauschen. 1968 als die Erosion des amerikanischen Goldschatzes bedenkliche Formen angenommen hatte, beschnitten die Amerikaner das Recht, Dollars in Gold umtauschen zu können. Die USA schlossen mit wichtigen Industrieländern ein Abkommen, nach dem von einem Umtausch von Dollarbeständen in amerikanisches Währungsgold Abstand genommen werden sollte. Das Ergebnis dieser Goldschutzaktion war, daß sie das Vertrauen in den Dollar weiter verringerte. Die Ausgangsbasis für die Häufung von Währungskrisen am Ende der 60er Jahre und zu Beginn der 70er Jahre war gelegt.

c) *Der Einfluß der Spekulation*

In dem Maße, wie die Krisenanfälligkeit des Bretton Woods-Systems zunahm und einzelne Länder Wechselkursveränderungen als Instrument der Währungspolitik neu entdeckten, gewannen die Währungsspekulanten einen zunehmenden Einfluß auf die internationale Währungsordnung. Dadurch, daß man aus schwachen Währungen in tatsächliche oder vermutete starke Währungen floh, entstanden Devisenströme, die einen eigenständigen und mächtigen Druck auf Wechselkursveränderungen ausübten. Der Euro-Dollarmarkt, auf dem Privatbanken, aber auch Notenbanken Dollarbeträge zinsgünstig anlegen konnten, entwickelte sich dabei zu einem Verschiebebahnhof solcher heißen Dollars. Das Ausmaß des währungspolitischen Drucks, der von diesem Markt ausgeht, ist mit dem Volumen dieses Geldmarktes, das man auf etwa 100 Mrd. Dollar schätzt, umrissen. In den frühen 70er Jahren wurden die von diesem Markt ausgehenden Spekulationswellen zu einer eigenständigen, zumindest aber verschärfenden Ursache der Weltwährungskrisen.

2. Chronologie des Zusammenbruchs

Nach der ersten Dollar-Gold-Krise im Frühjahr 1968 begann der Zerfallsprozeß des Bretton Woods-Systems. Im Mai 1968 kam es nach politischen Unruhen in Frankreich zu einem spekulativen Run auf die DM. Im Herbst 1968 wiederholte sich die Flucht in die DM. Es kam zu der steuerpolitischen Ersatzaufwertung der DM vom November 1968. Der Mai 1969 brachte die dritte Fluchtwelle in die DM. Die Abwertung des französischen Franc im August und die DM-Aufwertung im November 1969 sorgten für ein relativ erschütterungsfreies Jahr 1970. 1971 kam es dann zum eigentlichen Zusammenbruch des Bretton Woods-Systems. Die Bundesrepublik sah sich nach massiven Dollarzuflüssen gezwungen, die Devisenbörsen am 5. Mai 1971 zu schließen. Am 9. Mai erklärte die Bundesregierung, daß sie nicht mehr bereit ist, zum fixierten Kurs von $ 1 = DM 3,66 Dollars anzukaufen, d. h. der Wechselkurs der DM wurde freigegeben, er floatete. Die Niederlande schlossen sich dem DM-Floating an, die Schweiz und Österreich werteten ihre Währungen auf und Belgien und Frankreich verschärften ihre Devisenkontrollen. Trotz dieser Dollarabwehrmaßnahmen kam es im August 1971 zu einer erneuten Fluchtbewegung aus dem Dollar. Die Ursachen hierfür waren eine abrupte Verschlechterung der US-Zahlungsbilanz, die angespannte Konjunkturlage in den Vereinigten Staaten und die beschleunigte Erosion der US-Goldvorräte. Hinzu kamen gezielte Empfehlungen von US-Wirtschaftsberatern, den Dollar abzuwerten. In der sich zuspitzenden Situation auf den Devisenmärkten verhängte Präsident Nixon am 15. August 1971 eine 10 %ige Importsteuer und hob die Goldkonvertibilität des Dollars für unbefristete Zeit auf. In Reaktion hierauf gingen die meisten westlichen Industrieländer zu floatenden Wechselkursen über.

Theoretisch kann man davon ausgehen, daß ein System floatender Wechselkurse als Basis für den Aufbau einer neuen Währungsordnung geeignet ist. Bei freizügigem Kapitalverkehr würden die Währungsrelationen durch die Gesetze des freien Marktes bestimmt, jedes Land hätte einen unbegrenzten Spielraum für die eigene Wirtschaftspolitik. Kredithilfen und Währungsreserven erübrigten sich, weil die Zahlungsbilanz über den Wechselkursmechanismus ständig ausgeglichen wäre. Eine Interventionswährung brauchte man nicht mehr, da bei flexiblen Wechselkursen keine Interventionen nötig sind. Und die Rolle der internationalen Rechenwährung könnte jede Währung, warum also nicht auch der Dollar, übernehmen.

Trotzdem bot das Floating, so wie es nach dem 15. August 1971 gehandhabt wurde, keine Lösung der Krise. Denn erstens hatte sich im internationalen Miteinander ein Klima gegenseitigen Mißtrauens ausgebreitet. Dieses Mißtrauen führte zu einer Politik, bei der die internationale Solidarität hintangestellt wurde. Als Beispiel mögen der 10 %ige Sonderimportzoll der Vereinigten Staaten, das Gerangel um sogenannte handelspolitische Selbstbeschränkungsabkommen zwischen Japan und den USA, das kleinliche Gefeilsche bei der Diskussion um mögliche Auf- und Abwertungssätze dienen. Zweitens: Das Klima vergiftete nicht nur die internationalen Handelsbeziehungen, sondern bewirkte auch das sogenannte verschmutzte Floaten. Um die Wettbewerbsfähigkeit der eigenen Wirtschaft zu schonen und um kein Präjudiz für ein endgültiges realignment der Wechselkurse zu schaffen, sorgten die meisten floatenden Länder dafür, daß der Aufwertungseffekt möglichst gering blieb. Das wechselkurspolitische Ergebnis des Floatens waren also keine Marktkurse, sondern manipulierte Paritäten. Drittens: Trotz Floaten blieben die Kontrollen des internationalen Kapitalverkehrs bestehen. Ein behinderter Kapitalverkehr ist aber ebenso ein Fremdkörper für eine funktionsfähige internationale Arbeitsteilung wie eine nationalstaatliche Zollpolitik.

Insofern drängte die Entwicklung im Jahre 1971 auf eine Beendigung der Floatingperiode. Nach zahlreichen Verhandlungsrunden konnte am 18. Dezember der Öffentlichkeit eine Krisenlösung angeboten werden. Das Problem der Goldpreiserhöhung des Dollars, also der Dollarabwertung, erwies sich dabei als besonders schwierig. Frankreich forderte als Demonstration der Dollarschwäche eine Dollarabwertung, die Amerikaner dagegen verteidigten die Goldparität des Dollars als nationales Statussymbol.

Die Bereitschaft der Amerikaner, den Dollar schließlich doch abzuwerten, machte das Feld für ein allgemeines realignment der Wechselkurse frei. Als Richtgröße für diese Neufestsetzung der Paritäten galten im großen und ganzen die zuletzt während der Floatingperiode erreichten Devisenkurse. Als zweites wurde beschlossen, die Interventionsbandbreiten von bislang ± 1 % auf nunmehr ± 2,25 % zu erweitern.

Währungsexperten waren sich von Anfang an darüber im klaren, daß das realignment vom 18. Dezember 1971 nur eine kurze Ruhepause bieten konnte. Die Wissenschaftler kritisierten vor allem zwei Punkte des Währungsabkommens:

1. Mit dem realignment wurde nicht mehr erreicht als die Fixierung neuer, zugegeben realistischerer Paritäten. Doch bei unterschiedlicher Wirtschaftsentwicklung in der westlichen Welt würden sich diese Paritäten über kurz oder lang wieder verzerren, man hätte dann wieder die gleichen Probleme, die vor dem 9. Mai 1971 das Währungsmiteinander störten.

2. Die Erweiterung der Interventionsbandbreiten milderte diese Gefahr zwar tendenziell. Doch das interventionsfreie Band von nunmehr ± 2,25 % (innerhalb dieses Bandes brauchen die Wechselkurse nicht durch Dollaran- oder -verkäufe gestützt zu werden) bietet in Krisensituationen auch nicht genügend Elastizität; insbesondere bei akuten Wechselkursänderungsgerüchten würde die Grenze des Bandes rasch erreicht, so daß sich nach wie vor der Zwang zu Stützungsinterventionen ergibt.

Die Erfahrungen zeigten, daß diese wissenschaftliche Skepsis berechtigt war. Die Neuordnung der Wechselkursrelationen vom 18. Dezember 1971 brachte bislang weder eine Verbesserung der amerikanischen Zahlungsbilanz, noch die erhoffte Ruhe an der internationalen Front. Bereits im Frühjahr 1972 kam es unter dem Eindruck der fortdauernden Dollarschwäche zu erneuten Spekulationswellen. Die europäischen Länder versuchten zwar, sich gegen die spekulativen Dollarzuflüsse durch Devisenkontrollen zu schützen, doch der Erfolg dieser Absicherungsmaßnahmen war gering. Im Sommer 1972 brach England als erstes Land aus dem Wechselkursgefüge, das am 18. Dezember 1971 geschlossen worden war, aus. Der £-Kurs wurde freigegeben. Trotz weiterer Verschärfung der Devisenkontrollen – nach der Einführung des Bardepotgesetzes und der Anwendung des § 23 Außenwirtschaftsgesetz, herrschte in der Bundesrepublik das schärfste Kontrollsystem seit Ende des zweiten Weltkrieges – blieb die Währungssituation labil. Im Frühjahr 1973 kam es zu einer weiteren Spekulationswelle, bei der die DM die Zufluchtswährung Nummer eins war. Im Verlauf dieser Währungskrise gab die Schweiz am 23. Januar den Frankenkurs frei, am 12. Februar wurde der Dollar um 10 % abgewertet, am 14. Februar gingen Japan und Italien zu floatenden Wechselkursen über, Anfang März stellten Frankreich, die Bundesrepublik, Dänemark und die Beneluxstaaten die Dollarstützungen ein.

Diese Gruppe von sechs EWG-Ländern beschloß am 11. März 1973, ihre Wechselkurse untereinander durch gegenseitige Interventionen stabil zu halten, gegenüber dem Dollar jedoch schwanken zu lassen. Diesem europäischen Blockfloating schlossen sich am 19. März auch Norwegen und Schweden an. Die DM wurde vor dem Übergang zum Blockfloating um 3 % aufgewertet. Doch bereits nach einem Vierteljahr zeigte auch diese Krisenlösung Anfälligkeitssymptome. Die DM entwickelte sich zur stärksten Währung innerhalb des Floatingblocks, d. h. sie mußte einzelne Währungen der mit der Bundesrepublik floatenden Länder durch Devisenkäufe stützen. Diese Devisenkäufe vergrößerten die inländische Geldmenge und entwickelten sich somit zu einem Störfaktor für die auf Stabilität gerichtete Konjunkturpolitik der Bundesregierung. Deshalb entschloß sich die Bundesrepublik, die DM am 29. Juni 1973 um 5,5 % aufzuwerten.

IV. REFORMÜBERLEGUNGEN

Diese währungspolitische Entwicklung im Frühjahr und Sommer 1973 unterstrich erneut die Dringlichkeit einer raschen Reform des Weltwährungssystems. Die Tatsache, daß im Brennpunkt aller Währungskrisen der letzten Jahre die anhaltende Dollarschwäche stand, umreißt eine wesentliche Prämisse für eine sinnvolle Reform des Weltwährungssystems, nämlich die Lösung des Dollarproblems.

1. Lösung des Dollarproblems

Da die anhaltende Dollarschwäche zu einer eigenständigen Ursache von Währungskrisen geworden ist, drängt sich zunächst das Postulat nach einer Dollarsanierung auf. Das ist in erster Linie ein inneramerikanisches Problem. Eine Stabilisierung der inneramerikanischen Verhältnisse und eine Wirtschaftspolitik, die die internationale Wettbewerbsfähigkeit der Vereinigten Staaten verbesserte, würde die psychologische und ökonomische Voraussetzung für eine Verringerung oder gar Beseitigung des US-Zahlungsbilanzdefizits schaffen. Die Amerikaner zögern allerdings, diese Konsequenz zu ziehen, vor allem auch unter dem Eindruck der sozialen Spannungen, die sich aus der hohen Arbeitslosigkeit ergeben. Sie fordern stattdessen die Unterstützung ihrer Partner bei der Lösung des amerikanischen Zahlungsbilanzproblems. Vor allem erwarten sie von den Japanern und den Europäern handelspolitische Zugeständnisse. Bis dahin weigern sie sich, die Konvertibilität des Dollars wieder einzuführen und blockieren so die Arbeiten an der Reform des Weltwährungssystems. Die Tatsache ,daß in dem alten Währungssystem die Schwäche einer Währung, nämlich des Dollars, automatisch auf alle übrigen Währungen ausstrahlte und so zu Krisensituationen führte, deutet auf die Notwendigkeit hin, bei einer Systemreform Ordnungselemente zu entwickeln, die das währungspolitische Miteinander vom Dollar unabhängig machen. D. h.: Der Dollar muß die Lasten und Privilegien einer Leitwährung endgültig aufgeben. Daraus folgt einmal, daß die Vereinigten Staaten den Dollarkurs ebenso wie alle übrigen Länder durch Stützungskäufe verteidigen müßten. Zum anderen müssen die Drittländer von der Verpflichtung befreit werden, Dollars als Reservewährung zu halten. Die Versorgung mit internationaler Liquidität müßte demnach über andere Medien erfolgen. Über die Notwendigkeit und die Methode einer rationaleren Versorgung der Welt mit Liquidität besteht bereits jetzt weitgehend Übereinstimmung, ja teilweise ist diese Reform bereits eingeleitet. Die im Jahre 1970 eingeführten Sonderziehungsrechte (SZR) des IWF sollen im zukünftigen Währungssystem den Dollar als Reservemedium ersetzen. Die Schaffung von SZR erfolgt im Unterschied zu den normalen IWF-Ziehungsrechten ohne eine Einzahlungspflicht der Mitgliedsländer, also durch einen einfachen Beschluß der Teilnehmerstaaten. Die globale Zuteilung von SZR erfolgt in Mehrjahresperioden, in der Regel fünf Jahre. Dabei sollen gesamtwirtschaftliche Kriterien wie „Deckung des globalen Liquiditätsbedarfs“ berücksichtigt werden. Aus dieser allgemeinen Zuteilung wird in einzelnen Teilnehmerländern unter Benutzung des IWF-Schlüssels (Volkseinkommen, Devisenreserven, Außenhandelsvolumen) ein individueller Betrag an SZR zugeteilt, der ihnen auf ein Spezialkonto beim IWF gutgeschrieben wird. Diese Gutschrift berechtigt sie, zur Deckung von Zahlungsbilanzbedürfnissen konvertible Währung beim Fonds abzurufen. Die individuelle SZR-Quote darf von den einzelnen Ländern im Durchschnitt einer Referenzperiode, das sind bislang fünf Jahre, bis zu 70 % ausgenutzt werden. Wird diese Grenze überschritten, muß das betroffene Land gegen Gold oder konvertible Währungen SZR zurückkaufen, d. h. bis zur 70 %-Grenze sind SZR echte internationale Liquidität, darüber hinaus haben sie Kreditcharakter. Bedeutsam ist auch, daß die SZR kein internationales Zahlungsmittel sind, sondern nur eine Berechtigung zum Erwerb konvertibler Währungen darstellen. Der Handel mit SZR erfolgt somit nur im Verkehr zwischen internationalen Organisationen und Zentralbanken. Eine Spekulation mit dem oder über das künftige Reservemedium SZR ist somit ausgeschlossen.

Trotz des weiten Fortschritts in der Frage der zukünftigen Reservepolitik gibt es noch Probleme, die vor einem Übergang zu einem SZR-Standard gelöst werden müssen. Einmal muß dafür gesorgt werden, daß die Versorgung mit internationaler Liquidität nach strengen monetären Regeln erfolgt, d. h. vor allem, daß eine inflationäre Überversorgung mit SZR verhindert wird. Hier taucht das Problem der Definition des objektiv notwendigen Liquiditätsbedarfs auf. Eine optimale Steuerung des SZR-Volumens ist zudem eine Bedingung dafür, daß die SZR weltweit als Liquiditätsmedium akzeptiert werden, daß also Vertrauen in diese neue synthetische Liquidität besteht. Die Forderung der Entwicklungsländer, sie aus entwicklungspolitischen Gründen bei der Zuteilung von SZR zu bevorzugen, könnte diesem Ziel entgegenstehen. Einige Industrieländer befürchten wenigstens, daß das SZR-Volumen inflationär aufgebläht werden würde und die Liquiditätspolitik des IWF unter den politischen Druck der Entwicklungsländer geriete. Schließlich könnte der SZR-Standard nur dann befriedigend funktionieren, wenn der Dollar konvertibel würde. Hier stellt sich vor allem das Problem der Konsolidierung der Altdollarbestände. Die Notenbanken der westlichen und Dritten Welt haben zur Zeit Dollarreserven in Höhe von etwa 70 Milliarden Dollar. Die Amerikaner wollen erst dann über einen Rückkauf dieser Dollarreserven mit sich reden lassen, wenn ihre Zahlungsbilanz nennenswerte Überschüsse aufweist. In der Tat setzt eine Konsolidierungsmöglichkeit, nämlich der bilaterale Umtausch der Dollarbestände in SZR oder andere Reserveaktiva (also Gold oder konvertible Währung), kontinuierliche Überschüsse der

US-Zahlungsbilanz voraus. In einem zweiten zur Zeit diskutierten Konsolidierungsmodell könnten die Gläubigerländer ihre Dollarbestände beim IWF gegen SZR eintauschen. Der Fonds würde damit zum Alleingläubiger der USA. Diese Lösung hätte die Vorteile, daß einmal zwischen den USA und dem IWF langfristige Rückkaufkonditionen ausgehandelt werden könnten und zudem der Übergang von Dollarstandard zum SZR-Standard sichtbar und reibungslos vollzogen werden könnte.

Der Übergang zum SZR-Standard setzt schließlich eine wirksame Kontrolle des Euro-Dollarmarktes voraus, der mit seinem Volumen von über 100 Milliarden heißen, also spekulativen US-Dollars in den letzten Jahren wesentlicher Ausgangspunkt der diversen Spekulationskrisen waren.

2. Verbesserung des Anpassungsprozesses

Der zweite große Problembereich einer Neuordnung der Währungsbeziehungen läßt sich mit der Formel „Verbesserung des Anpassungsmechanismus" umschreiben, d. h. es sollen Ordnungselemente entwickelt werden, die bei Wiedereinführung des freizügigen Kapitalverkehrs das Entstehen und Verhärten des Zahlungsbilanzungleichgewichts verhindern. Da das bisherige System hierzu nicht in der Lage war, sollen die Wechselkurse zukünftig elastischer gestaltet werden. Die Verbreiterung der Interventionsbänder wird dabei als erster Schritt in die richtige Richtung interpretiert. Darüber hinaus soll das künftige Wechselkurssystem die Möglichkeit der Verschiebung der Bänder nach oben oder unten bieten. Zur Zeit werden drei Verfahren solcher Bandverschiebungen diskutiert:

1. Der *mittelfristig garantierte Paritätsanstieg* geht von einem wünschenswerten Abstand zwischen inländischer und ausländischer Geldwertentwicklung aus. Soll dieser Abstand beispielsweise 2,5 % betragen, müßte die jährliche Aufwertungsrate ebenfalls 2,5 % ausmachen. Diese Aufwertung wird vorher angekündigt und allmählich realisiert, beispielsweise in monatlichen Schritten von 0,2 %. Die Nachteile dieses Systems liegen darin, daß die Zentralbanken und die Regierungen wechselkurspolitisch festgelegt werden und daß die angekündigten Aufwertungen u. U. widerrufen werden müssen. Damit würden die Vorteile der Vorankündigung – starke Beeinflussung der Preiserwartungen – und die Kalkulierbarkeit der zukünftigen Wechselkurse aufgehoben.

2. Das Prinzip der *limitierten Stufenflexibilität* geht davon aus, daß innerhalb einer erweiterten Bandbreite die Parität in bestimmten Ab-

ständen überprüft und im Bedarfsfalle korrigiert wird. Bei dieser Alternative behalten die Notenbanken ihre wechselkurspolitische Autonomie. Damit taucht die Möglichkeit auf, daß ähnlich wie im alten System objektiv notwendig werdende Wechselkursänderungen hinausgezögert werden. Aus diesem Bedenken heraus ist der Vorschlag gemacht worden, die Wechselkursautonomie durch Sanktionen zu relativieren. Beispielsweise könnten Mitgliedsländer, die nicht zur Abwertung bereit sind, von der Liste der kreditwürdigen Staaten gestrichen werden. Aufwertungsunwillige Länder könnten mit Zolldiskriminierungen geahndet werden.

3. Der Vorschlag einer *formelgebundenen Bandverschiebung* entzieht den einzelnen Nationalstaaten das Entscheidungsrecht über die Wechselkursgestaltungen. Veränderungen der Devisenreserven bzw. die Entwicklung der Marktkurse erzwingen entsprechende Bandverschiebungen. Die Schwächen dieses Konzepts liegen vor allem in dem Zweifel, ob die einzelnen Länder bereit sind, ihre wechselkurspolitische Autonomie aufzugeben. Zum anderen könnten Situationen eintreten, in denen die Marktkursentwicklung durch Interventionen manipuliert wird bzw. die Entwicklung der Devisenreserven durch Swapsatzoperationen verdeckt wird. In beiden Fällen würden die regelmechanischen Indikatoren außer kraft gesetzt werden.

Nach amerikanischer Auffassung sollte der Anpassungsprozeß nach dem dritten Diskussionsmodell erfolgen. Die Veränderung der nationalen Devisenreservepositionen soll der alleinige Indikator für notwendige Wechselkursveränderungen sein. Ein unangemessener Zuwachs oder Verlust von Reserven soll automatisch wirksame Zahlungsbilanzanpassungsmaßnahmen – konkret Wechselkursveränderungen – nach sich ziehen. Abwertungsweigerungen sollen mit der Streichung von SZR sanktioniert werden. Bei Aufwertungsweigerungen soll die Umtauschmöglichkeit von Devisen in SZR bzw. in andere konvertible Währungen aufgehoben werden. Handelspolitische Restriktionen oder die Besteuerung überschüssiger Devisenbestände sind weitere diskutierte Sanktionsmöglichkeiten.

Die europäischen Industriestaaten stehen diesem Plan skeptisch gegenüber. Zunächst plädieren sie für ein erweitertes Indikatorensystem, das neben der Veränderung der Reservepositionen auch die Zahlungsbilanzsituation und die Preisentwicklung beinhalten sollte. Zum anderen lehnen sie einen Anpassungsprozeß, der allein auf Wechselkursveränderungen basiert, ab. Die Amerikaner wollen offensichtlich Wechselkursveränderungen zum entscheidenden Instrument des Zahlungsbilanzausgleichs machen, um so bei der inneren Wirtschaftspolitik von Zwängen der Zahlungsbilanz völlig frei zu bleiben. D. h., man versetze sich in die Lage, eine permanente Wachstumspolitik im Innern betreiben zu können und würde über stete Dollarabwertungen die internationalen Wettbewerbseffekte einer solchen Politik kompensieren. Die Europäer wollen dagegen die Anpassungsaktivitäten schwergewichtig im Bereich der inneren Wirtschaftspolitik legen, d. h. bei Zahlungsbilanzdefiziten müßte eine stabilitätsorientierte Wirtschaftspolitik betrieben werden. Zu diesem Zweck plädieren sie, unterstützt vom IWF, dafür, daß zukünftig auch die USA Zahlungsbilanzdefizite mit Gold, SZR oder konvertiblen Auslandswährungen begleichen müßten. Bei entsprechend restriktiver Handhabung der internationalen Liquiditätsversorgung würde damit der klassische Anpassungszwang über die internationale Zahlungsfähigkeit reaktiviert. Wechselkurse hätten daneben eine flankierende Anpassungsfunktion. Die erweiterten Bandbreiten schaffen mehr Unabhängigkeit von den kurzfristigen Veränderungen auf den Devisenmärkten. Die Möglichkeit der prompteren Bandverschiebungen sollte bei Veränderung der internationalen Strukturen, also etwa im Sinne der alten, aber falsch angewandten Bretton Woods-Definition „fundamentales Zahlungsbilanzungleichgewicht" in Anspruch genommen werden.

Auf welches Anpassungskonzept man sich letztlich einigt, kann zur Zeit nur schwer abgeschätzt werden. Doch unabhängig davon beinhaltet jedes Währungssystem Spielregeln, die eingehalten werden müssen, um die Funktionstüchtigkeit des Systems zu sichern. Damit verlagert sich das Weltwährungsproblem von der Ebene des Organisatorisch-Technischen hin zur Frage, ob und mit welchem Ernst die einzelnen Länder bereit sind, internationale Spielregeln zu akzeptieren und eigene Interessen den Kriterien des internationalen Wohlverhaltens unterzuordnen. Ohne diese Bereitschaft gibt es kein Währungssystem, das dem Oberziel „internationale Arbeitsteilung zur Förderung des weltweiten Wohlstandswachstums" entspräche.

V. ZUSAMMENFASSUNG

1. Der klassische Goldstandard funktionierte bis zum Ausbruch des 1. Weltkrieges weitgehend befriedigend, weil sich die Wirtschaftspolitiker den Gesetzen der Goldzu- und -abflüsse unterordneten. Aus

sozialen und gesellschaftspolitischen Gründen ist eine solche Unterordnung der Wirtschaftspolitik heute nicht mehr möglich.

2. Auch das Bretton-Wood-System, das auf prinzipiell festen Wechselkursen bei (seit 1958) freier Konvertibilität der Währungen beruhte, funktionierte bis zur Mitte der 60er Jahre zufriedenstellend. Einmal, weil der Dollar bis dahin als internationale Leit- und Reservewährung akzeptiert wurde, weil die wirtschaftspolitische Autonomieeinschränkung, die dieses System mitbeinhaltet, durch den Nachkriegswachstumsprozeß und die Solidarität der westlichen Welt überspielt wurde und weil schließlich der dennoch bestehende Flexibilitätsbedarf durch außenhandelspolitische Instrumente (Zollsenkung, Liberalisierung des Handels) ohne Wechselkursveränderungen befriedigt werden konnte.

3. Die Abneigung gegen Wechselkursveränderungen führte bei zunehmenden Diskrepanzen in der internationalen Wirtschaftsentwicklung zu fundamentalen Zahlungsbilanzungleichgewichten.

4. Mit zunehmenden Dollarvorräten bei den europäischen Zentralbanken wuchs der Wunsch, Dollars gegen amerikanisches Währungsgold umzutauschen. Der so entstehende amerikanische Goldverlust sowie amerikanische innen- und außenpolitische Schwierigkeiten schwächten das Vertrauen in den Dollar. Es kam zu ersten Dollarkrisen.

5. Dieser Prozeß, der durch Spekulationswellen verschärft wurde, führte schließlich zum Zusammenbruch des Bretton-Woods-Systems.

6. Die Arbeiten zur Reform des Weltwährungssystems konzentrieren sich auf die Ersetzung des Dollars als Leitwährung durch die Sonderziehungsrechte des Internationalen Währungsfonds, eine Verbesserung des Zahlungsbilanzanpassungsprozesses und auf die Rückkehr zu festen, aber anpassungsfähigen Wechselkursen.

VI. KONTROLLFRAGEN

1. Welche übergeordnete Aufgabe hat eine Weltwährungsordnung?
2. Warum arbeitete der Goldstandard befriedigend?
3. Wie funktionierte der Goldwährungsautomatismus?
4. Warum besteht der Konflikt zwischen wirtschaftspolitischer Autonomie und einem Währungssystem, das auf festen Wechselkursen und freier Konvertibilität der Währungen basiert?

5. Was ist eine Leitwährung?
6. Warum scheiterte das alte Wechselkurssystem?
7. Was ist ein interventionsfreies Wechselkursband?
8. Was sind SZR und warum ist der Übergang zu einem SZR-Standard nötig?
9. Warum sind die Amerikaner an einem Wechselkurssystem interessiert, in dem die Wechselkursbänder nach sogenannten objektiven Kriterien verschoben werden sollen?
10. Was versteht man unter Anpassungsregeln und welche Anpassungsregel herrschte im Bretton Woods-System?

VII. LITERATURHINWEISE

Aschinger, Franz E.: Das Währungssystem des Westens, Frankfurt/M. 1971

Beyfuss, Jörg: Perspektiven der internationalen Währungspolitik; Beiträge des Deutschen Industrieinstituts, Nr. 4/1972

Hudeczek, Carl: Das internationale Währungssystem, Mängel und Reform, Frankfurt/M. 1969

Lipfert, Helmut: Einführung in die Währungspolitik, München 1964

Möller, Hans: Das Ende einer Währungsordnung, München 1972

György O'svath

Die Europäische Wirtschaftsgemeinschaft

INHALT

I. EINLEITUNG

Die Europäischen Gemeinschaften sind die im Jahre 1967 verwirklichte Zusammenfassung von den drei europäischen Gemeinschaften: Europäische Gemeinschaft für Kohle und Stahl (EGKS), Europäische Wirtschaftsgemeinschaft (EWG) und Europäische Atomgemeinschaft (EURATOM). Die Zusammenlegung der drei Gemeinschaften beinhaltete lediglich eine Fusion der Organe, nicht jedoch der den drei Gemeinschaften zugrunde liegenden Verträge. Bis zum gegenwärtigen Zeitpunkt sind diese Verträge in Kraft und werden von den fusionierten Organen der Gemeinschaft angewandt. Die hier vorliegende Abhandlung bezieht sich vorwiegend auf jene Rechtsakte und Politiken, für die der EWG-Vertrag die rechtliche Grundlage bietet.

Der EWG-Vertrag hat einen dynamischen Charakter. Er legt nicht einen bestehenden Zustand oder eine normative Ordnung fest, wie das mehr oder weniger in den Verfassungen der Staaten der Fall ist, sondern er ist auf die Verwirklichung weitgesteckter Ziele gerichtet, die in der Arbeit der Gemeinschaft erst zu konkretisieren waren und denen sich die institutionelle Struktur und Arbeitsform ihrer Organe erst anpassen mußte. Das vom Vertrag bestimmte Ziel der europäischen Integration ist, durch die Errichtung eines gemeinsamen Marktes und die schrittweise Annäherung der Wirtschaftspolitik der Mitgliedstaaten eine harmonische Entwicklung des Wirtschaftslebens innerhalb der Gemeinschaft, eine beständige und ausgewogene Wirtschaftsausweitung, eine größere Stabilität und eine beschleunigte Hebung der Lebenshaltung zu fördern.

Der auf dieses Ziel gerichtete und von dem Vertrag rechtlich begründete und induzierte Integrationsprozeß ist in drei Stufen zu gliedern: Die erste Stufe bildet die Herstellung des Gemeinsamen Marktes, die zweite die Schaffung einer Wirtschafts- und Währungsunion und die dritte die Errichtung einer Politischen Union der Europäischen Gemeinschaften.

Der Gemeinsame Markt ist nach dem Wortlaut des Vertrages eine notwendige aber keine ausreichende Bedingung für die Verwirklichung der Vertragsziele. Der Markt kann das Problem der optimalen Aufteilung der Produktionsmittel sowie der Verteilung der hergestellten Güter nur insoweit lösen, als keine fühlbaren Verzerrungen und Hemmnisse bestehen. Allein um den Freihandel in einem Wirtschaftsraum zu sichern, ist mehr als Freihandel erforderlich. Die Korrigierung und die Überwindung solcher Verzerrungen oder Hemmnisse des Marktes, aber auch die Lösung einer Reihe von zusätzlichen Aufgaben, wie z. B. die Bereitstellung von Gütern und Leistungen, nach denen keine Nachfrage besteht, die Schaffung eines Finanzausgleichs unter Regionen mit unterschiedlichen wirtschaftlichen Entwicklungsmöglichkeiten, usw., erfordern den Einsatz von Politiken mit der Funktion der Initiierung, der Steuerung und des Ausgleichs. Diese Funktionen haben ein besonderes Gewicht bei einem „Gemeinsamen Markt", entstanden aus rechtlich, ökonomisch und funktionell voneinander abweichenden Teilmärkten.

Der Gemeinsame Markt und die eingesetzten Politiken können jedoch einen Zielbereich nicht verwirklichen, die gleichgewichtige wirtschaftliche Entwicklung der Mitgliedstaaten. Die Gewährleistung des gesamtwirtschaftlichen Gleichgewichts im Gemeinsamen Markt ist jedoch eine unerläßliche Voraussetzung für die Funktionsfähigkeit des vom Vertrag normierten Wettbewerbssystems und damit des dauerhaften Bestandes eines schon fortgeschrittenen Integrationsgrades. Diesem Tatbestand trägt jene Zielsetzung Rechnung, die als zweite Stufe der Integration die Schaffung einer Wirtschafts- und Währungsunion vorsieht. Die dritte Stufe findet sich in der Zielsetzung der Errichtung einer Politischen Union der Europäischen Gemeinschaften. Die Rechtsakte, die Politiken und die Maßnahmen, die auf die Verwirklichung dieser vorbestimmten Entwicklungsstufen gerichtet sind, werden nicht nach der Verwirlichung der jeweiligen Entwicklungsphase, sondern parallel eingesetzt. Dies ist zum Teil die Folge der Erkenntnis eines fehlenden Automatismus zur stufenweisen Fortentwicklung der Integration. Es ist jedoch festzustellen, daß bereits in der ersten Entwicklungsphase Aufbauelemente der Mechanismen eingesetzt worden sind, deren Umfang in der gegenwärtigen, nun ins Stocken geratenen zweiten Stufe Wirtschafts- und Währungsunion noch zugenommen hat.

Dem oben vorgelegten Entwicklungsprozeß entsprechend behandelt die hier vorliegende Abhandlung die Grundzüge des Gemeinsamen Marktes, von den wichtigsten Politiken der Gemeinschaft die Agrar-, die Regional-, die Sozial- und die Außenwirtschaftspolitik, sowie die Probleme der Wirtschafts- und Währungsunion.

II. DER GEMEINSAME MARKT

1. Der Freiverkehr – die vier Freiheiten

a) Waren

Grundlage der Gemeinschaft ist eine Zollunion mit einem gemeinsamen Zolltarif gegenüber Drittländern. Der im Vertrag vorgesehene Zeitplan, in 12 Jahren die Binnenzölle stufenweise herabzusetzen und die Außenzölle anzugleichen, ist verkürzt worden: Seit dem 1. Juli 1968 werden an den Binnengrenzen der Mitgliedstaaten keine Zölle mehr erhoben, im Außenverhältnis trat an die Stelle der nationalen Zölle der Gemeinsame Zolltarif.

Der Freiverkehr für landwirtschaftliche Erzeugnisse ist im Rahmen von Marktordnungen verwirklicht worden. Durch diese werden für die wichtigsten Erzeugnisse einheitliche Preise festgelegt, von denen sowohl die Importmindestpreise (Schwellenpreise) als auch die Binnenmarkt-Interventionspreise abgeleitet werden. Die Finanzierung der durch die Agrarpolitik entstehenden Verpflichtungen erfolgt über den Europäischen Ausrichtungs- und Garantiefonds für die Landwirtschaft.

Die gemeinsamen Richt- und Orientierungspreise sind keine Marktpreise, sie werden vom Ministerrat in Rechnungseinheiten festgesetzt und durch eine Absatzgarantie gesichert (s. weiter Agrarpolitik).

Mit dem gemeinsamen Zolltarif und dem gemeinschaftlichen Abschöpfungssystem entsteht zwar eine Zolltarifunion, aber noch keine Zollunion. Unterschiedliches nationales Recht kann z. B. zu unterschiedlichen Zollberechnungen führen. Der Rat hat daher über die Ermächtigungen des Vertrages hinausgehend, gestützt auf Artikel 235, eine Reihe von europäischen Verordnungen zur Ablösung des nationalen Zollrechts erlassen (u. a. Zollwert der Ware, Warenursprung, gemeinschaftliches Versandverfahren). Die Zollfreiheit innerhalb der Gemeinschaft umfaßt auch das Verbot, Abgaben gleicher Wirkung zu erheben. Dieses Verbot ist unmittelbar wirksames Recht, widersprechende nationale Vorschriften treten zurück. Der Vertrag verbietet weiterhin mengenmäßige Einfuhrbeschränkungen zwischen den Mitgliedstaaten und regelt das Verfahren des Abbaus der bestehenden Beschränkungen und Kontingente. Ebenfalls verboten werden Maßnahmen gleicher Wirkung, wie mengenmäßige Beschränkungen mit unmittelbarer Wirksamkeit. Schwierigkeiten entstehen bei der Abgrenzung des Begriffes „gleicher Wirkung". Hierbei ist zu erwähnen, daß die häufig geübte Praxis der Mitgliedstaaten, bei öffentlichen Aufträgen die nationalen Industrien zu bevorzugen, eine mengenmäßige Beschränkung darstellt.

Der Vertrag schreibt weiterhin vor, daß die Mitgliedstaaten ihre staatlichen Handelsmonopole schrittweise derart umzuformen haben, daß am Ende der Übergangszeit jede Diskriminierung in den Versorgungs- und Absatzbedingungen zwischen den Angehörigen der Mitgliedstaaten ausgeschlossen ist. Die Kommission hat den Mitgliedstaaten die Aufhebung der Ausschließlichkeitsrechte der Monopole als beste Lösung empfohlen, diese sind aber dieser Empfehlung hinsichtlich der wichtigsten Monopole nicht gefolgt (z. B. Erdölmonopol in Frankreich). Die nationalen Politiken sind auch nicht durch Gemeinschaftsregelungen abgelöst worden.

Als letzter Bereich ist noch die Angleichung technischer Vorschriften zu erwähnen (Kraftfahrzeugsektor, Lebensmittelrecht, Futtermittelrecht usw.). Die Kommission hat ein Programm vorgelegt, das unter Berücksichtigung der relativen Bedeutung einzelner Wirtschaftszweige Prioritäten setzt und versucht, die legislative Tätigkeit in den Mitgliedstaaten mit den Gemeinschaftsarbeiten zu koordinieren. Der Fortschritt auf diesem Gebiet ist jedoch sehr langsam. Die Beseitigung dieser Art von Handelshemmnissen schafft allerdings erst die Voraussetzungen für die Möglichkeit einer auf den Gemeinsamen Markt gerichteten Produktion und der größeren Auswahl für den Verbraucher.

b) Die Freizügigkeit der Arbeitnehmer

Freizügigkeit der Arbeitskräfte bedeutet im Gemeinsamen Markt Mobilität eines Produktionsfaktors im Interesse nationaler Standortwahl und Arbeitsteilung, ist aber vorerst eine Grundfreiheit zur Bestimmung der räumlichen Lebens- und Arbeitsbedingungen.

Der Vertrag bestimmt, daß die Mitgliedstaaten bis Ende der Übergangszeit jede auf der Staatsangehörigkeit beruhende unterschiedliche Behandlung der Arbeitnehmer aus den Mitgliedstaaten in bezug auf Beschäftigung, Entlohnung und sonstige Arbeitsbedingungen abzuschaffen haben.

Bereits 1968 sind die Vertragsbestimmungen verwirklicht worden, was die volle rechtliche Freizügigkeit für Arbeitnehmer hinsichtlich der Arbeitsaufnahme und der Beseitigung der Ausreise-, Einreise- und Aufenthaltsbeschränkungen bedeutet.

Die Freizügigkeit bezieht sich auch auf Familienangehörige, Kinder sind innergemeinschaftlich gleichberechtigt hinsichtlich des allgemeinen Schulunterrichts, der Lehrlings- und Berufsausbildung. Der Schutz des eigenen Arbeitsmarktes gegenüber Arbeitnehmern aus anderen Mitgliedstaaten ist einem Mitgliedstaat nur noch in Ausnahmefällen zugestanden.

Durch eine Ratsverordnung ist auch ein System eingeführt worden, das den Wanderarbeitern die Addierung aller in den Mitgliedstaaten anrechenbaren Fristen und Sozialversicherungsansprüche und deren Auszahlung sichert.

c) Niederlassungsfreiheit und Dienstleistungen

Der Vertrag bestimmt, daß Beschränkungen der Niederlassungsfreiheit und des Dienstleistungsverkehrs durch die Beseitigung diskriminierender Behandlung der Ausländer aus den Mitgliedstaaten und ausländischer Unternehmensgründungen schrittweise abzubauen sind. Die stufenweise Verwirklichung dieser Vertragsbestimmung ist noch im Gange. Erhebliche Verzögerungen bei ihrer Verwirklichung haben sich im Bereich der freien Berufe ergeben, wo noch keine Richtlinie verabschiedet werden konnte. Insbesondere ist zu beachten, daß die formelle Aufhebung der Diskriminierung nicht gleichzeitig andere innerstaatliche Vorschriften mit Diskriminierungseffekt (z. B. Notwendigkeit eines im Inland erworbenen Diploms) außer Kraft setzen kann. Insoweit bedarf das Gemeinschaftsrecht der Parallelität der nationalen Rechtssetzung.

d) Zahlungs- und Kapitalverkehr

Die drei vorher zitierten Freiheiten erfordern die Freiheit des Zahlungsverkehrs, um Löhne, Lieferungen, Leistungen, Zahlungen sowie Kapitalkosten über die mitgliedstaatlichen Grenzen transferien zu können. Dazu werden die Mitgliedstaaten in Artikel 106 des Vertrages verpflichtet. Diese Bestimmung hat Einfluß auf die Interventionsmöglichkeiten der Mitgliedstaaten in bezug auf ihre Zahlungsbilanz. Die dadurch entstehende Inzidenz auf die Wechselkurspolitik und auf die Gestaltung der Währungspolitik, die noch in nationaler Zuständigkeit liegen, hat die Gewährung nationaler Schutzklausel für die Mitgliedstaaten erfordert.

Die Freiheit des Kapitalverkehrs ist nicht vollständig hergestellt, zahlreiche Beschränkungen existieren noch auf nationaler Ebene. Der Grund dafür befindet sich in der Kapitalmarktpolitik derjenigen Staaten, die die Wirtschaftsentwicklung mit Hilfe von Kapitallenkung beeinflussen wollen. Eine solche Politik ist auch von der Vorstellung beeinflußt, daß der nationale Kapitalmarkt allein den nationalen Investitionen zur Verfügung stehen müsse. Es besteht auf europäischer Ebene auch keine gemeinschaftliche Instanz, die einen europäischen Kapitalmarkt ordnen und nach gemeinschaftlichen Konzepten strukturelle und regionale Kapitallenkung vornehmen könnte. Die Entwicklung der Zahlungsbilanzen aufgrund der Erdölkrise hat weitere negative Folgen für die Liberalisierung des Kapitalverkehrs gehabt (allein der Kapitalmarkt der Bundesrepublik ist nahezu vollständig liberalisiert).

2. Die Steuern

Die indirekten Steuern auf Waren werden in den Mitgliedstaaten bei der Ausfuhr erstattet und vom Einfuhrstaat neu erhoben. Um zollgleich wirkende Benachteiligungen bei Einfuhren aus den Mitgliedstaaten auszuschließen, verbietet der Vertrag höhere inländische Abgaben als solche, die gleichartige inländische Waren zu tragen haben. Damit der Grenzausgleich der wichtigsten indirekten Steuer, der Umsatzsteuer berechnet werden kann, ist in allen Mitgliedstaaten das bereits in Frankreich bestehende Mehrwertsteuersystem eingeführt worden. Fortschritte bei der Harmonisierung anderer indirekter Steuern, wie Steuern auf Ansammlung von Kapital, Gesellschaftssteuer bei Fusionen, Besteuerung von Zinserträgen, Dividenden, festverzinslicher Wertpapiere sind noch nicht zu verzeichnen.

Direkte Steuern können ebenfalls Kostenfaktoren im zwischenstaatlichen Vergleich sein, mit Auswirkung auf die Wettbewerbsbedingungen. Die Kommission hat aus diesem Grunde 1967 ein Programm für die Harmonisierung der direkten Steuer aufgestellt. Gegenstand des Harmonisierungsprogramms ist u. a. die Quellensteuer auf Dividenden bei Tochtergesellschaften in einem anderen Mitgliedstaat und eine Fusionsrichtlinie.

Der Grenzausgleich bei indirekten Steuern vermag zwar wettbewerbsverfälschende Wirkungen zu neutralisieren, bleibt aber für einen Binnenmarkt ein Störfaktor. Der Abbau der Steuergrenzen setzt daher auch eine Angleichung dieser Steuern voraus. Dabei sind wegen des Zusammenhangs der steuerlichen Gesamtbelastung auf die Dauer einzelne Steuern nicht isoliert harmonisierbar.

Die Harmonisierung der Verbrauchssteuer hat die Kommission 1972 vorgeschlagen. Danach sollen fünf Verbrauchssteuern, nämlich Tabakwaren, Mineralöl, Alkohol, Wein und Bier weiterbestehen, alle übrigen Verbrauchssteuern sollen von den Mitgliedstaaten schrittweise abgeschafft oder so umgestaltet werden, daß sie nicht mehr Gegenstand eines Grenzausgleichs werden.

3. Die Wettbewerbspolitik

Die gesamte Wirtschaftsordnung der Gemeinschaft beruht auf dem Wettbewerbsgrundsatz. Dieser Grundsatz ist in zahlreichen Vorschriften der Verträge und der zu ihrer Durchführung erlassenen Verordnungen enthalten, deren Zielsetzung über eine Regelung wirtschaftlicher, finanzieller und sozialer Art hinaus letztlich in der Herstellung gleicher Wettbewerbsvoraussetzungen für alle besteht.

In der Praxis ist die Wettbewerbsgleichheit ein Idealzustand, dem man nur dann nahekommt, wenn sowohl die Eingriffe der öffentlichen Hand als auch die Handlungen Privater, die zu Wettbewerbsverfälschungen führen, ständig überwacht werden.

Diese Überwachungsaufgabe ist der Kommission der Europäischen Gemeinschaften übertragen. Sie hat die erforderlichen Befugnisse erhalten, um gegen die sich aus staatlichen Beihilfen, Kartellabsprachen und mißbräuchlicher Ausnutzung marktbeherrschender Stellungen ergebenden Wettbewerbsbeschränkungen vorzugehen.

Demnach sind verboten:

— Kartelle und Vereinbarungen zwischen Unternehmen, wenn sie eine Wettbewerbsbeschränkung bewirken;
— Mißbrauch einer marktbeherrschenden Stellung durch ein großes Unternehmen, die dieses Unternehmen in seinem Tätigkeitsbereich besitzt, wenn in diesem Bereich kein nennenswerter Wettbewerb gegeben ist;
— staatliche Beihilfen für bestimmte Unternehmen oder bestimmte Wirtschaftsbereiche;

— Beschränkungen des Handelsverkehrs, die auch nach der Abschaffung der Zölle von den Regierungen veranlaßt werden können (administrative Schwierigkeiten, gesundheitspolizeiliche Vorschriften oder technische Normen, unterschiedliche Rechtsvorschriften, diskriminierende Steuervorschriften).

Der Kommission ist allein das Recht übertragen, die Unternehmen und die Mitgliedstaaten zur Einhaltung dieser Verbote zu zwingen. Sie bedarf hierfür nicht der Zustimmung des Ministerrats. Eine Klage kann vor dem Gerichtshof der Europäischen Gemeinschaften erhoben werden, der letztinstanzlich entscheidet.

III. DIE LANDWIRTSCHAFTSPOLITIK

1. Die Problematik der Integrierung der Agrarmärkte [1]

Im gewerblichen Sektor konnte der Binnenmarkt schon mit dem Abbau der Zölle und anderer Beschränkungen, durch den Freiverkehr und eine gemeinsame Wettbewerbsordnung im Wesentlichen verwirklicht werden. Im Agrarsektor war die entsprechende Öffnung der Märkte nicht möglich gewesen, die Prinzipien der Marktwirtschaft waren wegen der schon vorhandenen Ausnahmeregelungen der Mitgliedstaaten in der Agrarpolitik nicht anwendbar. Die Einbeziehung des Agrarmarktes in den Gemeinsamen Markt bedingte die Schaffung eines einheitlichen neuen Systems aus den unterschiedlichen nationalen Marktordnungen und Sonderregelungen. Der Vertrag beschränkte sich darauf, in den Art. 38 bis 47 einige allgemeine Richtlinien und Lösungsmöglichkeiten zu diesem System zu geben, die konkrete Gestaltung der Agrarpolitik wurde den Organen der Gemeinschaft übertragen.

Dabei ist zu berücksichtigen, daß die agrarpolitischen Schwierigkeiten der Mitgliedstaaten als eine Art Mitgift in die neue Gemeinschaft eingebracht worden sind. Schon der nationalen Politik war es nicht gelungen, konsistente Ziel-Mittel-Systeme zu entwickeln und eine im Rahmen der Gesamtentwicklung ausgewogene Strukturanpassung der Landwirtschaft zu erreichen. Fast überall bestand die Tendenz zur Bil-

---

1 Dieses Kapitel stützt sich auf den Beitrag von Hermann Priebe in „Ziele und Methoden der europäischen Integration“

dung von Agrarüberschüssen, die jedoch angesichts der traditionellen Ideologie vom naturbedingten Rückstand der Landwirtschaft nirgends in ihrer vollen Konsequenz erkannt wurde. Es wurde versucht, die Ungleichgewichte zwischen Produktion und Absatz durch Interventionen und Subventionen verschiedener Art abzufangen, anstatt sie von ihren Ursprüngen her zu beseitigen.

So haben sich die Agrarpolitiken vom wirtschaftlichen Wettbewerb zunehmend entfernt und wurden zu einer Art Subventionskonkurrenz, bei der jeder bemüht ist, die durch Interventionen verschärften eigenen Schwierigkeiten durch Exportförderung und weitere Interventionen auf andere Länder abzuwälzen.

Für die Unterschiedlichkeiten der Agrarsysteme der Mitgliedstaaten ist folgender Vergleich kennzeichnend:

Holland und Dänemark haben eine beispielhafte Modernisierung ihrer bäuerlichen Landwirtschaft bei einer weltoffenen Agrarpolitik durchgeführt. Bei niedrigen Getreidepreisen und daher billigen Futterimporten konnte eine intensive, billige Produktion tierischer Veredelungserzeugnisse realisiert werden. Dies wiederum ermöglichte eine expansive Exportpolitik.

Die deutsche Agrarpolitik dagegen war mehr auf die Interessen der größeren Ackerbaubetriebe ausgerichtet und gab daher den Grundprodukten eine Vorzugsstellung. Die Preise für Getreide und Zuckerrüben wurden weit über das Weltmarktniveau angehoben und dadurch auch die Futtermittel verteuert. Infolgedessen waren die tierischen Veredelungsprodukte nach außen nicht wettbewerbsfähig, so daß die ganze deutsche Agrarproduktion unter Schutz gestellt werden mußte.

In Frankreich hat die Landwirtschaft eine besondere Bedeutung. Nahezu die Hälfte der gesamten Nutzfläche der EWG fällt auf dieses Land. Um diese großen Produktionsreserven nicht zu mobilisieren, war eine vorsichtige Preispolitik erforderlich. Sie führte zu einer extensiven Wirtschaftsweise und zu recht bescheidenen Lebensverhältnissen in der französischen Landbevölkerung, deren Anteil mit mehr als 20 % der Gesamtbevölkerung zu Beginn der EWG noch doppelt so hoch war wie in Deutschland. Daraus ergab sich eine unterschiedliche Interessensituation: die Bundesrepublik war mit 49 % der Beschäftigten in der Industrie und kaum 10 % in der Landwirtschaft von Anfang an stärker am Industrieexport interessiert, Frankreich mit nur 39 % der Beschäftigten in der Industrie und 20 % in der Landwirtschaft, stärker an der Agrarpolitik.

Die französische Wirtschaftsstruktur hat die Schwierigkeiten noch vergrößert. In den weiten ländlichen Gebieten bestehen wenige berufliche Alternativen, so daß die dortige Bevölkerung nur durch Steigerung der Agrarproduktion eine schnelle Verbesserung der Lebensverhältnisse erreichen kann. Das Absatzventil dafür konnte nur der Gemeinsame Markt sein, und das wichtige Hilfsmittel die gemeinsame Agrarfinanzierung. Frankreich hat daher auf die Entwicklung einer gemeinsamen Agrarpolitik von Anfang an großen Wert gelegt.

Italien hatte am Beginn der EWG den höchsten Anteil an Agrarbevölkerung, reichlich ein Drittel der Erwerbspersonen war auf den Unterhalt aus der Landwirtschaft angewiesen. Im Norden des Landes korrespondiert die hochentwickelte Industrie mit einer leistungsfähigen Landwirtschaft. Der Süden ist wirtschaftlich schwach entwickelt und stellt der regionalen Entschließungspolitik große Aufgaben. Die klimatischen Verhältnisse begünstigen die Produktion bestimmter Erzeugnisse, wie Wein, Obst, Gemüse, Reis, Oliven. Infolgedessen ist die italienische Agrarpolitik bemüht, den preisgünstigen Absatz dieser Produkte im Gemeinsamen Markt zu sichern, sie verfolgt in diesem Sinne ihre speziellen Interessen.

So standen sich in Europa am Beginn der EWG Länder mit expansiver, offensiver Agrarpolitik, wie Holland und Dänemark, sowie andere mit defensiver, protektionistischer Agrarpolitik, wie Deutschland und Belgien, einander gegenüber. Großbritannien schützte seine Landwirtschaft nicht weniger, nur mit anderen Methoden. In der EWG mußten also ganz verschiedene und schon in sich problematische Systeme und damit unterschiedliche agrarpolitische Interessen auf einen Nenner gebracht werden. Italien und vor allem Frankreich verbanden mit ihrem Eintritt das Ziel, von einer bis dahin passiven und defensiven zu einer absatzoffensiven Agrarpolitik überzugehen, um ihre großen Produktionsreserven auszunutzen. Die Holländer hofften auf ungehinderten Zugang zum größeren Markt. Überall sah man der gemeinsamen Agrarpolitik mit großen Erwartungen entgegen. Nur in der deutschen Landwirtschaft mit ihren hohen Preisen und Schutzmaßnahmen war man zurückhaltender, man hätte sich dort wohl lieber mit einer Koordinierung der nationalen Marktordnung im Gemeinsamen Markt begnügt.

2. Das System des gemeinsamen Agrarmarktes

Für das neue in den Gemeinschaftsrahmen gesetzte System der Landwirtschaft hatte der Vertrag von Rom in Artikel 39 folgende Ziele gesetzt:

a) die Produktivität der Landwirtschaft durch Förderung des technischen Fortschritts, Rationalisierung der landwirtschaftlichen Erzeugung und den bestmöglichen Einsatz der Produktionsfaktoren, insbesondere der Arbeitskräfte zu steigern;
b) auf diese Weise der landwirtschaftlichen Bevölkerung, insbesondere durch Erhöhung des Pro-Kopf-Einkommens der in der Landwirtschaft tätigen Personen, eine angemessene Lebenshaltung zu gewährleisten;
c) die Märkte zu stabilisieren;
d) die Versorgung sicherzustellen;
e) für die Belieferung der Verbraucher zu angemessenen Preisen Sorge zu tragen.

Neben diesen in Art. 39 festgelegten Zielen wird auch die Bestimmung in Art. 110 des Vertrages, nämlich im gemeinsamen Interesse zur harmonischen Entwicklung des Welthandels beizutragen, als Ziel anerkannt. Zur Erreichung der Ziele des Art. 39 sieht Art. 40 des Vertrages je nach Erzeugnis 3 Organisationsformen vor: a) gemeinsame Wettbewerbsregeln; b) bindende Koordinierung der verschiedenen einzelstaatlichen Marktordnungen; c) eine europäische Marktordnung.

Von diesen drei Alternativlösungen hat sich vorwiegend die letztere durchgesetzt, insgesamt rund 90 % der EWG-Agrarprodukte sind jetzt durch 19 gemeinschaftliche Marktorganisationen erfaßt.

Die Konsistenz der Marktordnungen ist durch drei tragende Elemente gesichert: *der einheitliche Markt, die Gemeinschaftspräferenz* und *die finanzielle Solidarität.*

Der einheitliche Markt ist durch den freien Warenverkehr und Wettbewerb sowie durch den einheitlichen Preis verwirklicht worden. Der freie Warenverkehr impliziert die Beseitigung aller direkter Subventionen, Mengenregulierungen, bilaterale Sonderabkommen und sonstige Handelshemmnisse.

Der gemeinsame Preis, der „grüne Dollar" oder Rechnungseinheit ist als Wertmaßstab eingesetzt (seit 1962), um die Erzeugerpreise gemeinschaftlich auszudrücken und diese Preise einheitlich für die Erzeuger in der Gemeinschaft zu garantieren. Der Wert der RE ist in einer RE-Goldparität verankert, er beträgt 0,889 g Feingold.

Der Agrarpreis hat in dem Gemeinschaftssystem eine Doppelfunktion zu erfüllen: er soll einerseits die ökonomische Funktion des Regulators zwischen Angebot und Nachfrage wahrnehmen, andererseits aber auch als Instrument der landwirtschaftlichen Einkommenssicherung eingesetzt werden.

Die in RE ausgedrückten Agrarpreise müssen zu den beim IWF angemeldeten offiziellen Paritäten in die nationalen Währungen umgerechnet werden. Bei den Wechselkursänderungen eines Mitgliedstaates passen sich die in dieser Währung zu zahlenden Interventionspreise [2] sofort und automatisch an. Diese Automatik gewährleistet zwar, daß bei einer Auf- oder Abwertung das jeweils vom Ministerrat beschlossene einheitliche Agrarpreisniveau in der EWG erhalten bleibt, jedoch mit dem Ergebnis einer Änderung des jeweiligen inländischen Agrarpreisniveaus (das auf diese Weise in übernationalem Rahmen gebunden ist) bei zunächst unveränderten Preisen für die übrigen im Inland erzeugten Güter und Dienstleistungen. Somit führt eine Aufwertung zu Preissenkungen der Agrarprodukte und damit zu einer unmittelbaren Senkung der landwirtschaftlichen Einkommen, eine Abwertung dementsprechend zu einer Erhöhung der landwirtschaftlichen Einkommen.

Die Gemeinschaftspräferenz als zweites tragendes Element der gemeinsamen Agrarpolitik bedeutet den Vorrang des innergemeinschaftlichen Warenverkehrs vor den Einfuhren aus den Drittländern. Der Grund-

---

2 Agrarpreise: a) Ankaufspreis: Stützungspreis der im Falle eines Überangebots von staatlichen Stellen gezahlt wird; b) Einschleusungspreis: Mindestpreis, zu dem Agrarprodukte an der EG-Grenze angeboten werden müssen; c) Grundpreis: Ausgangspreis für die Festsetzung des Interventionspreises bei Schlachtvieh und des Ankaufspreises bei Obst und Gemüse; d) Interventionspreis: Preis, zu dem Produkte aufgekauft werden, sobald der tatsächliche Preis um einen bestimmten Prozentsatz unter die festgesetzten Orientierungs-, Richt- oder Schwellenpreise sinkt; e) Richtpreis: Entsprechend den Bestimmungen der einzelnen Marktordnungen von der Gemeinschaft festgesetzter Preis, der der Marktlage und den Interessentenwünschen entsprechen soll; f) Schwellenpreis: Preis zur Berechnung der Abschöpfung auf Agrarimporte. Der Schwellenpreis wird so festgesetzt, daß nach Hinzurechnung der Vermarktungskosten (z. B. Frachtkosten innerhalb des Gemeinsamen Marktes, Unkosten der Importeure, Handelsspannen) der Richt- bzw. Orientierungspreis erreicht wird; g) Orientierungspreis: Festgelegter Durchschnittspreis für Schlachtrinder. Er dient zur Ermittlung von Schwellenpreis und Abschöpfung.

gedanke dieses Prinzips findet sich in der Absatzgarantie für die meisten Marktordnungsprodukte. Um dies nach außen abzusichern, wurde ein Abschöpfungssystem für die meisten Marktordnungswaren eingesetzt. Die Abschöpfung wird als „gleitender Zoll" beim Import erhoben. Ihr Betrag entspricht dem Unterschied zwischen dem Weltmarktpreis und dem EWG-Preisniveau, d. h. dem gemeinsamen Schwellenpreis bzw. dem Einschleusungspreis (Heraufschleusen der Einfuhrpreise). Sofern der Einschleusungspreis unterschritten wird, können Zusatzabschöpfungen erhoben werden. Bei den Verarbeitungserzeugnissen setzt sich die Abschöpfung aus zwei Teilen zusammen. Ein Teilbetrag entspricht der Auswirkung der Abschöpfungsbeträge der Grunderzeugnisse auf die Gestehungskosten der Verarbeitungserzeugnisse. Der zweite Teilbetrag dient dem Schutz der Verarbeitungsindustrie.

Im Sinne der Gemeinschaftspräferenz wird der Export auf Basis der Weltmarktpreise, die im allgemeinen niedriger als die Gemeinschaftspreise sind, durch das Erstattungssystem ermöglicht; der Unterschied zwischen den beiden Preisniveaus wird bei der Ausfuhr ausgeglichen.

Die Exporterstattung wird somit zu einem wichtigen Instrument für die Marktregulierung und wirkt sich – allerdings nach Produkten unterschiedlich – auf die Erzeugerpreise aus. Wird der EWG-Markt aufgrund von Einfuhren oder Ausfuhren ernstlichen Störungen ausgesetzt oder von ernstlichen Störungen bedroht, die die Ziele des oben zitierten Artikels 39 des EWG-Vertrages gefährden könnten, so können im Handel mit dritten Ländern geeignete Maßnahmen angewandt werden, bis die tatsächliche oder die drohende Störung behoben ist. Diese Schutzklausel ermöglicht es der Gemeinschaft, die Gemeinschaftspräferenz sicherzustellen.

Der über das Abschöpfungssystem gewährte Schutz an der Grenze kann auf verschiedene Weise – oder auch nicht – kombiniert werden mit dem Schutz am Binnenmarkt, der mehr oder weniger vollständig sein kann. Für einige Grunderzeugnisse (Getreide, Reis, Ölsaaten) besteht für das gesamte Angebot des Erzeugers eine Absatzgarantie auf dem Niveau des Interventionspreises. Die Interventionsstellen sind verpflichtet, diese Garantie durch Ankäufe zu realisieren. Für andere Erzeugnisse besteht teilweise oder keine Garantie.

Das dritte Element des Agrarsystems ist *die finanzielle Solidarität.* Bereits vor dem ersten Agrarmarathon 1961/62 wurde deutlich, daß eine gemeinsame Agrarpolitik ohne gemeinschaftliche Finanzierung nicht möglich sein wird. Schon 1962 beschloß der Rat anläßlich der Verabschiedung der ersten Marktordnung, die Kosten der Marktordnung auch ohne das Vorhandensein einer absolut bindenden Vertragspflicht gemeinschaftlich zu finanzieren. Als Instrument dieser Finanzierung ist der Europäische Ausrichtungs- und Garantiefonds für die Landwirtschaft (EAGFL) ins Leben gerufen worden. Der Fonds hat zwei Abteilungen: Garantie und Ausrichtung. Über die Abteilung Garantie werden die in den gemeinsamen Marktorganisationen vorgesehenen Erstattungen bei der Ausfuhr, Interventionen auf dem Binnenmarkt und direkte Beihilfen für die Erzeuger finanziert; die Abteilung Ausrichtung trägt zur Finanzierung von Maßnahmen zur Strukturverbesserung bei (Flurbereinigung, Wiederaufforstung, Anlage von Drainagen usw.) und stellt Mittel für die Verbesserung des Produktionsablaufes und der Marktbedingungen zur Verfügung. Im Gegensatz zu der Abteilung Garantie, die mit unbegrenzter Nachschußpflicht die Markt- und Preispolitik gemeinschaftlich finanziert, wurde einem unbegrenzten Anwachsen des Finanzvolumens der Abteilung Ausrichtung eine Obergrenze von jährlich 285 Mio RE gesetzt. Diese Abteilung dient im wesentlichen der komplementären Finanzierung nationaler Einzelvorhaben auf dem Gebiet der Agrarstrukturpolitik. Ihr Aufgabenbereich wurde im Rahmen der Ratsbeschlüsse über die stufenweise Verwirklichung der Wirtschafts- und Währungsunion vom März 1972 in der Weise erweitert, daß man für einen Zeitraum von fünf Jahren jährlich 50 Mio RE für Investitionszuschüsse zur Schaffung von Arbeitsplätzen für ehemalige Landwirte aus aufgelaufenen Beträgen der Abteilung zur Verfügung gestellt hat.

3. Die Bilanz der gemeinsamen Agrarpolitik

Die Anwendung des Marktordnungssystems in der Gemeinschaft hat zu unterschiedlichen Ergebnissen geführt. Die wichtigeren von ihnen beziehen sich auf a) die Entwicklung des Agrarmarktes, b) auf die Bestimmung und den Anstieg des Preisniveaus der Marktordnungsprodukte, c) die Ausdehnung des Bezugsbereichs der Marktordnung, d) auf das Ungleichgewicht der Märkte (Überschußproduktion), e) auf die Finanzlasten, f) auf den Außenhandel und g) auf die Folgen des einheitlichen Preissystems bei Wechselkursänderung. Alle diese Elemente stehen in einer gewissen Interdependenz zueinander, wobei die Achse des Systems die Preisfestsetzung ist.

a) Die Entwicklung des Agrarmarktes

Innergemeinschaftlich führte die Einsetzung des Agrarsystems zu der Errichtung eines großen Agrarmarktes, der 1973 rund 260 Millionen Verbraucher und 9,6 Millionen Beschäftigte in der Landwirtschaft umfaßte.

Die landwirtschaftlich genutzte Fläche in der erweiterten Gemeinschaft beträgt rund 94 Mio Hektar. Zwischen 1969 und 1972 ist diese Fläche um 3,3 % zurückgegangen, während die Wald- und Forstfläche um 1,4 % zugenommen hat und damit rund 31 Mio Hektar erreicht.

Zwischen 1967 und 1970 ist die Zahl der Betriebe um 3,9 % zurückgegangen und beträgt nunmehr 5,7 Millionen bei einer Durchschnittsgröße von 17 Hektar. Zwischen der höchsten Durchschnittsgröße im Vereinigten Königreich mit 57 Hektar und der niedrigsten in Italien mit 7,5 Hektar beträgt der Unterschied in der Größenordnung 1 zu 7. Die Strukturneuerung trifft dann auf schwierige Probleme, wenn ein erheblicher Überschuß an landwirtschaftlicher Erwerbsbevölkerung einer schwach entwickelten Gesamtwirtschaft gegenübersteht. Dies ist bei 35 % der landwirtschaftlich genutzten Fläche der Gemeinschaft der Fall.

Die gesamtwirtschaftliche Bedeutung des Agrarsektors weist eine rückläufige Tendenz auf. Gleichzeitig nimmt der Anteil der landwirtschaftlichen Erwerbsbevölkerung an der Gesamtbevölkerung (insbesondere in Deutschland, in Italien und in Belgien) ab. Absolut verminderte sich die Erwerbsbevölkerung in der Landwirtschaft zwischen 1960 und 1973 um etwa 7 Millionen Personen.

Der Selbstversorgungsgrad der erweiterten Gemeinschaft erreichte bei einer Reihe von Produkten 1971/72 ein hohes Niveau: bei Zucker 100 %, bei Butter 98 %, bei Reis 92 %, beim Getreidesektor 91 %, beim Rindfleisch 90 %. Die Selbstversorgung ist erreicht bei Schweinefleisch, Geflügelfleisch und Eiern. Es besteht eine allgemeine und anhaltende Tendenz zur verstärkten Selbstversorgung.

Von 1963 bis 1972 ist der innergemeinschaftliche Handel mit landwirtschaftlichen Erzeugnissen und Nahrungsmitteln um das 2,8fache gestiegen. Im selben Zeitraum war der Einfuhranstieg der Marktordnungswaren der ursprünglichen Gemeinschaft wesentlich geringer, aus den Industrieländern um 62 %, aus den Entwicklungsländern um 12 %. Die Ausfuhren von Marktordnungswaren erhöhten sich dagegen im selben Zeitraum um 94 % bzw. 121 %.

Durch die Erweiterung der Gemeinschaft stieg deren Anteil an der Welteinfuhr von Agrarerzeugnissen und Nahrungsmitteln von 20 auf 33 %. Für die Finanzierung des Gemeinsamen Marktes hatten sich 1972 die Bruttoausgaben der Abteilung „Garantie" des EAGFL auf rund 2,3 Mrd RE belaufen, 1973 werden sie auf etwa 3,8 Mrd und 1974 auf 3,5 Mrd RE veranschlagt. Dieser Betrag macht rund 0,4 % des Bruttosozialprodukts und 6,2 % der Enderzeugung der Landwirtschaft in der erweiterten Gemeinschaft aus. Drei Sektoren teilen sich 80 % der Ausgaben, nämlich die Milchwirtschaft (je nach Jahr 25 bis 30 %), die Getreidewirtschaft (20 bis 40 %) und der Fettsektor (10 bis 14 %).

Die öffentlichen Ausgaben zugunsten des Agrarbereichs werden auf etwa 8 Mrd RE geschätzt. Die für Strukturmaßnahmen aufgebrachten Mittel belaufen sich auf 2,5 Mrd RE, die Ausgaben für Sozialmaßnahmen auf 2,4 Mrd RE.

Als Haushaltseinnahmen sind 1972 für 800 Mio RE, 1973 etwa für 550 Mio RE (und 1974 etwa für 490 Mio RE) Abschöpfungen erhoben und Agrarbeiträge eingezogen worden.

In den Jahren 1972 und 1973 erfuhren mit einer erheblichen Produktionskostensteigerung auch die Erzeugerpreise für Agrarerzeugnisse in der jeweiligen Landeswährung einen erheblichen Auftrieb, und zwar um 12,2 % in der Sechsergemeinschaft. Diese Tendenz setzt sich fort. Eine Analyse der Produktionsmittelpreise für Agrarerzeugnisse in der Zeit von 1968 bis 1972 führt zu der Feststellung, daß in Italien und Belgien die Preise der Produktionssektoren stärker gestiegen sind als die Preise der Agrarerzeugnisse, während in der Bundesrepublik, Frankreich und in den Niederlanden die Entwicklung umgekehrt verlief.

Nominal ist das landwirtschaftliche Gesamteinkommen je jährliche Arbeitseinheit in der ursprünglichen Gemeinschaft 1971–72 um 17 %, real um 11 % gestiegen. Wesentliche Ursache dieses Anstiegs war der Auftrieb der Erzeugerpreise (12,2 %). Der Umfang der Verbesserung der Agrareinkommen in den einzelnen Staaten war jedoch sehr unterschiedlich (Irland 26 %, Italien 5 %, die übrigen Mitgliedstaaten zwischen 10 bis 15 %).

b) Die Bestimmung und der Anstieg des Preisniveaus

Der Bestimmung des Preisniveaus kommt in dem gemeinschaftlichen Marktordnungssystem entscheidende Bedeutung zu. Ein künstlich erhöhtes Preisniveau hebt die ökonomische Regulatorfunktion des Preises zwischen Angebot und Nachfrage auf, der Preis wird seines Charakters als Knappheitsmesser beraubt mit der zwingenden Folge des Anreizes für Überschußproduktion. Darüber hinaus erzwingt es den Einsatz der Instrumente der Absatzgarantie für den Erzeuger: nach innen die Stützungskäufe, nach außen die Abschöpfungen. Dies bedeutet weitere direkte und indirekte finanzielle Belastung für die Gesellschaft. Die Einkommenssicherung über das Preisniveau führt zu einer marktfremden Motivation der Preisfestsetzung mit der Gefahr, daß die Ausgleichskräfte der Wettbewerbswirtschaft ausgeschaltet werden und die Abstimmung zwischen Angebot und Nachfrage, Produktion und Verbrauch nicht mehr über den Markt erfolgen kann.

c) Die Ausdehnung des Bezugsbereichs der Marktordnungen

Die ersten gemeinsamen Marktorganisationen, nämlich für Getreide, Schweinefleisch, Eier und Geflügelfleisch wurden am 1. Juli 1964 wirksam. Allmählich sind danach weitere Produkte in das System der Absatzgarantien einbezogen worden, so daß heute rund 90 % der EWG-Agrarproduktion durch insgesamt 19 gemeinschaftliche Marktorganisationen erfaßt sind. Dabei hatte der Getreidepreis eine Schlüsselstellung. Getreide ist Grundnahrungsmittel und gleichzeitig Rohstoff bei tierischer Veredelung, sein Preis hat großen Einfluß auf die Preisgestaltung bei seinen Folgeprodukten Schweine, Geflügel, Eier, damit indirekt auf das Preisniveau aller tierischen Veredelungsprodukte.

Die geschaffenen Marktordnungssysteme haben den Vorteil, daß die Preise für Grundprodukte und Veredelungserzeugnisse, im Schutz der Außengrenze, aufeinander richtig abstimmbar sind.

d) Das Ungleichgewicht der Märkte

Das Agrarpreisniveau der Gemeinschaft, das nicht marktwirtschaftlich bestimmt wird, verbunden mit einer Absatzgarantie für die Mehrzahl der Agrarerzeugnisse mobilisiert die Produktionsreserven und birgt die ständige Gefahr der Überschußproduktion in sich. Bereits der erreichte Selbstversorgungsgrad bei vielen Erzeugnissen zieht negative binnen- und außenwirtschaftliche Folgen nach sich. Heute ist schon abzusehen, daß die Grenzen der Finanzierbarkeit der gemeinschaftlichen Agrarpolitik bald erreicht werden. Es müssen weitere wirtschaftspolitische Instrumente und Maßnahmen eingesetzt werden, um den Ausgleich zwischen

Produktion und Absatz zu erreichen. Die bisherigen agrartechnischen Maßnahmen, wie z. B. Kontingentierung der Produktion, Flächenstilllegungen, Abschlachtungsprämien usw.) werden nicht mehr ausreichen.

e) Die Finanzlasten

Die Zunahme finanzieller Lasten für die aus den Marktordnungen resultierenden Verpflichtungen ist erheblich. Die Mittel für den Ankauf von Überschüssen, die Lagerhaltung, ihre verbilligte Verwendung unter Marktwert, für Exportsubventionen usw. müssen über den Agrarfonds finanziert und gemeinsam aufgebracht werden, soweit sie nicht durch Einnahmen aus Zöllen und Abschöpfungen gedeckt werden (wobei diese mit steigendem Selbstversorgungsgrad relativ abnehmen).

f) Der Außenhandel

Die landwirtschaftliche Handelspolitik bringt gewisse Probleme für das Verhältnis der Gemeinschaft mit ihren Handelspartnern mit. Das Verhältnis der Zunahme der Einfuhren aus Drittländern zu jener der Ausfuhren der Gemeinschaft spiegelt einen Teil dieser Problematik wider. Die Maxime der Gemeinschaftspräferenz wirft immer wieder Probleme bei der Gestaltung der Handelsbeziehungen der Gemeinschaft insbesondere zu den USA, zu den Staatshandelsländern, zu gewissen Entwicklungsländern und im GATT auf. Dabei ist jedoch zu beobachten, daß einerseits in allen Industrieländern und in vielen Entwicklungsländern landwirtschaftliche Stützungssysteme, wenn auch anderer Art als in der Gemeinschaft, existieren und daß andererseits die Gemeinschaft in einigen Fällen eine gewisse Flexibilität in ihre Präferenzsystem eingeführt hat.

g) Die Folgen des einheitlichen Preissystems bei Wechselkursänderung

Die unterschiedlichen Inflationsraten in den Mitgliedstaaten zwangen einige von ihnen, in den vergangenen Jahren Wechselkursänderungen durchzuführen mit dem Ziel, die Kaufkraftparitäten zu wahren. Der oben dargelegte Zusammenhang zwischen Wechselkursänderung und Agrareinkommen hat insbesondere bei Aufwertungen oder bei Aufwertungseffekten (im Falle der Freigabe des Wechselkurses) zu Interventionen der Mitgliedstaaten am Binnenmarkt unter der Bezeichnung „Grenzausgleich" geführt. Diese der Abschöpfung gleichende Einfuhrabgabe, die zum Schutze des Preisniveaus des aufwertenden Landes erhoben wird, zergliedert den Gemeinsamen Agrarmarkt in Teilmärkte, wie dies insbesondere seit 1969 mehrmals der Fall war und heute noch der Fall ist.

Im Unterschied zu den festen Wechselkursen oder auch zu den Auf- und Abwertungen steht die Freigabe des Wechselkurses in völligem Widerspruch zu der festen Bindung der Preise für Agrarprodukte. Die Entwicklung hat bewiesen, daß der Gemeinsame Agrarmarkt nur durch eine von den Mitgliedstaaten gemeinsam gestaltete Währungspolitik eine echte Chance zum Erfolg haben kann.

4. Die Beurteilung der Ergebnisse der gemeinsamen Agrarpolitik

Zu den Erfolgen des gemeinschaftlichen Agrarsystems zählen die erzielten Zuwachsraten in der Produktion, im innergemeinschaftlichen Handelsverkehr sowie die erreichte Stabilität auf dem Binnenmarkt. Die Zunahme des Warenverkehrs ermöglichte eine reichhaltigere und konstantere Nahrungsmittelversorgung. Das Agrarsystem hat auch den Prozeß der Strukturverbesserung beschleunigt.

Darüber hinaus hat es oft die Funktion des Bindeglieds oder sogar des „Integrationshammers" in der Gemeinschaft ausgeübt. Die Landwirtschaft gilt auch als einer der Bereiche, in denen die europäische Einigung am weitesten fortgeschritten ist. Über die Agrarpolitik wurde die finanzielle Solidarität in die Gemeinschaft eingeführt. Sie hat ihre eigenen Gemeinschaftsinstitutionen (Verwaltungsausschüsse, Fonds usw.) geschaffen. Aus ihr gingen entscheidende Impulse auf die Außenhandelspolitik und auf die Rechtsharmonisierung aus. Man soll auch nicht übersehen, daß zur Zeit der Gründung der Gemeinschaft, bei realistischer Interpretation des Vertrages und der Interessen der Mitgliedstaaten, keine andere Möglichkeit der Konzipierung einer Agrarpolitik gegeben war. Keiner der Mitgliedstaaten wäre zu jenem Zeitpunkt bereit und in der Lage gewesen, z. B. eine Agrarstrukturpolitik vorzuschlagen.

Die Kritik bezieht sich bereits auf die von dem Vertrag bestimmten Ziele der gemeinschaftlichen Agrarpolitik, die zum Teil in einen fast unlösbaren Konflikt miteinander stehen. Das magische Polygon: Erzeuger–Verbraucher–Drittländer ist nicht harmonisierbar. Die Zielkombination steht jedoch unter Sachzwang, und die bestehenden strukturellen und politischen Verhältnisse erschweren eine alle zufriedenstellende Lösung.

Auf das System bezogen richtet sich die Kritik gegen die Doppelfunktion des Preissystems, Gleichgewicht und landwirtschaftliches Einkommen sicherzustellen. Wegen der Funktion der Einkommenssicherung muß die Preisfestsetzung politisiert werden. Die Zielkonflikte können von den mit der Preisfestsetzung betrauten Gremien immer schwieriger durch Kompromisse überwunden werden. Jede Entscheidung, sei es für geringere Preise im Sinne der Gleichgewichtspolitik, oder sei es für höhere Preise im Sinne der Einkommenspolitik, kann die Spannungen nach der einen oder anderen Seite hin vergrößern. Die Einwände gegen die Absatzgarantie, die Unterschätzung der bestehenden Produktionsreserven, die überhöhten Ausgaben der Abteilung „Garantie" und gegen die Belastung des gemeinschaftlichen Außenhandels beziehen sich im wesentlichen auf Folgeerscheinungen des Preissystems.

Der Einwand gegen die Einkommenssicherungsfunktion des Preissystems zielt auf die schwächste Stelle der gemeinsamen Agrarpolitik. Das Problem besteht in dem Fehlen einer realistischen Alternative, realistisch unter finanziellem und verwaltungstechnischem Aspekt. Wesentlicher Punkt der Kritik (Kommission: Memorandum 1973) ist auch die Feststellung, daß die gemeinsame Agrarpolitik die großen Einkommensunterschiede innerhalb des Sektors nicht beseitigen konnte. Besonders deutlich sind die Unterschiede bei den einzelnen Produktionszweigen und innerhalb desselben Produktionszweiges, je nach Wirtschaftsgröße der einzelnen Betriebe.

5. Die Anpassung der gemeinsamen Agrarpolitik

Die Kommission legte dem Rat 1968 das „Memorandum zur Reform der Landwirtschaft in der EWG" vor, das als Mansholt-Plan bekannt geworden ist. Die Ziele des Memorandums waren im wesentlichen: die Einkommenslage und den Sozialstatus der landwirtschaftlichen Voll- und Teilbeschäftigten sowie derjenigen, die aus der Landwirtschaft ausscheiden wollen, zu verbessern; ein Marktgleichgewicht bei den Überschußprodukten herzustellen: durch Schaffung großer Produktionseinheiten ohne Berücksichtigung sozialer Aspekte, der Preis- und Marktpolitik neue Orientierung zu geben; die Marktstruktur insbesondere durch Bildung von Erzeugergemeinschaften und von europäischen Berufskörperschaften zu verbessern; Produktionskapazitäten in der Landwirtschaft durch struktur- und regionalpolitische Maßnahmen abzubauen, um langfristig eine Marktentlastung und damit eine Verminderung der öffentlichen finanziellen Aufwendungen zu erreichen.

Mit dem Mansholt-Plan hat die Kommission die Initiative ergriffen, die notwendige Verklammerung zwischen Agrarmarkt und anderen Bereichen der Agrarpolitik und darüber hinaus die Verbindung zu der Regional- und Sozialpolitik herzustellen.

Nach einem Prozeß der Meinungsbildung in der Gemeinschaft kam der Ministerrat im April 1972 zu konkreten Beschlüssen. Drei Richtlinien sind verabschiedet worden mit dem folgenden Inhalt:

— Modernisierung der Betriebe

Die Richtlinie wendet sich vor allem an die jungen Landwirte, die beabsichtigen, ihre Betriebe zu modernisieren und damit innerhalb eines bestimmten Zeitraums ein Einkommen zu erreichen, das mit dem Einkommen der außeragrarischen Sektoren des Gebiets zu vergleichen ist. Voraussetzung ist die Vorlage eines Entwicklungsplanes, aus dem hervorgeht, wie der Betrieb innerhalb der gesetzten Frist mit Investitionsbeihilfen lebensfähig werden soll.

— Einstellung der Tätigkeit in der Landwirtschaft

Vor allem ältere Landwirte, die ihre Tätigkeit aufgeben wollen und bereit sind, aufgrund einer garantierten Rente und/oder einer Prämie ihr Land denjenigen zur Verfügung zu stellen, die bleiben, werden durch diese Richtlinie erfaßt.

Auf diese Weise werden zwei Ziele erreicht: Kanalisierung der Abwanderung innerhalb wirtschaftlicher und sozialer Grenzen und Erleichterung der Umstrukturierung von Einzel- und Gemeinschaftsbetrieben.

— Sozioökonomische Informationen und Berufsausbildung

Es wird festgestellt, daß eine auf die Vergrößerung der Betriebe, die Steigerung der Produktivität oder auf die einfache Abwanderung beschränkte Reform der Landwirtschaft undenkbar sei. Jeder Betriebsinhaber muß qualifiziert sein oder sich erneut schulen lassen. Bei vorzeitiger Einstellung der Tätigkeit wird jedoch eine Hilfe gewährt oder nach einer notwendigen Umschulung das Überwechseln in einen anderen Bereich erleichtert. Das alles setzt entsprechende Möglichkeiten der sozioökonomischen Information und der Berufsausbildung voraus, die es den Landwirten erlaubt, ihre Wahl zu treffen oder ihre Umschulung für eine Tätigkeit außerhalb der Landwirtschaft vorzuschlagen und durchzuführen, ohne daß diese Änderung der Tätigkeit zu unerträglichen Umständen führt. Diese Richtlinien sowie die anderen Maßnahmen, wie die Förderungsmaßnahmen zur Aufforstung landwirtschaftlicher Flächen, für die Berglandschaft und für die Erzeugergemeinschaften, bedeuten die Intensivierung der Strukturpolitik mit dem Ziel, die landwirtschaftliche Nutzfläche und die Arbeitskräfte in der Landwirtschaft zu verringern und größere, rentable Betriebseinheiten zu schaffen.

In seinem neuen Memorandum vom 5. November 1973 über die „Anpassungen der gemeinsamen Agrarpolitik" hat die Kommission dem Rat ein Programm für den Zeitraum 1973 bis 1978 vorgelegt.

Dieses Anpassungsprogramm hat die Verbesserung der Preis- und Marktpolitik, die Verstärkung und Ergänzung der Sozialstrukturpolitik sowie die Stützung der Bemühungen in diesen zwei Bereichen durch die Verwirklichung anderer Gemeinschaftspolitiken zur Erreichung der Wirtschafts- und Währungsunion zum Ziel. Außerdem schlägt die Kommission vor, den Beitrag der gemeinsamen Agrarpolitik in anderen Bereichen, beispielsweise Verbraucherschutz und Umweltschutz, ergänzend zu entwickeln.

Die Berechtigung gewisser Kritiken an der gemeinsamen Agrarpolitik wird anerkannt. Es trifft zu, daß die gemeinsame Agrarpolitik nicht alle landwirtschaftlichen Probleme lösen konnte. Man soll aber nicht diese Unzulänglichkeit lediglich der gemeinsamen Agrarpolitik anlasten. Eine Lösung der Probleme ist nur mit Hilfe eines Bündels von aufeinander abgestimmten gemeinschaftlichen Aktionen möglich, die insbesondere die Wirtschafts- und Währungspolitik, die Regionalpolitik, die Sozialpolitik und die Steuerpolitik betreffen. In der Entwicklung auf die Wirtschafts- und Währungsunion hin besteht die Kommission darauf, daß die schrittweise Abschaffung der Währungsausgleichsbeträge bis zum 31. Dezember 1977 erfolgen muß.

Das Memorandum vertritt die Auffassung, daß die Markt- und Preispolitik – auf moderne Betriebe ausgerichtet – das Hauptinstrument der gemeinschaftlichen Agrarpolitik bleiben muß. Es ist jedoch die Absicht, daß diese Politik aufgrund der gesammelten Erfahrung verbessert wird. Die von der Kommission vorgeschlagenen Anpassungen, bei denen bessere Preisrelationen, eine gewisse finanzielle Verantwortlichkeit der landwirtschaftlichen Erzeuger und eine größere Elastizität im Vordergrund stehen, werden der Abteilung Garantie des EAGFL beträchtliche Einsparungen insbesondere auf dem Getreidesektor und auf dem Milchsektor ermöglichen.

Außerdem werden sie eine Verminderung der auf einigen Agrarmärkten herrschenden Ungleichgewichte und die Vereinfachung bestimmter Mechanismen der gemeinsamen Marktorganisation herbeiführen.

Die jährlichen Beschlüsse des Rates auf dem Gebiet der Agrarpreise sollten sich stärker auf eine Beurteilung sachlicher Maßstäbe stützen. Die Kommission wird sich bei der Ausarbeitung der Preisvorschläge mehr und mehr an den modernen Betrieben ausrichten, hierbei jedoch die Situation von Angebot und Nachfrage auf jedem einzelnen Markt berücksichtigen.

Die Kommission kam zu dem Ergebnis, daß ein System mehr oder weniger generell gewährter direkter Einkommensbeihlifen für die Landwirtschaft die Strukturentwicklung der Landwirtschaft hemmen, in den meisten Mitgliedstaaten beträchtliche administrative Schwierigkeiten schaffen und zu hohe Ausgaben für den Fiskus zur Folge haben würde. Die zahlreichen bereits eingeleiteten sozialstrukturpolitischen Maßnahmen sowie die im Rat zur Diskussion anstehenden, in dem Memorandum vorgeschlagenen Maßnahmen werden zu einer angemessenen Steigerung der landwirtschaftlichen Einkommen führen können.

Der nachhaltige Erfolg einer Agrarstrukturpolitik wird insbesondere von ihrer Verzahnung mit der Regionalpolitik abhängen. Sie muß der ländlichen Bevölkerung diejenigen Alternativen schaffen, welche die Agrarpolitik nicht bieten kann. Verringerung der landwirtschaftlichen Produktionskapazitäten, Erhöhung der Pro-Kopf-Einkommen der ländlichen Bevölkerung, die Begrenzung des gemeinschaftlichen finanziellen Engagements müssen von der Regionalpolitik als Zielsetzungen angesehen werden. Somit kommt den 1971 gefaßten Beschlüssen des Rates über den Einsatz des EAGFL für regionale Ziele besondere Bedeutung zu.

IV. DIE REGIONALPOLITIK

1. Die Gründe für eine Regionalpolitik

„Den Abstand zwischen den einzelnen Gebieten und den Rückstand weniger begünstigter Gebiete zu verringern“, ist eines der grundlegenden Ziele des Vertrages von Rom, das von sittlichen, humanen und wirtschaftlichen Erwägungen getragen ist.

In sittlicher Hinsicht ist es untragbar, daß extreme Unterschiede in den

Lebensbedingungen zwischen Regionen bestehen und daß manchen Arbeitnehmern keine andere Wahl bleibt, als in entwickelte Regionen abzuwandern. Ebensowenig kann man unter humanen Gesichtspunkten dulden, daß große städtische Ballungsräume in einer schon verseuchten und belasteten Umwelt existieren. Unter wirtschaftlichen Gesichtspunkten erfordern die sozialen Kosten der übermäßigen Ballung in einigen hochentwickelten Regionen und die Nichtnutzung von Hilfsquellen in anderen weniger entwickelten Gebieten eine Politik des Ausgleichs.

Unterentwickelte Regionen müssen in die Lage versetzt werden, größere Wettbewerbsfähigkeit zu erzielen. Nur so können die Produktionsfaktoren, die stillen Arbeitskräftereserven sowie die sozialen Infrastrukturen, die sonst ungenutzt bleiben, besser eingesetzt werden. Die Verwirklichung des gesamtwirtschaftlichen Gleichgewichts kann durch strukturelle Unterschiede ernsthaft gefährdet werden. Die Wirtschafts- und Währungsunion, Vorbedingung für die Europäische Union, ist nicht möglich ohne eine angemessene und wirksame Regionalpolitik, die sich auf einen mit beträchtlichen Mitteln ausgestatteten Fonds stützt.

Eine Art horizontaler Finanzausgleich zwischen den reicheren und ärmeren Regionen hat unter entsprechender Einschaltung der Gemeinschaftsorgane zu erfolgen.

Die allgemeine Hauptursache der regionalen Ungleichgewichte gründet sich auf das Fehlen moderner Wirtschaftsbetätigung oder auf die übermäßige Abhängigkeit einer Region von einer rückläufigen Wirtschaftstätigkeit, die keine befriedigende Produktivitäts-, Beschäftigungs- oder Einkommensrate gewährleisten kann.

In den landwirtschaftlichen Problemregionen, bei denen es sich im allgemeinen um Randgebiete der Gemeinschaft handelt, ging die Beschäftigung in der Landwirtschaft zurück. In ihnen ist eine schwere strukturelle Unterbeschäftigung, in einigen Fällen sogar hohe langfristige Arbeitslosigkeit, zu beobachten. Ein niedriges relatives Pro-Kopf-Einkommen der Bevölkerung und starke Abhängigkeit von Beschäftigungsmöglichkeiten in der Landwirtschaft sind diesen Gebieten gemeinsam.

Bei den unter den Folgen industrieller Veränderungen leidenden Gebieten handelt es sich um Gebiete, in denen die Beschäftigung stark von überalterten Industrien abhängig ist und die gleichmäßig geringe Wachstumsraten und hohe Arbeitslosenquoten zu verzeichnen haben. Geringe Einkommensrelationen pro Kopf der Bevölkerung und anhaltend hohe

Arbeitslosenquoten sind daher gleichermaßen aussagekräftige Indikatoren für die industriellen Problemgebiete In einigen Fällen reichen diese beiden Kriterien jedoch nicht aus, so z. B. wenn die Regierungen die Produktion in rückläufigen Industriezweigen durch Beihilfen stützen, die die strukturelle Unterbeschäftigung verschleiern.

Somit ergeben sich für die Identifizierung der Gebiete mit Regionalproblemen die folgenden Indikatoren:

a) starke Abhängigkeit der Beschäftigungslage von der Landwirtschaft;
b) starke Abhängigkeit der Beschäftigungslage von schrumpfender Industrie;
c) erhebliche und lang anhaltende Arbeitslosigkeit und/oder starker negativer Wanderungssaldo;
d) niedriges Bruttoinlandsprodukt je Einwohner.

2. Die bisherigen Befugnisse und Maßnahmen der Gemeinschaft

Der Vertrag erteilt den Organen der Gemeinschaft keinen besonderen Auftrag, auf dem Gebiet regionaler Entwicklung eine gemeinsame Politik zu verfolgen. Er eröffnet jedoch die Möglichkeit, im Rahmen der globalen und sektoralen Wirtschaftspolitik regional-wirtschaftlichen Gesichtspunkten Rechnung zu tragen. Das gilt insbesondere für die Wettbewerbs-, Steuer- und Sozialpolitik sowie für die Agrar-, Verkehrs- und Energiepolitik. Der Vertrag zur Gründung der Europäischen Gemeinschaft für Kohle und Stahl sieht gemeinschaftliche Maßnahmen zur wirtschaftlichen Umstellung der Montanindustrie vor. Darüber hinaus verfügt die Gemeinschaft mit der Europäischen Investitionsbank über ein Instrument regionaler Entwicklung. Die relevantesten unmittelbaren Befugnisse und die Aktivitäten der Gemeinschaft in diesen Bereichen sind die folgenden:

— Der Europäische Ausrichtungs- und Garantiefonds für die Landwirtschaft (EAGFL)

Im Rahmen der Vorschriften über eine gemeinsame Agrarpolitik wird im Art. 39 des EWG-Vertrages bestimmt, daß bei der Gestaltung der gemeinsamen Agrarpolitik die besondere Eigenart, die sich aus den strukturellen und naturbedingten Unterschieden der verschiedenen landwirtschaftlichen Gebiete ergibt, zu berücksichtigen sei. Ebenfalls bestimmt Art. 40, daß bei der Verwendung der Gelder des EAGFL den strukturellen und naturgegebenen Disparitäten zwischen den Regionen Rechnung getragen werden muß. In diesem Sinne sind bisher über 150 Mio RE zur Modernisierung und Hebung des Lebensstandards mit regionalpolitischer Inzidenz, von der Abteilung Ausrichtung des EAGFL in der Landwirtschaft verwendet worden.

Darüber hinaus entstand durch einen Beschluß des Ministerrats vom März 1972 eine Neuorientierung in der gemeinsamen Agrarpolitik dadurch, daß die Möglichkeit der strukturpolitischen Verwendung der Mittel aus der Abteilung Ausrichtung geschaffen worden ist (s. Kapitel III/5).

— Der Europäische Sozialfonds

Unter den Bestimmungen im EWG-Vertrag über den Europäischen Sozialfonds heißt es in Art. 123 u. a., der Fonds solle „innerhalb der Gemeinschaft die berufliche Verwendbarkeit und die örtliche und berufliche Freizügigkeit der Arbeitskräfte fördern". Das heißt, daß der Fonds auch zu regionalpolitisch motivierten Aktionen beitragen muß; die Schaffung von neuen Arbeitsplätzen mit dem Ziel, die berufliche und räumliche Mobilität zu fördern, fällt unter diese Kategorie. Der Sozialfonds hat 265 Mio RE für die Umsiedlung und Ausbildung von Arbeitskräften bereitgestellt.

Der „neue" Fonds mit zwei Gruppen von Aufgaben wird noch mehr in den Bereich der Regionalentwicklung eingreifen. Schwierigkeiten in der Arbeitsmarktlage als Folgeerscheinung für Gemeinschaftspolitiken (Typ A) werden ebenso das Eingreifen des Fonds erfordern wie strukturelle Arbeitslosigkeit oder regionale Probleme (Typ B).

— Die Europäische Investitionsbank

Unter den in Art. 130 umschriebenen Aufgaben der Europäischen Investitionsbank wird die Erleichterung der Finanzierung von „Vorhaben zur Erschließung der weniger entwickelten Gebiete" vorgesehen. Art. 130 spezifiziert, daß es sich um Vorhaben in allen Wirtschaftszweigen handeln kann. Damit stehen der Gemeinschaft über die Bank Mittel zur Verfügung, mit denen direkte regionalpolitische Aktionen finanziert werden können. Von 2,6 Milliarden RE, die von 1958 bis 1972 als Darlehen gewährt wurden, sind 1,9 Mrd. RE (etwa 75 %) für regionale Entwicklungsvorhaben zur Verfügung gestellt worden.

Dabei ist festzustellen, daß die Möglichkeiten, über Darlehen und Bürgschaften der Bank eine wirksame Regionalpolitik zu betreiben, bei weitem noch nicht ausgeschöpft sind.

— Art. 54 und 56 des EGKS-Vertrages

Gemäß Art. 54 und 56 des EGKS-Vertrages kann die Kommission Kredite bewilligen, Bürgschaften übernehmen und/oder Beihilfen gewähren, um Investitionsprogramme zu fördern und Aktionen zu erleichtern, die die Umstellung und Anpassung von Arbeitskräften ermöglichen, die aus der Montanindustrie ausscheiden müssen.

Schließlich hat die Gemeinschaft die Kompetenz, bei der Verwirklichung der gemeinsamen *Verkehrspolitik* im Rahmen von Art. 75 Abs. 3 EWG-Vertrag der „Beschäftigungslage in bestimmten Gebieten" Rechnung zu tragen.

Die regionalen Auswirkungen dieser Maßnahmen sind gewiß nicht unerheblich, aber ihre Aufzählung läßt zugleich auch die Grenzen der bisherigen Aktionsmöglichkeiten der Gemeinschaft erkennen.

Die Mittel des EAGFL sind sektoral (an die Ziele der Agrarpolitik) gebunden. Die nach Art. 54 und 56 EGKS-Vertrag zur Verfügung stehenden Gelder sind zu einem großen Teil (Art. 54) ebenfalls sektoral (Kohle- und Stahlindustrie), zudem auch geographisch (Gebiete, in denen sich Montanindustrie befindet) festgelegt. Solche Grenzen gibt es nicht für die Mittel des Sozialfonds und der EIB. Indessen können regionalpolitische Überlegungen bei der Verwendung des Sozialfonds neben der sozialpolitischen Zielsetzung nur eine zweitrangige Rolle spielen. Die Gelder der EIB können nicht ausschließlich für regionale Aktionen verwendet werden. Die regionalpolitisch gerechtfertigten Projekte stellen nur eine Kategorie von dreien dar (Art. 130 a–c), zu deren Finanzierung die Bank beitragen kann.

Endlich ist ganz allgemein zu berücksichtigen, daß die genannten Finanzinstrumente (mit Ausnahme der EIB) zur Verfolgung spezifischer Zwecke der Agrar-, Sozialpolitik etc. geschaffen worden sind. Sie enthalten zwar eine regionalpolitische Dimension. Eine gemeinsame Regionalpolitik läßt sich mit ihnen aber nur in begrenztem Maße verfolgen.

3. Die globale Regionalpolitik

Die wesentliche Rechtsgrundlage der Vorschläge der Kommission für eine globale gemeinschaftliche Regionalpolitik, für die der Vertrag keine Befugnisse vorsieht, bildet Artikel 235 des EWG-Vertrages.

Für die Vorschläge der Kommission ist die Erkenntnis maßgebend gewesen, daß Regionalpolitik ihrem Wesen nach schon innerhalb eines Staates von sehr unterschiedlichen ökonomischen, sozialen, geographischen, kulturellen und demographischen Gegebenheiten ausgehen muß. Das gilt um so mehr für eine Gemeinschaft von neun Mitgliedstaaten von sehr unterschiedlicher Größe und Wirtschaftskraft.

Darüber hinaus weicht der verfassungsrechtliche und administrative Aufbau der Mitgliedstaaten stark voneinander ab. Es liegt auf der Hand, daß föderalistische oder zentralistische Strukturen oder auch Mischformen zwischen beiden sich auf die Gestaltung der Regionalpolitik auswirken.

Die gemeinschaftliche Regionalpolitik geht nicht von zentralistischen Vorstellungen aus. Regionalpolitik wird auch künftig eine Aufgabe der Mitgliedstaaten einschließlich ihrer staatlichen und kommunalen Gebietskörperschaften bleiben. Die Gemeinschaft soll nicht an ihre Stelle treten. Durch Koordinierung, Information und den Einsatz zusätzlicher Finanzmittel muß sie die Anstrengungen ihrer Mitgliedstaaten jedoch aktiv unterstützen und mit dem Blick auf den einheitlichen Wirtschaftsraum die hauptsächlichen regionalen Unausgewogenheiten korrigieren.

In diesem Sinne hat die Kommission dem Rat bereits im Jahre 1969 eine Entscheidung über das Vorgehen der Gemeinschaft auf dem Gebiet regionaler Entwicklung vorgeschlagen:

— Es soll ein Ausschuß für regionale Entwicklung geschaffen werden. Diesem sollen Vertreter der Mitgliedstaaten und der Kommission angehören. Die Europäische Investitionsbank soll einen Beobachter entsenden.
— Es soll ein gemeinschaftliches Verfahren zur Prüfung der wirtschaftlichen Lage der Fördergebiete und der Entwicklungsprogramme der Mitgliedstaaten für diese Gebiete eingerichtet werden.
— Die bestehenden gemeinschaftlichen Finanzmittel sollen besser koordiniert werden. Darüber hinaus sollen ein Fonds und ein Bürgschaftssystem für regionale Entwicklung geschaffen werden.
— Es soll ein gemeinschaftliches System zur Unterrichtung privater und öffentlicher Investoren geschaffen werden, die sich an der Verwirklichung regionaler Entwicklungsprogramme beteiligen.

Ein Verordnungsvorschlag der Kommission von 1971 sieht die Regeln über die Arbeitsweise des Europäischen Fonds für regionale Entwicklung vor. Der Fonds war nach den ursprünglichen Vorstellungen als Zinsvergütungsfonds konzipiert. Im Verlauf der Verhandlungen hat die Kommission jedoch die Anregung des Europäischen Parlaments und einer Delegation im Rat aufgegriffen, neben Zinsvergütungen auch Kapitalprämien zu gewähren. Der Kreis der möglichen Empfänger gemeinschaftlicher Beihilfen ist nicht von vornherein eingegrenzt. Es können also sowohl öffentliche als auch private Investoren begünstigt werden. Zinsvergütungen sollen für Darlehen sowohl der Europäischen Investitionsbank als auch anderer Finanzierungsinstitute gewährt werden.

Ein weiterer Vorschlag der Kommission aus dem Jahre 1971 betrifft eine Verordnung des Rates über die Finanzierung von Vorhaben durch den Europäischen Ausrichtungs- und Garantiefonds für die Landwirtschaft Abteilung Ausrichtung in Agrargebieten, die mit Vorrang zu fördern sind.

Damit soll sich der Agrarfonds an der Finanzierung von Vorhaben außerhalb der Landwirtschaft und der Ernährungsindustrie beteiligen können. Er soll dazu beitragen, für Bauern und Landarbeiter, die im Zuge der Agrarreform aus der Landwirtschaft ausscheiden, sowie für deren Kinder neue Arbeitsplätze in Industrie, Handwerk und Dienstleistungsgewerben zu schaffen. Für die Sechsergemeinschaft wird geschätzt, daß in den nächsten Jahren bis zu 600 000 Personen unter 55 Jahren ihre Tätigkeit in der Landwirtschaft eventuell aufgegeben werden. Vor allem in Irland, aber auch in Dänemark werden diese Maßnahmen angewandt werden müssen. Die Hälfte dieser Menschen lebt in Gebieten mit vorwiegend agrarischer Wirtschaftsstruktur, für welche die Gemeinschaft mit Vorrang tätig werden sollte.

Neben den großen Agrargebieten am Rande der Gemeinschaft sollen unter gewissen Voraussetzungen auch kleinere Gebiete mit einem Überschuß an landwirtschaftlicher Erwerbsbevölkerung berücksichtigt werden. Der Vorschlag der Kommission enthält jedoch Sicherungen gegen eine unwirksame Streuung der Hilfen. Es geht dabei darum, die Investitionen in den Regionen zu fördern, in denen Schwerpunkte für die Entwicklung von Wirtschaftstätigen geschaffen werden können, und nicht darum, die Abwanderung der Bevölkerung in schon überbevölkerte Gebiete hinzunehmen.

Im Frühjahr 1972 hat die Kommission ein zusätzliches Instrument regionaler Entwicklung zur Diskussion gestellt. Die Kommission sieht vor, eine Gesellschaft für regionale Entwicklung zu gründen, an der sich die Gemeinschaft mit anderen öffentlichen und privaten Gesellschaften beteiligt. Die Gesellschaft soll im Rahmen regionaler Entwicklungsprogramme tätig werden. Die Gesellschaft soll folgende Aufgaben übernehmen:

— Sie soll nach Unternehmen suchen, die für Investitionen in den Fördergebieten in Betracht kommen, und diese über die Investitionsmöglichkeiten und Marktchancen unterrichten.
— Sie soll den Investoren technische Hilfe leisten (sie z. B. bei der Erschließung von Industriegelände unterstützen).
— Sie soll sich vorübergehend und minderheitlich am Kapital von Unternehmen in den Fördergebieten beteiligen können. Dabei ist an kleinere und mittlere Unternehmen gedacht.

Anleihen der Gesellschaft auf dem Kapitalmarkt sollen durch das Europäische Bürgschaftssystem für regionale Entwicklung gesichert werden, das die Kommission bereits im Jahre 1969 vorgeschlagen hat.

Die Gipfelkonferenz von Paris vom Oktober 1972 hatte unter den Staats- und Regierungschefs zu wichtigen Vereinbarungen hinsichtlich der Regionalpolitik geführt:

— „Die Mitgliedstaaten verpflichten sich, bereits jetzt ihre Regionalpolitik zu koordinieren.
— Die Organe der Gemeinschaft sind aufgefordert, bis zum 31. Dezember 1973 einen Fonds für regionale Entwicklung zu schaffen.
— Die Kommission ist aufgefordert, unverzüglich einen Bericht über die regionalen Probleme der erweiterten Gemeinschaft zu erarbeiten und geeignete Vorschläge vorzulegen."

Entsprechend dem Auftrag der Gipfelkonferenz hat die Kommission im Mai 1973 einen Bericht über die regionalen Probleme der Gemeinschaft vorgelegt. In diesem Bericht werden auch die politischen Leitlinien, die den Vorschlägen für die Errichtung eines Europäischen Fonds für regionale Entwicklung und die Einsetzung eines Ausschusses für Regionalpolitik als Grundlage dienen, festgelegt.

Es wird betont, daß die gemeinschaftliche Regionalpolitik die Politik der Mitgliedstaaten nicht ersetzen kann, sie muß sie ergänzen. Wenn die gemeinschaftliche Regionalpolitik erfolgreich sein soll, so muß die Gemeinschaft die ihr zur Verfügung stehenden gemeinsamen Politiken und Instrumente sowie die nationale Regionalpolitik koordinieren. Diese Koordinierung muß in engster Zusammenarbeit mit den Sozialpartnern geschehen.

Hinsichtlich zwei grundlegender Elemente der Regionalpolitik hat die Kommission ihre Vorschläge präzisiert: *Fonds* und *Ausschuß für Regionalentwicklung.*

Der Fonds wird das Hauptinstrument zur Bereitstellung von Gemeinschaftsmitteln für regionale Zwecke sein. Seine Unterstützung wird gänzlich der mittel- und langfristigen Entwicklung in rückständigen und im wirtschaftlichen Niedergang begriffenen Regionen gelten, um dort ein autonomes Wachstum herbeizuführen. Die Ausgaben des Fonds sollen auf die bedürftigsten Regionen konzentriert sein, ein „juste retour" soll nicht praktiziert werden. Tragendes Prinzip ist damit die Solidarität in der Gemeinschaft.

Direkte Zuschüsse und Zinsverbilligungen sollten die Hauptmethoden der finanziellen Unterstützung durch den Fonds sein. Es ist auch ein Finanzbeitrag zu Prämien für die Schaffung neuer Arbeitsplätze geplant. Die Finanzierung sollte in erster Linie für Industrievorhaben, Dienstleistungstätigkeiten und Infrastrukturvorhaben gewährt werden, die von besonderer regionaler Bedeutung sind oder sich direkt produktionsfördernd auswirken.

Bei der Verwaltung des Fonds wird die Kommission von einem Verwaltungsausschuß unterstützt werden. Über kleinere Vorhaben, die für eine Gemeinschaftshilfe in Frage kommen, können die Mitgliedstaaten anhand der Gemeinschaftskriterien und unter allgemeiner Kontrolle vorab beschließen. Größere Vorhaben sollten zuvor von der Kommission nach Anhörung des Verwaltungsausschusses genehmigt werden. In beiden Fällen sollten die Vorhaben den spezifisch regionalpolitischen Zielen oder regionalen Entwicklungsprogrammen entsprechen. So könnte die Gemeinschaftsfinanzierung schrittweise nicht nur für Vorhaben gewährt werden, sondern auch für regionale Entwicklungsprogramme als Ganzes, die von der Gemeinschaft genehmigt worden sind.

Die von der Pariser Konferenz erteilte Verpflichtung zur Koordinierung der Regionalpolitiken der Mitgliedstaaten bedingt die Bestimmung der Prioritäten. Dafür wird als zweites Instrument ein *Ausschuß für Regionalentwicklung* ins Leben gerufen werden müssen. Er wird beauftragt, die nationalen regionalpolitischen Maßnahmen und Programme zu untersuchen, ihre Abstimmung zu erleichtern und sie mit den Förderungsmaßnahmen des Fonds zu koordinieren. Der Ausschuß wird insbesondere die folgenden Aufgaben haben:

— die Ziele und Mittel sowie die Aufwendungen und Erfahrungen nationaler Regionalpolitiken zu untersuchen, damit koordinierte Ziele gesetzt und konzentrierte Aktionen durchgeführt werden können;
— die regionalpolitischen Auswirkungen anderer Gemeinschaftspolitiken zu prüfen (insbesondere die Beihilfen aus anderen Gemeinschaftsbereichen);
— die von den Mitgliedstaaten aufgestellten regionalen Entwicklungsprogramme zu prüfen, um eine optimale Abstimmung hinsichtlich des Einsatzes der Gemeinschaftsmittel zu ermöglichen;
— einen Vergleich der Beihilfesysteme mit regionalpolitischer Bedeutung durchzuführen;
— die bestehenden einzelstaatlichen Maßnahmen zur Erschwerung von Investitionen in Ballungsgebieten zu prüfen, um die Erarbeitung einer diesbezüglichen kohärenten Politik zu erleichtern;
— jene Gemeinschaftsmaßnahmen zu prüfen, die zu einer wirksamen Organisation der auf regionaler Ebene tätigen Stellen beitragen könnten.

4. Die aktuelle Problematik der Errichtung des Regionalfonds

Im Mittelpunkt der regionalpolitischen Konzeption der Gemeinschaft steht der Fonds für regionale Entwicklung. Zwei Aspekte sind besonders entscheidend: die Höhe der Mittel und die Kriterien der Vergabe.

Die Kommission hatte in ihrem Vorschlag die Vergabe von 2,250 Mio RE für drei Jahre (1974, 1975 und 1976) vorgesehen, in der progressiven Abstufung von 500, 750 und 1000 Mio RE. Diese Mittel sind nicht zu hoch, selbst die Zahl für das dritte Jahr macht wenig mehr als 10 % der gesamten nationalen Ausgaben für Regionalpolitik im Jahre 1973 und etwa den gleichen Prozentsatz des mutmaßlichen Gesamthaushaltes der Gemeinschaft aus. Diese Mittel sollten in die aufgrund gemeinschaftlicher Kriterien abgegrenzten Fördergebiete fließen, die etwa ein Drittel der Bevölkerung und etwa die Hälfte der Fläche der Gemeinschaft umfassen.

Die Vergabe der Mittel sollte nur im Rahmen von regionalen Entwicklungsprogrammen erfolgen. Eine stärkere Begünstigung der am meisten benachteiligten Gebiete war vorgesehen. Der Bruttoverteilungsschlüssel des Fonds auf die Mitgliedstaaten wäre wie folgt gewesen: Italien 35 %, Vereinigtes Königreich 25 %, Frankreich 21 %, Bundesrepublik 9 %,

Irland 4 %, Niederlande, Belgien und Dänemark 2 %, Luxemburg 0 %. In einer ersten Phase der Annäherung der Standpunkte stand der Vorschlag der Bundesrepublik Deutschland den Vorschlägen der Kommission gegenüber, der eine Verringerung des Fondsvolumens auf 600 Mio RE bei gleichzeitiger Konzentration auf die meist benachteiligten Gebiete und Staaten der Gemeinschaft vorsah. Dieser Vorschlag wurde von den Hauptempfängerländern (Italien, Großbritannien und Irland) abgelehnt, da sie eine zu starke Verringerung ihrer Nettotransfers (Auszahlungen aus dem Fondsbeitrag zum Gemeinschaftshaushalt) befürchteten.

In einer zweiten Phase trug die Bundesrepublik diesem Einwand Rechnung, indem sie vorschlug, den Fonds auf 1400 Mio RE zu erhöhen und die Mittel so zu vergeben, daß die drei Hauptempfängerländer die gleichen Nettotransfers erhielten wie im Kommissionsvorschlag. Alle übrigen Länder müßten bereit sein, entsprechende Abstriche zu akzeptieren. Die Bundesrepublik erklärte sich bereit, völlig auf Leistungen aus dem Fonds zu verzichten. Einige Mitgliedstaaten (die Niederlande, Dänemark und eventuell auch Belgien) wären diesem Beispiel gefolgt, Frankreich jedoch nicht.

Die Kommission machte auf die schwerwiegenden Nachteile aufmerksam, die aus einer Aufspaltung der neun Mitgliedstaaten in Geber- und Nehmerländer entstehen würden:

- die Koordinierung ganz allgemein und insbesondere die der nationalen Beihilfesysteme mit regionaler Zielsetzung würde erheblich erschwert;
- allgemein würde der Prozeß eines finanziellen Aufrechnens beginnen, der die Gemeinschaft in eine Kapitaltransferskasse (ohne Gemeinschaftspolitik) verwandeln würde.

Die Diskussion konzentrierte sich dann darauf, eine Lösung zu finden, in der das von der Bundesrepublik gesteckte Limit von 1400 Mio RE für drei Jahre nicht maßgeblich überschritten wird, in der Italien, Großbritannien und Irland in etwa die gleichen Mittel wie im ursprünglichen Kommissionsvorschlag erhalten, in der Frankreich an den Bruttoauszahlungen genügend stark beteiligt ist, damit seine Nettobelastung nicht zu hoch ist, und in der die übrigen Mitgliedstaaten an den Bruttoauszahlungen des Fonds noch stark genug beteiligt sind, um das Prinzip einer Gemeinschaftspolitik mit Beteiligung aller Staaten glaubwürdig erscheinen zu lassen.

Die Kommission hat derartige Vorschläge ausgearbeitet. Sie hat dies dem Rat mitgeteilt und erklärt, diese Vorschläge offiziell dann zu präsentieren, wenn aufgrund des Verhaltens der Hauptbeteiligten und der allgemeinen politischen Lage Aussicht auf eine Annahme besteht. Die Entwicklung der Energiekrise und das Vorhaben der neuen britischen Regierung nach umfassenden Neuverhandlungen, insbesondere mit dem Ziel einer Neuverteilung der finanziellen Lasten, hat eine Verzögerung in dem Fortgang des Verfahrens erzwungen.

V. DIE SOZIALPOLITIK

1. Das Wirtschaftswachstum und der soziale Fortschritt

Die Europäische Gemeinschaft hat seit ihrer Gründung im Jahre 1958 ein in der Geschichte nie dagewesenes anhaltendes kräftiges Wirtschaftswachstum zu verzeichnen. Dieses Wirtschaftswachstum hat das Leben und das Gesicht der sechs Stammitgliedstaaten verwandelt. Dem größten Teil der Bevölkerung der Gemeinschaft brachte es einen höheren Lebensstandard und bessere Entfaltungsmöglichkeiten.

Der größere Wohlstand hat aber die sozialen Probleme der Gemeinschaft nicht gelöst, sondern sie gelegentlich noch verschärft. Verschiedene Gebiete und Bevölkerungsgruppen haben an dem allgemeinen Fortschritt nicht voll teilgenommen, sie sind in einigen Fällen sogar noch mehr zurückgeblieben. Es bestehen auch weiterhin – und manchmal sogar in zunehmendem Maße – die Probleme der Verteilung von Einkommen, Vermögen und Machtbefugnissen in der Gemeinschaft. In einigen Bereichen konnte die Infrastruktur nicht mit den an sie gestellten Anforderungen Schritt halten.

Und schließlich sind noch die Probleme zu nennen, die mit dem Wirtschaftswachstum selbst zusammenhängen. Probleme gelegentlicher Wertkonflikte zwischen Wirtschaft und Gesellschaft und einschneidender Veränderungen der Lebensformen sowie Probleme einer wachsenden Abhängigkeit von ausländischen Arbeitnehmern, die die Gesellschaft nicht immer bereitwillig als Mitbürger akzeptiert, obwohl sie zu der Beibehaltung ihres Lebensstandards auf ihren Dienst angewiesen ist.

Sollte es nicht gelingen, diese Probleme der Ungleichheit und der untragbaren Nebenerscheinungen des Wachstums zu lösen, so wird der daraus resultierende soziale Druck und Widerstand den Fortgang des Integrationsprozesses gefährden.

2. Die gemeinschaftliche Sozialpolitik

Die ersten Jahre des europäischen Integrationsprozesses haben dieser Erkenntnis nicht voll Rechnung getragen. Die Sozialpolitik stand nicht im Mittelpunkt des integrationspolitischen Bemühens der Gemeinschaft. Der Vertrag selbst spricht zwar in der Präambel davon, daß „durch gemeinsames Handeln der wirtschaftliche und soziale Fortschritt gesichert werden soll", und weiter „stetige Verbesserung der Lebens- und Beschäftigungsbedingungen ihrer Völker als wesentliches Ziel anzustreben" ist, aber die erreichten Fortschritte blieben bescheiden. Sie beschränkten sich im wesentlichen auf vier Bereiche: auf die Schaffung der Freizügigkeit und die Vorsorge für die Wanderarbeitnehmer, auf den Europäischen Sozialfonds, auf gewisse Maßnahmen im Bereich des EGKS-Vertrages, der Agrarpolitik und der Regionalpolitik und schließlich im organisatorischen Bereich auf die Schaffung des Wirtschafts- und Sozialausschusses sowie eines Beschäftigungsausschusses.

a) Die Freizügigkeit und die Vorsorge für die Wanderarbeitnehmer

Erstes sozialpolitisches Ziel bildete die Herstellung der Freizügigkeit für Wanderarbeitnehmer. Sie umfaßt nicht nur die freie Bewegung der Arbeitnehmer innerhalb der Gemeinschaft, sondern auch ihre Gleichstellung in Bezug auf Beschäftigung, Entlohnung und sonstige Arbeitsbedingungen. Staatsangehörige aus anderen Mitgliedstaaten sind wie Inländer zu behandeln. Ausgenommen von dieser Regel ist lediglich die Beschäftigung in den öffentlichen Verwaltungen, die weiterhin grundsätzlich auf inländische Arbeitnehmer beschränkt bleibt.

Die Freizügigkeit konnte im Oktober 1968 endgültig verwirklicht werden. Seitdem ist für Arbeitnehmer (Staatsbürger) aus den Mitgliedsländern der Gemeinschaft in keinem Mitgliedsland eine Arbeitserlaubnis erforderlich; die Aufenthaltsgenehmigung wird bei Vorlage der Arbeitsbescheinigung erteilt, und sie bleibt auch bei Verlust der Stelle weiterbestehen. Bei Wohnungsnachweis darf der Arbeitnehmer seine engeren Familienangehörigen mitbringen oder nachkommen lassen. Jede Diskriminierung der Staatsangehörigen der Mitgliedstaaten gegenüber Inländern ist verboten. Dies bezieht sich auf Steuervergünstigungen, auf die Teilnahme von Umschulungs-, Fortbildungs- und Rehabilitationsmaßnahmen, aber auch etwa auf die Wählbarkeit zu betrieblichen Vertretungen.

Die Schaffung sozialer Sicherheiten für Wanderarbeiter ist eine unerläßliche Voraussetzung für die Verwirklichung der Freizügigkeit. Die dafür erforderlichen Verordnungen des Ministerrats sind deshalb bereits seit dem 1. Januar 1959 in Kraft. Die Freizügigkeit verlangt nicht nur, daß die Arbeitnehmer sich frei von einem Mitgliedstaat zum anderen bewegen können und daß direkte oder indirekte Diskriminierungen in der Entlohnung aufgehoben werden; sie verlangt auch die Abschaffung von Hindernissen und die Harmonisierung der in den einzelnen Mitgliedstaaten sehr unterschiedlichen gesetzlichen Regelungen der sozialen Sicherheit.

Die erwähnten Verordnungen haben eine Reihe von Regeln begründet, deren wesentliches Ziel die Gleichbehandlung der ausländischen Arbeitskräfte – aus den Mitgliedsländern, Flüchtlinge oder Staatenlose – mit den nationalen Arbeitnehmern ist; so sollen bei der Aufnahme in die Sozialversicherung für die Berechnung der Leistungen, Versicherungszeit und Beschäftigungszeitraum in einem anderen Mitgliedstaat berücksichtigt werden. In einigen Fällen werden die Leistungen von der Institution an dem Ort erbracht, an dem der Versicherte oder seine Familienangehörigen wohnen, zu Lasten der Versicherungsgesellschaft, bei der der Betreffende versichert ist.

Es ist darauf hinzuweisen, daß jedes Jahr etwa 2 Millionen Menschen (Arbeiter, Rentner und Familienangehörige) von den erwähnten Verordnungen begünstigt werden.

b) Der Europäische Sozialfonds

Der Einsatz eines Sozialfonds durch die EGKS hatte bereits für den Bereich Kohle und Stahl an der Lösung struktureller Probleme mitgewirkt, insbesondere bei der Umschulung und Schaffung neuer Arbeitsplätze. In diesem Rahmen sind bisher über eine halbe Million Arbeitskräfte umgeschult, 260 Mio RE sind zur Schaffung neuer Arbeitsplätze eingesetzt und über 120 000 errichtet worden.

Der „alte“ Europäische Sozialfonds, der gemäß Art. 123 ff. des EWG-Vertrages 1960 mit dem Ziel geschaffen worden war, innerhalb der Gemeinschaft die Beschäftigungsmöglichkeiten sowie die geographische und berufliche Mobilität der Arbeitnehmer zu fördern, erstattet 50 %

der Mittel, die von den EWG-Mitgliedstaaten bzw. ihren Körperschaften öffentlichen Rechts aufgewandt werden für:

— die berufliche Umschulung arbeitsloser Arbeitnehmer;
— die Umsiedlung arbeitsloser Arbeitnehmer;
— die Beibehaltung des gleichen Lohnstandes der von einer Umstellung betroffenen Arbeitnehmer für die Dauer von Änderungen des Produktionsprogramms eines Betriebes, die nicht vorübergehend sind und dieses Programm grundlegend beeinflussen.

Der Sozialfonds erfüllt damit die Funktion einer zwischenstaatlichen „Ausgleichskasse für Arbeitslosenunterstützung". Die Kompetenz der Kommission beschränkt sich auf die Auswahl der über die Mitgliedstaaten gestellten und verwirklichten Aufträge. Die Förderung durch diesen ersten Sozialfonds erfolgt mehr nach dem Prinzip der „juste retour" als nach den gravierenden Bedürfnissen einiger Sektoren oder Regionen.

Bis Oktober 1972 erstattete der alte Europäische Sozialfonds 225,8 Mio RE für die berufliche Umschulung von rund 800 000 und 9,4 Mio RE für die Wiederbeschäftigung von 704 000 arbeitslosen Arbeitnehmern.

Die Maßnahmen im Rahmen des „alten" Sozialfonds sollen 1975 (spätestens 1976) auslaufen; die jährlichen Ausgaben belaufen sich auf 50 bis 60 Millionen RE.

Am 1. Mai 1972 hat der Europäische Sozialfonds eine neue Gestalt angenommen. Er wurde den Notwendigkeiten einer angestrebten Wirtschafts- und Währungsunion angepaßt und zu einem Instrument der aktiven Arbeitsmarktpolitik umgestaltet. Er soll im Rahmen der von der Gemeinschaft festgelegten Prioritäten mit vermehrten Mitteln zum größtmöglichen Nutzen der gesamten Erwerbsbevölkerung beitragen.

Wirtschaftswachstum und sozialer Fortschritt sollen sich im Gleichschritt entwickeln. Das erstere Ziel kann demnach nicht auf Kosten des zweiten erreicht werden. Aus diesem Grunde waren die Regierungen der Mitgliedstaaten der Auffassung, daß die Interventionen des Fonds nicht allein darauf beschränkt sein sollten, den sozialen Auswirkungen der Politik der Gemeinschaft zu begegnen.

Es gibt zwei Interventionsarten des Fonds: die erste kann man als flankierende Maßnahmen zu Gemeinschaftsbeschlüssen bezeichnen. Sie ergeben sich in Fällen, wo die Politik der Gemeinschaft Auswirkungen auf die Beschäftigung hat oder haben kann; ferner wenn sich eine besondere gemeinsame Aktion zur Anpassung von Stellenangebot und -nachfrage im Rahmen der Gemeinschaft als notwendig erweisen sollte.

Die Interventionen des zweiten Typs stehen nicht im Zusammenhang mit Gemeinschaftsbeschlüssen. Sie sind für bestimmte Situationen gedacht, in denen die Beschäftigungslosigkeit besorgniserregende Ausmaße angenommen hat, und gelten insbesondere für Regionen, die wirtschaftlich zurückgeblieben sind oder zurückfallen, sowie für bestimmte Branchen, die auf Grund des technischen Fortschritts in Schwierigkeiten geraten sind. Der Fonds beteiligt sich zu 50 % an den erstattungsfähigen Ausgaben für Maßnahmen, die von der öffentlichen Hand, von Körperschaften des öffentlichen Rechts und von mit Aufgaben von öffentlichem Interesse beauftragten sozialen paritätischen Organen durchgeführt werden.

50 % der Ausgaben des reformierten Fonds sind während der ersten fünf Jahre für diesen Zweck vorgesehen. Die Beseitigung der Arbeitslosigkeit in den zurückgebliebenen oder zurückgefallenen Regionen genießt bei der Zuteilung der Fondsmittel eine gewisse Priorität: 60 % der für die zweite Interventionsart eingeplanten Zuschüsse stehen dafür zur Verfügung.

Der Anwendungsbereich der beiden Unterstützungsarten des Fonds ist weitgefaßt. Neben den Beihilfen zur beruflichen Anpassung und Wiedereingliederung sind Unterstützungen vorgesehen zur Gründung von Berufsbildungszentren in den zurückgebliebenen Regionen; ferner können unter bestimmten Bedingungen die Ausgaben gedeckt werden, die Arbeitnehmern infolge eines Wechsels des Wohnsitzes entstehen. Außerdem sind noch für bestimmte Gruppen von Arbeitnehmern Zuschüsse vorgesehen:

— z. B. Behinderte, die sich berufliche Fertigkeiten aneignen wollen,
— ältere Arbeitnehmer, denen während der Dauer der beruflichen Anpassung oder vor einer Wiederbeschäftigung kein Einkommensverlust entstehen soll,
— Frauen, die älter als 35 Jahre sind und zum ersten Mal eine berufliche Tätigkeit ausüben wollen oder nach einer Unterbrechung auf Grund ihres Ausbildungsstandes keine Beschäftigung finden,
— jugendliche Arbeitnehmer (jünger als 25 Jahre), die keine oder nicht genügende Ausbildung haben und daher keine Anstellung finden.

Die Tätigkeit des Fonds ist nicht allein auf das Ziel der Vollbeschäftigung ausgerichtet, sondern auch auf die Bekämpfung der Unterbeschäftigung. Es sind nicht mehr allein die Arbeitslosen, denen die Mittel des Fonds zugute kommen sollen, sondern alle arbeitenden Personen, die in dem vom Ministerrat skizzierten Rahmen sich beruflich umschulen oder weiterbilden wollen oder zur Aufnahme einer neuen Beschäftigung ihren Wohnort wechseln müssen.

Der Fonds greift daher auf der einen Seite in bestimmte, bereits existierende Situationen ein, sein Hauptziel bleibt jedoch andererseits die flankierenden Maßnahmen zur Politik der Gemeinschaft und die Verbesserung des Ausgleichs von Angebot und Nachfrage auf dem Arbeitsmarkt der Gemeinschaft zu realisieren. Auf lange Sicht, wenn einmal durch das Eingreifen des Fonds in den zuvor beschriebenen Situationen eine Besserung eingetreten ist, ist für die zu letztgenannte Aufgabe der größte Teil der verfügbaren Mittel vorgesehen.

Die Verantwortung der Gemeinschaftsinstitutionen ist hier direkt angesprochen. Die Modernisierung der Landwirtschaft oder die Öffnung der Märkte für Produkte aus Drittländern – um nur zwei Beispiele zu nennen – werden Auswirkungen auf die Beschäftigung haben. Das Eingreifen des Fonds ist daher weit gefächert. Er kann, wenn es erforderlich ist, die berufliche Anpassung der Arbeitnehmer eines einzigen Sektors erleichtern und er kann die Weiterbildung von Arbeitnehmern unterstützen, die ihre beruflichen Kenntnisse auf den neuesten Stand bringen wollen.

c) Maßnahmen in anderen Bereichen – Aktionen im Bereich des EGKS-Vertrages

Werden neue technische Verfahren oder Produktionsmittel eingeführt und ergibt sich hieraus in außergewöhnlichem Umfang eine Verminderung des Bedarfs an Arbeitskräften der Kohle- und Stahlindustrie, die besondere Schwierigkeiten für die Wiederbeschäftigung der freigewordenen Arbeitskräfte in einem oder mehreren Gebieten mit sich bringt, so kann die Hohe Behörde bzw. die Kommission eine nicht rückzahlungspflichtige Beihilfe bewilligen, um beizutragen:

— zur Zahlung von Entschädigungen, die es den Arbeitern ermöglichen, ihre Wiedereinstellung abzuwarten;
— zur Gewährung von Beihilfen an die Arbeitnehmer für die Kosten zur Erlangung eines neuen Arbeitsplatzes;
— zur Finanzierung der Umschulung der Arbeitnehmer, die ihre Beschäftigung wechseln müssen.

Die Gewährung dieser Beihilfen wird von der Zahlung eines mindestens gleich hohen besonderen Beitrages durch den beteiligten Staat abhängig gemacht, es sei denn, daß der Rat mit Zweidrittelmehrheit eine Abweichung zuläßt.

Wenn ferner in den Absatzbedingungen der Kohle- oder Stahlindustrie grundlegende Änderungen eintreten, die nicht unmittelbar auf die Errichtung des Gemeinsamen Marktes zurückzuführen sind, die aber einzelne Unternehmen zwingen, ihre Tätigkeit endgültig einzustellen, einzuschränken oder zu ändern, kann die Hohe Behörde bzw. die Kommission unter bestimmten Bedingungen die Finanzierung der von ihr gebilligten Programme zur Schaffung neuer, wirtschaftlich gesunder Arbeitsplätze oder zur Umstellung von Unternehmen erleichtern, die geeignet sind, eine produktive Wiederbeschäftigung der freigewordenen Arbeitskräfte zu sichern, sowie nichtrückzahlungspflichtige Beihilfen, analog zu den im vorigen Absatz genannten, bewilligen.

Aktionen im Rahmen der Gemeinsamen Agrarpolitik

Am 17. April 1972 wurden vom Rat drei Richtlinien verabschiedet, die Beschäftigung und Unterbeschäftigung, insbesondere in den weniger begünstigten ländlichen Zonen, erheblich beeinflussen können (siehe unter „Anpassung der Gemeinsamen Agrarpolitik“ Kapitel III/5).

Aktionen im Rahmen der Regionalpolitik

Nach Artikel 130 des Vertrages von Rom ist es *„Aufgabe der Europäischen Investitionsbank,* zu einer ausgewogenen und reibungslosen Entwicklung des Gemeinsamen Marktes im Interesse der Gemeinschaft beizutragen ...“. In diesem Sinne erleichtert sie ohne Verfolgung eines Erwerbszweckes durch Gewährung von Darlehen und Bürgschaften die Finanzierung der „Vorhaben zur Erschließung der weniger entwickelten Gebiete und Vorhaben zur Modernisierung oder Umstellung von Unternehmen oder zur Schaffung neuer Arbeitsmöglichkeiten, die sich aus der schrittweisen Errichtung des Gemeinsamen Marktes ergeben.“

Gegenwärtig sind die Finanzierungsmittel der Europäischen Investitionsbank (EIB) das unmittelbarste Aktionsmittel, über das die Gemeinschaft verfügt, um zu einer ausgewogenen Regionalentwicklung beitragen zu können. Denn 3/4 der innerhalb der Gemeinschaft vergebenen Darlehen der Bank (von insgesamt fast 2 Milliarden RE) dienen der Förderung von Vorhaben zur Erschließung der weniger entwickelten Gebiete.

Die EIB hat ihre Interventionsverfahren (Globaldarlehen) umgestellt, so daß sie über nationale Geldinstitute auch die wirtschaftlich gesunden kleinen und mittleren Unternehmen erreicht, ohne deshalb ihre Mittel zu zersplittern. Ferner macht sie seit 1970 von der in ihrer Satzung vorgesehenen Möglichkeit Gebrauch, für Vorhaben im Sinne einer regionalen Entwicklung Garantien zu geben.

Am 21. Oktober 1972 haben die Staats- und Regierungschefs der erweiterten Gemeinschaft die Gemeinschaftsinstitutionen aufgefordert, einen Regionalentwicklungsfonds zu schaffen. Dieser Fonds wird von der zweiten Phase der Wirtschafts- und Währungsunion an aus den Eigenmitteln der Gemeinschaft finanziert werden. Seine mit nationalen Hilfsmaßnahmen koordinierte Beteiligung soll es ermöglichen, die hauptsächlichen regionalen Ungleichgewichte in der erweiterten Gemeinschaft zu korrigieren, vor allem solche, die sich aus überwiegend landwirtschaftlichem Charakter, industriellen Wandlungen und struktureller Unterbeschäftigung ergeben (siehe Regionalpolitik).

Der Rat hat sich bereits grundsätzlich damit einverstanden erklärt, daß ein Teil der Mittel des EAGFL Abteilung Ausrichtung – in den nächsten fünf Jahren würde es sich um 50 Millionen RE jährlich handeln – für die Schaffung von Arbeitsplätzen außerhalb der Landwirtschaft in den im Kommissionsvorschlag von 1971 für vorrangig erklärten landwirtschaftlichen Gebieten verwendet werden. Dieser Vorschlag sieht eine Beihilfe von 1500 RE je neu geschaffenem Arbeitsplatz vor, der mit einer zuvor in der Landwirtschaft tätigen Arbeitskraft besetzt werden kann.

3. Der Wirtschafts- und Sozialausschuß

Die Schaffung eines Wirtschafts- und Sozialausschusses (WSA) geht auf die Erkenntnis zurück, daß es ein Forum geben muß, wo sich die Träger des wirtschaftlichen und sozialen Lebens der einzelnen Staaten treffen können, wo ihre Standpunkte dem europäischen Ideal gegenübergestellt werden und eine echte Übereinstimmung unter den Vertretern der einzelnen sozio-ökonomischen Kreise zustande kommen kann.

Der WSA der erweiterten Gemeinschaft besteht aus 144 Mitgliedern, die sich wie folgt verteilen: Deutschland, Frankreich, Italien, Vereinigtes

Köngreich: je 24; Belgien, Niederlande: je 12; Dänemark, Irland: je 9; Luxemburg: 6.

In Artikel 193 und 195 des EWG-Vertrages sowie in Artikel 165 und 167 des EAG-Vertrages ist die Zusammensetzung des Ausschusses festgelegt:

„Der Ausschuß besteht aus Vertretern der verschiedenen Gruppen des wirtschaftlichen und sozialen Lebens, insbesondere der Erzeuger, der Landwirte, der Verkehrsunternehmer, der Arbeitnehmer, der Kaufleute und Handwerker, der freien Berufe und der Allgemeinheit".

„Die Zusammensetzung des Ausschusses muß der Notwendigkeit Rechnung tragen, den verschiedenen Gruppen des wirtschaftlichen und sozialen Lebens eine angemessene Vertretung zu sichern".

Für den Vorschlag der Mitglieder des Ausschusses sind die Regierungen zuständig, sie stellen nach eigenen Kriterien eine Liste auf, die doppelt so viel Kandidaten enthält, wie ihren Staatsangehörigen Sitze zugewiesen sind. Ausgewählt und ernannt werden die Mitglieder des WSA vom Ministerrat der Gemeinschaft durch einstimmigen Beschluß. Zur Verwirklichung der vorgeschriebenen Vertretung der Gruppen des wirtschaftlichen und sozialen Lebens Europas hat der Rat 1958 eine Tabelle der Bereiche aufgestellt, die vertreten sein müssen. Aus dieser Tabelle wird auch die Verteilung der Sitze nach den verschiedenen wirtschaftlichen und sozialen Gruppen auf die einzelnen Länder ersichtlich. Sie ist je nach Staat unterschiedlich, da sie sich in erster Linie nach den wirtschaftlichen und sozialen Strukturen richtet. Die Mitglieder werden auf vier Jahre ernannt. Sie werden für ihre Person ernannt und sind an keine Weisungen gebunden.

Der WSA muß vom Rat oder der Kommission gehört werden:

— in den neun im EWG-Vertrag vorgesehenen Fällen: Agrarpolitik (Artikel 43), Freizügigkeit der Arbeitnehmer (Artikel 49), Niederlassungsrecht (Artikel 54 Ziffer 1 und 2), Dienstleistungen (Artikel 63 Ziffer 1 und 2), Verkehr (Artikel 75 Ziffer 1 und Artikel 79 Ziffer 3), Angleichung der Rechtsvorschriften (Artikel 100), Sozialpolitik (Artikel 118), Europäischer Sozialfonds (Artikel 126 und 127), Berufsausbildung (Artikel 128);

— in den vier im EAG-Vertrag vorgesehenen Fällen: Schaffung von Unterrichtsanstalten (Artikel 9), Gesundheitsschutz (Artikel 31 und 32), Investitionen (Artikel 40 und 41), Gemeinsamer Markt auf dem Kerngebiet (Artikel 96 und 98).

In den Verträgen heißt es außerdem, daß der Ausschuß vom Rat oder der Kommission in den Fällen gehört werden kann, in denen sie es für angebracht halten. Von dieser Möglichkeit wird immer mehr Gebrauch gemacht.

Der WAS hat somit nur konsultative Kompetenzen, die Berücksichtigung seiner Vorschläge liegt im Ermessen des Rates oder der Kommission.

Im Jahre 1970 ist ein „Ständiger Beschäftigungsausschuß" geschaffen worden mit dem Ziel, die Sozialpartner mit den Entscheidungsgremien der Gemeinschaft zusammenzubringen. Der Ausschuß hat keine Entscheidungsbefugnisse und übt die Funktion eines Organs des Dialogs und der Konzentration hinsichtlich der Beschäftigungspolitik zwischen den Gemeinschaftsorganen einerseits und Arbeitgebern und Arbeitnehmern andererseits aus.

4. Das sozialpolitische Aktionsprogramm

Die Kommission hat 1973 gemäß dem auf der Pariser Konferenz der Staats- und Regierungschefs vom Oktober 1972 ihr erteilten Auftrag ein sozialpolitisches Aktionsprogramm dem Rat vorgelegt, das von ihm in seinen Grundzügen angenommen worden ist. Bei diesem Programm handelt es sich um die Gestaltung der ersten Phase der Europäischen Sozialunion, die spätestens bei Abschluß der zweiten Stufe der Wirtschafts- und Währungsunion vollendet sein soll. Angestrebt wird weniger ein einheitliches Sozialsystem für die Gemeinschaft als die Herstellung von Mindestnormen des Sozialschutzes, wobei eine angemessene Übertragung von Mitteln auf die Gemeinschaftsebene erwogen wird, um den weniger begünstigten Mitgliedstaaten die Möglichkeit zu geben, diese Mindestnormen zu erreichen. Das Programm, für dessen Verwirklichung etwa 40 Maßnahmen vorgesehen sind, deckt die folgenden 3 Bereiche ab:

a) Vollbeschäftigung und bessere Beschäftigungsmöglichkeiten,

b) Verbesserung der Lebens- und Arbeitsbedingungen,

c) Beteiligung der Sozialpartner an den wirtschafts- und sozialpolitischen Entscheidungen der Gemeinschaft.

Die relevantesten Anregungen zu diesen drei Themenkreisen sind die folgenden:

a) Vollbeschäftigung und bessere Beschäftigungsmöglichkeiten

Hervorzuheben sind, abgesehen von den schon erwähnten geplanten Maßnahmen im Bereich der Regionalpolitik zur Schaffung neuer Arbeitsplätze, die Ausführungen über die Behandlung der Wanderarbeitnehmer und der weiblichen Arbeitnehmer.

Bedeutungsvoll ist der Gedanke des gleichen sozialen Schutzes für Wanderarbeitnehmer und für die Staatsangehörigen des Gastlandes [3], sowie die Betonung des Ausbildungsproblems bei Gastarbeitern (Gemeinschaftsbeihilfen für die letzteren werden nicht vorgeschlagen). Andere Aspekte dieses Problemkreises liegen wohl mehr in der Kompetenz der Mitgliedstaaten.

b) Verbesserung der Lebens- und Arbeitsbedingungen

Aus der Fülle von Studien und mehr technischen Ankündigungen sind die Durchführung einer Untersuchung mit dem Ziel der Abschaffung der Fließbandarbeit, die Idee der Durchführung von Versuchsbauprojekten im sozialen Wohnungsbau für Wanderarbeiter und die regelmäßige Erörterung der Probleme des sozialen Wohnungsbaus im Ministerrat hervorzuheben.

Bedeutung kommt noch dem bereits angekündigten Bericht der Kommission über die weitere Verbesserung im Bereich der Vermögensbildung der Arbeitnehmer in den Mitgliedstaaten zu. Die augenblicklichen Überlegungen gehen in Richtung auf ein zweigleisiges System:

a) Generalisierung des Systems der vermögenswirksamen Zuwendungen in allen Mitgliedstaaten,
b) Beteiligung der Arbeitnehmer am Gewinn des Unternehmens.

In bezug auf letzteres ist gegenwärtig die Option zwischen betrieblichem und überbetrieblichem Vermögensfonds noch offen, obwohl bei überbetrieblichen Fonds die Vermeidung neuer Ungleichheiten zwischen Arbeitnehmern als Vorteil hervorgehoben wird.

---

3 Gemeint sind Wanderarbeiter jeglicher Nationalität, während die Freizügigkeit innerhalb der Gemeinschaft nur Wanderarbeitnehmern aus Gemeinschaftsländern, also im wesentlichen Italienern, vorbehalten bleiben würde. Dadurch erhielten letztere de facto eine Gemeinschaftspräferenz, weil sie bei der Suche nach Arbeitsplätzen nicht mehr durch die Existenz „billigerer" Gastarbeiter benachteiligt wären und andererseits überall in der Gemeinschaft ohne besondere Formalitäten auf Arbeitsplatzsuche gehen können.

c) *Beteiligung der Sozialpartner an den wirtschafts- und sozialpolitischen Entscheidungen der Gemeinschaft*

Hierunter fällt nicht so sehr die Idee der innerbetrieblichen Mitbestimmung, die schon Gegenstand von Vorschlägen seitens der Kommission gewesen ist, wie vielmehr die Idee des Abschlusses von Rahmenvereinbarungen zwischen den Sozialpartnern auf Gemeinschaftsebene. Diese Idee stößt bei den Gewerkschaften auf Widerstand. Allerdings wird auch auf Gewerkschaftsseite eingesehen, daß wegen der starken wirtschaftlichen Disparitäten zwischen den Mitgliedsländern europäische Tarifverträge derzeit höchstens für Teilbereiche in der Regelung der Arbeitsbedingungen angestrebt werden können.

Als vorrangige Aktionen der ersten Stufe des Programms (1974–1976) sind vorgesehen:

1. Beteiligung des Europäischen Sozialfonds an Maßnahmen zugunsten von Wanderarbeitnehmern und behinderten Arbeitskräften;
2. Aktionsprogramm für behinderte Arbeitskräfte in der freien Wirtschaft;
3. Einsetzung eines allgemeinen Europäischen Ausschusses für Betriebssicherheit und Ausdehnung des Zuständigkeitsbereiches des Ständigen Ausschusses für Betriebssicherheit und Gesundheitsschutz im Steinkohlenbergbau;
4. Richtlinie zur Angleichung der Rechtsvorschriften der Mitgliedstaaten über die Anwendung des Grundsatzes der gleichen Entlohnung für Männer und Frauen;
5. Festlegung der normalen Arbeitswoche von 40 Stunden bis 1975 und von 4 Wochen bezahltem Urlaub bis 1976 als unmittelbares Ziel;
6. Errichtung einer Europäischen Stiftung zur Verbesserung der Umwelt sowie der Lebens- und Arbeitsbedingungen;
7. Richtlinie zur Angleichung der Rechtsvorschriften der Mitgliedstaaten über Massenentlassungen (wichtig im Zusammenhang mit dem Problem der multinationalen Unternehmen).

Für die zweite Stufe werden den folgenden drei Punkten Vorrang eingeräumt:

Ein erstes Aktionsprogramm für die Wanderarbeitnehmer, die Errichtung eines Europäischen Zentrums für berufliche Bildung und eine Richtlinie zur Harmonisierung der Rechtsvorschriften in bezug auf die Aufrechterhaltung der Ansprüche und Vergünstigungen bei Wechsel des Eigentums der Unternehmen, insbesondere bei Zusammenschlüssen.

Außerdem beschloß der Rat, acht Prioritäten festzulegen, für die die Kommission bis Ende 1974 weitere Vorschläge unterbreiten muß, die folgendes betreffen: ein umfassendes Programm für Wanderarbeitnehmer, Verwirklichung einer gemeinsamen Politik auf dem Gebiet der beruflichen Bildung und Ausarbeitung eines Programms für die schrittweise Mitwirkung der Arbeitnehmer am Leben der Unternehmen und Betriebe. Überdies hat der Rat die Kommission aufgefordert, bis Ende 1974 ein Programm von Modellvorhaben zur Bekämpfung der Armut auszuarbeiten, das im Laufe der Jahre 1975 und 1976 durchgeführt werden könnte.

Mit dem Programm will die Kommission die sozialen Probleme der Gemeinschaft nicht zentral lösen, es sind keine einheitlichen oder ausschließlichen Maßnahmen vorgesehen. Ebenfalls werden keine Zuständigkeiten und Funktionen auf die Gemeinschaft übertragen werden, die auf anderen Ebenen viel wirkungsvoller wahrgenommen werden können. Die Verantwortung der Mitgliedstaaten im sozialen Bereich wird nicht eingeengt. Hauptanliegen des Programms ist, die Sozialpolitik als eigenständiges politisches Ziel der Gemeinschaft zu etablieren.

VI. DIE WIRTSCHAFTS- UND WÄHRUNGSUNION [4]

1. Plan und Wirklichkeit

Seit dem 18. Februar 1974 ist das Projekt der Wirtschafts- und Währungsunion (WWU) in eine Sackgasse geraten. An diesem Tage wurde mit dem Scheitern der Kommissionsvorschläge zur Regionalpolitik endgültig klar, daß der Übergang zur zweiten Stufe dieser Union nicht vollzogen werden konnte. Zuviel war zwischenzeitlich geschehen – Energiekrise, Zusammenbruch des internationalen Währungssystems, Beschleunigung der weltweiten Inflation – als daß die weitere Verfolgung des bis dahin vorgezeichneten Wegs möglich war. Dennoch hat das Vorhaben WWU nicht an Aktualität eingebüßt. Nur werden zahlreiche Überlegun-

---

4 Dieses Kapitel stützt sich auf die nicht veröffentlichte Studie von Jürgen Schüler „Wirtschafts- und Währungsunion“.

gen an die neue Lage angepaßt werden müssen. Folgende Fragen stellen sich:
— warum und wie diese Union realisiert werden sollte;
— wie ihr weiterer Weg denkbar ist.

2. Warum eine Wirtschafts- und Währungsunion

Diese Frage wird im zweiten Abschnitt des „Werner-Berichts" mit eindeutiger Klarheit beantwortet. Kurz gefaßt lautet die Argumentation wie folgt („Werner-Bericht" Sonderbeilage zum Bulletin 11 – 1970, S. 10):

Seit Unterzeichnung des Rom-Vertrages wurden außerordentlich bedeutsame Etappen auf dem Wege zur wirtschaftlichen Integration erreicht. Wichtigste Meilensteine auf diesem Wege sind bislang die Vollendung der Zollunion und die Festlegung einer gemeinsamen Agrarpolitik. Gerade diese Fortschritte auf Teilgebieten der Wirtschaftspolitik haben jedoch zur Folge, daß sich gesamtwirtschaftliche Ungleichgewichte in den Mitgliedsländern unmittelbar zu Lasten der Gemeinschaft auswirken können". Die unvollendete Integration der Wirtschaftspolitik birgt also die Gefahr, „daß der erreichte Integrationsstand im Güter-, Leistungs- und Kapitalverkehr innerhalb der Gemeinschaft in Frage gestellt werden kann. Dies gilt insbesondere für den gemeinsamen Agrarmarkt".

Zudem: Die wachsende Verflechtung der Volkswirtschaften der Mitgliedstaaten hatte zwangsläufig zur Konsequenz, daß sich die Autonomie der nationalen Entscheidungsträger verringerte. Die Erfahrungen auf dem Gebiet der Konjunkturpolitik und der Währungspolitik in den letzten Jahren bieten dafür beredte Beispiele:
— Die Sozialpartner jedes Mitgliedstaates sind gezwungen, bei der Lohnfindung auf die wirtschaftliche Lage in den Gemeinschaftsländern Rücksicht zu nehmen – wie das Beispiel Frankreichs in den Monaten Mai bis August 1968 zeigt;
— Regierung und Zentralbank keines Mitgliedstaates, ja überhaupt keines Landes mit konvertibler Währung können irgendwelche ökonomischen Größen (Steuern, Subventionen, Zinsen u. dgl.) ändern, ohne auf die Situation in den Nachbarländern Rücksicht zu nehmen. Dies gilt auch bei flexiblen Wechselkursen, wenn die Zentralbanken

nicht auf jegliche Einflußnahme auf die Wechselkurse verzichten wollen.

Das Problem ist nun, daß derartige Autonomieverluste auf nationaler Ebene kein Gegenstück in der Einführung von Gemeinschaftspolitiken gefunden haben. Dies aber ist das entscheidende Anliegen der WWU. Es ist von vorne herein wichtig sich klarzumachen, daß das gesamte Projekt der WWU nichts anderes darstellt als ein Bündel von Instrumenten, mit dem die Gemeinschaft letztlich zur Realisierung der klassischen Ziele der Wirtschaftspolitik ausgerüstet werden soll: Stabilität, Vollbeschäftigung, Wachstum bei außenwirtschaftlichem Gleichgewicht.

3. Der Plan zur Wirtschafts- und Währungsunion

Die wichtigsten Elemente dieses Planes sind in den Entschließungen des Rates über die stufenweise Verwirklichung der Wirtschafts- und Währungsunion vom 22. März 1971 und vom 21. März 1972 niedergelegt. Grundsätzliche Aussagen befinden sich ebenfalls in den Schlußerklärungen der Gipfelkonferenzen von Paris (19. – 21. Oktober 1972) und Kopenhagen (14.– 15. Dezember 1973). Diese grundsätzlichen Darlegungen verbunden mit weiteren Folgeerscheinungen bilden eine Einheit solcher Komplexität, daß nachstehend nur die Hauptlinien herausgearbeitet werden können.

a) Die Ziele allgemein

Die Ziele lassen sich ganz grob wie folgt in vier elementare Gruppen gliedern:

(1) Ziel einer optimalen Allokation der Ressourcen,

(2) Ziel der monetären Union,

(3) Ziel einer Gemeinschaft der Stabilität und des Wachstums,

(4) Ziel einer politischen Stärkung der Gemeinschaftsorgane.

Schon diese kurze Aufzählung macht deutlich, daß der vorgegebene Rahmen weit gespannt ist. Deshalb soll im folgenden an der Gliederung nach Zielen festgehalten werden, wobei die Instrumente so weit wie möglich den Zielen zugerechnet werden. Dabei soll nicht aus dem Auge verloren werden, daß die Maßnahmen nicht unabhängig voneinander sein können. Sie sollen sich, wie es in der Entschließung heißt, gegenseitig verstärken.

b) Ziele und Instrumente im einzelnen

(1) Zum Ziel einer optimalen Allokation der Ressourcen

Bei diesem Ziel geht es konkret darum, eine Zone zu schaffen, in der sich Personen-, Güter-, Dienstleistungs- und Kapitalverkehr frei und ohne Wettbewerbsverzerrungen vollzieht, um es den Wirtschaftssubjekten zu ermöglichen, ihre Tätigkeit auf Gemeinschaftsebene zu entwickeln (Ziff. 1.2 der ersten Entschließung).

Letztlich handelt es sich also um die Wiederbelebung und Weiterführung der Impulse, die wesentlich zur Ingangsetzung der europäischen Integration beigetragen haben, nämlich die Schaffung einer „Großraumwirtschaft" zur Steigerung des materiellen Wohlstands und der Arbeits- und Lebensbedingungen.

Die diesen Zielen zugeordneten Maßnahmen sind notwendigerweise so ausgestaltet, daß die Voraussetzungen für eine optimale Allokation der Ressourcen geschaffen werden, d. h. im wesentlichen die Voraussetzungen dafür, daß es den entscheidenden sozialen Gruppen ermöglicht wird, ihre Tätigkeit auf Gemeinschaftsebene zu entfalten.

Im einzelnen soll diese Datenkonstellation herbeigeführt werden durch:

— gemeinschaftliche Regelung zur Bestimmung der einheitlichen Bemessungsgrundlage der Mehrwertsteuer (Ratsbeschluß vom 21. April 1970);

— Harmonisierung des Anwendungsbereiches, der Bemessungsgrundlage und der Erhebungsmodalitäten für die Verbrauchssteuern, insbesondere soweit sie einen spürbaren Einfluß auf den Handel haben. Dabei mag etwas befremdend wirken, daß über das entstehende Kriterium der Steuerbelastung durch Mehrwert- und Verbrauchssteuern nichts erwähnt ist, nämlich die Steuersätze. Eine Angleichung der Steuersätze würde wegen des hohen Aufkommens insbesondere der Mehrwertsteuer, die Haushaltsstruktur einzelner Mitgliedstaaten nachhaltig verändern. Das braucht Zeit. Deshalb heißt es in der Entschließung nur: „Vor Abschluß der ersten Stufe wird der Rat sich mit den durchgeführten Untersuchungen sowie mit Vorschlägen der Kommission bezüglich der Annäherung der Sätze der Mehrwertsteuer und der Verbrauchssteuern befassen".

— Harmonisierung bestimmter Steuerarten, die einen unmittelbaren Einfluß auf die Kapitalbewegungen innerhalb der Gemeinschaft haben können (insbesondere Harmonisierung der Besteuerung von

Zinserträgen aus dem Besitz festverzinslicher Wertpapiere und hinsichtlich der Dividendenbesteuerung);

— Fortsetzung der Harmonisierung der Struktur der Körperschaftsteuer,

— schrittweise Erweiterung der Steuerbefreiuungen für Einzelpersonen bei Überschreitung der innergemeinschaftlichen Grenzen. Bei diesem Punkt geht es namentlich darum, daß die von vielen als lästig empfundenen Kontrollen des Reisegüterverkehrs und des kleinen Grenzverkehrs an den innergemeinschaftlichen Grenzen aufgehoben werden sollen.

Dieser Bereich der Maßnahmen, der zusammenfassend als „Harmonisierungspolitik" bezeichnet werden kann, ist also im großen und ganzen darauf abgestellt, über die Zollunion hinaus, bestmögliche Bedingungen für die *realen Güterstöme* zu schaffen.

Mit dem zweiten Teil der Maßnahmen werden die dem realen Bereich teilweise entsprechenden finanziellen Transaktionen ins Auge gefaßt. Diese sind die währungspolitischen Instrumente.

(2) Zum Ziel der monetären Union

Dieses Ziel ist ehrgeizig genug, um hier näher aufgefächert zu werden. Im einzelnen war vorgesehen: die Schaffung eines eigenständigen Währungsraums im Rahmen des internationalen Systems mit

— vollständiger und irreversibler Konvertibilität der Währungen

— Beseitigung der Bandbreiten der Wechselkurse

— unwiderrufliche Festsetzung der Paritätsverhältnisse

— Schaffung eines gemeinschaftlichen Zentralbankensystems

— Einnahme gemeinsamer Standpunkte gegenüber der Außenwelt in währungspolitischen Fragen.

Zur Realisierung dieses hochgesteckten und in den letzten Jahren besonders umstrittenen Ziels war ein ganzes Bündel von Maßnahmen vorgesehen. Geplant war:

— Intensivierung der obligatorischen vorherigen Konsultation innerhalb des Währungsausschusses und des Ausschusses der Zentralbankpräsidenten;

— Koordinierung der jeweiligen Politik der Zentralbanken (in den Grenzen ihrer Befugnisse und unter Wahrung ihrer Eigenverantwortung);

— Bemühungen des Währungsausschusses und des Zuschusses der Zentralbankpräsidenten um eine Harmonisierung der währungspolitischen Instrumente;
— Maßnahmen, die auf die Kapitalmärkte abzielen: die schrittweise Liberalisierung der Bestimmungen betreffend Kapitalmarktemissionen durch Beseitigung aller Diskriminierungen bei der Emission und bei der Börsenzulassung von Wertpapieren und die schrittweise Koordinierung der Kapitalmarktpolitik der Mitgliedstaaten;
— Verringerung der Bandbreiten für Wechselkursschwankungen zwischen Gemeinschaftswährungen bei Devisenmarktinterventionen in Gemeinschaftswährungen (bereits für die erste Stufe vorgesehen).
— Mittelfristiger finanzieller Beistand: vorgesehen ist, daß ein Mitgliedstaat, der von Zahlungsbilanzschwierigkeiten bedroht wird, einen Kredit über mehr als zwei Jahre erhalten kann. Erforderlich ist ein Ratsbeschluß mit qualifizierter Mehrheit und eine Prüfung der Lage des Staates im Währungsausschuß;
— Fonds für währungspolitische Zusammenarbeit (am 3. April 1973 geschaffen). Die Mitgliedstaaten sind, je nach Größe, in Form von Quoten an diesem Fonds beteiligt. Je nach Quote verfügen sie über automatische oder halbautomatische Ziehungsrechte, etwa im doppelten Umfang der Quote, die sie bei Zahlungsschwierigkeiten in Anspruch nehmen können.

(3) Zum Ziel einer Gemeinschaft der Stabilität und des Wachstums

Bei dieser Zielsetzung ist die Interdependenz der bislang abgehandelten Instrumente evident. Das Ziel einer Stabilitäts- und Wachstumsgemeinschaft ist verbindlich für die Handhabung der harmonisierungspolitischen Instrumente und in noch stärkerem Maße für die währungspolitischen Instrumente. Indessen eine Reihe von Maßnahmen, die bislang nicht berührt wurden, sind in besonderem Maße auf dieses Ziel ausgerichtet.

Zunächst ist zu nennen die Koordinierung der kurzfristigen Wirtschaftspolitik auf Vorschlag der Kommission unter Berücksichtigung der Orientierungsdaten der Programme für die mittelfristige Wirtschaftspolitik. Dieser Bereich ist besonders aktuell. In der Praxis vollzieht sich diese Koordinierung auf der Grundlage von Leitlinien und Orientierungsdaten, die die Kommission dem Rat vorschlägt.

Ein besonders wichtiges Instrument der Stabilitätspolitik ist die Haushaltspolitik. Die erste Entschließung sieht vor, die Festlegung von Margen auf Gemeinschaftsebene, innerhalb deren die Eckwerte der öffentlichen Gesamthaushalte liegen müssen, insbesondere die Änderung ihres Volumens, die Größe der Salden sowie die Art ihrer Finanzierung und Verwendung. Außerdem zählt dazu auch die Angleichung der Zeitpläne für die Abwicklung der nationalen Haushaltsverfahren.

Schließlich ist noch besonders zu erwähnen, daß Einigkeit darüber bestand, die Fortschritte in der Wirtschafts- und Währungsunion nicht durch eine Verbreiterung der strukturellen Disparitäten zu gefährden. In der ersten Entschließung wird deshalb gesprochen von Maßnahmen zur Verringerung der Spannungen im regionalen und strukturellen Bereich. Hierbei handelt es sich zunächst um eine Intensivierung der Aktivitäten der Europäischen Investitionsbank, des reformierten Europäischen Sozialfonds und schließlich um den gezielten Einsatz der eigenen Einnahmen, die der Gemeinschaft ab 1975 im steigenden Umfang zufließen sollen. In der zweiten Entschließung wurde dieser Vorschlag dadurch erweitert, daß grundsätzlich beschlossen wurde, ab 1. Januar 1974 einen Fonds für regionale Entwicklung zu schaffen. Im Juli und Oktober 1973 legte die Kommission dem Rat diesbezügliche Vorschläge vor.

Ebenfalls in der zweiten Entschließung wurde grundsätzlich Einigung erzielt, daß die Mitgliedstaaten ihre wirtschaftspolitischen Instrumente gemäß einer Richtlinie für Stabilität, Wachstum und Volbeschäftigung ausgestalten sollen. Diese Richtlinie, die am 18. Februar 1974 verabschiedet wurde, darf nicht mit dem deutschen Stabilitäts- und Wachstumsgesetz verwechselt werden. Es handelt sich im wesentlichen um eine europäische Rechtsgrundlage, nach der die Mitgliedstaaten zu einer Ausgleichung ihrer Instrumente verpflichtet werden. Präzisere Angaben über ihren Einsatz fehlen.

Diese Maßnahmen, die insbesondere auf die Durchführung der Wirtschaftspolitik abgestellt sind, können als „spezielle prozeßpolitische Maßnahmen“ bezeichnet werden.

(4) Zum politischen Ziel

Tietmeyer hat dieses Ziel in der Zeitschrift „Europäische Gemeinschaft“ vom März 1971 wie folgt dargestellt: „Die Gemeinschaft . . . hat fürs nächste Jahrzehnt ein neues und sehr ehrgeiziges Ziel. Die Bedeutung der Einigung über dieses Aktionsprogramm geht weit über den ökonomischen

Bereich hinaus. Denn die Gemeinschaft wird mit der stufenweisen Koordinierung, Harmonisierung und Vergemeinschaftung der wichtigsten Aktionsbereiche der Wirtschafts- und Währungspolitik Schritt für Schritt auch eine neue politische Qualität erhalten.. Sie wird, wenn der Prozeß in der prinzipiell festgelegten Entwicklung verläuft, einfach aus der Natur der Sache heraus in neue Aufgabenbereiche vordringen und dabei auch eine neue Gestalt gewinnen müssen. Deshalb ist der Start in die Wirtschafts- und Währungsunion zugleich auch ein entscheidender Schritt vorwärts zur politischen Einigung Europas."

Die Ratsentschließung vom 22. März 1971 spiegelt diese Ansicht durchaus wider, denn sie definiert, daß die Gemeinschaft am Ende des Prozesses auf wirtschaftlichem und monetärem Gebiet über Befugnisse und Verantwortung verfügen soll, die es ihren Organen ermöglichen, die Führung der Union sicherzustellen. Zu diesem Zweck sollen die erforderlichen wirtschaftspolitischen Beschlüsse auf Gemeinschaftsebene gefaßt und den Organen die notwendigen Befugnisse zugewiesen werden.

Die Organe der Gemeinschaft werden in die Lage versetzt, ihre wirtschafts- und währungspolitische Verantwortung wirksam und rasch auszuüben. Die im Rahmen der Wirtschafts- und Währungsunion geführte Gemeinschaftspolitik wird vom Europäischen Parlament erörtert und unterliegt dessen Kontrolle" (Ziff. I, 3 der ersten Entschließung)".

In dem soeben zitierten Text sind auch die Mittel zur politischen Stärkung der Gemeinschaft ausgesprochen worden:

— Übertragung von Befugnissen und Verantwortung auf Gemeinschaftsebene,
— Kontrolle durch das europäische Parlament.

Dies sind nichts anderes als die Grundelemente politischer Willensbildung nach demokratischen Prinzipien in der geplanten Union. Gewiß, die Formulierungen sind nach verschiedenen Richtungen hin auslegungsfähig. Was aus ihnen letztlich wird, dürfte entscheidend von der Haltung der Mitgliedstaaten zu den institutionellen Fragen abhängen. Ganz zweifellos wird das entscheidende Eintreten eines oder mehrerer Mitgliedstaaten für die politische Stärkung der Gemeinschaftsorgane die weitere Entwicklung beeinflussen können. Überdies dürfte die Europapolitik der Mitgliedstaaten nicht ohne Rückwirkungen auf einen Bericht sein, den die Kommission und andere Organe dem Rat bis Ende des Jahres 1975 zu der Frage vorlegen wollen, wie die Gesamtheit der Beziehungen der Mitgliedstaaten in eine politische Union umgewandelt werden kann (Schlußerklärung der Gipfelkonferenz von Paris). Als Richtschnur gilt, daß eine Kompetenzverteilung zu finden ist, die „in den Bereichen der Konjunkturpolitik, der Währungs- und Kreditpolitik, wie der Haushaltspolitik für das reibungslose Funktionieren einer Wirtschafts- und Währungsunion notwendig ist“ (Ziff. IV der ersten Entschließung).

4. Die Wirklichkeit der Wirtschafts- und Währungsunion

Die Bilanz der Ergebnisse jener Anstrengungen und Maßnahmen, die den großangelegten Beschlüssen der Gipfelkonferenz von Paris und der Bekräftigung dieser Beschlüsse auf dem Kopenhagener Gipfeltreffen (14./15. Dezember 1973) folgten, ist jedoch sehr bescheiden.

Im Bereich der Harmonisierungspolitik konnten lediglich mit der generellen Einführung des Mehrwertsteuersystems in allen Mitgliedstaaten sowie mit einigen Erleichterungen im Reisegutverkehr bescheidene Erfolge erzielt werden. Alle übrigen Maßnahmen sind zwar in Angriff genommen, ihr Realisierungszeitpunkt liegt vorläufig in weiter Ferne. Für den Kapitalverkehr muß darüber hinaus festgestellt werden, daß ständig neue Beschränkungen infolge der Währungskrisen der Jahre 1971 – 1973 zu einem Rückschritt bis auf das Niveau vor Beginn der Integration geführt haben.

Hinsichtlich des Ziels der *monetären Union* hat die Gemeinschaft mit der „Währungsschlange“ die angestrebte Bandbreitenverengung wenigstens im Zeitraum Februar 1973 bis Januar 1974 für Teile der EG realisieren können. Im Zuge dieser Maßnahme wurde am 3. April 1973 der europäische Fonds für währungspolitische Zusammenarbeit geschaffen, über den sich die Interventionen und die Verrechnung der beteiligten Zentralbanken vollzog.

Zudem wurde die Manövriermasse dieses Fonds am 18. Februar 1974 fühlbar aufgestockt. Dennoch ist diese „Schlange“ mit dem Ausscheren Frankreichs vom 19. Januar 1974, das mit den zahlungsbilanzpolitischen Folgen der Energiekrise begründet wurde, praktisch zu einer DM-Zone geworden (Bundesrepublik, Beneluxstaaten, Dänemark). Mithin existieren neben diesem Blockfloaten drei weitere Währungsräume: Frankreich, Italien sowie der britisch-irische Währungsverbund.

Auf dem Gebiet der *Stabilitäts- und Wachstumspolitik* blieben der Gemeinschaft ebenfalls überzeugende Erfolge versagt. Im Gegenteil: die EG ist trotz flexibler Wechselkurse unter den vier Währungsräumen und damit gegenüber der Außenwelt in den Sog der weltweiten Inflation geraten. Aus technischer Sicht hat sich die Einigung auf Leitlinien und die Verpflichtung zur Koordinierung der Wirtschaftspolitiken nicht als hinreichend starkes Bindeglied erwiesen. Damit ist grundsätzlich ein Instrument in Frage gestellt, dem auch auf währungspolitischem Gebiet eine erhebliche Bedeutung zugedacht ist, nämlich die Koordinierung. In einer Bilanz der ersten Stufe der WWU hat die Kommission bereits im April 1974 festgestellt: die Koordinierung „hat als Methode ihre Vorzüge, aber auch eindeutige Grenzen. Sie funktioniert nur dann wirklich, wenn die grundlegenden Interessen der Mitgliedstaaten zusammenfallen oder wenn es sich um Probleme handelt, die keinen vitalen Konfliktstoff in sich bergen". Damit ist auch die Frage nach Alternativlösungen aufgeworfen.

Schließlich hat sich ein Element der Wachstumspolitik, nämlich die Regionalpolitik, als das entscheidende Hindernis für die Realisierung der zweiten Stufe der WWU erwiesen. Damit war neun Jahre nach der großen Krise von 1965 und nach Jahren der Beschwichtigung unmißverständlich das Problem der Solidarität und mithin der Existenz der Gemeinschaft gestellt.

Es dürfte nicht verwundern, daß angesichts dieser Bilanz im ökonomischen Bereich das Ergebnis auf *politischem* Gebiet gleich Null war.

5. Einige Aspekte künftiger Entwicklung

Sicherlich ist es nicht übertrieben festzustellen, daß die grundsätzlichen Begründungen für die WWU unverändert aktiv sind: Ausnutzung der Vorteile des großen Marktes, Ausgleich des Autonomieverlusts der nationalen Regierungen, Bildung wirtschaftlicher Grundlagen für die politische Union. Genau so realistisch muß indessen zugestanden werden, daß manche Ansätze neu überdacht werden müssen. Dies bedeutet in großen Zügen:

1. für die Stabilitätspolitik: Ihr wird im Zuge der Inflationsbekämpfung Vorrang unter den anderen Politiken einzuräumen sein. Aus der Sicht der Gemeinschaft käme es insbesondere an auf eine Bereinigung der nationalen Haushaltspolitiken sowie auf eine rigorose Beschränkung der Geldmengenvermehrung in Anlehnung an das Produktionspotential jedes Mitgliedstaates. Die Vorschläge der Kommission für eine europäische Anleihe verdienen hier besonderes Interesse. Ihre Auswirkung auf eine

europäische Kapitalmarktpolitik wäre zu begrüßen. Der Regionalpolitik auf europäischer Ebene müßte eine flankierende Rolle zugedacht werden, um sozialpolitisch unerwünschte Konsequenzen einer Stabilisierungsrezession aufzufangen.

2. für die Währungspolitik: Die Wechselkurspolitik bedarf einer neuen Konzeption. Nach zweijährigen Erfahrungen mit floatenden Wechselkursen läßt sich zweifellos eine gewisse Flexibilität als wünschenswert bezeichnen. Andererseits hat die Erfahrung gezeigt, daß kein Mitgliedstaat gewillt ist, erratisch schwankende oder permanent fallende Kurse hinzunehmen. Ein wichtiges Motiv für diese Haltung sind die umstrittigen Auswirkungen derartiger Kursentwicklungen auf den Inflationsrhythmus. Mithin würden sich die Interessen der Mitgliedstaaten treffen, wenn eine Einigung auf einige grundlegende Regeln für ein „geordnetes Floating" festgelegt werden, das allmähliche Anpassungen an strukturelle oder konjunkturelle Divergenzen ermöglicht.

3. für die institutionellen Fragen: Angesichts der Schwäche der Koordinierungsmechanismen erscheint es zweckmäßiger, der Gemeinschaft Kompetenzen in präzis abgegrenzten Bereichen zu übertragen, als auf die Möglichkeit zu vertrauen, die nationalen Regierungen durch Konsultationsprozeduren zu abgestimmtem Verhalten zu veranlassen. Diese Bereiche müßten umfassen: die Kapitalmarktpolitik zwischen den europäischen Staaten, eine europäische Regionalpolitik sowie die währungspolitischen Beistandsmechanismen. Dabei ist der letztgenannte Punkt wegen der zahlungsbilanzpolitischen Folgen der Energiekrise von besonderer Aktualität.

VII. DIE AUSSENWIRTSCHAFTSBEZIEHUNGEN

1. Die Grundlagen

Eine großräumige Wirtschaftspolitik ist ohne eine Außenwirtschaftspolitik nicht sinnvoll und sogar nicht möglich. Für den Stellenwert der Außenwirtschaftspolitik ist kennzeichnend der bestehende Abhängigkeitsgrad der Gemeinschaft vom Außenhandel: das Außenhandelsvolumen beträgt fast 20 % des BSP der Gemeinschaft (USA 7,3 %, UdSSR etwa 5 %); der Abhängigkeitsgrad der Energieversorgung der Gemeinschaft: 60 % werden durch Einfuhren gedeckt; sowie der Abhängigkeitsgrad der Landwirtschaft von den Ausfuhren: 25 % der Lebensmitteleinfuhren der westlichen Welt werden von der EG getätigt.

Dieser Stellenwert ist der erste Grund für die ständig zunehmende Bedeutung der Außenwirtschaftsbeziehungen für die Gemeinschaft. Der zweite Grund findet sich in ihrer weltwirtschaftlichen Position: ihr Anteil am Welthandel beträgt 26 %. Der dritte Grund ergibt sich durch die zunehmende Interdependenz zwischen der Außenwirtschaftspolitik einerseits und den anderen Politiken wie Währung, Energie, Verkehr, Landwirtschaft usw. andererseits. Dies zwingt die über eine Zollunion hinauswachsende Gemeinschaft, ihre ursprünglich einer Zollunion entsprechenden, allein auf die Gestaltung der Handelspolitik angewandten Befugnisse auch auf andere Bereiche auszudehnen. Diese weit gefaßte Interpretation des Artikels 113 hat in einem Urteil des Europäischen Gerichtshofes 1971 ihre ausdrückliche Bestätigung erhalten, in dem der Gemeinschaft Zuständigkeit und Handlungsgewalt im Außenverhältnis insoweit zuerkannt worden ist, als sie von einer internen Regelungsbefugnis Gebrauch macht. Die rechtlichen Voraussetzungen für die Entwicklung der Position der Gemeinschaft in der Welt sind u. a. insbesondere durch diese Entscheidung geschaffen worden.

Kernbereich der Außenwirtschaftspolitik ist die Handelspolitik. Die vertragliche Grundlage der gemeinschaftlichen Handelspolitik wird im Artikel 113 festgelegt. Demnach wird die gemeinsame Handelspolitik nach Ablauf der Übergangszeit nach einheitlichen Grundsätzen gestaltet. Die Handelspolitik wird nicht erschöpfend, sondern nur beispielhaft definiert:

Änderung von Zollsätzen, Abschluß von Zoll- und Handelsabkommen, Vereinheitlichung der Liberalisierungsmaßnahmen, Ausfuhrpolitik und handelspolitische Schutzmaßnahmen. Die offen gelassene Abgrenzung des Bezugsbereichs der Handelspolitik hat es der Gemeinschaft ermöglicht, ein Instrumentarium zu entwickeln, das bei progressiver Auslegung des Begriffs Handelspolitik mehr außenhandelspolitische Aktionen ermöglichen wird, als dies in der Vergangenheit der Fall war. Dies wird um so mehr von Bedeutung sein, als sich der schwerpunktmäßige Bezugsbereich der eigentlichen Handelspolitik in der letzten Zeit faktisch verlagert hat. Nicht mehr die traditionellen Schutzmethoden sind von Bedeutung, sondern Probleme wie die nicht-tarifären Handelshemmnisse, Finanzierungsfragen, Einführung von Selbstbeschränkungsabkommen, wirtschaftlich-technische Kooperation usw.

Die handels- und außenwirtschaftspolitischen Ziele der Gemeinschaft sind in der Präambel, im Artikel 110 sowie in den Vorschriften über die Ziele der gemeinschaftlichen Assoziierungspolitik im Artikel 131 des EWG-Vertrages niedergelegt und bringen die der Gemeinschaft auferlegte weltweite Verantwortung zum Ausdruck.

Die Durchführung der Handelspolitik obliegt der Kommission, die jedoch des Mandats bzw. der Beschlußfassung des Rates bedarf. Bilaterale Verhandlungen und ihr Abschluß oder die Vertretung der Gemeinschaft in internationalen Organisationen werden von der Kommission im Rahmen eines Ratsmandats wahrgenommen.

2. Die Instrumente

Das handelspolitische Instrumentarium der Gemeinschaft teilt sich in die autonome und vertragliche Handelspolitik. Die autonome Handelspolitik umfaßt alle unilateral durchgeführten Aktionen der Gemeinschaft gegenüber Drittländern, die vertragliche Handelspolitik bezieht sich auf die Gestaltung der Handelspolitik im bilateralen, multilateralen oder internationalen Rahmen (s. unter 4. die vertraglichen Außenwirtschaftsbeziehungen).

Die autonomen Instrumente der Handelspolitik bestehen im wesentlichen aus dem gemeinschaftlichen Zolltarif, aus dem landwirtschaftlichen Außenhandelssystem, aus den Einfuhr- und Ausfuhrregelungen, aus den handelspolitischen Schutzmaßnahmen, aus den Export- und Importförderungsmaßnahmen sowie aus der gemeinschaftlichen Nahrungsmittelhilfe.

Der gemeinsame Zolltarif ist am 1. Juli 1968 vollständig in Kraft getreten. Die Gemeinschaft verfolgte seit ihrer Gründung eine liberale Zollpolitik. So war sie bereit, bei den Verhandlungen über die Festlegung des gemeinsamen Außenzolls im Rahmen der Verhandlungen gemäß Art. XXIV Abs. 6 des GATT eine nicht-arithmetische Lösung zu akzeptieren. Die im Rahmen der Dillon-Runde (1960–62) realisierten Zollsenkungen betrugen 7 bis 8 %, die im Rahmen der Kennedy-Runde (1964–67) durchschnittlich 35 bis 40 %. Somit hat die Gemeinschaft mit 6 % ein relativ niedriges durchschnittliches Zollniveau (die USA 7,1 %, Japan 9,7 %). Ebenfalls in diesen Rahmen fallen die am 1. Juli 1971 in Kraft getretenen allgemeinen Zollpräferenzen für Fertig- und Halbfertigprodukte, die bis zu gewissen Kontingenten die zollfreie Einfuhr dieser Waren in die Gemeinschaft aus den Entwicklungsländern gewährleisten. Das landwirtschaftliche Außenhandelssystem stützt sich einerseits auf Zölle und andererseits (vorwiegend) auf das System der Abschöpfungen und Erstattungen. Die Abschöpfungen haben die Funktion eines Gleitzolles und schleusen die Einfuhrpreise vom niedrigeren Weltmarktniveau auf jenes der Gemeinschaft herauf. Bei Ausfuhren kann die Gemeinschaft diesen Preisunterschied erstatten, um der Landwirtschaft der Gemeinschaft Exportmöglichkeiten zu sichern (s. unter Agrarpolitik).

Im Bereich der Liberalisierung und der mengenmäßigen Beschränkungen (Einfuhrregelung) ist die Harmonisierung und Vereinheitlichung der Liberalisierungslisten gegenüber GATT-Mitgliedern der noch verbleibenden Mengenkontingente und deren gemeinsame Verwaltung durchgeführt worden. Die Mitgliedstaaten sind verpflichtet, den gemeinsamen Liberalisierungsstand zu wahren. Der Mengenschutz hat nur noch punktuelle Bedeutung bei einigen Niedrigpreiseinfuhren (wie z. B. Textilien) und aus einigen Niedrigpreisländern des Fernen Ostens. Für die Staatshandelsländer hat er jedoch seine Bedeutung noch beibehalten, obwohl diese Bedeutung durch die zunehmende Kooperation relativiert wird. Immerhin fallen von etwa 1200 Zollpositionen lediglich etwa 50 unter mengenmäßige Einfuhrbeschränkungen.

Die restriktiven Bestimmungen der gemeinschaftlichen Ausfuhrregelung sind praktisch bedeutungslos, da die Negativliste dieser Regelung kaum noch Zollpositionen umfaßt (z. B. militärische Güter).

Die Regelung der handelspolitischen Schutzmaßnahmen im Falle von Dumping und Subventionen wurde unter Berücksichtigung des anläßlich der Kennedy-Runde ausgehandelten Antidumping-Kodex geschaffen und seit April 1968 von der Kommission angewandt.

Die beiden relevantesten Bereiche der Ausfuhrförderung, die einer gemeinschaftlichen Regelung unterworfen werden müssen, sind die Ausfuhrfinanzierung und die Ausfuhrkreditversicherung. Durch unterschiedliche Handhabung dieser beiden Instrumente werden die Wettbewerbsbedingungen unter den Exportzweigen der Mitgliedstaaten verfälscht. So kommt der Festlegung gemeinschaftlicher Kriterien für die Kreditgewährung, die Kreditkosten, die Laufzeit und andere Kreditbedingungen große Bedeutung zu. Durch ein „gentlemen's agreement" konnten 1974 unter den Mitgliedstaaten nach Wirtschaftsregionen abgestufte

Mindestzinssätze und Höchstlaufzeiten für die Ausfuhrkredite auf Gemeinschaftsebene vereinbart werden. Für die Vereinheitlichung der Kreditversicherung hat zwar die Kommission dem Rat Vorschläge vorgelegt (über Prämiensätze, Finanzkredite, Versicherung gegen übermäßige Kostensteigerungen und gegen Wechselkursschwankungen), sie sind jedoch noch nicht in Kraft getreten.

Zunehmende Bedeutung kommt der Beteiligung der Gemeinschaft an internationalen Messen und Ausstellungen und der Zusammenarbeit der Handelsräte der Mitgliedstaaten in den Drittländern zu.

Die Gemeinschaft fühlt sich verpflichtet, die Einfuhren aus den Entwicklungsländern zu fördern. Neben der Schaffung präferentieller Rahmenbedingungen für die Einfuhren aus diesen Ländern (wie z. B. die allgemeinen Präferenzen, der Vorschlag über die Stabilisierung der Exporterlöse usw.) hat der Rat im April 1974 direkte Förderungsmaßnahmen für die Einfuhren dieser Länder in die Gemeinschaft beschlossen und im Juli desselben Jahres auch ein Budget verabschiedet.

In den Bereich der autonomen Handelspolitik gehört die von der Gemeinschaft an die Entwicklungsländer gewährte Nahrungsmittelhilfe. Das Nahrungsmitteldefizit in den Entwicklungsländern wird in den kommenden Jahren noch zunehmen und nach einer Schätzung der FAO von 1 Mrd. Dollar 1970 auf 2,2 bis 2,7 Mrd. Dollar (zu den Preisen von 1970) im Jahre 1980 steigen. Die Gemeinschaft gewährt seit 1968 Nahrungsmittelhilfe. Für das Jahr 1974 sind 223 Mio RE veranschlagt worden. Die Kommission schlug im März 1974 eine Gemeinschaftspolitik für Nahrungsmittelhilfe vor, deren drei wichtigste Punkte die Aufstellung eines dreijährigen Richtprogramms zur Sicherstellung der Kontinuität in Form fester jährlicher Lieferungen, die Zusammenstellung eines „vielseitig gefüllten Nahrungsmittelkorbes“ sowie die Steigerung der mengenmäßigen Lieferungen sind.

3. Die wichtigsten handelspolitischen Probleme

In ihrer gegenwärtigen Entwicklungsphase sieht sich die Gemeinschaft mit einer Reihe von Problemen konfrontiert, deren Rangordnung schwer feststellbar ist. Zu den wichtigsten unter ihnen gehören die folgenden:

— der Abschluß der Verhandlungen mit den Mittelmeerländern im Rahmen der von der Gemeinschaft vorgeschlagenen Globalabkommen;

— nach dem Auslaufen der bilateralen Handelsabkommen zwischen den Mitgliedstaaten und den Staatshandelsländern am 31. Dezember 1974, die Regelung dieser Beziehungen auf Gemeinschaftsebene;
— die Auswirkungen der landwirtschaftlichen Überschußproduktion in der Gemeinschaft auf die allgemeinen handelspolitischen Beziehungen mit den Agrarlieferländern der Gemeinschaft;
— der Abschluß der Verhandlungen über eine Assoziierung mit den Ländern in Afrika, im karibischen Raum und im Pazifischen Ozean noch vor dem Auslaufen der bestehenden Assoziierungsverträge am 31. Januar 1975;
— die Realisierung gemeinschaftlicher Vorhaben im Rahmen der Entwicklungshilfe (z. B. Weltfonds);
— die Teilnahme an den im Herbst 1974 neu anlaufenden GATT-Verhandlungen.

All diese Fragen werden jedoch von der Erdölkrise überschattet, die schwerwiegende Konsequenzen für die handelspolitische Lage der Gemeinschaft mit sich bringt. Mit diesem Fragenkomplex stellt sich auch die Frage nach der gemeinschaftlichen Kompetenz hinsichtlich der bilateralen Kooperationsabkommen zwischen den Mitgliedstaaten und den Drittländern.

Die Erdölkrise ist nicht in erster Linie eine Versorgungskrise, sondern ein Problem des Zahlungsbilanzgleichgewichts. Im Oktober 1973 haben die in der OPEC zusammengeschlossenen Produzentenländer beschlossen, ihre Erdöllieferungen einzuschränken und über die USA und die Niederlande ein Embargo zu verhängen. Im Verlauf des Jahres 1973/74 wurden die Preise für Rohöl um 180 % erhöht. Diese Preiserhöhung verändert auf weltweiter Ebene die Verteilung der politischen, wirtschaftlichen und finanziellen Gewichte und bringt Konsequenzen für die Struktur und für die Expansion des Welthandels und auch für den Gemeinschaftshandel mit sich.

Der erste Effekt besteht in einer fundamentalen Verschiebung der Einfuhr- und Ausfuhrwerte (Terms of Trade) unter den verschiedenen Weltwirtschaftszonen. Die Öllieferländer werden 1974 über Mehreinnahmen in Höhe von etwa 60 Mrd. Dollar verfügen können. Diesen Mehreinnahmen wird eine entsprechende Verschuldung der Erdöl importierenden Länder gegenüberstehen, von der die Entwicklungsländer etwa 10 Mrd. Dollar und die Industrieländer etwa 50 Mrd. Dollar zu tragen haben. Besonders die Erdöl importierenden Entwicklungsländer werden hart getroffen, da sie die durch die Preiserhöhungen entstehenden zusätzlichen Ausgaben nicht aus eigener Kraft finanzieren können.

Die internen Auswirkungen der verteuerten Ölimporte bestehen in einem zusätzlichen Inflationsschub, während die Wirtschaftstätigkeit und Beschäftigungslage von der Verschlechterung des Außenhandelssaldos bedroht werden. Aufgrund der verschiedenen Ausgangspositionen und der wirtschaftspolitischen Zielprioritäten besteht die Gefahr, daß Abwehrmaßnahmen angewendet werden und protektionistische Maßnahmen den Welthandel beeinträchtigen. Vor dieser Bedrohung ist nicht einmal die Gemeinschaft, d. h. die Zollunion, völlig gesichert. Um im Alleingang ihre Zahlungsbilanzdefizite zu verringern, könnten die Mitgliedstaaten versucht sein, sich durch währungspolitische Maßnahmen einseitige Vorteile zu verschaffen.

Für die Gemeinschaft ist die Lage durch den Anteil des Erdöls am Energieverbrauch (61 %) sowie durch den hohen Abhängigkeitsgrad von den Erdöleinfuhren (98 %) gekennzeichnet. Die Rohölpreissteigerung bringt eine erhebliche Verschlechterung der Terms of Trade mit sich. Aus dem Preisanstieg wird eine Mehrbelastung der gemeinschaftlichen Zahlungsbilanz für das Jahr 1974 in Höhe von etwa 22 Mrd. Dollar entstehen, die aber durch erhöhte Ausfuhrpreise und ein besseres Verhältnis zwischen Einfuhr- und Ausfuhrvolumen wieder verringert wird. Als Gesamteffekt wird sich etwa eine Verschlechterung um rund 17 Mrd. Dollar ergeben, etwas mehr als 1,5 % des BSP der Gemeinschaft, bzw. 17 % ihrer Exporte. Das Problem des gemeinschaftlichen Ungleichgewichts wird dadurch vertieft, daß der Anteil der Mitgliedstaaten an den Belastungen aufgrund ihrer Ausgangsposition und der Entwicklung ihrer Zahlungsbilanzen sehr verschieden ist. Im Jahre 1973 wiesen lediglich die Bundesrepublik und die Benelux-Länder ausreichende Überschüsse auf, um den Erdölpreisanstieg, ohne 1974 ein Zahlungsbilanzdefizit hinnehmen zu müssen, auffangen zu können. Alle anderen Mitgliedstaaten erreichten bereits 1973 kaum ein außenwirtschaftliches Gleichgewicht oder verzeichneten sogar gravierende Defizite. Die meisten Mitgliedstaaten sind damit gezwungen, auf Kapitalimporte und eine außenwirtschaftliche Verschuldung zurückzugreifen, die bei weitem die bisher bekannten Größenordnungen übersteigen. Das außerordentliche außenwirtschaftliche Defizit der Gemeinschaft im Jahre 1974 kann langfristig nicht aufrechterhalten werden. Seine sehr ungleiche Verteilung unter den Mitgliedstaaten, die Probleme der internen Anpassung und die internationale Wirtschaftslage werden die Herbeiführung eines mittelfristigen außenwirtschaftlichen Gleichgewichts verhindern. Angesichts der nötigen strukturellen Anpassungsfristen muß auch mittelfristig mit einem Verlust von Währungsreserven und einer Nettoverschuldung der Gemeinschaft gerechnet werden.

Die Gemeinschaft muß sich aufgrund dieser Entwicklungen im Bereich der Außenwirtschaft an den folgenden kurz- und mittelfristigen Zielen orientieren:

— die Verschlechterung der „terms of trade" muß durch erhöhte Ausfuhranstrengungen konsolidiert werden;
— durch die Einsetzung und den Ausbau einer wirtschaftlich-technischen Kooperation mit den Ölproduzentenländern soll ihre Einfuhrkapazität gesteigert werden;
— es sollen in Zusammenarbeit mit den Ölförderländern in den Entwicklungsländern gemeinsame wirtschaftliche Vorhaben verwirklicht werden, um einerseits deren schwierige Lage zu erleichtern, andererseits aber auch deren Einfuhrkapazität zu erhöhen;
— bis die schrittweise Wiederherstellung der Waren- und Dienstleistungsgleichgewichte durch zusätzliche Importe insbesondere der Erdölländer, aber auch anderer Überschußländer erfolgt ist, müssen die Währungsreserven mobilisiert (Aufwertung der Goldreserven) und die Kapitalströme aus den Erdölländern unter Kontrolle gebracht werden (z. B. Schaffung eines Finanzierungsmechanismus für Investitionen in den Entwicklungsländern, Ausgabe von durch die Gemeinschaft garantierten Anleihen);
— durch die Schaffung eines Weltfonds soll den Entwicklungsländern bei der Bewältigung der aufgrund der Ölpreissteigerung entstandenen Lage Beistand geleistet werden;
— dem Trend des Protektionismus (Importrestriktionen, Devisenkontrollen, Abwertungswettlauf etc.) soll entgegengewirkt werden, um eine Desorganisation der internationalen Wirtschaftsbeziehungen mit schwerwiegenden Auswirkungen auf Produktion, Beschäftigung und Preismechanismus zu verhindern.

Diese außenwirtschaftlichen Maßnahmen müssen durch energiepolitische und binnenwirtschaftliche Maßnahmen ergänzt werden (Mitteilung der Kommission an den Rat über Orientierungen und vordringliche Maßnahmen auf dem Gebiet der gemeinschaftlichen Energiepolitik).

Die Erdölkrise hat das Interesse der Mitgliedstaaten für bilaterale wirtschaftlich-technische Kooperationsabkommen mit den Öllieferländern geweckt, um dadurch die Kontinuität und die Finanzierung der Öllieferungen sicherstellen zu können. Die Kommission selbst befürwortete in einer Mitteilung an den Rat im Januar 1974 diese Art von Zusammenarbeit auf Gemeinschaftsebene und schlug den Beginn eines Dialogs zwischen der Gemeinschaft und den Energieerzeugerländern vor. Die Gemeinschaft würde bei einer Zusammenarbeit einen wichtigen Beitrag zu der Industrialisierung dieser Länder leisten und darüber hinaus für die produktive Verwendung ihres Kapitals in den Entwicklungsländern oder in der Gemeinschaft Möglichkeiten eröffnen können. Die Erdöllieferländer müßten an einem System der Sicherstellung der Ölversorgung der Gemeinschaft mitarbeiten und eine Festlegung der Preise aufgrund vernünftiger Kriterien akzeptieren. Die von den Mitgliedstaaten selbst durchgeführten Aktionen müßten koordiniert und in eine auf Gemeinschaftsebene festgelegte Politik eingebunden werden.

Das Problem der bilateralen Kooperationsabkommen gewann durch diese Entwicklung eine neue Dimension. Bereits die mit den Staatshandelsländern geschlossenen Kooperationsabkommen hatten die Frage aufgeworfen, inwieweit einige Bestimmungen dieser Abkommen in den Bereich „Handelspolitik" hineinreichen und damit nicht mehr unter die nationale, sondern die gemeinschaftliche Verantwortung fallen (Art. 113). Im Juli 1974 hat der Rat diesbezüglich eine Entscheidung getroffen und ein Konsultationsverfahren über die von EG-Ländern mit Drittländern beschlossenen Kooperationsabkommen eingeführt. Die Entscheidung bezieht sich auf alle Kooperationsabkommen, gleichgültig wann sie abgeschlossen worden sind, sie erstreckt sich vorläufig auf die Staatshandels- und Erdölerzeugerländer. Die Entscheidung wird verhindern, daß Staatshandelsländer, die nach dem 1. Januar 1975 mit den Mitgliedstaaten weder neue Handelsabkommen abschließen, noch die bestehenden verlängern können, handelspolitische Vereinbarungen in Kooperationsabkommen unterbringen.

4. Die vertraglichen Außenwirtschaftsbeziehungen

Für das System der Außenbeziehungen der Gemeinschaft zeichnet sich folgendes Organisationsmodell ab: die Gemeinschaft selbst als innerer Kern steuert trotz vieler und schwerwiegender Rückschläge einer Wirtschafts- und Währungsunion sowie einer Politischen Union mit gemeinsamer Außenwirtschaft und in der Endstufe auch Außenpolitik zu; um diesen inneren Kern schließen sich in einer Schale die EFTA-Mitglieder, die mit der Gemeinschaft zusammen eine europäische Freihandelszone bilden; um diese Schale legen sich die Mittelmeerländer, die mit der Gemeinschaft einen wirtschaftlich-technischen Kooperationsverbund bilden werden, schließlich legen sich am äußeren Rand wie eine Hülle jene Staaten, die durch assoziierte oder präferenzielle Regelungen mit der Gemeinschaft verbunden sind.

a) Die Beziehungen zu den EFTA-Ländern

Nach der Erweiterung der Gemeinschaft stand das Problem der Regelung des Verhältnisses der Gemeinschaft zu den Rest-EFTA-Ländern in dem Vordergrund. Die sieben Länder der 1960 gegründeten Europäischen Freihandelszone (Österreich, Finnland, Island, Norwegen, Portugal, Schweden, Schweiz) sind bereits durch einen intensiven Handelsverkehr mit der erweiterten Gemeinschaft verbunden, 24 % der gemeinschaftlichen Gesamtausfuhren gehen in diese Länder, und die Gemeinschaft nimmt zwischen 31 % (Irland) und 54 % (Norwegen) der Ausfuhren dieses Raumes auf.

Die 1972 und 1973 unterzeichneten bilateralen Abkommen zwischen der erweiterten Gemeinschaft und den Ländern der EFTA sehen für gewerbliche Erzeugnisse vor, daß die Zölle zwischen diesen Ländern sowie Dänemark und dem Vereinigten Königreich abgeschafft bleiben und jene zwischen ihnen und den Sechs der ursprünglichen Gemeinschaft und Irland schrittweise beseitigt werden. Der für diese industrielle Freihandelszone festgelegte Zeitplan ist mit demjenigen, der für die allmähliche Verwirklichung des Gemeinsamen Marktes zwischen den Sechs und den neuen Mitgliedern vorgesehen wurde, abgestimmt. In der Zeit zwischen dem 1. April 1973 und dem 1. Juli 1977 werden die Zölle jährlich um 20 % gesenkt. Für Portugal und Island gilt jedoch eine längere Frist (1. Januar 1980 bzw. bei bestimmten Erzeugnissen 1. Januar 1985) und im Falle Österreichs ist ein rascherer Abbau vorgesehen. Bei manchen Erzeugnissen ist die Übergangszeit länger, bei Papier beispielsweise elf Jahre; außerdem wurden Schutzregelungen eingeführt (Richtplafonds für die Einfuhr in die EG), um auf diese Weise allzu einschneidenden Entwicklungen in Sektoren vorzubeugen, die sich in Schwierigkeiten befinden. Im Wettbewerbsbereich wurden schließlich gegenseitige Verpflichtungen eingegangen, jeder Partner verpflichtete sich, die Grundsätze des „Wohlverhaltens“ zu respektieren, die sich von der Sache her mit den im EG-Vertrag enthaltenen Bestimmungen vergleichen lassen.

Da der Freihandel mit gewerblichen Erzeugnissen nicht in einer Zollunion verwirklicht wird, behält jeder Partner das Recht, seinen Außentarif gegenüber Drittländern frei festzulegen.

Im landwirtschaftlichen Bereich, der sich durch allzu unterschiedliche nationale Politiken und Preise kennzeichnet, ist kein allgemeiner Freihandel vorgesehen worden.

Diese Abkommen enthalten (mit Ausnahme des Abkommens mit Finnland, dessen Außenpolitik von besonderen Bedingungen bestimmt wird) eine „Entwicklungs“-Klausel, derzufolge die Vertragsparteien begründete Anträge an einen Gemischten Ausschuß richten können, um Verhandlungen über Bereiche aufzunehmen, die ursprünglich nicht in den Abkommen aufgenommen worden sind.

b) Die Beziehungen zu den Ländern des Mittelmeerraums

Die historischen, politischen, wirtschaftlichen und kulturellen Gegebenheiten bestimmen die Notwendigkeit, den Mittelmeerraum in ein System der immer enger werdenden politischen und wirtschaftlichen Kooperation einzubeziehen. Der Akzent soll dabei auf dem Freihandel und auf der Kooperation in diesem Raum liegen. Die Gemeinschaft kann keine Interpretation des GATT akzeptieren, die einem regionalen Zusammenschluß mit diesem Raum widerspräche. Sie hat bereits von Anfang an besondere Beziehungen zu zahlreichen Mittelmeerländern unterhalten.

Griechenland ist seit 1962 mit der Gemeinschaft assoziiert. Nach dem Abkommen sollen in einer 12- bis 22jährigen Übergangszeit die Handelsschranken abgebaut werden und die Assoziation in eine Vollmitgliedschaft münden. Die Institutionen sind ein Assoziationsrat, ein Assoziationsausschuß und ein paritätischer Parlamentsausschuß. Bis 1967 gewährte die Gemeinschaft Finanzhilfe, die danach aus politischen Gründen eingestellt worden ist.

Die Türkei ist seit 1964 mit der Gemeinschaft assoziiert. Die erste Phase der Assoziierung ist 1969 ausgelaufen, die zweite Übergangsphase hat eine Frist von 22 Jahren. Während die Gemeinschaft die Zölle und die mengenmäßigen Beschränkungen für gewerbliche Waren (mit Ausnahme von Textilien) bereits 1972 beseitigt hat, muß die Türkei in der Frist von 22 Jahren die Zölle abbauen und ihre Landwirtschaft anpassen. In der Endphase ist die Vorbereitung eines eventuellen Beitritts vorgesehen. Die Institutionen sind ein Assoziationsrat, ein Assoziationsausschuß und ein paritätischer Parlamentsausschuß. Finanzhilfe wird von der Gemeinschaft gewährt.

Assoziierungsabkommen sind weiterhin mit Malta, Marokko und Tunesien unterzeichnet worden, präferenzielle Handelsabkommen mit Spanien, Israel, Ägypten und dem Libanon. Mit Jugoslawien besteht ein nicht-präferenzielles Abkommen und mit Portugal, als EFTA-Land, ein Freihandelsabkommen. Die europäischen Länder des Mittelmeerraumes können der Gemeinschaft beitreten, wenn ihre wirtschaftliche Lage eine Beteiligung am Wettbewerb im Gemeinsamen Markt erlaubt und ihre Staatsordnung demokratisch ist.

Die gegenwärtigen Verhandlungen, die das Ziel haben, die verschiedenen Abkommen in einen Gesamtrahmen einzuordnen, konzentrieren sich auf die folgenden Fragenkomplexe:

a) Schrittweise Liberalisierung des Handels mit gewerblichen Erzeugnissen.
b) Die Liberalisierung des Agrarhandels.
c) Die Zusammenarbeit im wirtschaftlichen, finanziellen und kulturellen Bereich.

c) Die Beziehungen zu den Vereinigten Staaten

Das Grundproblem der Beziehungen zwischen der Gemeinschaft und den Vereinigten Staaten besteht darin, die außenwirtschaftlich relevanten Elemente der „domestic policies“ in den Griff zu bekommen, durch angemessene internationale Verfahren ein Mindestmaß an Disziplin und Harmonisierung zu erreichen und dem Protektionismus entgegenzutreten. Die Lösung dieses Problems muß aufgrund der bestehenden politischen und wirtschaftlichen Interdependenz zwischen den beiden Partnern gesehen werden. Die wirtschaftliche Interdependenz entstand durch eine starke Ausweitung des Handels, die Exporte der Sechsergemeinschaft nach den USA haben sich zwischen 1958 und 1972 (von 1,7 Mrd. Dollar auf 8,3 Mrd. Dollar) verfünffacht, die Importe (von 2,8 Mrd. Dollar auf 8,6 Mrd. Dollar) vervierfacht. Die Gemeinschaft hatte seit 1958 ständig ein erhebliches Handelsdefizit mit den USA zu verzeichnen, das sich im jährlichen Durchschnitt auf 1,6 Mrd. Dollar belief.

Die aus den „domestic policies“ herrührenden Probleme zwischen den beiden Wirtschaftsräumen sind die folgenden: Das Agrarsystem der Gemeinschaft, die zollfremden Handelsschranken, die USA-Investitionen in Europa, die Proliferation der Präferenzen, die Beziehungen zwischen Japan und der Gemeinschaft, die Beziehungen zu den Erdölerzeugerländern.

Der amerikanische Vorwurf, daß die gemeinschaftliche Agrarpolitik protektionistisch und den amerikanischen Interessen schädlich sei, ist nicht begründet. Der absolute Anteil der Sechsergemeinschaft an den Gesamtexporten der USA stieg von 21,6 % im Jahre 1964, dem ersten Jahr des Inkrafttretens der gemeinsamen Agrarpolitik, auf 23,7 % im Jahre 1972. In relativen Zahlen bedeutet dies, daß die amerikanischen Agrarausfuhren in die Gemeinschaft von 1964 bis 1972 um 67 % zugenommen haben, aber nach der übrigen Welt in diesem Zeitraum nur um 55 % (nach England nur um 15 %) gestiegen sind. Die geringeren Agrarausfuhren der Gemeinschaft in die USA, behindert durch vielseitige mengenmäßige Beschränkungen, weisen eine geringere Zuwachsrate auf, so daß die Agrarhandelsbilanz der Gemeinschaft gegenüber den USA in Höhe von 1,5 Mrd. Dollar defizitär ist (1972). Wie alle Industrieländer wenden auch die USA selbst ein landwirtschaftliches Schutzsystem an, das im Wesentlichen in verschiedenen Maßnahmen zur Einkommensstützung, verbunden mit mengenmäßigen Beschränkungen für viele Agrarerzeugnisse, besteht und in seiner protektionistischen Wirkung sehr effizient ist.

Das zweite Problem, die zollfremden Handelsschranken, ist weltweit; das GATT hat 800 solche Maßnahmen inventarisiert. Besorgniserregend ist in den USA der zunehmende Gebrauch von mengenmäßigen Beschränkungen. Die Anzahl solcher Beschränkungen stieg von 7 im Jahre 1963 auf 77 im Jahre 1973. Der Trend in den Mitgliedstaaten der EWG ist entgegengesetzt, die Anzahl der Beschränkungen hat sich in den vergangenen fünf Jahren halbiert. Handelshemmend wirken sich weiterhin eine Reihe von Maßnahmen in den USA aus, wie verschiedene Zollwertpraktiken (z. B. das American Selling Price System), „buy american acts“, Anti-Dumping-Verfahren, usw. Der amerikanische Einwand gegen das System der Rückerstattung der Mehrwertsteuer bei Ausfuhr von Waren aus der Gemeinschaft, der dies als Exportsubvention bezeichnet, ist nicht stichhaltig. Die Mehrwertsteuer ist eine indirekte Steuer, und die Handelsregeln des GATT lassen den Grenzausgleich bei indirekten Steuern zu, um die Wettbewerbsbedingungen für in- und ausländische Erzeugnisse gleich zu halten.

Zu dem Problem der bilateralen Beziehungen gehören die USA-Investitionen in Europa. Die amerikanischen Investitionen in der Sechsergemeinschaft stiegen von 1,9 Mrd. Dollar 1963 auf 13,6 Mrd. Dollar 1971. Hinzu kommen die Investitionen in England von 8,1 Mrd. Dollar. Der Gesamtwert (Buchwert) der amerikanischen Investitionen betrug 1971 23 Mrd. Dollar, der Sachwert ist etwa drei- bis viermal so hoch. Die Direktinvestitionen bewirken, daß amerikanischer Export durch Produktion in Europa ersetzt wird. Der Umsatz der amerikanischen Produktionstöchter in der Gemeinschaft beträgt heute schätzungsweise das Drei- bis Vierfache des Ausfuhrwertes amerikanischer Verarbeitungserzeugnisse. Neben den handelspolitischen Effekten dieser Entwicklung müssen auch die Probleme der multinationalen Gesellschaft und ihre geringe Beeinflußbarkeit durch die wirtschaftspolitischen Instrumente der Mitgliedstaaten gesehen werden. Die europäischen Direktinvestitionen in den USA beliefen sich 1971 auf 3,8 Mrd. Dollar zuzüglich der englischen von 4,4 Mrd. Dollar.

Die amerikanischen Einwände gegen die Proliferation (Ausuferung) der Präferenzen lassen die außerordentlich engen historischen, politischen und wirtschaftlichen Beziehungen der 44 assoziierten und assoziablen Länder mit den Mitgliedstaaten und die damit verbundene Verantwortung für die Gemeinschaft außer acht. Außerdem handelt es sich um einseitige Präferenzen, die Gemeinschaft verlangt von den assoziierten und assoziablen Staaten keine Gegenpräferenzen, so daß die Interessen anderer nicht berührt werden.

Auch der Einwand der USA, daß sich die Gemeinschaft gegenüber Japan protektionistisch verhalte, ist nicht begründet, die Handelsbilanz der Gemeinschaft mit Japan ist zunehmend defizitär und an dem Handelsvolumen gemessen sogar noch stärker als die Bilanz der USA mit Japan.

Die 1973 ausgebrochene Erdölkrise hat ebenfalls zu Meinungsverschiedenheiten zwischen der Gemeinschaft und den USA geführt. Die Ausgangslage der beiden Partner war aufgrund des unterschiedlichen Abhängigkeitsgrades von Erdöleinfuhren (Gemeinschaft 98 %, USA 18 %) verschieden. Die Gemeinschaft strebt die Schaffung eines Verbunds wirtschaftlich-technischer Kooperation mit den Mittelmeerländern an, zu denen auch einige der Erdölproduzentenländer gehören. Aus diesen

Gründen hat sich die Gemeinschaft zu einem direkten Dialog mit den arabischen Erdölproduzentenländern entschlossen, während die USA für Verhandlungen einen größeren internationalen Rahmen vorgeschlagen haben.

Bei der Bewältigung all dieser Probleme wird dem Instrument „handelspolitisches management" ein besondere Bedeutung zukommen.

d) Die Beziehungen zu Japan

Die Beziehungen zwischen Japan und der Gemeinschaft stehen unter dem Zeichen der stürmischen Entwicklung der japanischen Ausfuhren. Japan hat im internationalen Handel seit über 20 Jahren etwa doppelt so schnell expandiert wie die Welt insgesamt. Dieses Wachstum der japanischen Ausfuhren wurde nur ermöglicht durch eine erhöhte Aufnahmebereitschaft seitens der USA und der Gemeinschaft. Vorerst konzentrierte sich der japanische Export auf die USA, wobei das Handelsdefizit dieses Landes gegenüber Japan bis auf 4 Mrd. Dollar anstieg. Während die Ausfuhrsteigerung nach den USA seit 1971 erheblich zurückgegangen ist, bewegen sich die Defizite der Gemeinschaft mit Japan seit 1970 um 1 Mrd. Dollar. Somit stellt sich für die Gemeinschaft das Problem, wie weit ihre Aufnahmekapazität reicht und wie sie ihre grundsätzlich liberale Einfuhrpolitik weiter praktizieren kann. Dabei ist noch darauf hinzuweisen, daß der Anteil des Handels an dem jeweiligen Gesamthandel der beiden Wirtschaftsräume nur einen kleinen Teil ausmacht, nämlich 2 % bei der Gemeinschaft und 6 % bei Japan.

Bis heute existiert nur eine handelspolitische Vereinbarung mit Japan über die japanischen Lieferungen von Baumwolltextilien im Rahmen des Genfer Baumwolltextilabkommens. Seit 1970 führt die Gemeinschaft mit Japan Verhandlungen mit dem Ziel, ein Handelsabkommen mit Japan abzuschließen. Wesentliche Elemente eines solchen Abkommens wären eine weitgehende beiderseitige Liberalisierung, eine dreijährige Laufzeit, eine Wohlverhaltensklausel für die schrittweise Beseitigung der nicht-tarifären Handelshemmnisse, die Beseitigung der japanischen Investitionshemmnisse und eine Schutzklausel. Die Schutzklausel ist für die Gemeinschaft die Grundbedingung für den Abschluß eines Vertrages, sie soll das Entstehen von sektoriellen Ungleichgewichten, hervorgerufen durch übermäßige Ausfuhren aus Japan, verhindern. Solche Schutzklauseln bestehen zwischen Frankreich, England und den Beneluxstaaten einerseits und Japan andererseits. Japan ist lediglich bereit, die Aufnahme einer Bestimmung in den Vertrag über die Möglichkeit von Kompensationsforderungen zu akzeptieren, lehnt aber die Schutzklausel als diskriminierend ab. Das Problem soll durch eine Einigung im Rahmen des GATT aus der Welt geschafft werden. Die Verhandlungen sind bis zu dieser Regelung unterbrochen, d. h. daß die Gemeinschaft zur Zeit die autonomen Bestimmungen der gemeinschaftlichen Einfuhrregelungen anwendet.

e) Die Beziehungen zu den Staatshandelsländern

Der Handel der Gemeinschaft mit Osteuropa hat sich verhältnismäßig rascher entwickelt als mit den übrigen Ländern der Welt. Die Einfuhren der Gemeinschaft aus dem Osten stiegen von 1 Mrd. Dollar 1958 auf 4,7 Mrd. Dollar 1972, d. h. um 460 %, die Ausfuhren der Gemeinschaft nach Osteuropa von 880 Mio. Dollar im Jahre 1958 auf 5 Mrd. Dollar 1972, d. h. um 560 %. Der Vergleich dieser Zahlen weist schon darauf hin, daß die Handelsbilanz der Gemeinschaft mit diesen Staaten aktiv ist. Der Anteil der osteuropäischen Staaten beträgt sowohl an den Gesamteinfuhren als auch an den Gesamtausfuhren der erweiterten Gemeinschaft 7 %.

Der Ausbau der Handelsbeziehungen wird durch zwei Faktoren erschwert, durch die Struktur der osteuropäischen Exporte und durch das Problem der Finanzierung der osteuropäischen Einfuhren aus der Gemeinschaft.

Während die Ausfuhren der Gemeinschaft nach Osteuropa hauptsächlich aus Investitionsgütern und hochwertigen Konsumgütern (etwa zu 88 %) bestehen, so liegt der Anteil der Fertigerzeugnisse bei den Einfuhren der Gemeinschaft aus dieser Region bei 36 %. Der Anteil der Fertigerzeugnisse an den Einfuhren in die Gemeinschaft aus anderen Industriestaaten liegt durchschnittlich bei über 60 %. Die Struktur der osteuropäischen Exporte ist sowohl der Ausdruck eines gewissen exportpolitischen Konzepts hinsichtlich der Rolle und der Stellung des Exports in der Gesamtwirtschaft, als auch der Schwierigkeiten, die die östlichen Länder bezüglich der Anpassung ihres Angebots an die Nachfrage der westlichen Märkte haben. Diese Struktur ist für die osteuropäischen Länder deswegen ungünstig, weil sie eine geringe Wertschöpfung beinhaltet mit der Folge, daß sich die Terms of Trade für die osteuropäischen Länder ungünstig gestalten, was bei einer Verschlechterung die gesamte Entwicklung der künftigen Handelsbeziehungen gefährden könnte. Eine Verbesserung dieser Situation in Richtung auf eine Erhöhung des Exportanteils der Industrieerzeugnisse könnte den Devisenmangel der osteuropäischen Länder wettmachen. Ein gewisser Fortschritt ist hier bereits festzustellen.

Es ist wenig wahrscheinlich, daß die osteuropäischen Länder auf dem Sektor der Agrarprodukte und der Rohstoffe ihren Anteil auf den westlichen Märkten, wie in den 60er Jahren, entscheidend steigern können. Ihre landwirtschaftliche Produktion ist kaum gestiegen, außerdem hatten die Entscheidungen zugunsten einer Verbesserung des Konsums und des Lebensstandards zur Folge, daß die für den Export zur Verfügung stehenden Überschüsse kleiner geworden sind. Im übrigen sind die Aussichten auf eine Steigerung des Absatzes von Agrarprodukten im westlichen Europa ziemlich begrenzt.

Der zweite Behinderungsfaktor besteht in den Finanzierungsschwierigkeiten. Nur die Sowjetunion verfügt über Goldreserven, die Währungsreserven aller übrigen osteuropäischen Staaten sind gering, und die Entwicklung ihrer Zahlungsbilanzen ist nicht günstig.

Ein weiteres Hindernis kann die fehlende freie Konvertierbarkeit der Währungen der osteuropäischen Staaten darstellen. Die Finanzierungsmöglichkeiten für den Ankauf von westlichen Industriegütern sind damit für die osteuropäischen Staaten nicht günstig.

Die gemeinsame Handelspolitik ist gegenüber den Staatshandelsländern drei Jahre später als gegenüber den übrigen Ländern der Welt in Kraft getreten. Seit dem 1. Januar 1973 gilt nun die gleiche Situation wie für die Verhandlungen mit allen anderen Drittländern. Die zwischen den Mitgliedstaaten der Gemeinschaft und den Ländern Osteuropas abgeschlossenen bilateralen Handelsabkommen werden Ende 1974 auslaufen. Bis zur Aufnahme von Verhandlungen zwischen der Gemeinschaft und den Staatshandelsländern kann die Gemeinschaft autonom zur Regelung der Einfuhren aus diesen Ländern handelspolitische Maßnahmen treffen.

Seit einigen Jahren versuchen die osteuropäischen Staaten, ihre ungünstige Finanzierungs- oder Angebotslage durch ein neues Instrument, durch Kooperationsabkommen, zu verbessern. Die Verbesserung der politischen Beziehungen gibt ihnen auch die Möglichkeit, für längerfristige Projekte ausländische Beteiligungen ins Auge zu fassen.

Die Kooperation erstreckt sich auf nahezu alle Bereiche der Außenwirtschaftsbeziehungen. Dabei kann es sich um den Austausch von Patenten und Lizenzen, um Spezialisierungsverträge oder um die Zusammenarbeit beim Export in gewisse Drittländer handeln. Die geläufigste Form der Zusammenarbeit ist jedoch der Abschluß von Verträgen über die Lieferung und Aufstellung von Fabriken, die durch den Export der in ihnen hergestellten Erzeugnisse bezahlt werden. Davon erhofft sich der Osten eine quantitative Steigerung und vor allen Dingen eine Veränderung der Struktur seiner Exporte, da dies die unabdingbaren Voraussetzungen für die Verbesserung seiner Zahlungsbilanzen sind.

Für die Gemeinschaft wiederum geht es nicht nur darum zu verhindern, daß durch diese Kooperationsabkommen die gemeinsame Handelspolitik umgangen oder ausgehöhlt wird, sondern auch um die Möglichkeit, diesen Abkommen mit Hilfe der Exporte aus der Gemeinschaft eine gemeinschaftliche Dimension zu geben und auf den östlichen Märkten mit den japanischen oder beispielsweise amerikanischen Exporteuren in Wettbewerb treten zu können. Im Juli 1974 hat der Rat beschlossen, ein gemeinschaftliches Konsultationsabkommen hinsichtlich der Kooperationsabkommen einzuführen, um ihre Inzidenz auf die Handelspolitik prüfen zu können.

Die Politik der Ausfuhrkredite (und Kreditbürgschaften) ist für die künftige Handelspolitik der Gemeinschaft von entscheidender Bedeutung. Ende 1971 betrug das Gesamtvolumen der für eine Laufzeit von mehr als fünf Jahren an osteuropäische Länder gewährten Kredite über 3 Mrd. Dollar. In einem „gentlemen's agreement" unter den Mitgliedstaaten ist vereinbart worden, daß die Gewährung von Krediten oder Kreditbürgschaften für die Ausfuhr von Gütern und Dienstleistungen in außergemeinschaftliche Industrieländer und Staatshandelsländer mit einer Laufzeit von mehr als fünf Jahren Gegenstand einer vorherigen Konsultation sein muß.

f) Die Beziehungen der Gemeinschaft zu den Entwicklungsländern

Der Vertrag von Rom räumt der Gemeinschaft keine allgemeine Zuständigkeit für die Entwicklungspolitik ein. Diesen Bereich hatten die Mitgliedstaaten als Teil ihrer in Eigenständigkeit geführten Außenpolitik behalten wollen. Eine regionale Zuständigkeit ist ihr jedoch durch die Assoziierung mit den afrikanischen Staaten zugeteilt worden.

Diese Assoziierung mit den damals noch kolonialen Ländern und Hoheitsgebieten kam auf Verlangen Frankreichs, unterstützt von Belgien, Holland und Italien, zustande. Durch die Assoziierung weiterer afrikanischer Staaten und durch eine Reihe von anderen Maßnahmen, wie autonome Zollzugeständnisse für Erzeugnisse zugunsten der Einfuhrgüter aus Entwicklungsländern, Handels- und Präferenzabkommen, usw., hat die Gemeinschaft ihren Tätigkeitsbereich und ihre Instrumente hinsichtlich der Entwicklungspolitik in den letzten Jahren erweitert und ihm den regionalen Charakter genommen.

(1) Das Assoziierungsabkommen von Jaunde

Aus historischen, politischen und wirtschaftlichen Gründen bestand Frankreich darauf, durch eine Assoziierung mit achtzehn afrikanischen Staaten und Madagaskar (die AASM)[5] besondere Beziehungen zwischen diesen Staaten und der Gemeinschaft herzustellen. Diese Beziehungen haben sich in den vergangenen sechszehn Jahren durch die zwei Jaunde-Abkommen vertieft und verdichtet. Das Abkommen Jaunde I galt für den Zeitraum 1965 – 1969; vor ihrem Abschluß waren die Beziehungen zwischen der Gemeinschaft und den „Achtzehn“ durch ein Abkommen im Anhang des Vertrages von Rom geregelt, das sich auf die Artikel 131 bis 136 stützte.

Das zweite Abkommen von Jaunda, das die Grundlage der europäisch-afrikanischen Assoziierung bildet, wurde am 29. Juli 1969 unterzeichnet und läuft am 31. Januar 1975 ab. Dieses Abkommen läßt sich wie folgt beschreiben:

a) Paritätische Organe

Alle zur Verwaltung der Assoziierung geschaffenen Organe haben streng paritätischen Charakter.

Der Assoziationsrat, der sich zum einen aus Mitgliedern des Ministerrats der Gemeinschaft und der Europäischen Kommission und zum anderen aus je einem Mitglied der Regierungen der assoziierten Staaten zusammensetzt, ist das wichtigste Organ der Assoziation. Seine Beschlüsse, die einstimmig gefaßt werden, können alle unter das Abkommen von Jaunde fallende Aspekte betreffen und sind für alle assoziierten Staaten verbindlich.

---

5 Mauretanien, Senegal, Mali, Volta, Elfenbeinküste, Niger, Togo, Dahomé, Kamerun, Tschad, Kongo, Gabun, Zentralafrikanische Republik, Zaïre, Ruanda, Burundi, Somalia, Madagaskar sowie seit 1972 Mauritius.

Da er jedoch verhältnismäßig selten zusammentritt, überträgt er seine Befugnisse weitgehend dem Assoziationsausschuß, der häufiger tagt und im allgemeinen die Botschafter der assoziierten Staaten umfaßt. Besonders zu beachten in diesem Zusammenhang ist die Konsultationsfunktion des Assoziationsrats.

Die Parlamentarische Konferenz besteht aus 54 Mitgliedern des Europäischen Parlaments und aus einer gleich hohen Zahl von Abgeordneten der AASM (drei je Staat) und tritt einmal jährlich zusammen. Sie hat beratende Funktion.

Das Schiedsgericht, dem 5 Mitglieder – zwei Richter aus der Gemeinschaft, zwei Richter aus den assoziierten Ländern und ein vom Assoziationsrat ernannter Präsident – angehören, entscheidet über Streitigkeiten, die bei der Anwendung des Abkommens von Jaunde auftauchen. Bis zu diesem Tage hat es sich noch keiner schwerwiegenden Streitfrage annehmen müssen.

b) Technische und finanzielle Zusammenarbeit

Die finanzielle und technische Hilfe der Gemeinschaft wird über den Europäischen Entwicklungsfonds (EEF) abgewickelt. Seit 1964 wird die Hilfe der EWG durch die Europäische Investitionsbank (EIB) ergänzt. Der EEF wird aus Haushaltsmitteln der Mitgliedsländer gespeist. Die Mittel der EIB kommen hingegen nicht aus dem Haushalt der EWG, sondern aus einem eigenen Fonds, der durch Inanspruchnahme des Kapitalmarkts gespeist wird.

Da die finanziellen Regeln der Assoziation elastisch sind, ist der Gesamtbetrag der Hilfe für die fünf Jahre der Laufzeit des Abkommens sichergestellt. Auf diese Weise brauchen sich der EEF und die EIB nicht an ein Jahresbudget zu halten, und die „Achtzehn“ können die Gemeinschaftshilfe zur Finanzierung langfristiger Entwicklungsprogramme verwenden. Für Jaunde I sind 730 Mio RE, für Jaunde II 918 Mio RE zur Verfügung gestellt worden.

Rund 80 % dieser Beträge werden in Form von nichtrückzahlbaren Zuschüssen gewährt, da die assoziierten Länder häufig außerstande sind, selbst zu sehr niedrigen Zinssätzen Kredite aufzunehmen.

Im Laufe der Jahre hat sich der Anwendungsbereich der Gemeinschaftshilfe ständig erweitert. Wurden in der ersten Zeit der Assoziation hauptsächlich Strukturvorhaben (Straßen, Häfen, Schulen, usw.) finanziert, so bemüht sich die Gemeinschaft gegenwärtig um eine Förderung der produktiven Bereiche und hierbei insbesondere der Landwirtschaft und der Industrie.

c) Achtzehn Freihandelszonen

Das Abkommen von Jaunda gründet eine Freihandelszone zwischen jedem der AASM und der Gemeinschaft, d. h. im Handel zwischen diesen Ländern und der Gemeinschaft werden keine Zölle erhoben. Allerdings wurde dieser Grundsatz auf beiden Seiten eingeschränkt. Die AASM haben so die Möglichkeit, ihre Wirtschaft gegen Einfuhren aus der Gemeinschaft zu schützen und zu diesem Zweck Einfuhrquoten oder Zollsätze beizubehalten bzw. einzuführen. Die Gemeinschaft ihrerseits hat beschlossen, daß gleichwertige oder mit ihren eigenen Agrarerzeugnissen konkurrierende Agrarprodukte aus den AASM nicht frei in die Gemeinschaft eingeführt werden können. Allerdings gilt für diese Erzeugnisse eine Präferenzregelung.

(2) Das Assoziierungsabkommen von Arusha

Am 24. September 1969 wurde in Arusha ein Assoziierungsabkommen zwischen der Gemeinschaft und drei ostafrikanischen Ländern, nämlich Kenia, Uganda und Tansania, unterzeichnet. Dieses, am 31. Januar 1975 auslaufende Abkommen ist inhaltlich „Jaunde minus EEF". Denn nur die beiden anderen Teile des Abkommens von Jaunde haben auch Gültigkeit für die ostafrikanischen Länder, d. h. paritätische Organe (Assoziationsrat, Parlamentarische Konferenz, Schiedsgericht) und Freihandelszone; für die Freihandelszone gelten die gleichen gegenseitigen Beschränkungen wie bei der Assoziation zwischen der EWG und den AASM.

(g) Die zukünftigen Beziehungen zwischen der Gemeinschaft und den gegenwärtigen AASM sowie den im Protokoll Nr. 22 der Beitrittsakte genannten Ländern in Afrika, im karibischen Raum, im Indischen und im Pazifischen Ozean (AKP-Länder)

Am 31. Januar 1975 laufen das im Jahre 1969 zwischen der Gemeinschaft und den AASM geschlossene Abkommen von Jaunde und das im gleichen Jahr zwischen der Gemeinschaft und den drei ostafrikanischen

Staaten geschlossene Abkommen von Arusha aus. Als unmittelbares Ergebnis des Beitritts Englands in die Gemeinschaft gelten jetzt 20 weitere Länder als assoziierbar. Die Übergangsregelung, die den im Protokoll Nr. 22 der Beitrittsakte genannten Ländern den status quo, insbesondere für ihre Ausfuhren ins Vereinigte Königreich gewährleistet, ist ebenfalls auf den 31. Januar 1975 befristet. In diesem Protokoll bietet die erweiterte Gemeinschaft 20 unabhängigen Ländern des Commonwealth mehrere Möglichkeiten, nach denen sie ihre Beziehungen zur Gemeinschaft regeln können. Die Mitgliedstaaten waren sich einig, daß die asiatischen Commonwealth-Länder dem neuen Vertrag nicht beitreten sollten.

Das Protokoll bietet drei Abkommensarten an: Assoziierung im Rahmen des Abkommens von Jaunde, Assoziierung gemäß Art. 138 des Vertrages von Rom oder nichtpräferenzielles Handelsabkommen.

Die Verhandlungen sind dann auf der Grundlage eines einzigen Modells aufgenommen worden, nämlich Assoziierung nach Art des Abkommens von Jaunde. Die wichtigsten Vorschläge für den Abschluß eines Abkommens von seiten der Gemeinschaft, neben der Wahrung des Assoziierungsbestandes (d. h. Verhinderung jeder Schwächung der Beziehungen der Gemeinschaft zu den bereits assoziierten afrikanischen Staaten und Madagaskar), waren die folgenden:
— Errichtung von paritätischen Assoziierungsorganen;
— finanzielle und technische Zusammenarbeit;
— Regelung des Warenverkehrs;
— ein Preisstabilisierungsplan für Grundstoffe.

a) Die Assoziierungsorgane

Der Vorschlag der Gemeinschaft hatte keine institutionelle Neuerungen in sich, mit Ausnahme der Möglichkeit, auch afrikanische Regionalorganisationen an der Arbeit der Organe teilnehmen zu lassen.

b) Finanzielle und technische Zusammenarbeit

Im wesentlichen stützen sich die Vorschläge der Kommission auf das Jaunde-Modell. Die Kommission wies darüber hinaus darauf hin, daß die Gemeinschaft zu einem größeren Ausmaß regionaler Zusammenarbeit unter den assoziierten Staaten beitragen könnte, indem sie multinationale Projekte fördert und Anreize für die Schaffung von Firmen auf regionaler Ebene gibt.

c) Regelung des Warenverkehrs

Die Gemeinschaft schlug vor, die Freihandelsregelung, auf der die Assoziierung schon immer beruht hat, unter dem Grundsatz der Gegenseitigkeit, beizuhalten. Damit stellte sich die Frage hinsichtlich der Zollfreiheit nach den sogenannten Gegenpräferenzen. Die Afrikaner haben diese Forderung der Gemeinschaft 1973 abgelehnt, wobei sie bei der Aushandlung des zweiten Jaunde-Abkommens, als Symbol der Gleichberechtigung noch darauf bestanden haben.

d) Preisstabilisierung für Grundstoffe

Neuer Plan der Kommission war der Vorschlag eines Finanzausgleichsplans, der die Stabilität der Ausfuhrerlöse der Assoziierten für ihre Grundstoffe erhöhen soll. Das Preisstabilitätssystem würde die extremen Schwankungen der Weltrohstoffe auffangen und in erster Linie für acht Grundstoffe gelten: Bananen, Kakao, Kupfer, Baumwolle, Erdnüsse, Erdnußöl, Zucker und Tee.

Im Juli 1974 kam es in Kingston in Jamaika zwischen der EG und den AKP-Ländern zu einer ersten Teillösung, die die Möglichkeit des Abschlusses eines Assoziierungsabkommens bis zum 31. Januar 1975 eröffnet hat. Es wurde eine grundsätzliche Einigung über ein System für die Stabilisierung der Erlöse aus Roh- und Grundstoffausfuhren der AKP-Länder akzeptiert. Die afrikanischen Länder konnten durchsetzen, daß die Erlösstützung nicht rückzahlbar sein soll, selbst wenn das betreffende Land zu einem späteren Zeitpunkt dazu in der Lage wäre. Es wurden ferner gemeinsame Orientierungen für die industrielle Zusammenarbeit entwickelt, das bereits ausgearbeitete System des Warenaustausches im wesentlichen bestätigt und der Grundsatz der Finanzhilfe akzeptiert.

(h) Beziehungen zu den übrigen Entwicklungsländern

Die Beziehungen der Gemeinschaft zu den übrigen Entwicklungsländern sind durch zwei Faktoren bestimmt: die begrenzten Möglichkeiten, die Ausweitung des Handels durch den Einsatz von Instrumenten der Marktwirtschaft zu induzieren und das Fehlen von gemeinschaftlichen Zuständigkeiten auf dem Gebiet der Entwicklungshilfe, die als ein solches Instrument einsetzbar wäre. Somit begrenzen sich die außenwirtschaftlichen Maßnahmen der Gemeinschaft hinsichtlich der Entwicklungsländer auf drei Bereiche:

— aktive Teilnahme an internationalen Abkommen über Roh- und Grundstoffe;
— die Einführung des Systems der allgemeinen Präferenzen für Fertig- und Halbfertigprodukte (in Kraft getreten 1. Juli 1971);
— die Bereitschaft, sich an einem weltweiten Fonds für eine Sonderhilfe an die Entwicklungsländer (die von den Erdölpreissteigerungen besonders hart getroffen sind) unter bestimmten Bedingungen zu beteiligen. Die Gemeinschaft wäre bereit, sich an einem Fonds von 3 Mrd. $ mit 500 Mio $ zu beteiligen.

VIII. ZUSAMMENFASSUNG

Der Begriff „Europäische Gemeinschaft" umfaßt die drei bestehenden Gemeinschaften EGKS, EWG und EURATOM. Die fusionierten Organe der EG wenden die noch selbständigen Verträge getrennt an. Der dynamische Charakter der Verträge bestimmt den Integrationsprozeß, dessen Endziel über eine Wirtschafts- und Währungsunion die Politische Union ist. Die sehr weitgehende Verwirklichung des Gemeinsamen Marktes erfolgte durch die Sicherstellung des Freiverkehrs (freier Warenverkehr, Freizügigkeit der Arbeitnehmer, der Niederlassung und der Dienstleistungen, der Zahlungs- und Kapitalverkehr), die Ausarbeitung einer Reihe gemeinsamer Politiken (wie etwa auf dem Gebiet der Steuern, des Wettbewerbs usw.). Die Vertiefung und die Erweiterung der Integration erforderte die Entwicklung und den Einsatz von verschiedenen Politiken, um die potentiellen Entwicklungsmöglichkeiten der Zollunion zur vollen Entfaltung zu verhelfen und bestehende Ungleichgewichte zu beseitigen. Der Gemeinsame Agrarmarkt ist auf das gemeinsame Preisniveau gegründet, das die Funktion der Einkommenssicherung der landwirtschaftlichen Bevölkerung zu erfüllen hat. Der Agrarmarkt ist somit weitgehend aus der Marktwirtschaft herausgelöst. Das Preisniveau, das meistens über dem Weltmarktpreisniveau liegt, ist durch ein Abschöpfungssystem nach außen abgedeckt. Die Kosten werden über den Europäischen Ausrichtungs- und Garantiefonds für die Landwirtschaft gemeinschaftlich getragen. Die Reformmaßnahmen der Gemeinschaft richten sich auf die Beseitigung der durch zu hohe Preise hervorgerufenen Überschußproduktion, sowie auf eine Reform der Strukturen, um das Einkommensniveau der landwirtschaftlichen Bevölkerung möglichst ohne Preissteigerungen zu sichern.

Der horizontale Finanzausgleich soll die zwischen den reicheren und den ärmeren Regionen der Gemeinschaft bestehenden ständig zunehmenden Spannungen beseitigen. Um dieses Ziel zu verwirklichen, schlägt die Kommission eine globale Regionalpolitik vor, deren Hauptinstrumente der Fonds für regionale Entwicklung und der Ausschuß für Regionalentwicklung sein sollten. Dabei soll die Regionalpolitik die bestehenden Regionalpolitiken der Mitgliedstaaten nicht ersetzen, sondern lediglich koordinieren und ergänzen.

Die Sozialpolitik stand in der Vergangenheit am Rande des integrationspolitischen Geschehens der Gemeinschaft. Ihre Ergebnisse beschränkten sich auf drei Bereiche: die Vorsorge für die Wanderarbeitnehmer, der Europäischen Sozialfonds sowie gewisse Maßnahmen im Bereich des EGKS-Vertrages, der Agrarpolitik und Regionalpolitik. Dem Auftrag der Pariser Gipfelkonferenz entsprechend hat die Kommission ein Sozialpolitisches Aktionsprogramm vorgelegt, um die Sozialpolitik als eigenständiges, politisches Ziel der Gemeinschaft zu etablieren.

Die Gemeinschaft setzte sich 1971 das Ziel, bis 1980 eine Wirtschafts- und Währungsunion zu schaffen. Für die Wirtschaftsunion wurde u. a. das Endziel gesetzt, die Konjunktur- und Preispolitik zu koordinieren, die Haushaltspolitiken zu harmonisieren, eine Gemeinschaft der Stabilität zu schaffen; für die Währungsunion die vollständige und irreversible Konvertibilität der Währungen, die Beseitigung der Bandbreiten der Wechselkurse, unwiderrufliche Festsetzung der Paritätsverhältnisse, Schaffung eines gemeinschaftlichen Zentralbanksystems. Bereits die Ziele der ersten Stufe konnten nicht erreicht werden; die aufgrund der Erdölpreissteigerungen entstandenen außenwirtschaftlichen Ungleichgewichte haben dem ganzen Vorhaben einen schweren Schlag versetzt und als realistisches Ziel für die nächste Zeit die Bewahrung des erreichten Integrationsstandes gesetzt.

Die Außenwirtschaftsbeziehungen der Gemeinschaft sind nach liberalen Grundsätzen orientiert. Das Instrumentarium der Gesellschaft gliedert sich in die autonome und in die vertragliche Handelspolitik. Die konventionellen handelspolitischen Instrumente, wie z. B. Zölle, Einfuhr- und Ausfuhrregelungen, verlieren immer mehr an Gewicht neben den handelspolitischen Instrumenten der „zweiten Generation", Außenhandelsförderung, wirtschaftlich-technischer Zusammenarbeit, usw. Dieses neue Instrumentarium wird eingesetzt werden müssen, um die schwerste Belastung der Gemeinschaft seit ihrem Bestehen, das Entstehen eines extremen außenwirtschaftlichen Gleichgewichts, als Folge der Erdölpreissteigerungen, bewältigen zu können.

Im Rahmen der vertraglichen Außenwirtschaftspolitik hat die EG mit den EFTA-Ländern Freihandelszonen gegründet. Mit den Mittelmeerländern strebt sie ein Globalabkommen an. Die handelspolitischen Probleme mit den USA sind Folgewirkungen von innenpolitischen Maßnahmen und Entwicklungen, ihre Lösung bedarf ein „handelspolitisches Management". Mit Japan führen die seit 4 Jahren geführten Verhandlungen wegen der Weigerung Japans, eine Schutzklausel zu akzeptieren, zu keinem Ergebnis. Das Problem hinsichtlich der Staatshandelsländer besteht in den zwischen ihnen und den Mitgliedstaaten geschlossenen bilateralen Kooperationsabkommen, die gelegentlich in den handelspolitischen Bereich und damit in die gemeinschaftliche Zuständigkeit hineinreichen. Eine gemeinschaftliche Konsultationspflicht hinsichtlich solcher Abkommen wurde 1974 beschlossen.

Die Gemeinschaft intensiviert ihre Bemühungen für die Entwicklungsländer durch die Assoziierung von insgesamt 44 Entwicklungsländern, durch die Verbesserung der Allgemeinen Präferenzen, durch ihre Bereitschaft, an einem Weltfonds für die von der Ölkrise getroffenen Entwicklungsländer teilzunehmen und durch ihre Vorschläge zur Stabilisierung der Exporterlöse der Entwicklungsländer.

IX. KONTROLLFRAGEN

1. Was sind die wichtigsten Unterschiede zwischen der Verfassung eines Staates und dem EWG-Vertrag?
2. Besteht ein integrationspolitischer Automatismus und wenn ja, in welchen Bereichen?
3. Welche Integrationsform ist für die EG charakteristisch: die funktionelle oder die institutionelle, und wie unterscheiden sich diese beiden Formen?
4. Welche sind die wichtigsten ökonomischen Bestandteile des Gemeinsamen Marktes?
5. Warum führt die Gemeinschaft nicht das ehemalige englische Agrarsystem mit Weltmarktpreisen für Agrarprodukte und direkten Ein-

kommensbeihilfen (oder ein Mischsystem) anstelle des gemeinschaftlichen Agrarsystems ein?

6. Wie kann man den Agrargrenzausgleich definieren, und welche Folgen hat er für den Gemeinsamen Agrarmarkt?

7. Wie löst sich das Spannungsverhältnis zwischen Art. 39 und Art. 110 des EWG-Vertrages auf?

8. Was sollte bei der Mittelvergabe des Europäischen Regionalfonds beachtet werden?

9. Welche Instrumente mit welchen Befugnissen schlägt die Kommission für die Europäische Regionalpolitik vor?

10. Ist der Regionalfonds unabhängig von Fortschritten in der Wirtschafts- und Währungsunion zu errichten oder nicht – und warum?

11. In welchen Bereichen sind die nationalen Sozialpolitiken zu vereinheitlichen oder zu harmonisieren?

12. Ist die Schaffung eines gemeinschaftlichen Arbeitslosenversicherungssystems realistisch und unter welchen Bedingungen mit welchen Bestimmungen?

13. Welche Auswirkungen haben flexible Wechselkurse auf den Integrationsprozeß?

14. Welchen Sinn hat das „schmutzige Floaten“?

15. Gibt es eine Alternative zur Wirtschafts- und Währungsunion, wenn ja, welche, wenn nein, welche Maßnahmen sind auf der Ebene der Gemeinschaft erforderlich, um ihren weiteren Aufbau zu fördern?

16. Welche Möglichkeiten hat die Gemeinschaft, die Ausweitung des Handels mit den Entwicklungsländern zu fördern?

17. Soll die Gemeinschaft die Assoziierungen beibehalten oder die Gleichbehandlung für alle Entwicklungsländer einführen?

18. Wie sind die Beziehungen der Gemeinschaft zu der DDR?

19. Warum besteht die Gemeinschaft auf Schutzklauseln gegen Japan?

20. Welche Probleme bestehen zwischen den USA und der Gemeinschaft?

X. LITERATURHINWEISE

H. von der Groeben, E. G. Mestmäcker: Ziele und Methoden der Europäischen Integration, 1972, Athenäum / Frankfurt

W. Hallstein: Die Europäische Gemeinschaft, 1973, Econ Verlag / Düsseldorf–Wien

P. Maillet u. a.: Die Europäische Wirtschaftsgemeinschaft im Ausbau, Schriftenreihe Europäische Wirtschaft, Baden-Baden, 1972

Gesamtberichte über die Tätigkeiten der Gemeinschaften (EGKS, EWG, EURATOM), Brüssel / Luxemburg, 1968–1973

Bulletin der Europäischen Gemeinschaften, 1970–1974

Ronald Clapham

Entwicklungshilfepolitik

INHALT

ENTWICKLUNGSHILFEPOLITIK

Entwicklungspolitik ist darauf gerichtet, die sozialen und wirtschaftlichen Bedingungen in einer erst wenig fortgeschrittenen Volkswirtschaft an einen als erwünscht angesehenen Zustand heranzuführen. Die Zielsetzung und die Verfolgung der geeigneten Wege dorthin fallen in die Verantwortung der politischen Kräfte des Entwicklungslandes selbst. Die Unterstützung durch die Industrieländer in Form der Entwicklungshilfe kann somit immer nur subsidiären Charakter haben. Wenn im folgenden speziell die Entwicklungshilfepolitik der Bundesrepublik Deutschland behandelt wird, dann muß dieser Zusammenhang im Auge behalten werden.

Die Planung der Politik der Entwicklungshilfe beginnt mit der Analyse der Ausgangssituation in den Entwicklungsländern. Der zweite Schritt ist die Konkretisierung des entwicklungspolitischen Zielsystems. Dabei muß es hauptsächlich um die schnelle Verbesserung der sozio-ökonomischen Lebensbedingungen der Menschen in den unterentwickelten Volkswirtschaften gehen. Auf diese Hauptbedingung muß die Konzipierung der Entwicklungshilfepolitik der Industrieländer ausgerichtet bleiben.

I. SITUATIONSANALYSE

Die möglichst vollständige und exakte Erfassung der sozialen und ökonomischen Gegebenheiten in den Ländern der Dritten Welt ist eine notwendige Voraussetzung, um zu zweckmäßigen Methoden und Maßnahmen der Entwicklungshilfepolitik zu gelangen. Diese empirisch-analytische Aufgabe wirft bereits schwierige Vorfragen auf.

Zunächst ist zu klären, welche Staaten eigentlich zu der Kategorie der „Entwicklungsländer" gezählt werden. In der internationalen Diskussion werden zur Abgrenzung einzelne Kriterien oder eine katalogartige Aufzählung von Merkmalen wirtschaftlicher Rückständigkeit benutzt, in erster Linie sehr niedriges Pro-Kopf-Einkommen (unter 25 % des Bruttosozialproduktes pro Kopf hoch entwickelter Länder, d. h. im Jahr 1970 weniger als 750 US-Dollar), niedrige Spar- und Investitionsquote, niedrige Kapitalintensität, geringe Arbeitsproduktivität, sehr hohe Beschäftigungskonzentration in der Landwirtschaft, Monokulturen, schwacher volkswirtschaftlicher Integrationsgrad und geringer Bildungsstand. Nach diesen Kriterien kann man etwa 105 der 132 in den Vereinten Nationen (1972) vertretenen Staaten zu den Entwicklungsländern zählen.

Problematisch ist jedoch, daß nach diesen Merkmalen nicht genügend zwischen Volkswirtschaften mit großen Unterschieden im Entwicklungsniveau und in den Wachstumsmöglichkeiten differenziert wird. Der UN-Ausschuß für Entwicklungsplanung hat daher neuerdings drei Kriterien vorgeschlagen, nach denen die am *wenigsten* entwickelten Länder von den übrigen Entwicklungsländern unterschieden werden sollen.

Die Indikatoren sind:
— Bruttoinlandsprodukt (BIP) pro Kopf der Bevölkerung von 100 US-$ oder weniger;
— Anteil der industriellen Produktion am gesamten BIP von 10 % oder weniger und
— Alphabetisierungsrate in der Altersgruppe ab 15 Jahre von 20 % oder weniger.

In Zukunft werden hier auch Merkmale wie Rohstoffpotential und Abhängigkeitsgrad von Mineralölimporten zu berücksichtigen sein.

Es bleiben jedoch trotzdem die grundsätzlichen Bedenken, inwieweit der Tatbestand der „Unterentwicklung" durch Kriterienkataloge zutreffend erfaßt werden kann.

Das leitet zu der weiteren Vorfrage über, welche Informationen über die Entwicklungsländer hauptsächlich benötigt werden, denn eine selektive Faktensammlung ist aus zeitlichen und sachlichen Gründen unvermeidbar. Für die Ausarbeitung geeigneter Maßnahmen der Entwicklungshilfe sind wirtschaftliche Fakten von besonderem Interesse, ohne jedoch einem „Ökonomismus" zu verfallen, der Verhaltensweisen und wesentliche sozio-institutionelle Zusammenhänge (z. B. Sozialstrukturen, politische Herrschaftssysteme, Rechtsordnung) unberücksichtigt läßt. Trotz der historischen Vielfalt der wirtschaftlichen Einzelerscheinungen in den verschiedenen Entwicklungsländern, haben empirische Studien gezeigt, daß es Grundtatbestände der Unterentwicklung gibt.

Gelegentlich wird die Situationsanalyse durch die bloße beschreibende Darstellung der Fakten der wirtschaftlichen Quasi-Stagnation als beendet betrachtet. Dagegen ist jedoch einzuwenden, daß eine unvollständige Diagnose der Unterentwicklung die Ausarbeitung einer geeigneten Therapie fraglich macht; daher ist auch zu erklären, weshalb bestimmte sozioökonomische Gegebenheiten in den Entwicklungsländern vorliegen. Die wirtschaftshistorische Betrachtung kann hierzu wichtige Erkenntnisse vermitteln.

1. Das Bevölkerungsproblem

In den meisten Entwicklungsländern ist eine rapide Zunahme der Bevölkerung festzustellen. Seit den 50er Jahren hat der große und teilweise unerwartet schnelle Erfolg in der Senkung der Sterblichkeit die Rate des Bevölkerungswachstums erhöht. Zugleich ist die Geburtenrate unverändert geblieben bzw. aufgrund verbesserter allgemeiner Lebensbedingungen und intensiver ärztlicher Betreuung noch angestiegen.

Die Sterberate in den Entwicklungsländern hat sich den Werten in Industrieländern angenähert, sie liegt bei 15–25 pro Tausend; die Geburtenrate beträgt meistens noch 35–50 pro Tausend. Das jährliche Bevölkerungswachstum erreichte nach Angaben der Vereinten Nationen in den einzelnen Regionen 1965–1971 folgende Raten: Afrika 2,6 %, Lateinamerika 2,9 % und Süd-Asien 2,8 %; dagegen war es in Europa mit 0,8 % vergleichsweise gering.

Ganz im Gegensatz zur europäischen Entwicklung ist das Bevölkerungswachstum in der Dritten Welt hauptsächlich das Ergebnis eines innerhalb von wenigen Jahren von außen übernommenen medizinisch-hygienischen Fortschritts: Die Ausrottung von Seuchen (Cholera, Malaria, Gelbfieber, Fleckfieber), die Reduzierung von Krankheiten und die Senkung der Mütter- und Säuglingssterblichkeit sind die Ergebnisse. Eine leichte Verbesserung der sonstigen Lebensbedingungen kam hinzu.

Das rasche Bevölkerungswachstum läßt schwierige soziale und wirtschaftliche Probleme entstehen:

— Die Nachfrage nach Nahrungsmitteln steigt schneller als die Produktion der traditionellen Landwirtschaft.

— Die Arbeitslosigkeit vergrößert sich, da die Bevölkerung im erwerbsfähigen Alter schneller wächst als die Zahl der neuen Arbeitsplätze.

— Der Bevölkerungsdruck führt bei Knappheit an kultivierbarem Land und bei fehlendem Kapital für Landerschließung zur verstärkten Landflucht. Probleme der Verstädterung, insbesondere der Entstehung von Slums durch Wohnungsnot, ergeben sich.

— Der Kapitalbedarf der Volkswirtschaft steigt schneller.

— Die Staatsausgaben für Erziehung, Gesundheitswesen und andere soziale Dienste belasten das Budget stark und vermindern die Mittel für produktive Investitionen (z. B. Straßenbau, Bewässerungsanlagen), von denen das zukünftige Wirtschaftswachstum abhängt.

2. Wachstumshemmende Engpässe der Infrastruktur

Wirtschaftliches Wachstum wird von der materiellen, institutionellen und personalen Ausstattung der Volkswirtschaft mitbestimmt. Das Fehlen oder die schlechte Qualität dieser Wachstumsvoraussetzungen behindern den Übergang zu einer leistungsfähigeren Landwirtschaft und den Aufbau von Industrien für den Binnen- und Exportmarkt. Es gibt kein effizientes Verkehrsnetz, die Energieversorgung besteht nur regional und ist unzureichend, die Einrichtungen des Gesundheits- und Bildungswesens sind quantitativ und qualitativ unterentwickelt. Auch die institutionelle Infrastruktur ist häufig in einem wachstumshemmenden Zustand, denn es existieren in der Regel eine nur wenig leistungsfähige Staatsverwaltung, Rechtsunsicherheit und leistungshemmende landwirtschaftliche Pachtsysteme. Die personale Infrastruktur, die – in Analogie zum Sozialkapital – das menschliche Kapital (Humankapital) der Volkswirtschaft umfaßt, ist im Hinblick auf die Entwicklungsaufgabe dürftig. Die Zahl der Plätze in den Grundschulen und insbesondere in den weiterführenden Schulen, technischen Ausbildungsstätten und Universitäten ist gering; das Ausbildungssystem ist nach Inhalt und Struktur an Vorstellungen orientiert, die in der Kolonialzeit übertragen wurden und in denen der Bildung als Wachstumsfaktor eine sehr untergeordnete Bedeutung zugemessen wird.

3. Traditionelle Wirtschaftsstrukturen

In den meisten Entwicklungsländern ist ein großer Teil der Erwerbsbevölkerung (bis zu 80 %) in der Landwirtschaft beschäftigt; der Beitrag des Agrarsektors zum Bruttoinlandsprodukt kann noch bis 60 % betragen. Ein Großteil der Agrarproduktion dient dem Selbstverbrauch (Subsistenzwirtschaft), so daß das Marktangebot noch relativ gering ist. Dadurch ist aber auch das Geldeinkommen und die Sparfähigkeit der Bauern niedrig. Das hat zur Folge, daß die monetäre Nachfrage der Agrarbevölkerung nach landwirtschaftlichen Investitionsgütern und auch industriellen Konsumgütern gering ist, m. a. W. der interne Wirtschaftskreislauf ist nur schwach entwickelt.

Das Hauptproblem der traditionalen Landwirtschaft sind die niedrigen Agrarerträge pro Hektar. Die Möglichkeiten, die Produktion und damit das Einkommen allein durch eigene Anstrengungen zu steigern, sind nicht allein infolge des Kapitalmangels äußerst beschränkt (Zirkel der Armut). Zu den weiteren Hindernissen zählen fehlende Informationen über moderne Anbautechniken sowie Dünge- und Pflanzenschutzmittel, traditionelle Einstellung der Bauern und unzureichende Lagerungs- und Vermarktungseinrichtungen. In einigen Regionen verhindert darüber hinaus das ländliche Pachtsystem, daß der Pächter Eigeninitiative entwickelt und am Ertrag seiner Mehrleistung genügend beteiligt wird.

Weitreichende Folgen hat die traditionelle landwirtschaftliche Produktionsstruktur, die nicht genügend proteinreiche Nahrungsmittel (insbesondere pflanzliches und tierisches Eiweiß) bereitstellt. Die Folgen dieses Zustandes sind Anfälligkeit gegenüber Krankheiten, hohe Kindersterblichkeit und verminderte physische und geistige Leistungsfähigkeit.

Der industrielle Sektor gewinnt nur langsam an Bedeutung, da Kapitalmangel, große Knappheit an einheimischen Unternehmern und Facharbeitern, fehlende technische, organisatorische und kaufmännische Kenntnisse sowie Importbeschränkungen für Kapitalgüter aufgrund der Devisenknappheit zusätzliche Hemmnisse neben den Schwierigkeiten durch die mangelhafte Infrastruktur schaffen. Der Zugang zu ausländischen Absatzmärkten ist selbst bei qualitativ und preislich international wettbewerbsfähigen Produkten häufig durch Zölle und Kontingente erschwert.

4. Probleme des Außenhandels und der Zahlungsbilanz

Wie der Pearson-Bericht darlegt, stammen noch rund 90 % der Exporterlöse der Entwicklungsländer von landwirtschaftlichen und mineralischen Rohstoffen. Fast die Hälfte der Länder erzielt mehr als 50 % der Exporteinnahmen von einem einzigen Rohstoff und Dreiviertel über 60 % von lediglich drei Rohstoffen. Diese Außenhandelsstruktur ist teilweise das Ergebnis einer Kolonialpolitik, die auf die Anlage von Monokulturen gerichtet war, und einer post-kolonialen ausländischen Investitionspolitik, die extraktive Industrien zunächst bevorzugt hat.

Für viele traditionelle Exportprodukte besteht auf dem Weltmarkt ein hoher Grad preislicher Instabilität und außerdem war der Preistrend für einige Produkte über mehrere Perioden hinweg nach unten gerichtet. Sofern die Preise der industriellen Importgüter unverändert blieben bzw. sogar anstiegen, haben sich in diesen Fällen die Terms of Trade zu ungunsten der Entwicklungsländer verändert.

Da die Preiselastizität der Nachfrage bei Agrarprodukten relativ niedrig ist, können Preissenkungen den Absatz nicht wesentlich fördern. Die Entwicklung synthetischer Produkte (z. B. Kunstfaser statt Jute) sowie die intensivere Verwertung industrieller Rohstoffe beeinträchtigen den Export dieser Produkte ebenfalls.

Die Deviseneinnahmen aus Güterexporten stellen einen Engpaß für das Wirtschaftswachstum dar. Der Einfuhrbedarf der Entwicklungsländer geht nämlich häufig weit über diese Finanzierungsmöglichkeit hinaus. Sowohl die Verbesserung der Infrastruktur als auch die landwirtschaftliche und industrielle Entwicklung erfordern aber den Import von Maschinen, Anlagen und Zwischenprodukten, so daß die Handelsbilanz der meisten Entwicklungsländer ein hohes Defizit aufweist. Sie finanzieren ihre Importe deshalb oft durch kurz-, mittel- und langfristige Lieferantenkredite zu „harten“ Bedingungen und durch die günstigere öffentliche Kapitalhilfe. Die Verschuldung der Entwicklungsländer hat in den letzten zwanzig Jahren daher rapide zugenommen und damit ist ihnen in Form des Schuldendienstes eine starke zukünftige Belastung auferlegt. Im Durchschnitt der 60er Jahre ist der Schuldendienst mit jährlich 9 % schneller angewachsen als die Steigerung der Exporte von Gütern und Dienstleistungen mit etwa 7,5 %.

II. DAS ENTWICKLUNGSPOLITISCHE ZIELSYSTEM

Das Zielsystem der Entwicklungspolitik ist nach Inhalt, Umfang und Struktur *umstritten.* Weder die Entwicklungsländer selbst noch die hilfegebenden westlichen Industrieländer oder internationalen Institutionen (Vereinte Nationen und deren Sonderorganisationen, Weltbank, Europäischer Entwicklungsfonds) haben übereinstimmende Vorstellungen über die anzustrebenden wirtschaftlichen und sozialen Ziele. Gemeinsamkeit besteht lediglich hinsichtlich der *Fundamentalziele,* die materiellen Lebensbedingungen der Menschen in den unterentwickelten Volkswirtschaften zu verbessern und zugleich ihre freie persönliche Entfaltung in ihrer Gesellschaft zu unterstützen. Beides läßt sich nur realisieren, wenn eine Reihe von *Zwischenzielen* verwirklicht werden kann. Die entwicklungspolitische Diskussion beschäftigt sich daher weitgehend mit den Fragen

(1) welchen konkreten Inhalt die quantitativen und qualitativen Zwischenziele haben;

(2) welche Rangordnung ihnen in der Entwicklungspolitik zukommt (Eigenwert der Ziele) und

(3) wie ihr Instrumentalcharakter zu beurteilen ist (Wirkungszusammenhang).

Alle drei Problemkreise betreffen nur vordergründig die zwar wichtigen „technischen“ Fragen (z. B. Ursache – Wirkung – Beziehung, logische und zeitliche Beziehung zwischen Zielen), grundsätzlich geht es aber um konkurrierende Leitbilder von Wirtschafts- und Gesellschaftsordnungen. Je nachdem, welche Organisationsform der Wirtschaft dominieren soll – der privatwirtschaftliche Wettbewerb, die Kooperation oder die staatliche Lenkung –, sind Zwischenziele und Mittel unterschiedlich. Die Präferenz der Entwicklungsländer liegt im allgemeinen eher bei dirigistischen Konzeptionen, in denen der Privatwirtschaft eine begrenzte Rolle bei der Ankurbelung des Wirtschaftswachstums zugewiesen wird, obwohl stärker marktwirtschaftliche Entwicklungskonzeptionen sich als realisierbar und effizient erwiesen haben, wie u. a. die Erfolge in Taiwan, Südkorea und der Elfenbeinküste gezeigt haben.

Bei der Kontroverse um das entwicklungspolitische Zielsystem ist außerdem zu beachten, daß unsere wissenschaftlichen Erkenntnisse über die Ursachen von wirtschaftlichem Wohlstand und sozialer Entwicklung begrenzt sind. Ganz besonders über außereuropäische Gesellschaften hatte sich als Folge einer ethnozentrischen Auffassung ein beachtliches Maß an „ökonomischer Folklore“ angesammelt, so daß das Verständnis der tatsächlichen Verhaltensweisen und Institutionen in wirtschaftlich weniger fortgeschrittenen Gesellschaften falsch oder unvollständig war. Die neuere empirische Forschung über traditionale Gesellschaften hat wesentlich dazu beigetragen, das ursprüngliche – auf europäisch-angelsächsischen Vorstellungen beruhende – entwicklungspolitische Zielsystem zu verändern.

Schließlich muß auf einen „Lernprozeß“ in der Entwicklungspolitik aufmerksam gemacht werden. Anfänglich dominierte die Vorstellung, Kapital sei der entscheidende Engpaß für schnelles Wirtschaftswachstum. Da trotz höherer Investitionsquoten die Wachstumsraten enttäuschend gering blieben, wurde die Aufmerksamkeit verstärkt auf komplementäre Produktionsfaktoren (z. B. einheimische Unternehmer, Manager und Facharbeiter) und auf die institutionellen Wachstumsbedingungen (z. B. leistungsfähige Staatsverwaltung, intakte Rechtsordnung, Wettbewerb) gelenkt. Die Erfahrungen des letzten Jahrzehnts haben schließlich gezeigt, daß eine Förderung der landwirtschaftlichen und industriellen Produktion auf der

Grundlage moderner kapitalintensiver Technik die Arbeitslosigkeit nicht abschwächen konnte. Daher vollzieht sich jetzt eine neue Veränderung im entwicklungspolitischen Zielsystem, wenn arbeitsintensiven Produktionsverfahren und zum Teil kleineren Betriebseinheiten höhere Priorität zugewiesen wird.

Versucht man einige herausragende Zielvorstellungen der Entwicklungsländer zu quantifizieren, so kann man die Ziele anführen, die von den Vereinten Nationen für die Zweite Entwicklungsdekade (1971–80) formuliert worden sind. Anzustreben sind im Jahresdurchschnitt Wachstumsraten von wenigstens 6 % beim realen Bruttosozialprodukt, rund 4 % bei der landwirtschaftlichen Produktion, rund 8 % bei der Industrieproduktion, etwas über 7 % bei der Exportkapazität und etwas unter 7 % bei der Importkapazität sowie eine Erhöhung der Sparrate auf 20 % des Bruttosozialproduktes. Soziale Sektoralziele sind eine gleichmäßigere Einkommens- und Vermögensverteilung, die Erhöhung des Beschäftigungsgrades, die Verbesserung der Ausbildungsmöglichkeiten und der sozialen Dienste sowie der Schutz der Umwelt.

III. ZUR STRATEGIE DER DEUTSCHEN ENTWICKLUNGSHILFEPOLITIK

1. Die Herausbildung eines eigenen Konzeptes

Die Bundesrepublik hat erst Anfang der 50er Jahre mit ihrer Entwicklungshilfepolitik begonnen. Neben den Wiedergutmachungsleistungen wurde auch vereinzelt technische Hilfe gewährt. Die pragmatische und von kurzfristigen politischen Überlegungen geleitete Orientierung wurde ab 1956 von einem ersten, noch unvollständigen eigenen System der Entwicklungshilfe abgelöst, das seit der Einrichtung eines selbständigen Bundesministeriums für wirtschaftlichte Zusammenarbeit (1961) immer weiter ausgebaut wurde.

Die Hauptaufgabe wurde darin gesehen, die Entwicklungsländer durch finanzielle, technische und handelspolitische Unterstützung in die Lage zu versetzen, ihren sozialen und wirtschaftlichen Aufbau unter Wahrung und Fortführung ihrer kulturellen Eigenart so voranzutreiben, daß eine sich selbst tragende Entwicklung entsteht. Die Motive für die deutsche Entwicklungshilfe lagen in einer Verbindung politischer, wirtschaftlicher und humanitär-sozialer Beweggründe. Verkürzt formuliert waren es die moralische Verpflichtung zu humanitärer Nächstenliebe; das Bestreben, die internationale Anerkennung der deutschen Teilung zu verhindern (Hallstein-Doktrin) und die internationale Stabilität aufrechtzuerhalten; der Wunsch, international eine angemessene politische Rolle zu spielen; die Förderung des internationalen Handels und die Erschließung neuer Märkte für deutsche Exportprodukte. Die Motivkombination besteht grundsätzlich bis heute, wobei die außenpolitischen Erwägungen stärker auf den Abbau der Nord-Süd-Spannungen gerichtet sind.

Die weltpolitischen Veränderungen seit Ende der 60er Jahre sowie die Ergebnisse der bisherigen nationalen und internationalen Entwicklungspolitik haben zu Veränderungen bei Zielsetzungen und Methoden der Entwicklungshilfe geführt. Stärker betont werden folgende Aspekte:

— die Organisation der internationalen Friedenssicherung durch die Verwirklichung der internationalen Solidarität zu unterstützen;
— Entwicklungshilfe mehr als soziale Reformhilfe zu sehen, d. h. auf sozialstrukturelle Zielsetzungen abzustellen;
— Hilfsmaßnahmen so anzusetzen, daß alle Schichten der Bevölkerung am sozialen und wirtschaftlichen Fortschritt gerecht beteiligt werden;
— die öffentlichen Leistungen zu verstetigen, d. h. sie von der konjunkturellen Lage unabhängig zu machen;
— die regional weit gestreute Förderung von Einzelprojekten zugunsten von Programmfinanzierungen in Schwerpunktländern aufzugeben und
— eine integrierte Entwicklungshife im Sinne enger und flexibler Zusammenarbeit mit nicht-staatlichen Einrichtungen und multinationalen Institutionen zu erreichen.

Zwischen den *Parteien* des Deutschen Bundestages hat in den vergangenen 20 Jahren kein grundlegender Dissenz über Ziele, Methoden und Instrumente der Entwicklungshilfe vorgelegen. In den Grundpositionen bestand lange ein großes Maß an Gemeinsamkeit; in der jüngsten Zeit führen jedoch die Unterschiede in den politischen Leitbildern zu einer anderen Betrachtung des bisherigen Systems der Entwicklungshilfe. Im Kern geht es dabei um die Frage, welche konkreten Wirtschafts- und Gesellschaftsordnungen in Entwicklungsländern besonders förderungswürdig sind. Die beiden christlich-demokratischen Parteien gehen dabei vom Leitbild einer freiheitlichen, leistungsorientierten und solidarischen Gesellschaft aus. Daher legen sie das Hauptgewicht auf die Methoden und Maßnahmen, die zum Entstehen eines freiheitlichen Wettbewerbs- und Leistungsstrebens und einer gerechten sozialen Ordnung führen.

2. Die entwicklungspolitische Konzeption der Bundesrepublik für die Zweite Entwicklungsdekade

Die Bundesregierung hat am 11. 2. 1971 ein entwicklungspolitisches Konzept für die siebziger Jahre vorgelegt und es im Juli 1973 in einigen Punkten neugefaßt und fortgeschrieben. Es enthält die Ziele, Grundsätze, Programme und Methoden der zukünftigen Entwicklungshilfepolitik.

(1) Allgemeines Ziel ist es, in den wirtschaftlich zurückgebliebenen Ländern den Willen zur Selbsthilfe in breiten Bevölkerungsschichten durch eine Unterstützung der verschiedenen gesellschaftlichen Gruppen zu mobilisieren. Dabei wird ausdrücklich das politische sowie das wirtschafts- und gesellschaftspolitische Selbstbestimmungsrecht dieser Länder anerkannt. Es sollen in enger Kooperation mit dem jeweiligen Entwicklungsland und anderen Partnern die geeigneten Maßnahmen festgestellt und angewendet werden, die die wirtschaftlichen und sozialen Lebensbedingungen der Bevölkerung dieser Länder erhöhen. Eine solche Politik liegt auch im Interesse der Bundesrepublik: „Wirtschaftlich werden dadurch Voraussetzungen für den erweiterten Austausch von Gütern und Dienstleistungen im beiderseitigen Interesse geschaffen. Wirksame Entwicklungspolitik festigt die internationale Stellung der Bundesrepublik Deutschland. Sie vergrößert langfristig die Chancen der Friedenssicherung".

(2) Ein wichtiger Grundsatz ist die Unterstützung der Entwicklungsstrategie der Vereinten Nationen sowohl im Rahmen der bilateralen Politik als auch im Zuge eines effizienten Systems multilateraler Hilfe und intensiver Formen bilateral- multilateraler Zusammenarbeit.

(3) Ein weiterer Grundsatz ist die enge und flexible Zusammenarbeit zwischen staatlichen und nicht-staatlichen deutschen Institutionen. Immer mehr wirken hier gesellschaftliche Gruppen mit, wie z.B. Kirchen, Gewerkschaften, Genossenschaften, Unternehmervereinigungen sowie Jugend- und Studentenorganisationen. Auch politische Stiftungen (z. B. die Konrad-Adenauer-Stiftung mit ihrem Institut für Internationale Solidarität) und andere private Organisationen, wie beispielsweise verschiedene Entwicklungsdienste und die Carl Duisberg-Gesellschaft, haben hier bestimmte Aufgaben übernommen und werden vom Staat gefördert.

(4) Stärker als in der Vergangenheit sollen entwicklungspolitische Entscheidungen auf der Grundlage von Länderprogrammen getroffen werden. Es kann dadurch die spezifische Situation der Entwicklungsländer besser berücksichtigt werden, es lassen sich Projekte in verschiedenen Sektoren zu konsistenten Programmen zusammenfassen und die Anstrengungen mit den anderen Geberländern koordinieren.

(5) Die im Verhältnis zur Entwicklungsaufgabe knappen finanziellen und technischen Hilfsmittel sollen konzentriert in einzelnen Ländern, Sektoren und Regionen eingesetzt werden. Dabei sind flexible Kombinationen von Zuschüssen, Krediten sowie materieller und personaler Hilfe anzuwenden. Zur finanziellen Hilfe ist vorgesehen: ein höherer Anteil der Zuschüsse, die rasche Erfüllung der Empfehlung der Organisation für wirtschaftliche Zusammenarbeit und Entwicklung (OECD) über Kreditkonditionen sowie Bemühungen um den Abbau der Lieferbindung und die Beteiligung an Landeswährungskosten. Die Bundesregierung ist bemüht, das im Pearson-Bericht empfohlene Ziel der öffentlichen Hilfeleistungen von 0,7 % des Bruttosozialproduktes zu erreichen.

(6) Die deutsche Entwicklungspolitik wird sich auf einige Schwerpunkte konzentrieren:

„Bekämpfung von Arbeitslosigkeit und Unterbeschäftigung, vor allem durch Förderung arbeitsintensiver Landwirtschafts-, Infrastruktur- und Industrievorhaben sowie von Jugend- und Freiwilligendiensten.

Arbeits- und umweltorientiertes Bildungssystem zur Aktivierung der Fähigkeit zur Selbsthilfe, vor allem durch Förderung von Berufsbildungsorganisationen sowie unmittelbar anwendbarer und ausbaufähiger Grunderziehung, insbesondere außerhalb des formalen Schulwesens (...).

Strukturverbesserung in ländlichen Regionen, vor allem durch Förderung einer produktiven und diversifizierten Landwirtschaft, einschließlich vor- und nachgelagerter Sektoren, sowie einer leistungsfähigen Infrastruktur mit gewerblichen Arbeitsplätzen außerhalb der Ballungszentren.

Ausweitung und Diversifizierung des gewerblichen Sektors, vor allem durch Förderung produktiver Vorhaben im Bereich besonders entwicklungswirksamer Industrien, devisensparender bzw. devisenbringender Projekte sowie von Maßnahmen zur Steigerung der Ausfuhren der Entwicklungsländer, insbesondere im Bereich der Produktentwicklung und Vermarktung.

Stärkung der Planungs- und Organisationsfähigkeit der Entwicklungsländer, vor allem durch Beratung und Managementhilfen für zentrale Stellen, Organisationen und Wirtschaftsunternehmen, gemeinsame Erarbeitung der wissenschaftlichen Grundlagen und Fortbildung von hochqualifiziertem Personal.

Unmittelbare Hilfe zur Verbesserung der Lebensbedingungen, vor allem durch Förderung von Organisationen, Zentren und integrierten Programmen für Familienplanung, Gesundheits- und Ernährungshilfe.(...)"

Diese Konzeption ist allerdings *unvollständig*, da vor allem unklar bleibt, welche wirtschaftlichen und gesellschaftlichen Ordnungsformen für besonders entwicklungsfördernd gehalten werden und wie der Zielkonflikt zwischen wachstumsintensiven und beschäftigungsintensiven Projekten zu lösen ist.

IV. DAS SYSTEM DER ENTWICKLUNGSHILFE

1. Grundformen

a) Staatliche und private Hilfe

Die westlichen Industrieländer leisten Entwicklungshilfe in öffentlicher und privater Form. Die Unterscheidung erfolgt nach den Kriterien der Mittelherkunft und der Träger der Leistungen: Die öffentliche Hilfe wird hauptsächlich aus Steuergeldern aufgebracht und von Bund, Ländern und Gemeinden geleistet; die private Hilfe erfolgt mit Finanzmitteln der Unternehmen und karitativen Organisationen. Erst durch das Heranziehen beider Quellen kommt das relativ hohe Volumen der Leistungen zustande; außerdem hat jede Form der Hilfe spezifische Wirkungen.

Nach einer grundsätzlichen Forderung der Entwicklungsländer sollen die Industrieländer jährlich 1 % ihres Bruttosozialproduktes als Hilfe in die Dritte Welt transferieren. Diese Richtziffer ist erst von einigen entwickelten Ländern, die ihre Politik im Ausschuß für Entwicklungshilfe (DAC) der OECD koordinieren, erreicht worden. Ihre durchschnittlichen Nettoleistungen (Bruttoauszahlungen abzüglich empfangener Tilgungszahlungen auf frühere Kredite) beliefen sich 1971 auf 0,82 % (BRD: 0,88 %) und 1972 auf 0,78 % (BRD: 0,67 %) ihres Bruttosozialproduktes. Davon entfielen 1972 auf die öffentlichen Nettoleistungen rd. 44 % und auf die privaten Nettoleistungen rd. 56 % (BRD im Jahr 1972: rd. 47 % und 53 %).

Als *Unterziel* wird in der Zweiten Entwicklungsdekade angestrebt, bis 1975 der *öffentlichen* Hilfe am Gesamthilfevolumen einen Anteil von 0,7 % des Bruttosozialproduktes einzuräumen. Der Vorteil liegt für die Entwicklungsländer erstens darin, daß die Konditionen der öffentlichen Hilfe sehr günstig sind, denn der Anteil der Zuschüsse ist hoch; dadurch wächst die Last der Verschuldung langsamer als in früheren Perioden. Zweitens kann von einem relativ kontinuierlichen Mittelzufluß für die nationale Entwicklungsplanung ausgegangen werden.

Die öffentliche Entwicklungshilfe zielt überwiegend darauf ab, die Ausgangsbedingungen für wirtschaftlichen und sozialen Fortschritt zu verbessern, sie hat daher ihren bevorzugten Ansatzpunkt in allen Bereichen der Infrastruktur. Das Unterziel wurde allerdings bisher nicht realisiert; im Durchschnitt lag der Anteil der öffentlichen Hilfe 1971 und 1972 nur bei 0,35 bzw. 0,34 % (BRD: 0,34 % und 0,31 %) des Bruttosozialproduktes. Die *privaten* Leistungen sind in ihrem Hilfscharakter umstritten. Unproblematisch ist die selbstlose Unterstützung durch die Kirchen und andere karitative Institutionen. Dagegen sind die Leistungsformen der Privatwirtschaft (Direktinvestitionen, Wertpapierinvestitionen, Exportkredite) gewinnorientiert und außerdem zum großen Teil infolge der besonderen Investitionsrisiken staatlich gefördert und abgesichert (vgl. Entwicklungshilfe-Steuergesetz, Kreditversicherung). In einer Marktwirtschaft ist jedoch die Rentabilitätsorientierung privater Investitionen – auch derjenigen in Entwicklungsländern – unverzichtbar, wenn die wirtschaftliche und soziale Leistungsfähigkeit des Gesamtsystems erhalten werden soll. Daher ist nicht das Motiv der privaten Entwicklungshilfe sondern ihr *Ergebnis* für das unterentwickelte Land für eine Beurteilung entscheidend.

Privatinvestitionen in einer bisher wenig entwickelten Volkswirtschaft führen als kombinierter Transfer von Kapital und Technologie zu nachweisbaren sequentiell-kumulativen Beschäftigungs-, Einkommens-, Kapazitäts-, Mobilitäts- und Zahlungsbilanzverbesserungen. Dadurch werden Strukturveränderungen ausgelöst und Impulse gegeben, die ein selbsttragendes Wirtschaftswachstum herbeiführen können. Es ist jedoch zu fordern, daß die privaten Investitionen den entwicklungspolitischen Zielsetzungen der Länder der Dritten Welt und der Bundesrepublik selbst entsprechen; dann besteht an ihrer Förderung auch ein öffentliches Interesse. Priorität müssen dabei Ziele erhalten wie Anhebung des Beschäftigungsstandes, Steigerung des Exports der Entwicklungsländer, hohe Beteiligung inländischer Unternehmungen der Entwicklungsländer an Kapitalgesellschaften (Joint Ventures) und verstärkte Investitionen in den am wenigsten entwickelten Ländern. In den westlichen Industrieländern beruht so das System der Entwicklungshilfe auf der Komplementarität von öffentlichen und privaten Leistungen.

b) Bilaterale und multilaterale Leistungen

Der größte Teil der Entwicklungshilfe wird bilateral, d. h. direkt von einem Geber zu einem Empfänger – beides meistens Regierungen – vergeben. Diese traditionelle Form der öffentlichen Hilfe wird zunehmend kritisiert, da sie die wirtschaftliche Abhängigkeit des Entwicklungslandes fortsetze oder neu schaffe und da sie insbesondere für das Industrieland vorteilhaft sei. Sofern die bilaterale Hilfe an Lieferungen aus dem industriellen Geberland gebunden ist, wird dem Entwicklungsland jede Möglichkeit genommen, über die finanziellen Mittel für Importe von den preislich und technisch besten Bezugsquellen frei zu entscheiden. Die Kritik wäre auch zutreffend, wenn die bilaterale Leistung in erster Linie als zusätzliches Instrument der Exportförderung und der Konjunkturstabilisierung oder aber der politischen Einflußnahme eingesetzt würde. Die Reduzierung der Lieferbindung sowie die Einordnung der bilateralen Hilfe in internationale langfristige Programme kann diese Form der Entwicklungshilfe verbessern. Sie hat nämlich den Vorzug, daß Projekte oder Programme in einem Entwicklungsland in direkter intensiver Zusammenarbeit relativ schnell gefördert werden können. Außerdem ist eine Effizienzkontrolle der Mittelverwendung durch das Parlament und den Rechnungshof des Geberlandes möglich.

Multilaterale Hilfe geht über internationale Organisationen an Entwicklungsländer, die zusammen Projekte und Programme planen und ausführen; ihr wird in der Zweiten Entwicklungsdekade eine höhere Priorität zugemessen. Der Vorzug wird von den Entwicklungsländern darin gesehen, daß die multilateralen Organisationen keine neokolonialistischen Absichten wirtschaftlicher und politischer Art haben, also ein größeres Maß an Objektivität bei der Unterstützung von Entwicklungsvorhaben zu erwarten ist. Allerdings wird die Effizienz der großen internationalen Entwicklungshilfeorganisationen – und damit der multilateralen Hilfe – neuerdings skeptischer betrachtet (Konzeptionsarmut, Bürokratisierung, steigender Verwaltungsaufwand).

Bilaterale und multilaterale Leistungen sind als komplementäre Hilfsformen zu sehen. Im Durchschnitt der DAC-Länder entfiel auf sie 1971 ein Anteil von 78 % bzw. 22 % (BRD: 75 % bzw. 25 %) der öffentlichen Nettoleistungen.

2. Das Instrumentarium

Die Instrumente der Entwicklungshilfe werden üblicherweise in drei Kategorien aufgeteilt.

a) Kapitalhilfe

Kapitalhilfe wird bilateral und multilateral geleistet. Während die multilaterale Hilfe überwiegend öffentliche Hilfe ist, treten bei der bilateralen Kapitalhilfe als Geldgeber Regierungen, Institutionen der Entwicklungshilfe, Banken und private Unternehmen auf. Bei der öffentlichen wie privaten Kapitalhilfe werden kurz-, mittel- und langfristige Kredite mit unterschiedlichen Zins- und Amortisationsverpflichtungen gegeben. Es gibt gelegentlich auch zinslose Darlehen und nicht zurückzahlbare Übertragungen (Schenkungen). Von einer Kapitalhilfe im echten Sinne kann allerdings nur dann gesprochen werden, wenn die Kreditkonditionen günstiger sind als die üblichen Marktbedingungen.

Die *öffentlichen* Finanzkredite und -zuschüsse werden für verschiedene Zwecke vergeben. Man kann zwei Verwendungsarten unterscheiden:

(1) Projekthilfe: Die Finanzmittel werden für ein bestimmtes Entwicklungsprojekt bereitgestellt, z. B. Bau einer Brücke oder Errichtung eines Krankenhauses. Das Projekt wird von der Regierung des Entwicklungslandes beantragt und vom Kapitalgeber (Regierung eines Industrielandes oder internationale Entwicklungshilfeorganisationen) nach den Aspekten volkswirtschaftlicher Dringlichkeit und Effizienz geprüft. Nach der Zusage der Projekthilfe wird die Verwendung der zweckgebundenen Mittel vom Kapitalgeber kontrolliert und das gesamte Projekt überwacht. – Die Projekthilfe ist bis heute dominierend.

(2) Programmhilfe (nicht-projektgebundene Kapitalhilfe): Hier werden Mittel zur vollen oder teilweisen Finanzierung geprüfter Entwicklungsprogramme bereitgestellt. Von zunehmender Bedeutung ist dabei die Unterstützung sektoraler und regionaler Entwicklungspläne. Ferner kann ein Bartransfer zum Ausgleich des Staatsbudgets erfolgen, oder es werden

Mittel zur Importfinanzierung bereitgestellt, so daß das Entwicklungsland dringend benötigte Nahrungsmittel, Kapitalgüter und Ersatzteile einführen kann. Auch allgemeine Zahlungsbilanzkredite werden vergeben. Die zugesagte Hilfe wird nicht immer nur in Form von Devisen bereitgestellt, sondern sie kann die Form der Überlassung von Gütern gegen die Währung des Entwicklungslandes (Empfängerlandwährung), die meistens nicht frei konvertibel ist, annehmen. Insbesondere die Nahrungsmittelhilfe wird gegen Empfängerlandwährung geleistet; die Geldbeträge verbleiben dann im Entwicklungsland. Sie stellen praktisch ein Geschenk dar, sofern nicht Beträge zur Finanzierung von Einrichtungen des Geberlandes (z. B. diplomatische Vertretungen, Bildungsinstitute) verwendet werden.

Eine weitere Unterscheidung muß zwischen *gebundenen* und *ungebundenen* Leistungen gemacht werden. Im ersten Fall erhält das Entwicklungsland keine finanziellen Mittel, sondern eine Unterstützung in Form von Kapitalgütern und vollständigen Industrieausrüstungen durch das Geberland. Im zweiten Fall können die für vereinbarte Projekte oder Programme bereitgestellten Mittel für Importe aus beliebigen Bezugsländern verwendet werden. Die gebundene Kapitalhilfe hat solange eine große Rolle gespielt, wie bei den Geberländern die eigene Exportförderung im Vordergrund stand. Für die Entwicklungsländer hat diese Praxis verschiedene Nachteile: Sie können nicht die optimalen Bezugsquellen auswählen; sie sind häufig gezwungen, die Versendung durch Schiffahrtslinien des Geberlandes zu akzeptieren und schließlich werden neue technische Abhängigkeiten dadurch geschaffen, daß Industrieanlagen und Verkehrs- und Nachrichteneinrichtungen in den technischen Normen der Geberländer (DIN, amerikanische und britische Normen) nebeneinander bestehen.

Die westlichen Industrieländer einschließlich Japan haben in der OECD Empfehlungen über die Bedingungen der Kapitalhilfe ausgearbeitet. Die neuen Richtsätze von 1969 sehen vor:

(1) 70 % der gesamten öffentlichen Entwicklungshilfe als Zuschüsse zu vergeben oder

(2) mindestens 85 % der öffentlichen Zusagen in Form von Zuwendungen oder Krediten so zu gewähren, daß jede Transaktion ein „rechnerisches Zuschußelement" von mindestens 61 % enthält oder

(3) 85 % der öffentlichen Zusagen im Durchschnitt mit einem „rechnerischen Zuschußelement" von mindestens 85 % auszustatten.

Eine Gegenüberstellung der durchschnittlichen Kreditkonditionen der öffentlichen Hilfe der DAC-Länder und der Bundesrepublik im Jahre 1972 zeigt, daß die deutsche Entwicklungshilfe zu „weicheren" Bedingungen gegeben wurde.

	DAC-Länder	BRD
Laufzeit (in Jahren)	29,5	28,9
Zinssatz (in Prozent)	2,8	2,6
Tilgungsfreie Periode (in Jahren)	7,8	8,3
Zuschußanteil an Zusagen (in Prozent)	63,0	53,0
Rechnerisches Zuschußelement der Kredite (in Prozent)	57,0	60,0

Eine weitere Verbesserung der deutschen Kreditkonditionen ist geplant. Anläßlich der dritten UN-Konferenz für Handel und Entwicklung (UNCTAD III, 1972) hat die Bundesregierung erklärt, daß künftig die Standardkonditionen eine Laufzeit von 30 Jahren, einen Zinssatz von 2 Prozent und 10 tilgungsfreie Jahre vorsehen werden.

Über einen Abbau der Liefer- und Leistungsbindung bei der öffentlichen Kapitalhilfe konnte zwischen den Geberländern bisher keine Einigung erreicht werden. Die Bundesrepublik hat erhebliche Fortschritte bei der Aufhebung der Bindung der Hilfe erzielt; im Jahr 1971 gewährte sie 76.4 Prozent der bilateralen Kapitalhilfe ungebunden.

Die deutschen Nettoleistungen der öffentlichen bilateralen Hilfe (Zuwendungen und Kredite) haben von 1950 bis Ende 1972 insgesamt 22,4 Mrd. DM erreicht. Bis zu diesem Termin haben insgesamt 115 Entwicklungsländer und 14 weitere Entwicklungsgebiete von der Bundesrepublik staatliche Hilfe erhalten. Die regionale Aufteilung der staatlichen Hilfe ist sehr unterschiedlich; der größte Anteil ging nach Asien (52 %), gefolgt von Afrika (22 %), während Lateinamerika und Europa (insbesondere Türkei, Spanien und Griechenland) einen Anteil von 13 % aufwiesen. Allerdings ist in den letzten Jahren der Anteil Afrikas und Lateinamerikas stärker angestiegen. Die Hilfsmaßnahmen konzentrieren sich auf 25 Schwerpunktländer; dazu zählen außerhalb Europas insbesondere Indien, Pakistan, Israel (einschließlich Wiedergutmachung), Indonesien, Marokko und Brasilien.

Die *multilaterale öffentliche* Kapitalhilfe umfaßt Zuschüsse an Sonderorganisationen der Vereinten Nationen, Kapitalzeichnungen bei der Weltbank und deren abhängige Organisationen, bei dem Europäischen Entwicklungsfonds und bei regionalen Entwicklungsbanken (z. B. The African Development Bank) sowie den Kauf von Schuldverschreibungen solcher Institutionen. Die multilateralen deutschen öffentlichen Nettoleistungen von 1950 bis 1972 umfassen 12,4 Mrd. DM. Sie sind in den letzten Jahren ständig gestiegen und erreichten 1972 rund 47 % der gesamten öffentlichen Nettoleistungen. Damit sollen die Bedingungen für eine multilaterale Entwicklungsstrategie verbessert werden.

Unter der Rubrik „Kapitalhilfe“ werden auch die *privaten* Leistungen erfaßt; dabei entstehen schwierige konzeptionelle und statistische Abgrenzungsprobleme. Die privaten Leistungen umfassen

(1) direkte Privatinvestitionen in Form von Neu- und Reinvestitionen,

(2) Wertpapierinvestitionen auf bilateraler und multilateraler Ebene (öffentliche Anleihen und Industriepapiere der Entwicklungsländer und Anleihen internationaler Institutionen, z. B. der Weltbank) sowie

(3) Exportkredite mit kurzfristiger (1–5 Jahre) und langfristiger Laufzeit (über 5 Jahre), die zum größeren Teil von der öffentlichen Hand verbürgt sind.

Die Nettoleistungen der deutschen Privatwirtschaft beliefen sich von 1950 bis 1972 auf rd. 34,5 Mrd. DM; dabei umfassen die Direktinvestitionen und Kredite 16,5 Mrd. DM, davon in Lateinamerika 42 %, in Europa 35 %, in Afrika 13 % und in Asien ca. 10 %.

b) Technische Hilfe

Der Inhalt der Technischen Hilfe ist sehr heterogen; sie umfaßt außerdem einen weit gespannten Rahmen. Technische Hilfe umschließt die Entsendung von Experten (vorwiegend für den administrativen, technischen, medizinischen und wissenschaftlichen Bereich), von freiwilligen Helfern (z. B. Deutscher Entwicklungsdienst) und von Lehrkräften, die Vergabe von Stipendien für Studenten und Praktikanten, die Einladung zu Studienaufenthalten, die Vermittlung von wissenschaftlichen und technischen Kenntnissen durch Ausbildungsstätten und Demonstrationseinrichtungen, die Durchführung von Untersuchungen (z. B. Projekt- und Programmstudien), die Sozialstrukturhilfe sowie die Bildungshilfe. Ferner wird die Überlassung von Geräten und Materialien (z. B. Ausstattung von Schulen und Krankenhäusern) hinzugezählt. Bei diesen Leistungen handelt es sich in finanzieller Sicht im allgemeinen um Zuschüsse.

Die Technische Hilfe ist überwiegend eine öffentliche Leistung auf bilateraler und multilateraler Ebene. Die DAC-Länder vergeben durchschnittlich ein Viertel ihrer bilateralen öffentlichen Entwicklungshilfe als Technische Hilfe. Die multilaterale technische Zusammenarbeit umfaßt im wesentlichen das Entwicklungsprogramm der Vereinten Nationen (UNDP) und die Programme der UN-Sonderorganisationen.

Die Bundesrepublik hat im Bereich der Technischen Hilfe von 1950–1972 für über 8000 Projekte Zahlungen von 5,6 Mrd. DM geleistet, das sind über 16 % der gesamten öffentlichen Entwicklungshilfe; die Lieferbindung wurde dabei grundsätzlich aufgehoben. Die Schwerpunkte der technischen Hilfsmaßnahmen liegen mit jeweils rd. 28 % in Asien und in Afrika.

Schwerpunktländer waren bisher Indien, Afghanistan, Ägypten, Brasilien und Pakistan.

Das *sektorale* Hauptgewicht der technischen Zusammenarbeit lag auf gewerblich-industriellem sowie auf land- und forstwirtschaftlichem Gebiet. Verstärkt wurde auch eine Unterstützung im Bereich des Gesundheitswesens und der Staatsverwaltung gewährt. Die Maßnahmen konzentrierten sich insbesondere

— auf die Errichtung und Unterhaltung von fachlichen Ausbildungsstätten und von Mustereinrichtungen,
— auf spezielle strukturelle Hilfen (z. B. Landwirtschaftsentwicklung) und
— auf die Entsendung von Planern, Beratern und Gutachtern zur Unterstützung der Regierungen der Entwicklungsländer sowie auf die Erstellung von Untersuchungen.

Ein besonderes Merkmal der deutschen Entwicklungshilfepolitik ist die Zusammenarbeit mit kirchlichen und anderen privaten Entwicklungsträgern in dem Bereich der Bildungs- und Sozialhilfe. Die kirchlichen Werke (z. B. „Brot für die Welt“ und „Misereor“) sowie andere nichtstaatliche Einrichtungen (Arbeiterwohlfahrt, Aussätzigenhilfswerk, Gewerkschaftsbund u. a.) haben beträchtliche Eigenmittel für Entwicklungsprojekte aufgebracht. So haben die Kirchen von 1970–1972 rd. 1,1 Mrd. DM bereitgestellt. Zu diesen Projekten werden erhebliche Bundeszuschüsse gegeben.

Zahlreiche Vorhaben der Sozialarbeit, der gewerkschaftlichen und genossenschaftlichen Bildungsprojekte, der Erwachsenenbildung und der Arbeit mit Jugend- und Frauenverbänden sowie Fortbildungsprogramme für Angehörige aus Entwicklungsländern werden auch von politischen Stiftungen der Bundesrepublik ausgeführt. Besonders beteiligt sind die Friedrich-Ebert-Stiftung, die Friedrich-Naumann-Stiftung und die Konrad-Adenauer-Stiftung, die dafür zweckgebundene öffentliche Mittel erhalten. Die enge Einbeziehung nicht-staatlicher Institutionen in das System der Entwicklungshilfepolitik berücksichtigt nicht nur die vertretenen konkurrierenden Vorstellungen über zweckmäßige Hilfsmaßnahmen, sondern kann auch die Unterstützung von autonomen Gruppen und Institutionen in Entwicklungsländern erleichtern, insbesondere wenn dort die Projekte politisch umstritten sind.

c) *Handelshilfe*

Von besonderer Bedeutung für die zukünftige wirtschaftliche Entwicklung ist der Bereich der Handelshilfe. Hierzu zählen alle Maßnahmen, die durch eine Ausweitung der Güterexporte und der Verbesserung der Dienstleistungen der Entwicklungsländer zum Ausgleich ihrer Handelsbilanz und zur Erhöhung ihrer Devisenreserven beitragen. Hauptinstrumente sind der Abbau von tarifären und nicht-tarifären Handelshemmnissen in den Industrieländern, die Gewährung von Handelspräferenzen, der Abschluß von internationalen Rohstoffabkommen, aber auch die direkte Förderung des Exportmarketing und des Tourismus. Das Instrumentarium der Kapitalhilfe und der Technischen Hilfe ist ebenfalls häufig darauf gerichtet, die Voraussetzungen für den Aufbau und die Diversifizierung der landwirtschaftlichen und industriellen Exportwirtschaft zu verbessern.

Die Maßnahmen der Handelshilfe zielen darauf ab, die bisher unentwickelten Volkswirtschaften in die weltweite marktwirtschaftliche Arbeitsteilung einzubeziehen, den Absatz ihrer traditionellen und neuen Exportgüter zu erleichtern und damit die für die Einfuhr benötigten Devisen zu verdienen.

Die Bundesregierung hat auf internationaler Ebene (GATT, EWG) und im nationalen Bereich seit jeher eine betont liberale Haltung gegenüber den Exportanstrengungen der Entwicklungsländer verfolgt. Der steigende Investitions- und Importbedarf dieser Länder und ihre hohe Schuldenlast macht die Exportsteigerung zum wesentlichen Entwicklungsfaktor; daher wird mit Recht die Forderung „Handel statt Hilfe“ (Trade, not aid) aufgestellt.

Die Produktion und Vermarktung von exportfähigen Gütern wurde gefördert durch Kapitalhilfen, Pre-Investment-Studien, Managementberatung, Ausbildung von Fachkräften, Unterstützung deutscher Direktinvestitionen in Entwicklungsländern, die Erstellung von Marktstudien sowie die Unterstützung von Exportkreditbanken und -versicherungen und von Messebeteiligungen.

Damit die Exportgüter der Entwicklungsländer einen Zugang zu den Märkten der Industrieländer erhalten, ist aber auch der Abbau der Handelshemmnisse erforderlich. Im allgemeinen ist die Zollstruktur der Industrieländer so angelegt, daß Rohstoffe zollfrei oder mit nur sehr geringer Belastung importiert werden können, während bei gewerblichen Gütern mit jeder Verarbeitungsstufe der Zollsatz ansteigt, d. h. die Wertschöpfung der inländischen Produzenten wird stark geschützt. So betragen die durchschnittlichen Zollsätze der EWG für Rohstoffe 0,7 %, für Halbwaren 6,3 % und für Fertigerzeugnisse 8,9 %.

Allgemeine Zollpräferenzen werden den Entwicklungsländern von der Bundesrepublik als Mitgliedsland der EWG seit 1. 7. 1971 eingeräumt. Durch die Gewährung völliger Zollfreiheit für grundsätzlich alle industriellen Halb- und Fertigwaren – allerdings gibt es Kontingente für sogenannte sensible Erzeugnisse – sowie durch Zollsenkungen für 150 landwirtschaftliche Verarbeitungsprodukte haben die Entwicklungsländer die Chance erhalten, ihre Ausfuhren gegenüber dem Stand von 1968 zu verdoppeln. Um auch den erst weniger entwickelten Ländern den Marktzugang offen zu halten, sind bei den Exporten Länderhöchstbeträge festgelegt worden.

Bei dieser Förderungsmethode zeichnet sich nun allerdings die Notwendigkeit ab, die strukturellen Auswirkungen auf die deutsche Wirtschaft selbst zu beachten. Es wird zu einer langsamen Verdrängung arbeitsintensiver und technisch einfacher Produktionsverfahren durch zunehmende Importe aus Entwicklungsländern kommen. In der Textilindustrie vollzieht sich diese Umstrukturierung bereits seit längerem. Es ist heute erst schwer erkennbar, in welchem Ausmaß strukturelle Anpassungshilfen und Umschulungsmaßnahmen erforderlich werden können.

Da bei der Ausfuhr der Entwicklungsländer immer noch die Grundstoffe (landwirtschaftliche und mineralische Rohstoffe) einen Anteil von etwa

80 % haben, sind Bemühungen um stabilere Grundstoffpreise und verbesserte Absatzmöglichkeiten notwendig. Allerdings sind Rohstoffabkommen nur dann zweckmäßig, wenn sie starke kurzfristige Preisschwankungen verhindern, im übrigen aber den längerfristigen Preistrend wirksam werden lassen und wenn sie strukturelle Überproduktionen vermeiden helfen. In diesem Sinne versucht die Bundesrepublik die Verhandlungen beim Abschluß neuer Rohstoffabkommen zu beeinflussen.

V. PROBLEME DER DEUTSCHEN ENTWICKLUNGSHILFE

Die schärfste Kritik an der Entwicklungshilfe der Bundesrepublik wird im Inland erhoben. Die angesprochenen Probleme betreffen *konzeptionelle* und *instrumentale* Aspekte. Gegenüber den Gegnern des liberalen Systems, die die öffentliche Entwicklungshilfe als Verbesserung der Verwertungsbedingungen für das Monopolkapital in der Dritten Welt kritisieren und die Privatinvestitionen als verfeinerte Methode imperialistischer Ausplünderung abstempeln, wird von den Trägern der Entwicklungshilfe überwiegend defensiv argumentiert. Der Öffentlichkeit, die ohnehin der Entwicklungshilfe skeptisch gegenübersteht, wird nämlich kaum deutlich gemacht, daß die deutsche Entwicklungshilfepolitik wesentliche soziale Verbesserungen in der Dritten Welt herbeiführt und daß Privatinvestitionen hierzu einen unverzichtbaren positiven Beitrag leisten.

Außerdem müßte präzisiert werden, was das ordnungspolitische Leitbild der deutschen Entwicklungshilfe ist. Die Anerkennung des Prinzips der Selbstbestimmung für die Entwicklungsländer kann nicht bedeuten, sie widersprüchlichen und unrealistischen ökonomischen Zielvorstellungen sowie falschen wirtschaftspolitischen Programmen und Methoden zu überlassen oder ihnen darin sogar beizupflichten. Es sind eben nicht *alle* Entwicklungswege gleich leistungsfähig; daher müßte in der Entwicklungshilfe viel stärker als bisher sichtbar werden, welche Entwicklungskonzeptionen besonders förderungswürdig sind. Hier läßt sich aufgrund theoretischer Einsichten und empirischer Erfahrungen die Ansicht vertreten, daß besonders die Ansätze unterstützt werden sollten, welche die Einführung und Verbreitung eines Leistungswettbewerbes – selbst in zunächst rudimentärer Form – in einer traditionalen Wirtschaft anstreben. Nicht nur dessen ökonomische Funktionen sind für das Wirtschaftswachstum förderlich, sondern er hat, was oft übersehen wird, die ganz entscheidenden soziologischen Auswirkungen, feudale Strukturen zu zersetzen und Neuerungen in einer bisher quasi-stationären Gesellschaft schneller zu verbreiten. Im instrumentalen Bereich besteht erstens das Problem der verbesserten parlamentarischen Kontrolle der Entwicklungshilfe. So werden bisher selbst erhebliche Abweichungen der Projektausführung von der Projektplanung nicht systematisch in der parlamentarischen Diskussion behandelt, nicht einmal im Entwicklungspolitischen Ausschuß des Deutschen Bundestages. Außerdem ist bei den wachsenden Finanzbeiträgen an multinationale Organisationen, die sich parlamentarischer Kontrolle und auch der deutschen Rechnungsprüfung entziehen, bislang unklar, wie die Effizienz der Mittelverwendung gesichert werden könnte.

Zweitens sind Entwicklungspolitik und Handelspolitik noch zu wenig aufeinander abgestimmt. Es wird die Exportfähigkeit der Entwicklungsländer energisch gefördert, ohne daß ihnen gleichzeitig der Zugang zu geschützten Absatzmärkten entsprechend geöffnet wird. Obwohl die Bundesrepublik als Mitgliedsland der EG in dieser Frage keine Handlungsautonomie mehr besitzt, könnte sie jedoch ihr Gewicht als größte europäische Handelsnation international stärker ausnutzen, um weitere Zollpräferenzen und Importliberalisierungen für die Dritte Welt zu erreichen.

VI. ZUSAMMENFASSUNG

1. Die Entwicklungshilfepolitik der Industrieländer muß auf die Verbesserung der sozio-ökonomischen Lebensbedingungen in den Entwicklungsländern gerichtet sein. In den erst wenig fortgeschrittenen Volkswirtschaften gibt es trotz der Vielfalt in den konkreten Erscheinungsformen Grundtatbestände der Unterentwicklung. Sie müssen zur Konzepierung einer wirkungsvollen Entwicklungshilfe ermittelt und erklärt werden.

2. Die Formulierung des sozio-ökonomischen Zielsystems, das nach Inhalt, Umfang und Struktur umstritten ist, und die Entscheidung für den geeigneten Entwicklungsweg fallen in die Verantwortung der politischen Kräfte und der Regierung des Entwicklungslandes selbst. Entwicklungshilfe ist dabei Hilfe zur Selbsthilfe.

3. Die deutsche Entwicklungshilfepolitik geht von einer Verbindung politischer, wirtschaftlicher und humanitär-sozialer Motive aus, die bei nur geringen inhaltlichen Unterschieden von allen Parteien des Deut-

schen Bundestages vertreten werden; es gibt daher eine weitgehende Übereinstimmung über Ziele, Methoden und Maßnahmen der Entwicklungshilfe. Neuerdings wird jedoch die Frage, welche Wirtschafts- und Gesellschaftsordnungen in Ländern der Dritten Welt besonders förderungswürdig sind, von den Parteien unterschiedlich beantwortet.

4. Die Bundesrepublik hat für die siebziger Jahre in einem entwicklungspolitischen Konzept Ziele, Grundsätze, Programme und Methoden ihrer Entwicklungshilfe niedergelegt.
5. Ein System der Entwicklungshilfe läßt sich nach verschiedenen Kriterien bilden. Verbreitet ist die Unterteilung nach staatlichem und privatem Träger und nach bilateralen und multilateralen Leistungen. Als Instrumente der Entwicklungshilfepolitik kann man die im Volumen bisher dominierende Kapitalhilfe, die Technische Hilfe und die komplexe Handelshilfe aufführen.
6. Die inländische Kritik an der deutschen Entwicklungshilfe gilt vorwiegend konzeptionellen und instrumentalen Fragen. Im grundsätzlichen Ansatz ist sie verbunden mit der verbreiteten Diskussion um die zukünftige Wirtschafts- und Gesellschaftsordnung; unter technisch-organisatorischen Aspekten zielt sie auf eine verbesserte Abstimmung der Hilfsmaßnahmen und einer erhöhten entwicklungspolitischen Effizienz von Kapitalhilfe, Technischer Hilfe und Handelshilfe.

VII. KONTROLLFRAGEN

1. Was bedeutet „Unterentwicklung"?
2. Weshalb ist das entwicklungspolitische Zielsystem umstritten?
3. Was ist die Motivation für die deutsche Entwicklungshilfe?
4. Worauf liegen die Schwerpunkte der deutschen Politik der Entwicklungshilfe?
5. Welches sind die Vor- und Nachteile öffentlicher und privater Hilfeleistungen für die Entwicklungsländer?
6. Wie ist die Zusammenarbeit zwischen staatlichen und nicht-staatlichen Institutionen in der Entwicklungshilfe zu beurteilen?
7. Welche Funktion hat die Handelshilfe?

VIII. LITERATURHINWEISE

Besters, Hans und Boesch, Ernst E.: (Hrsg.), Entwicklungspolitik. Handbuch und Lexikon, Stuttgart–Berlin–Mainz, 1. Aufl., 1966.

Deutscher Bundestag, Bericht zur Entwicklungspolitik der Bundesregierung, Drucksache 7/1236 v. 9. 11. 1973. Darin als Anlagen u. a.:
- Text der entwicklungspolitischen Konzeption der Bundesrepublik Deutschland für die Zweite Entwicklungsdekade (Neufassung 1973).
- Text des Strategiedokuments der Vereinten Nationen für die Zweite Entwicklungsdekade.

Handbuch der Entwicklungshilfe (hrsg. v. H. A. Havemann und W. Kraus), Fortsetzungswerk in Loseblattform, Baden-Baden.

Hesse, Kurt: Das System der Entwicklungshilfen, Berlin 1969.

Meyer, Jörg-Udo, Seul, Dieter und Klingner, Karl-Heinz: Die zweite Entwicklungsdekade der Vereinten Nationen (Bochumer Schriften zur Entwicklungsforschung und Entwicklungspolitik, Bd. 10), Düsseldorf 1971.

Organisation für Wirtschaftliche Zusammenarbeit und Entwicklung (OECD), Politik und Leistungen der Mitglieder des Ausschusses für Entwicklungshilfe, Jahresprüfung 1973, Paris 1973.

Pearson-Bericht. Bestandsaufnahme und Vorschläge zur Entwicklungspolitik (Bericht der Kommission für Internationale Entwicklung unter Vorsitz von Lester B. Pearson), Wien–München–Zürich, 1969.

Sohn, Karl-Heinz: Entwicklungspolitik. Theorie und Praxis der deutschen Entwicklungshilfe, München 1972.

Uhlig, Christian: Entwicklungshilfepolitik. Analyse der Konzeptionen westlicher Geberländer, Hamburg 1971.

Personenregister

Die *kursiv* gesetzten Zahlen bezeichnen eine Nennung des Namens im Text, während die normal gesetzten Zahlen eine Fußnote, einen Quellen- oder Literaturhinweis bezeichnen.

Sachregister